本套书为

河南省民间文化遗产抢救工程系列成果

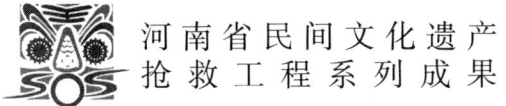
河南省民间文化遗产
抢救工程系列成果

嵩山文化大系

主编 梅耀元

嵩山三教志

梅淑贞 秦慧君 梅耀元 编著

河南人民出版社

图书在版编目(CIP)数据

嵩山三教志 / 梅淑贞,秦慧君,梅耀元编著. —郑州：河南人民出版社,2019.8
(嵩山文化大系 / 梅耀元主编)
ISBN 978-7-215-10776-2

Ⅰ.①嵩… Ⅱ.①梅…②秦…③梅… Ⅲ.①嵩山-佛教史②嵩山-道教史③嵩山-儒家-思想史 Ⅳ.①B949.2②B959.2③B222

中国版本图书馆 CIP 数据核字(2017)第 283855 号

河南人民出版社 出版发行

(地址：郑州市郑东新区祥盛街 27 号 邮政编码：450016 电话：65788059)
新华书店经销　　河南瑞之光印刷股份有限公司印刷
开本　889 毫米×1194 毫米　　1/16　　印张　55.5
字数　1 339 千字
2019 年 8 月第 1 版　　　　　　2019 年 8 月第 1 次印刷

定价：310.00 元

"嵩山文化大系"编撰单位与工作人员名单

领导机构　河南省民间文化遗产抢救工作委员会　河南省民间文艺家协会

参与单位　登封市科普作家协会　嵩山文化研究会　国际少林武术家协会

工作策划　程健君　刘爱芳　李松坤　吴聚财　段玉山

学术指导　张振犁　民间文艺学家、河南大学教授

　　　　　　夏挽群　民间文艺学家、中国民间文艺家协会顾问、河南省民间文艺家协会名誉主席

　　　　　　张国臣　嵩山文化学者

　　　　　　周昆叔　环境考古学家、国家文物局专家组成员

　　　　　　谢均祥　族史研究专家、河南中原姓氏文化研究所所长、研究员

　　　　　　程健君　民间文艺学家、中国民间文艺家协会副主席、河南省文联副主席

　　　　　　陈江风　民间文艺学家、河南省民间文化遗产抢救工程专家组组长

　　　　　　高有鹏　民间文艺学家、上海交通大学教授

　　　　　　耿相新　历史学家、民间文艺学家、中原出版传媒集团公司总编辑

　　　　　　马世之　考古学家、河南省社会科学院考古研究所研究员

　　　　　　徐金星　嵩洛文化专家，《洛阳市志·文物志》（主编）、《洛阳市志·白马寺志》（主编）

　　　　　　魏　敏　民间文艺学家、河南省文联编审

总 编 审　梅淑贞

总　　编　梅耀元

副 总 编　秦慧君　李振亮

美　　编　梅淑贞　宋瑞敏　梅耀元　李振亮

统　　筹　姜献永　赵镇威　张松波　靳银东

参与工作　李春敏　焦红波　王向民　邢希芬　吕宏军　韩有治
　　　　　　赵爱娟　王雪宝　弋梅荣　耿　直　阎锦木　陈　明
　　　　　　宋瑞敏　刘振海　王丽霞　唐仁福　景新源　郝焕斌
　　　　　　王占敏　李振敏　王昭渠　常松木　杨朝玲　孙宏欣
　　　　　　贾艾莉　郜明朝　吴卫永　陈俊杰　黄天弘　郝晓科
　　　　　　付秋红　尚自昌　孙淑霞　曹书敏

"嵩山文化大系"（全十册）

《嵩山通志》	梅淑贞			主编
《嵩山三教志》	梅淑贞	秦慧君	梅耀元	编著
《嵩山艺文志》	梅耀元			编著
《嵩山神话传说》	梅淑贞			主编
《嵩山古遗存》	梅耀元			编著
《嵩山民俗》	梅淑贞			编著
《嵩山古诗》	梅淑贞			主编
《少林武术发展史》	李振亮	焦红波		编著
《嵩山碑刻》	梅淑贞			编著
《嵩山名人传》	梅耀元			编著

作者简介

梅淑贞，女，1956年生，登封市大金店镇人，河南大学中文系毕业。曾任登封县政协第五届委员会常委，市政协第一届、二届委员。先后任《少林文艺报》主编、登封市文化局副局长、登封市文学艺术联合会主席、登封市政协文史资料委员会主任、《登封时报》总编、登封市旅游局党组书记。1982年开始发表文学作品，主要作品有纪实性文学集《闪光的功勋》《情系嵩山》；有《漩涡里的人家》《幸福的黄手帕》《野樱桃》《我们的六爷》《盲嫂》《莲子河边的笑声》《复活之后》《素心腊梅》等中短篇小说几十篇，报告文学《嵩山的女儿》《校园卫士》《金戈铁马少林风》《人们心中的乌金碑》《〈穆桂英挂帅〉幕后的悲剧》等，另有散文、纪实、随笔等文学作品100余万字。

秦慧君，女，1969年出生。郑州大学行政管理专业本科毕业。登封市政协常委，嵩山文化研究会理事，大禹文化研究会理事，中国国际武则天研究会会员，《登封市志》副总编，曾参与编写《中华人民共和国省市县发展大典》《中国城市大典》《嵩南省重点镇建设图志》《郑州市人物志》《郑州图志》《登封年鉴》等书，另有数十篇论文、诗歌、调研报告被国家、省、市级书刊采用。

梅耀元，女，1984年出生。中国地质大学（北京）第四纪地质学专业地质景观规划与评价方向理学博士，研究领域为地质环境。现任教于郑州大学旅游管理学院。在生态环境、旅游景观规划与评价、遥感方面等开展有多项地质科学考察与研究，发表有多篇学术论文。由中国地质大学出版社出版了计有20万字的科学研究专著《克什克腾植被分布与地貌关系研究》；于2009~2012年撰写了由八一电影制片厂和中国地质大学（北京）联合制作出版的《阿尔山国家地质公园》《呼伦贝尔地质公园》《鄂伦春地质公园》《扎兰屯地质公园》及多部地质科学纪录片和光盘的解说词。

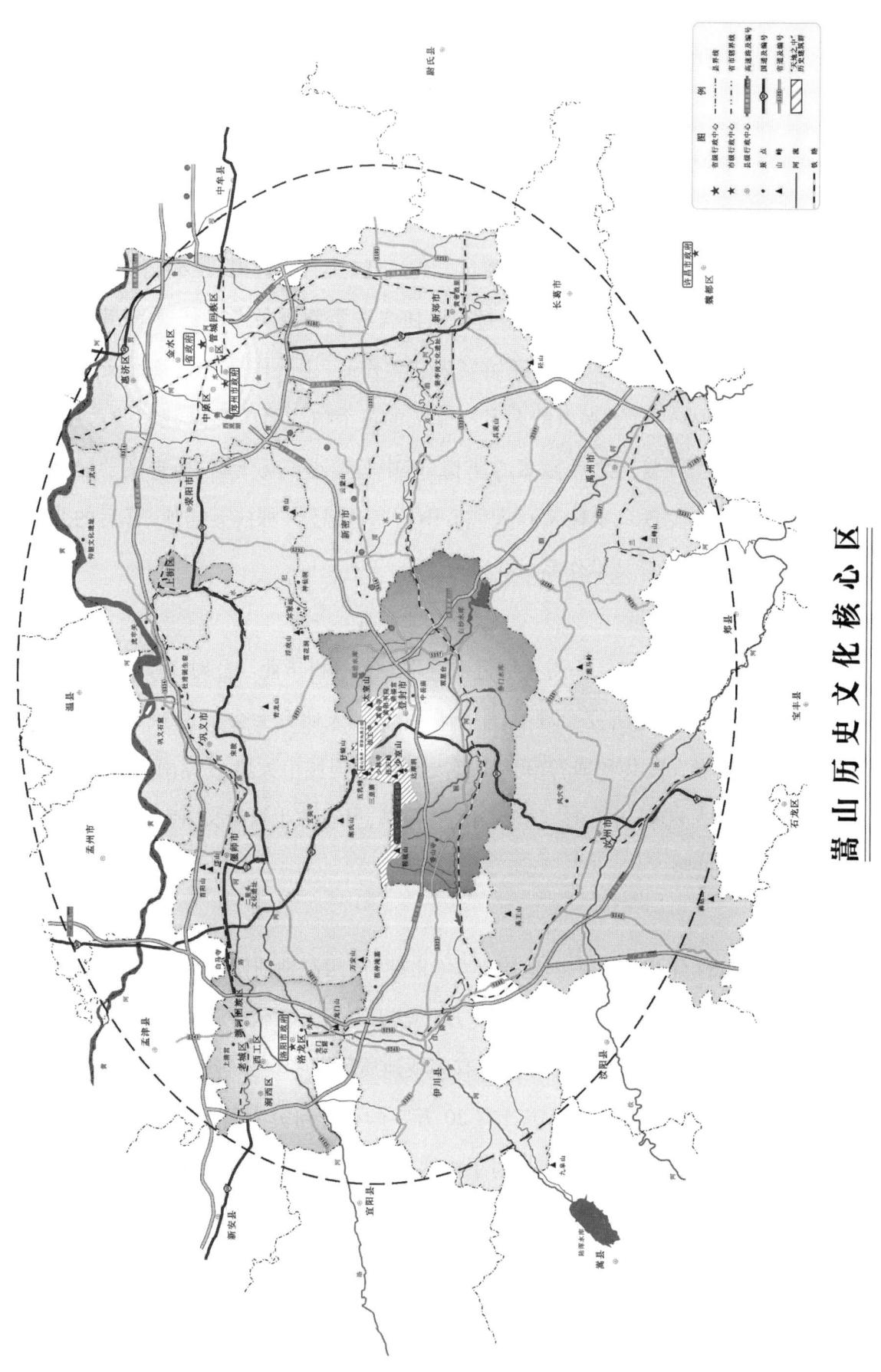

嵩山历史文化核心区

中国文化的神圣大山
——"嵩山文化大系"序

高有鹏(上海交通大学人文学院教授,中央电视台百家讲坛主讲人)

　　嵩山文明是中国文化的核心内容,被誉为天地之中。司马迁在《史记·封禅书》中说,昔三代之居皆在河洛之间,就是这个意思。《孟子·万章上》《古本竹书纪年》《世本·居篇》《史记·夏本记》《今本竹书纪年》都提到"禹都阳城",也是这个意思。如今,嵩山洛口伏羲台、八卦台、力牧台、夏朝的古钧台及汉石阙、周公测影台等古老的文化遗迹,都有力证明了这些历史的真实。

　　嵩山是一个文化整体,包括以嵩山主要山脉的太室山与少室山,和周围地区以嵩山为地望的登封、伊川、偃师、巩义、荥阳、新郑、禹州、新密、汝州等广大地区。黄河、颍河、伊河、洛河、溱河、洧河、汝河等河流在大山中分布,融入黄淮大平原,成为中华民族的心脏。历史上,从夏王朝开始,商、西周、东周、东汉、曹魏、西晋、北魏、隋、唐、后梁、后唐、后晋等朝代相继在嵩山地域建立政治文化中心,西周、西汉、新莽和十六国后赵、五代后梁、后唐、后晋、后汉、后周以及北宋、金等朝代,也都以嵩山为文化中心,设立中央政权。《诗经》《周礼》《史记》等浩瀚的典籍,包括清代景日昣的《说嵩》,都详细记录了这些历史。近年来的考古发现,更进一步以实物的形制,证明了嵩山与嵩山文明的谱系特征及其特殊价值。

　　嵩山以五岳中的中岳而闻名,是集结中华民族信仰的大山,是天然的中国文化博物馆。嵩山是中国文化的神山、圣山,被称为崇山、崇高、天室山,见证着中华民族的重要形成与发展壮大。考古发现,100万年前,嵩山地域就有旧石器时代早期的张湾猿人。这里分布着9000～7000年的裴李岗文化、磁山文化,分布着7000～5000年的仰韶文化,分布着5000～4000年的龙山文化,分布着4000～3700年的二里头文化。从遗存的动物化石、火迹灰坑与石器、骨器、陶器等原始文化遗址中,可以看到,这里很早就有我们的祖先在这里生活,是我国原始文明密集分布区。

　　笔者曾经考察嵩山文明的历史。轩辕黄帝是较早的嵩山神,他在这里留下许多神话遗迹和众多的神话传说故事,诸如具茨山、风后岭、大隗山、演兵洞等神话风景。后人建立中岳庙,把黄帝称作天中黄帝,就是对轩辕黄帝统一天下丰功伟绩的纪念。传说中的尧、舜、帝喾也都在这里活动。禹都阳城不仅是一则传说,而且是一种文化谱系的表达。大禹的父亲鲧,是中国上古时期的重要历史人物,是黄帝的后裔,是颛顼的儿子,曾经被尧封于崇地,即嵩山为伯爵,所以历史上称为崇伯鲧,或崇伯。神话传说中的大禹视嵩山为他治理天下洪水的大本营,他在嵩高山开辟大山通道,让河水浚流,平息

水患,化作大熊,被妻子涂山氏误解,"石破北方而生启",形成启母石和启母庙的传说故事。当年,大禹与涂山氏在此相会,涂山氏高歌"候人猗兮",形成一场轰轰烈烈的爱情,这应该是中国文化最早的神话史诗。

嵩山是诗歌的大山,这里有传说中的《击壤歌》《箕山歌》《涂山女歌》《嵩高八章》《顺伊洛河吹箫》和《诗经》中的《大雅》《小雅》《桧风》《郑风》等诗篇,保存许多关于嵩山的歌唱。如《诗经·大雅·崧高》歌唱道:"崧高维岳,峻极于天。维岳降神,生甫及申。维申及甫,维周之翰。"东汉张衡在这里留下《轩辕道》;三国曹植在这里留下《黄帝赞》《帝喾赞》;北朝庾信在这里留下《黄帝见广成子于崆峒山》;唐朝卢照邻在这里留下《中和乐九章:歌登封》,刘希夷在这里留下《嵩岳闻笙》,宋之问在这里留下《登嵩山岭应制》《嵩山天门歌》《幸少林寺应制》,李白在这里留下《送别嵩山七首》《送裴十八图南归嵩山》《送于十八应四子举落第还嵩山》《嵩山采菖蒲者》《赠嵩山焦炼师》《题嵩山逸人元丹丘山居》,杜甫在这里留下《寄张十二山人彪》《凭孟仓曹将书觅土娄旧庄》《奉寄河南韦尹丈人》,白居易在这里留下《嵩阳观夜奏霓裳》《从龙潭寺至少林寺题赠同游者》《梦上嵩山时足病未平》《观嵩洛有叹》《早春题少室东崖》;宋朝欧阳修在这里留下《嵩山杂咏》《赠嵩山许道人》《箕山》,苏轼在这里留下《少林寺》《将军柏》《启母石》等,如琳琅满目。这里山山水水,一草一木,都有诗篇与歌声相伴,成为中国诗歌文化的宝库。

在人文教化发展中,嵩山以博大的胸怀拥抱世界,有佛教禅宗祖庭少林寺,有道家洞天中岳庙,还有儒学圣地嵩阳书院。嵩山不是中国道教文化的发源地,但是有众多道教领袖在这里传经布道。如唐代《三洞珠囊》卷五引《道学传》卷二《张天师传》称:"张天师弃家学道,负经而行,入嵩高山石室,隐斋九年,周流五岳,精思积感,真降道成,号曰天师。"张道陵的五斗米道,起源于嵩山。北魏太平真君年间,嵩山道士寇谦之改革道教,"清整道教,除去三张(张陵、张衡、张鲁)伪法","专以礼度为首",佐国扶命,使道教由民间宗教转化为国家宗教。不用说,毗邻白马寺,嵩山汇聚了早期的佛教与佛教文化,达摩在这里面壁十年,留下了美好的传说。

少林寺钟楼前开元碑阴刻"混元三教九流图赞",释迦牟尼、孔子、老子三圣合体图像;少室山安阳宫主殿洞有三皇洞,供奉释迦牟尼、孔子、老子;宗教与武术相融,与音乐和舞蹈相融,与社会风俗相融,与医术和中药相融,与各种人文艺术相融。嵩山既有体现原始文明生殖崇拜的摸摸会,又有佛教文化与道教文化共为一体的中岳庙会,在大山的怀抱中,历史与时代一同见证文化多元共存。

嵩山是屹立天地间的一部大书,是中国文化神圣的碑石,是刻写在大地上的天书。这里发现了中原地区珍贵的岩画。这里诞生了河图洛书的神话传说,成为中华民族重要的文化图腾。而且,嵩山现存的太室山庙阙、启母庙阙、少室山庙阙的铭记,都是我国最早的刻石,已纳入《世界文化遗产名录》。这里出土了《东汉侍廷里父老僤买田约束石券》,见证汉代社会的土地制度;这里保存了《熹平石经》《袁安碑》《汉故安乡侯张公碑》《东汉袁敞碑》《甘陵相尚府君(博)之碑》《仙人王子乔碑》和《夷齐庙碑》,见证汉代文化的灿烂辉煌;这里保存了校正五经文字、统一诸家经本的《洛阳太学石经》,保存了记录管理水利的《王诲碑》、堂溪典请雨嵩高山的《汉堂溪典嵩高山石阙铭》,这里保存了《韩仁铭碑》《河南梁东安乐肥君(致)之碑》,见证汉代社会的风风雨雨。这里的《正始石经》,以古、篆、隶三种不同的字体对照刊刻,展现出我国书法从篆书到隶书发展变化的历史轨迹。这里的《大晋龙兴皇帝三临辟雍皇太子又再莅之盛德隆熙之颂碑》,记录了晋武帝司马炎在太学中举行乡射礼的教育历史;《西晋韩寿墓表》《东武侯王基墓碑》《晋故处士成君(晃)之碑》《晋武帝贵人左棻墓碑》《荀岳墓志》《中岳嵩高灵庙之碑》《中岳嵩阳寺伦统碑》《北齐姜纂造像题记》和《韩寿墓表》《元怀墓志》《元怿墓志》《高猛墓志》《元肥墓志》以及《巩义石窟》《北齐刘碑造像碑》《在孙寺造象记》《库庄造像记》《北齐造佛像碑》《东魏造佛像碑》《北齐姜纂造像碑记》《齐造神碑记》《齐宋买造像记》《孟阿妃造像记》等，都是书法的精品、经典。大唐一代，李世民、李治、武则天、李隆基、李豫、颜真卿、王行满、李邕、徐峤、徐浩、徐珙、颜师古、褚遂良、刘禹锡、薛稷、薛曜、王知敬、钟绍京、狄仁杰、欧阳通、柳公权、张旭、孙过庭等；大宋一代，欧阳修、司马光、程颢、程颐、邵雍、鲜于侁、文彦博、苏轼、苏辙、王曾、孙崇望，等等；元明时期的赵孟頫、董其昌、朱载堉，都在这里留下珍贵的墨宝。嵩山是中国书法艺术与书法文化的宝库。

嵩山是中国文化的大山，是中华民族神圣的大山。它不仅属于中原，也不仅属于中国，而是人类文明的一部分，是中华民族对人类文明的重要贡献。

了解嵩山与嵩山文化，是打开中国文化的一条重要通道。

文化是民族的灵魂和血脉，是中华民族的精神家园。中国优秀传统文化蕴藏着中华民族千百年来的聪明才智、情感、意志和信念，对于实现中华民族伟大复兴事业中的文化自信、理论自信，具有重要的价值意义。中国文化走向世界，与世界进行平等对话、交流、沟通，需要弄清自己的文化家底，懂得自己的价值意义。深入挖掘中国优秀传统文化的价值，成为中华民族伟大复兴的重要基础。因此，面对这座中国文化的神圣大山，深入挖掘嵩山文化的底蕴和内涵，盘点整理博大精深的嵩山文化，是时代赋予我们的一项艰巨的工作。尤其值得赞扬的是"嵩山文化大系"的编撰者们，完全是出自于对嵩山文明的热爱，自发地组成一个团队，近十年时间，有的是利用工作的业余时间，有的是在退休以后，以坚韧不拔的精神，遍查历史文化典籍，通过对嵩山文化景观和自然风光的深入考查，不断挖掘、整理、研究嵩山文明，编撰出这套卷帙浩繁的"嵩山文化大系"，给中国文化，给人类文明，在文化遗产的保存与传承上增添了不可或缺的内容与光彩。

"嵩山文化大系"主要从山水与文明、神话传说故事、名人史迹、古代诗选、综艺文释、碑刻文释、民俗风情、古文化遗存、宗教发展、少林武术等多个方面梳理嵩山文化的历史脉络，勾陈历史文献，辨析其中的历史文化疑案，全方位描绘出嵩山文化的历史地理与文明现状。因为这套书中的内容有世界文化遗产、世界非物质文化遗产，有国家民间文化遗产，有国家文化遗产和非物质文化遗产项目，还有全国、河南省重点文物保护单位，具有丰富深厚文化底蕴。既有历史的挖掘，又有现实的记录。将古老的历史文化不断激活，这是展示、介绍、宣传、保存中国优秀传统文化的一部力作。

中华传统文化源远流长，其遗留与积存，为数极多，但系统展示区域文化的史料不多。"嵩山文化大系"的问世，使人们通过阅读，能够世代相传地吸取、传承、弘扬嵩山文化，这对促进嵩山文化进一步的挖掘和研究，开展国内区域间和世界各国间的文化交流等方面，都有着极为重要的作用，具有不容忽视的历史价值。

2017 年 1 月

总　序

文化是人类在社会历史发展过程中所创造的物质财富和精神财富的总和。文化是不断向前发展的，是社会生活的物质要素和精神要素的统一，是人的生命活动发展的特殊方式。有了人类社会才有文化，文化是人们社会实践的产物。一定文化（指观念形态的文化）是一定社会的政治和经济的反映，又给予伟大影响和作用于一定社会的政治和经济。

这里所说的文化，是关于嵩山的文化。现在学术界有很多争论，有人认为嵩山地域的范围很大，河洛地区就在嵩山地域之内，所以嵩山文化包括了河洛文化；也有人认为，河洛文化是嵩山文化的中心；还有人认为，嵩山地处洛阳盆地盆沿之上，距洛阳60公里，是处在河洛文化的地盘上，应该从属于河洛文化……编者认为，嵩山文化与河洛文化有很多相同之处，如地域上的重叠性、形式上的多样性、文化上的侧重性、内容的多元化等。但嵩山文化与河洛文化各有自己的体系，说嵩山地域在河洛地域也好，还是说河洛地域在嵩山地域也好，这两种说法的地域概念似乎并不矛盾。但与河洛文化稍有不同的是，嵩山文化则是以嵩山为中心而辐射在嵩山地域的一种有着其独特渊源的社会历史因素所形成的文化，与河洛文化相比，更加强调突出了嵩山在这一地域文化中的源头和先导作用，她应当属于区域文化范畴。

在中华民族的文明发展史上，从黄帝统一中原部落开始，嵩山地域逐渐成为我国古代政治、经济和文化的活动中心，嵩山地域都占有不可取代的的源头与核心地位。在此地域产生的嵩山文化，是指孕育、诞生、发展、繁荣、传承于以嵩山为中心及其周围的黄河、伊河、洛河、颍河上游流域的嵩山地域文化，经历了距今100万～1万年之间的旧石器时代，经历了距今1万～3600年之间的新石器时代中的距今9000～7000年的裴李岗文化、距今7000～5000年的仰韶文化、距今5000～4000年左右的龙山文化、距今4000～3600年二里头文化的发展序列，以华夏先祖尊奉信仰的嵩山"山"文化和"中"文化为渊源，以闻名天下的嵩山称号"神山""祖山"和"天地之中"为根本，以轩辕黄帝、华夏部族以及后来商、周部族的文化系统为先导，涵盖了古代各历史时期的山水文化、神祇信仰、礼乐制度、三教源流、军事战争、文学艺术、文献典籍、民俗风情、少林武术以及姓氏、名人、建筑、教育、科技、考古、天文等多种传统文化元素的根基文化。著名民俗学家丁慰南说："嵩山文化的本体决不是某单一的文化现象的遗迹，而是我国几千年来历史上多种文化'元素'积淀融合而成的产物。"正因为嵩山地域在历史上占据着这么多文化元素的源头，故被当今考古、历史、政治、文化界称之为天地之中、文明之源、华夏之根。

一、嵩山与嵩山区域文化

中岳嵩山的名称,历来变化甚多。黄帝时期称太室;尧舜时称外方、嵩高、中岳嵩高,夏朝时称为外方、崇山、崇高,商称嵩高中岳,夏、商、周三代尊称嵩山为太室、天室、大室。西周时称黄室、嵩高中岳、中岳嵩高,称嵩山地域为地中、天地之中、中国。周平王由镐京东迁洛阳以后,定嵩高太室山为"中岳",称中岳嵩高,以后历代均沿称嵩高为中岳。嵩山位于天地之中,泰、华、衡、恒四山拱卫四方,故嵩山也称"天中之山",自古即为华夏民族所奉祀的名山。

嵩山东西绵亘200公里,主体面积约450平方公里,地域面积约11110平方公里。嵩山地跨河南省的巩义、偃师、伊川、登封、新密、新郑、荥阳、禹州、汝州等县市,与郑州、洛阳相连,嵩山主体部分太室山和少室山位于登封市境内。嵩山北瞰黄河、洛水,南临颍水、箕山,东通郑汴,西连十三朝古都洛阳,素为京畿之地,是古都洛阳重要的东方屏障,具有深厚的文化底蕴,是宋代程朱理学的发祥地之一,也是中国佛教禅宗的发源地和道教圣地。

嵩山属秦岭山脉伏牛山系东延的系列山脉,向东北、东、东南方向扇形展开,地势自西向东逐渐降低。区内地势起伏较大,地貌类型复杂多样。《山海经·中次山经》中说:嵩岳西起昆仑,过秦岭,进入河南后,经熊耳山、伏牛山、大苦山,自龙门以东有香山、万安山、八风山、马鞍山、五佛山、青龙山、挡阳山、少室山、轩辕山、君子山、太室山、讲山、牛山、东龙门山、浮戏山等,北至巩义、偃师的北邙山、敖仓山。山体到登封分为三支,往东有新密青屏山、新郑的风后岭,东北有新密的浮戏山,往南有马岭山、密岵山、荟萃山,东延为具茨山、大隗山,西延隔颍水为箕山、大小鸿山、风穴山,诸多支系山脉构成矗立中原大地的庞大的嵩山山系。嵩山各大山脉的高度一般为700米~1500米之间。其中最高的少室山最高峰连天峰海拔1512.4米,太室山主峰峻极峰海拔1492米,而黄帝居住的具茨山峰海拔793米,上古名人许由所在的箕山峰海拔仅723米。嵩山山脉呈东西向横贯全区,各大山脉绵延起伏,如一条巨龙盘踞在中原腹地。

嵩山不仅有连绵起伏的山峰和丘岭,还有庞大密集的水系。其中,挡阳山与少室山相连,称少室通阜,为颍水发源地;鸿山贯宝山南麓是洗耳河的发源地;八风山是洰水的发源地,洰水西流入伊河;阳城山是洧水的发源地,洧水入新密后,纳溱水,称双洎河;轩辕山北麓的休水河、五指岭北麓的石子河、东西泗河,均北流入洛河;伊河、洛河在巩义神堤村汇流,叫伊洛河;黄河、洛河在巩义神都山下汇流的地方,叫洛汭。在嵩山主要的分支山脉之间,都有独立的水系分布,蜿蜒着黄河、洛河、伊河、颍河、汝河、溱水、洧水等河流。山脉与水系相间,水流河谷与盆地相互串连,形成了地势低凹的开阔地带和较为平坦的盆地,这里有充足的水源,有繁茂的林木,地理位置优越,生态环境良好,是中华文明的天然"摇篮",为华夏的原始先民聚居、生产与生活提供了极为有利的条件,也为嵩山区域文化的形成和发展,奠定了由自然要素与人文因素作用而形成的一个综合性的基础。

嵩山远古时期人们崇信的"天室",是祭祀华夏民族先祖的"祖山",也是历代帝王进行"祭天法祖"的神圣之山。古人认为,嵩山是大地距离上天最近的地方,圣地灵境,天地相通,得天独厚。嵩山地域不但处于"天地之中"优越的地理位置,融四方文化于一体的中心地带,又率先跨入"文明的门槛",而且在以后的数千年里,长期是我国政治、经济、文化、交通的中心,这不但使嵩山文化在"野蛮"进入"文明"的大变革时期,抢占了先机,充分展示了她的先导性,并为她最终成为中华民族的主体文化,为她的正统地位打下了宽厚坚实的基础。

嵩山文化是产生于嵩山地域的一种区域性文化,关于嵩山文化区域的界定,从大的范围说,我国著名民俗专家张振犁教授称:"嵩山文化,狭义指包括北至黄河,南至河南襄城一带,东至虎牢关,西至华山,方圆数千里的(包括河洛文化)的地域。广义就是中原文化的泛称。简单地说,嵩山文化区基本上涵盖了中原腹地的沿黄河、颍河、洛河、伊河、汝河、溱水、洧水两岸的广大河谷、盆地、平原的肥沃地带。嵩山地域之所以被称为中原文化及后来华夏文明的摇篮,是因为炎黄先民在这块土地上开发、经营了近万年。就像埃及原始先民开发尼罗河流域,巴比伦先民开发美索不达米亚(希腊语:底格里斯河和幼发拉底河中间的地方,意为两河之间)和印度先民开发洹河、印度河流域,而创造世界文明古国一样,中国中原地区的'嵩山区'先民开创华夏文明,首先是由独特的地理环境和自然条件所造就。"

从小的范围说,嵩山地域就是当今我国考古界、地质界、历史界的一些专家将以嵩山主要山脉的太室山与少室山所在的登封以及嵩山余脉的所在地伊川、偃师、巩义、荥阳、新郑、禹州、新密、汝州的九个县级市,以及为邻的古都郑州和洛阳的这个地域,称之为"嵩山历史文化核心区"或"嵩山文化圈"。这与考古中发现的以嵩山为中心及其周围的黄河、颍河、洛河、伊河、溱水、洧水一带的中原腹地的范围完全一致,实际上也是秦汉以前以"中国"一词称名的小"中国"。嵩山地域从上古以后各历史时期的古代文明不断代,原始文化序列清晰,历史遗迹随处可见,她不但是一部完整的嵩山区域文化史,还是中华文明史的一个完整的缩影。完全可以说,这是一个在中华民族发展史上占据着重要位置的地域。因此,我国著名环境考古学家、国家文物局专家组成员、中华文明探源工程专家组组长周昆叔称"嵩山文化是中华文化的发动机、孵化器"。

孕育、诞生、发展、繁荣、传承于嵩山区域的嵩山文化,就是嵩山区域在一定的历史、经济条件下产生的古代文明,这一文明的产生、发展,奠定了华夏民族文化的基本模式,同时也包容了几乎整个奴隶社会、封建社会主体文化的发展和演变历史。嵩山文化不同于其他区域文化,如山东齐鲁文化、河北燕赵文化、山西晋文化、陕西秦文化、两湖荆楚文化、江浙吴越文化、川渝巴蜀文化等,嵩山文化不是一般性的区域文化,她对中华民族文化的形成和发展起着巨大的奠基作用。因此有人说,嵩山文化以黄帝统一古华夏部落,与炎帝成为我国远古时代华夏民族的共主,具有中华传统文化的根源性;以夏文化和商周文化为主干,具有中华传统文化的厚重性;以秦汉三国两晋南北朝隋唐的分裂融合为兼容并蓄的全面繁荣,具有中华传统文化的博大性。从黄帝竖起中国大一统的旗帜,到大禹开国建立夏朝,再到嵩山区域的民族融合的与时俱进,外来佛教的中国化,及"河洛"南迁等一系列重大的事件说明,嵩山文化既有强大的吸收、包容、凝聚的力量,把周围的文化吸纳进来,同时也有很强大的辐射作用,把自己的文化传播、渗透出去,影响周围地区,乃至海内外,具有中华传统文化的辐射性。

嵩山文化不仅是名山文化、中央文化、国都文化,在历史上长期处于主导和核心地位,它还是中华文明的摇篮,是中华民族的根亲文化、母体文化、主流文化,是中国传统文化的源头与核心,是构成中国传统文化最主要的组成部分,是华夏五千年文明的源泉与主脉,在中国古代文化史上占有十分重要的地位。中国民俗学会名誉会长、中国民间文化遗产抢救工程专家委员会副主任、文化部中国民族民间文化遗产保护工程专家委员会委员乌丙安说:"嵩山的中岳之中,占据了五行方位中央的最佳位置,理应在发扬和开拓中华名山文化的跨世纪文化建设中发挥领头羊的导引作用。在积极倡导中华名山文化的大潮中,建设并发展嵩山文化。"

二、三十六亿年的嵩山地质

地球的年龄约为46亿年,远古时的地球全是被水包围着,后来地壳不断运动后才形成陆地、海洋。据地质学家研究,嵩山是世界上最早出露大海的古陆地。35亿年左右,当地球尚处在天地茫茫、混沌未开、一片汪洋之时,嵩山在大海中已经形成了小块的陆核,之后在漫长的造陆和造山运动中碰撞、裂变、聚集,山体开始在海水中沉浮慢慢地发育成长。

嵩山地域清晰地保存着发生在距今25亿年的"嵩阳运动"、距今18亿年的"中岳运动"、距今5.6亿年的"少林运动"等三次前寒武纪造陆和造山运动所形成的角度不整合接触面及典型的构造形态遗迹。嵩山一次又一次地浮出水面,又一次又一次地沉入海底,历经千万次激烈的起伏、颠簸、沉积、褶皱,历经无数回剧烈的碰撞,终于横空出世,成为世上山龄最长的山脉之一。嵩山经历了这三次大的造山运动,其独特的地质地貌景观,成为世上绝无仅有的地质经典之作。

据中外地质学家考察,嵩山经过这三次大的造山运动,才结束了地质史上的元古代,进入了古生代的寒武纪和奥陶纪。又经过约两亿年,此处地壳上升至海平面以上,因其受风化和剥蚀作用,形成了嵩山地区的含煤地层。

大约在6亿年前后,当时的陆地还没有完全浮出地表,但是北边的中国已开始浮出地表,这里面也包括了嵩山。也就在这一时期,嵩山最后一次升出海面矗立于世间时,以高著称于世的喜马拉雅山和整个秦岭都还在海底沉睡。

大约在2.3亿年前后,中国的版土上,又发生了一次延续很长时间的地壳运动,即南北广大地区的"燕山运动",嵩山受到南北方向的推挤,在这里已经形成了1500多米的高度,成就了今天瑰丽多姿的山势及地质地貌,确定了嵩山地质的基本格局。

嵩山地域内连续完整地显露着太古代、元古代、古生代、中生代和新生代五个历史时期的变质岩、沉积地层,加之伴随历次构造运动,形成了地球上独一无二的嵩山"五代同堂"的地质奇观。嵩山地质构造以其岩龄古老、类型齐全、构造复杂、形迹各异、发育完整、出露良好而闻名中外,被国际地学界誉为"地学百科全书"和"天然地质博物馆"。嵩山地域位于天地之中心,上下数十亿年,大自然所造就的嵩山各地质时期千变万化的地质遗存和类型多样的地势地貌,使嵩山成为世界地质史上的一枝奇葩。

嵩山复杂的地质地理条件,经过漫长的地质作用,形成了独特的气候条件,造就了种类繁多的地质遗迹。内外力的地质作用形成了宏伟壮阔的构造形迹、典型的地层层型剖面、灭绝的动植物化石、重岩叠峰的断块山体、千尺飞泻的悬流瀑布、清流晶莹的素湍绿潭、幽静宜人的湖光山色。嵩山地质不仅给地质科学的研究留下了各历史时期千姿百态的地质变化遗迹,而且为人类提供了适宜居住的生活环境。

鉴于嵩山地质在世界地质的独特性,世界上许多国家著名的地质科研部门和地质大学都将嵩山列为科研、考察、教学的基地。2004年2月13日被联合国教科文组织列为世界地质遗产,命名为"嵩山世界地质公园"。

三、嵩山文化一万年

以嵩山为中心的嵩山地域是东方文明的重要发祥地,这里不但最早进入文明时代,而且在以后的漫长时期里,成为我国政治、经济、文化、交通的中心。在史前考古学文化方面,从旧石器时代文化遗址说起,大约在100万年以前,嵩山地域就有了人类生活的史迹。在嵩山地域汝州张湾村发现的旧石器时代早期的简单石器劳动工具,是人类早期的活动遗物。洛阳北窑旧石器文化遗址除了出土有动物化石及人类用火痕迹,还有近800件石制品连续分布在黄土地层内,在国内外十分罕见,这就把旧石器考古与黄土研究紧密联系起来,对研究全球气候变化和探索黄土时期的人类生活环境有着重大的意义。荥阳织机洞遗址展示了旧石器时代与新石器时代的过渡和交替,对于追溯嵩山古文化的渊源和研究嵩山古代环境面貌及其与人类的关系提供了珍贵的史料。

大约距今一万年左右,嵩山地域进入新石器时代。新石器时代与旧石器时代相比,人类社会有质的飞跃,首先是陶器的出现、石器的精致化;其次是原始农业的产生,我们的先民已进入了农业定居阶段,早期的聚落已经形成。到了新石器时代中晚期,出现阶级分化,王权开始形成,文明在嵩山地域最先产生。人类在进入新石器时代后,嵩山作为中国史前文化最发达的地区之一,孕育了原始社会最著名的裴李岗文化、仰韶文化、龙山文化和二里头文化等,使嵩山区域最早成为原始文化的核心部分,在中国文化发展史上,占有相当重要的地位。嵩山文化核心区内,嵩岳高山纵横,河(黄河)、颍、洛、伊、溱、洧诸水纵横其间,这就形成了原始先民们居住、生产、生育、繁衍的最理想的地区。嵩山地域现在保存的大量的古文化遗存就足以证明,嵩山地域经历了距今100万~1万年之间的旧石器时代,经历了距今1万年~3600年之间的新石器时代中距今9000~7000年的裴李岗文化、距今7000~5000年的仰韶文化、距今5000~4000年的龙山文化、距今4000~3600年二里头文化等,从1万年至今,一直延续不断,前后相接,形成了一个完整的文化发展系列。其遗址数量之多、分布之密,居全国之冠,它们充分反映了嵩山地域原始社会时期的繁荣景象。

从考古学上看,嵩山地区的新石器早期文化是裴李岗文化,在此基础上形成仰韶文化、龙山文化、二里头文化。从考古成果看,嵩山地域的新石器时代文化遗址有1000余处,每处遗址一般包含着几个文化层的堆积。各文化层的叠压层次清晰,具有明显的时代连续性,如郑州的林山寨遗址、吴湾遗址,洛阳的矬李遗址,登封的袁村遗址,汝州的中山寨遗址等,其中每个遗址上都堆积有新石器时代的多种文化遗存,其类型有裴李岗文化、仰韶文化遗存;有仰韶文化、龙山文化遗存;有裴李岗文化、仰韶文化、龙山文化遗存;有仰韶文化、龙山文化、二里头文化和商代文化遗存等等,对研究嵩山地域中的各文化之间的发展过渡和承袭关系具有重要价值。

中华民族史前时期的"英雄人物"——"三皇""五帝"生活在这里,"河图洛书"的传说也发生在这里。大量的考古发掘和田野调查资料证明,人类生活环境早在8千至1万年以前,这里已经是农业文化的稳定时期,物质文明和精神文明已达到了相当高的水平。从传说中的燧人氏、伏羲氏、神农氏的"三皇",到中华民族始祖黄帝、颛顼、帝喾、尧、舜的"五帝",他们是远古人类始祖和人文始祖,他们在嵩山的活动情况,皆是嵩山文化的源头和组成部分。相传上古之世,有龙马负图出于河,伏羲据此画八卦。上古时代的主要生产之事,都萌生于伏羲手中。如神农氏在嵩山地域尝百草、制造耒、耜等农具、始种五谷。如生于嵩山地域的炎、黄二帝,《国语·晋语四》载:"昔少典娶于有蟜氏,生黄帝、炎

帝。""黄帝都新郑"。如尧帝巡狩,崩于阳城。如舜帝迁居负黍城,《世说》载:舜迁于负黍(今登封大金店一带)。如帝喾都西亳(今偃师)。在中国文明早期阶段的历史上,远古人类以不屈不挠的顽强意志、勇于探索的精神和卓越的聪明才智,绘就了人类文明史上光辉绚丽的画卷。

炎黄文化是华夏文明的前身,而炎黄帝族系的形成和发展,却经历了漫长的复杂演变过程。在中原聚居的众多部族之间,由于利益的冲突,经历了长期的斗争。黄帝部落的大发展,为中华民族的物质文明奠定了牢固的基础。以后历经颛顼、帝喾、尧、舜、禹、文王、武王的对以嵩山为中心及其周围的河洛、伊洛平原以及整个中原文化的开发,便成就了古代华夏文明繁荣昌盛的壮丽景象。

远古时代各部落的融合与分化过程,打破了部落的地方隔绝,完成了地区性部落联盟向国家与民族的过渡。公元前21世纪,中国历史上的第一个王朝——夏王朝在嵩山地域诞生,夏为中国历史上第一个奴隶制国家。夏王朝的建立,标志着人类社会由"野蛮"跨入"文明"。从考古发现来看,此时的生产力有了一次突飞猛进的发展,出现了青铜礼器、文字和城市,率先进入了文明时代,并从此在相当长的时期内,成为中国古代文明的核心。著名历史学家刘庆柱说:"学术上严格意义的古代文明起源、形成,实质上就是国家的起源、形成,因此说古代文明起源与形成是个政治范畴的问题。"嵩山之所以称为华夏文明的摇篮,就因为嵩山地域的华夏先辈不断繁衍生息,逐渐发展进步,形成疆域,出现"国家"。史料记载,夏王朝的统治区域西至华山之东,东到豫东平原,北达济水之南,南抵淮河沿岸,方圆千里,展示了人类社会的文明和进步。

嵩山地域作为中华民族的发源地,从一开始就具有非同寻常的生命力。通过继承发展的凝聚性和相互交流的多样性,终于形成了以商周文明为核心的主体部分,并导致多民族的统一国家的形成和壮大。因此,我国文物考古界的有关专家称黄河为中华民族的母亲河,称嵩山为中华民族的父亲山,称"天地之中"的嵩山地域为中华民族形成的中心!

由夏以降,商、西周、春秋、战国、东汉、曹魏、西晋、北魏、隋、唐、武周、后梁、后唐、后晋均曾建都于嵩山地域,许多影响中国历史的重大政治、军事事件发生在这里,许多彪炳史册的民族英才生活在这里,许多光耀千秋、泽被万世的科学文化成果诞生在这里。嵩山地域号称是"举手摸到秦文化,抬脚踢到汉砖瓦"的"文物之乡",古代文化遗存数量之多,分布之密,为全国之冠。从夏王朝到春秋战国,从汉魏两晋到南北朝,从隋唐五代到宋金元明清,都清晰地记录了华夏民族的先祖们在这里繁衍生息、生产活动和后来炎黄子孙自强不息、发展壮大的历史足迹。从一定意义上讲,一部嵩山地域史,就是一部中国发展史;嵩山文明5000年,就是中华文明5000年。

以中岳嵩山为中心的黄河、颍河、伊河、洛河、溱水、洧水、汝河流域孕育、产生、繁衍的"嵩山文化",正是在这一土地上孕育、产生、繁衍的一种中国最古老、最权威的文化。嵩山文化从古到今,一脉相承,延绵不断,流传至今。有学者认为,广义的嵩山文化产生于史前原始社会时期的旧石器时代,距今至少有170万年的历史,是目前所知世界上产生和形成最早的文化之一。即使从新石器时代的裴李岗文化算起,迄今也已延续了大约一万年之久,这是世界文明、文化史上仅有的现象。

四、天室、祖庙、地中、华夏、中国

嵩山地域是人文始祖黄帝的主要活动区域,为嵩山成为政治中心及"天地之中"奠定了基础。距今5000年前后,轩辕黄帝在嵩山地域修德振兵、抚万民、度四方、融炎帝、一统天下,建都有熊(今新郑），带领先民们创文字、织丝帛、分州土、立朝市、定历律、制舟车、撰《内经》等等，创造了最为先进的氏族文化，奠定了中华民族的根基。

黄帝建都于嵩山地域之后，即把太室当做祭天的神山。《史记·封禅书》说"天下名山八，而三在蛮夷，五在中国。中国华山、首山、太室、泰山、东莱，此五山，黄帝之所常游，与神会。"可以说，从黄帝时期开始，就开创了祭祀嵩山的先例。正由于此，嵩山成为了中华民族的文化圣山。

《五帝本纪》载，黄帝打败了炎帝（族）、蚩尤，统一了华夏，天下万国的诸侯都尊黄帝为天子。据历史记载和文物佐证，黄帝统一天下，奠定中华，肇造文明，缔造了最早华夏族的核心。从黄帝开始有了民族融合，有了国家雏形，有了制度草创，有了农业大发展，有了物质和文化建设。相传尧、舜、禹、皋陶、伯益、汤等均是他的后裔，因此黄帝被奉为中华民族的共同始祖。《礼记·郊特牲》载："万物本乎于天，人本乎于祖。"由于黄帝开创华夏文明的功绩，夏、商、周、秦、汉时都把黄帝作为共同的祖先进行祭祀。

嵩山古时称嵩高、崈（古写的"崇"）山，据《唐汉字解字·汉字与日月天地》解释，"嵩"字原本指对男性生殖器的崇拜，故音"笋"。而"崇"字是一个会意字兼形声字，从古写的"崈"字可以看出，崈本身就是以宗在上，山在下，顾名思义，有山之宗的意思。崇的称名起源很早，《国语·鲁语》载："在昔有虞，有崇伯鲧。"相传，"鲧作城郭"，其地因山为名，故址就是现在登封的王城岗夏代遗址。崇，古音从宗声。宗，《说文》载：尊祖庙也。从字源学的角度看，祭祀祖先的所在叫宗，祭祀天帝的所在也应该叫宗。因此，后人理解的嵩山是天人合一，具有"天室"与"宗庙"双重的尊贵地位。一方面，嵩山古称"天室"，是天帝居住的地方，是神宗所在，也是上天与人间沟通的地方；另一方面，嵩山又称崇高山，是华夏民族的宗庙，宗庙祭祀的主神为华夏始祖轩辕黄帝。在华夏文明起源与形成过程中，存在着两条主线：一是神祇信仰，二是祖先崇拜。而嵩山恰恰是集这两条主线的条件于一身。换句话说，嵩山祖庙所祭祀的始祖主神和古人祭祀的嵩山天神是一个天人合一的人物——即轩辕黄帝。因此，在敬仰天神、崇拜祖先的远古时期，"嵩高山""崇高山"即为华夏民族所祭天法祖的神山和祖山，是我们华夏民族的族根和精神归属。

"天有心，地有胆，天心地胆在告县"，这是登封广为流传的一首民谣，民谣中所说的天心地胆即位于登封市东南12公里处的告成周公测影台。即3000年前的西周初年，周公因营建洛邑选址时，曾在此建测影台，据地表、测日影、求地中。《周礼·地官·大司徒》："以土圭之法测土深，正日景（影），以求地中。"郑众注："土圭之长，尺有五寸。以夏至之日，立八尺之表，其景（影）适与土圭等，谓之'地中'。""地中"即国家的中央地区。在古代人们还没有认识到地球是圆的之前，我们中国人传统的宇宙观就一直认为，地球直观上看是一个平面，进而认为平面为方形，而方形必然有一个中心点，这个中心点则与圆形天的中心相对应。《周礼》中说："谓之地中，天地之所合也，四时之所交也，风雨之所会也，阴阳之所和也。"所谓的"地中"，与天相对应，就是"天地之中"，是天地相合之地、四时交汇之地、风雨相会之地、阴阳相和之地，是圣山灵境，而阴阳相和之地意义更为深远，古代以为万物乃阴阳相和而生，因而"地中"作为阴阳相和之地，也就是天地万物发生发展的根源之地。

华夏、中国的名称据考证源于嵩山地域。

"华夏"之名，源于夏代。其"夏"的得名，显然与夏王朝的建立有关，古人解释"夏"为"大国"，乃自称美名；周人往往自称为"夏"，历史上有"周人尊夏"的记载。

至于"华夏"之"华"名，似由一望可辨的服饰而来，夏人冠冕衣大带采饰，《周礼》解"冕服采章曰华"，亦当为自称美名。《左传》定国十年："中国有礼仪之大，故称夏，有服章之美，故称华。"故"华"为

美好之意。《左传》载:"冕服采章曰华,大国曰夏。"《疏》:"华夏为中国也"。系释"华夏",乃文物典章制度最盛的炎黄中国而言。

有专家考证"华"与"夏"二字之初源,应为地名、国名,亦民族部落名之转化,民族愈发展,地理范围愈广大,滋"大国曰夏"之意,后逐沿称"中国"。

说华,非今陕西之华山,陕西之"华",古称"太华",似乎东周始而显名;华夏之"华",是另一地,当在嵩山一带。《国语·郑语》云:"前华后河,右洛左济。"说的是公元前773年,郑桓公姬友见西周衰败,西周将乱,诸侯多叛,为预避国难,求教于太史伯。太史伯救之曰:只有出居"前华后河,右洛左济"之地,"主芣騩而食溱洧"才能逢凶化吉,兴旺发达。即《史记》中所说之"独雒之东土,河济之南可居"之地。芣騩,山名,溱、洧,水名,皆在嵩山地域的密、郑一带。然而,此地当时已先有东虢、郐国两个国家居住,因其国君皆贪心好利,有失民心。这为后来郑桓公灭两国创造了有利条件。此地西陲与东周王室为邻。考东虢、郐两国具体位置,《国语·郑语》说"其济洛、河颍之间,是其子男之国,虢、郐为大";《史记·郑世家》裴骃解,"虢在成皋,郐在密县","右洛左济"其左陲,在黄河与济水交汇处,与"夏桀之居"之"左河济",两左陲东疆正相一致。因此,可证虢、郐两国国土,正处在夏桀时的国土之内,不言而语,"前华后河"的"华"地,也必然在嵩山地域的范围之内。

嵩山地域古有华国。同样是《国语·郑语》记载,公元前773年,郑桓公见西周衰败,诸侯多叛,问太史伯:郑国何处可以立国。太史伯对桓公曰:"虢、郐十邑,华其一也"。华,即指华国。太史伯谓郑桓公曰:"华,君之土也。"华,西周时期封国,都城为华阳。简称"华"或"莘"。考其地望,"华"应在嵩山之南,在今新郑、新密一带。《潜夫论·志氏姓》云:"华氏……子姓也。"《水经注·洧水》对华城的记述颇详:洧水又东与黄水合,《经》所谓潧水(溱水),非也。黄水出太山南黄泉,东南流迳华城西。

华阳故城位于新郑市区北20公里的郭店镇华阳寨村周围一带,平面呈南北长方形,各面城墙中部均有折曲,周长2300余米,面积约36万平方米。华阳故城城南、城东是一条古河道,宽20米~70米,深4米~8米,古名华水,现今潮河的源头。华阳故城就座落在古华水北面较高的岗地,距其源头郭店村南仅1.5公里。据《水经注》《新郑县志(乾隆版)》记载"为七虎溪,亦谓之为华水也"。西晋史学家司马彪曰:"河南密县有华阳山"。国在山水间,故而名华。

华阳故城春秋属郑,战国归韩。秦灭六国后堕城毁门,华阳故城遭到严重破坏。隋代伊斯兰教徒入住城内。唐以后对城墙整修,局部增高并增加马面设施。清咸丰年间华阳寨村建清真寺,整修南门,门上刻青石门额"古华邑"。华阳城自古就是很重要的城邑。2013年5月被国务院核定为第七批全国重点文物保护单位。

华夏之"夏",是指夏民族所分布的地区。从禹的族源上说,禹也是始祖黄帝的后裔。《史记·夏本纪》云:"禹之父鲧,鲧之父曰帝颛顼,颛顼之父曰昌意,昌意之父曰黄帝。禹者,黄帝之玄孙而帝颛顼之孙也。"由此可知,同在嵩山地域的夏族和黄帝族一脉相承。其"夏"得名,显然与夏王朝的建立有关。《史记·夏本纪》之《索隐》引《连山易》载:"鲧封于崇",史书称夏部族的祖先鲧和禹为"崇伯鲧"和"崇禹",说明他们曾是崇山即嵩山地域的部落首长。《太平御览·地部四》嵩山条引韦昭注云:"崇、嵩古通用。夏都阳城,嵩山在焉"。史料记载,夏代第一个帝王大禹在嵩山地域治理洪水,辟山筑道,开拓了夏朝统治的基地,而且夏启、太康、胤甲、孔甲、帝皋、夏桀6个帝王先后都居于此,同时连后羿、寒浞、少康都攻占过这里。

"华"在西周时期有文献记载。周穆王时的命簋铭云:"唯十又一月初吉甲辰,王在华,王锡命鹿,用作宝彝,命其以多友飤飲。"著名考古学家唐兰也在他的《西周青铜器铭文分代史微》中说:"华,地名……在河南省密县,西为嵩山,是夏族旧居,所以华即夏,中华民族起源于此。"

而"中国"一词,最早见于《尚书·梓材》和1965年在陕西宝鸡县贾村塬出土的西周青铜器《何尊》,其底部铸有一篇122字的铭文,其中有"宅兹中国"四个字,就是指嵩山周围及伊洛河一带。"中国"的本意为"天地之中""中央之国",与"四方"相对,故文献又称之为"土中"。在嵩山地域文化中,有两个概念特别突出,一是自然的"嵩山",二是西周都城"洛邑"。著名河洛文化学者徐金星在谈到嵩山与洛阳的关系时,曾经有过一个形象的比喻。他说洛阳是一个天然的盆地,而嵩山则是在这个天然盆地的盆沿之上,它们之间是无法分割的。在古人以天为命的理念中,嵩山就是古都洛阳所依附的一座神山和祖山。夏、商、周三代之所以要在嵩山地域建都,首先是以"天室""祖庙""天地之中"的嵩山为根本,必须是在"毋远于天室"的前提下,依靠嵩山来建立国家,以取得天神和祖先的庇护。如司马迁《史记》所载:"昔三代之居,皆在河洛之间,故嵩高为中岳,而四岳各如其方。"于是作为"天地之中"的嵩山地域,很自然地就成为实际意义上的"中国",成为夏、商、周三代的中心。

由于夏、商、周的疆域面积小,《孟子·商公孙丑(上)》曰:"夏后、殷、周之盛,地未有过千里者也。"《诗经·商颂》曰:"邦畿千里,维民所止。"据史料记载,夏代的疆域面积为210万平方公里;商代的疆域面积为300万平方公里;周代的疆域面积为320万平方公里,三代的疆域面积均未超过400万平方公里。所以,秦汉以前,以"中国"一词称名的嵩山地域,实际上是一个小中国;秦汉以后,经过华夏民族的发展,随着国家的统一,疆域和版图的扩大,过去的"中国"已经成为了一个大中国。而原来以"中国"称名的嵩山地域,在统一帝国后,连同整个河南,已经成为属于大中国的"中原"或"中州"。

故"中国"一词的初义来自"天地之中"。"惠此中国,以绥四方"是《诗经》中的古训。"宅此土中",是包举宇内、一统山河的象征;"迁宅土中",更是寄托了一代代贤圣"囊括四海、并吞八荒"的伟大抱负。正是在大自然恩赐的这块小"中国"的丰土吉壤上,产生了华夏民族的先祖。

历史发展与文献证明,以嵩山为中心的嵩山地域是华夏祖先最早生活的地方,是中华民族的摇篮。经过夏、商、周三代文明的发展,嵩山文化成为了中华民族的文化之根。

夏、商、周以降,对嵩山的祭天法祖已成定习。太室祠(中岳庙)成了古代帝王祭祀远古始祖、中岳主神—轩辕黄帝而设的官方庙宇。从周时的太室祠到公元前110年,汉武帝刘彻祭祀嵩山,起神官斋戒七日,"闻嵩山呼万岁者三,登礼罔不答。其令祠官加增太室祠(周时旧祠),赐山下三百户为之奉邑,祠衙合一,专奉祭祀",至今香火已绵延3000余年。从北魏孝文帝迁都洛阳,亲撰祭文,认定"轩辕曜哲,伊祁载形。逮于有周,实光洛征",到武则天封禅中岳,尊中岳主神为"天中黄帝";从宋太祖赵匡胤向中岳主神黄帝敬献衣冠剑履、冕服,令祀官按宗庙谥册之制、详定中岳仪注及冕服制度,到元世祖忽必烈为中岳神加封号"中岳中天大宁崇圣帝";从明代历任皇帝即位及有关国家大事对中岳主神黄帝的祭告,到创造"康乾盛世"的乾隆皇帝亲祭中岳,这一系列漫长的嵩山朝圣活动,都说明了华夏始祖和中岳嵩山主神轩辕黄帝在后世帝王心目中的崇高地位。尤其是在那种"天人合一、君权神授"的大一统封建社会中,他们之所以要到嵩山祭天法祖,主要是为了向世人宣布,他们统治的权力和正义性来自于上天和先祖的赐予和庇护,他们正统至尊的地位不可动摇。

五、河图·洛书·太极·八卦与洛汭

在古人心目中,嵩山是神秘的"天室",嵩山地域也是神秘的历代统治者封禅祭拜天地山川的中

心。闻名古今的洛汭就是嵩山北麓神都山下黄河与洛水的交汇处,这也是中国文明起源中太极图、伏羲八卦和上古时期帝王们修坛沉璧,出现"龙马负图""神龟献书"的河出图、洛出书之处,反映了嵩山地域的史前文化在中华文明史上具有独特的地位。

河图洛书的出现及历代皇帝祭祀河流山川的地点就在巩义市南河渡村、北至神堤村、黄河以南的洛河湾的"洛汭",周围称为洛汭地区。这一地区早在远古时代便是人烟稠密、物产丰富的地方,从考古发现的裴李岗文化遗址、仰韶文化遗址、龙山文化遗址,以及夏、商、周的众多遗址便是最好的证明。据先秦典籍记载,洛汭是中华文明发源的集中地,又是向四面八方辐射华夏文化的核心地区。河图、洛书、太极图、八卦,在科学家心目中,有着博大精深的文化内涵。

相传伏羲氏时,神都山下的黄河与洛河交汇处的洛汭中,有一匹龙马从黄河浮出,背负"河图";还有一只神龟从洛河中浮出,背负"洛书",伏羲依此"图"和"书"画"太极"与"八卦",这就是后来《周易》一书的来源。《易经·系辞上》曰:"河出图,洛出书,圣人则之。"孔安国认为:"河图则八卦是也,洛书则九畴是也。"

有人发表文章说太极图起源于洛汭,认为太极图虽然含有深奥的哲理,但它的图像是来自于自然、受自然的启发而形成的。具体一点说,在洛汭黄河水暴涨时,堵截洛水倒流,如洛水同时暴涨,黄、洛两水在洛汭交汇撞击,形成旋涡,清浊分明。通过这个自然现象触发灵感,启迪了伏羲创造出"太极"和"八卦"。太极是中国古代的哲学术语,意为派生万物的本源。太极图形象化地表达了阴阳轮转、相反相成是万物生成变化根源的哲理。而八卦是表示事物自身变化的阴阳系统,用"—"代表阳,用"- -"代表阴,用这两种符号,按照大自然的阴阳变化平行组合,组成八种不同形式,叫做八卦。八卦其实是最早的文字表述符号。它在中国文化中是与"阴阳五行"一样用来推演世界空间时间各类事物关系的工具。每一卦形代表一定的事物。乾代表天,坤代表地,巽代表风,震代表雷,坎代表水,离代表火,艮代表山,兑代表泽。八卦互相搭配又变成六十四卦,用来象征各种自然现象和人事变动。《易经·系辞上》曰:"易有太极,是生两仪,两仪生四象,四象生八卦。"伏羲依河洛而画八卦,文王依八卦而演《周易》,遂使河洛八卦成为华夏文明的源头活水。

河图洛书神话中所包含的哲理,是我国上古游牧时代(伏羲时代)广大牧民在生活实践中创造的文化结晶。它是我国自然科学的萌芽,也是人文科学发展的基础和起点。

除伏羲氏外,洛汭还跟远古时代帝王祭天、决策国家重大事件有关,因而成为上古帝王祭天的圣地,是"君权神授"传统文化现象之源。史料记载,黄帝、尧、舜、大禹、商汤、周武王都曾在洛汭祭天,修坛沉璧,受命、禅位,均得到了自然界赐予的龙马负图、神龟负书的奇观圣景,达到了君权天授的目的。尽管上述记载传说性、神话性很强,但是这些帝王们利用古人对天神的信仰,来达到自己的政治目的,则是完全可信的。可见,这里是中华文明的发祥地之一,又是向外辐射的文化核心地区。至今这里尚有神都山、伏羲台、羲皇池、羲圣祠、图门、龙峰、图录文、洛璧书、河渎庙等遗址。

河图洛书是以天地之数的奇妙组合来涵盖天人合一思想的宇宙图式。图中数字的结构和方位,是按照阴阳五行相生相克的原理配置的。河图洛书的基本内容是代表"天命""神意",应帝王圣君出世而出现。《三国志·魏志·文帝纪》:"君其祗其大礼,飨兹万国,以来承天命。"裴松之注引《献帝传》:"河图洛书,天命瑞应。"后世人将其内容总结为:一是天文占验,二是地理情况,三是受命帝王的祥瑞、符命之类的神话。河图洛书的文化性质是古代神话传说与古代历史传说的结合体,在神话外衣里,包含古代各方面的文化知识。后经过东汉《七纬》对其内容加以充实,使其内容更加丰富,涉及古代哲学、史学、文学、地理、天文、历法、气象、几何、数字、预测、礼制、宗教、歌谣、民俗等,是极有价值的文献资料。这是河图洛书长期存在、流传的根本原因。

河图洛书之说,文字部分距今已有2000余年,图样部分距今已经1000多年,是嵩山文化中的重要组成部分,有着重要的文化价值。2000多年来,它不仅对我国古代多种学科起到了极为重要的奠基作用,而且对现代的哲学、预测学、数学、物理、化学、生物学等也有很大影响。因此,以"河图""洛书"和太极、八卦起步的《易经》,历来被尊为中华文明之始、中国文化的百科全书,甚至被人誉为"中国先民心灵的最高成就。"河图洛书所反映的天人合一思想是东方哲学的精髓,因而对我国古代的政治、经济、军事、科技、文化等,都产生了深刻的影响。尤其是在当今,河图、洛书、太极、八卦,在海内外已成为中华文化独特的文化标志。

六、神话传说故事

神话、传说、故事是一个民族古老的记忆。远古时代,在进入有文字记载的历史之前,实质上是一个"传说的时代"。虽然文字还没有产生,但有关史实靠口耳相授而流传下来。

嵩山地域是中华先祖最早的集聚地,我国古代黄帝、帝喾、唐尧、虞舜、夏禹等神话,多传于此。从原始社会到奴隶社会,这里产生了大量的神话。盘古、女娲的《盘古开天地》《盘古初分》《女娲补天》《滚磨成亲》,有巢氏的《落地而居》,燧人氏的《钻木取火》,伏羲氏的《伏羲八卦》《神农播五谷》,黄帝的《指南车》,嫘祖的《养蚕造丝》,仓颉的《仓颉造字》以及夏朝时的《大禹治水》《启母石》等神话在这里广泛传播。

古老的嵩山地域是产生神话的沃土,许多有关盘古、女娲、伏羲、夸父、黄帝、尧、舜、许由、大禹、商汤、周公、老子等的远古神话和丰富多彩的民间传说、民间故事、寓言、笑话是嵩山文化的精华。它们不但具有源头文化的价值,而且曲折、生动地展现了中华民族的先民们为生存而进行斗争的古代文化风貌,这些具有原始文化特色的民间口头创作,无不闪耀着中华民族文明智慧的光辉。从夏、商、周起,历经秦汉、三国、魏晋六朝、隋唐五代、宋、金、元、明、清各代,在嵩山地域中发生的重要事件、出现的伟大人物、学术思想、文献典籍、文学作品、碑碣石刻以及风景名胜等,在当地的民间都流传有与之相应的神话、传说、故事。它们伴随着历史的脚步,一直保留至今,成为嵩山文化的重要组成部分。

嵩山地域流传的远古神话,反映了这一地区漫长的远古中原人类居住、活动的社会生活的实际,表现了中华民族不断与自然、灾难、环境作抗争的英雄气概,歌颂了"劳动创造生活,人民创造世界"的光辉历史,展示了我们的祖先不惧恶魔,不怕困难,战天斗地的大无畏精神,从而探寻了人的生命和命运这一永恒的主题,表达了先民的心理愿望和生活渴求,折射出中华民族的信仰与追求。

七、主要学术成就与宗教信仰

在中国文化史上,儒学长期以来居于正统地位。嵩山地域在儒学发展过程中,有着非常重要的意义。嵩山地域既是儒学的发源地,又是其传播、发展、演变的重要地区。追根溯源,周公是儒家文化的先驱,孔子在继承殷、周文化的基础上而创立了儒家理论学说。

依据传统说法,儒家学派的创立者是春秋战国末期的重要思想家和教育家孔子。然而,在孔子以

前已经出现了诸多儒学思想的要素。礼乐是儒家思想的核心内容，而追寻礼乐产生就成为追寻儒学发展脉络的一个关键。在华夏文明的起源与形成过程中，存在着两条主线。一是以神祇信仰为内核的非礼乐系统文化由盛而衰，二是以祖先崇拜为内核的礼乐系统文化从无到有、由弱到强，二者形成鲜明对比。而夏商两代的礼乐文化的勃兴与扩展，成为礼乐文化的集大成者，使礼乐文化成为华夏文化的主流。这在儒学乃至整个华夏文明的发展过程中，均具有里程碑式的作用。

在礼乐制度发展过程中，周朝是最早对"礼"和"乐"作出规定的时代。周公制礼作乐，奠定了儒家学说的基础，对巩固周王朝发挥了重大作用。成王、康王之时，天下安宁，40年不用刑罚，史称"成康之治"。正是因为周公封于鲁、周公后人治理于鲁，故鲁国成为保存西周典籍及文物制度最多、最丰富的国家，成为周公思想、儒家思想的根基深厚之国，所谓"周礼尽在鲁也"。后鲁国诞生孔子，孔子向往周，故又有了"孔子入周问礼乐"之事。就是说，孔子不但长期受周文化熏陶，还不远千里到周王室学习。孔子向老子请教诸如"先王之制""礼乐之源""道德之归"等许多事情。在此基础上，孔子倾毕生精力，丰富、发展、弘扬周公开创的礼乐学说，整理编订《诗》《书》《礼》《易》《乐》《春秋》等古代典籍，兴办教育，诲人不倦，成为一位伟大的思想家和教育家。鉴于周公在儒家学说中的创始作用，历代儒家尊周公为"元圣"。因此说，嵩山地域实为儒学渊源之乡。

经学本系阐释儒家经典之学，在汉、魏、晋以后的相当长的一个时期内，一直是中国文化的正统，对我国传统文化的哲学、史学、文学、艺术等产生过重大的影响。东汉时，今文经学派和古文经学派在洛阳展开了空前热烈的大讨论。当时古文经学大师辈出，最有名的如桓谭、班固、王充、贾逵、张衡、许慎、马融、服虔、郑玄等。许慎的《说文解字》是文字学、古文经训诂的一大总结；郑玄则是古文经学的集大成者，"郑学"成为魏晋以后经学的主流；而东汉洛阳太学则是当时讲授儒经、抒发己见、著书立说、相互诘难最重要的学术场所，立于洛阳太学的《熹平石经》，更是经学的范本。

魏晋时期，以国都洛阳为中心，玄学大为流行。这种哲学思潮用唯心主义解释天道自然，以老庄思想糅合儒学经义，以虚无玄远的"清谈"相标榜，引领当时的社会风尚。早期的代表人物是何晏和王弼。何晏撰有《论语解释》《道德论》等；王弼撰有《周易注》《老子注》《老子指略》等。他们认为"无"是宇宙万物的本体，"凡有皆始于无"，名教出于自然。接下来的代表人物有嵇康、阮籍，他们反对司马氏为夺权而标榜的名教，"非汤武而薄周孔"，主张"越名教而任自然"。再后来，经西晋重臣曾任中书令、尚书令等诸多要职的王衍的大力提倡，玄学更为盛行，其势力甚至已超过原来的经学，从而取得了思想上的支配地位。西晋玄学的另一派代表人物是向秀、郭象。向秀认为万物自生自化，主张合儒道为一，撰有《庄子注》等；洛阳人郭象，将向秀的《庄子注》述而广之，阐发老庄思想。

理学是佛学和道家学说渗透到儒家学说后而形成的一种新儒家学派。它不但是两宋300多年的支配思想，而且对宋以后的中国社会、中国文化都产生过重大影响。宋代理学的创立者邵雍和程颢、程颐兄弟祖籍都在嵩山地域，他们长期在嵩山地域聚徒讲学，著书立说，进行理学研究、讲学传播。嵩山的伊川书院和嵩阳书院是他们传播理学的重要场所。

程颢、程颐兄弟创立了一套系统的客观唯心主义体系。程颢著有《明道文集》《明道先生语录》等；程颐著有《伊川文集》《易传》《经说》等。后人收集整理，编为《二程全书》。他们把儒学提高到了"本体论"的层面，把"理"或"天理"作为哲学的最高范畴，"理"是宇宙天地万物的本源，是人类社会的最高准则。理是第一性的，它产生出天地万物，又存在于天地万物之中，"一草一木皆有理"，"理"是永恒的。他们又把理作为封建伦理道德的最高准则，认为"为君尽君道，为臣尽臣道，过此则无理"，"父子君臣，天下之定理"；还把"三纲""五常"纳入"理"的范畴，进行"饿死事小，失节事大"的说教。

理学中有价值的内容,是它包含有朴素辩证法的因素,认为事物的矛盾具有普遍性,对立面相互作用是事物发展变化的原因,"万物莫不有对""天地间无一物无阴阳",还提出了"动静相因""物极必反"的辩证观点。同时理学重视气节,把气节置于生命之上,有它积极的一面。宋代理学对中国影响很大,对塑造中国文化,对塑造中国民族性格起了重要作用。

老子是公认的道家学说和道教的鼻祖。姓李,名耳,字伯阳,亦称老聃,曾作过京都洛阳周王室守藏室之吏。他生活的时代,社会动荡。他纵观社会的治乱祸福、历史兴衰成败,并融合多种思想观点,创立自己的学说。他认为:"道"是世界万物的根本。"道生一,一生二,二生三,三生万物",而"道"则是"先天地生""惚兮恍兮""寂兮寥兮""不可名状""视之不见、听之不闻、博之不得"的精神实体。"道"创生万物,在万物创生后,还要守着"道"的精神,依"道"而行。"万物道既是万物之母,又是万物之宗,道是天地万物的根源,又是天地万物的依据。"《道德经》五千言,又名《老子》,被称作道家学说或道家学派的最高经典。道家构筑了中国历史上第一个严格意义上的形而上学体系,是中国哲学、科技、政治、宗教、文学艺术及风俗习惯得以创生及发展的活水源头。不仅对中国文化产生了重大而深刻的影响,而且对世界文明的发展也具有积极影响。

道教在嵩山的形成与发展,主要与古代人们对山神的崇拜有关。道教是在汉代及以后特定的历史条件下,在中国原始宗教信仰的基础上,以"道"为最高信仰,综合古老的巫史文化、鬼神信仰、民俗传统、各类方技术数,以道家黄老之学为旗帜和理论支柱,囊括儒、道、墨、医、阴阳、神仙诸家学说中的修炼思想、功夫境界、信仰成分和伦理观念,构成度世救人、长生成仙,进而追求体道合真的总目标下的神学化、方术化的宗教体系。

史料记载:道学创始人张道陵先是在嵩山古洞里修炼九年,后在四川鹤鸣山继续修炼,创立了天师道(即五斗米道)。张道陵创立的天师道,常被农民用作组织和发动起义的号召,统治阶级对它怀有戒心,也深为当时士大夫所不满。北魏时寇谦之居嵩山修道,声名渐著。神瑞二年(415年),他宣称太上老君亲临嵩山授予他"天师之位",赐《云中音诵新科之戒》20卷,传授导引服气口诀诸法,并令他整顿道教,除去伪法,专以礼度为首,而加之以服食闭炼。寇谦之亦依之对道教进行整顿;泰常八年(423年),他又称老子玄孙李谱文降临嵩山,亲授《录图真经》60余卷,赐以劾召鬼神与金丹等秘法,并嘱其辅佐北方太平真君(北魏太武帝)。始光中(424～428年),寇谦之亲赴魏都平城(今山西大同),献道书于太武帝拓跋焘,倡议改革天师道、五斗米道,制订乐章,建立诵戒新法。帝赐于平城东南建立新天师道场,重坛五层,遵其新经之制,后人称为"新天师道";太延年间(435～444年),太武帝听从寇谦之的进言,改年号为"太平真君",并亲至道坛受箓,成为道士皇帝,封寇谦之为国师。至此,天师道大盛。终北魏之世,崇信不衰。后周承魏,崇奉道法,每帝受箓,如魏之旧。由此,寇谦之的改革使民间道教走向官方道教。中岳庙内被称为道教立碑之始的《中岳嵩高灵庙碑》记述的就是寇谦之改革道教的事迹。而后金代王重阳的全真教在嵩山地域兴起后,王重阳所传七弟子,其四在嵩山地域为开教祖庭:丘长春在嵩阳崇福宫传全真龙门派;谭长真在宜阳韩城传全真南无派;孙不二在洛阳三井洞传全真静修派;刘处玄在洛阳云溪观传全真随山派。《云笈七签》载:"北邙为天下七十二福地之第七十,中岳嵩山为道教三十六小洞天之第六小洞天。"嵩山中岳庙是我国最大的道教建筑群,嵩山崇福宫是我国北宋时期最大的道宫,邙山上的上清宫是我国的四大道观之一。修真胜地,分列南北,堪称钟灵毓秀。今天,我们仍然可以看到当年的胜迹。

在我国历史上,发生于东汉时期的古代印度佛教的传入,是一次大规模的外来文化输入。佛教的教义,包括苦集灭道"四圣谛"、灵魂不灭、生死轮回、因果报应、慈悲为本等。佛教初传于东汉的国都

洛阳,最先在当时的政治、经济、文化中心区——嵩山地域生根、开花,经过魏晋南北朝数百年的吸收消化,逐步与中国传统文化融合为一体后开始枝繁叶茂,至隋唐之际,佛教便蓬蓬勃勃地发展起来。在佛教初传时期,一些著名的外来译经大师聚集在嵩山地域,译出了大量的佛教经典,形成了以嵩山地域为中心的大规模的译经和传经活动。正是这些大量的汉译佛经,为佛教推向全国提供了基础。

在中国佛教史上,嵩山地域有许多寺院闻名遐迩。白马寺是中国早期佛经翻译、佛教传播和进行各种佛事活动的中心,法王寺是东汉时期全国广建寺院的首唱,永宁寺是一座接待安置外国僧人译经的重要场所,嵩阳寺是北魏孝文帝的离宫,永泰寺是全国第一所皇家尼僧寺院,会善寺在唐代则以佛教戒坛而著称于世。著名的禅宗祖庭少林寺早期则是以译经而闻名于佛教丛林,后则以禅宗与武术结合而名扬天下。从嵩山地域历史遗存的白马寺、法王寺、慈云寺、少林寺、刘碑寺、石窟寺、风穴寺、卢崖寺、清凉寺、灵岩寺、香山寺、唐僧寺等众多的名家寺院看,就知道嵩山地域曾经有过的高僧云集,寺院密布,佛教辉煌。无论是在不同文化的协调中和佛教经典的最初翻译中,还是在佛教寺院的广建中,嵩山地域为中国佛教的传播与发展,都做出了巨大的贡献。

佛教在中国传播与发展的过程中,外来佛教对中国文化的影响是多方面的,虽然也一直存在着与中国传统文化的冲突,但最终与中国传统文化融合,密不可分。尤其在一般民众心中,佛教观念已成为日常生活的价值观念。时至当代,佛教文化已成为传统文化的一部分,在中国这块土地上扎下了根。嵩山地域和嵩山文化在推动佛教民族化、中国化过程中起到了不可忽视的重要作用。

自中国原始社会解体,进入文明时代后,中国思想学术史上先后出现了儒学、经学、玄学、道学、佛学、理学等学派。嵩山文化在历史上,出现了五次大的文化演变:一是中国传统文化的官学化,二是吸收和改造佛学并使儒、道、佛融为一体,三是寇谦之在嵩山将原来民间的五斗米改革为官方的新天师道,四是宋儒理学对中国文化彻底全面地加以改造,五是金末元初的儒释融会。这些学术思想和文化演变,对形成中华民族、中国人民的思想观念和"品格",对中国人民的社会生活、文化生活都产生了关键性的影响。古代的嵩山三教荟萃,多种学说和学派共存与发展。

八、民俗风情

以嵩山为中心的嵩山地域,是中国古代文明的发祥地。进入文明时代之后,逐步成为中国政治、经济、文化、交通的中心,因此不管是在姓氏开始形成的时期,即三皇五帝时期,还是在姓氏发展的夏商二代、在姓氏普及时期的周代,以及北魏孝文帝实行汉化政策等时期,嵩山地域均是姓氏形成、起源的一片沃土,给形成姓氏的种种方式(如:以图腾取姓,以氏族、部落取姓,以封国、邑、亭、乡名取姓,以先人名或字、先人谥号、爵位、官职、技艺取姓,赐姓,改姓等)提供了最理想的条件。伏羲氏、有河氏、有洛氏生活于此,黄帝族生活于此,帝喾居于此(偃师),夏后氏生活于此,涂山氏也生活于此。《史记·五帝本纪》载:"自黄帝至舜、禹,皆同姓而异其国号""帝禹为夏后而别氏,姓姒氏;契为商,姓子氏;弃为周,姓姬氏",以上姓氏均与嵩山地域有渊源关系。夏、商、周三代,嵩山地域为王畿之地,封国甚多,不少姓氏渊源于此。北魏太和二十年(496年),孝文帝在国都洛阳下诏,将鲜卑族117个(或说118个)复姓改为汉族单姓,共改得114个姓。著名学者袁义达先生说:"姓氏是中国人一直使用的代表血缘关系的一种符号,代表中国几千年来父系相传的一种文化。"众多姓氏,根在嵩山地域,充分证明了嵩山地域在"中华民族形成和进化"过程中的重大作用。

由于嵩山地域奴隶制最早取代原始公社制,在以后的长时期里,又是我国境内各地区、各民族以至境外不少地区、国家、民族交往的中心,这就决定了嵩山地域的民风民俗,必然会具有表率及示范作用,从而对周边及其他地区甚至境外产生深远的影响。同时,各地的民俗时尚也流传到嵩山地域,而被有选择地、程度不同地吸纳和接受。

嵩山地域的民风民俗是在漫长的时期内逐渐形成、演变,反映在广大人民群众一年四季日常生活的方方面面,内容极为丰富多彩。如农业、手工业、餐饮业、商业等经济活动,日常生活中的衣、食、住、行,节日庆典,集会结社,人生礼仪,婚丧嫁娶,信仰崇拜,邻里乡亲,游戏娱乐,民间艺术等无处不在,无时不有,和广大民众的生活水乳交融。嵩山民俗文化既受不同时期政治、经济、文化、宗教等发展变化的影响,又具有相对的独立性,能够多侧面、多角度地反映各个时期的社会现实。嵩山民俗特有的先导性、正统性、开放性,是和嵩山地域独特的历史地位、嵩山文化独有的特征和优势相吻合的,但它同时也在更多方面体现了我们民族共同的风俗时尚。

九、名人文化

以嵩山为中心的嵩山地域,作为中国古代文明的发祥地,长时期是中国政治、经济、文化的中心,历史上有许许多多对中国历史产生过重大影响,或对中国文化做出重大贡献的政治家、军事家、哲学家、史学家、文学家、艺术家、科学发明家等长期生活或活动在这里。翻开嵩山历史名人谱,我们可以看到,从三皇五帝到大禹商汤,从周武王到汉武帝,从曹操到孝文帝,从隋炀帝到武则天,从后周柴荣到宋徽宗,从忽必烈到清乾隆……这些历史上的王者,既是一个国家的统治者,又是一个历史的创造者,他们以自己的心血与睿智,与天下人民一起,塑造了中华民族不朽的精神内涵,推动着历史的车轮滚滚向前。

在彪炳史册、享誉时代的名人行列中,和嵩山地域相关的名人有炎黄二帝、唐尧、虞舜、帝喾、大禹、夏启、后羿、杜康、商汤、伊尹、贾谊、华佗、韩非子、子产、弦高、郑国、庄子、周文王、周平王、周武王、周公、老子、孔子、吕不韦、刘邦、项羽、张良、田横、陈胜、刘秀、刘彻、桑弘羊、司马懿、鬼谷子、苏秦、孙膑、庞涓、郑国、韩擒虎、宇文凯、蔡伦、马钧、李冲、班固、张衡、马援、司马迁、陈寿、蔡邕、张道陵、曹操、曹植、曹丕、袁绍、董卓、吕布、司马师、刘禅、拓跋宏、裴秀、左思、钟繇、达摩、寇谦之、李世民、李治、武则天、柳宗元、张旭、诸遂良、李龟年、杜甫、李白、吴道子、白居易、李商隐、元稹、韩愈、刘希夷、宋之问、孟浩然、玄奘、神秀、僧一行、潘师正、赵匡胤、赵灵、赵恒、李诫、文彦博、范仲淹、欧阳修、苏洵、苏轼、苏辙、蔡京、颜真卿、赵普、王安石、司马光、吕蒙正、邵雍、程颢、程颐、朱熹、李纲、杨时、李诫、丘处机、元好问、耶律楚材、赵秉文、李纯甫、王重阳、忽必烈、完颜彝、赵孟頫、姚枢、郭守敬、董其昌、王应鹏、俞大猷、唐顺之、高拱、王铎、冯时可、程宗猷、汤斌、耿介、景冬旸等,他们有的是雄才大略的开国君臣,有的是潜心治学的文化圣人,有的是叱咤风云的英雄豪杰,有的是胸怀大义的仁人志士……这些历朝历代的名人堪称中华文明的火炬,千百年来,指引着一代又一代的中国人自强不息、百折不挠、奋勇前进。

十、碑刻文化

碑刻是一种特殊的历史文化的传播载体,以其独特的方式记录着当时社会政治、经济、文化,乃至

军事、宗教、民俗等方方面面的信息,它在补史证史、记载各时代书法艺术方面,在我国传统文化史上有着重要的、不可替代的作用。嵩山的碑刻漫山遍野,这些碑刻文字所反映的社会经济和历史文化领域的内容十分广泛,是嵩山地域文化研究中的第一手原始资料,具有较高的历史、科学和艺术价值。嵩山碑刻主要分布在嵩山的太室、少室、邙岭之中,由此向四周放射,由密集到疏散,逐渐分布在嵩山系列山脉及其所在县市区的寺庙宫观、园林建筑、城镇村庄、丧葬墓地及古文化遗址上。嵩山碑刻作为嵩山文化的重要组成部分,在数量、质量、品类、内容、规模、年代诸方面占天下之先。嵩山碑刻不仅是我国石刻档案的大宗,也是我国书法演变发展的真实记录。嵩山碑刻向来以数量庞大、内容丰富、书法精湛、史料性强而著称于世,是我国重要的文化遗产和旅游资源。

嵩山地域的现存碑刻上自东汉、三国、西晋、北魏,下至唐、宋、金、元、明、清,时代绵延不断,碑刻发展变化明显,碑刻形式多种多样,书法遗迹充分。碑文内容十分丰富,涉及面很广。既有人物传记、改朝换代经过、军事战争纪实、重大历史事件纪实、自然灾害实录、建筑物兴废史记、官方诏令和牒文、典章制度、道家经箓、佛教经典、民间守则,又有民间生产组织机构及分配形式、诗赋名作等。涉及哲学、宗教、历史、地理、经济、政治、军事、文化、艺术、教育、科学、技术、民族等许多方面,它们以石刻的形式记录了古代文明。这些重要的石刻不但有其重要的政治意义,也有着珍贵的历史价值、文学价值和书法价值,能代表各个历史时期的史实和时代精神。它们不仅对纂志征事、正经补史、考字习书、研究嵩山古代社会发展史和中国书法演变发展史有着重要的实证作用,还给社会发展提供极为详实的历史依据。

嵩山地域中有众多的石窟及摩崖、造像、石碑、刻石、碑刻、石阙、石经、墓志、画像石等,还有满布纹饰的陛石、碑额、石柱、额枋等,这些珍贵碑刻文物,反映了2000多年来历代石刻艺术创作的伟大成就。据不完全统计,嵩山历史文化核心区的碑刻现有2600余通,有龙门石窟、巩义石窟及分散于嵩山各市县的造像题记3500余品,还有出土的古代墓志5000余方。石刻文献,林林总总,堪称是一部绵延2000余年的中华石刻通史。

十一、史料典籍与科学艺术

历数中国五千年文明史,文化艺术瑰宝如繁星盈天,举世瞩目。寻根溯源,博大精深的中国文化——哲学、历史、伦理、政治、医学、农桑、文学、美术、书法、音乐、舞蹈等,大都发端于嵩山地域。

嵩山地域诞生了中国最古老的文化经典,孕育了中国最原始、最具生命力的艺术萌芽。素有美术起源之称的仰韶文化中的陶绘代表作《鹳鱼石斧图》,就是出土于嵩山汝州。在洪荒时代,人类就已经知道利用声音的高低、强弱等来表达自己的意思和感情。随着人类劳动的发展,逐渐产生了统一劳动的节奏号子和相互间传递信息的呼喊,这便是最原始的音乐雏形。音乐与诗歌、舞蹈同源。产生于黄帝时期的二言诗《弹歌》,是我国最早的诗歌。我国最古老、最具代表性的舞蹈,用于国家大典和宫廷祭祀活动的《六代乐舞》(包括黄帝时期的《云门大卷》、唐尧时期的《大咸》(也称《大章》)、虞舜时期的《韶》、夏禹时期的《大夏》、商汤时期的《大濩》以及周武王时期的《大武》),是远古时期华夏族乐舞,也是周公制礼作乐时所继承和依据的经典之乐。《易经》与哲学,《尚书》与史学,《诗经》与文学,《道德经》与伦理学,《山海经》与地理、民俗学,《周礼》与政治学,蔡邕的《笔论》与书学等,这些占据着源头地位的经典之作,其根大都在嵩山历史文化核心区内。

同样,嵩山地域也是中国典章文化的策源地。历史上,许多著名的史学典籍都是出自于嵩山地域,而后流播于全国。西周时,周公姬旦营建洛邑后,在主持东都政务时,制定《礼乐》,成为西周奴隶制国家的统治纲领;东周时,孔子入周问礼于老聃(老子),访乐于苌弘;道祖老子在这里写出了千古名篇《道德经》,成为道家哲学思想的重要来源;西汉司马迁在洛阳受命写《史记》;大学者蔡邕鉴于"经典去古久远,文字多谬,俗儒穿凿频误后学"的情况,于熹平四年(175年)奏定《七经》文字,刻《熹平石经》立于东汉太学,作为法度森严的官定标准范本。东汉班固撰《汉书》,许慎撰《说文解字》,三国陈寿撰《三国志》,北宋司马光撰《资治通鉴》,欧阳修撰《新五代史》与《新唐书》等,这些历史上的皇皇巨著,都与嵩山地域有着不解之缘。

嵩山地域的古代科学技术成果作为嵩山文化的一个重要组成部分,同样有着惊人的辉煌历史,并处于当时那个时代的最前列。从早期的仰韶文化历经龙山文化到二里头文化,反映了从黄帝的农耕、陶绘、尧、舜的农业开发,到夏王朝文化巨大成就的取得,无一不是在以嵩山为中心的广大中原地区发展起来的。从上古时期起,聪明智慧的嵩山人就有了许多发明创造。如旧石器时代的石器,新石器时代的陶器、骨器、青铜器,夏代杜康(少康)酿造的美酒等,都是人类历史上最早的智慧结晶。

嵩山以其沟通天地的神奇和奥妙,使其一批又一批纵横八方、威名远播的名人志士和英雄豪杰,在嵩山开始了科学与艺术的创造,百舸争流,绵延不绝。春秋时期的老子在嵩山写出了千古名篇《道德经》,标志诸子散文的出现;战国时期水利专家郑国奉命在秦国设计修筑了我国第一条长300多里的大运河——"郑国渠";西周初期,周公姬旦通过古阳城测景(影)台的测影,确定了嵩山地域为"天地之中";西汉小说家虞初在这里根据《周书》写成了小说集《周说》,被推为中国古代小说家鼻祖;东汉太史令张衡因探索天文奥秘而创制天文测具浑天仪、候风地动仪,撰写天文著作《灵宪》,绘制我国第一张完备的星图《灵宪图》等,被称为"地动仪的鼻祖";东汉蔡伦在这里发明了造纸术,创制成"蔡侯纸",成为世界发明的先驱;东汉水利家王景主持治理的黄河,后世评价:"王景治河,千年无患";蔡邕在嵩山古洞里学书三年,写出了流传千古的论著《笔论》《九势》与《篆书势》《隶书势》,为后世书法发展奠定了基石;文学家曹植在这里撰写的《洛神赋》,成为我国文学史上不朽的名篇;魏晋时期的机械制造家马钧在这里发明、改进、制作的指南车、织绫机、龙骨水车、水转百戏、翻车、转轮式发石机等,创下了我国科技制造业的奇迹;魏晋数学家刘徽注《九章算术》,太医令王叔和著《脉经》,西晋司空裴秀创制《制图六体》,当时在国家引起了巨大轰动;著名的"建安七子""竹林七贤""金谷二十四友"等文学名流在这里谱写了最华彩的篇章;左思一篇《三都赋》,曾一度导致"洛阳纸贵";散文家杨衒之以京城洛阳佛寺的兴废而撰写的《洛阳伽蓝记》,用优美的文笔描绘出一幅京都洛阳的巨幅图画,成为后世研究北朝城市经济地理的珍贵资料;唐代天文学家和佛学家僧一行在这里观天测雨,计算子午线,编制《大衍历》,成为天文学史上的一大创举;"诗仙"李白在这里寻仙访道,赏景咏诗,为嵩山留下了千古不朽的诗篇;杜甫从这里走出,沾着嵩山泥土的芬芳,带着乡亲的眷顾和牵挂,最终成为"诗圣";诗人白居易以所作大量感叹时世、反映人民疾苦的诗篇,成为唐朝现实主义诗歌的巅峰人物;画圣吴道子用嵩山自然的水墨和色彩,使其"吴带当风"成为画作艺术的永恒;出自于嵩山地域的"唐三彩""汝瓷""钧瓷"是唐宋时期朝廷专用的贡品,他们的光彩和美丽至今还是中国陶瓷业的骄傲;北宋王安石、欧阳修、司马光、苏洵、苏轼、苏辙、范仲淹、梅尧臣等一批思想和文学大家相继在这里著书作诗,他们的诗文与嵩岳同高、与日月同辉;北宋建筑大师李诫所写的建筑巨著《营造法式》,成为当时建筑科学技术的一部百科全书;金元时期被称为"北方文雄"的元好问,正逢国家危难、山河破碎之时,和其文友们一起在嵩山腹地创作了大量的忧患诗,用诗记录了当时国破家亡的现实,成为嵩山文化特有的

一道风景;天文学家郭守敬在这里建造观星台,主持编订的《授时历》,比西方发明的、当今世界上通用的公历《格里高利历》要早300多年;旅行家、地理学家徐霞客在这里旅行考察,所写的嵩山游记,给嵩山留下了永久的纪念……他们每个人都在中华民族的历史上留下了浓墨重彩的一笔。嵩山地域的古代科技成就与艺术成果,不但对于中华民族几千年来屹立于世界民族之林做出了巨大贡献,而且对东方各国乃至西方世界都产生了重要影响。这些千古不朽的壮举,这些人类智慧的结晶,在华夏民族漫长的历史长河中,世代传唱,历久弥新。

十二、少林武术

少林武术是指在嵩山少林寺这一特定佛教文化环境中形成的以佛教信仰为基础、以佛教禅宗智慧为文化内涵、以少林武术完整的技术和理论体系、以少林寺武术技艺和套路为主要表现形式,是中国武术界各大派系中历史最悠久、种类最繁多、体系最庞大的门派。

佛教作为异国宗教,自汉时传入中国,它与中国传统文化产生了互动互融的影响,并最终形成了中国化的佛学宗派——禅宗。禅宗简单易行的修行方法,使传统佛教摆脱了繁琐高深的理论和严酷的修行戒律,迅速融于中国社会,这为僧人习武现象的出现营造了理论依据,从而为少林武术的诞生奠定了基础。佛教以普度众生、大慈大悲为主旨。禅宗以宽容开放的精神接纳了武术,并集寺院武术、民间武术、军事武术于一体,在汇集百家武术的基础上创造了少林武术。

少林武术源于北魏,然而嵩山作为华夏文明的发源地,早已是中国政治、经济、文化的中心。从黄帝起,到大禹在此建立第一个华夏王朝,在漫长的人类历史中,人与天斗,人与兽斗,人与自然环境斗,嵩山人民的生活与原始武术的萌生相辅相成。早在少林寺建寺之前,少林寺北侧的轩辕关自周至秦汉都是军事重镇。在冷兵器时代,武术与军事的关系十分密切,少林寺地区频繁发生战争,两军对垒力者胜,这对居住在这里的人们习武风俗的形成和少林武术的孕育产生起到了巨大的影响与促进作用。少林武术的产生由跋陀落迹嵩山、达摩面壁少林、寺僧的生存生活及禅宗的世俗化缘起,到习武维护寺产经济的需要,体现了少林武术健身与护教的价值;从唐初少林僧人助唐平定王世充,到明代少林僧人御敌抗倭,体现了少林武术在军事实践中的价值。少林武术不但使少林武僧超越与世隔绝的修行生活,英勇报国,更使少林武术同搏斗格杀的武术融为一体,在众多的武术流派中独树一帜,成为中国武术的杰出代表。可以说,少林武术的发展过程是传统的中国文化与异国宗教文化的融合与张扬的过程。

翻阅少林武术发展史,少林僧人正义、爱国的精神,始终贯穿于少林武术发展提高的过程中。少林武术得以名扬天下,除了武技高超之外,还因为少林武僧在民族危难的时刻能挺身而出,为民族、为人民而赴沙场、洒热血。少林寺僧人从唐初帮助李世民战王世充至明代镇守边关、平叛抗倭、抵御外敌,保家卫国,使少林武林一直受到社会的广泛尊重和重视。清廷禁武,使少林武术从历代政治的重心中游离出来,但在复杂的社会民族矛盾中,依托民间强烈的爱国热情,少林武术产生了新的发展动力,促进了少林武术更快地传播发展。

回顾少林武术发展史,少林武僧在历次大的争战中,都充分体现了佛教禅宗教义中慈悲为怀、普渡众生、扶正祛邪、弃恶扬善等思想。这与中国传统文化中儒家思想的核心"仁"是一致或相通的。"仁"与"禅"相融合,形成了少林武术"武德"的主要精神。

武以禅魂,禅以武传,禅武相融,相得益彰。这就是少林武术的特点"禅武合一"。

所谓"拳者小拳,禅者大拳",一代代禅宗祖师将禅宗智慧赋予少林功夫,使之从优化人体运动技能和攻防格斗的武艺,到两军对垒时排兵布阵的武学,在持戒修行的武德约束下,提升为放下我执的武道,最终追求的至高境界是无我、空性的"禅武合一"。所以,少林功夫的最终主体是禅者,禅心运武,透彻人生,内心无碍无畏,表现出大智大勇的气概。禅武合一不仅将少林功夫提高到民间武术难以企及的精神品格的高度,更重要的是,它为相当大的一类人群提供了一条有着完整方法的内在超越之路。"天下功夫出少林"作为民间流传的说法,透露出传统社会对"禅武合一"理念与方法的广泛认可。少林武术以禅入武、以武扬禅、禅武不二的文化内涵,已得到世界武术界的赞同,当今,少林武术作为中国传统文化的杰出代表和人类文明的生动展示,已经成为中华民族的精神财富和全人类共同享有的文化遗产。

结束语

嵩山,有许多思想信仰从这里发端,有许多文化种类从这里起源,有许多帝王将相、英雄豪杰在嵩山活动,有许多名人志士为嵩山提笔赋诗,讴歌吟唱……正因为有了那么多,人们才称它为文化之源、华夏之根!

一万年岁月的烟雨风尘在嵩山文化的山野上留下了深刻的痕迹,这些痕迹的文化内涵则为中华民族精神的源泉。从《盘古开天辟地》《伏羲降龙》《二郎神担山赶太阳》《后羿射日》《明火的发明》,到《黄帝治国》《大禹治水》《子产执法》等远古神话与传说中,就隐藏着一个民族精神起源的密码,体现出了一种"战天斗地""自强不息"与"厚德载物"的精神。在漫长的历史长河中,嵩山的文化精神是伴随着环境的变化而变化,特别是随着文化的发展而发展,嵩山文化精神是在"邈彼嵩华,维岳之峻。岩岩高大,配天作镇"的嵩山文化背景下,通过众多标志性人物的具体行为体现出来的:大禹治水三过家门而不入的奋争精神,许由拒绝荣禄、谦让隐退的高风亮节,伯夷叔齐互让王位、信崇仁义、忠孝节烈的圣贤道德,田横和500壮士"富贵不能淫,威武不能屈"的崇高情操,达摩在山洞面壁九年的坚强意志,玄奘西天取经历经磨难、百折不挠的高贵品质,杜甫"三别""三吏"中的忧国忧民的忧患意识,李白"黄河之水天上来,奔流到海不复回"的豪迈气概,南宋英雄岳飞抗金凛然无畏的民族气节,女真族英雄完颜彝为在抗击蒙古军入侵的战争中,勇敢杀敌,慷慨赴死不低头的钢铁意志,以及嵩山文化所体现的系列精神和品质,诸如仁爱豁达,笃行纲纪;自力更生,自强不息;天下兴亡,匹夫有责;抗击强暴,英勇不屈;同甘共苦,团结互助;勤俭节约,艰苦奋斗;尊祖睦亲,爱国爱乡;不怕吃苦,勇于开拓;辉煌大气,厚重深沉;崇尚自然,天人合一等等,都是我们中华民族面向未来、面向世界厚重而宝贵的精神动力。

我们通过对嵩山历史文化和自然风光等方方面面的考查和研究,主要从自然山水、文化遗存、神话传说、名人史迹、宗教发展、民俗风情、碑文石刻、少林武术及古代散文和诗词等十个方面突出地相互印证而又有所侧重地表现中国传统文化渊源的嵩山文化,编撰《嵩山通志》《嵩山神话传说故事》《嵩山三教志》《嵩山名人传》《嵩山古诗》《嵩山艺文志》《嵩山碑刻》《嵩山民俗》《嵩山少林武术发展史》《嵩山古遗存》,结集为一套"嵩山文化大系"丛书。

历史上有关嵩山文化的资料浩如烟海,一套书的内容和篇幅毕竟有限;嵩山有太多的自然风景、神话传说、宗教学术、英雄伟人、民俗风情、碑碣石刻、少林武术、典籍诗文、文化遗存等,更难以把博大

精深的嵩山文化全部都选入书中,有很多东西我们只能忍痛割爱。在撰写"嵩山文化大系"过程中,我们尽可能从多方面吸纳历史、文物、考古学界多年来的史学研究和考古发掘的最新成果,参阅和征引了不少古人和今人的著作。对资料显示的不同之处,我们反复地查找了多种不同的资料,并进行反复的对照和论证后,都在这本书中进行了编校。行文中一般不做过多考证,寓观点精神于叙述之中。力争做到雅俗共赏,科学性、知识性、可读性兼备。尽管我们作了很大的努力,但对于全套书仍难免存在疏漏之处,敬请有关专家学者、同仁朋友以及广大读者不吝赐正。

文化的自觉与繁荣不仅是中华民族复兴的重要标志,更是民族安顿心灵、寻求意义的精神归属。因此,我们有必要重新审视嵩山文化的意义和价值,不遗余力地捍卫中华民族自己的文化根脉和特性,努力使大家对嵩山文化有全面的认识并充满敬意。

写于 2012 年 8 月

修改于 2017 年 12 月

目　　录

序 … 1
前言 … 1
凡例 … 1

卷一　嵩山儒学 … 1

第一章　儒学的形成和发展 … 2
第一节　先秦原始儒学 … 2
第二节　汉代宗教化儒学 … 3
第三节　宋代至清代理学 … 5
第四节　近现代新儒学 … 6

第二章　儒学在嵩山地区的传播与发展 … 9
第一节　春秋以前的起源与萌芽 … 10
一、周公的礼乐制度 … 10
二、"六经"的渊源 … 13
第二节　东周至秦朝的渗透 … 16
第三节　汉代儒学发展与传播 … 19
第四节　魏晋南北朝的儒学玄学化和儒学与佛道的融合 … 24
第五节　隋唐是儒学发展的关键 … 28
一、隋唐是儒学发展的关键 … 28
二、儒学的对外传播与发展 … 31
三、唐代及五代十国的儒学教育 … 33
第六节　宋代洛派理学的重要传播时期 … 35
一、理学的形成 … 36
二、二程与"伊洛理学" … 41
三、二程教育 … 44
四、程朱理学 … 47
五、宋代儒学的传播与发展 … 49
第七节　金元时期理学的传播与发展 … 52

一、金代理学衰而不绝 ………………………………………………………………… 53
　　　二、金代理学的复苏 …………………………………………………………………… 55
　　　三、金代后期理学的发展 ……………………………………………………………… 62
　　　四、元代理学的传播与发展 …………………………………………………………… 64
　第八节　明清程朱理学传播与复兴 …………………………………………………………… 67
　　　一、明清理学 …………………………………………………………………………… 67
　　　二、理学在嵩山的传播与发展 ………………………………………………………… 69
　第九节　近代以来的衰微时期 ………………………………………………………………… 88
　第十节　当代儒学从衰落走向复兴 …………………………………………………………… 90
　　　一、当代儒学从衰落走向复兴 ………………………………………………………… 90
　　　二、中国传统文化与儒学 ……………………………………………………………… 92
　　　三、儒学的对外传播与发展 …………………………………………………………… 95
第三章　嵩山儒学尊奉的主要圣贤 ……………………………………………………………… 97
第四章　嵩山著名儒学人物 ……………………………………………………………………… 103
第五章　嵩山儒学特质 …………………………………………………………………………… 180
　第一节　"万物皆有理"的理本论 ……………………………………………………………… 180
　第二节　"格物致知"的认识论 ………………………………………………………………… 181
　第三节　"天命之性"、"气质之性"的人性论 ………………………………………………… 183
第六章　儒学在嵩山地区的影响 ………………………………………………………………… 184
　第一节　儒学对思想及行为方式的影响 ……………………………………………………… 184
　第二节　儒学对文学艺术的影响 ……………………………………………………………… 186
　第三节　儒学对建筑的影响 …………………………………………………………………… 187
　第四节　儒学对教育的影响 …………………………………………………………………… 187
　第五节　儒学对节日的影响 …………………………………………………………………… 191
　第六节　儒学对语言的影响 …………………………………………………………………… 193

卷二　嵩山道教 …………………………………………………………………………………… 205
　第一章　道教的形成与发展 …………………………………………………………………… 207
　　第一节　道教的起源与创立 ………………………………………………………………… 208
　　第二节　道教初期的传播与发展 …………………………………………………………… 211
　　第三节　道教的改革与兴盛 ………………………………………………………………… 212
　　第四节　道教的持续发展与相对盛行 ……………………………………………………… 216
　　第五节　道教的世俗化 ……………………………………………………………………… 217
　　第六节　清朝"民国"道教的衰微与民间化 ………………………………………………… 219
　　第七节　道教的神仙谱系 …………………………………………………………………… 220
　第二章　道教在嵩山地区的传播与发展 ……………………………………………………… 222
　　第一节　先秦的宗教基础时期 ……………………………………………………………… 223
　　第二节　秦汉以前的起源与萌芽时期 ……………………………………………………… 225
　　第三节　汉魏两晋南北朝时道教的开创和传播期 ………………………………………… 228

  第四节　隋唐北宋时道教的兴盛和发展期 ································· 238
  第五节　金元明的继续发展和相对盛行期 ································· 259
  第六节　清代"民国"道教的衰落期 ····································· 261
  第七节　当代道教的健康发展期 ··· 264
 第三章　道教典籍与嵩山 ··· 266
  第一节　道教标志——太极八卦图 ······································· 266
  第二节　道教典籍 ··· 269
 第四章　嵩山道教供奉的主要神仙 ··· 277
 第五章　嵩山高道 ··· 306
 第六章　嵩山道教特质 ··· 365
  第一节　全真道的基本信仰 ··· 365
  第二节　全真道的主要思想 ··· 366
 第七章　道教在嵩山地区的影响 ··· 369
  第一节　道教对思想的影响 ··· 369
  第二节　道教对文学艺术的影响 ··· 370
  第三节　道教对建筑的影响 ··· 372
  第四节　道教对节日的影响 ··· 373
  第五节　道教对语言的影响 ··· 374
  第六节　道教对民俗风情的影响 ··· 393

卷三　嵩山佛教 ··· 394

 第一章　佛教的形成及其发展 ··· 395
  第一节　佛教产生的社会背景 ··· 395
  第二节　释迦牟尼成道 ··· 396
  第三节　佛教的形成与初传 ··· 397
  第四节　佛教的确立与东传 ··· 400
 第二章　佛教在嵩山地区的传播与发展 ··· 401
  第一节　东汉至西晋佛教的传入和奠基 ··································· 402
   一、东汉时期的嵩山佛教 ··· 402
   二、三国时期的嵩山佛教 ··· 411
   三、西晋时期的嵩山佛教 ··· 414
  第二节　十六国至北朝佛教的传播与发展 ································· 417
   一、北方诸国与佛教 ··· 418
   二、孝文帝迁都洛阳，开启了嵩山佛教的繁盛局面 ······················· 421
   三、少林寺的兴盛，开创了嵩山佛教发展的新局面 ······················· 436
   四、永泰公主和永泰寺 ··· 449
   五、周武法难及其影响 ··· 451
  第三节　隋唐佛教的繁荣与鼎盛 ··· 454
   一、隋代时期的嵩山佛教 ··· 455

二、唐代时期的嵩山佛教 ································· 458
　　三、隋唐时期的嵩山石窟与造像 ····················· 464
　　四、隋唐时期的求法高僧 ································ 469
　　五、隋唐时期的译经 ······································· 474
　　六、佛教中国化 ·· 477
　　七、佛教的中外文化交流 ································ 479
　　八、佛教宗派与嵩山 ······································· 489
　第四节　晚唐五代和两宋佛教的循回与进步 ········ 531
　　一、会昌灭法 ·· 531
　　二、晚唐五代和两宋佛教的循回与发展 ············ 534
　第五节　金元明佛教的中兴与昌盛 ····················· 541
　　一、少林寺僧抗金 ·· 542
　　二、金朝少林寺 ·· 543
　　三、万松行秀与嵩山佛教 ································ 544
　　四、蒙元时期的少林寺 ···································· 549
　　五、蒙元时期的白马寺 ···································· 558
　　六、明朝嵩山佛教 ·· 564
　第六节　清朝和"民国"佛教的倒退与衰落 ········· 590
　　一、清朝嵩山佛教 ·· 590
　　二、"民国"嵩山佛教 ····································· 596
　第七节　当今佛教的复兴与发展 ························ 601
　　一、当代白马寺 ·· 601
　　二、当代少林寺 ·· 603
　第三章　嵩山佛教供奉的主要偶像 ······················ 605
　第四章　嵩山著名高僧 ·· 616
　　第一节　嵩山著名外来高僧 ····························· 616
　　第二节　著名中国高僧 ···································· 648
　第五章　嵩山佛教特质 ·· 758
　第六章　佛教在嵩山地区的影响 ·························· 761
　　第一节　佛教对哲学的影响 ····························· 762
　　第二节　佛教对文学艺术的影响 ······················· 763
　　第三节　佛教对建筑的影响 ····························· 767
　　第四节　佛教对节日的影响 ····························· 770
　　第五节　佛教对语言的影响 ····························· 771
　　第六节　佛教对民俗风情的影响 ······················· 786

卷四　三教合一在嵩山 ··· 789
　第一章　三教合一在嵩山的宗教文化背景 ············ 790
　　第一节　原始社会晚期 ···································· 790

第二节　夏商时期……792
　　第三节　西周时期……795
第二章　宗法性传统宗教与儒学、道教……798
　　第一节　从原始宗教到宗法性传统宗教……798
　　第二节　宗法性传统宗教与儒学……800
　　第三节　宗法性传统宗教与道教……803
第三章　三教在嵩山的融合与发展……805
　　第一节　嵩山文化与儒佛道三教……806
　　第二节　儒道互补成为后来中国思想文化发展的基本格局……807
　　第三节　佛教的传入改变了中国传统文化的格局……809
　　第四节　道教文化与儒、佛文化的交流与发展……811
　　第五节　宋明理学与佛、道二教……813
　　第六节　三教合一，嵩山文化的主流……816
第四章　三教荟萃在嵩山……818
　　第一节　佛教融合的由来与发展……818
　　第二节　三教合一，历史发展必然趋势……821
　　　　一、三教相互渗透，趋向合一……821
　　　　二、三教合一，整个思想文化的基调……823
　　　　三、三教合一，历史发展的必然趋势……825
　　第三节　三教合一在嵩山的现实存在……827
　　第四节　三教荟萃在嵩山……832
　　第五节　三教合一　源远流长……836
后　记……838

序

释永信

我与梅淑贞大德是老朋友了,十多年前她在政协工作时,每年开会我们常常相遇。后来她调旅游局任职,少林寺作为禅宗胜地、名胜景点,由于工作关系,相互接触的机会就更多。梅先生爱好文化,功底深厚,是登封为数不多对嵩山文化颇有研究的学者。前几年,听她说要编写一套全面反映嵩山历史文化的丛书,我非常赞成。之后,她来少林寺查找史料,每次都给予帮助。今年初她来看我,言所编之书已经完稿,且送交印刷厂正在打印插图,书名拟定为《嵩山文化大系》,共十册,近千万字。待我看见这套丛书的样书后,不由赞叹:功德无量,可喜可贺。高兴之余,她嘱我为《嵩山三教志》写一序言,我欣然应许。

源远流长的嵩山文化是华夏民族文化文明的根基。

嵩山之所以被称为华夏文明的摇篮、中华民族的重要发祥地、文化文明的根基,是因为被称为华夏始祖的炎黄先民,在嵩山这近山傍水、利于垦殖赖以生存的居住环境里,最先开创了华夏文明,而又以源于嵩山的每一条河流作为文化传播通道,以先进的文化影响辐射更广阔的区域,长时间滋养着华夏文明。

在古代人们一直把嵩山看作天下的中心,称嵩山为"天室神山"。不论是黄帝、尧、舜、禹、夏商,到周武王"宅兹中国",至春秋战国、秦汉、唐宋建立的国家,都是以嵩山为立国轴心而发展起来的。五千年来朝代不断更替,江山数次易帜,而为什么华夏民族一直把自己的国家称为中国?细览嵩山文化的内涵与特质,"中国"是中华民族与生俱来的文化胎记,中央崇拜和中心主义让华夏先祖形成了世界上独一无二的"择天下之中而立国"的建国理论。在"天之中""地之中"建立的国家就叫作"中国",是正统的国家。3000年前叫"中国",3000年后仍叫"中国",这说明华夏民族一直不忘远古先民在嵩山所创下的伟大文明,不忘正统的祖根在嵩山。

嵩山作为世界上最早崛起的山脉,庞大的山系及其覆盖的地域成为远古华夏先人最早的繁衍生息之地。先民们在漫长的远古时代以坚韧不拔的意志征服自然,以不畏艰辛的劳作开辟创业,在此过程中,开发了人类的无限智慧,在嵩山创造了时为最先进的文化文明,为我们后人留下了巨大的民族精神财富和物质财富,从而使中国跻身于世界四大文明古国,犹如巨龙屹立于世界东方。

和而不同的宗教文化是嵩山文化中的精华。

谈到宗教文化,在五岳中唯独中岳嵩山三教荟萃,佛、道、儒文化在这里相互包容,和而不同,融合发展,各放异彩。神仙择洞府,则浮丘、子晋隐别馆于岩峦;帝王会众仙,则秦皇、汉武留古迹于庙坛;

释氏东来首选中岳,孕育诞生了中国化佛教。浓厚的宗教文化,使嵩山在中国宗教文化发展史上地位显赫。

佛教传入中国与嵩山结缘,在儒道文化浓厚的氛围中取长补短,融孔孟老庄之学,很快被华夏民族所认可,加速了佛教中国化的进程。道教在嵩山源远流长,传承脉络清晰,嵩阳理学主导了中国1000多年的主流文化,佛教的中国化成就了少林寺禅宗祖庭地位。

道教作为中国的本土宗教即发端于嵩山,被奉为教祖的黄帝是嵩山祭祀的主神;教主老子写《道德经》于太室山金壶峰的传说广为流传;张道陵修道中岳创道教社团,至今兴衰相继已近2000年。南北朝时期,在嵩山修炼的寇谦之改革天师道,使民间道教走向官方道教。可以说道教孕育成熟于嵩山,发展于嵩山。

儒学是以孔子为宗师,以"四书五经"为经典,以仁义礼智信为基本思想的学术体系。儒学虽说奉孔子为圣人,却又称周公姬旦为元圣。因为,在比孔子早300年的西周创立时期,周公的"制礼作乐","礼乐"思想就是儒家思想的核心内容。进入宋代,二程与朱熹构造出内容精深的新儒学体系,统治中国达千年之久。可见嵩山地区是儒家思想的发源地,嵩山文化是儒学的核心内容和精神源泉。

释道儒文化在嵩山兼容并蓄,融和发展,在朝代不断更替的各个不同时期,以符合当朝政治主张和先进的治世思想,创造了不同时期教团文化的繁荣与辉煌,被广大人民群众所认可接受,被当朝统治者所尊崇。在中国历史发展的长河中,为中国历史的健康发展起到了促进和推动作用,成为中国传统文化的重要组成部分。特别是少林功夫作为嵩山宗教文化中的独特文化,武以禅显,禅以武传,禅武合一,相得以彰,表层的文化现象和深层的文化精神,表现了少林禅武功夫的深邃内涵和博大厚重,成为中国武术的代表。还有以嵩山宗教建筑文化项目申报的8项11处"天地之中"历史文化建筑群,已被联合国教科文组织确定为世界文化遗产。

浩瀚恢宏的嵩山文献典籍是国之瑰宝。

嵩山作为华夏文化文明的发源地,一万年的岁月剥蚀在嵩山留下了不可磨灭的永久印痕,这些印痕的文化内涵支撑着中华民族数千年自强不息勇往直前。从考古发掘看,这里有距今八千年以前的裴李岗文化、五千年以前的仰韶文化、四千年以前的龙山文化遗址,且在嵩山腹地数量众多。创造这些原始序列文化的远古先人,继夏商周以降至今,在哲学政治、农医经济、伦理道德、宗教文化艺术等方面,为后人留下了大量丰富的文献典籍和宝贵的文化艺术财富。嵩山文化孕育诞生了中国最古老、最经典、最权威的文献《河图洛书》《易经》《诗经》《道德经》《山海经》,以及《尚书》《周礼》等,这些都是我国最早表现哲学思想、文学历史、祭祀礼仪、地理民俗学的开山之作,影响了华夏数千年来的政治思想、哲学经济、文化艺术,以及礼仪民俗的形成,塑造了中华民族特有的本性品德和精神追求。

自黄帝在这里诞生,大禹在这里建都,夏商周三代皆在河洛之间,秦汉隋唐以降至宋,嵩山一直处于京畿内地、政治经济文化的中心。得天独厚的地理位置,成为周武王、魏孝文帝、武则天、乾隆等历代帝王祭祀封禅的首选;周公姬旦、孙思邈、郭守敬等在这里测天研医,科学成就非凡;历代文人墨客在这里游览讲学更是留下了众多的美文华章;嵩山三教作为中国佛教、道教、儒教的发端和代表,留下的文献典籍(包括金石碑刻)则更多,许多文献不仅是中国宗教文化的奠基之作,而且对世界各国的哲学思想、宗教政治、文化艺术、饮食养生等都产生了重大影响。

在中华文明的发展历程中,任何地方都有值得骄傲的历史,但嵩山文化与其他地方的文化相比,更令人叹为观止,品评嵩山文化可以一览华夏五千年文明的光辉。

2002年12月,我应邀参加了在北京举行的"人类口头和非物质遗产抢救与保护国际学术研讨会",在会上我作了《在文化全球化、标准化浪潮中少林功夫的保护与振兴》的演讲,演讲的内容就是从灿烂辉煌的嵩山文化讲起。2003年2月,在北京联合国教科文组织办事处,我与联合国文化项目专员木卡拉、文化遗产保护专员杜晓帆博士等,就"少林功夫"申报"人类口头及非物质文化遗产"和少林寺申报"世界文化遗产"进行了座谈交流。座谈会上我向有关专家学者介绍了少林功夫和嵩山宗教对世界人类的贡献及广泛影响,专家们对嵩山文化的博大深奥,深为叹服。

梅先生和她的团队怀着对嵩山文化的执着与热爱,以强烈的事业心高度的责任感,经过近十年的艰辛努力,在博大恢宏浩繁的嵩山文化史料中经过挖掘整理筛选编辑了这套洋洋千万言的《嵩山文化大系》,付出的汗水和智慧值得称赞,然而更重要的是她和她的团队,不仅为我们的子孙留住了对嵩山历史文化的记忆,而且为后人传承弘扬、深度研究利用嵩山文化奠定了良好的基础。尤其是《嵩山三教志》的出版,不但记述了嵩山三教在各历史时期的概况,而且对三教中各教的历史渊源、理论、景观、著名人物、文化特质等都有具体的记载。该套书的出版,为今后嵩山三教的发展提供了真实的依据和史料。值此书付梓之际,倍感欣然,概述几句,是为序。

前　言

　　从远古洪荒走来的神奥嵩山，巍然屹立成为中华民族的圣山。底蕴丰厚、积淀深远的嵩山，催生了种类繁多、五彩斑斓的嵩山文化。而在这些绚丽多姿、异彩纷呈的嵩山文化中，佛、道、儒三教文化犹如瑰丽的奇葩，熠熠生辉。作为华夏五千年文明的发源地，中岳嵩山自古就是祭祀、游览的重要场所，因而同时得到本土和外来宗教文化的浸润。东汉初年佛教文化开始潜移默化于嵩山，北魏时期道教文化在嵩山有了重大的改革，北宋时期传统的儒教文化在嵩山有了更广阔的拓展空间，这使嵩山不仅成为道教的洞天福地，而且也成为儒家的说教场所与佛教的传播胜地。中岳嵩山有佛教释源祖庭白马寺、禅宗祖庭少林寺，有道教洞天中岳庙和道教胜地崇福宫，还有以传播儒学思想闻名的嵩阳书院、伊川书院。一大批大儒名僧、高道、汇集嵩山，在传播其宗教思想的同时，刻苦修炼，循序渐进。在这里实现了他们崇高的理想，成就了千秋伟业。嵩山浓郁的宗教氛围，造就了无数的灵异故事，大大增强了嵩山在人们心目中的神奇奥秘感。佛、道、儒三教文化荟萃嵩山，充分展示了中华传统文化中佛、道、儒的完美融合，展示了中华文明的博大精深。

　　儒学，亦称儒家学说，是以孔子为宗师，以"四书五经"为经典，以仁义礼智信为基本思想的学术体系。周公在洛邑制礼作乐，奠定了儒家学说的初基。周公制礼作乐，对巩固周王朝发挥了重大作用。孔子出生于鲁国，他醉心于周公所制之礼乐，所以入周问礼。孔子向老子请教诸如"先王之制""礼乐之源""道德之归"等许多道理。在此基础上，孔子倾毕生精力，丰富、发展周公开创的儒家学说，整理编订《诗》《书》《礼》《易》《乐》《春秋》等古代典籍，兴办教育，诲人不倦，成为一位伟大的思想家和教育家。

　　到了宋代，以程颐、程颢兄弟及朱熹为代表的众多思想家的产生，特别是集儒道佛所长的程朱理学的出现，使中国文化的发展达到了一个新的高度。学术成就，高于宋以前的汉、唐两代，也远超宋之后的元、明两代。儒学思想前后统治中国思想界两千多年，它大致可分为两个时期：以孔孟为代表的前期儒学和以程朱理学为代表的后期儒学。理学的产生和发展把中国哲学发展到一个新阶段，而以嵩阳书院为中心的嵩山地域是理学传播的重要基地。

　　儒学起源于东周春秋时期，绵延至今已有2500余年的历史。汉朝武帝时期起，儒学成为中国社会的正统思想。随着社会的变化与发展，儒家学说从内容、形式到社会功能也在不断地演变。儒学促进了中国封建社会政权的巩固和经济文化的发展，对加强中华民族的凝聚力、捍卫国家的统一起到了重要作用，成为安邦治国的最有效的思想工具。"诚与信""和为贵""节且俭""仁和爱"等儒家道德行为规范，对医治社会弊病、化解人际矛盾、凝聚力量共同建设美好家园起着不可忽视的作用。

　　道教是中国本土的一种传统宗教,距今已有近2000年的历史。道教是在中国古代社会宗教信仰的基础上发展起来的具有汉民族思想和信仰的一种宗教,以道家为主要思想渊源,吸收阴阳家、墨家、儒家、法家等诸家思想,沿着方仙道、黄老道的基本思想理论和修持途径而逐渐形成。自东汉中叶形成以来,它经历了创建期、改造期、兴盛发展期、宗派纷起期和逐渐衰落期,在长期的发展过程中,对中华民族与中国社会的各个方面都产生了深刻的影响。道教积存了大量的经籍文献及宫观建筑、雕塑、石刻,是中华民族宝贵的文化财富,为人类文明进步做出了重大的贡献。

　　在道教史上,五斗米教的发展虽不在嵩山地区,但其创始人张道陵在创立五斗米道之前曾隐居嵩山。史料记载,张道陵7岁开始读《道德经》,并博览群书,后入洛阳太学,很快就精通五经,后又改学长生之道。曾被推荐至京城洛阳,朝廷任为江州令,汉末辞官到洛阳,隐居北邙山老子炼丹之地,潜心参悟。据《三洞珠夷》卷5引《道学传》卷2张天师传云:"张天师弃家学道,负经而行,入嵩高山石室,隐斋九年,周流五岳,精思积感,真降道成,号曰天师。"张道陵在隐居洛阳北邙山老子炼丹之地潜心参悟后,到嵩山修炼"黄帝九鼎,太清丹经"9年。据说,张道陵在这期间,遇神人指点,在嵩山石室中得到《黄帝丹经》,最后炼成仙丹,为其创立五斗米道奠定了基础。东汉顺帝时,曾在嵩山和北邙山修行传道的张道陵,带弟子一起入蜀郡鹤鸣山(今四川省大邑县)修道,并造道书《老子道德经想尔注》,奉老子为教主,遂创立"五斗米道"(因受治之人出五斗米而得名)。五斗米道,又称天师道,史家公认五斗米教是中国道教组织创建之始,张道陵为中国道教的创始人。因此,史学家说道教始于张道陵的五斗米道,源于嵩山,创于巴蜀,后又在嵩山得到传播和发展。

　　从张道陵创立道教到南北朝时,道教渐渐由比较原始的早期道教向作为封建统治阶级的御用工具的官方道教转化,而嵩山在这一转化过程中起到了极大的作用。北魏太平真君年间(440~451年),嵩山道士寇谦之在崇信道教的魏太武帝拓跋焘和宰相崔浩的共同支持下,以儒家礼教为原则对五斗米道进行了大刀阔斧的改革。寇谦之根据《云中音诵新科之诫》,"清整道教,除去三张(张陵、张衡、张鲁)伪法",革除五斗米道的旧制度,摒弃租米钱税和房中术,减轻了道徒的负担,维护了道家清心寡欲的教义。他建立了政教合一的上层组织机构,奉太上老君为最高尊神,宣扬上有36天,下有36土,天有30宫,宫中皆有主神。他改革道教的修行方法,以清虚为本,以礼拜为主,重视符箓,斋戒沐浴,炼制金丹,召神劾鬼,强调通过养生修炼和服食丹药达到长生不老。他吸收佛教的教义礼制,改革道教的斋醮科仪制度,即道教礼神诵经的制度,制订乐章诵诫新法,建立了一套完备的科仪制度,使道教由民间散乱的礼拜走向固定的丛林(宫观)礼拜。寇谦之吸收儒家礼教,"专以礼度为首",采取儒家礼教为道教的第一要义,即以封建礼法制度为准则,凡符合的就保留和增加,不符合的就革除。强化道教戒律,制订道教清规。他倡导全力拥护、支持和服务封建统治者,创建符合统治者需求的"新科"以佐国扶命。通过这些改革,使道教自身具有了较强的宗教力量,完全适合于统治者的需要,得到了帝王的支持,成为官方宗教,从形式到内容加以健全和充实,从此走上了中国的政治舞台,并逐步走向鼎盛。

　　佛教作为世界五大宗教之一,在历史上曾对世界文化传播做出了不可磨灭的贡献。在我国历史上,发生于东汉时期的古代印度佛教的传入,是一次大规模的外来文化输入。佛教首先在东汉都城洛阳和地处京畿的中岳嵩山落迹,有大批西域僧人和本国立志学佛的高士云集嵩山地域,在传播佛教的活动中,身体力行,译经讲经,广播佛缘,译出了大量的佛教经典。正是这些大量的汉译佛典,为佛教向全国更广泛的地区传播提供了条件。

　　佛教传入中国后,与中国的传统文化相互融合,成为富有鲜明中国特色的重要宗教,从而构成了中国传统文化的一个重要组成部分。佛教追求"自净其意",即"诸恶莫做,众善奉行",简单地说,就是"别做坏事,多做善事"。这种强调宽容和个体的教义,颇符合汉民族善良的本性,故佛教一经传入,立刻获得广泛的接受,从而迅速地成为中国信仰人数最多的宗教,并取得合法地位。佛教经过魏晋南北朝数百年的吸收消化,逐步与中国传统文化融合为一体后开始枝繁叶茂,至隋唐之际,佛教便蓬蓬勃勃地发展起来,以至达到鼎盛。在这个过程中,佛教依附与迎合中国传统的思想文化,在依附里求生存,在调和中图发展。从僧人的增多到寺院的增建,从创宗立派到各宗派大师风起云涌,标志着佛教中国化过程的基本完成。尤其是在金、元、明时期,嵩山佛教持续了长达500年的中兴。

历史上,在嵩山传播儒学的大儒和修炼的高道、名僧层出不穷,他们为了实现自己的理想,在信仰真理、传播真理的道路上,前仆后继,勇往直前。他们的人生轨迹就像夜空中的繁星,熠熠生辉。

嵩山地域是华夏文明的中心,在民族文化心理上被视为"天地之中"。古人尊奉嵩山为"神山"和"祖山",在华夏民族的发展史上占有崇高的地位。嵩山于佛、道、儒三教荟萃,少林寺、中岳庙、嵩阳书院鼎足而立。少林寺千佛殿的西侧是地藏殿,殿内南北两面供十大阎罗王神位,是道教的;后壁绘制24孝画图则又是儒家的,并承认释迦、孔子、老子都是"至圣",强调三教九流"为善殊途""各有所施";钟楼前开元碑阴刻"混元三教九流图赞",图面是释迦牟尼、孔子、老子三圣合体像,赞语是:"三教一体,九流一源。百家争理,万法一统"。"佛教见性,道教保命,儒教明伦,纲常是正,农流务本,墨流备世,名流责实,法流辅制……各有所施,一以贯之。"历史上,一些禅宗大师既通佛理,又研儒经,还懂道学。到明、清以后,道教借鉴了更多的儒家思想。少室山的道教名胜安阳宫主殿洞是三皇洞,内祀释迦牟尼、孔子、老子,门上大书:"才分天地人总属一理,教有儒释道终归一途"。当然,诸如三教同存共处的景观比比皆是,举不胜举。由此可见,三教在中岳嵩山已熔铸于一炉,具多种信仰于一体,是一座名副其实的神奥之山,其藏于风景名胜之内的思想内涵博大精深,魅力无穷。

历史发展到今天,儒家关切社会的治理,道家关怀生命自然状态的保持,佛家关心人生痛苦的解除,已经成为人们普遍的共识。故此,历史上有儒家治世、道家治身、佛家治心,和儒家入世、道家隐世、佛家出世之说。儒、道、佛三家虽各有所重,然仍能融合会通,相济相补,和而不同,构成彼此共存共荣的文化格局,长期以来影响着中华民族的精神生活。中国文化形成儒、道、佛三大脉络,三教共同撑起了中华传统文化的天空。

作为一个民族主体的文化符号系统,佛、道、儒三教在知识形态上是复合的,在历史上所承担的功能是多维的。如今,这极具旺盛生命力和丰富深厚的宗教文化,已经成为推动中国社会发展、提高国家和民族声望、壮大世界和平力量的有力手段。因而认真探究、充分挖掘和运用中国传统文化中的宝贵资源,从中汲取创造的智慧和勇气,并转换成整个民族对生命意志的表达和文化理想的追求,对我们自觉贯彻落实科学发展观,努力构建社会主义和谐社会,无疑具有重要的理论意义和现实意义。

凡 例

一、"嵩山文化大系"是在河南省民间文化遗产抢救工作委员会的领导和关怀下立项编写的。目的是帮助读者了解、研究嵩山的历史状况,以促进嵩山地域政治、经济和文化的发展。

二、"嵩山文化大系"所写范围为"嵩山历史文化核心区",其地域划分是以嵩山为中心,其所涉及面积主要涵盖了以嵩山主要位置区的登封和嵩山余脉所在地伊川、偃师、巩义、荥阳、新郑、禹州、新密、汝州9个县级市,以及与之为邻的古都郑州市和洛阳市。也就是被史学界、考古界、地学界所说的"嵩山文化圈",书中简称"嵩山地域"或"嵩山地区"。

三、本书涉及范围是以嵩山的太室、少室为中心,辐射整个嵩山地域的儒、佛、道三教的历史。主要记述儒、佛、道三教在嵩山的产生与发展、三教中供奉的神祇、三教的著名历史人物、三教的特质与影响以及三教合一的情况。

四、所写儒、佛、道三教的时间是上自三教的产生,下至当代。

五、本书所记述的三教中的历史人物,排名不分先后,均按作者所在的朝代排列。具体分为:先秦(指旧石器时代到战国时代,经历了夏、商、西周以及春秋、战国等历史阶段)、秦、两汉(西汉、东汉)、三国、两晋(西晋、东晋)、南北朝、隋、唐、五代、宋、金、元、明、清几个大的阶段。同一朝代的人物按生年先后排列;同年生的按出生年月先后排列;只有卒年而生年不详的,按照卒年并重点参照其主要活动年代排列;生卒年不详者,按其主要活动年代插入适当位置;跨朝代的,按其主要活动的时期划代排列;作者虽有所在朝代时间,但确实查不到其他信息的,排在所在朝代的其他人物后面。

六、史料的参考来源以史籍、方志为主,旁及个人著述的嵩山地区的儒、佛、道书籍、人物名录及其他文献资料和网络中的文献资料。本书中的有关嵩山儒、佛、道三教史料中的个别之处,在多种史料中有不同说法及有误的,均以正史资料中的记载或以多个专家论证为准。

七、本书中所说的古代洛阳,为洛阳京畿辖域,而非今日的洛阳。其大致范围是:南始中岳嵩山,北至太行王屋,东及虎牢,西迄函谷。按现在的区划是南达临汝、登封,北至济源,东及荥阳、巩义,西迄三门峡陕县、灵宝。

八、本书在编辑中一律使用规范化的汉字,除个别电脑识别不出的冷僻或疑难字,在现代汉字中查不到的,经电脑专业人员用古文繁体字替代,或用电脑组字,尽可能地恢复原字的形态。

九、本书儒、佛、道卷中,鉴于多种原因,在"嵩山著名儒学人物""嵩山高僧""嵩山高道"部分,没有列入当代著名儒学人物、高僧、高道。

卷一　嵩山儒学

儒学,又称儒家思想,儒家学说,或称为儒教,但并非指宗教,或以其为宗教而称之为儒教。"儒"字本是古代对学者的尊称,字义是"雅""优"及"和"的意思,从"人"从"需",指他们的思想学问能够安定别人,说服别人,为人所需。儒家作为一种普遍的标志性信仰,其思想内容来自于《汉书·艺文志》的图书目录,"儒家者流,盖出于司徒之官,助人君顺阴阳明教化者也。游文于六经之中,留意于仁义之际,祖述尧舜,宪章文武,宗师仲尼,以重其言,于道最为高。"也就是说,儒家是以六经为圣经,遵循尧舜之道、以周文王、周武王的典章(《周礼》)为典范,以孔子为宗师,教化民众的流派。自春秋、战国、秦、汉以后起,指由孔子创立的后来逐步发展以仁为核心的思想体系。儒学崇尚"礼乐""仁义"。主张"德治""仁政",重视孝忠等伦理道德教育,是中国古代自汉代以来的主流意识流派,自汉代以来在绝大多数的历史时期作为中国的官方思想,至今也是一般中华民族的主流思想基础。

孔子将儒家学说和传统宗教相结合创立了儒教,汉代以后儒学成为儒教中的理论部分,宋代以后儒教在理论上更加成熟,并得以长期发扬光大。明清两代朝廷将宋代形成的程朱理学定为官学,形成流传至今的儒家主流。在中国思想文化史上,儒教文化长期居于主流和基础的正统地位,儒学统治中国达千年之久,对稳定封建秩序、延长封建社会寿命都有着重要的作用和意义。

儒学的中心思想是恕、忠、孝、悌、勇、仁、义、礼、智、信,其核心是"仁"。儒学是国学的核心与主体,儒学是经历代统治者的推崇,以及孔子后学的发展和传承,对中国文化的发展起了决定性的作用,乃至对东方文明发生过重大影响并持续至今的一种意识形态,而这种意识形态是源于中国古代西周的《周礼》。回溯西周的历史,就不难发现,儒学上承于周礼,而周礼奠基人正是营建洛邑(今洛阳)作为西周东都的周公。孔子自己在《中庸》《论语》中所述,"吾学《周礼》,今用之,吾从周。""甚矣吾不复梦见周公!"显然,孔子乃《周礼》之传人。因此,在儒学形成和发展的历史进程中,嵩山地域是一个占据着儒学源渊的重要地域。

第一章　儒学的形成和发展

在漫长的封建社会,中国儒学经历了一些明显不同的历史发展阶段。在这些不同的阶段,尤其自宋代至清代,嵩山地区对儒学的传播乃至中国儒学的发展做出了不可估量的贡献。

第一节　先秦原始儒学

儒学初起,时值春秋末年。夏、商、西周是神的世界,当时的宗教观念认为,从天上的风云到人间的祸福,一切皆由天帝主宰,要求一切听命于神。殷人几乎每事必卜,《尚书》中所见春秋以前的文献,也几乎是言必称天命。春秋开始,老子与孔子把先前零星的人文思想上升为理论,从而奠定了中国传统的人文思想的基础。这一时期的思想大势,是传统宗教观念日益破产,新的学说接连兴起。孔子讲天命,较为保守,要求克己复礼,对旧秩序的崩溃痛心疾首。但是,和传统宗教观念相比,孔子学说仍然是一个进步。孔子对天命并不虔诚,他"不言性与天道","不语怪力乱神",对鬼神敬而远之,将信将疑。他的学说,从人事本身去寻求解决社会问题的办法,而不寄希望于神灵。孔子的思想倾向,周初就有端绪。孔子学说,也是这时期社会新思潮的产物。

孔子时代新思潮的兴起,一是由于生产的发展、社会的变革,另一面就是自然科学的发展。传统宗教观念的破灭,对自然现象的传统解释也发生了动摇。《庄子》一书、屈原的《天问》等,对种种自然现象的传统解释都产生了怀疑。这种种怀疑,促使人们对天地万物重新考察。据说惠施能"遍为万物说"认为,许多自然现象的成因不是神的意志,而是物与物的相互感应,如磁石吸铁、鼓宫宫动。人们还发现,人与物也能发生这样的感应。正是自然科学打击了天命鬼神观念,才进一步促使先进的思想家把他们的注意力转向对社会本身的研究。自然科学的发展,是先秦诸子兴起的必要条件,当然,也是儒学兴起的必要条件。

孔子创立的儒家学说,直接继承了殷周奴隶制时期的天命神学和祖宗崇拜的宗教思想,这种学说的核心就是强调尊尊、亲亲,维护君父的绝对统治地位,巩固专制宗法的等级制度。此后,为迎接本土异体文化和外来文化的冲击与挑战,为服务于统治阶级的需要,儒学不断进行内部调整和修正,甚而改变自己的理论形态。

战国时期百家争鸣,各种思想文化相互渗透、相互融合。在战国末期的荀子思想中,已杂糅了道家、法家、名家的思想。

汉代儒学经荀子一派的直接传授,与先秦早期儒学相比,思想更为驳杂,理论形态开始改变,历史上有人把汉代的儒学称为"新儒学"。

百家争鸣

第二节 汉代宗教化儒学

由儒学发展为儒教,是伴随着封建大一统帝国的建立和巩固逐渐进行的,孔子的学说发展至此,经历了第一次大的改造。汉代大一统的中央集权封建宗法专制国家,需要一套在意识形态上和它紧密配合的宗教、哲学体系,而儒家学说很符合封建社会统治阶级的利益。于是,孔子被推到了前台,董仲舒借孔子的口,宣传适合汉代统治者要求的宗教思想。汉武帝就向全国宣布,抛弃百家的学说,表彰儒家的思想,要大家阅读"六经"。

汉初实行黄老之学,无为而治,经济发展很快,出现了文景盛世。但在景帝时代出现了吴楚七国之乱,统一的国家将面临分裂的危险。景帝时任博士的董仲舒认为,重要的问题是要巩固集中统一的政权,防止分裂割据的局面出现。董仲舒从儒学经传中寻找统一的理由,根据《公羊春秋》中"大一统"的记载,提出了"大一统"论。他在《天人三策》中说:"《春秋》大一统者,天地之常经,古今之通谊也。""大一统"既然是宇宙间最一般的法则,那么封建王朝当然要遵循。这就是董仲舒所要设立的政治哲学的核心。他根据"大一统"的普遍法则,提出了思想也要"大一统"的论点。董仲舒在《天人三策》中说:"臣愚以为诸不在六艺之科、孔子之术者,皆绝其道,勿使并进。邪辟之说灭息,然后统纪可一,而法度可明,民知所从矣。"只有思想统一才能有统一的法度,百姓才有行为的准则,这样才能维护与巩固政治的统一。用思想统一来巩固政治统一,思想应该统一于以孔子为代表的儒家上,百姓也知道该遵循什么,怎么做。只有政治统一才能长治久安,当时汉代的政治是统一了,但不稳固。统一思想成了大一统的关键。于是,董仲舒多次强调要用孔子儒学统一天下的思想,在著名的《举贤良对策》中建议"罢黜百家,独尊儒术"。他以《公羊春秋》为依据,将宗教天道观、阴阳、五行学说结合起来,吸收法家、道家、阴阳家等思想,建立了一个新的儒学思想体系,使儒学由诸子而成独尊,由一家融汇百家,在其后2000多年中国封建社会中影响极为深刻而久远。汉武帝利用政治权利把孔子学说宗教化,定儒教于一尊,使用儒家思想来治国,这就是中国历史上所谓的"罢黜百家,独尊儒术"。

从此以后,各个朝代实行"科举制度",都以儒家作为考试做官的唯一课题,这就迫使人们非学习儒学不可,从而极大地推动了儒学的发展。汉武帝这样的选择,把国家意识形态定于一尊,其后支配了中国两千多年的历史。从那时起,孔子的学说开始逐步成为中华民族的精神支柱和民族文化的核心。从西汉平帝开始,加在孔子身上的封号越来越多。所有的封号几乎都使用了汉语中表示最高赞誉的词汇。东汉光武帝最早派官员到孔子的家乡致祭,随后成为代代沿袭的传统。整个封建时代总计达196次。

董仲舒

在当时的观念中,与人对立的物的世界,都是天的范围。人与物的感应,就是人与天的感应。董仲舒把儒家的社会学说说成是天神的意志,用天人感应作为人神交通的手段,创立了儒教。这样,自然科学的结论成了董仲舒神学理论的基础。以天人感应为特征的汉代儒教,最重要的活动是探测天意。探测的手段,是观察各种异常自然现象,尤其是日月星辰的异常。天人感应注意的是异常自然现象,而要知道什么是异常,必先知道什么是正常,由此也促进了对历法的研究。我国古代天文科学特别发达,天人感应观念是一个重要原因。然而,天人感应也常常妨碍历法的进步。假如历法不准,常常被认为是人君的行为影响了天体的运行。天人感应思想进一步发展,就是谶纬迷信。谶是秦汉间巫师、方士编造的预示吉凶的隐语,纬是汉代神学迷信附会儒家经义的经解。汉代儒教把儒经作为它的社会学说,解经就成为它的一个重要任务。

董仲舒的"天人感应"论,是以社会、政治来说的。他在《天人三策》中说:"臣谨案《春秋》之中,视前世已行之事,以观天人相与之际,甚可畏也。国家将有失道之败,而天乃先出灾害以谴告之,不知自省,又出怪异以警惧之,尚不知变,而伤败乃至。"他把《春秋》中所记载的自然现象,都用来解释社会政治衰败的症结。他认为,人君为政应"法天"行"德政","为政而宜于民";否则,"天"就会降下种种"灾异"以"谴告"人君。如果这时人君仍不知悔改,"天"就会使人君失去天下。汉武帝建元六年(前135年),汉高祖的陵园两次火灾,引起满朝文武官员忧心忡忡,董仲舒写"灾异之记"一文,以这两次灾难为依据,抨击朝政,其主旨说,火灾的起因是与朝廷没把儒学定为"独尊地位",与不用"礼义教化"有关,因此上天不满,降灾予以警戒。

依董仲舒说,天人相符,地上的秩序和天上的秩序是一样的。比如,人有四肢五脏,是因为天有四时五行;人头是圆的,因为天也是圆的。至于君臣父子,设官任职,各种政治设施,更要求助于对自然现象的解释。重视观察自然现象,也埋下了天人感应思想自身破产的种子。王充经过大量观察,发现那些自然现象,并不是天对人的反应。他写的《论衡》,在汉朝末年传播开来,促进了天人感应思想的破产。

两汉以后,由于中国本土道教的形成和佛教东渐,儒教与道教、佛教三种文化教育既互相排斥,又互相渗透,形成三教鼎足的局面。

从魏晋到隋唐,作为社会思潮,天人感应已经破产。但这一时期,儒学虽无大的发展,但政治统治的指导思想,仍然是儒教。

第三节　宋代至清代理学

晚唐时期儒家思想受到巨大冲击,面对佛、道的挑战,韩愈等人提倡运用儒家的"正义"、"道统"抗衡佛家的"法统"。以此构建儒家的心性学说及修身理论。他们打着"复古"的旗帜。主张恢复孔孟儒家思想的正统地位,用儒学取代佛、道。在此情况下,晚唐古文运动应运而生。北宋建立后,宋代统治者集团强化中央集权的封建宗法专制制度,思想文化领域里自然也要有与它相适应的意识形态相配合。因此,构建儒家的心性学说与修身理论成为宋儒孜孜以求的目标。北宋庆历年间实行了以儒家思想为理论依据的改革即"庆历新政"。在庆历新政中以范仲淹为首的改革派依据"儒学"精神特别是"六经"的精神在全国办学、讲学。与此同时他们积极发挥儒家"经世致用"思想对抗佛、道二教的出世思想,反对把儒学凝固化、神学化。在此背景下,一些著名的知识分子要求对儒家经典进行新的解释,这些为儒学的复兴开创了全新局面。

在此之后,为了适应统治者的需要,儒学再一次改变自己的理论形态,完成了又一次大的改造。宋代儒学顺着儒、释、道相互吸收的趋势,以儒家"礼治"思想为核心,糅合道教的宇宙生成、万物系列化的理论和佛教的思辨哲学,弥补儒家哲学学说粗糙的缺陷,建立了比较系统的哲学体系。由于宋儒们对世界本质以及经世致用的看法不同,产生了分歧,分为不同的学派。

宋代儒学中最有代表性的学派有:以程朱为代表的理学、以陆九渊为代表的心学、以张载为代表的气学,以陈亮和叶适为代表的实学。理学是贯穿于宋代始终并最终被确立为官方哲学地位的哲学思潮。"理"字出现很早,但真正把"理"说成是宇宙的最高本体、产生万物的本源,则始于理学。因理学家主要讨论的内容为义理、性命之学,故称为理学。宋代理学的思想来源大致出于三个方面:一是儒学经典;二是佛学(主要是华严宗和禅宗);三是太极和阴阳学说。从其思想来源来说,宋代理学是融合佛、儒、道三教三位一体的思想体系。

宋代理学思想以理为万事万物的本源,又称为天理,承认事物的变化。但认为这是理的神秘力量所至,还阐述了天人关系等问题,坚持天人相与的命题。在认识论上比较重视精致的先验论认识论,以格物致知为基本命题概念,讲求穷理。宋代理学还是一种以道德为本体的人文主义哲学,确立道德为主体的独立性,执着地追求人生精神价值,对培养气节情操,发奋立志,重视品德,以理统情等主体意识结构以及人们的社会责任感、历史使命感等方面起着重要作用。

宋代理学实际上是儒学发展的最高形态,它以儒家思想为本体,汲取易学、佛学、道学中某些思想养料以丰富儒学理论,建立了以"理"或"心"、"气"为本位,以"格物致知"或"穷理尽性""致良知"为方法,以"内圣外王"为目的哲学理论体系,使它具有在哲学思维的深度上、理论体系的严密精致上超过先秦子学、汉唐经学的成就与特色。

北宋时期的石介、胡瑗、孙复被称为理学三先生,他们强调义理,重视"性与天道"的研究,倡导"明体达用"和"尊王"之学,为理学的产生准备了条件,被称为理学之先驱。但实际的开创者为北宋五子,即邵雍、周敦颐、张载、程颢、程颐。北宋五子凭借各自对儒学的理解建立了不同的思想体系,他们有许多共同点:第一,确立了"理"为宇宙万物本质的本体论哲学观,突出强调"理"为万事万物的最高存

在;第二,在道德修养方面。重建以儒家心性论为核心的道德形而上学;第三,儒家"天人合一"思想被重新定位,即通过主观的努力(主要是加强思想道德修养与实践)追求"天人合一"的境界。这标志着理学的产生。

周敦颐为宋代理学的开山祖师,他继承了理学三先生的思想,同时,援佛、道入儒,提出了理学的一系列新概念、新范畴,为理学的创立奠定了基础。周敦颐将道家无为思想和儒家中庸思想加以融合,阐述了理学的基本概念与思想体系,他的著作《太极图说》和《通书》后来成为理学家的经典文献。他的学说最早触及了宇宙和社会起源等哲学问题,把儒家的经学哲学化,并对中央集权的统治和封建伦理纲常做出了哲学的论证。他所提出的"主静无欲"等观念,为以后理学家所推崇。邵雍是先天象数之学的创始人,并使之成为理学思想体系的重要内容。张载则发展了气一元论思想,为古代中国辩证法两一学说的集成者。

程颢、程颐,世称"二程",是理学的重要代表,他们为北宋的理学思想奠定了基础。两人观点基本一致,其著作后人辑为《二程全书》。他们提出"理"(又称"天理")或"道",作为世界万物的本体,常自称其学为"道学",通常称为"理学"。他们认为"理"是永恒存在、无所不包的,先有"理",然后产生万物,而又统辖万物。这显然是受佛教"真如"、"佛性"(意为最后的真理)说的影响。人性说等则有道家的影响。

二程理学在当时没有多大影响。大致到南宋孝宗时,程颐的四传弟子朱熹集理学之大成,理学才大为兴盛。朱熹是理学思想的集大成者,在理学体系的完善与阐发上有特殊贡献。他主要继承和发展二程的学说,又吸取北宋其他理学家的某些学说,认为理是存在的基础,物质性的气是第二性的,"理在先,气在后,虽未有物而已有物之理"(《朱子语类》),理的最高境界为太极。但他又认为理无气则不存,气无理亦不能存,二者紧密相关。故宋代理学又被人们或称为程朱理学。朱熹的论著很多,有文集、语类和《四书集注》等。二程创立的理学,经过朱熹的发展和阐述,成为更精致、更系统、更富哲理的新儒家学派,世称程朱理学或程朱学派。

宋代理学对后世影响甚大,由朱熹发展并集大成的程朱理学,成为其后几百年封建社会的统治思想。宋理宗时,程朱理学成为官方哲学。元、明、清时期,在思想文化界更居于统治地位。元朝恢复科举以朱熹的《四书集注》来考试文人,明清两代也以朱熹的思想为科举的标准答案,康熙为《朱子全书》作序,说:"朱夫子集大成,而绪千百年绝传之学,开愚蒙而立亿万世之规……虽圣人复起,必不能逾也。"

第四节 近现代新儒学

到了近代,康有为等把西方社会自然科学的成果引入传统儒学之中,建立了具有近代色彩的资产阶级新儒学。

"一切宗教都不过是支配着人们日常生活的外部力量在人们头脑中的幻想的反映,在这种反映中,人间的力量采取了超人间的力量的形式。"这句话说明了宗教作为意识形式的本质特征,揭示了宗教幻想的内容和对象是"支配着人们日常生活的外部力量",说明了宗教观念采取了"超人间化"的形式。因而人们一提到宗教就往往会联想到深山中神秘莫测的古刹名寺、庙宇道观和阴森寂静的教堂等。在汉字语源中,"宗"是个会意字,意为"宇宙神祇所居",也有"尊祀祖先"或祭祀"日月星辰、江河海岱"之意,因而宗教是奉祀神祇、祖先之教。而宗教一词来源于印度的佛教,佛教以佛陀所说为教,以佛弟子所说为宗,宗为教的分派,合称宗教,意指佛的教理,后来泛指对神道的信仰。构成宗教的基本要素有内在要素(即宗教观念或思想、宗教感情或体验)和外在要素(即宗教行为和活动、宗教组织和制度)。宗教观念、宗教感情、宗教行为、宗教组织是宗教的四大基本要素。宗教所要解决的主要是人的精神存在与宇宙的神秘关系,或者说是人的永恒性问题。面对众多的不解之谜,宗教总是设想出一个无所不知、无所不能的超自然存在。这个神秘的万能的主宰,既能够理解人类、帮助人类,又能够惩罚人类、控制人类。人们的一切善行都会受到他的鼓励,人们的一切罪恶都要受到他的报复。因此,人类所做的一切都是为了得到这位万物主宰的宽恕与恩赐而已,人自身在这位主宰面前形同无物,极其渺小。宗教所要求于人的,便是时刻想着自己的渺小无用,想着在冥冥之中有一双无所不察的眼睛在注视着你,因此你必须严格约束自己,不要惹怒这位支配者,不要因自己的一点小过失给全人类带来灾难。因此,宗教是一群人对于一个万能主宰的敬畏、信仰和期待。

从形式上看,儒教很有宗教色彩,也有一位举世公认的教主孔子,有作为教义教规的四书五经,有享受祭祀的圣人、先贤,有对世人行为准则的具体要求,有专门传播儒教教义的宿儒经师,对中国人精神生活的影响力绝不逊于任何一种宗教。但严格来说,在中国人生活中没有一个叫作"儒教"的宗教,它实际上不是一般意义上的宗教,虽然它融合、吸收了佛教、道教的一些合理观点,有崇拜的偶像和祭祀行为,有信奉的终极目标和行为规范,但它所崇拜的是人而不是神,祭祀是出于崇敬而非畏惧,信奉的终极社会目标是"大同社会",信奉的个人目标是"内圣外王",要求人们的行为符合礼仪而没有严格的戒律,只有祭祀场所而没有固定的宗教活动场所。孔子宣称:"未知生,焉知死?""未能事人,焉能事鬼?"虽然他没有直接否定鬼神的存在,但却主张"敬鬼神而远之"。这与其他宗教的态度是截然相反的,因而儒教并不能算是纯粹的宗教,称之为儒学最为合适。

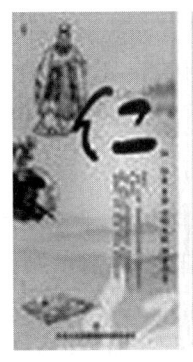

儒学核心——仁义礼智信

"儒"本是一种带有宗教色彩的职业。殷商时代,社会上流行祖先崇拜、上天崇拜,形成了一整套的祭祀礼仪。殷商的祭祖拜天活动还有一个重要的现实功能,即通过统治者与上天之间的神秘联系,使人间的政治秩序演变成宇宙自然秩序的一部分,利用人们对天的崇拜来巩固自己的权力。儒者便是主持祭祀及丧礼之类业务的专业司礼人员,他们精通所在地区多年形成的丧葬礼仪,因此久而久之便形成一种相对独立的职业。据《周礼·大宰》说:"以九两系邦国之民:一曰牧,以地得民;二曰长,以贵得民;三曰师,以贤得民;四曰儒,以道得民……"儒者形式上是司仪,实际上承担了沟通上天与君王、君王与百姓之间联系的中介任务,成了一种准神职人员。孔子正是一个典型的儒者,他年轻时对三代以来礼治和各种典礼的细节非常精通,主要靠为人治丧、驱鬼、主持各种仪式谋生,人们把他视为

中兴三代礼教的正宗传人,公卿大夫纷纷向他请教。孔子晚年开始大规模收徒讲学,除了教授六艺之外,主要是向学生灌输用尧舜文武之道改造社会的理想,以及作为个人立身之本的仁、德、忠、义等道德理想。后来人们把孔子亲手编定的著作称为"经",把其弟子们对经书所加的说明、注释称为"传",世人把这些经传自然称为"经学"。汉代以后,人们便把经学称为儒学,把学经讲经的人称为儒生。儒学的核心学说"礼"、"仁"、"义",有利于当权者的统治,虽经孟子、荀子、董仲舒、二程、朱熹、陆九渊、王阳明等根据社会形势变化不断作理论改造,但儒学始终以维护封建统治秩序为目标,以现实生活为讨论对象,因此不仅受到历代统治者的重视,也对普通民众的日常生活起到了规范作用。由此看来,所谓儒教,其实就是"儒家的教化",即儒家学说,主要是孔孟之道、程朱理学的实践形态。今人所称儒教,多指封建礼教。因为传统的人文思想并没有导向政治的民主、自由,而导致了专制主义,即王权主义。中国的王权主义与人文思想不是对立的,王权主义属于人文思想的一部分。也就是说,中国古代的人文思想建立在以小农为主的自然经济基础之上,不可能产生民主思想,只能产生家长主义,教人安于封建秩序的道德。因而,不管其中人文思想多么发展,在本质上只能是人的桎梏。

儒学的基本概念是仁与礼,其基本追求是塑造具有忠恕之德的高尚人格和和谐的理想社会,而仁和礼正是通过调解社会关系,和谐人际关系,以达到仁政清廉、社会稳定。忠孝节义,是仁和礼在特定社会关系中的运用。儒家的思想特别是纲常名教,是历代统治阶级维护统治的工具,而它的民本主义,对人民疾苦的关心,又在某种程度上限制了统治阶级过分的剥削。儒家提倡的仁政几乎被历代统治者宣布为施政的目标,也成为广大人民群众要求摆脱苦难的幻想和精神寄托。强调古代传统是儒学思想的一大特色。中国传统的人文思想,在人与神的关系上倡导先人而后神;在人与自然的关系上倡导人与自然相和谐,并利用自然,为人造福;在人的价值上推崇道德完善,以救世为己任。在修身、齐家、治国、平天下的程式中,个人道德完善被当作社会完善的基础和起点。儒家把道德培养看作对人生价值的追求,对理想人格的塑造与提倡,则是对人类文化与文明的高扬,成为催人奋进的精神力量,成为人们的精神家园。

儒学是中国历史上形成最早、影响最大的学派,是中国传统文化的主体,世界上有儒教中国的说法。2500年前孔子集我国古代文化之大成创立的儒家学说,在发展过程中兼收了道学、佛学及西方文化的部分思想理论,自汉武帝以来一直占据着中国思想界的统治地位。古代朝鲜、越南、日本甚至都深受中国儒学的影响,从日本明治维新后的崛起、二次世界大战后的复苏强盛,到亚洲四小龙的迅猛发展,世界上的一些有识之士都敏锐地提出东亚的"繁荣之本"在于中国儒学,并把东亚、东南亚称为儒家文化圈,并有儒家资本主义之说。每一年都有来自世界各地的人们到孔子的家乡,或者到各地的孔庙向孔子表示自己的敬意,旨在传播中华文化的孔子学院也已经遍布世界各地。诞生于2500多年前的孔子思想,今天依然闪烁着智慧的光芒,影响着一个民族的思想与行动,同样也以包孕万物的襟怀影响着世界。

第二章　儒学在嵩山地区的传播与发展

儒家学说是中华传统文化的主体，儒教文化在中华传统文化中所占的分量最大，并对传统文化的各个层面都起着主导和支配作用。然而这一文化现象，最初的渊源是在嵩山地区。嵩山地区不仅是儒学的发源地，而且是儒学发展、演变及其传播的重要地区，因而在儒学的形成和发展过程中起着极其重要的作用。

孔子讲学图

我国哲学界和思想界早已认定，孔子是儒家学派的创立者。然而，儒家思想的源流在孔子之前就已经露出头绪。儒家思想的核心内容是礼乐，而礼乐这些在儒家学说的构建过程中发挥重要作用的思想要素，在夏商两代就已经形成，并在西周至春秋时期获得了充分的发展。在中华文明的起源与形成过程中，以祖先崇拜为核心内容的礼乐文化从无到有，从弱到强，在二里头时代蓬勃兴盛，从而成为中国传统文化的特质和主流，这在儒学乃至整个华夏文明的发展过程中具有里程碑的意义。

在春秋战国时期，嵩山地区属于郑国和韩国管辖，基本上属于法家活动的地区，法家的先驱人物管子就是登封人，法家的代表人物子产和韩非子也是嵩山地区韩国人。汉魏六朝隋唐时期，嵩山地区佛教、道教大盛。儒学在嵩山地区蔚为兴盛是五代以后的事。五代后期，进士庞式在太室书院（嵩阳书院的前身）聚徒讲学。北宋程颢、程颐、司马光、范仲淹、韩维、李纲等先后在此讲学，儒学在嵩山地区才和佛教、道教鼎足而立。儒学在嵩山地区的主要表现形式就是程朱理学，其影响根深蒂固。

由孔子创立的先秦儒学，两汉时期变为儒家经学，又从两汉经学（今文与古文）变为魏晋经学。魏晋时期由于玄学应运盛行，经学亦就随之而降到了次要地位。隋唐的统一和各项事业的发展，为儒学向新的方向转换作了铺垫。唐代佛、道思想盛行，儒家思想不再独尊于一家。唐代说经，不拘训诂，自立新风。但是进入宋代,程颢、程颐与朱熹却完成了新儒学的改革。程朱取佛老融入经学,把孔孟置于正宗,同时又把董仲舒阴阳五行,把张载、周敦颐、二程的观点,以及佛学高度一元化的哲学和道家无为的思辨精神,加以整理,小心而细致地构造出内容精深的新儒学体系,将儒家思想推向了更高的境界。宋以后七百年间,理学一直被奉为正统,与宗法体制十分融洽,使其成为儒家发展史的一个里程碑。

儒学在嵩山地区的传播和发展大体上可分为六个时期:春秋以前的起源与萌芽时期,东周至秦朝尚未广泛传入的渗透时期、汉晋隋唐的发展及官学传播儒学时期、宋代洛派理学传播时期、明清程朱理学的传播复兴时期、近代以来的衰微时期。

第一节 春秋以前的起源与萌芽

依据传统说法,我国春秋末期伟大的思想家和教育家孔子为儒家学派的创始人。然而,实际上在孔子以前,嵩山地区很早就酝酿发酵了儒学思想,已经出现了诸多儒家思想的要素。在儒学学说的构建过程中,这些要素有着重要的意义。儒学思想的大量内容在西周至春秋已得到充分发展,而西周的思想又是以夏商文化历史发展的过程为背景和基础的。如在儒学产生之前,尧、舜、禹、汤、周公等先贤在嵩山地区有大量敬天保民的活动,而这些人物正是儒学推崇的"道统"圣人。比方说春秋初期,郑国颍谷封人颍考叔被称为"纯孝伯",一直被后世儒家所推崇,现在登封境内还有很多考叔庙、考叔祠。如比孔子早五百年的《易经》中许多思想都是儒家思想,比孔子早300年的西周创立时期,周公的"制礼作乐","礼乐"思想就是儒家思想的核心内容。

一、周公的礼乐制度

礼乐制度的确立,在历史上有一个漫长的过程。传说中的三皇五帝时代。通过考古发现,当时就有伏羲作嫁娶、画八卦、制耒耜、教民耕;黄帝祭天地、筑宫室、上栋下宇,作律历、定八音之制等的传说。后来,在考古发掘中在裴李岗文化遗址、仰韶文化遗址中发现的画在器物上的部落图腾、具有七声音阶的骨笛、祭祀的容器等,都是礼乐在史前时期存在的重要物证。

周公的制礼作乐是文化的革命

夏商周三代是礼乐形成的重要时期。最早发现于嵩山地区偃师境内的二里头文化遗址有作为宫殿的大型夯土建筑基址,有以礼乐器随葬的棺椁大墓,有以酒器、食器等容器构成的礼器群和磬、鼓、钟等乐器群,是礼乐文化的集大成者。考古界据此认定:在二里头时代,礼乐文化开始制度化,并成为覆盖广大地区的主流文化体系。

夏朝时,每逢新王登基以及庆典仪式,都有庞大的乐舞表演。据《管子·轻重》记载,夏桀曾用"女乐三万人,晨噪于端门,乐舞于三衢。"当时还有《乐书》《舞书》《戏书》等记录此类乐舞的书收藏于宫中。到了商朝,礼乐进一步得到发展。孔子在《论语·八佾》中说:"夏礼,吾能言之,……殷礼,吾能言之。"他在《论语·为政》中说:"殷因于夏礼,所损益可知也;周因于殷礼,所损益可知也。"他认为周礼是在夏商二代礼乐的基础上形成的,这在《论语·八佾》中有记载:"周监乎二代,郁郁乎文哉!"

礼乐制度起源于西周时期,属于上层建筑范畴,相传为周公所创建。它和封建制度、宗法制度一起,构成整个中国古代的社会制度,对后世的政治、文化、艺术和思想影响巨大。周公通过制作礼乐使礼乐文化成为中国五千年文化史上第一个完备的文化形态。

周公,姓姬名旦(约公元前1100年),亦称叔旦,是周文王姬昌第四子,周武王姬发之弟。一位襟怀坦荡,富有仁爱思想的政治家,曾与太公望即姜太公、召公奭等政治家一起,辅翼武王推翻商纣暴政。西周初杰出的政治家和军事家,被尊为儒学奠基人,也是孔子一生最崇敬的古代圣人之一。周初,周公辅佐周武王灭掉商纣,营建东都洛邑,召集天下诸侯在这里举行盛大庆典,正式册封天下诸侯。周公为了巩固政权和加强统治阶级的内部团结,他参照商王朝的礼乐制度结合周族的传统,制定了一套区别君臣、上下、父子、亲疏、尊卑的维持周统治阶级关系的礼制和一系列的典章制度,这就是历史上后传的《周礼》——"制礼作乐",以利于周王朝的长治久安。关于周公的政绩,《尚书大传》概括为:"一年救乱,二年克殷,三年践奄,四年建侯卫,五年营成周,六年制礼乐,七年致政成王。"在武装镇压商纣王子武庚、周武王兄弟管叔、蔡叔、霍叔及东方各国武装反叛以后,"制礼作乐",制定和完善宗法、分封等各种制度,使西周奴隶制获得进一步的巩固。

礼乐包括礼和乐两个内容:礼的内容,主要包括冠、婚、葬、祭、享、燕、朝聘、车马和宫室等。春秋以后,礼的概念逐渐扩大,几乎包括一切具体的典章制度,如政治制度、法律规范等。乐的内容,包括音乐、舞蹈等,它和礼紧密相关。天子、诸侯、卿大夫等各有其相应的乐、舞、乐器各类、乐队规模、演奏曲调、舞者人数等都有严格的区别。下不能僭上,卑不以凌尊。

礼乐制度分礼和乐两个部分:礼是维护统治者等级制度的政治准则、道德规范和各项典章制度的总称,后来发展为区分贵贱尊卑的等级教条。乐则是基于礼的等级制度,配合各贵族进行礼仪活动而制作的舞乐。舞乐的规模,必须同享受的级别保持一致。

"礼"的中心问题,就是区分尊卑贵贱,制订宗法制,也就是确立继承制。周公一改殷商时代传弟和传子并存的继承制,确立了以嫡长子继承制为核心内容的宗法制,这就从法律上避免了支庶兄弟争夺王位,为稳定和巩固统治阶级秩序起到了极其重要的作用。周公又把宗法制和政治制度结合起来,创立了一套完备的适应于奴隶制社会的上层建筑。在这个以血缘纽带和婚姻关系构建的政权结构和统治系统中,周天子是天下大宗,姬姓诸侯是小宗,而诸侯在自己的封国内又有同姓卿大夫作小宗,这就形成以天子——诸侯——卿大夫——士为主要阶层的金字塔形结构,显然比殷代的联盟形式更有利于统治阶级秩序的稳定。这样一种严密的宗法等级体系必然产生一套父尊子卑、兄尊弟卑、天子尊诸侯卑的等级森严的礼法制度。

按照《周礼》一书的论述,从诸侯的封土建国到卿、大夫、士的管理;从农业上的"井田制"到工商

业的"工商食官"制;从王畿、诸侯城郭的城池面积大小、城门高低、道路宽窄到天子朝堂、诸侯宫室和百姓家居的大小多寡;从吃饭穿衣、受教育到祭祀、乐舞、婚丧嫁娶,莫不是泾渭分明,尊卑了然。

礼乐制度是以"礼"为社会秩序的基础和核心,要求人们遵循等级、名分的规范与准则的一种制度文化。礼有五礼,即吉礼,凶礼,宾礼,军礼,嘉礼,基本涵盖了国家的政治、军事和社会生活的各个方面。乐则与礼相配,根据不同的等级,严格限定不同的乐舞名目、乐器品种和数量以及乐工人数,不得超出规格。礼乐的配合使一切重大的活动庄重严肃,规范有序,丰富华美。西周的礼乐制度,形成了西周特色的礼乐文化与礼乐文明,是中国古代建立人文精神的重要开端,它对后来儒家学派的治国思想产生了重大而深远的影响。

有专家认为,西周时期(成王以前)正处在一个中国文化精神气质得以型塑的重要时期,周公在这个时期扮演了一个决定性的角色。周公的制作礼乐,是周公对中国传统文化的巨大贡献。近代著名历史学家夏曾佑说:"孔子之前,黄帝之后,于中国大有关系者,周公一人而已。"敬德保民是周公制作礼乐的基本指导思想,这使夏商以来敬鬼神的思想意识形态开始朝着重人事的方向转变,对于儒家的仁义学说有极大的影响,甚至可以说,礼乐文化直接孕育了儒家文化。在《论语·卫灵公》中,孔子的学生颜渊曾问孔子如何治理邦国,孔子说:"行夏之时,乘殷之辂,服周之冕,乐则韶舞。"《淮南子·要略》云:"孔子修成康之道,述周公之训,以教七十子,使服其衣冠,修其篇籍,故儒者之学生焉。"这充分肯定了周公制作礼乐对儒学的影响。由于周公对儒家学说的伟大贡献,后世学者称其为儒家思想的奠基者。

武王封周公于鲁(今山东省内),为辅佐武王、成王,周公未能前去任职,而由其子伯禽代为就封,从而成为鲁的开国之君。鲁国在诸侯国中有特别重要的地位。《史记·鲁世家》载:"鲁有天子礼乐者,以褒周公之德也。"鲁国也是殷商遗民的主要聚居地,故鲁国保存了最丰富的西周文化史籍和典章制度。生在鲁国的孔子深受这些文化的熏陶和影响,为儒家学派的形成、发展奠定了坚实根基。著名的儒家文献汇编《尚书》也是在这些典籍和文档基础上修编而成的,成为周公思想、儒家思想代表作。

随着西周社会制度的土崩瓦解,礼崩乐坏,中国历史进入了东周的春秋和战国时期。当时王室衰微,诸侯争霸,礼崩乐坏,社会动荡,古老的中国经历着巨大而深刻的变革。春秋时期的儒家创始人孔子面对春秋时期的社会乱象,极力主张恢复西周的礼乐制度,提倡"克己复礼",认为只有恢复西周以来的礼乐制度,实行仁爱,才能解决当时的社会问题,挽回安定有序的社会局面,实现"天下有道"的和谐社会。

孔子曾经对夏、商、周三代文化作了比较后说,夏人遵命(天命),商人尊神,周人尊礼。周代的尊礼文化,既高于听命自然的遵命文化,又高于假借鬼神的尊神文化。它是中国社会进入高度文明的奠基文化。孔子一生所追求的目标就是要恢复西周时期的礼乐制度。孔子在《论语·季氏》中说,"不学礼,无以立"。为此,公元前518年,孔子自曲阜西行至洛邑,"入周学礼",全面了解西周的礼乐制度,广泛学习相关的礼乐知识。据《史记》等史籍记载,孔子问礼制于东周王朝掌管图书典籍的守藏史老子,并专程学乐于东周景王、敬王时的重臣苌弘,向苌弘请教和探讨音乐和天文知识。据韩愈《师说》所说"孔子师苌弘"的故事,鲁昭公"与孔子车一乘,马二匹,竖子侍御,与敬叔俱至周,问礼于老聃,访乐于苌弘"。《礼记·乐记》有云:"宾牟贾侍坐于孔子,孔子与之言,及乐,曰:'夫《武》之备戒之已久,何也?'……子曰:'唯丘之闻诸苌弘,亦若吾子言是也。'"此外,孔子还参观了周庙、明堂、郊社等与礼乐制度相关的地方。《孔子家语·观周篇》曰:"孔子至周,问礼于老聃,访乐于苌弘,历郊社之所,考明堂之侧,察庙朝之度。……孔子观乎明堂,睹四门,墉有尧舜之容、桀纣之像与兴废之诫焉。……又周公相成王,抱之负斧,南面以朝诸侯之图焉。孔子徘徊望之,谓从者曰:'吾今乃知周公之圣与周所以王也。'"至今,洛阳老城文庙还有"孔子入周问礼至此"碑。由此观之,孔子适周问礼对其儒家思想的形成有重大影响。所以,儒学把孔子称为"圣人",把孟子称为"亚圣",把周公则称为"元圣"。

　　孔子是儒家思想的集大成者,在周公与孔子之间的500年里,富有道德色彩的人文主义在春秋各国得到了广泛的传播与发扬。黄开国、唐赤蓉所著《诸子百家兴起的前奏》一书考察了春秋时期的礼观念、德观念、仁观念、义观念,分析比照了这一时期民与神关系的变化,还原了春秋时期重民的社会思潮。黄开国认为,春秋时期重民思潮继承了西周"敬德保民"的传统,同时,也为春秋末孔子创建儒家学派提供了土壤。中华民族的道德理性品格的人文基因正是在春秋时期定型的。孔子是儒家思想的集大成者。《论语》中讲得最多的是仁字。辜堪生与李学林的《周公评传》一书统计,《论语》中提到"仁"字的地方多达109处。孔子的"仁"不仅仅是建立在宗族关系上的父慈、子孝、兄友、弟恭这样的血缘亲情层面,还将"爱亲"推向"爱人"、"泛爱众"的层面,从而把家庭伦理上升为社会伦理。可以说《论语》就是中国古代的一部关于人本主义的经典。

孔子入周问礼图

　　从周公到孔子的500年思想历程已经清楚地表明,中国是一个有着人本主义思想传统的伟大国家,中国古代也有过一个人本主义发生、发育与成熟的过程,欲读孔子必研究周公。汉唐以来常以"周孔"并称。杨来在研究儒家根源的专著《古代宗教与伦理》一书中写道:"历史赋予古代某些人物以巨大的文化选择权能,他们的思想方向决定或在相当程度上决定了后来文化与价值的方向,从而对后来文化的发展产生了决定性的作用。在中国历史上,这个人先是周公,后是孔子,而孔子是把周公所做的一切进一步加以发展和普遍化。没有周公和西周文化养育的文化气质,孔子的出现是不可想象的。"

　　史学家杨向奎也指出:"没有周公就不会有传世的礼乐文明,没有周公就没有儒家的历史渊源,以德礼为主的周公之道,世世相传,春秋末期遂有孔子以仁、礼为内容的儒家思想。"显然,要解读孔子的仁爱思想及其形成的脉络,周公是根源。

二、"六经"的渊源

　　《汉书·艺文志》曰,儒家"游文于六经之中"。所谓"六经",指构建儒家思想的《诗》、《书》、《易》、《礼》、《乐》、《春秋》等儒家六经,产生、形成于西周、春秋战国时代,皆早于孔子而存在。这些文献当时并没有称经,直到战国后期,庄子转述孔子对老子谈论这六部著作时,才开始有儒家"六经"之说。

《易》,亦叫《周易》,是我国最早的占卜用书,也是一部渊源邈古、博大精深的哲学著作。《易》源于河图洛书,夏代称《连山》,商代称《归藏》,到周代才叫《周易》。"易"有三种含义,一是变化,即世间万事万物的无穷变化;二是"简易",即以简单诠释复杂,"以六爻穷变化";三是"不变",即永恒不变。《易》的内容包括《经》、《传》两部分。《经》由64卦组成。64卦是由八卦相迭演绎而成。每卦有卦象、卦名、卦辞、爻辞四部分。《传》是由上象、上象、下象、文言、上系、下系、说卦、序卦、杂卦称十翼组成。而《传》是解释64卦卦象、卦辞及爻辞的。《易》为夏、商、周三代王室卜官所掌管。

《书》,又称《尚书》,这是周王室外史所藏的我国最早的一部历史文献。这部文献是春秋以前历代史官所收藏的政府重要文件和政治论文的选篇,是研究我国古代历史、文学、哲学等不可或缺的重要资料。古文《尚书》共28篇,从时代上来分有四部分:虞书(2篇)、夏书(2篇)、商书(5篇)、周书(19篇)。从地域而言,大都与嵩山地区有关。《禹贡》记载了九州的划分、山川的方位和物产的分布,大禹治水之功等。《汤誓》和《牧誓》,记载的是汤伐夏的战争动员。夏桀居洛实行暴政,商汤灭夏的最后一次战争亦即在此。周书中的《大诰》《康诰》《酒诰》《梓材》《召诰》《洛诰》《多士》《无逸》等,记载的全是周公东征、营建洛邑、建邦建国的重大历史事件,与洛邑有着极为密切的关系。其中有的篇什就是史官在洛邑撰书。《尚书》从内容上可分为两类,祭祀类和战争类,即所谓"古之大事,惟祀与戎。"从文体形式上也可以分两大类,即上行的奏议和下行的诏令。《尚书》的文章结构完整,层次分明,在命题谋篇上非常讲究,不少篇章文采飞扬。但由于时代久远,语言佶屈聱牙,古奥难懂。

儒学经典

《诗》即《诗经》,是我国历史上第一部诗歌总集,它收集了从西周初年到春秋中叶500年的诗歌305篇。《诗经》来源有二,一是王室派"行人"到民间"采诗",二是公卿大夫给周天子的"献诗"。但无论哪种诗歌,最后统一由周王室设在家庙的"守藏室"(即国家图书馆)删定。春秋时期,诸侯宴飨、会盟,莫不赋诗,可见《诗》已普遍流传。《诗经》由风、雅、颂三个部分组成。风包括十五国风共160篇;雅分大雅和小雅,共105篇;颂分周颂、鲁颂和商颂,共40篇。从时间上来分,雅、颂大都是西周时期的诗,风则集中于东周时期;在思想内容上,颂基本上祭祀仪式上的祈祷颂歌,雅有周民族史诗、政治讽刺诗、宴会酬答诗三部分,风所反映的则是奴隶和平民反抗压迫、奴役的愿望。风的思想性为最强,美学价值亦最高。其中《周南》、《召南》的许多篇章,则是嵩洛一带的民歌,就是反映嵩山地域人民当时的社会生活的。《王风》则最集中地描绘了东周王室洛邑一带人民的社会生活。雅、颂则是王室的祭祀和颂歌,表现手法有赋、比、兴,它的基本风格是淳朴自然,敢于描写现实,开启了中国诗歌的优秀传统。

《乐》是隶属于周王室司乐的音乐作品,有人说《诗》和《乐》实际上是一体的。《诗》为乐歌,"诗"记词,"乐"记谱。《乐》集夏商两代音乐精华之大成,由周公在洛邑整理而成,周王室历代乐官修订。现《乐》已失传,无法知道其原貌。

《礼》,又称《周礼》《周官》,是周王室的宗伯管理的典章制度。周公摄政期间,居洛邑王城,所制

"太平之书"，就是他在洛邑王城内主持制定了一套完备的具有周文化生活百科性质的所谓"周礼"，遂被后世尊称为"周公之典"，即周公的制礼作乐，奠定了周礼的基础。所谓礼，是天子、诸侯、大夫必须遵循的严格的等级制度，其主要内容有建侯卫、宗法制、封诸侯、五服制；爵位、谥法、官制和吉、凶等礼。周之礼制，据典籍所载，被秦始皇彻底烧毁，今存者有《周礼》《仪礼》等。唐代贾公彦《仪礼疏序》云："《周礼》、《仪礼》发源是一，理有终始，分为二部。并是周公摄政太平之书。"《周礼》（又名《周官》）6篇，失《冬官》一篇，以《考工记》补之，其内容包罗万象，经纬万端；《仪礼》（又名）《经》17篇，所言者为冠、婚、丧、祭、射、乡、朝、聘八目。

《春秋》之名，是先秦人们对史书的通称，除周王室外，各国也都设有史官。秦焚书后，各国国史皆亡。西汉时，学者们借口耳相传，整理成《左传》《公羊传》等，汉儒以为以上各书是解释孔子所做的《春秋》。它们究竟与孔子的关系如何，尚不能定论。

周代重视贵族教育，贵族子弟把诗、书、礼、易、乐、春秋称为"六艺"（六艺有两种，另一种为礼、乐、射、御、书、数），是必备的知识。而诗、书、礼、乐、易、春秋藏于周王室，至春秋末年，周王室大乱后，大量典籍散失。因此，除《春秋》存疑外，其余"五经"皆应编修于嵩山地区，龚自珍《六经正名》说："仲尼未生，已有六经；仲尼之生，不作一经。"章学诚《校侍雠通议》曰："六艺，非孔氏之书，乃周官之旧典也。《易》尊太卜，《书》藏外史，《礼》在宗伯，《乐》隶司乐，《诗》颂太师，《春秋》存于国史。"

从六经的渊源来看，有专家指出，六经的主要内容是以尧、舜、禹、汤、文、武、周公为代表的上古嵩洛文化为主体的，六经中记载有关嵩洛文化之处很多。当孔子的学生颜渊提出有关治理邦国的问题时，孔子明确地解答："行夏之时，乘殷之辂，服周之冕，乐则韶舞。"

儒学的创立者孔子生活在春秋时代，其先世为宋国贵族，因乱而逃至鲁国，世称鲁人。孔子年少"贫且贱"，"故多能鄙事"。及长，曾出任鲁国"委吏"（司会计）和"乘田"（管畜牧）等小官。而对孔子致学为开创孔学起决定性作用的是他的洛邑之行——入周问礼。

《史记·孔子世家》云："鲁南宫敬叔言于鲁君曰：'请与孔子适周'。鲁君与之一乘车，两马，一竖子俱，适周问礼，盖见老子云。"这就是历史上著名的孔子入周问礼的故事。又据《孔子家语》等的记载，说是孔子不远千里，风尘仆仆从山东曲阜来到洛邑王城，实地考察西周的礼乐制度，并向当时在洛邑的老子请教"周礼"。在洛邑期间曾游览了周王城的殿堂宫室，周天子召见诸侯和国家举行大典的明堂，祭祀周祖先后稷的太庙及祭天地的社坛等。与此同时，为了求得学"乐"的知识，又特意请教了著名音乐家苌弘。此外，孔子在洛期间，由老子的弟子康桑等人还向他详细地介绍了周公的"制礼作乐"各个方面的内容，请他参阅了各类图书典籍等。洛阳当时是政治、经济、文物制度、礼乐文化的中心，孔子入周问礼学乐，对弘扬周代文化，扩大儒家文化对当时和后世的影响，产生了重大作用。

相传孔子入周问礼后，曾删定"六经"，"六经"即《诗经》、《书诗》、《易经》、《礼记》、《乐经》、《春秋》。"六经"之中，《乐经》已佚不可见，《春秋》则为鲁国史官所记编年史，其他"四经"均已周王室诞生地有关。综上所述，孔子入周问礼，不仅为他删定"六经"，聚徒讲学，形成了一整套思想体系和理论体系，而且为他的理论和学说奠定了思想基础，提供了极为丰富的文献资料。

司马迁在《史记·封禅书》中说："昔三代之居，皆在河洛之间，故嵩高为中岳。"夏代和商代的主要统治地区在嵩山一带，周代也多在嵩山地区活动，周公的制礼作乐也产生于嵩山地区，因而可以毫无疑义地说，嵩山地区是儒家思想的发源地，嵩山文化是儒学的核心内容和精神源泉。

第二节 东周至秦朝的渗透

春秋战国时期百家争鸣中,孔子创立的儒学主张尊崇先王之道,其理论核心是"仁",而体现仁的制度或行为准则的则是"礼"。"非礼勿视,非礼勿听,非礼勿言,非礼勿动。"孔子强调仁义礼法,强调人人皆可成尧舜,强调人际关系的和谐与社会秩序的稳定,强调仁爱和仁政,体现了华夏民族最美好的政治理想。孔子认为,从国家到家庭,从朝政到个人,一举一动,一言一行,都要纳入礼的规范。做到"非礼勿视,非礼勿听,非礼勿言,非礼勿动"。只要全社会都能"齐之以礼",便不会发生动乱了。同时他又认为,礼的推行,又要靠仁。仁的基本含义是爱人,即个人对他人要有同情心,帮助心。只有"天下归仁",才能真正消除纷争,达到德治。孔子的学说承前启后,继往开来,上承三代奴隶制文化,下启暴秦法家文化,上继二千五百年古老文明,下开二千五百年民族文化,成为中国五千年文明的枢纽所在。因孔子出身比较微贱,掌握丰富古代文化典籍知识,深通礼乐,是一位能执掌祭祀、料理丧事的儒士,故其学说被称为儒学。"儒"在商朝时是专门为贵族祭祖、事神、办理丧事时担当司仪,到西周时演变为既从事宗教活动,又从事文化教育活动。孔子"年五十六由大司寇行摄相事",摄相事即国君相会时的司仪。孔子还是春秋末年第一批开私人讲学之风、广收门徒的学者,他"有教无类",积累了丰富的教学经验,系统整理、研究了古代的文献,最终成为古文化之集大成者,开创了中国儒家学说的先河。

早期儒家思想包括六个方面:

一是敬鬼神而远之的天命观、听天命尽人事的人生哲学:孔子说"五十而知天命"、"君子有三畏:畏天命,畏大人,畏圣人之言","知天命"应该是"知礼",即对人生与社会有了比较自觉的认识,钱穆说:"天命者,乃指人生一切当然之义与职责。"则强调人生的价值和奋斗精神,如司马迁评价孔子时所说"其为人也,学道不倦,诲人不厌,发愤忘食,乐以忘忧,不知老之将至",这是天命观中积极的一面;"商闻之矣,死生有命,富贵在天"、"道之将行也与,命也;道之将废也与,命也",则是其天命观中的缺陷。

孔子教育

二是"仁者爱人"的人道主义伦理学说：儒家为政治伦理型文化，伦理学说孔子或儒家学说的主体和基础，而仁学则是其实质和核心。"仁"不是孔子的创造，他说："古也有志：克己复礼，仁也。"仁在当时的本义就是人与人间的爱睦亲密关系，孔子的仁学是以爱人为核心的具有多层内涵的伦理学说体系，它对内要求加强自我修养，注意下内省的功夫，对外要求和谐人与人间的关系，概括起来这就是"克己复礼"，又表现为"忠恕之道"，所谓"忠"就是"己欲立而立人，己欲达而达人"，所谓"恕"就是"己所不欲，勿施于人"，忠与恕既是孔子所要求的"克己"修养，也是一种合于礼的待人态度，克己应做到：忠、信、义、诚、刚、毅、木、讷；待人应做到：恭、宽、信、敏、惠，做到了这些，也就达到了克己复礼的要求。可见其仁学是一种高尚的道德标准和理想的人格追求。孔子认为能实践忠恕之道，也就体行了"克己复礼为仁"的根本原则。孔子的仁学奠定了儒家民本主义和仁政学说的理论基础。

三是"为政以德"的政治思想与"克己复礼"的历史观念："仁者爱人"的伦理学说在社会政治领域内的运用与体现，就是行"仁政"、"德治"、"为政以德"，他说："道之以政，齐之以刑，民免而无耻；道之以德，齐之以礼，有耻且格。"这是孔子也是儒家主张以德治国的总纲，如果说孔子的"忠恕之道"是对于理想人格的最高要求的话，那么"为政以德"则是对治理天下的统治者的最高要求，他又把这些要求具体化为：办事认真，取信于民，爱惜民力，节约用度，正身律己，扶正祛邪，举善罚恶。"为政以德"在思想深层关系上也就是"克己复礼"，孔子最崇尚周礼，他把周礼视为最理想的社会制度，"言必称尧舜"、"周之德，其可谓至德也"反映出他保守的历史观。

四是"有教无类"与"学而优则仕"的教育主张：有教无类即是不分贵贱的施行教育，是对奴隶主垄断文化、"学在官府"的冲击。孔门弟子中，有"在陋巷"的颜回、"卞之野人出身"的子路，其父为贱人的冉雍、家贫处"穷阎"后亡在草泽中的原宪，也有"家累千金"、"相卫"、"结驷连骑"的端木赐、居河西教授为魏文侯师的卜商，他们不但国籍不同，而且贫富贵贱不同。"学而优则仕"是举贤人，推行贤人政治的教育手段，也是通过教育途径选拔治国的贤良之士，达到克己复礼的根本目的。入仕"行道"是孔子"学而优则仕"的重要思想。

五是重视"学而知之"与学、思并举的学习方法：重视学而知之，把学习当作最大乐趣，看作是一种精神的追求和享受。"学而不思则罔，思而不学则殆"，强调学、思结合，对启发人们思考问题是非常必要的。

六是独立人格的觉醒与"中庸之道"：独立人格的觉醒是春秋时期"礼崩乐坏"形势下，士阶层逐渐形成自我主体意识的思潮，其基本内涵是尊重人的独立地位，孔子是中国第一个论述独立人格觉醒的思想家，他的仁学正是独立人格觉醒问题的哲学基础。"中庸之道"孔子思想的重要组成部分，也是中国儒学和中国传统文化的特质之一。它既是一种具有东方特色的思维方式，也是一种理想的人格追求和伦理范式，孔子把中庸看作是最高尚的美德和最理想的人格追求，当然它也是具有独立人格的志士仁人的必备品质。"中庸之道"的基本内涵是"过犹不及"，他要求的理想人格，既应有匹夫不可夺志之勇，又能做到进思有节、从容中道即合于中庸之道。

儒学在战国时期有所发展，但并未广泛流行。到战国中后期，由于孟子和荀子的阐扬与发展，儒学遂成为显学。但因为各孔门弟子对孔子儒学的取舍不同，各执一端，使儒学内部发生了思想分化。韩非子总结说："自孔子之死也，有子张之儒，有子思之儒，有颜氏之儒，有孟氏之儒，有漆雕氏之儒，有仲良氏之儒，有孙氏之儒，有乐正氏之儒。"这八派之中，对后世影响最大的是孟子之儒和孙氏（荀子）之儒，在孔子思想中最重要的就是"仁"和"礼"，孟氏之儒发展了其仁学，强调心性和内圣，荀氏之儒发展了孔子的礼学，强调礼法与外王，它们各有取舍，走向不同，成为先秦时期儒家学派内部对立的两

大派别。从传统儒学的观点出发,韩愈谓孟子之儒为"醇乎醇者",谓荀子之儒为"大醇而小疵"。

孟子是孔子的第四代门徒,相传是孔子的孙子子思的学生,是儒家思孟学派的重要代表。他发展了孔子的仁义学说,主张人性善、仁政王道,区分义利之辨,其学说体系中最闪光之点是民本思想和高扬的个体人格。孟子认为,只有"以德行仁者"方可为"王",只有施行"仁政",方可实现"王道","不以仁政,不能平治天下"。孟子提倡的"仁政"对于"民"几乎没有什么要求,对"臣"的要求也很少,所要求的主要是"君"。他说:"民为贵,社稷次之,君为轻",把暴君比作独夫,人人可得而诛之。就像孔子把"仁"外化为"礼"强调"仁礼互成"一样,孟子把"仁"推向了一个更为具体化和实践化的层次,这就是"义"。孔子鼓励人们"见义勇为"、"见义忘利",孟子更进一步认为人们甚至可以"舍生取义"。他说:"富贵不能淫,贫贱不能移,威武不能屈","生亦我所欲也,义亦我所欲也,二者不可得兼,舍生而取义者也"。这种鲜明的轻君重民意识、卓尔不群的君子人格,在封建专制时代有独特的价值。"仁"和"义",构成了中华民族基本的道德基石,也是中国古代理想人格的核心内容。它们在很大程度上决定了中国人的行为取向和深层价值追求。宋明理学推尊他为"亚圣",孔孟之道成为儒学的代名词。

孔子与孟子

这一时期,嵩山地区盛行的主要是法家文化,但儒学在嵩山地区肯定有所耳闻。春秋时,嵩山地区大都属于郑国的地域,出生于嵩山南麓的登封人管仲,是法家学说的先声人物。他后来到齐国做了相国,佐助齐桓公,对内富国强兵,对外尊王攘夷,后来九合诸侯,使齐桓公成为春秋五霸之首。管仲主张以威治民,把法度作为民的行为规范标准,其治国的实践为法家学说的创立提供了前提和依据。尽管后来的法家学派都把管仲作为他们的宗师,但他的思想也为儒家所称道。管仲明确提出了"以人为本"这一概念,说:"夫霸王之所始也,以人为本。本理则国固,本乱则国危。"在管仲看来,"人"这一概念主要是指民。管仲出身贫寒,做过许多低微卑贱的工作,早年的经历使他比贵族出身的官员更懂得"以人为本"的含义,更了解普通民众的需求和期待,他在执政过程中,尊重民之所愿,务求得民心,顺民意,正像他自己所说,"俗之所欲,因而予之;俗之所否,因而去之。"管仲是我国古代首次把"以人为本"付诸实践,从而辅佐齐桓公引领国家走向强盛的人。他和鲍叔牙的交谊被称为"管鲍之交",被后世儒家当作"义"的典范。而另一个法家的先声人物子产,是大致与管仲生活在同一时期的郑国大夫。他"铸刑鼎",即把郑国的法律铸刻于鼎上公布于众,使后来刑律公开成为不可阻挡的时代潮流。儒家宗师孔子听说子产去世的消息后,痛哭流涕,连声叹息道:"古之遗爱也。"战国时,嵩山地区属于韩国管辖,法家的前期人物,嵩山北麓荥阳人申不害,为改变韩国的地位和处境,提出了革新变法的主张,以立法、任法、置法而不变作为立国之本,其思想核心是"法与术"。通过变法,韩国出现了"国治兵强"的局面。法家的集大成人物、嵩山东南麓的韩非,也在韩国积极倡导变法。而韩非又是著名儒家荀况的学生,深受荀况思想的影响,他提出了"法"、"术"、"势"兼治的法家学说,即后世所说的"帝王之说",这套君主专制的政治理论,一直影响了中国两千多年。

秦朝统一中国后,更是以法家思想作为统治的思想,以法家理论来治理国家,后来还发生了骇人听闻的焚书坑儒事件,但是儒家学派并未销声匿迹。秦始皇所置的七十博士中,儒生博士就占据大多数。尽管法家把礼乐、诗书、孝悌、诚信、仁义这一套儒家思想列为"六虱"加以反对,但是儒家思想所具有的调整君臣、父子、夫妇关系方面的思想仍在被采用。

人类历史从哪里开始,教育就从哪里开始。劳动创造了人,有了人和人的历史,就开始有了人类所特有的教育现象。学校是人类教育发展到一定阶段的产物。据说我国三皇五帝时的五帝时代,就有了叫"成均"的学校。夏朝时贵族们为了培养自己的子弟创建了学校,注重政治伦理教育,其教学内容主要是祖先崇拜和祭祀,夏代的"校"、"庠"、"序"作为政治伦理和军事教育的场所,已非常接近古代学校的性质。商代正式出现学校教育制度,出现了中国官学的雏形,已有了"序"、"庠"、"学"和"瞽宗"4种学校。西周继承夏商的学校制度,建立了政教合一、官师合一的奴隶制官学体系,并实施文武兼备的"六艺"教育,出现了"学在官府"、"官守学业"的局面。西周官学分为国学(中央官学)和乡学(地方官学)两种形式。国学是专为奴隶主贵族子弟而设,设在天子王城的称为"辟雍",设在诸侯国都的称为"泮宫"。乡学是按照地方行政区域为一般奴隶主和部分平民而设,有"塾"、"庠"、"序"、"校"等不同名称。春秋战国时,我国又形成了"私学"这种教育制度,开一代私学风气的杰出教育家首推孔子。因此私学一产生,儒学就开始了传播。孟子、荀子都继承孔子的私学传统,成为继孔子之后著名的私学大师。夏商周三代,学校的教学内容就有后来为儒家所吸收的礼乐等。因此总观这一时期,嵩山地区虽然法家思想占据统治地位,但儒学已经渗透进来,并对法家思想的形成提供了借鉴。最明显的例证是郑国大夫登封人颍考叔因劝说郑庄公和其母亲和好而被称为"纯孝伯",一直被后世儒家所推崇。

第三节　汉代儒学发展与传播

经过秦朝的焚书坑儒之后,汉初占统治地位的是黄老学说,"文景之治"就是黄老之学运用于政治结下的硕果,但是儒家思想并未被削弱,仍在发展演变。著名儒家学者陆贾等人既宣扬儒家的仁义德治,批判法家片面崇尚法治和黄老清静无为的思想,同时又吸收融合法家和黄老思想,表现出汉代儒法和儒道既排斥斗争,又相互吸收、融合的历史特点。

与陆贾相比,嵩山地区儒家学说的代表人物贾谊的思想更具创新性。首先,他把道家的自然之道与儒家的社会伦理联系起来,试图从对道、德、性、神、明、命诸范畴的解释上为儒家的道德人性论找到宇宙论、本体论的依据。他认为"道"自然无为,表现的是无与虚的特性,而"德"为有,为实,并且依然保持着朴素的、未分化的特性,德以道为本,而道通过德化生万物,这就是"道德造物"。显然,他对"道"与"德"的解释取法于道家,然而他对"道德造物"所产生的"性"的解释则完全站在儒家道德人性论的立场上,认为"道"与"德"自然原始的状态最终要分化,并落实在以仁义为核心的人性上,这使仁义成为内在于人的主体实践法则,并且与自然之道统一起来。同时,他肯定人的道德实践能力与认知能力,以无目的的自然存在解释有目的的仁义之性,认为"神"是实践的,"明"是知性的,"神"与"明"的认识既是对天道自然的"命"的实践和认识,也是对以仁义为核心的人性的自我实践与自我认识,即所谓"外内通一"。其次,他在提倡儒家礼制的同时,也汲取了法家思想。他指出仁德礼义是本,但仁义只有在"势定"、"权足"的前提下才能得以贯彻,"势定"、"权足"是实行仁义的保障。他在《新书·制不定》中说:"仁义恩厚,此人主之芒刃也;权势法制,此人主之斧斤也","势已定,权已足矣,乃以仁

义恩厚而泽之,故德布而天下有慕志。"《汉书》本传曰:"夫礼者禁于将然之前,而法者禁于已然之后。"他将法家的术、势思想融入儒家礼制之中,把法家尊君卑臣的主张与儒家"别贵贱,明尊卑"的原则相统一,从而使自己的礼制观念与传统儒家大有区别。郭沫若在《十批判书》中指出:"杂家的面貌也正是秦以后的儒家的面貌,汉武帝以后的儒学成了百家的总汇。"据《汉书·元帝纪》记载,汉元帝为太子时,见汉宣帝"所用多方法吏,以刑名绳下,……尝侍燕从容曰:'陛下持刑太深,宜用儒生。'宣帝作色曰:'汉家自有制度,本以霸王道杂之,奈何纯任德教,用周政乎?'"由此可见,贾谊融道、法于儒,影响了整个汉代儒学的发展走向,成为儒学发展史上一个承上启下的重要人物。

贾谊的思想为董仲舒神学目的论的儒家思想体系的建立做好了准备,当西汉武帝亟须建立一种适应封建大一统政治的思想体系时,公羊学家董仲舒便马上向汉武帝建议,"罢黜百家,独尊儒术"。汉武帝听从董仲舒的建议,实行学术统一,从而结束了长达几十年的汉初黄老政治,最终完成了以儒家思想为核心的意识形态的建构。朝廷置五经博士,及设弟子员,从此儒家学说便开始定于一尊,由显学成为官学。产生于嵩山地区的儒家思想,经过汉武帝的提倡,正式被确定为统治阶级的指导思想。儒家的经典《诗》《书》《礼》《易》《乐》《春秋》也被奉为六经,成为国家全部思想与政治生活必须遵循的方针。这样,儒学在汉代便经学化了。

先秦儒学其表现特点为:在思想上还囿于残余的领主利益,未能完全符合新兴地主阶级需要;在学派上还仅限于儒家一派,未能"兼收并蓄"。西汉董仲舒对儒学加以发挥改造,形成了新的儒学体系,使其摆脱了原始状态,成为阴阳五行化了的、完全符合地主阶级统治需要的西汉今文经学,使儒学的地位提升到绝对权威的正统地位,这是董仲舒对政治儒学发展的历史贡献。

这一时期,嵩山地区作为经学教育传播的重要地区,涌现出了很多经学大师。洛阳人周王孙与梁国丁宽向杜陵(今陕西长安区东北)人田何学《易》。周王孙研习古义,著《周氏传》。丁宽后来回洛阳从周王孙学习,作《易说》3万言,授同郡人田王孙,田王孙再授施仇、孟喜、梁丘贺,而使《易》有施、孟、梁丘之学。另有东郡(今河南濮阳)人京房从梁国焦延寿学《易》,其学人称《京氏易》,授予洛阳人乘弘。贾谊之孙洛阳人贾嘉,以能言《尚书》著称。著名地理学家洛阳人桑钦曾从平陵徐浑学古文经学《尚书》,并于《尚书》之外学《诗》,著有《水经》。河内(今温县)赵子师事韩婴学《韩诗》,并授同郡人蔡谊。蔡谊因能《诗》而被汉昭帝超擢为光禄大夫,进授昭帝《诗》,官至丞相,并授同郡人食子公和博士王吉,因而《韩诗》有王、食之学。河内(今温县)吕布舒及济源张禹习《春秋》学。汉宣帝时,张禹向同任御史的萧望之极力推荐《左传》,使以《左传》为代表的古文经学受到朝廷大臣的重视。后世学者据《史记·儒林传》"孔氏有古文尚书,而安国以今文读之,因以起其家"认为,这是古文经学与今文经学对立的开端。

古文经学与今文经学之争是汉代经学的一个主要特点。今文经学家重视经籍中所谓微言大义,主张经世致用,而古文经学家注重经籍的整理、考订、训诂和注释,脱离现实政治。西汉时期处于统治地位的是今文经学,而古文经学在汉武帝时并没有立于学官,只在民间流传。汉成帝时,张禹的弟子翟方进为相,古文经学的影响扩大,开始谋取博士职位,以立于学官,与垄断中央王朝博士地位的今文经学抗衡。到东汉时期,古文经学居于支配地位。

两汉时期,今文经学与古文经学之间发生了四次激烈的论争,第一次发生在西汉时刘歆与太常博士之间,其余三次均发生在以首都洛阳为论争中心的东汉时。首先是发生在东汉光武帝时韩歆、许淑、陈元、李封与范升之间的论争。由于王莽时《左传》等古文四经被立于学官,结果古文经学大师辈出,风头正劲,而今文经学呈现衰微之势,为继承西汉正统,光武帝废除王莽所立的古文经学,恢复西汉宣帝时的博士制度,使古文经学再次沦为私学,因而古文经学家围绕《左传》是否可以设博士职位与今文经学展开十几次论争,最终取得胜利,使《左传》再次获得官学的地位。接下来是发生在汉章帝时贾逵与李育之间的论争。由于光武帝为平息经学纷争封李封为《左传》博士,而李封死后并没有予以补充,使古文经学没有了官学之实,贾逵、郑众等人在章帝时就《左传》与今文经学的经典《公羊》之优劣与今文经学大师李育展开论战,最终章帝命一些《公羊》学者师从贾逵习《左传》,古文经学的地位得到一定程度的提高。最后一次是发生在桓帝、灵帝时服虔、郑玄与何休之间的论争。由于当时官学衰落,《公羊》学家何休欲重振官学,著《春秋公羊解诂》、《公羊墨守》、《左氏膏肓》、《谷梁废疾》,大肆褒扬《公羊》,贬低《左传》和《谷梁》,宣称公羊之学如墨翟守城牢不可破,而左氏之学如病入膏肓不可救药,谷梁之学如残废之人无可救治。对于何休的发难,嵩山地区的古文学家服虔著《春秋左氏传解》、《春秋左氏膏肓释痾》、《春秋汉议驳》,予以针锋相对的驳斥。郑玄著《发墨守》、《针膏肓》、《起废疾》,进一步给予坚决的反驳。郑玄兼通古文经学与今文经学,是经学的集大成者,非常清楚今文经学的弊端,因而颇能击中要害。据《后汉书·郑玄传》记载,何休称他"入吾室,操吾戈,以伐我。"最终古文经学胜出,并以兼容今

今文学	古文学
崇奉孔子	崇奉周公
尊孔子为受命素王	尊孔子为先师
以六经为孔子作	以六经为古代史料
以《公羊传》为主	以《周礼》为主
为经学派	为史学派
西汉都立于学官	西汉多行于民间
信纬书,讲微言大义	斥纬书为诬妄

今古文经学的区别

文经学的一种新的面目结束了二者长达200多年的论争。这继春秋战国时期百家争鸣之后的又一次重要的论争,在整个儒学发展史上有着非常积极的意义,它使构成儒学内在生命机制的古文经学与今文经学在经过相互排斥与部分的相互认同之后走向了统一,客观上促进了经学自身的发展,出现了经学中兴之势。周予同先生在《经今古文学》中认为,经今古文之争与古代学术思想、古代史、史学、文字学等其他学术的研究有着重要而密切的关系。

在汉代,经学为了迎合统治者的意愿,都与统治者所崇信的谶纬之学相结合。谶是秦汉时期巫师、方士编造的预示吉凶的隐语,表现为用一些荒诞不经的文字或图案向人们昭示将来要应验的预言和征兆,从而为实现特定的政治目的服务。纬是汉代神学迷信附会儒家经义的书籍。谶纬是被汉代统治阶级所利用来宣扬宗教迷信思想的一种工具。董仲舒的公羊学为谶纬神学开了风气,当时汉武帝向董仲舒的策问,主要是关于历代受命的符瑞、灾异变化的原因和天人感应的道理,这些都是经学中的义理,由于这些义理在许多经典中找不到依据,董仲舒就采取断章取义、主观附会的方法来编造。董仲舒的理论虽满足了统治者的需要,但随之而来的是把经学变成了神学,其他各派群起仿效,这就在经学中酿成了一股冒用孔子名义伪造微言大义的风气,在朝野上下掀起一股天人感应、灾异符瑞的思潮。源自于嵩山地区的《河图》、《洛书》是汉代谶书中产生最早而且影响最大的图谶,它既有神秘预言又有大量占验内容,一度广泛流行,从而使图谶一词成为《河图》、《洛书》的代名词。张衡在《思玄赋》里注引《仓颉篇》曰:"谶,河洛书也。"《说文解字·言部》亦云:"谶,验也,有征验之书。河、洛所出书曰谶。"《河图》、《洛书》早已散佚,据《开元占经》、《初学记》、《山海经》郭璞注引等载录的材料可知,它的主要内容是关于天文占验、地理预示以及受命帝王的祥瑞之类的神话,充斥着荒诞与迷信的色彩,但被当时的整个社会极度信奉和大力推崇。因而,谶纬之学对汉代的思想文化产生了全面的影响,给当时的社会政治生活打上了深刻的印记,它标志着儒学开始趋向宗教化和神学化。

王莽代汉、光武中兴就是有意识地利用谶纬神学为自己夺权斗争服务的,尤其刘秀的兴起很大程度上得益于图谶所制造的舆论,因而他在取得政权定都洛阳之后,就命人校定图谶,利用谶纬来决定纷争,定夺要事,甚至包括重大人事的任命。据史书记载,孙威欲当征狄将军,便在纬书中加上"孙威征狄"之句,竟真的如愿被光武帝封为平狄将军。据《后汉书·光武帝纪下》记载,光武帝于建武中元元年(56年)正式宣布图谶于天下,定为功令的必读书,"言五经者,皆凭谶纬说"。因而东汉初年,谶纬神学风靡一时,被尊为"秘经",具有神学正宗的权威性,儒生为了利禄,都兼习谶纬,称"七经纬"为"内学",而原来的经书反被称为"外学",谶纬的地位实际上凌驾于经书之上。据《后汉书》记载,"孔丘秘经,为汉赤制",号为"内学"。汉明帝、安帝等俱信谶纬,并因灾异而废黜官员。在统治者的大力倡导下,众多儒士争相学习孔子《七经》,妄谈《河图》《洛书》,这便引起了以维护正宗儒学为己任的扬雄、桓谭、王充等人的大力批判,王充还进一步反对把孔子打扮成"前知千岁,后知万世,不学自知,不问自晓"的先知。他们的这种批判使统治者意识到,思想基础不能建立在谶纬神学上,必须以正统经学为主,加强儒家传统礼制的建设,构建一套统一的思想体系。因而各派经师都从各自的角度论证了巩固君主专制的"君臣之正义"和维护宗法伦理的"父子之纪纲"的合理性,这就为白虎观会议的召开和联合各派建立一门统一的经学准备了条件。

为统一经学大义,两汉历史上曾召开过三次著名的御前会议,即盐铁会议、石渠会议、白虎观会议。特别是东汉章帝时的白虎观会议,章帝"亲制临决"白虎观会议,制定了《白虎通义》,借助皇帝的权威,用法典形式制定了有关经学的标准疏释,以巩固儒学的独尊地位。据《东观汉纪》记载,明帝永平元年(58年)太常、将、大夫、博士、议郎、郎官及诸儒在洛阳白虎观议五经之异同。据《汉书·章帝纪》记载,建初四年(79年)十一月,章帝接受杨终的建议,召"太常、将、大夫、博士、议郎、郎官及诸生、诸儒会白虎观,讲议《五经》同异,使五官中郎将魏应承制问,侍中淳于恭奏,帝亲制临决,如孝宣甘露石渠故事,作《白虎议奏》。"所谓"孝宣甘露石渠故事",见之于《汉书·儒林传》,指西汉宣帝甘露年间(前53~前50年)五经诸儒曾杂论同异于宫中藏秘书之所石渠阁。这次白虎观会议除了章帝刘炟、建议者杨终、中郎将魏应、侍中淳于恭外,还有贾逵、班固、张纯、桓郁、丁鸿、鲁恭、召训、楼望、李育、刘羡、成封、赵博等今文经学、古文经学以及谶纬之学的著名学者参加,会议解决了五经章句烦琐、经学混乱、师家别出、门户相讥的问题,众人共正经义,统一理论。当时会议的原始记录《白虎议奏》于三国时候散失,会议最终形成的决议成为钦定的通贯群经的释义,称为《白虎通义》,由著名史学家班固整理成书,内容涉及政治、经济、文化、艺术等各个方面43个条目,兼采今文经学、古文经学、谶纬之学的观点,对所确立的封建社会的规范体系进行了系统而权威的解释,成为人们法定的信仰与行为准则。

《白虎通义》正式提出了"群为臣纲,父为子纲,夫为妻纲"的"三纲"具体条文,论证"三纲"、"五常"、"六纪"均符合天意,详定皇帝、百官的爵、号、谥等法,以及各种礼仪和典章制度。《白虎通义》以三纲五常为主要思想,以封建伦常为核心,以阴阳五行为框架,概括了各家经学的成果,把董仲舒的思想向前推进了一步。史称:《白虎通义》被认为是传统中国社会中的王朝之"国宪"。通过汉武帝的一系列"独尊儒术"活动,以及后来的几次经学会议,使儒学最终在两汉时期取得了最后胜利,正式被确定为统治阶级的指导思想。

从汉武帝到汉章帝的200余年间,经学成为这一时代的思潮,如果说董仲舒是这个思潮的起点,那么《白虎通》就是这一思潮的顶峰,它比董仲舒的神学色彩更加浓厚,其基本职能在于为皇权服务,它是当时官方对经学标准解释,是汉代经学走向统一的标志,因而在中国传统文化史上具有重要的意义。在这个经学转型的重要时期,作为东汉都城洛阳所在地的嵩山地区发挥着重大的作用。

但就《白虎通义》的内容来说,继承了董仲舒以后今文经学神秘的唯心主义思想,它以神秘化了的阴阳、五行为基础,解释自然、社会、伦理、人生和日常生活的种种现象,儒学也从原来的政治伦理学说变成了宣扬天人感应的神秘化说教,披上了宗教神学的外衣,加之谶纬的流行,儒学更与迷信结合,走向烦琐、迂腐和荒诞,东汉末和三国初期儒学出现了衰落趋势。

东汉时期,嵩山地区重要的儒学名家还有桓谭、王充、杜子春、贾逵、郑众、服虔、马国翰、卫宏、马融、郑玄、许慎、张衡、荀悦、侯霸等,他们不仅对古文经学进行了大量的考证和注疏,并为今古文经学的融合,做出了巨大的贡献。其中,王充的《论衡》,桓谭的《新论》,许慎的《说文解字》,马融编注的《周易》《尚书》《毛诗》《论语》《孝经》,张玄注《周礼》,洛阳人服虔的《春秋左氏传解》、《春秋左氏膏肓释痾》、《春秋汉议驳》、《服氏注春秋左传》,缑氏人杜子春所注《周礼》,马国翰的《玉函山房辑佚书》辑为《周礼杜氏注》及《汉晋二十一家易注》、《礼纬含文嘉》等,他们把今古文结合起来,成为今古文经学的集大成者。至此,延续了200多年的今古文经,在京师洛阳完成了它的集成和统一。

东汉时期,经学教育达到了一个高峰,其标志为东汉太学的发展。太学之名始于西周,是天子之学辟雍的别称。太学创立于西汉时,但博士弟子人数较少。后由东汉光武帝建武五年(29年)创立东汉太学开始,太学遂成为两汉中央官学的定制。东汉伊始,光武中兴。两汉末年逃亡山野的四方学士,无不抱负图书云集京师洛阳,学风为之一振。

汉代朝廷掌管文教的官员称太常,除王莽新朝改称秩官以外,太常之称两汉一直沿用。太常本来主管宗庙礼仪,"政教合一"的性质。此外,皇帝还亲自到太学视察,称作"视学"。东汉皇帝到太学视察的最多,如建武五年(29年)十月,太学重建之初,光武帝就"幸太学",并"赐博士弟子各有差"。建武十九年(43年)又视察太学,并"会诸博士论难于前",还与太学生"雅吹击磬,日尽乃罢"。以后安帝、灵帝、献帝都曾视察过太学。汉代的教育管理已经步入规范阶段。

明帝时期,减轻一些徭役和赋税,经济有所发展。明帝爱好文学,重视教育,太学更加发展。当时太子、诸侯都学习经书,即是侍卫羽林之士也能咏通一经。永平二年(59年),三雍建成后,在太学的存废问题上发生争执,有人认为,既然有了辟雍,就可以取消太学。太尉赵熹主张太学、辟雍并存,维护了太学的独立地位。太学里学术氛围浓厚,学术交流频繁,学校采取"请进来"和"走出去"的办学方针,不断邀请校外学者讲课,甚至邀请皇帝来讲课。汉明帝就曾两次到太学讲学,"诸儒并听,四方欣欣"。当时匈奴也派弟子前来求学。"每称日盛时,咸言永平"。永平、建

汉明帝刘庄在东汉太学讲学

初年间,是东汉太学的兴旺时期。章帝诏令太学博士在太学生中各选高才生若干,受《古文尚书》《毛诗》《左氏春秋》,"由是四经遂行于世"。

在太学传授儒经的教官称博士,学生称博士弟子。教学内容为儒家经典,教学方法包括博士讲授、以较早入学的学生教授后来入学的学生、自修以及类似现在的"大班上大课"等。在经学教育非常普及的东汉,光武帝虽以正统自居,只立今文经学博士,但对古文经学也不加排斥,则是以扶微学、广异义自命。据《后汉书·儒林传》记载,刘秀"爱好经术,未及下车,而先访儒雅,采求阙文,补缀漏逸",于是四方学士"莫不抱负坟策,云会京师,范升、陈元、郑兴、杜林、卫宏、刘昆、桓荣之徒,继踵而

集。于是,召群臣议尊孔敬儒。立《五经》博士,各以家法教授。"凡设14博士,由太常总领之。东汉时不少著名的经学大师在太学执教,一位大师常教授众多学生。太学生十分尊重师长,师长过世后,学生往往要服丧三年,即使远在外地的学生,也要长途跋涉赶来奔丧。

东汉太学聚集着大批著名的学者,洛阳因而成为经学教育研究的中心,太学以儒家经典为主要传授内容,这对经学的传播有着重要意义。另一方面,随着当时教育形势的发展,东汉太学屡加扩建,增加弟子员。太学生人数不断增加,到汉质帝本初元年(146年)规模空前,学生多达3万余人。著名学者王充、服虔、郑玄等都曾受业于太学。

由于太学聚集着众多的学者,各家经文皆凭所见,并无供传习的官定经本。博士考试亦常因文字异同引起争端,甚至行贿改兰台漆书经字。汉灵帝熹平四年(175年),议郎蔡邕等奏求正定六经文字,得到灵帝许可。于是,参校诸体文字的经书,由蔡邕等书石,镌刻46碑,立于洛阳城南的开阳门外太学讲堂(遗址在今偃师朱家圪垱村)前,作为经书的定本。石经内容包括:《尚书》《周易》《春秋》《公羊传》《鲁诗》《仪礼》《论语》等七种经文,史称"熹平石经"或"一体石经"。这使中国有了最早的儒家官定课本,它对于经书文字的规范与统一有着极其重要的意义。蔡邕是东汉著名的书法家,尤善隶书,熹平石经是东汉书法艺术的总结和最高峰。石经立起后,前往观览摹写者众多,出现"车乘日千余辆,填塞街陌"的盛况。

东汉太学是当时的最高学府,古代的"国立大学"。其规模之大、学生之多、层次之高,均为当时世界所仅见。它早于摩洛哥的加鲁因大学(创立于859年)、埃及的艾资哈尔大学(创立于970年)八九百年,应是世界上最早的国立大学。

第四节　魏晋南北朝的儒学玄学化和儒学与佛道的融合

魏晋南北朝是中国历史上大动荡的时期。随着佛教影响的日渐扩大与玄学的兴起,儒学的发展进入了一个儒学的玄学化和儒学与佛道的融合时期。在这个儒学自我改造、自我完善的转型期,作为三国魏、西晋、北魏都城洛阳所在地的嵩山地区,为唐代儒学的复兴及宋代新儒学(理学)的产生奠定了基础。

魏晋玄学

魏文帝曹丕在建国之始就确立儒学在思想文化上的统治地位,大力倡导儒学,大行郊祀天地、明堂之礼,并诏示天下以孔子之后孔羡为宗圣侯。据《三国志·文帝纪》载,"邑百户,奉孔子祀",于黄初五年(224年)"立太学,制五经课试之法。"其后几位皇帝也都奉儒学为正统。

魏晋之际,流行于民间的老庄思想日渐活跃,并逐渐与儒学结合,在嵩山地区的洛阳兴起了一种以老庄哲学为骨架、在当时有重大影响的玄学思潮。这一时期,为适应门阀专政下的新的封建等级秩序,北方士族名士把《老子》、《庄子》和《周易》作为参考,以"有无本末之辩"为中心,通过许多抽象议题的辩论,用道家思想解释儒家义理,从而创造了一套新的哲学理论体系。玄学之"玄",意为一种深远微妙的状态,体现万物无穷变化的奥妙,是蕴藏天地万物的"道",它出自《老子》第一章中"玄之又玄,众妙之门"。玄学以道家为主旨,以"无"为核心,强调"自然"和"无为",认为"天地万物皆以无为本"。玄学讨论的中心问题是"有无之辩",即"有"和"无"谁为根本的问题。有,指有形、有名、实有等;无,指无形、无名、虚无等。玄学讨论的基本问题是名教与自然之辩,即名教和自然谁为主的问题。名教,即社会的等级秩序、道德规范和风气教化;自然,即人的自然本性和情感。围绕着这样的问题,玄学的发展经历了三个阶段。

玄学发展的第一个阶段是在曹魏正始年间(240～249年),玄学家们提出"天地万物皆以无为本"、"名教本于自然"等思想,形成了以王弼、何晏为代表的"贵无"论,后被称为"正始之风"。玄学发展的第二个阶段,出现了以嵇康、阮籍、向秀等为代表的"竹林七贤"。据《世说新语》记载,阮籍、嵇康、山涛、刘伶、阮咸、向秀、王戎"七人常集于竹林之下,肆意酣畅,故世谓竹林七贤"。他们多在嵩山地区活动,主张越名教而任自然,代表了玄学发展的一个新阶段。阮籍、嵇康和向秀是很有建树的思想家。阮籍和嵇康本来是地道的礼法之士,但由于时局的影响,性格和学问发生了深刻的变化,以激烈反对名教思想、蔑视礼法而著称,时称阮嵇。阮籍继承了老子的自然主义,认为"天地生于自然,万物生于天地。自然者无外,故天地名焉。"他崇尚庄子的相对主义,把本来相同的事物说成是相异的,把本来相反的事物说成是相近的,企图消弭事物之间的矛盾对立性。他一方面不拘礼俗,反对礼法,另一方面又把礼乐看成是维护封建等级制度不可或缺的东西。嵇康主张人应自然而为,强调个体人格的独立性。玄学发展的第三个阶段是在晋元康、永嘉年间(291～313年),玄学家们力图消弭名教与自然的对立,出现了以裴頠为代表的"崇有"论、以郭象为代表的"独化"论等。

裴頠,西晋哲学家。字逸民。河东闻喜(今属山西)人。他曾任散骑常侍,国子祭酒兼右军将军、尚书左仆射之职。他反对王弼、何晏的贵无论。提出崇有论。认为万有的整体

玄学大家郭象的演讲——口若悬河

是最根本的"道",万有不是由"无"产生的,而是"自生"的,"自生而必体有"。他还认为万物生化有其规律。从"崇有论"出发,他重视现实存在的事物,不满轻视事功的放达风气,力图论证封建等级制的合理性。裴頠的思想在当时有很大影响,被认为是崇有派领袖。著有《崇有论》。郭象(约252～312年),西晋时期玄学家。字子玄,洛阳人。官至黄门侍郎、太傅主簿。好老庄,善清谈。郭象反对有生于无的观点,认为天地间一切事物都是独自生成变化的,万物没有一个统一的根据,在名教与自然的关系上,他调和二者,认为名教合于人的本性,人的本性也应符合名教。他以此论证封建社会的等级制度的合理性,认为社会中有各种各样的事,人生来就有各种各样的能力。有哪样能力的人就做哪一种事业,这样的安排既是出乎自然,也合乎人的本性。著有《庄子注》。

郭象根据当时兴起的《庄子》学研究的思想成果,总结玄学思潮发展内部产生的"贵无"和"崇有"之争,完成了《庄子注》一书,该书成为《庄子》的标准注解,也把玄学理论推向了极致。他在《庄子注·序》中明确清晰地提出自己思想的两大主旨,一是"明内圣外王之道",以融名教与自然、有为与无为于一体;二是"上知造物无物,明道自造",以建立"自生独化"的形而上学体系。所谓独化,指现象界

一切事物是独自的、孤立的、无所依赖地生成变化,也就是天地万物自然而然地生成变化。它有两层相关的意思:一是"自然而然",二是"突然自得"。在他看来,天地万物是各自独立的,彼此之间没有任何联系和统一性,它们的生成变化是偶然的、突发的、无条件的、无缘由的,纯粹是由其内在矛盾决定的,是一种自我运动,即"决然自主"、"掘然自得"。他提出"玄冥"的观念,用"独化于玄冥之境"来建构自己的玄学本体论,并将之推广到方法论和认识论之中,从而使玄学自身得以"自足",走上了自己的理论高峰。

曹魏时期的玄学受到了汉末魏初品评人物、政事的"清议"风气的影响,也可说是当时出现的以识鉴人物、辨名析理为特征的名理学调和儒道思想逻辑演进的结果。玄学是儒道思想在魏晋社会特定条件下融合的产物。魏齐王正始年间,随着何晏、王弼玄学"贵无论"的提出,儒家传统的经训逐渐被玄学改造,儒学遂带上了浓厚的玄学色彩。王弼的《周易注》、《周易略例》、《论语释疑》,何晏的《论语集解》,完成了儒家经训的玄学改造,玄学化的主要表现形式是"以儒合道",即以道家思想解释儒家经典,基本精神倾向于道家的"任自然"。这一时期玄学思潮的兴起,从表面上来看是反对儒家的礼法对人的限制约束,似乎对儒学造成了很大的冲击,但其实只是反对那些虚伪化的名教,事实上玄学中蕴涵着儒学的精神内核,尤其是"名教出于自然"的主张为儒学思想提供了哲学上的本体论基础,在儒学发展史上具有重大的意义。鲁迅先生在《魏晋风度及文章与药及酒的关系》中说:"魏晋时代,崇奉礼教的看来似乎很不错,而实在是毁坏礼教,不信礼教的。表面上毁坏礼教者,实则倒是承认礼教,太相信礼教。"

西晋时期,统治者为巩固自己的政权仍然推崇儒学,恢复官方的儒学教育制度,重设太学。这一时期,由于玄学的兴盛,玄学家们把儒学观念融入玄学理论体系中加以思考和探讨,促进了玄学与儒学的结合以及儒学自身的发展。向秀、郭象的玄学虽然以否定"贵无论"的形式出现,但却进一步把儒家的性命原则、理想人格等建立在玄学"自然"的基础上,至此,儒学的玄学化进程得以完成。郭象的思想体系中包含着许多对社会现状的思考和儒学的社会伦理观念,他在《庄子序》中说:"至仁极乎无亲,孝慈终于兼忘。礼乐复乎已能,忠信发乎天光。"他的《庄子注》"以道合儒",即以儒家精神解释道家典籍,更多地阐发儒家思想的合理性,一反老庄废弃仁义礼乐的主张,把儒家的仁义礼乐等规范解释为人性所固有,提出名教即自然的名教观,把人们行为的外在规范(名教)变成了人的内在本性(自然)。这样,传统的儒家性命原则、外王品格便与道家的自然原则结合起来了,从而走完了开始于何晏、王弼与儒道合一的思维进程。玄学化的儒学成为儒学发展史上一个特殊的、重要的发展阶段。这些玄学家致力于儒家名教与道家自然的调和,在内容上摈弃了天人感应的神学目的论,从而拉开了儒家传统天道性命之学与神秘"天"意的距离,避免了儒学在迷信化道路上的蜕变,这是玄学对儒学发展的一种有益抑制,但玄学也使儒学与它的王道理想相背离,并使之陷入了困境。

西晋永嘉之乱以后,中国进入五胡十六国时期,北方少数民族纷纷进入中原,促进了文化的相互交流与融合。这一时期,汉族或其他民族反抗民族压迫和阶级压迫的武装斗争始终不断,十六国各族君主为了缓和社会矛盾,巩固自身统治,也效法中原历代汉族帝王,在政治上实行德天相辅,积极有效促进了胡族统治集团的汉化,同时,也使各族人民借助新朝的德政,休养生息,治疗战争创伤,恢复生产,在乱世中曲折地推动着社会经济的发展和社会制度的进步。

十六国政权在其汉化过程中,较好地继承了汉民族尊儒重教的文化传统。虽干戈未息,然庠序不废,都仿照洛阳太学,发展自己的国学。前赵刘曜攻克长安后,"曜立太学,选民之神志可教者千五百人,择儒臣以教之。"前燕君主慕容皝同样重视汉文化教育,尝"赐其大臣子弟为官学生者号高门生,立东庠于旧宫,以行乡射之礼,每月临观,考试优劣。"后赵石勒在都城襄国立太学,派"遣博士到洛阳摹写石经"。前秦苻坚对儒学更为重视,曾"行礼于辟雍,祀先师孔子,其太子及公侯卿大夫士之元子,皆束脩释奠焉。"他经常亲临太学,"考学生经义优劣,品而第之",并自我表白曰:"朕一月三临太学,黜陟幽明,躬亲奖励,罔敢倦违,庶几周孔微言不由朕而坠,汉之二武其可追乎。"其弘扬儒学的热情,较之两汉、魏晋汉族君主,可谓有过之而无不及。十六国后期的后秦姚兴,亦大兴儒学,其时有姜龛、淳于岐、郭高等耆宿,"经明行修,各门徒数百,教授长安,诸生自远而至者万数千人。姚兴每于听政之暇,张龛等于东堂,讲论道艺,错综名理。"俨然具东汉马融、郑玄的讲经遗风。十六国时,洛阳太学虽一度废置,但影响却在四方扩展开来。洛阳太学以前培育的人才这时散见于四方,成为各国太学博士,为传播儒学文化起了骨干作用。

十六国政权的尊儒重教,不仅收到了"宁国济俗"的教化效果,并为各族政权培养了大批熟悉汉文化的统治人才,同时也有助于提高各族统治者的文化素养,促使他们按照儒家的政治理想和道德规范考虑经国要务。

北魏历代帝王都十分重视儒学,尤其孝文帝拓跋宏迁都洛阳后,以儒学为其统治的思想基础,采取了一系列的汉化措施,而儒学正是他所有汉化措施的思想基础。此后北魏历代帝王均十分重视儒学,儒学呈现出更为兴盛的局面。《北史·儒林传》云:"及迁都洛邑,诏立国子、太学、四门小学。孝文钦明稽古,笃好坟籍,坐舆据鞍,不忘讲道。刘芳、李彪诸人以经书进,崔光、邢峦之徒以文史达。其余涉猎典章,闲集词翰,莫不縻以好爵,动贻赏眷。于是斯文郁然,比隆周、汉。宣武时,复诏营国学。树小学于四门,大选儒生以为小学博士,员四十人。虽黉宇未立,而经术弥显。时天下承平,学业大盛,故燕、齐、赵、魏之间,横经著录,不可胜数。大者千余人,小者犹数百。州举茂异,郡贡孝廉,对扬王庭,每年逾众。神龟中,将立国学,诏以三品以上,及五品清官之子以充生选。未及简置,仍复停寝。正光三年,乃释奠于国学,命祭酒崔光讲《孝经》,始置国子生三十六人。暨孝昌之后,海内淆乱,四方校学,所存无几。"这系统地概括了北魏迁都洛阳之后儒学发展的状况。

东晋南北朝时,玄风犹存,但佛道二教势头猛起,形成儒佛道并存、纷争的社会思想格局。在三教纷争中,儒学虽努力保持自己的传统品格和人文精神,但思想发展的规律仍使儒释道不可避免地在不同程度上融合起来,儒学从此开始了在纷争中求生存,在融合中求发展的曲折过程。这种情况从东晋一直延续到隋唐。

儒学从西晋时重王肃经学,到了东晋则重郑玄经学。南朝重玄学经学传统,而北朝重汉儒章句训诂传统,从而形成了经学崇尚和学术风格都不同的南、北经学。《北史·儒林传序》曰:"河洛,《左传》则服子慎,《尚书》、《周易》则郑康成,《诗》则并主于毛公,《礼》则同遵于郑氏。……北学深芜,穷其枝叶。"清儒皮锡瑞在《经学历史》中说:"北人俗尚朴纯,未染清言之风、浮华之习。"近人刘师培在《南北经学不同论》中也说:"北儒学崇实际,喜以训诂章句说经。"然而,尽管这一时期的儒者强调传统儒学,他们实际上却为通达之儒,正如北魏著名儒臣高允在《征士颂》中所云"领新悟异,发自心胸"。据《魏书》之《儒林·刘献之传》记载,刘献之"所标宗旨,颇异旧义。"据《明堂制度论》记载,李谧"独论古制,惊俗之谈。"因而,北朝时以嵩山地区为中心的儒学的兴盛与演变,对以后儒学的发展具有重要的意义。

魏晋南北朝时期,嵩山地区出现的儒学名家有灵宝人董遇、董景道,温县人常爽、司马裒,洛阳人斛斯征及三国蜀汉学者孟光、北魏宗室元延明等。所著的一些儒学书籍有董遇的《周易注》10卷、《春秋左氏章句》30卷,董景道的《礼通论》,常爽的《六经略注》,司马裒的《梁嘉礼仪注》120卷、《梁嘉礼》

25卷,元延明的《毛诗谊府》3卷、《三礼宗略》20卷、《五经宗略》20卷、《诗礼别义》,斛斯征的《乐典》10卷及由孟光与许慈等共同制定的《蜀汉典章》。

第五节 隋唐是儒学发展的关键

隋唐时期,洛阳先为隋炀帝时之国都,又为唐代的东都、大周的神都,居于中国文化中心的地位,因而嵩山地区仍然为儒学发展的重要地区。

一、隋唐是儒学发展的关键

中国封建社会的儒学,从魏晋南北朝的衰颓中发展宏大起来,隋代是一个很重要的恢复和发展阶段。隋统一中国,为南北经学的融合和统一创造了条件。隋在统一过程中,就很注意收集经文。《隋书·经籍志》云:开皇三年(583年),秘书监牛弘表请分遣使人到民间搜访异书。每卷赏绢一匹,校写之后,本归原主。于是民间异书俱出。平陈以后,经籍渐备,拾其所得,综辑编次,召天下工书之士于秘书监内外补续残缺。分正、副两本,藏于宫中,凡3万余卷。

隋炀帝迁都洛阳,秘阁之书,限写50副本,分为上中下三品,于洛阳宫观文殿东西两侧构屋贮放。于是,南北经籍荟萃于洛阳。炀帝在洛阳开科举,创进士科,天下强学待诏之士都云集于洛阳。《隋书·儒林传》描写当时情况说:"负笈追师,不远千里,讲诵之声,不绝于路。""复开庠序,国子郡之学,盛于开皇之初,征辟儒生,远近毕至,使相与讲论得失于东都之下。纳言定其差次,一以闻奏。案此则南北学有所归矣。"故当时选仕,必须是学兼南北的人,否则就不被朝廷重用。其时学兼南北的大儒共推刘焯、刘炫二人,他们对《周礼》、《礼记》、《毛诗》、《尚书》、《公羊》、《左传》、《孝经》、《论语》等凡南、北13家经注,或粗或精,皆能讲授。刘焯著《五经述议》,刘炫著《论语》、《孝经》、《春秋》、《尚书》、《毛诗》述议,当时学者都称二刘是集南北经学之大成的博学通儒。

隋文帝及隋炀帝大力弘扬儒家思想,提高儒学政治地位,并以儒家勤政爱民的思想为执政理念,在儒学方面采取了诸多措施:尊敬孔子,重用儒士。编修儒家典籍,崇经尚礼,宣扬教化,使儒学在隋代得到了很大的发展。当时,出现了一位有真知灼见的文曲星,即隋朝著名儒学家王通。王通上承孔孟,下接韩愈、李翱以达宋代理学,在中国哲学史上具有重要地位。王通著有《续诗》、《续书》、《礼论》、《乐经》、《易赞》、《元经》,称作《王氏六经》。他写书的宗旨是为了尊崇先人的经义,探究孔夫子最深刻的思想,天下的事情,最终创立了以重建儒家"王道政治",为儒学在隋唐之际的发展和重兴准备了基础。据《隋书·儒林》记载,王通在哲学上,在哲学上,王通致力于探究"天人之事",围绕"天人"关系这个核心,阐述了他关于自然观、发展观、认识论和历史观等方面的思想,表现了朴素唯物主义的倾向和主变思想。在政治上一方面对传统儒学"仁义礼乐"重新肯定,一方面提出"三教合一",以复兴儒学为己任,希望"三教归儒",为儒学的重振作了思想理论上的准备,为唐代韩愈接续和论证儒家道统开辟了道路。

进入唐朝以后,唐代统治者奉行"以儒治国"的基本国策。唐初,太宗李世民主伙"经籍去圣久矣,文字多讹谬。"贞观四年(630年)诏颜师古于秘书阁校订《五经》,颁布天下,令学者尊习。又诏孔颖达撰定《五经义疏》。贞观十六年(642年)书成,凡180卷。高宗永徽二年(651年)诏中书、门下省与国子三馆博士、弘文馆博士再进行修改、考定、增补,四年书成,颁布天下,即唐《五经正义》。五经二书是自汉以来的第一次官定统一经本,每年明经考试,皆以此为准。

尊孔兴儒,科举取士,统一经学,可谓唐朝"以儒治国"的一体两翼,唐王朝通过尊孔兴儒自上而下来推广儒学,此谓一体。科举取士与统一经学则成为"以儒治国"的两翼。为了实现人才的有效选拔,唐朝实行科举取士,这大大调动了天下读书之人的积极性。儒家经典成为必考内容,这体现了儒学在统治者心目中的地位。统一的帝国需要统一的知识与思想,统一经学为李唐的稳定统治增添了一分筹码。统治者的治国方略与理想在这个过程中得到了初步实现。

儒学在唐代的发展经历了巨大的变化,呈现出三年突出的特点:

其一,在安史之乱前,唐代儒学基本上是在传统的框架内进行。儒学不过是承继南北朝以来的章句之学,殊少意义之发明,它扮演的始终主要是促进王道与教化的工具性角色。为此目的,儒学在贞观年间及玄宗朝的发展得到了国家政权的强大支持,迅速恢复并形成兴盛之局。唐代儒学基本上是在传统的框架内进行。鉴于经学的混乱,唐太宗诏命孔颖达等考定五经,他试图排除经学各家的门户之见,并且捐弃南学与北学的各方偏见,兼容南北各家的学说,重振了儒学经典的学术地位,《五经正义》的完成在一定意义上标志着儒学的统一。因此,自唐太宗始,儒学再一次被确立为全国统一的官学,孔颖达的《五经正义》成为唐王朝作为经学标准解释的范本。

其二,安史之乱,使儒家的传统外部体制受到了前所未有的冲击,国家政权对思想的钳制大大得以缓解。在这种背景下,啖助、赵匡、陆质的春秋学派,以其大胆怀疑与创新,开始突破传统的经学见解,开辟了一个自由解经的时代。春秋学派通过对《春秋》的重新解释树立起新的经学观念,开创了舍传求经的经学风气。在内容的旨向上,结合当时的现实,由对藩镇割据的不满起而欲尊王室,同时在抽象性上提出了究竟什么才是传统的圣人之道的问题。他们反对传统的《春秋》三传对《春秋》的解释,认为"传已互失经旨,

韩愈提出"道统论"

注又不尽传意,《春秋》之意几乎泯灭"。借对"礼"的批评提出"救周之敝,革礼之失也",啖助指出孔子主张的唐虞(尧舜)之治,当以诚断礼,以忠道原情为目的,也即是"革礼之失",他们反对周公制礼,以礼来统治人群,而主张"原情"、"重生人之意",并认为这是尧舜所行之道而为孔子《春秋》所承继。后来陆质更直接点出春秋学派所重的是"以生人为重,社稷次之"的传统的民本思想。这些思想后来为柳宗元所发挥,成为中唐之际兴起的造儒运动的一个主要组成部分。由于安史之乱后唐王朝由盛转衰的现实,使一部分士大夫急于寻找挽救衰世的方案,他们认为,社会衰落的根本原因,是由于人们违背了儒家传统的社会规范而导致礼义沦丧,道德水准下降,因此需要再次树立起儒学权威,以重新整顿社会秩序,包括肃清文坛上的颓败浮靡之风。于是以唐代著名思想家韩愈、柳宗元为代表的一批文人发起了古文运动。古文运动表面上是一场文学文体运动,意在提倡"文以载道",文章的高下要以是否有内容和反映圣人之道为准。当道被作为文学的最高标准的观念确立起来之后,接下来的当然

就是探讨究竟什么才配得上"道"的问题。以韩愈为代表的古文运动家确立以儒家的先王之道为"道"的内容。这是道统论所想表现的内容,也是他们提倡道统论的目的。

韩愈提倡道统论,其直接的动因是在三教相争中争得统治地位。初唐时,傅奕反佛针对的只是佛教有关治术与教化的方面,推尊的还有李老道家道教之说。晚唐时儒家思想受到巨大冲击,面对佛、道挑战,韩愈等人提倡运用儒家的"正义"、"道统"抗衡佛家的"法统",以此构建儒家的心性学说和修身理论。他们打着复古的旗帜,主张恢复孔孟儒家思想的正统地位,用儒学取代佛、道,晚唐古文运动应运而生。《原道》一文集中表述了儒家道统之说,认为儒家有一以贯之之道,"曰斯吾所谓道也,非向之谓老与佛之道也。尧以是传之舜,舜以是传之禹,禹以是传之汤,汤以是传之文武周公,文武周公传之孔子,孔子传之孟轲,轲之死,不得其传焉。"这个"道"有确定的内容,而且其本质为儒家所规范,"道莫大乎仁义,教莫正乎礼乐刑政。"作为道统论的主张,其背后的根本目的是想说明儒家之道之所以能为正统,实因为其体现了天地之常道,为治国生民乃至治心所系。这是唐代后期复兴儒学所取得的一个重要的理论共识。正是在这个原则支配下,道统成了复兴儒学的一面旗帜。

其三,从理论上看,唐代后期儒学并没有什么实质性的突破,没有形成一种具备系统的新的儒学范式和框架,各个儒家的思想并不统一,面对传统儒学的突破的尝试更是人得而殊。唐代后期儒学的意义破在于立,而其中最关键的是观念上的更新:一是开创了儒学以经驳传的风气。这由春秋学派首倡,并得以为唐代思想界所承继。韩愈、柳宗元等人解经,其立据都不是传统的经疏传注,而是直接从先秦儒学中领会其精神,以为其创立新说创造可能。这种自由解释儒家典籍的风气,是宋初普遍兴起的自由解经的先声,同时为新说的产生扫清了障碍;二是从理论上对汉代以来官方经学理论基石的天命神学观予以清算,从而为儒学树立了一个基于理性与人文基础的发展空间,为树立新的宇宙观清除了一个主要障碍;三是站在儒家立场深入讨论了儒释道三教关系,吸收佛教的心性理论,在新的水平上探讨了人性问题,推进儒家性情学说向前发展,为发展儒学尝试了不同的可能性。

还有一个方面是,在唐代对儒学的理解正如帝王统治者对待儒学所持的政策所表明的一样,儒学只是作为教化的工具,而对它的完善也被认为主要是通过制度性的可操作程序加以规定的,如制礼作乐、祭祀与教育等。唐代儒学由于佛教的刺激,首先需解决的一个问题就是如何唤醒人们对儒家所宣扬的圣贤之道的重新关注,让它不仅回到政治与社会生活的中心,同时也回到人们精神信仰的中心。在佛道二教的刺激下,儒学发展也越来越得以集中在对人们精神世界的关注上,并开拓了从自身经典寻找发展自身的道路。

韩愈除了寻找道统的支持,还特别转向《大学》的"将有为"思想以突出儒家的经世品格,除此,他还特别注重于对性情论的重新界定,以及对于人在世界的生存依据的探讨(见他的《原人》之作),李翱则完全以性情问题为其中心,并充分注意到了《中庸》在这方面可能提供的资源。在《复性书》中,我们可以看到儒学理论重心向心性论方向的明显转移。儒家做这种努力,是想复活自己的经典资源,如对《孟子》、《中庸》、《大学》的重新强调。他们认为可以在儒家的历史与经典中找到他们所需要的东西,最关键的是,他们认为儒家的传统业已提供了揭示天地之道的精神资源,而他们所做的工作只是把他们发掘出来,这种努力后来在宋代结出了果实。

历史证明,唐代儒学在春秋学派经学观念以及古文运动的推动下,唐代后期儒学开始突破传统儒学的框架,形成了新的观念,开启了后来宋代儒学的先声,对宋明理学有重大影响。

二、儒学的对外传播与发展

《日本书记》载：西晋时王仁到日本教太子菟道稚郎子读书，带去《论语》10 卷，相传是儒学传入日本之始。汉文化以儒学为核心，到隋唐已发展到很高的地步。经学和史学传播于域外，具有广泛的影响。渤海国王大氏，原是高丽的遗裔。高丽时代已经传入"五经"、"前四史"和《文选》。渤海建国后数遣留学生到洛阳、长安学习，派遣使臣抄录《三国志》、《唐礼》、《十六国春秋》诸书归国。

隋唐学术对日本的影响最为深远。隋唐时期日本来中国的留学生主要学习经学。日本人模仿唐代教育制度，也把经书作为士大夫的必读书，日本学校里设有大经、中经和小经。以《礼记》、《左传》为大经，《周礼·仪礼》、《毛诗》为中经，《周易》、《尚书》为小经。日本元明皇时仿洛阳规制建平城京（奈良），设太学，以孔颖达《五经正义》为教授课本。遣隋留学生和遣唐留学生学成归国，讲席太学经史，传授弟子。

日本名儒吉备真备，两次游唐，时间长达 17 年，受到日本政界的重视，官至大纳言，领袖群儒，宣扬忠孝仁爱，纲常名教，倡兴日本的儒学世家。吉备真备回国后即"令学生四百人习五经、三史、明法、算术、音韵、籀篆等六道"。与真备约略同时的膳大丘，来唐朝"问先圣之遗风，览胶庠之余烈"，归为太学助教及博士，传授儒学。伊豫部家守在光仁朝随遣唐使来洛阳、长安，学习"经学"及《切韵》、《说文》、《字林》，返日本后，在大学讲授《春秋》、《公羊》、《谷梁》三传。此外管原氏清公、是善、道直祖孙三代都精通经史，称谓日本的儒学世家。尤其是管原道直，被民间祭祀为天满天神，在日本几乎和中国的孔子齐名。

日本留学生在洛阳学习，搜集书籍，归国时每每携回大批经史书。吉备真备传去《唐礼》130 卷，对日本的政治制度和朝廷礼仪有重大的影响。淳和天皇天长元年（824 年）敕参议滋野贞主等编辑古今文书，以类相从，8 年成《秘府略》1000 卷。《秘府略》是中国传入日本书籍的总集，是一部《艺文类聚》、《北堂书钞》式的大类书。《秘府略》的编成说明唐代类书编纂法给予日本学人的影响，也说明日本收藏的中国图书十分丰富。

唐朝期间，大量的日本留学生成批次地来到中国学习，著名的唐朝官员朝衡就是其中之一。朝衡（698～770），原名阿倍仲麻吕，亦名朝臣仲满，入唐后改名朝衡。日本著名遣唐留学生，曾任唐左散骑常侍安南都护。中日文化交流杰出的使者。《旧唐书》说他："慕中国之风，因留不去，改姓名为朝衡。"他原是日本文武天皇中务大臣（正五位上）船辅的儿子，其祖先可

唐代时的洋留学生大多数入读"最高学府"国子监

能是中国移民，公元 717 年随第九次遣唐使来中国留学。当时他只有 18 岁。到中国后，唐玄宗在洛阳设宴盛情款待了他们。

不久被赐在国子监和中国王公贵族子弟一起受教，东监在洛阳，西监在长安。朝衡初在东监就

学,后又到西监受业。经过4年的太学修学期满后,朝衡就和中国学生一样通过科举及第,正式在唐朝做官。他曾任左春坊司经局校书、左拾遗、左补阙等职。和中国当时文化界著名人士如李白、王维等交往甚密。兖州开元进士储光羲有一首《洛中贻朝校书衡》诗云:"万国朝天中,东隅道最长,朝生美无度,高驾仕春坊。出入蓬山里,逍遥伊水旁。伯鸾游太学,中夜一相望。落日悬高殿,秋风入洞房。屡远相去远,不觉生朝光。"由此可知,他当时的供职地点也在东都洛阳。

开元二十一年(733年),日本第10次遣唐使来唐时,朝衡申请回国,但因受玄宗宠爱未诏准离去。天宝十二年(753年),日本第11次遣唐使归国,仲麻吕再次请归,得到玄宗的应允,并命为唐朝的使臣护送日本使臣回国,应该说这是一种殊荣。这时他56岁。朝衡欣喜若狂,想急切回到阔别36年的故乡。挥笔赋诗:"衔命将辞国,非才忝侍臣。中天恋明主,海外忆慈亲。"诗里的"中天"二字,当指当时的洛阳。这次朝衡及日本使团归国的路线是由洛阳乘运河船只先到扬州。在扬州延光寺拜访了名僧鉴真,邀他一起东渡传经。为了不使重要人员有同遭覆没之险,乃分舟乘坐。鉴真及其随从与副使宿祢胡磨同船,大使藤原清河与仲麻吕等同船,普照与吉备真备同船,一行四船驶入茫茫大海,当航行到奈波(冲绳岛)时,遭到大风暴的袭击,同行的四船各自飘散。后来其他三船各自回到了日本,唯独朝衡的船杳无音信。他们误认为朝衡在海上遭难的消息很快传到了唐朝,诗人李白听到不幸消息后,以为朝衡死了,即作《哭晁卿诗》以悼之:"日本晁卿辞帝都,征帆一片绕蓬壶。明月不归沉碧海,白云愁色满苍梧。"诗中的"帝都"当指洛阳。因为洛阳一向有"帝都"之称。其实朝衡并没有遇难,朝衡和大使藤原清河漂流到了现今安南驩州沿岸。据说,同船170多人遇难,唯有朝衡和藤原清河等11人活下来。直到天宝十三年(754年)秋,朝衡才辗转又回到长安,和藤原清河一起出仕唐庭,终老未归。

朝衡在中国一直受到唐玄宗、唐肃宗的重用,官至秘书监。从事经史子籍的整理和编纂工作。日本几次遣唐史来中国都圆满完成使命,达到要求,也靠朝衡左右周旋。可以说,他是长住中国的日本大使。如第12次遣唐使回国时,在海上遇到大风,死伤多人。其中,一小部分人又回到唐朝。靠朝衡在玄宗面前请示周旋,唐又给他们足够的粮钱,使之取道辽东渤海回日本。他的一生为日本移植中国文化做出了卓绝的贡献。

除日本以外,当时唐代与渤海国、新罗国也都有文化的往来与交流。

渤海国(698~926年)是我国唐朝时期,北方古老的靺鞨族建立的地方民族政权,始建于698年(武则天圣历元年),初称"震国"。7年后(705年)归附于唐王朝,15年后(713年)成为唐朝版图内的一个羁縻州。公元762年,唐廷诏令渤海为国。公元926年被契丹所灭,传国十五世,历时229年。渤海国在长达200多年的发展过程中,全面效法唐朝封建文明,依靠渤海人的聪明智慧和勤劳勇敢,繁育了发达的民族经济和灿烂的渤海文化,创造了"海东盛国"的辉煌。

渤海国在文化教育方面学习唐朝,将中原的儒学文化作为其教育的主要内容。渤海不断派遣诸生到唐朝参加科举考试,有的考中进士。他们之中很多人,后来在渤海政府担任要职,大力传播中原文化。在五京周围等发达区域,以中原教育为模式,自上而下地建立了较为系统的教育体制。儒学、宗教、文学、音乐、歌舞、绘画、雕塑以及科学技术等,都取得了一定的成就,涌现出一批著名学者、文学家、艺术家、航海家。洛阳的唐李存墓,出土"渤海图书"铜印一枚,是目前中国发现最早的图书印章。这枚印章的出土,为研究洛阳与渤海国的学术文化交流,提供了重要依据。

新罗(前57~935年)为朝鲜历史上的国家之一。依照《三国史记》的年代记载,新罗从传说中的原始城邦开始到被高丽吞并立国长达992年,是亚洲历史上立国时间最长的国家之一。据《三国史记》记载,新罗于前57年由朴赫居世居西干所创建。532年兼并伽倻,在朝鲜半岛上开始与高句丽、百济形成三足鼎立。公元660年新罗联合唐灭了百济。公元668年,新罗与唐又灭了高句丽。罗唐战争后,新罗统一了朝鲜半岛大同江以南地区后成为统一的新罗。公元9世纪末期,统一的新罗分裂成后三国。公元935年,后三国被高丽统一。

从公元4世纪末起,新罗先后与中国的前秦、南齐、梁、北齐、陈、隋、唐交往,大力吸收中国文化,其典章制度悉如唐朝,并使用汉字,创造了用汉字标音的民族语言(吏读文)。自公元6世纪后,新罗与唐朝往来密切,并逐步派留学生到唐朝入国学,学习唐朝的典章制度思想文化。公元682年,新罗设立国学,国学规定以"五经"等为学习科目,读《论语》、《礼记》等书。新罗国内,中国经史学传布尤广。唐德宗贞元四年(788年),新罗设读书出身科,考试书籍有《左传》、《礼记》、《文选》、《孝经》。唐朝前,新罗即已使

新罗国派遣留学生到中国学习

用汉字记录本族语言,称为"吏读式"。唐时,中国经书大多是薛聪以吏读式译为新罗语的。新罗留唐学生(包括僧侣在内)很多,其中学有所成者不少。被称为"东国儒宗、百世之师"的崔致远就是其中之一。

统一新罗时代正是唐代文化极盛期,中国六朝以来的文物大量输入,佛教艺术也因而达到了顶点,其中最具代表性的是石窟庵和佛国寺,石窟庵基本上是模仿中国的石窟,只不过中国是用自然岩石营造,而石窟庵是人工花岗岩营造。窟中的观音菩萨、四天王等雕像,皆栩栩如生,颇具唐风,都能从中找出洛阳龙门石窟造像的艺术风格。

三、唐代及五代十国的儒学教育

唐代儒学发展还有一个重要的标志,即唐代教育。从历史发展看,唐代的教育也是在秦汉的教育的基础上发展而来。秦朝统一中国后,统一了文字,禁止私学,普设官学,但实行以法为教,以吏为师,无形中又取消了学校教育的功能。汉代为了加强中央集权,实行"独尊儒术"的文教政策,正式制定了博士弟子员制度,兴办了太学,由博士专司教授,官学得到了空前发展。因而,以传授知识、研究学术为宗旨的严格意义上的最高学府,即自汉武帝开创太学始。汉代官学标志着我国封建官学制度的确立。汉代官学分为中央官学和地方官学,其教学以儒家经典为主要教材,这样儒学在全国范围内便得到空前的传播和发展。南北朝时还创设了玄、儒、文、史、律等专科,进行儒学的专科教学。唐代时更是建立了从中央到地方完备的封建学制体系,统治者崇尚儒学,儒家经典礼记、春秋三传、孝经、论语、易经、诗经等便成了从中央到地方各级官学的主要课程。

汉代官方经学衰落后,经学的传授并未中断,特别是私家讲授之风依然较盛。汉代高等私学一般称为"精舍"、"精庐",多由名彦硕儒设立。汉代至隋代因地方官学多有名无实,入学资格和限额又较为严格,因此私学非常兴旺,出现了远道拜师的游学之风。著名私学大师都是堪称儒学泰斗的大儒,如马融、郑玄、嵇康、王通等。儒学的传播,自此可见一斑。

在这一漫长时期内,嵩山地区汉晋时属于豫州颍川郡,隋唐初年属嵩州,后又隶属河南郡。按当时的官学制度,州、郡、县都设立有学校,教学内容也是以儒学为主。因此这一时期,曾为国都所在地的嵩山地区,儒学传播一度以中央官学、地方官学和私学教学并存而形成了一个比较完备的教育系统。

东汉太学始创于光武帝建武五年(29年),其后屡加扩修。建武二十七年(51年),建造太学讲堂,"长十丈,宽三丈";至顺帝时达到空前规模,"凡所造构二百四十房,千八百五十室";汉质帝时,太学学生多达3万余人。曹魏、西晋立国后,均曾重兴太学。晋武帝咸宁四年(278年),太学再度繁荣,"东越于海,西及流沙,并时集至,万有余人"。其中还有学生来自遥远的西域(今新疆一带)。

隋炀帝继文帝之后,大力复兴儒学,使作为国都的洛阳成为儒者荟萃之地。据《隋书·儒林》记载:"复开庠序,国子郡县之学,盛于开皇之初。征辟儒生,远近毕至,使相与讲论得失于东都之下。"

唐朝是一个强盛的朝代。自唐太宗时起,儒学也再一次成为全国统一的官学。唐代教育除有专业教育、等级制、学科体系完整、教育体制系统、学校形式多样;地方教育、思想政治等,但儒学教育是唐代教育机制的主要内容,其它教育系统则是辅从教育。儒学教育有着从中央到地方的连贯性。国子监、贵族学校是中央教育的核心,州县经学既是地方教育的核心,也是中央儒学教育的下接续。律、书、算学、太医署、崇玄学及地方医学则是辅从的外沿教育。这种连贯型的主辅教育体系是唐代国家教育机制的特点之一,反映了以儒学为主导的思想精神与社会生活所需的结合。

集贤殿是中国最早的书院

唐代时期,书院的兴起,也是我国的一种特有的教学机构,而且这种教学机构在嵩山地域近千年不衰,对于加快传播儒学思想,发展儒学教育,培养封建时代各类人才方面发挥了重要的作用。袁枚在《随园随笔》中说:"书院之名,起于唐玄宗之时,丽正书院、集贤书院皆建于省外,为修书之地,非士子肄业之所也。"开元六年(718年),改乾元院为丽正修书院,后又陆续在京师长安和东都洛阳建立两所丽正书院。据《旧唐书·玄宗本纪》记载:开元十三年(725年)夏,改集仙殿为集贤殿,丽正书院改为集贤殿书院。随后,大明宫光顺门外、东都洛阳明福门外的丽正书院也改为集贤殿书院。唐玄宗及中书门下的大臣们与学士们在集仙殿共餐,玄宗说:"神仙是虚构的,贤才则是治国之才。应将集仙殿(宫城西南)改为集贤殿"。并规定在院供职的官员,五品以上的为学士,六品以下的为直学士。玄宗还任命洛阳人张说为知院事(后为中书令),任命右散骑常侍,学者徐坚为副职。唐玄宗还打算请张说为大学士,张说极力推辞而作罢。

集贤殿书院成为融修图书、集贤士、讲学论道为一体的官方文化机构,修书是其首要任务。集贤殿书院又设置学士、直学士、侍讲学士、修撰官、校理官、知书官以及书直、写御书、拓书手、装书直、造笔直等职,这是唐代设在洛阳最早的官办书院的典型代表。其动机和目的重在显示唐代统治者崇儒问道的精神和功德,同时也表明唐代统治者继承和弘扬历史传统、以古鉴今的决心和善举。主要职责《唐六典》记载:"刊辑古今之经籍,以辨明邦国之大典,而备顾问应对,凡天下图书之遗逸,贤才之隐滞,则承旨而征求焉。"

集贤殿书院虽然聚集了一大批熟悉经史掌故的学者、文士,而实质上是官方设立的一个以学术文化事业为主的机构,是官方修书、校书、刊书、讲书、藏书及储才之地,并非像后来的书院那样,完全是学者研究学问、聚徒讲学的一种教育场所。

唐代经过上百年的艰苦努力,官学教育制度已相当完备,达到了当时世界领先水平,在我国和世界学校教育发展史上占有重要的地位,形成了自己独特的风格和特点。官府书院有着将千百年国家藏书、校书、修书及由此而辨章学术的经验传输给新生书院组织的桥梁作用。书院起源于官民二途,使自己同时拥有了民办和官办的传统。从此以后,书院就在民间和官府这两大体系的交相影响之下,开始了新的发展历程。

在我国历史上,五代十国是野心家、阴谋家的天下,他们僭越礼制,分裂割据,征战连连。动荡的社会对文化传承与教育均产生了重大影响,同时也挑战着文人的操守与信念。分别从民间读书人的书斋和朝廷整理经史典籍的官衙中脱胎出来的书院,带着官民两种传统,并在两者的关爱和影响下,开始发育成长,具有了其作为文化教育机构的初期形态。在唐末至宋初的半个多世纪里,地方的官学被废止,教育没落。然而,正是这种离乱的环境以及官学的不兴,给了私学性质的书院更好的生存空间和更高的生存价值。据有关史料记载,在唐末和五代,为躲避战乱,文人志士大量迁徙到远离尘嚣的僻静山野之中,他们或读书林下以养性潜修,或结庐山中以藏书聚徒,承担起了"救斯文于不坠"的社会责任。因而,萌芽于唐代的书院尤其得到士人们的青睐,成为动荡社会中一个耀眼的闪光点,为士人们提供了乱世中的一方净土。

五代十国时期的书院,基本继承了唐制,仍然沿着官府和民间两条路径发展。多数政权依然设有集贤书院,"掌管刊印古今经籍,辨明邦国大典",以备应对。然而,由于战乱和政权更替频繁,真正开展实质性工作的少之又少。与官方书院的境遇大相径庭的是,作为士民讲学授业之处的民间书院逐渐发展起来,地点多在山林之中,后又官学化,才搬进了城区。书院的教学方法比较灵活,大多采取启发式。学习的内容,主要是理学。在官学大部被毁之时,书院教育发展起来,甚至代替了官学,在中国五代之后的学校教育中起到了积极作用。官办的书院,其主要任务是收藏、校勘经籍为主。而私人设置的书院则以读书治学为主。真正具有聚众讲学性质的书院到五代末才基本形成,直到在这之后北宋时才发展为较完备的书院制度,成为中国教育制度的重要组成部分。

五代十国时期,嵩山地域有两所著名的书院,一是后唐时代已经存在的洛阳龙门书院,一为五代后周时代创办的太乙书院(嵩阳书院前身)。

第六节 宋代伊洛理学的重要传播时期

儒学发展到宋初,已经处于困境之中,面临着种种危机。这主要表现在儒学本身的僵化衰颓以及佛道之学的挑战这两个方面。面对思想界的这种状况,宋初许多儒者清醒地认识到,佛道的基本价值取向与思想观念同儒学是迥然不同的,佛道之学的盛行,构成了对儒家传统的君臣父子的伦常观念的巨大冲击,削弱了儒学的地位。这种状况如果任其发展,儒学就会产生更大的危机乃至彻底衰败,儒学对现实社会生活的全面指导就无法确立,现实中的纲常秩序也就不可能建立起来。

为此,从北宋初到中期,构建儒家的心性学说和修身理论成为宋儒孜孜以求的目标。儒家士人进

行了复兴儒学的种种努力。宋初,柳开、王禹偁等士人继承韩愈的某些思想资料,抨击佛老,开启了北宋排斥佛道运动的先声。庆历前后,排斥佛道运动高涨,孙复、石介、欧阳修、李觏等儒家学者纷纷著文,从不同方面力排佛道之学,形成了一股反佛道的社会思潮。在这个过程中,欧阳修、李觏等已注意探究佛道之学理论上的长处,认识到儒学自身的理论缺陷,提出了"修其本"的要求。由此,吸收佛道之学的思想资料与理论成果,构建新的儒学体系已是势在必行。

北宋庆历年间,实行了以儒家思想为理论依据的改革即"庆历新政",在庆历新政中以范仲淹为首的改革派依据儒学精神,特别是六经精神在全国办学、讲学。与此同时,他们积极发挥儒家的"经世致用"的思想对抗佛、道二教的出世思想,反对把儒学凝固化、神学化。在此背景下,一些著名的知识分子要求对儒家经典进行新的解释,这些为儒学的复兴开创了全新的局面。

庆历年间,儒学学风开始出现了较大的转变,士人们围绕复兴儒学的主题,力图摆脱汉唐经学拘囿于家法师法、沉溺于训诂考证的治学方式,大胆发疑,标新立异,形成了一股疑经惑古的时代思潮。在宋初诸儒复兴儒学活动的基础上,王安石的荆公新学、周敦颐的濂学、张载的关学、邵雍的象数学、二程的伊洛理学以及三苏父子的苏氏蜀学在北宋中期先后兴起。他们反省儒学危机,突破了章句训诂之学的局限,注重从整体上探索、把握儒家经典的内涵,根据自己的主观体认来直接领悟并阐发儒家经典中蕴含的大义。与此同时,他们在探究佛道之学长处的基础上,立足儒家而又广搜博采,兼收并蓄,充分吸收利用佛道之学的理论思维成果。在经过长期而艰苦的理论探索之后,新的儒学体系得以建立并不断发展完善,儒学走向复兴。

特别是两宋以降,已属政治边缘化的嵩山地区,继之兴起的二程"伊洛理学",后来与朱熹之学结合则称作"程朱理学",再一次成为中国文化的主脉。

儒学在嵩山地区取得真正的正统地位是在宋代。宋代理学又称道学或宋学,广义上说,是指以研究儒学的四书、六经为特点的义理之学;狭义上说,就是指程朱理学。程朱理学亦是宋明理学的主要派别之一,也是理学各派中对后世影响最大的学派之一。而理学作为一种典型的形态正式形成,还要归功于"伊洛理学"的兴起。伊洛理学是宋明理学中的重要学派,由程颢、程颐兄弟二人开始创立,后来与朱熹之学结合则称作"程朱理学"。

一、理学的形成

理学,是诸子哲学的兼纳融合形式,因理学家主要讨论的内容为义理、天命之学,故称为理学,又名为程朱理学。理学是融合儒、释、道三教三位一体的思想体系。

在北宋理学产生的历史过程中,关键在于儒学的复兴,而儒学的复兴,首先得力于统治者的需要、爱好和提倡。赵匡胤虽戎马一生,但在北宋王朝建立之后却远比刘邦聪明,深知可以马上得天下,但无法以马上治之。他不仅自己喜观书,手不释卷,且严格要求臣下都要积极读书,以知治国之道。于是在北宋王朝的官僚队伍中,自始就形成一种重文轻武的风气。宋太祖"杯酒释兵权",宰相赵普号称以"半部《论语》治天下",以及宋初确立以文官知州事的制度等,都是这种风气的必然反映。在提倡读书的同时,赵匡胤竭力褒扬孔子和儒学,登基伊始,就下令增修国子监学舍,修饰先圣十哲像,画七十二贤及先儒二十一人像,并亲身为孔子、颜渊撰写赞辞,命宰臣分撰余赞,车驾一再临幸焉。所有这些,对宋初儒学的复兴都起到至关重要的作用。

宋代儒学顺着儒、道、佛相互吸收的趋势,以儒家"礼治"思想为核心,糅合道教的宇宙生成、万物系列化的理论和佛教的思辨哲学,弥补儒家哲学学说粗糙的缺陷,建立了比较精致的哲学体系。由于宋儒们对世界本原以及经世致用的看法不同,产生了分歧,因此宋代儒学分为了不同的学派。

宋代儒学中,最有代表性的学派有:以程朱为代表的理学、以张载为代表的气学、以邵雍为代表的象数之学、以陆九渊为代表的心学、以陈亮和叶适为代表的实学。理学是贯穿于宋代始终并最终被确立为官方哲学地位的哲学流派。"理"出现很早,但真正把的"理"说成是宇宙的最高本体、产生万物的本质,则始于理学。宋代的理学,其思想来源大致出于三个方面:一是儒学经典,二是佛学(主要是禅宗和华严宗),三是太极和阴阳学说。

随着儒家批判并融合佛、道思想过程的展开,到北宋中期,理学思想逐渐形成,并占据主导地位。当时出现了一批重要的理学创立者,如周敦颐、邵雍、张载、程颢、程颐(被称为北宋五先生),各自形成学派,从不同方面探讨宇宙人生的根本问题。周敦颐被视为理学的开山,他的思想已具有理学雏形。邵雍的象数学可看到理学的端倪。张载是理学的主要奠基者,他构建了理学的基本框架,但在他的思想体系中,"理"还没有成为主要范畴。至二程兄弟,"理"成为主要范畴,以之为世界本原,使儒学的理论化、思辨化过程得以完成。朱熹是程朱理学的集大成者,理学在朱熹的手里最终确立了独特的学术规模与体系,奠定了坚固的基础,被后世称为"夫子"。

(一)儒学"独尊"地位的动摇

社会的动荡不安,尤其是魏晋南北朝时期政治腐败,王朝更替频繁,军阀割据,战争不断,"君君、臣臣、父父、子子"等观念也开始受到怀疑。汉代经学简单的理论体系,已经不能应对人们的各种思考和疑惑,它失去了权威的解释能力。于是,整个思想文化领域出现了西汉以来从未有过的自由氛围。

尤其是北宋初期,宋代士大夫受到五代时期士风的影响,"以仁义忠信为学,享人之禄,任人亡国者,不顾其存亡,皆恬然以苟生为得,非徒不知愧,而反以其得为荣"。欧阳修在修《新五代史》时指出,五代士风之坏是由于儒家传统的道德伦常遭到严重破坏。令有识之士忧心忡忡的是,这种风衰义丧、苟荣贪位的情况,在宋朝仍然存在,成为宋代社会发展的重大政治障碍。理学家创立者们认为,士风之坏的现实原因是佛道二教"异端之说日新月异",吸引士大夫出入佛老,掩蔽了儒学真理和儒学生命之道的真精神。佛学讲四大皆空、人生苦多,惟有大彻大悟,遁入空门,无君无父,才能破执去妄,而达涅槃之境。道家提倡清静无为,万事无常,惟有闭门塞听,远离尘世,清心寡欲,才能得道升仙。这些理念把人从日常生活、社会关系中分离出来,确实与儒学政治化的道德价值背道而驰,因此理学创立者们把佛道看作是对儒学的巨大挑战,对政治、社会秩序的巨大威胁。

道教的修炼丹药以图长生不老、佛教的因果报应轮回来世的思想在社会上迅速传播。不只是士大夫深受佛道思想的影响,宋代皇帝也大都对佛道思想推崇备至。且不说荒政误国的宋徽宗,就是励精图治的宋神宗等人也不例外。如宋神宗在和王安石的一次对话中明白地说:"道必有法,有妙道斯有妙法。如释氏所谈,妙道也;则禅者,其妙法也。"他心目中的"道"就是佛家的道理。所谓"道不同不相为谋",宋儒在政治参与上主张"得君行道",士大夫与君王共治天下,共定国是,君主如此崇信佛道,君臣不同心,何以实现治国平天下的目标呢?所以,回应佛道的理论挑战,是理学必须跨越的障碍。欧阳修曾大声疾呼:"佛法为我中国患千余岁,世之卓然不惑而有力者,莫不欲去之。"他主张"礼义者,胜佛之本也",应以儒家思想为根本,恢复发展传统伦理秩序。范仲淹"士大夫当以天下为己任"的呼声曾获得了普遍而热烈的回响,就是因为它把士大夫的道德修养同天下国家之兴亡联系了起来。

由于这些理论大师志存高远,胸怀人道,其思想极具包容性,他们试图把广泛的经验合并起来,作为终极理想关怀的一个基本组成部分。

(二)宋代诸儒以复兴儒学为己任

在宋初诸儒中,最先探讨身心性命义理之学的首推胡瑗。作为"宋初三先生"之一,他似乎比孙复更进一步。假如说孙复对儒家经典权威性的怀疑开启了宋初怀疑思潮的话,那么胡瑗以经义和时务为重点进行教学,则一反隋唐以来重文辞的学风,标志着宋明理学的正式开端。

在宋初诸儒中,被称之为"宋初三先生"的胡瑗、孙复、石介三人致力于理论探索,提倡道德性命之学,强调义理,重视"性与道"的研究,倡导"明体达用"和"尊王"之学,为理学的产生准备了条件,被称之为理学之先驱。

宋代诸儒以复兴儒学为己任

"宋初三先生"都以经学起家,对孔孟之道、对儒学都有自己独到的见解,强调"民为天下国家之根本",主张"息民之困"。主张文章必须为儒家的道统服务。最先探讨身心性命义理之学的首推胡瑗。胡瑗以经义和时务为重点进行教学,则一反隋唐以来重文辞的学风,标志着宋明理学的正式开端。孙复的《春秋》学研究不仅为有宋一代《春秋》学研究开风气,定音调,而且更为重要的是他舍弃传注,直探经文本义的研究方法,实际上是儒家经典研究史上的一种范式革命,它的价值似乎不在于儒学的复兴,而在于儒学的更新。以为儒学的真正复兴,不在于记诵传统传注的训诂,而是要结合现实社会需要,抛开传注,直探经文本义。易言之,儒学复兴的真正出路,不在于对传统传注的因袭,而在于重新注释,讲究与现实相关的微言大义,从而使儒学在内容与形式上都能回到经典的形态。

"宋初三先生"有关儒学的论述,特别是他们的思维方式,使"伊洛理学"的创立者"二程"受到启迪,并沿着这种思维方式而取得自己的认识。石介说:"孔子之道,治人之道也。一日无之,天下必乱,如粟米不可一日少,少则人饥;如布帛不可一日乏,乏则人冻死。孔子之道,君臣之也,父子也,夫妇也,朋友也,长幼也。天下不可一日无君臣,不可一日无父子,不可一日无夫妇,不可一日无朋友,不可一日无长幼。万世可以常行,一日不可攘者,孔子之道也。"石介把孔子之道概括为"君臣、父子、夫妇",即所谓的三纲,如粟米布帛之不可以须臾离也。这一普遍形式,则是二程津津乐道的。"二程"把这一普遍形式作更进一步的抽象化,使其升华到一定的理论高度,即达到所谓的"理"或"大理"的境界。石介所论文与道的关系,自性而诚,自诚而识,这种先验主义的认识方法,也是二程经常运用的一种思维方法。胡瑗的《周易大义》、孙复的《春秋尊王发微》对二程的启示和影响也是很大的。

理学家修身、治学的目的是参与政治,匡时济世,这是他们进行理论创新,建设新儒学的出发点。在理学形成的北宋时期,一些士大夫的言行对理学的形成也有着直接的影响。

如司马光有关《中庸》的哲学思想对理学的形成影响巨大。司马光率先对《中庸》作出了系统阐释,特别是对"人心"、"道心"的区分,提醒人们治心的重要,在宋代士大夫中产生了广泛的影响,对《中庸》作为孔门独传心法的二程影响尤大。司马光如何把握中庸之道,曾与人讨论过,程颢对此有所评论:"君实常患思虑纷乱,有时中夜而作,达旦不寐,可谓良苦。……其后告人曰:近得一本,常以中为念。则又是为中所乱。中又何形?如何念得它?只是于名言之中,练得一个好字。"中庸之道自孔子以后,被从中和的概念上予以把握,司马光以"中"的概念来解释"心"的思虑纷纷,司马光把心区分为人心和道心,以道心克服人心所兴起的一切私欲,为二程所继承,成为二程哲学的又一来源。

如在儒学的复兴中,范仲淹与欧阳修的呼应与支持则是这一运动得以开展的最大助力。严格地说,范仲淹和欧阳修都不是纯粹的学者,作为文坛祭酒和执牛耳的人物,他们在宋初最早倡导儒学复兴,并将儒学的忧世情怀和宋初现实密切结合起来。范仲淹的"先天下之忧而忧,后天下之乐而乐",便是启导儒家知识分子不能脱离现实,惜首穷经,而要学以致用,积极干预政事,议论国事,"宁鸣而死,不默而生","开口揽时事,论议争煌煌"。这种以天下为己任的精神复苏,既是对早期儒学"士不可以不弘毅"精神的认同与复旧,当然也是对汉唐烦琐经学的批判与扬弃。与范仲淹时代相当的欧阳修,虽也同样不是一个严格的儒家学者,但凭借他那大文学家的睿智与敏感,对儒家经典提出多方面的质疑,从而使宋初的疑传疑经思潮达到高潮,终于导致儒学发展的转变。

(三)理学创立

理学创立者们在对待佛道的态度上,和唐代的韩愈极为不同。韩愈全然不顾唐代三教融合的文化格局,以理想主义的姿态,力主"人其人,火其书,庐其居",采取激进而极端的灭佛措施。而理学创立者们则承认北宋王朝在开国初期所确立的儒佛道三家思想并举的文化政策,认为在三教竞争与融合的文化格局下,消化佛学是理学必须实现的目标。所以,他们以一种强烈而开放的认同意识,从佛道等宗教伦理传统中汲取营养,主张既利用它们的符号资源,又不丧失自身的精神取向。如朱熹认为佛教的出世观不可取,置三纲五常于不顾,逃避为现实服务的义务,而佛教哲理则可吸收为我所用。理学重佛教哲理,主要是吸收其本体论,佛教天台宗讲本体是心和识,理学则说成是理或心。理学的"理"与道教的"元"相通,理学所讲的"敬"与"灭人欲",和唐代道教"主静去欲之说"一脉相承。概括说,在汲取佛道思想资源的基础上,理学家的创立者把心性之学作为建构新儒学的核心。

周敦颐

除了融合佛道的思想资源外,他们还特别重视挖掘儒家自身的文化传统。至朱熹时代,他按《大学》《论语》《孟子》《中庸》的顺序整理"四书",用来教导人们修身做人,然后去治国平天下。朱熹认为,《大学》提供了修齐治平的蓝本,《论语》则平实地展现了儒家思想的真意,《孟子》可以激励人修养心性的志气,到了《中庸》就可以"极高明而道中庸"了。"四书"经过朱熹等人的注解,把人的心性修养与国家社会紧密地联系了起来,升华了儒家精神境界中所固有的理性和伦理道德自觉,最终形成了不弱于佛道的那种属于信仰性质的精神力量。

综上所述,理学的产生不单纯是思想文化领域中儒佛道三家融合的产物,也不单纯是为了应对佛老在思想领域的挑战而产生的,在历史发展中,呈现出一个处在自由竞争格局下的文化冲突必将表现出抗衡中有融合,融合中有升华的客观规律,理学创立者的自身理念与选择都是非常重要的。

在宋明理学创立者的名列中,周敦颐素来被看作是理学的开山祖师,他的理学思想在中国哲学史上起了承前启后的作用。周敦颐继承了他们的思想,同时援佛、道入儒,主张以"太极"为理,以"阴阳五行"为气,并以此来解释大自然和人类社会的发展规律,成就为宋明道学家解易之先驱。他提出一个简单而有系统的宇宙构成论,说"无极而太极","太极"一动一静,产生阴阳万物。"万物生而变化无穷焉,惟人也得其秀而最灵(《太极图说》)。"圣人又模仿"太极"建立"人极"。"人极"即"诚","诚"是"纯粹至善"的"五常之本,百行之源也,是道德的最高境界"。只有通过主静、无欲,才能达到这一境界。他所提出无极、太极、阴阳、五行、动静、性命、善恶等一系列哲学范畴,成为宋明理学的基本范畴。其主要著作有《太极图说》、《通书》等。《太极图说》精密而完整地向人们展示出了一幅系统的宇宙生成图式和人类生成发展的全部过程,且极富有哲学思辨色彩;《通书》则是把儒家《中庸》中"诚"的思想融入易学之中,将《中庸》、《论语》等儒家经典中的理学与哲学问题纳入到易学的体系之中。周敦颐的理论建构为其后的理学发展提供了思想理论基础,故而被后世的理学家奉为经典文献。

张载

和周敦颐在理学中的地位相当的还有张载。举凡对理学有所推崇的后世儒者,大都极为推崇张载。张载是理学支脉"关学"创始人之一,其学术思想在中国思想文化发展史上占有重要地位,对以后的思想界产生了较大的影响。张载一生的主要精力都花费在哲学思想体系的建构上,他的著作一直被明清两代政府视为哲学的代表之一,作为科举考试的必读之书。张载所提出的"穷理尽性",以及对天地之性与气质之性的区别,都是对儒家思想的重大贡献。它不仅有效地化解了先前儒者在人性论上的各种矛盾和冲突,而且具有相当重要的实践意义。从这个理论出发,张载进一步提出"德性之知"与"见闻之知"的区别,强调人们的认识仅仅满足于靠感官经验得来的"见闻之知"是远远不够的;要想达到"诚"的境界与"圣"的境界,就必须凭借另一种知识,即德性之知。所谓德性之知,就是不依靠于见闻的天赋的道德观念,"德性所知,不萌于见闻",而是主观生的,"圣人尽性,不以见闻惜其心","大真心,则能体天下之物",只要通过内心修养便可认识一切事物。显然,张载的这些思想已使儒学超越传统的经学而向心性、义理、道德修养等领域深入,从而使儒学呈现出一副全新的面貌。从这个意义上说,张载是宋明理学的重要奠基者之一。

张载的著作主要有《正蒙》、《西铭》、《易说》、《经学理窟》等,尤其是他的《西铭》、《东铭》和《正蒙》,不仅是他的代表作,而且简直可以视为理学的经典作品。其实《西铭》是张载著作《正蒙》最后第17篇"乾称"中的一段文字,他自己视为可以张之墙牖的座右铭,全文只有252个字,曾以《订顽》为题录之于书室,在很大程度上带有座右铭性质。程颐改称《西铭》,影响最著,学者悉宗之。由于此文立意高远,意蕴无穷。程氏对《西铭》的推崇,主要是《西铭》中所体现的道德理想的新建构,也正是这种新建构基本解决了宋以前儒者所面临的理论困难。

在宋明理学奠基者的名列中,除了周敦颐、张载之外,应该提到的还有邵雍。邵雍的思想贡献主要在于宇宙本原及其演化规律的探讨上。北宋著名的理学家、哲学家、数学家邵雍也是易学发展史中最重要、最有成就的人物之一。五代末宋初道士陈抟以《先天图》传种放,放传穆修,穆修传北海李之才(字挺之)。李之才摄共城令,听说邵雍好学,便造访其庐,对他说:"子亦闻物理性命之学乎?"邵雍愿从受教,乃师事之才,从学义理、性命与象数之学,习《河图》、《洛书》、《周易》。邵雍将陈抟的《先天图》演化为"象数"体系,即"先天之学"。他提出"心为太极",构造了一个纳自然、社会、人生为一体的宇宙观。这一宇宙观及其在儒学立场上融会佛老二家理论的实践,为儒学心性论取代佛道宗教的心性论创建宋明理学,开辟了道路。以邵雍的聪颖才智,他融会贯通、妙悟自得。他形成了自己一套完整独特的宇宙观,对于天地运化、阴阳消长的规律了如指掌。邵雍根据伏羲画八卦、文王演周易之说,将他创制的伏羲八卦图和文王八卦图,分别定之为先天之学和后天之学。在其文王八卦图中,又分为文王八卦次序图和文王八卦方位图两种,此两种图式,亦均载入朱熹的《周易本义》中。邵雍认为历史是按照定数演化,他根据自己的《先天图说》,按象数的"顺""逆"推论宇宙万物的生成变化,认为一切事物"以类推之,从可知矣",他以他的先天易数,用元、会、运、世等概念来推算天地的演化和历史的循环,重新安排了《周易》的64卦,试图揭示宇宙规律,进而解释人类命运,从而开创了北宋易学中的先天象数学。《宋史》记载道:他对于"远而古今世变,微而走飞草木之性情"都能"深造曲畅",通达不惑,而且"智虑绝人,遇事能前知"。相传对后世易学影响很大的《铁板神数》和《梅花心易》都是出于邵雍。后人也尊称他为"邵子"。著有《皇极经世》12卷,包括《观物内篇》、《观物外篇》、《渔樵问对》和《无名公传》。《内篇》为邵雍之作,《外篇》是其弟子之记述,类似语录。

经过周敦颐、张载、邵雍等人的共同努力,宋明理学的思想体系便大体形成。而理学作为一种典型的形态正式形成,还要归功于二程创立"伊洛理学"的兴起。

二、二程与"伊洛理学"

儒学在嵩山地区取得真正的正统地位是在宋代。北宋时期,儒家经学新学派吸收了佛、道哲学,出现了儒、佛、道三家结合派生出来的理学。在同被朱熹列为理学学派的创始人,称为"北宋五子"(二程、周敦颐、张载、邵雍五人)。在"北宋五子"中,以程颢、程颐为代表的道义理派"伊洛理学"影响最大。"伊洛理学"是就地域而论的,因为其创始人程颐、程颢起于伊洛间,他们创立的唯心主义哲学体系,故称为"伊洛理学"或"洛派理学"、"洛学"等。

从当时的文化条件说,二程与当时的理学奠基人周敦颐、关学创立人张载、象数创立人邵雍都有着密切的交往关系。这些关系的存为,为二程创立伊洛理学直接提供了一种文化的氛围与条件。史料记载,二程十四五岁时,父亲程珦到江西兴国县任知县。当时周敦颐任南安军司参军(将军府的属官)。有一次,程珦拜见周敦颐,交谈后,他以为周敦颐深明道学,便结为好友,并让程颢、程颐拜他为师。周敦颐当时已是北宋理学创始人。二程虽然跟周敦颐学习不到一年,却对二程的思想影响很大。据史料记载:从此二程"遂厌科举之业,慨然有求道之志"(尽管后来因与周敦颐对王安石变法观点的不同,而导致二程回避与周敦颐的师生关系,但二程师承周敦颐的事实不可改变)。而张载是二程的表叔,由于亲戚的缘故,经常来往于关中、洛阳之间,不用说,这种相互间点滴的学习与教诲对二程的影响都是循序渐进的。

再者,就是二程与当时住在洛阳的易学家、象数学家邵雍交往密切,常在一起探讨一些哲学方面的深奥问题,对伊洛理学的产生的影响更加深远。

北宋建立后,以洛阳为西京,其富庶的物产和秀丽的山川、巧夺天工的人工园林吸引了大批文人学士。欧阳修在洛阳草就了《新唐书》,司马光在这里完成了不朽的名著《资治通鉴》。司马光、吕公著、文彦博等组织的"耆英会"成为研究义理,探讨经世之学的学术政治团体。这一切为"伊洛理学"的产生奠定了雄厚的文化基础。

邵雍幼年随父迁至共城(今河南辉县),隐居于苏门山百源之上,布衣蔬食,刻苦为学,屡授官不赴,后人称之为"百源先生"。邵雍30岁时迁居洛阳,在此40年,因其潜心治学,著述甚丰,被誉之为"圣人"、"夫子"。与当时的名流学士,如富弼、司马光、吕公著等人交往甚密,恒相从游。司马光等资助邵雍购买了原五代节度使安审琦的故宅30余间。邵雍将其室题为"安乐窝",自号"安乐居士"。今洛阳市洛阳桥南的安乐窝村,即其故居所在地。邵雍有诗《尧夫何所有》曰:

夏住长生洞,冬居安乐窝。莺花供放适,风月助吟哦。窃料人间乐,无如我最多。

邵雍在诗中表现了他对悠闲、清静生活的满足感。邵雍不仅学贯古今、奇才盖世,而且品德浑厚,待人至诚。这使他远近驰名,所到之处士大夫们争先请他留宿,有人还把邵雍留宿过的地方,称为他的"行窝"。

宋仁宗嘉祐年间,洛阳留守王拱辰请邵雍出山,授将作监主簿,并推为逸士,任颍州团练,邵雍都一一借故推辞,但他对哲学的研究却专心致志,没有丝毫动摇。邵雍根据《易经》关于八卦形成的解释,掺杂道教思想,虚构的宇宙构成图式和学说体系,形成了他的"象数之学"(也称先天学)。他认为宇宙的本原是"太极",太极永恒不变,而天地万物则皆有消长、有始终。按照他所说的"先天图"循环变化,以为人类社会已盛极而衰,从中国古代有关"三皇五帝"的传说和某些历史现象出发,提出了"皇、帝、王、霸"四个时期的历史退化论。但他认为世上万事万物都是既对立又统一的,不断消长,不断转化。他运用发展的规律来研究人类社会的发展变化,具有进步的辩证法思想。他还提出"身生天地后,心在天地前;天地自我生,自余何足言"。这是典型的唯心主义认识论。

邵雍在理学领域的研究,引得全国各地许多名士纷纷前来求师访道。程颢、程颐兄弟称其理学为"内圣外王之学",程颢在邵雍的墓志铭中,称颂他的思想"纯一不杂","就其所至,可谓安且成矣"。南宋朱熹在其《六先生画像赞》中称他"天挺人豪,英迈盖世,驾风鞭霆,历览无际,手探月窟,足蹑天根,闭中今古,醉里乾坤"。明代以后,他的《皇极经世》编入《性理大全》,作为科举取士的必读教科书。

程颐、程颢在自己体会的基础上,借鉴了《内经》,继承了周敦颐、邵雍、张载的哲学观点,并融合佛教、道教内容,创立起一套系统地代表儒家思想的唯心主义哲学理论——伊洛理学。

二程塑像

程颢、程颐兄弟生于湖北黄陂,父亲程珦于宋嘉祐元年(1056年)将其祖茔迁于洛阳。崇宁三年(1104年)始定居于今嵩县田湖镇程村。程颢,在嘉祐年间考中进士,曾任主簿、县令等职,熙宁初升为太子中允、监察御史里行,曾在洛阳讲学十余年。神宗皇帝得知此人后,多次召见,以寻求治国之策。王安石变法之时,他支持司马光等人反对新法。哲宗时任其为宗正丞,尚未赴任而卒,享年54岁。后追赠"纯公",封河南伯。程颐一生淡泊名利,一心著书立说、讲学传道。17岁就上书仁宗皇帝,以倡导自己的学说。24岁就在东京相国寺等地讲学,同年又进入全国最高学府太学授业解惑,并写出《颜子所好学论》这篇著名文章。程颐除在中原讲学外,还远到河北、四川、陕西等地巡访名士,注说《易经》。元丰五年(1082年)回到洛阳,创立"伊皋书院"(后更名为伊川书院),以此作为著述讲学的基地。元祐初年(1086年),程颐被召任西京国子监教授、崇政殿说书等职。崇宁五年(1106年)病卒,享年75岁,追赠正公,封伊阳伯,朝廷在其故里建庙立祠。明代景泰皇帝(明代宗)册立程颐十六代嫡孙为世袭翰林院五经博士,还不惜动用嵩县、永宁(今洛宁)、宜阳三县之力,按照山东曲阜颜子祠的规模扩建程祠,诏封程村为"二程故里"。为纪念程颢、程颐两位"伊洛理学"开创者,明正德十五年(1520年),在洛阳(今老城)西关也建有二程祠。道光四年(1824年),河南巡抚程祖洛奉旨再修程祠,豫西10县百姓出钱出力,耗白银4400余两。光绪二十七年(1901年)九月,光绪皇帝与慈禧太后游洛阳龙门,特派洛阳知县陆尔爽为程祠敬送匾额。在二程、周敦颐、张载、邵雍五人,同被朱熹列为理学学派创始的"北宋五子"后,洛阳市周公庙附近有五贤街,即为纪念他们而命名。

儒学在嵩山地区取得真正的正统地位是在宋代。北宋时期,儒家经学新学派吸收了佛、道哲学,出现了儒、佛、道三家结合派生出来的理学。在同被朱熹列为理学学派的创始人,称为"北宋五子"。在"北宋五子"(二程、周敦颐、张载、邵雍五人)中,以程颢、程颐为代表的道义理派"伊洛理学"影响最大。

在哲学领域内,二程把"理"("天理")作为自己学说的最高范畴,以此确立了理之一元论的本体论,构成了理学派。所谓的"理",既是指自然的普遍法则,也是指人类社会的当然原则,适用于自然、社会和一切具体事物。这就把儒家传统的"天人合一"思想,用"天人一理"的形式表达了出来,中国上古哲学中"天"所具体的本体地位,现在开始用"理"来代替了,这是二程"伊洛理学"对中国古代哲学的一大贡献。二程"伊洛理学"的思想核心,就是高扬孔孟儒学的精神,强调道德原则对个人和社会的意义,注重内心生活和精神修养。(参见本书"程颢"、"程颐"条文)。

作为哲学范畴,"理"并非由二程首创。但把儒家传统的"天人合一"的思想用"天人一理"的形式表述出来,把"理"或"天理"作为世界万物的最高本原和封建伦理纲常的化身,用"理"来代替中国上古哲学中的"天"所具有的本体地位,是从二程开始的。同时,二程以"理"为哲学核心和最高范畴,集本体论、认识论、辩证法、人性论、伦理观、历史观为一体,形成了一个有机的思想体系,这是二程对哲学的一大贡献。

具体说,二程在对"理"的理解上,又有很大差异。程颢认为,"理"是存在于人的心中,"心是理,理是心",他否认客观世界的存在,而把心中的"理"作为其主宰世界万事万物的最高存在,在此基础上提出了"万物一体"的命题。程颢将易学的原理引向主观唯心主义的道路,成为心学派解易的先驱,并为陆九渊和杨简等人所继承。程颐之易学观点集中体现在他的易学哲学专著《伊川易传》中,他将"理"作为其易学的最高范畴,提出了"随时变易以从道"和"易周尽万物之理"的命题,把《易》视为是讲事物变化之规律,规范人们行为的一部典籍。程颢对心和理不予区分,程颐则将心和理加以区别。后来,在道学的发展里程中,程颢的思想逐渐演变为心学,而程颐的思想则成为理学。

在经学方面,二程除与时儒一样重视《周易》和《春秋》之外,特别重视后来被称为"四书"的《大学》、《中庸》、《论语》和《孟子》,他们曾说过:"《大学》,孔氏之遗书,而初学入德之门也"(《大学章句》);"不偏之谓中,不易之谓庸;中者天下之正道,庸者天下之定理。此篇乃孔门传授心法"(《中庸章句》);"学者当以《论语》、《孟子》为本。《论语》、《孟子》既治,则六经可不治而明矣。"(《河南程氏遗书》卷25)在治经方法上,二程反对沉溺于经文的训诂章句之学,强调"独见"、"自得",重视"经"与"道"的关系,主张"知道"、"求道"。正因为如此,其学术思想在当时又得名曰"道学"。伊洛理学第一次把"理"作为宇宙本源,阐述了天地万物生成和身心性命等问题,奠定了以"理"为核心的哲学命题,以"理"为最高范畴,继承和发展了儒家学说。程颢著有《定性书》、《识仁篇》等,程颐著有《易传》、

《伊川文集》等，后人将二人著作合编为《二程全书》或《二程集》。

二程的"伊洛理学"，可以统称为北宋理学派之代表，在易学史上，继王弼之后把义理学派易学推向了又一个高峰。特别是程颐，他的易学最终成为宋明理学的理论基础。

二程生前虽然得到一些权贵势力的支持，但很少受到最高统治者的常识，程颐担任地方官吏，长期不见于朝廷，尤其是程颐晚年因"元祐奸党"等罪遭受打击，以致一度使"伊川之学"成为禁学。程颐死后，当时的乡人畏其党籍，不敢为其送葬。朱熹曾慨叹，"知其者稀，孰识其贵"，直到南宋理宗端平年间，即程颐死后130多年，诏封程颢为河南伯，程颐为伊阳伯。从此，才正式确定二程理学在封建王朝的官学地位。

南宋以后，每个朝代都要给二程加封晋爵，使他们的地位越来越高。元世祖忽必烈追封程颢为豫国公，程颐为洛国公，并大修程祠。明英宗朱祁镇册封程颐十六代嫡孙为"世袭翰林院五经博士"，并下令在嵩县程村树起"两程故里"牌坊。明孝宗又下诏把其后裔由"民籍"改为"贤籍"，建立独里独甲，赐"赞德田"10顷，以示尊崇。清代康熙帝大力提倡程朱理学，亲提"学达性天"匾额赠程祠。光绪二十七年（1901年），光绪帝和慈禧太后由西安回北京途经洛阳，分别给二程题赠"伊洛渊源"和"希踪颜孟"的匾额，至今还存放程村的程祠中。明清两代还多次对程祠、程坟整修扩建。清道光四年（1824年），河南巡抚奉旨再修程祠，令豫西10县人民捐银4400两之多。辛亥革命后，从袁世凯到北洋军阀继续承认二程及其后裔的特殊地位。国民党统治时期，二程同样受到推崇，为了倡导理学，国民政府特将程坟所在县改为伊川县，每年春秋两季在程祠程坟举会祭典，并拥有学田150亩，祭田137亩。

三、二程教育

二程是理学的奠基者，又是中国封建社会后期具有相当影响的教育家。在长期教育实践中，二程形成了较为完整的教育思想，以人性为依据，二程提出了一系列符合人性，至今依然可取的道德教育的原则与方法。如在教育目的上，提出"教育王化之本"，把教育看作是封建政治的组成部分和巩固封建统治的重要手段，主张培养重人生品行、求道传道和建设国家的实用人才，认为教育的作用在于转变气质，熏陶德行；关于道德教育，二程作了系统的发挥，把它提到"天理"的高度，进而总结出一套道德教育的教育规律，提出"存诚"、"居敬"、"集义"等方面的道德教育的要求和方法；在教材上，二程主张要以学习儒家经典著作为主，并开创了《四书》与《五经》并列的局面，从四书的探幽发微，创造了一个从孔子到曾子，再到子思至孟子的义理道学体系。至南宋，经朱熹阐发四书、五经成为封建社会后期教育的基本教材和科举的必试科目；在教育方法和原则上，注重因材施教，启发诱导，学以致用，学贵自得，以约取博，循序渐进等。

二程创建的伊洛理学给他身后宋、元、明、清各代的中国教育以巨大影响。二程在教育实践中，对于不同教育阶段的教育应有不同的基本任务。如二程认为小学教育的基本任务是向儿童灌输道德观念和训练封建道德行为习惯，而以后者为重点。《宋史》说程颢"教人自致知至于知止，诚意至于平天下，洒扫应对至于穷理尽性，循循有序。"二程认为大学的基本任务是"格物致知"，即"格物穷理"，使其在小学养成的道德习惯提到道德信念的高度来执守。程颐主张"涵养须用敬，进学在致知"的修养方法，程颢认为学以"识仁"为主，并须"以诚敬存之"，以"义理养心"。二程关于道德教育的见解，带有一些辩证因素，是对古代道德教育理论的一种发展。二程注意小学、大学教育用书的研究，突破汉唐时期烦琐的传注经学,注重精选教材。他们从众多的儒家经典中,选出《大学》、《中庸》、《论语》、《孟子》,作为教学的基本用书。后经朱熹集注,这四书成为法定的学校教科书。它传播的是封建纲常名教思想,但体现在教材编辑思想中的诸如选材少而精,用语贴切、简洁等原则,对于当今教育的发展都具有一定的借鉴与参考意义。

由于二程长期从事讲学,程颐还曾被授予"崇政殿说书",也可以说是给皇帝当老师,因此二程门人如织。二程在嵩山地区创办书院接受生徒不分籍贯地域,有愿从学者,皆可入书院学习。二程传道授业,弟子遍及全国40多个府、州、县。二程在他们长达几十年的书院教育活动中,将教育思想和洛学体系结合起来,将唯心主义认识论和封建伦理道德糅合,建立起洛学思想的基本体系,培养了众多弟子。

当时在这些求学的弟子中,虽然以中原和北方人士居多,但理论水平最高,且最具代表性的,是南方的两位儒者,即福建延平将乐的杨时和建州建阳的游酢。

公元1072年,游酢在京城太学就学,深得理学家程颢的器重,赞他"其资可以进道",遂受学于程颢门下。元丰四年(1082年),游酢会见杨时,并向其介绍程先生的学问,遂又一起拜访求学于程门,与程先生留下了不少来往的书信。《伊川答杨时书论西铭》就是著名的一篇。哲宗元祐八年(1093年),已为皇帝奉官的杨时和游酢,仍不辞劳苦千里迢迢再度北上求学,这时程颢已经去世,当指从师程颐。初次来到伊川的程宅,欲拜程颐时,见其闭目养神,

程门立雪

二人不想惊动老师,恭立于门外等候。时逢大雪,待程颐发现之时,门外积雪盈尺。自此,"程门立雪"的典故便传为千古佳话,成为后人尊师重教的楷模。为此,苏州建有"立雪亭",福建建有"立雪堂"。二人并由此得其治学真传,把二程理学思想传播到我国南方,开创了闽学之先河。

游酢在一生中著有《易说》《中庸》《论语·孟子杂解》、《游鹰山文集》等著作,由于他所处的时代正值外族南侵,社会动乱,其著作大都在战乱中散失,因而后人对游酢的影响较为淡薄。近年来,随着各地之间的文化交流与发展,闽学游氏后裔对二程的嫡系子孙还频繁通信往来,其中游酢的三十代孙游恒派在1988年寄往洛阳的通信中,还写诗一首,表达了闽学派的子孙们对洛学及其二程夫子的敬仰之情:

立雪佳话传千年,闽学望洛眼欲穿,源渊祠里朝圣祖,恒派重拜二圣贤。

杨时,从学于程颐,倍受其赏识。程以为杨时能代表自己的学说,所以当杨时学成南归时,程颐相送并曰:"我道南矣"。事实也是如此。杨时不仅继承了二程的理学思想,还发挥了二程的理学思想。首先,杨时发挥了二程的"自然之理"说。"自然之理"在二程著作中有规律之意。如天所以为天,地之所以为地,"盖出于自然之理",杨时认为从自然界到人类社会都有这种"自然之理"。他说:"既有在极,便有上下,有上下便有左右前后,有左右前后四方便有四维,皆自然之理。"这种理不可违背,像河水的流动,只能因势利导,不要中不逆行遏止。如大禹治水的成功就是顺其自然之理。杨时自伊洛理学成后,载道南归,讲学传罗从彦,罗从彦传李侗,朱熹又受业于李侗,为伊洛理学南播起到了桥梁

作用,为后来程朱理学的完善与形成奠定了基础。

二程一生以从事教育为主,培养了众多弟子,其弟子遍布中原、河东、蜀中、关中、闽赣、吴越、湖湘等地,其中有福建的杨时、游酢、罗从彦,浙江的周行己、许景衡,河南的谢佐良、吕希哲、张绎、尹焞,湖北的刘立之,山西的侯忠良,山东的马伸,陕西的范育,四川的谯定,安徽的袁概,江苏的王蘋,江西的晏敦复,等等。二程的直传弟子很多,一些关学的门人在张载去世后,也纷纷归附二程,如吕大临、苏昞等。程颐致力于传播伊洛理学,于宋神宗元丰三年(1080年)亲自入关中讲学,使关学门人大多归于程门。

宋朝书院的师生关系极为融洽,不仅学问上相互切磋,品德方面也能够相互砥砺。书院培养出来的人才不仅学问扎实,品德和名节也很高,乃至地方风俗都受到影响。如《道学传》载程颐、程颢等人的传记云:"河南程颢与弟颐讲孔、孟绝学于熙、丰之际,河、洛之士翕然师之";程颢"择子弟之秀者,聚而教之";程颐"平生诲人不倦,故学者出其门最多,渊源所渐,皆为名士","当是时,学于程颐之门者,固多君子。"

张绎、尹焞是程颐晚年所收的两个弟子,也是程颐最得意的弟子。程颐曾言"吾晚得二士",指的就是晚年所收的弟子张绎与尹焞。张绎,字思叔,河南府寿安(今宜阳县)人。程颐从涪陵(今重庆境内)回洛后,张绎求学于程颐,程颐非常欣赏他的聪慧。张绎读《孟子》中的"志士不忘在沟壑"句,豁然开朗,遂以功名为轻,决定终身不出仕。尹焞,字彦明,一字德充,世代为洛阳人,是著名学者尹源之孙。他跟随程颐近20年,终身不应科举,在程门弟子中最称力学笃行,与谢良佐、杨时、游酢并称程门四大高弟。据《河南程氏外书》记载,程颐在涪陵著成《易传》回到洛阳,将《易传序》拿给尹焞学习并问他读后有何心得,尹焞回答"体用一源,显微无间"的说法似乎太露天机了。程颐听了感叹说:"近日学者何尝及此!"因为程颐在这里融合了佛教华严宗的思想方法,一般人看不出来,而尹焞却一语道破天机,所以得到程颐赞赏。还有一次,鲍若雨、刘安世等人来向程颐请教关于"尧舜之道何故止于孝悌"的问题,程颐让他们去问尹焞。尹焞讲了之后,他们又去向程颐转述,程颐听了非常高兴,称赞说:"极是。纵使某说,亦不过此。"张绎、尹焞是对程颐最忠心耿耿的两个弟子。程颐从流放地涪陵遇赦回洛阳,又被蔡京列入奸党碑,昔日的弟子为避政治嫌疑,多不敢接近他。但张绎、尹焞却一直跟随着程颐学习,并照料着他的生活。程颐患病去世的时候,洛阳地区的朋友和门生都不敢去送葬,只有张绎、尹焞、范域、孟厚四个弟子为他送终。程颐在涪陵写成的《易传》,搁在身边七八年了,一直没有让其流传,临死前才将《易传》传给尹焞和张绎。这说明程颐对他们二人格外信任,他们是程颐学术的直接传人。程颐去世后,张绎、尹焞承其遗训,在洛阳聚徒讲学和专心著述。张绎整理了二程的著作,并写作了《明德录》,卒后,北宋朝廷赠其翰林学士,人们在锦屏山麓(今宜阳县)为其修建了祠堂。而尹焞则经历了一段磨难。靖康二年(1127年)金兵攻陷洛阳,尹焞全家都遇难而死,只有他被门人抬到山谷中保全了性命,后经商州逃奔入蜀。绍兴四年(1134年)尹焞辗转来到涪陵,在北岩定居下来,聚众讲学,成为洛学七大主要流派之一的涪陵学派的一代宗师。由于尹焞在当时学术界有十分崇高的威望,侍读学士范冲推荐他代替自己。南宋朝廷便授尹焞为左宣教郎、充崇政殿说书,他却以病为由推辞不就。两年后,宋高宗诏命漕臣带500金为行资,来到涪陵亲迎。尹焞入临安(今杭州),就任秘书郎兼说书之职。此时程颐弟子已寥寥无几,尹焞是成就最显著的,其学行又超迈时贤,深受朝中大臣赞誉。他先后任过秘书少监,太常少卿兼说书等职,最后官至礼部侍郎兼侍讲。他曾上疏反对朝廷与金人议和,并上书谴责秦桧。绍兴十二年(1142年),尹焞去世,享年73岁,谥号肃公。尹焞之于程颐,略类颜回之于孔子,程氏后学都尊称他"尹子"。

宋朝的儒士大多气节高尚与书院讲学是大有关系的。程颐晚年因被诬陷为"元祐党",两次被贬流放,但每次苦苦跟随他的学生却很多。二程之中,程颢早卒,程颐继续传播伊洛理学。颐卒,其弟子仍传其学并有所发展和变化,相继建立许多学派,如:谢良佐创"上蔡学派",杨时创"龟山学派",游酢创"廌山学派",吕大忠、吕大多次钧、吕大临等创"吕范诸儒学派",吕希哲创"荥阳学派",尹淳创"和靖学派",郭忠孝创"兼山学派",王萍创"震泽学派",刘绚、李吁创"刘李诸儒学派",陈瓘、邹浩创"陈邹诸儒学派",周行己、许景衡创"周许诸儒学派",陈渊创"默堂学派",罗从彦创"豫章学派",胡安国创"武夷学派"等等。南宋朱熹直接继承伊洛理学,并发展成完整的理学体系,形成"程朱学派"。程朱理学在中国封建社会后期成为地主阶级的官方哲学,影响极其深远。

四、程朱理学

北宋时,范仲淹、欧阳修等一些学者,大力提倡儒学,主张恢复儒家的仁义思想。宋初三先生胡瑗、石介、孙复提倡道德性命之学,发展了韩愈的道统说,他们以《周易》《春秋》为依据,把儒家经典作为治理天下的根据。这些思想揭开了理学的序幕。

为宣扬儒家思想,进一步改造汉代神学化的儒学,宋王朝竭力推行和提倡儒学,为封建统治提供伦理纲常上的哲学依据。宋太祖赵匡胤不仅经常读圣贤书,向周围的读书人请教,而且以读书人用相。宋太宗也任用大批文臣执政,儒学渐兴。宋真宗继续大力提倡儒学,自称"获绍先业,谨守圣训,礼乐并举,儒术化成。"宋代重新核定《论语》、《仪礼》等书的正义,完成了九经义疏,并颁之官学。宋代初期的几个皇帝不仅倡导儒学,抬高孔子地位,而且扶植佛教和道教,采取三教并举的政策,这为兼容佛、道的新儒学的创立奠定了政治基础。宋儒们在这样一种宽松的政治思想氛围中一改恪守古训的传统,大胆探讨,刻意求新,自由评说,以自己的见解修正注解先秦儒学。众所周知,唐代佛教的禅宗曾经汲取儒学的思想并战胜了儒学,而宋代的儒学则汲取佛、道的因素并战胜了佛、道。宋明理学自称是孔孟后学,但在其哲学体系的建构过程中,不仅有儒学的正统思想,而且也有佛道思想的痕迹,另外韩愈的道统说、李翱的复性说也是理学的重要思想来源。

两宋时期,儒道哲学互相影响,三教归一,道佛两家积极向儒家靠拢。出入释老,反求六经,可以说是宋代理学家共同遵循的道路。如周敦颐"太极"的概念来自《易传》,"无欲"、"主静"的修养论源于佛教的禁欲主义。总之,宋代理学家通过对三教的批判和扬弃,把不可名状的"空无"之道变成统摄人伦物理的实有之道,把"经虚涉旷"的名理清谈变成"格物致知"的理性求知,把"止观"、"定慧"的宗教修持变成"无欲"、"主静"的伦理实践,理学正是在这种文化氛围中成长起来的。

程朱理学终成参天大树

二程创建的伊洛理学原本是一个地方性学派,但因其义理之学的普遍性、哲学系统的开放性而具

有了向多方向发展的可能性。宋室南迁后,二程的"伊洛理学"得到继续发展。当时,伊洛理学分为四个学派,即朱熹学派、张栻学派和吕祖谦学派、陆九渊学派。这四个学派中,以朱熹成就最高。朱熹著述繁富,弟子众多,有极高的学术声望。朱熹作《伊洛渊源录》,辑录周敦颐、二程、张载以及二程弟子的传记材料,以表明自己是伊洛理学的直接继承者。朱熹从小就受到二程洛学的熏陶。他的父亲朱松是洛学的崇拜者,师从二程再传弟子罗从彦。朱熹也遵父命师事受洛学影响的刘勉之、刘子翚、胡宪等人,后又受业于二程的三传弟子李侗。李侗是一个百科全书式的哲学家,对经学、史学、文学、音韵学、自然科学等都有研究。因此,朱熹就有条件在他所师承的二程"洛派理学"的基础上,致广大,尽精微,综罗百代,完成集理学之大成的历史使命。朱熹一生是在传播和研究"伊洛理学"中度过的,在二程理学的基础上,融合了其他理学派别,更加完备了唯心主义哲学体系,世称"程朱理学"。南宋后期,朱熹学派(又称闽学)战胜了伊洛理学的反对者叶适学派和陈亮学派,战胜或融合了其他理学派别。从此,程朱理学成为两宋学术的主流。

由伊洛理学经朱熹丰富并发展至程朱理学的这一过程,史料作了最真实的记载:"程朱理学亦称程朱道学,是宋明理学的主要派别之一,也是理学各派中对后世影响最大的学派之一。伊洛理学,其由北宋河南人二程(程颢、程颐)兄弟开始创立,其间经过弟子杨时,再传罗从彦,三传李侗的传承,到南宋朱熹集为大成",最后形成了程朱理学体系。

二程曾同学于北宋理学开山大师周敦颐,著作被后人合编为《二程集》。他们把"理"或"天理"视作哲学的最高范畴,认为理无所不在,不生不灭,不仅是世界的本源,也是社会生活的最高准则。在穷理方法上,程颢"主静",强调"正心诚意";程颐"主敬",强调"格物致知"。在人性论上,朱熹主张"存天理,灭人欲",并深入阐释这一观点使之更加系统化。二程学说的出现,标志着宋代理学思想体系的正式形成。南宋时,朱熹继承和发展了二程思想,建立了一个完整而精致的客观唯心主义的思想体系。从广义上说,它也包括由朱熹所摄入的北宋"五子"(周敦颐、邵雍、张载和二程)的学说,并延伸到朱熹的弟子、后学及整个程朱的信奉者的思想。

程朱理学,认为理是宇宙万物的起源(从不同的角度认识,祂有不同的名称,如天、道、上帝等),而且它是善的,它将善赋予人便成为本性,将善赋予社会便成为"礼",而人在世界万物纷纷扰扰纵横交错中很容易迷失自己禀赋自"理"的本性,社会便失去"礼"。由于理是宇宙万物的起源,所以万物"之所以然",必有一个"理",而通过推究事物的道理(格物),可以达到认识真理的目的(致知)。所以如果无法收敛私欲的扩张,则偏离了天道,不但无法成为圣贤(儒家最高修为者,人皆可达之),还可能会迷失世间,所以要修养、归返,并伸展上天赋予的本性(存天理),以达至"仁"的最高境界,此时完全进入了理,即"天人合一"矣,然后就可以"从心所欲而不逾矩",这时人欲已融入进天理中(灭人欲,不是无欲,而是理欲合一),无意、无必、无固、无我(从"毋"变成"无"),则无论做什么都不会偏离天道了。

程朱理学直承孔孟而继续发展,使之从传统启蒙思想上升为中国传统哲学。这种传统的中国哲学,是中国人对宇宙现象与人的生存原则的一种领悟和把握,并把这种领悟和把握的基本精神贯彻于实际践履之中。孔孟儒学乃中华传统文化的渊源和启蒙,至程朱理学才使中国哲学形成世界观与方法论的哲学体系。

程朱理学根本特点就是将儒家的社会、民族及伦理道德和个人生命信仰理念,构成更加完整的概念化及系统化的哲学及信仰体系,并使其逻辑化、心性化、抽象化和真理化。这使得理学具有极强的自主意识,形成了理高于势,道统高于治统的政治理念,为抑制君权,让中国政治在宋明两朝走向了平民化和民间参政议政提供了理论支持。也使得逻辑化抽象化系统化的伦理道德化的主宰"天理"、"天道",取代了粗糙的"天命"观和人格神,是中国及世界哲学思想的一次巨大飞越。

程朱理学是儒学发展的重要阶段,适应了封建社会从前期向后期发展的转变,封建专制主义进一步增强的需要,他们以儒学为宗,吸收佛、道,将天理、仁政、人伦、人欲内在统一起来,使儒学走向政治哲学化,为封建等级特权的统治提供了更为精细的理论指导,适应了增强思想上专制的需要,深得统治者的欢心。程朱理学虽有唯心主义成分和阶级局限,但它那一整套的伦理道德(如忠信孝悌礼义廉耻等),是与中国人民的传统美德有其同一性。程朱理学在南宋后期开始为统治阶级所接受和推崇,经元到明清正式成为国家的统治思想,曾支配中国学术思想数百年,在民族精神的塑造及价值观念的形成等方面发挥决定性的作用。以程颐、程颢兄弟及朱熹为代表的众多思想家的产生,特别是集儒佛道所长的程朱理学的出现、成熟,在中国思想史上达到了新的高峰。这是三百年宋朝对中国的最大贡献,其学术成就,高于宋以前的汉、唐两代,也远为宋之后的元、明两代所不及。

宋元明清时期,程朱理学思想扶为官方统治思想,也因此成为人们日常言行的是非标准和识理践履的主要内容,在促进人们的理论思维、教育人们知书识礼、陶冶人们的情操、维护社会稳定、推动历史进步等方面,发挥了积极的作用。

五、宋代儒学的传播与发展

宋代儒学在嵩山地域的传播除了官学和私学之外,最重要的传播形式就是书院教学。这时期的书院和五代时期相比,有了更大的发展。这时的书院已成为我国封建社会后期特有的重要教育形式,是以私人创办为主,教学、研究、藏书三结合的高等教育机构。宋代书院的兴起及其教学组织形式,受到了佛教禅林制度的影响。真正具有聚徒讲学性质的书院至五代末期基本形成,北宋初年发展为较为完备的书院制度,成为中国传统教育制度的重要组成部分。

书院之设始于唐代,而至宋代大兴。宋以前,嵩山地域已经创办的书院有嵩阳书院和龙门书院。其中,嵩阳书院始建于五代后唐清泰年间(934~936年),当时进士庞式和南唐学者舒元、道士杨纳等人在这里的嵩阳观聚徒讲学。后周显德二年(955年),世宗柴荣将嵩阳观改名为太乙书院,聚集文人,专事学问,学者郑遨、种放等人在此广授学徒,吕蒙正、赵安仁、钱若水、陈尧佐、滕子京等著名儒生皆出于此,此乃嵩阳书院办学之始。唐末、五代数十年战乱之后,大批儒者到太乙书院立论讲学,太乙书院由此取得了长足的发展。在此之后,取得统治地位的赵宋王朝顺应时势,采取诸多手段,尊崇儒术,重整书院,重视思想教化,加强文治。宋至道元年(995年),太宗赵光义颁赐九经书疏(即儒家《诗经》《尚书》《周礼》《礼记》《易经》《左传》《论语》《孝经》《孟子》),这不仅是赵宋王朝对书院教学的肯定,而且明确规定儒家经典为书院教学的内容。宋至道三年(997年),河南府尹上书朝廷,言甘露降于太乙书院。为此,太宗赵光义将太乙书院改名太室书院,并御赐书"太室书院"匾额,自此嵩阳书院显扬于天下。宋大中祥符三年(1010年),真宗赵恒又向太室书院御赐经、子、史诸书,并设置学官,加强书院领导。宋景祐二年(1035年),仁宗赵祯敕令西京重修太室书院,并赐额更名为"嵩阳书院"。县令王曾奏准设书院院长掌管校务,赐学田一顷供膳食。宋宝元元年(1038年),仁宗赵祯再赐书院学田1000亩,以供书院师生经费。在宋初三代皇帝的支持下,嵩阳书院步入兴盛时期。

嵩阳书院是宋代理学发源地之一,以传播理学著称。宋代新儒学的奠基人程颢、程颐年少时皆师从理学祖师周敦颐,他们不但通达经学,还对孔孟的《易经》进行注释。二程创立的伊洛理学(即洛派

理学),与濂溪学派的周敦颐、关中学派的张载、闽中学派的朱熹共称为宋代理学"四大学派"和"理学五子"。《登封县志》载:"两程夫子应期而出,先后提点嵩山崇福宫,昌明正学,于是濂洛关闽递接薪传,俾尼山之渺旨微言,昭昭若揭日月,则诸儒之功诚不容泯灭也。"程朱理学自宋到清,对朝廷、社会影响很大,被奉为官方哲学。

程颢、程颐在嵩阳书院传播他们创立的理学,学生常达数百人。当时的嵩阳书院置山长,拨土地,名声大振,生徒日增。二程在嵩阳书院的讲学,主要是用伊洛理学的观点来宣讲《论语》、《孟子》、《大学》、《中庸》等书。程颢还亲自为嵩阳书院制定学制、教养、考察等规条,吸引了全国各地许多仁人、志士前来就读,而且后来多有政绩和建树。

二程的教育思想、方针和方法,是严格按照孔孟的儒家思想办学,完全适应宋代封建统治的需要,也是历代封建统治者所极为赞赏和大力推行的。在此后近千年时间里,二程的这种教育方针,不但一直成为嵩阳书院顶礼膜拜的圣条,而且成为长期以来中国封建文化教育的准绳和法规。

特别是宋代出现的王安石变法后,当朝将宫廷中与当朝政见不一的名儒,集中安排到嵩山的崇福宫来,而崇福宫与嵩阳书院仅一步之遥,学院在开课讲学之时,在崇福宫里的司马光、王安石、李纲、杨时、范仲淹、王曾、韩维、吕诲、范纯仁、李纲、朱熹等一大批国家政要、名儒,也时常到嵩阳书院进行讲学活动,这使本来就已经出名的嵩阳书院,成为我国独有的一处名家聚集的讲学之地。当时,名儒司马光在嵩阳书院讲学期间,曾以儒学的历史观,融合理学的思想,编写了《资治通鉴》的部分篇章,使得嵩阳书院更加夺人眼目。

二程办学,旨在培养理学人才,倡导培养"希学希圣"之士,学生吕蒙正、范纯仁、杨时、谢良佐、游酢、邵伯温等百余人皆为著名学者,且大都入朝为官。这使嵩阳书院在教育上声名大振,天下四方求学者接踵而至。正是拥有了国家政要和名儒这些得天独厚的师资条件,才使嵩阳书院锦上添花,人才辈出,也使嵩阳书院成为宋代影响最大的儒学传播中心。历史证明,二程在嵩阳书院传播理学,对普及教育、改善风气、培养人才等具重要历史意义。

我国讲学式书院发端于唐中期,形成于宋初,鼎盛时全国总数达200余所,而在这星罗棋布的书院之中,嵩山的嵩阳书院与河南的睢阳书院、江西的白鹿洞书院、湖南的岳麓书院,并称为宋代的四大书院。嵩阳书院作为宋代最早的书院,既为四大书院之首。清代名儒冉觐祖在《嵩阳书院考》中说:"予谓四大书院,当尤重嵩阳、白鹿,盖嵩阳为二程过化之地,而白鹿为朱子规恢之所也。较二者中,程子又开其统,为理学不祧之宗。"由此可见,嵩阳书院历史悠久、规模宏大、影响深远,在我国古代文化教育史上占有特殊的地位。

理学与书院关系密切,伊洛理学与嵩山地域的书院兴衰同命,隐显同时,结下了不解之缘。有宋一代,嵩山地域中著名的书院除嵩阳书院外,还有位于洛阳伊阙的龙门书院、位于嵩山伊川县鸣皋镇的伊皋书院(伊川书院)、位于伊川县酒后乡酒后村的和乐书院、位于伊川平等村原邵夫子祠的安乐书院等。在这些诸多书院中,除声名显赫的嵩阳书院以外,嵩山地域的伊川书院,因与创办人程颐密切的关系,在我国书院史上和思想文化史上,都占有一席之地。

伊川书院位于河南伊川(今属洛阳)。北宋元丰五年(1082年),著名理学家程颐因与王安石新政不合引退归洛。程颐向当政者文彦博求一讲习著书之地,《上文潞公求龙门庵地小简》记载:"颐窃见用善上方旧址,……颐虽不才,亦能为龙门山添胜迹于后代,为门下之美事。可否,俟命。"文彦博复信说:"先生斯文已仕,道尊海宇,著书立言,名重天下。从游之徒,归门甚盛。……吾伊阙南鸣皋镇,小庄一址,粮田十顷,谨奉构堂,以为著书讲道之所。不惟启后学之胜迹,亦当代斯文之美事。无为赐价,惟简是凭。"程颐便于此创办书院,招收生员,"讲易经、授理学",专事著书讲学,把其传道授业的学府取名为"伊皋书院"。

程颐学识渊博,经术通明,义理精微,诲人不倦,四方俊秀闻风而至,士大夫从学者盈门。程颐定学制,列校规,言传身教,名声大振。据相关资料记载,当时的伊皋书院正房5间为讲堂;东西厢房各3间,为弟子居所;书院内有稽古阁,作贮书之用;大门上悬匾题"伊皋书院",为程颐所题。

靖康元年(1126年)金兵南下,书院被毁。元代炮手总管勋实戴率兵镇守鸣皋,读二程《遗书》,受其影响,遂改名克烈士希,并筹资材,募工役,于旧址重建书院。有大门、中门、廊庑、讲堂、仓库、厨房等,亲为之记。其子慕颜铁木又增建稽古阁,藏书万余卷。延祐三年(1316年)春三月,得仁宗嘉许,赐名"伊川书院"。由翰林直学士薛友谅作碑文记其事,集贤殿学士赵孟頫书丹,参知政事郭贯篆额的"敕赐伊川书院碑"(今尚存于鸣皋中学)。元末书院毁于战火。明永乐十四年(1416年)佥事刘咸重修。清康熙二十七年(1688年)嵩县知事徐士讷集资重建,作为"育才之宫,讲学之地,以传洛学"。新修大殿3间,专祀程颐、程颢。乾隆四年(1739年)增建房舍,设立义学,拨给学田1018亩。乾隆十二年(1747年),鸣皋镇属嵩县,知县张顾鉴因书院僻处乡村,考课不便,将其并入嵩县城内西北隅之乐道书院,并将"乐道书院"改名"伊川书院"。

二程不仅在伊皋书院授徒讲学,而且还进行著书立说。程颐自述,他的著书时间在60岁以后,他说:"吾四十岁以前读诵,五十以前研究其义,六十以前反复紬绎,六十岁以后著书"。可见他所著《周易程氏传》、《书解》、《诗解》、《论语解》、《孟子解》的成书和《春秋传》的撰写是在他60岁以后、逝世之前,而这段时间,他又常在伊皋书院居住,由此说明程颐构思其思想体系和著书讲道与伊皋书院有着密切关系。

程颢、程颐创立伊洛理学以后,主要在嵩山地域的嵩阳书院、伊皋书院进行教学和传播。

宋代大儒们传授的理学,在哲学内容和总体形态上表现出以下几个特点:第一,注重义理之辨。无论是先秦的"天命观",还是两汉的谶纬神学,无论是孔孟的伦理学,还是两汉"天人感应"的宇宙论,其哲学所要探讨的本体论问题,都缺乏严密的论证,没有前后一以贯之的概念和范畴。由汉学转为宋学,其标志在于义理等概念的提出。义理是宋代理学的最高范畴,程朱以"理"为最高范畴,张载以"气"为最高范畴,观点虽然不同,但都以探究义理为最终目的,追问事物最终的根源。第二,关注心性辨析。理学的本体论思想是与心性辨析分不开的。事物各具本

二程讲学图

性,宋代理学不仅注意物之性,也关注人性。大部分理学家都遵循性善的原则,他们试图通过主体与客体、人与自然关系的探讨,解决人的本质、人性和善恶等问题。第三,重视认识来源和方法的探讨。认识论是本体论的自然延伸,宋代理学的认识论主要集中在认识的对象、来源、认识的能力和认识的方法上。张载提出"闻见之知"和"德性之知",二程主张内省式的"以诚敬存之"的认识方法,朱熹提出"即物穷理"的认识论思想,陆九渊提出"反观"的认识理论。第四,注重理欲之辨。天理与人欲是宋代理学家关注的核心问题之一。理学家都认为人们的思想行为符合封建伦理道德观念的就是天

理,违背封建制度、伦理观念的思想、行为、情感就是人欲,天理表现为善,人欲表现为恶。程朱以"人心惟危,道心惟微,惟精惟一,允执厥中"为圣人心传之秘。"存天理,灭人欲"是理学家们的重要道德信条。总而言之,宋代理学以探讨"义理"为核心,以"心性"为内涵,以"格物穷理"为精髓,以"存天理灭人欲"为目的,建立起关涉本体论、人性伦、认识论和伦理观念等诸多方面的唯心主义哲学体系,从而使中国的理论思维实现了一个大的飞跃,进入了一个新的阶段。

总之,宋代理学比以往的儒学更富思辨性、哲理性,从更高的层次上把握了人与自然的关系,使儒学更加成熟。它有效地吸收了佛、道文化的积极因素,把佛教这种外来文化改造成为中国文化的一部分,使土生土长的道教由出世向世俗转化,使以儒学为本位、三教融合的理学占据了中国文化的主导地位,从而使儒学不仅主宰了中国社会政治,而且广泛流传于民间以及海外,对东亚乃至世界的社会文化产生了重要的影响。五千年中国文化,儒学思想前后统治中国思想界两千多年,它大致可分为两个时期:以孔孟为代表的前期儒学和以程朱理学为代表的后期儒学。理学的产生和发展把中国哲学发展到一个新阶段,而以嵩阳书院为中心的嵩山地域是理学传播的重要基地,在理学发展到成熟阶段的过程中功不可没。

由于历代封建统治者的提倡与推崇,在中国,二程思想影响既深又广。其思想被历代统治者加以整理变成了一条条封建礼教,写在书上,刻在碑上,渗透到广大人民的思想中。明清两代,尤其是在嵩山地域的各市区县大修程祠,各地志书都大讲理学,一些文人学士把伊洛之滨比之于孔孟之乡洙泗流域,以身居二程家乡这块"天中圣地"而自豪。在嵩山地域记载和表彰"忠孝节义"的事迹的牌坊到处都是,忠臣、孝子、节妇、贞烈载之书册的数以万计,中原民间流传着"出了潼关道,碑、坊两边靠,不是颂公德,就是表节孝",真实地描绘了二程理学的深刻影响。

第七节　金元时期理学的传播与发展

孔子的成德之道

金国建立前,女真人信奉萨满教。他们相信万物有灵,并崇信最高的神灵——天神,把吉凶祸福都归之于天意。凡有大事,皆祈祷求助于天。萨满是神的使者和代言人,凡有所祈求皆可由萨满主持,他们既可代人求子、求福、驱邪、禳灾,也可讽诵咒语向仇人降祸、降灾。随着对汉文化了解的日益加深,女真人也开始接受孔、孟的学说和儒家思想。女真人在进入中原后,在契丹、汉人的影响下,女真人的思想文化发生了急剧的变化。金人出于从意识形态方面巩固政权的需要,与中国古代绝大多数王朝一样,采取了以儒家学说作为统治思想的措施,以思想约束强化权力控制。儒家思想成为统治阶级大力提倡的思想和行为准则,九经和诸史是学校的必修课程和科举的主要内容。自熙宗始,孔子便受到了最高统治者的重视。到世宗、章宗之世,倡导汉文化,奖励儒学,则取得了更为崇高的地位。同时,理学在金代也得以传授。金代理学接续北宋理学在北方的微弱血脉,在经过一段衰而不绝的时期后,以南宋理学的北上为契机,开始了一个复苏阶段。一些理学世家的家学传统也得到继承和发扬。到金亡前后,学者们对理学的研习已成为思想史上不容忽视的现象。

一、金代理学衰而不绝

金代理学的发展首先经历了衰微期(1127～1188年),即北宋理学的残存影响时期。

金灭辽、北宋,统一北方,学术重心随重建的宋政权南移。然而,理学在北方的影响并未全然消失。山西泽州就是金代儒学在北方传播的一个重要地区,理学创始人程颢曾经在此传播理学思想,为泽州理学的发展起到了重要作用。

史料记载:程颢于宋治平四年(1067年)由上元主簿调任晋城县令。当时的晋城,县治在今之高都,含现今高平、晋城、陵川各一部,归属泽州。程颢在任晋城县令三年间,大力提倡教育,曾办乡校72所,以兴起斯文为己任。闲暇时即到各地巡视教学。如刘因《泽州长官段公墓碑铭》所云:"宋治平中,明道程(颢)先生为晋城三年,诸乡皆立校。暇时亲至,为正儿童所读书句读(即断句,因文言无标点)。择其秀异者,为置学舍粮具,而亲教之。去邑经十余年,服儒服者已数百人。由是,尽宋与金,泽恒号称多士。"由于程颢的言传身教,率先垂范,泽州一带学风日盛,民风亦为之一变。(郝经《先曾叔大父东轩老人墓铭》也有类似说法。)显然,那些接受了理学的北方儒者不可能全部南迁或在战乱中死尽,因而在金朝统治下的北方也势必保留着北宋理学的余脉。

泽州陵川(今属山西)的郝氏家族十分著名。程颢在晋城创办乡校时,郝氏已迁来陵川60余年,受到程颢的影响,世世代代从事儒学。金代泽州儒学的代表人物有郝震,在元代则有郝经。

郝震(1164～1202年),字子阳,自号东轩老人,郝天挺的叔叔。据有关史料记载:郝氏迁居陵川以来,世世代代从事儒学,到了郝震这一代,有兄弟7人,都治理学,教授州间,名声很大。

郝经(1223～1275年),元初名儒。元泽州陵川(今属山西)人,字伯常。幼遭金末兵乱,金亡后迁河北,居元将张柔家,得读其藏书。宪宗时入忽必烈(即元世祖)王府,甚受信任。从攻鄂州(治今湖北武汉市武昌),得宪宗死讯,力劝忽必烈北还争位,与贾似道约和退兵。中统元年(1260年)以翰林侍读学士使宋,

郝经

为贾似道扣留于真州(治今江苏仪征)十余年。至元十二年(1275年)得释,北还后病死。作为儒学家,郝经推崇理学,希望在蒙古人汉化过程中,以儒家思想来影响他们,使国家逐步走向大治;作为学者文人,通字画,著述颇丰,著有《续后汉书》、《陵川集》等。

郝经六世祖郝从义为程颢门人(《宋两先生祠堂记》,《陵川集》卷27。按,元好问《郝先生墓铭》称郝天挺的曾祖为郝元,《宋元学案补遗》加以采纳),一再传至郝震。

郝震为郝经曾叔祖,"以经旨授学者,析之以天理人情,而不专于传注。尤长于理学……自号东轩老人。盖陵川学者以郝氏为首,郝氏之学浚源趋本而张大之者自东轩始"(《先曾叔大父东轩老人墓铭》,《陵川集》卷36;《宋元学案补遗》卷14《郝氏续传》)。郝氏之学,能疏通其源,且发扬光大者,自东轩先生起。

郝天挺,郝经的祖父,元好问的业师。《陵川县志·郝天挺》载:"郝天挺,字晋卿,泽州陵川人。郝氏世代读书,但皆学而未仕。天挺在少年时即以作赋称著,因早衰多疾,厌于科举。后得中进士,曾两次参加廷试,当了太学生,并在晋绅间颇有声望。贞祐年间,避居河南,往来淇卫(今淇县)等地,为人不和易,耿耿自信,宁愿落魄穷困,也不向贵族豪门乞求。"从中可知,郝天挺乃当时饱学之士,且终身不仕,以教授乡里为己任。少年元好问因其叔父调任金朝的山西陵川县令,14岁起随叔父至陵川,即入郝天挺门下。元好问尝从学进士业,天挺曰:"今人赋学以速售为功,六经百家分磔缉缀,或篇章句读不之知,幸而得之,不免为庸人。"又曰:"读书不为艺文,选官不为利养,唯通人能之。"又曰:"今之仕多以贪败,皆苦饥寒不能自持耳。丈夫不耐饥寒,一事不可为。子以吾言求之,科举在其中矣。"或曰:"以此学进士无乃戾乎?"天挺曰:"正欲渠不为举子尔。"元好问跟郝天挺从学6年,将六经、诸子百家细细研读,集之大成,由此打下学问根基,最终成为一代宗师。显然,元好问之所以有后来的成就,是和郝天挺的教导是分不开的。

郝氏家族世代以儒学为业,到郝震这一代,昆季7人皆治理学,教授州间,声誉越来越高。在郝天挺一辈人为族尊之时,陵川的县令、县丞一到任就要上郝门礼谒,县学中总有郝门成员任教。郝氏家族在当地还是很有影响的。

除了晋城,程颢还当过北方多处地方官,并和程颐一起游历过许多地方。伊洛理学有着十分广泛的影响。至于张载、二程长期著书讲学的关中、伊洛之地,以及北宋都城开封,理学影响自然更为深远。如开封人白贲,从他的父亲到他的孙子白渊,都以经学闻名于金朝。《中州集》卷9中的白贲《客有求观予〈孝经传〉者感而赋诗》一诗概括了理学一些基本范畴和基本原则:

古人文莹理,后人工作文。文工理愈暗,纸札何纷纷。君看六艺学,天葩吐奇芬。诗书分体制,礼乐造乾坤。千歧更万辙,要以一理存。如何臻至理,当从践履论。跋涉经险阻,冲冒恤寒温。孝弟作选锋,道德严中军。仰观精俯察,万象入见闻。不劳施斧凿,笔下生烟云。高以君尧舜,下以觉斯民。君如不我鄙,时来对炉熏。

显然,白贲完全是个理学信徒,而且他还十分希望其他人能成为他的同志。因而,尽管郝经说绍兴以来程颢学说南传,北方学者只有河东人才知道有程颢,事实上并非如此。再如,东京路盖州熊岳(今属辽宁)人王遵古潜心伊洛之学,他"好学守道,天下目为'辽东夫子'"(《王黄华墓碑》,《遗山先生文集》卷16;王去非《博州重修庙学碑》,《金文最》卷69);京兆府路华州(今陕西华县)人杨庭秀"雅善文词,注程、杨《易传》"(《凤台县志·名宦》);河北西路栾城(今属河北)人赵鼎被李纯甫推许为"颇知道学"(《中州集》卷8),等等。当然,这些人不一定是在原籍接受理学的,但各地应当有理学影响的存在。上述诸人除白贲外都是进士出身,看来其余晦而不显的研习理学者肯定还有一些。

在这一时期,北方理学处于一种衰而不绝的状态,主要有以下几方面原因:其一,早在北宋时,理学的传播就以南传为主要方向,而靖康之变中,大批儒士南迁避乱,北方理学自然日趋式微。其二,金初儒士的主要任务不是反对汉唐经学,也不是辟佛老,而是在帮助女真统治者实现国家封建化的过程中树立并巩固儒学的地位。因而,面对急于学习汉文化以改变质而不文的落后面貌的女真统治者,儒士们端出的是最现成最权威的汉唐经学,而不是尚待发展、完善的北宋新儒学。海陵王天德三年(1151年)国子监大量刊印经史子部著作,颁发各类学校,以作为官定教科书和科举考试所遵依的范本,所采用的经部著作都是属于汉唐经学范围内的各种传统注疏本。其三,北方理学尽管没有完全失去生命力,但在金朝初期没能涌现出有影响力、有独创性的大学者,因而无法扩大其影响。其四,重词赋轻经义的科举导向,使金代理学的发展受到严重阻碍。天德三年罢经义、策试二科,专以词赋取士。

世宗大定年间,曾有人倡议罢去词赋科,专试经义,但遭到反对而没能实现(《中州集》卷8《高有邻传》。按:原文为"黜词赋,专明经"。考《金史·选举志》,实无明经科,故当为经义科。金、元人言金代科举,间有"经义"、"明经"混用者,而实指经义科)。直到大定二十八年(1188年)才恢复经义科,但重词赋轻经义的风气仍然很浓。

这一时期,金朝统治者在政治制度、经济体制以及礼仪等方面不断进行改革,以促使国家实现封建化。在这个过程中,汉文化对女真社会的影响越来越大,以致金世宗又不得不采取各种措施努力维护女真文化。但是,对于某些原宋地汉族知识分子来说,金朝统治者的改革并不能满足他们的要求。在他们看来,除去面临异族统治的困境外,他们和唐宋学者一样,仍然处于"曲学抢攘道术裂"的时代。王寂(1128~1194年)所感叹的"斯文虽未丧,吾道竟谁伸"(《挽姚仲纯》,《拙轩集》卷2),表达了许多人的心声。他们要求道统思想能真正传播开来,深入人心,以便在女真统治者面前显示儒家思想的独特价值,逐步用儒家道德理想转化金朝政治。但是,这显然是不容易达到的,因而更引发了他们对"道"的关注和探求。王去非(1101~1184年)继承了韩愈、欧阳修的道统思想,在山东一带和张子羽、马定国、王颐、吴大方等人大力倡道、传道,并力图将佛老二家学说统摄在儒学之下,"未尝深诋佛老,而其徒颇自弃其学而归焉"(党怀英:《醇德王先生墓表》,《金文最》卷89),等等。可以说,到后期,理学在北方受到部分儒士的欢迎,还是具备一定思想基础的。

二、金代理学的复苏

金代理学进入复苏期(1189~1234年),即合力下逐步发展的金代理学时期。这一时期,金代理学发展主要有四个方面:

一是南宋理学的北上

金宋之间的文化交流并未中断。就两国关系看,敦睦时期毕竟比破裂时期长得多。在和平时,两国边贸是十分活跃的,这一点可从《金史·食货志·榷场》和《宋史·食货志》等有关记载中得到证实。书籍是重要的边贸物品之一。早在北宋时,禁令甚严,在宋辽边界榷场只许出售九经书疏(《宋史·食货下八》:"三年,诏民以书籍赴沿边榷场博易者,非九经书疏,悉禁之。"又:"元丰元年,复申卖书北界告捕之法。");南宋则相对宽松,主要禁止雕印出售"事干国体及边机军政利害文籍",如"举人时务策"等(《宋会要辑稿·刑法二》)。相对于榷场,民间贸易要活跃得多,虽然禁止私渡、私贩的法令十分严厉,但由于边界辽阔,"其间穷僻无人之处,则私得以渡;水落石出之时,则浅可以涉"(《宋会要辑稿·食货三八》),所发布的禁令收效甚微。可以肯定,南宋著述流传入金的数量不会很少(孔凡礼《南宋著述入金述略》,《文史知识》1993年7期)。所以,南宋理学通过图书贸易而北传是完全可能的。

此外,两国使者往来也是南宋理学北上的一条渠道。元许有壬《性理一贯集序》云:"理学至宋始明,宋季得朱子而大明。前辈言,天限南北时,宋行人箧《四书》至金,一朝士得之,时出论说,闻者叹诧,谓其学问超诣,而是书实未睹也。"(《至正集》卷33)。这里所说的《四书》指的是朱熹的《四书集注》。只是由于燕京那位得书的馆伴使秘不示人,所以流传不广(《雪斋书院记》,《圭塘小稿》卷6)。这是贞祐二年(1214年)南渡前的事。

从现存材料看,南宋理学家的著述入金者不少。南宋佚名所辑的《诸儒鸣道集》收录了两宋理学家的许多重要著作,有:周敦颐《通书》1卷,司马光《迂书》1卷,张载《正蒙》8卷、《经学理窟》5卷、《横渠语录》3卷,程颢、程颐《二程语录》27卷,谢良佐《上蔡先生语录》3卷,刘安世《元城先生语录》3卷、《谭录》1卷、《道护录》1卷,江公望《心性说》1卷,杨时《龟山语录》4卷、《安正忘荃集》10卷,刘子《崇安圣传论》2卷,张九成《横浦日新》2卷等。其中,杨时、张九成、刘子都活到了南宋初期,他们的思想理论随《诸儒鸣道集》的入金而为金人所了解。李纯甫读到《诸儒鸣道集》后,著《鸣道集说》对其中排斥佛老的内容进行辩驳。而且,他还越出《诸儒鸣道集》范围,摘引了吕祖谦、张九成、朱熹等南宋理学家的一些学术观点,作为探讨内容。除上述诸人外,从《鸣道集说》书前的"鸣道遗说"诸儒姓氏目录看,李纯甫还涉猎了北宋学者邵雍、游酢和兼跨两宋的学者邵伯温、尹淳、胡寅、林之奇以及南宋学者陈傅良等人的学术著作。李纯甫卒于元光二年(1223年),因此,《诸儒鸣道集》以及朱熹等人的著作入金时间肯定在公元1223年之前。

此外,王若虚《滹南遗老集》中的各种辨惑文字,据孔凡礼先生统计,提到的南宋作者约40人,包括文学、经义、史学几个方面的著述约达50多种。其中,有理学家杨时、尹淳、张九成、胡寅、林之奇、朱熹、张栻、吕祖谦等等,直接提及的理学著作有张九成的《论语解》、《孟子解》,朱熹《论语集义》等。

南宋理学著作开始北上的大致年代应该是在章宗统治时期,而且很可能就在公元12世纪90年代。美国学者田浩先生也有这样的看法(田浩:《金代的儒教——道学在北部中国的印迹》,《中国哲学》14辑)。主要依据有:

其一,郝经《太极书院记》云:"金源氏之衰,其书(指南宋理学著作)浸淫而北","及金源氏之亡,淮汉巴蜀相继破没,学士大夫与其书遍于中土"(《太极书院记》,《陵川集》卷26)。金朝盛极转衰发生在章宗(1189~1208年在位)朝。

儒学家对理学与心学的辩论

其二,王若虚《道学发源后序》云:"国家承平既久,特以经术取人,使得参稽众论之所长,以求夫义理之真,而不专于传疏,其所以开廓之者至矣。而明道之说,亦未盛行。数年来,其传乃始浸广,好事者往往闻风而悦之。"(《滹南遗老集》卷44)。所谓"承平既久"、"以经术取人",指的是大定二十八年(1188年)恢复经义科的事。看来,刚恢复经义科时,南宋理学对北方还基本没什么影响。若干年后,刊布《道学发源》一书的三数年前,南宋理学著作北传并逐渐扩大了影响。那到底应是哪个年代李纯甫说得要具体一些。

其三,金代文学家李纯甫《鸣道集说》中有"伊川之学今自江东浸淫而北矣,缙绅之士负高明之资者皆甘心焉,予亦出入于其中几三十年。尝欲笺注其得失,而未暇也。今以承乏于秋闱,考经学数十余日,乘间漫笔于小稿"云云(北京图书馆藏明抄本《鸣道集说》卷5第15则)。考李纯甫典知贡举,是在兴定三年(1219年)十二月第三次入翰林之后;而在他去世(1223年)前《鸣道集说》一书已完成。那么李纯甫接触到南宋理学,肯定是在12世纪90年代。据此,大致可知南宋理学开始北传的年代。

南宋理学北上,对金朝儒学界无疑是一种刺激,一些儒士表示了欢迎的态度,有的人还积极投入推广理学的活动之中。尚书省诸生傅起等得到张九成的某种经解著作后,对张解再作讲解,同时收录张载的《东铭》、《西铭》以及刘子的《圣传论》,编成《道学发源》一书,请金代著名学者赵秉文、王若虚作前后序,加以刊布。在此书中,张九成的著作居于突出地位。而刘子是南宋第一个专门研究了道统传授的理学家,他的《圣传论》宣扬了尧、舜、禹、汤、文王、周公、孔子、颜子、曾子、子思、孟子的道统。他认为这个道统是靠圣心的相契而相传的,故称"圣传"。值得一提的是,张、刘二人都与僧徒来往密切,他们的学术都掺杂佛理,被一些学者目为不纯。然而,这可能倒恰恰合乎金儒的口味。《道学发源》的刊刻时间,当在1197年至1232年之间。因为,王若虚承安二年(1197年)中进士,赵秉文卒于天兴元年(1232年)。对于此书的刊行,赵秉文知道后兴奋得睡不着觉,提议说"虽圆顶黄冠、村夫野妇,犹宜家置一书"(《道学发源引》,《闲闲老人滏水文集》卷15)。

二是儒学对性与心作了探讨

第一,关于性。最能反映金朝儒学特色并在北方有较大影响的,是赵秉文的儒学思想。赵秉文认为夹杂佛老而言性或是兼情与才而言性,都不能揭示性的本质。因为佛家灭情以归性,老氏归根以复命,不是"性之中"。荀子讲人性恶,扬雄讲人性善恶混,实际上讲的是情;而韩愈讲性有上中下,实际上讲的是才。这些都不是"性之本"。性的本体是天理,是大中。在喜怒哀乐未发之际,无一毫人欲之私,纯是天理,所以说"天命之谓性"。值得注意的是,赵秉文只讲"天命之性",而不讲"气质之性"。他认为,性由禀受天理而来,因而性本善,恶是后天物欲影响的结果。这显然与张载、二程、朱熹试图用"天命之性"和"气质之性"的命题来解决善恶来源问题的意图相违背,而又回到孟子性善论的学说上去了。他还认为,所谓"率性之谓道",惟有不失赤子之心的"大人"才能做到,普通人则必须通过学习获取知识,明白事物的道理,持之以恒,逐渐消除人伪,才大致可能到达圣贤的层次。第二,关于心。赵秉文在《黄河九昭·通天》中假借"天语"说:"夫人之正心兮,若北辰之居所。寂然不动即此太极兮,以游乎万物之祖。"程颐认为,心有体用之别。这里所谓"正心"是就心之体而言,它的特性是"寂然不动",是"未发"。心涵太极,是道、理所处的方所。如《道学发源引》说:"天地间有大顺至和之气,自然之理,根于心,成于性。"(《闲闲老人滏水文集》卷15)。可见,心是理、气的依托。赵秉文还讲"本心"、"良心"。从《姬平叔墓表》、《邓州创建宣圣庙碑》以及《书雷司直奏牍后》等文的有关内容来看,赵秉文所说的"本心"、"良心"即是二程所说的"道心",与"性"、与"天理"浑然一体。在许多文章中,赵秉文反复强调要讲求治心养性之术。如何治心呢受周敦颐的影响,在《心静天地之鉴赋》中,他表达了主静的观点(《闲闲老人滏水文集》卷2);在《咏归辞》中,说要"收放心而知还"。"主静"、"收放心",目的就是要灭人欲、存天理,然后"吾之心乃天地之心也"(《叶县学记》,《闲闲老人滏水文集》卷13)。

三是儒学对诚作了探讨

诚既是行道的前提条件,又是性与天道合一的最高道德伦理境界。同程朱理学家一样,赵秉文把"道"与"君臣、父子、夫妇、朋友"结合起来,认为叛离人伦道德规范就不是"道"。"道"之行在于"诚",而"诚由学始,博学、审问、慎思、明辨、力行五者,所以学夫诚也"。诚分五个层次,由低到高依次为:不欺,无妄,无息,赞化育,性与天道合一。"惟学乃明,惟明乃诚"。他又以"中庸"为"百世常之道",认为欲使"亲亲、长长、贵贵、尊尊"稳定不变的,只有"时中",故主张以"时中"应"时变",以达到永不失中的"和"之境界。

赵秉文既秉承了北宋理学思想,也有独立的思考,对一些理学家的观点还提出异议。但总的说来,他的理学思想具有杂糅濂、关、伊洛理学的特色。比如《叶县学记》开篇的一大段文字,涉及理气论、心性论、动静观、"一两"学说、知行观等等方面的内容,可视作赵秉文理学思想的总纲。它显然糅合了周、张、二程学说中的一些基本内容,但从哲学逻辑结构上看,还是属于程朱一脉的。至于南宋理学家,赵秉文只提到张九成、刘子、吕祖谦几人,他到底从他们的学术思想中汲取了哪些营养,还有待于进一步研究。

理学家对理学的讨论与辨析

令人感兴趣的是赵秉文对待理学的态度。一方面,他极力推崇周、程对圣道的贡献,并表示自己的坚定信心,还批评当时的士子和为官者只知趋近功利而不知学习圣道;另一方面却又屡屡警醒儒士们不要过分谈论道德性命而不知笃厚力行,极力防止人们由理学探讨滑入佛老学说之中。这与金代儒士一贯厌恶王安石有关,也与他们历来反对空谈无得而强调力行的学风有关。而且,赵秉文对于二程后学"以韩欧诸儒为不知道"的轻率态度表示不满(《性道教说》,《闲闲老人滏水文集》卷1),又指斥"宋儒多出新意,务抵斥,忠厚之气衰焉"(《中说类解引》,《闲闲老人滏水文集》卷15),表现了金代儒士的思想特征。

赵秉文心理十分矛盾,他出入于佛老,醉心于佛学,却"颇畏士论,又欲得扶教传道之名",晚年自编文集时,将主张道学的诗文编入《滏水集》,以示继承道统,而将主张佛老的诗文另作一编,号称《闲闲外集》,被王若虚讥为"藏头露尾"(《归潜志》卷9)。他批评蜀学有"杂佛而言"的毛病,但对佛学本身又多所回护,并时常诱导从游后生学佛。不过,以儒兼佛老是金代儒士的一种普遍现象,赵秉文的这种矛盾心理也许是具有代表性的。实际上,北宋理学熔铸儒、佛、道已成事实,尽管理学中人也不断辟佛;而赵秉文醉心于佛学,却未能帮助他更加深入探讨理学,也许是金朝的大文化背景以及他个人的矛盾心理起了决定性的作用。

王若虚则保持着一种旁观的态度。王若虚是金后期的重要学者,以其"议论之学"而备受推崇。从《道学发源后序》看,王若虚似乎对理学相当赞许。他说:"自宋儒发扬秘奥,使千古之绝学一朝复续,开其致知格物之端,而力明乎天理人欲之辨,始于至粗,极于至精,皆前人之所未见,然后天下释然知所适从,如权衡指南之可信,其有功于吾道,岂浅浅哉"但实际上,他对理学并不热衷。他对一些理学家所谓"圣人之文章,字字句句,无非性与天道"的观点表示怀疑,并批评张九成等人对《论语·乡党》中记述孔子起居饮食之常的某些"本无意义"的文字"求之太过"(《论语辨惑》卷2,《滹南遗老集》卷5)。所以,当张仲杰向他请教理学时,他只是淡淡地说没有资格教诲他人,对理学避而不谈(《答张仲杰书》,《滹南遗老集》卷44。按,张仲杰及后文之杨士表、武从善、吕仲和、梁仲文、王仲徽等人只知其字,不知其名)。他在《论语辨惑》、《孟子辨惑》中征引两宋30多位理学家的观点加以辨析,既有尖锐的批评,也有由衷的赞许。总的说来,他认为:"宋儒之议论不为无功,而亦不能无罪焉。彼其推明心术之微,剖析义利之辨,而斟酌时中之权,委曲疏通,多先儒之所未到,斯固有功矣。至于消息过深,揄扬过侈,以为句句必涵气象,而事事皆关造化,将以尊圣人而不免反累,名为排异端而实流于其中,亦岂为无罪也哉至于谢显道、张子韶之徒,迂谈浮夸,往往令人发笑。噫,其甚矣!"(《论语辨惑序》,《滹南遗老集》卷3)。元代苏天爵认为王若虚作《论语辨惑》、《孟子辨惑》是有意非难朱熹的《四书集注》,对此,《四库全书》之《滹南遗老集》"提要"作了辨析,否定了苏天爵的说法,认为其间有怀疑朱熹的地方,而赞同朱熹的地方也不少,并非专门为辩驳朱熹而作。

王若虚代表了这样一种学术旨趣:既不满足于汉儒传注之学的繁琐穿凿,又憾于宋儒末流尚未知章句,就已指六经为糟粕,专事谈玄说妙,令听者茫然。他强调以尊经为指归,"而于传记百氏弗信,见到处摆脱窠臼,而不依随以为是非"(彭应龙:《滹南遗老集序》,《滹南遗老集》卷首)。因此,王若虚对理学始终保持旁观审视的姿态。

与赵、王都不同,李纯甫有许多批评理学的言论。李纯甫,字之纯,弘州襄阴(今河北阳原)人。少年即恃才自傲,以诸葛孔明、王景略自期,谓功名可俯拾。承安二年(1197年)经义进士,曾三入翰林,后出为京兆府判官,因其抱负为当政者所抑,遂于中年弃官而皈依禅学。他时常说,我祖老子,怎敢不学老庄? 我生前是一僧人,怎敢不学佛陀? 每当酒酣之际,纵论天下大事,或谈儒释殊同,虽围攻而不屈。李纯甫在《重修面壁庵记》中自我表白:"屏山居士,儒家子也……深爱经学,穷性理之说。偶于玄学似有所得,遂于佛学亦有所入。学至于佛,则无可学者,乃知佛即圣人,圣人非佛,西方有中国之书,中国无西方之书也。"(《归潜志》卷1)。其实,李纯甫少年时也曾排佛,直至29岁读李翱《复性书》后才开始跟随万松老人研习佛学,从此遍观佛书,悉其精微。后来,又广泛阅读了两宋理学家的著作。晚年自订其文,凡论性理及有关佛、老二家的文章编为《内稿》,应物文字为《外稿》,又著有《楞严外解》、《金刚别解》、《鸣道集说》、《中庸集解》、《老子解》、《庄子解》、《屏山翰墨佛事》等,融会儒、佛、道三家学说,最终将其统摄于佛学之下。今仅存《鸣道集说》5卷及一些诗文。

李纯甫

李纯甫看到了儒、道吸收佛学的事实,得出"大道将合"的结论。他现存的大多数文章都在批驳宋儒的排佛言论,而极力宣扬佛学。他认为佛、儒、道三家其教则三,其道则一,因而批评司马光对于佛学"同则以为出于吾书,异则以为诞而不信"的态度,对二程的"异端害教论"深恶痛绝(《司马温公不喜佛辨》,《金文最》卷60;《程伊川异端害教论辩》)。他认为如来、孔子、老子"三圣人"迹异而心同,其道相通,而根本没有什么异端。所以他在解《楞严经》和《金刚经》时就牵引儒、道两家之书而解之。他攻击二程、张、朱诸儒号称深明性理,实际上他们的学说都由剽窃佛学思想而来,并詈骂程氏对佛学的排斥为病入膏肓,深恨不能当面进行辩驳。他认为许多义学沙门与儒士的学说都得益于禅宗,与之相表里,有如符券。此论一出,众儒哗然,李纯甫因而大受攻击。又据《归潜志》记载,李纯甫常为僧人作碑记传赞,往往诋訾儒士。诸僧汇刻成《屏山翰墨佛事》,传至京师,激怒了不少士大夫,甚至有人要上章弹劾李纯甫。因此,尽管李纯甫以其热情奔放的个性吸引了众多的追随者,又因其平生颇喜奖掖后进而时号"当世龙门",但恰恰是他的思想最受攻击。而这攻击很多来自他的追随者。

对于两宋诸学派,李纯甫将新学、蜀学摆在主要位置,而将濂、洛、关、闽学及涑水学派放在次要位置。因而,《宋元学案》专设一卷"屏山《鸣道集说》略",以示其为杂学,并将其归入"王苏余派"。全祖望批评李纯甫"溺于异端,敢为无忌惮之言",又嘲弄说:"其时河北之正学且起,不有狂风怪雾,无以见皎日之光明也。"汪琬作《鸣道集说序》也对李纯甫大加鞭挞。

但是,李纯甫并不反对理学。他称赞理学家们说:"至如刘子之洞达、张九成之精深、吕伯恭之通

融、张敬夫之醇正、朱元晦之峻杰,皆近代之伟人也……其论佛老也,实与而文不与,阳挤而阴助之,盖有微意存焉。唱千古之绝学,扫末流之尘迹,将行其说于世,政自不得不尔。"(《鸣道集说》卷2第10则)。他正是从两宋理学家的学说中得出"大道将合"的结论,但"将合"不是已合,所以他在《鸣道集说序》中表白自己担心大道"将合而又离",因而必须对理学"笺其未合于古圣人者",而这"古圣人"指伏羲、神农、黄帝、尧、舜、禹、汤、文、武、老、孔、庄、孟及佛如来。

李纯甫在经义、性理学的研究上用力亦勤,并兼及佛老。著有《中庸集解》、《鸣道集解》和《楞严》、《金刚经》、《老子》、《庄子》等解,号"中国心学,西方文教"。他的《鸣道集说》重点在于批驳两宋理学家著作中辟佛老的言论,而不是将理学全部打倒。其中,他对二程的学说最为挑剔,但又说:"今程子去圣人千五百年,唱于绝学,其言固可尚已。予何人也? 安忍复与之异同乎?"(《鸣道集说》卷5)。他所不满意的只是他们辟佛老的言论。而对喜佛的刘安世、江公望、杨时等人的言论,则多有赞赏之处。至于《鸣道集说》,他担心它会起负面作用。在《鸣道集说》卷末综述中,他曾恳切地表示:他与两宋理学家的全部分歧都已表现在这部著作中了。《诸儒鸣道集》中的其他内容以及理学家们的各种经解著作,"嗣千古之绝学,立一家之成说",不惟非理学家的宋代诸儒无法与之相比,就连汉唐诸儒也有所不及,天下后世的儒者将尽数归向理学。他希望学者们先读理学家们的著作,就会知道他曾用心进行过研究,千万不要看了《鸣道集说》,就以瑕舍玉、因噎废食,去诟病理学家们的著作。那样,他可就大大得罪两宋理学家们了。这番话说来语重心长,其中多少有些无可奈何的成分。但由此可见,他并非一位偏狭的佛教信徒。他是以"三教合一"的眼光来审视理学。

金末,同样以佛兼容儒道、提倡三教合一的著名人物,在李纯甫之前有万松行秀,之后则有耶律楚材。耶律楚材与李纯甫通家相与,在学术旨趣上也相契合。他说:"江左道学倡于伊川昆季,和之者十有余家,涉猎释老,肤浅一二。著《鸣道集》,食我园椹,不见好音,诬谤圣人,聋聩学者。噫! 凭虚气,任私情,一赞一毁,独去独取,其如天下后世何!"又说:"昔余尝见《鸣道集》,甚不平之,欲为书纠其芜谬而未暇,岂意屏山先我著鞭,遂为序引,以针江左书生膏肓之病焉。中原学士大夫有斯疾者,亦可以发药矣。"(《屏山居士鸣道集序》,《湛然居士文集》卷14),态度比李纯甫还要激烈。他推崇李纯甫,说他是天下奇才。在金代后期,有关儒释异同的问题是一个学术热点,文人学士间常常爆发激烈的争论。从南宋理学发展史上看,理学发展无时不伴随着好佛老与辟佛老的儒士之间的激烈论辩。而金代儒士有关儒释异同的争论,正说明了理学在金朝的进步与发展。

赵秉文、王若虚、李纯甫三人的学术思想代表了当时儒士三种不同的思想趋向,对金代后期的理学面貌各有其影响。他们身边都有许多追随者,但由于学术思想、地位、个性、年龄等各方面的差异,他们的影响也各不相同,其中以赵秉文的影响力最大。总之,由于他们对理学的关注,理学的影响在慢慢扩大。赵秉文和陈规、潘希孟、雷渊、元好问等人作诗会甚至出现了《道学》这样的诗题(《归潜志》卷8)。在这种风气下,研习理学的儒士逐渐增多。

当时的儒学名人耶律楚材、赵秉文、刘从益、李纯甫、元好问、雷渊、李献能、李献卿、刘祖谦等常交游于嵩洛一带,为文法庄周、列御寇、左氏、战国策。或谈儒佛异同,或论文作诗,并与嵩山少林寺的禅僧士子多有交往,力探奥义,取儒道两家书,牵引杂说,错综诸经,著为别解,不断地推动着金代理学在嵩山地区的发展。

四是私相授受的传播

在理学还根本不可能进入官学的时代,私相授受成为儒学的主要传播途径。当然,也不排除对现成的官家教育条件的利用。但最便利的方式,莫过于直接从家中长辈得到指导。

陵川郝氏的家学传统在后期得到继承。在郝震的影响下,郝天(1184～1232年)"初为学即不作决科文,务穷性理、经术"(《先叔祖墓铭》,《陵川集》卷36)。而郝天挺(1161～1217年)之子郝思温(1191～1258年)一直以授徒为业,贞祐初南渡,人们纷纷请他坐馆。后河南亡,携子郝经(1223～1275年)北渡,定居保州,又开馆授徒十余年。晚年尤其致力于理学研究,并精心培育郝经。曾以《太极》、《先天》二图及《通书》、《西铭》二书付与郝经,并指授其义,对郝经说:"此汝曾叔父东轩老人得诸程氏之门者,尔其勉之!"还特别手抄《西铭》交给郝经,指为"入德之几,造道之阶"(《先父行状》,《陵川集》卷36;《铁佛寺读书堂记》,《陵川集》卷26)。后来郝经由于练达性理而大受赵复叹赏,成为元初著名的理学家。现知郝天挺有门生杨士表、元好问、武从善等,郝思温有门人赵泰、苟宗道、尚文等。

真定(今河北正定)周昂(?～1211年)、周嗣明(1180～1211年)叔侄也是精研理学的名家。周嗣明曾说学问不到邵雍、程颐的地步,就不是真正的儒者。元好问对他的英年早逝深表惋惜,认为:"使晦之(嗣明字)不死,文字不及其叔(指周昂),而理性当过之。"(《中州集》卷4《周昂传》)周嗣明有门人王德元。王德元又有门人刘世安、张居礼、郝守宁等。

浑源(今属山西)刘从益(1181～1224年)、刘祁(1203～1250年)父子相继,为金代理学名儒。刘从益大安元年(1209年)登进士第,历官监察御史、叶县令、应奉翰林文字,以正直敢言及治才闻名当时,学问文章亦颇受时人推崇。赵秉文十分看重刘从益,两人交往甚密。对于刘的壮年而殁,赵秉文追挽道:"忠言唐介初还阙,道学东莱不假年。"(《挽刘云卿》,《闲闲老人滏水文集》卷7)可惜刘从益《蓬门集》没有流传下来,使我们无法了解他的学术。不过,从王恽《浑源刘氏世德碑》中可知,刘从益因得罪权臣而被罢去御史、闲居陈州时,曾经与诸生讲明伊洛之学,又与刘祁一起探讨理学,并付诸实践。刘祁也从此专心治学,被称为"得斯文命脉之传"(《秋涧集》卷58)。天兴二年(1233年),刘祁北渡归浑源,躬耕自给,筑归潜堂,将张载的《东铭》、《西铭》书于壁间,潜心治学。金亡后,郝经曾于1240年、1249年两度拜访刘祁,向他请教。元人孙谐称刘祁为"倡明道学"的"宏博衍大之士"(赵穆:《归潜志跋》,《归潜志》卷末),王恽《追挽归潜刘先生》诗则以"道从伊洛传心事,文擅韩欧振古风"二句对刘祁的文与道做了准确的概括。然而,刘祁的《神川遁士集》22卷及《处言》43篇也没有流传下来。

霸州信安(今属河北)人杜时升(?～1230年)、杜瑛(1204～1273年)父子同样值得注意。杜时升博学知天文,不肯仕进。金章宗承安、泰和年间,宰相数荐时升可用,此时,风俗侈靡,纪纲大坏,金朝已显露衰败的迹象。杜时升"乃南渡河,隐居嵩、洛山中,从学者甚众"。大抵以"伊洛之学"教人,自时开始。(《金史·隐逸传》)所引末句这一说法还有待商榷,但杜时升无疑是较早在北方传播理学的人之一。杜时升的门徒在金朝有不少人中进士,也有不少人传学于乡里。杜瑛研习理学,金亡后,教授汾、晋间。后居彰德,百般征召不起,杜门著书,优游道艺,著有《春秋地理原委》10卷、《语孟旁通》8卷、《皇极引用》8卷、《皇极疑事》4卷、《极学》10卷(《元故征士赠翰林学士谥文献杜公行状》,《滋溪文稿》卷22;《元史·隐逸传》),等等。

史料记载,金代隐居嵩山传播伊洛理学的还有辽东人高仲振博览群书,尤深《易·皇极经世学》,隐居嵩山;高仲振的弟子王汝梅也隐居嵩山以教授生徒;易州人麻九畴学《易》,对邵雍《皇极图》的学习也颇有心得。此外,金代名将完颜陈和尚曾从王渥学"新安朱氏小学书",济州人徐之纲金末也曾"以河南二程,江南朱、张、胡、蔡为根柢,穷春秋、易二经"。

三、金代后期理学的发展

金代后期理学是在承继北宋理学和接受南宋理学影响这股合力下逐步发展的。

金代统治者以儒学为致治之具,崇尚经史。不过在金初,儒者虽为统治者推重,却尚无名家之学,只是潜心于经传的注疏和记诵,"惟知蹈袭前人"而已,讲求性理的道学自然不得其传。其后,随着女真族封建化进程的加深,社会经济的发展、各民族之间的交往融合,理学在北方也逐渐兴起。

在金朝统治的嵩山地区主要是继承、传播二程的伊洛理学。在现存材料中,金人著述流传下来的极少,有关研习理学者的情况都是一些蛛丝马迹,因而只能简单勾勒出现今所能知道的这一时期的理学面貌。

第一,未入元代的儒学者。

麻九畴(1183~1232年),深研邵雍的《皇极经世》,以象数学闻名于世(《归潜志》卷2、《中州集》卷6)。有门人王磐(1202~1293年)、王说等。

儒家经典

王渥(?~1232年),在军中给学生女真人完颜彝(1192~1232年,字陈和尚)讲授朱熹《小学》,使他懂得践履的意义。后来完颜彝在钧州(今嵩山禹县)与蒙古军决战时以身殉国,时人推许为"中国百余年,唯养得一陈和尚耳"(《赠镇南军节度使良佐死节碑》,《遗山先生文集》卷27;《金史·完颜陈和尚传》)。

王郁(1204~1233年),自传云:"其论学,孔氏能兼佛老,佛老为世害。然有从事于孔氏之心学者,徒能言而不能行,纵欲行之,又皆执于一隅,不能周遍。故尝欲著书推明孔氏之心学,又别言之、行之二者之不同,以去学者之弊。其论经学,以为宋儒见解最高。虽皆笑东汉之传注,今人唯知蹈袭前人,不敢谁何,使天然之智识不具,而经世实用不宏,视东汉传注尤为甚。亦欲著书,专与宋儒商订。"(《归潜志》卷3)王郁是刘从益门人、刘祁知交,他推崇宋儒的理学,但认为不必亦步亦趋,很有超越宋儒的雄心。可惜他年仅30岁就死于战乱,不然到元初将很可能成为北方一位著名的理学家。

第二,兼跨金、元二代的儒学者。

泽州晋城(今山西晋城)人李俊民(1176~1256年),唐高祖李渊第22子韩王李元嘉后裔。少时得名儒传授程氏理学,凡经传子史百家之书,无不研究,未及仕,已成名儒。金章宗承安五年(1200年)举经义进士第一,官应奉翰林文字。不久,任沁水县令,并提举长平(今高平西北)仓事,进升朝清大夫。因他厌恶官场应酬,弃官归田,以传播二程学说教授乡里。由于他学问渊博,加之状元声威,从学者甚众,不远千里慕名而来投师者不绝于门(《宋两先生祠堂记》,《陵川集》卷27;《元史·李俊民传》)。宣宗贞祐二年(1214年),金宣宗自中都(今北京城西南隅)南迁汴京(今开封市),因为蒙古与金国的战乱,李俊民隐居嵩山,后又从隐士荆先生学邵雍《皇极》数学,李俊民对这种用符号、形象和数字推测宇宙变化的学说十分精通,成为金末皇极经世学造诣最深的学者,当时深通此道的元代政界名人刘秉忠也对其佩服得五体投地,自叹弗如。金亡后,元朝泽州长官段直(1190～1254年)大修庙学,购书万卷,从嵩山迎回李俊民,让其担任泽州教授。他便千方百计招延泽州散在四方的名士,协助李俊民教授学生,所以仅五六年,所培养的人才,以通经被选者有122人。现知有门人刘瀛、史秉直等。《宋元学案》将李俊民归入"明道续传"。

张特立(1179～1253年),在金末传授程氏《易传》(《伊洛理学编》卷3),《宋元学案》将他和刘肃、李简等人列为程颐在北方的续传弟子。张特立则在东平继续传授程氏《易》,并和一些友人一起研究理学。李简《学易记序》说:"岁壬寅(1242年),予挈家东平,时张中庸、刘佚庵二先生与王仲徽辈方聚诸家《易》集解而节取之,得厕讲席之末,前后数载,凡读六七过,其书始成。"(《学易记》卷首)李简就是到了东平以后,在张特立等人的影响下,才接触到两宋理学家的许多著作。据《元史·张特立传》载,忽必烈即位前后多次降诏褒奖张特立,并赐号"中庸先生"。张特立著有《易集说》。后来,他与赵秉文、刘肃的《易》学研究成果被李简吸收进《学易记》之中。

杨天德(1180～1258年),兴定二年(1218年)进士,金末仕至转运司度支判官。金亡后,曾流寓宋、鲁间十年,而归长安。"晚读《大学讲义》及伊洛诸书,大嗜爱之。常语人曰:'吾少时精力夺于课试,殊不省此,今日后,知吾道之传为有在也。'埋没篆刻中,几不复见天日。目昏不能视书,犹使其子讲诵,而朝夕听之,以是自乐。及有疾,亲友往问之,谈笑歌咏不衰,曰:'吾晚年幸闻道,死无恨矣!'"(许衡:《南京转运司度支判官杨公墓志铭》,《国朝文类》卷51;《关学编》卷2)后其子恭懿昌其家学,为元代名儒。

刘伯熙(1183～1256年)自号房山,"性理、象数、经学、文章皆能道其柢要"(《房山先生墓铭》,《陵川集》卷35)。

赵玫(1184～1268年)"易代后,僻居,研穷理学。"(《卢龙赵氏家传》,《秋涧集》卷48)杜瑛是金遗民中的著名理学家,入《元史·隐逸传》。

据《元史·刘肃传》记载,刘肃(1188～1263年)尝集诸家《易》说,曰《读易备忘》。有门人刘秉恕。《元史·刘秉恕传》则记刘秉恕弱冠即受《易》于刘肃,遂明理学。

徐之纲(1189～1263年)以河南二程、江南朱张胡蔡为根柢,穷治《春秋》、《易》二经,著有经说《东斋默志》3卷。在当时,他的言论颇受金人怀疑(《滕县尉徐君墓志铭》,《清容居士集》卷29)。

王良(1190～1281年)金末弃去吏业,潜心伊洛之学(《元史·王恂传》)。

薛玄(1190～1271年)年仅20就载书入少华,昼夜诵习,"又从明理学者游,遂一以圣贤为宗。"金亡后定居洛西,日与辛愿、张德直、元好问、吴杰、刘绘、李国维、杜仁杰、刘好谦等人"讲贯古学,且以淑人,伊洛之间复蔚然矣。"著有《易解》、《中庸注》、《圣贤心学编》、《皇极经世图说》等等。在他的影响下,他的儿子薛友谅大力提倡理学,所兴创的义塾和五贤堂后来被升格为洛西书院和伊洛精舍,成为元代中期嵩山地区传播理学的重要阵地(《薛庸斋先生墓碑》,《雪楼集》卷9;《洛西书院碑》,《雪楼集》卷22)。

李庭(1194～1277年),"虽以文章名世,而沉潜于性理之学,言无瑕玷,行不崖异,一举足必以忠信诚实为本。"(王博文:《故谘议李公墓碣铭并序》,《寓庵集》卷末)。

还有毛养素(1178～1259年)、王志坦(1200～1272年)等人都在坚持钻研、传播理学。

还有些生卒年不详的人。辽东人高仲振"博览群书,尤深《易》、《皇极经世》学",其弟子有张潜、王汝梅等亦有名当世。隐士荆先生也精通《皇极经世》,金南渡后,李俊民在河南曾受教于他(《元

史·李俊民传》《宋元学案》卷14)。还有一位文元先生(姓名不详),他曾向薛玄传授理学(《庸斋直解后序》,《寓庵集》卷4)。

不仅儒士研习理学,全真道士中也有人研习理学,如赵素。元好问《皇极道院铭》云:"虚白处士赵君已入全真道,而能以服膺儒教为业。发源《语》、《孟》,渐于伊洛之学,方且探三圣书而问津焉。"(《遗山先生文集》卷38)王仲徽在金亡前后曾与张特立等人一起研究《易》学。此外,在北方传授伊洛之学的还有刘从益、王遵古、李简等人,实际情况应该还不止今天所能见到的这几例。

金亡后,流寓燕京、东平等地的士大夫往往窜名道籍,如理学家王粹(王郁从兄)寄食燕京时入全真道,为理学与道教的关系增添了新的内容。金代创立的新道教十分兴盛,太一、大道、全真这三大派都先后受到统治者的扶持,得以广泛流传。尤其是全真道,高举"三教合一"的旗帜,既吸收佛教理论,又强调封建伦常,讲求"全真养性",在理论层面特别是心性论上将儒释道三家融会贯通,赢得众多知识分子的信奉、支持。到了元初,江南人中最早的全真道士李道纯更是说"禅宗理学与全真,教立三门接后人","会得万殊归一旨,熙台内处总是春"(《赠邓一蟾》,《中和集》卷5),还作《性理歌》,宣讲儒家的道统。再后来,更因理学受到尊崇,于是又有净明道向理学的进一步靠拢。

四、元代理学的传播与发展

元朝通过灭辽、南宋,实现了中国的大统一。元代为金戈铁马的蒙古贵族统治时期,但统治者不仅仅是草莽英雄,他们对儒家文化也有着应有的尊重。元朝在实现大统一的过程中以及在实现大统一之后,都推行汉化政策,不仅实现了自身的封建化,注重吸收汉族儒学为主的思想文化。通过逐步深入推行汉化政策和兴儒方略,巩固了政权和大统一的局面,同时促进了儒学的承续和发展。

金亡后,南宋理学继续北上,比起12世纪90年代的初次北上,这次从规模到影响都更大,它包括了理学书籍和理学人物(如赵复、砚弥坚、朱万龄等等)。郝经于蒙古定宗三年(1248年)所作《与汉上赵先生论性书》说:"近岁以来,吴楚巴蜀之儒与其书浸淫而北,至于秦雍,复入于伊洛,泛入三晋齐鲁,遂至燕云辽海之间。"(注解:《陵川集》卷34)在赵复等人的影响下,北方出现了姚枢、许衡、刘因等著名理学家。而一批金末曾流落南宋又被蒙古招致北归的儒士,如杨弘道(1189~1273年)、窦默(1196~1280年)、王粹(1200~1243年)、王磐等,有的在南宋接触理学后成了信奉者,有的更坚定了对理学的信念。北归后,张宇说杨弘道"杨侯一语崇经学,士子争相读《四书》"(《闲述》,《河汾诸老诗集》卷2),王粹后来还在燕京太极书院协助赵复传播理学。这三方面的人再加上直接继承金代理学的儒士,形成一股合力,共同推动了元初北方理学的发展。

元代的"汉化"方针在元初已初步形成,"尊孔崇儒"是"汉化"的基本内容。不过在元初,由于当时南北"声教不通",宋代理学还未传到北方,北方仍是"句读"之学。在入主中原、进兵南宋之后,理学才逐步北传。"尊孔崇儒"发展为"尊崇理学",这一变化与书院的发展有着密切关系。

元朝的重要理学家首推赵复。蒙古窝阔台汗七年(1235年),蒙古军攻克洛阳,蒙古行中书省事的杨惟中广收伊洛学术著作至燕京。攻下德安时,俘获南宋大儒赵复。杨惟中和蒙古翰林学士、洛阳人姚枢力劝赵复北上讲学授徒,并携赵复至燕京,见忽必烈于潜邸。赵复与姚枢在燕京建周子祠,又建太极书院,讲授程朱理学,从学者百余人。赵复将所记程朱所著诸经传注,尽录交付姚枢后,解决了南北之间因道路隔绝,不通载籍而带来的困难,使理学的在元代的传播有了明晰的线索可寻。在其之前,蒙古人所接触的儒学只是从亡金儒士那里得到的章句之学,而赵复所传基本上是南方最新的学术,即程朱的理学宗旨。赵复到燕京大学系统讲解程朱理学,把自己所藏的8000卷理学著作捐献给学院,促进了理学在北方的传播。姚枢退出后,将赵复之学传授下来,北方儒士许衡、刘因、郝经等才得以阅读程朱的著作并进而研究之。

著名儒学家郝经在《太极书院记》中说:"乃于燕都筑室,贮江淮书,立周子(敦颐),刻《太极图》及《通书》、《西铭》等于壁。请云梦赵复为师儒,右北平王粹佐之,选俊秀之有识度者为道学生,推本谨始,以太极为名,于是伊洛理学遍天下矣。"《宋史·赵复传》也称:"赵复以所记程朱所著诸经传注,尽录以付枢(姚枢)","由是许衡、郝经、刘因,皆得其书而尊信之","北方知有程朱之学,自复始"。赵复在北方传播程朱理学的意义和贡献,使他成为蒙元初期重要的文化人物。中国理学史、教育史等著作,都把赵复当作元代理学、教育的开山之祖。

而另一名被誉为"朱子之后第一人"的赵复的弟子许衡,自幼勤读好学,之后为避战乱,居家新郑城西阳缓里,常来往于河、洛之间。从姚枢手中得宋二程及朱熹著作,与姚枢及窦默相讲习。许衡继承了程朱的天理观,把程颐的《易传》、朱熹的《论语》、《孟子集注》、《大学》、《中庸章句》等传授给弟子,被弟子们推举为"元代之大儒"、"百世之师"。程朱理学的学术思想之所以能在元朝立为官方学术,这与赵复和许衡的努力是分不开的。

元代理学的传播与发展

赵复的门徒除许衡外,还有姚枢、郝经、窦默、刘因、梁枢、赵彧等,这些人都对元代书院的发展有重要影响。有的本人创办书院,有的由他们的弟子创办书院,而且均以程朱理学为讲学宗旨和内容。如:刘因,保定容城(今河北徐水)人。入元终身不仕,一生隐迹乡野,创建静修书院授徒讲学达25年之久。他极力推崇理学大师,"邵(雍)至大也,周(敦颐)至精也,程(二程)至正也,朱子,极其大,尽其精,而贯之以正也。"据说他教学中,"师道尊严,弟子造其门者,随材器教之,皆有成就。"

延祐二年(1315年),元仁宗下令恢复科举制度,将儒家学说中的程朱理学定为考试的主要内容。从当时科举考试的主要内容看,基本是从《大学》、《论语》、《孟子》、《中庸》四书中设问,而标准答案只能是朱熹的《四书章句》和《四书集注》。他如加试《诗经》,也用朱熹的注释本。加试《周易》,兼用程注及朱注。科举考试明文规定使用朱熹的注释,实自元朝始。这样一来,程朱理学便开始上升到官方学术的地位,思想文化界实际上完成了从经学向理学的重大转折,理学的独尊地位开始确立。

儒家文化在元代的社会地位得到了极大的提高。孔子在元代被封为"大成至圣文宣王",使其美誉达到无以复加的程度。孟子等历代名儒也获得了崇高的封号;元朝在中国历史上首次专门设立"儒户"阶层,"愿充生徒者,与免一身杂役"。

元代理学在以赵复为代表的一些理学家们的推动下,实现了北传。赵复的讲学活动让蒙元统治者和北方儒士接触和认识了南方理学,再经过姚枢、许衡、郝经等仕元名臣的努力,得以在北方和蒙古人中逐步推广。但元初政治的动荡,汉人在元朝帝王心中地位的不稳定,使理学家们在北方的努力举步维艰。民间儒士以吴澄、刘因等为首,致力于理学的传播和普及。

元代的"儒化教育"超过了前代。元代封建王朝特别注重于官学,又大力强化了科举制度,使书院教育几经波折,并染上浓重的科举色彩,走上了一条官学化的道路。元代书院制度与前代相比,有一个重大的变化,就是书院主持人由朝廷派人担任,书院与官学同样受官府节制。书院在元代出现官学化趋向,主要表现在统治者因势利导,积极加以扶植、控制,采取政府委派山长并授予官衔、发给官俸,书院的教授、学正等任命、提升等都由政府批准,学生经地方官员推荐、考核,可分配作学官,以及政府划拨学田,保障其经费等措施,成为巩固统治的工具。

随着元代书院的勃兴,书院官学化特征的显现,理学开始由民间学术向官学转变。最终,在李孟、程钜夫等的进一步推动下,在元仁宗时期实现了官学化。元代书院官学化主要体现在两个方面:一是由各级官府为书院委派山长,选任主讲。有不少书院的山长、教授直接由各级官府官员兼任;二是官方加强对书院经费的管理和控制。书院的官学化表明了官府对书院的重视,并且为书院的迅速发展提供了基本的物质条件。书院官学化初期,确实对书院的发展起到某种积极作用。但是,它对书院发展也有消极作用,特别是到后期,其弊端更加明显。书院官学化导致了书院在经营管理上独立自主地位的削弱,书院教育的特色日益淡薄。其根本原因在于书院过多地"受官府之拘牵",丧失了独立自主的特点。书院与官学相差无几,仅有书院之名,而乏书院之实,不少书院名存实亡。

与全国书院发展的大形势所不同的是,由于嵩山地域长期处于战乱和异族统治之下,因为汉人儒士反抗外族入侵的民族情绪强烈,因而孔孟之道、程朱理学倍遭冷落,北宋著名的嵩阳书院在这时受到了严格控制。金大定年间(1161~1189年),嵩阳书院被废并更名为承天宫,为道士所占据。元惠宗至正年间(1341~1368年),又改名为嵩阳宫,仍然为道教的所在地。致使嵩山地域的儒学传播一度式微,而且延续百余年之久。

元代时,各路、府、州都设有书院,河南府路设有洛阳县的同文书院、偃师县的缑山书院、伊川县的伊川书院、巩县的嵩洛书院、登封县的颍谷书院、洛宁县的洛西书院等。

元代书院绝大部分是以传授程朱理学为宗旨,但元代的程朱理学已经发生了深刻的变化。其基本特色,是以程朱理学为基本内容而又有所发展,在发展的同时,实际上是以陆九渊的心学去补充朱熹学术思想之不足。因此,书院的讲学,都不同程度地具有"和会朱陆"的倾向和特色。

金朝和元朝仿照宋朝建有府、州、县学,这些都是传播儒学的官学教育机构。元朝时还首创社学,各县村庄一般50家为1社,设社长1人,农闲时开学,以劝课农桑、使知书达礼为务。

蒙元时期,程朱理学的传播有了更大的范围。随着元帝国疆域的空前扩大,程朱理学开始在东亚、东南亚等地广泛传播。元世祖至元二十六年(1289年),高丽人安珦在大都获得《朱子全书》新版回国后,在太学讲授"朱子学"。后来,白颐正又从大都带回许多程朱理学著作,在太学宣讲。不久,又按权溥的建议,由秘书省书籍所刊行程朱理学著作。理学在高丽广泛传播,出现了李谷、李齐贤、李穑等理学大师。元朝僧人一山一宁到日本传播理学,日本的理学先驱便是一山一宁培养的弟子虎关师炼。程朱理学和早先传到日本的禅宗学说融为一体,长期成为日本封建统治的思想武器。另外,中南半岛的交趾、占城等国均奉汉语为官方语言,儒学为官方学术。汉族学者也到西亚、北非等地游历讲学,把中华文化传播到那里,并从那里传播到西欧各国。

第八节　明清程朱理学的传播与复兴

明清之际,中国社会走到了一个新的十字路口,处在由传统社会向近代社会过渡的关键时期,无论是在政治、经济领域还是在思想、文化领域,旧的传统的思想观念与新的先进的价值理念在这一时期发生了激烈的冲突和碰撞,社会面临着一系列的价值变迁和社会转向。

理学在南宋时期成为统治者的指导思想以后得以广泛流行,元、明、清时期的理学家们继续丰富和发展理学思想,使其不断发扬光大。

一、明清理学

明清之际,君主专制统治空前强化,政治统治黑暗,文化上的"八股取士"和"文字狱"严重地禁锢了人们的头脑,而商品经济发展,资本主义萌芽出现,社会风尚在商品经济的冲击下发生巨大变化,人们竞相逐利,从而造就了一批反传统的思想家。李贽、顾炎武、黄宗羲、王夫之等否定孔孟权威,提倡个性自由,批判封建专制,主张"人民为主",提倡经世致用,重视工商业的发展,反映了社会现实的变化。

明清时期程朱理学仍占据统治地位,但随着明清之际政治经济的巨大变化,一批思想家强烈反对程朱理学和孔孟之道的"教条主义"、反对专制主义,倡导"经世致用",重视手工业、商业,主张批判地继承传统儒学。

中国历史发展到明清,封建制已经日渐衰落,新的社会制度的因素正在萌发。在这种历史环境的影响下,有一些敏锐的思想家李贽、顾炎武、黄宗羲、王夫之、阎若璩、颜元、惠栋、戴震等人举起"新汉学"的旗帜,力矫宋明理学束书不观、空谈心性之弊,重新诠释儒家经典,重振儒家经世致用的学风。清代儒学对传统儒学思想的批判继承,促使我国传统文化重新焕发了生机,并为近代中国资产阶级民主思想的产生奠定了基础。

明后期"异端"进步思想家李贽,否定孔子是"圣人",否定"以孔子之是非为是非",否定儒家经典的绝对权威,反对理学家的虚伪。他指责儒家经典并非"万世之至论",揭露道学的虚伪,反对歧视妇女和压抑商人。他是我国反封建的思想先驱,他的思想在一定意义上反映了资本主义萌芽时代的要求,带有民主性色彩。

这些进步思想家也对君主专制制度进行了猛烈抨击,要求个性解放、平等和自由,并提出了种种限制君权的理论和设想。其中最主要的观点是倡导言论自由,建立自下而上的监督机构,以保证各级政权机关清正廉洁、决策正确和国家社会安定。这些带有早期启蒙性质的进步思潮,对以往正统宋明理学做出了总结性批判,开创了具有深刻而新颖哲学观点、政治见解和批判、务实精神的一代进步思潮。

在这些思潮中,有实学、颜李学派、乾嘉学派、今文经学、晚清儒学。其中,以顾炎武、黄宗羲、王夫之及方以智为代表人物的实学,是针对明末居敬主静、明心见性的理学及"束书不观、游谈无根"的王

学末流所造成的种种积弊进行理性反思和深层批判的基础上形成的一股社会变革思潮。

以北方著名学者颜元与李塨为代表人物的颜李学派,标识"实学",主张"实文、实行、实体、实用"(《习斋记馀》),与清初官方提倡的宋明理学相对立,在社会上产生过相当大的影响,被称为"颜李之学数十年,海内之士靡然成风"(《秦关稿序》)的清代初期思想领域颇具影响的一个学术流派。

风行于乾嘉之际的乾嘉学派,百余年间形成"古典考据学独盛"的局面,汉学"几乎独占学界势力"。《清经解》收录考据名著157家188种1408卷,其中大多数是乾隆、嘉庆年间的著作,世称乾嘉学派,也称考据学派。该派主张为学应先求而后得,先学而后知,提倡治学要经世致用,强调"六经之旨与当世之务"的结合。他们还反对空谈性理的宋明理学,但又以宋学中继承了辨疑的优点,既提倡"考查一字之义,必本六书,群经以为定诂(《清儒学案》)的求是精神,又提倡学与思的结合,打破了砂锅纹(问)到底"的辨疑精神。乾嘉学术思想依据地域可分为浙东、吴、皖三大派,从治学内容可分为治经、治史两大类。浙东派的赵翼、崔述、钱大昕、王鸣盛为治史的代表,吴派的惠栋,皖派的戴震、段玉裁、王念孙、王引之为治经的代表。乾嘉之学影响深远,在我国儒学发展史与整个学术文化史上都占有重要地位,他们整理了先秦以来的儒家经典及古籍文献,重刻的《十三经注疏》成为后世儒生研读儒学的最系统的典籍,也为当代保存和研究儒家文化提供了最重要、最集中的文献。

以庄存与、刘逢禄、宋翔凤为代表的今文经学,这一学派是以汉代今文经学为家法和理论来源,以《公羊传》和董仲舒、何休的著作为经学依据,其基本特色是借发挥孔子的"微言大义"来表达自己的历史哲学和政治态度,借"张三统"、"通三世"、"受命改制"等等说法来做自己托古改制的理论依据。继庄、刘二人之后,复兴发展了清代今文经学的主要代表人物是道光年间的龚自珍、魏源两位今文经学大师。而龚自珍、魏源之后的今文经学家,如康有为、梁启超等,他们托"公羊改制之义",提倡维新变法,直接推动了近代中国社会的进步发展。清代今文经学是继清代乾嘉古文经学衰落之后,于道光年间前后复兴再起的中国传统儒学的重要派别和学术思潮。

1840年鸦片战争后,中国沦为半殖民地半封建社会,民族危机空前严重,伴随着西方强大的经济侵略,西方的思想文化也以空前的规模、力度和深度冲击着中国传统文化。儒学作为中国传统文化的主流在面对这一文化危机的挑战时,产生了晚清儒学。晚清儒学主要有以下三种不同的主张:

以唐鉴为代表的宋学派的经世致用说,强调儒者除自身守道外,尚应重视"辅世"、"救时"。因此,大多不尚空谈,重视躬行,而该派影响最大的主张是以曾国藩为代表的洋务派提出的"中学为体,西学为用"思想。这一思想不仅客观上冲击了儒家重道轻器的传统,而且从实际上影响了中国近代历史的发展。

以戊戌变法时期维新派领袖康有为为代表的维新派的今文经学,打出"孔教复原"的旗帜,继承今文经学的传统,发挥《春秋公羊传》的思想学说,干预时政,并出于政治需要,对传统儒学实行尊孟抑荀,对宋明理学实行崇陆王贬程朱。他们还将西方的进化论与儒家的变易思想、三世说相结合,提出一套进化史观。

以章炳麟、刘师培、邓实等为代表的国粹派的古文经学。以《国粹学报》和《国故月刊》为舆论阵地,主张发明国学,保存国粹,注重宣传中国传统文化,内容涉及经学、史学、音韵、训诂、诗词歌赋、金石书画等。他们宣传儒家重夷夏之防的思想,借以鼓吹反清排满的民族主义。认为古文经学优于今文经学,并通过为古文经学辩诬,批驳康有为的孔子托古改制说,以反对改良。针对当时不少人"醉心欧化",排斥传统文化的倾向,他们认为只有国粹才是真正的救国之方,抨击新文化运动为"功利倡而廉耻丧,科学尊而礼义亡,以放荡为自由,以攘夺为责任,斥道德为虚妄,诋圣贤为国愿",带有浓厚的复古色彩。

清代儒学在其发展过程中所表现出来的两个意识尤为明显：批判意识和学术独立意识。从批判意识说，清代的儒学家们大都对宋明理学采取批判的态度。在他们对宋明理学的批判中，也包含着对封建主义政治制度的批判。从学术独立意识说，在中国封建社会时期，儒学作为意识形态的重要组成部分，早已失掉独立的学术品格。清代儒学家那种"为学术而学术"的治学态度，就是试图改变这种情况的抗争。他们要求学术独立，要求儒学非意识形态化，其实，已经触摸到近代思想启蒙的门槛。

清代儒学的各方学派在其发展中，互相影响、互相融合，代表着明清之际社会发展的进步方向，预示着中国未来文化发展的方向，是中国古代思想走出理学、走出中世纪、走向近代思想、近代社会的过程，也是传统儒学在这一时代的发展与演变。

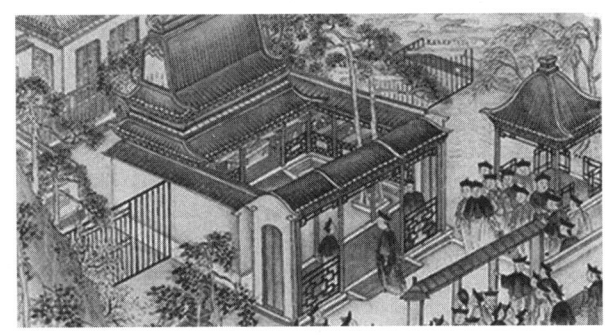

清代儒学一统天下

二、理学在嵩山的传播与发展

（一）明清理学在嵩山

明代中叶以后，儒学中的心学影响日大。心学，作为儒学的一门学派。最早可推溯自孟子，而北宋程颢开其端，南宋陆九渊则大启其门径，而与朱熹的理学分庭抗礼。至明朝，王守仁是其集大成者，首度提出"心学"两字，并提出心学的宗旨在於"致良知"，至此心学开始有清晰而独立的学术脉络，并分出好几个支派，其中最著名的是以王艮为首的泰州学派，而泰州学派的李贽是正统儒学的叛逆，被正统儒家和封建统治阶级诬为"妖人"。

王守仁，世称阳明先生，其一生活动主要是两个方面："破山中贼"和"破心中贼"，后者是指建立心学理论体系，以"辅君"、"淑民"来挽救封建统治危机。他主张实行仁政，其心学理论主要包括"心即理"、"知行合一"、"致良知"三个命题。

从理学发展的总趋势来看，王阳明的心学引发和开启了理学的解体，晚明以后，理学更走上了教条主义和形式主义的穷途末路。明朝时期对嵩山理学发展具有很大推动作用的有曹端、薛瑄、何瑭、尤时熙、孟化鲤、高拱等。曹端强调太极和理的作用，坚持理乃万物之源以及理一分殊的观点，提出理学发展中道统或者理学究竟从谁开始的问题，认为源于周敦颐继承孔孟之学，而二程又习自周敦颐，他对理学的传播做出了突出的贡献，被称为"百代大儒"、"明儒之冠"。薛瑄以程朱理学的后继者自居，其思想既与程、朱有相似之处，又有自己独到的见解，他强调天理的主观性和不可分性。何瑭强调读书与政治致用相结合，改变了为读书而读书的旧习性，他继承王阳明的心学思想，认为心是万理之源。

尤时熙继承程颢、王阳明的心学观点，尤以推崇王阳明的《传习录》为甚，干脆辞官归里办学，专门传授心学，从而成为心学派的重要人物，在理学发展尤其是心学发展方面做出了巨大的贡献。孟化鲤在理学上认为，人为天地之心，而人之心即浩然之气。吾之心正，则天地心正；事之气顺，则天地之气顺。所以应注意心之涵养，必须修身心才可以调和阴阳，通达四方。高拱尊儒而不迷信儒，认为尊孔应是尊理，他对明朝中后期的理学发展有着重要的贡献。明末清初的顾炎武、黄宗羲、戴震等气学儒家又各有研究和发展，集大成者为王夫之，他创立了辩证气学，在儒学理论上取得了巨大的进步和成就。实学思潮的勃兴成为儒学发展过程中的又一个方面。"崇实致用"是其基本特征，以"经世致用"为目的，以"实事求是"为治学圭臬，黄宗羲"治天下，为民用"的"经世应务"精神，顾炎武的"崇实致用"、"明道救世"的实学思想，王夫之"六经责我开生面"的"废虚返实"路线，陈确"事事求实理"的反理学思想，再加上颜元、李恭师徒颜李学派的躬行践履的大力提倡，都为明末清初的实学思想增添了夺目的光彩。

王阳明与弟子们在一起

孟化鲤最著名的弟子，为明南京兵部尚书吕维祺。吕维祺退职后，在洛阳广收门徒，设立伊洛会，敬祀"伊洛七贤"。伊洛七贤即程颢、程颐、司马光、邵雍、曹端、尤时熙、孟化鲤。伊洛七贤代表了宋明理学发展的两个阶段，他们的学说是宋明理学的基石。

明清理学的主要代表人物有尤时熙、孟化鲤、孙奇逢、高拱、耿介、汤斌、张沐等。

洛阳理学家尤时熙主要继承了程颢、王阳明的心学观点，他高举心学的大旗，是宋以来心学派的一个重要人物。尤时熙最崇拜的人物有两个，一个是程颢，一个是王阳明。在二程中，他很少提到程颐，而对程颢的《识仁篇》则多次论及，对王阳明的崇拜更是五体投地，自得到王阳明的《传习录》之后，手不释卷，日不间断，在45岁时辞官归里办学，专门传授王阳明的心学。他认为"阳明文集最动人"。他不仅认真钻研王阳明的著作，而且照着执行。他是王阳明之后北方心学的主要代表人物之一。在理学发展史上，特别是心学发展方面有着不可磨灭的贡献。

新郑人高拱是明朝中后期的思想家和政治家，他身居宰相高位，他的理学观点不仅对明朝中后期理学的发展起了重要的促进作用，而且对明朝中后期政治、学术思想的发展也有较大的贡献。高拱的可贵之处在于他尊儒而不迷信儒，他认为，孔子是天下最高的圣人，孔之道是天下最大的。若以孔子之言不可信，还有什么言论可信的呢？但尊孔是尊理，并不是每言必信，句句照搬。高拱的这种认真严谨的理学态度实为难能可贵。

在嵩山地域的儒学传播中，理学大师薛瑄是一个重要人物。薛瑄，字德温，号敬轩，原籍山西河津，后居住嵩山荥阳多年。薛瑄推崇程朱理学，在思想上总的是同程朱理学一脉相承的，但又并非程朱理学的简单延续，而是进一步完善和发展了程朱理学。难能可贵的是，他在"理无穷，故圣人立言亦无穷"的思想指导下，弃旧图新，提出了不少具有唯物主义思想倾向的观点，对明中叶兴起的理学唯物主义思潮起到了开创作用。薛瑄从维护朱熹理学的正统地位出发，从克服朱学弊端入手，发扬理学。首先，他适应时代要求，批判和改造了朱熹"理在气先"和"理、气决是二物"的唯心主义理气观，并在朴素唯物论色彩的宇宙观和认识论思想基础上，明确提出了"理在气中，以气为本"的新观点。他反复强调："理只在气中，决不可分先后。""理与气一时俱有，不可分先后；若无气，理定无止泊处。"他坚持气是构成宇宙万事万物最原始的物质本体的观点，他说："天地间只一气。""天地万物皆气聚而成形。"从而确立了系统的实学理论和学风,对明代实学思潮的兴起,起了直接的先导作用。但他同时受儒学影响深刻,他对理学的根本思想依然牢牢恪守,特别是在心性天人问题上,从而成为替封建制度作辩护的思想工具。

薛瑄的学说对当时和后世的影响很大。他通过长期聚徒讲学,按照自己的思想体系,培养造就了大量学者,创立了著称于史的河东学派,从而与王阳明为首的姚江学派构成明代理学思潮的两大主要流派。在之后的一个多世纪里,河东学派不断壮大,薛瑄弟子遍及山西、陕西、河南、湖北等地,他们在弘扬薛瑄思想学说和发展程朱理学方面发挥了巨大作用。

薛瑄论著选

清初,"崇儒重道"的思想文化政策使理学回光返照,中原出现了一个理学大家、北学宗师孙奇逢,与南方的黄宗羲、关中的李颙并称"清初三大儒"。孙奇逢之学,原本陆象山、王守仁,晚而倾慕程、朱理学,"不欲制程朱陆王为二途",故具有调和两派的特点。孙奇逢学易于雄县李崶,至年老,乃撮其体要以示门人。发明义理,切近人事。以象通1卦之旨,由1卦通64卦之义。其哲学思想可以概括为几个方面:首先,孙奇逢将朱熹的"格物致知"与王守仁的"致良知"合二为一。指出朱熹和王守仁的穷理、致知和良知均得自孔子,而这是殊途同归,并无矛盾之处,不应将二者对立起来。其次,提出了"顿从渐来"的顿渐合一说。再次,将"道问学"与"尊德性"合二为一。最后,他提出了"躬行实践"、"经世载物"的思想,在知行关系上,肯定了王守仁"知行合一"合理的一面,认为做学问的,不应是空谈家,应注重实践,重视经世致用。他曾选周敦颐、程颢、程颐、张载、邵雍、朱熹、陆九渊、薛瑄、王守仁、罗洪先、顾宪成等11人为理学大宗。

孙奇逢虽然一生身居山野乡村,却始终心系国家社会。在其社会政治活动中,他倡扬正义痛斥邪恶,慷慨不顾生死,誓不为官以明志节,德操声闻朝野,充分展示了儒家学者居仁行义深造自得的至善刚健人格精神。孙奇逢一生著述颇丰,学术著作主要有:《理学宗传》、《圣学录》、《北学编》、《伊洛理学编》、《四书近指》、《读易大旨》5卷、《书经近指》等。

孙奇逢主讲于卫辉苏门山下的百泉书院时,跟随他的学生聚居夏峰村,世称夏峰先生。密县超化寺钱佳选、滦城赵御众、沛人翁深、登封耿介、上蔡张仲诚和张沐、中牟冉觐祖、睢阳汤斌、襄城李耒章等皆为孙奇逢门徒,这些门徒后来都成为著名的理学家。后来,他们曾跟随孙奇逢,讲学于中原各大著名书院,蜚声于全国理学界。史载,孙奇逢到嵩山密县超化寨时,时任密县县令李居易由于久仰奇逢大师道学,闻说大师到来,立即辞去县令之职,以从学大师为乐。他们

孙奇峰的教学之路

在王朝兴替之时,奉行儒术,无道则隐,特立独行,超然世外,不畏权贵,不仕新朝。在超化一隅,他们一起研究理义,阐明程朱理学,赋诗论文,著书立说,十分活跃。有人说,他们是在超化办了一所一流的流亡大学。清人梁廷授《白云庄》诗记载了他们在超化受到的供养和对超化的思念,诗曰,"三年不见老王孙,每念云庄屋漏痕。""传餐或肯仍留客,乞食宁羞再叩门。"

孙奇峰著作

在对理学的传播中,孙奇逢认为必须严格遵照二程的思想观点,才能成为正统的儒家学者,他在《理学宗传》中详细阐述了二程的理论。时称当代真儒的张沐在理学传播中有着重要的贡献,他的主要思想是天理观,天理本指自然之理,是理学家的最高概念。张沐认为天理有三层含义:一是圣人之心,有了圣人之心,也就有了公心;二是天心,有了天心,就会有善而不恶,举敬而不息;三是良心,有了天理良心,才可以不容己私。总之,他把天理看作是天所生之本性,认为天理和人欲是矛盾的,只有去私,才可以有公,才可以存天理。汤斌在继承和发展理学上,他的观点主要有二点:一是主敬。主敬是二程思想的主要内容,主敬就是二程认为的任何人都要学以修身,以敬为心。二是天理。天理是二程思想的基本概念,二程强调了天理的先天性和绝对性,提出"天人同原说"、"学问真积久"、"学问真积力久"、"经道合一"等学说,为理学的发展做出了非常突出的贡献。他的《伊洛理学篇》是我国最早阐述中州伊洛理学的专著,为后来的伊洛理学研究提供了重要的借鉴。

嵩阳书院山长耿介以阐扬理学为宗旨,以恪守程朱理学为根本,鲜明地表达出尊重理学家的思想。耿介的学术思想是"以主敬为宗,以正心诚意为本,以识天理为要",完全属于二程和朱熹体系。耿介编著的《理学要旨》一书,辑录北宋周敦颐、程颢、程颐和南宋朱熹等理学大家的小传,并各列其著作。此外,耿介主持嵩阳书院期间,在注重培养、教育学生的同时,并积极联系、接待四面八方的理学者来到嵩阳书院进行理学交流,教育探讨,为理学在嵩山地域的传播与发展上有着不可磨灭的功绩。

(二)儒学在嵩山地域的传播与发展

康熙年间,程朱理学被定为官方统治思想,曾一度居于学术主导地位。清中叶,乾嘉考据学兴盛,理学的学术地位逐渐边缘化,但是程朱理学所张扬的纲常伦纪,不仅为士人效法,而且在广大百姓中有着根深蒂固的影响。到晚清咸丰年间,还一度出现理学"复兴"的局面,影响了学坛和政局。

清朝,在中国向近代化的转型过程中,儒家思想虽然受到前所未有的挑战,但国家大治方针依然是崇孔尊朱,"孔"为孔子,"朱"为朱熹,它在中国依然有着举足轻重的地位。因此,教育的内容,清代依然实行崇儒重道的文化教育政策,即提倡理学,以儒家思想作为全社会的指导思想。学习儒家思想,普及儒家思想,是清朝崇儒重道的重要内容。

清朝嵩山儒学的教育传播机构有庙学、书院、义学、塾学等。

1. 庙学

清朝地方政府所办的庙学,其实就是地方官学,一般均设于文庙,又统称"学宫"。不过因办学地点之不同,也有不同称谓。

中国封建社会的正统官学是儒家学说,为了宣扬儒学思想,发展儒学教育,作为儒家学派的创始人并积极讲学传扬儒家思想的孔子,就受到中国历代王朝的顶礼膜拜,历代儒士也将孔子作为"先圣先师"加以崇拜。由于统治者的倡导,儒家思想成为整个封建社会的精神支柱,就社会的意识形态而言,孔子学说为核心的儒家思想成为全社会是非曲直的标准。在这种大文化背景下,文庙祭祀在崇尚祭祀的中国古代逐渐盛行,作为孔氏家庙的孔庙逐渐上升为国家祭祀,各地也不断修建孔庙,直至庙学教育成为定制。

庙学教育制度,是指学校以孔庙(文庙)为主轴而展开儒学知识的体系教育,就是在学校中设有孔庙(文庙),围绕孔子祭祀礼仪而进行学校各种教育活动的制度。就学校教育空间来说,学校整体分成两部分:以孔庙为中心的祭祀空间与以明伦堂为中心的教学空间。也有学者简单将庙学定义为:庙学是指依附于孔庙,以传授儒家理论为宗旨的学校。

纪念先师孔子

清朝庙学是清朝廷直接举办和管辖的以及官府按照行政区划在地方所办的学校系统。其不仅具有阶级性,而且具有明显的等级性。办学宗旨是培养各种封建统治人才,以供朝廷之用。设置了专门教育行政机关和教育长官来管辖,教育内容以儒家经籍为主,以四书五经为主要教材。

庙学的教官由清廷委派,府学设教授,厅学、州学设教谕,县学设训导。学生分三种:廪生、增生和附生。廪生有经济补贴,增生无,廪生有缺额,增生可递补。附生不占学额更无补贴可言。学习内容与官学不同,多为儒家经典和"经世致用"的文章问。一般实行月课制,每月初一、十五两次,宣读先王圣主如顺治、康熙所制定之文诰外,还辅以季考,考《大学》、《中庸》、《论语》、《孟子》以及策论等。嘉庆以后,庙学愈发式微,已失去教育训诲之作用,变成为科举考试服务之机构,在童生考前办理注册、发执照等手续。

由于科举制成为封建国家选拔官吏的重要手段,而"科举必由学校",因此,随着"求举者日众",入庙学习成为时尚,庙学成为入衙做官的阶梯。庙学在 2000 余年的封建社会中起到了很大作用,历朝历代均将建庙、修庙、祭孔、尊孔,作为政治生活中的一件大事来抓。

庙学的特点是庙学结合,亦庙亦学,由学尊庙,因庙表学。兴学的过程,也是建庙的过程,文庙随着学校的建立而普及。史料记载:"元明以后有了孔庙和学庙合一的特征,至清嘉庆年间,中国共有京师、府、州、县、厅、司、乡各级学校文庙(庙学)1700多所,加上其他书院孔庙等,总数达2200所。"废科举后,庙学消亡,改建学堂。

清朝,嵩山地区的庙学很多,每个市县都有,少则一个,多则几个,有名的有位于洛阳的河南府文庙、郑州文庙、汝州文庙。

(1)河南府文庙

河南府文庙,位于洛阳市老城文明街。现为全国重点文物保护单位。河南府文庙初建年代无考。根据《洛阳县志》和《金元洛阳城池图》等资料推测,其建筑年代当在金元之际。据庙中石碑记载,宋朝真宗景德四年(1007年)二月在此修建国子监,南面是低洼的荒地,东面有宋军兵营,金朝初在其旧址上重建金昌府文宣王庙(唐朝玄宗时封孔子为文宣王,因此,称文宣王庙,明朝之后简称"文庙"。)少数民族统治汉族十分困难,建文宣王庙意弘扬汉文化,实为更好巩固政权。元、明、清三代置河南府治和洛阳县于此。

文宣王庙建筑布局严谨,由南向北台阶式上升,沿中轴线两边展开,属我国传统的六进院落建筑。史料记载:原河南府文庙建筑群有照壁、棂星门、石桥、月台、泮池、戟门、乡宦祠、文昌祠、弟子祠、圣贤祠、大成殿、明伦堂、敬一亭(河南儒学所在地)等。

河南府文庙历史始建于金、元时期,以后历朝历代多次重修。据《洛阳县志》记载,河南府文庙明代的景泰、万历、嘉靖年间和清代的顺治年间,都有过修建。其中,清顺治年间进行过两次大的修建,特别是十四年(1657年),教授侯抒愫仿山东曲阜杏坛,筑明伦堂9间,在明伦堂后筑尊经阁3间,并建居仁斋、明善斋、博文斋、约礼斋在明伦堂甬道两侧,使河南府文庙发展到历史最大规模。

河南府文庙

但是,在清康熙以后,河南府文庙就走了下坡路。外乡人迁入洛阳渐多,住房紧张,于是洛阳县衙就将府文庙东门内大街(即今东大街)的北围墙和御路街的西围墙拆除,各内移5丈,腾出地方建民居。道光年间,由于科举制废除,河南府学停办,县衙便将府学教授私宅改建为"产婴堂",收留流浪和逃难的孕妇。

抗日战争期间,日本飞机来犯,河南府文庙大成殿前坡西半部被炸毁。后洛阳沦陷,河南府文庙被日军作为洛阳警备司令部使用。

"民国"十四年(1925年),河南省著名的儒学家李馨佛、林东郊等人在河南府文庙创办洛阳第一个私立中学——明德中学。抗战胜利后,河南府文庙仍为明德中学,此学校于公元1947年停办。新中国成立后,河南府文庙曾被文明街小学占用。据文明街小学退休教师梁儒林老师回忆,公元20世纪60年代,文庙棂星门、泮池等还在;70年代中期,学校将棂星门、泮池、接待房、值守房拆除,建起了3层教学大楼。

河南府文庙历经近千年的沧桑,进入21世纪后,洛阳市于2007年正式启动河南府文庙修缮保护工程,将长期占用文庙做校舍的文明街小学进行了搬迁,然后开始对文庙进行80多年来最大规模的重修、扩建,不久的将来,河南府文庙将以全新的面貌出现在世人面前。

河南府文庙比一般的文庙规格高,在河南是"老大",在全国也是数得着的。但是,关于河南府文庙在历史时期的活动情况,史料记载很少,仅有明代的一次:明太祖洪武二年(1369年)下旨,每年春秋两次祭典孔子,各以正官礼注,知府知县以下官员每月初一、十五到文庙行香施礼。所有新生入学和毕业都要到文庙孔子牌位前跪拜,以示尊敬和感激之情。

(2)郑州文庙

郑州文庙位于东大街东段路北,市第一人民医院东200米,现为河南省重点文物保护单位。据《明嘉靖郑州志》记载,郑州文庙于汉明帝永平年间(公元58~75年)创建。在古人的文庙中,郑州文庙也是其中较大的一所学校,历史上它的原占地 37 亩,面积达 5 万平方米,其建筑布局遵循规制。据清《郑县志·四关图》所示,中轴线上共有 5 进院落,棂星门内并排 3 院,正南 50 米处有一座彩陶照壁,东西有过街牌楼各一座。中轴线建筑依次为棂星门、泮池、大成门、大成殿、明伦堂、敬一亭、尊经阁等。尊经阁东侧有书斋房、启圣祠、西有斋房、土地祠和射圃亭,两侧为庑房,东院有学正宅、名宦祠,西院有儒学、乡贤祠等。除上述建筑外,据民国《郑县志》记载,还有金声玉振坊、居仁门、由仁门、崇义门、祭器库、神厨、育德仓、义仓、宰杀厅、进德斋、修业斋、存诚斋等。

据史料记载,郑州文庙规模人气最旺的时期是在元代。郑州文庙自始建后的 2000 多年以来,在漫长的历史发展中,历经战火硝烟,几经兴毁,其命运可谓多灾多难。直到元顺帝至正六年(1346 年),朝廷对几乎化为灰烬的郑州文庙进行了一次大的修建,此时的郑州文庙仿原貌得以新生。

明、清两代,郑州文庙修建就达 12 次。但到了清光绪二十二年(1896 年),郑州文庙又遭大火,几乎令文庙"毁坏殆尽"。虽说当时"灾事上闻,部议重修,按亩捐款,土木大兴,岁两度始克告成",但是整个建筑和规模已元气大伤,今非昔比。

中华人民共和国成立后,郑州文庙归郑州电力学校使用。公元 1955 年,郑州市政府曾拨款对文庙大成殿进行维修。"文化大革命"期间,因郑州电力学校停办,文庙被郑州轴承厂所占。1981 年,郑州市政府下发文件将文庙大成殿移交郑州市文物部门管理。郑州商城遗址保护管理所于公元 1987 年和 1991 年,先后对大成殿和戟门进行落架大修和油漆彩画。公元 1995 年,郑州市政府提出恢复建设郑州文庙。公元 2002 年至 2005 年,郑州市投资 2000 万元,将郑州轴

清代庙学

承厂搬迁出去,又先后征购土地 12.66 亩,从公元 2003 年开始规划、设计、立项,次年动工恢复建设郑州文庙照壁、棂星门、东西牌楼、泮池、大成门、名宦祠、乡贤祠、尊经阁和东西两庑、碑廊、井亭,对大成殿实施了整体抬升,保护维修和油漆彩画,扩建月台,并加汉白玉栏杆、青石台阶,殿内木雕彩绘孔子及 12 哲坐像。大成门两侧新移植树龄达 400 余年的两株银杏树,并配套完备的消防、供电设施,形成了比较完整的古建筑群。

自古以来,文庙就是社会文化中心的象征,郑州文庙的政治地位和作用也是如此。史料记载:郑州文庙在古代每年春秋两季,历代郑州地方政府都要按照皇朝规定的礼仪,在文庙举行规模宏大的祭孔大典,尤其是 9 月 28 日孔子生日这一天,地方文武官员、各界名流官及学子都要在此举行三拜九叩大礼,焚香祭拜,祭奠这位中国古代最伟大的思想家、政治家、教育家。史料中这样形容祭祀场面:"钟鼓齐响,笙歌共鸣",可见场面之热闹与隆重。

(3) 汝州文庙

庙学作为一个地方的儒学传播和培养人才的机构,对任何一届政府来说,都是至关重要的。

汝州文庙位于汝州市市区中部,现为全国重点文物保护单位。汝州文庙创建于明洪武三年(1370 年),现建筑多为清代重建。整个建筑群布局合理,保存基本完整。汝州文庙院南北长 330 米,东西宽约 50 米,总面积 20870 平方米,占地约 22 亩。文庙东西各附一跨院。其特点为中轴线明显,建筑排列

有序。现有大成坊、文明坊、大成殿、启圣宫、明伦堂、名宦祠、乡贤祠等大小殿堂116间,系明、清建筑。大成殿系庙内最大建筑,殿内供奉大成至圣先师孔子的牌位,殿门上曾悬挂过清朝历代皇帝书写的匾额,具体为康熙二十三年(1634年)颁"万世师表"、雍正三年(1725年)颁"生民未有"、乾隆三年(1738年)颁"与天地参"、嘉庆四年(1799年)颁"圣集大成"、道光元年(1821年)颁"圣协时中"等5块。

据明正德《汝州志》记载:汝州文庙的前身是元朝忠襄王祠堂,明洪武三年改建为庙学。

后于明永乐十四年重修。明崇祯二年和"民国"五年文庙两次被毁,"殿庑渗漏……墙壁多颓"。在县一级的文庙来说,汝州文庙算是规模较大的。公元20世纪80年代以来,文物部门投资了50万元进行整修,重修了明伦堂、名官祠、乡贤祠等。

历朝各代为了推行儒家思想,把儒学宗教化,广建寺庙,大加宣扬。从而培养造就了一大批深谙儒道的知识分子,造就了一批又一批维护君主专治统治的卫士和官僚分子;通过庙学的普及性教育,三纲五常的宗法伦理观念成为普通百姓衡量善恶道德、是非曲直的标准。

每次祭孔实际上是一次大规模的宣教活动,所用的乐舞既张扬了儒教,也强调了儒教的至尊。庙学的政治教化功能主要体现在对孔子所创立的儒家学说的弘扬、推广、应用上。

2. 书院

书院是中国自北宋到清代一种重要的高等教育组织形式,它是在系统地综合和改造传统官学和私学的基础上构建的一种不是官学但有官学成分,不是私学但又吸收了私学长处的全新教育组织。从唐中叶到清末,经历了千年之久的办学历史,其办学方式灵活多变,形成了一套独具特色的办学形式、教授方法、管理制度等教育模式,弥补了封建官学的不足,在世界教育发展史上独具特色,它属于半官半民性质的学校,创办时既有拨款,又有个人捐资。但它以私人创办为主,大多是自筹经费,建造校舍,积累大量图书,教研结合,具有成人教育性质。它使源远流长的传统教育趋于成熟和完善,对中国封建社会后期学术文化的发展,人才的培养,曾起过巨大的推进作用,是中国古代教育史、学术史上具有重要地位的教育组织形式,

明初,中央最高官学仅国子监一种形式,地方教育行政也完全独立,但学校逐渐沦为了科举的附庸,学校教育成了应试教育,学校的教学目标、教学内容都与科举考试直接有关。明代还出现了八股取士制度,学做八股文成了学生的主要任务,实学几乎无人问津。明神宗出于新政改革的需要,曾于万历七年(1579年)诏毁天下书院,公立的关闭,私立的大肆缩减。这一时期,书院基本官学化,有的遭毁禁,有的成为科举的预备站,无法满足学术研究与讲学的需要。

嵩山地域的书院在清朝达于鼎盛,各市县区所建书院达2000余所,嵩阳书院名气最大。北宋中期,著名理学大师程颢、程颐兄弟在嵩阳书院聚徒讲学,书院名声大振。作为北宋伊洛理学发源地的嵩阳书院,在我国教育史上曾经有过名家聚集、人才辈出的辉煌。但几经朝代更迭和遭遇战争创伤的嵩阳书院几度沉浮,最终在清初,经长期衰落后再次蓬勃兴盛起来,成为文化教育界的一大亮点,受到全国文化界、儒学界、教育界的广泛关注。嵩山地域的嵩阳书院是清朝文化教育的一个成功范例,在大学堂、庙学、书院、学塾等教育形式多样化的清朝,作为一个半官半私的小书院,它的复兴对河南教育,乃至对全国教育都有大的影响,这在当时不能不说是一个文化奇迹。更使人感到吃惊的是,在此之后,这个文化奇迹的余音一直绵延多年,甚至到当今仍然还是不绝于耳。鉴于以上原因,作者在此文中除了介绍有关书院的特点和明清时嵩山地域书院的概况以外,还专门列出"复兴嵩阳书院"进行

简介,希望给人以启迪。

清朝后期,书院处在教育体系的中心,但大部分书院与官学无异。由于教学内容陈旧,教学方法落后,书院教育逐渐走向没落。《辛丑条约》(1901年签定)后,在国内要求改革教育的呼声下,清政府颁布诏书:"命各省所有书院,于省城均改设大堂,各府、厅、直隶州均设中学堂,各州、县均设小学堂,并多设蒙养学堂。"至此,书院退出了历史的舞台。但民国年间仍在一些地区存在,继续发挥自身的教育功能。

(1)藏书、教学和祭祀是构成书院的"三大事业"。

在书院的形成过程中,"讲学"成为其核心功能。但是,书院的发端并不在于讲学,而在于藏书。书院藏书起源于唐代,产生最早的唐玄宗时代的丽正书院、洛阳集贤书院实质上就是藏书、校书、刻书的地方,即为"修书之地,非士子肄业之所也"。由此可见,藏书是书院的首要功能,而"士子肄业",最初没有这项业务。

一是藏书、刻书。藏书、刻书是书院的重要特征,也是儒学传播的重要途径之一。藏书在相当程度上反映了书院的基本理念、学术源流与学术崇尚。刻书更是书院传播的重要方式,这种有组织性的刻书活动,更能体现一座书院儒学传播的价值取向。

书院建筑一般多有讲堂、祭殿、藏书楼、斋舍与其他生活设施等,规模较大的书院大多建有藏书楼阁,拥有丰富的藏书。如宋代书院著名的藏书楼就有嵩阳书院藏书楼、岳麓书院御书阁、鹤山书院尊经阁、丽泽书院遗书阁、伊川书院藏书楼等。以清朝嵩阳书院藏书楼为例,可看到当时儒生们对于藏书楼的拥戴。史料记载,清康熙二十三年(1684年),河南巡抚大中丞王日藻慷慨俸银,为嵩阳书院建造规模壮观的藏书楼。史料记载的藏书楼落成之时,那是令人何等的兴奋喜悦啊!一群群的儒士聚集在一起,激情赋诗,高歌相庆:"同题同韵:嵩阳书院《藏书楼落成,赋得八韵》"。而后,一群又一群的名儒雅士,登上嵩阳书院藏书楼,尽情抒发热烈爱戴之情,有关登藏书楼的诗作连绵不绝:"同题同韵:嵩阳书院《登藏书楼》"、"同题同韵嵩阳书院《九日携同人登藏书楼,因有怀张牖如别驾即席漫赋》"、"同题同韵:《九日登藏书楼》"、"同题同韵:《中秋同王子明府、傅公定广文嵩阳书院藏书楼观月》"等。诗人李滋在《登嵩阳书院藏书楼》一诗中表达了对藏书楼的高度评价及深厚感情。

曾来高阁俯秋声,又复春光放眼明。著述漫夸周柱史,趋陪犹见鲁诸生。

三花过雨垂檐湿,二室排云入槛青。此地中原文献在,低徊欲去倍关情。

当时,藏书楼建成后全国各地驿送经书,以充楼藏,供学者阅读。据《碑传集》载:江西瑞州府焦贲亨卧病榻,闻嵩阳事,因赠书多种。鲁山教谕李兆元闻耿介倡学嵩阳书院,命子李瀚往学,并购书多种以赠书楼。除赠书外,嵩阳书院自己购置、抄刻、著录的图书凡数百种千余册。耿介复兴嵩阳书院时,藏书楼藏书即达86部万余册,是当时儒学传播的重要基地。在古代印刷并不发达的情况下,书院的藏书被师生们奉为至宝。嵩阳书院在北宋兴盛时就有大量的藏书,还自行刊刻图书,并建有藏书楼和书库,委派专人保管。遗憾的是,由于战争的破坏和书院的兴衰,嵩阳书院各历史时期的藏书都相继失去。明清时期,书院藏书受到普遍重视,凡建书院,即谋藏书。因此,各地书院都创建了名目繁多的藏书处所,收藏经史百家之书,以供生徒阅览、自修、研习、讲诵之用。从史料看,从唐代到明清,书院的藏书主要来源分别为朝廷颁赐、官府拨款购置、私人捐赠、书院自购和自刻。其藏书以儒家经典以及随后的理学著作为主,同时还包含一些小学类图书和基本的文史图书,还有地方文献资料的收藏,都为学生的学习奠定了基础。

嵩山地域的理学活动比较发达,当时嵩阳书院的藏书中理学书籍占了主要部分,其中包括《新颁四书解义》、《小学》、《性理》、《二程子言行录》、《二程全书》、《朱子全集》、《大学衍义》、《邵康节先生伊川击壤集》、《四书语录》等等,从中可以看出嵩阳书院讲学的主要内容。在刻书方面,书院刻书除备以自用、扩充院藏外,在保存典籍、传承文化、传播知识等方面亦发挥了不可或缺的功用。如嵩阳书院的各种《教学讲义》、《嵩阳书院志》、《理学正经》、《性理要旨》、《中州道学编》、《松风草阁诗》以及名儒、刻书家景日昣的《嵩崖尊生》、《嵩阳学凡》、《景日昣诗集》、《嵩台随笔》、《嵩崖集》及史书《说嵩》、《嵩岳庙史》、《嵩台学制》、《会善寺志》、《龙潭寺志》等,皆为嵩阳书院所刻。更为可贵的是,这些书的刻版有的一直保存到20世纪,在"文化大革命"被毁。

二是教学。书院教学对于传播学术,从而支持道统的绵延并进一步产生社会影响具有重要作用。嵩山地域的书院都是以传授儒家经典为主,以弘扬程朱理学为办学宗旨,所以理学教育思想一直是它的中心。书院教学大都采取自学、共同讲习和教师指导相结合的形式进行,以自学为主。它的特点就是为了教育、培养人的学问和德性,而不是为了应试获取功名。但清朝书院侧重于八股文的章句之学,为科举考试作准备,书院对学生有一套严密的考核制度,考试制度是其中的核心部分。书院教育大致包括"道"、"艺"两方面。书院考试可分为德行考核与学业考课两大类型,德行考核是对学生一贯的道德品质、日常行为举止进行检查,看学生是否符合标准。有的书院还设有簿书登记制度,左右品评的依据。但也有例外,如有的书院专责启蒙教育,有的专习汉文,有的专习外文等。

嵩阳书院的会文、讲学是教学中的主要活动。依托"辅仁会约"具体实施。并以耿介所撰的《辅仁会约》、《为学六则》为组织原则,会文活动在每月初三举行,届时师生齐会嵩阳书院,寒暑不辍。会文时要求师生严肃体貌,收敛精神,将答题作为理学工夫来对待。优秀的时文还以《嵩阳书院会业》刊行于世。

在嵩山诸多的书院中,嵩阳书院的讲学活动是出了名的。书院除大师讲学外,还连续举办师友之间的讲学。从《嵩阳书院会约》来看,分为两大部分,首先是将一月所读之书,与生徒朋友讲读请教;其次是将一月中的言行得失,互相点检,善而称美,过则规正,不能有所隐瞒。此外,《嵩阳书院会约》还提供了书目,诸如《孝经》、《小学》、《四书》、《五经》、《性理大全》及《资治通鉴》等,供生徒学习。

嵩阳书院的教学经验对我们今天改革高等教育,仍有不少值得继承之处,如对教师人选要求严格,在院主讲的耿介、窦克勤、李来章、冉觐祖、张沐等,无论学问、道德、事功均为当时名师宿儒;有比较完备的教学制度和教学原则;提倡在教师指导下学生自学和集体讨论,质疑问难,师生关系比较融洽;提倡学生相互批评,定期举行"生活会";强调品德修养等。

三是祭祀。祭祀是书院规制的重要组成部分,是古代学校释奠、释菜礼的演绎。祭祀之所以有如此重要的地位,因为它是确立儒家道统的重要载体和途径。讲学与藏书只是在知识层面上传播儒学,而祭祀则是从精神信仰、砺志规范层面上传播儒学。儒学,尤其是宋明以来逐渐形而上化的儒学,具有很强的宗教性,教授生徒不培养他们的宗教情怀显然是不完整的,祭祀正是从这个意义上与讲学、藏书并为三大事业。

书院的祭祀活动也是书院学术活动和教学活动的一种重要内容和方式。在祭祀对象上,书院最初也像学校一样,祭祀中国传统思想文化的代表先师孔子。吾夫子之道,与天地同不朽。祭祀的目的主要是表彰圣贤,崇德报功,要使儒生从这些先圣先贤的身上吸取教益,受到文化、道德的熏陶。如嵩阳书院道统祠中,供奉有尧、禹、周公;先圣殿中,供奉有先师孔子;诸贤祠中,供奉宋代"主管崇福宫程朱而下十四人",分别是程颢、程颐、朱熹及司马光、韩维、杨时、范纯仁、吕海、李纲、刘安世、李邴、倪思、王居安、崔与之;先贤祠中,供奉有程朱三贤。从祭祀的形式上看,书院的祭祀与佛道两教相类似,仪式上的贡品、仪式程序都有统一的规定,不少祭祀形式都进入了学规之中,从中可见祭祀的重要性。

嵩阳书院各祠的祭祀以先贤祠规格最高,所不同之处在于它每年分为春、秋两次祭祀。据《嵩阳书院志》载:"每春秋祭丁之次日,以少牢一祀先贤祠,或县令亲祭,或委学博代祭;每春秋二仲朔日,做古释菜之礼,用诸果品菜蔬十二器祀先圣,书院山长率肄业诸生行礼。"当然,举行较大规模的祭祀活动,有主祭人,有祭品、祭礼、祭服,场面宏大素穆,费用不菲。为了保证祭祀活动的顺利进行,大多书院都设有祭田、祠田、祀田等,田地里的收入所得,专供书院祭祀用。儒家的祭祀之礼都是由具体的仪式及其内在精神共同构成的,仪式动作的规范化、程式化可以使祭祀更加严肃、庄重。

祭祀的对象自从被推上顶礼膜拜的圣坛之后,无论是圣人还是贤者,都已经不再是简单的血肉之躯,而是道德的载体,道统的象征和文化的符号。人们向他们执香行供,参拜祭祀是基于对他所代表的学说的尊信。阎兴邦在《嵩阳书院新建道统祠碑记》云:"古今有治统,有道统,皆君相师儒共为任之者也。以治行道,天于是生尧舜禹汤、文武周公,以立乎上而治益隆。以道佐治,天于是生孔子,以修乎下而道不坠。统之所在,惟孔子为集其成。"祭祀的对象决定了书院的道统,书院只有先确立了道统,才能更好地藏书、讲学。

一般来说,书院大张旗鼓地举行祭祀活动,使得书院祭祀已成为当地备受瞩目、象征意味深厚的文化活动,其目的就在于扩大社会影响,宣扬崇文尚儒的社会导向,使书院祭祀对象的楷模示范作用超越书院而及于当地社会,成为儒学传播、社会教化的重要手段。

书院出现以后,我国古代教育史上出现了官学、私学和书院平行发展的格局,三者鼎足而立。

(2)书院与儒学一体相关

书院制度的出现既打破了僵化的官方儒学教育体制,也为职业哲学家脱离权力斗争、专心儒学研究提供了物质保障和发展儒学的自由空间。自宋以来,程颢、程颐、朱熹、张栻、陆九渊、吕祖谦、王阳明等儒家大师云集书院,以传承和发展儒学为使命,将学术研究与书院教育结合起来,极大地推动了儒家学术文化的创新。以书院为研究和传播基地,先后产生了程朱理学、阳明心学、清初实学、乾嘉汉学等儒家学说,这些学说是各历史时期儒家文化的典型形态,也是构建儒家文明的重要组成部分。可见,书院对儒家文明的传承与发展、学术思潮与学术流派的形成、学术风尚的转变等产生了重大的推动作用。

书院教师

书院以儒家文化为教学内容,开展会讲、讲会、考课等活动,将儒家文化传授给书院生徒,并通过制定学规、章程将这种教学活动制度化,不仅将儒家文化传播至社会下层,而且还培养了一大批儒家文化的信奉者,极大地推进了儒家文化的普及程度。

  清朝书院的官学化虽然已经很深,但是儒家文化作为书院的灵魂,仍将师生之间的情感紧密地联系在一起,诂经精舍启发学生"识精而思锐,不惑于常解",要求学生自己钻研。日常讲学承担了书院的主体教育职能,教师讲课时,学生便带着作业和疑难问题"执卷请业",甚至同教师进行自由论辩。在论学中,他们问辩答疑,相互启发,直至理解消化。书院讲学的最大特点就是"半教半学",注重学生自修,师友砥砺,形成亲密的师生关系,使生徒潜移默化地受到影响。

  历史发展到清朝,书院已成为儒学传播的最重要时期之一。清朝书院的儒学传播可分为面向士人的日常教育和面向地方社会的儒学传播。清朝书院对士人日常教育的主要内容是儒学。从传播导向看,官方的训示规条、书院的学规、章程等规定了书院传播儒学的办学宗旨;从传播内容看,书院的教学内容中无论是程朱理学、经史考据之学,还是古文诗赋、时文制艺,都渗透了儒学思想;从传播途径看,清代书院儒学传播中将祭祀作为书院规制的重要组成部分,从精神信仰层面上传播儒学,以此确立生徒的儒学信念;从传播特征上看,通过藏书、刻书等方式培养生徒的自修精神、增进生徒的知识储备,从多种途径将生徒纳入到儒学的精神世界中。

  书院办学有一个突出特点就是讲会制度的实行。师生不仅要长期相处,更重要的是以文会友,这与儒学是一种身心性命之学而不是简单的知识传授的特点是分不开的。讲会制度最能体现书院中亲密融洽的师生关系,儒家教育特别重视师生之间的关系,《礼记》主张教学要"藏焉、休焉、息焉、游焉",又要"教学相长",其核心是以师为尊,传道授业,使生徒接受的方式是"乐而好学"。通过讲会,师友之间论学、砥砺、切磋学问在书院儒学传播中起到了重要作用。嵩山地域凡有名的书院,都是不断地邀请全省乃至全国的儒学名家到书院讲学,以提高书院师生的学识与水平。嵩阳书院为什么在历史上会聚集那么多的名儒,都是以文会友的结果。

  清朝书院面向地方社会的儒学传播,几乎辐射到当时整个社会,影响了各个阶层的人员。清代书院讲会已非仅限于书院内的一种教学形式,常常扩展为地方性的学术聚会,对士人、民众开放,大大提升了书院儒学传播的影响;乡村书院主要开展启蒙教育,与义学、社学合流的乡村书院分布极广、数量可观,并与蒙学、乡约结合:扩大了教育面;蒙养育德、化民成俗;宣讲圣谕、彰善纠恶,在基层社会的儒学教化中发挥了重要作用;家族(宗祠)书院对宗族子弟的教育也是基层社会教化活动的重要方面,涉及宗族祭祀、族谱刊印、宗族会与合家祠等宗族教化的多个领域。从士人到乡民再到宗族内部,清代书院形成了一个巨大的面向地方社会的儒学传播网络。

  另外,书院的儒学传播还体现在书院环境的儒学意蕴中。书院作为文人士子聚集的文化教育场所,集讲学、祭祀、藏书、刻书、习艺、游息等文化活动于一身,其文化性质决定了书院环境的文化特征。书院不但在择胜地,立精舍,隐居读书或修养心性的环境上下功夫,还在建筑的布局和组合上,都遵循儒家的纲常伦理,体现了儒家礼乐相成的精神。书院多以讲堂为中心,总体上采用中轴对称,层次分明,错落有致的空间排列。大门、讲堂、祭堂(殿堂)、藏书楼等主体建筑位于中轴线上,斋舍及其他附属建筑置于中轴线两侧。这种中轴对称,层层递进的院落,既形成了排列有序、纵深多进的院落建筑群,又凸现了等级性与秩序性,体现出强烈的礼制色彩。同时,书院还极力营造"乐"的氛围。书院多位于风景名胜之区,本来环境已经优雅无比,但在书院当中,仍然会继续栽植花草树木,营造淡泊高雅、安静怡人的读书氛围,种植梅兰竹菊,寓意岁寒不雕的气节;开辟莲池,象征出淤泥而不染的品德。还常建造园林,营造出诗情画意。书院的这种规正和活泼相对,伦理与自然相融,正是儒家"礼乐相成"的具体表现。此外,书院还通过命名题额、嵌碑立石、匾联语录、斋名等多种形式环境传递深刻的儒学意蕴,潜移默化地将生徒纳入到儒学的精神世界中。

清朝书院的儒学传播对当时社会产生了广泛而深远的影响。首先,它对儒学自身的演变和发展起到了重要的推动作用,程朱理学、考据学在不同时期各领风骚,到晚清又形成了汉宋兼采的格局;其次,清朝书院的儒学传播对当时士习民风也产生过重要的影响。士人群体中有身居高位的朝廷官僚,他们以经世济民为己任;有教书育人的学者,他们讲学研习,以传承儒家道统为己任;还有沉潜民间的儒士,直接面对民众施行社会教化。除士人之外,清朝书院儒学传播对其他社会群体如乡绅、商绅、普通民众及一地学风民风也产生了重要的影响。

(3) 明清书院蓬勃发展

明清时期的多数书院也和府、县儒学一样,是为科举取士培养人才。当时的科举考试,大体上是这样:童生考试合格者可入府、县儒学为生员、称秀才;秀才(以及监生、荫生、贡生)参加乡试(每三年在省城举行的考试)考中者,称举人;举人经会试(每三年在京城举行的考试)考中者,称贡士,分为三甲(即三等),一甲限额三名,赐进士及第,其中第一名称状元,第二名通称榜眼,第三名通称探花;二甲若干

古书院课堂

人,赐进士出身;三甲若干人,赐同进士出身。明太祖洪武四年(1371年)共取进士121人。取得进士身份,便可任命为官员。又,明清时进士为甲科,举人为乙科。

因为有了科举取士培养人才的办学目标,嵩山地区书院都规定了学生的学习内容,主要是儒学、理学,偶或评议时政。书院教材,一般是以四书、五经为代表的儒家文化为主。书院在教学方面也形成了它的特点,一是学术研究和教育教学互相结合、互相促进,主张学以致用,启发学生自我钻研;二是允许不同学派争鸣,允许他们相互进行教学;三是实行开门办学,听讲者不受地域和学派的限制;四是藏书丰富,有些还自己刻印师生著作和教学参考用书。

清初,书院的发展也处于沉寂状态。直到康熙年间才有些变化。康熙皇帝御书"学达性天"、"学宗洙泗"、"经术造士"、"学道还淳"匾额分赐一些著名的书院,于是各地缙绅之士便积极创立和修复书院,清代书院才逐渐由沉寂走向复苏。雍正十一年(1733年)下令提倡书院,确认书院是"兴贤育才"之举,要求督抚于省会创办书院,并提供经费。

据史料记载,书院的兴起,吸引着四方人才,这其中有闻名全国的儒学大家和一些本土的嵩山儒学名师,相继到嵩山地区的各市县书院讲学论辩,探讨学术,强有力地推动了儒学在嵩山地域的传播和发展,使各县在科举考试中成绩明显。其中荥阳、巩义、密县、汝州、新郑、禹县、偃师等县在科考中,有多人相继考中进士。书院学生的成材,大大提高了书院的教学质量,对促进当地书院的建设与发展发挥了重要的作用。

明清书院教学强调"进德"与"为学"相结合,泽化人格,树立人格。重"没有教授管理,但为精神往来,自由研究"之自学能力的培养;以"履"、"习礼"、"赴会"等方式提高生徒的社会实践能力;重视教研能力,使教学和学术研究相结合,盛行讲会,提倡争鸣,强化教育教学与学术研究的交融。明清时

期封建统治者靠着强大的国家机器,采取抑制、禁毁、控制等高压手段,力图把书院纳入文化专制主义的轨道,以阉割书院教学的真谛。但是,作为书院固有的自由讲学精神也有其深厚的根基,自由讲学之风不仅没有被扼杀,而且有所发展。因此,明清书院教学有别于科举附庸的官学教育,传播学术和修养之道始终是书院教学的核心。

从明朝开始,嵩山地域教育发达,书院大盛。明朝在嵩山地域建有同文书院、伊川书院、洛西书院、洛中书院、伊洛书院、三贤书院、圣学书院、集贤书院、少室书院、存古书院、南城书院、天中书院等。

清朝中后期,书院高度发达,如雨后春笋般地兴起,数量庞大、类型多样、制度成熟,呈现出官学化、普及化、层次化及藏书丰富等特点。书院在空间分布上十分广泛,数量占绝大多数的乡村书院遍布嵩山地域。史料记载,当时嵩山地域各市县都有书院,且有多个,数量不等,较著名的书院有位于郑州市花园门街(今郑州书院街)的天中书院,有位于嵩山新郑市的兴学书院、茨山书院、东里书院,有位于禹州的清流学社、丹山书院,有位于嵩山临汝市的圣学书院、汝阳书院、童蒙书院、龙岗书院、同仁书院、汝韵书院,有位于登封市颍谷书院、存古书院、少室书院、南城书院,有位于新密市老城区后街的桧阳书院,有位于嵩山洛阳市的同文书院、洛中书院、伊洛书院、瀍东书院、集贤书院、乐道书院,有位于伊川的伊皋书院、洛西书院、合乐书院,有位于嵩山荥阳市的成皋书院、振雅书院、三山书院(龙山书院)、广宁书院,有位于偃师的二程书院、西亳书院、首阳书院,等等。

仅洛阳城内外有书院21所。有的是修复,有的是新建,有的与前朝名同而地不同。这些书院是天中书院、周南书院、瀍东书院、望嵩书院、洛中书院、奎光书院、涧西书院、玉虚书院、丽泽书院、敬业书院、械朴书院、中山书院、黄鹤书院、洛浦书院、伊川书院、龙门书院、阎公书院、同文书院、伊洛书院、雪香书院、丽正书院等。这些分布密集的书院,为极少数书院官办外,大多数为私人创办,属于私立公助的形式较多。而且每个书院内不但邀请有儒学名师,而且还聚集有不少的当地儒学文化名人。

书院在数百年间培养了一批又一批英才,创造了灿烂的学术文化,为嵩山境域乃至中华民族的文明进步做出了突出贡献。

书院的管理体制与府、州、县官学的管理体制完全不同。地方官学接受各学区学政官的直接管理,官学所在地的地方政府只有扶植的义务,没有干预的权力。而书院则直接接受各级官府的管理。雍正十一年(1733年),在准办书院的谕旨中明确规定了省会书院由总督、巡抚管理:"封疆大臣等并有导化士子之责,各宜殚心奉行,黜浮崇实,以广国家菁莪棫朴之化,则书院之设,有裨益而无流弊,乃朕之所厚望也"。这不仅规定了督抚的管理之责,而且还规定了书院"黜浮崇实"的学风和"以广国家菁莪棫朴之化"的宗旨。在其后宣布拨给省级书院经费的谕旨中更为明确地规定了各级书院的管理体制:"书院师长,由督抚学臣,不分本省邻省已仕未仕,择经明行修足为多士模范者,以礼聘请,其余各府、州、县书院,或绅士捐资倡立,或地方官拨款经理,俱申报该管官查核。"这就规定了由督抚主管省会书院,而学臣处于附属地位,各府、州、县书院则完全由地方官管理。这就形成了与府、州、县官学并行的由地方官管理的另一教育体系。

清朝的书院虽具有官学化趋势,但书院毕竟不是完全化的官学。书院的办学风格同官学相比能够比较灵敏地反映不同时期内的学术风尚,从而使一些书院形成自己的办学风格。嵩山地域的书院大都制定有章程,章程规定:"书院为育才之所,而山长为人才楷模,山长必须由品学兼优者担任。如山长不称职,书院可以另聘名师。"

书院学生的来源是多层次的,有童生、生员,有贡生、监生,还有举人。书院的学生或以治学为务,或以科举为务。非举人、进士出身的学生仍可参加乡试,举人亦可参加会试。有一些书院是为了解决童生入学难、生员离学后无法继续读书的问题。因此,这类学校是相当于义学或府、州、县官学水平的。实际上绝大多数书院都是从童生到举人兼收,学术地位越高的书院,贡生、监生、举人越多,而学术地位低的书院则以童生、生员为主。

明清时期,嵩山地域各市县的令官都十分重视文化的发展,从各地方志上看,创办书院的学田,大都由政府拨给,也有少数书院为个人捐赠,也有书院自行募集的,历次从几十亩到几百亩不等。书院的经费主要靠出租学田供给,每年向百姓收取夏租和秋租,供书院各项开支。经费用于聘请教师、所雇杂役的工资、书院维修和学生生活。学生不仅不缴费,而且每月可从书院领取1000文左右的膏火钱(各书院规定数量不同),作为读书学习的津贴。

由此可见,清朝书院已日趋官学化,官方控制书院的设立,掌握书院的经费,控制书院师长的选聘权,控制书院的招生和对学生的考核。多数书院已转向考课,成为科举考试制度的附庸。

晚清以降,尤其是清朝末季,书院所呈现的制度化、官学化、层次化的特征表明清朝书院儒学传播已经达到了历史的最高峰,但同时书院与儒学的种种弊端也渐趋突显,儒学已经无力抵抗以西学为中心的现代文明的强烈冲击。于是,清朝书院与儒学传播最终都走向衰颓,大势所趋,深刻地展现了书院与儒学一体相关的命运。

因为有了科举取士培养人才的办学目标,嵩山地区书院规定学生的学习内容,主要是儒学、理学,偶或评议时政。书院教材,一般是以四书、五经为代表的儒家文化为主。书院在教学方面也形成了它的特点,一是学术研究和教育教学互相结合、互相促进,主张学以致用,启发学生自我钻研;二是允许不同学派争鸣,允许他们相互进行教学;三是实行开门办学,听讲者不受地域和学派的限制;四是藏书丰富,有些还自己刻印师生著作和教学参考用书。

据史料记载,书院的兴起,吸引着四方人才,这其中有闻名全国的儒学大家和一些本土的嵩山儒学之师,相继到嵩山地区的各市县书院讲学论辩,探讨学术,吟诗作唱,强有力地推动了儒学在嵩山地区的传播和发展,使各县在科举考试中成绩明显,其中密县、荥阳、偃师等县在科考中,有多人相继考中进士,大大提高了书院的教学质量,对促进当地书院的建设与发展发挥了重要的作用。

明朝,嵩山地区教育发达,书院大盛。嵩山地区建有同文书院、伊川书院、洛西书院、洛中书院、伊洛书院、圣学书院、集贤书院、少室书院、存古书院、南城书院、天中书院等。

到了清朝,较明朝有了更大的发展。清代书院数量庞大、类型多样、制度成熟,呈现出官学化、普及化、层次化及藏书丰富等特点。从大的方面看,当时嵩山地区的各市县都有书院,有的一个县建有多个。书院在嵩山地区如雨后春笋般地兴起,较著名的书院有位于郑州市花园门街(今郑州书院街)的天中书院,有位于嵩山郑州市的东里书院,有位于嵩山新郑市的兴学书院,有位于嵩山临汝市的圣学书院,有位于登封市城区西南街的存古书院,有位于太室山与少室山之间的轘辕关上的少室书院,有位于太室山前的登封城南街黉学内的南城书院,有位于新密市老城区后街和桧阳书院,有位于嵩山洛阳市的同文书院、洛西书院、洛中书院、伊洛书院、瀍东书院、集贤书院,有位于伊川的伊皋书院、合乐书院,有位于嵩山荥阳市的成皋书院、三山书院、广宁书院、龙山书院,有位于偃师的二程书院、西亳书院、首阳书院等等。

史料记载,仅洛阳城内外有书院21所。有的是修复,有的是新建,有的与前朝名同而地不同。这些书院是天中书院、周南书院、瀍东书院、望嵩书院、洛中书院、奎光书院、涧西书院、玉虚书院、丽泽书院、敬业书院、棫朴书院、中山书院、黄鹤书院、洛浦书院、伊川书院、龙门书院、阎公书院、同文书院、伊洛书院、雪香书院、丽正书院等。这些密集的书院,为极少数书院官办外,大多数为私人创办,属于私立公助的形式较多。而且每个书院内不但邀请有儒学名师,而且还聚集有不少的当地儒学文化名人。

清朝后期,由于教学内容陈旧,教学方法落后,书院教育逐渐走向没落。辛丑条约后,在国内要求改革教育的呼声下,清政府颁布诏书:"命各省所有书院,于省城均改设大堂,各府、厅、直隶州均设中学堂,各州、县均设小学堂,并多设蒙养学堂。"自此以后,嵩山地域被完整保留下来的书院也就少了。

(4)复兴嵩阳书院

嵩阳书院是明清时期嵩山地域书院的代表,它的复兴之路是从明朝嘉靖时期的县令候泰的努力下开始的,但直至康熙年间,嵩阳书院才得以真正复兴。

明朝中叶,登封县令侯泰奉朝廷旨意,重修嵩阳书院,修建二程祠。明嘉靖年间(1526~1530年),学道王尚絅为复兴嵩阳书院题名赠匾,嵩阳书院成为官办县学,开始聘请教师、招收学生。从此,嵩阳书院成为官学化。每月初一,县官亲临考试学生,对成绩差的学生实行体罚。省按察司还不定期到书院巡视,发现学生成绩过差,还要分别降低知县和教谕的薪俸。由于有这样严格的制度,书院诸生学习经史、六艺的风气大振,教学成绩十分显著,一批有学识、有才干的优秀人才相继而出,明末嵩阳书院学生焦子春、崔应科、刘景耀、常克念等中进士后,分别任少卿、部政、督堂、推官。

嵩阳书院匾额

嵩阳书院山门

明朝末年,嵩阳书院毁于兵火,教学一度停止。清康熙年间,国家经过休养生息,社会日趋稳定,崇儒右文之风重起。清康熙十三年(1674年),登封知县叶封在明末毁于兵火的嵩阳书院废墟上,修建诸贤祠,重建学堂三楹,拉开了修复嵩阳书院的序幕。不久,叶封调任京职。康熙十六年(1677年),当代名儒少詹事、登封籍人士耿介无意官场,遂回故里继叶封未就之事,重修嵩阳书院。嵩阳书院因在历史上有很高的声望,加之地方官员的大力支持,很快得到恢复和发展。

耿介,字介石,号逸庵,顺治九年(1652年)进士,曾出任福建巡海道、江西湖东道、直隶大名道、河南按察使、太子师等。康熙三年(1664年),耿介母亲去世,他归里守孝,三年期满后,他不愿复职,看到家乡的嵩阳书院破败不堪,决心倡导理学。于是就自带学费200两银子,到苏门山(今辉县百泉)夏峰村从孙奇逢先生受业,朝夕请教,深有所获。耿介回到家乡后就立志复兴嵩阳书院。康熙十四年(1676年),耿介捐自家田产200亩给书院,又垦荒130亩作为校产,以其收入作为办学经费。在他的带动下,河南省学道吴子云、林尧英,河南知府汪楫,登封知县张圣浩等也都购置学田捐给书院,共1570亩,解决了学校各种经费开支。

耿介自任嵩阳书院山长,开始了创业复兴之路。为扩建书院,他先后建了先贤祠、三贤祠、丽泽堂、观善堂三楹、辅仁居三楹、博约斋五楹、敬义斋五楹、崇儒祠三楹,在七星泉、叠石溪上分别建了仁智亭、川上亭、观澜亭、天光云影亭各一座。另外,学道林尧英于康熙二十三年(1684年)捐资重建讲堂三楹;邑侯王又旦建三益、四勿两斋;河南巡抚王日藻捐俸建藏书楼五楹,柘城窦克勤于康熙二十五年(1686年)捐资在叠石溪上建君子亭一座,为书院别墅;河南巡抚阎兴邦建道统祠三楹。通过重建,使坐落在嵩山之阳、两溪之间的书院面貌焕然一新。书院"有祠、有堂、有居、有斋、有房舍、有学田、有庖湢之所、有丽牲之碑,缭以周坦,翼以廊庑,而规制始大备。"可见其规模,可与当时国内各大书院媲美,成为幽静雅致的读书胜地。

书院首领的个人风格对书院有重大影响。作为一介官吏、名儒,耿介虽从政多年,但他从未间断过对儒学的学习和研究,不但著有《中州道学编》、《性学要旨》、《孝经易知》、《理学正宗》等以朱子学说为宗旨的儒学著作,而且他见多识广的眼界和勤学睿智的儒学水平,极大地影响了嵩阳书院的复兴与发展。为振兴书院的教育,他拜请名师,订会约,立学规,主持讲学。聘请了中州名儒孙奇逢、张伯行、窦克勤、李来章、冉觐祖、汤斌、张度正、孙淦、焦贲亨等相继到嵩阳书院讲学研习,还聘请过学术思想较接近陆、王的张沐为主讲。四方名儒聚集嵩阳书院,共同研讨儒学、讲解儒学,营造了嵩阳书院浓郁的儒学教育文化氛围。如他们开展的"恭承学使者吴五崖先生为诸生阐发《孝经》大义"、"甲子仲春二月,莆阳林澹亭先生洛中试竣,讲学嵩阳书院,发挥孔门言仁之旨"、"嵩阳书院冬至后雪中读《易》"、"同题嵩阳书院讲学纪事文"等儒学教育活动,从中可看出当时教学文化氛围之浓厚,传统学风之纯正,教学形式之精彩,在历史上都是前所未有的。

耿介立足嵩阳,面向全省。嵩阳书院除了关门研习,师生聚会论学,还经常开门讲学,邀请全省官僚士大夫们到书院观摩讲学。康熙十八年(1679年),河南提学吴子云访学嵩阳书院,在丽泽堂向生徒讲授忠孝之道。康熙十九年(1680年),清代学者、方志家张沐受县令张埙的邀请,绕道嵩阳,来书院讲学。康熙二十三年(1684年),河南提学林尧英到嵩阳书院讲学。当时耿介为诸生讲《论语》"一贯"章,林氏还上呈《克己复礼琐说》以求就正。河南知府汪辑也曾到书院为生徒讲授义利之弊、科举与理学的关系。这种邀请名师,门户开放的办学方法,对学生开阔眼界,增长知识,不囿于一家之说,都是大有好处的。

采取以自由研修为主,以讲为学的特色教育方式,体现了嵩阳书院理学重视对书册的涵泳、体贴,重视对身心性命的修养,及贬斥训诂考索的精神。《嵩阳书院志》现存讲义中,"孔门言仁言教之旨""公都子曰"、"颜渊问仁"、"《太极图》疏义"、"《大学》首章"、"《中庸》首章"、"知言养气"、"丽泽堂讲语"等,基本上都集中了程朱理学推崇的四书精义。就解读而言,也都贯穿程朱理学的精神。

嵩阳书院浓厚的学风还表现在讲会制度的实行。书院承袭了二程实行的讲会制度,使方圆百里的清代名儒纷至沓来,轮番登上嵩阳书院的讲坛,在这里一展他们儒者的风采。这时,四方闻讯,慕名而来求学的人络绎不绝,听课的人数达几百。耿介还亲自执教,传经授业,人称"嵩阳先生"。每逢讲学,山长耿介便从五里外的住所,或骑马,或步行到书院,正襟危坐其中。窦克勤曾称赞他说:"于世一无所营。于道独有默契,言仁、言孝、陶然自乐,登其堂者,如坐春风中也。"

会讲是书院教学的重要组织形式,"会友讲学"或"会见讲论"就是相聚在一起进行学术交流和讨论。讨论只求深透,不求苟同。耿介主持嵩阳书院时多方邀请硕儒名师前来观摩与讲学,互相争辩论证学术,这在清代也是难能可贵的。据《中州先哲传·耿介传》云:"詹事尹泰等劾介诈疾,寻余假归,在朝五十三日,则复理书院,日孜孜以讲学为事,冉觐祖、陈熔先后来,主讲习窦克勤、李来章时来往,印证所学与介唱和。"徐乾学《嵩阳书院书》载:"先生(耿介)乃不自足,尝质疑于上蔡张先生沐、睢州汤先生斌,往来切(组字:靡+刂),一时中原人士,嗯嗯然乡风"。耿介之所以能成为中州名儒,主要是

因为他不仅能够吸收儒家经典及理学先辈二程、朱子等人的思想,而且能向同时代的理学家和其他儒学家学习。

在嵩阳书院教学的诸多措施中,为培养学生的真才实学,教学注重学生自觉学习的方法是值得一提的。教师对学生进行读书指导,给学生指定书目,订立课程,让学生熟读精思,体会理解。《嵩阳书院志·辅仁会约》规定:"每月按时集约诸生一堂,初三课文,十八日讲学,风雨无辍。"耿介曾制订《为学六则》即立志、存养、穷理、力行、虚心、有恒,以此要求学生自觉学习。自学之外还有教师的"升堂讲说"、师生的"质疑问难"、学友的"相互切磋"。《会约》规定:读书以孝经、小学、四书、五经、性理大全及通鉴纲目等为主,每月会讲之日,各人将一月来所得相互讲论、印证,将一月来之言行得失加以总结,相互劝善规过,乐取为善,闻过则喜。耿介为实施质疑问难,曾在书院西偏院,周柏下建房三楹,作为学者平时质疑问难之所。吴子云《嵩阳书院讲学记》载:"余过之,先生(耿介)方坐皋比,环列生徒质疑问难于其前,余亦得微聆其绪论。"这种教学方法对培养学生独立思考、独立解决问题的能力是大有裨益的,值得我们今天的教育改革借鉴。

为了提高嵩阳书院的整体办学和管理水平,耿介还经常给高足弟子以锻炼管理书院的机会。《嵩阳书院志》记载的:"代以高弟子制"是请先生的高足弟子管理生徒并参加教学工作。如耿介的高足弟子景日昣、梁家惠等先后任敬义、博约斋的斋长,帮助先生管理生徒,后又主持书院的教学事宜。这样做,不但生徒得到了锻炼和提高,而且发挥了集体的智慧和才能,即便先生不在的情况下,书院的正常教学都能照常进行。这样,先生也有更多的时间致力于学术研究和书院的整体工作,从而使书院的发展也有更高的起点和更多的机会。

在书院官化程度相当严重的清代,很多书院都以习帖括、适八股、应科考为事,但嵩阳书院除了这种考试时文的教学外,主要是讲理学、讲经史词章之学兼习自然科学。这与耿介的教育思想有一定关系。他主张:治学之道,性道理学是根本,举业文章是枝叶。根本不培,则枝叶不茂,二者应合而为一,"以理学发挥于文章便是好举业,以举业体验诸身心便是真理学"。在他这种思想引导下,嵩阳书院文风大振,培养出了一些名人才俊,进士景日昣、乔崑、傅树崇,举人郭英、赵俊、王又弼、谢昌皆出其门。据史书记载康熙五十年(1711年)河南乡试考选举人,按名额每县不足一人,登封却独中五人,创造了当时的封建科考中的奇迹。这一时期,学生达500余人,登封知县也常来听课和讲课,其教育事迹在全国曾引起轰动。有清一代,嵩阳书院不仅是嵩山地域有代表性的著名书院,也是传播程朱理学的重要基地。

耿介在复兴嵩阳书院的道路上,继承了书院办学的许多优良传统,从最早的置办校产,扩建书院到多种形式教学活动的开始,还通过祭祀、教学、讲学,以及登山临水、纂史除修志等方式涵养生徒性情、传承儒家道统,不断开展讲学论辩,各种学术流派互相交流,各种观点自由争鸣。嵩阳书院在很长一段时期内,都保持着深厚的学术风气。在耿介呕心沥血的努力经营下,书院经费充裕,教师优秀,大大改善了书院的办学条件,教育培养了大批人才,嵩阳书院得以复兴,其名其迹闻名全国,成为宋以后的极盛时代。

明清时期,除上述到嵩阳书院讲学的名儒外,常聚集于嵩阳书院的还有景日昣、高一麟、傅二师、焦钦宠、王又旦、邵煜、耿栋、刘洙、钟国士、梁家蕙、杨尔言、宋尔公、乔廷谟、窦克恭、耿尔昌、李佩蘅、张壖、冯五典、焦钦若、卢声琦、吴子云、李谦益、刘绍宪、傅锡畴、窦敏修、裴清修、窦克恭、耿升、耿菖、耿洄、耿都、薛京等一大批名儒,他们之中有官吏、有从事教育的师长、有自学自研儒学的名家、有乡土儒士、有热爱嵩山文化的诗人等,他们为了一个共同的目标,常常是多则几十人,少则三五人,聚集到嵩阳书院,在传播儒学的一系列活动中,研习理学,共同探讨;游览嵩山,诗唱诗和。在留下千秋文章的同时,也为嵩山留下了大量的名诗颂辞。这种连续不断的儒学研讨和交流活动,在嵩山绵延了很多年,不但有力地推动了嵩阳书院的复兴和发展,而且营造了嵩山浓郁的文化氛围,为嵩山历史文化谱写了最为精彩的华章。

3. 义学

清朝建立以来,统治者就意识到"长治久安,茂登上理,盖法令禁于一时,而教化维于可",开始在全国提倡"尊圣人之道,重人伦之责,广王者之化,育天下之才"的文教政策,着重推广启蒙和开化民智的教育,普遍发展初等教育。清雍正元年(1723),朝廷曾命各省改生祠、书院为义学,延师授徒,以广文教。

义学也称"义塾",古代一种免费学校。《新唐书·王潮传》:"乃作四门义学,还流亡,定赋敛,遣吏劝农,人皆安之。"清王韬《征设乡义学序》:"义学者,即以补官学之所不及。"资金来源为官款、地方公益金或地租设立或私人筹资的学校,学生多为贫寒子弟,免费上学。

清朝义学主要特点体现在对教育的普及上,义学在各级政府中都有,因此,有县义学、乡义学、村义学。义学的创立,由所在地方官民义捐创立,或由一级政府创建,或殊属个人私设。义学多以各村寺庙为址,葺其闲屋或增盖数间,即可设学。

乡办义学和村办义学多以田产为经济来源,支撑力不强,自不会聘来高师,而且自然经济的波动性很大,常使义学不能持久,所以说清代义学虽是社会办学的一大举措,但档次很低,只能是一种低标准的启蒙教育。

一般来说,义学相当于现在的小学教育,又称初等教育、蒙学教育,故这类学校的老师又称蒙师。从学者都是15岁以下的少年儿童,多出自贫苦人家的子弟,大多只求粗识文字而已。而教育内容主要是识字写字、读书、作文、学算等,并兼有传播儒学,进行伦理教化的功能,义学常用教材有《小儿经》、《小学诗体》、《圣谕广训》、《三字经》、《百家姓》、《千字文》、《千家诗》、《弟子规》、《昔时贤文》等。

清朝嵩山地区的义学中,一般说,农村的义学由乡办、村办为多,城市义学则以从商致富者捐资所办为多。但无论由谁创办,在客观上都起到了推进文化发展的作用。贫寒子弟得此良机,学些文字、书法、礼制等初级知识,一般都学习了初级的文化知识,懂得了儒家的礼仪和做人的道理;对个别成绩突出的学童,可考入文庙学习,或就近送入经馆或书院深造。

根据嵩山地区各市县志记载,在清代,各市县城镇,其至乡里村庄,都建有义学。其中,密县县令杨炳堃撰文,刻于清道光二年(1822年),立于密县的《设立二十保义学记》碑文,就记载了当时新密义学的情况:"各邑报设义学者不下数百处。炳堃忝牧是邦,奉令承教,于丁亥春,大集簪裾,各输囊橐,每保设义学一二处,城乡共得三十处。计捐地五顷九十六亩,钱四千八百六十八千文,每年可得稞息钱六百三十八千三百九十文。"由此可知,义学在当时的普及程度。

民国初年,义学逐渐消亡。

4. 学塾

学塾也是教育学生学习文化,传授儒学,进行伦理教化的一种变相的学校。因为有了科举考试,所以,学塾的教育内容也是儒学传播、学习文化的一个基础。

清朝地方儒学有名无实,青少年真正读书受教育的场所,除义学外,一般都在地方或私人所办的学塾里。由于这种塾学教学很是灵活,时间不限,由浅入深,学习好者可参加科举考试,稍差些也能得到文化启蒙,获得起码的文化知识,且收费不高,很受民间欢迎。成为民间受教育的一种主要形式,因此清代学塾发达,遍布城乡。

兴学重教是嵩山地区的光荣传统,历史发展到清代,教育受到社会各界人士的重视。在义学这种贫民教育兴旺之时,官绅富商为保障自己后代的启蒙教育和应试教育质量,也纷纷举办学塾。学塾又分为教馆、家塾、门馆、学馆、书屋、私塾。以经费来源区分,一般有以下几种塾学形式:富贵之家在自己家延师为学,请有真才实学者教诲自己的子弟,称家塾;同宗同族共同出资办的私塾,不收外姓者的,称族塾;由当地有名望的文人在家或租房设馆,订立收费标准,学生交费入学的称馆塾;由塾师私人设馆收费教授生徒的,称门馆、教馆、学馆、书屋或私塾;地方(村)或数村联议、同村不同姓之殷实人家共同捐助钱财、学田,聘师设塾办学的,称村塾;但村塾不同于社学和义学,殷实人家按入学子弟数出资,不承担贫民教育义务。

私塾

明清时期私塾遍布各地。虽为塾学,但学生有富家子弟,有平民子弟,历来秀才、举人、进士多出于私塾之门。私塾教育是清末兴学堂以前学童读书的必经阶段。

塾学的教师多为落第秀才或老童生。学生入学年龄不限,自五六岁至20岁左右的都有,其中以十二三岁以下的居多。学生少则一二人,多则可达三四十人。由于科举取士深入人心,学塾也重视制科文字(八股文)的习作,为科举考试作准备。学规极严,订有严厉罚则,体罚为平常事。由于有经济保障,所以不乏名师从教,生徒出师后考入县学者也较多。

塾学课程有《三字经》、《百家姓》、《千字文》、《弟子规》及《七言杂字》等,专重背诵,不重讲解。塾学课程有"四书五经"及《幼学琼林》等,采取背诵与讲解相结合的教学方法,并学习书法、对对联、做文章,注重深造。

光绪三十一年(1905年)实行新政,要废科举,办学堂。各地开始对私塾整顿,但进展不大。宣统元年(1909年)颁布《简易识字学塾章程》,加大对私塾的管理和改革力度,组织"私塾改良会",让塾师学习并予以考核,合格者才准其开馆,整顿收到一定成效。但私塾作为一种教育形式仍长期大量存在。

第九节　近代以来的衰微时期

明清以来,西学东渐。鸦片战争中国战败之后,面对西学的压力,清代儒家开明派提出"中学为体、西学为用"的改良主张。

鸦片战争后,西学的大量传入,资本主义列强的侵略,一方面加速了封建制度的崩溃,另一方面激起了中国人反侵略、反封建的斗争,反映在意识形态领域中就是把"孔孟之道"作为思想革命的主要对象。太平天国、辛亥革命、五四新文化运动对传统儒学思想都有不同程度的触及与批判。

洪秀全把西方基督教义、中国儒家大同思想和农民的平均主义结合起来创立拜上帝教,将千百年来中国农民要求平等自由的理想通过宗教理论表达出来;资产阶级维新派把西方资本主义政治学说同传统的儒家思想相结合,宣传维新变法的道理,实际上是利用儒家思想减少维新变法的阻力;五四新文化运动则提出"打倒孔家店"的口号,从内容到形式,彻底批判儒家思想,动摇了封建思想的统治地位,人们的思想得到空前解放。

五四运动后,马克思主义的广泛传播则从根本上冲击与动摇了儒学在中国思想领域中的统治地位。中华人民共和国成立后,党和人民政府彻底废除了尊孔读经,从此,儒学不再作为社会统治思想而主要是作为民族文化遗产被保留了下来。

鸦片战争以后,清代经学发展到康有为、谭嗣同等人时,他们采取"托古改制"的形式,用西方资产阶级的自由、平等、博爱取代了儒学的纲常名教、仁义道德,使儒学发生了根本的蜕变和解体,又加上孙中山、章太炎等人的批判,作为自成体系的儒家文化,便走向了最后的衰落。

公元19世纪末,资产阶级维新思想有了进一步发展,康有为把西方资本主义的政治学说同传统的儒家思想相结合,宣传维新变法的道理,冲击了儒家思想的正统地位。为了给维新变法思想制造历史根据,减少变法的阻力。他宣称孔子是托古改制、主张变革的先师,利用孔子的权威来论证资产阶级维新变法理论的合理性。新文化运动动摇了封建思想的统治地位,人们的思想获得空前解放。

康有为以公羊义法为指导撰写了3本书:《新学伪经考》、《孔子改制考》、《大同书》,力主"三世三统"之说,提倡托古改制,指出三世三统之义不仅为中国历史发展的必由之路,而且为诸国历史发展必然之轨迹。他还认为大同、小康观念是孔子最根本的微言大义,认为历史是进化的,进化的轨迹是从"据乱世"、"升平世"(小康)到"太平世"(大同),这种三世说打破了董仲舒"天不变,道亦不变"的教条。同时康有为还把近代西方社会的自然科学成果引入传统的儒学中,建立了具有近代色彩的资产阶级新儒学,史称"新学"。谭嗣同进一步建立了以仁为核心的资产阶级启蒙思想体系,为变法维新清除障碍。梁启超提出的新民说突破了封建的旧儒学,在中国近代史上首次提出了国民性的履行问题。维新三大儒分别从不同的方面完成了近代资产阶级新儒学的理论建构。

章太炎

章太炎是封建社会"最后的大儒",他力图把中学、西学、佛学等各种思想加以综合,以体现一种由内圣到外王的儒学思路。传统儒学发展到近代,同时表现出两种倾向,一方面大量吸取西学以入儒学,一方面则是公开地吸收佛学以入儒学。宋明新儒学曾大量地吸取了佛道思想,但他们一般都是不公开的,"明挤而暗用",表现出了很大的局限性;近代传统儒学受到西学的强大冲击,促使儒生们自觉不自觉地把佛道看作自己的同伴,公然地援佛道以入儒,表现了旧儒学所未有的开放性。从龚自珍、魏源到康有为、梁启超、谭嗣同等都表现出佛道与西学同时兼收并蓄的倾向,到章太炎时便表现出明显的体系矛盾,但章太炎从封建社会最后一位儒学大师成为一个民主革命斗士,表明了儒家新学之新的生命在于变革。

从辛亥革命到五四运动期间,儒学受到了三次冲击:南京临时政府的成立和《临时约法》的制定,

在法律上、政治上确立了以民主主义思想代替儒学为国家社会的指导思想,1912年的教育改革基本上结束了儒学在学校教育中的官方学说地位和垄断地位;袁世凯利用孔子和儒学制造舆论复辟时民众掀起的反对复古尊孔的思潮,从根本上动摇了儒学在中国的传统地位;"五四"以后的新文化运动,在广泛传播马克思主义及社会主义各种流派的同时,对儒学展开的激烈批评,基本结束了儒家在我国思想文化领域中的统治地位。

肇始于20世纪初至40年代,现代新儒学作为一个文化哲学流派开始形成,其主要代表人物有梁漱溟、熊十力、张君劢、马一浮、冯友兰、贺麟等,他们怀着强烈而悲苦的民族危机意识和复兴民族精神的历史使命感,在尽力吸纳西洋哲学精髓的基础上,以前所未有的形上思辨工夫致力于传统儒学精神价值的弘扬、发掘和重建工作。在探讨中国现代化的问题上,新儒学诸子一致反对整体性否定儒学的西化派观点,强调要立足自身文化传统,承前启后,返本开新,形成了诸如梁漱溟的"儒学现代化"和熊十力的新唯识论、冯友兰的新理学、贺麟的新心学等一整套足以和西方文化相抗衡的新儒学体系。

新儒家号称新儒学是接着宋明理学来讲的,他们所重视的是儒家的心性之学,把它看作是中国传统思想的核心和开发现代科学与民主事业的根据。新儒家的学说在一定意义上是一种文化哲学,他们强调中国传统文化的一本性和优越性,认为从尧、舜、禹、汤、文、武、周公、孔、孟到程、朱、陆、王之间,有着一脉相承的"道统";中国文化的最高理想是儒家人文主义,它是道德精神和宗教精神的统一;儒家的心性之学是中国传统文化的本原和核心;只有在对中国传统文化认同的基础上,才谈得上对西方文化吸纳和会通。

如牟钟鉴所言:"民国时期新儒学在反传统的大潮中巍然屹立,致力于发掘儒学的'恒常之道'和'人文睿智',融合中西,贯通古今,开展了一场新儒学复兴运动。他们的努力并没有改变儒学衰落的大势,但保存了儒学的文化命脉,在几十年之后成长为一种可观的社会思潮,影响着中国,甚至影响着世界"。

嵩山地域在这一时期,基本上是民不聊生,无论旧式官学、书院,还是新式学校,能读得起书的屈指可数。重压之下,岂有完卵?儒学大厦在这一时期岌岌可危,嵩山地区的儒学传播也只是在竭力苟延残喘而已。

第十节　当代儒学从衰落走向复兴

儒学经历了近一个世纪的衰落,被打到、批判和否定之后,在20世纪七十年代末终于又时来运转,逐渐出现重新被肯认的迹象,在21世纪初逐渐迎来复兴之春。

一、当代儒学从衰落走向复兴

从1949年10月新中国成立到进入21世纪,当代儒学从衰落走向复兴。

第一,新中国后,儒学从政治意识形态退出舞台。新中国成立后,马克思主义以其科学性无可挑战地成为占据统治地位的意识形态。从20世纪50年代开始陆续在意识形态领域开展对资产阶级思想、唯心主义的批判，逐步确立马克思主义、唯物主义思想与意识在意识形态领域中的主导地位，于是西汉以来中国意识形态的主角即儒家学说便自然地退出政治意识形态的舞台，儒学从此不再被尊为治国平天下的神灵，历代儒宗、各地的孔庙也不再被国家法定为尊奉、朝拜的对象，尤其是学术界仅仅把儒学作为中国历史文化遗产的一部分来进行研究。

这期间，长期和马克思主义意见不一的新儒学便开始遭遇厄运，受到更为猛烈、更有组织的批判。如果说1949年以前新儒学尚有坐而论道、激扬文字的生存空间，那么在新中国成立后则逐渐被挤缩至荡然无存的境地。在"发扬五四传统"的口号下，在"以阶级斗争为纲"的思想指导下，在一个个持续不断的政治运动中，儒学作为"封建反动学说"不断受到批判，且日趋严厉。

新中国成立以后，从小学至大学的系统教育中完全排除了儒学经典和传统人文道德教育的内容，即使在大学的哲学专业，也很少能系统地学习中国文化的经典，并且"中国哲学"仅是作为一门知识来传授的。这样，使得传统道德教育只剩下一个通行的领域，即是家庭教育或是教师的言传身教。而在"文革"中批判"17年修正主义教育路线"的口号下，连这一领域也遭到非难：当时有多少无知的学生受极"左"思潮的影响，竟把老师对自己的道德感化说成是"和平演变"。因此"文革"以后，随着一代在"文革"的"批判"和"打倒"声中长大的人做了老师和家长，连这种传统道德教育的延续也面临着危机。

第二，儒学在"文革"时期遭批判。"文革"时期，长期和马克思主义意见不一的儒学继续遭遇厄运，作为一个中华民族的主流文化，受到更为猛烈、更有组织的批判。直至在"文革"的"破四旧"和批儒反孔运动中和历史文物一起被砸烂，与民族传统美德一起被扫地出门。

在五四新文化运动时期，儒家的象征性人物孔子的地位猛降，但尚为诸子中的一家。而到了举国疯狂"破旧立新"的"文革"年代，对其直呼"孔丘"尚属文雅，更为通行的蔑视性称呼则是"孔老二"，"孔孟之道"亦成为"反动落后"的代名词。此一称呼的转变对于摧毁儒家在人们心目中的权威地位具有巨大作用。既然孔子、儒家提倡"仁者爱人"、"中庸之道"，那么一切源于此思想传统的儒雅、谦让、平和、礼仪、关怀、温情、忠信等，都被视为封建、顽固、僵化、落后的象征，代之而起的是背叛、揭发、斗争、仇恨与你死我活、势不两立，中华民族长期历史积淀而成的人文精神和道德精华俱被视为粪土。尊孔即复旧，崇儒即倒退，儒家思想及中国传统文化在官方受到摒弃，特别到"文革"期间的"批林批孔"乃至"批周公"运动中达到铲除儒学的高峰，对儒学文化进行全民规模的、彻底性地破坏，也最终将反传统文化的运动推向了历史的顶点，儒学思想在我国影响进一步减弱，从而导致儒家思想的进一步衰落。

第三，新时期儒学走向复兴之路。1977年，持续了十年之久的"文化大革命"终于结束。"文化大革命"给中华民族和中国文化发展造成了一次巨大灾难。既然"文化大革命"被彻底否定，那被"文革"所彻底否定的儒学在某种意义上便得到了肯定。尽管到"文革"为止儒家思想成为官方打击的目标，不过，早已深入到一般民众的价值观及日常行为规范的儒家思想并不能彻底清除。

近代以来，儒学经历了辛亥革命对帝制的革除，经历了袁世凯称帝、张勋复辟闹剧的失败，经历了"五四"新文化运动的思想批判和启蒙思潮的冲击，经历了中国共产党领导的新民主主义革命运动和马克思主义在意识形态领域的全面胜利，被认为早已经丧失了生机，退出了主流文化的地位。照理说，它也已经退出了中国人的精神生活。

然而20世纪80年代中期以后，儒家思想重新受到广泛的重视，开始了复苏和发展。人们开始对过去的激进态度深入反思，在民间，以读经运动最为典型。而在文化学术理论界，儒学的研究重新兴起，中华孔子学会、中国孔子基金会、山东孔子学会，以及各省、各地的孔子学会等群众组织应运而生。

各种全国性的、省级的以儒学为专题的讨论会引来了更多的东方和西方的学者。这种国际性的文化交流促成了国际儒联的成立,亦促进了儒学研究的发展。

与中国共产党倡导的"思想解放"运动相伴随,国人也开始对传统文化的认识渐入常道。随着改革开放的深入发展,国际文化交流也日益频繁,不仅西方文化再次大量进入中国,海外新儒家的思想成果也开始"反哺"故国。经历了长期的文化专制和文化萧条的中国人,在各种文化思潮相互撞击下,求知欲望极度高涨,思想空前活跃,言论日益开放,对中国现代化的发展路向开始了新一轮的评议。此一阶段的中国化的马克思主义即邓小平理论,在坚持马克思主义基本理论不变的前提下,结合国情,坚持走有中国特色社会主义道路;自由主义的西化派还是主张要毫无保留地学习西方,必须"全盘西化";回归故里的新儒学依然不懈地探索中国传统的现代转化,执著不已地呼吁国人要"返本开新"。历史在这里似乎转回到了世纪之初,又回到了问题的起点。历史再一次证明,与中国人血脉相连的儒学在中国的现代化进程中注定要扮演主要的文化角色,无论是正面的或者是反面的,或者是争论的对象,它永远都无法作壁上观。

自20世纪80年代改革开放以来,儒学作为中国传统文化的代表者,再度成为人们关注的热点。人们转而探索反映中华民族特征的儒家文化怎样结合社会实际走向世界、面向21世纪。中华传统文化对于建设具有中国特色的现代社会不是可有可无、无足轻重的,它是实现本民族现代化的一个立足点和出发点。全盘"西化",一味盲目效法外国,忽视对传统文化的把握、了解和结合,必然也会给我们现代化事业带来伤害;相反,重视并努力结合运用本民族的优秀文化,则会对发展经济、治理社会、提高人民素质等产生巨大的积极的社会效应。这已是不争的事实。

二、中国传统文化与儒学

漫画儒家思想

中国传统文化是什么?有学者解释说:中国传统文化(traditional culture of China)是中华文明演化而汇集成的一种反映民族特质和风貌的民族文化,是民族历史上各种思想文化、观念形态的总体表征,是指居住在中国地域内的中华民族及其祖先所创造的、为中华民族世世代代所继承发展的、具有鲜明民族特色的、历史悠久、内涵博大精深、传统优良的文化。儒学是中华民族几千年文明的结晶,除了儒家文化这个核心内容外,还包含有其他文化形态。如道家文化、佛教文化等等。中国传统文化的基本精神就是中华民族在精神形态上的刚健有为、和与中、崇德利用、天人协调等基本特点。

中国传统文化博大精深,自先秦诸子百家生成以来,儒家就同道家、墨家、名家、法家、阴阳家等各家各派进行思想交锋,互争高下,争取为君主所用。汉代"独尊儒术"后,东汉时期佛教传入中国,道教在道家基础上生成出世,这两种宗教在魏晋南北朝、隋唐时期旺盛,为皇帝、士大夫和民众广泛尊奉。

宋明理学虽然统治中国近2000年,并出现了儒、释、道三教会通。中国传统文化就是通过不同的文化形态来表示的各种民族文明,风俗,精神的总称。

儒家学说是中国传统文化的主流和重要组成部分,是中华民族精神的主流,是东亚文明的精神内核。"察业识某如佛,观事变莫若道,而知性尽性,开价值之源,树价值之主体莫若儒。"儒学的这种地位是历史形成的,在2500多年前,孔子创立儒家学说,不是凭空创造的,而是在社会的大动乱中通过对三代流传下来的中国传统文化遗产进行反思,认真清理和重新加以诠释而形成的思想学说体系。孔子提倡"信而好古"和"好古敏以求之",使儒学具有深厚的历史渊源,成为中国原典的保存者和当时中国传统文化的集大成者。儒家文化虽未一统天下,但它是中国文化的主导者。最为重要的体现是,儒家文化不仅本身蕴含着各种文化精神,而且成为影响中华民族国民品性、道德信仰、人生哲学等最重要的文化传统。

进入21世纪,兴起了中国传统文化热,嵩山地区的各市县的儒学传播也是风起云涌,一时间网络、报纸、电视、杂志等众多媒体都在讲中国传统文化。同时,当下的中国相继成立有"国际儒学联合会"、"中华孔子学会"、"中国孔子基金会"、"中国传统文化研究会"、"中国传统文化传播中心"以及各地成立"孔子文化学会"、"儒教文化研究会"、"儒家理论研究联合会"、"儒家诸子学会"等,各种孔子和儒学研究机构、社团、网站、书院、私塾等如雨后春笋般出现,一批有关儒学的社团相继走向复兴儒学大业前沿,举办的学术活动明显增多。相应的就有了如"中国传统文化学习班"、"孔子理论研讨会"、"儒学讲习班"、"传统文化讲座"、"孝子评选"、"《弟子规》学习与实践"等一系列的文化活动,参加人员非常普遍,有国家干部、青年学生,有家庭妇女,老人儿童。

在中国传统文化的大旗下,儒家学说首当其冲地走入了百姓的生活,过去丢失了的传统观念如伦理、仁政、礼治、德性、中庸、仪礼、孝悌等,又重新走上讲台,大家似乎一下子又明白了,这才是中华民族最为宝贵的文化财富。通过许多实践者的亲身体会和讲解,先从最容易理解的道理说起,儒家伦理的核心是仁爱,而对仁德的培养建立在孝悌的基础之上,并把这种爱进一步推及对社会大众的身上去,做到"老吾老以及人之老,幼吾幼以及人之幼"。让人人都有一颗仁爱之心,在互助互爱中才能达到孔子所描述的"天下为公,选贤与能,讲信修睦。故人不独亲其亲,不独子其子;使老有所终,壮有所用,幼有所长,矜寡、孤独、废疾者皆有所养"的理想社会,这正是来参加学习中国传统文化的成员们最想得到的东西。

儒学在历史上是一种精英之学,又是百姓日用的"常道"之学。按照某些西方学者的观点,儒家的教育目标在于培养一种不受职业限制的具有高文化层次的自由人,他们可以在受他人操纵的制度体系中摆脱个人名利束缚,追求自由境界,并和谐地处理好周围的关系。其实这只是说对了儒家思想的一个层面,即"精英"层面。从另一层面说,儒学又是一种"百姓日用而不知"的学问。在中国传统文化中,儒家提倡的亲情伦理、道德良心、公道正义,忠信仁义等,普通百姓天天讲,天天行,却没有人去探求它的深奥道理。

现在有了专门的传播机构和人员,有人讲,有人听,大家一起探求它的道理,参加学习的人对于儒学中的核心"仁、义、礼、智、信、忠、孝、悌、节、恕、勇、让"都有了新的理解。儒家文化中"修身、齐家、治国、平天下"的崇高政治追求,是要求干公家事的干部们所做的,是保障国家长治久安的为政智慧和有效思想武器;儒学的"仁政"和"礼治"观有利于促进中国特色现代民主政治和法制建设进程,从制度和体制上为国家的长治久安提供根本保障;儒学中的"仪礼"和"孝悌"是一种含义极广的道德范畴,要求每个人要做;儒学主张爱国、大一统及"和而不同"的思想,是提高中华民族的凝聚力和向心力的智慧源泉;儒学历来讲求的"天人合一",重视生态,化解人与自然的矛盾,体现了强烈的自然与人文终极关怀;而儒学中的"中庸之道"是一种政治主张也是一种处世态度,"不偏不倚,致中和","知其两端,用其中于民",这是对中庸的解释,思考问题与做事力求中和,稳定协调,避免走向极端。这种平和的道义对于在解决和平时期稳定的发展有着至关重要的作用,协调关系,化解矛盾,减少阻力。在不规范的市场经济体制下,全社会都崇尚"利",忽视淡忘了"仁"、"义"、"礼"、"信",创新和复兴儒学,倡导和儒家弘扬儒家文化中"克己复礼"的优秀思想,对促进社会和谐,化解社会危机,具有巨大的时代意义。由此可知,儒学对治理中国的当下难题、中国的长远问题都是行之有效的。

学以致用,在现实的传统文化学习中,身边的很多人很快都变好了,孝敬父母,关爱他人、互助友爱,行善积德,尊老爱幼,不计名利等等,起码在参加学习的人群中,有了明显地改变。这说明,儒学的传播与普及已经在嵩山地区开始了。尽管在每个市县来说,参加的人数虽然有限,但毕竟都在进行传播与发展着。

中国传统文化依然兴盛

从历史上看,中国传统社会是以礼即德来治国的。但是,在五四运动时期,由于向往西方的科学、民主与法治,我们开始了对传统文化的批判,这种批判在十年"文革"期间却走上了极端,打倒了"孔家店",抛弃了传统道德,德治没有了;同时,由于缺乏现代西方的规则意识和法制传统,法治也未能得以实现。所以才导致了今天在文化建设和思想道德建设上出现了"前不见古人,后不见来者"的局面,导致了社会道德水平日趋低下,让人们不能不发出"世风日下"、"人心不古"的感慨。

儒家思想是一种实实在在的德行教育,是为了通过孝亲尊师的教育而达到治理人心的目的,从而从根本上起到移风易俗的作用。从个体修养的角度讲,一个人如果能够按照儒家孝亲尊师的理论去修身养性,就能体会到孟子所讲的"浩然之气",乃至达到性德的彰显,或者至少也能成为坦荡荡的"君子";从社会国家的角度讲,儒家的教育如果能够得以推行,就能起到移风易俗、和谐人伦和安定社会的作用。

纵观2000多年来儒家的发展历程可以看出,儒家思想之所以能独领风骚成为封建统治的正统思想,一方面是因其思想内核即哲学上的天人观念、伦理上以"仁"为核心的"三纲五常"、政治上的大一统主张,在根本上适应了封建专制统治的需要。另一方面是因为儒家具有强烈的社会责任感和道德意识,并能够随时代需要的变化而不断吸收外界差异文化融合成为新的适应当前社会发展需要的文化。且儒家主张的"仁"的思想有利于发扬中华民族的传统美德,在建设和谐社会的今天更是有着现实意义。

三、儒学的对外传播与发展

自20世纪80年代中期以来,我国的儒学研究已经走出了中国,但真正意义的交流和对话往往限于与台湾、香港地区和日本、韩国、新加坡等亚洲国家之间。而进入21世纪后,儒学已经走出亚洲、走出东方,在东西方文化交流的大背景下展开对话。

其实,从儒学发展的历史看,儒学从诞生起就开始了它的传播。自汉代始,儒家文化开始向朝鲜、日本等国传播,在唐代达到高峰。与此同时,越南、泰国、新加坡等东南亚国家和地区也深受儒家文化影响,遂形成"儒家文化圈"。20世纪中后期,日本与"亚洲四小龙"(韩国、台湾、香港、新加坡)在较短时期内迅速崛起,引发了马克斯·韦伯关于儒家伦理阻碍资本主义兴起思想的重新评估,甚至有学者提出了"儒教资本主义"之说。时任新加坡总理李光耀总结新加坡现代化取得成功的经验时说:"从治理新加坡的经验,特别是1959年到1969年那段艰辛的日子,使人深深地相信,要不是新加坡大部分的人民都受过儒家价值观的熏陶,我们是无法克服那些困难和挫折的。"

自公元15世纪始,儒家文化开始"东学西渐"。大量欧洲传教士来中国布道,在介绍西方文化的同时,将儒家经典译介到西方。在早期来华传教士中,传播儒家文化最具影响者,当属意大利传教士利玛窦。他在中国本土对儒家经典"四书"进行翻译,并致力于在西方推介儒家文化。1795年,法国宪法关于人民权利义务的条文里,就有"己所不欲,勿施于人;欲人施己,先施于人"的表述。儒家文化中"民为邦本"的民本思想、"为政以德"的治国之道、"选贤与能"的用人之道、"有教无类"的教育思想等,为伏尔泰、歌德、席勒等大批欧洲思想家赞赏和向往。

美国前总统里根的一段话,概括了孔子及儒家文化对人类文明所做的贡献:"孔子高贵的行谊与伟大的伦理道德思想,不仅影响了他的国人,也影响了全人类。孔子学说世代相传,提示全世界人类丰富的为人处世原则。"1989年世界诺贝尔奖奖金得主,齐集巴黎聚会时,曾得出惊人的结论:"人类如果要在21世纪生存下去,必要回顾二千五百年,去吸取孔子的智慧。"儒家文化的最大优点,在于她的秩序性、包容性与和谐性,人类历史上许多战争都是由排他性强的宗教

全球孔子学院分布图

或文化冲突引发,而讲求中庸和"忠恕"之道的儒家文化很少引发战争。儒学的"己所不欲,勿施于人","和而不同"不仅是人与人之间,也是于国与国之间和谐友好相处的黄金律、智慧规。儒学倡导"四海之内皆兄弟"、"天下为公"的天下观,主张"协和万邦"、"和为贵"、"与邻为善"的邦和观,均有益于人类的和平相处与世界的和谐相安。儒学文化的核心价值体系中具有普世价值的"五常"(仁、义、礼、智、信)之理与"中庸"之道,在应对世界人类现实和未来问题上皆具有重大的意义。

在新世纪里,中国的文化必然成为世界多元文化中举足轻重的一元,未来的中国文化和外来的文化融合而形成的一种综合文化。它的基础是传统文化,传统文化的基础是儒学,儒学的标识是孔子。因此说,振兴中国传统文化,首先是振兴孔子学说。

从 2013 年 12 月新华网上发布的数据可知,中国已在 120 个国家和地区建立了 440 所孔子学院和 646 个中小学孔子课堂。据介绍,孔子学院(课堂)采取因地制宜、灵活多样的办学形式,面向大中小学、社区和企业,教授汉语,推介中国传统文化。自 2004 年开始,中国在借鉴英国、法国、德国等国推广本民族语言经验的基础上,探索在海外设立以教授汉语和传播中国文化为宗旨的非营利性教育机构——孔子学院。2013 年,各国孔子学院和课堂注册学院总数共计 85 万人,举办各类文化活动 2 万多场。

我国有关部门为了整合国内国际有关儒学的综合信息,利用现代网络技术,建设了一个公益性儒学文化的交流平台——国际儒学网。并每年召开"全球孔子学院大会",对孔子学院的工作进行交流,使中国传统文化绵延不断地得到传播与普及。

儒学是中国传统文化的重要支柱与基础,几千年来对中华民族的凝聚、团结和进步,对中国的统一、稳定和发展,发挥了重要作用。同时,儒学作为人类精神文明的一个重要组成部分,对整个人类文明的发展与进步都有着深远的影响。

第三章　嵩山儒学尊奉的主要圣贤

周　公

周公(约前1100年),西周初年著名的政治家、军事家、思想家、教育家,礼乐文化的创造者,儒家思想的奠基者,被后世誉为"元圣"。周公姓姬,名旦,周文王姬昌的第四子,周武王姬发的同母弟弟,谥号文,因为他的采邑在周地(今陕西扶风县),故被称为周公。

周公

周公小时候聪明异常,又孝敬父母,忠厚仁慈,"旦为子孝,笃仁"。武王即位后,周公旦就辅佐武王,武王九年,辅佐武王伐纣至盟津,十一年至牧野,周公为武王作讨伐纣王的誓词《牧誓》(见《尚书》),灭掉殷商后,武王封周公于少昊之墟曲阜,称为鲁公。周公没去封地,而是让儿子伯禽就封于鲁,自己仍留下来辅佐武王。伯禽临行时,周公告诫他,说:"我文王之子,武王之弟,成王之叔父,我于天下亦不贱矣,然而我一沐三握发,一饭三吐哺,起以待士,生怕失去天下的贤人。你到了鲁国,也要礼贤下士,千万不能以国骄人呀!"

灭商两年后,周武王得了重病,群臣都很恐惧,周公就"自以为质",设三坛,"戴璧秉圭",祭告祖宗,欲代武王姬发受过,并占卜得吉卦,还把占卜结果藏于金藤匮中。没多久武王就驾崩了,周成王即位,但成王还在襁褓之中,周公恐怕天下人闻听武王驾崩而叛乱,就"践祚"代成王行天子之政。他的弟弟管叔和其他几个兄弟就放出谣言说,周公将不利于成王,于是周公就对姜太公和召公说:"我之所以弗避而摄行政者,恐天下畔周,无以告我先王太王、王季、文王。"周公摄政的第四年,管叔、蔡叔就勾结纣王的儿子武庚叛乱,本来灭商后"封纣子武庚禄父",使管叔、蔡叔"傅之"监视武庚,可他们却率领东夷叛乱,周公就奉成王之命兴师东征。这一仗彻底击溃了商朝奴隶主的残余势力,杀掉了武庚和管叔,流放了蔡叔,并"收殷余民",封康叔于卫,统治商朝旧地,又封微子于宋,以续殷祀,这样诸侯都服从,并以周为宗主国。为了加强对东方的统治,周公就把商朝旧民迁于成周,并决定营建东都洛邑,派召公先至洛邑"相土",然后周公前往营建成周洛邑,占卜得吉卦后,就以此为东都。登封周公测景台,就是当时为营建洛邑"测土深,求地中"而创建的。

周公在东都洛邑召集天下诸侯举行盛大的庆典,并正式册封诸侯,然后又制定了一套完整的规章

制度,即礼乐,以此来维护和巩固周王朝的统治。摄政7年,成王长大后,周公就还政于成王,自己北面称臣,恭谨地行诸侯之礼。先前有一次成王得了病,周公就剪下指甲沉之河中,并向神祷告说:"成王年少,违犯神命的是我姬旦",并祈求上天允许他代成王接受惩罚,还把祷告书藏于府中,成王的病很快就好了。等到成王当政后,就有人诬陷说周公居心不良,周公被迫逃跑到楚国。成王搜查周公府,见到周公的祷告书,弄清了事实真相后,就哭着把周公接了回来。周公回来后,生怕成王有所淫佚,就写了《多士》、《毋逸》,以商朝君主失德告诫成王,并劝成王要像商汤、武丁、祖甲、文王那样"保施小民"、"日中昃不暇食",顺从天道,勤政爱民。周公作《周官》以"官别其宜",使官吏各司其职,作《立政》主张明德慎罚,制礼作乐,教化百姓,老百姓都很高兴。

周公得病将死时,说:"一定要把我葬在成周,以表明我不敢离开成王!"周公死后,成王将他葬在毕原,以表明不敢把周公看作臣子。周公死后,秋天还没有收获,暴风雷雨把禾苗都刮倒了,连大树也被连根拔起,人们都非常恐慌。周成王就和大臣们穿着朝服恭恭敬敬地打开了周公的金匮,"乃得周公自以为功武王之说",才弄明白周公原来是要替武王接受上天的惩罚。为了表彰周公勤劳王家的高尚品质和丰功伟绩,成王就命令鲁国郊祭文王,并可使用天子礼乐,"以褒周公之德也"。

周公道隆德备,既上承尧舜,又下启孔孟,被认为是中国传统文化的先驱,几千年来一直受到人们的崇敬,还被列入国家礼典,各地纷纷建庙祭祀。周公被后世称为先圣、元圣,唐代时被封为文宪王,周公一直被作为人臣的最高准则,儒家还把他做为先圣们的正统传人,嵩阳书院道统祠里就供有周公的塑像。相传周公出生于农历正月初六,每到这一天,人们就从四面八方来到周公庙祭祀纪念周公。

孔 子

孔子

孔子(前551~前479年),我国历史上最伟大的思想家、教育家,儒家学说创始人,也是世界历史文化名人。孔子名丘,字仲尼,春秋时期鲁国陬邑(今山东省曲阜)人。据《史记·孔子世家》记载,孔子"生而首上圩顶,故因名曰丘云。"其先祖是宋国大司马孔父嘉,其父叔梁纥是个武士,在孔子出生不久就死去了。孔子年轻时生活非常艰难,曾给人做过保管物品、管理田地之类的家臣,但却时刻不忘学习,并迷恋于各种礼仪,也曾做过"儒"人,即主持祭祀活动的司仪。孔子从师襄学习乐,从老子学习礼,30岁时正式开始招收学生,不管出身什么阶层,只要拿一束干肉作见面礼即可,教学内容主要是诗、书、礼、乐。

孔子最先到齐国游说,齐景公问他为政之道,他回答说:"君君、臣臣、父父、子子。"齐景公问他最要紧的是什么,孔子针对齐国现状说"政在节财",但晏婴很讨厌孔子,孔子只好带着弟子返回鲁国。51岁时,孔子担任了鲁国的中都宰,一年后升为司空、司寇。子贡问他为政之道,孔子回答了三点:足食、足兵、民信。孔子当政时,诛杀了使他学堂三盈三虚的鲁国大夫少正卯,并在夹谷之会上使齐国归还了占领鲁国的土地。55岁时,看到鲁定公因接受齐国的美女而不理政事,孔子决定周游列国。孔子和弟子先后到过卫国、曹国、宋国、郑国、陈国、蔡国,因不能进入楚国,就又返回卫国。68岁时,孔子被鲁国当政者季康子请回了鲁国。

孔子回国后,一面教书授徒,一面整理夏商周三代典籍。他所整理的《诗》、《书》、《礼》、《易》、

《春秋》,被后世尊为五经。他整理经书,一是"述而不作",尽量保持原貌,二是"不语怪、力、乱、神",删除神话传说的成分,三是排斥异端,与自己观点相左的成分重新加以修改。

孔子的思想丰富而深刻,中国后世的许多学说都能在他那里找到最初的源头。孔子主张"仁、义、礼、智、信",其学说的核心是"仁","克己复礼"是孔子对"仁"的概括。孔子主张以绝对的服从来维护奴隶制度的秩序,"非礼勿视,非礼勿听,非礼勿言,非礼勿动"。"仁"的具体内涵是"恭、宽、惠、信、敏",恭,即庄重、严肃,就不至于被污辱;宽,即宽厚,就会得到拥护;信即诚实,就会得到任用;敏即思维敏捷、工作勤勉,就会有所成就;惠即待人慈悲为怀,就能使唤人。在孔子的思想体系的各个方面都贯穿着一条主线,这就是"仁"。在其不到两万字的著作《论语》里,"仁"字就出现了109次。据记载,"仁"是山东土著居民东夷人的性格特征,与其他地方的人相比,东夷人具有"仁而不争"的特点。许慎在《说文解字》中注:"仁,亲也。从人,从二。"有一次,孔子的学生樊迟向他请教什么是"仁",孔子的回答只有简单的两个字:"爱人。"孔子所说的人,并不仅仅指和自己亲近的人或者是和自己有血缘关系的人,而是指所有的人。他在《论语》的开篇《学而》中明确要求:"泛爱众。""仁者爱人",是孔子思想中经过时代更替和社会

孔子见老子画像石

变迁的冲刷而保留至今的精华,也是孔子至今被人们缅怀和继承的主要原因。"有朋自远方来,不亦乐乎","四海之内皆兄弟也","己所不欲,勿施于人","德不孤,必有邻","礼之用,和为贵",孔子的这些言论都同"仁"有关,都是"仁"的具体体现。孔子以"仁"为核心构建了一个完整的道德体系,具体到家庭就是对父母"孝"、对兄长"悌",具体到君臣关系就是"君义臣忠",具体到朋友就是"信",具体到个人的追求就是"智"与"勇",具体到日常行为和操作规范就是"礼",而具体到国家就是"仁政"。有一次,孔子在泰山脚下看到一名妇人在一座新坟前痛哭,便让学生上前问个究竟,妇人说她的公公和丈夫先后命丧虎口,今天她的儿子又被老虎夺去了生命。孔子问,既然如此,为何不搬往他处?妇人说:此处无苛政。孔子慨然叹曰:"苛政猛于虎也!"孔子教导弟子们要"文、行、忠、信",不要凭空猜测,不要武断,不要固执,不要自以为是。孔子提倡为政以德,他说:"道之以政,齐之以刑,民免而无耻;道之以德,齐之以礼,有耻且格。"孔子从不言利,但却相信天命,主张敬鬼神而远之。孔子还主张有教无类,主张学而优则仕,就是要通过教育途径,培养有德之士,从而选拔出治国的贤良之士,达到克己复礼的目的。

孔子晚年致力于教育和整理诗书等古文献,曾修《诗》、《书》,定《礼》、《乐》,序《周易》,编撰了我国第一部编年体史书《春秋》。孔子的思想及学说对后世产生了极其深远的影响,历代统治者称孔子为圣人、万世师表。孔子的言行思想主要载于语录体散文集《论语》及先秦和秦汉保存下的《史记·孔子世家》。

孔子有弟子3000人,身通六艺者有72人,主要弟子有颜回、子路、曾参、子夏、有若、冉有、公西华、子羽、宰予、原宪、樊须、公冶长、司马耕、冉雍等。孔子的弟子主要有德行、政事、言语、文学四个门类,这四个门类又称为"孔门四科"。他的弟子中,品德修养好的有颜回、闵子骞、冉伯牛、仲弓,口才好

的有宰予、子贡,有政治才能的为冉有、季路,精通历史文献的有子游、子夏。这十位高才生被称为"孔门十哲"。他的弟子列入"二十四孝"的有曾子、闵损、子路。孔子的学说经过他的三千弟子的广泛传播,终使儒学成为显学。孔子开创的儒家学说,后来成为中华传统文化的代表和重要组成部分。

公元前479年,也就是鲁国纪年的哀公十六年,孔子73岁时死于家乡,死前7天,在昏暗的黎明中,他曾策杖而歌:"泰山其崩兮,梁木其坏兮,哲人其萎兮。"孔子临终前的悲凉来自他晚年的不幸际遇:他周游列国14年,但一生求索的治国理念在四处碰壁,不被任何国家接受,而他的妻子、唯一的儿子和两个最欣赏的学生也都先于他而去。孔子去世后,鲁国的国君哀公亲制诔文悼念孔子,诔文中称孔子为"尼父",他的弟子们将其葬于泗地。孔子被后世称为至圣、万世师表,还被封建帝王封为"大成至圣先师文宣王",孔子的后代历代受到恩宠,袭封为"衍圣公"和"五经博士"。尽管鲁国的最高统治者给予他以很大的尊敬,但孔子的思想在当时并没有真正走出他讲学的杏坛。然而,孔子身后,他思想中的精华却穿越历史和民族的时空成为全人类的共同财富,成为世界文明史上一座难以逾越的高峰。

孔子在世时,曾入周向老子请教礼制,并专程"问乐于苌"。

史料记载:孔子非常向往周文化,他曾说:"郁郁乎文哉,吾从周。"还说:"如有用我者,吾其为东周乎!"有一次,他对鲁国人南宫敬叔说:"吾闻老聃(老子)博古知今,通礼乐之源,以道德之归,则吾师也,今将往矣。"南宫敬叔将孔子的想法报告了鲁国国君昭公。周敬王二年(前518年),鲁昭公送给孔子一辆车,两匹马,还有一位小童。孔子遂和南宫敬叔一道,千里迢迢来到东周都城(今洛阳)请教学习礼乐。

时任周王室"守藏室之史"的老子是一位大思想家、大学者,熟知周礼。孔子入周问礼,老子说:君子生逢其时才能施展抱负,干出事业;不逢其时则只能碌碌无为。我听说,出色的商人都深藏不露,有盛德的君子,容貌却像普通人。去掉您的傲气和各种欲望,不要装腔作势和好高骛远,这些都不利于您的身体,我所要告诉您的,就是这些了。

孔子向老子辞别时,老子对他说:我听说,富贵的人送人钱财,仁德的人送人言语。我得不到富贵,却占有了仁人的名义,只好送您几句话:聪明、观察细致而又将死的人,是爱好议论别人的人;渊博善辩而又危害自身的人,是揭发别人罪恶的人。作为人子,不要张扬自己;作为人臣,不要张扬自己。老子的议论大约深深地震撼了孔子,他对弟子说:鸟,我知其会飞;鱼,我知其会游;兽,我知其会跑。会跑的可以准备网,会游的可以准备纶,会飞的可以准备矰。至于龙,我却不知道,它乘风驾云高飞天上。我今日见到老子,就像见到了龙一样啊!

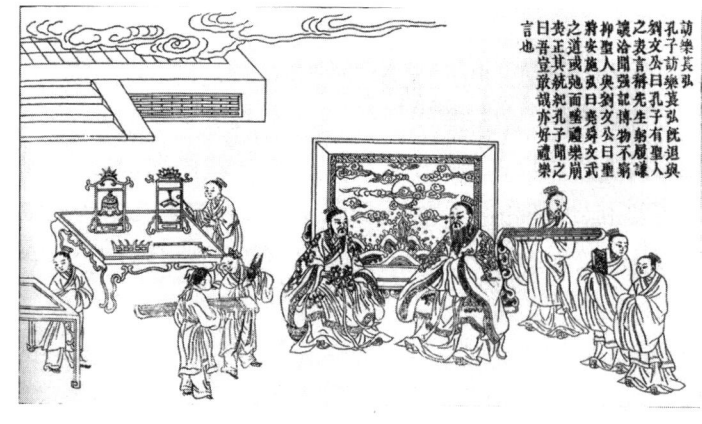

孔子问乐于苌弘

孔子在周期间,向老子请教礼制,专程"问乐于苌",向苌弘请教和探讨音乐、天文知识。苌弘是东周大臣刘文公所属大夫,"天地之气,日月之行,风雨之变,律历之数,无所不通。"后因故被杀,传说其血三年化为碧玉。他的墓地在今偃师市山化乡境内。

此外,孔子还瞻仰了周室先王太庙,见到那里的"金人"。《孔子家语》称他曾"历郊社之所,考明堂之则,察庙朝之度";孔子"观乎明堂,睹四门,墉有尧舜之容、桀纣之相与兴废之诫";"又周公相成王,抱之负斧,南面以朝诸侯之图焉",孔子徘徊望之,谓从者曰:"吾今乃知周公之圣与周所又王也。"在周期间,他还曾和老子一起帮助邻里送葬,孔子入周问礼学乐,对洛阳的政治、经济、文物制度、礼乐文化、图书典籍、民俗风情等都作以了解和学习,这对他弘扬周代文化,扩大儒家文化都有着重大的影响和作用。

孔子在嵩山的活动遗迹,有位于嵩山西南麓的洛阳市老城东关的孔子入周问礼处。相传老子故宅在洛阳老城东关铜驼巷,孔子问礼于老聃即在此处。清代曾在东关大街东首路北立一石碑,上书"孔子入周问礼乐至此"。另有位于嵩山西南麓的洛阳市老城东南隅文明街东,为祀孔子而建的府文庙。嵩山地区多个县市都建有孔庙,专门祭祀孔子。此外,在所有的书院内,都供有孔子的神像。

颜 回

颜回(前521~前491年),孔门十哲之首,孔子德行弟子之首,被后儒推为七十二贤之首,尊为"复圣"。颜回字子渊,比孔子小30岁,鲁国人,5岁丧父,10岁时随母亲从兖州流落到曲阜,孔子免费收他为门徒。他家境贫寒,常常以野菜充饥,却安贫乐道。他天资聪颖,勤奋好学,子贡说,颜回能闻一而知十,他自己只能闻一而知二。孔子十分看重颜回,曾说:"自吾有回,门人益亲。""贤哉,回也!一箪食,一瓢饮,在陋巷,人不堪其忧,回也不改其乐。贤哉,回也!"这就是备受后世理学家所推崇的"孔颜之乐"。也许是用功过度的缘故,颜回29岁时头发突然全白了,不到31岁就死了,他死的时候,孔子悲痛万分地说:"天丧予!天丧予!"后来,鲁哀公问孔子,众弟子中哪一位好学,孔子说:"有颜回者好学,不迁怒,不贰过。不幸短命死矣。今也则亡,未闻好学者也。"颜回是孔子最得意的学生,对孔子最为信从和敬重,后人评价他们的师生关系说:"颜回之于孔子,就像曾参对于他的父亲。"他们的师徒之情,可谓千古绝唱。颜回终生所信奉和躬行的就是孔子的仁学,他是恪守"中道"的典范,其政治思想和孔子如出一辙,由于恪守师道,对孔子亦步亦趋,因而其思想学说就淹没在后世对孔学的大肆宣扬之中了。颜回一直受到汉以后历代统治者的褒扬和推崇,在配享孔庙的诸弟子中始终列为首位,并被加封为"先师"、"兖公"等尊号,明代被尊为"复圣",又成为配享四圣之首。司马迁为孔门弟子作传,首列颜回。曲阜现有纪念他的陋巷石坊和颜庙。

曾 子

曾子(前505~前436年),孔门四大圣贤之一,被后世尊为"宗圣",孔子的另一弟子曾皙的儿子,据说《孝经》为他所作。曾子名参,家贫,其父晚年身体多病,他便千方百计地买些可口的东西给父亲补养。每次给父亲送饭,父亲问他吃了没有,他总是说还有许多饭。他母亲卧病在床时想喝碗鱼汤,当时正值隆冬,曾子就把自己身上的旧棉衣卖了,然后到市场上去买鱼,但他找遍了整个集市,也没找到一个卖鱼的,就赶到河边,扒开积雪,打开冰层,下水捕鱼,终于捕捉到了一条一斤重的鲤鱼。曾参是孔子的得意门生之一,据说孔子临死时,他和子贡、阳虎、有若等在一边守护,孔子要把自己的遗言告诉弟子,刚说出一个"道"字,曾参就马上接过来说:"一贯心传。"孔子听罢,露出欣慰的神情。山东嘉祥城南18公里处有曾子庙。

子 思

子思(前483~前402年),孔子的孙子,孔鲤的儿子,曾参的门徒,被后世尊为"述圣",相传《中庸》一书为他所作。子思名伋,一度居住在卫国,后去宋国,晚年返鲁,宣扬儒学,以"昭明圣祖之德"为己任。在《中庸》一书中,他通过对孔子中庸思想的阐发,完善和深化了孔子的伦理思想。他主张"致中和","中"是循礼,"和"是行仁。他提出"天人合一"、"以德配天"的思想,从人性和天道的角度深化孔子的伦理思想,为中庸奠定了完善的哲学基础。

孟 子

孟子

孟子(前372~前289年),孔子之后的又一位儒学大师,孔子的孙子子思的再传弟子,因为继承、光大了孔子的学说,被后世尊为"亚圣",和孔子并称"孔孟"。孟子名轲,字子兴,战国时期邹国人,他以学习孔子为终生志愿,说:"乃所愿,则学孔子也。"他发展了孔子的思想,确立了子思一派的思想体系,后世称为"思孟学派",封建社会把他们的学说合称"孔孟之道"。孟子之所以获得后来的成功,是因为他拥有一位伟大的母亲。孟子的母亲注意胎教和家教,孟子未出生时,孟母就攀登峄山,观澜沂水,进行胎教。为了儿子在良好的环境中成长,孟子的母亲曾经三次搬家,最后在一所学宫旁边定居下来。"孟母三迁"和"断杼教子"成为千古流传的教子佳话。孟子在很多方面继承、发扬了孔子的思想,尤其是在"仁"和"仁政"方面,主张以王道仁政来实现统一,宣扬以德服人的王道,反对以力服人的霸道,说"君之视臣如手足,则臣视君如腹心;君之视臣如犬马,则臣视君如国人;君之视臣如土芥,则臣视君如寇仇。"认为实行仁政必须从恢复井田制开始;他又提出"民贵君轻"的思想,说"民为贵,社稷次之,君为轻",提倡尚贤,甚至主张把君位让给贤人,呼吁"制民恒产",不误农时,省刑轻赋。孟子继承了孔子的守旧思想,主张"尊先王",反对变法,维护"劳心者治人"的等级秩序;他主张性善论,认为人生下来就具有仁义礼智信等道德观念,具有良知良能,教育就是启发良知,并认为天人合一,认为上天赐给人以先天的善性,而圣贤又能通过善性而通"天"。他的处境和孔子相似,曾带学生到齐、梁、宋、滕、邹等国去游说,宣传自己的政治主张,虽任过齐国的客卿,但一直未得到诸侯重用,由于这些鲜明的仁政观点,孟子生前曾经让很多显赫的君主难堪,甚至恼羞成怒,明朝初年通过残酷杀伐才夺得帝位的开国皇帝朱元璋对此更是异常愤怒,他把孟子的灵位从孔庙的陪祀位置驱逐了出去,还亲自动手删除了《孟子》一书的文字85处之多,编纂成删节本的《孟子节义》。孟子70多岁时回家开馆讲学,著书立说,《孟子》一书是他的学生对他的言行的记载。他的学生很多,主要有公孙丑、万章、陈臻、乐正克等18人。宋代理学家程颐赞扬孟子有泰山巍峨之气,说:"仲尼天地也,颜子和风庆云也,孟子泰山之岩岩气象也。"

嵩山地区尊奉的儒家圣贤还有很多,据《登封县志》和《嵩阳书院志》记载,县学、书院还敬祀有孔门12哲人和历代大儒、先贤近百人,如公羊高、孔安国、毛苌、郑康成、王通、董仲舒、司马光、胡安国、邵雍、程颢、程颐、范仲淹、朱熹、陆九渊、王阳明、金履祥、陈献章等。这些人物有的在嵩山著名儒学人物中加以介绍,其余不再一一详述。

第四章　嵩山著名儒学人物

贾　谊

贾谊(前200～前168年)，西汉初期儒学家。贾谊，洛阳人，世称贾太傅、贾长沙。他18岁即以善文而著称于郡中，20余岁被汉文帝召为博士，旋迁大中大夫，后被贬为长沙王太傅，又被召任梁怀王太傅，33岁忧郁而死。著有《贾长沙集》。

贾谊的思想驳杂，上承荀子，立足于儒家的礼制传统，又融入法家和道家的思想，从根本上倡导儒家的礼治、仁义和民本学说。他认为秦朝之所以灭亡，便是由于焚书坑儒造成礼制丧失的缘故，因而极其重视礼的作用。他在《新书·礼》中说："礼者，所以固国家，定社稷，使君无失其民者也。""道德仁义，非礼不成；教训正俗，非礼不备；分辩争讼，非礼不决；君臣上下、父子兄弟，非礼不定；宦学事师，非礼不亲；班朝治军，莅官行法，非礼威严不行；祷词祭祀，供给鬼神，非礼不成不庄。"这便是他的礼治思想的总纲。从伦理的角度，他认为礼是人们自我调节、自我约束的行为规

贾谊

范。从政治的角度，他认为礼是维持社会稳定的秩序，是保持国家长治久安的基础。他针对汉初"诸侯僭拟，地过古制"、"君臣同伦，异等同服"的社会状况，主张调整君臣之礼，制定具体的礼仪规章，形成严格的外部规范，使不同等级的人在名号、权势、旗章、衣服、器用等方面都有严格的礼仪区别。他的仁义思想在著名的《过秦论》中有着淋漓尽致的表现。他反对秦朝的"事皆决于法，刻削毋仁恩和义"，深刻地批判了秦朝的暴政，指出秦之灭亡在于"仁义不施"，提出以仁义治理天下的主张。在《修政语》中，他认为黄帝"以信与任为天下先"，自其以降，历代贤君无不如此。他的"政莫大于信，治莫大于仁"、"仁行而义立，德博而化富"的仁义思想便是对先秦儒家思想的继承与发展。他的民本思想体现在《新书·大政》里。他分别从国与民、君与民、吏与民三个不同的层次指出民所具有的决定性作用，认为"与民为敌，民必胜之"、"王者有易政而无易国，有易吏而无易民"，明确提出"民无不为本"的主张。这些民本思想对后世的人们产生了深远的影响。他在汉初具体的历史背景下对儒学做出了新的发展，为儒学最终走向官学与经学打下了基础。到汉武帝时，董仲舒正是在继承其学说的基础上，奠定了儒学的大一统地位。

杨 雄

杨雄

杨雄(前53~18年),西汉哲学家、辞赋家、语言学家。名杨雄,一作扬雄,字子云。蜀郡成都(今四川成都)人。少时好学,好深思,博览多识,酷好辞赋,曾经"专精大《易》、耽于《老》、《庄》"。家贫,不慕富贵。40岁后,始游京师。大司马王音召为门下史,推荐为待诏。后经蜀人杨庄的引荐,被喜爱辞赋的成帝召入宫廷,侍从祭祀游猎,任给事黄门郎。他的官职一直很低微,历成、哀、平"三世不徙官"。成帝时为给事黄门郎。王莽称帝后,杨雄校书于天禄阁。后受他人牵累,即将被捕,于是坠阁自杀,未死。后召为大夫。为人口吃,不能畅谈,而以文章名世。为西汉时最受推崇的经学家、象数哲学家、文学家、天文学家和语言学家。其辞赋成就媲美于司马相如,世称"扬马"。

"杨雄把司马相如开创的劝百讽一"的大赋传统,推向极致。杨雄早年曾有《反离骚》、《广骚》、《蜀都赋》、《成都城四隅铭》等作品。中年时期被召入宫,有《甘泉赋》、《河东赋》、《羽猎赋》和《长杨赋》等作品为其代表作,皆为汉赋的名篇。杨雄对辞赋的贡献,主要在于他拓展了这种宫廷艺术的题材和表现手法,使其超出宫廷,咏物叙事,立志抒情,使之更加散文化。

杨雄对探讨宇宙人生真谛的哲学研究贡献十分突出。他的《法言》是一部以《论语》体裁写成的道德格言集,他的《太玄》则以《易经》的风格表达了一种宇宙论的思辨。又作《法家》融儒、道、法三家学说于一体,对《易经》、《论语》等经典著作也做出他自己的理解和诠释。杨雄提出以"玄"作为宇宙万物根源之学说,并强调如实地认识自然现象的必要,并认为"有生者必有死,有始者必有终",驳斥了神仙方术的迷信,表述他对社会、政治、哲学等方面的思想,在思想史上有一定价值。在社会伦理方面,批判老庄"绝仁弃义"观点,而重视儒家的学说,认为"人之性也善恶混,修其善则为善人,修其恶则为恶人"(《法言修事》)。曾著《方言》,叙述西汉时代各地方言,为研究古代语言的重要资料。又续《仓颉篇》,编《训纂篇》。《隋书·经籍志》有《杨雄集》5卷,已散佚。明代张溥辑有《杨侍郎集》,收入《汉魏六朝百三家集》。清严可均所编《全上古三代秦汉三国六朝文》中收其赋、箴等共4卷,最为详备。杨雄在嵩山地域活动期间,写有著名的《逐贫赋》。

侯 霸

侯霸(?~公元37年),东汉儒学家。字君房,密(今河南新密市)人。笃志好学,曾师事九江太守房元,治《谷梁春秋》。历任尚书令、大司徒,封关内侯。

张 玄

张玄,东汉儒学家。字君夏,河内河阳(今河南孟州市)人。少习《颜氏春秋》,兼通数家。刘秀举明经,补弘农文学,迁陈仓县丞。一生清静无欲,专攻经书。

杜子春

杜子春(约前30~公元58年),东汉经学家。嵩山缑氏(今偃师市)人。曾就学于刘歆东汉明帝永平初,年90余,通《周官》。自汉武帝"罢黜百家,独尊儒术"之后,官僚主要出自儒生,儒学传授出现了一个昌盛的局面。杜子春就是在这种社会背景下出现的一位经学大家。古文经学的振兴是与刘向的儿子刘歆的积极倡导分不开的。早年他曾跟经学大师刘歆专学《周礼》。东汉一代,古文经学以"私学"的形态发展,刘歆的著录弟子颇多,涌现出一批卓然有成的学者,如郑众父子、杜子春、贾逵、服虔、马融、许慎、荀爽、卢植等。其中,最突出的是"郑、贾之学及马融的经学。"而郑众、贾逵都为杜子春的学生。史料记载,杜子春居缑氏南山中,传《周礼》以授郑众和贾逵,《周礼》之学始得流传。继伏羲作八卦之后,又有《连山》、《归藏》传世,与《周易》并称"三易"。而经学家们认为《归藏》的产生年代主要有黄帝、夏、商三个时期,而主张《归藏》为黄帝《易》的学者,则以杜子春为代表。杜子春于《周礼》注中云:"《归藏》,黄帝。"同时,杜子春还认为《连山》乃伏羲氏之《易》,并作《周官注》2卷。杜子春所注之《周礼》曾为后来的经学大师、教育家郑玄著的《三礼注解》所采用,今佚。清马国翰《玉函山房辑佚书》辑有《周礼杜氏注》3卷。著名学者贾逵和郑兴、郑众父子均从其学。

杜子春

王 充

王充(27~约97年),东汉前期唯物主义思想家、散文作家、文学评论家。字仲任,会稽上虞(今浙江上虞)人。年轻时父母双亡,乡里称孝。自幼好学,因"家贫无书,常游洛阳书肆,阅所卖书,见辄能诵忆,遂博通众流言百家之言",后成为著名的大学者。曾在洛阳太学受学于名儒、史学家班彪。王充终生潦倒,但"贫苦而志不倦"。王充曾在地方任功曹的小官,因和显族达贵不合,便辞职不仕,回到乡里教书和专心著述。晚年,刺史董勤曾举他任从事,转治中,不久便辞官而去。

两汉时期,神学泛滥,谶纬迷信横行,天人感应、天人合一遂成为两汉人的思维方式。王充一生虽然比较贫困,但在宗教气氛浓厚的京都洛阳,他为实现自己的理想,以批判的战斗精神,高举"疾虚妄"、"求实诚"的旗帜,从理论上对当时流行的谶纬神学,"君权神授"的谎言迷信学说,给予了有力的回击,给僵化的思想界带来了一股强劲的风。

王充

王充认为宇宙的根本是"元气",天地是元气的产物。他的《谈天篇》认为,"天道无为,故春不为生,而夏不为长,秋不为成,冬不为藏。"《命禄篇》中有"天地合气,万物自生。犹夫妇合气,子自生矣。"在《自然篇》中,王充对符瑞、灾异、风火、卜筮、祭祀、祈禳、谴告、求雨、拜龙等迷信活动进行了辛辣的讽刺,说"人不能以行感天,天亦不随行而应人。"《明雩篇》强调有生必有死,"死者,生之效;生者,死之验也。"《道虚篇》指出鬼是人的一种幻觉,"人病则忧惧","忧惧则存想,存想则目虚见。"《实知篇》集中驳斥当时所宣扬的先验论。他指出,耳目的见闻是形成知识的基础,除直接感官外、还要依靠间接的经验,后天的"学"和"问"。《自纪篇》强调论文内容、力主"为世用者,百篇无害,不为用者,一章无补"。在形式上提倡通俗,反对崇古、模拟和"浮华虚妄之语"。《订鬼篇》反对"圣人生而知之"的说法,认为知识得自眼见、耳闻、口问,还要"必开心意"。既要通过感官,又要通过思维。"不学自知,不问自晓,古今行事未之有也。"提出"引事物以验其言行。"在文学批评方面,他反对当时"好珍古而不贵今"的学风和"知五经而不知当世"的腐儒,批判了华而不实、虚伪浮靡的文风,对魏晋后的文艺思想影响很大。

王充自西汉以来对官方倡导的各种神秘主义学说予以总批判,并充分吸取当时所掌握的科学知识和智慧,批判和继承古代各家精华、有力地论证了宗教迷信的虚妄,丰富和发展了古代唯物主义和无神论思想。他历经20余年的时间写出《论衡》一书,共有85篇,20余万言,当时被视为"异端邪说",长期受到埋没,东汉末年才流传开来。《论衡》一书总结了汉代自然科学的成果,冲破了东汉时学术界愚妄和迷信的禁锢,批判了谶纬之学。在王充思想的影响下,东汉末年的学术风气发生了根本的变化,荒诞、繁琐,丧失了生命力的神学日渐为人们所厌弃,一种轻慢礼法、蔑视名教的思潮勃然兴起,从而结束了两汉神学经学统治的时代。《论衡》被近人范文澜誉为"黑暗里发射出的人民智慧之光的明灯"。

王充另著有《讥俗节义》、《政务》等,今已佚。关于他的地位和影响,据《袁山松书》载:"《抱朴子》曰:'时人嫌蔡邕得异书,或搜求其帐中隐处,果得《论衡》,抱数卷持去。'邕叮咛之曰:'唯我与尔共之,勿广也。'"又说:"王郎为会稽太守,又得其分,及还许下,时人称其才进。或曰,不见异人,当得异书。问之,果以《论衡》之益,由是遂见传焉。"

贾 逵

贾逵

贾逵(30~101年),东汉儒学家、天文学家、经学家。字景伯,扶风平陵(今陕西咸阳西北)人。西汉名儒贾谊的九世孙。父贾徽,曾从刘歆等受学。贾逵"悉传父业",又在东汉太学攻读经书,后留居京都洛阳,在经学和天文、历法研究方面卓有建树。《后汉书·贾逵传》载,贾逵以讲学取粟米为生,在京都洛阳一带传为佳话。汉明帝十分赏识贾逵,封他为"郎",让他和东汉史学家班固同校秘书,应对左右。西汉初年,汉武帝在思想上罢黜百家,独尊儒术,设立《周易》、《尚书》、《诗经》、《仪礼》、《春秋》五经博士,这些经书因用当时通行的文字隶书书写,故叫"今文经";而当时刘歆在整理边家图书馆藏书时,发现《春秋左氏传》、《古文尚书》等儒家著作,因这些书用秦以前的古文字篆书书写,称之间为"古文纪"。后逐渐形成今文经学和古文经学两大派别。公元76年,汉章帝即位,他倡导儒家学说,特别喜欢古文经的一些著作,于是下诏让贾逵在东汉皇宫的北宫白虎观和南宫云台继续解释经典。东汉盛行谶纬之学,皇帝每每信奉谶纬,贾逵就以古文经学来附会谶纬。贾逵投其所好,把《春秋左氏传》与谶纬之学统一起来,汉家刘氏王朝说成是尧的后代,从而迎合了东汉王朝的政治需要。贾逵不仅因此得到了赏赐,而且获准了在原受《公羊春秋》的太学生中挑选20名高才生改授他们古文经的《春秋左氏传》,《说文解字》的作者许慎就是其得意门生之一。建初八年(83年),汉章帝下诏,抨击今文经支离破碎,"去圣弥远",下令今文经的名家大师推选自己的高才生,改学古文经。章帝时,贾逵参加了著名的"白虎观会议",与今文博士李育就《左氏传》与《公羊传》的经义问题,展开了一场辩论,"(李)育以《公羊》义难贾逵,往返皆有理证,最为通儒。"(《后汉书·儒林列传》下)贾适历东汉明、章、和三帝,颇受礼遇。史称"世言《左氏》者多祖于(郑)兴,而贾逵自传其父业,故有郑、贾之学"(《后汉书·郑兴列传》)。古文经在贾逵的努力下,最终取代了今文经的地位。永元三年(91年),汉和帝任其为中郎将,后升为侍中,辅佐皇帝,成为心腹之臣。贾逵一生,著作等身,所撰经传义诂及论难达百余万言,又作诗、颂、诔、书、连珠、酒令凡九篇。儒家以其为宗,号为"通儒",他的学说也被尊称为"贾学"。代表作则有《左氏传解诂》30篇,《国语解诂》21篇。另著有《春秋左氏长传》20卷,《尚书古文同异》3卷,《毛诗杂义难》10卷,《周官解访》等。清人马国翰《玉函山房辑佚书》、黄奭《汉学堂丛书》均有辑本。东汉明帝永平年间(58~75年)上疏献于政府,明帝很重视他的著作,命人抄写藏于秘馆。

贾逵在京都洛阳的另一重大贡献就是天文历法,汉代儒家普遍对天文历法感兴趣,并有所造诣。英国著名科技史专家李约瑟重视儒家对古代科学发展的重要作用,明确提出:天文和历法一直是"正统"的儒家之学。贾逵参与修订的东汉《四分历》,比以往各家的历法都有显著的进步。根据《汉书·律历志》中的"贾逵论历"记载,贾逵在天文学上的贡献可归纳为三点:一是明确否定了冬至日在牵牛初度的说法,为后来岁差(冬至点逐渐西移)的发现做了准备;二是主张用黄道坐标测算日月运行的轨道,认为以赤道坐标测算会出现误差;三是明确指出日月运行速度有缓疾。这些重要发现均为后人所证实。

班 固

班固(公元32~92年),东汉史学家、文学家、儒学家、东汉史学家班彪之子。字孟坚,扶风安陵(今陕西咸阳)人。班固自幼聪慧,9岁能诵读诗赋,13岁时得到当时学者王充的赏识,建武二十三年(公元47年)前后入洛阳,博览群书,穷究九流百家之言,在父亲的影响下研究史学。建武三十年(54年),其父班彪卒,自太学返回乡里。居丧在家时,着手整理父亲的《史记后传》。

明帝时,班固曾应诏在洛阳南宫内东观修撰《汉记》,即《东观汉记》,任兰台令史,至章帝建初七年(公元82年)成《汉书》,开创了断代史体例,为后世正史之楷模。他与陈宗、尹敏、孟异共同撰成《世祖本纪》,升迁为郎,负责校定秘书。与人共同记述功臣、平林、新市、公孙述事迹,作列传、载记28篇奏上。

班固

章帝时,班固职位很低,先任郎官。建初三年(公元78年)升为玄武司马,是守卫玄武门的郎官中的下级官吏。由于章帝喜好儒术文学,赏识班固的才能,因此多次召他入宫廷侍读。章帝出巡,常随侍左右,奉献所作赋颂。对于朝廷大事,也常奉命发表意见,与公卿大臣讨论,曾参加论议对西域和匈奴的政策。

建初四年（79年），章帝效法西汉宣帝石渠阁故事，在白虎观召集当代名儒讨论五经同异，并亲自裁决，其目的是广泛动员今古文经学派的力量，促进儒家思想与谶纬神学紧密结合，加强儒家思想在思想领域的统治地位。班固以史官兼任记录，奉命把讨论结果整理成《白虎通德论》，又称《白虎通义》。该书确立了以"四权"、"三纲"、"五常"、"六纪"为主要思想的封建社会的规范体系，对维护和巩固中央集权、封建统治秩序具有重要的作用，同时在中国文化史上也有很大的影响。

汉和帝永元元年（公元89年），大将军窦宪奉旨远征匈奴，班固被任为中护军随行，参与谋议。窦宪大败北单于，登上燕然山（今蒙古境内的杭爱山），命班固撰写了著名的燕然山铭文，刻石记功而还。后来，窦宪因擅权被杀，班固因此受到牵连，被人陷害入狱，死于狱中。

班固还擅长作赋，撰有《两都赋》、《汉书·苏武传》、《幽通赋》等。

许 慎

许慎

许慎（54～149年），东汉古文经学家、古文字学家。字叔重，汝南召陵（今河南郾城）人。初任郡功曹，后举孝廉，任洨县长。入京后，官至太尉南阁祭酒。曾从贾逵受古文经学，博通经籍，当时洛阳儒生称其为"五经无双许叔重"。许慎生平重视研究文字学，搜罗文字训诂，博采众说，收集小篆、古文（战国文字）、籀文（西周文字，即大篆）共9353字，逐一按形体、声韵、训诂进行简要的解说，于公元121年撰成《说文解字》14篇，凡13.3万余字。按字形偏旁构造分列540部，始"一"终"亥"，首创部首检字法。他采取据形系联、部首编排法。字项下以小篆为字头，附以古文、籀文等异体重文，依据象形、指事、会意、形声、转注、假借等6书条例解说文字，分析造字的含义和字形的结构，并注以读音。《说文解字》集西周以来文字之大成，也集古文经学训诂之大成，是我国第一部系统而比较完备的字典。从他开始撰写《说文解字》到完成初稿，费时16年，从初稿到修改定稿又费时22年。《说文解字》是许慎研究古文经的伟大成果。许慎所继承的词语的解释，很多来自汉学家的传注。他曾校书东观，因得见秘籍，其中有不少对古书的训释，但又不囿旧说，博采众长，有独到的见解，这使《说文解字》达到了较高的学术地位。近代儒学大师张炳麟认为，读书必先识字，识字必习《说文》。直至，从事考古、整理古籍、研究文史，《说文解字》仍是必读之书。《说文解字》在世界上有重大影响，日本、美国、瑞典等国都有研究《说文解字》者，特别是日本，还成立有《说文》学会。

许慎一生，除著有《说文解字》外，还著有《孝经孔氏古文说》、《五经异义》、《淮南子注》、《汉书经》、《六韬注》、《五经通义》等。

马 融

马融（公元79～166年），东汉经学家。马融字季长，东汉名将马援的从孙，将作大匠严之子，扶风茂陵（今陕西兴平东北）人。马融俊才善文，曾从京兆（今属西安市）处士挚恂问学。安帝永初四年（110年），任校书郎中，于洛阳南宫内东观典校秘书。是时邓太后临朝，骘兄弟辅政，信俗儒之说，以为文德可兴，武功宜废。元初二年（115年），马融上《广成颂》以讽谏。因得罪当权的外戚邓氏，滞于

马融

东观,10年不得升官。安帝亲政,召还郎署,复在讲部。马融上《东巡颂》,帝奇其文,召拜郎中。顺帝阳嘉二年(133年),诏举淳朴,岑起举融,拜为议郎。大将军梁商荐为从事中郎,转武都太守。汉桓帝时,外任南郡太守,因忤大将军梁冀,遭诬陷,免官,髡徙朔方。后得赦还,复拜议郎,重在东观著述,以病辞官,居家教授。延熹九年(166年)卒于家,年88岁。

马融博通今古文经籍,世称"通儒"。马融之学,属于古文经学中的一种典型。在儒家经学的发展史上,马融开始了综合各家、遍注群经这种带有开创性的工作,他的经注成就,使古文经学开始达到成熟的境地,预示着汉代经学发展将步入新的时期。马融才高博洽,为世通儒,教养诸生,门人常有千人之多,东汉名儒卢植、郑玄等皆出其门。马融善鼓琴,好吹笛,达生任性,不太注重儒者节操。他常坐高堂,施绛纱帐,前授生徒,后列女乐,开魏、晋清谈家破弃礼教的风气。马融一生注书甚多,著《三传异同说》,注有《孝经》、《论语》、《诗》、《周易》、《三礼》、《尚书》、《列女传》、《老子》、《淮南子》、《离骚》等书。《后汉书》本传其谓"所者赋、颂、碑、诔、书、记、表、奏、七言、琴歌、对策、遗令,凡21篇。"《隋书·经籍志》著录其集9卷,今佚。明人辑有《马季长集》。清人编的《全上古三代秦汉三国六朝文》、《玉函山房丛书》、《汉学堂丛书》都有辑录。

服 虔

服虔(约168年前后在世),东汉末经学家。字子慎,初名重,又名祇,后更名虔,嵩山荥阳人。少服虔以清苦建志,曾入洛阳太学受业,有雅才,善著文论。举孝廉,稍迁。东汉中平年间(184~189年)拜九江太守。免官后,适遭乱离,病卒于行旅中。

服虔以经学论著称世,撰有《春秋左氏传解》30卷,尤为当世推重。另著有《春秋左氏膏肓释痾》10卷、《春秋汉议驳》2卷、《春秋成长说》、《春秋隐义》、《春秋塞难》以及赋、碑、诔、书记、《九愤》、《通俗文》、《汉书音训》等著作。其中,《春秋左氏膏肓释痾》、《春秋汉议驳》,主要与时下文经学家何休展开论争。服虔曾在注《春秋》时得郑玄所赠《春秋》的部分注释,终成《服氏注春秋左传》,被后世称为《服氏注》。服氏《左传》之学在东晋元帝时曾立博士,南北朝时在北方盛行,至唐时消亡。

服虔

历史记载:自班固《汉书》问世以来,因其卷帙浩繁,内容丰富,尤其是文辞典雅,喜用古字,比较难读,故注者较多。早在汉灵帝时代,就有服虔、应劭等人作音义,魏晋南北朝作《汉书》音注的人更多,到唐初颜师古作注,所征引的注本已多达23家。服虔便是其中最早的,较有影响的注家之一。服虔注解《汉书》言简意赅,精审明了,与其在注释方法上的积极探索密不可分。而这些方法又充分体现出其"随文释义""随文注音"的显著特点。不仅为后世注家提供了颇为翔实的资料,而且在注释方法上也提供了很好的借鉴,影响深远。东晋元帝时,《左传》服虔注与杜预注并立为博士。南北朝时,南方盛行杜注,北方则用服注。唐孔颖达撰《五经正义》,用《左传》杜注,服注遂亡。

屈伯彦

屈伯彦,东汉名儒。嵩山成皋人。《后汉书·郭林宗传》载:就成皋屈伯彦学,三年业毕,博通三坟(伏羲、神农、黄帝之书)五典(少昊、颛、高辛、唐尧、虞舜之书)。意其人必为博雅之儒也。相传所居在氾流深处,山谷清幽。后人将屈伯彦所在的村落取名屈村。村内至今保留有纪念屈伯彦讲学的涧沟屈子祠,祠内保留有屈柏彦的讲学处,有清代氾水县义学教席周开暄撰文的《涧沟屈子祠记》碑。

何 晏

何晏

何晏(约193～249年),三国魏玄学家,"贵无论"创始人之一。何晏与王弼并称于世。字平叔,南阳宛(今河南南阳)人。何晏是汉大将军何进之孙,因晏父早逝,曹操为司空时纳晏母尹氏为妾,晏被收养。晏少时聪慧过人,得宠于曹操,被视若诸公子。少以才秀知名,好老庄言。何晏后来娶金乡公主为妻,赐爵为列侯。魏文帝时,晏无所事任,明帝以其浮华,压抑之,仅授冗官。正始年间(240～248年)曹爽秉政,何晏党附爽,因而累官侍中、吏部尚书,典选举,爵列侯,仗势专政。正始十年(249年)曹爽事败,因依附曹爽,何晏等同时为司马懿所杀,夷三族。何晏与夏侯玄、王弼等倡导玄学,竞事清谈,遂开一时风气,为魏晋玄学的创始者之一。与王弼等祖述老庄,立论以为天地万物皆以无为本,"无也者,开物成务,无往不存者也"。他认为"道"或"无"能够创造一切,"无"是最根本的,"有"靠"无"才能存在,由此建立起"以无为本","贵无"而"贱有"的唯心主义本体论学说。还认为圣人无喜怒哀乐,圣人无累于物,也不复应物,因此主"圣人无情"说,即认为圣人可完全不受外物影响,而是以"无为"为体。在思想上重"自然"而轻"名教",与其仗势专权的实际行为多相乖违,故当时的名士傅嘏说他是"言远而情近,好辩而无诚,所谓利口覆邦国之人也"。《三国志》载,何晏"好老庄言,作《道德论》及诸文赋,著述凡数十篇"。今存《论语集解》10卷、《景福殿赋》、《道德论》2卷、《无名论》、《无为论》等。

董 遇

董遇,三国儒学家。字季直,弘农(今河南灵宝)人。汉献帝建安初举孝廉,魏时官至大司农。著有《周易注》10卷、《春秋左氏章句》30卷,已佚。

王 弼

王弼(226~249年),三国魏经学家,老庄玄学解易的创始人,魏晋易学义理学派代表。字辅嗣,三国时代山阳高平(今山东邹县西南)人。王弼出身于曹魏时的豪门贵族。曾外祖父是东汉末号称"八俊"之一、身为荆州牧的刘表。祖父名凯,是"建安七子"之一、著名文学家王粲的族兄(亲兄弟),其父王业曾官至尚书郎。王粲从蔡邕得书数车,他自己的儿子因谋反被杀,书为王业所有,王弼遂有书可读。王弼"幼而察惠",好谈儒道,辞才逸辩,与何晏、夏侯玄等同开玄学清谈之风,世称"正始之音"。王弼在幼年时便好老庄之学,又"善辩能言",为吏部尚书何晏所赏识,官任尚书郎。曾为《道德经》与《易经》撰写注解,由于《道德经》的原文逸散已久,王弼的《道德经注》曾是本书的唯一留传,直到1973年在马王堆发现《道德经》的原文为止。正始十年(249年)曹爽被杀,王弼受案件牵连丢职。同年秋天,遭疠疾亡,年仅24岁。其易学源自费直,主张注《易》时须注重阐明《周易》所包含的义理,摒弃汉儒实异说,谶纬说,恢复先秦儒家说《易》的本旨,从而开创后世以义理说《易》的先河。

王弼

曹魏正始年间(240~249年),王弼与何晏、夏侯玄等阐发《老子》、《庄子》和《周易》的思想,形成了一个新的思想流派;因《老子》等3部书后来被称为"三玄",故这个流派遂被称为玄学。王弼继承了老子"有生于无","道在无先"的基本命题,加以大胆发挥和创造,提出了自己"以无为本","以有为末"、"举本统末"的宇宙本体论和贵无哲学的观点,把"有"、"无"这对范畴作为他构筑自己思想体系的基本范畴,从不同侧面、不同角度和不同层次来阐明"以无为本"的思想与"有"、"无"之间的关系。他通过自己的"贵无"哲学把"自然"与"名教"、儒家、道家思想结合起来,摆脱了庸俗的"天人感应论"的影响,他一反两汉以来经学家离经辨句的做法,着重义理的分析和抽象的思辨,用"援老庄入儒"的方式,为封建伦理纲常辩护,建立起新的唯心主义的玄学体系,取代了当时逐渐失势的汉儒经学的地位,其哲学的深刻性和完整性使其成为中国哲学思想由两汉宇宙生成论转变为魏晋宇宙本体论的一个重要环节,从而具有承上启下,继往开来的历史性的重要作用和意义,这是我国哲学史上继《周易》、老子之"道学"和孔子之"儒学"之后的又一伟大的里程碑,这对后来中国学术的发展,特别是对宋代理学起到一定的影响,对佛教中国化、本土化也起了重要作用,其"得意忘象"的思考方法对中国古代诗歌、绘画、书法等艺术理论也有一定影响。

王弼人生短暂,但学术成就卓著。主要著作有《周易注》、《周易略例》、《周易大衍论》、《老子注》、《老子指略》、《老子道德经注》、《论语释疑》、《王弼集》5卷等。

由于洛阳是魏晋的都城,也是王弼生前重要的活动地之一。洛阳史料记载,王弼"幼而察慧,年十余,好老氏,通辩能言。"他曾与当时许多清谈名士辩论各种问题,以"当其所得,莫能夺也",深得当时名士的赏识。王弼与钟会、何晏等人为友,其特点为人高傲,"颇以所长笑人,故时为士君子所疾"。

孟 光

孟光,三国名儒。字孝裕,洛阳人。擅长汉家旧典及《公羊》、《左传》。汉末因避乱入蜀,被刘备委以议郎,与许慈共同制定蜀汉典章。

董景道

董景道,西晋名儒。字文博,弘农(今河南灵宝)人。少好学,精通五经。晋惠帝永平中隐居山中。著有《礼通论》,已佚。

向 秀

向秀

向秀(约227~277年),魏晋哲学家、文学家。字子期,河内怀县(今河南武陟县)人。向秀与嵇康、阮籍等7位名士居在河内山阳(今河南辉县市山阳镇),他们曾在山阳的竹林游乐,被世人称为"竹林七贤"。向秀对老庄的学说很有研究,曾注释过《庄子》一书,名曰《庄子隐解》。可惜注释没有全部完成,余下《秋水》、《至乐》2篇未注释就去世了。后来,郭象又注释未注两篇,改写《马蹄》一篇的注,影响很大。向秀主张礼法出于"自行"、"名教"与"自然"统一,合儒道为一,认为万物自生自灭,名任其性,也就是所谓的"逍遥"。嵇康善于打铁,向秀当他助手。有一次,向秀与嵇康正在门前打铁,司马氏的亲信钟会突然来访,向秀、嵇康二人看见他来,不加理睬,照样打铁不停。向秀还与另一名士吕安关系很好,一块在山阳种菜灌园,怡然自乐。后向秀的这两位好友嵇康和吕安遭钟会谗言,为司马昭所忌,被无辜杀害。向秀害怕司马氏的威势,被迫应本郡的推选赴京城洛阳。司马昭还余怒未息地讥讽他:"闻有箕山之志,何以在此?"向秀回答:"以为巢、许(巢父、许由,上古时期嵩山的隐士)是狷介之士,未达尧心,岂足多慕!"司马昭听后很高兴。迫于形势,向秀接受了司马昭授予的官职,初任散骑侍郎、后转黄门侍郎、散骑常侍。据说,"在朝不任职,容迹而已。"他走官道不是为了济世荣身,而是为了避祸,因此并未参与多少政事。看来,向秀的立场介乎阮、嵇与山涛之间。他不像阮籍那样豪放,更没有嵇康的刚烈,但也不像山涛那样卖身投靠司马氏,而是与之貌合神离。当他从洛阳返回经过嵇康在山阳的旧居时,听到邻人的笛声,怀念好友嵇康、吕安,感慨万分,写出了著名的《思旧赋》,传于后世。全篇连小序在内只有260个字,言简意赅,文短情深,充分表现了作者面对逝者的故居时那种沉痛的心情和绵长的情谊。鲁迅在写《为了忘却的纪念》一文时说:"年轻时读向子期《思旧赋》,很怪他为什么只有寥寥的几行,刚开头又煞了尾。然而,现在我懂得了。"其对作者写这篇赋时的处境和思想状态作了深刻的分析,原因便是当时政治的极端黑暗和恐怖。现存向秀的文章除《庄子注》外,仅有《思旧赋》和《难嵇叔夜养生论》。

郭 象

郭象（252~312年），魏晋哲学家。字子玄，嵩山洛阳人。郭象少年时慕道好学，能熟读《老》、《庄》。善思辨，"听象语，如悬河泻水，注而不竭"，被人们誉为继王弼之后的大玄学家。早年以清高傲世自诩。州郡官府聘他做官，不就，常闲居，以著书立论自娱。后聘请为司徒掾，又升至黄门侍郎。西晋末年的八王之乱是司马氏集团内部相互争夺权势的一场大混乱，东海王司马越是八王之乱中的积极参与者。他把郭象招揽为自己的党羽，引为太傅主簿，深得赏识和重用。郭象一方面是一个有很高辩才的著名清谈家，另一方面又趋炎附势，善专势弄权，在当时"任职当权，熏灼内外"，遭到了一些清谈名士的鄙视和非议。

郭象

郭象的《庄子注》是魏晋时期的一部重要的哲学著作，其哲学思想的核心是"独化论"。"独化"一词是郭象创造出来用以解释天地万物生成、变化的一个基本哲学概念。所谓"独化"，就是独立地自己变化，一切事物都是"独化于玄冥之境"。扬弃了王弼等人"有生于无"的论断，否定了"无"能生"有"的观点，批判了当时的"崇无"思想，发展了玄学理论，代表了玄学发展的新阶段。其社会政治思想核心是"名教即自然"论。所谓"名教"是指封建宗法等级制度以及维护这一套制度的伦理规范，但把儒家所主张的纲常名教和道家所主张的自然无为合而为一，完全等同，以论证门阀士族的统治是天理自然，绝对合理，不能违抗。在名教与自然的关系上，他调和二者，认为名教合于人的本性，人的本性也应符合名教。这种社会政治思想，完全为门阀士族统治集团服务。

郭象把向秀《庄子注》述而广之，别成一书，阐述发扬老庄思想，影响很大。于是"儒墨之迹见鄙，道家之言遂盛焉"。后向秀《庄子注》佚失，仅郭象《庄子注》传世至今。另著有《碑论》12篇，已佚。其《伦语体略》散见于皇侃《论语义疏》、马国翰《玉函山房辑佚书》中。

常 爽

常爽，北魏儒学家。字仕明，河内温（今河南温县）人，因避乱迁居凉州。太武帝始光三年（426年），拜宣威将军。博闻强识，贯通五经，不事王侯，讲肆经典20余年，人称"儒林先生"。著有《六经略注》，今存序言。

司马褧

司马褧（？~约518年），南朝梁时儒学家。字元素，河内温（今河南温县）人。父燮精通《三礼》，褧从而学之。仕梁，官至晋安王长史。著有《梁嘉礼仪注》112卷、《梁嘉礼》25卷，已佚。

元延明

元延明,北朝儒学家。洛阳人。北魏宗室,袭封安丰王,历任徐州刺史、尚书令、大司马等职,谥文宣。著有《毛诗谊府》3卷、《三礼宗略》20卷、《五经宗略》20卷、《诗礼别义》等儒学书籍,已佚。

斛斯征

斛斯征(529~584年),北朝北周儒学家。字士亮,洛阳人。精通《三礼》,解音律。官至上大将军、大宗伯。入隋,除太子太傅,诏修撰乐书,著有《乐典》10卷,已佚。

宇文弼

宇文弼(545~607年),隋朝儒学家。字公辅,嵩山洛阳人。任职北周,武帝时为礼部上士,能知人。隋武帝平齐,以军功拜司州总管。隋开皇初,任尚书右丞,炀帝即位,先后拜刑部、礼部尚书。博学多通,北周时奉诏修订《五礼》,隋初先后任刑部尚书、礼部尚书。弼既以才能著称,历职显要,声望甚重,物议时谈,多见推许,帝颇忌之。大业三年(607年)七月隋炀帝至榆林(今内蒙古托克托西南),杨广命人制一可容纳3000人的大帐篷,招待突厥启民可汗。宇文弼私下跟高颎说:"天元之侈,以今方之,不亦甚乎?"又说:"长城之役,幸非急务。"被人告发,以"诽谤朝政罪"与贺若弼、高颎同时被处死。所著辞赋20余万言,为《尚书》、《孝经注》行于时。

徐文远

徐文远

徐文远(549~623年),隋唐名儒。名旷,嵩山偃师人。南齐陈司空徐孝嗣5世孙,其先自东海徙家焉。父彻,梁秘书郎,尚元帝女安昌公主而生文远。属江陵陷,被虏于长安,家贫无以自给。其兄休,鬻书为事,文远日阅书于肆,博览《五经》,尤精《春秋左氏传》。文远方正纯厚,有儒者风。窦威、杨玄感、李密皆从其受学。

隋开皇中,累迁太学博士。诏令往并州,为汉王杨谅讲《孝经》、《礼记》。及谅反,除名。大业初,礼部侍郎许善心举文远与包恺、褚徽、陆德明、鲁达为学官,遂擢授文远国子博士,恺等并为太学博士。时人称文远之《左氏》、褚徽之《礼》、鲁达之《诗》、陆德明之《易》,皆为一时之最。文远所讲释,多立新义,先儒异论,皆定其是非,然后诘驳诸家,又出己意,博而且辨,听者忘倦。隋末曾与李密论天下事。史料记载:徐文远当了皇泰主的国子祭酒,自己出城打柴,被李密的部下捉住;李密让徐文远朝南坐,自己尽弟子的礼节,朝北拜徐文远。文远说:"老夫我既然受了厚礼,不敢不畅所欲言了!不知道将军的志向是不是打算像伊尹、霍光那样扶助朝廷于危难之中?那老夫虽然年迈,仍愿意尽力相助;假如是像王莽、董卓,乘国家危难谋利,那老夫是没什么用的!"李密叩头说道:"不久前奉了朝廷命令,位列上公,希望竭尽有限的能力,挽救国难,这才是密本来的愿望。"徐文远说:"将军您是名臣之子,迷途才落到今天的局面,如果能趁走得不太远及早回头,仍然不失为忠义之臣!"等到王世充杀了元文都等人,李密又向徐文远请教对策。徐文远说:"王世充也是我的弟子,为人残忍狭隘,既造成这种形势,必然有别的企图。将军您原来的计划不合适了。不打败王世充,不能入朝。"李密说:"原来以为先生是儒生,不通时势,现在不出门就定大计,又是多么贤明啊!"

入唐以后,徐文远征为国子博士。武德六年(623年),高祖李渊幸国学,观释奠,遣徐文远发《春秋》题,诸儒设难蜂起,随方占对,皆莫能屈。后封东莞县男,卒官,年74岁。著有《左传音》3卷、《左传义疏》60卷。

赵弘智

赵弘智(572~653年),隋唐儒学家。河南新安(今洛阳市新安县)人。早年丧母,事父以孝闻。通《三礼》、《史记》、《汉书》。隋炀帝大业中为司隶从事。唐武德初年,郎楚之应诏举之,授詹事府主簿,又预修六代史。初与令狐德棻、袁朗等十数人同修艺文类聚,转太子舍人。唐太宗贞观中,累迁黄门侍郎,兼弘文馆学士。高宗初(650年),累转陈王师,讲孝经于德福殿,时宰相、弘文馆学士、太学生皆在,面对诸儒诘辩,酬答无留语,帝悦,进国子祭酒。曾参加著名的经学注解《五经正义》的编撰。卒,谥宣。著有《赵弘智集》20卷,已佚。

阳峤

阳峤,隋唐名儒。其先自北平徙焉,北齐右仆射阳休之玄孙。河南洛阳人。高宗仪凤年间应八科举,授将陵尉,累迁詹事司直。长安年间,桓彦范为左御史中丞,袁恕己为右御史中丞,争荐阳峤,请引为御史。内史杨再思素与峤善,知阳峤不乐搏击之任,谓彦范等曰:"闻其不情愿,如何?"彦范曰:"为官择人,岂待情愿。唯不情愿者,尤须与之,所以长难进之风,抑躁求之路。"再思然其言,擢为右台侍御史。景龙末,累转国子司业。阳峤恭谨好学,有儒者之风。又勤于政理,循循善诱。及在学司,时人以为称职。奏修先圣庙及讲堂,因建碑前庭,以纪崇儒之事。

睿宗即位,拜尚书右丞。时分建都督府以统外台,精择良吏,以峤为泾州都督府,寻停不行。又历魏州刺史,充兖州都督、荆州长史,为本道按察使,所在以清白闻。魏州人诣阙割耳,请峤重临其郡,又除魏州刺史。入为国子祭酒,累封北平伯。阳峤以清自知名,平生谨慎好学,诲人不倦,所荐尹知章、范行恭、赵玄默等为学官,均为当时名儒。时学徒渐弛,阳峤课率经业,稍行鞭棰,学生怨之,颇有喧谤,乃相率乘夜于街中殴之。上闻而令所由杖杀无理者,由是始息。阳峤素友悌,抚孤侄如己子。常谓人曰:"吾虽位登方伯,而心不异于囊时一尉耳。"识者甚称叹之。寻以年老致仕,卒于家,谥曰敬。

颜师古

颜师古

颜师古(581~645年),唐朝大臣,著名经学家、训诂学家、语言文字学家、历史学家。字籀,京兆万年(今西安市)人。颜师古是名儒颜之推的孙子,父亲为颜思鲁。少传家业,遵循祖训,博览群书,学问通博,擅长于文字训诂、声韵、校勘之学。他还是研究《汉书》的专家,对两汉以来的经学史也十分熟悉。隋末仁寿年间,颜师古由李纲荐举为安养县尉。后辞职归乡,教授生徒。唐武德元年(618年),李渊称帝建立唐王朝,拜颜师古为敦煌公府文学,转起居舍人,再迁中书舍人,掌机密,专典皇帝诏敕。军国政务等重大诏令皆出于颜师古之手,其文才当时未有敢于与其相比者。颜师古勤于政事,又擅长文辞,其所拟制诰册奏之工整美好,名冠当时。唐朝建立后,颜师古历任朝散大夫、中书舍人、中书侍郎、秘书监、弘文馆学士等。贞观四年(630年),唐太宗诏颜师古于秘书省考定《五经》,对古篇奇字,探本索源,详加考证,并确定楷体文字,撰成《五经定本》。颜师古随问辩答,人人叹服。房玄龄等对此书大加论议,"辄引晋、宋已来古今本,随言晓答,援据详明,皆出其意表,诸儒莫不叹服。"又于秘书省著《匡谬正俗》,为时人推崇。《汉书注》,是颜师古晚年力作,在审定音读、诠释字义方面用功最多,成绩最大,解释详明,深为学者所重。贞观十九年(645年),颜师古随从太宗征辽东,途中病卒,终年65岁,谥曰戴。

颜师古主要著作有《五礼》、《急就章》均佚,《五经定本》、《匡谬正俗》、《汉书注》和文集40卷传世。《新唐书·艺文志》著录有集60卷,已散佚。今有《全唐文》辑录其文19篇,《全唐诗》辑诗1首。

颜师古工书,其流传下来的书迹有立于贞观二年(628年)位于嵩山荥阳等慈寺的《大唐皇帝等慈寺之碑》,史料记载,该碑由颜师古撰文并书丹。唐代书法家杨守敬《平碑记》评此碑文书法"结构全法魏人,而姿态横行,劲利异常,无一弱笔。"著名书法家李刚田评此碑"书法既含欧、褚匀净精劲之风采,又得北碑茂密雄健之精神。结体于精妙处见姿势,下笔峻利而又沉稳,为唐楷中之杰出者。"即便是当今,颜师古的《大唐皇帝等慈寺之碑》拓片,依然受到广大书学者的热爱和追捧。

元 澹

元澹(653~729年),唐朝儒学家。字行冲,洛阳人。博学多识。唐玄宗开元中为弘文馆学士,封常山郡公。为玄宗自注的《孝经》作疏,立于学官。著有《孝经疏》3卷、《类礼仪疏》50卷,已佚。

杜 甫

杜甫(712~770年),唐朝儒家学者,古代伟大的现实主义诗人。字子美。祖籍京兆(今陕西省西安市),迁居湖北襄阳,晋代大学者、名将杜预之后,其曾祖杜依艺任巩县令时,落籍嵩山巩县(今巩义市),杜甫诞生于巩县南瑶湾村,青少年时代大多数时间在故乡巩县渡过,古籍中载有他十几岁时在巩县康水"采文石"的传说。杜甫少贫好学,除儒家经典外,还受到家学——诗法的训练。祖父杜审言是武则天朝的诗人,对律诗的发展有所贡献。父亲杜闲为兖州司马。杜甫自幼好学,7岁能诗,曾漫游吴、越、齐、赵各地。天宝三年(744年),李白在长安因不屈权贵,乞请还乡,得玄宗恩准。李白东行路过洛阳,与杜甫相会。"诗仙"与"诗圣"相识相知,从此结下了深厚的友谊。

杜甫

天宝六年(746年),杜甫参加了科举考试,因李林甫捣鬼,参加应试者全部落第。从此,他在长安求仕近十年,恰逢"安史之乱",进取无门,无所施展,颇受困顿。因寓居长安县杜陵,自称"少陵野老"、"杜陵布衣"、"杜陵野客"。直到天宝十四年(755年),才被任为右卫率府胄曹参军。"安史之乱"初期,安禄山军攻长安,他闻肃宗在灵武即位,即前往投奔,中途为叛军俘获送回长安。至德二年(757年),从长安逃出至凤翔谒见肃宗,被任为左拾遗(世称"杜拾遗")。长安收复后,随肃宗还京。期间与房琯建立了友谊。不久,房琯罢工相,他上疏为房琯说情,触怒肃宗,被贬为华州司户参军。不久,弃官居秦州同谷。乾元二年(759年),又移家成都,依严武,为检校工部员外郎(世称"杜工部")。严武死后,他无所依托,东下夔州住3年许。大历三年(768年),杜甫携家出蜀入湘,两年后,他贫病交加逝于洞庭湖畔耒阳的湘江舟中,厝于岳阳平江县,终年59岁。由于家属无力安葬,只好把他的灵柩埋在岳州。43年后(元和八年,813年),其孙杜嗣业经过很大努力,才把遗骨运回嵩山偃师,移葬在首阳山下先人杜预墓前、祖父杜审言墓侧(一说,不久迁葬于嵩山北麓巩义康店的邙山岭)。诗人元稹为之作墓志铭。

杜甫出生在一个世代"奉儒守官"的家庭,因此与其他盛唐诗人相比,更多也更系统地接受了儒家正统思想观念。他少时便深受其祖辈的儒士做派影响,成年后的杜甫总是以儒士自居。杜甫的儒家思想表现为"仁爱"、"贵民"、"仁政",在他的诗中表现了忧国忧民,揭露残酷黑暗的社会现实,希望封建统治者实施仁政,实现国盛民安的社会理想。杜甫所长期面对的社会现实,就是唐室君主政治失道,广大人民贫富悬殊,胡化藩镇分裂中国。杜甫一贯主张,必须以唐室君主改过自新,以实行仁政、制民之产、任贤从谏、君臣有义及尊王攘夷,来扭转这一社会现实。前揭杜甫《往在》诗:"一朝自罪己,万里车书通。"即是要求唐室君主改过自新。《送顾八分文学适洪吉州》:"邦以民为本","恻隐诛求情"。恻隐之心,对人民疾苦的同情心,乃是仁政的根本。《祭远祖当阳君文》自述:"不敢忘本,不敢违仁。""本",是指儒学。"仁",即指人性。杜甫对儒家人性思想核心,有极深刻的体认。《蚕谷行》:"焉得铸甲作农器,一寸荒田牛得耕","男谷女丝行复歌"则是要求实行由民本爱民而来的仁政,和制民之产。《行次昭陵》:"直词宁戮辱,贤路不崎岖。"《往在》:"端拱纳谏诤"则是要求君主任贤从谏,实现君臣有义。安史之乱以前,杜甫作皇皇巨制《自京赴奉先县咏怀五百字》云:"彤庭所分帛,本自寒女出,鞭挞其夫家,聚敛贡城阙","圣人筐篚恩,实欲邦国活,臣如忽至理,君岂弃此物","朱门酒肉臭,路有冻死骨"。这是依据儒家民本、君权有限合法性的思想,批评统治集团残暴腐败、贪得无厌、不顾人民死活,造成贫富悬殊、社会不公正、人民难以生存下去。安史之乱爆发,唐肃宗乘机抢夺皇位,镇压永王璘水军、斥贤、拒谏,直至后来囚死玄宗,同时信任宦官专权,社会日益恶化。杜甫作皇皇巨制《北征》,提出政治批评与政治期望。《北征》云:"虽乏谏诤姿,恐君有遗失。"批评肃宗斥贤拒谏,违背唐朝谏官制度,破坏中书门下制度。《北征》又云:"不闻夏殷衰,中自诛褒妲","凄凉大同殿,寂寞白兽闼。"指出玄宗失去贵妃与君位,为其政治失道付出沉重代价亦即赎罪,为玄宗讲公道话,希望肃宗能够善待玄宗。《北征》最后说:"煌煌太宗业,树立甚宏达",希望肃宗能够继承太宗,恢复盛唐伟业。而所有这些主张的根源,就是儒家以民本和君权有限合法性为核心的政治思想及其理论基础——以人性本善,人性普遍平等为核心的人性思想。因此之故,杜甫深信,要扭转社会现实,挽救多难的祖国,就必须复兴儒学。

儒家文化博大精深,杜甫充分吸收了儒家文化传统的精华,又努力克服其糟粕与不足。在继承的基础上又有创新,写出了别具一格的"诗史"。唐诗有了杜甫,才有如泰山之重,如北斗之高。杜甫以实践的品格,体现了正直、独立自由的儒者品格。

韩 愈

韩愈

韩愈(768～824年),中唐古文运动的领袖和代表作家,宋儒"新孔学"即理学的先驱,唐宋八大家之首。字退之,河内河阳(今河南孟州市)人,郡望昌黎,世称韩昌黎。唐德宗贞元八年(792年)进士。任监察御史时被贬为阳山令。任刑部侍郎时,因谏迎佛骨被贬为潮州刺史,移袁州。唐穆宗长庆年间召为国子祭酒,后转兵部、吏部侍郎,卒于官,谥号文。韩愈从中唐时期藩镇割据、宦官专权、政治经济走向衰落的现状出发,对当时儒、释、道并重的社会文化现象进行了深刻的思考,认为必须重新构建以儒为主、释和道为辅的思想体系,因而高扬起儒家大旗,掀起了著名的儒学复兴运动。元和十四年(819年),唐宪宗欲将陕西凤翔法门寺内供奉的佛骨迎入大内,身为刑部侍郎的韩愈上《论佛骨表》极力进谏,结果被贬为潮州刺史,遭受政治上最为沉重的一次打击。

韩愈提出的性三品说继承了董仲舒的观点,对孟子、扬雄等的人性论进行了补正,把三品的性与情联系起来更为细致地进行论述。他认为性是人与生俱来的先天质素,是一种先验的本质,包括仁、礼、信、义、智五种品德;情是接触到外界事物后产生的心理反应,是以性为基础的,包括喜、怒、哀、惧、爱、恶、欲七种情绪。性和情都可分为上、中、下三等。上品之性以仁为主,通过礼、信、义、智各个方面体现出来,而与此相应的上品之情的七个方面则中和协调,各得其宜,从而使性情相配,形成理想人格。中品之性中,仁的多少不同,其余四种杂而不纯,而与此相应的情的七个方面也多少不同,不过尚可通过自我调节和自我控制达到一种理想的状态。下品之性与五种品德完全相悖,与此相应的情则恣意妄为,不加约束,全然为恶。韩愈的性三品说为后来宋儒提出气质之性、天理人欲之说奠定了基础,在儒学发展史上具有重要的意义。

韩愈提出著名的道统论,以此与佛教各宗派的传法世系相抗衡。他在《原道》中指出,儒家的道统源于尧舜,"尧以是传之舜,舜以是传之禹,禹以是传之汤,汤以是传之文、武、周公,文、武、周公传之孔子,孔子传之孟轲,轲之死不得其传。"他认为周公以上道统的承担者是君主,其时道统与君统一致,而周公以下道统的承担者是臣和士人,其时道统与君统分离,因而提出道统高于君统的思想,以维护中国传统文化的正统地位,保持民族独立的文化品格。他还把自己看作道统的继承者,在《与孟尚书书》中说:"使其道由愈而粗传,虽灭死万万无恨。"钱穆先生在《中国近三百年学术史》中对韩愈作了高度的评价:研究近代学术,必须从宋代开始;研究宋学,则必须从唐代开始,从研究唐代韩愈的思想开始。他说:"昌黎韩氏,进不愿为富贵功名,退不愿为神仙虚无,而昌言乎古之道曰:'为古之文者,必志乎古之道。'而乐以师道自尊,此皆宋学精神也。治宋学者首昌黎,则可不昧乎其所入矣。"

韩愈著有《昌黎先生集》40卷,另有儒学著作《论语注》10卷,和李翱合著《论语笔解》2卷,和李翱、扬雄、熙时子合著《四注孟子》14卷。其文众体兼长,闳中肆外,其诗力求新奇,自成一家。

郑 覃

郑覃(?~约842年),唐朝经学家。唐朝荥泽(今荥阳)人,郑珣瑜子,以父荫补弘文校书郎。元和十四年(819年),以刑部郎中迁谏议大夫。穆宗立,不问国事,喜游宴畋猎获,郑覃直言规劝。长庆年间,历任给事中、御史中丞。宝历初(825年)为京兆尹。文宗召为翰林侍讲学士,每以厚风俗、黜朋比,再三为天子言。太和三年(829年),以本官充翰林侍讲学士,翌年任工部侍郎。郑覃精于经术,谆笃守正,很受皇帝器重。因与李德裕友善,曾一度受到德裕政敌李宗闵的排斥。李宗闵、牛僧孺掌朝政,郑覃迁工部尚书,罢侍讲学士。李德裕为相,擢为御史大夫。太和八年(834年),迁户部尚书、刑部尚书兼国子祭酒,又因同样的原因受到李训、郑注的排斥。李宗闵、李训失势后,复拜同中书门下平章事,封荥阳郡公。开成初加门下侍郎、弘文馆大学士,监修国史。后进位太子太师。为文理政,不尚浮华,以振举法度为务。曾向朝廷进《石壁九经》120卷。开成三年(838年)以病去位。武宗初,李德裕复用,欲援郑覃共政,固辞,乃授司空。郑覃清正简约,所居宅第不加修饰,内无妾媵。

刘禹锡

刘禹锡(772~842年),唐代名儒,诗人,中唐时期杰出的无神论者。字梦得,洛阳人。唐德宗贞元九年(793年)进士,又中博学宏词科,授监察御史。唐顺宗永贞革新时任屯田员外郎,革新失败后被贬朗州司马,连州、夔州、和州刺史。唐文宗大和年间,入朝为主客郎中,以太子宾客分司东都,官至检校礼部尚书。

刘禹锡对儒家思想有极富特色的论述,《因论》7篇体现了他仁民爱物、经世致用的儒家思想,《国学新修五经壁记》、《奏记丞相府论学事》等文表现出他对兴庠序、崇儒学的关心,《天论》一文阐明了他的无神论思想,指出了天与人的区别,驳斥了天人感应说。他以儒学为基础、援佛入儒的主张,促进了三教融合的进程,对宋代新儒学的产生有一定的影响。

刘禹锡

刘禹锡与柳宗元、白居易交往甚密,有"刘柳"、"刘白"之称。著有《刘禹锡集》30卷、《外集》10卷。

郑 肃

郑肃(?~847年),唐武宗朝宰相,名儒。字义敬,嵩山荥阳人。出身于儒学世家。唐宪宗元和三年(808年)进士,书判拔萃,补兴平尉,历佐使府。文宗大和初(827年)入朝为尚书郎。大和六年(832年)转太常少卿兼鲁王府长史。长于经学,博士有疑,必就决之。以谏议大夫兼长史进尚书右丞。文宗开成初(836年)外放为陕虢都防御观察使。开成二年(837年),召拜吏部侍郎。帝以肃尝辅导东宫,言论典正,诏兼太子宾客,为太子李永授经。既而太子母爱废弛,终以忧死,郑肃出为检校礼部尚书、河中节度使。武宗立,累迁户部、兵部尚书,迁山南东道节度使。武宗会昌五年(845年)以检校尚书右仆射同中书门下平章事,加吕书门下侍郎监修国史,与李德裕同辅朝政。宣宗即位,郑肃以其平时与李德裕亲厚而罢相,外调为荆南节度使。卒赠司空,谥曰文简。

杨倞

杨倞,唐朝儒学家。弘农(今三门峡灵宝市)人,与元稹、白居易同时,官东川节度使、刑部尚书。他把《汉书·艺文志》的《孙卿子》编定为3卷12篇本,命名为《荀卿子》,简称《荀子》,沿用至今。他在《荀卿子》中对荀子的地位作了正确的评价:"仲尼定礼乐,作春秋;然后三代遗风驰而复张;而无时无位,功烈不得被于天下,但门人传述而已。陵夷至于战国,则孔氏之道几乎息矣;有志之士所为痛心疾首也。故孟轲阐于前,荀卿振其后。但其立言指事,根极理要,敷陈往古,掎挈当世,抗乱兴理,易如反掌;真名世之士,王者之师。又其书亦所以羽翼六经,增光孔氏,非徒诸子之言也。盖周公制作之,仲尼祖述之,荀孟赞成之。亿以胶固王道,至深至备,虽春秋之四夷交侵,战国三纲弛绝,斯道竟不坠矣。"他的《荀子注》是流传至今《荀子》的最早注本。

范仲淹

范仲淹

范仲淹(989~1052年),北宋文学家、社会改革家、教育家。字希文,苏州吴县人,其父范墉于宋太宗端拱二年(989年)从吴越王"钱俶归宋,任武宁军(徐州)节度掌书记,封周国公",范仲淹生于徐州掌书记官舍。两岁时,父亲去世,母亲谢氏改嫁淄州朱公翰,因而范仲淹小时姓朱名悦。自幼勤奋学习,刻苦自励。21岁时,他"在长白山醴泉寺僧舍读书,日作粥一器,分为四块,早暮取二块,断齑数茎,入少盐以啖之,如此者三年"。宋真宗大中祥符四年(1011年),范仲淹到应天府书院学习,"食不给至,以糜粥继之,人不能堪,仲淹不苦也"。他安贫乐道,以颜渊为榜样。他在诗中说:"瓢思颜子心还乐,琴遇钟君恨即消。但使斯文天未丧,涧松何必怨山苗。"他专心致志学习,放眼未来事业,有伴君治国的宏伟抱负。有一次,宋真宗到亳州太清宫,路过应天府,同学们都去观看,范仲淹没有去,有人问他为什么不去看皇帝,他说:"异日见之未晚。"他志在致天下太平,不计较个人得失,"居五年,大通《六经》之旨,为文章论说,必本于仁义。"宋真宗大中祥符八年(1015年),他以朱悦之名应试,进士及第,任广德军司理参军,归迎其母奉养。真宗天禧元年(1017年),他29岁,上表始复范姓。

范仲淹重视教育,延师兴学,培养人才。"初广德人未知学,公得名士三人为之师,于是郡人之擢进士者,相继于时,"天禧五年(1021年),他监泰州西溪盐仓,建立了西溪书院。富弼弱冠来谒,范仲淹"识其远大,力教戒而激劝之"。他的教诲和提携,为富弼后来成为宋朝名臣奠定了基础。仁宗天圣四年(1026年),其母谢氏去世,丁忧去官。天圣五年(1027年),应天府留守晏殊请他掌教应天府书院。他办学的目的在于致治天下,培养实用人才,教学依法则,管理立制度,恪尽职责,诲人不倦,四方来学的人很多,"宋人以文学有名于场屋朝廷者,多其所教也"。他还写了《南京书院题名记》,把应天府书院办学经验作了扼要总结。他修建了睦州州学、苏州郡学、饶州州学、延州嘉岭书院、邓州春风学院。

晋州平阳人孙复,因家贫无以养母,乃辍学奔走于生计,请求范仲淹接济。范仲淹让他在府学任职,每月得钱三千奉母,同时还能安心学习。"于是授以《春秋》,而孙生笃学,不舍昼夜……后十年间,泰山下有孙明复先生,以《春秋》教授学者,道德高迈,朝廷召至,乃昔日孙秀才也。"

范仲淹一生主要干了两件大事:一是在西北边境展开了对西夏有效的防御,二是主持了庆历新政。前者取得了很大的成绩,后者虽失败了,却为王安石变法开启了先河。"先天下之忧而忧,后天下之乐而乐",不仅是他的人生哲学,而且还是他一生的重要实践。他的一生活动正是中国儒家强调"知行合一"、身体力行的光辉典范。

范仲淹的《上执政书》,宰相王曾"见而伟之",便建议晏殊举荐。晏殊以状荐举,说:"臣伏见大理寺丞范仲淹,为学精勤,属文典雅,略分吏局,亦著清声……昨因服制,退处睢阳,日于府学中,观书肄业,敦劝徒众,讲习艺文,不出户庭,独守贫素,儒者之行,实有可称。"于是他被任命为秘书校理,后历知睦州、苏州、开封府、饶州、越州、润州、延州、邓州、杭州、颖州、徐州等。景祐二年(1035年)十月,他任尚书员外郎、天章阁待制,应召还京,判国子监,知开封府。康定二年(1041年),他除龙图阁直学士,任陕西经略安抚副使。张载来谒,欲在军事方面建立功勋,范仲淹"知其远器……劝读《中庸》",研究儒学,后来张载成为著名思想家,宋代理学创始人之一。范仲淹发现作战勇猛的狄青,"为人气度深远,人咸奇之曰:'此国器也。'"因狄青读书少,他以《左氏春秋》授之,说:"熟此,可以断大事,将不知古今,乃匹夫之勇。"青年"折节读书,悉通秦汉以来兵术,由是益知名。"后来成为著名将领。庆历二年(1042年)十月,54岁的范仲淹为枢密直学士右谏议大夫、经略安抚招讨使。领兵守卫边疆三年,"士勇边实,恩信大洽",西夏元昊遂称臣。

庆历三年(1043年)四月,范仲淹除枢密副使,六月除参知政事。仁宗重用范仲淹,希望他能把天下治理太平。范仲淹感激其知遇之恩,对人说:"上用我至矣,然事有后先,且革弊于久安,非朝夕可能也。"他在《答手诏条陈十事》中,提出明黜陟、抑侥幸、精贡举、择长官、均公田、厚农桑、修武备、减徭役、覃恩信和重命令十条治本纲领。宋仁宗接受了他的建议,实行政治改革,史称"庆历新政"。改革科举,举办学校是庆历新政的一项重要内容。三月宋仁宗"诏诸路州军监,各令立学,学者二百人以上,许更置县学。自是州郡无不有学"。这年京师创设太学,范仲淹上书荐胡瑗、李泰伯充学官。这次兴学运动,推动了宋代学校的普遍设立。欧阳修说:"宋兴盖八十有四,而天下之学始克大立。"

皇祐四年(1052年)五月,范仲淹在徐州病逝,宋仁宗赠兵部尚书,谥文正,追封楚国公。因范仲淹内刚外和,性至孝,又好施予,曾置义庄里中以赡族人。死之日,四方闻者皆为叹息。他为政尚忠厚,所至有恩,分、庆二州之民与羌族,皆画像立生祠事之。久其卒也,羌人首领数百人,哭之如父,斋三日而去。当年十二月,范仲淹葬于洛阳尹樊里万安山下,皇帝亲书其碑,曰"褒贤之碑"。

范仲淹著有《范文正公文集》。

邵 雍

邵雍

邵雍(1011～1077年),北宋哲学家、易学家,诗人,理学象数学派的创立者。字尧夫,祖籍范阳(今河北省涿州市)人。幼年时随其父迁居卫州共城(今河南省辉县市),隐居苏门山百泉湖畔,人称百泉先生。少年时,邵雍就胸怀大志,发愤刻苦读书,于书无所不读。坚苦自励,寒不炉,暑不扇,夜不就席者数年。后来,为了增长见识,他还游学四方,越黄河、过汾河、涉淮水、渡汉水,到过齐、鲁、宋、郑等各地,回来后,说道"道在是矣。"邵雍在共城时,拜县令——易道学家李子才为师,学《河图》、《洛书》。后得其伏羲六十四卦太极图(传说中先天易学先驱者、道仙大师陈抟将《先天图》下传种放,放传穆修,修传李子才,才传邵雍)。邵雍根基过人,融会贯通、妙悟自得,终于成为一代易学大师,风靡遐迩的鸿儒。

邵雍的哲学思想,主要是"先天学"。邵雍据《易传》关于八卦形成的解释,掺杂道教思想,虚构出一宇宙构造图式和学说体系,形成了神秘的"象数之学"(也称"先天学")。他以先天易数,用元、会、运、世等概念来推算天地的演化和历史的循环。他认为宇宙的本原是"太极",即"道"、"心"。"太极不动,性也;发则神,神则数,数则象,象则器,器则变,复归于神也"(《皇极经世·观物外篇》)。万物皆由太极演化而来。太极永恒不变,万物则皆有消长,依其虚构的"先天图"循环不已,从图中数的顺逆来说明现实世界,推知过去和未来,从而创立了以数学概念解释《易》的新流派。邵雍运用的"加一倍法",推演出象数学概念体系,是近代"二进制"数码排列规则,经德国自然科学家莱布尼茨公布于世,其原理被现代电子计算机所应用。美籍华人李政道确认"二进制"是康节先生创始的。

仁宗皇祐元年(1049年),邵雍隐居嵩山洛阳、偃师一带,著书教学。他曾在洛阳天津桥边,为民解忧,预测祸福,弟子增多,名声大震,一些退居洛阳的达官贵人常来相访。与当时的富弼、司马光、周敦颐、张载、二程(程颢、程颐)、吕公著等名流学士交往甚密,常在一起切磋学问。嘉祐七年(1062年),王拱辰、富弼、司马光等人慷慨解囊,为他在洛阳天宫寺西天津桥南建了一座30间屋的园宅,给其居住,又为其代置庄田。邵雍将新居命名为"安乐窝",自号为"安乐先生"。邵雍一生淡泊名利,专心致力于研究学问,著书立说,过着悠闲、清贫的田园生活。仁宗、神宗二朝,虽然多次下诏举用,但都被他一一谢绝。后当朝宰相富弼拨资为其修建了一所书院,专作其讲学著书之用。熙宁十年(1077年),邵雍谢世,终年67岁,随父安葬于紫荆山之阳(今嵩山伊川县平等乡)。受赠秘书省著作郎,谥号康节。程颢为其撰写墓志铭,称其"道纯一不杂,就其所至,可谓安且成矣。"著有《皇极经世》、《渔樵问对》、《观物内外篇》及诗集《伊川击壤集》。《宋史》427卷有传。

邵雍仙逝后,朝廷诏谥他"配享孔庙"——灵牌被供奉在孔圣人偶像的一旁。一介终生无职无权的布衣之士,身后能享此殊荣的,3000年来,只有邵雍一人。

邵雍创作的《梅花易数》和《邵子神数》两部妙算哲学,被后人发展为"算命预测学"和"宇宙代数学"。其"先天学"体系被当今的数码科技中的"二进制"数率所采用,极大地促进了人类社会的进步,弘扬了"河洛文化",推动了新世纪向前发展。

邵雍提倡快乐诗学,《伊川击壤集》可以说便是他"吟自在诗,饮欢喜酒"、"为快乐人"的闲适生活之写照。他的诗学语言平白如话,虽吟咏性情而不累于性情,时号"康节体"。邵雍嵩山活动期间,写有《登嵩顶》、《叠石溪》、《山中寄登封令》、《九龙泉》、《留题张相公庵》、《闲适吟》等诗,从中可见邵雍的诗风。

邵雍在嵩山活动留下的遗迹有位于嵩山西南麓的洛阳市南安乐窝村的邵雍祠、安乐窝,有位于嵩山伊川县平等镇平等村中部的邵夫子祠和位于伊川县平等镇西北紫金山下的邵雍墓。

吕　诲

吕诲(1014～1071年),宋朝名儒。字献可,开封人,性纯厚,学习刻苦,与人交往谨慎,进士及第后,任屯田员外郎,不久升为殿中侍御史。当时朝廷大臣常上奏章攻击别人,吕诲上书说:"如果不是职分内的事,就是侵官,请皇上下诏禁止。"嘉祐六年(1061年),他出知江州。他曾上书奏请早立皇嗣,认为这已给人可乘之机,"宗室之中,讹言事露,流传四方,人心骇惑,窥觎之志,可不防其渐哉!"他迁任侍御史后,宋英宗得了病,他奏请皇太后每天派一位大臣与淮阳王视进药饵。都知任守忠掌权时间很长,英宗继位不合他的心意,就屡次到东宫太子处"播为恶言",皇帝病好后,太后归政,吕诲就上书皇帝,说:"太后辅佐先帝历年,经验丰富,军国大事可'咨访然后行'",并论任守忠平生罪恶。

治平二年(1065年),吕诲迁兵部员外郎,兼侍御史知杂事。他上书说:"台谏者,人主之耳目,期补益聪明,以防壅蔽。而御史仅三人在职,奏章报闻者十之八九;谏官二人一他迁,一出使,言路壅塞,未有如今之甚者,窃为陛下羞之。"英宗遂任命邵必知谏院。他又因濮王事上书弹劾宰相韩琦不忠五罪,又与御史范纯仁、吕大防共同弹劾欧阳修"首开邪议,以枉道说人主,以近利负先帝,陷陛下于过举。"此后"知言不用",他即居家待罪,并且说与这些人势难两立。皇帝说不宜责之太重,就贬其为工部员外郎。宋神宗继位,他由蕲州转知晋州,加集贤殿修撰、知河中府。后任监铁副使,不久升任天章阁待制,复知谏院,拜御史中丞。王安石执政后,吕诲认为他不通时事,重用他不太适当,并说他"罔上欺下,文言饰非,误天下苍生,久居庙堂,必无安静之理"。皇帝倚重王安石,归还其奏章,他便请求辞职,乃出知邓州。

吕诲对司马光说:"王安石虽有时名,然好执偏见轻信奸回,喜佞己。听其言则美,施于用则疎。让他当宰相,天下必受其祸。皇帝新继大位,所与朝夕图议者,安石等二三人已,苟非其人,将败国事,此乃心腹之患。"吕诲被贬职后,王安石更加骄横,司马光因此佩服他的先见之明。第二年,他调任河南府,"命未下而寝疾矣",旋提举嵩山崇福宫,就上书说:"臣本无宿疾,医者用术乖方,妄投汤剂,率任情意,差之四下,祸延四肢。"他这是以身疾讽喻朝政。

吕诲三次出知谏院,皆以弹劾大臣而被免职,一时人们都推其耿直。他"居病困,犹旦夕愤叹,以天下事为忧"。司马光前去探望,"至则目已瞑",但一听到司马光的哭声,就猛地坐了起来,睁开眼睛看着司马光,说:"天下事尚可为,君实勉之"。司马光就问:"还有什么要嘱托我吗?"他说:"没有了。"然后,他就闭目而逝,享年58岁,海内闻者痛惜之。

韩 维

韩维

韩维(1017~1098年),宋朝名儒,诗人。字持国,以进士奏名礼部,因杨忆当政,不肯参加殿试,后受荫为官,父亲去世后,闭门不仕。欧阳修推荐他为检讨、知太常礼院,他因建议不被采纳,请求辞职,转任泾州通判。他任颍王记室参军时,颍王曾与他议论天下大事,谈到功名时,他说:"圣人功名,因事始见,不可有功名心"。颍王拱手称善。后来,他就任同修起居注、迩英阁侍讲。宋英宗初免丧,缄默不言,韩维上疏说:"迩英阁者,陛下燕居之所也,侍于侧者,皆献纳论思之臣;陈于前者,非经则史。可以博咨访之义,穷仁义之道,究成败之原。今礼制终毕,臣下侧耳以听玉音。陛下之言,此其时也,臣请执笔以俟。"于是,他升迁为知制诰、知通进银台司。他曾奏请吕诲、范纯仁官复原职,并乞请解除自己银台司的职务,皇帝没答应,他就闭门待罪。宋神宗继位后,他被任命为龙图阁直学士,因屡进谏而知汝州,数月后就又兼侍讲、判太常寺。熙宁二年(1069年),他迁翰林学士,知开封府,皇帝称赞说:"及任烦剧,而皆称职,可谓得人矣!"考试制举人时,孔文仲对策语言切直而罢归,韩维就上书说:"陛下不要认为孔文仲是一贱士,臣恐贤俊忠良从此不再进言,而阿谀苟合的小人就会趁机而得志,这样将造成不小的祸患。"本来王安石就"恶其言保甲事",这样更加讨厌他了。

枢密使文彦博请求辞职,皇帝说:"枢密院事情太多,就让韩维帮助你吧。"皇帝并对他说:"你是我东宫旧人,应该辅政。"他回答说:"如果因旧恩而升职,这我是不愿意的。"王安石被罢免后,他被加端明殿学士,知许州,曾巩称他"纯明亮直",皇帝让曾巩改动,韩维知道后,就自请提举嵩山崇福宫。元祐年间更役法,朝廷命他详定,当时各地都上书"言其便",他就对司马光说:"小人议论,希意迎合,不可不察。"当时有人想废除王安石的《新经义》,他认为它应当与先儒之说并行,这种议论才得以平息。

绍圣年间,韩维因被列为元祐奸党,降职为左朝议大夫,再贬为崇信军节度使、均州安置。他的几个儿子乞请"纳官爵,听父里居",哲宗览奏心内感恻,就答应了。元符元年(1098年)韩维去世,享年82岁。徽宗初年,悉追复旧官。

周敦颐

周敦颐(1017~1073年),北宋思想家、理学家、哲学家、文学家。字茂叔,号濂溪,谥号元公,道州营道楼田堡(今湖南省道县)人。北宋五子之一,他的理学思想在中国哲学史上起到了承前启后的作用。但是他生前官位不高,学术地位也不显赫,在他死后,洛阳弟子程颢、程颐成名,他的才识才被认可,经过后来朱熹的推崇,学术地位最终确定,被人称为程朱理学的开山祖。

小时爱读书,在家乡道州营道颇有名气。广泛地阅读,使他接触到许多不同种类的思想。从先秦时代的诸子百家,一直到汉代才传入中国的印度佛家,他都有所涉猎,这为他而后精研中国古代奇书《易经》创立先天宇宙论思想奠定了基础。20岁时,在宋仁宗朝中的任龙图阁大学士的舅父向皇帝保奏,为他谋到了一个监主簿的职位。周敦颐在任职期间尽心竭力,深得民心。在生活中,周敦颐开始研究《周易》，后来终于写出了他的重要著作《太极回·易说》。它提出了一个宇宙生成论的体系。宋熙宁四年（1071年），任南康知军。在军衙东侧开挖了一口池塘，全部种植荷花。每当公余饭后，他或独身一人，或邀三五幕僚好友，于池畔赏花品茗，并写下了一篇脍炙人口的散文《爱莲说》。《爱莲说》虽短，但字字珠玑，历来为人所传诵。次年，周敦颐由于年迈体弱辞官而去，在庐山西北麓筑堂定居，创办了濂溪书院，开始设堂讲学，收徒育人。他将书院门前的溪水命名"濂溪"，并自号"濂溪先生"。

淳熙六年（1179年），朱熹调任南康知军，满怀对周敦颐的仰慕之情，重修爱莲池，建立爱莲堂，并从周的曾孙周直卿那儿得到周敦颐《爱莲说》的墨迹，请人刻之于石立在池边。朱熹作诗道：

闻道移根玉井旁，花开十里不寻常；月明露冷无人见，独为先生引兴长。

因仕宦生涯，经常迁徙。虽收生传道授业，但无长随门生，程颢、程颐曾以师礼事之，但实为学友。程颐在后来回忆说，他年少时就是因为听周敦颐讲道，因而厌倦了科举仕途。立志要学习和探索儒家的如何为圣王的道。周敦颐死后，随着程颢、程颐对他的哲学的继承和发展，他的名声也逐渐显扬。南宋时许地方开始建立周敦颐的祠堂，人们甚至把他推崇到与孔孟相当的地位，认为他其功盖在孔孟之间矣。帝王们也因而将他尊为人伦师表。

周氏学术思想，是以儒家学说为基础，融合道学，间杂佛学。提出"无极而太极"的宇宙生成论。主要著作有《太极图说》、《通书》。后人编成《周子全书》。《宋元公案》中对于周敦颐的地位有这样的论述："孔孟而后，汉儒止有传经之学。性道微言之绝久矣。元公崛起，二程嗣之，又复横渠清大儒辈出，圣学大昌。"朱熹认为周敦颐的"太极"说是"推一理二气五行之分合，以纪纲道体之精微。"（《通书》）这一评价虽有以朱解周、求之过深之处，但多少概括了周敦颐哲学思想的某些特征。以后道学家争论的理气关系、动静关系和理欲关系等问题，都可以在周敦颐的哲学思想中找到"具体而微"端倪。在宋以后的哲学发展中，周敦颐的"发端"作用是不应忽视的。

吕公著

吕公著（1018～1089年），北宋哲宗朝宰相，名儒。字晦叔，北宋宰相吕夷简之子。寿州（今安徽寿县）人。幼嗜学，至忘寝食，吕夷简器而异之。以恩荫补奉礼郎。庆历进士，召试馆职，不就。通判颍州，与郡守欧阳修为讲学之友。仁宗奖其恬退，授崇文馆检讨，同判太常寺。英宗即位后，吕公著为侍读，加龙图阁直学士，在政治上与司马光相为呼应。神宗即位时，召吕公著知通进银台司。吕公著封还皇帝的制命。吕公著认为神宗直接将诏书付阁门，制命不经过门下省，使得门下失去封驳之职。这实际上是对神宗的作法表示不满。"公著请不已，竟解银台司"。后为翰林学士承旨，同知枢密院等职。熙宁二年（1069年）为御史中丞。因反对王安石推行新法，贬吕公著出知颍州，提举嵩山崇福宫。

吕公著

熙宁八年（1075年），彗星见，朝廷求直言。吕公著上疏要神宗注意舆论。起知河阳，召还，迁翰林学士承旨，改端明殿学士、知审官院。他直言要神宗能屈己从谏。元丰五年（1082年），吕公著除资政殿学士、定州安抚使。神宗立太子，对辅臣说，要以吕公著、司马光为师傅。元丰八年（1085年）三月，神宗病卒，年仅10岁的赵煦即位，是为哲宗。皇太后高氏听政，守

旧派再度执政。高太后遣使迎吕公著回朝。吕公著立即上十事疏,认为人君即位,要修德以安百姓,修德最要紧的也是首先要办的是"学"。有十件事最为重要,这十件事是:畏天、爱民、修身、讲学、任贤、纳谏、薄敛、省刑、去奢、无逸。

元祐元年(1086年),吕公著拜尚书仆射兼中书侍郎,与司马光同为宰相,辅佐哲宗,一时尽废新法。元祐三年(1088年),吕公著拜司空、同平章军国事。在整个宋代历史上,享此殊荣的只有四人,吕公著与他父亲吕夷简就占了两位。次年二月,吕公著去世,享年72岁。哲宗亲临赐奠,赠太师、申国公,谥正献,赐葬嵩山新郑北郭店西武岗村。主要门人有邢居实及子吕希哲、吕希绩、吕希纯。著作有《正献公集》20卷。

同司马光一样,吕公著死后也受到政坛风波的影响。哲宗亲政,绍圣初,吕公著被削谥、毁碑;徽宗朝蔡京擅政,吕公著被列入"元祐奸党碑"。南宋绍兴初(1131年),悉还所赠谥号。

吕公著一门登在《宋元学案》者有七世17人,皆"以儒学起家"。吕公著主张以儒学治国,称《论语》、《尚书》"皆圣人之格言,为君之要道。"从《论语》、《尚书》、《孝经》等儒家经典中,节治道要语百篇进呈。要求君主以"畏天命、爱民、修身、讲学、任贤、纳谏、薄敛、去奢、省刑、无逸"(《宋史·吕公著传》)为座右铭。强调自古有为的君主,未有失人心而能图治;亦没有能用威胁、强辩而得人心者。应修德以安民。修德之要,莫先于学。君应以至诚待下,则臣下思尽诚以应上,上下至诚而变异未有不消者。只有人君去偏听独任之弊,而不主先人之语,则不为邪说所乱。颜渊问为邦,孔子以远佞人为戒。佞人唯恐不合于君,则其势易亲;君子惟恐不合于义,则其势易疏。故应先格王正事,未有事正而不治者。力主废除"科举罢辞赋"专用王安石《经义》及释氏之说。始令主司不得以老、庄书出题,举子也不得以申、韩、佛书为学,经义参用古今诸儒之说,不得专用王安石《经义》。并且恢复贤良乡正科。公著为庆历以后的魁儒,对理学发展有一定影响。

吕公著重视教育,他在颍州时,欧阳修为知州事,焦千之客寓欧阳修处,吕公著招请焦氏为诸子之师。这个家族中,内有吕公著夫妇督导,外有焦千之等人的严格教育。他还多方聘请名师,吕氏家教促成吕学学风的形成。清人黄百家说:"吕氏家教近石氏,故谨厚性成。又能网罗天下贤豪长者以为师友,耳濡目染,一洗膏粱之秽浊,惜其晚年更从高僧游,尽究其道,斟酌浅深而融通之"。全祖望评论其哲学说:荥阳(吕希哲)少年,不名一师。初学于焦千之,庐陵之再传也。已而学于安定(胡瑗),学于泰山(孙复),学于康节(邵雍),亦尝学于王介甫(王安石),而归宿于程氏(程颐)。集益之功,至广且大。然晚年又学佛,则申公家学未醇之害也。要之,荥阳之可以为后世师者,终得力于儒。吕学就在这样氛围中,一代一代传续下来。吕学的基本特点是"不名一师"的学风、多识前言往行以蓄其德和重文献之传的传统。但吕学中儒佛夹杂,也成了理学家批评的话题。朱熹指出:"吕家之学,大率在于儒禅之间。"吕学至南宋吕祖谦而发扬光大,其流风所及,直至明清。

司马光

司马光(1019～1086年),北宋政治家、史学家、散文家。司马光,字君实,号涑水先生,被封为温国公,故人称司马温公。他极力反对王安石变法,提出了"祖宗之法不可变"的政治主张,是保守派的领袖人物。

司马光7岁时,就严肃庄重得像一个成年人,听人讲解《左氏春秋》后,回来讲给家里人听,就已能了解这部书的大意。从此,他书不离手,以至不知道饥饿口渴、冬寒夏热。有一次,一群孩子在庭院中玩耍,有一个孩子爬上一口大水缸,不小心掉了进去,其他孩子都跑开了,司马光却拿了一块大石头朝水缸砸去,水缸破了,水流了出来,那个孩子才得救。宋仁宗宝元元年(1038年),司马光考中了进士。

宋仁宗最初生病时,还没有确立皇位继承人,朝廷士大夫都对此很担心,却不敢发表意见,司马光当面向仁宗进言,希望果断决定,后又再三上奏章,这样仁宗才立英宗为皇子。宋神宗继位后,司马光被提升为翰林学士,他极力推辞,宋神宗说:"古代的君子,有的会写文章而没有学问,有的有学问而不会写文章,只有董仲舒、扬雄才是既有学问又会写文章的人。您二者兼有,为什么要推辞呢?"他回答说:"我不会写四六骈文!"神宗说:"只要写得像汉代时的制书和诏令一样就行了。"他终于没能辞掉此职。

司马光

司马光常感到以往各朝的历史书太繁杂,怕皇帝不能全部阅览,于是就写了一部八卷本的《通志》献给皇帝。宋英宗很赏识这部书,命令开设史局继续修撰,后来宋神宗认为此书"鉴于往事,以有资于治道",就命名为《资治通鉴》,还亲自写了序,并让司马光每天进宫给他讲说。

王安石推行新法时,司马光上书陈述新法的危害。他到迩英阁给神宗讲书时,讲到萧规曹随的事,宋神宗说:"假如汉朝长期保持萧何制定的政策不改变,能行吗?"他回答说:"假如三代的君主长期保持禹汤文武的法令不变,就是存在到今天也是可能的。汉武帝乱改汉高祖的规约,盗贼遍布半个天下;汉元帝改变汉宣帝的政治,汉朝的大业就衰落。因此,祖宗之法不可变。"王安石因为韩琦弹劾请求引退,神宗就任命司马光为枢密副使,司马光不肯就职,后来又请求离开朝廷到外地去。

元丰五年(1082年),司马光忽然得了说话艰难、口舌不灵的病,他担心自己快要死了,就写好一份遗表,准备一旦自己病情危急,就托朋友上呈给皇帝。裁新官制时,宋神宗指着御史大夫的职位,说:"此职非司马光担任不可。"神宗又准备委任司马光为东宫的师傅,蔡确说:"国家的大计才制定,希望能稍等一下再任命他。"当时,《资治通鉴》一书还未完成,神宗还特别重视,认为《资治通鉴》胜过荀悦的《汉纪》,就几次催促司马光,并将自己过去在颍王府时的2400卷书赐给他。书成后,神宗加官其为资政殿学士。

司马光在洛阳共住了15年,天下的百姓都把他当作真宰相,种地的老农都称他为"司马相公",连妇女小孩也都知道他表字君实。神宗逝世后,司马光到朝廷哭吊,宫中的卫士看见,都把双手放在额前,说:"这是司马相公啊!"他所到之处,老百姓都挤到路上看他,以致他的马都无法前进。百姓们都对他说:"您不要回洛阳去了,留在皇帝身边当宰相,救救我们吧!"哲宗即位时还是一个幼童,由太皇太后代为掌握朝政,她派遣使者去问司马光,当今首先要做的是什么事,司马光回答说:"让大家说话。"于是,太皇太后就下达征求意见的诏令。司马光任陈州知州,他经过京城时被留下任门下侍郎。苏轼被从登州诏回,沿途的百姓都围聚在一起大呼:"请代我们向司马相公致谢,要他千万不要离开朝廷,这样才能救活我们!"当时天下百姓都迫不及待地等着观看朝廷的新政。有些大臣说:"父亲去世三年之内,不可改变他所制定的法度。"他们仅仅变更了一些琐碎的小事,以搪塞议论。司马光说:"先帝的立法,其中好的部分就是千百年也不能改变!如果是王安石、吕惠卿所定的法规,又成为天下祸害的,就应像救火一样赶紧改变它。更何况太皇太后是以母亲的身份改变儿子的政策,并不是以儿子去改变父亲的政策。"他主持朝政数月之间,将新法全部废除,将新党全部罢黜,史称"元祐更化"。

朝廷又任命司马光为尚书仆射兼门下侍郎,免去他朝觐皇帝的礼仪,允许他进宫时乘坐轿子行走,每3天去办公一次。司马光不敢承受如此重大的恩典,说:"没有见到君王是不可以处理国家政务的。"太皇太后下诏,让他的儿子司马康扶他进宫和皇帝面谈,还说不必跪拜。她采纳他的意见罢除了青苗钱,恢复了每年在夏秋谷贱时向农民增价收购、遇谷贵时则减价出售的办法。因为高太后和宋哲宗都虚心听取他的意见,所以辽国和西夏的使臣到宋朝时,必定要询问司马光的日常生活情况,并且还告诫本国边境上的官吏说:"宋朝现在是司马光执政,不要随意挑起事端。"司马光看到太皇太后对自己几乎是言听计从,便更想为国家献出自己的全部生命,于是办事更加卖力,不分昼夜地亲自处理国家的政务。客人们见他身体很虚弱,就举诸葛亮食少事烦心力劳竭而死的先例,劝他引以为戒,他说:"生和死,听天由命而已!"到病危时,他已不再有任何知觉,只是嘴里断断续续地吐出像梦呓一样的话,但都是朝廷和国家的大事。这年九月,司马光去世,享年68岁。

范纯仁

范纯仁

范纯仁(1027~1101年),北宋宰相,名儒。字尧夫,是范仲淹的第二个儿子。他天资聪颖,八岁就能讲述所学的东西。皇祐元年(1049年),他进士及第,知武进县,以远离父母不去,就调知长葛,还不去,范仲淹就问他:"远你有理由,现在近了,你还有话可说?"他回答说:"怎么能重视俸禄,而轻易地离开父母呢?即使近了还是不能奉养父母呀!"范仲淹门下多贤士象胡瑗、孙复、石介、李泰伯等,纯仁都与从游,昼夜学习,半夜还不睡觉,把帐顶都熏成了墨色。

范仲淹去世后,他才出来做官,以著作佐郎知襄城县,兄纯佑有心疾,他奉之如父。在襄城劝民植桑,有罪而情节较轻的人,就以所植桑多少而减轻处罚,老百姓都很依赖仰慕,后称之为"著作林"。其后,他知襄邑县,县有军队牧地,兵士们牧马,践踏了老百姓的庄稼,范纯仁就抓了一人杖责,主者怒曰:"天子宿卫,一个小小县令竟敢如此!"就向上级报告,纯仁说:"军费出于税亩,若践踏民田而不管,税从哪里来?"从此,这些牧地就隶属县管。当时天大旱,纯仁就对商户说:"民将无食,你们所贩卖的五谷就贮藏在佛寺吧,到时我给你们卖掉。"众商户就蓄粮数十万斛,到了春天,别的县都发生了饥荒,而襄邑的百姓却没有挨饿。

范纯仁曾任京西提点刑狱、陕西转运使,神宗问他陕西城郭、甲兵、粮储如何,他回答说:"城郭粗全,甲兵粗修,粮储粗备。"神宗愕然说:"你的才华朕深信不疑,为什么都说粗呢?"他回答说:"粗是说不精,愿陛下不要留意边功,如果边臣观望将是以后的祸患。"他拜起居舍人、同知谏院,上书说:"王安石改变祖宗之法,掊克财利,民心不宁,天下之人不敢言而敢怒也。"神宗赞许说:"卿善论事,应该为我提供可为鉴戒的古今治乱经验。"于是他作《尚书解》以进,并说:"其言,皆尧、舜、禹、汤、文、武之事也。治理天下不能更改,愿究而力行之。"他认为王安石以富国强兵之术启迪皇帝,"尚法令则称商鞅,言财利则背孟轲","异己者为不肖,合意者为贤人",希望罢免王安石,"答中外之望"。其意见不被采纳,他就请求罢免他的谏官职务。王安石大怒,就乞请重贬他,遂左迁知河中府、成都路转运使、和州、荆州。后来,他加龙图阁学士而知庆州,神宗对他说:"你父亲在庆州有威名,你随父亲时间长,肯定精于兵法,熟悉边事。"他回答说:"我是儒家弟子,未尝学兵法,先父守边时,我还小不记事;况且情况也和现在不同,如果要开拓侵攘,请另找将帅。"秦中发生了饥荒,他准备开仓赈济,属下说应该先向上报告,他说:"我自己担当责任。"后来他因之致祸时,数万老百姓拦住马头哭泣,以至还有人投河以抗议。

宋哲宗继位后,他官复龙图阁学士职,又知庆州,后召为天章阁待制兼侍讲除给事中。司马光当政后,尽废王安石新法。他说:"只废除太过扰百姓者即可,不能再滋为民病。愿公虚心以延纳众说,不必一切事都自己做主。差役一事若改,可先在一路实行,以观其究竟。"司马光不听。元祐初,他进吏部尚书,不久同知枢密院事,三年后拜尚书右仆射兼中书侍郎。哲宗亲政后,纯仁请求辞职,哲宗对吕大防说:"纯仁有时望,不宜去,可为朕留之。"并召见他问道:"先朝行青苗法如何?"他回答说:"先帝意在爱民,但王安石立法过甚,激以赏罚,故官吏急切,以致害民。"苏辙论殿试策问,引汉昭帝变汉武法度事,哲宗震怒说:"怎么能以汉武比先帝?"苏辙下殿待罪,众人不敢仰视,范纯仁从容地说:"武帝雄才大略,史无贬词,苏辙以之比先帝,不是诽谤。陛下您才亲政,进退大臣不应像呵斥奴仆一样。"右丞邓润甫趁机添油加醋说:"先帝法度,为司马光、苏辙坏尽。"他又当即驳斥。哲宗又说:"人们都把汉武帝和秦始皇并列。"他说:"苏辙所论,只是事与时,不关人也。"哲宗才稍为心平气和。

范纯仁荐引人才,必以天下公议,很多人都不知是他推荐。有人说:"做宰相的,怎么能笼络人才而不让他知是谁荐举呢?"纯仁说:"只要朝廷进用了正人君子,何必让他知道是因为我呢?"后因得罪宰相章淳,他被贬知随州,第二年又贬为武安军节度副使。这时他眼睛也失明了,闻贬后还高兴地去赴任。他的儿子们怨恨章淳,他就怒止之,乘船赴任,船翻落水后,他说:"这难道能怨章淳吗?"又过了三年,宋徽宗继位,当天就授他为光禄卿,派人赐茶药,并说:"皇帝、太皇太后知公先朝言事忠直,今虚相位以待,不知目疾如何?"他还在路上,就被任命为右正议大夫、提举崇福宫。不过数月,徽宗又授其观文殿大学士,又派人赐茶药,催促他入京。纯仁乞请归许州养病,徽宗不得已而答应了,就说:"范纯仁,得一识面足矣!"并派太医为之看病。建中靖国元年(1101年),他在熟睡中去世,享年75岁,徽宗赠其开府仪同三司,谥忠宣,御书碑额"世济忠直之碑"。

范纯仁性夷易宽简,不以声色加人,自为布衣至宰相,廉俭如一。他所得奉赐,都用来扩大义庄,封荫也多让给同族,他死时,他的小儿子和五个孙子都还未做官。他曾说:"我一生所学,得忠、恕二字,一生受用不尽。以至立朝事君、接待僚友、亲睦宗族,不曾离此也。"他常常告诫子弟,说:"人虽至愚,责人则明;虽有聪明,怒己则昏。苟能以责人之心责己,怒己之心怒人,不患不至圣贤地位也。"

程 颢

程颢(1032~1085年),北宋理学家、教育家。字伯淳,号明道,学者称"明道先生"。嵩山西麓伊川县人。祖籍安徽徽州,后迁至中山博野(今河北省定县一带)。二程的高祖程羽,因避乱弃官移居礼泉,宋太宗赵光义时,为兵部侍郎,文明殿学士,赐宅第于京师,居开封泰宁坊。子孙遂为河南人。后二程的父亲程珦,将其祖父坟茔迁葬于洛阳南的伊川,把其家庭从开封搬到了伊川。曾与弟程颐学于周敦颐,同为北宋理学的奠基人,世称"二程"。嘉祐二年(1057年)中进士,曾任鄠县、上元县簿。熙宁初,同吕公著荐为太子中允、监察御史里行、宗正丞等职。在政治上和王安石对立,反对王安石变法,附和司马光,在学术上也和王安石"意多不合"。后被贬官,到澶州(今河南省濮阳县)任镇军判官。一次黄河在澶州曹村决口,他亲自率众抢险,见危授命,指挥若定,组织民力,连续奋战几昼夜,终于堵住了决口。

程颢

两年以后,程颢以侍奉父亲为由辞职回洛阳。在洛阳闲居时,参与司马光、文彦博、吕公著等的反对王安石新法活动。程颢很重视儒家"仁民爱物"的思想,以"生生"为德,爱护自然生态环境,见人持竿道旁,以粘飞鸟,了其竿折之。敢于揭露迷信,教育民众,以理性态度对待人生。自从宋神宗熙宁五年(1072年)开始,更多的时间和精力已转向学术活动和教育方面。特别是程颢回到洛阳后,经常在洛阳、伊川书院、嵩阳书院等多处地方聚众讲学,广揽门徒,以"日读书劝学为事",生徒多至数百人,形成了当时影响较大、人数众多的伊洛理学教育。二程用理学观点向学生讲解《四书》、《五经》,对学生循循善诱,诲人不倦,有很高的名望。二程在洛阳讲学十余年,弟子有"如坐春风"之谕。

程颢的哲学思想是以"理"为核心而展开的。他提出"天者理也"和"只心便是天"。认为知识、真理的来源,只内在于人的心中,"更不可外求"。又认为天理在伦理上的表现就是"仁、义、礼、智、信皆仁也",应"以诚敬存之"。把"理"与"心"合二为一,认为"心是理,理是心","理"和"心"一样,既千古不灭,又永远不变。在人性论上,程颢提出了"道即性"的命题,区分了"天命之性"和"气禀之性",宣扬"气禀说",认为人之有贤愚在于禀气有清浊。"禀清者为贤,禀其浊者为愚"。程颢的哲学主要内容是关于道德修养的学说。他追求所谓浑然一体的精神境界,在方法上是通过直觉冥会,达天所谓物我合一。程颢是宋明心学的发轫者,他的《识仁篇》、《定性书》对后来的理学,尤其是陆王心学,影响很大。二程著述被后人编为《二程文集》、《河南程氏遗书》、《外书》等。

二程全书

程颢作为一代大儒,不仅仅是一位理学家、思想家,还是精通治道的地方官员、实干家,心怀天下,政绩卓然。二程是中国封建社会后期官方哲学即理学的实际创始人,对中国政治思想和哲学思想产生了重大而深远的影响。二程以儒为本,糅合儒道释三家,创立"伊洛理学",第一次把"理"作为宇宙本源,阐述了天地万物生成和身心性命等问题,奠定了以"理"为核心的哲学命题。以"理"为最高范畴,继承和发展了儒家学说,后经朱熹的发扬光大,成为更加完备的唯心主义哲学体系,世称"程朱理学",曾支配中国学术思想数百年。

宋神宗元丰八年(1085年)神宗皇帝死后,宣仁皇后听政,司马光为门下侍郎,召程颢为宗正丞,但程颢已重病在身,不久病卒,终年54岁。十月,程颐将其兄葬于伊川先茔,吕大临致哀词,宰相文彦博题其墓表曰:"大宋明道先生程君伯淳之墓"。程颐在《明道先生墓表》中评价他:"使圣人之道焕然复明于世,盖自孟子之后,一人而已。"

二程之门学士众多,其中谢良佐、杨时、游酢、吕大临并称为程门四先生。"学者出其门最多,渊源所渐,皆为名士。"

程 颐

程颐(1033~1107年),北宋理学家、教育家。字正叔,号伊川。嵩山西麓伊川县人。两次举进士不第,以处士身份从事学术研究和讲学活动。曾与兄程颢学于周敦颐,同为北宋理学的奠基人,世称"二程"。讲学达30多年,学者多出其门,世称"伊川先生"。初不仕。宋神宗元丰五年(1082年),程颐在文彦博(太尉复判河南府)送给他鸣皋镇一处庄园的基础上,他建了"伊皋书院"。程颐自建立书院到他逝世的20余年间,他的大部分时间都是在这里讲学与著述。元代,仁宗延祐三年(1316年),书院经过克烈士希重新大规模修建后,赐额名"伊川学院"。二程以孔孟的继承人自居,宣扬理学。通过《四书》达于《六经》。二程的思想体系最终就是在伊川书院完成的。北宋元祐元年(1086年)二程在伊川书院宣扬理学,开创了书院传习理学的先河。从此,理学与书院结下了不解之缘,互为表里,理学的盛衰与书院的盛衰是一致的。

程颐

司马光、吕公著共同上疏举荐,程颐被任命为崇政殿说书,任务是教小皇帝宋哲宗读书。程颐在皇帝面前讲书,以天下为己任,褒贬朝政,无所顾忌,招来一些大臣的不满,遂有以苏轼为首的蜀党,以程颐为首的洛党之分。

两党之争,洛党失势,仕途屡遭困厄。元祐二年(1087年),程颐被贬为西京国子监祭酒(管理设在西京的太学分校)。三年后,其父去世,他以丁忧去官。服期满后,朝廷打算让他为馆职判检院,但因苏轼的反对而告吹,结果还只是授左通直郎直秘阁权判西京国子监。他觉得朝廷不信任他,就上书辞职但未获准,只好勉强领受官诰。元祐七年(1092年)五月被"差管勾嵩山崇福宫"。次年,高太皇太后死,守旧派失去了政治靠山。哲宗亲政后,表示要继承神宗的事业,改元绍圣,新党上台后,以牙还牙,把旧党纷纷赶下台,并且不准他们的子弟入仕。有人弹劾说程颐是司马光推荐,应列为奸党,于是他被削职为民。他就继续召集门徒,从事讲学活动,伊洛理学达到显盛阶段。他潜心研究《周易》,不辍著述,写成了最重要的学术专著《程氏周易传》。崇宁元年,徽宗赵佶复行新法,再次贬斥元祐党人当年即籍元祐及元符末宰相文彦博等120余人,"御书刻石端礼门",程颐名列其中第23名,这就是元祐奸党碑。事隔不久,河南知府范致虚又上奏说,程颐以"邪说波行,惑乱众听,而尹焞、张绎为之羽翼","事下河南府体究,尽逐学徒"。伊川之学面临被禁绝境地,于是程颐只得离开洛阳,迁往龙门之南伊川学院。

崇宁五年(1106年),程颐的处境仍然比较险恶,因而门徒们多次请他讲授《周易传》,他都不肯应允,一是他的日子不好过,生怕再发生销毁文字之类的事件,《周易传》是他一生心血凝聚而成,付诸火炬,将追悔莫及;二是《周易传》全面反映了他的学术观点和成就,程颐将其视为传世之作,他认为此书"只说得七分",他想趁自己还有精力之时,再作一些补充和修改,故不愿过早地将其公布于世,由此可见其治学态度的严谨。

程颐的成名不是他的政治活动,而是他的学术成就。程颐一生,做官时间短,大部分时间著书立说,讲学授徒。因而,"伊洛理学"得到广泛传播。而后深得统治阶级重视,成为官方哲学。在哲学本体论上和程颢基本是一致的,提出以理或天理为哲学的最高范畴,即都是天理本原论的倡导者。其理

学认为"天下之物皆能穷,只是一理"、"一物之理即万物之理",而"理"又为"心"所主,故"格物之理,不若察觉之于身,其得尤切"。竭力为纲常名教辩护,强调"理"在"人为性",提出了"性"即"理"的命题。程颐认为,理既创造了万物,又统辖万物,肯定了矛盾的普遍性和永恒性。还提出"理必有对待"的命题,看到了矛盾的普遍性。承认事物的矛盾是"生生之本",为事物变化的根源。但在论述社会等级关系时说:"上下之分,尊卑之义,理之当也。"认为矛盾双方是不能转化的。理的原则是不能违背的,它"推之而四海皆准",不仅自然界要受天理的支配,人类社会也要受天理的支配,每一个人都必须"顺理而行",遵循天理办事。与此相对,人又有"七情","情炽"则"性凿",所以"觉者"务"约其情使合于中,正其心,养其性"。程颐"理欲"问题是其道德伦理的核心,他道德修养学说把理、欲对立起来,特别强调"存天理,灭人欲",孀妇不能再嫁,再嫁就是失节,大逆不道。"饿死事小,失节事大",主张"师圣人之言,法先王之治",并使三纲五常的等级观念深入人心,有力地维护了封建秩序。二程创立的"伊洛理学"以"理"为最高范畴,继承和发展了儒家学说,后经程颐的四传弟子朱熹继承发展,成为更加完备的唯心主义哲学体系,世称"程朱理学",在思想界占据统治地位达八百年之久。

从现存的资料看,程颐的著述要比程颢宏富。程颐著作有《程氏周易传》、《春秋传》、《五经解》、《遗书》、《颜子所好何学论》、《伊川易传》、《定性书》、《识仁篇》等,收入《二程全书》。

宋英宗治平三年(1066年),程颐任职国子监时,居住在洛阳,常来嵩阳书院讲学,主要内容是用理学观点,宣讲《论语》、《孟子》、《大学》、《中庸》等书。元祐七年(1092年),程颐授通直郎兼管崇福宫时,崇福宫与嵩阳书院相临,程颐曾在书院讲《周易传》,听的人很多。因此,嵩阳书院建有二程祠。后来,嵩阳书院的主持人,多是程朱学派的理学家,主要传习理学。绍圣年间,因政见不合,削籍放逐涪州(今四川涪陵)。徽宗即位赦学洛阳。

宋徽宗大观元年(1107年),垂暮之年的程颐得了风痹症,不久与世长辞,享年75岁。出葬时,"洛人畏入党籍",不敢送葬,只有漳人尹淳、张绎、范或、孟厚四人助理丧事,送至坟上,难怪朱熹感叹"知德者希,孰知其贵"。直到南宋宁宗嘉定十三年(1220年),赐谥程颢为纯公,程颐为正公。宋理宗淳祐元年(1241年),即程颐死后134年,才追封程颢为河南伯,程颐为伊川伯,并从祀孔子庙庭。

元明宗至顺元年(1330年),诏加封程颢为豫国公,程颐为洛国公。明代宗景泰六年(1455年),诏令两程祠以颜子(即颜渊)例修建,规制比于阙里,前后殿庑斋室等房共60余间,祭文称颂两程"阐明正学,兴起斯文,本诸先哲,淑我后人"。清康熙二十五年(1686年),二程进儒为贤,位列孔子及门下、汉唐诸儒之上,次年康熙皇帝又赐给二程祠"学达性天"匾额。1934年,为表示推崇二程,把从登封、汝阳等县划出一些地方新设置的县命名为伊川县,把程坟所在地附近的一个乡改名为二程乡。

杨　时

杨时(1044～1130年),北宋理学家、教育家,二程弟子。字中立,福建将乐人,学者称为龟山先生。宋熙宁九年(1075年)进士,次年被授汀州司户参军。后被授予徐州司法,杨时以病为由,调官不赴,29岁时以弟子礼见于程颢,研习理学,与游酢、尹焞、谢良佐等并称为"程门四大弟子"。据《龟山先生年谱》记载:"明道之门皆西北士,最后先生与建安游定夫往从学焉,于言无所不说,明道甚喜。每言杨君会得容易,独以大宾敬先生。后辞归,明道送之出门,谓坐客曰:'吾道南矣。'"元祐八年(1093年)五月,杨时到嵩阳书院拜程颐为师,时年已40岁。他对理学有相当造诣,但仍谦虚谨慎,勤奋好学。"一日,伊川偶瞑坐,先生与游定夫侍立不去。伊川既觉,则门外雪深一尺矣。"这就是程门立雪的故事。杨时注意研求六经,不遗余力地宣传《伊川易传》,尤其推崇《中庸》,认为此书是"圣学之渊源,入德之大方"。

杨时

杨时学成后回到南方继续潜心研究,著书讲学,继续传播和发展程氏理学,他哲学思想继承了二程的思想体系,在二程理学和朱熹之间起到了承前启后的作用,对我国古代哲学产生过深远影响。《宋元学案》中评论说:"二程得孔孟不传之秘于遗经,以介天下,而长堂楮奥,号称高弟者,游艺机、杨、尹、谢、吕其最也,顾诸子各有所传,而独龟山之后,三传而有朱子,使此道大光,衣被天下,则大程'道南'目送之语,不可谓非前谶也。"由此可知,在南传的北宋理学中,伊洛理学流传最广、影响最大,而杨时对伊洛理学的南传则起了最重要的作用,他以伊洛理学耆宿、侍讲经筵的特殊身份广招弟子,司教荆南。南宋时影响较大的九位理学大家如朱熹、张式、吕祖谦等"皆其所自出"。因此,东南学者奉他为"程氏正宗",清代全祖望更称他为"南渡伊洛理学大宗"。

杨时历任州一级的司法、防御推官、教授、通判等职,历任浏阳、余杭、萧山知县,秘书郎,谏议大夫兼侍讲,国子监祭酒,徽猷阁待制,官至龙图阁直学士。杨时在担任地方官吏时,所到之处"皆有惠政,民思不忘"。他任秘书郎时,上疏《与执政府时事札子》,建言十件大事,从"慎令、茶法、盐法、转般、籴买、坑治、边事、盗贼、择、军制"十个方面分析朝廷一些政策的弊端以及由此产生的负面影响,并且提出许多趋利避害的建议和措施。

杨时在政治上也反对以王安石为代表的新党,攻击其新学为"邪说淫词",指斥他们"败坏心术",甚至把蔡京蠹政造成的危机也归咎于王安石。靖康元年(1126年),杨时上疏论王安石,认为"造成宋王朝内忧外患深得之由皆王变法所致"。后王安石被追夺爵位,毁去配享之像后,为平息朝野议论,杨时也被罢去国子监祭酒之职,改任给事中,杨时力辞不受。后改任徽猷阁待制、提举嵩山崇福宫,曾在嵩阳书院讲学。

杨时懂得律令,知晓经济,还坚决反对和金朝议和,力主抗战。"靖康之变",负责京都防务的主战派人物李纲被罢职,杨时毅然出来为李纲辩护,坚决主张抗金。钦宗一意求和,依金人条件,割让太原、中山、河间三镇。杨时上疏,认为"朝廷割三镇三十州之地与之,是欲助寇而自攻也。"次年,上疏请除茶、盐二法,并且力陈对金国割地求和不可为。

建炎四年(1130年),杨时以年事已高为由,请求告老还乡。高宗封他为朝请大夫,仍龙图阁学士,并赐他官绢200匹、白银300两,以养天年。杨时回乡以后,一直著书立说,致力于理学的传播与发展。朱熹、张式的学部,皆出于时。学者称为龟山先生。

绍兴五年(1135年)四月,杨时辞世,"身后肖然,家徒壁立"。高宗下诏取阅杨时的《三经义辨》,赠文"言正而行端,德闳而学粹。网罗百家,驰骋千古。辨邪说以正人心,推圣学以明大义。而陈疏义,足以扶国本于当时;注释经义,足以开来学于后世"。诰赠左太中大夫、太师、太中大夫,谥文靖,并诏郡县拨田优恤其后代,定每年春秋两季祭祀。后人为纪念他,在将乐龟山建"龟山书院"。

在杨时死后的几百年间,后世的古代朝廷也给了他很大荣誉。元代至正二十七年(1367年),朝廷追封他为太师、吴国公。明洪武十三年(1380年),明太祖敕将乐知县重修书院。明成化元年(1465年),明孝宗追封他为将乐伯,从祀曲阜孔庙。清万历十二年(1584年),朝廷敕将乐县拨田153亩供祀杨时。清康熙四十五年(1706年),清圣祖康熙亲题"程氏正宗"赐龟山书院。

杨时著有《龟山集》28卷、《二程粹言》、《列子解》等。

刘 绚

刘绚(1045~1087年),北宋名儒。字质夫。河南府(今洛阳)人。以荫为寿安县主簿、长子令,督公家逋赋,不假鞭扑而集。岁大旱,府遣吏视伤所,蠲财什二,刘绚力争不得,封还其檄,请易之。富弼叹曰:"真县令也。"元祐初(1086年),韩维荐其经明行修,为京兆府教授。王岩叟、朱光庭又荐为太学博士,卒于官。

刘绚受学于程颢、程颐,明《春秋》,专以孔、孟之言解经。刘绚力学不倦,最明于《春秋》。程颢每为人言:"他人之学,敏则有矣,未易保也,若绚者,吾无疑焉。"

谢良佐

谢良佐

谢良佐(1050~1103年),北宋理学家,二程弟子,心学奠基人,湖湘学派的鼻祖。字显道,上蔡人,人称上蔡先生。朱熹认为其"英特过于杨、游,盖上蔡之才高也"。黄宗羲以为在程门高弟中,"予窃以为上蔡为第一"。全祖望认为"谢得气刚,杨得气柔,故谢之言多踔厉风发,杨之言多优柔平缓",并总结后世学者的意见说"伊洛理学之魁,皆推上蔡"。谢良佐对二程学说的深刻体认与发挥,奠定了他在程门弟子中的特殊地位。他从游二程较早,当程颢知扶沟事时,他就前往受教,那时他仅是个秀才,程颢夸奖他"展拓得开,将来可望"。元丰八年(1085年),35岁的谢良佐中进士后,历仕于州县,后因忤旨去官,又因口语系狱,被废为民。据说他"记问该赡,称引前史,至不差一字"。他师事程颐,别后一年复见,当程颐问他学问有何长进时,他回答说:"但去得一'矜'字耳!"程颐高兴地赞叹说:"此所谓'切问近思'者也。"谢良佐学于二程,但并不墨守师说,而是在继承的前提下有所发挥。黄宗羲曾说他在程门中英明果决,"其论仁以'觉',以'生意';论诚以'实理',论敬以'常惺惺',论穷理以求是,皆其所独得,以发明师说者也"。他在阐扬师说时用了独特的方法,正如朱熹所说:"上蔡说仁说觉,分明说禅。"黄震也说他"以禅证儒"。谢良佐所作《论语说》,便是以禅学解释《论语》,他强调要扫除"人欲",使"天理复明",以恢复"本真"的心,只有这样才能了解《论语》的内容。谢良佐在"格物穷理"论上继承了二程的思想,他说:"所谓'天理'者,自然的道理,无毫发社稷——天理与人欲相对,有一分人欲,即灭得一分天理;有一分天理,即灭得一分人欲。人欲才肆,天理灭矣。"他还说:"学者须穷理,物物皆有理,穷理才能知人之所为,知天之所为。"实际上,他的"格物穷理"论开了朱熹"穷理"说的先河,也对陆九渊"心即理"论的产生有一定的影响。

游 酢

游酢(1053~1123年),北宋理学家,二程弟子。字定夫,号广平,又号廌山,建阳长坪人。自幼聪颖好学,经书看过一遍就能熟记在心,倒背如流。16岁以后就受教于族父游复和江侧等人,研读经书,擅长文学。熙宁五年（1072年），游酢举乡贡，到京城游学，拜见程颢，程称赞他"其资可以进道"。八月，程颢任扶沟县（今属河南）知县，提倡圣贤学说，荐举游酢主管县学教育。在扶沟，他得程颢亲炙，精研儒家经典，学识大有长进。元丰四年（1081年），游酢与杨时到颍昌拜程颢为师，著有《明道先生语录》。游酢和杨时南归，程颢目送他们，深有感触地说："吾道南矣！"

游酢

翌年，游酢中进士，任越州萧山县（今属浙江）县尉。县衙内有积案10年得不到判决，一经游酢讯问，分析案情，即予结案。元祐元年（1086年），游酢被召升为太学录。翌年授博士（待次）。因生活困难，向朝廷请求外放，得任河清县（今属江苏）知县。当时范纯仁任知府，待游酢为国中贤士，遇有疑难政事，总是同他商量。后来范纯仁转任颍昌知府，推荐游酢担任府学教授。元祐八年（1093年），范纯仁回朝廷任宰相，任命已是进士出身的游酢为太学博士。游酢仍好学不辍，这时程颢已辞世。这年严冬，他与杨时到洛阳拜程颢之弟、大理学家程颐为师。二人来到嵩阳书院学堂内，欲拜程颐为师，却见程先生瞑目养神。二人进退两难：进，恐惊动先生休息；退，虑耽误学业。只好候之门外，立于雪中。等程颐醒来，不觉门外已雪深3尺，因而留下"程门立雪"的佳话。游酢在程颐席旁诵读张载的《西铭》，读后说："这就是中庸的道理。"程颐先生称赞他有创见，能理解言外的道理，赞许他道德品质纯良，学问日益长进。游酢跟程颐学习理学，编有《伊川先生语录》。

游酢从程颢、程颐两兄弟学习伊洛理学回到南方，不遗余力地将伊洛理学传播推广到南方。朱熹后来成为"集理学之大成者"，其中也有游酢传播理学的功劳。朱熹对游酢极为崇拜，深受游酢理学思想之影响。朱熹在他的《四书集注》中引用了许多游酢语录，朱熹整理的《程氏遗书》、《伊洛渊源》等书，都采用了游酢整理的史料。朱熹是二程的四传弟子，他以二程学说为本，经过众多弟子的传播和发挥，最终集理学之大成，完成了对旧儒学的改造，形成了一套系统的新儒学思想体系，被称为"程朱理学"。南宋宁宗末年，统治者开始尊崇理学，程朱理学取得正统官学地位，成为取代汉以来传统旧儒学而占统治地位的思想。理学的发展有了这个从北到南的过程，所以说程朱理学体系的形成是受游酢、杨时的影响。游酢、杨时对传播伊洛理学、开创闽学做出巨大贡献，堪称闽学的"开山鼻祖"。

宋哲宗亲政，罢范纯仁官，游酢请求调离京都。绍圣三年（1096年）赴任齐州（今属山东）判官。同年冬，他回建阳为父守孝。过两年，他在家乡长坪鹰山之麓建草堂，讲学著述，所著有《论孟杂解》、《中庸义》等。元符二年（1099年），游酢调任泉州签判，赴任前，筑水云寮于武夷五曲，作为著书立说的处所，撰《易学》、《诗二南义》。次年十一月，徽宗即位，游酢被任命为监察御史。他励精图治，议论士风，侃侃而言。次年，出知和州（今属安徽）。崇宁四年（1105年），主管南京鸿庆宫，居太平州。两任祠官后，于政和元年（1111年）复任汉阳军知军。以后任舒、濠州二州（今皆属安徽）知州。所到之处，政绩斐然，深受百姓爱戴。在濠州任上，因属官违法遭贬，游酢受到牵连，宣和二年（1120年）被罢知州，寓居和州含山县（今属安徽省）。宣和五年（1123年）病逝于寓所，终年71岁。葬含山县车辕岭，谥号文肃。追封朝奉大夫，赠大中大夫。著有《易说》、《中庸义》、《论语杂解》、《孟子杂解》等，有文集10卷传世。

邵伯温

邵伯温

邵伯温(1057~1134年),北宋官吏,象数学家。字子文,祖籍范阳(今属河北),后迁居嵩山洛阳。邵雍之子。初事司马光,所闻日博,尤熟当世之务。但出仕后不乐与权贵交往。哲宗元祐年中以荐授大名府助教。绍圣初,监永兴军铸钱监。徽宗即位,上书请复旧制,解元祐党锢,分君子小人,戒劳民用兵等。因反对新法,不愿为官。曾著《辩诬论》,为元祐党人辩解。后知果州,请罢岁输泸南诸州绫绢丝绵数十万,以宽民力,擢提点成都路刑狱,迁利州路转运副使。晚年,移家居蜀。继承邵雍的象数学并加以阐释。提出"一"为宇宙的本原,认为"一"或"太极"在事物之先而存在,强调"一"或"太极"只存在于"圣人"心中。著有《河南邵氏闻见录》20卷、《易学辨惑》1卷、《河南集》、《皇极系述》、《皇极经世序》、《观物内外篇解》等。《河南邵氏闻见录》,成书于绍兴二年(1132年)。前16卷记宋开国以来故事,于王安石变法记述尤详,17卷记杂事,18至20卷记其父邵雍言行。《四库全书总目提要》云:"其洛阳、永乐诸条,皆寓麦秀、黍离之悲。"可见其用意。其中一些篇目,则可视为生动的人物传记,有的更如精致的小品。

邵伯温亦为诗人、词人。《闻见录》一书不仅记载了众多诗人轶事,而且颇多表现自己诗学观点之语,因此该书也可视为诗话之作。从邵伯温谈诗的言论来看,他重在以"道家语"入诗,提倡咏隐居之志,其论不出北宋道学家之轨范,受乃父邵雍影响较深。邵伯温在嵩山活动期间,曾与司马光、范景仁等同游嵩山,并写有《嵩山纪行》。

晁说之

晁说之(1059~1129年),北宋制墨家、经学家,诗人。字以道,一字伯以,济州巨野(今山东巨野)人。元丰五年(1082年)进士,曾受到苏轼、曾肇、丰稷、范纯仁等名臣的多次推荐。曾任兖州司法参军、蔡州教授、宿州教授、知磁州武安县、定州无极县、监陕西集津仓、监明州造船场,通判鄜州等。其间,他任知定州无极县时被罢免,隐居嵩山。政和六年(1116年)罢归乡里。宣和二年(1120年)致仕东归。钦宗即位,以著作郎召,除秘书少监、中书舍人,兼太子詹事,他独尊孔子,反对太子读《孟子》,给了别人攻击他的口实,不久以制词失当、议论不合落职,漂流高邮。高宗立,召为侍读兼徽猷阁待制,未几避乱海陵,后提举杭州洞若观火霄宫。建炎二年(1129年)正月卒于金陵舟中,年71岁。由于元符上书入党籍,其仕途极其坎坷,长期沉沦下僚。但忧时伤世、为国效命的热情和执著却无论穷达却从未泯灭。一生经历仁宗、神宗、哲宗、徽宗、钦宗、高宗六朝,是难得的一位身入南宋的"元祐名士"。

晁说之尊孔非孟,反对新学,与司马光、二程、邵伯温等均有所交往。平生著述数十种,达200卷,今唯存《嵩山文集》20卷、《晁氏客语》、《释门正统》等。涉及领域广泛,尤通经学,被黄宗羲赞为"经学奥衍,不肯苟同笺疏,自成一家。"他的读书笔记《晁氏客语》,是一部为人处世的语录体随笔著作,反映了他的理学思想。晁说之早年喜爱佛经,中年以后逐渐对天台宗(即法华宗)发生兴趣,甚至宣称自己"世奉真如法门",晚年爱诵法华经,自号"天台教僧"和"洎上老法华"。但其一生行事,佛教思想在其心中始终处于一种调剂和非主流的位置。晁说之博通五经,尤精易学,工诗,善画山水,是一位富有创作实绩的作家。其诗既体现了宋诗"以文字为诗"、"以议论为诗"的特点,同时又避免了江西诗派满足玩弄文字技巧的流弊,而是将诗歌创作与社会现实以及忧时伤世的情怀联系起来,形成了自己鲜明的特色,在宋代文学史上占有一定的地位,其诗《题明王打毬图》被收入《千家诗》。晁说之与苏轼、黄庭坚、秦观、陈师道等苏门文人、江西诗派作家有着广泛的师友关系,交情甚好,相互间都有诗词唱和,苏轼、黄庭坚、陈师道都写有与晁师道有关的诗。

宋徽宗崇宁年间(1102~1106年),与陈叔易同隐嵩山。陈叔易赴召,晁说之嘲之云:"处士何人为作牙,尽携猿鹤到京华。从今岩壑应惆怅,六六峰前只一家。"后靖康年间,晁说之亦起,而女弟四娘适唐氏者,颇复诮其出焉。著有《嵩山集》19卷。

张 绎

张绎,北宋理学家,程颐弟子。字思叔,河南府寿安(今宜阳县)人。程颐从涪陵(今重庆境内)回洛后,张绎求学于程颐,程颐非常重视他的聪慧。张绎读《孟子》中的"志士不忘在沟壑"句,豁然开朗,遂以功名为轻,决定终身不出仕。

程颐从流放地涪陵遇赦回洛阳,又被蔡京列入奸党碑,昔日的弟子为避政治嫌疑,多不敢接近他。但张绎却一直跟随程颐学习,并照料他的生活。程颐患病去世的时候,嵩山地区的朋友和门生都不敢去送葬,只有张绎、尹焞、范域、孟厚四个弟子为他送终。程颐在涪陵写成的《易传》传给张绎和尹焞。这说明程颐对他们二人格外信任,他们是程颐学术的直接传人。程颐曾言"吾晚得二士",指的就是他晚年所收的弟子张绎与尹焞。

程颐去世后,张绎、尹焞承其遗训,在洛阳聚徒讲学和专心著述。张绎整理了二程的著作,并写作了《明德录》。张绎卒后,北宋朝廷赠其翰林学士,人们在锦屏山麓(今宜阳县)为其修建了祠堂。

尹 焞

尹焞(1061~1142年),南宋理学家。字彦明,一字德充,世为嵩山洛阳人,尹源之孙。少师事程颐,终身不应科举。钦宗靖康初年(1126年),因种师道推荐,召至京师,不欲留,赐号"和靖处士",学者遂称和靖先生,邵雍称他为"洛中三贤"之一。为程颐晚年弟子,因朝廷发策有"元祐邪党"之问,遂不对而出。程颐没,聚徒洛中,为士大夫讲学者所宗。大观年间,章惇、蔡京专政,新学日盛,范致虚攻尹焞为程颐羽翼,受到牵连,从此不欲仕,而声闻益地。靖康二年(1127年),金兵攻陷洛阳,尹焞全家被害,尹焞死又复苏,转徙长安山谷中。后来,金兵攻占洛阳,尹焞又流离入蜀。高宗绍兴四年(1134年)于涪州建"三畏斋"以居,读程颐《尹川易传》全本,并加以整理。尹焞传播伊洛理学,以《尹川易传》为主,在他看来,《尹川易传》为伊洛理学经典,而二程语录有失真之处。不足代表程颐

尹焞

思想,表示反对。

尹焞在平江期间,精研《论语》《孟子》。认为"尽理尽性","圣人必可学而至"。尹焞著有《论语解》10卷,《孟子解》14卷(未成书),《和靖集》8卷等。尹焞的哲学思想,基本上"守其师说",主要思想有三点:一是提出了"动静一理"的天理观。二是在修养论上,提出了"收敛身心"的主敬说。程颐有"涵养须用敬,进学则致知"之说,尹焞一生,诚如朱熹所说:"只就一敬字上做工夫,终做得成"。三是在人生观上,继承了二程的圣人观的基本思想,强调学习圣人必须"有叙",即掌握一定的程序、要领。确立"成之有叙"的圣人观。他自己则努力做出表率,"笃于践行,不为虚语"。在理学家眼中,尹焞是学圣人的榜样。尹焞从事学术活动比二程其他弟子为晚,又是继杨时之后充当"帝王师"的角色,并且以严守师说和笃于践行著称,对于伊洛理学在南宋的传播和发展起了一定的作用。尹焞在南北宋之交道学派中颇具影响,虽其诗文甚少,然如《自秦入罗道中作》等诗亦殊有诗情,与一般道学家之"有韵语录"自不可同等视之。

绍兴四年(1134年)授左宣教郎,充崇政殿说书。后任秘书少监。因上书反对与金议和,触怒秦桧,书皆不上报,尹焞以疾辞官不就,尹焞隐于平江。上遣漕臣奉诏至,程颐后始启程就道。未几,辞官去。张浚为相,再诏,再次以疾辞不就。帝再诏,始就秘书郎兼说书。在此之后,宋高宗诏命漕臣带500金为行资,来到涪陵亲迎。尹焞入临安(今杭州)就任秘书郎兼说书之职。绍兴八年(1138年),历太常少卿兼说书、礼部侍郎兼侍讲。绍兴九年(1139年),进官左奉议郎,遂致仕。这期间,程颐弟子已寥寥无几,尹焞是成就最显著的,其学行又超迈时贤,深受朝中大臣赞誉。他曾上疏反对朝廷与金我议和,并上书谴责秦桧。绍兴十二年(1142年),尹焞去世,享年73岁,谥肃公。尹焞之城程颐,略类颜回之于孔子,程氏后学都尊称他为"尹子"。

尹焞工书,尝手书欧阳文忠公(修)所作三志,足以传世。朱熹得和靖先生帖于祈君之子真卿,淳熙庚子刻之白鹿洞书院。

吴几复

吴几复,北宋儒学家。字辨叔,吕端之孙,汝州城内吴家拐人。自幼好学,刻苦攻读。因厌恶城市喧聒,就在汝州风穴寺锦屏风下凿一石洞,闭门读书,杜绝交往,连寺中僧徒也不识其面。他在洞中孜孜勤学了九年,经、史、子、集无不精通,成为当时大儒。宋仁宗庆历年间,吴几复应试科举,即中进士。宋仁宗皇祐年间,国家大兴太学,培育人才,因他通经明义,行为端正,被任命他为太学直讲。他知识渊博,讲解经典能深入浅出,条分缕析纵横自如,一时四方学徒云集,从学者达数千人,在广大知识分子中享有崇高的威望。后晋升为国子监祭酒,成为宋代最高学府的一号人物,管理全国教育工作,官居四品。宋仁宗非常欣赏他的才能,调吴几复到地方担任州郡长官历练,以便提升更高的官职。谁知他离开京城再也没有回去,吴几复先后在地方任职30多年,官至荆州路安抚使,最后卒于任所,朝廷赠通奉大夫。

吴几复为政教化为先,自己则勤政为民,轻徭薄赋,执法公正,政绩突出,深受百姓爱戴。其间,他在四川蓬州任知州时,政绩尤为显著。期满离任,群众恋恋不舍,作歌颂扬他的功德:"使君来兮,父母鞠我;礼化行兮,民无寒饿;使君去兮,不可复留,人心怅怅兮,珠泪双堕。"这首歌充分表达了人民群众感恩戴德的真挚感情。

吴几复与司马光交往很深,并结下了深厚的友谊。吴几复在任凤翔知府时寄诗于司马光,司马光以《和吴辨叔知凤翔拜寄》：岐阳府中始相逢，四十余春屈指中。昔日布衣合露冕，当时小吏亦衰翁。醉吟只作藏身计，条教应多及物功。惟是彩衣难再着，长林极日起北风。吴调任唐州（今南阳唐河）任知府时，司马光闻讯寄诗《寄唐州吴辨叔二兄》勉励：方城古称险，远在豫州南。近岁汗莱辟，新民秦晋参。当官诚近厚，获谴说无惭。但惜墙阴竹，归辕几日骖。这两首均选入《全宋文》司马光篇里。

朱　熹

朱熹（1130~1200年），南宋哲学家、教育家、大学问家，宋明理学的代表人物，被后世誉为仅次于孔子的儒学大师，有"周东迁而孔夫子出，宋南渡而朱文公生"之说。字元晦，号晦庵，徽州婺源人。在朱熹生活的年代里，中原战火蜂起，北宋王朝仓皇南迁，岳飞英勇抗金却在风波亭惨遭杀害，南宋王室不思收复失地却一味苟且议和，中华民族到了生死存亡的严峻关头，混乱的时世造就了一代理学英才，从而使中华民族的前途和未来因此受到巨大的影响。

朱熹阐发了儒家思想中的"仁"和《大学》、《中庸》的哲学思想，并继承和发展了二程的理气关系的学说，后世并称之为"程朱"。他的学说从宋末确立以来，历元明清三朝六百余年而不衰。有人将朱熹称为中国古代学术史上3个最伟大的人物之一，是集宋学之大成者。

宋高宗建炎二年（1128年），朱熹出生于福建尤溪县。其父朱松历任建州政和县尉、建州尤溪县尉、秘书省正字、校书郎、著作郎、支度员外郎等职，因反对秦桧议和，被赶出朝廷，到饶州任职，就住在南建州的家里。朱熹5岁入学，不仅好学而且好思考。他曾在《寿母生朝》诗中说自己幼年时的勤学，"家贫儿痴但深藏，五年不出门庭荒。"他8岁时读《孝经》，读后说"不若是非人也"。他9岁读《孟子》，当读到"圣人与我同类者"一句时，朱熹高兴得难以

朱熹

形容，从此就把做圣人当作自己毕生的目的。14岁朱松病危时，把家事托付给崇安人刘子羽。朱熹就学于理学家胡宪（字原仲）、刘勉之（字彦冲）、刘子羽，深受他们的影响，既出入于佛道，又热衷于程学。18岁时他参加建州乡贡，主考官蔡兹认为"此人日后必非常人"。第二年他便中了进士，三年后被任命为泉州同字县主簿。他将官书加以整理并搜罗补充，建立了经史阁，以解决县学师生缺乏图书的困难。他还经常和县学师生们讲说"修己治人之道"。绍兴二十三年（1153年），朱熹在延平拜见当时的理学大师、程颐的三传弟子李侗。绍兴三十年（1160年），他正式拜李侗为师。李侗发现他是一个人才，希望他成为一个劲气内敛、道德内蕴的人，给他取字元晦，意思是树木的元气隐藏在根里，春天就会开满花朵；人的元气隐藏在身体里，卓越的德行使人内心充实。此时，他逐渐发现了佛道之学的破绽，于是就专心儒学。

绍兴三十一年（1162年）八月，朱熹向宋孝宗上书《壬午应诏封事》，提出讲求"格物致治"之学、罢黜和议、任贤使能三项主张，他认为抗敌制胜之道的根本"不在于威强，而在乎德政，责任不在乎边境，而在乎朝廷"。宋孝宗隆兴元年（1163年）十一月，他受诏到垂拱殿奏事，连上三道奏札，强烈反对议和。同年十二月，为抗金大计，他亲自去求见右相兼枢密使张浚，提出了北伐中原的具体想法。隆兴二年（1164年），宋金签订隆兴和议，对此朱熹万分痛心，他在《与陈侍郎书》中说："祖宗的仇恨是臣子

万代都要报复而不能忘记的,假如今天的力量不足以报复,就应暂且做防御的安排,积蓄力量以等待时机。"乾道元年(1165年),他就任武学博士,就让学生学习兵马武艺。

乾道三年(1167年)秋,福建崇安发大水,朝廷派朱熹视察灾情,他和县令诸葛延瑞劝富户拿出仓粮赈灾,并主张建立社仓来解决农民因青黄不接造成的缺粮问题,又在五夫里创立五夫里社仓,秋收新粮,春放旧粮,让愿借粮者出十分之二的利息,如有大饥荒,利息全免。社仓又在福建建阳和浙江金华等地推广,通过与王安石的青苗法相比,朝廷认为社仓比青苗法优越。淳熙五年(1178年),他被任命为"知南康军"。他宣扬教化,实行德治,也注意法治。他认为保护良民、抑制恶霸是政府的职责。

朱子全书

在他快离任那一年,有一大户人家的少爷跃马于市,踩伤了一个小孩,他下令把这个少爷抓起来,并打板子示众。任内看到白鹿洞书院"学馆余废址,鸣琴息遗歌",他就做了周详的考虑和安排,历时半年修复完毕,"遂为海内书院第一"。书院修复后,他便领着宾客、助手、书院师生行祭孔之礼,又置办田产以供学生衣食之用。每逢休假时,他就到书院去,回答学生们的问题,还主持制订了《白鹿洞书院学规》。朱熹请当时著名的哲学家陆九渊到白鹿洞书院讲学,陆九渊宣讲《论语》中"君子喻于义,小人喻于利",引经据典,清晰恳切,富有激情。朱熹非常满意,把其讲稿刻在石碑上作为留念,显示了他不排斥其他学派的谦虚宽和的风范。淳熙七年(1180年),朱熹上奏札提出要恤民、省赋。次年,宰相王淮推荐朱熹视察浙东灾情,他轻车简从前往,查清了绍兴府官员密克勤监守自盗,用"拌和糠泥"的方法补充缺额,他上表弹劾,要求依法处置,另外对隐瞒灾情、谎报政绩、横征暴敛的官吏李峰、张大声也给予弹劾。

淳熙十年(1183年),朱熹回到福建崇安,在武夷山下建成武夷精舍,聚徒讲学,并开创了紫阳书院。淳熙十四年(1187年),周必大任右相,留正任参知政事,这二人都推崇理学,朱熹又被任命为江西提刑。经过考核,朝廷决定给朱熹升两级,转朝奉郎,主管西京嵩山崇福宫。宋光宗绍熙元年(1190年),他刊印了《四书章句集注》。绍熙四年(1193年),他被任命为潭州荆湖路安抚使,委任状上说:"凭着你深厚的学问和高峻出众的风节,可以做世人的老师了;你的仁心和美名,以及令人信服的广博威德,可以当世人的表率了。"他因留恋考亭,不满宰相留正,故直至宋光宗下诏才去上任。到任后,他就修复了岳麓书院,并请名将张浚的儿子张栻主持教事。他自己白天处理政务,晚上到校和学生讲论学问,随问而答,全无倦色。由于学生太多,座位不够用,以致很多人站在门外听课。他还把《白鹿洞书院学规》作为岳麓书院的学规,对教育目的、训练纲目、求学之序一一列出,明示诸生。任职期间,他还加强对湖南驻军的约束,对地方军的管理和操练,又奏请把辛弃疾创建的飞虎军的指挥权从襄阳转到湖南,得到朝廷允许后,他严明军纪,赏罚分明,使军心悦服,人民安宁。抗金时起到重大作用的飞虎军,经朱熹整顿后在抗元斗争中也发挥了一定作用。朱熹还十分重视对环境的绿化,他发布《约束榜》,禁止滥伐山林,并发动民众植树造林。同年,又被任命为焕章阁待制兼侍讲,但十天就被免职。同年11月朱熹回到福建考亭,12月建成竹林精舍(后改称沧州精舍),于是群贤毕至。朱熹与学生黄干、蔡元定、陈淳等研究学问,探明义理,形成具有重大影响的考亭学派。精舍燕居庙奉祀孔子、配祀颜回、曾参、孔汲、孟子四贤和宋代五子二程、邵雍、张载及司马光、李侗等人。他教育学生读书首先要立志,其次对儒家经典须熟读精思,再次要求学生深入体会,要经常思索,认真实践。他形成了自己的一套教学方法,学生把他的读书方法概括为"循序渐进、熟读精思、虚心体会、联系自己、加紧努力、郑重认真"六句话。

宋宁宗庆元二年（1196年），刘德秀、叶翥等上书说理学危害社稷。庆元三年（1197年）在韩侂胄的操纵下，朝廷把赵汝愚、留正、周必大、朱熹等59人列为逆党，史称"庆元党禁"。朱熹被监察御史沈继祖戴上了不孝于亲、不敬于君、不忠于国、玩侮朝廷的大帽子。门人故交相继离去。他虽大包大揽地承认一切指控，但依然我行我素。在排斥打击中，朱熹的精神和身体受到了很大的摧残，当年在考亭去世，终年71岁。安葬前，朝廷怕其信徒利用葬礼集会，下令守棺约束，但仍有几千人为之送葬。

朱熹作为哲学家，最主要的观点就是"存天理，灭人欲"。作为历史学家，他曾把司马光的《资治通鉴》改编为《资治通鉴纲目》。他大力提倡正统，主张"严夷夏之大防"，目的在于坚定抗金决心，并最早以刘备为正统。后来罗贯中创作《三国演义》，贬刘抑曹，正是源于此。在自然科学史上，朱熹也应占有一席之地。地学方面，他根据高山有螺蚌化石的现象，推断此山远古时应是海域，从而发现地质变迁、沧海桑田的科学原理。在天体学方面，朱熹持月亮常圆无缺之说："月亮本身没有圆缺，是人们看到它有圆缺。"他还曾用木板制造过一幅《华夷地图》，把地形的凹凸情况刻在木板上。

朱熹进一步发展了理学，建立了完整的哲学思想体系，成了程朱理学的集大成者，他也成了中国文化史上的伟人。他是孔子以后我国封建时代最渊博的学者之一，也是孔子以后封建时代影响最深远的唯心主义哲学家。封建社会后期儒家的传统思想，实际就是朱熹的理学思想。"天理"是其思想感情的最高哲学范畴。他认为"理"是宇宙的根源、天地万物的根本，提出"理本气末"，把天理作为自然界和人类社会的最高准则，把天地万物都囊括在"天理"中，把封建枷锁天理化，使三纲五常具有绝对性，使封建统治具有合理性和永恒性，从而为巩固封建统治提供了理论依据。同时，朱熹把"仁政"解释为"省刑罚，薄税敛，此二者仁政之大目也"，这也对统治阶级提出了一定的要求。

朱熹一生著述丰富，主要有《四书集注》、《楚辞集注》、《太极图说解》、《近思录》，他儿子朱左编纂《朱文公文集》100卷、《朱文公续集》11卷、《朱文公别集》10卷，其门徒把他的学问编成26门140卷的《朱子语类》。他用毕生精力完成的《四书集注》，在明清时被钦定为科举考试的教科书，具有最高的权威性。元仁宗皇庆二年（1313年），元朝又诏定朱学为科场程式，用以在上层建筑领域实行政治文化专制的理论依据，使其成为巩固封建社会统治秩序的强有力的精神支柱。

淳熙十五年（1188年），朱熹授命提举西京嵩山崇福宫，遂自号"嵩高隐吏"，曾在嵩阳书院讲学。

赵秉文

赵秉文（1159～1232年），金朝良臣大儒，文学家。字周臣，磁州滏阳（今河北磁县）人。著作等身，"自幼及老未尝一日废书"，时人称为"斯文盟主"。后为万松行秀的门徒，名为"闲闲居士"，晚年号为"闲闲老人"。自幼聪颖好学，17岁预乡试。大定二十五年（1185年）进士。历任安塞主簿、邯郸令、唐山令、翰林文字、同知制诰、岢岚州事、北京路转运司支度判官、户部主事、翰林修撰、宁边州平定州刺史等职。赵秉文"历五朝，官六卿"，朝廷中的诏书、册文、表以及与宋、夏两国的国书等多出其手。他的文章说理透彻精辟，而且通俗易懂，从来不受形式的束缚。他晚年起草的《开兴改元诏》，街头巷尾皆能传诵，洛阳人拜诏毕，举城痛哭，非常感人。但他"自奉养如寒士，与人交往不立崖岸，从未以大名自居。"他在平定州任职期间，关心百姓之疾苦，每逢灾年，就拿出自己的俸禄来救济难民。金大安初年（1209年），北兵南侵，军事统帅卫绍王召赵秉文与赵资道商议对策，赵秉文说："宣德城池狭小，布阵不便。现在我军聚集在宣德城外，天气炎热，淫雨不断，器械也不完备，将士易犯病。若敌人来

赵秉文

攻,对我军不利。兵法上讲'出其不意,攻其不备',不如派遣临潢的驻军去偷袭敌人的虚弱之处,这样便可解山西之围。"此建议未被卫绍王采纳。到了秋天,敌人来攻,宣德之战以失败告终。后皇上加封赵秉文为兵部郎中,兼翰林修撰和翰林直学士。贞祐元年(1213年)又上书进谏三件事:一是迁都;二是疏通河道;三是依功定职。这三项都被采纳,并付诸实施,对治国安民起了很大作用。不久,赵秉文又进谏说:"皇上应勤俭,慎重考虑用兵和刑法",此建议也被皇上采纳。金宣宗时累官礼部尚书。正大九年(1232年)五月,赵秉文在忧国忧民中病逝,年74岁。封"资善大夫、上护军、天水郡侯"。

赵秉文是金代重要的作家之一,诗、文、书、画皆工,是继王庭筠以后的金代文坛的盟主。他反对陈旧文风,提倡写文不拘一格。其散文所表现的哲学思想,以周程理学为主,宣扬仁义道德性命之说。他和李纯甫一样,同为当时"孔门禅"的倡导者之一。他在得了万松行秀的显诀后,将其发展为"孔门禅"。"孔门"者,儒家孔夫子之门槛儿,何以会生出禅来呢?这"孔门禅"亦不外时代思维之产物。全真道的王重阳主张会通儒释道;云门宗的澄徽,也在注解《道德经》;曹洞宗的万松更是一位"冶五宗为一炉"、"儒释兼备"的人物。而当此国破家亡,人心动荡之时代,传统的儒家道德思想和理论亦受到了挑战。士大夫们,如李纯甫、性英、福裕、元好问等,遂从"外佛内儒",转而为"外儒而内佛"的形态。这便是"孔门禅"即脱胎一地这一思想的文化背景。赵秉文的诗歌清新豪放,律诗壮丽,多写自然景物。擅画梅花竹石。字兼古今,草书遒劲有力,深受国内外和邻国西夏人的崇拜。前后主文坛40年之久,成为金朝末期"文士领袖"。晚年逢金朝衰乱,以禅学求慰藉。著有《易丛说》10卷、《中庸说》1卷、《扬子发微》1卷、《太玄笺赞》6卷、《文中子类说》1卷、《南华略释》1卷、《列子补注》1卷、《删集论语·孟子解》20卷、《资暇录》15卷、《滏水集》30卷。

金哀宗正大年间(1224~1231年),赵秉文以礼部尚书侍奉哀宗祭祀嵩山。少林寺住持性英"倦于应接,思欲退席"。赵秉文上疏朝廷请求挽留性英,推崇性英为"诗僧第一代,无愧百年间。"并和性英多有唱和之作。赵秉文在嵩山活动期间,写有《嵩山承天谷》、《留题崇福宫》、《赠裕之》、《虎牢》、《少林》、《同性英粹中赋梅》等与嵩山有关的诗,以此抒发他对嵩山的热爱和情怀。

杨云翼

杨云翼(1170~1228年),金朝儒学家、文学家,与赵秉文被金史誉为"金士巨擘"。字之美,平定乐平(今山西昔阳)人。天资颖悟,日诵数千言。明昌五年(1194年)经义进士第一,辞赋亦中乙科。事母孝,与人交,款曲周密。南渡后,杨云翼主持科举30年,南渡后与赵秉文轮流执掌文柄,门生半天下。文章亦与赵秉文齐名,世称"杨、赵"。一时高文大册,多出其手。天性雅重,待人宽、律己严。宣宗连年南伐,时相多避嫌不敢言,杨云翼练达吏事,直言极谏。宣宗兴定二年(1218年)拜礼部尚书,转吏部尚书,终于翰林学士,卒年59岁,谥曰文献。

作为一个儒学家,杨云翼主张"学以儒为正,不纯乎儒非学也;文以理为主,不根于理非文也"。作为一个诗人,杨云翼的诗作往往不加藻饰而近于质直,有工炼平稳之风。其古文则长于论辩,说理明晰,有一气呵成之势。元好问曾盛称"惟其视千古而不愧,是以首一代而绝出"。杨云翼博学多才,对历法、医药、经学均有研究,曾参订《太乙新历》,为历法家所称道。著有《云翼文集》若干卷,编校了《大金礼仪》、《续通鉴》、《周礼辨》、《左氏》、《庄子》、《列赋》、《勾股机要》、《象数杂说》、《五星聚井辨》等著作。诗存22首,收入《中州集》21首。杨云翼在嵩山活动时,与少林寺僧释性英多有来往,且极推崇释性英的诗。

李俊民

李俊民(1176~1260年),金元名儒,文学家,嵩山隐士。字用章,自号鹤鸣老人。泽州晋城(今山西晋城)人。唐高祖李渊第22子韩王李元嘉后裔,排行第三。少时得名儒传授程氏之学,凡经传子史百家之书,无不研究,未及仕,已成名儒。金章宗承安五年(1200年)举经义进士第一,官应奉翰林文字。不久,任沁水县令,并提举长平(今高平西北)仓事,进升朝清大夫。因他厌恶官场应酬,弃官归田,以所学教授乡里。由于他学问渊博,加之状元声威,从学者甚众,不远千里慕名而来投师者不绝于门。宣宗贞祐二年(1214年),金宣宗自中都(今北京城西南隅)南迁汴京(今开封市),因为蒙古与金国的战乱,李俊民弃官教授乡里,后隐居于嵩山。后元朝泽州长官段直从河南嵩山迎回,让其担任泽州教授。他便千方百计招延泽州散在四方的名士,协助李俊民教授学生,仅五六年,所培养的人才,以通经被选者有122人。

元初,忽必烈即汗位前,刘秉忠曾向忽必烈推荐李俊民,盛赞他"易理易数两造精微"。元宪宗蒙哥七年(1257年),忽必烈在藩邸,命以安车召见李俊民等金朝遗老,天天延访,从不间断。上至天文,下至地理,经史百家,无所不谈。忽必烈想授以高官,但李俊民拒绝入仕,恳赐还山,忽必烈钦佩其气节,尊重其人格,便派专人护送。忽必烈曾让人向李俊民讨教有关祯祥方面的预言,因李俊民精通《皇极》数,所言神知般全部应验。当忽必烈即汗位,改元中统,李俊民已卒于嵩山,享年85岁。元世祖中统初,赐谥庄靖先生。忽必烈曾给李俊民以很高的评价:"朕求贤三十年,唯得窦汉卿及李俊民二人。"

李俊民在金、元文坛上颇有名声,上至天文,下至地理,经史百家,无所不晓,名重一时。他每出一篇诗文,士大夫争相传抄,但以不见全集为恨。他一生著棕赡富,因遭战火毁坏,遗弃殆尽。元代泽州郡守段直,饶意文事,与诸大夫购求李俊民散落的诗文,仅得晚年作品诗赋、古文千余篇,编为《庄靖集》10卷刊行。

李纯甫

李纯甫(1177~1223年),金朝名儒,文学家、诗人。字之纯,号屏山居士,弘州襄阴(今河北阳原)人。承安二年进士。喜谈兵,屡上疏论时事。尝三入翰林,深得皇帝赏识。工于散文,文风雄奇简古,想象奇特,颇有卢仝、李贺之风。李纯甫自幼聪敏,初习辞赋,后攻经义,少年时曾作《矮柏赋》,以诸葛亮、王猛自期。金章宗承安二年(1197年)中进士,作文好效法《庄子》、《列子》及《左传》、《战国策》,在金朝文坛很有影响,又喜兵法。金章宗南下伐宋,他两次上疏策对胜负,金章宗特别惊奇,将上疏文本送至军中,战果多如其所料。金朝宰相喜爱他的文章,举荐他到翰林院。蒙古兴起,他曾向金朝廷上疏论时事,未被理睬。金宣宗为避蒙古围困,迁都汴京(今河南开封),他随从南迁,二入翰林院,授任尚书左司都事。当时,丞相高琪专权,李纯甫知其必然不得善终,就以母亲年龄大为由,辞官

而去。不久,高琪被诛,李纯甫三入翰林院,管科举之事。金哀宗正大八年(1231年)逝于京兆府判官任上,时年47岁。

李纯甫与当时著名大儒学家赵秉文、刘从益、雷渊、李献能、李献卿、刘祖谦等交游于嵩洛一带,或谈儒佛异同,或论文作诗。为文法庄周、列御寇、左氏、战国策,尚奇怪。嗜酒如命,未尝一日不饮,未尝一日不醉。眼花耳热之际,谈锋甚健,如倾江河,无有穷竭。啸歌祖祢,出礼法外,人称"中州豪杰"。喜佛学,与禅僧士子来往,力探奥义,取儒道两家书,牵引杂说,错综诸经,著为别解。李纯甫为万松行秀门下弟子,门为"屏山居士"。然而怀才不遇的李纯甫终于归心万松,他是当时"孔门禅"的倡导者之一。他在得了万松行秀的显诀后,将其发展为"孔门禅"。"孔门"者,儒家孔夫子之门槛儿,何以会生出禅来呢?这"孔门禅"亦不外时代思维之产物。全真道的王重阳主张会通儒释道;云门宗的澄徽,也在注解《道德经》;曹洞宗的万松更是一位"冶五宗为一炉"、"儒释兼备"的人物。而当此国破家亡,人心动荡之时代,传统的儒家道德思想和理论亦受到了挑战。士大夫们,如李纯甫、元好问及嵩山少林寺的高僧性英、福裕等,遂从"外佛内儒",转而为"外儒而内佛"的形态。这便是"孔门禅"即脱胎于这一思想的文化背景。李纯甫为少林寺写了一篇《重修面壁庵记》,其"孔门禅"的精髓可从此中寻觅。

李纯甫著书立说,游戏禅儒,大胆地向传统(佛、儒、道)提出了挑战。雷渊认为,李纯甫的学说前无古人,卓然自见,不苟同于众人。还有学者认为李纯甫文法庄子、《左传》,词句雄奇简古,可称"当世龙门"。说到他的雄辩之才,更是"问如雨点,答似雷轰"。他的气节,尤为时所重,曰"宁为时所弃,不为时所囚。"他还研究军事,洞悉地理,逆料胜负。他在《重修面壁庵记》中自我表白:"屏山居士,儒家子也……深爱经学,穷性理之说。偶于玄学似有所得,遂于佛学亦有所入。学至于佛,则无可学者,乃知佛即圣人,圣人非佛,西方有中国之书,中国无西方之书也。"李纯甫始终坚持著书立说,他把自己的文章归为两类,凡论性理及有关佛老二家者编为"内稿",其余文字编为"外稿"。他注释解说了《楞严外解》、《金刚经别解》及《鸣道集解》、《中庸集解》、《老子解》、《庄子解》、《屏山翰墨佛事》等,融会儒、佛、道三家学说,学贯三圣人——佛、老子、孔子。其著述有《重修面壁庵记》、《新修雪庭西舍记》等诗文。金朝迁都汴京后,在金文学中形成了不同风格的诗歌流派。金代著名诗人赵秉文与李纯甫当时成为金代诗坛的两面旗帜。他们各有其理论主张,都有较高的创作成就,在金代诗坛上形成双峰对峙、二水分流的局面。对金朝迁都前那种浮艳尖新的诗风,他们都起到了逆挽颓流的作用。李纯甫的诗学理论强调标新立异,自成一家,《归潜志》云:"教后学为文,欲自成一家。当别转一格,勿随人脚跟。"因此,李纯甫在诗歌风格上追求奇特峻峭,造语险异,具有唐人卢仝、李贺的诗风。李纯甫为人谦恭,礼贤下士,成为金迁都后的士大夫魁首,在他的旗帜下形成了金代诗歌的一大流派,这派代表人物有雷希颜、李经、宋九嘉、赵宜之等人。李纯甫自传《屏山居士传》中写道:"语言謇吃,而连环可解;笔札迂滞,而挽回万牛。"精辟地概述了自己一生的文学特色和成就。李纯甫逝世后,金代著名诗人元好问赋诗《李屏山挽章二首》悼念他:

世法拘人虱处裈,忽惊龙跳九天门!牧之宏放见文笔,白也风流余酒尊。

落落久知难合在,堂堂元有不亡存。中州豪杰今谁望?拟唤巫阳起醉魂。

谈尘风流二十年,空门名理孔门禅。诸儒久已同坚白,博士真堪补太玄。

孙况小疵良未害,庄周阴助恐当然。遗编自有名山在,第一诸孤莫浪传。

张 潜

张潜,金朝名儒,嵩山隐逸。字仲升,武清人。幼有志节,慕荆轲、聂政为人,年30始折节读书。时人高其行谊,目曰"张古人。"后客嵩山,从高仲振受《易》。年50岁,始娶鲁山孙氏,亦有贤行,夫妇相敬如宾,负薪拾穗,行歌自得,不知其贫也。邻里有为潜种瓜者,及熟让潜,潜弗许,竟分而食之。尝行道中拾一斧,夫妇计度移时,乃持归访其主还之。里有兄弟分财者,其弟曰:"我家如此,独不畏张先生知耶?"遂如初。天兴间,张潜挈家避兵少室,乃不食7日死,孙氏亦投绝涧死焉。

麻九畴

麻九畴(1183~1232年),金朝名儒,医家,诗人。字知几,号征君,初名文纯,易州(今河北易县)人,一说莫州(今河北任丘)人。3岁识字。7岁能草书,作大字有及数尺者,一时目为神童。弱冠入太学,有文名。南渡后,寓居郾、蔡间,入遂平西山,始以古学自力。博通《五经》,于《易》《春秋》为尤长。兴定末,试开封府,词赋第二,经义第一。再试南省,复然。声誉大振,虽妇人小儿皆知其名。及廷试,以误绌,士论惜之。已而隐居不为科举计。正大初(1224年),门人王说、王采苓俱中第,上以其年幼,怪而问之。乃知尝师九畴。正大三年(1226年),平章政事侯挚、翰林学士赵秉文连章荐之,特赐卢亚榜进士第。赐进士及第,应奉翰林文字。以病,未拜官告归。再授太常寺太祝,权博士,俄迁应奉翰林文字。麻九畴性资野逸,高蹇自便,与人交,一语不相入则径去不返顾。自度终不能与世合,顷之,复谢病去,居郾城。天兴元年(1232年),大元兵入河南,挈家走确山,为兵士所得,驱至广平,病死途中。

麻九畴

麻九畴初因经义学《易经》,后深研邵雍《皇极经世》,以象数学闻名于世。又喜卜筮、射覆之术。晚更喜医,与名医张子和游,尽传其学,且为润色其所著书。麻九畴为文雄丽巧健,诗则精深峭刻,力追唐人,颇为赵秉文所赏。元好问《中州集》卷六选其诗31首。

麻九畴在嵩山活动期间,与当时所在嵩山的名人多有交往,写有关嵩山方面的诗多首。

高仲振

高仲振,金朝名儒,嵩山隐逸。字正之,辽东(今吉林省农安县)人。其兄领开封镇兵,仲振依之以居。由东北沃土而及中州大地,面对金兵的铁马金戈和北宋的沦亡,高仲振为尘世的纷扰浊乱所震撼,渐渐有志于道家的飘然离俗。所以,到开封后不久,高仲振便将家业尽数托付于兄,携妻挈子,隐居嵩山。高仲振博极群书,尤深《易经》、邵雍的《皇极经世》之学。醉心道妙,安贫自乐,不入城市,远近闻名,即便山野小人亦知敬之。尝与其弟子张潜、王汝梅行于山谷间,人望之翩然如仙。据传,高仲振曾遇异人教以养生术,故"终日燕坐,骨节嘎嘎有声,所谈皆世外事,有人叩门打搅,辄不复语"。

王 渥

王渥

王渥(1186～1232年),金朝名儒,文学家。字仲泽,太原(今属山西)人。兴定二年(1218年)进士。调管州司侯,不赴。连辟寿州、商州、武胜三帅府经历官,在军中凡十年。正大七年(1230年),王渥出使南宋,应对敏捷,有中州豪士之称。还入为尚书省掾,充枢密院经历官,权右司郎中。天兴元年(1232年)汴京被围,王渥随内族思烈引兵入援,自嵩山汝州过新密,遇蒙古军,殁于阵,卒年47岁。

王渥著《孝经》、《论语》、《春秋》、《左氏传》等经典。文章论议,与金末名儒雷渊、李献能比肩。博学无所不通,长于谈论,工尺牍,字画犹美,有晋人风,作诗多有佳句。元好问谓其"博通经史,有文采,善谈论,工书法,妙于琴事",又于《王渥传》中曰:"尝与予行内乡山中,马上赋诗云:霜风十月余,千山锦峥嵘。"

王渥在嵩山活动期间,与诗人元好问、李汾、李献能、雷渊多有来往,常有诗唱诗和之乐。其中一次,王渥送元好问还嵩山时,俩人就以诗相送。元好问《留别僧泽》诗云:"避俗无机日见侵,逐贫不去巧相寻。半生与世未尝合,前日入山唯不深。绿水红莲惭大府,清泉白石识初心。相思命驾非君事,能寄诗来或赏音。"王渥即以元好问此诗之韵,作诗《送裕之还嵩山》以表达俩人的知音之情:"高怀不受簿书侵,清颖鸥盟欲重寻。老去宦情如我薄,闲来道念见君深。对床夜雨他年梦,满马西风此日心。嵩顶胜游谁得共,伫闻仙驭待知音。"

杜时升

杜时升(？～1232年),金朝理学家。字进之,霸州信安(今河北霸州市)人。博学知天文,精通地理,对历史和时政很有见解。承安、泰和年间(1196～1208年),当时的宰相认为杜时升可以重用,曾多次荐举他。杜时升多次拒绝,不肯为官。杜时升对周围亲近的人说:"吾观正北赤气如血,东西亘天,天下将有大动乱,动乱之后南方和北方将会统一。事物生长与灭亡,荣盛与衰败的互相更替循环不尽,这一规律没有人能够违背。"是时,他对风俗侈靡,纪纲大坏,世宗之业逐渐衰落的社会很是失望。杜时升于是南渡黄河,隐居嵩山、洛河一带的山中,大抵"伊洛之学"教人自时开始,从学者甚众。杜时升的门徒在金朝有不少人中进士,也有不少人传学于乡里。史载,杜时升代表了金代理学的最高学术成果,是引领一个时代的儒学大师。

金哀宗正大年间(1224～1231年),蒙古军队进攻潼关,金军防守非常坚固,人们互相祝贺,杜时升说:"大兵皆在秦、巩间,若假道于宋,出襄、汉入宛、叶,铁骑长驱势如风雨,无有高山大河阻挡,金国军事形势将如土崩瓦解之势。"不久蒙古军队果然从饶峰关经襄阳出击南阳,金军在三峰山被打败,汴京(今开封)不能守护,都像杜时升所预料的一样。天兴元年(1232年),杜时升去世。

薛 玄

薛玄(1190～1271年),金朝理学家。年仅20就载书入少华,昼夜诵习,"又从明理学者游,遂一以圣贤为宗。"金亡后定居洛西,日与辛愿、张德直、元好问、吴杰、刘绘、李国维、杜仁杰、刘好谦等人"讲贯古学,且以淑人,伊洛之间复蔚然矣。"著有《易解》、《中庸注》、《圣贤心学编》、《皇极经世图说》等等。在他的影响下,他的儿子翰林直学士薛友谅大力提倡理学,所兴创的义塾和伊洛五贤祠堂后来被升格为洛西书院和伊洛精舍,成为金代中期嵩山历史文化核心区传播理学的重要阵地。

姚 枢

姚枢(1201～1278年),元初重臣,理学家、私人出版家。字公茂,号雪斋,又号敬斋,柳城(今河南西华,一说属广西)人,后迁居嵩山洛阳。姚枢本是金朝人,天资聪颖,志向远大,以勤奋好学著称于世。金朝末年,父姚渊任许州(今河南许昌)录事判官,徙家于许州。1232年,蒙古军破许州城,姚枢到燕京(今北京)投靠儒士杨惟中,被引荐北觐窝阔台汗,得到赏识与重用。自此,他为蒙军挥师南下。期间,他作为一名文弱书生跟随蒙古大军南征北战,纵横驰骋,立下赫赫战功。1235年,皇子阔出统兵攻南宋,诏姚枢从杨惟中随军访求儒、道、释、医、卜等类人才。蒙古军陷德安(今湖北安陆),姚枢从俘虏中访得大量程朱理学经卷,又从前辈赵复处尽得程朱传注诸书,始攻习理学。之后,姚枢停止了战场上的厮杀,转而在元代中书令耶律楚材的支持下,弃官从教,来到了河南辉县的百泉太极书院,与赵复一起,开始了系统讲解儒家讲义。

姚枢

这期间,姚枢和赵复开堂讲学,交四方儒士,开展学术交流,奔走于中原一些著名书院。正是由于姚枢和赵复的努力,使程朱理学在战乱频繁的中原地区得以恢复、传播并使之发扬光大。

后来,姚枢的谋才大略被元世祖忽必烈所发现,便应召慨然出山为元廷服务。公元1250年,忽必烈召姚枢至漠北访问治道,姚枢上书陈述儒家传统的帝王之学,治国之道,深受器重。忽必烈受命总制漠南汉地军事,姚枢建议在与南宋接壤地区屯兵,积谷守边灭宋,被采纳。后从忽必烈攻大理、鄂州(今武汉),咨谋军中,屡谏屠戮。之后,姚枢利用儒家理学的治国经典帮助忽必烈完成了救世治国的宏图大志,成为元世祖忽必烈称雄天下的高级幕僚。姚枢以藩府旧臣预议朝政,参订一代制度,历任东平宣抚使、大司农、中书左丞,出为河南行省金事,官至中书左丞、昭文馆大学士,后全家隐居辉县。

姚枢在辉县农耕之余,著书立说,曾雕版印刷数种图书。并教学生杨古用泥活字印刷书籍,即"以《小学》书流布未广,教弟子杨古为沈氏活版,与《近思录》、《东莱经史论说》诸书散之四方。"这是河南历史上惟一的一次用泥活字印书。至元十五年(1278年)卒,忽必烈赐谥号"文献",葬于百泉湖的东岸。

杜 瑛

杜瑛(1204～1273年),金朝理学家,诗人,嵩山隐士。字文玉,霸州信安人。杜时升之子。金末,避居嵩山之阳的緱氏山中,研习理学。金亡,转居汾晋间,授徒为业,声闻渐著。与文友辛愿、李献卿、杨奂等,涵肆六经百家之书,探究古今治乱之理。中书黏合珪开府彰德,聘为幕宾,尝与言,兵荒之余,生民穷困,宜缓刑薄赋以遂民生,修学养士以兴治化。蒙古宪宗九年(1259年),忽必烈召问取宋之策,对以为国者当重法、兵、食三事。蒙古中统初,诏徵之,辞不就。后居彰德,奏起为大名、彰德、怀孟等路提举学校官,亦辞。杜门谢客,以修学著书为事。元至元时卒,年70岁。临终嘱其子于棺中置《杜甫诗集》一编,题志石云:"处士杜緱山墓。"追封魏郡公,谥文献。

杜瑛著有《緱山文集》10卷、《春秋地理原委》10卷、《语孟旁通》8卷、《皇极引用》8卷、《皇极疑事》4卷、《极学》10卷、《律吕律历礼乐杂志》30卷等。

许 衡

许衡

许衡(1209～1281年),元朝杰出理学家、教育家、天文历法学家。字仲平,号鲁斋,祖籍怀州河内(今河南省焦作市)人。其父避战乱,迁居嵩山新郑西辛店镇许岗村。许衡儿时家境贫穷,为了能多学知识,读一本好书,他经常跋涉百里借书抄读。少学儒术,博通诸经。金大兴二年(1233年),蒙古兵临嵩山新郑,许衡和众人由嵩山洛阳过黄河经河阳(今孟州市)北上逃难,在河北大名府,开始办学讲授程朱理学。由于他恭谨,求学的人很多,并匾其斋为"鲁斋",自号"鲁斋先生"。蒙古宪宗四年(1254年),忽必烈出王秦中(今陕西省),设京兆宣抚司进行封建统治。经贤达推荐,许衡任京兆提学。他在治学中,规定"民至八岁,上至王公,下至庶民子弟,皆令入小学。"由于他"皆设学校,民大化之",使得秦地文化有了很大发展,有力地维护了忽必烈的统治。中统元年(1260年),忽必烈即位,许衡被招至京师,任国子祭酒,总揽全国教学。他大兴学校,发展教育。后又被任命议事中书省,曾上《时务五事》,提出"北方之有中夏者,必行汉法乃可长久"的建议,推行汉人法制,学习汉人传统文化,为忽必烈采纳。至元二年(1265年),元世祖问翰林侍讲学士窦默:"我很想得到一个唐朝魏征那样的人,能敢于给我提意见,以帮我改正缺点,不知朝中有无这样的人。"窦默说:"犯颜谏诤,刚毅不屈,则许衡其人也。"于是,元世祖命许衡为议事中书省。许衡任职期间,"不为利诱","不为势屈",时有"元代魏征"之称。至元六年(1269年),许衡受命同太常卿徐世隆定朝权。接着又同太保刘秉忠、左丞张文谦等一起议定朝仪、官制,实行简政改革,定出了中央集权机构的设置,减掉了一些不必要的"冗长增置的台院",得到了忽必烈的恩准和赞赏。至元八年(1271年),蒙古正式改国号为元,元世祖开办太学,召许衡为集贤大学士兼国子祭酒主持国子监。忽必烈亲自选择蒙古族子弟到国子监学习,许衡教以孔孟之道,君臣之礼,使他们接受封建文化。许衡为元代多民族大一统王朝的建立,使程朱理学得行于世,并由私学变为官学,取得了正统的地位。许衡博学多才,在天文星学历法方面也有很高的造诣。至元十三年(1276年),召许衡改订历法,与太史令郭守敬等共同修订历法,研制新的仪象圭表,历时5年,至元十七年(1280年),修成新历法,元世祖忽必烈授名为《授时历》,这是我国历史上使用时间最长的历法。《授时历》完成后,许衡因病返乡。至元十八年(1281年)卒,寿73岁。元成宗诏赠许衡司徒,封荣禄大夫、平章政事,谥文正,封魏国公,诏入祀孔子庙庭。

作为理学家的许衡,主张"理"是"所以然"和"所当然",前者是命,后者是义,"天有命,人有义","天命"决定一切,他的这些思想被收入《鲁斋遗书》中。作为教育家的许衡一生以从事教育为乐事,在他27年的仕途生涯中,刚直不阿,不附权势,8次被召入朝做官,又8次辞归故里躬耕桑粮。许衡在职时,竭力对蒙古贵族推行封建的经济、政治和文化制度,有利于蒙古族的汉化,符合历史发展的要求。"儒学君子"位居相位者,许衡为古今唯一。著有《鲁斋心法》、《鲁斋集》、《授时历经》、《读易私言等》。经后世多次修订编辑再版并易名为《鲁斋遗书》、《鲁斋全书》、《许文正公遗书》等传世,并收入《四库全书》。

许衡在嵩山留下的遗迹有位于嵩山东南麓的新郑市许岗村许衡故里。

姚 燧

姚燧(1238～1313年),元朝儒学家、散曲作家,诗人。字端甫,号牧庵,洛阳人。祖籍营州柳城(今辽宁朝阳),后迁居洛阳。3岁而孤,由伯父、著名理学家姚枢抚育成人。自小研读程、朱理学,13岁拜许衡为师,18岁就学于长安,24岁起即以擅长文学而称颂于世。38岁开始为官,始秦王府文学大学士,兼管陕西、四川、中兴等地的学校工作,极力倡导"文学赈民"之主张。元贞元年(1295年),他以翰林大学士身份主持修订《世祖实录》并兼修国史。曾3次入蜀为官,后累迁至翰林直学士、大司农丞。大德五年(1301年)授中宪大夫,江东廉访使。1305年,任中奉大夫,江西行省参知政事。至大元年(1308年),为太子宾客,次年授荣禄大夫,翰林学士承旨,知制诰兼修国史。1311年告老还乡。元仁宗几次召其入朝,均推病未出。元皇庆二年(1313年)卒于家,终年76岁。

姚燧

姚燧历事三朝(世祖、成宗、武宗),为官36年之久,为地方官清明廉洁,执法如山,明察冤案,为民解难,兴办教育,赈济贫民,所至为民爱戴。姚燧在苏门山时,他《通鉴纲目》,发现国统离合之年不详,且又不能达到一看就知其离合之要义,他就以病相告,回家著《国统离合表》若干卷,以年为经,以国为纬。

姚燧提倡唐宋古文,时人比之韩愈、欧阳修,其文章有独特个性。《元史·姚燧传》中称赞其:"为文宏肆该洽,豪而不宕,刚而不厉,春容盛大,有西汉风,宋末弊习,为之一变。盖自延佑(元仁宗年号,1314～1319年)以前,文章大匠,莫能先之。"姚燧作品相当丰富,在散文、诗赋、散曲方面造诣颇深,尤以散文成就为时人称许,认为他"开一代风气之先",并因此把他推为大德、至大和皇庆间的文坛盟主。姚枢的散文创作,大致分为序记文和碑志文两类。其文章结构谨严,叙事简要,文笔常有变化,气势流畅,格高调古,耐寻味,以大家风范为世人皆知。当时,社会上的一些孝子贤孙,如果想发挥其先祖之德行,就必须得到姚燧所作之方可传信于世,得不到者,便深感羞愧耻辱。所以,30年间,朝中功臣名士的显赫德行全由姚燧书写。姚燧为文讲求真实,用词绝无溢美,而且诗文不轻易许人,很难得到。

与卢贽齐名,世称"姚卢"。

姚燧不仅文章出色,而且散曲也很有名,是元曲发展初期的本色派代表人物之一。他的散曲,纵横捭阖,春容盛大,浅显明白,多抒发个人情怀或男女爱情,文辞浅易流畅,浑厚质朴,具有北方民族的特色。其内容也反映了社会现实,具有时代特征。代表作有《凭栏人》、《寄征衣》等刻画思妇心理,婉曲细致,真挚感人。强烈的抒情性,使姚燧在散曲史上有着重要的意义。

姚燧善草书,宗怀素。所著《牧庵文集》50卷,已佚。诗词文赋689篇。清人辑有《牧庵集》,今存诗147首,尤以古诗成就为高;词47阕,多豪放,也有委婉别致之作;存世散曲有小令29首,雕版印刷图书数十种。

白居敬

白居敬(1250~1320年),元朝名儒。字行简,号嵩溪,嵩山登封人。生前在登封传承儒家思想、程朱理学,人品与师德足为后世楷模。白居敬父亲在元朝灭金时,从戎有功,擢升为千夫长,领兵巡太原戍忻州秀容,遂定居山西秀容县。6岁丧母,长大后拜杨来叔门下学习,无论寒暑,夜里和衣而睡,醒即苦读。为了生计织鞋卖鞋,对父亲孝顺,远近闻名。20岁时,儒家经典及诸子百家无不精通。当时,他的学问名闻太原、西京两路,人们都备礼币请他主持讲席,学子们从中收益很大。23岁时,父亲以77岁高龄病逝,殡殓一遵古礼。至元十年(1273年),山西发生大饥荒,白居敬携家南来,寓居嵩山少室之下,遂买田筑室,定居登封。他开馆授徒,著书传道,四方之学子从学者云集。教书30余年,甘守清贫,家无余粮。因其家居嵩山、颍水,遂自号嵩溪,学者皆尊称为白嵩溪先生。白居敬一生致力于儒学,著有《春秋正义》、《尚书新注》、《易经本义附说》、《周子通书附说》、《诗集传附说》、《女学书类内外篇》、《四书集注附说》、《张子东西铭解附说》、《周易新注》、《朱子孝经解义》、《太学中庸语孟章句或问》、《道学发明》、《礼学》、《诗说》等。延祐七年(1320年),白居敬卒于家中,年71岁。次年三月,葬于嵩山脚下登封寺庄保油房庄其住所东1里处。

薛瑄

薛瑄

薛瑄(1389~1464年),明朝名臣,儒学家。字德温,号敬轩,原籍山西河津,后居嵩山荥阳、鄢陵。永乐十九年(1421年)进士,永乐十九年(1421年)中进士后,一直忙于料理祖父母及父亲丧事。直至宣德三年(1428年),他才以广东道监察御史的身份步入仕途。宣德十年(1435年),改任云南道监察御史。正统元年(1436年),升佥事提督山东学政。正统六年(1441年)升大理寺左少卿。当时宦官王振权倾朝野,薛瑄见之不败,得罪王振,被逮捕下锦衣卫诏狱,以贪污受贿罪名判处死刑。处斩前夕,王振一位老仆人在厨房流泪,王振问他为什么哭,仆说:"我跟薛瑄是同乡,深知他的为人。"王振大为震动。后经兵部侍郎王伟等申救,得以免死,被销职回家。正统十四年(1449年)召为大理寺右丞。景泰元年(1450年)奉敕入四川云南督饷。景泰二年(1451年)又任大理寺右丞,寻迁南京大理寺卿。景泰四年(1453年)调北京大理寺卿。景泰六年（1455年），进阶通议大夫。天顺元年（1457年），薛瑄升礼部右侍郎，兼翰林院大学士，寻迁左侍郎，入内阁参与机务。不久，因不满石亨、曹吉祥乱政和屈杀忠臣于谦，愤而辞职，从此以教授学生为业。薛瑄是一位杰出的政治活动家。他从40岁步入仕途，69岁致仕还乡，其间曾几经起落。他从政讲求重民、爱民，"以爱人为本"，并严于律己，勤廉从政，坦然正直，光明俊伟，坚决同邪恶势力作殊死抗争，成为受时人称道的清官、直臣。

薛瑄致仕还乡以后，一面聚众讲学，一面进一步深钻细研正心复性理论，并进行更加严格的自我修养，使之达到了更高的境界。天顺八年（1464年）的六月的一天，他忽觉身体不适，遂将所写文稿作了一番整理，之后伏案写诗道："土炕羊褥纸屏风，睡觉东窗日影红，七十六年无一事，此心唯觉性天通。"通字尚未写完便与世长辞，时年76岁。薛瑄逝世后，朝廷派官吏为他举行了隆重的葬礼。次年春又颁下《奉天诰命》，根据薛瑄生前的功绩，赠他为资善大夫、礼部尚书，谥号文清。隆庆五年（1571年）九月在薛瑄逝世107年后，朝廷降旨准予从祀孔庙（在孔庙内置神主牌位，随从孔子受人祭祀），他终以精深的学问和崇高的品节，跻于名儒之列。为此，世人都尊称他薛夫子。

薛瑄是明朝有名的理学大师。他出生于一个职业教育家庭。祖父薛仲义，"通经术，以元末不仕，教授乡里"。其父薛贞为明初的儒学教谕。薛瑄7岁《小学》、《四书》即能成诵，十三四岁《五经》、《四书》能通大义。在严格的儒学思想的教育下，他从小便立志要成为"大儒"、"伟士"。薛瑄推崇程朱理学，在思想上总是同程朱理学一脉相承的，但又并非程朱理学的简单延续，而是进一步完善和发展了程朱理学。难能可贵的是，他在"理无穷，故圣人立言亦无穷"的思想指导下，弃旧图新，提出了不少具有唯物主义思想倾向的观点，对明中叶兴起的理学唯物主义思潮起到了首倡和先导作用。薛瑄从维护朱熹理学的正统地位出发，从克服朱学弊端入手，发扬理学。首先，他适应时代要求，批判和改造了朱熹"理在气先"和"理、气决是二物"的唯心主义理气观，并在朴素唯物论色彩的宇宙观和认识论思想基础上，明确提出了"理在气中，以气为本"的新观点。他反复强调："理只在气中，决不可分先后。""理与气一时俱有，不可分先后；若无气，理定无止泊处。"他坚持气是构成宇宙万事万物最原始的物质本体的观点，他说："天地间只一气。""天地万物皆气聚而成形。"从而确立了系统的实学理论和学风，对明代实学思潮的兴起，起了直接的先导作用。但他同时受儒学影响深刻，他对理学的根本思想依然牢牢恪守，特别是在心性天人问题上，从而成为替封建制度作辩护的思想工具。

薛瑄的学说对当时和后世的影响是很大的。他通过长期聚徒讲学，按照自己的思想体系，培养造就了大量学者，创立了著称于史的河东学派，从而与王阳明为首的姚江学派构成明代理学思潮的两大主要流派。在之后的一个多世纪里，河东学派不断壮大，薛瑄弟子遍及山西、陕西、河南、湖北等地，他们在弘扬薛瑄思想学说和发展程朱理学方面发挥了巨大作用。

薛瑄是有素养的作家和诗人。他的文学作品有散文、杂文等260余篇，诗歌1570首，成就颇大。薛瑄的散文、杂文大体可分为游记、随感、对友人题赠以及寓言故事等。在写作上大都结构严整，行文流畅，格调清新，寓意深刻。如《游龙门记》叙述简洁明快，写景绘声绘色，给人以身临其境之感，被称为明代散文佳作，20世纪60年代曾被选入中学课本。薛瑄工诗，凡行旅、登临、居住、怀古、读书、会友、赠别等，多有诗歌问世。对薛瑄的诗，清人纪晓岚在《四库全书总目提要》中给予了很高评价，曾称："大致冲淡高秀，吐言天授，往往有陶（渊明）韦（应物）之风。盖有德有言，瑄足当之。"

薛瑄的主要著作有《读书录》11卷、《理学粹言》、《从政名言》、《策问》、《读书二录》等，结集有《薛文清集》24卷。其中《读书二录》是集薛瑄理学思想大成的代表作，也是他平生所作读书笔录或读书心得之集中总汇。它集中反映了薛瑄毕生矢志求道，专精性命的思想进程，是他作为著名理学大师的最重要学术成就。

薛瑄一生在荥阳居住多年:明洪武末、永乐初,其父薛贞两次任荥阳教谕八九年之久,薛瑄在荥阳别墅寄居的时间很长;宣德末年,母亲死于荥阳家中,薛瑄在荥阳为母亲守孝3年。从进士到擢御史出监湖广银场期间,均以荥阳为家。薛瑄在嵩山活动期间,写有很多诗文,如散文《游龙门记》,诗歌《送白司训序》、《荥阳送别图诗序》、《送驿丞汤伯禹序》、《荥阳道中》8首、《荥阳咏古》8律等。

白良辅

白良辅,明朝名儒。字尧佐,嵩山洛阳人。白良辅小时候就很端正持重,喜读性理诸书,和同乡邑刘健、净禹锡一同游学,得到河东薛家的传授。初,薛瑄未许,良辅乃以十月廷为贽,跽于门,日昃不反,薛瑄以其诚,延置弟子列,居岁余(淹贯经史及性理诸书)尽得其所学。景泰二年(1451年)进士,恩受学于河东薛瑄。初官为监察御史,搏击权豪不避艰险,巡按山西、陕西,奸宄遁迹俱有声。迁太仆卿。天顺中卒于家。

白良辅所著有儒学专籍《太极图解》、《律吕新书释义》、《中庸肤见》若干卷。

曹 端

曹端

曹端,明朝理学家。字正夫,号月川,5岁开始学河图洛书,及长,拜宜阳名儒马子才为师,专攻性理之学,对宋代理学大师邵雍、二程的著作融会贯通,并形成一家之言。永乐六年(1408年),33岁的曹端参加了河南乡试,考中第2名;第二年,又参加了京城的会试,以副榜(乙)第一的身份,被授为山西霍州学正(主管学务的官员)。曹端在霍州大力发展教育,培养了众多弟子,在民间享有很高声望。宣德九年(1434年),曹端卒于霍州。闻其死,霍州人罢市巷哭,留葬霍州,后改葬渑池曹溽沱村。

曹端的著作有《太极图说述解》、《通书述解》、《西铭述解》、《四书详说》、《性理文章》、《周易乾坤二卦解义》、《拙巢集》、《存疑录》、《家规辑略》、《月川图诗》、《月川诗文集》等。清代张璟又集曹端遗文八种,合刊为《曹月川先生遗集》。在这些著作中,曹端继承了二程、邵雍的思想,但是又将邵雍的太极说和二程的性理说统一起来,提出太极、性、理是统一的,是构成万物的根本,而理则是至善至诚,唯有行此,则可实现天地和人伦的和谐。《明史·儒林传》称曹端为明初理学之冠。时人尊其为曹子。

王尚絅

王尚絅(1478~1531年),明朝理学家、文学家、书法家。字锦夫,号苍谷。嵩山南麓郏县李口乡人,被祀为乡贤。其父王璇对理学很有研究,著有《谦卦图》。受父影响,王尚絅少年有志,5岁读《孝经》,读至立身扬名以显父母时,乃谓其父曰:"儿长当如此。"明弘治十五年(1502年)中进士,曾任兵部主事、吏部郎中,后历任山西、陕西、四川参政,浙江右布政使等职。后因父亲年迈,疏请回家侍养。居家19年,在苍谷山从事著书讲学。后任总制三边,官至浙江布政使,卒于官。曾为先祖在郏县城立进士坊、丹桂坊、文衡坊、天官坊、司马坊等。父亲以子王尚絅贵,赠兵部主事。王尚絅曾为三苏坟石坊题写挽联,撰写《祭三苏先生文》。嵩山汝州创建圣学书院,王尚絅撰《圣学院碑铭》,勉励诸生学孔子、二程,自幼志于圣人之道,涵养践履,致知笃实,言必信,行必果。

王尚絅学问渊博,史称"文追秦汉、诗逼苏李"。他不仅是一代学者,更重要的他还是一个正直廉洁的官吏,其为政刚直不阿、不趋炎附势、严而能恕。能体恤民情、惜民爱民。后不忍宦官当道、官场龌龊,上疏朝廷恳请辞官乞养。在野敢冒斧钺之险上疏,如实陈述灾情,并列举赈灾建议十余条,恳请为民赈灾。书中所收的《陈情乞养亲疏》、《献民艰苦疏》、《仓中鼠》二章等篇章可以为证。该书著录"赋4篇、诗诸体804首、12章文诸体146篇"。

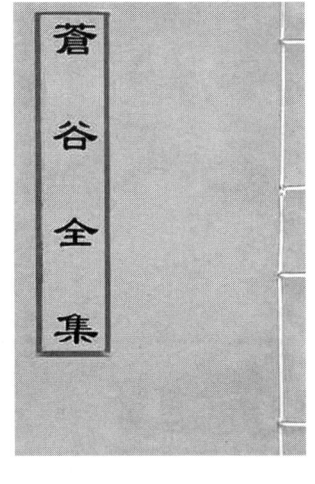

王尚絅《苍谷全集》

王尚絅一生重二程,轻三苏;崇理学,鄙文章书翰。工于行草大书,著述颇富,著有《义方堂》、《维正诗稿》、《苍谷集》诗集、文集等数十、百卷,有《苍谷全集》12卷传世。其生平传略在《河南通志》和《浙江通志》均有记载。

王尚絅在嵩山活动期间,为嵩阳书院题写《兴复嵩阳书院题名记》,汝州风穴寺的《风穴赋》、《汝州洗耳河重治石桥记》,郏县文庙的《建题名塔记》《密止堂记》等多篇,写有《嵩山》、《三祖庵》、《卢崖飞瀑》、《新郑宋王状元墓》、《游卢岩寺观瀑布水》、《宋王状元墓》等诗多首。其中,《咏嵩》、《少林》二诗被刻石成碑,立于少林寺碑廊。嘉靖八年(1529年),登封知县侯泰将王尚絅为嵩阳书院题写的《咏汉柏》一诗,摹刻于嵩阳书院前的大唐碑碑阴上部。

高尚贤

高尚贤(1484～1536年),明朝大臣,名儒。字大宾,号凤溪,嵩山新郑人。工部郎中高魁子,高拱之父。高尚贤幼年聪明好学,年长后在学校每天读数千字,博览经传,旁通子史;作文奇思妙想,快如泉涌;品行纯正,志在治国。正德五年(1510年)中举。正德十二年(1517年)考中进士,初任工部主事,分管临清砖厂。该厂财物混乱,贪污贿赂成风。他核对出纳,杜塞漏洞,对行贿的人依法惩处。以廉干称,改礼部仪制司主事、升任精膳员外郎(负责宴会布置的官员)。嘉靖初年(1522年),乾清宫发生火灾,皇帝修德反省,允许直言朝政。高尚贤上书指出:皇戚奢侈骄横,宦官弄权肆虐,侍奉纷繁苛求,纳谏日益困难等事。言语恳切,皇上嘉纳,为时人所称道。后升任山东按察司佥事(一省负责司法的按察使的属官)。当时矿徒聚众闹事,高尚贤率兵捉拿首领,严厉查办,一省安宁。后改任督学使,重视德行,严格遴选,抑制投机钻营,选拔名士众多。高尚贤后任陕西按察司佥事。当时,关中诉讼成风,又遭灾歉收,奸邪勾结煽动,阻挠执法牟利。高尚贤酌情询问,剖析明断,严惩奸邪,打击豪强,因此,良善褒扬,风气一新。又升任光禄寺少卿(主管朝廷祭品、膳食、酒宴的副长官)。同事大多仪仗朝中贵人,藏垢纳污,动辄牵制。高尚贤会同僚属,查找故典,裁减浪费,严格开销,年年有所节余,受到皇上赏赐。偶以题奏误失,解职回乡。

高尚贤回到家乡,在大隗山盖了草庐,研究程朱理学,读书人竞相跟随他学习。御史举荐,闭门谢绝。平日为古文,词醇雅如,嘉靖十五年(1536年)去世,享年53岁,葬在新郑城东高老庄祖茔。安阳人郭朴为高尚贤写了神道碑。入祀乡贤祠,省志为其立传。诗文仅存100多篇,辑为《风溪遗稿》。

唐顺之

唐顺之

唐顺之(1507～1560年),明朝儒学家、军事家、散文家。字应德,一字义修,号荆川。武进(今属江苏常州)人。嘉靖八年(1529年)会试第一,任翰林院编修。一年后即告病归里,闭门读书20年,于学无所不精。唐顺之文才武略,刀枪骑射,无不娴熟。抗倭名将戚继光曾向他学习枪法。唐顺之51岁时,被朝廷重新起用,任兵部主事。当时倭寇屡犯沿海,唐顺之以兵部郎中亲督海师,狙击倭寇,屡建奇功,于崇明破倭寇于海上。当时正值盛暑,他的部队在海上连续苦战,他与士兵都染上了疾病,于是下令退兵,返回太仓。唐顺之因作战勇猛而升任右佥都御史与凤阳代理巡抚。但这时他因久居海中,足腹尽肿,病情越来越重,明嘉靖三十九年(1560年)春,到达江苏通州时,因病情恶化在兵船上逝世,年54岁。崇祯时追谥襄文。学者称荆川先生。

唐顺之学识渊博,对儒学、天文、地理、数学、音乐、历法、兵法及乐律皆有研究,是一位在事功、学术、文学、自然科学等多方面皆有一定建树和影响的人物。他是明中叶重要散文家,是明代重要文学流派唐宋派代表之一。嘉靖初年与王慎中同为当代古文运动的代表,世称"王唐"。后又与归有光、王慎中合称为"嘉靖三大家"。后人把王、唐、归与宋濂、王守仁、方孝孺共称为"明代六大家"。他一方面多推崇三代、两汉文学传统,同时也肯定了唐宋文的继承和发展。提出学习唐、宋文"开阖首尾经纬错综之法"。在其选辑的《文编》中,既选了《左传》、《国语》、《史记》等秦汉文,也选了大量唐宋文,并从此逐步确立了"唐宋八大家"的历史地位。另一方面,唐顺之又提出诗文写作应"直抒胸臆,信手写出",要师法唐、宋而"卒归于自为其言"。要有"真精神"及"千古不可磨灭之见"。其文章实践了自己的主张,文风简雅清深,间用口语,不受形式束缚。散文有叙有议,情思遐飞而哲理蕴其中,自然浑厚而畅达豁然。著有《荆川先生文集》17卷,其中文13卷,诗4卷。辑有《文编》64卷。是集取由周迄宋之文,分体编列,其中选录了大量唐宋文章。其他著作有《右编》40卷,《史纂左编》124卷,《两汉解疑》2卷,《武编》10卷,《南北奉使集》2卷,《荆川稗编》120卷,《诸儒语要》及旧本题为李攀龙撰唐顺之校的《韵学渊海》12卷等。近代林纾辑有《唐荆川集》,为较通行的唐顺之选集。

唐顺之在嵩山活动期间,曾写有《中岳》、《嵩阳宫柏》、《游嵩山少林寺》等诗多首。

尤时熙

尤时熙,明朝理学家。字季美,号西川,洛阳人。嘉靖元年(1522年),乡试中举,历任元氏、章丘学谕,国子学正,户部主事。后以母病辞官,遂不复出,居家30余年,在洛阳以教书著述为业。明代中期以后,南宋伊洛理学的另一个派别陆九渊心学复活,代表人物是王守仁。王氏之学分南北两门,北门以尤时熙为祖。当时,王守仁《传习录》始出,提出"致良知"等学说。王守仁的著名弟子为江右刘魁,尤时熙为刘魁的弟子。尤时熙著《拟学小记》等著作,根据王守仁"知者意之体,物者意之用"和"致吾心之良知,致知也"的思想,训释"格物致知",他将"格"训为"则",将"物"训成"好恶"。认为吾心自有天则,学问由心,心有好恶。故学者当在好恶。故学者当在好恶所在用功。因为物我本是一体,故人情不通,吾心不安。尤时熙发挥了王守仁的"道无方体"、"心无外物"的观点。他说,道无形无沟通,道由心生,可千变万化。尤时熙提出知行合一,他说,天下道理只是一个,谈到知时不必说行,谈到行时不必说知,因为二者是统一的。《明史·儒林传》载:尤时熙卒,"其门人孟化鲤最著"。

孟化鲤

孟化鲤,明朝理学家。字叔龙,号云浦,河南府新安县人。万历八年(1580年)进士,授户部主事,在河南征税,讲学河西。改吏部,任文选郎中。因正直无私,不迎合权贵,被削职为民。孟化鲤回洛阳以后,传播理学,建立书院,聚众讲学,有弟子数百人。孟化鲤在理学上认为,人为天地之心,而人之心即浩然之气。吾之心正,则天地心正;事之气顺,则天地之气顺。所以应注意心之涵养,必须修身心才可以调和阴阳,通达四方。著有《诸儒要录》、《尊闻录》、《读易呓言》等,有《孟云浦集》传世。

孟化鲤

焦子春

焦子春,明朝官吏,名儒。字德元。嵩山登封人。焦子春是从嵩阳书院走出来的优秀学生,嘉靖八年(1529年)进士,官为南京户部主事。隆庆五年(1571年),忽调武选,又改仪部。是时新郑高拱为相,识公贤,故三月两迁,而子春不知。时张居正与高拱不协,以焦子春为高拱乡人而讽都察院。后出知六安州,量移东昌丞。江陵败,由南北部擢佥事,备兵肃州,累迁陕西太仆少卿,监军宁夏。寻致仕,与友人刘思敬、李轼结嵩阳耆社。万历二十二年(1594年),河南直指使焦子春出山,因邑令丁应泰为劝驾,焦子春坚志不起,逍遥林泉35年,卒年86岁。

文翔凤

文翔凤,明朝官吏,理学家。字天瑞,号太清,明陕西三水县文家村(今旬邑县太村镇文家村)人。文在中长子。万历三十八年(1610年)进士。文翔凤曾在山东莱阳,河南伊阳县、洛阳县及山西任县官等职。均以文学、政事闻名。后任山西提学使,使"晋之人文一变"。升任南京光禄寺少卿后,遂倦于仕途,辞职归里,闭门著书,潜心钻研"皇极经世之学"。

文翔凤是一位理学家,对邵雍《皇极经世》有深刻的研究,并从中受到启发。他论学以事天为最高准则,力斥"西来之教"。文翔凤论学的最高宗旨是"事天尊孔而黜佛氏(《皇极篇》自序)",他的所谓的"天",也就是后人所说的人伦,即人与人之间的一种尊卑长幼的社会关系。他说:"天亘万古而常尊,……盖人心有不可灭之君父在,所以圣人扼其命而号召之,尊之。"因为父母是生身之人,他们的恩是至大无比的,而君王呢,则是统治我身之人,其义最大,所以上天命令我们的性灵应该尊崇他们。按天命侍奉亲人就能够成为孝子,以天命来侍奉君王就能够成为忠臣。所以说天,是最重要的,我们只要言"尊天",就把忠孝二者都包括在其中。也正是因为人们心头都有这样一个万古不灭而又无时不在的"天",所以"人欲之魂消"。著有《太微经》以阐发《易》理。

文翔凤的著作主要有《九极篇》、《太微经》20卷、《文太青文集》2卷,在《四库总目》中有录。其中,《皇极篇》是文翔凤诗文代表作的集子,是《九极篇》之一。全书一共分为诗、文、子、史4部分,其中诗有5卷,文5卷,子6卷,史10卷,加上纲目共30卷,共有23.98万字。

文翔凤在任县官一职中,以他的能力处理一个县的日常政务,真可以说大材小用。所以每到一地,他都畅游天下,任意游弋目光,放纵思想。文翔凤还特爱辞赋,曾作《金陵六赋》。文翔凤写诗离奇傲兀,不受约束,晚年作七言近体《嘉莲诗》400余首,时称"古所未有"。文翔凤在伊阳、洛阳任职期间,曾多次游历嵩山,写有散文《嵩高游记》、《游少林记》、《列台壮丘合游记》、《盐台万公迓启》和诗《游戒坛寺》、《望箕山许由冢》、《秦槐》等诗文。

孙奇逢

孙奇逢

孙奇逢(1584~1675年),清朝理学大家。字启泰,一字钟元,号夏峰先生。直隶保定府容城县(今属河北省)人,后迁居河南卫辉府辉县。孙奇逢14岁中秀才,17岁中举人,与东林党人来往密切。清兵入关,率数百家坚守容城,城坚不克。明亡,清廷征召17次,屡召不仕,人称孙征君。孙奇峰长期讲学著述、高扬修身立命之学,由于其为人诚挚平实,加之德高望重,孙奇逢终成为明清之际北学宗师,与南方的黄宗羲、关中的李颙并称"清初三大儒"。孙奇逢之学,原本陆象山、王守仁,晚而倾慕程、朱理学,"不欲制程朱陆王为二途",故具有调和两派的特点。孙奇逢学易于雄县李對,至年老,乃撮其体要以示门人。发明义理,切近人事。以象通1卦之旨,由1卦通64卦之义。其哲学思想可以概括为几个方面:首先,孙奇逢将朱熹的"格物致知"与王守仁的"致良知"合二为一。指出朱熹和王守仁的穷理、致知和良知均得自孔子,而这是殊途同归,并无矛盾之处,不应将二者对立起来。其次,提出了"顿从渐来"的顿渐合一说。再次,将"道问学"与"尊德性"合二为一。最后,他提出了"躬行实践"、"经世载物"的思想,在知行关系上,肯定了王守仁"知行合一"合理的一面,认为做学问的,不应是空谈家,应注重实践,重视经世致用。他曾选周敦颐、程颢、程颐、张载、邵雍、朱熹、陆九渊、薛瑄、王守仁、罗洪先、顾宪成等11人为理学大宗。康熙十四年(1675年)孙奇逢卒,年92岁。河南北学者祀之百泉书院;道光八年(1828年),从祀文庙。

孙奇逢虽然一生身居山野乡村,却始终心系国家社会。在其社会政治活动中,他倡扬正义痛斥邪恶,慷慨不顾生死,誓不为官以明志节,德操声闻朝野,充分展示了儒家学者居仁行义深造自得的至善刚健人格精神。孙奇逢门徒甚众,著名者有孙博雅、王余佑、汤斌、耿介、魏一鳌、耿极、张果中、薛风祚、马尔楹、高鐈、王之征、申涵光、崔蔚林、赵御众等。孙奇逢一生著述颇丰,学术著作主要有:《理学宗传》、《圣学录》、《北学编》、《伊洛理学编》、《四书近指》、《读易大旨》5卷、《书经近指》等。

孙奇逢主讲于卫辉苏门山下的百泉书院时,跟随他的学生聚居夏峰村,世称夏峰先生。密县超化寺钱佳选、滦城赵御众、沛人翁深、登封耿介、上蔡张仲诚、中牟冉觐祖、睢阳汤斌等皆为孙奇逢门徒。后来,他们曾跟随孙奇逢,讲学于中原各大著名书院,蜚声于全国理学界。史载,孙奇逢到嵩山新密超化寨时,时任密县县令李居易由于久仰奇逢大师道学,闻说大师到来,立即辞去县令之职,以从学大师为乐。他们在王朝兴替之时,奉行儒术,无道则隐,特立独行,超然世外,不畏权贵,不仕新朝。在超化一隅,他们一起研究理义,阐明程朱理学,赋诗论文,著书立说,十分活跃。有人说,他们是在超化办了一所一流的流亡大学。清人梁廷授《白云庄》诗记载了他们在超化受到的供养和对超化的思念,诗曰,"三年不见老王孙,每念云庄屋漏痕"、"传餐或肯仍留客,乞食宁羞再叩门"。

高 拱

高拱

高拱(1512~1578年),明朝嘉靖、隆庆时大臣,名儒。字肃卿,号中玄。祖籍山西洪洞,先世避元末乱迁徙河南新郑。嘉靖进士。穆宗为裕王时,任侍讲学士。祖父高魁,官工部虞衡司郎中。父高尚贤,正德十二年(1517年)进士,官至光禄寺少卿。嘉靖四十五年(1566年)以徐阶荐,拜文渊阁大学士。穆宗即位后,以帝旧臣,数与首辅徐阶相抗。科道官借此相互攻讦,高拱不自安,乞归。隆庆三年(1569年)冬,召还授大学士兼掌吏部事,颇得宠信。次年,俺答汗之孙把汗那吉来降,高拱与张居正力排众议,使封贡得以成功,因进少师兼太子太师、尚书、大学士,后进柱国,中极殿大学士。隆庆六年(1572年)春,帝病危,召高拱、张居正、高仪3人受顾命。明神宗即位后,高拱以主幼,欲收司礼监之权,还之于内阁。与张居正谋,但张居正在太后前责高拱专恣,致被罢官。万历六年(1578年)十二月高拱卒于家中,葬县城北郊今阁老坟村。七年,赠复原官。著作有《高文襄公集》。高拱在哲学思想上,高拱能够突破正统的儒学思想的束缚,敢于标新立异,不以先儒的是非为是非,敢于提出自己的见解,在宇宙观上,主张"理与气俱",认为二者是不可分的。在天人关系上,继承和发展了王廷相的无神论思想,集中地揭露和批判了"天人感应论",提出实理实事、人定胜天的观点。在认识论上,从气本论出发,坚持"事必求其实"的认识路线,重视见闻之知,认为感觉、经验是人类认识事物的来源。特别强调学习的重要性,人们要认识客观世界,就必须不断学习,反复实践。只有这样,才能认识事物本质,进而利用其规律,以解决政治上和学术上的实际问题。还对朱熹、王守仁所宣扬的"三纲五常"、"去人欲,存天理"等封建道德思想提出了有力批判,当时可谓鹤立鸡群。高拱对中国唯物论的理论贡献,不只限于他的本体论和认识论,更重要的在于他的历史辩证法思想。他关于"义"和"利"、"义"和"力"、"经"与"权"等的关系,都有明确的辩证论点。高拱30多年,实践经验丰富,其政治智慧中集中体现在他的辩证唯物论思想。

傅 梅

傅梅(1563~1643年),明朝登封县吏,名儒,诗人。字元鼎,明顺德府邢台县人。万历十九年(1591年)辛卯举人。万历三十五年(1607年)任登封知县。任职后,发奸摘伏,有神明之称。大灾之年,清除义仓之蠹,亲自赈济穷乡,带领百姓开展生产自救,虽遇两年干旱,老百姓却没有挨饿。修缮治署、学宫、庙祠等，并将正德年间筑的登封城土城墙更换成砖城墙，城堞易以坚甓，改建了四城门，创起四城楼。废祀中岳庙四岳殿神像，将他们改作神库、神厨等；修复许由庙、许由阙，并拨出三顷田作为许公祭田；想方设法保护历史文物古迹，创建存古书院，以为诸生讲业之所，并将嵩山散落的断碑残碣甃置四壁，故以"存古"名之，并作《存古书院记》，并将自己积存20年的3000多卷图书，列其目录后捐献给黉宫。

因他在登封做了很多有益于百姓之事，后虽迁为京官，登封百姓却特意为他立了"去思碑"，颂扬他的功德，思念他的政绩。登封市城西关还为他立有生祠，《通志》、《明志》、《登封县志》有传。

万历时，任刑部主事的傅梅以主事竭力审讯张差"梃击"案，得罪权贵被罢官。崇祯中，傅梅历官台州知府，勤政惠政，后解职归家。崇祯十五年（1642年）冬，清兵攻打顺德府，傅梅捐金帮助知府吉孔嘉抗清，并分守南城，城陷后殉节，年80岁。赠太常寺少卿。乾隆四十年（1775年），赐谥忠节。光绪元年（1875年），入邢台忠义祠。

傅梅以才见称，政文兼擅，为官登封时，广搜博览，纂集有关嵩山地理、历史、人文等史料，效《史体》体例，撰写《嵩书》13篇22卷，该书是历史上第一部分类详细、体例完备的嵩山专志。此外，他以饱满热情，走遍嵩山的峰峰岭岭，写有大量的吟诵嵩山的诗文，代表作有《嵩山六十峰诗》、《增定十二峰诗》、《嵩阳十八咏》、《游象极洞》等。

吕维祺

吕维祺

吕维祺（1587～1641年），明朝名儒。字介孺，号豫石，学者称明德先生，明末河南府新安县人。万历四十一年（1613年），吕维祺考中进士，任兖州推官，后转任吏部主事。天启初年，他先后任考功、文选员外郎、验封郎中。时宦官魏忠贤专权，毁天下书院以建祠堂，各地官员阿谀逢迎，纷纷为魏建祠。维祺不愿同流合污，辞官还乡，在洛阳建立"芝泉讲会"，敬奉"伊洛七贤"，传播程朱理学。崇祯元年（1628年），吕维祺复官，任尚宝卿，后转任太常少卿。他进言崇祯皇帝：勤政、虚怀、严律己、镇刑狱，深得崇祯赏识。崇祯三年（1630年），任南京户部右侍郎，主管国库钱粮。任内制定严格管理制度，严惩贪污盗窃，政绩卓著。崇祯六年（1633年），升任南京兵部尚书，参赞机务。崇祯八年（1635年），李自成率起义军攻占皇族故乡安徽凤阳后，他获罪罢官，再次归居洛阳。其间，设立"伊洛会"，广招门徒，宣扬理学。崇祯十二年（1639年），豫西发生大灾荒，官府却不予赈济，百姓生活极度困苦。李维祺屡次上书河南地方官乃至朝廷，力主革除弊政，减轻杂税，赈灾救民，以平民怨。同时，倾自家钱粮，设局赈灾，以定人心。崇祯帝闻讯，对其赞赏不已，并官复原职。崇祯十四年（1641年）正月，李自成兵破洛阳，吕维祺等人在洛阳周公庙被处死，年55岁。追赠太子少保，谥号忠节。

吕维祺著作颇丰，主要作品有《孝经本义》、《或问大全》、《明德堂文集》、《敬学诗》、《吕豫石集》、《奏疏音韵日月灯》。

顾炎武

顾炎武(1613~1682年),明清思想家、语言学家、史学家、经学家。字忠清,初名绛。明朝灭亡后改字为宁人,号亭林。学者称他为亭林先生。后改名炎武。也曾经署名蒋山傭,江苏昆山亭林山镇人。《清史·儒林传》说他生下来眼睛就有双瞳,中白边黑,读书能一目十行。明南都亡后,他侍奉老母在常州躲避兵祸,杨永言起兵抗清,他同"复社"同仁一道参加。失败后,他避山东垦荒种田,曾经游历山东、河北、山西各地的边寨,考察地理形势;又在山西雁门以北垦荒,纠合志同道合的人,为恢复故国做准备。他的民族气节很高,曾经10次谒见明朝皇陵,即"四谒泰陵,六谒思陵",以告亡国之痛。有人推荐他修《明史》,参加博学鸿儒考试,都被他拒绝。他一面生活在下层社会中,一面组织秘密团体,进行抗清活动,著书立说,宣传"天下兴亡,匹夫有责"的思想,激发人们的爱国主义感情。他敏而好学,终老很少离开书本。每到一个地方,都用两匹骡子两匹马驮载书籍。考察时发书对勘,经常在鞍上默诵诸书。晚年定居华阴,70岁卒于曲沃。

顾炎武

作为思想家、学者的顾炎武,他学问渊博,国家典制、郡邑典故、天文仪象、河漕兵农、间韵训诂等学问,他都探究源委。主张学以经世致用,反对空谈心性。晚年致力于学术研究,侧重经学的考证。善诗,强调文学的社会作用;散文不事词藻,纯朴自然。著有《日知录》、《天下郡国利病书》、《肇域志》、《音学五书》、《韵补正》、《亭林诗文集》等。

明亡以后,顾炎武到处串联组织反清义士。顾炎武慕名来到嵩山的超化,游览了超化寺、超化寨,会晤了超化名流,发现超化仅是一个地方自保的势力和文人雅士的空谈,不是他反清复明的基地,不无遗憾地离开了超化。顾炎武在嵩山活动期间,曾游历嵩山,曾到过嵩山一些有名的名胜,写有《嵩山》、《题大隗卓茂祠》、《三月十九日行次会善寺》等诗,史料有录。

李经世

李经世(1626~1698年),清朝名儒。字孟常,号函子。父果琦,其叔果珍无子,以李经世为子。嵩山禹州白沙人。李经世性庄重,甚得名人王则古器重。州人任应辰抢劫白沙,李果珍事先闻风远避,州守得知此情,疑李果珍通贼,困于狱中。李经世为叔李果珍怀冤难平,申诉辩白,终得平雪。清朝建立后,李经世为禹州生员,重修白沙书院,竭力助人向学,多赖成就,专心性之学。张沐来主讲丹山书院,经世时年60岁,求为弟子。张沐题其斋名"静庵"。又与冉觐祖、耿介、李来章交往,反复辩论,颇有所得。修复白沙书院,接引后学。后李经世患病,拒绝就医,遂作《逍遥歌》2章,并自整衣冠,就枕而逝。年72岁。著有《一得录》1卷(刊本)、《录乐录》1卷(刊本)。

郭文华

郭文华(？~1684年),清朝名儒。字元甫,号厚庵,嵩山登封唐庄人。先世山西洪洞人,明初其

始祖避乱于登封,遂定居唐庄。顺治八年(1651年)辛卯科中举,丁酉年因母亲去世在家丁忧3年。服满后授江西上高知县,用轿抬着父亲赴任,以尽孝心。不久父亲去世,又归里丁忧。服满后又补直录宁津县。在任期间,宁津地亩缺额240顷,而老百姓为之受害者。在颁行"丈地即升"制度大形势下,他执法严明,清正廉洁,排除当地豪强的干扰,重新丈量土地,补上缺额,按实有土地征收赋税,深得百姓拥戴。在宁津4年,他"至于立塾师以教子弟,联保伍以弭寇盗,严劝谕以息狱讼,捐金赎难以全人之父子夫妇,仁心仁政固堆难以悉数也。"后考绩升迁内府中书,旦夕可得铨补。郭文华因年龄已磊,遂不赴任,而告老还乡。临别之际,百姓攀辕卧辙,三天才得以出宁津境。郭文化生性直率,见人有过,就直言不讳。闻人善,即津津乐道,赞不绝口。他孝敬父母,扶养幼弟,教诲子孙。他教子:"积德务滋,读书务勤,谦能受益,忍不辱亲。"晚年,他精研易学,曾在嵩阳书院讲学,著有《嵩阳书院程朱子祠记》,此文与吴子云撰文的《嵩阳书院讲学记》、窦克勤撰文的《嵩阳书院记》,同刻在《嵩阳书院碑记》碑阳一面,立于嵩阳书院大将军柏东侧。

焦贲亨

焦贲亨(?~1684年),清朝名儒。字汝将,号丘园,嵩山登封人。祖父焦子春,嘉靖乙丑年进士,历官宁夏兵粮道行太仆寺少卿,中年挂冠,德惠及乡人,人称"焦太仆"。其父焦一霱,补博士弟子员,早卒,诰赠文林郎。焦贲亨少年好学,未弱冠即游黉门。顺治五年(1648年)举人,授福建兴华府推官,平反了很多冤案。不久,摄泉州司李兼绾蒲田、仙游两县,力请减免供给军队的粮草,赈济灾民。清初严海防之禁,沿海30里内居民皆令内迁,道路相望,哭声震天。他给百姓以宽限,使能从容搬迁,古田、将乐等4县人民说"焦公生我也"。康熙元年(1662年),擢江西瑞州府同知,闽人刻石纪念他的治绩,文人刊布诗歌歌颂他的功德,福建百姓追送数百里。赴瑞州第二年,"计典与以前任赎锾未清诖误,虽部议赦前获免",但他因不堪诬陷,弃官归故里,以教育为事。

焦贲亨归乡后与耿介兴复嵩阳书院,焦贲亨与耿介主讲嵩阳书院多年,使文风大变。晚年与耿介研讨性命之学,惠及后代,影响很大。他去世后,耿介在为之所作墓志铭中,对他高度评价:"公体貌修伟,气度冲和而庄重敬惧,虽独居危坐,终日无惰慢之容。与人交洞达坦白,始终如一。雅好读书,寝食未尝去手,学深博无涯涘而涵咏义理,一言一行,悉衷诸道。"

焦贲亨诗古文辞皆有法。任登封县令时,编纂《嵩山志》。为编好志书,焦贲亨曾遍访嵩山的古碑,搜寻遗迹,历时6载,10易其稿,最终编成《嵩山志》。焦贲亨另有《诗文》2卷。

程宗濂

程宗濂,清朝名儒。程一杰之子,嵩山禹州人。程宗濂生性方正耿直,不善阿谀逢迎。少年时勤奋好学,闭门苦读,直至晚年终生不曾废学。在乡里教授学生百余人,并多有成就。顺治五年(1648年)拔贡生,后学校秋试,又中副榜贡生。初授通判,后改任南昌府的僚属。因才学出众,倍受赏识,所以,凡书写文告,代理印章,转拨粮饷的事都由他去做。在他升任兵马司指挥后,不受请托,使奸诈扰乱的人大为收敛。程宗濂年老辞归,居家10余载,教授弟子,讲经课艺,一如往昔。终年88岁。

耿介

耿介(1622~1693年),清朝理学家、教育家、方志家。字介石,号逸庵,登封城西南街人,出身于书香门第,自小读书一点而过,非常聪明。他初名冲璧,因读南朝齐代文学家孔稚圭的《北山移文》时,见有"耿介拔俗"一句,遂改名耿介。顺治九年(1652年)中进士,入翰林院,初为庶吉士,后升为翰林院检讨。他曾出任福建巡海道,任职期间,修筑石城以防盗,要求部属节约开支,严禁损公肥私,并能以身作则,声誉日隆,后因前任账目不清受到牵连被撤职。康熙元年(1662年),他被平反昭雪,转任江西湖东道,后因改官制,此道被裁去,又被任命为直隶大名道。

耿介

康熙三年(1664年),耿介母亲去世,他归里守孝。三年期满后,他不愿复职,看到家乡宋代著名书院——嵩阳书院破败不堪,决心提倡理学,于是就自带学费二百两银子,到苏门山(今辉县百泉)夏峰村从大儒孙奇逢先生受业,朝夕请教,深有所获。回到家乡后,他兴复嵩阳书院,建先贤祠,祭祀二程和朱熹,后又建丽泽堂、观善堂、博约斋、敬义斋、仁智亭、川上亭等,大大改变了嵩阳书院的面貌。康熙二十五年(1686年),康熙帝为太子选聘教师,在苏门山时的同窗、吏部侍郎汤斌上书推荐耿介"践履笃实,冰蘗自矢"、"潜心经传,学有渊源,老成凤素,罕见其俦",遂被选入詹事府任少詹事。任职不久,汤斌被弹劾,耿介就"引疾乞休"。詹事尹泰等人弹劾耿介装病,并说汤斌不应该推荐耿介。不久耿介获准归里,仍继续担任嵩阳书院院长。

耿介一生热心教育,曾捐出自家田产200亩。由于他的影响,河南太守王楫、学政吴子云以及社会名流都捐银助教,共购得学田1750亩,解决了学校各种经费开支。他一方面购买经、史、子、籍等各种图书,一方面聘请名家翰林院检讨冉觐祖、窦克勤等人主讲嵩阳书院。他自己也亲自登堂讲授,窦克勤称赞他说:"于世一无所营,于道独有默契,言仁、言孝,陶然自乐,登其堂者,如坐春风中也。"四方闻讯,慕名而来求学的人络绎不绝。从此,嵩阳书院文风大振,进士景日昣、乔昆、傅树崇,举人郭英、赵俊、王又弼、谢昌皆出其门。

耿介家中产业并不丰厚,但他乐于施舍。贫苦农民交不上皇粮,他代为交纳。春天青黄不接时粮价上涨,他就以平价出售粮食给平民。遇荒年他则把余粮施舍给无依无靠的贫民。

耿介的学术思想,"以主敬为宗,以正心诚意为本,以识天理为要",完全属于二程和朱熹体系。《嵩阳书院志》林尧英《嵩阳书院学记》云:"盖先生(耿介)于程朱之学,身体力行,积有岁月,与睢阳汤孔伯,上蔡张仲诚两先生往来切劘,一时中原人士嚅嚅然乡风,先生本二程朱子训,俾洛士闻之,又欲与闽之士共闻,推而广之,以达之天下"。

耿介的著作有《中州道学编》、《性学要旨》、《孝经易知》、《理学正宗》、《敬恕堂存稿》、《嵩阳书院志》、《河南通志》、《家规家课》等,有讲稿《丽泽堂讲语》、《讲易、谦卦》、《知言养气一章》、《书院讲"公都子曰"一章》、《为学六则》、《辅仁会约》、《"中庸"首章》、《"大学"首章》、《太极图疏义》、《孔门言仁言孝之旨》、《嵩阳书院讲子在川上一章》等,有诗文《谒嵩阳书院程子祠》、《嵩阳书院赠冉永光先生》、《嵩阳书院送李礼山先生归省》、《川上亭诗》、《登嵩高诗》、《三将军歌咏汉柏》等。

毛奇龄

毛奇龄

毛奇龄(1623～1716年),清朝经学家、文学家、书法家。原名甡,字大可,又字于一、僧开、僧弥、斋于,号秋晴,又号初晴、晚晴及河右僧。万龄弟,浙江萧山人。萧山城厢镇(今属浙江)人以郡望西河,学者称"西河先生"。4岁识字,由其母口授《大学》,即能琅琅成诵。少时聪颖过人,以诗名扬乡里,10多岁就中秀才。明亡,清兵南下,他与沈禹锡、蔡仲光、包秉德避兵于县之南乡深山,筑土室读书。毛奇龄生性倔强而恃才傲物,曾谓:"元明以来无学人,学人之绝于斯三百年矣。"评判言词过激,得罪人多,因此仇家罗织罪名,遭几度诬陷。后辗转江淮,遍历河南、湖北、江西等地。赖友人集资向国子监捐得廪监生。清康熙十八年(1679年),毛奇龄中博学鸿儒科,被授翰林院检讨、国史馆纂修等职。其间以《古今通韵》1卷进呈,得到赞赏,诏付史馆康熙二十四年(1685年)任会试同考官。康熙二十六年(1687年)因两膝肿胀,关节僵硬,辞职归隐,专心著述。曾结识汤斌,与阎若璩等多有辩难。从学者甚多,著名的有李塨、邵廷采等。毛奇龄70岁时,自撰墓志铭,提出死后"不冠、不履,不易衣服,不接受吊客"。康熙五十五年(1716年)在家病逝,卒年94岁。

毛奇龄合集

毛奇龄的学识渊博,能治经、史和音韵学,亦工词,擅长骈文、散文、诗词,都自成家数。毛奇龄对经学词章,各擅胜场。遇有异说,必"搜讨源头"、"字字质正",挟博纵辩,务欲胜人。其所撰《四书改错》是针对朱熹《四书集注》之抨击,阮元尝推他对乾嘉学术有开山之功。毛奇龄一生以辨定诸经为己任,力主治经以原文为主,不掺杂别家述说。他的《大学知本图说》,为其得意之作,以及其他众多著作,均阐明他的治经思想。他还写了一部《仲氏易》,把宋人讲的《易经》推倒了。毛奇龄认为周敦颐的《太极图》是来自道佛的文献。其学术著作有《仲氏易》、《推易始末》、《易小帖》、《易韵》、《河图洛书原舛编》1卷、《经集》、《太极图说遗议》、《易宗》等。

毛奇龄在嵩山活动时,曾在少林寺著《大学知本图说》。游历中亦写有诗作,散见于嵩山市县的史料之中。

汤 斌

汤斌(1627～1687年),清朝名臣,理学家。字孔伯,又字荆岘,号潜庵,河南睢州(今河南睢县)人。汤斌的家庭为阀阅旧族,明末时已衰败。汤斌8岁入私塾读书,勤奋好学,15岁以前,便读完《左传》、《战国策》、《公羊》、《史记》、《汉书》等书。明崇祯十四年(1641年),应童子试,取第一名。顺治九年(1652年)进士,授宏文院庶吉士,后诏选翰林科道,汤斌膺首选,出任监司,补潼关道副使。顺治十六年(1659年),任江西北道参政。后因病辞官,从理学大师孙奇逢学习研究理学。并在孙奇逢的指导下,编写了《伊洛理学编》,记述了理学的发展史。康熙二十三年(1684年),以"学有操守"升迁内阁学士兼礼部侍郎,同年出任江宁巡抚。康熙称其为官能"洁已率属、实心任事"。于巡抚任上,奏请减轻苏、松田赋、蠲免苏、松、淮、扬等九府州积欠税粮及明末"三饷"加派银。淮、扬、徐三府水灾,不待诏下即行赈济,深得黎民的称颂。又以儒学为正统,大力整饬风俗,令诸州县尽毁淫祠,广兴义学,倡导礼教,教民以德,整修先贤祠宇,讲授《孝经》等儒家经典、禁妇女游观,不准刻印小说,革除火葬等。教化大兴,神巫敛迹,百姓崇尚节俭,民风大变。不久,康熙帝特授汤斌为礼部尚书、侍讲皇太子等职,汤斌去任将行,苏州百姓城门抱马腿泣留,舍不得他离去。

汤斌

从苏州到扬州1000多里路程,10余万人自发地跪在路旁,捧香叩头,为他送行。受命纂《明史》,编明太祖本纪,裁定英、景、宪、考四朝圣训和历法,主纂《两朝对训》,任《明史》总裁官,礼部、工部尚书等。

汤斌政绩突出,道德纯净,在哲学、史学、文学等方面都有突出贡献。在哲学思想中,提出"天人同原说"、"学问真积久"、"学问真积力久"、"经道合一"等学说,颇有新意。汤斌一生治程朱理学,也不废王守仁之说,提倡身体力行,充养愈粹,推中原真儒。与孙奇逢、张沐、耿介友善。著述有《明史稿》20卷,有《孙征君年谱》、《伊洛理学篇》、《潜庵语录》、《睢州志》、《明史稿》、《汤子遗书》、《汤文正公全集》10卷等多种。

汤斌与嵩山文化名人、儒学大师耿介多有交往。耿介在修复嵩阳书院之后,曾邀请汤斌多次到嵩阳书院讲学,汤斌写有《嵩阳书院记》。康熙二十二年(1683年),汤斌还将其所撰《嵩阳书院记》恭呈康熙御览,康熙阅后曾询问汤斌:"嵩阳书院在何处?汝曾到否?"汤斌去世之后,耿介还写有《祭汤潜庵先生文》,以此纪念。

张 沐

张沐(1630~1712年),清朝名儒,修志家,嵩阳书院讲师。字仲诚,号起庵,河南上蔡人。顺治十五年(1658年)进士,张沐一生只做过两任知县,官虽不大,却以清廉爱民有名。他18岁考中秀才,28岁中进士,最初任内黄知县。在内黄任上,他崇尚儒学,倾心教育,创办了"繁阳书院",即内黄书院,为内黄县培养了许多人才。他为官清正俭约,平时不着锦绣,不重钱财。在调离内黄赴四川资阳任知县时仅取银31两3钱作为路资,余者尽散于贫苦人家。在资阳任上,他招抚流民,奖励垦荒,务教化,轻刑法,在极短的时间内使混乱的资阳百废俱兴。他离任时百姓立下"去思碑"。后乞病归,从孙奇逢游,与汤斌、耿介往来讲学,深受汤斌推重,时称当代真儒。康熙三十二年(1693年),张沐应河南巡抚顾汧之聘,掌教于大梁书院,巡抚亲带僚属及八郡名士听讲,一时从学者云集,颇具影响,"两河之士,翕然归之。"其后,雍正、乾隆、道光、同治各朝都屡有修葺,不断扩大。热心教育,又掌教天中书院,被聘游大梁书院。主讲在汴中。

张沐知识渊博,文笔清新流畅,内容剀切详明,独标精蕴,一扫抄袭雷同之见,当时颇有影响。善写作刻书,著述刻书有《周易疏略》、《学道六书》、《溯流史学钞》、《书经疏略》、《诗经疏略》、《礼记疏

略》、《春秋疏略》、《为学次弟》、《四书疏略》、《家教小篇》、《道一录》、《六渝敷言通俗》、《孝经疏略》、《前川楼诗集》、《前川楼文集》、《图书秘典一隅解》1卷（以上见《四库全书总目》）等书30多种。特别在纂志方面，不仅有丰富的实践经验，而且有独到的理论和见解。张沐编纂的《上蔡县志》15卷、《开封府志》、《河南通志》，这3部志书，与前后时期其他人纂的省、府、县志相比，实属上乘。张沐的志书为后世方志学大家章学诚，以及河南方志学名家武亿等，无不予以启迪，就是对于今天编纂新方志，仍有极大的影响和启发。

张沐在任嵩阳书院讲学期间，与嵩山名儒耿介关系密切。耿介曾向张沐赠有《与张仲诚先生书》、《奉邀张仲诚先生游嵩少兼宽夫、升阶诸公》、《张仲诚先生游嵩少书赠（四首）》、《秋日赠别张仲诚先生们（四首）》、《送张仲诚先生之蜀中资县任》等诗，从中可以看出他们之间的友谊。张沐在嵩阳书院讲学期间，曾写有大量歌咏嵩山风景名胜的诗歌和《嵩阳书院讲学纪事》一文。

刘受书

刘受书，清朝名儒。字中一，号颍谷，登封阳城人。天资聪颖，看书过目成诵，9岁娴音韵，倾口即诗。作字端劲有古法，长博极群书，尤邃于易理。性至孝，18岁入庠，即失怙哀毁过人。体母李氏教，燃香烛，书或映月默吟，夜沉不倦，成童食饩于庠。未几登万历丁酉科榜，铨授南直隶池州府建德县令。适大饥，条上利病12事，设厂煮粥，虽山谷穷壤，必躬亲查赈，务获实惠，锐意作人，于建城东西立讲席二，聚邑士诠解《孝经》、《小学》并《六经要语》、《性理吃紧俚语》，俾晓大指，毅然以励名节，敦士风，鄙章句，探道原为本务。离任时囊中无吴越一物，惟书史数笥而已。著有《易说衍义》、《续编》、《图极广略》，并汇定为《青藜世业》诸书。

赵御众

赵御众，清朝名儒，诗人。字宽夫，原籍河北滦州，后迁嵩山新密超化寨入籍。中过秀才，早年绝意仕进，学及"六经"、群史及秦汉以来诸大儒书，旁及诗文翰墨。顺治十七年（1660年）从孙奇逢受业于辉县苏门百泉书院，与魏一鳌、汤斌共为入门弟子。他为学的功夫，讲究"事心如事天"，常念两句诗，"垂名千古易，无愧一心难"，为此每日惴惴然，唯恐此心坠落；自我检讨不止于"日三省吾身"，觉错事，往往百计弥补。孙奇逢曾拿他与汤斌并称，称其善补过。明鼎革后，携家来密，居嵩山超化寨十载。明清之交，超化寨相继吸引来多位亡明遗臣、名公鸿儒。思想家顾炎武、理学家孙奇逢及子孙博雅、前明河南道监察御史温源、河南布政使杨思圣、江苏沛县举人翁深等都相继来到超化。一时之间，白云庄内，高朋云集，名士荟萃。赵御众与这些名人在超化寨就营造了格物致知、登高临流、相互唱酬、诗文自娱的气氛。

赵御众晚年自号"超化老人"。与上蔡张沐、登封耿介、雄县李非甹、范阳马尔楹、杞县马之骐、辉县孙博雅及超化钱佳选等名公鸿儒，相互讲学，活跃于中原各大书院，有志于儒学的传播。赵御众是个书痴，每次出游，必满载书籍归，一览成诵。赵御众善诗文，尤工行楷书，学者们竞相把他的墨迹当作瑰宝。赵御众居密县超化寨期间，以一个理学家和诗人的思想和眼光，游历于嵩山、具茨和所在的寺庙之间，写有很多的诗文，辑有诗集《山晓堂诗集》和文集《弗措录》、《困亨录》、《夏峰传信录》、《夏峰答问》等。

高一麟

高一麟(1632~1709年),清朝理学家,诗人。字玉书,号钜菴,高氏第7世孙,嵩山登封界头村人。岁贡,曾任登封县训导。肆力于古文词,设教于嵩颖之间。曾在嵩阳书院讲学多年,潜心于程朱理学的研究。他的诗作多反映下层人民的疾苦,如《园丁苦》、《损田行》皆为当时现实惨状的实录。景日昣在其诗集序中称:"先生以穷而工于诗,其诗触景兴怀,酷追子美。"邓之诚先生则称:"诗不能工,然言之有物,间亦有可观者。"

高一麟著有《理学标正》、《闽游记事》、《矩菴文汇》、《嵩阳考稿》、《李锡传》等著作。高一麟生在嵩山,长在嵩山,对家乡有着深厚的感情,一生写有大量的有关嵩山的诗篇,当地志书有录。

冉觐祖

冉觐祖(1638~1719年),清朝经学家,嵩阳书院讲师。字永光,号潭庵。河南中牟人。先祖曾被封为郓国公,元末时其先辈曾任中牟县丞。康熙二年(1663年),冉觐祖乡试取得第一名后,就杜门潜居,精心研究《四书集注》20年,"章求其旨,句求其解,字求其训,身体心验,订正群言,归于一是",作《玩注详说》一书,此书兼采汉儒、宋儒之说。康熙十八年(1679年),开博学鸿词科,巡抚将要推荐他,想见一见他,他说:"去见巡抚,是想求其推荐。"故坚决不去见巡抚。康熙十九年(1680年),始与中州名儒耿介鱼素传书,成为神契之交。康熙二十八年(1689年)秋,应少詹事耿介、进士景日昣邀请,到嵩阳书院讲学。他给诸生讲《孟子》时,"剖析天人,分别理欲",众人都恭立聆听,受益匪浅。曾

冉觐祖

著《为学大指》和《天理主敬图》以授诸生,受业者云集。次年,巡抚阎兴邦委托耿介重修《中州通志》,冉觐祖则秉笔主编。康熙三十年(1691年)中进士,选翰林院庶吉士,其策问为李光地所赏。康熙三十三年(1694年),授翰林院检讨,充会试同考官。同年,清圣祖康熙帝在宫廷西暖阁遍试翰林,还非常详细地询问了各人家世、籍贯等,并褒扬冉觐祖"气度老成"。几天后,康熙赐宴于瀛台,皇帝仅仅认出了他,并说:"你是河南解元吗?"可见"以示优异"之情。康熙三十七年(1698年)辞官还乡,再赴嵩阳书院讲学,以程朱理学为宗。康熙四十年(1701年),应召进京任翰林院原职,蒙康熙赐书法、砚台等。两年后,因病告老还乡,专心著述,治学严谨,兼教授子弟。康熙五十七年(1718年)去世,年82岁,葬中牟县北将台坡。

冉觐祖一生著述甚丰,尚有诗文《易经详说》50卷(刊本)、《书经详说》76卷(刊本)、《诗经详说》94卷(刊本)、《春秋详说》56卷(刊本)、《礼记详说》178卷(刊本)、《五经四书详说》、《孝经详说》2卷(刊本)、《四书玩注详说》40卷(自刊本)、《孔氏三出辩》(刊本)、《性理纂要》8卷(刊本)、《正蒙补训》4卷(刊本)、《阳明疑案》、《为学大指》、《天理主敬图》、《语录类编》4卷(刊本)、《寄原堂测》4卷(刊本)、《嵩吟》(钞本)等20余种。其中,他的《五经四书详说》曾为康熙所欣赏。《中州诗征》卷9收其诗5首。

冉觐祖在嵩阳书院讲学期间,多次与耿介、李来章、窦克勤、焦钦宠、景日昣等文化名人,诗酒唱和,游历嵩山风景名胜,留下了许多的诗文。其中,诗歌有《阎大中丞抚军先生嵩阳书院创建道统祠,恭成十二韵纪事》、《登三公石至仁智亭寻七星泉》、《同耿逸庵先生游叠石溪》、《游即园,遂至卧牛石北望嵩顶》、《从逸庵先生叠石溪灌竹》、《同逸事庵先生坞上探藤花》、《禹履倩一峰石图题辞》等,散文有《嵩阳书院考》、《游嵩顶记》、《游嵩阳书院记》等。耿介在《嵩阳书院请冉永光先生启》一文中,曾称赞冉觐祖"科名冠中豫,文章追先辈之遗。理学擅东京,著作洗末流之弊。蔼如霁月光风雅度,俨然泰山乔岳德辉。"

景 暹

景暹,清朝名儒。号邀翁,河南省通许县人。清康熙岁贡生。精研性命之学,躬行不懈,学者称"北罔先生",冉觐祖誉他为"中州学人"。嵩阳书院兴隆盛时,曾请景暹、冉觐祖等儒家到书院讲学。景暹著有《孝经贯通正解》2卷,《随笔琐言》、《家训》20卷。

程宗濂

程宗濂,清朝名儒。程一杰之子,嵩山禹州人。程宗濂生性方正耿直,不善阿谀逢迎。少年时勤奋好学,闭门苦读,直至晚年终生不曾废学。在乡里教授学生百余人,并多有成就。顺治五年(1648年)拔贡生,后学校秋试,又中副榜贡生。初授通判,后改任南昌府的僚属。因才学出众,备受赏识,所以,凡书写文告,代理印章,转拨粮饷的事都由他去作。在他升任兵马司指挥后,不受请托,使奸诈扰乱的人大为收敛。宗濂年老辞归,居家10余载,教授弟子,讲经课艺,一如往昔。终年88岁。

张 埙

张埙(1640~1695年),清朝登封知县,名儒。字牖如,江苏长洲(治所在今苏州市)贡生。张埙从小笃志好学,然而,屡试不第。后以明经应八旗官教习,任务是教授镶蓝旗子弟,他循循善诱,从学者多成材。三年官学教习结束后,通过铨试获得了出任知县的资格。康熙十八年(1678年),张埙一个人骑马上任登封知县。第三天,就拜岳立誓:"不取一钱,不枉一人。"张埙鼓励垦荒,招民复业,劝农桑,请免税捐,减轻百姓负担。他召集流亡人员,督促他们耕种田地,并根据土地状况因地制宜,督促百姓种植木棉及各种果树。并亲自率领衙吏抽空"操耒为农,开荒岭200里,复畎辕路"。革除了官署行户、铁犁私税、机户征银、里役坐催、盐贾牟利、赂官赠价、马骡草料、学使者供应派民等十多项不合理的苛捐杂税。其中,盐贾牟利赂官增价一项,登封百姓每年可减轻"钱百二十万"。他重视赈灾济民,轻缓刑罚。有一年嵩山大旱,出现大规模虫灾。张埙一方面动员百姓驱除害虫,出资"县捕虫赏格";一方面借调粮食,到外地购买麦数百斛,及时无偿分发于灾民。他崇尚德治,以仁义劝导教化,各种案件明显减少。重教育,修学堂,以文化来教化百姓。当时嵩阳书院年久废圮,他出资修复,并请当时著名学者耿介主持,用程朱理学教导学生。修学宫,在全县设立义学21处,亲自到明伦堂讲学,并用揖让礼节来教导他们,使全县学风为之大振。编写《劝民俗语》,"导民以悌,教以忠信,劝以勤俭";还在义学中"讲学约,置善恶簿,示劝惩";并下乡到私塾中视察,为子弟"正其句"。张埙在登封为官五年,由于他勤政廉政,有人曾在门额上写下了"官清民乐"四个大字,登封的确出现了历史上少有的"路不拾遗,狱讼日少"百姓安居乐业的安定局面。康熙三十四年(1695年)秋,张埙在北京逝世,在京的中州士大夫都到其寓舍设位以祭,见其清贫家庭,"无不泣下沾襟","讣至中州,登封人比户罢春持香楮走哭于张公四祠,匍匐吊唁"。登封百姓请其衣冠葬于嵩山脚下,"岁风春秋以时享,亲若祖考"。在四乡张公祠堂中供其塑像,榜为"天下清官第一"。嵩阳书院崇儒祠内原供奉有张埙的长生位,现东碑廊保存有张埙的衣冠冢碑。

张埙在登封任职期间,曾领导编纂《登封县志》(由张圣诰修,焦钦宠、景日昣纂,刻于康熙三十五年)。他多次到嵩阳书院讲学,写有《秋日嵩阳书院》、《嵩阳书院记》、《鄢公墓表》、《嵩阳书院会业序》等诗文传世。

潘 耒

潘耒(1646~1708年),清朝名儒,文学家。原名楝吴,字次耕,又字稼堂,晚自号止止居士,吴江(今江苏)人。潘柽章弟,幼孤。生而奇慧,自小过目成诵。少因其兄柽章罹庄廷鑨之狱,家累北徙戍边,备尝艰辛。师事徐枋、顾炎武,对于群经、诸史、算术、宗乘等学无不通贯。博通经史、历算、音学。康熙十八年(1679年),以布衣试"博学鸿词"科,授翰林院检讨,参与纂修《明史》,主纂《食货志》,兼修《实录》、《圣训》。在《明史》馆时,上书总裁,提出8点主张。康熙称得士,充会试同考官,名益盛,招致很多人的妒忌,终以浮躁降职,遂辞官南归。康熙三十四年(1695年),在福建建阳刻成《日知录》32卷本行世。潘耒性好山水,每游胜景,必有诗文纪之。晚年钻研"易象数",颇有心得。康熙四十二年(1703年),康熙南巡,给他赐复原官,大学士陈廷敬乘势力荐起用,他坚辞不受。

潘耒

潘耒工于诗文,他的登临怀古之作,折服了很多名流。名篇有《游南雁荡记》、《火焰峰》、《天柱峰僧饷黄独》、《仙居诸山游记》等。著述有《遂初堂诗集》16卷、《遂初堂文集》20卷、《遂初堂别集》4卷、《溯字学源流辩》;又因顾炎武的《音学五书》作《类音》8卷。皆行于世。

潘耒在嵩山活动时,曾写有《测景台》、《石淙》、《会善寺》、《箕山》、《具茨山》、《巩县》等诗,以记他对嵩山的感受和印象。

窦克勤

窦克勤(1653~1708年),清朝名儒,教育家、修志家。字敏修,号静庵,柘城县城南窦老村人。窦克勤出身于书香门第,天资聪颖,学习刻苦。康熙十一年(1672年)举于乡,为泌阳教谕。康熙十七年(1678年)进士,授翰林院检讨(史官名)。此时,他以父母年迈和自己身体不适为由告假返回乡里,致力于朱阳书院的建设。他一生学而不厌、诲人不倦。听说耿介在嵩阳书院传授百泉硕儒孙奇逢之学,就从学于嵩阳书院。他在6年中5次到嵩阳书院听讲,非常虚心,学业大进。康熙十一年(1672年)在北京见到汤斌,他又虚心向汤斌请教,汤斌劝他担任儒学教谕,说:"师道不立是教官的失职。"他的学业突飞猛进,视野更为宽阔。后来,他被选为泌阳县儒学教渝,从此一生致力于教育事业。泌阳地小偏僻,"人鲜知学",窦克勤就设立了5所社学,每月都检查学生学习情况,自己一有空闲,就斋居读书,以致废寝忘食。他仿效朱熹先生的白鹿洞规,并推而广之,分立五社长,奖罚分明,又立童子社,教育儿童学习礼仪。康熙十七年(1678年),中进士,选为翰林院庶吉士,后回家为母守孝,三年期满后被授为翰林院检讨。有一天,清圣祖康熙帝让诸翰林作楷书,他写了"学宗孔孟,法在尧舜,而其要在慎独"14个字,康熙帝看后非常器重。不久他因父亲年纪大而乞请告老归里。

窦克勤见家乡文风不振,便与父亲于康熙二十九年(1690年)择地于柘城东门外创立朱阳书院,聚徒讲学,这是继百泉夏峰、登封嵩阳之后的中州又一著名书院。他强调明学术、正教训、立人品,要求从小立志,笃于信道。教学上经史并重,旨在知古今之变,明理应事。并制定"朱阳书院"条规:"对生徒求讲官情,求照私事,求发书函,求荐舍馆宾者,一律除名;而对于讥讽时势,谈人闺门,戏谑滋漫,诳诈作为,爱取人物,忌毁人善,藏匿书籍,阴窥私箧者,更不宽容。院规严,秩序井然。"他治书院严格,因此,"每月集邑弟子讲学课艺其中,远方来学者鳞集。登堂学业娓娓不倦,理学之盛,继美嵩阳。"康熙四十七年(1708年),猝然病逝于柘城,时年56岁。

窦克勤一生著述甚丰,主要著作有《理学正宗》15卷、《四书阐义》、《孝经阐义》、《婚礼丧礼辑略》、《圣学集成》、《天德王道编》、《事亲庸言》、《寻乐堂札记》、《泌阳学规》、《寻乐堂学规》、《寻乐堂家规》、《游燕日录》、《周志谱》、《寻乐堂诗文集》、《晋游草》、《乐饥集》2卷、《嵩阳酬和集》、《悲饥诗》、《劝善歌》等。涉及志书的有《游嵩杂记》、《寻乐堂家乘》、《周志谱录》,以及《朱阳书院志》等。这些专志,叙述详审,富于史料价值。

窦克勤在嵩阳书院听学、讲学期间,与嵩阳书院的著名儒学大师耿介多有交往,并在听学、讲学、观景方面多有相互赠诗唱和,耿介写有《窦敏修先生以诗赠别,即和原韵奉寄》、《冬至后一日咏雪和窦敏修先生韵》、《送窦敏修先生东归四首》、《与窦敏修先生书》、《与窦静庵先生书》、《窦太孺人传》、《窦克敏先生"家乘"序》等诗文,窦克勤也写有《书院和逸庵先生韵即呈教正》、《和耿逸庵林澹亭嵩阳书院讲学》、《奉和耿逸庵先生嵩阳书院四时读书乐,效紫阳先生体四首》、《同逸庵先生游川上亭》等诗,并写有《嵩阳书院讲学记》、《嵩阳书院读书赋》、《嵩阳书院记》等文章,成为当时名副其实的嵩山文化名人。

李来章

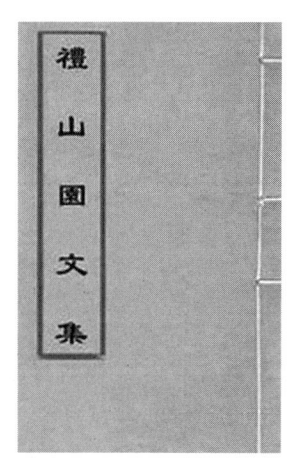

李来章

李来章(1654~1721年),清朝理学家、修志家,诗人。本名灼然,字礼山,河南襄城人。出身理学世家。幼时曾经在庭院中观看石工断石辗转弗合,就说:"去宿土,当自合,这就像我们学习人心、道心一样。"听者大惊。

李来章于康熙十四年(1675年)中举,尝学于魏象枢。魏象枢劝诫他说:"欲除妄念,莫如立志。"于是他就写了《书绅语略》,持论就是以不违背先儒"有益世用"为主。后来,他又从学于孙奇逢。为人内行淳笃,刻厉自治。为学以合天为归,克己为要,慎独为先。

康熙二十九年(1690年)与耿介、冉觐祖主讲嵩阳书院,世称"中州三君子"。康熙三十年(1691年)主讲南阳书院寻作《南阳学规》、《达天录》以教学者。不久他因母亲年老而谢归,就重新修葺了紫云书院,讲学其中。他母亲得了眼病,他每天早上起床后就用舌头舐之,母亲的眼睛又复明了。

康熙四十三年(1704年)选广东连山知县,连山县瑶族人多,他慨然曰:"瑶族异类,也有人性,当扒诚以待之。"于是他每天延请耆老访民疾苦,招募流民,劝之垦荒,实行轻徭薄赋。他还深入瑶民家里,为他们制定乡规民约。他延请教师,创办连山学院,亲订学规,终日授徒,让瑶民子弟就学,诵读声响彻山谷。康熙五十一年(1712年),授兵部武选司主事,监北新仓,革除弊端。不久因病归里。大学士田从典、侍郎李先复等以实学可大用荐,得旨征召,但他以疾力辞,遂不出。病卒,年68岁。

李来章工诗古文辞,著有文集《伊洛理学编》、《游嵩草》、《礼山园文集》、《京华见闻录》、《岭南拾遗》等四十余种。纂有专志《连山书院志》6卷、《敕赐紫云书院志》2卷、《衾影录》,以及《连阳八排瑶风土记》8卷。《连阳八排瑶风土记》系其访问父老,略为诠次。《四库全书总目》评曰:"中多自叙政绩;其向化一门,纪所判断之案,各为标目",但"殆非传奇,尤乖体例。"

李来章在嵩阳书院讲学期间,与耿介、冉觐祖、焦钦宠、王又旦、梁家蕙等当时一些嵩山本土文化名人,相互唱和,共同营造了嵩阳书院浓郁的文化氛围,并著有大量诗文,如《谒道统祠》、《从逸庵先生叠石溪灌竹》、《同观汉柏记》、《同游叠石溪记》、《嵩阳书院看月》、《谒周公测景台》、《自赤脚岩至三祖庵》、《同逸庵先生坞上探藤花》等。

郜 煜

郜煜,清朝名儒。字重光,嵩山登封人。康熙五十三年(1714年)举人。曾官山西道监察御史。郜煜一生深研儒学,著有《易经理解》《孝经集注》《太极图说》《通书集注》等。

刘玉威

刘玉威,清朝名儒,诗人。字苍佩,号樾庵,禹州(今禹州市)人。名人刘湛之子,因为父子二人皆有才,世人将他们并称为"二刘"。刘玉威沉静寡言,口不评论人物,善文章,工诗词,且擅长草书。因此,年方20便名噪中州。康熙五十五年(1716年)岁贡。工诗文,兼喜草书,弱冠名噪中州。北游赵、魏,入北京,诸达官贵人多与交往,但他却辞谢归里,与当时嵩山文化名人窦克勤、冉觐祖、张沐、耿介一道讲苏门之学,后讲学于嵩山嵩阳书院。刘玉威才思敏捷,学识渊博,为文不暇构思,挥笔立就,求文者均如愿而去。终年70岁。著有《古欢堂文集》、《来松阁诗集》18卷、补遗1卷(钞本)。

李淑沅

李淑沅,清朝名儒。字天泉,号蝉庵,嵩山洛阳人。乾隆元年(1736年)举人。官甘肃两当县知县,升狄道州州判。李淑沅潜心理学,砥节砺行。卒年80余岁。道光年间,河道巡抚程祖洛举配飨嵩庙。著有《博喻集》、《释褐集》、《来东轩草》。

苌仕周

苌仕周,清朝名儒。字姬臣,号穆亭,著名武术家苌乃周同父异母之兄,嵩山汜水县(今荥阳市)人。清乾隆七年(1742年)进士,官宜君县知县。苌仕周对《易经》钻研甚深,著有8卷,收入《四库全

书目录》。

《易经讲义》以程《传》及《本义》为宗,不用象数之说,於卦变辨之尤力。大旨谓"凡卦有二体,即有内外上下。有内外上下,即有上下往来。凡《彖传》言上下往来者皆虚象耳。大概在内卦曰来,在外卦则曰往也"云云,其说与魏枢《东易问》同。今按《贲》言"柔来而文刚"、"分刚上而文柔",《噬嗑》、《涣》俱言"刚柔分",分者是合而分也,不用卦变自《泰》、《否》之说,亦当用卦本《乾》、《坤》之说,方於分字之解有合,以《泰》、《否》即《乾》、《坤》也。今但云柔在下为来,刚在上为往,三阴三阳为平分,恐可以解上下往来,而不可解分合也。此书其词简而直,其义切而约,对《易经》可谓深得其解。

程元璋

程元璋,清朝名儒,宋代理学大师程颢、程颐第23代孙。登封东金店乡程窑村人。曾从学于嵩阳书院,清康熙五十六年(1717年)乡试中举,六十年(1721年)辛卯科会进士一甲第3名,即探花,官历礼、吏、兵三部侍郎。乾隆元年(1736年),任丙辰科殿试读卷官,次年(1737年),再任丁巳科殿试读卷官。

景日昣

景日昣

景日昣(1661~1733年),清朝名儒,修志家、刻书家。字冬旸,号嵩崖。嵩山脚下登封大冶镇人。康熙二十六年(1687年)举人,三十年(1691年)进士。历任广东肇庆府高要县令、礼部侍郎、户部侍郎、礼部右侍郎、礼部尚书。他任高要县令时,劝善惩恶,兴修水利,发谷赈灾,兴利除弊,群众誉其为"良吏"。高要县水灾严重,常常溺死人畜,淹没村庄。在汛期水灾时,他没有像其他官员那样躲在衙门里避雨,而是顶风冒雨观察水情,指挥民众筑堤抗洪,疏渠排流。经多次治理终解除水患,群众得以安居乐业。高要人民非常感激他,在他曾经治水站立的地方建立了生祠(为活人建立的祠堂),年年岁岁进行祭祀。因政绩卓著,后升为京畿监察御史,疏奏《粤中征米浮价》《矿商病民》等。到任后,先后不到3个月就迅速处理了大批积案,民众一时传为佳话。此后,景日昣屡次升迁,先后九任陕西道、山西道、浙江道、江南道、河南道监察御史,又升任鸿胪寺、太仆寺少卿、宗人府府丞、都察院左副都御史,最后升任礼部、户部侍郎,加礼部尚书衔。他任礼部侍郎时,对礼乐制度做了许多修订,朝中的典礼大半都由他制定,为此他成了一位礼学名臣。他还3次主持科考。景日昣年幼家贫,因母亲有病苦于无钱医治,少时便学习医术,曾经专门到少林寺向老僧人学医,大量收集民间验方、偏方,并收集大量的医学书籍进行研究。入朝为官后,传说因给康熙(玄烨)皇后治好久治不愈的虱包病,深为皇帝器重,因此还被选到太医院作了一段时间的太医。在此基础上,晚年他结合自己的精心研究和临床验证,编写了一部医药名著《嵩崖尊生》,后人评为我国的医学珍品,后传入日本、韩国,享有盛誉。景日昣多次任御史之职,是登封历史上最大的官员之一。他为人平和,持政清简,敢于直言,为百姓所爱戴,登封民间号称"景大人"。雍正三年(1725年),年近70岁的景日昣告老还乡,在嵩阳书院的东邻叠石溪建造房屋居住,在嵩阳书院以讲学与著述为乐。

景日昣在嵩阳书院讲学期间,以嵩阳书院为讲学中心,广泛联系中州著名理学家汤斌、耿介、李来章、冉觐祖、刘玉威等一些文人学士在中州部分书院游讲宋儒之学,传播理学之道,在当时颇有名气。他们常聚集嵩阳书院,游历嵩山的自然风光与历史名胜,赏景吟诗,在漫山遍野的谈笑风生中,相互间文采飞扬,以诗唱和,竞显风流。这期间,景日昣写下了大量的诗作,为嵩山历史文化增添了非常靓丽的光彩。

嵩崖尊生

景日昣其诗文以古奥而著称,著述刻书有《嵩阳学》、《景日昣诗集》、《嵩台随笔》、《嵩崖集》及史书《说嵩》、《嵩岳庙史》、《嵩台学制》、《会善寺志》、《龙潭寺志》等书14部之多,字数达数千万言。作为一个刻书名家,景日昣的书大都是自己刻书印刷,其《说嵩》的印刷木版原来就存放在他老家大冶镇景家祠堂里,现存登封市档案馆。

景日昣在嵩山留下的遗迹有登封市东南大冶镇景日昣故里,故里内存景氏祠7间,原"景氏祠"匾牌为乾隆帝御笔亲题,房顶龙兽亦传为乾隆皇帝所封。祠堂中还存清代碑数通。另有位于登封市唐庄乡陈村南200米处的景日昣墓,冢前原有横幅墓志铭一座。茔地前沿有墓阙,阙旁有"奉天敕命"碑一座,康熙四十二年(1704年)立,碑面上部刻满文,下部刻汉文,文意为皇帝赞誉景氏美词。神道两旁,对称排列有2米高的石人,1米高的石马、石羊、石猴以及4米高的华表等。此墓"文化大革命"中遭破坏,现仅存部分石雕。

贾之彦

贾之彦,清朝官吏,名儒。字汉公,嵩山洛阳人。清康熙三十年(1691年)钦点进士。官陕西会宁县知县,与李中孚往复讲学,致仕。康熙五十五年,贾之彦辞官回归故里洛阳孟津,在村中建立义学瀍阳书斋,亲自启教后生。现存瀍阳书斋内有《瀍阳义学记》、《训蒙要略》两通石碑,文字内容均为义学创办人贾之彦所撰。《瀍阳义学记》以抒情的笔调,讲明了义学所处位置:"河南天下之中也,而洛阳又居河南之中,自周公卜洛,历汉晋唐宋建都于此,乃四方清淑之气所汇集,帝王将相之所钟也……"碑文后半部分主要内容是对其办学宗旨"学者也,非徒取荣名与厚禄,所以致知力行,求为圣贤也"的论证和解释碑文记载,此碑为康熙五十五年(1716年)所立,与学舍主梁上的建造年月一致。《训蒙要略》则为贾之彦对学生进行教育的"行为准则",内容四字一顿,八字一句:"天地之内,惟人为灵;欲令成人,需先正蒙。""先生讲书,倾心敬听;再将注解,细加研究。"瀍阳义学在20世纪50年代村小学建成之前,一直有学生在此就读,曾经培养了很多学子,在嵩山地区是一个成功的私人办学典范。瀍阳书斋经历近300年的历史,至今保存较好。贾之彦著有《恭绎至谕条讲》、《大学注传要录》、《幼学格言要录》。

钱九韶

钱九韶(1731～1796年),清朝名儒,诗人。又名九同,字太和,号南淳。钱九府之弟,嵩山新密超化河西村人。清乾隆五十年(1785年)恩贡,是当时名闻中州的诗人。其自幼聪明过人,日读数千言,过目成诵。少年时,县试院试均为第一名。他从古代诗歌中吸取营养,在写作实践中逐步形成了自己秀拔奇丽、朴质典雅的艺术风格;他素喜六朝诗,但摒弃脱离现实的浮靡文风;他宗法盛唐,崇拜杜甫和白居易,使他的诗歌具有现实主义倾向。诗赋名重一世。他早年写的《芦花诗》被当时文人名流所推崇,人送雅号"钱芦花"。从此,海内以诗为名者,皆知密县有个"钱芦花"。钱九韶少年时家境贫寒,但他事亲至孝,勤谨赡养父母,不离左右,族人称他为孝子。父母弃世后,他更致力于学习,省吃俭用,到大梁书院,拜师于名流。人到中年,进学汴梁,设馆教徒,诲人不倦。晚年主讲于桧阳书院,其门徒多有成就,优秀者考中了进士,不少人成为当时名流。由于他处于社会底层,和贫苦农民有着相同的命运,目睹统治阶级穷奢极欲,贪官污吏的横征暴敛,劳动人民的悲惨遭遇,爱与憎的情感自然流露于笔端。他的不少诗篇,敢于揭露封建社会的黑暗,给统治阶级以无情的鞭笞,对民间疾苦表示了无限的同情和关怀。其讽刺诗《筑城谣》就是一首代表作。他晚年多病,不再求有用于世,就在他的住室外南面,建了一座小院,名"锦树山庄",名其园为"倩园",高处叫"听濑山房",宴门内是他写作赋诗的地方。这时的他过起了"采菊东篱下,悠然见南山"的隐士生活。卒于嘉庆元年(1796年),享年65岁。

钱九韶毕生勤奋,著述甚丰,计有《葩经正韵》8卷(家藏本)、《四书正字》4卷(刊本)、《研来斋杂记》12卷(抄本)、《密县志补遗》6卷(家藏本)、《南淳文集》10卷(抄本)、《南淳外集》8卷(家藏本)、《南淳诗集》24卷(抄本又刊本)、《南淳诗集拾遗》1卷(抄本)、《南淳赋稿》(刊本又抄本)、《南淳诗谱》16卷、《南淳制艺》6集、《河岳集》120卷等皆藏于家中。其诗作被选入《清诗铎》、《中州诗征》、《中州艺文录》及当地多种版本的文史资料中,其生平事迹详载于《文苑传》。其代表作有《芦花》、《筑城谣》等。

桑调元

桑调元(1695~1771年),清朝名儒,诗人。字伊佐,一字弢甫,又号殷甫,自号独往生、五岳诗人。桑天显之子,浙江钱塘(今杭州市)人。少有异才,下笔千言。15岁从学于劳史,研习性理之学。雍正四年(1726年)举顺天乡试。十一年会试时,选举人之明性理者8人,桑调元亦入选,特赐进士,授工部屯田司主事。丁父忧,服阕补官,旋引疾归田。先后主持讲学于九江濂溪、嘉兴鸳湖、涑源书院,辟余山书屋于东皋别业,友教四方之士。桑调元为人清正绝俗,足迹遍布五岳。晚主涑源书院,益畅师说。桑调元尊崇程朱理学,"以尚志力行为先",主张"穷经之要有三:博综、折衷、自得",强调"不通群经,不足以治一经;不知史法,不足与以谈;不博研象纬度、山川、方名、器数之岩迹,不足以穷遐极幽。"

桑调元

桑调元精于史学与性理之学,在教学方面卓有成就,编撰《大梁书院学规》、《道山书院学规》、《江西濂溪书院》与《涑源书院学规》等。桑调元著有《韬甫集》84卷,《躬行实践录》15卷,《文集》30卷,《五岳诗集》20卷,《桑弢甫诗集》14卷、《桑弢甫诗集》续集20卷、《桑孝子旌门录》及《论语说》2卷,均《清史列传》并行于世。

桑调元在嵩山活动期间,作有《轘辕关》、《少室山》、《会善寺》、《杜工部故里》、《颖水》、《测景台》、《黄盖峰》等诗,散见于嵩山部分市县史料中。

裴希纯

裴希纯(1736~1811年),清朝名儒。敬斋,号寄亭,嵩山偃师人。屡试不第,深研经学,置嵩山少室之麓明月湾,筑室教授其中。为人清介鲠亮,从武亿交游;学究本源,解经不随前人异同。

裴希纯一生好文,著述颇丰。著有《易笺》10卷。涉及志书的有《太少六十峰志》3卷、《河南郡物产志》5卷、《原谚》1卷;并参与编纂乾隆四十四年(1779年)出版的《河南府志》。裴希纯长于纂专志,如《原谚》一书,述方言土音之异同,涉笔成趣,关于义理者,味道腴资多识。

梁家蕙

梁家蕙,清朝名儒,诗人。字树柏,号蒙庵,嵩山登封东金店骆驼崖人。相传7岁能写文章,稍长入嵩阳书院从耿介学习,授以《理学要旨》。县学应诸生试,成绩第一,为弟子员。其间,回家奉养父亲,耿介亲自到他家讲授。在嵩阳书院受业于冉觐祖、窦克勤等,结业后精通理学,留在嵩阳书院讲学。梁家蕙是耿介最为器重的学生。康熙十七年(1678年),耿介在《与梁树柏》中说:"英敏之姿,奋然励求之志,虚怀高谊,迥绝流俗。"给梁家蕙以极高的评价。耿介的《秋日寄梁树柏》中有:"每从北山阳,怅望南山阴。秋色正潇洒,想象故人心。故人有远度,安和德愔愔。三时希会面,两月不嗣音。我欲往从之,日日忧采薪。"从中可见耿介与梁家蕙之间深厚的师生情和朋友情。相传耿介任少詹事时,携梁家蕙赴京读书,梁家蕙曾与乾隆同窗学习。晚年,乾隆曾诏其进京做官,但终未应诏,安心在嵩阳书院讲学授徒。耿介去世后,梁家蕙受登封知县张埙延请,继任嵩阳书院院长,主讲嵩阳书院,并曾一度讲学白沙书院。在其担任嵩阳书院院长期间,求学者络绎不绝,数百里之外慕名而来嵩阳书院者达数百人之多,使得嵩阳书院继续维持兴盛局面。其墓碑所列受业门人67人,分别来自登封、新密、郑州、禹州、汝州、偃师、洛阳、卢氏、太康、鄢陵等地。

梁家蕙著有《存遗集》、《梁氏家乘》、《藏书楼录》等。其诗文有《游三公石记》、《冬至日独游嵩阳书院》、《嵩阳书院藏书楼观月》等。

雍正八年(1729年),梁家蕙的弟子为弘扬其刻苦讲学,精心育人之美德,为其刻立了墓碑,现存于嵩阳书院西碑廊。"民国"四年(1915年),梁家蕙后人恐其事迹湮没,请洛阳著名书法家高佑撰文并书丹了《梁树柏先生碑》,现存于嵩阳书院碑林。

武 亿

武亿(1744~1799年),清朝名儒,方志学家、金石学家、刻书家。字虚谷,一字小石,自号半石山人。嵩山北麓偃师人,祖籍山东聊城。远祖武恂在明代任怀庆府指挥使,遂寄籍河南;曾祖武维翰于清顺治间迁居偃师;父武绍周中雍正元年(1723年)进士,官安徽东流县知县,累官吏部验封司郎中。武亿兄弟6人,3兄武伸,乾隆年间进士,官翰林院检讨。武亿在书香门第的熏陶下,自幼好学,刻苦自励。20岁取得童子考试第一,25岁取得乡试第6名。以读书自励,博学多通。乾隆四十五年(1780年)进士。中进士后,并未做官,只以授徒为业。一边教课,一边搜集金石和著述。45岁时,任山东博山县知县。他处理积案,遣嫁青年尼姑,亲讲民约,开办书院讲学,使博山大治,为民拥戴。和珅派番

武亿

役以捕盗为名,横行乡里,武亿执而杖之。得罪权贵,被罢官,博山数千民众,聚巡抚大堂,"叩首乞留我好官"。嘉庆继位后,和珅被责令自杀。嘉庆四年(1799年)十一月,此冤案得以昭雪,朝廷诏武亿进京咨部引见,可武亿已于一个月以前去世了(《清史稿》中,有《武亿本传》)。

武亿不仅是一位刚直不阿的循吏,还是造诣很深的著名学者。武亿曾开办博山范泉书院,传道授业齐鲁间,诲人不倦。武亿品德纯正,作述等身,学力深厚,见解精辟。武亿热心教育,曾创办博山范阳(泉)书院,主持偃师二程书院,讲学邓州春风书院等,先后在博山、亳州、临清、鲁山、安阳等县书院讲学,以经史训诂教授生徒。

武亿学问渊粹,一生博通经史,精于金石考据,精于方志之学,为乾嘉学派中北方最著名的学者。其作品达100余卷,其中以编纂志书居多,书后均附有艺文。著志刻书有《释读考异》8卷、《授堂金石文字三跋》10卷、《授堂金石文字续跋》14卷、《群经义证》8卷、《四书考异》、《经读考异》、《三礼义证》、《金石三跋》、《授经堂诗文集》、《偃师县志》(主要负责金石志)、《宝丰县志》、《郏县志》、《鲁山县志》26卷、《安阳县志》14卷等10多种,以《安阳县志》最有名,文杰纪晓岚在为之写的序中说:《安阳县志》具备图、表、志、传、纪诸体,"井井有条,多合古法","先殿以艺文,乃仿古之目录,不似近人之附载诗文,其体例不亦善乎?而每条必有考证,不徒杂袭旧文,其叙述不亦确乎?"武亿所著目录学刻书之作有《授堂金石文字续跋》、《读史金石集目》、《金石三跋》、《金石文字续跋》、《偃师金石录》4卷(附县志2卷)、《偃师金石遗文补录》、《安阳金石录》、《钱谱》等。史料载,读《授经堂诗文集》,可知所为诗文亦不为浮词,朴实真切。而《跋汉吉羊池》、《汉匾壶》、《题访碑图》等则悉以考据入诗,可视为典型的乾嘉诗风。著名学者姚鼐在《武亿墓表》中说:"今中州士知读古书,为汉学,自君始。"其子穆淳亦善诗文,有《读画室诗文集》。

孙枝荣

孙枝荣(约1754~1812年),清朝名儒,方志学家,诗人。字于阳,号大朴子,嵩山巩义人。乾隆四十四年(1779年)举人。家世传伊洛之学,蓄书万卷,博览群书,深研经学。字画诗文俱佳,恩赐八品,爱好读书、结交,在其时很有影响,曾有"诗著百篇集诗社,书藏万卷号书楼"之称。时河南府(今洛阳)知府施诚修府志,聘其为山川古迹卷编辑。孙枝荣因"病旧志沿袭旧闻,多舛误,乃详为考订,穷岩绝壑,无不亲至,为河南郡山川开一生面。"并仿《禹贡》导山导水例,著《河南府山川志》10卷,"有经有纬,秩然不紊。"孙枝荣还著有《周南古迹考》22卷,设都邑、宫殿、苑囿、宅里、书院、沟渠、关塞、库藏、庙坛、陵墓等目。撰《罗志》6卷,考所居罗庄,在夏为夏伯鄩城,又为阳无固,又为斟鄩氏国,在周为鄩罗之邑,而怪邑旧志之陋。

孙枝荣有学术著作《周官传》5卷(钞本)、《四书馀论》4卷、《剑经注疏》1卷、《春秋集传》、《春秋三传摘句》12卷、《四书余论》4卷(钞本),有诗文集《青桐阁文草》1卷(钞本)、《青桐阁诗草》1卷。《中州诗征》卷17收其诗4首。

孙枝荣等《杜工部词》、《青龙山纪游》、《石人峰》、《慈云寺》、《斋中杂咏》、《馆苏五咏》、《月夜行船》、《咏古》嵩山之诗文,大都收录在《巩县志》、《嵩山志》、《慈云寺》等史料中。

马时芳

马时芳(1761~1837年),清朝名儒。字城之,号平泉,又号见吾道人。嵩山禹州人。明中叶大臣马文升之后,禹州三峰山北观粗园人。14岁时,随父任住江西安福官署,受业于豫章(今江西南昌)王宜震门下。乾隆四十六年(1781年),马时芳对李绂的《陆子学谱》和孙夏峰之徒赵御众的亲笔遗稿发生了兴趣,潜心研读。其学说已与邵康节、程明道、周派溪、陆象山、王阳明等名家如出一辙,深相契合,属于理学的唯心主义流派。

乾隆四十八年(1783年),马时芳乡试中副榜。以后屡试不中。嘉庆十二年(1870年),再次应试,因文章不合考官意图,试卷被横批乱抹。时芳愤慨之余,写《归来诗》以志悲愤,并绝意进取。但由于他的道德学问颇受地方人士推崇,于嘉庆十九年(1814年),任封丘县教谕。仅年余,因母亲去世,丁忧回家守制,闭户读书、著述达10余年,直至道光七年(1827年)才又被启用,任巩义儒学教谕。在巩义10余年,深受学生和地方人士的敬重,为巩义培养了不少人才,最后病故于任上,享年76岁。

马时芳在任教谕期间,除执教外,马时芳仍致力于理学研究。为宣扬其唯心学说,他积60年研究之所得,凝聚一生心血写成了逾10万言的《求心录》。几经删修,著成《马氏心书》4卷(刊本又石印本)。此外,他还著出了融佛教教义寓书的名篇《朴丽子》19卷(原稿本、刊本又石印本),在自序中他自称是涉世之方。马时芳一生著述甚多,除《道学论》、《求心录》、《马氏心书》、《朴丽子》外,还有《风烛学钞》4卷(刊本又石印本)、《黄池随笔》2卷(钞本又石印本)、《鸣竹随笔》(钞本)、《闻鸡随笔》(钞本)、《芝田随笔》6卷(原稿本又石印本)、《来学纂言》1卷(钞本又石印本)、《垂香楼文稿》、《垂香楼续稿》(原稿本)、《垂香楼诗稿》(刊本又石印本)、《风槛待月》1卷(刊本又石印本)、《挑灯诗画》9卷(刊本又石印本)、《周易引》、《论语义疏》20卷(原稿本,又石印本)、《来学纂言》、《山肖堂诗集》、《评点智囊补》、《四家辑语》等,总计不下百卷。又有校订古籍《四家辑语》(刊本)、《传信录》、《困亨录》等10余种书传于世,汇编有《平泉遗书》。马时芳还擅长书法,笔力苍劲有神,时人有所珍藏。

余 靖

余靖(1769~1826年),清朝名儒。字上田,号存斋,嵩山禹州梁北镇余楼人。嘉庆二十四年(1819年)进士,任资阳盐亭县知县。道光四年(1824年)改派直隶省,当时直隶总督是蒋攸铦,历来很看重靖,即派他辅助办理广平县的诉讼工作,又派他到磁州(今河北磁县)查催粮饷一事。当时直隶连年闹水灾,筹粮困难,靖即上书条陈利害,应以排除洪涝积水为根本,而对筑堤修堰的做法作了深入的剖析,认为水本来就是要向下流淌的,怎能把水从两边夹堵起来使其高出地面呢。后来被递补为章村县县丞。余靖学识渊博,政事认真,德以教民,深得人心,百姓感怀,赠"实心实政"匾额颂扬。余靖父辈及其后人多有贡生、举人、秀才,曾出资治理颍水,参与修订县志、深山剿匪,遇到灾年荒情,开仓放粮,深得乡人爱戴。其门风朴实、乐善好施、书香耕读、德泽乡里,处处体现着嵩山官儒阶层忧国忧民的传统面貌和精神。

余靖少年时跟随同族伯父珰接受儒学前期教育,对朱熹的客观唯心主义思想极为推崇。一次,余靖与乡里学子相约,各带几名子弟,一起设祭品礼拜孔夫子,另设一桌按顺序讲解四子(程朱陆王四位朱程理学的代表人物)书数条,条条都切合他治家要有方、待人要严格而宽厚的理念。余靖一生著有:

《春秋传说授读》12卷,《宋五子言行录》1卷,《存斋偶录》4卷、《忠孝堂古文》1卷,《古本大学辨》、《格物辨》、《王学辨》、《辨晚年定论》各1卷,《六艺考略》1卷,《存斋偶录》若干卷,《文钞》若干卷以及《存斋诗集》1卷。现仅留《存斋偶录》1部,书中敢于和明代哲学家、教育家、政治家、军事家的心学大师王明阳叫板,崇朱批王。

余靖之子余珆承父训,专心理学。著有《笙诗备览》1卷、《林署考典》4卷、《润亭学鉴》26卷(刊本)、《柁心集》10卷(刊本)、《乡约纂言》、《读志随笔》、《柁心斋古文》、《柁心斋诗钞》3卷等。

赵广思

赵广思,清朝名儒。字晋斋,号晓峰。嵩山洛阳人。道光十四年(1834年)举人。历任湖北宣恩、石首、利川、远安知县,随州知州,被巡抚胡林翼称为"牧令上品"。晚年居家河洛,潜心研习儒学,著有《河洛真儒传记》、《晋斋退问文集》、《孝友堂语录家训》以及《鄂寅殉难录》、《山城留和集》、《楚游寄意》等。

董以威

董以威,清朝理学家。字惠夫,号石斋,嵩山巩义人。光绪十五年(1889年)举人。从学于清初著名理学家孙奇逢,主讲于汴源、河阳、嵩阳、东周各书院。著有《论语心传》10卷(钞本)、《大学中庸心锦》2卷(刊本)、《心花偶灿》2卷(钞本)。

张可象

张可象,清朝名儒。嵩山南邻陕县人。拔贡。官嵩山密县教谕。晚年辞官,迁居叶县。著有《四书五经注解》、《金匮要略注》、《诗学指南》、《鸿雪斋诗钞》等。

席书锦

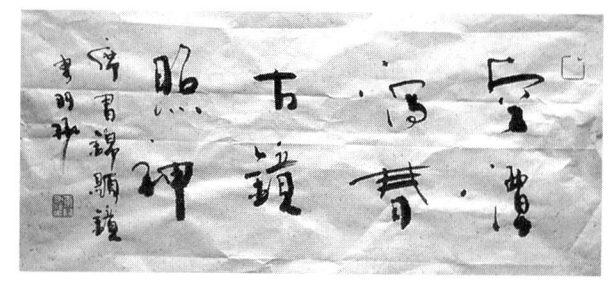

席书锦

席书锦,清末名儒。字相圃,氾水县(今荥阳)洼子村人。出身于书香门第,其父席广润,为岁贡。幼年家贫,家教极严,但聪敏好学。早年在氾水县学学习,后又到大梁书院学习,在同辈中名列前茅。后于大梁书院肄业,为开封府学生员。光绪十一年(1885年)中举。席书锦深研儒学,曾在登封、嵩县、偃师、荥泽等县书院任教,主讲四书五经及理学。后游幕于北京,并将自己虎坊桥附近的寓所命名为嵩阳别墅。光绪三十二年(1906年)选授河南省正阳县儒学教谕。民国初年,被委任调查河南地方文献和担任河南通志局编辑。光绪十一年(1885年)始,席书锦任登封嵩阳书院的院长(类似现在的校长),并主讲嵩阳书院5年。这时,他一方面致力于教学,一方面用业余时间,游历嵩山,并记下所到之处的风景名胜面貌、渊源与观感。光绪二十年(1894年),席书锦到偃师任教后,将历年游历嵩山所写的旧稿加以整理,编辑成《嵩岳游记》4卷,由民国大总统徐世昌作序。此书列述了席书锦亲身游历嵩山各处的名胜古迹,偏重于人文景观,如寺庙宫观、碑碣、故事等,是继《说嵩》刊行200年之后的又写嵩山体貌、变化、状况的嵩山专著。此书名虽为游记,其内容则与游记体例不雷同,而是模仿《洛阳伽蓝记》和《汴京遗迹志》,以嵩阳书院为中心,介绍了嵩山139处的名胜古迹。民国年间《氾水县志》有传。

张调元

张调元(1784~1853年),清朝名儒。字燮臣,号寅皋,又号佩渠,嵩山郑州贾鲁河村(今郑州毛庄镇贾河村)人。幼年从其父学习诸经,及成童,先师从新密学者陈汗斋,继而受知于河南督学鲍桂星,由是遵闻力学,日益闻其所不闻。嘉庆十二年(1807年)举人。历任太康、浚县教谕。嘉庆十三年(1808年)入京条陈十策,于例不得上。其治学务实,博览多闻,在学界声望颇著,时与苏源生齐名。道光十五年(1835年)俸满乞病归里,潜心研究儒学,著述授徒,惠泽乡梓。咸丰三年(1853)卒于乡,享年70岁。

张调元著有《贵耳集考释》3卷、《新辑服注春秋左传解谊》7卷、《㚄肆》4卷、《佩渠文集》2卷、《京澳纂闻》25卷、《佩渠随笔》16卷、《佩渠前后集》2卷、《贵耳集考释》3卷及《历代文粹》等,另有《郑州先贤志》2卷、《诗文类纂》4卷亦有刻本已散佚而罕见。由其学生孙钦昂(咸丰进士,郑州须水镇孙庄人)于光绪七年(1881年)汇编为《张佩渠所著书三种》刻印行世。

翟允之

翟允之(1801~1877年),清朝官吏,名儒。字诚斋,号静庵。新密市来集镇云蒙山阳翟沟。23岁县试入庠,道光己亥乡试举人,壬子科会试中第三甲77名进士。历任湖南郧县、黔阳、临武、攸县知县,道州知州。咸丰戊午科湖南乡试同考官,同治甲子科湖南武闱点名官,后升授郴州直隶知州加一级随带加二级。咸丰年间曾捐八千金助军饷,钦加二品封典,敕授文林郎,诰授奉政大夫,例授通奉大夫,晋封资政大夫。翟允之在任期间劝农桑,振学校,明礼乐,培民风,祷雨泽,理狱讼,访父老,举宾贤,弭盗贼,抑豪猾,除暴安良,奖励人才,周济困穷,实心实政,所在民和,所去民思,其匾牌、伞帐、碑铭诗文,颂扬之词历历可述。根据明清例制,一人荣耀,祖上诰封。其曾祖父、祖父、祖母、父亲、母亲、夫人、叔叔、弟弟都受到皇上诰封。

翟允之告老返乡,嵩阳(登封)、桧阳(新密)两书院争相聘请讲学,后以就近主讲桧阳书院,远近学士麋集而来,讲理学、授明经,入庠者不下百余人。翟允之治学严谨,诸儒语录、读理节录、读史笔记、程子四笺注释、朱子读书法则、枕泉书屋记、明道书屋记、感应篇直讲流传于世。

位于嵩山新密市来集镇马沟村翟沟组的翟允之故里,据统计有房80多间,属四进四合院落,大门匾额为"文武进士"。

王 鉁

王鉁,清朝名儒。字宝儒,号萝溪,一号淡泉。嵩山新郑人。道光五年(1825年)举人。少放狂,后读《理学宗传》,遂以斯文为己任。静坐收心,体认天理,为程、朱、陆、王混合学派。曾居京师修儒学。道光十五年(1835年)归居新郑,主讲于成皋书院。王鉁以所学者教人,兴起者众。道光二十年(1840年),授项城训导,镌俸考,人文大振。次年疾革,后病卒。王鉁于汜水时编辑有《儒粹三编》,另有著作《陆文安公要书》、《阳明良知谱》、《责善日记》、《觉照轩藏书》等。

苏鹏翥

苏鹏翥,清朝名儒。字子羽,嵩山河阴(今荥阳)人。同治元年(1862年)举人,主讲于东渠书院及荥阳汴源书院。学识广博,尤殚力乡邦文献,撰《河阴志稿》15部,另有《苏子羽年谱》、《苏民杂著》、《伪学辩谬录》、《事物逢源》问世。

许作霖

许作霖,清朝名儒。字砮卿,号五云。嵩山荥阳张家沟人。做人诚实,性情坦荡。以光绪年间举人,历任永城教谕、邓州学正、单杠士授徒,均以传播程朱理学为宗旨。致仕归里,居所名曰"望洛斋"。许作霖治家列有8条之规:"务耕读、务勤俭、务忠厚、务谦恭、戒吃烟、戒赌嫖、戒斗殴、戒嬉骂。"并逐条详释,定为家法。光绪年间,与荥阳邑绅及前令冯尔炽创建龙山书院。民国办理自治,晚年与邑人魏参政联奎、赵太史东阶等结为"九老社"。邑令梁有庚赠额曰:"香山高会"。卒年77岁。

许作霖长子其襄历任山西高等法院独任推士,彰德地方检察厅检察长,江西高等检察厅检察官。次子其清邑廪生。

林东郊

林东郊

林东郊(1868~1937年),清朝晚期儒学家。字荞原,又字霁园,洛阳老城人。光绪二十四年(1898年)进士,授翰林院庶吉士,历任国史馆协修、编书处协修、详校等职。光绪三十二年(1906年),受命赴日本考察政治,归国后编纂完成《皇清奏议》。宣统三年(1911年),授广西桂林知府,并加正二品衔,因清朝的灭亡而未赴任。"民国"二年(1913年),任临时参议院议员。"民国"七年(1918年),任众议院议员。由于时局混乱,退居洛阳。林东郊是当时嵩山地区最有声望的宿儒。当时河南省最大的公共图书馆,林东郊受邀担任名誉馆长。次年,国民党都洛阳,国民党政府主席林森到达的当日,就拜访了林东郊。林东郊与著名学者蔡元培是同科进士,并有很好的交情。由蔡元培兼任主委的中央古物保管委员会拟在洛阳设立办事处,办公地址就定在河洛图书馆。"民国"二十四年(1935年)中央古物保管委员会正式成立,法国留学归来不久的傅雷担任主任,他到洛阳赴任,首先拜访了林东郊。傅雷在洛阳编译《各国文物保管法规汇编》一书,林东郊就曾给他大力支持。

林东郊在洛阳闭门读书,从事著作,专心致力于《易经》的研究,并著有《易易》,这也是他在洛阳国学专修馆的讲义。史料记载,林东郊在国学专修馆主讲《易经》,每当他开讲之日,听者云集。林东郊晚年吟诗绘画,临池篆刻,无不精绝。他的书画传世作品众多,其书法峻劲雄伟,风神秀逸;其绘画构思高妙,尤工山水,他所做的山水画有唐代卢鸿之风,颇得平远之趣,笔法洒脱,清气袭人。辑有《爱日草庐诗集》传世。

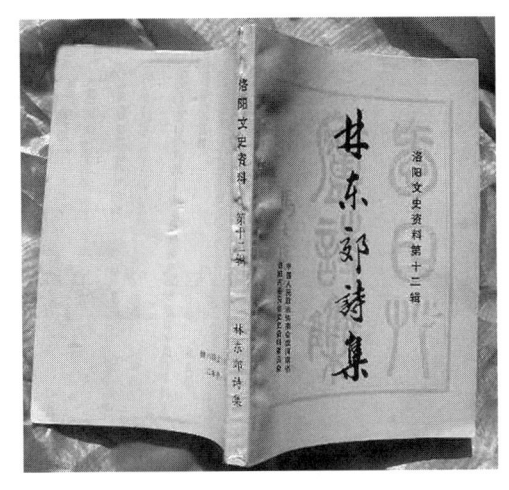

林东郊诗集

田春同

田春同(1873～1933年),清朝名儒。字荔轩,号肥园,光绪二十九年(1903年)应癸卯科乡试,考中第43名举人。与解元陈嘉桓、举人王棽林同被称为"禹县三杰"。曾讲学于汲县经正书院和河南优级师范及一些中学。一生著述很多,主要有《周易法何》、《周易集论》、《诗经讲义》及《六深精舍诗文集》等,志书有《禹县志》、《考城县志》、《汲县志》、《巩县志》等,总计约160多卷。田春同病逝后,全县文人前往吊唁,评价他说:"读书万卷,下笔千言,于诗为佛,于酒为仙。"

牛长庚

牛长庚,清朝名儒。汜水(今荥阳汜水)人。习儒学,教授四方,成就甚众。著有《救荒记》、《贞烈传》。

第五章　嵩山儒学特质

宋代儒学家以儒家思想为核心，吸收道教物宇宙生成理论和佛教的思辨哲学，形成了比较严密的哲学体系，然而由于对世界本原的认识及其实践的不同，使宋代儒学分为不同的学派，比较有代表性的为二程的伊洛理学、张载的气学、陆九渊的心学、王安石的新学、陈亮和叶适的实学。而在这些学派中，理学是贯穿于宋代始终并被确立为官方哲学的最为重要的学派。嵩山地区的儒学主要就是宋代理学中的伊洛理学。

二程理学的出现，是中国思想发展史的必然结果。北宋初期，胡瑗、孙复、石介三先生重视天道研究，强调义理，为理学的产生准备了条件，这是宋明理学的先驱。据吕大临的《横渠先生行状》记载，石介认为："孔子之道，治人之道也。一日无之，天下必乱，如粟米不可一日少，少则人饥；如布帛不可一日乏，乏则人冻死。孔子之道，君臣也，父子也，夫妇也，朋友也，长幼也。天下不可一日无君臣，不可一日无父子，不可一日无夫妇，不可一日无朋友，不可一日无长幼。万世可以常行，一日不可攘者，孔子之道也。"胡瑗的《周易大义》、孙复的《春秋尊王发微》都对后来的理学有很大的影响。周敦颐继之而起，援佛、道入儒学，提出一系列理学概念，成为宋明理学的开山鼻祖。他的《太极图说》《通书》融合了《道德经》、道教学说与易经，最早触及了宇宙和社会起源等哲学问题，使儒家的经学哲学化，并对中央集权统治和封建伦理纲常进行了哲学论证，为理学的创立奠定了基础。二程继承发扬了宋初三先生对儒学的独特思维方式和周敦颐的理学精神以及其他哲学思想，以天理作为天地万物的本源，创建理本论，对自然、社会、人生诸问题做出了全面的解释，形成了颇具影响的理本论理学流派。程颢的主观唯心主义思想，开宋明理学中陆王一派，而程颐的客观唯心主义思想，开朱熹一派。二程的理学思想以儒家伦理学说为基础，并吸收佛道的一些思想，故其理学体系比传统儒学更加精致细密，更具有思辨精神。

第一节　"万物皆有理"的理本论

"天理"是二程理学思想的出发点和归宿，是其哲学的最高范畴，也是宋明理学的核心命题。二程建立了理一元论的哲学体系，程颢曾不无自豪地说："吾学虽有所受，天理二字却是自家体贴出来。""理"、"天理"在先秦和汉代都有论述，并非程颢的发明，但二程的"理"有其特殊含义：首先，"理"是天下万事万物的普遍规律和准则。"万物皆有理",是二程的一致思想。程颢说:"万物皆有理,顺之则易,逆之则难,各循其理,何劳于己力哉?"这就是说,"理"是事物本身具有的,人们必须遵循它,它相当于某种规律,自然界有,人类社会同样具有。这个"理"指人的行为准则而言。其次,"理"是一个绝对的精神实体,它是世间万事万物之外的最高存在。二程说:"天理云者,这是一个道理,更有甚穷已?不为尧存,不为桀亡。人得之者,故大行不加,穷居不损。""理"是天地万物的最高主宰,万物由它而生,它既独立于万物而存在,又不能损加,从这个意义上说,它是唯一的存在,是永恒的、放之四海而皆准的。再次,"理"是形而上之道,它无形体,无象数,但"理"不是虚而是实。二程说:"理"本身无形,但可借有形之物来显示,"理既见乎辞矣,则可由辞以观象",人们可以通过有形之物来观察、认识"理"。"理"是超乎形器的形而上者,而"理"如涉乎"形声",则成为"气",由理及气,由形而上到形而下,有理然后才有气、物、象,"气"是"理"生"物"的中介环节。这样二程就把"理"提升为宇宙万物的最高存在,但它又具有实在性,是"实理",不是虚空,这就与张载的"太虚"之理有了本质区别。二程认为"空理"不仅产生实物,而且产生实用,二程以理为实,以理为用,这就把现实社会的伦理道德和忠君孝父之理视为实在、视为合理,从理论上说明封建社会伦常的合法性。最后,"理"是人伦关系和道德纲常的准则。二程说:"视听言动,非理不为,即是礼,礼即是理也。"非礼勿视,非礼勿听,非礼勿言,非礼勿动,人人遵守这一套伦理原则,就是守理持理,不越伦常。这样,"理"便从永恒的精神存在演变为日常行为准则。

二程对"理"的理解也有不同之处,这就形成了程颢的主观唯心主义理本论和程颐的客观唯心主义理本论。首先,大程认为,心即是理,理即是心,理存于人的心中,小程则认为理包心而主于理。其次,二程对"道"的解释也略有不同,大程以"道"与"心"为一,并主于"心",说"克己复礼"体现了"道","道"通过"克己复礼"来表现。小程认为"心"是"道"所处的场所,二者虽然一体,但并非"心"包"道"。再次,从"天"而言,大程认为"天人无二","天"归于人,小程则认为"天人无二",而归于"无",是"合天人"。最后,对"气"的理解不同,大程认为"浩然之气"是自身修养而成,小程则认为"浩然之气"为"天地之正气",大程以"吾气"为气,偏于主观,小程以"天地之气"为气,偏于客观。总之,在二程哲学里,"理"不仅是天地万物的主宰,也是人类社会的最高准则,二程试图通过对"理"的论证,把社

二程理学

会法则和自然法则合二为一,沟通天人之间的关系,为此人的一切思想行为必须合于自然规律和社会规范,要做到这一点,就必须克服私欲。"存天理,灭人欲"这一口号的提出,目的在于把人的言行纳入封建伦理纲常的范围之内,以维护封建统治。这是二程理学的核心思想和最终用意。

第二节 "格物致知"的认识论

认识论是二程哲学思想的重要部分。在认识论上,二程的观点不尽相同,程颢主张"以诚敬存之",程颐主张"格物致知",其目的都是为了体认"天理"。程颢认为心即是理,理存在于人的心中,其认识论也通过体认内心达到认识天理的目的,因为理在心内,要认识理,就必须仅求于心。他说:"只

心便是天,尽之便知性,知性便知天,当处便认取,更不可外求。"这就是说,人心是天,囊括世间万事万物,了然己心,就能知性知天,不必向外索求。所以程颢的认识方法是一种内省式的体认,认识的对象不是外部客观事物,而是人心,因为"人心莫不有知",认识了人的内心,就能得到天下万物的事理,这就是他所说的"心得之,然后可以为己物"。他说的天理是自家体贴出来的,这体贴便是对自我内心的观照,若无内心之理,便无从观照。怎样内省我心呢?程颢提出主敬的方法。他说:"学者不必远求,近取诸身,只明人理,敬而已矣,便是给处。""敬"在程颢说来,是一种内心的修养、体贴功夫。程颢主敬,为的是平复内心,创造一种体认天理的最佳心理状态,做到心静如水,毫无杂质。为此,必须修身养性,陶冶情操,以接纳理的到来。此外,他还特别重视另一种修养功夫,这就是"诚"。"诚"就是真诚无妄,舍弃人的私心杂念,既不违反天道自然的理规,也不违背自我的良知。一个"敬",一个"诚",做到这两点就能认识天理,所以程颢总结出的内省方法是"以诚敬存之而已"。"诚敬"不是目的,只是一种内心修养功夫,客观存在的最终目的是要通过静心内省达到"仁"的境界,因为能以"诚敬"为学,仁自然不在其中了。所以程颢说:"学者须先识仁,仁者,浑然与物同体。义、礼、智、信,皆仁也。识得此理,以诚敬存之而已,不须防检,不须穷索。"这就是说,只要在"诚敬"上下功夫,就能达到仁的境界,不需煞费苦心地向心外索求。因此,我们可以看出,他的认识论根本不是去认识客观事物,而是通过内心修行达于仁,这样认识与伦理学便合而为一了。从理本论到认识论,再到伦理学,这就是程颢理学思想的基本思路,也是宋明理学的一大特点。

　　与程颢的认识论不同,程颐主张外求以明理,他认为理只有一个,万事万物归于理,观物察己都有是为了穷理,认识的目的在于明理识理。在具体的认识方法上,程颐提出两种知识,这两种知识分别来自两种认识方法,这就是"闻见之知"和"德性之知"。他说:"闻见之知。非德性之知,物交物则知之,非内也,今之所谓博物多有者是也。德性之知,不假闻见。"所谓"闻见之知",就是通过观察外物,通过耳目感官接触外物所产生的知识,这种知识来自客观世界。这种认识方法与程颢内省式不同,它主张外求,与张载的"闻见之知"类似。所谓"德性之知",不是指依靠客观事物的感知而产生的知识,它存在于人的内心世界,可以通过自省而获取,这又与程颢相似。程颐主张二者相结合,以弥补二者的不足,但总的说来,他又比较偏重于前者,他认为德性之知存乎内心,容易被外物蒙蔽,产生主观偏见,而闻见之知来自于外部感性世界,经常"因物而迁",容易迷茫混乱,二者结合,相互补充,才能明理。程颐说:"知者吾之所固有,然不致是不能得之,而致知必有道,故曰:致知在格物。"也就是说,知识虽存乎内心,我固有之,但必须通过"格物致知"的方法获取。"格物致知"是程颐对认识论的总结和概括,主张通过感官感受外物以获取知识。如何"格物致知"?程颐认为物分两类,一是外在的,一是内在的,外如天高地深,内如性情事理,都在"致知"的范围。他还说:"物不必谓事物然后谓之物也,自一身之中,至万物之理,但理会得多,相次自然豁然有觉处。"从宇宙万物到一身之中,都是"格物"的对象。他说:"今人欲致知,须要格物。"要获得事理,必须在"格物"上下功夫。总之,程颐一方面强调"格物"的重要性,一方面规定了"格物"的对象和范围。但是,"格物"按程颐的说法,"须是今日格一件,明日格一件,积习既久,然后脱然自有贯通处。"表面上说对任何事物须要逐个认识,但他的意思是说万物无法穷心,格物穷理,"非是要尽穷天下之物",我们能够穷尽的,"只为万物皆是一理"。所以程颐所说的理并非存在于事物内部的各种属性,而是所谓"天理",天理只有一个,人们可采用格一个或几个事物的理,再类推出一切事物的理的方法来明理穷理。"今日格一物,明日格一物",通过量的不断积累,然后达到豁然贯通的地步,由量到质的认识过程具有一定的合理性。但程颐所要认识的事物不是事物的本身属性,而是人与万物共有的"天理",一旦认识到天理之后,就能循理而行,这个理还是封建伦理纲常。穷理的目的在于循理,遵守伦常秩序。

第三节 "天命之性"、"气质之性"的人性论

孟子主张性善,荀子主张性恶,《三字经》中说"人之初,性本善",这都是探讨人性善恶的来源和如何迁善改过的问题,二程的人性论也是如此。二程采取了张载的"天地之性"、"气质之性"的观点,提出了"天命之性"和"气质之性"的人性观。二程认为,"天命之性"是本体"理"在"性"中的体现,它是至善的,"气质之性"由"气"而来,有善也有恶。程颢认为事物形成的质料是"气",事物形成的原因是"性",气是依照理进行变化的,依理而成万物。所以性在气内,性因气而成,每个物体的性是包含该物体的气的。而且,气有清浊之分,清者为善,浊者为恶,于是,人也就有清浊善恶之分,这原因就是天生所禀的气的不同,所以程颢把《中庸》里说的"天命谓之性"发挥成"自天命以至教,我无加损焉。"意思是说天命之性不能随意加损,这种性来自天命,是天然之性,它是纯洁的、至善的。程颢有时称"道"为性,这"道"是天然的,完全是自足的,是"无所污坏"的。那么恶从何来呢? 恶不是来自"性"和"道",它来自浊气。程颢说:"水之清,则性之善也。"性本来是清明的,却因气禀不好,"有自幼而善,有自幼而恶。"因此恶是来自于气,气质之性有善有恶,必须主敬治之,才能恢复善性。善的内容是什么? 二程认为善主要体现为仁、义、礼、智、信五者,程颐说:"自性而行,皆善也,圣人因其善也,则为仁义礼智信以名之;以其施之不同也,故为五者以别之。"善是天命之性的显示,善也是理、道,善与理、道均为一体,这就赋予善,即仁义礼智信与理、道相同的地位,具有与理、道一样的至上性。气质之性有好有环,有善有恶,这是与生俱来的,善恶都具有先验道德论的性质。二程认为人与物皆有性。人得气之正,物得气之偏,"得阴阳之偏者为鸟兽草木夷狄,受正气者人也。"这是就人与物的区别而言的。就人而言,人与人也有区别,气清则形成人之善,气浊则形成人之恶。圣人之所以成为圣人,是因为"禀得至清之气",愚人之所以成为愚人,是因为"禀得至浊之所气",这从气禀上论证了圣人与愚人的区别,人之命脉,天注定。但是二程又说,具有恶性的人,也可达到圣人的境界。这是建立在"亦有可移之理"的基础上的,关键在于以"理"为"可移"的标准,经过自我的修养,一"诚"一"敬"弃恶从善,变恶性为善性,这就是二程所说的"善心莫善于寡欲"。"欲"在二程看来,是产生恶的根源,必须坚决加以革除。"不欲则不惑,所欲不必沉溺,只有所向便是欲。""人心私欲,故危殆,道心天理,故稍微,灭欲则天理明矣。""欲"的存在,妨碍了天理的实现,是极其危险的。人若沉溺于物欲,就会误入歧途,不守纲常,置伦理道德于不顾,因此必须存天理,灭人欲。

二程人性论中,理、性、气、心、情的人性范畴互有区别又有联系,需要细致的辨析,才能把握其人性论的思想脉络。但是有一点可以肯定,二程的人性论是其哲学发展的最终落脚点。伊洛理学之所以后来与朱熹的理学思想相结合,成为后期封建社会的官方哲学,很大程度上在于由人性论引发出来的天理人欲之辨。存天理,灭人欲,这种禁欲主义的人性论和修行观,给中国人带来了沉重的精神负担,这则是需要深思的。

第六章 儒学在嵩山地区的影响

嵩山是天下名山,五岳之一,历史上多属京畿地区,帝王将相们经常来此祭祀封禅,儒学大师们频频光顾。唐宋时期大多名士更是隐居嵩山,这些都极大程度地扩大了儒学在嵩山地区的影响。孔子曾到嵩山附近的洛阳向老子问礼。汉代开始用儒家礼仪建立统治秩序,尤其是董仲舒向汉武帝建议"罢黜百家,独尊儒术"后,儒学的影响迅速延及全国。东汉以后大多朝代以洛阳为都城,儒学大师们更是云集于嵩山附近。唐代儒学大师韩愈曾携友来游嵩山,并在嵩顶留宿。宋代儒学大师邵雍移居西京洛阳后,大儒们多来走访,富弼、司马光、王拱宸、二程等都受到了很大影响。王安石实施新政后,一些与之政见不合的人都被贬到了西京洛阳及嵩山崇福宫。据有关史料记载,曾任崇福宫提举、管勾的要员就有19人之多,比较著名的有程向、程颢、程颐、司马光、范仲淹、范纯仁、吕诲、韩维、李纲、杨时、朱熹,这些人都曾在嵩阳书院任教,为儒学在嵩山地区的传播立下了不可磨灭的功劳。元朝时大儒许衡的学生郭守敬又来到嵩山南麓的周公测景台遗址处进行天文观测。清初三大儒之一的孙奇逢晚年居苏门山讲学,他以王守仁的心学为本,兼采程朱之学,嵩山登封人耿介是其受业门人,在《清史稿》人物列传中,耿介附列于孙奇逢之下。后来耿介回乡兴复嵩阳书院,又延聘了大批儒学名师,如汤斌、冉觐祖、李来章、窦克勤等,使儒学尤其是理学在嵩山地区大为传播。

儒家学说和理学思想,作为一种意识形态,一种文化,对嵩山地区的人们有着长期而深远的影响。由于历代封建统治者的提倡和鼓吹,二程及其思想的影响尤为深刻。南宋以后,二程的地位越来越高,元代统治者把他们的爵位增加一等,追封程颢为豫国公,封程颐为洛国公,并敕令在嵩县程村为二程建庙立祀。明代又册封二程嫡系后裔为"世袭翰林院五经博士",又将程氏家族由民籍改为贤籍。清朝也大加优待,光绪二十七年(1901年),光绪帝和慈禧太后由西安回北京途经洛阳时,分别给二程题赠"伊洛渊源"和"希踪颜孟"的匾额。辛亥革命后,北洋军阀政府继续承认二程嫡系子孙和"翰林院五经博士"的世袭权。嵩山地区号称理学名区,被称为宋明理学的发源地。二程的思想被统治者加工整理,变成了一条一条的封建教义,写在书上,刻在碑上,渗透在各个方面。

第一节 儒学对思想及行为方式的影响

儒家思想,作为中国古代思想文化史上与以《道德经》为核心的道家思想并峙的两座高峰之一,对嵩山地区人们的思想及行为方式有着极其重要的影响。

"学而优则仕"是儒家的一贯主张，古代大多读书人都以中举做官为终生理想，有的穷首皓经，直至老死。宋真宗更是提出："书中自有千钟粟，书中自有颜如玉，书中自有黄金屋。"这更把读书人读书求官的理想推向了极致。嵩山地区登封一带古代读书习气尤其浓厚，嵩阳书院培养了大批人才，明清时登封的名人都出自嵩阳书院。

儒学的经世致用、积极入世态度，成为人们的一种追求。孔孟都是以天下为己任的人，孔子所追求的是"安人"、"安百姓"，孟子追求的是"亲亲而仁民，仁民而爱物"。人人各得其所，万物皆随其性，是儒家的理想。宋儒们大力继承和发扬这种儒家理想，范仲淹"先天下之忧而忧，后天下之乐而乐"，周敦颐"志伊尹之志，学颜子之学"，张载"为天地立心，为生民立命，为往圣继绝学，为万世开太平"，二程"见民疾苦，如在诸己"、"救民获罪，所不辞也"，都表现出了以天下为己任的广阔胸怀和伟大抱负。这些都对嵩山地区产生了极大影响，秦末登封人陈胜所说"王侯将相，宁有种乎"，就是一种积极追求，他因而也成为中国历史上第一位农民起义领袖。清朝人耿介孜孜以求，兴复嵩阳书院，自任院长，广聘名师来院任教，更是一种积极向上精神的反映。

"达则兼济天下，穷则独善其身"，是封建士大夫们信奉的教条。嵩山是五岳之一，风景秀丽，环境幽静，又距古代政治中心洛阳、开封较近，因而是大多隐士们的首选之地。隐士是古代有条件为官作吏而主观上又不愿为官作吏的士人，这些人又大多是饱读诗书的儒生。嵩山最早的隐士是许由、巢父、樊仲甫，他们生活的时代儒学尚未出现，可另当别论，而后世退隐山林者则多是效仿他们的。北魏时，著名隐士冯亮性喜清静，在魏孝文帝迁都洛阳后即隐居嵩山。唐代大诗人王维未中进士前也曾隐居嵩山，唐代谏议大夫卢鸿隐居嵩山悬练峰下，筑草堂授徒，故嵩山最大的瀑布被命名为卢崖瀑布，他的后人聚居地被称为卢店。初唐四杰之一的卢照邻，晚年也曾隐居嵩山东龙门山，后来自投颍水而死。唐代发明"终南捷径"的著名追骥隐士卢藏用，在武则天执政时期也隐居嵩山少室山。谏议大夫李渤也隐居在嵩山少室山。金朝大学问家元好问在金朝末年隐居嵩山长达十几年时间，其间曾两次登第，然而都对做官无多大兴趣，却留恋于嵩山山水，写下了大量赞美嵩山景色的诗文，还对当时廉洁清明的登封县令薛鼎臣的德政大加赞扬。

仁义礼智信

在嵩山地区各县任职的循吏县令，大都以儒家学说为执政理念。《登封县志》记载了很多循吏、先贤、烈士、烈女，他们都是深受儒家文化浸染而立身处事的。他们表孝悌，理冤狱，劝农桑，兴学校，行教化，好吟咏，爱民伤吏，为政有方，登封人多刻石颂德，祀于名宦祠中。较著名的有朱宠、卢殷、楼异、薛居中、侯泰、丁应泰、傅梅、叶封、成跃龙、毛汝采等。他们的身体力行直接扩大了儒家文化教育的影响。因推广儒家文化教育，登封本土也出现了很多历史名人，如祭遵、祭彤、杜密、韩褒、李中敏、李顾、王忠民、常克念、耿介、景日昣等。

嵩山地区记载和表彰忠孝节义事迹的牌坊到处都是。所谓忠臣、孝子、贞女、节妇的名字，载之于史册的数以千计。群众中流传的一首顺口溜"出了潼关道,碑碣两边靠,不是颂功德,就是表节孝",真实地描绘了这种情况。

"孝"是儒学的内核之一,是儒学的文化传统。很多朝代都标榜以孝治国,登封大多寺庙里也都绘有儒家二十四孝图,来教化百姓。受儒家文化的影响,登封出现了很多见诸史册的孝子:祭遵"少好读书,丧母,负土起坟";祭彤"早孤,以至孝见称";颍阳胡元安"体曾参之至行,履乐正之纯业,亲没泣血。骨立形存,精诚洞于神明,雊兔集其左右";王左"居丧庐墓,诏赐旌表";王中"性至孝,母殁,庐墓三年,身被衰麻,日食饪粥,旦夕哭奠,未尝栉发易衣……事闻旌表";王玭"割股医母病";刘绳宪"父殁,哀毁骨立,事母尤谨,抚幼弟成立,寸丝无私,及析产让肥取瘠"等等,不胜枚举。以至现在,嵩山地区还非常注重孝敬老人,老年人一过六十岁,儿女们每年都要为父母过生日。

第二节 儒学对文学艺术的影响

嵩山优美的自然景观和丰富的人文景观,吸引历代文人雅士纷至沓来,留下了浩如烟海的瑰丽篇章。从西周的《诗经·大雅·崧高;郑风·溱洧》到三国曹植的《巢父赞》和嵇康的《许由赞》,从唐诗宋词到明清游记,从民间传说到舞蹈音乐,艺文荟萃,著述浩繁,异彩纷呈,蔚为大观,展现出深厚的文化积淀。

儒学对文学艺术的影响

嵩山地区随处可见的林廊碑刻成为一道独特的风景线。碑刻的内容大量反映社会的历史事件,反映当时的政治、经济、天文、地理、自然灾荒、乡规民约等。嵩阳书院内碑刻荟萃,原立于书院的碑刻22品,其中以明代的《登封县图碑》、清代的《嵩阳书院碑》、《嵩阳书院碑记》、乾隆《游嵩阳书院》诗碑等最为珍贵。书院内原有石刻八角望柱一根,高约3米,下施覆盆柱础,上复顶盖,望柱上依稀可见唐元和四年(809年)三月二十六日韩退之(韩愈)与著作郎樊宗师,处士卢仝、李渤,道士韦濛、僧荣等同游天封观时的题名和宋欧阳修的跋文,外柱上有宋皇祐年间的苏舜元、嘉祐年间的颍川陈守柔、熙宁年间的子由(苏辙)、寇仲武及崇宁、大观、政和、宣和年间的数10人题字留名。现书院收集的碑刻从北魏至民国共62品,重要的有武周《孙君墓志铭》、宋《黄庭坚诗碑》、明《古孤竹国碑》、清《耿介墓碑》等。嵩山南麓玉女台下石淙河南北崖上有巨型的摩崖刻石《夏日游石淙并序》和《秋日宴石淙序》摩崖碑,均为薛曜手笔,其"书法瘦劲奇伟",为宋徽宗瘦金书之祖,是唐代碑刻的佳作。这些碑刻作品,不仅蕴藏了丰富的历史资料,而且还是研究中国文字演变和书画、雕刻艺术等的宝库,故中岳嵩山有"金石宝地"之称。

第三节　儒学对建筑的影响

儒学对建筑的影响,表现在书院与太学的建造上。嵩阳书院与商丘的"睢阳书院"、湖南的"岳麓书院"、江西的"白鹿洞书院"共称为宋代四大书院,并名列第一,天下闻名。登封还有四小书院,即存古书院、颍阳书院、少室书院、颍谷书院。另外,登封还建有县学,县学有大成殿、崇圣殿、明伦堂、名宦祠、泮池、魁星楼等建筑,各殿堂除供奉至圣先师孔子外,还供奉复圣颜子、宗圣曾子、述圣子思、亚圣孟子、儒家十二哲人及其他先儒先贤。登封的祠堂更是不计其数,颍考叔祠,靖长官祠,侯公祠,傅公祠,刘公祠,焦公祠,张公祠,耿公祠,宗伯祠,古贤守令祠,祀知县应靖、山锡之、侯泰、傅梅、刘安行、鄢廷海、刘禋、成跃龙、张朝瑞、张垠。

嵩阳书院保存了传统书院的建筑格调,建筑选址、布局和形式兼备公共建筑和民居建筑特色。沿中轴线布置五进院落,由南向北依次为大门、先圣殿、讲堂、道统祠和藏书楼。藏书楼是古代贮藏书籍的地方,就好比现在大学内的图书馆,是书院内密不可分的一部分。书院内保存清代建筑26座,其他还有二程祠、三贤祠、诸贤祠、观善堂、辅仁居等。除道统祠为歇山顶以外,其他建筑均为硬山卷棚布瓦顶,具有河南地方建筑风格。道统祠前建有泮池,池上架拱桥以通往来,在拱桥的两侧分别刻有"泮池桥"三个字。古制学宫得引水辟池,形如半壁,故称泮池。书院作为一种古代学校,也多建泮池、泮桥。古代当地风俗凡考中秀才以上学位的,都要举行绕池三周仪式,以示永效老师之法,安邦治国益于天下。嵩阳书院建筑体量适中,青砖灰瓦,古朴雅致。随着古代教育体制的终结,书院作为教育机构的功能已经消失,但嵩阳书院作为中国最早的传播儒家理学学说、祭祀儒家圣贤和举行考试的场所,对研究我国古代书院建筑仍然有着不可替代的标本意义。

第四节　儒学对教育的影响

东周时期,伴随着政治经济的改革,在思想意识上和文化教育上发生了深刻的变革,出现了百家争鸣的繁荣局面,有儒家、法家、墨家、道家、名家等,但对中国影响根深蒂固的是儒家。

东周时,在洛阳当了多年史官的老子著《道德经》五千言,儒家学派的创始人孔子曾入周,问礼于老子,老子言传身教,孔子视之为"神龙"。孔子离周归鲁,又周游列国,传播儒家学说,这是私人讲学的开端,开私家著述之先河。

儒家学派之前,古代社会贵族和自由民通过"师"与"儒"接受传统的六德(智、信、圣、仁、义、忠),六行(孝、友、睦、姻、任、恤),六艺(礼、乐、射、御、书、术)的社会化教育。从施教的内容看,中国古代的社会教育完全是基于华夏民族在特定生活环境中长期形成的价值观、习惯、惯例、行为规范和准则等文化要素之上而进行的。儒家学派全盘吸收这些文化要素并上升到系统的理论高度。儒家学派的创始人孔子第一次打破了旧日统治阶级垄断教育的局面,一变"学在官府"而为"有教无类",使传统文化教育波及整个民族。因此,他被称为古代教育思想的伟大奠基者。

继孔子之后,儒家出现了孟子。孟子继承和发展了孔子的"仁"和"德政",强调社会教育的目的是"行仁政","得民心"。其教育目的,也是为了培养君子。在道德教育思想上,孟子从"性善论"出发,重视启发人们恢复天赋的道德观念的自觉性。孟子使儒家教育有了进一步的发展。后人常说的"孔孟之道",也是对孔孟的一种肯定。

在儒家教育思想发展过程中,起着重要作用的还有荀子。他和孟子一样,继承了孔子的学说,但他选择了"性恶说"。荀子继承和发展了孔子的"礼"和"德治",强调了"礼治"的重要手段,有"固国齐民"的作用。荀子把"始乎为士","终乎为圣人"作为教育目的。在德育上,重视"笃"志,主张"日三省乎己"。他的教育思想偏重于外求,重视外界对客观事物的认识和学习。

儒家思想发展到汉朝,进入了一个新的阶段。高祖、文景二帝均接受了孔子儒家的学说。到了汉武帝,董仲舒提出了"罢黜百家,独尊儒术"。从此,新的儒学定为一尊,儒家学说被定为"经学"。他的提法,确定了儒家思想的政治地位。

儒学对教育的影响

董仲舒继承儒家传统,重视国家的教民事业,指出实行德政和教化的重要性。他关于文教政策的思想,是他最重要的教育思想。在人性方面,董仲舒提出了"性三品"说。董仲舒有一句格言:正其义不谋其利,明其道不谋其动。从中不难看出,董仲舒和先秦儒家一样,用仁义作为善恶的道德标准。

东汉以后,王充在教育思想上,提倡"学知乃知,不问不知"。并比英国的培根早1500年提出了"知为力"的观点。他所提出的"见闻为"和"开心意"都对后世有着极为重要的影响。

在魏晋南北朝和隋唐时期,儒家思想曾一度衰落。到了唐朝,韩愈提出了著名的师道说,重振了儒家的雄风。儒学在唐朝是很盛行的,太宗登基的第一件事,是释放宫女三千人,完全是"仁"的一种体现。韩愈是唐代的思想家、文学家、教育家,也是一位重振儒学的卫道者。他提出了"文以载道"。他所阐述的教师、师生关系,一反传统。韩愈提出学业的精进在于精勉,正是儒学的精华。

程颢、程颐是理学的奠基者,又是中国封建社会后期具有相当影响的教育家。他们在继承孔孟思想的基础上,使儒家思想有了新的发展。二程教育思想的根本出发点和目的是以仁与义、以人之道来培养人,使之成为道德高尚、人格健全的人。他们提出实施和重视早期教育,注重崇高道路信念的培养,强调知行统一,注重因材施教,启发诱导,循序渐进等主张和见解,即使在今天,仍有很强的现实意义。

儒家的教育思想发展到明代,出现了唯心主义的陆王心学。王守仁十分重视儿童教育,他从"教良知"的角度出发,认为儿童时期保存良知最多。他在儿童教育思想上提出三点:顺应性情和鼓舞兴趣;循序渐进和因材施教;"歌诗""见礼"与"读书"。王守仁主张依儿童的特点进行教学,反对教条式教育方法和体罚学生等粗暴的教育手段。

在中国儒家思想的发展过程中,颜元主张实学教育;陈亮叶功强调实事求是;黄宗羲以此设计理想社会;方以智融以科学哲学;顾炎武以天下为己任……中国儒家思想的发展是缓慢而渐进的。历史发展证明,无论是在教育教学方面,还是在师生关系方面,儒学对中国教育的发展都是影响巨大的。孔子私学的"有教无类",大大扩大了受教育的人数,与现行教育一致;孔子的教育目的是培养"士",

孟子的教育目的是培养"君子",荀子也一样,董仲舒向汉武帝建议开创"太学",也是为了培养和选拔精通儒经,并能"尊王明伦"的人才。儒家教育是以"仁"为核心,终极目的教人成为"君子"。这与当代教育目的,培养有道德有文化的人才也是一致的。

在教育理念上,当代的教育理念都是在儒学的教育思想影响下形成的。如孔子有云:"民为贵,社稷次之,君为轻",这就体现出在教育中,应该以人为本,要重视学生,以学生为本,培养学生的人本主义思想。儒家提出"中和"思想,如果达到中和的境界,天下万物各得其所,生化不已,都能实现自己,使自然与社会都能和谐发展。这是一种普遍的和谐观,世界上的各种关系,包括人与人,人与集体国家之间,人与自然之间,都达到和谐统一。"因材施教"的教学方式,深深影响了中国几千年的教育方法。在教学上必须做到"因材施教",才能最大限度地发挥学生的潜力。

在教育目的上,当代的教育都受到了儒家思想教育的影响。尽管儒家重视政治道德教育,但他们对文化知识的教育也不忽视。"六经"是他们的教材,所开的课程,很多都是"六经"的延续和发展。《诗》相当于文学课,《书》相当于政治课,《礼》和道德理论课无异,《乐》相当于音乐课,《易》相当于哲学课,《春秋》仿似历史。儒学到汉代,教学内容增加了,发展成为"六艺":礼、乐、射、卸、书、术,增添了射、卸、术,发展了实用数学。其中"术",又发展为后来的数学。

同样,在教学内容上,孔子倡导"志士仁人,无求生以害仁,有杀身以成仁。"由此造就了历史上无数为国家民族勇于献身的仁人志士。以儒家为主导的教育体制和人才培养的指导思想都在于使人们对社会、对国家具有参与感和责任感。"天行健,君子以自强不息","地势坤,君子以厚德载物"是儒家积极倡导的人生理念。这种观念对自强不息,忍辱负重的中华民族精神影响巨大。朱熹曾解释"忠"为"尽己之谓忠",也就是说对待自己的工作应该像做自己的事一样,尽力把它做好,这就是忠于自己的职责了。儒家思想的"忠",是做人的道德修养根本之一,这与当代的"职责"精神相一致。

德育教育是儒家的核心,不同的时代,德育的标准也不同。如孔子的立志,孟子的"尚志",董仲舒的正义明道,朱熹的主敬、立志,归根结底,德育的核心就是"志"、"敬"、"道"、"义"。当代教育的从小立志,克己内省,团结友爱,忠诚守信是思想品德课的内容。儒学中的仁、义、礼、信,在今天的教育中,仍占有一席之地。

如果说,儒家思想在我国教育思想和教育目的、教育理念、教学内容上影响巨大的话,那么,古代各历史时期以儒学为主要教育内容的教育机构的扩充与发展,也更加促进了儒学进一步的传播和普及。从这一方面说,在历史上一直处于我国政治经济文化中心的嵩山地区,就其教育发展史说,也能充分地说明儒学对教育的影响。

春秋之际,周王室的学者也随之星散到各地开办各种私学、讲学谋生,沦而为士,学在官府被打破。东汉光武帝刘秀定都洛阳。汉光武帝崇信儒学,深知用儒学经典来培养治国人才的重要性,于建武五年(公元29年)在洛阳城南开阳门外,离宫8里,在"宫室未饰,干戈未休"的情况下,修建太学。东汉太学教学以经书为主要内容,儒学经典是太学的主要教材。教师也大都是全国著名的经学大师,如马融、郑玄、桓谭、斑彪等都曾在太学讲过经,他们精通一经或数经。洛阳太学始设五经博士,传授诸经,四方儒生云集,太学成了培养儒学人才的中心。

魏文帝都洛后,承曹操"唯才是举"政策,四方文士再次聚集洛阳。魏灭蜀汉,及西晋代魏后伐灭东吴,蜀吴名士谯周、陆机等负笈来归,学术交流异常活跃。这个时期,玄学在洛阳产生。先是何晏、邓飏、卫瓘、夏侯玄形成一个"谈玄"的圈子,然后是竹林七贤。玄学思潮是从洛阳开始席卷士林的,它不仅成为当时社会思想的主流,而且影响着士人的生活情趣、生活方式。从经学的实证方法,到玄理的思维，更富于抽象性。西晋灭亡后，一批玄学家如郭璞等人远渡江南，把玄学的思潮传到了南方。西晋灭亡后，北方大乱，典籍散尽，儒学滞传。至北魏孝文帝雄才大略，厉行汉化。他迁都洛阳后，仿东汉制度于洛阳设太学、国子学，并设国子祭酒统领诸学。下令三公以下至于卿士的子弟都到太学读书，王室子弟入国子学修业。鲜卑贵族接受儒学教育，革去旧俗，开启了少数民族与汉民族文化的大融合。

进入隋朝，隋炀帝迁都洛阳，置"明经、进士二科"，以"策试"取士，揭开了中国科举史上新的一页，而且对国学文化的发展有深远的影响。音韵学、目录学的成就尤为突出。

传统的儒学发展到宋代，遂演变为理学，使中国思想史发展到了一个新的阶段。北宋中期的程颢和程颐兄弟开创"伊洛理学"，奠定了理学的基础。理学教育理论的一大特性就是坚持道德教育与知识教育的一致性，体现为道德论与知识论、目的论与价值论的统一。而欲有助于此种学术宗旨与教育宗旨的实现，就必须使士与利禄相分离，学校与科举相分离。官学的废弃和腐败，已难以承担复兴儒学道德理想的重任，以追求知识和以道义为己任，唯有另辟新径。正是在此背景下，书院以其强大的生命力获得较大的发展，并确立了自己作为一种重要的教育组织形式的地位。

书院教学

书院是中国古代一种独特的教育机构。它萌芽于唐，兴盛于宋，延续于元，全面普及于明清，清末改制为新式学堂，延绵1000余年，对我国古代文化教育、学术思想的发展产生过巨大的影响。它的兴起和发展既带来了教育上的一系列变革，也更加促进了儒学的传播和普及，使儒学教育呈现出社会化的发展趋向。

在远离闹市繁华和尘嚣的地方，由理学名家牵头，创办一些"民办官助"的书院，一则实现他们醉心教育、传道授业的理想，二则也在较为宽松的环境里进行学术的研究与探讨。理学家们为书院提出的新的教育宗旨，即要求恢复先秦儒家教育的优良传统，以道德修身、人格建塑作为最重要的目的。因此书院从一开始创办，就立足于民办，使书院的主体意志不是根据一时的政治需要，而是根据文人学士的文化逻辑来建立，学术与教育能够保持足够的自由度。

书院的主要教育内容是理学，理学学术思想影响并规范了书院的教育理论和教学方法，书院作为教育基地和学术中心，有着频繁和丰富的教学活动和学术研究，反过来对理学学术思想的形成，也有深层次的促进作用。理学和书院的有机结合，使相互之间都产生了积极的影响。古代书院是一种综合型、多层面的文化教育组织模式，具有多种社会文化功能。书院制度的建立，打破了上层显贵垄断教育的特权，为下层百姓提供了受教育的机会。

北宋时期，书院初兴，且一出现即产生了一些闻名全国的书院，但这些书院尚未与当时新兴的理学思潮结合起来，它们主要致力于补官学教育和传统私学教育的不足。朱熹、吕祖谦对此均有所揭示，他们认为："予惟前代庠序教不修，士病无所于学，往往相与择胜地、立精舍，以为群居讲习之所。而为政者乃或就而褒表之，若此山（指石鼓书院）、若岳麓、若白鹿洞之类是也。""窃尝闻之诸公长者，国初斯民新晚五季锋镝之厄，学者尚寡，海内向平，文风日起，儒生往往依山林、即闲旷以讲授，大率多至数十百人。嵩阳、岳麓、睢阳及是洞(指白鹿洞)为尤著,天下所谓四书院者也。"

书院教学的特点,对于现代教育的意义是积极而深远的。作为当时的高等学府,书院吸引、聚集了名流学者前来讲经论道,出现了大批杰出的人才。从研究我国古代儒学传播这个角度看,嵩阳书院经过近千年的发展,积累了丰厚的教学经验。书院既是教育教学的机关,又是学术研究的机关,实行教育教学与学术研究相结合。书院盛行讲会制度,允许不同学派,不同观点进行讲会,开展争辩。书院的教学,实行"门户开放",有教无类,不受地域限制。书院以学生个人读书钻研为主,十分注重培养学生的自学能力,并采用问难论式,注意启发学生的思维能力。书院内的师生关系融洽,感情深厚。书院的名师,不仅以渊博的知识教育学生,而且以自己高尚的品德和气节感染学生。

书院藏书的特点,对于今天学校的藏书制度也是有重大影响的。藏书楼原藏书千余部,经史基本典籍之外,还有《理学要旨》、《理学正宗》、《日讲四书》、《性理精义》等,但大部分已遗失,仅存清代版本的一些书籍。现陈列有《二程全书》、《二程遗书》、《四书五经》、《中州道学编》、《四书近指》、《理学要旨》、《说文解字》等,另外尚存部分书籍的木刻版和在嵩山地区发现的稀世国宝《唐武后金简》。古代嵩阳书院的藏书来源比较广泛,主要有下列几个方面:第一,皇帝赐书。一些帝王为了显示自己崇儒重教的文教政策和鼓励、控制嵩阳书院,常常赐书给嵩阳书院。第二,私人捐赠。清康熙二十三年(1684年)河南巡抚大中丞王日藻慷慨捐俸银,为嵩阳书院建造规模壮观的藏书楼。楼成全国各地驿送经书,以充楼藏,供学者阅读。第三,购置书籍。嵩阳书院利用平时节约下的经费,购置大量书籍。第四,嵩阳书院刊刻书籍。大凡书院都有刊刻书籍的传统。嵩阳书院也不例外。这也是藏书的来源之一。嵩阳书院在清初藏书已达86部万余册,颇具规模,与当时各大书院颉颃。嵩阳书院的藏书特色主要有两点:其一,藏书的内容与书院讲学、学术研究有关;其二,嵩阳书院制订有一套收藏、借阅书籍制度。嵩阳书院藏书主要是为了院内师生借阅,一般不对外。这种规章制度,体现出嵩阳书院的藏书特点。

历史上,嵩山地区著名的书院有唐代的丽正书院(洛阳)、龙门书院(洛阳),北宋的伊川书院(伊川)、嵩阳书院(登封)、和乐书院(伊川)、安乐书院(伊川),元代的颍谷书院(登封),明代的天中书院(郑州)、圣学书院(汝州)、存古书院(登封)、伊洛书院(洛阳)、南城书院(登封),清代的东里书院(郑州)、兴学书院(新郑)、成皋书院(荥阳)、三山书院(荥阳)、桧阳书院(新密)、广宁书院(荥阳)、龙山书院(荥阳)等,这些书院的兴起,对理学思想的传播与普及,起到了巨大的推动作用。同时,在书院教育的带动下,嵩山地区的各市县出现了一批庙学、义学,这些教育机构的存在,大大提高了儒学教育的普及与发展。

第五节 儒学对节日的影响

中国传统节日是华夏民族历史文化长河所积淀的产物,是中华民族的宝贵文化遗产,是传统文化的驿站,是用来承载民族认同感、传承民族文化生命、增强民族凝聚力的载体,具有丰富而深厚的伦理文化意味,深深地蕴涵着一个民族的精神与风貌。

嵩山地区的传统节日,由一系列信仰和习俗形成,被赋予了特殊的社会文化意义并穿插于日常的生活之间,深受儒学的影响。古代的节日大多和天文、历法以及后来划出的时令、节气有关。宗教情怀也给予古代节日以更多的崇敬感,神话传奇故事更为节日平添了几分浪漫色彩,还有一些重要的历史人物被赋予永恒的纪念成为节日的缘由。我国的传统节日体系萌芽于先秦时期,成长于汉魏晋南北朝时期,而定型则在隋唐两宋时期。据宋代陈元靓《岁时广记》记载当时的节日计有元旦、立春、上元、正月晦、中和节、二社日、寒食、清明、上巳、佛日、端午、朝节、三伏节、立秋、七夕、中元、中秋、重九、小春、下元、冬至、腊日、交年节、岁除,这一序列基本上囊括了传统社会全部的重要节日,元明清时期对这一体系没有大的突破。有些节日在以后的发展历程中由于时令的相近或是人们的心理习惯而产生了合流或是前后替置。例如,清明节实际上是在吸收借取寒食、三月三等节日的传承因子后整合而成的一个复合节日。在我国社会的现代化运动中,传统节日经历了一次又一次的改造,而今在民间广为流传、并为民众广为认可的传统节日则有春节、元宵节、清明节、端午节、七夕节、中秋节、重阳节等。

重阳节

传统节日蕴涵着深厚的历史文化。大多节日背后有着感人至深的故事,有的是为了纪念历史人物。寒食节是为了纪念晋国忠臣介子推,端午节是为纪念伟大的爱国诗人屈原。浪漫的七夕节则是源于牛郎织女的民间传说,相传每年夏历的七月初七(晚),是牛郎织女鹊桥幽会的时刻。东晋葛洪的《西京杂记》有"汉彩女常以七月七日穿七孔针于开襟楼,人俱习之"的记载,这便是最早的关于乞巧的记载。古代先人们对皎洁的月亮有一种特殊的情感,古往今来许多文人墨客留下了大量关于月亮的美丽诗句。中秋节,则与嫦娥奔月的故事有关,表达着人们对美好生活的向往和追求。其他如重阳节、除夕、春节等传统节日无不有着深厚的历史渊源。

传统节日蕴涵着古老的宇宙意识。传统节日是与我们民族独特的阴阳合历即夏历紧密联系在一起的。在《论语·颜渊》中,孔子曾对颜渊说:"行夏之时。"这反映了中华民族传统的核心价值观念,即阴阳和谐,天人合一,表现了先人对顺应天地自然的人生境界的向往。自古至今,人们都强调春节作为一年开端的意义。汉代的《尚书大传》曰:"正月一日为岁之朝,月之朝,日之朝,故曰'三朝',亦曰:'三始'。"隋代杜台卿《玉烛宝典》亦云:"正月一日为元日,亦云'三元':岁之元,时之元,月之元。"王安石在《元日》诗中写道:"爆竹声中一岁除。"这描写了人们在除夕午夜子时到来之际燃放鞭炮的情形,标志着新的一年的开始,具有天地混沌初开、宇宙起源的象征意义。

传统节日蕴涵着深切的感恩意识。春节、清明节是饱含祭祀严肃性的节日,表达了中华民族慎终追远的情怀。《尚书·舜典》曰:"月正元日,舜格于文祖。"据《礼记·月令·孟春》记载,立春之日,天子亲率三公、九卿、诸侯、大夫,以迎春于东郊。古代皇帝也都在春节举行祭天大典。在神圣的祭祀中,我们感受到自我存在与先人、与天地的息息相关。春节所祭的祖灵很全,总是从家族始祖开始,囊括一切祖灵。自古以来,报天地之德、感祖宗之恩的意识深深地扎根在人们的心中。《礼记》曰:"万物本乎于天,人本乎于祖,郊之祭也,本反始也。"在烟雨迷蒙、万象更新的清明时节,踏青扫墓,怀念先人,寄托了人们对生命的敬畏,对往昔的尊重,对先人的感激,对道德的缅怀,对理想的追求,表达了强烈的寻根心理与归属意识。传统节日中祭天、敬天的情怀,对自然、远祖的崇敬,在今天有着巨大的意义。

传统节日蕴涵着温暖的人间亲情。传统节日表达着人们对亲人、家庭、朋友的思念和维系,"每逢佳节倍思亲"早已成为千古名句。历史上长期占主导地位的农耕自然经济,形成了人们安土重迁、追求稳定的民族文化心理,塑造了中华民族热爱生活、希冀安定、向往祥和圆满的文化价值取向。这种美好的愿望,在传统节日里得到了强烈的表现。春节、中秋节、重阳节,无不体现着人们对亲人团聚、尊老爱幼的美好愿望。节日里,亲朋好友聚集在一起,释放着平日的精神疲劳和焦虑以及种种心理压力,共同享受着亲情的美好,从而获得心灵上的慰藉和寄托。传统节日里的许多习俗,都表达着人们对家庭和谐、邻里和谐、天人和谐的美好心愿。节日祭祖活动之余的团拜、探亲等仪式活动,也和祭祖仪式一道,进一步密切了人际关系,从而使人们之间更加和谐,社会秩序更加安定。

传统节日蕴涵着浓重的祈福意识。很多传统节日,除了历史文化意义外,也表达着人们对安详、健康生活的追求。除夕守岁,春节贴门神,挂春联,倒贴福字,插桃符,有制服恶鬼、接纳幸福之意。清明节时,家家户户插柳植树,认为能顺阳气,迎吉祥,避邪祟。端午时人们在门上插艾叶,小孩戴五色线,认为这样可以辟邪。七夕乞巧、乞智,中秋祭月等等,无不表达着人们对健康与幸福的追求。

传统节日蕴涵着丰富的娱乐功能。随着历史的演进,民众文化意识的觉醒,传统节日中原始崇拜、禁忌迷信的色彩渐渐淡化,娱乐文化的因子开始大大增加。隋唐时期,传统节日已经普遍转化为娱乐礼仪型庆典,出现了各种丰富多彩的活动,成为真正意义上的佳节良辰,充满喜庆欢快的气氛。春节在人们的心目中是直到过了灯节才算过完的,人们在灯节这一天尽情地狂欢,平时受礼教束缚的妇女也可以外出参与娱乐,所以也是少女幽会佳期、结识意中人的好时机。重阳节适逢金秋送爽,丹桂飘香,风霜高洁,人们登高远望,赏菊赋诗。在历史的发展演变中,一系列节日民俗逐步地由"为神而行"变为"为人而行",节日给人以物质消费和精神享受的含义不断地增长,更多地成为一种情趣生活,一种闲适。传统节日是一个综合性文化载体,如除夕贴门神、贴春联、放爆竹、唱社戏等民俗活动,也为绘画艺术、雕刻艺术、书法艺术、表演艺术以及形形色色的娱乐活动的传承,提供着重要的契机,很多民间艺人、民间文化的生存发展离不开传统节日的维系。

因此,在现代生活中,传统节日对于传承古老文明、增进人际和谐、凝聚民族精神、创建和谐社会有着不可估量的重要意义。如今,追寻传统节日对于现代生活的意义,实现传统节日的真正价值,成为全社会共同关心的话题。

第六节　儒学对语言的影响

儒学经典中有很多语言已化为成语或格言警句,成为嵩山地区的常用语汇。如程门立雪、垂拱而治、春风化雨、从容就义、绰绰有余、从头至尾、粗枝大叶、打成一片、大惊小怪、得道多助、失道寡助、登堂入室、对症下药、耳提面命、罚不当罪、反躬自省、风平浪静、风雨飘摇、各得其所、功亏一篑、光明磊落、光明正大、好为人师、浩然之气、讳疾忌医、见义勇为、兢兢业业、礼尚往来、满腹经纶、名山大川、名正言顺、明察秋毫、否极泰来、锲而不舍、青面獠牙、三从四德、寿比南山、显亲扬名、学而不厌、仁者见仁,智者见智等。像"满招损,谦受益"、"先天下之忧而忧,后天下之乐而乐"、"三人行,必有我师焉"、"富贵不能淫,威武不能屈"、"天下兴亡,匹夫有责"等都已成为嵩山地区人们遵奉的信条。

与儒学、孔孟有关的歇后语、俗语也大量成为嵩山地区的语汇。如孔夫子搬家——尽是输(书),范进中举——喜出望外,皇上家的祠堂——太妙,孔夫子拜师——不耻下问,孔夫子唱戏——出口成章,孔夫子出门——三思而后行,孔夫子的徒弟——闲(贤)人,吕蒙正盖房子——造谣(窑),宰相门第元帅府——门当户对,宰相肚里能撑船——宽宏大量,周文王找姜太公——尽找明白人,坐而论道——能说不能行,等等。

当今还有相当一部分词语,如"小康"、"法治"、"知荣辱"、"以德治国"、"得民心"、"有教无类"等等,都是来自儒家先贤的思想或学说,随着历史的进步和时代的变迁,这些词语或概念表达的意义也在与时俱进,但其基本内涵却一以贯之,当代思想植根于优秀民族传统中的文化血脉,清晰可辨,一目了然。

儒学作为中国的本土教派,其正统地位几千年来丝毫未被动摇的原因,和他正统思想是密切相关的。儒学词语的意义,构筑了炎黄子孙道德准则的基石,是中华民族传承了几千年的价值标准和基本美德,是我们可以骄世的国粹。同时,这些名词又是我们是做人的根本,是兴业之道、治世之道。

举例词解:

孔夫子拜师——不耻下问

◆三纲

纲:"纲者,张也"(班固《白虎通义·三纲六纪》)"用民有纪有纲,引其纪,万目皆起,引其纲,万目皆张。"(《吕氏春秋·离俗览·用民》)。我国封建社会中的"三纲"即"君为臣纲""父为子纲""夫为妻纲"。

"三纲"出自西汉大儒董仲舒。后世所说的"君为臣纲,父为子纲,夫为妻纲"出自《礼纬·含文嘉》。三纲本身并不具备什么要求,而是人们对于社会秩序规律的一种普遍认识,而不是一种主张。即臣喜欢效法君主的行为,子喜欢效法父的行为,妻喜欢效法夫的行为,于是总结出了"君为臣纲,父为子纲,夫为妻纲。"即君为臣之表率,父为子之表率,夫为妻之表率。所谓"上有所好,下必甚之。"即出于这种认识。作为君权社会的文化产物,已不适用于人权平等的现代社会。

◆五常

"五常"是指"仁、义、礼、智、信",是指"人"作为社会中的独立个体,为了自身的发展和社会的进步,而应该拥有的五种最基本的品格和德行。孟子提出"仁、义、礼、智",董仲舒扩充为"仁、义、礼、智、信",后称"五常"。这"五常"贯穿于中华伦理的发展中,成为中国价值体系中的最核心因素。《三字经》中云"曰仁义,礼智信,此五常,不容紊"。

◆教学相长

指在教学过程中,教和学两方面互相影响和促进,教别人,也能增长自己的学问,教和学是互相促进的,相辅相成。《礼记·学记》:"学然后知不足,教然后知困。知不足,然后能自反也;知困,然后能自强也。故曰:教学相长也。"

《兑命》曰:"'学,学半。'其此之谓乎。"郑玄注:"学则睹己行之所短,教则见己道之所未达。""自反,求诸己也;自强,修业不敢倦。"孔颖达疏:"教学相长也者,谓教能长益于善。教学之时然后知己困而乃强之,是教能长学善也。学则道业成就,于教益善:是学能相长也。但此礼本明教之长学。《兑命》曰'学,学半'者,上学为教,音效;下学者谓习也,谓学习也。言教人乃是益己学之半也。"原意是就教师自身的教与学而言。后引申为师生之间相互促进:一方面教师的教导使学生得到发展;另一方面学生提出问题和要求,又促使教师继续学习,不断进步。

◆ 祖先崇拜

祖先崇拜,是指儒教(宗法性宗教)的一种习惯,基于死去的祖先的灵魂仍然存在,仍然会影响到现世,并且对子孙的生存状态有影响的信仰。一般崇拜的目的是相信去世的祖先会继续保佑自己的后代。在大部分不同的文化中,祖先崇拜和神灵崇拜不太一样,对神灵崇拜是希望祈求一些好处,但对祖先的崇拜一般只是表达亲情。

◆ 因材施教

是指教师要从学生的实际情况、个别差异出发,有的放矢地进行有差别的教学,使每个学生都能扬长避短,获得最佳发展。因:根据;材:资质;施:施加;教:教育。因材施教就是指针对学习的人的志趣、能力等具体情况进行不同的教育。

因材施教是教学中一项重要的教学方法和教学原则,在教学中根据不同学生的认知水平、学习能力以及自身素质,教师选择适合每个学生特点的

祖先崇拜

学习方法来有针对性的教学,发挥学生的长处,弥补学生的不足,激发学生学习的兴趣,树立学生学习的信心,从而促进学生全面发展。

◆ 孝悌

所谓孝,就是孝敬。孝敬父母,这是为人子女的本份,孝敬就是报答父母养育之恩。所谓悌,就是悌敬。悌敬兄长,这是做弟弟的本份,悌敬是报兄长的恩,同时做兄长的也要关爱弟弟。简言之:孝敬父母、友爱兄弟。孔子非常重视孝悌,认为孝悌是做人、做学问的根本。孝悌不是教条,是培养人性光辉的爱,是中国文化的精神。谈孝悌,"父慈子孝,兄友弟恭"都是相对的,并不只是单方面的顺从、尊敬。

◆ 兼爱

兼爱,意指要不分亲疏,爱所有的人。兼爱是墨家的思想,强调博爱,尚同,指崇尚大同,同,和谐。春秋、战国之际,墨子提倡的一种伦理学说。他针对儒家"爱有等差"的说法,主张爱无差别等级,不分厚薄亲疏。《墨子》中有《兼爱》三篇,阐述其主张。《荀子·成相》亦有:"尧让贤,以为民,氾利兼爱德施均。"

◆尚同

两种意思:1.崇尚同德。墨子的政治思想。谓在"尚贤"的基础上,推选贤者仁人。主张地位居下者逐层服从居上者,如家君服从国君、国君服从天子,从而达到"一同天下之议"的治世。《墨子·尚同中》:"〔乡长〕有率其乡万民,以尚同乎国君。曰,凡乡之万民,皆上同乎国君,而不敢下比。"2.谓混同于流俗。晋陶潜《饮酒》诗之九:"一世皆尚同,愿君汨其泥。"

◆忠孝节义

泛指封建统治者所提倡的道德准则。忠、孝是中国社会基础性的道德价值观,与做人应坚守的"节",与人类应遵循的行为标准"义"一起,成为主流社会观念。

忠,指忠于君国,孝于父母。主要的意思为别人为公共事情忠诚守信,竭尽全力。孝,主要的意思是对父母尽心奉养并顺从。这个字是专门用来说父母和祖先的,与血缘有关。节,就是节操与义行。为了自己的主张和尊严,不向压力屈服,不被物质诱惑。义,?谓之节操与义行。与做人应坚守的"节",与人类应遵循之行为标准"义"相呼应。《管子·君臣上》:"是以上之人务德,而下之人守节义。"

◆当仁不让

遇到该做的事情,主动去做,不推辞。《论语·卫灵公》:"当仁不让于师。"仁:仁义,引申为应该做的事。

◆五伦十教

五伦即五种人伦关系。五伦:君臣、父子、夫妇、兄弟、朋友。其中前三者属于家庭内部成员之间的关系,后两者则是家庭关系的放大和扩展。

五伦中的每个社会成员都有明确的行为规范,即五伦十教:君惠臣忠,父慈子孝,兄友弟恭,夫义妇顺,朋友有信。孟子认为:父子之间有骨肉之亲,君臣之间有礼义之道,夫妻之间挚爱而又内外有别,老少之间有尊卑之序,朋友之间有诚信之德,这是处理人与人之间关系的道理和行为准则。

◆名教

名教观念最初也始于孔子。孔子强调以等级名份教化社会,认为为政首先要"正名",做到"君君、臣臣、父父、子子"。董仲舒倡导审察名号,教化万民。西汉武帝时,把符合封建统治利益的政治观念、道德规范等立为名分,定为名目,号为名节,制为功名,用它对百姓进行教化。称"以名为教"。

"名教"这个词的出现是在魏晋时期,用来指以孔子的"正名"思想为主要内容的封建礼教。魏晋时期围绕"名教"与"自然"的关系展开了论辩。王弼糅老庄思想于儒,认为名教出于自然;嵇康提出了"越名教而任自然"的思想;西晋郭象则认为名教即自然。宋明以后,名教被称作"天理",成为禁锢人们言行的桎梏。如违犯封建伦理纲常,即被视为"名教罪人"。三纲五常和名教观念,为封建阶级统治和等级秩序的神圣性和合理性而辩护,成为中国封建专制主义统治的基本理论,为历代封建统治阶级所维护和提倡。它们作为封建社会的最高道德原则和观念,被写进封建家族的族谱中,起着规范、禁锢人们思想、行为的作用。

◆温良恭俭让

温:温和;良:善良;俭:节制;让:忍让。儒家提倡待人接物的准则,泛指态度谦恭,举止文雅。春秋·鲁·孔丘《论语·学而》:"夫子温良恭俭让以得之。夫子之求之也,其诸异乎人之求之与?"春秋时期,子禹问孔子的学生子贡为什么孔子每到一个国家都能听到该国的政事。子贡回答他老人家温和、善良、恭敬、俭朴、谦让,他用这样的态度去对待别人。别人自然会把政事告诉他,这是他与众不同的品德。

温良恭俭让

◆孝悌忠信

出自《论语·学而》"君子务本,本立而道生。孝弟也者,其为仁之本与!"这四句话是有子讲的。孝,奴隶社会时期所认为的子女对待父母的正确态度,孝敬是有感恩之心的基础,是慈悲的基础,是一切美德的基础。弟,音读和意义跟"悌"相同,悌,是悌敬。是兄弟姊妹之间的,就是兄弟友爱,相互帮助。扩而充之,对待朋友也要有兄弟姊妹之情,这样人和人之间才能消除矛盾,相互谦让。忠,是尽忠。尽忠国家,这是作国民的责任,就是要忠于祖国和人民。信,是信用。信用朋友,对朋友言而有信,不可失信用。它是仁的根本,封建时代把"孝悌"作为维持它那时候的社会制度、社会秩序的一种基本道德力量。

◆十义

指父慈、子孝、夫和、妇从、兄友、弟恭、朋谊、友信、君敬、臣忠等十种美德。我国古人非常注重十义,认为是每个人都要遵从,不可疏忽的事。《礼记·礼运》的十义则是:父慈、子孝、兄良、弟悌、夫义、妇听、长惠、幼顺、君仁、臣忠。《三字经》中对十义的说法是:"父子恩,夫妇从,兄则友,弟则恭,长幼序,友与朋,君则敬,臣则忠,此十义,人所同"。

◆四维八德

四维是指礼、义、廉、耻;八德是指孝,悌,忠,信,礼,义,廉,耻,这是人应当具备的基本道德。

中华民族历来讲究"四维八德"。它构筑了炎黄子孙道德准则的基石,是中华民族传承了几千年的美德,是我们可以骄世的国粹。细细品思,它们当中没有一点糟粕。它从来都不是封建伦理,它是中国人文精神中的精髓。

◆礼义廉耻

礼义廉耻是一个成语,古人认为礼定贵贱尊卑,义为行动准绳,廉为廉洁方正,耻为有知耻之心。指崇礼、行义、廉洁、知耻,指社会的道德标准和行为规范。

◆ 光明正大

意为心地光明,言行正派。正大,公正无私。形容一个人心怀坦白,言行正派。宋·朱熹《朱子语类》卷七三:"圣人所说底话,光明正大,须是先理会光明正大底纲领条目。"

◆ 仁德

仁,一种道德范畴,指人与人相互友爱、互助、同情等。德,人们共同生活及行为的准则和规范,品行,品质;仁德,即仁义道德,指致利除害爱人无私的崇高道德。

◆ 避讳

君王或尊亲为了显示威严,规定人们说话中避免直呼其名或在行文中直写其名,而以别的字相代替。避讳有两层意思。1.意思是帝制时代对于君主和尊长的名字,必须避免直接说出或写出,以表尊重。2.该词语出自于《淮南子·要略》《颜氏家训·风操》《蒲剑集·屈原考》等。《公羊传·闵公元年》说:"春秋为尊者讳,为亲者讳,为贤者讳。"这是古代避讳的一条总原则。

◆ 六经

孔子整理并编定了《诗》《书》《礼》《乐》《易》《春秋》等六部典籍。

◆ 天理

自然之理,上天主持的公理。良心:旧指人类纯真善良之心。指人的天性善心。

范仲淹

◆ 六艺

六艺指六种技能:礼、乐、射、御、书、数。出自《周礼·保氏》:"养国子以道,乃教之六艺:一曰五礼,二曰六乐,三曰五射,四曰五御,五曰六书,六曰九数。"这就是所说的"通五经贯六艺"的"六艺"。中国周朝的贵族教育体系,开始于公元前1046年的周王朝,周王官学要求学生掌握的六艺,即六种基本才能:礼、乐、射、御、书、数。

◆ 先天下之忧而忧,后天下之乐而乐。

"先天下之忧而忧,后天下之乐而乐"这句脍炙人口的名句,出自宋代文学家范仲淹的《岳阳楼记》。它的意思是:应当在天下人忧愁之前先忧愁,在天下人都享乐之后才享乐。用现在的话说,就是吃苦在前,享乐在后。这两句话闪耀着理想的光辉,跳动着民族的脉搏,孕育着共产主义道德品质的幼芽。这句话好就好在一个"先"字上,"后天下之乐而乐",妙就妙在一个"后"字上。"先""后"对比,何等鲜明,真能启人深思,发人深省。?

◆王道

古时指以仁义统治天下的政策。所谓王道,实际上就是人们在一定的历史时期,处理一切问题的时候,按照当时通行的人情和社会,道德标准,在不违背当时的政治和法律制度的前提下,所采取的某种态度和行动。儒家认为:圣人成了君王,其统治即是王道,故也可说成"圣王之道"。王,顾名思义,就是高高在上的意思。"王道"是说君主以仁义治天下,以德政安抚臣民的统治方法。常与"霸道"相对称:无偏无党,王道荡荡。

◆杀身成仁,舍身取义

杀身成仁,意思是指为正义而牺牲生命。后来泛指为了维护正义事业而舍弃自己的生命。杀身成仁的话出自《论语》,意思是说,有志向和有仁德的人,没有为了自己能够活下去而损害仁义道德的,但有为了成就仁义道德而牺牲自己的生命的;舍生取义的原话出自《孟子》,意思是说,生命,是我想保存的;正义,也是我想保存的。在二者不可同时保全的情况下,那么,我就舍弃生命保全正义。

杀身成仁,舍身取义,这是儒学所主张的基本道德准则。意思是说,宁愿牺牲自己的生命,以成就自己的仁德;宁愿抛弃自己的生命也要保全正义。

◆知行合一

所谓"知行合一",不是一般的认识和实践的关系。"知",主要指人的道德意识和思想意念。"行",主要指人的道德践履和实际行动。因此,知行关系,也就是指的道德意识和道德践履的关系,也包括一些思想意念和实际行动的关系。知行合一,是指客体顺应主体,知是指良知,行是指人的实践,知与行的合一,既不是以知来吞并行,认为知便是行,也不是以行来吞并知,认为行便是知。这是明朝思想家王阳明提出来的。谓认识事物的道理与在现实中运用此道理,是密不可分的一回事。是指中国古代哲学中认识论和实践论的命题,主要是关于道德修养、道德实践方面的。中国古代哲学家认为,不仅要认识"知",尤其应当实践"行",只有把"知"和"行"统一起来,才能称得上"善"。致良知,知行合一,是阳明文化的核心。

◆天理良心

自然之理,上天主持的公理。良心:旧指人类纯真善良之心。指人的天性善心。

◆富贵不能淫,贫贱不能移,威武不能屈

在《辞海》中:"淫"①浸淫。②久雨。③过度;无节制。④邪恶。⑤惑乱。我这里"淫"选"过度;无节制"义项。"移"①挪动,迁移。②改变;动摇。③旧时公文的一种行于不相统属的官署。④通"施"施予。我这里"移"选"改变;动摇"义项。"屈"①弯曲。如:屈指可数。②屈服。如坚贞不屈。③理亏。如理屈词穷。④治。⑤古邑名。我这里"屈"选"理亏"义项。全句的意思是说,在富贵时,能使自己节制而不挥霍;在贫贱时不要改变自己的意志;在威武时不能做理亏的事,这样才是大丈夫。

在漫长的历史岁月中,中华民族饱经沧桑而巍然屹立,就在于她的人民有着优秀的文化传承,在血液中流淌着仁义的精神,在心灵的深处凝结着纯正的荣耻观。古圣和先贤,为我们建立一个美好的精神境界。"富贵不能淫,贫贱不能移,威武不能屈"的大丈夫人格,"不为五斗米折腰"的志士气节,"人不能低下高贵的头颅"先烈情操。激励着无数人为正义、为自由、为尊严而前赴后继。今天国运的

昌盛、人民的幸福,民族的尊严,都是与中华文明息息相通的荣辱观联结在一起。因此,人们的具有正确的荣耻感绝不是一件小事,它关系到一个国家的生灭,关系到一个民族的存亡。举国之人皆知可为和不可为的道德标准,国人皆有荣耻心,中华民族才会避免蒙受耻辱。

天下兴亡,匹夫有责

◆天下兴亡,匹夫有责

"天下兴亡,匹夫有责"这句话最早是在顾炎武的《日知录·正始》中提出的概念,背景是清军入关。原句是:"保国者,其君其臣肉食者谋之;保天下者,匹夫之贱与有责焉耳矣。"意为国家之事的兴亡,保护国家不致被倾覆,是帝王将相文武大臣的职责,与普通百姓无关;而天下大事的兴盛、灭亡,每一个老百姓都有义不容辞的责任。

◆仁政

仁政就一种宽厚待民,施以恩惠,有利争取民心的政治方略。"仁政"学说是对孔子"仁学"思想的继承和发展。孔子的"仁"是一种含义极广的伦理道德观念,其最基本的精神就是"爱人"。孟子从孔子的"仁学"思想出发,把它扩充发展成包括思想、政治、经济、文化等各个方面的施政纲领,就是"仁政"。"仁政"的基本精神也是对人民有深切的同情和爱心。

"仁政"这种儒家思想在它诞生之后的很多个朝代中都作为统治者的思想。这种思想主要宣扬"民贵君轻","人性本善"理论。在当代的哲学研究中,这种思想还是具有先进性,时代性。

◆忠恕

属于中国儒家伦理范畴,处理人与人之间关系的原则。"忠",尽力为人谋,中人之心,故为忠;"恕",推己及人,如人之心,故为恕。最早将忠恕联系起来的是中国春秋时代的曾子。他在孔子"吾道一以贯之"时说:"夫子之道,忠恕而已矣。""忠恕",是以待自己的态度对待人。孔门的弟子以忠恕作为贯通孔子学说的核心内容,是"仁"的具体运用。忠恕成为儒家处理人际关系的基本原则之一。

◆民贵君轻

这是孟子提出的社会政治思想。意为从天下国家的立场来看,民是基础,是根本,民比君更加重要。"民贵君轻"是孟子仁政学说的核心,儒家所代表的"以民为本"的思想,是中国古代文化中的优良传统之一。

◆性善情恶

中国古代关于人性的一种重要观点。西汉哲学家董仲舒用阴阳观念来阐明人性的性质,区分贪、仁两种人性。他还以仁性为性,贪性为情,含有性善情恶的思想倾向。唐代哲学家李翱在《复性书》中,明确提出性善情恶的观点,认为"人之性皆善",而"情者,性之邪也"。

◆清淡之风

魏晋时期兴起了一种言及玄远的谈论"三玄"(《老子》《庄子》《周易》),辨析名理,品鉴人物的风习——清谈之风,由汉末的清议演变而来,是当时玄学思潮的重要组成部分。

清谈就是指不结合现实的实际情况,从理论到理论,将空洞的理论机械地套现实,来分析现实的做法。清谈之风始于魏齐王曹芳正始年间,史称"正始之音",其清谈内容主要是玄学思想。士族文人行清谈之风,使玄学或成为他们论证个人的放荡生活与封建道德是如何不冲突,甚至是相互补充的辩护词;或成为他们的一种避祸妙法。同时,他们标榜心胸务为高远,心神超然无累,高唱重神理而遗形骸。这种谈玄尚远,又可为其骄纵放达的行径辩护。另外,对他们来说,玄学清淡,迂诞浮华,又可故示清高,用以震摄世俗,可以哗众取宠。因此,魏晋玄学成为当时政治环境下好玄学的名士们的处世哲学,清谈便成为了他们的处世方式,这对丰富士人自身的精神、日常生活和维护当时社会的稳定发挥了积极的作用,而且在中国美学、文学和哲学的发展史上有十分重要的地位。

清淡之风

◆慎独

意为舍弃身体感官对疼痛的知觉,返回自心,谨慎内省。慎独讲究个人道德水平的修养,看重个人品行的操守,是个人风范的最高境界,是儒家的一个重要概念。慎独出自于《大学》《中庸》,对于其含义,东汉郑玄注《中庸》"慎独"云:"慎其家居之所为。"《辞海》有人们一般理解为"在独处无人注意时,自己的行为也要谨慎不苟",《辞源》有"在独处时能谨慎不苟"。

◆理学

理学又名为道学,两宋时期产生的主要哲学流派。宋朝理学,泛指以讨论天道性命问题为中心的整个哲学思潮,包括各种不同学派;狭义的理学,专指程颢、程颐、朱熹为代表的、以理为最高范畴的学说,即程朱理学。理学是北宋以后社会经济政治发展的理论表现,是中国古代哲学长期发展的结果,特别是批判佛教、道教哲学的直接产物。理学在中国哲学史上占有特别重要的地位,它持续时间很长,讨论问题十分广泛,社会影响很大。理学是中国古代最为精致、最为完备的理论体系,其影响至深至巨。理学的天理是道德神学,同时成为儒家神权和王权的合法性依据,理学以儒家学说为中心,兼容佛道两家的哲学理论,论证了封建纲常名教的合理性和永恒性,至南宋末期被采纳为官方哲学。

◆中

"中",通俗的讲即基于现实而又可积极向上之位,"中庸"即"庸中"即"法于中,以中为法",此处庸解释为"法、效法"。《礼记中庸》"君子之中庸,君子而时中。"其中"时中"即"是中"即"以中为是"即"以中为准则"。《礼记中庸》"用其中于民,其斯以为舜乎!"即舜以中知民之意。

◆ 良知

良知,儒家谓人类先天具有的道德意识,指天生本然,不学而得的智慧;知交好友。《孟子·尽学》:"人之所不学而能者,其良能也;所不虑而知也,良知也。"

◆ 克己复礼

克:克制。复:实践,实行。克制自己,践行礼仪。能使自己品行提升,才可能达到"礼"(西周之礼)。其意思是约束自己,使言行符合于礼。

儒家指约束自己,使每件事都归于"礼"("礼"为西周之礼)。"克己复礼"是达到仁的境界的修养方法。出自《论语·颜渊》:"渊问仁。子曰:'克己复礼为仁。一日克己复礼,天下归仁焉!为仁由己,而由人乎哉?'"孔子在早年的政治追求中,一直以恢复周礼为己任,并把克己复礼称之为仁。

◆ 儒生

儒生,指遵从儒家学说的读书人。后来泛指读书人。见明·黄宗羲《柳敬亭传》:"云间有儒生莫后光见之。"指儒士,通儒家经书的人。

十三经辞典

◆ 十三经

十三经:儒家的十三部经书,即《易》《书》《诗》《周礼》《仪礼》《礼记》《春秋左传》《春秋公羊传》《春秋谷梁传》《论语》《孝经》《尔雅》《孟子》。

七教

原意有两种:

1. 古指父子、兄弟、夫妇、君臣、长幼、朋友、宾客之间各自应当遵从的伦理规范。《礼记·王制》:"司徒修六礼以节民性,明七教以兴民德。"孔颖达疏:"七教,即父子一、兄弟二、夫妇三、君臣四、长幼五、朋友六、宾客七也。"

2. 古指敬老、尊齿、乐施、亲贤、好德、恶贪、谦让七种道德规范。《孔子家语·王言》:"昔者明王内修七教,外行三至……曾子问:'敢问何谓七教?'孔子曰:'上敬老则下益孝,上尊齿则下益悌,上乐施则下益宽,上恶贪则下耻争,上廉让则下耻节:此之谓七教。七教者,治民之本也。'"

◆ 内省

儒家自曾子始便很注重这种内心的道德修养。曾子要求人们"内省""自论"。

内省法又称自我观察法,它是发生在内部的,我们自己能够意识到的主观现象。也可以说是对于自己的主观经验及其变化的观察。正因为它的主观性,内省法自古以来就成为心理学界长期的争论。争论于它是否客观,是否可靠。另外内省也可看作自我反省,也是儒家强调的自我思考。

◆ 民胞物与

民为同胞,物为同类,一切为上天所赐。泛指爱人和一切物类。宋·张载《西铭》:"民吾同胞,物吾与也。"

◆ 内圣外王

意思是指内具有圣人的才德,对外施行王道。"内圣外王"是儒学全部学说的总的概括。内圣外王出自先秦·庄周《庄子·天下篇》:"是故内圣外王之道,暗而不明,郁而不发,天下之人,各为其所欲焉,以自为方。"其内涵通俗的讲,"内圣"就是修身养德,要求人做一个有德性的人;"外王"就是齐家、治国、平天下。"内圣外王"的统一是儒家学者们追求的最高境界。

虽然"内圣外王"一词不是直接出自儒学和孔子之说,但有史料阐述的"内圣外王之道"与孔子儒家思想有相通之处,这就为儒家采用这一术语提供了理论依据。

◆ 中庸

《中庸》是儒家论述人生修养境界的一部道德哲学专著,是中国古代儒家经典之一,原是《礼记》第三十一篇,相传为战国时期子思所作。其内容肯定"中庸"是道德行为的最高标准,把"诚"看成是世界的本体,认为"至诚"则达到人生的最高境界,并提出"博学之,审问之,慎思之,明辨之,笃行之"的学习过程和认识方法。宋代从《礼记》中抽出,与《大学》《论语》《孟子》合为"四书"。宋元以后,成为学校官定的教科书和科举考试的必读书,对中国古代教育产生了极大的影响。

◆ 道统

"道统",指的是儒家传道的脉络和系统。孟子认为孔子的学说是承接尧、舜、禹、汤、周文王等先代圣王的,并且自命继承了孔子思想的正统。"道统"一词是由朱子首先提出的,他说:"子贡虽未得道统,然其所知,似亦不在今人之后。(《与陆子静·六》,《朱文公文集》卷三十六)"若只谓"言忠信,行笃敬"便可,则自汉唐以来,岂是无此等人,因其道统之传却不曾得?亦可见矣。"(《朱子语类》卷十九)"《中庸》何为而作也?子思子忧道学失其传而作也。盖自上古圣神继天立极,而道统之传有自来矣。"(《四书集注·中庸章句序》)朱熹则认为,儒家的道统是以周敦颐、二程(颢、颐)上承孟子的,而自己又继周、程为儒家正统。

◆ 格物致知

"格物致知"的本意是:只有在物事上能够按照法则取舍,懂得何时"停止"追求物事,内心才能获得安静,才能静下心来思考问题,从而获得知识和智慧。此处的"格"为"法则、标准"的意思,"格物"就是"遵照法则限止物事"。

"格物致知"是儒家的基本理论之一,它出自《大学》的开篇"大学之道"中:"古之欲明明德于天下者,先治其国;欲治其国者,先齐其家;欲齐其家者,先修其身;欲修其身者,先正其心;欲正其心者,先诚其意;欲诚其意者,先致其知;致知在格物。"后人将《大学》中的格物、致知、诚意、正心、修身、齐家、治国、平天下称为儒家"八目",可见儒家认为,修身、治国、平天下的基础在于格物和致知。

《现代汉语词典》2012年发行的第六版将"格物致知"解释为:"推究事物的原理,从而获得知识。"

◆和同之辩

和同之辩,春秋时期关于事特矛盾对立因素的多样性和单一性的论辩。处理事物立足于"和",即从矛盾对立因素的多样性及和谐与统一出发;而不应该立足于"同",即不应该立足于矛盾对立因素的单一性和一致。孔子也强调"君子和而不同,小人同而不和"(《论语·子路》)。和同之辩,是儒学关于和谐问题的主张。和同之辩,用于君臣关系,所谓"和",也就是在君主说是的时候,臣子就应该指出其中的非;当君主说非的时候,臣子就应该指出其中的是,以补充君主的不足。他们认为,和,是保持不同因素的相互协调,比如各种调味品调和起来做成美味佳肴;同,就像不断添加同样的调味品,这样做不出好吃的食物。《中庸》云:"万物并育而不相害,道并行而不相悖。"和而不同,共同发展,建构一个和谐的现代社会,正需要这样的文化心态作基础。

◆仁者爱人

仁者意为,充满慈爱之心,满怀爱意的人;仁者是具有大智慧,人格魅力,善良的人。出自于孟子《仁者爱人》:"君子所以异于人者,以其存心也。君子以仁存心,以礼存心。仁者爱人,有礼者敬人。爱人者,人恒爱之;敬人者,人恒敬之。"

◆谶纬之学

谶纬是古代中国官方的儒家神学,谶书和纬书的合称。谶纬之学,是盛行于秦汉代的重要社会思潮,是传统文化的重要组成部分。

谶是秦汉间儒家编造的预示吉凶的隐语,假托神仙圣人,预决吉凶,告人政事。后来中国民间发展为庙宇或道观裹求神问卜,渐渐地更加简化为求签。谶书是占验书,纬是汉代附会儒家经义衍生出来的一类书,被汉光武帝刘秀之后的人称为"内学",而原本的经典反被称为"外学"。纬书是对秦汉以来"纬""候""图""谶"的总称,其中保存了大量关于神话民俗文化的记载,纬书是上古谶纬思想学说的辑录,也是中国思想文化大综合运动的一个重要环节,对研究中国思想文化有重要的参考价值。

仁者爱人

谶纬出于神学,谶是方士们造作的图录隐语,纬是相对于经学而言、即以神学附会和解释儒家经书的。《四库全书总目提要》说:"谶者诡为隐语,预决吉凶";"纬者经之支流,衍及旁义"。谶与纬作为神学预言,在实质上没有多大区别,但就产生的先后说,则谶先于纬。

卷二　嵩山道教

　　道教是一个崇拜诸多神明的多神教原生的宗教形式,主要宗旨是追求长生不死、得道成仙、济世救人。道教在古中国传统文化中占有重要地位,在现代世界也积极发展。

　　道教是中国土生土长的本民族文化特色的宗教,历史渊源流长。上古时期的人们对万物有灵的自然崇拜和神仙崇拜是道教多神信仰的渊源;秦汉时期修道成仙的思想,尊崇黄、老,平治天下是道教的伦理基础;老子五千文即《道德经》是道教的主要经典。道教的名称来源,一则起源于古代之神道,二则起源于《老子》的道论。道家的最早起源可追溯到老子,故道教奉老子为教主。道教以道家学说为主干,讲求长生不老,画符驱鬼。道教同时承袭了中国古代社会巫术和求仙方术。道家的最早起源可追溯到老子,故道教奉老子为教主,遵道贵德。故有学者说"儒畏天命,修身以俟;佛亦谓此身根法幻化,业不可逃,寿终有尽,道教独欲长生不死,变化飞升,其不信天命,不信业果,力抗自然,勇然何如哉!"后世把春秋战国时期老子和庄子的学说称为道家,把老子的思想和黄帝结合起来称为黄老学说。

　　西汉建立后以黄老学说治理国家,崇尚无为而治。东汉时黄老学说极为盛行。黄老学说是中国道教的理论基础,黄老道是早期道教的开端。道教不是某一教主在短期内创立起来的,而是逐步积累、多渠道汇合而成的。道教在东汉晚期逐渐形成,然而孕育过程很长,长久作用于民族文化心理、风俗习惯、科学技术(如火药的发明和中医药理论的形成都与道教有关)及社会政治经济生活的广泛领域。东汉中后期,黄老道在民间发展为两支:第一支是在四川形成的五斗米道,第二支是在山东出现的太平道。这两支道教组织有自己的经典,有一定的组织机构,他们的出现,标志着道教的正式创立。道教徒尊称创立者之一张道陵为天师,因而又叫"天师道"。后又分化为许多派别。《太平经》、《周易参同契》、《老子想尔注》三书是道教信仰和理论形成的标志。东汉的谶纬学说是道教典籍中的重要内容之一,它大兴于东汉时的洛阳,谶纬之风经汉光武帝倡导,遂风靡东汉,这些内容与方法后来也被道教所吸收。南北朝时宗教形式逐渐完备。奉老聃为教祖,尊称"太上老君"。以《道德经》(即《老子》)、《正一经》和《太平洞经》为主要经典。奉三清为最高的神。要人脱离现实,炼丹成仙。

　　道教因以"道"为最高信仰,认为"道"是化生宇宙万物的本原,故名。道教以"道"名教,或言老庄学说,或言内外修炼,或言符箓方术,其教义就是以"道"或"道德"为核心,认为天地万物都有"道"而

派生,即所谓"一生二,二生三,三生万物",社会人生都应法"道"而行,最后回归自然。具体而言,是从"天"、"地"、"人"、"鬼"四个方面展开教义系统的。天,既指现实的宇宙,又指神仙所居之所。天界号称有36天,天堂有天门,内有琼楼玉宇,居有天神、天尊、天帝,骑有天马,饮有天河,侍奉有天兵、天将、天女。其奉行者为天道。地,既指现实的地球和万物,又指鬼魂受难之地狱。其运行受之于地道。人之一言一行当奉行人道、人德。鬼,指人之所归。人能修善德,即可阴中超脱,脱离苦海,姓氏不录于鬼关,是名鬼仙。神仙,也是道教教义思想的偶像体现。道教是一种多神教,沿袭了中国古代对于日月、星辰、河海山岳以及祖先亡灵都奉祖的信仰习惯,形成了一个包括天神、地祇和人鬼的复杂的神灵系统。道教提倡无极、元极、太极,中庸即为"道"的教理,既中庸之道。

魏晋南北朝是道教逐渐走向成熟、定型的时期。道教经历了一番重大的变革,从早期原始的五斗米道发展演变为完备成熟的宗教,从主要传播于民间的道团上升为官方承认的正统宗教。寇谦之的道教改革,与朝廷合作,是顺应时代的产物。唐朝初得天下时,为抬高李氏皇族的地位,李唐帝国追认老子李耳为其远祖,道教获得空前大发展。宋代是中国道教的又一个繁荣时期。宋代又是中国历史上外患内忧的时期,农民起义高达113次之多,在这种社会背景下,宋代道教不仅没有爆发过宗教性的社会骚乱,而且稳步走向繁荣,这与宋代皇帝对道教的态度和宋政府道教管理有密切的关系。

隋唐五代北宋是道教的兴盛时期,道教社会地位大大提高,宫观不仅遍布全国,且规模日益宏大,道教学者辈出,道书数目大增并汇编成藏;南宋以后至明代中叶,道教在统治者的扶持下仍然继续发展,但由于与金、元南北对峙,民族矛盾异常尖锐,道教内部亦因而宗派纷起;明中叶以后,内忧外患,朝廷自顾不暇,对道教未能从财力上支持;清朝统一全国后接受了佛教,对道教采取了严格的防范和抑制的政策。道教因而失去政治上的支持,逐渐走向衰落。民国时期,道教为了适应时代的变化也曾仿效西方社会组织,企图建立全国性的道教组织。但由于教派和地域等因素,各种道教组织都昙花一现。新中国成立后,在法律和政策上保证了人民的宗教信仰自由。道教界发扬道教的优秀内容和现代思想文化结合,使古老的道教焕发出青春,实现了新生。

道教文化是中国传统文化的重要组成部分,道教的发生、发展与中国漫长的历史进程交织在一起,在政治、文化、思想、生活等方面曾经发生不同程度的影响。道家所倡导的:"天有天道、地有地理、人有人论、物有物性"的法则,老子曾讲过:"人生天地之间,乃与天地一体也、天地、自然之物也;人生,亦自然之物;人人有幼、少、壮、老之变化,犹如天地有春、夏、秋、冬之交替,有何悲乎?生于自然、死于自然,任其自然,则本性不乱;不任自然,奔忙于仁义之间,则本性羁伴。功名存于心,创焦虑之情生;利欲留于心,创烦恼之情增"这就是老子对人规范的行为准则。老子还说:"人生于世,有情有智。有情,故人论和谐而相温相暖;有智,故明理通达而理事不乱,情者,智之附也,智者,情之主也。以情通智,则人昏庸而事易颠倒;以智统情,则人聪慧而事合度。"老子的这些观点,对当今人与之间的交往有绝对的指导作用,很值得我们借鉴。

道教思想之所以在中国存在了2000多年,就是因为它的主张附合人们热爱和平,向往自由的美好愿望。它对人类要求的行为规范,附合历代统治者的意愿,对于稳定社会,发展生产有着现实意义和深远的影响。在当今构建社会主义和谐社会中,利用道教的教理教义来平和人们心态,指导人与人之间如何相处,怎样融合于社会,不争权夺利,自强不息的建设美好家园,对稳定社会,都有着不可替代的作用。

第一章　道教的形成与发展

道教是汉代以及以后特定的历史条件下，在中国原始宗教信仰的基础上，综合进古老的巫史文化、鬼神信仰、民俗传统、各类方技术数，以道家黄老之学为旗帜和理论支柱，囊括儒、道、墨、医、阴阳、神仙诸家学说中的修炼思想、功夫境界、信仰成分和伦理观念，在度世救人、长生成仙进而追求体道合真的总目标下神学化、方术化为多层次的宗教体系，以道为最高信仰，认为无形无象、玄之又玄、无法言说。道在人和万物中的显现就是德。故万物莫不尊道而贵德。道散则为气，聚则为神。《道德经》的"道生一，一生二，

道可道，非常道。——老子

二生三，三生万物。"就是"不停地无中生有、有又还无地周而复始运转变化"。现在科学理论一般浅显的理解为"道"是化生宇宙万物的本原。在中华传统文化中，道教（包括道家、术士等）被认为是与儒学和佛教一起的一种占据着主导地位的理论学说和寻求有关实践炼成神仙（不老不死、普济众生）的方法。

其实基于现实世界，道教也有着各种积极的意义：道法自然，珍爱生命、珍爱自然环境，追求人与自然和谐，实现修身养性，延年益寿，得道成仙。通过度化了自己，提升了个人的生命质量与灵魂能量，再进一步为人类社会做贡献。以一定的方式和方法，对精神和肉体进行自我控制，达到"我命由我不由天"，突破生命的桎梏，掌握自己的命运。

本章主要通过道教的起源与创立、道教初期的传播与发展、道教的改革与兴盛、道教的持续发展与相对盛行、道教世俗化、清朝民国道教的衰微与民间化、道教的神仙谱系七个方面着重叙述了道教的形成与发展。

第一节 道教的起源与创立

我国著名思想家、革命家、文学家鲁迅先生说:"中国文化的根柢在道教",这句话是说中国文化的根是道教,并说明了道教在中国传统文化中的重要地位。道教作为中国土生土长的传统宗教,从酝酿萌芽到最后形成教团组织,有着漫长的过程。它的教义与中华本土文化紧密相连,深深扎根于中华沃土之中,具有鲜明的中国特色,并对中华文化的各个层面产生了深远影响。道教是中国远古的宗教思想(如自然崇拜、祖先崇拜、万物有灵观念等)、传统的鬼神观念、先秦的道家哲学和神仙方术逐渐融汇整合的产物。

道教起源于古代的神仙信仰

道教是在我国传统的宗教和传统的文化的土壤中产生的,其思想渊源主要源于先秦的鬼神崇拜、神仙方术信仰和两汉的黄老学说。

在中国,鬼神崇拜、神仙方术信仰由来已久。从中国的洪荒时代起人类首先开始寻求自然的庇佑,遂而认为万物有灵,这是原始人类在形成宗教之前最先出现的理论,进而产生了对自然的敬信,灵魂的敬信,祖先的敬信,直至在历史的河流里慢慢进化成祖先与天神合一,成为对天无上的信仰。

我国古代先民认为万物有灵,进而产生了对自然的崇拜、图腾的崇拜、灵魂的崇拜、祖先的崇拜,慢慢发展到祖先与天神合一,成为至上神的雏形。鬼神崇拜早在原始社会时期便已存在。先民们将日月星辰、风雨雷电、山川河岳,皆视为有神主宰,因而产生敬畏感,乃对之顶礼膜拜。那时先民们除认为万物有灵而产生自然崇拜外,还认为人死后灵魂不灭,因而又产生了对鬼神的崇拜。各种丧葬礼仪和祭鬼、驱鬼仪式随之逐渐形成。《竹书纪年》中载:"黄帝崩,其臣左彻取衣冠几杖而庙祀之"。至殷商时代,史前时期的自然崇拜已发展到信仰上帝和天命,初步形成了以上帝为中心的天神系统,遇事便由巫祝通过卜筮以向上帝请求答案;原始的鬼神崇拜已发展到以血缘为基础,与宗法关系相结合的祖先崇拜,其祭祖活动定期举行。这时期已出现专门从事沟通鬼神和人类的宗教职业者——巫祝。其中巫以歌舞降神,并有一套符咒驱鬼的巫术;祝以言辞悦神,是宗教祭祀活动中负责迎神祈祷的司仪者。他们替人治病、卜筮吉凶,画符念咒等。当时国家和社会均受巫祝支配。周代鬼神崇拜进一步发展,所崇拜的鬼神已形成天神、人鬼、地祇三个系统。并把崇拜祖宗神灵与祭祀天地并列,称为敬天尊祖。

道教诸神祇(古代地神的总称),从新石器时代就萌生了。在原始社会时代,已有先贤追问生命的意义,挑战人类生命的极限。炎黄子孙的先祖,中华民族始祖,古部落联盟首领,轩辕黄帝应为第一人,据《史记·封禅书》载"且战且学仙",李泰的《括地志》载:"黄帝学道于崆峒,问道于广成子。"这是最早的关于神仙信仰的文字记载。

关于神仙的传说,可以追溯到战国时期,最早见于文字记载的首推《南华经》和《山海经》。在先秦典籍中,有大量描述神仙的传说。《庄子·逍遥游》中说:在遥远的姑射山上住着一位神仙,不食不谷,餐风饮露,身体洁白柔和如处女,常驾龙遨游四海。《山海经》中有很多记载,说昆仑山是百神居住的地方,有怪兽异鸟。《大荒西经》中说山中有神人叫西王母,山中万物应有尽有。《海内西经》中说,山中有珍禽异兽,有掌管不死树和不死药的巫彭等仙人。屈原《楚辞·远游》中描绘出一幅生动的神仙游乐图,列举的仙人有轩辕、赤松、王乔、韩终等。《列子》中说:大海上有岱舆、员峤、方壶、瀛洲、蓬莱五座神山,山上楼阁都是金玉铺就,珍珠宝石俯拾皆是,美味瓜果信手可采,吃了便可长生。随着时间的推移,这些神仙渐渐成形,并造出了许多神仙洞府。古代巫、史、祝、卜这些与神打交道的专家,是神与人之间的中介者,他们能降神、解梦、预言、祈雨、医病、占星,是古代社会不可缺少的职业,处于国家的上层。所以,殷商时期人们尚鬼重巫,西周时代在天人同体、天人感应思想下出现的天神、地祇、人鬼神团系统以及祭天祭祖的宗教信仰,东周时荆楚地区、巴蜀地区的鬼道巫风,燕齐地区盛行的求仙活动,可以说就是道教产生的社会土壤。

春秋战国时代,天子式微,诸侯崛起,因之,唯一的上帝分裂为天下"五帝",黄帝居中,东方青帝,西方白帝,南方赤帝,北方黑帝,又有后土、勾芒、祝融、蓐收、玄冥为五帝的辅佐。周人还有源自土地崇拜的社神、稷神,日月星辰崇拜,气象崇拜(风神、雨神、云神、雷神等),山川水火崇拜等等。这一时期,提倡百家争鸣,当时各种学派纷纷著书立说,长生不老、成仙得道之说风行一时。据《庄子》:"藐姑射之山,有神人居焉,貌若处子,肤若冰雪,不食五谷,吸风饮露。"这样的神

黄帝与老子

人,真人,就是得道者的状态。许多神仙隐士和神仙方士一方面追求修炼成仙,一方面宣传长生不死,逐渐形成了先秦时期的一个学派——道家。

先秦道家是一种学术上的派别,并非宗教;《老子》、《庄子》也都是学术著作,而非宗教经典。它们成为道教的思想理论来源。道教之所以能够利用先秦道家思想作为其宗教教义的基石,是道家思想中有一些可供选择的因素。道家比较注重养生,其中有些思想便说到"长生",如《老子》书中有"鬼神不死"、"长生久视不道";《庄子》说:"无劳你的形,无摇你的精,使可以长生,千岁厌世,去而上仙,乘着白云,到达帝乡。"这些都成为后世道教长生思想的理论依据。

方士们宣扬不死之药可以使人长生,投合了上层贵族要求长期享乐的愿望,得到了他们的支持。齐威王、齐宣王、燕昭王、秦始皇、汉武帝都醉心方术,梦想如黄帝一样飞升成仙。而广大群众缺医少药,方士们用符水治病,驱鬼祭神,解决了他们的燃眉之急,因此神仙方术在下层群众中也得到广泛推广。求神保佑,祈福延年,原本是少数上层贵族的奢侈品,而后又普及到下层社会,就逐渐形成了早期的原始道教。

随着神仙信仰的影响,人们开始付诸于寻找神仙追求长生的实际行动。《史记·封禅书》中说:战国的齐威王、齐宣王和燕昭王,派人到蓬莱、方丈、瀛洲三座神山寻找长生药。秦始皇追求长生之道,广派方士寻求长生不死之药,封禅泰山,巡游海上,期望遇到神仙,并派徐福率三千童男童女入海,寻仙求药。西汉时,武帝对一些自称能找到神药,使人成仙登天的方士李少翁、少君、栾大、公孙卿等辈宠信有加,向他们学习节食、服药、炼丹、封禅等方术,长达45年之久。汉成帝时,在神仙信仰和谶

纬神学的影响下,皇帝们都虔诚地祭祀鬼神,希望借助天威,保皇权永固。因此,齐人方士甘忠可便写了《天官历》、《包元太平经》12卷,说:"汉家逢天地之大终,当更受命于天,天帝使真人赤精子下教我此道。"(《汉书·李寻传》)。甘忠可之后的北海人于吉发扬《太平经》理论,首先提出《天人感应论》。

东汉时黄老道盛行,需要制造道经在理论上作指导。张道陵造《灵宝经》和《章醮》等24卷,初具道经规模。另一部黄老道的经典是《太平青领书》。这部《太平清领书》,又名《太平经》,自称是天师代天传言。从书的内容看,是东汉年间原始道徒多人的著述,经过逐步积累而汇集。其内容有阴阳五行,用神咒除灾疾,有所谓广嗣之术。其政治上的要求是"顺天地之道,立致太平"。相传东汉中叶顺帝时,琅琊人宫崇曾到洛阳把他的老师于吉传给他的所谓神书《太平清领书》170卷献给皇帝,顺帝因为他的书"妖妄不经",没有接受。桓帝的时候,又有人重新提出这本书,但与上次一样,仍然被官方禁止。据南朝宋·范晔《后汉书·桓帝本纪》载,其书"专以奉天地、顺五行为本,亦有兴国广嗣之术;其文易晓,参同经典"。《太平经》着力宣扬"治国之道",希望借此挽救东汉末年危机四伏的社会实际。在宗教信仰上,它承袭了夏、商、周以来对天神、地祇、神鬼的崇拜,总结了战国至秦汉神仙方术之说,提出天、地、人三者合一可以至太平、精、气、神三者合一可以成神仙。它反复强调一种神秘的"太平之气"就要来到,天下即将太平。《太平经》载,人们通过修道、积德可以登仙界,成为长生不老者。《太平经》所反映的思想很庞杂,既有儒家的伦理道德说教,又有阴阳五行的仪式,带有极其明显的神学政治色彩。它的宇宙观是宗教唯心论,有的篇章里也含有朴素唯物观点及古代辩证法思想因素。它的社会思想,既有维护封建统治阶级利益的部分,也有呼吁公平、反对巧取豪夺、同情贫苦人民的部分。这本书后来被认为是道教正式的经典,而于吉大约就是第一个集结道教经典开始传布道教的人。他最早在嵩山地区活动,被帛和"拜为真人"。《太平经》所宣传的平等、平均思想,对广大民众产生了极大的吸引力,后来的太平道就以《太平经》为经典,灵帝时期于嵩山地区发展起来。

桓帝时,黄老道公开在朝野上下传播,黄老道的名称正式见于史籍。黄老道之名源自古代学术的一个主要流派——黄老学,"黄"指黄帝,代表古代"神仙家"和"阴阳家"的思想,"老"指老子,代表道家的思想。黄老之学兼容并包,主张"无为而治"。据《后汉书·王涣传》,延熹(158~167年)中,桓帝事黄老道,毁掉诸房祀。但黄老之学的根源,可追溯到更早之前的春秋战国时的齐国稷下学派,他们都言黄帝,学黄老道德之术,并将传说中的黄帝与老子相配,同尊为道家创始人。至战国秦汉之际,黄帝在社会上的影响已非常大,"世之所高,莫若黄帝"、学术界也"百家言黄帝"。

黄老学约发展至东汉,成为黄老道。桓帝公开承认黄老道,"好神,数祀浮屠老子。百姓稍有奉者,后遂转盛"。延熹八年(165年)正月,桓帝遣中常侍左悺赴苦县祠老子,十一月使中常侍和管霸赴苦县祀老子,次年在濯龙宫祠老子。这说明老子当时已被当作神来供奉。东汉后期,《老子》渐渐被神学化,民间巫术与神仙方术开始依托于《老子》的学说,将道家和神仙家相糅合,又大量吸收阴阳五行化了的儒家经学思想,从而为中国文化"根柢"的道教的形成准备了必要的思想条件。

与此同时,嵩山密县的内丹家魏伯阳根据《周易》阴阳之理,以"大易、黄老、炉火"三种理论融而为一,著成《周易参同契》一书,成为"万古丹经王"。《周易参同契》集汉代以前仙学理论之大成,是道教最早的一部丹经,奠定了后世道教内、外丹法的基础,被道教尊为五大经典之一。葛玄则从实际出发烧炼金丹,认为服食金丹后可使人"形体永固,不老不死"。而正一天师道祖师张道陵引老子为鼻祖,并将民间一切神的信仰完全归纳于道教之内,从此信仰与修道化为一体,使道家神仙信仰得到了充实和发展。东汉顺帝(125~144年)时,张道陵以"治"为传教单位,入四川鹤鸣山修道,以符水和中草药为人治病,造道书《老子道德经想尔注》,奉老子为教主,视《道德经》为基本经典,创立了完备的道教教团,因入道者须出五斗米,故称"五斗米道"。

《老子道德经想尔注》将"道"等同于"一",认为:"一散形为气,聚形为太上老君,常治昆仑,或言虚无,或言自然,或言无名,皆同一耳,今布道诫教人,守诫不违,即为守一矣;不行其诫,即为夫一也。"这样,道或一,既是宇宙本源,又是太上老君,哲学家老子就成为五斗米道所信奉的神。五斗米的目的是"防凶年饥民往来之乏,行来之人不装粮也。"带有灾年互救的性质,即慈善之意,颇得人心。

张道陵将其道传给儿子张衡,张衡又传其子张鲁,他们祖孙三人被后世道教称为"三张",张道陵为天师,张衡为嗣师,张鲁为系师,即所谓"三师"。随着社会之转变,道教代有传人,代有兴废,分枝分派,逐渐复杂,流传至今。后世史学界公认五斗米教为中国道教组织创建之始。

第二节　道教初期的传播与发展

在汉时传入中国的佛教,逐渐盛行,促进了道教的创教过程。作为宗教组织,道教的教义正是继承与杂合了先秦阴阳五行、巫觋杂语、方术之士的一套理论,又模仿佛教的组织形式而创立起来的。道教奉道家经典为经典,奉老子为太上老君。《道德经》认为道是万物之源,是宇宙的最高法则,是一种超时空的神秘存在。道教对道做了进一步的发展,使之成为具有无限威力的至高无上的神。道教以"道"名教,或言老庄学说,或言内外修炼,或言符箓方术,其教义就是以"道"或"道德"为核心,认为天地万物都由"道"而派生,即所谓"一生二,二生三,三生万物",社会人生都应法"道"而行,最后回归自然。具体而言,道教是从"天"、"地"、"人"、"鬼"四个方面展开教义系统的。天,既指现实的宇宙,又指神仙所居之所。天界号称有36天,天堂有天门,内有琼楼玉宇,居有天神、天尊、天帝,骑有天马,饮有天河,侍奉有天兵、天将、天女,其奉行者为天道。地,既指现实的地球和万物,又指鬼魂受难之地狱,其运行受之于地道。人,既指总称之人类,也指局限之个人。人之一言一行当奉行人道、人德。鬼,指人之所归。人能修善德,即可阴中超脱,脱离苦海,姓氏不录于鬼关,是名鬼仙。神仙,也是道教教义思想的偶像体现。道教贵德,崇尚自然、谦虚、柔弱、不争、清静、无为、淡泊、寡欲以及功成名遂身退,偏重于修养而淡于仕进。道教讲炼丹,修仙,长生不老,主张脱离现实,把解脱痛苦的希望寄托于来世天堂。这正符合统治者的利益,因而历代统治者都大力提倡道教,作为麻痹人民的工具。统治者利用宗教,人民也利用宗教。统治者为了提倡宗教,曾给宗教一些特权,例如和尚、道士可以免除租税徭役,因此人民就借此逃到寺观做和尚、道士,以逃避租税。人民还利用宗教作为起义的组织工具,例如东汉末年的黄巾起义,就是利用道教进行秘密组织活动的。

张道陵创立天师道后不久,东汉灵帝熹平年间(172~178年),北方又有太平道崛起,其领袖为张角。河北巨鹿人张角自称"大贤良师",侍奉黄老道,收养徒弟,跪拜认错,符水咒说以治病,病者多愈,百姓信仰。张角利用《太平青领书》中的宗教政治思想,创建起太平道。张角"以善道教化天下",转相传播,十几年间道徒达到数十万人,青、徐、幽、冀、荆、扬、兖、豫八州之人都起来响应,于是建置36方,大方万余人,小方六七千,各立将帅,又打出口号:"苍天已死,黄天当立,岁在甲子,天下大吉。"中平元年(184年),张角便利用太平道这一宗教组织发动起义,此即历史上有名的黄巾起义。当时36方一起发动,以黄巾为标识,张角称天公将军,张角弟张宝称地公将军,张梁称人公将军。他们烧毁官府,攻占州郡,京城震动。但黄巾起义因遭镇压而失败,使道教几乎陷于灭顶之灾,民间道教被迫停滞。

自黄巾起义失败后,由于太平道遭残酷镇压,而五斗米道张鲁归降曹操后获得高官,与曹氏联姻,具备了比较有利的传播条件,所以五斗米道逐渐流传到原来太平道活动的地方,并取而代之,以后改名换姓为天师道,传播南北各地。三国时,曹魏方术之士甘始、左慈等各有一套道术,这些道术在北方的民众中有一定的诱惑力。建安二十年(217年),北方瘟疫流行,老百姓都挂起道教的符咒以避疫,可见道教符水治病的传统在这些地方很深厚。

道教神仙

两晋时期,道教发生于民间,并组织了起义,威胁到统治者,于是当政者即对道教采取两手政策,一手限制甚或镇压,一手改造和利用。这样的政策促使道教发生分化,加上门阀士族信奉道教的家族更多,出现了所谓道教世家,道教进一步深入上层社会的门庭,为士族上层所逐渐认识并加以改造接受,成为统治阶层精神生活的重要组织部分。于是道教的一部分从民间走向官方,演变为官方宗教,一部分则继续活动于民间,组织起事,还有些士族知识分子道徒则隐居山林修道。在乱世的苦难民众中道教广泛流传,从而给他们一线隐隐约约的希望。在东汉末到东晋末的短短两百年中,以道教名义组织的起事非常之多,其中黄巾起义和孙恩暴动竟危及东汉和东晋王朝的生命。南北朝以及后世的不少农民起义,也是利用佛教、道教来进行组织活动的。如北朝的大乘起义、弥勒佛起义,元代的白莲教起义等,就是历史上著名的例子。

第三节 道教的改革与兴盛

为迎合统治者治平天下的需要,一些士大夫出来按照自己的构想改造道教,其代表人物为东晋葛洪。葛洪生在道教世家,叔祖葛玄随从有名的术士左慈学道,被后世道徒尊为葛仙公。葛洪师承仙公之道,整理了当时流传的炼丹方术,并发展起一套有系统的神仙理论,完成了神仙道教的理论建构工作,将道教神仙学体系和儒家纲常名教紧密结合,这样就将道教改造为符合统治者要求的宗教。东晋哀帝时(363年),杨羲、许谧等开始以经箓授受,为后世道教传经、授箓的开端。他们托言神授,撰著了许多道经典籍,主要是后来《道藏·洞真部》中的《上清经》部分。《黄庭经》是杨、许经箓派丹经的代表作。

南北朝时期,北朝有寇谦之,南朝有陆修静,他们对天师道进行了改革,并得到了统治阶层的支持。南北朝的道教基本上改造为官方宗教,教理教义有了进一步的充实提高,完成了向所谓"高级宗教"的转化,社会影响力不断增加。一方面,寇谦之改革了北方天师道;另一方面,陆修静改革了南方天师道。改革的宗旨是,必须造出一批人人敬畏的神仙,让道教和这些神仙结缘,使皇帝老儿不敢小觑道教。

寇谦之摒弃了旧的教义和教内组织制度,改革了道官职位的世袭制度,主张唯贤是授。他主张儒道兼修,诵经成仙,持戒修行,同时,引佛入道,宣扬六道轮回。他模仿佛教轨仪,兴建道场,创立了道教斋戒符箓的典章制度,大大地推动了南北朝时期道教的发展,同时也加强了道教和统治阶级的联系。

陆修静曾被宋文帝和明帝诏请入京问道。在葛洪经书目录的基础上,他对道书做了进一步的整理工作,奠定了三洞经书的规模,他著述斋法仪范,制定星冠洞衣,使道教的宗教形式更加完备。陆修静的再传弟子陶弘景所造的《真灵位业图》,将人间封建等级制度移置于幻想的神仙世界,用道教神权加强封建政权。通过这样的改革,道教走向了成熟。

鲁迅在《中国小说史略》中说:"中国本信巫,秦汉以来,神仙之说盛行,汉末又大畅巫风,而鬼道愈炽;会小乘佛教亦入中土,渐见流传。凡此,皆张皇鬼神,称道灵异,故自晋迄隋,特多鬼神志怪之书。其书有出于文人者,有出于教徒者,文人之作,虽非如释、道二家,意在自神其教,然亦非有意为小说,盖当时以为幽明虽殊途,而人鬼乃皆实有,故其叙述异事,与记载人间常事,自视固无诚妄之别矣。"

隋唐两代的道教处于兴盛时期。道家为了弘扬道教,更加极力地争取封建统治者的支持,从而使道教的发展达到了顶峰时期。隋文帝、炀帝信奉道教,北周武帝宇文邕死后,道士张宾、焦子顺向杨坚密告符命,预言杨坚为天子,杨坚遂复兴道教,又因杨坚是由女尼智仙养大,自称"我兴由佛法",因而其时佛道并行,文帝开皇年号即取自道经,开皇二十年(600年)又下诏保护佛道两教。隋炀帝追求长生不老,便对道教日益崇信,对佛教加以限制。唐高祖李渊起兵反隋时,楼观道士歧晖"尽以观中资粮给其军"。

隋末许多道士投靠李渊父子麾下,编造李氏为王的谶语神话,如楼观派道士岐晖和茅山宗领袖王远知。唐高祖李渊称帝后,制定了尊奉道教为皇家宗教的崇道政策:他尊老子为其祖先,宣称自己是"神仙之苗裔",表明"道大佛小",颁布《先老后释诏》规定"老先、次孔、末后释宗"。

唐代开国皇帝认老子为自己的祖宗,提倡道教,在初得天下的时候,企

唐代道教兴盛

图借此抬高李氏皇族的地位。武德二年(619年),唐高祖李渊"敕楼观令鼎新修宫……并赐土田十顷及仙游贤地充庄。"武德三年(620年),高祖在羊角山为老子立庙。武德八年(625年),高祖颁布《先老后释诏》,明确道教的显著地位,规定三教次序为道先儒次佛最后。唐太宗李世民继承了高祖的重

道抑佛、先道后佛政策,自称为老子李氏后裔,并重申"朕之本系,起自柱下",再次下诏规定道士、女冠在僧尼之上;李世民采用道家清静无为、垂拱而治的治国政策,成就了"贞观之治"的盛世;晚年李世民也热衷于长生方术,大量服食丹药。

唐高宗李治继续奉行崇道政策:于乾封元年(666年)亲到亳州苦县祭祀老子,追封老子为"太上玄元皇帝",首开给老子册封尊号之先河;在各地修建玄元皇帝庙,置崇文馆,定道举制度,令百官习《道德经》,以四子真经开科取士,又将道士、女冠隶属宗正寺,公主妃嫔多入道为女真,朝臣中也多弃官乞为道士。

女皇武则天出于长生久视之计,也十分崇奉道教,不过在其执政期间,为削弱李唐宗室的政治影响,采取崇佛抑道的措施,允许道教合法存在,但佛先道后。唐中宗、唐睿宗恢复崇道政策。

唐玄宗李隆基执政后采取崇道抑佛的政策,颁布重道崇道法令,使道教的发展达到了顶峰。他首先封老子为"大圣祖高上大道全玄元天皇大帝",继而为唐五帝加封号为"大圣皇帝",并在"大圣皇帝"前依次加逸号"神魋"、"文武"、"天皇"、"孝和"、"玄贞",使"五圣"与"大圣祖"同受太微宫荐献之享,又命大画家吴道子将"五圣"真容画在洛阳北邙山玄元庙大殿后壁上,文武百官列侍左右。他规定了道先佛次儒后的秩序,下令男女道士均归管理皇室人口的宗正寺管理,又在两京及诸州各置玄元皇帝庙一所,绘老子像,颁布全国祀老子,封庄子为南华真人,文子为通玄真人,列子为冲虚真人,庚桑子为洞灵真人,掀起了崇拜热潮;他规定《道德经》为诸经之首,并亲自作注,令士庶诵习,并设立崇玄学,置生徒,令习真经《老子》、《庄子》、《列子》、《文子》,每年准明经例考试,并以之作为贡举人策试的内容;他大力发展道教文学艺术,亲制道教音乐,制定道教节日,组织编辑道教典籍,仿照《佛藏》称其为《一切道经》,实际为《道藏》编辑之始;他大力倡导斋醮,提倡炼丹等宗教活动,亲受道士法箓,经常召见著名道人,给予他们很高的社会地位及赏赐。开元二十九年(741年)和天宝元年(749年),唐玄宗两次敕建上清宫,使其成为一座壮观辉煌的园林建筑"玄元宫",宫内由当时著名的艺术家杨惠之雕刻了精美的太白山石老子像和义宣王孔子像以及老子后学四真庄子、文子、列子、扶桑子像。唐武宗信任道士赵归真,兴道灭佛。统治者的狂热崇道推波助澜,使道教对社会上的人们产生了极大的诱惑力。唐代著名道士王远知、潘师正、司马承祯、吴筠、李含光、薛季昌等在政治上和学术上都有较大的影响,唐代道士及道教学者中还有很多人才,他们在学术方面都有相当的成就。如王玄览著《玄珠录》,李筌传《阴符经》,张志和著《玄真子》,又如薛颐、李淳风长于天文历算,孙思邈精于医学。唐代有一批以道士面目出现的方士,又称术士,如刘道合、柳泌等的炼丹药,罗公远、张果、叶法善的幻术,赵归真、刘元清的卜筮斋醮。尤其令人惊叹的是,道教教理的精彩纷呈,在中国思想史上留下了不可磨灭的业绩。《开元道藏》是中国最早的一部道藏,共3744卷,分为三洞12部,由唐玄宗命崇玄馆道士编纂。

在文化交融的大背景下,南北道教呈现融合之势,原先个性特征十分鲜明的各个道派,逐渐在教理教义和宗教仪式上互相渗透。茅山宗是唐代道教主流派,善于吸取各家各派之长,它在教理上受玄学派的影响,又吸取了灵宝斋法,正一法也融入茅山宗。北方的嵩山、王屋山和南方的茅山、天台山等,均成为茅山宗传道的热点区域。

由于老庄哲学和佛教思潮的影响,道教神仙信仰在这一时期发生了重大变化。人们认为寻找神仙企求长生早已成为天方夜谭,服食金丹长生不老分明是痴人说梦。道教便由追求身体上长生逐渐演变成精神上的永恒,于是便成就了成玄英、李荣、司马承祯一些高道。成玄英注疏《庄子》,认为形体对人来说并不重要,要从精神上修炼成仙。他说:"善摄生人,忘乎身相,即身无身,故无地之可死也。"

李荣比成玄英更深入,提出"物我两忘",即身体和精神都要忘记。这样就造就了道教修炼理论上的一个新派——玄学,它与老子的思想一脉相承,并将道家思想提高到一个新的理论高度。

玄学之所以为玄学,便是其理论虚无飘渺,如雾里看花,让人无所适从。于是到宋元时代,"性命双修"和"三教圆融"的全真道便应运而生。"性"和"命"是内丹学的重要内容,分别有其特殊的含义,性既指神,又指人的先天原神,还有道德和心理的意义,表现为某种道德境界和心理状态;命指的是精气,修命即为炼精化气之功。本来三教各有宗旨,儒者主理,释教主性,道教主命,但全真道创始人王重阳则主张三教圆融,认为三教应统一在道德、性、命全修之学,强调心性修炼是修行的根本,把实现心性的清静作为具体目标,在完成心性修炼以后进行命功的修炼。全真道之本意为全其本真,"全精、全气、全神",是道教修炼的最高神仙境界。《长春祖始语录》中说:"真性不乱,万缘不挂,不去不来,此是长生不死也。"后来,由于道教仙学的兴起,道教把内丹修炼放在首位,指出:"长生不是永生,不老不是不死,抽尽秽浊之躯,变得纯阳之体,累积长久,化形而仙。"内

魏晋玄学

丹修炼是以人自身为丹炉,以体内精、气、神为药物,通过意念导引,使精、气、神在体内循环烹炼,最后在丹田处结为金丹或曰圣胎。兴起于宋元时期的内丹心性学成了士族书香门第家传密习的学问,一直延续到明清时期,和宋明理学交相辉映,为佛教禅宗、道教内丹家、理学家和心性学家所共同关注,它重新呈现出向先秦老庄哲学回归的趋势,在更高层次上丰富和发展了道家的思想,成为道家哲学发展史上不可或缺的一个重要环节。

宋代道教,在真宗和徽宗时期最为兴盛。北宋统治者崇道,以真宗和徽宗为代表。宋王朝在外族入侵的威胁下,尊奉道教带有抵御外族的意图,利用神权巩固它的统治地位。宋真宗自言梦见神人,降授天书,借以宣扬赵氏王朝奉天承运。真宗召见第二十四代天师张正随,赐封"真静先生",吏部尚书王钦若为之奏请立"授箓院",又赐钱在龙虎山扩建上清观,免其田租,准其世袭。从此,宋代嗣任天师均袭封"先生"号,这是当时道士中最高阶位的称号。宋真宗仿效唐代宗祖老子的做法,虚构他的始祖赵元朗为道教尊神,封为"圣祖上灵高道九天司命保生天尊大帝",并加封老子为"太上老君玄元上德皇帝"。宋徽宗则自称是"教主道君皇帝",并封庄周为"微妙元通真君",封列御寇为"致虚观妙真君",配享混元皇帝。宣和元年(1119年),宋徽宗尊道抑佛,令德士(和尚)入道学,依道士之法。他任用茅山道士刘混康,赐以"葆真观妙先生"之号,又多次召30代天师张继先进京,赐号"虚靖先生",对特别受其宠爱的道士林灵素赐号"通真达灵先生",令其删定道史、经箓等,并拜其为师,道教亦因此而显贵。徽宗还大兴宫观,铸造九鼎,设立道学制度,亲自注解《道德经》,扩展道教队伍,使道教获得较大发展,道士社会地位得到很大提高。宋代先后编纂道藏四次。最初的道藏《天宫宝藏》成书于真宗天禧三年(1019年),张君房据此撮要提凡,撰成《云笈七签》一书。宋初著名道教学者陈抟,被宋真宗封为"希夷先生"。陈抟研究《易经》,讲论易学的图、数,传说他撰有《正易心法》42章。张紫阳撰著的《悟真篇》是《参同契》以后最主要的一部丹经。

第四节　道教的持续发展与相对盛行

南宋统治者对道教不再像真宗、徽宗那样狂热,高宗还对徽宗崇道的流弊作了纠正,加强对道教的管理,建立了宫观,道士出家也有严格限制。但统治者对道教仍然信奉,除了祭拜昊天上帝,南宋朝廷把紫微大帝座下的天蓬、天猷、翊圣、佑圣四圣真君和显灵保护高宗脱险的崔府君作为皇室的保护神加以祠祀。以庇佑其半壁河山。宋高宗为保国延祚而求助于神灵,在江南兴建宫观,并任命大臣为宫观提举。凡遇灾祸或节庆,朝廷都命道士做法事,以求风调雨顺,国泰民安。宋孝宗、宋光宗、宋宁宗沿袭崇道政策。宋理宗是南宋最尊崇道教的皇帝,他在蒙古威胁日益严重时,进一步加强崇道措施,给一些神仙高道加以封号,优待道派首领,继续兴建宫观,并推荐道教劝善书《太上感应篇》给社会,亲笔为其刊本题写了"诸恶莫作,众善奉行",劝人行善做好事,免遭神灵报应。以使《太上感应篇》在社会上广泛流行,继之形成了一批以维护社会秩序为使命的道教劝善书。

北宋灭亡后,由于北方社会的战乱,民族矛盾的尖锐,北方一些汉族士人不愿与金朝统治者合作,走上了隐遁之路,山东、河北一带出现了汉族士人创造的新道派——太一道、真大道和全真道三大新道派从民间涌现,成为金代道教的主流。

全真道太一教由卫州(今河南卫辉)道士萧抱珍所创。《元史·释老传》记载:"太一教者,始金天眷中(1138～1140年)道士萧抱珍,传'太一三元法箓'之术,因名其教曰太一教。"太一教主张以老子的学说来修身养性,以巫术来济世救人。太一教深受统治者赏识,其道大传,后与正一道合为一派。大道教由沧州乐陵人刘仁德创立。大道教以无为清静为宗,真常慈简为宝,苦节危行为要,以仁为心。因大道教有法术威灵,能去邪除病,甚得人们崇敬,曾广为流行。全真教的创始人是王重阳,王重阳所传七弟子各传一派,使全真教大盛,在全国范围内得到发扬光大。全真教教理融合儒、释,有完整的教义教制,有严格的出家住庵制度,有较高的宗教素质,成为中国道教的大宗。天师道为与新起的全真道争夺教权,便与上清、灵宝、净明各派逐渐合流,元代时归并于以符箓为主的正一派中,此后道教遂正式分为正一、全真两大宗派。

金统治者一方面尊玄重道,另一方面对道教加以限制,以防道教"惑众乱民"。金元入侵时利用宗教做安抚工作,因此在黄河流域活动的道教也得到了他们的扶植,金世宗召见王重阳的弟子王玉阳、邱处机等,又诏见了真大道教的创始人刘德仁。金章宗明昌元年( )修成《大金玄都宝藏》共6455卷。元太祖出兵攻金时,遣使如邱处机去大雪山。世宗初平江南,召张道陵36孙张宗演至燕京,令总领江南道教。世宗对刘德珍的真大道派和肖抱珍的太一道派都赐号提倡,让他们在民间流传。

金代道教法印

入元以后,在统治者的扶持下,道教出现兴盛局面,新老道派呈现合流的趋势,形成了北方以全真道为代表,南方以正一道为中心的格局。南宋金元是道教发展史上的又一重大转折时期,逐步形成了全真、正一两大道派各据一方的格局,为明清乃至近当代道教的发展以及教派的地理分布奠定了基础。直到今天,仍然是正一道主要分布江南,全真道占据北方的格局。比较起来,全真道分布更为广泛,在南方的不少地方也建立起全真宫观,这一格局是明清时最终完成的。

道教发展到明代,更趋于民间化和大众化,其特点即直接性和现实性。

第五节　道教的世俗化

明朝时,道教地位不及唐宋,他们主要活动在明间,利用了民间信仰及鬼神崇拜的世俗心理,以降妖捉鬼,诵经拜忏为业,大部部分道士转变为宗教职业者。

明初,统治者为巩固封建专制主义政权,从政治、文化教育等各方面加强控制,因而对宗教活动也采取了严格限制的政策。明太祖朱元璋诏令各州府只设一个道观,集中管理僧道,使"并居之,不许杂处于外,违者治以重罪",同时调整道教管理机构,各级设官不发俸禄,禁止道士买卖土地,而且集中僧、道考试,合格者发给度牒,度牒的发放又由1年改为3年后改为5~10年发放一次,并规定出家年龄,男性40岁以下、女性50岁以下不得出家,限定从道人数,府40人、州30人、县20人。由于统治者的限制,道教的发展处于低谷。

洪武元年(1368年),明太祖封张正常为正嗣教真人,命其统率天下所有道教,食二品官俸。明成祖则大修宫观。从成祖起,明代帝王都和道士中的术士往返,他们喜好各种方术,也相信符

道教世俗化

箓和斋醮,某些受宠道士因此得做大官。明世宗嘉靖崇道尤甚,自称"玄都境万寿帝君",还任命道士邵元节、陶仲文等担任朝廷重要官职,封号"真人"。他经常不理朝政,亲自斋醮,在西苑火烧"青词",搞祭天的仪式。所谓青词,就是嘉靖让大臣们用隐晦的语言、诗化的韵文以皇帝的名义写给太上老君的思想汇报。当时许多大臣投其所好,最有名的就是严嵩,刻苦钻研青词的写作技巧,成为明代的青词高手,被皇帝提拔为内阁次辅,相当于副宰相。在一次祭天的仪式上,嘉靖心血来潮,用荷叶做了几顶香叶冠,仪式结束之后,他把帽子赐给几位大臣,第二天严嵩就戴着高高的香叶冠上朝,冠的外围还特意裹了一层细纱,嘉靖龙颜大悦。这件事成为一代帝王因崇信道教而走火入魔的极为荒唐可笑的例证。明代还编纂了《大明正统道藏》,对道教经典的保存和传播起了很大作用。

洪武十五年(1382年),朱元璋设立道录司总理全国道教,并罢黜元朝授予龙虎山张氏子孙为"天师"的称号,分为全真、正一两种来分别管理,标志着道教由官方正式划为正一道、全真道两大派别。全真道形成了许多以张三丰为祖师的派别,其中武当派发展最为活跃。全真道士著述不辍,著名的道教学者有张三丰、何道全、王道渊。张三丰代表作有《金丹直指》《玄机直指》《大道论》,他的道教思想强调三教归一,糅合儒学,具有浓厚的道学气味。张三丰的丹法属于全真北宗先性后命、性命双修一路,首重筑基修性,进而还丹修命。张三丰创造的内家拳,成了太极拳、形意拳、八卦掌的源头。正

一道虽然极其贵盛,但极其腐败无耻,且在教理教义上毫无发展,存在著述的道士有张宇初、赵宜真。张宇初道教思想的特点是:效仿全真教,申明道统源流,主张清静无为,撰写《道门十规》整顿当时的不良道风;强调遵循性命双修之道,竭力将内丹与符箓统为一体;融合三教,并极力向儒学靠拢,但都收效甚微。

明朝末期,国家对正统道不再予以支持,道教宗派和寺院的活动处于政府的严密控制之下,而道教或半道教的宗派受到绝对的禁止。因而明代道教地位不及唐宋,但民间通俗形式的道教仍很活跃。以各种宗教互相融合为特点的民间秘密宗教,虽然派别繁多,思想渊源亦很复杂,但其中有些派别在思想上乃至在组织上,同道教仍有一定的关系,演化为如清初的八卦教等民间宗教组织,而后来的义和拳,和道教也有一定的关联。

神魔小说

这一时期,道教人士利用了民间信仰及鬼神崇拜的世俗心理,以降妖捉鬼、诵经拜忏为业,大部分道士转变为宗教职业者。明代知识分子中有一些人喜欢研究道教。他们关于道教思想以及内、外丹的著述很多。陆西星是明代道教学者中的重要人物,在道教修炼方面形成一个流派,世称内丹东派。他用浅显易懂的通俗语言来讲述深奥玄妙的丹法,使道教内丹逐渐走向民间。陆西星的著作有《方壶外史重编》15种、《南华副墨》等,也注过《参同契》。全真龙门派第八代传人伍守阳著有《天仙正理直论》等,将佛教禅学引入内丹修炼理论中,强调仙佛同宗,认为返还先天的金丹、太极、圆觉是一体的。正德(1506～1521年)年间,罗梦鸿将道家老庄思想、道教教理教义与佛教禅宗、净土宗以及儒家的忠孝仁义融合,创立了罗祖教(亦称无为教),提出了"无生老母,真空家乡"的简明教义,受其影响的各种民间宗教雨后春笋般出现。民间宗教最初基本上由道教演化而来,道教思想内容被写入民间宗教的"宝卷"经书中,道教神仙被它们纳入神谱,符箓法术、斋醮科仪、内丹修炼成为其宗教内容。代表性的民间宗教,如白莲教、黄天教、八卦教、洪阳教、混元教、一炷香教等,都有浓厚的道教色彩。明清之际,大大小小的民间宗教组织多达百余种,这是道教通俗化、世俗化的结果。

出现于元末明初宣扬道教法术的神魔小说,到明代中叶,即嘉靖前后,就更多了,如《西游记》、《封神传》、《三保太监西洋记》、《韩湘子传》、《吕纯阳飞剑记》等,都具有浓厚的道教神学色彩。此外,在其他小说中也掺杂了这种神魔思想,如著名小说《水浒传》中的入云龙公孙胜故事等,梁山一百〇八条好汉也被假托是36天罡和72地煞转世。一大批异彩纷呈的以鬼怪神仙为主题的作品形成了新的小说门类——"神魔小说",包括《封神榜》、《东游记》、《南游记》、《北游记》、《飞剑记》等。这类小说反映了汉民族宗教思想的演变,即民间信仰中流行的"三教合一、三教同源"思想的进一步发展。

明朝道教的一个显著特点是世俗化加强。为了扩大道教的社会影响,争取更多的信徒,明时期的一大批道教学者致力于道法丹术的通俗化研究,极力将其引向世俗大众易于接受的层面。明道教世俗化的结果是其影响范围的扩大,广泛流传于社会各个层面,渗透到文化思想的各个方面。尤其是其内丹术,在被道教学者们做了通俗化的处理后,便超出了仅在道教中传播的范围,而作为一种炼养术,广泛传向社会。

道教影响深层的一面是其影响范围的扩大,它被广泛流传于社会各个层面,渗透到文化思想的各个方面。道教影响的深层次的一面还是在哲学理论上。需要说明的是,对明哲学发生影响的,既有道教的宗教内容,更有它的理论基础——原始道教及老庄学说。明代道教影响的泛化方面主要表现在当时的理学、心学等哲学思潮中。就后者来说,道教的渗透表现在当时哲学思想的方面:道教的基本范畴"道"、"虚"、"静"、"心"、"性"、"命"等成为明代哲学的基本范畴,道教的内向思维方式为明代许多哲学家所借鉴。正是道家道教向明哲学的渗入及明道教对佛道思想的摄入,使得中国思想史上早已出现的三教合一思想至明代达到高潮,蔚为大观。就当时的哲学思想来说,心学大师王守仁不仅在其思想体系中大量吸纳了佛道思想,而且直接倡导三教融通论。

在这种形势下,明朝道教的教理教义、神仙信仰、伦理思想、科仪方术也深入了民众的日常生活。玉帝、老君、真武、关帝、文昌、财神、妈祖、城隍、门神、土地、福禄寿三星等道教尊神、俗神,在民间被广泛祀奉;道教尊道贵德、忠孝节义的宗教伦理观随着《感应篇》、《阴骘文》、《功过格》、《觉世经》等劝善书在社会各阶层中打下了深深的烙印,影响着人们的心理和行为;现实中无法靠人力圆满解决的送死迎生、祛病消灾、延年益寿、功名富贵等问题,人们都寄托于神仙道术。供奉道教神仙的宫观庙堂星罗棋布于城镇街巷、乡村小镇。

第六节 清代"民国"道教的衰微期

清代承袭了明代的抑制宗教政策,统治者信奉佛教,曾宣布佛教为国教,对道教不甚重视。因清朝贵族对斋醮祈禳甚是反感,再加上道教自身在理论上缺乏更新和创造的生机,所以道教在上层的地位较低,总体上呈现了停滞的形势。

由于皇室不好符箓斋醮,正一教的地位有所下降。康熙十二年(1673年)曾禁止白莲、焚香、混元、龙元、洪阳、圆通等民间宗教组织活动,不许"聚会念经、执旗鸣鼓、聚众拈香",甚至规定了"巫师道士跳神驱鬼逐邪以惑民心者处死,其延请跳神逐邪者亦治罪"。但是,全真教受到一定的扶植。其中全真龙门派因其主将王常月的精严戒行、改革积弊而使其教一度中兴。出现了陶靖庵、周太朗、范太青、高东篱、沈一炳等一批高道。他们的道行和社会影响虽然未及于全真初期的七真十八子,但对于衰落大势中的全真道来说,确也有着特殊的作用。

经道教中人的多方努力,内丹术越过教团疆界而传布社会。著名高道李涵虚(1806～1856年),在道教修炼方面,形成一个流派,世称西派。西派是道教内丹诸流派中的一个重要流派,创立于清道光、咸丰年间。李涵虚的著作主要包括《道窍谈》、《吕祖年谱》、《三车秘旨》、《后天串述文终经》、《后天串述文终经》、《太上十三经注解》、《黄庭内外景经注解》、《道情诗词杂著》等书。清代道士在道教修炼方面写了不少著作,如《仙佛合宗语录》、《天仙正理》、《金仙证论》、《慧命经》等。以后,这些道教修炼方式又被作为一种养生之道,得到广泛的流传。

道教自清末逐渐衰落,北方全真道与南方正一道此时都兼行斋醮祈禳,在中国社会发生急剧革命性的大变动中发生了空前的生存危机。

民国建立之后,道教领袖人物对国事仍有一定影响,但在"五四"期间,遭到了猛烈的批判,龙虎山的正一大本营则受到更为沉重的冲击,其主要宫观大上清宫被毁,第63代天师张恩溥也于1948年离开大上清宫。道教在民国时期的政治时局的变动中风雨飘摇。

民国期间,国家危难,战火连年,道教受到极大冲击,宫观大多被毁,道教迅速衰落下去。道教界人士也曾为振兴道教进行过长足的努力:1912年北京白云观成立了全真派的全国组织"中央道教会";同年,第62代正一天师张晓初也在上海筹建正一派的全国组织"中华民国道教总会",但仅成立了上海分会;道学大师陈撄宁先生创办了"中华仙学会",编辑出版《仙学月报》、《扬善半月刊》等道教杂志,弘扬以炼养为主旨的传统修炼方法。

至晚清,全真道仍有活动,但教团素质下降,高道较少,民间非正式道士扩大,故更多成为一种生活方式。这主要表现在民间祀神活动及扶乩与劝善书的流行上。祀神活动的明显物象标志,是大大小小的神庙遍布城乡。其中除有官修的东岳大帝、城隍、真武、吕祖、文昌帝君、关帝、天妃等神庙遍布府州县之外,民间私建的龙王、火神、山神、土地、财神、送子娘娘等神庙。至民国这些神庙几乎遍及全国各地村落。

清朝和民国期间,道教活动主要是在民间,道士除正常日课、圣诞庆祝、三元节设斋外,还为民间做道场,但道观及活动规模都比较小。道士们更多的到民间活动,以道事活动作为职业。如为地方或家庭驱邪隆福、祈祷超度,以取报酬。尤值一提的是道教做法事的音乐影响了民间音乐,最著名的是无锡道士出身的民间音乐家华彦钧(盲人阿炳)创作的二胡曲《二泉映月》、《听松》,琵琶曲《大浪淘沙》、《昭君出塞》,在音乐界得到高度的评价。道教作为宗教团体,严重衰颓;作为宗教文化,持续流传,并发展成为一种普遍性的国民文化。

第七节　道教的神仙谱系

道教诸天帝君图

在道教信仰中,神仙信仰是核心内容。因为得道成仙是道教徒终生追求的目标,神仙是道教徒修道成仙的榜样,神仙事迹是道教徒实现成仙的楷模。在它的形成中,道教神仙信仰广泛吸收了中国传统的神仙信仰和神话传说,融合自身的信仰理论,最终形成了其独特的神仙信仰体系。由此可见,神仙信仰是道教的精髓,道教因有了神仙信仰而博大精深,玄理无穷,如没有神仙信仰为主体,便不能成为中华民族土生土长的传统宗教。道教神仙信仰源远流长,从远古的先民时期至今几千年来,在人们心中蔓衍流传,道教祖师和无数道教修道者认为神仙信仰确实是道教的精髓,更认为神仙是真实存在的,神仙是可以学成的。

道教是一种多神教,中国古代在古人的鬼神崇拜中,已经形成了天神、人鬼、地祇三个系统。天上的日月星辰、风雨雷电,地上的山川五岳、社稷四渎,以及人间的先贤先圣都成了人们崇拜的对象。这些在社会上有着广泛信仰基础的神灵,自然成了道教神团的最佳人选。

中国道教信奉的神仙谱系极为繁杂。《太平经》中"神仙"分为六等,陶弘景著《位业图》,分七个"神团",张君房《云笈七签》等道书中更将"神仙"分为十个等级,最高为"三清"、"四御",最低为"城隍"、"土地"。道教在发展的兴盛时期,即魏晋南北朝时期,掀起了造神运动的高潮。道教神仙谱系就是经过南北朝至唐宋时期的长期演化才逐渐定型的。首先在南北朝时期确立了"三清"——元始天尊、灵宝天尊、道德天尊的至尊地位,北宋时期则抬高了"玉皇大帝"的仙阶,使之成为天界最高神,"四御"之首,从而形成"三清"、"四御"并驾齐驱的神仙体系格局,并传承至今。其中"三清"是"教门之尊","四御"是"三界之尊",他们共同统率着天上、地下、阴间林林总总、形形色色的大小神仙们,共同组成了富有中国本土文化特色的"神仙世界"。

道教的最高尊神"三清"就是道的化身,道生一,一就是元始天尊;由一生二,二就是灵宝天尊;二生三,三就是道德天尊;三生万物实际上就构成了完整的万物生化过程。简单地说,宇宙万物都是由至高无上的神——三清尊神创造的。道教不仅认为他们所尊崇的神创造了宇宙万物,还在臆想中认定宇宙间存在一个凌驾于人间之上的神仙世界,其中除了三清尊神还有各司其职的众位神仙,他们共同成了完整的神仙谱系。

道教在发展的兴盛时期,即魏晋南北朝时期,掀起了造神运动的高潮。经书《无上秘要》对南北朝时期所造的神仙作了一个汇总:鬼官78,地仙139,地真(真人)32,九官真仙41,太清自然神85,太极真仙93,共468位。神是造出来了,神坛上座怎么安排?谁坐台上,谁坐台下?谁居中间,谁坐两侧?各派创始人当然也要有一个席位,这个席位放哪里最合适?这是个相当棘手的问题。南朝梁道士陶弘景创作出《真灵位业图》,将这近500位天神、地祇、仙真、人鬼按七个阶次有序地排列起来。后来,一些道徒将各派所奉的最高神融合在一起,组成了三位一体的道教最高神"三清",并把上清派创始人魏华存、许穆,灵宝派创始人葛玄,天师道创始人张道陵等纳入神仙谱系,这就解决了最高神的座次,同时也解决了各道派之间争座次的矛盾。

魏晋南北朝时期创造的神仙有了座次,但隋唐以后到明清又创造了不少神仙。唐以后,又出现了玉皇大帝、紫微大天帝、北斗九星君、三官、五帝、九府四司诸神,六十甲子本命星君、玄中大法师、三天大法师等,道教的神仙谱系渐次扩大,直到近代,仍在编次中。

道教神仙谱系的最早定型是在宋朝。北宋真宗、徽宗等都是有名的崇道皇帝,他们给神仙加封了许多仙号,并命道士王钦若(官居丞相)编写《列宿万灵朝真图》、《罗天大醮》等书。南宋金允中《上清灵宝大法》39卷中所列360分位神仙名单,按其性质、品第分11个等次:一等为三清、四御;二等为南极长生大帝、东极救苦天尊、木公道君、金母元君及32天帝;三等为十太一、明五星、北斗、二十八星君;四等为五帝、三官、四圣,五等为历代传经著名法师,六等为魔王、神王、仙官,七等为五岳及酆都地府诸神,八等为扶桑大帝及水府诸神,九等为天枢院、驱邪院、雷府等主宰及诸神,十等为各种功曹、使者、金童、玉女、香官、吏役等,十一等为城隍、土地及所属神众。经过宋朝金允中的整理,庞杂的神仙队伍初步得到了系统化和有序化。

第二章　道教在嵩山地区的传播与发展

嵩山作为五岳名山之一,自古是滋养道教文化的沃土,在中国道教发展史上占有很重要的地位。道教视嵩山为神仙洞府所在地和道士修行佳处,称其为36洞天之第6洞天。洛阳上清宫为道教的第一所国家级道观。

神奥嵩山

道教在嵩山的形成和发展,与古代人们对嵩山岳神的崇拜关系甚密。人们对中岳神的崇拜、祈求上苍保佑国泰民安、五谷丰登,以至理想修仙长生是道教赖以形成和发展的时代背景和社会基础。东汉时期,天师道源于嵩山,创于巴蜀,后又在嵩山地区得到传播和发展。灵帝时期,太平道传入嵩山地区,并迅速发展起来。后来黄巾起义失败,太平道信徒被镇压,太平道被禁止,从而转为民间秘密流传。嵩山道教的发展,在十六国北朝时趋于兴盛。寇谦之发动了空前的中国道教大改革,改革了五斗米道,增加了一些新科仪,创立了新天师道,世称北天师道。寇谦之的改革,不仅使道教走向兴盛,走向中国的政治舞台,而且确立了道教在中国三大宗教中的历史地位,确立了嵩山作为北天师道发祥地在道教中的突出地位,对中国道教的发展产生了极其深远的影响。北魏后期,佛教兴盛,其势力开始侵入嵩山,嵩山道教势力已不如佛教。隋唐时,嵩山道教又兴盛起来。李唐王朝的皇帝对老子的空前推崇使道教走向顶峰。东都洛阳的道教活动非常活跃,北邙山道教修行之地盛极一时。道教上清道茅山宗移居嵩山传道,其第十代传人潘师正还多次受到唐高宗和武则天的召见。宋元时期,嵩山地区的道教继续发展。"全真七子"中有三位长期在洛阳传道,并各自创立了自己的流派。金朝王重阳的弟子邱处机来到嵩山传道,当时道徒朝拜者络绎不绝,邱处机开创了道教丛林制度,使全真道在嵩山地区占据了统治地位。明清之后,道教逐渐衰落。清代嵩山道士王常月在全真教门日衰的情况下,重振教门雄风,成为全真教创教以来公开传教的第一人,被后世道徒誉为全真道"中兴之主"。后来,嵩山道教随着封建社会的末运而江河日下。中华人民共和国成立后,以中岳庙为代表的嵩山地区道教徒恢复了正常的宗教生活。

道教在嵩山的传播和发展大致可分为:秦汉以前的起源与萌芽时期、汉魏两晋时的天师道创立和传播时期、隋唐北宋时的发展和兴盛时期、金元明时的继续发展和盛行时期、清代民国的道教衰落时期以及当代的持续健康发展时期。

第一节　先秦的宗教基础时期

嵩山居五岳之中,其山脉连绵起伏、层峦叠嶂、烟雾缭绕,自古即是神灵出没、仙人得道的圣地。嵩山东部的浮戏山有个山洞,叫神仙洞,古代称为"崆山洞",相传是神仙广成子居住之处,轩辕黄帝曾来此向广成子问道。《山海经》中所讲的"帝",全是指天上的大神,即往来于嵩洛周围。《山海经·中次二经》记载群神往来之处,从伊水发源处的西边起,东过洛水的南边,再东为太室、少室两山,即今嵩山,最东到密县的大隗山,这一带是群神下棋之地。《山海经·中次七经》记载在少室之山有群神暂时休息之树,"其上有木焉,其名曰帝休"。在道家仙经的传说里,嵩山、王屋山、女儿山等名山,都是有正神掌管的,是精思合做仙药的好地方。

据《列仙传·王子乔》记载,东周灵王太子姬晋因不满父亲的政策,居别宫修道,被道士仙人浮丘公接引上嵩山修炼30余年,后在嵩山北麓缑山驾鹤升仙,声名远扬。还有周时的道人刘奉林,学道于嵩高山,服黄精积400年,而得以不死,后终于修成了地仙。

秦代宫女毛女得道,往来于嵩华之间,常栖于嵩山。秦朝嵩山隐人丁实在嵩山修得了长生驻颜之道,生命延续至唐代,其相貌仍然面若桃花。春秋时齐人施存,师黄卢,得授《三皇内文》中的"遁变化景之道,役御虎豹之术",后修炼成仙,于晋代永康初年(300年)乘豹升天。汉武帝游历嵩山时还曾遇到食菖蒲者的仙人。随着神仙家和方士在嵩山的开拓,中岳大帝的人格化更为明显。历代嵩山史料中,有大量记载神仙在嵩山活动的故事。其中,嵩山岳神当是众神仙中的领袖。《神仙传》载:西汉嵩山隐逸王兴,坚持服食中岳石上菖蒲,后白日飞升,羽化成仙。汉代有方士入嵩山寻仙采药,或存思诵神以治病驱邪。

道教虽然产生于较晚的东汉,但由于其土生土长的原因,它一直伴随着嵩山、地域先民们的生产、生活。从嵩山地域发掘的新石器时代的裴李岗文化遗址到仰韶文化的荥阳秦王寨遗址、洛阳王湾遗址,再到龙山文化的郑州站马屯遗址所发掘的考古资料证明,嵩山先民的原始信仰是崇拜大自然的神灵,先民们死后的葬式由单身直肢葬到仰身直肢葬和人头骨有的涂有朱砂,还有随葬品、无随葬品之分。

根据时间的推移,大约应在仰韶文化早期,嵩山地域的先民们以其聪颖和智慧就创制出"太极"、"河图"、"洛书"、"八卦"。这是嵩山地域先祖们心灵思维的最高成就,是中华民族灿烂文化的开端,是我国原始文化的标志。

大约在五、六千年前,嵩山地域先祖们根据嵩山北麓神都山下的黄河与洛河交汇处的洛汭中,有一匹龙马从黄河浮出,背负"河图";还有一只神龟从洛河中浮出,背负"洛书",从而创造出一种龟甲文字叫作"河图""洛书"。河图为1至10,10个自然数的排列图,计55;洛书为1至9,9个自然数的排列图,计45。相传伏羲依"河图"和"洛书"画"太极"与"八卦",而演《易》,禹依洛书而作《洪范》。河图的十进位而演为《易》之二进位,嵩山先祖的理想思维已达人类文明的高峰。还有史料记载,太极图是洛汭的一种自然现象,一浑一清,很像是黄河洛河交汇形成的旋涡,通过这个自然现象触发灵感,伏羲创造出"太极"和"八卦"。道教产生以后,"太极"被用为道教标志,"河图""洛书"被列为道教典籍,被历代内丹家所专用,视为秘典。而由太极与八卦而演义的《易》则成为以后商周之际兴盛的占筮书,为我国预测学之源,阴阳术数之祖。《易》的内容后被道教全部接受,传衍至今。此外,《易》的辩证法观念,也为哲学家所肯定,其二进位数学价值已被运用于自然科学,产生了巨大的影响。

夏之兴,鲧封于崇,大禹生于登封,都于阳城,禹娶涂山氏为妻,生子名启以后,涂山氏化为巨石,人称"启母石"。其石至今仍屹立于嵩山太室的南坡之上。而涂山氏的妹妹少姨,则化作了少室山的山神,专司蚕事。"夏传子,家天下",史家公认为阶级社会的开始。"禹都阳城"(登封)、"启位钧台"(禹州)、"太康都斟鄩"(偃师)、"少康都阳翟"(禹州)、"桀都洛阳"(偃师),上述地望均属嵩山地域。因此说,我国由原始社会进入奴隶社会的演变过程,大体上是在嵩山地域完成的。

从五帝时期到夏商周三代,均崇信天命。传说黄帝、尧、舜、禹、商汤、周武王,都曾在嵩山北麓的神都山下的黄河与洛河交汇处的洛汭中,祭祀河流山川,修坛沉璧,受命、禅位,均得到了自然界赐予的"河图""洛书"的奇观圣景,达到了君权神授的目的,从而实现了他们的政治抱负。

《尚书·洪范》首次提出的五行(水、木、火、土、金),后来被医学家和阴阳家所采用,而医学和阴阳学也被道家所吸取。东汉以后,嵩山地域出现了不少名医如华佗、孙思邈以及许多高道名医,他们在嵩山修道的同时,以医济世。

老子造像

《诗》、《书》、《易》、《礼》四部古代典籍,其编订成书的时间和地点,大体上是在西周时期的东都成周到东周春秋时的洛邑。它们虽被儒家尊为经典,但其宗教思想部分的天、祖、神鬼观念和巫术等内容,也被保留和继承,在后来编写的道教经典里并被引用和发展,成为传统道教文化的重要内容。

春秋末期出现的道家学说是中国古代一个重要的思想文化流派。老子是道家学派的创始人,在洛阳曾任周守藏史达30年。老子姓李,名耳,字聃,与孔子同为春秋时代的人。老子生于陈国厉乡曲仁里(今河南鹿邑县),"居周久里"(见《史记·老子列传》),曾任周守藏室之史。相传他在周王城北邙山上,今之上清宫处修真炼丹。又据后来史料所记,老子在嵩山撰写《道德经》五千言的稿本,为道家思想和学说奠定了基础。《道德经》提出了一个以"道"为核心的思想体系,将"道"作为宇宙的根本。以自然无为之说,解释了天地万物产生,发展,灭亡的自然规律,并相应的告诉人们如何认识自然,对待自然。全文构造出一个不俗、自然、豁达、飘逸的宇宙观、人生观、方法论的宏大框架,形象地阐述了"道"的形、质与作用,揭示了宇宙本源本体和生物演化的规律,首创了道家学说。他反对"天帝造物"论,提出"天道自然"观,用"道"这个概念,总结概括为宇宙万物的本源,力图从自然本身来认识世界,解释世界。老子的《道德经》是中国道学思想的经典,后来对中国政治、文化、科学、艺术、宗教等领域产生了广泛的影响,成为许多思想流派的基石。

老子通过观察自然和社会以至万物的变化之后,得出了事物的矛盾规律,而把这种矛盾性称之为道与德。《道德经》主要围绕"道"与"德"的无上威力来阐述变化,分析自然、生活中的现象与原因,给出圣人、善道者的做法与结果。道是从一切事物中抽象出来的自然法则;德是宇宙间一切具体存在着事物所含有的特性。他说的"祸兮福之所倚,福兮祸之所伏"正说明了正反两面在一定条件下可以互相转化的道理。

道,是因果关系,是事物与周围存在本质以各自的本质特性和需要相互作用、相互影响,依因果关系发生演变、分裂、整合于变化之中,存在的各方不断回应、改变、调整、修正,最终达到一个相对平衡的状态或规律性循环的过程。

善为道者的行事依据是德。德是所有因果关系中,满足本性需要、成就良性结果的所有有益无害的因。以德蓄万物,万物依因果关系自然推进、演变的方向必然是良性、正面、健康、和谐的。人生之德,是快乐健康幸福人生所需的各种必备条件、必备因素。圣人、善为道者,那些懂得正确、坚持有益无害行事的人,善于从世间万物的发展演变中发现"道"——因果变化规律,在平和冷静的理性的因果分析比较中,找到对事态良性发展有益无害的"德",从而以事态所需之"德"推动事态良性演变的自然发生。"德"与"道"是正确行事的根本,也是天下圣人所抱持的唯一原则、准则。

道生发万物,德养育万物,已存在的物质形成万物,变化的趋势成就万物。因此,万物无不遵从道,且以德为重。道的至高无上,德的重要珍贵,谁都无法改变,只能顺乎在自然作用。所以,道生发万物,德养育万物,道与德的存在使得万物的生长发育,有营养有毒素,养育万物也颠覆万物。

老子之学在发展过程中先形成黄老之学,后与神仙学的方士仙道结合形成黄老道,遂演义为宗教,奉老子为道教教主,奉《道德经》为道教经典。

第二节　秦汉以前的起源与萌芽时期

中岳嵩山太室山主神——中岳大帝,名为轩辕黄帝。华夏民族之先祖,古代"黄老学派的创始人",被道教称之为道宗。中岳大帝是五岳中信仰起源最早的神。中岳嵩山因其邻近洛水和古都洛阳,故在五岳中地位较高。同时也赢得夏商周三代帝王的尊崇,为五岳中率先得到帝王的封祀者。秦统一中国后,诏令祠官向太室、恒山、泰山等名山祠庙供奉牛犊、圭币及脯酒等。《道经》载:中岳神君服黄素之袍,服戴黄玉太乙之冠,佩神宗阳和之印,乘黄龙,领仙官玉女3万人。主治土地山川陵谷,山林树木之属。按"五行"观念,中央属土,故道教认为中岳为五土之主。《五岳古本真形图》载:"中岳神君是五土之主,太上常用三天真人有德望者居之。"《道藏辑要·岳渎名山记》谓中岳嵩山岳神中天王,领仙官玉女几万人,治理其地。东汉著名学者蔡邕《独断》:五方正神之别名,中央之神其帝黄帝,其神后土。又五帝三代乐别名黄帝曰玄门。东晋葛洪《枕中书》载:"太昊氏为青帝,治岱宗山;祝融氏为赤帝,治衡霍山;金天氏为白帝,治华阴山;颛顼氏为黑帝,治太恒山;轩辕氏为黄帝,治嵩高山。"东汉《中岳嵩山太室石阙铭》曰:"嵩高神君,岱气最纯。春生万物,肤寸起云。并天四海,莫不蒙恩。圣朝肃敬,众庶所尊。"北魏《中岳嵩高灵庙之碑》:"上应悬象镇星之配,而宿值轩辕,璇玑玉衡,以齐七政。"显然,在神仙谱中,中岳神也是一方神圣的黄帝。

道教的形成,同嵩山岳神崇拜关系甚密。嵩山历来是华夏民族所奉祀的名山。《中岳嵩高灵庙之碑》云:"天有五纬,主奉阳施,地有五岳,主承阴化。王者父天母地,仰宗三辰,府宗山川。夫中岳者,盖地理土官之宫府,而上灵之所游集,四通五达之都会也。"又说嵩山"则崇峻而神奥",是"作镇后土,配天承化,总统四旅"的社稷之神。黄帝时天下名山有8座,3座在蛮夷,5座在中国。华山、首山、嵩山太室、泰山、东莱这5座山,是黄帝经常游历并与神相会的地方。传说作为古华夏之一的炎帝族(神农氏、姜姓),在上古从西北进入黄河中游,曾长期居住在嵩山附近的伊水、洛水流域。其中一支奉伯益为始祖的部落,号称四岳,以嵩山为崇拜的图腾。尧舜时也经常到五岳巡狩。据《史记·封禅书》引《尚书》,"舜在璇玑玉衡",对五岳五载一巡狩。舜死以后,"禹避舜之子于阳城(登封告成镇)"。《国语·周语》云,夏王朝兴起的时候,火神祝融降诞于嵩山。后来西周时的齐、吕、申、许四个姜姓国,据说即四岳的后裔。《诗经·大雅·崧高》有云:"崧高维岳,峻极于天。维岳降神,生甫及申。维申及甫,维周之翰。"按"申"、"甫"即申氏、吕氏。诗中说他们都是嵩岳神的子孙,辅佐西周王室的大臣。

轩辕黄帝

古人还认为,嵩山是天下的中心。《史记·封禅书》称:"昔三代之君,皆在河洛之间,故嵩高为中岳。"有周一代,嵩山如同关中终南山一样,是当时人心目中的神山。据《史记·周本纪》及《逸周书·作雒篇》载:周武王初灭商后,曾计划在伊水、洛水一带靠近"天室"的地方建造城邑,以定保天命。所谓"天室",亦即古人认为能够沟通人与天神的嵩山太室。周灭商之后,曾欲在人神沟通的嵩高太室附近建立城邑。后来,周公姬旦在嵩高太室之阳"立土圭、测土深、正日影、以求地中",定嵩山为天地之中,并在靠近嵩山的伊洛之间建造洛邑,作为周朝统治关东的中心。西周灭亡后,洛邑又成了东周的都邑。嵩高近在京畿,每年都享受祭享。秦朝统一后,以嵩阳为颍川郡,始筑太室山神祠,令祠官奉祀太室(祠)。西汉元封元年(110年)正月,武帝刘彻行幸缑氏(今偃师市南缑山),诏曰:"朕用事华山,至于中岳,获驳鹿、见夏后启母石。"翌日亲登嵩高,御史乘属,在庙旁吏卒,咸闻呼万岁者三。登礼罔不答。其令祠官加增太室祠(即中岳庙),禁伐草木,并以山下三百户赐为封邑,名曰"崇高邑"。这次游嵩,武帝还梦见自己与李少君共登嵩山,欲升仙而去。自此,嵩山神益受崇拜。按之仙经,嵩山及王屋山、女儿山(洛阳西南宜阳境内)是可以精思合作仙药的地方,有"正神在其山中"。东汉以后,祠祀相继。东汉元初五年(118年),在太室祠前建造了"中岳太室阳城神道阙"和石翁仲雕像,这是嵩山道教现存最早的历史见证。太室阙位于太室祠(后称中岳庙)南约530米处,正好在庙门前中轴线的两侧相对而立。太室阙与东汉同一时期在嵩山所建的少室阙、启母阙,并称为嵩山汉三阙,是我国现存最早的庙阙,至今完好,成为国家级重点保护文物。

熹平四年(175年)遣中郎将堂谿典赴嵩山请雨,斋诚奉祀。东汉章帝时,会诸儒于洛阳白虎观,使儒家学说蒙上了宗教色彩,"言五经者,皆凭纬为说。"《诗纬含神雾》及《孝经纬援神契》言太华上有"仙室",少室山《嵩山次峰》上有"灵药",此亦被道教所吸收。

秦汉以降,嵩山在宗教方面的特殊地位让位于居五岳之首的岱宗,封泰山而禅梁父成为国家大典,但嵩山仍是正式列于国家祠典的五岳之一。自汉武帝加增太室祠后,从汉武帝刘彻到汉宣帝刘询,从汉光武帝刘秀到灵帝刘宏,国家对中岳嵩山的祭祀一直延续不断。

道教追求的终极目标是得道成仙,并进而升入神仙仙境。仙境即神仙所居之所。嵩高太室在当时人们的心目中,已经不仅仅是人神相通、天地一理的社神之山,而且成了人们经过内修真性、外服丹药,即吐故纳新,便可长生不死,白日腾飞,升入天界的神仙之山。隋唐以后,除了十洲三岛和天界等理想中的仙境外,许多名山胜地也被视为神仙所居之洞府,成为修道成仙之佳境。

如《云笈七签》卷27的《洞天福地·天地宫府图》中,称天下名山有十大洞天、36小洞天和72福地,均为神仙所居。嵩山自古就被认为是神仙洞府和道士修行的圣地,被道教称为36小洞天之第六洞天,北邙山被列为道教72福地之第70福地。《岳渎名山记》载:"天下有36洞天,第6洞天为嵩山司真洞天。又有72福地,第60为缑氏山王子晋升天处;第62为少室山"。卢元明的《嵩高山记》载:"嵩山高2800丈,周回75里。嵩山最是栖神之灵薮,长松绿柏生于岭涧左右。古人住址处,有铜铫器物。东北出云,有自然五谷、神芝、仙药。"

在嵩山修炼的道人

显然,嵩山被古人认为是栖神之灵薮,其中充满了奇事、异物、仙境。千百年来,嵩山梦幻般地牵引着人们身心向往之。史料记载:先秦时期,在嵩山修炼的著名道人有宋伦、宋德玄、王仲伦、章震、邛疏,春秋时期在嵩山修道飞升的道人有老子、关尹、苏林、施存、鬼谷子、浮丘公、王子晋、王观香、列御寇、刘奉林、孙膑、宋铏、尹文、韩非子、姜叔茂、丁实、毛女等人,他们中的大多数人通过在嵩山的修炼,已经积蓄了功德,做出了许多一般人都做不到的事,实现了自己最高的理想,灵魂不死,羽化成仙。

被尊为道教始祖的老子长期居住在嵩山地区,担任周朝京都洛阳的史官,正是在洛阳完成了被奉为道教经典的《道德经》。据王子年《拾遗记》载,嵩山是老子修行的地方。相传老子当年曾居嵩山金壶峰写《道德经》,当金壶之墨用完时,佐老子写经的浮提国善书者二人刳心沥血以代墨,最终使老子完成了《道德经》。

周灵王(前571~545年),太子王子晋(又名王子乔),喜欢吹笙作凤凰鸣声,游于伊水与洛水之间。嵩山有一个叫浮丘公的道士,邀其至嵩山。几十年后,有人在嵩山见到他,他说:告诉大家,七月七日,在缑氏山头等我。那日,果然见他乘白鹤,盘旋数日后才离去。于是,后人在缑氏山和嵩山的顶上都建立了神祠纪念他。嵩山峻极峰以东的白鹤观,背负三峰,左右皆绝壁,即为纪念王子晋而建。就是这个春秋时期的周灵王之子王子晋,成了我国道教中最早的仙人之一。

第三节 汉魏两晋南北朝时道教的开创和传播期

一、汉魏两晋时期的嵩山道教

东汉时期,早期道教黄老道逐渐发展到顶峰。明帝、章帝时朝廷崇信尤甚,洛阳皇宫收集了大量的秘书、列仙图和道术秘方。明帝不但身体力行修身养性,还劝其父光武帝颐爱精神。章帝还把这些图籍赠给东平王刘苍,让他在藩国传习。黄老学说在上层人士中被神秘化,黄帝老子被神化,带有浓重的宗教性,到顺帝时发展成为宗教性的黄老道。桓帝时,黄老道公开在朝野传布,史载第一个黄老道徒就是汉桓帝。《后汉书·王涣传》载:"延熹(158~167年)中,桓帝事黄老道,悉毁诸房祀。""黄老道"之名始见于此。桓帝于延熹八年(165年)九月七日祠祀黄帝、老子于皇宫中的濯龙宫,并于这一年三次派中常侍(宦官)到苦县(今鹿邑)祭老子,令陈相边韶撰《祭老子文》并刻石立于老子祠(今鹿邑上清宫)。早期道教黄老道在洛阳宫廷创建之后,朝野上下蔚然成风,滨海一带的长生术(炼丹术)在洛阳得到很大发展,洛阳北邙遂成为早期道教胜境。东汉时,洛阳有石刻杯盘,用以祭祀是大老君、真人君、仙人君、东海君、西海君,这是道教祭祀的"五君"。一定意义上可以说,东汉时期的嵩山地区是我国早期道教的诞生地。东汉晚期,原始道教多活动于下层劳动者中间,往往与农民革命相结合,封建统治者对此视为心腹大患,多方禁止道教的活动。曹操曾招致许多方士,集中于魏国国都洛阳,为的是"诚恐斯人之徒,挟奸宄以欺众,行妖隐以惑民,故聚而禁之也"(曹植《辩道论》)。

东汉黄老道盛行时,以《老子》(《道德经》)为修身养性而加以注释并被列为道教重要典籍的《老子河上公章句》,实际上是由东汉嵩山高道者所著。这部书是以"治身治国并重,而其要旨则归宿于治身养生。"(《老子河上公章句》前言)此书为养生学、气功学最早文献之一,为当今中外气功界所珍重。

汉魏两晋时期,嵩山道教有两支,即张道陵创立的五斗米道和张角创立的太平道。二者都是以黄老学说为基础,同时吸收了传统的鬼神观念和神仙方术及阴阳五行学说。传说二张都是辅佐汉高祖刘邦开创汉业立有汗马功劳的张良的后世子孙。

在道教史上,五斗米教的发展虽不在嵩山地区,但其创始人张道陵却在没有创立五斗米道之前曾隐居嵩山。史料记载,张道陵7岁开始读《道德经》,并博览群书,后入洛阳太学,很快就精通五经,后又改学长生之道。曾被推荐至京城洛阳,朝廷任为江州令,汉末辞官到洛阳,隐居北邙山老子炼丹之地,潜心参悟。据《三洞珠夷》卷5引《道学传》卷2张天师传云:"张天师弃家学道,负经而行,入嵩高山石室,隐斋九年,周流五岳,

张道陵创五斗米道

精思积感,真降道成,号曰天师。"

张道陵在隐居洛阳北邙山老子炼丹之地潜心参悟后,到嵩山修炼"黄帝九鼎,太清丹经"9年。据说,张道陵在这期间,遇神人指点,在嵩山石室中得到《黄帝丹经》,最后炼成仙丹,为其创立五斗米道奠定了基础。东汉顺帝时,曾在嵩山和北邙山修行传道的张道陵,带弟子一起入蜀郡鹤鸣山(今四川省大邑县)修道,并造道书《老子道德经想尔注》,奉老子为教主,遂创立"五斗米道"(因受治之人出五斗米而得名)。五斗米道,又称天师道,史家公认五斗米教是中国道教组织正式创建之始,张道陵为中国道教的创始人。因此,史学者说道教史为张道陵的五斗米道,源于嵩山,创于巴蜀,后又在嵩山得到传播和发展。

张道陵创立五斗米教有教会教规、教仪和养生成仙的教义、教理,其传教单位叫"治",到顺帝汉安二年(143年),天师道发展为24治,以应二十四节气,因而天下的名山和神仙分为24治。24治就像秦始皇设立的36郡,是为神仙世界划分的管理区,这些管理区基本都在山上,嵩山是天师道设置的一个传道点。长期以来,中岳嵩山都被后世道教当作洞天福地。

道教在嵩山地域的活动,影响最大的首推灵帝时张角创立的太平道。太平道是在于吉的《太平清领书》和甘忠可的《天官历包元太平经》的基础上发展开来的。据《后汉书》记载,于吉在曲阳泉上得到神书170卷,号《太平清领书》(后称《太平经》)。后来,于吉"涉乱迁移","出入伊洛"。顺帝时,于吉的弟子宫崇把该书献给皇帝,因不合顺帝之意,顺帝没用;桓帝沓,仍没受到重用。《太平经》现已经遗失。据《后汉书·襄楷传》记载,《太平经》以侍奉天地、顺应五行为主要内容,也有兴国广嗣的方术,内容非常庞杂。

张角初信黄老,于东汉灵帝熹平年间,创立太平道,徒众达数十万人。据南朝宋·范晔《后汉书·黄甫嵩传》载,汉灵帝时(168~189年),"巨鹿张角自称大贤良师,奉事黄老道,畜养弟子,跪拜首过,符水咒说以疗病,病者颇愈,百姓信向之。角因遣弟子八人使于四方,以善道教化天下,转相诳惑。十余年间,众徒数十万,连结郡国。自青、徐、幽、冀、荆、扬、兖、豫八

红巾军起义

州之人莫不毕应。遂置三十六方。大方万余人。小方六七千,各立渠帅。讹言:'苍天已死,黄天当立。岁在甲子,天下大吉'。以白土书京城寺门及州郡官府,皆作'甲子字'。"太平道在嵩山地区的发展是在灵帝(168~189年)时。为扩大太平教的力量,太平道的创立者张角派马元义多次往来京师洛阳,以此扩大太平教的力量。在马元义的苦心经营下,太平道在嵩山地区得到迅速发展,大量市民、官吏乃至皇宫中的宦官成为太平道的信徒。中平元年(184年),张角发动黄巾起义,遭到东汉朝廷和曹操的镇压围剿而失败。"中平元年(184年),大方马元义等先收荆、扬数万人,期会发于邺。元义数来往京师,以中常侍封谞、徐奉等为内应,约以三月五日内外俱起。未及作乱,而张角弟子济南唐周上书告之,于是车裂元义于洛阳"。"角等知事已露,晨夜弛敕,诸方一时俱起。皆著黄巾为标志。时人谓之'黄巾'。""所在燔烧官府,劫略聚邑,州郡失据,长吏多逃亡。旬日之间,天下响应,京师震动。"嵩山地区的颍川是黄巾起义的发源地之一,阳城(河南登封)、阳翟(河南禹州)也是黄巾起义的主要战场之一,许多信徒参与其中。起义因起事仓促,加上统治者的残酷镇压,很快失败,遭镇压的约有十几万人。黄巾起义失败后,嵩山道教徒涉嫌惨遭迫害,马元义因张角弟子告密被捕,后被车裂于洛阳。

在洛阳捕杀的太平道教徒有1000余人,嵩山道士刘根被杀害,左慈被追杀得脱后逃往东吴。

据《搜神记·刘根》和《后汉书·刘根传》载:刘根,颍川人。汉成帝时,入嵩山修道,遇异人,授以秘诀,遂得仙。诸多好事者,自远而至,就根学道,颍川太守史祈,受魏公曹操意旨,以刘根妖,乃执诣郡,数试之曰:汝有何术而诬惑百姓,如有神,可显验一事,能则生,否则死。……根默不应,忽然离去,不知所去。又据《搜神记·左慈》和《神仙传》称:嵩山道士左慈,字元放。少入嵩山修道,有神通,精通五经,占星,六甲(一种咒语),使役神鬼之法。魏公曹操闻召至许昌,闭于室中,命人守视,断谷数日,出之面色如故。曹公自谓,生民无不食稻,慈乃如是,必左道也,欲杀之,慈已知。数试之,慈皆应,曹公更欲杀慈。慈逃阳城山头,入羊群。而追者不分,令牧者数本羊,果多一只,乃知左慈已化为羊。得脱后逃往东吴,在天柱山省悟道妙。其道传葛玄(孝先),玄传郑隐(思远),隐传葛洪。

东汉末年,道教教派除了以上两个以外,还有一些道教教派和道家人物与嵩山地区有密切关系,他们与道教的产生都有一定的关系。如东汉末、三国初出现的"帛家道"。帛家道的创始人帛和,又名护,字仲理,益州巴郡(今四川重庆嘉陵江北)人,汉末著名道士,在洛阳因患重病,曾拜师于吉,后又从师于嵩山道士刘根。之后,《神仙传》等文献记载,"帛和曾从嵩山道士刘根等人学道,于嵩山石室中得《三皇文》自立坛委绢,常画一本而去也。"便在邙山翠云峰上老子炼丹处布道。当时"博涉众事,洽练术数"的洛中道士,纷纷向帛和请教修道的疑难问题,"帛和即寻声论释,皆无疑碍",遂有"远识人"雅号。帛和功法深湛,善隐形和功术,后被洛中人称为"神人"(抱朴子内篇校释)。后世道士遂托名帛和,称千岁翁。帛和在嵩山地区传道,广收徒众,传帛家道,至晋犹盛,后又传到了南方。帛和最后在邙山修真处辞世,并葬于洛阳北瀍水西南,墓前有西晋永宁二年(302年)所立石碑,上书"真人帛君之表"。

随着道教的形成,嵩山多有方士、道人隐居修炼,遂成为道教名山之一。据《汉武帝外传》载:汉末方士鲁女生采药于嵩山,遇一神女,自称为三天太上侍官,以《五岳真形图》授之,并告以施用节度,据称其图"可以威制五岳,役使众灵。"后鲁女生道成入华山中去,以图传道士蓟子训,训传封君达,君达传左慈,左慈传葛玄。据《云笈七签》卷六及《道教义枢》郑二载:西晋道士鲍靓学道于嵩山,于石室静斋思道,忽有天文大字出于石壁,靓告玄而受,后以之传授葛洪。此即所谓的"大有三皇文",此文后为《太上洞神经》所本。《三皇文》、《五岳真形图》都是魏晋出世的道教重要经典。后世道教三洞经中的洞神部经,系由嵩山传出的这两种道书增衍而成。《抱朴子·遐览篇》有云:"道书之重者,莫过于《三皇文》、《五岳真形图》也……,家有《三皇文》,辟邪恶鬼、瘟疫气,横殃飞祸。……又家有《五岳真形图》,能避兵凶逆,人欲害之者,皆还反受其殃。"可知,《三皇文》及《五岳真形图》,都是早期神仙道教祛除鬼神、治病避邪的经书。《三皇文》在唐代因官方禁止而失传。《五岳真形图》现仍存于明编《正统道藏》中,即《五岳真形图序论》及《洞玄灵宝五岳古本真形图》。两篇均题署汉武帝时宠臣东方朔传。前篇讲西王母传授汉武帝《五岳真形图》及《灵光生经》的故事。后篇即五岳真形图的图像,以及传授、使用真形图祛疫除灾的方法。从书中看,五岳真形图有两套版本,一为魏晋古本,一为唐代版本(称洞玄灵宝五岳真形图)。两种版本各有九个真形图,东岳泰山、南岳衡山、中岳嵩山、西岳华山、北岳常山(山西恒山),以及霍山(会稽赤城)、潜山(在合肥)、青城(在蜀郡)、庐山(在九江),各有真形图一幅。魏晋道士认为,霍、潜、青、庐山神是五岳神君的储君和佐命,因此也图画其真形。所谓真形,是一种曲折婉转的山水形势图,类似篆书符文。据说佩戴五岳图形,或在法事中奉祭图形,用于镇墓镇宅,可以祛疫免灾。总之,五岳真形图是从中国上古山岳崇拜巫术演变而来的一种道法。唐宋元明历代道书,尤其是上清、灵宝派的道法书中,都记载有用五岳真形图镇宅、镇墓免灾的法术。当时人的坟墓中,也发掘出一些刻有五岳真形图文的镇墓石。现今嵩山中岳庙内还保存有明代万历年间刻立的《五岳真形图碑》两通,这是具有中国宗教特色的传统文化遗存。

我国发现较早的道教石刻有于1991年出土于偃师南蔡庄村一座东汉墓中的《河南梁安乐肥君之碑》。该碑身高98厘米、宽48厘米、厚9.5厘米。下有覆斗形碑座,座前刻三只耳杯。碑文说梁县人(今汝州)肥致(字苌华)被称为"道人","生号真人,世无及者",肥致"常舍止枣树上,三年不下,与道逍遥"。碑文记述了他两件大事,一是有一天洛阳"赤气著重连天,及公卿百道以下无能消者",而肥致"应时发算,除去灾变";一是在隆冬季节皇帝想吃生葵(一种夏天的野菜),肥致"君却如室,须臾之倾,抱两束葵出",据说是从蜀郡太守(四川成都)那里取来的。由于肥致的种种神奇举动,"声布海内,群士钦仰,来集如云"。从碑文可知,肥致大概是汉章帝、和帝时代的人。肥致的老师有魏郡张吴、齐晏子、海上黄渊、赤松子等。他的弟子是"功臣、五大夫"许幼仙。他"解止"(尸解),"从君得度世而去"。许幼仙的儿子许男建(字孝苌),心慈性孝,常思想神灵,于建宁二年(169年)五月十五日"为君设便坐,朝暮举门",为肥君"招魂"。碑文还记载了"土仙"大伍公,见西王母昆仑之墟,受仙道,大伍公从弟子五人,"皆食石脂"成仙而去。

关于这一时期的民间道教活动情况,史料记载不多。但是,在嵩山地域出土的许多壁画墓和大量的画像砖墓中,都可以窥见神仙家在民间的影响。如洛阳西汉驱鬼图壁画墓、卜千秋升仙图壁画墓、新莽天象神话图壁画墓、东汉天象神曾壁画墓等墓中的壁画的内容都是崇信神仙。尤其是在洛阳出土的赵某买地券(170年)、孙成买地券(171年)、王当买地券(179年)、房挑枝买地券(188年)、郭某买地券(190年)等文字中,反映了道巫的"解逐之法"。依《论衡·解除篇》云:"世间缮治宅舍,凿地掘土,功成作毕,解谢土神,名曰解土。为土偶人,以象鬼形,令巫祝延之,以解土神。"故治墓需作"墓门解除"。人死后要由"天帝使者"告"地下二千石"(或冢丞、丘丞、墓伯),为死者"解适"(谪),使魂归"嵩里"等等。而"天帝神师"(天师)佩"黄神越章之印",即能驱魔逐兽。这些买地券或镇墓瓶正是早期道教巫相杂的见证实物。

汉献帝建安二十年(215年),曹操攻汉中,五斗米道已传到第三代张鲁。曹操招降张鲁,封为将军。因此,五斗米道遂传入嵩山地域,虽受到严格限制,但毕竟得到合法存在。曹魏时期,五斗米道的主要活动转入嵩洛一带。道教门徒以研究养生学为重点,长生术得到很大发展。自称"邹国鄙夫"的密县(今新密市)人魏伯阳多次在嵩山修真炼丹,后来他将自己的炼丹经验著成《周易参同契》,史称"万古丹经王",似解释《周易》,其实爻象,以论作丹之意,后该书被道教尊为五大经典之一。当代科学家周士气氛、潘启明的《周易参同契新探》说:这本书"即研究怎样与死亡做斗争,以延长人类生命的书。其内容与生理学、物理学、化学、数学、医药学等有关,属于今天的自然科学的领域。""其基本内容是关于人类身体内在奥秘的探索。实质上,这是对人身元气(能量流)运行所作的记录。换一句话说,即对人体生物场能量运动所做的数学描述。"至今受到中外科技界、宗教界、气功界、哲学界的广泛重视。

后另有华佗、郗鉴、甘始、左慈、郝孟年、东郭延年等集中在嵩山地域,各展所长,甘始善导引行气、左慈明房中术、郗俭长辟谷服食,使中国道学养生术的三大流派导引、房中、服食得已形成传世,对道教重生、贵生、乐生、长生、养生之学起到开源通流的作用。这些道教信徒络绎不绝地到洛阳修炼传道,著书立说,《三十六水法》、《太清金液神丹经》、《黄帝九鼎神丹经》等"火记六百篇"及《龙虎经》等相继在嵩山地域问世,北邙山遂成为仙踪胜景。

嵩山道士鲍靓,在道教史上也是一位名人。为汉代司徒鲍宣的后代,曾官至南海太守。鲍靓兼学

鲍靓学道于嵩高

道经和儒家典籍，明晓天文、《河图》、《洛书》，后升迁至南阳中部都尉、南海太守。曾入海遇风，煮白石充饥。《云笈七签》载：西晋惠帝时，著名道士鲍靓登嵩高山，入石室清斋，见《三皇古文》，皆刻石为字。尔时未有师，靓乃依法，以400尺绢为信自盟而受，后传葛洪。《道教义枢》卷二载："晋时鲍靓学道于嵩高，以惠帝元康二年（292年）于刘君石室，情齐思道，忽有《三皇文》刊成字。仍依经以400尺绢，告玄而受。后亦授葛洪子孙。"葛洪、陆修静、孙遊嶽、陶弘景、王远知等，依次受授此《三皇文》，后为《太上洞神经》所本。鲍靓和著名道士许谧经常往来，还曾和仙人阴长生会面，得受道诀。鲍靓著名弟子有许迈、葛洪。东晋成帝咸和元年（326年），鲍靓将女儿许配给弟子葛洪为妻。

魏齐王曹芳正始（240～246年）时，"玄学"开始大兴，史称"正始玄学"。"玄"者，幽远之意。《老子》云："玄之又玄，众妙之门。"在哲学上，它是以道家唯心主义理论来解释儒家经典《周易》为中心而形成的思想流派。代表人物有何晏、王弼，何晏、王弼述老庄，立论以"天地万物皆以无为本"，"援老入儒"重新解经。王弼著有《周易注》、《老子注》、《老子指略》等，他认为包括政治教化在内的万事万物都是从"自然"（即道）中派生出来的，是"朴散"之后的必然结果。离开"道"，万物便无由生成。何晏著有《道论》、《无名论》、《周易私记》、《周易讲学》。其中，《道论》、《无名论》主要论述道的特性和圣人体道，详细阐明了他的有关"无"的思想："自然者，道也。道本无名。"《周易私记》和《周易讲学》则用老庄玄虚的道理讲《周易》，从根本上冲击了两汉儒学的本原。何晏、王弼虽不是道教徒，玄学虽不是宗教，但和道教思想接近，所以他们的著作颇为后代道教学者所重视。

竹林七贤

魏晋玄学最初是反对汉末腐败的政治，冲击虚伪的守旧观念，提倡理性和个人的真实情感，追求个体身心的自由与完美，把庄子的人生哲学纳入玄学体系中，并用老庄思想抨击旧的礼教和繁琐的经学的学说。它的思想实质是用道家思想弥补儒家思想的弊端，以克服儒家思想的僵化、浮华、虚伪。试图把儒家的名教之治建立在道教崇尚自然的哲学基础之上，以此把儒道思想融合为一。

魏晋玄学的另一批代表人物就是著名的竹林七贤。魏正始年间（240～249年），嵇康、阮籍、山涛、向秀、刘伶、王戎及阮咸七人常聚在当时的山阳县（今河南辉县、修武一带）竹林之下，谈玄论道，肆意酣畅,世谓竹林七贤。竹林七贤是魏正始末年至嘉平初年,以阮籍、嵇康为首的一个带有文人色彩的民间玄学团体。他们否定儒家的礼法,宣称"老子庄周吾之师也"。他们反对当时的司马氏专权,在政治上崇尚无为,主张无为而治;在思想和生活方面,采取崇尚自然,反对名教,放荡不羁,使酒纵性的态度。这种从道家老庄引申出来的玄学,是对两汉以来尊孔崇儒的巨大冲击和抗衡。

魏晋玄学上承两汉经学,融为玄学,影响后世隋唐的佛教、道教,乃至宋明理学。它是中国哲学乃至整个中国文化史上的一个重要发展阶段,它的产生在中国哲学思想史上具有划时代的意义。魏晋玄学虽在当时为人们带来了一股清新之风,但东晋以后,与佛道合流,从而走向没落。

西晋时,道教史上著名的《老子西升经》于嵩山地域问世。并发生了第一次道佛之争。西晋惠帝时(290~306年),洛阳道士王浮与沙门帛远争邪正,遂造作《老子化胡经》1卷,记述老子入天竺变化为佛陀,教胡人为佛教之事,以谤佛法,用来抵制佛徒帛远。后此书陆续增广改编为10卷,成为道教徒攻击佛教的依据之一。同时,洛阳人郭象,好老庄,将向秀《庄子注》推而广之,阐扬了老庄思想。此书也颇为道学者所推崇。

道教在晋代受到了统治者的重视,并为统治者所利用。"八王之乱"的核心人物赵王伦的主谋,便是五斗米教的教徒。据《晋书·孙恩传》和《晋书·赵王伦传》记载:赵王伦、孙秀听从妖邪之说,一起用巫术来迷惑人们,并且命令手下的亲信在嵩山穿着羽衣,谎称是仙人王乔,炮制神仙书来迷惑百姓。还拜道士胡沃为太平将军,以寻求福佑。可见道教作为社会意识形态所起的作用是相当大的。

史料记载:汉魏两晋时期,道教发展很快,不少门阀士族加入道教,出现了一大批在嵩山地域修炼、传道的道人,有周栖野、王兴、周义山、刘根、张道陵、王长、阴长生、魏伯阳、鲁女生、黄敬、于吉、肥致、马元义、蓟子训、费长房、帛和、左慈、封君达、王真、孙秀、郭璞、魏华存、鲍靓、鲍姑、葛洪、成公、王玄甫、商丘开、郗鉴、元阳子、陆修静等,他们之中的大部分人通过在嵩山的修炼,已经实现了灵魂不死、羽化成仙的愿望;或他们之中有些人通过在嵩山的修炼,在发展道教的征途上已经开宗立派,创业成功;或他们之中还有些人整理、撰写了道教著作,从思想学说、经典文书、组织制度、神仙谱系等方面对道教进行改造,使道教逐渐进入了成熟时期,实现了道教从追求天下大吉的太平盛世,到不死成仙的重大转变。

二、南北朝时期的嵩山道教

嵩山道教,在十六国时趋向兴盛。东晋末年,群雄纷争,北方陆续出现了一批由匈奴、鲜卑、羯、氐、羌等少数民族建立的政权,史称"五胡十六国"。鲜卑拓跋部所建的北魏政权一心想融入汉民族,入主中原,为了巩固自己的统治,北魏创业的几代皇帝都竭力争取汉族士人的支持,尊崇以儒家和道教为主体的汉族文化。尤其在对中岳嵩山的祭祀上,更加尊崇礼敬,虔诚无比。北魏太延元年(435年),太武帝立嵩山神庙于嵩山上。太和十八年(494年),孝文帝迁都洛阳后,亲作《祭嵩高山文》,致祭于嵩山,文中颂扬道:"惟中挺神,祥契幽经。日月交辉,寒暑递成。万象含和,兆类孳盈。"

在这样的文化氛围中,道士亦受到帝王的礼敬和优待。太武帝拓跋焘曾两次请嵩山道士至平城传道,还派遣尚书崔颐和嵩山道士韦文秀入王屋山合炼金丹,然未获成功。孝文帝元宏也遣人与徐謇入嵩山合炼金丹,致延年之法,采营其物,历年无所成,遂罢。

自西汉至北魏,缮祀诸神,名目极多,如风伯、雨师、司中、司命、门神、户神、竈神、中雷神等各种斗神不少于1200余处。佛教、道教之外的各种神祗崇拜,一直延续不断。但在这些众多的神灵崇拜之中,中岳嵩山主神——轩辕黄帝一直在人们的心中,占有至高无上的地位。由于嵩山为历代帝王、神仙家及道教徒所崇拜,所以,北魏大司农卢元明撰有《嵩高山庙记》之作。嵩山神的形像以玉刻成,高二、三寸,冠帻,著大领衣。

南北朝时期,道教最明显的变化是北魏寇谦之改革了五斗米道。北魏统一华北之后,由于自己是鲜卑族拓跋部,为了消除汉人存在的民族隔阂,自称拓跋部本是黄帝的儿子昌意的后裔。《北史·魏本纪》云:"魏之先出自黄帝,黄帝子曰昌意,昌意之子受封北国,其处有大鲜卑山,因以为号。"在对待宗教方面,以五斗米道系汉人宗教,因而也表示信奉道教。另一方面,就道教本身来说,东晋末年,五斗米道也面临了十分明显的危机:一是由于孙恩等人聚众作乱,使五斗米道无法得到上层社会的支持,发动暴乱在民间也不得人心,均使五斗米道难以传播。二是佛教逐渐在中国扎根、兴盛,佛、道竞争日益加剧,道教要想站住脚,维护其在社会上的地位,就不得不对原有五斗米道的一些弊端进行改革不可。就在这种政治背景和宗教形势下,出现了寇谦之改革道教。

北魏太武帝拓跋焘

据《晋书·艺术传》载:前秦道士王嘉,在淝水之战后来嵩山修道,不久著名道士寇谦之也到嵩山修道。关于寇谦之在嵩山的活动,《魏书·释老志》和《历世真仙体道通鉴》卷29有详细记载:寇谦之,字辅真,冯翊万年人,生于前秦苻坚建元元年(365年)。寇谦之早好仙道,有绝俗之心,少修张鲁之术,服食饵药,历年无效。后遇仙人成公兴,带领寇谦之入华山修道,后又至嵩山石室,采药服食,隐居守志,修道七载,声名渐著。北魏神瑞二年(415年)太上老君亲临嵩山,授予他"天师之位",赐《云中音诵新科之戒》20卷,传授导引服气口诀诸法,并令他"宣吾新科,清整道教,除去三张伪法,租米钱税及男女合气之术,大道清虚,岂有斯事!专以礼度为首,而加以服食闭练。"北魏泰常八年(423年),又有牧土上师李谱文来临嵩山,自称老君玄孙,赐予《天中三真太文录》,使其能够劾召百神,以教授弟子。并赐以与金丹等秘法,授予寇氏太真太室九州真师、治鬼师、治民师、继天师四种符箓,使他统领地上人鬼之政。又授《录图真经》60余卷,此经专门讲述坛位、礼拜及衣冠仪式。并命其辅佐北方太平真君(即北魏太武帝拓跋焘),"理治人鬼之政"。

魏太武帝即位,司徒崔浩赞明其事,上疏荐之:"臣闻天师道士寇谦之隐居嵩山修道三十余年,能服气、导引、辟谷,且有大成,今气盛体轻、颜色殊丽,其弟子十余人,皆得此术。"太武帝闻奏大悦。北魏始光初(424年),寇谦之前往魏都平城奉献《录图真经》,因大臣崔浩引荐得到重用。太武帝派使者奉玉帛牲宰,祭嵩山,迎接寇谦之及其弟子40余人至首都平城之东南(今山西大同),并在城外建天师道场,重坛5层,拨给120位道士衣食,斋肃祈,六时礼拜,月设厨会3000人。寇谦之把《新科之诫》、《箓图真经》献给太武帝,太武帝如获至宝。

寇谦之受到重用之后,便积极参政,利用宗教帮助太武帝完成了统一北方的宏图大业。始光二年(425年),太武帝将攻夏主赫连昌,朝中群臣多迟疑难决。太武乃问"幽微"于国师寇谦之,谦之答曰"必克"。于是太武帝连年出击,先后消灭赫连夏、北燕、北凉等割据政权。至太延五年(439年),最终完成了统一北方的大业。次年,寇谦之为太武帝祈福于嵩岳,据说"精诚感通,太上冥授帝以太平真君之号"。太武帝笃信不疑,即于当年改元为太平真君元年,封寇谦之为国师。因此,寇谦之真正成为帝王政治和精神的灵魂人物。

太武帝因崔浩、寇谦之等人助军有功,更加崇信道教,而且依道教规矩,于太平真君三年(442年)备法驾,执青旗,亲至天师道场,登坛接受国师的天命符箓,以示鲜卑人入主中原乃奉天承运,神灵所许。为此,太武帝成了一个彻头彻尾的道教信徒,这在中国历史上是空前的。此后,北魏每帝即位,都依此例登坛受箓,成为定制,道教遂作为官方宗教,达到了极盛。

孝文帝迁都洛阳后,在洛阳南郊设立道坛,方200步,给户50以供斋祀之用,号"崇虚寺",每年正月七日、七月七日、十月十五日,坛主、道士、哥人106人,以行祭祠之礼。此制一直延续到东魏武定六年(548年)才罢。

在王权的支持下,寇谦之实现了对道教的"清整"。他改革的内容包括:一是取消天师道原有的24治,不再用"宅治"之号;二是取消"天师"、"祭酒"之值的世袭制度,废除租米钱税;三是除去男女合气之术;四是专以礼仪求度为首,而加以服食闭炼;五是改道教诵经"直诵"为"音诵"等等。寇谦之"清整"之后的五斗米道,后人称为"北天师道",故称"新天师道"。寇谦之对五斗米教的改革的成功,标志着道教的成熟。经寇谦之改革之后,新天师道与王权相结合,获得了前所未有的殊誉。

从张道陵创立道教到南北朝时,道教渐渐由比较原始的早期道教向作为封建统治阶级的御用工具的官方道教转化,而嵩山在这一转化过程中起到了极大的作用。五斗米道和张角创立的太平道主要是在民间流传,其经典里有大量反映农民群众愿望和要求的思想,并先后为农民起义所利用。统治阶级对这种民间道教采取了镇压和改造相结合的两手对策。同时,由于五斗米教和太平道的内部组织规范与知识技术混乱,尤其是它们采取与主流社会相对立的态度,给后世道

葛洪著《抱朴子》

教在社会上的公开存在和发展带来了很大的困难,而那些来自方士巫术的传统内容,也使道教受到各方面的抨击,于是道教进行了内部的反省与清理,据称是老君亲授的《老君音颂戒经》对三张(张道陵、张衡、张鲁)伪法给予了尖锐的批评。东晋时葛洪的《抱朴子》一书,系统总结了战国以来的神仙方术理论,丰富了道教的思想内容,竭力攻击民间的原始道教,诋毁农民起义,对后来道教发展有较大影响。葛洪是著名的道教学者、医药学家、炼丹家,自幼爱好道术,后不慕功赏,"径直洛阳,搜求异书(道书),以广其学"(唐房玄龄《晋书·葛洪传》)。葛洪在洛阳四年多,搜求了大量的道教典籍、仙经神符,达260种,1298卷,在撰写《抱朴子内篇》时,全部列在《遐览》篇中。可见当时京都洛阳道书流布之多之广。为适应封建统治阶级的需要,葛洪将道教的神仙方术和儒家的纲常名教结合起来,提出以神仙养生为内,儒术应世于外,宣扬道教徒要以儒家的忠孝仁恕信义和顺为本,否则虽勤于修炼,也不能成仙,为官方道教奠定了理论基础。一些代表封建统治阶级的道教徒也着手对民间早期道教进行改造,在南北朝时经寇谦之之手改造成功。

北魏太平真君年间(440~451年),嵩山道士寇谦之在崇信道教的魏太武帝拓跋焘和宰相崔浩的共同支持下,以儒家礼教为原则对五斗米道进行了大刀阔斧的改革。寇谦之根据《云中音诵新科之诫》,"清整道教,除去三张(张陵、张衡、张鲁)伪法",革除五斗米道的旧制度,摒弃租米钱税和房中术,减轻了道徒的负担,维护了道家清心寡欲的教义。他建立了政教合一的上层组织机构,奉太上老

君为最高尊神,宣扬上有36天,下有36土,天有30宫,宫中皆有主神。他改革道教的修行方法,以清虚为本,以礼拜为主,重视符箓,斋戒沐浴,炼制金丹,召神劾鬼,强调通过养生修炼和服食丹药达到长生不老。他吸收佛教的教义礼制,改革道教的斋醮科仪制度,即道教礼神诵经的制度,制订乐章诵诫新法,建立了一套完备的科仪制度,使道教由民间散乱的礼拜走向固定的丛林(宫观)礼拜。寇谦之吸收儒家礼教,"专以礼度为首",采取儒家礼教为道教的第一要义,即以封建礼法制度为准则,凡符合的就保留和增加,不符合的就革除。强化道教戒律,制订道教清规,使道众修行有了规范的法则。他倡导全力拥护、支持和服务封建统治者,创建符合统治者需求的"新科"以佐国扶命。通过这些改革,使道教自身具有了较强的宗教力量,完全适合于统治者的需要,得到了帝王的支持,成为官方宗教,并从形式到内容都得以健全和充实,从此走上了中国的政治舞台,并逐步走向鼎盛,从而成为我国道教发展史上的里程碑。

原本信奉佛教的太武帝转而极端崇信道教,特意派遣使者持玉帛前往嵩山举行祭岳大典,而且把寇谦之在嵩山的40余名弟子迎往京都平城,并在京城东南建立重坛五层的天师大道场,由官府供给120名道士衣食,每月设有数千人参加的大法会,严格按照寇谦之改革后的科仪制度进行礼拜,可谓极盛一时。据《魏书·释老志》记载:"于是崇奉天师,显扬新法,宣布天下,道业大行。"太武帝的诏令不仅崇奉寇天师,宣传和发扬天师道,而且还将其颁行于天下,从此道教大兴。

寇谦之的参政,推动了中国历史上一次空前的灭佛运动。本来信佛的太武帝转而仰道之后,渐渐有了憎佛的思想。在这次灭佛运动中,崔浩是起了关键性的作用。太平真君五年(444年),太武帝下令禁止王公及平民私养沙门(和尚),同年杀僧人首领玄高、慧崇等。太平真君七年(446年),杏城盖武造反,太武帝亲率大军征讨,他在长安发现僧人寺院中藏有弓矢等兵器以及酿酒工具和大量金银财宝,寺内甚至设有密室同女子淫乱。这引起太武帝的极大愤怒,寇谦之的弟子、更为反佛的大司徒崔浩便极力劝说太武帝诛杀沙门,实施"沙门无少长悉坑之"。于是太武帝下令先杀长安沙门,接着又颁诏诛杀天下沙门。寇谦之则表现出仁慈的一面,勇敢地站出来反对"不论老少皆诛杀"的灭佛政策。

太武帝奉寇谦之为国师

寇谦之在北魏时发动的对中国道教的改革运动的影响是极其深远的。寇谦之改革后建立的新天师道理论体系成为其后道教发展的基石,而且道教从此和儒教、佛教一起成为中国的三大宗教,并对中国的社会、政治、宗教、文化的诸多方面产生重要的作用。而作为在中国最有影响的北天师道改革发祥地的嵩山,也因此在中国道教史上占有了极其重要的地位。寇谦之为改革道教编纂的道教经典今存《道藏·洞神部·戒律部》"力"字帙中有7种,是研究嵩山文化中的道家文化的重要资料。

嵩山作为新天师道的发源地,在北魏时成为北方道教的中心,其最显赫的年代大约在魏初太武帝在位时(424~452年)。记录这段道教史的资料,除《魏书·释老志》等文献外,最重要的实物证据即北魏所立的《中岳嵩高灵庙之碑》及《大代修华岳庙碑》。太安二年(456)立于嵩山中岳庙的《中岳嵩高灵庙之碑》,是记载有关寇氏崇道的最早文物史料,比《魏书》还早110多年。《道家金石略》引《金石文字记》云:"魏太武因道士寇谦之奏请,更造嵩岳新庙,立碑纪事。碑中直称谦之为天师,为师君,以太武奉道,亲受符箓,故云然。……嵩山碑刻,自汉二石阙铭外,无古于此者。"《中岳嵩高灵庙之碑》碑文概述了嵩山地理形势,上古至秦汉魏晋十六国历代统治者奉祠嵩山始末,记述中岳庙及其前身太室祠的兴衰,以及北魏表彰天师寇谦之勾通人神,在嵩山改革道教,辅佐真君成太平之化,而为之复修嵩岳祠庙之功德的道行。这通碑堪称道教立碑之始,在嵩山道教发展史上占有重要地位。

从一定意义上说,道教发源于嵩山,创立于巴蜀,后又在嵩山地区得到传播和发展。

这一时期,除了著名的道教改革家寇谦之以外,在嵩山修道、传道的著名道人还有陶弘景、成公兴、赵静通、廖冲、韦节、潘弥望等人。

随着寇谦之改革天师道的成功,北魏太武帝也越来越支持寇谦之和他的新天师道,并让寇谦之还常常参与朝政。太平真君九年(448年),寇谦之在死之前对他的弟子们说:"及谦之在,汝曹可求迁录。吾去之后,天宫真难就。"寇谦之似乎已经预见到新天师道会在当时的灭佛事件中受到严重的打击。太平真君十一年(450年)六月崔浩被杀,新天师道的地位开始衰落。不久,魏都南迁洛阳后,北魏诸帝又崇信佛教,加之寇谦之之后又没有杰出的弘教者,新天师道便在魏末受到冷落,北齐甚至不承认道教。北周建德三年(574年),武帝宇文邕废释、老二教,嵩山新天师道遭到惨重的打击。北方道教中只有北周关中地区兴起的楼观道在发展,并成了后世隋唐道教中非常兴盛的一支道派。

就在寇谦之的新天师道在嵩山销声匿迹的时候,嵩山道教中走出了一个后来成就了道教楼观道派的一个重要人物——寇谦之的再传弟子韦节。据《历世真仙体道通鉴》卷29《韦节传》载:北魏末年道士韦节至嵩山参谒天师道法师赵静通。赵静通曾对韦节说:"嵩高是神仙福地,倾浮屠氏栖于此,非有绝俗之行,直欲托名岳以鬻风声,由是积尸沉魄,秽浊灵山。比者天文气候,怒戾失中,恐灾流于此,沿宜安居耶?"

魏末北周时的嵩山高道韦节为赵静通弟子,即世奉寇谦之改革的新天师道,又是当时楼观道派的人员。始于魏晋时期的楼观道以陕西终南山下的楼观为中心,传播于关中地区。楼观道派在北魏寇谦之革新"五斗米道"时在北方已很兴盛。楼观道派以尹喜为祖师,以《道德经》为其主要经典,认为老子曾化胡度人。早期楼观道教斋醮也受寇谦之新天师道思想的影响。

继寇谦之之后,主事嵩岳道教的是其弟子赵静通。据《高道传》和《历世真仙体道通鉴》卷29《韦节传》记载:"韦节,字处玄,京兆杜陵人,出身于关中名门士族家庭,其家藏书万余卷。""韦

中岳嵩高灵庙之碑局部

节自幼好古,通晓经传子史及占候之术。韦节14岁时,被北魏宣武帝擢为东宫侍书。孝明帝初,出守鲁郡。庄帝立,复为阳夏太守。38岁时,弃去太守至嵩山入道,师从嵩山隐真道士、新天师道法师赵静通,受三洞灵文及神方秘诀。"就是这个韦节,后来居华山修炼,成为楼观道派的一个重要人物。

时北方大乱,魏分东西,佛教炽盛,道门衰微,本为神仙福地的嵩山,亦被浮屠栖占,致使"积尸沈魄,秽浊灵山"。"既至,遂还簪绂于朝,而谒法师,受三洞灵文神方必诀。"不久,赵静通嘱其去商洛。韦节乃卜居华山之阳,寄庐岩穴,"饵服黄精、白术、丹药,修三一、雌一、八道九真,又行《黄庭内景》、《智慧消魔》经法",人称华阳子。韦节和朝廷关系密切,其所从事的楼道观事业也得到了皇帝的支持。北周武帝曾幸观醮祠,钦其道风,命坐演教,并从之受《灵宝五符赤书真文》,特赐号"精思法师"。南

朝陈周弘正出使北周,武帝命韦节与其对答,"剖析深微,抑扬三教"。周弘正至为叹服,称之曰:"三界杰人",武帝遂改赐号"玄中大法师",复赐太元精舍。韦节著述颇丰,韦节曾修上清经法,撰《三洞仪序》,注《妙真》《西升》等经。还著有《庄子》、《列子》、《中庸》、《孝经》、《论语》、《老子》、《周易》等书百余卷(一说80余卷),又读太和真人尹轨《楼观先师传》,作《续楼观内传》一卷。韦节不但对于楼观道教义的发展及其官方化有不可埋没之功,而且对楼观道教斋醮科仪的编撰及其向官方发展有重要的贡献。

到唐朝时期,楼观道成为与上清派同样待遇的御用道教流派,具有融合南北方特点的道教,在学术上形成了注重实用而不尚义理辨析的特点。楼观道派虽然受到南方上清派的影响较深,但在神话老子方面却继承了北方新天师道的传统,在经典、教义、方术、斋醮等方面均受到北方新天师道及南方上清派的影响,具有南北融合的特征,在学术上形成了注重实用而不尚义理辨析的特点。在佛教、儒教、道教三者的关系上,辩论空前激烈。虽然经历了道教被废除,但是道教在这一时期基本上奠定了成为封建上层建筑与思想文化的重要组成部分。

第四节 隋唐北宋时道教的兴盛和发展期

王远知在山中修道

在隋唐到北宋时期,道教被改造成为统治阶级的御用工具后日益兴盛和发展,在朝廷的大力扶植下,道教发展到了鼎盛时期。在经过南北朝与儒、释之间的大辩论之后,道教理论汲取了儒、释各家的思想精华,得到进一步充实。南北派道教名师荟萃嵩山,相互交流,相互交融,接近统一的道统逐渐形成。道教研究蔚然成风,道教学者百出,道书刊行数量大增。修持方法的系统发展,是这一时期道教的一大显著特征。

隋唐时期,嵩山道教主流是上清道茅山宗。茅山宗是南朝梁时著名道士陶弘景开创的,传播区域主要是在长江以南。历代宗师大多善于观测政治风云,适应时势,采取对策,以求自身的稳固与发展,陶弘景就是南朝梁时名噪一时的"山中宰相"。陶弘景道教思想宗于老子、庄子及葛洪的神仙方术学说,同时主张儒、佛、道三教合流,其著述甚多,传世的有《真诰》、《登真隐诀》、《真灵位业图》、《养性延命录》、《古今刀剑录》、《太清诸丹集要》、《合丹药诸法节度》、《本草经集注》、《陶氏效验方》、《补阙肘后百一方》、《药总诀》、《集金丹黄白方》等。

隋唐时上清道茅山宗第10代宗师王远知,更是一个很有政治头脑的道士,他顺从杨坚取代北周建立隋朝、国家南北大统一的时势,积极把上清道茅山宗推向北方,落迹嵩洛,待机而发。

隋唐时期,嵩山最著名的道人是王远知的弟子潘师正。史料记载,隋大业中(605~618年),潘师正初遇道士刘爱道,求以相从。刘爱道说,我不是不想让你从吾,因当今修炼成道,非远知不可。于是潘师正又师事王远知,隶道士籍,得授三洞隐诀真文。未几,远知请还茅山,既至。远知谓师正曰:"吾虽欲留汝于此,而嵩山乃汝修真之地,当亟还也。"王远知身居茅山,遥指嵩岳,安排弟子潘师正到嵩山弘扬其道。谓师正曰:"吾虽欲留汝于此,而嵩山乃汝修真之地,当亟还也。"潘师正来到嵩山历群岩以选胜,究绝界而择优,居逍遥谷修炼传道50余年,终成道教茅山宗的一代大师。

唐玄宗李隆基时,嵩山道士孙太冲在嵩阳观修道,声誉远扬,嵩山成为全国道教活动中心。嵩山道教在这一时期也极为兴盛,名道云集,高道辈出,除王远知、潘师正外,司马承祯、吴筠、刘道合等道士都在嵩山修道,后成为中国道教史上如雷贯耳的名道。

唐宋以后的道学文化逐渐向海外传播,东到朝鲜、日本,南到越南及东南亚诸国,西到西南亚及欧洲诸国,后来又漂洋过美,终于成为东方文化及全人类文化的重要组成部分。

一、隋朝嵩山道教

隋朝道教,是北魏新天师道向唐代上清道的过渡。《隋书·经籍志》在谈到隋代受道之法时称:"初受《五千文箓》,次受《三洞箓》,次受《洞玄箓》,次受《上清箓》。"这表明上清经法在当时已被确认为上品道法。

从道教发展史看,隋代道教正处于一个转折点,为唐以后道教的兴盛与理论大发展作了准备。这种转折是道教自身发展的结果,也与隋代统治者对道教的扶持有关。

北周末年,身为隋国公、左丞相的杨坚,积极支持宣、静二帝,恢复被周武帝所"断释老之教"。公元581年,杨坚取代北周建立隋朝后,诏告天下:"二教动兴,……归依者众。"隋文帝拜道士焦子春为师,并为他在皇宫附近修建五通观,为佛道二教恢复寺庵和庙观。文帝把开国年号命名为"开皇",这个名称即采自道教经典中所谓开劫的年号之一。

隋炀帝杨广与文帝一样,既笃信佛教,又利用和扶持首都,史称"大业中,道士以术进者甚众"。隋炀帝于大业元年(605年)建都洛阳后,道佛均崇,诏令为道先佛后。隋炀帝梦想长生不死,不仅在洛阳建了让有道术者居住的道术坊,设通真、玉清二玄坛,而且在西苑仿道教圣境建立蓬莱、瀛洲、方丈三座仙山,琼台楼阁,一应俱全。据北齐魏收的《魏书·犹龙传》记载,炀帝"在两都及巡游,常以僧尼道士女官(冠)自随","每日于苑中比亭间盛陈酒馔,敕燕王倓与钜、晶及高祖嫔御为一席,僧、尼、道士、女官(冠)为一席,帝与诸宠姬为一席,略相连接,朝罢即从之宴饮,更相劝侑,酒酣骰乱,靡所不至,以是为常。杨氏妇女之美者,往往进御,出入宫掖,不限门禁,至于妃嫔、公文皆有丑声,帝亦不之罪也。"炀帝拜茅山道士王远知为师,还曾以弟子的身份迎见王远知,两人谈经论道十分投契。他又下诏让王远知到京师住持玉清玄坛,让其在中岳嵩山修斋仪,并把擅长辟谷术的著名道士宋玉泉、孔道茂等置于左右,称"四道场"。据《历代崇道记》称,炀帝在洛阳建道观24座,度道士1100多人。南宋谢守灏的《混元圣记》载,炀帝"以天下承平日久,士马全盛,慨然慕秦皇、汉武之事",迷信金丹,幻想长生不死。他令嵩山道士合炼金丹,并为其建造嵩阳观,"华屋数百间,以童男童女各一百二十人充给使,位视三品,常役数千人,所费巨万"。当时嵩山道士潘诞自称已300多岁,怀有长生不老之术。炀帝信以为真,就耗费巨大的财力让他炼制金丹,后因没有炼出金丹而被炀帝所杀。炀帝建立崇玄署,设令丞,加强对道、佛二教的管理。他还于内道场集道、佛经,别撰目录。隋朝道士奉命编纂了《隋朝道书总目》(《通志略》诸子类道家著录,《隋书·经济志》)共377部1216卷,其中经戒301部908卷,服食46部167卷,房中术13部38卷,符箓17部103卷。这部道书目录保存了隋以前流传在嵩山地区的道教典籍,标志着我国道教史上道经发展的一个重要阶段。

隋朝末年,豪强并起,逐鹿中原。在波澜壮阔的隋末农民大起义中,有些道士眼看隋王朝将覆灭,便抛弃旧的统治者,暂时躲进山林,坐以待变,或在群雄中物色新的政治靠山,如东都道士桓法嗣认为王世充"当代隋为天子",便投靠王世充;泰山道士徐洪客则寄希望于李密,向李密献进取天下之策;道士魏徵亦"进十策以干密",密"虽奇之而不能用",及密败,魏徵乃隋密归唐,成为唐太宗时的名臣。

在隋末道士中,比较多的人认为李渊父子能取得天下,故纷纷投其麾下,为建立李家王朝效劳,其中尤以茅山宗领袖王远知为甚。当隋炀帝不听王远知的劝告执意去了南方,王远知明白天下必要大乱,便离开洛阳到太原投靠李渊。此后,"杨氏将灭"、"天道将改,当有老君子孙治世"的道教箴言在社会上广为流传,李渊"当为天子"、李世民将为"太平太子"的预言也从王远知那里传出。李渊起兵后,又有"必平定四方"、"天道将改"的预言。唐代统治者便认为与老子一脉相承,自称为老子的后代,尊老子为先祖,更是采取崇道的政策。武德中,秦王李世民平定王世充后,曾与房玄龄微服拜谒洛阳玉清玄坛道士王远知。王远知看出端倪,就说:"来客中的圣人恐怕就是秦王吧?"并告诫他说:"方作太平天子,愿自惜之。"太宗登极后,将加重位于王远知,远知固辞不从,强请归(茅)山,唐太宗就为其敕造太平观、赐田,并

潘诞炼丹

度道士27人为其侍者,时人称其为王法主。王远知历经齐、隋、唐三朝更替而恩宠不衰,为茅山宗在唐代成为道教主流的格局奠定了基础。

二、唐朝嵩山道教

唐朝虽承隋代的道佛并容政策,但隋以崇佛为主,而唐则以崇道为主。道佛二教则互相排挤,彼此都想一教独尊,而唐初社会上仍有重佛轻道的积习。

唐朝皇帝,因为道教尊奉的老子姓李,唐皇室也姓李,所以便尊老子为始祖,自称为老子后裔,特别崇奉道教。唐高祖李渊于武德八年(625年)正式颁布《先老后释诏》:"老教孔教,此土先宗,释教后兴,宜崇客礼,令老先、孔次、末后释。"明确规定以道教为首,儒教次之,佛教最后,制定了有唐一代奉道教为皇家宗教的崇道政策。

李世民掌握政权后,在宗教上按照其父李渊的既定政策,继续大力扶持道教,为使"尊祖之风,贻诸万叶",遂于贞观十一年(637年)继李渊之后再次下诏,规定道士、女冠在僧尼之上,宣称:"大道之行,肇于邃古,源出无名之始,事高有外之形,迈两仪而运行,包万物而亭育,故能经邦致治,返朴还淳。至如佛法之兴,基于西域,爰及东汉,方被中华。……洎乎近世,崇信滋深。……遂使殊俗之典,郁为众妙之先;诸华之教,翻居一乘之后。流连忘返,于兹累代。朕夙夜寅畏,缅惟至道,思革前弊,纳诸轨物。况朕之本系,起自柱下,鼎祚克昌,既凭上德之庆;天下大定,亦赖无为之功。宜有改张,阐兹玄化。自今以后,斋供行立,至于称谓,道士女冠可在僧尼之前。庶敦本之学,畅于九天;尊祖之风,贻诸万叶。"这个诏书显然是崇道抑佛的命令。因此,诏下之后,佛教徒智实、法琳并约集法常、慧净等诣

阙,上表力争,李世民令岑文本宣敕严诫,众僧饮气而还,唯智实固执不奉诏,乃遭杖责于朝堂,次年病卒。这标志着唐代在道佛二教互争位高低的斗争中,道教从政治上得到李唐皇室支持而取得第一次优势地位。贞观十三年(639年),道士秦世英又控告法琳毁谤皇宗老君,李世民派人严行勘问,将其流放益州而死于途中,再次给予佛教徒以沉重的打击。

唐朝崇道,首先是帝王的崇道。唐高祖李渊自称系老子后裔;唐高宗李治尊老子为太上玄元皇帝;武则天虽大崇佛法,然亦"好乐真道",希望"长生神仙";唐玄宗李隆基更令道士隶"宗正寺",两京及诸州各立玄元皇帝庙,亲注《道德经》颁行天下。至此,道教由于得到统治者的尊崇与信奉可以说已达到了国教的鼎盛地位。

唐代道教的发展曾出现过三个高潮,即高武时期、玄宗时期、武宗时期。

(一)高武时期

高武时期,指的是唐高宗和武则天共同执政的那段时期,也即从显庆五年(660年)十月唐高宗让武则天开始参与朝政,到弘道元年(684年)二十月高宗驾崩为止的24年。这一时期是唐代道教发展的初盛期,主要表现为唐皇室竭力尊崇道教,抬高道教教主老子及其著作《道德经》的地位,尤宠道教上层人物,提高道士的社会和政治地位,大规模修建道观并度人入道,编辑和整理道教经书,出现了唐代道教发展的第一个高潮,为唐代道教极盛期的到来奠定了基础。

潘师正居嵩山几十年

武则天是高、武时期崇老尊经活动的积极参与者和主要倡导者。上元元年(674年)十二月,天后上表,以为国家圣绪出自玄元皇帝,请令王公百僚皆习《老子》,每岁明经一准《孝经》《论语》例试于有司。仪凤三年(678年)五月,高宗下诏:"自今以后,《道德经》并为上经,贡举人皆须兼通。"仪凤三年(678年),高宗令道士隶宗正寺,班在诸王之次。唐代的宗正寺是管理皇室宗族事务机构,将道士归它管理,即视男女道士为自己的本家。龙朔二年(662年),高宗东幸洛阳,敕洛州长史许力士在北邙山原老子祠处建上清宫,后命人描摹老子像。

这时期,唐太宗李治与武后,来嵩山次数居多。李治有病,来嵩山治病,求仙问道,最多时住几十天。上元三年(676年),唐高宗幸东都,礼嵩岳,召见潘师正。90多岁的潘师正鹤发童颜,神采飞扬,面容年轻得与实际年龄相差很大,这种仙风道骨般的健康让一般人望尘莫及。高宗尝召问"山中有何所需"。对曰:"茂松清泉,臣之所需,山中不乏。"高宗与天后"甚尊之,流连信宿而还。"调露元年(679年),高宗亲自驾幸嵩山,接著名道士潘师正到嵩阳观相见,并亲自送潘师正回逍遥宫居所,看到其薜荔绳床将要朽腐,又无火炊之具,只有雨瓢贮青当饭,就敕令在逍遥宫所在的逍遥谷中建"隆唐观",岭上另建"精思院"作其住址。几年内,高宗连续几次会见潘师正。高宗更加崇信道教的高深与玄远,殷勤地向他询问三洞、七真的奥义,并封其为"太师"。随后在太子府为他建"宏道神坛",在老君寿院建"玄元观",高宗亲笔题额。《道藏》所收《道门经法相承次序》一书,系潘师正与高宗问答。高宗与天后对其多有敕封。在高宗至嵩山期间,还携则天武后幸嵩山少室山拜谒了少姨庙(今少室阙处);召见王远知之子王绍业,追赠王远知太中大夫,谥曰升真先生。高宗在嵩山的一系列活动,可见高宗对道教的信仰。永淳元年(682年),潘师正羽化于嵩山隆唐观,时年98岁,"高宗及天后追思不已,赠太中大夫,谥体元先生。"唐圣历二年(696年),由司功王适撰写,司马承祯书丹和《唐默仙中岳体元先生太中大夫潘尊师碣》刻立在嵩岳逍遥谷隆唐观中,此碣文石刻至今尚存。潘师正有弟子18人,其中司马承祯和吴筠皆开元名道。潘师正清静寡欲,志心不变,隐居嵩山逍遥谷修道50余年,使茅山宗以嵩山为中心,向中原地区迅速扩展。

与潘师正同时隐居嵩岳的还有著名道士刘道合。据《归唐书》卷192《列传》142载:刘道合,陈州(今河南淮阳)苑丘人。刘道合初与潘师正同时隐于嵩岳。当时,唐高宗与道士交往密切,高宗曾下诏在嵩山建太乙观,让隐居嵩岳炼九阳还丹的著名道士刘道合居住,还召其进宫,给予其很高的礼遇。将封泰山,久雨。帝令道合于仪鸾殿作止雨术,俄却霁朗,帝大悦。……帝令道合炼丹,丹成而卒。后帝营奉天宫,迁道合墓室,弟子们开棺改葬。见道合尸唯有空皮,而背上开拆,有似蝉蜕。高宗不悦,责之曰:"刘师为吾合丹,竟自服仙去。其所进者,亦无异焉!"

武则天嵩山封禅

中国唯一的女皇帝武则天,十分崇奉道教,到与东都洛阳近在咫尺的中岳嵩山封禅自然成为其施展政治抱负的表现形式之一。万岁通天元年(696年),武则天登上嵩山封禅,因"登嵩山封中岳大功告成",改元"万岁登封",还把嵩阳县改为登封县,把阳城县改为告成县,并尊嵩山岳神天中王为神岳天中黄帝,天灵妃为天中黄后,还封夏启为齐圣皇帝,封启母神为玉京太后,封少室阿姨神为金阙夫人,封仙人王子晋为升仙太子。此后,中岳庙在全国声望大增。万岁通天二年(697年),嵩山被称神岳。久视元年(700年),年老多病的武则天寄希望于嵩岳神的保佑,命胡超代其登上嵩山峻极峰投金简一通,"上言大周国主武曌好乐真道,长生神仙,谨诣嵩高山门投金简一通,乞三官九府除武曌罪名。太岁庚子年七月甲申朔七日甲寅小使臣胡超稽首再拜。"

武则天不仅自己崇奉道教,而且还特许她的从侄武攸绪到嵩山"从茅山宗道士王昊学道,得其导养炼气之诀。"据《资治通鉴》卷205《则天皇后万岁通天元年》条载:"右千牛卫将军安平王武攸绪,少有志行,恬澹寡欲,扈从封中岳还,即求弃官,隐于嵩山之阳。太后疑其诈,许之,以观其所为。攸绪优游岩壑,冬居茅椒,夏居石室,一如山林之士。太后所赐及王公遗野服器玩,攸绪一皆置之不用,尘埃凝积。"

唐代皇室与道教关系密切,道教所创的斋醮仪式,深得帝王贵族喜好。他们经常召请道士建坛设醮,为国家及家人祈福禳灾。凡有国家庆典、皇室祖先忌日超度、皇帝或后妃公主寿诞庆贺,以及天旱时请神降雨、洪涝时请神放晴等事,皆有道士出场行醮做法。"投龙简"是道教为皇家举行的一种斋醮仪式,属灵宝金箓斋法。该法事可能源于早期天师道投三官手书于山水的忏悔仪式。东晋问世的古灵宝经《洞玄灵宝赤书玉诀》中,已有投金龙玉简削罪除过仪式。上清派经书《洞真青要紫书金根众经》,南朝道士陆修静编《太上洞玄灵宝众简文》,天师道经书《正一法文护国醮海品》等,亦载有投简科仪。根据北周武帝敕编《无上秘要》、唐王悬河编《三洞珠囊》、唐末杜光庭编《太上黄箓大斋仪》等记载,后来仪式不断完善。投龙简的主要程序,是在设醮祭祀山川岳渎后,将金龙玉璧或刻写有名刺告文的金银铜玉简牍投埋于山水,旨在招真致灵,镇伏山川,消除罪过,长生成仙。据说金简玉璧是向神灵传达帝王心愿的信物,金龙则是传信的驿使。从唐宋以至元明,道教投山水龙简醮仪成为官方祭祀岳渎的典礼。道士奉敕为帝王祭祀山水投龙的记载屡见于历代碑刻或文献。从清末至今,不断发现有刻写告文的历代龙简实物。据诸家考证,道教投龙醮仪成为官方祭典大约始于隋唐。尤以唐高宗、武后、玄宗时最盛行。留下的重要文物,有泰山东南麓王母池的唐代《岱岳观碑》(碑文见《道家金石略》),湖南衡山发现的"唐玄宗南岳投龙铜简"(原件今藏贵州省博物馆),以及河南省登封村民在嵩山峻极峰发现的"武则天中岳投龙金简",该金简现藏河南省博物馆。这件文物对研究唐代道教投龙简,具有很高的价值。唐代前期,投龙简是国家常用的祭典,各地道士都曾奉敕举行醮仪,尤其在五岳四渎等名山大川投简最频繁。武则天金简中提到的"小使臣胡超",即唐高宗、武后时洪州西山游帷观(今南昌西山玉隆万寿宫)著名道士胡慧超。据唐颜真卿《华姑仙坛碑铭》及杜光庭《墉城集仙录》载,江西抚州临川县女道士华姑,曾于武后长寿二年(693 年)至洪州西山,拜访天师胡超问道。另据《全唐文》卷 97 所收武则天《赐胡洞真天师书》,内称:"先生道位高尚,早出尘俗,如轩历之广成,汉朝之河上,……倘蒙九转之馀,希遗一丸之药"云云。宋代《太平广记》卷 288 引唐张鹭《朝野佥载》,谓武周圣历年间洪州有胡超僧,隐居白鹤山学道,微有法术。武后使合长生药,所费巨万,三年乃成。武后服之以为神妙,希望长生久视,故改年号久视元年。可见这位胡超(字拔俗)颇得武则天宠遇,因此命他来嵩山投龙简。替武则天往五岳四渎投龙简的道士,还有一位金台观主中岳先生马元贞。据《道家金石略》载唐代《岱岳观碑》,马元贞及其弟子在天授二年(691 年)至三年间,数次奉敕往各地设醮投龙,庆祝大周革命成功。足迹涉及山东泰安(东岳庙)、曲阜(孔庙)、河南登封(中岳庙)、济源(奉仙观)、桐柏(淮渎庙)等处。

唐代的道教,也吸收了"摩尼教"的一些教义,武则天时已有《本际经》列入道藏。唐初,我国著名外交官王玄策奉使天竺时,伽没路国(今印度阿萨姆邦西部)国王曾请老子像及《道德经》。

(二)玄宗时期

唐玄宗李隆基对道教更加崇奉和扶植,大力推进开国以来的崇道政策,提高道教地位,促进道教的发展,从而形成了唐代道教的全盛时期,在道教发展史上具有重大影响。

1. 唐玄宗与嵩山道教

唐玄宗在执政期间,采取了一系列崇道抑佛的措施,使道教的发展达到了顶峰。开元九年(721 年),唐玄宗迎司马承祯入京,亲受法箓,成为取得道士资格的皇帝;开元十九年(731 年),令五岳各置老君庙;开元二十一年(733 年),玄宗亲注《道德真经》,又令士庶家藏《老子》一本,并把《老子》列入科举考试范围;开元二十五年(737 年),令道士、女冠隶属宗正寺,将道士当作皇族看待;开元二十九年(741 年),诏两京(长安、洛阳)及诸州各置崇玄学,规定生徒学习《老子》、《庄子》、《列子》、《文子》;天宝元年(742 年),玄宗赠封庄子为南华真人,文子为通玄真人,列子为冲虚真人,庚桑子为洞虚真人,改四子书皆为真经,又设崇虚包,以"四子真经"开科取士。由于唐皇室的大力倡导,唐代研究老庄思想蔚然成风。当时王公大臣及儒生、道士等纷纷研究和注疏《老子》、《庄子》。据不完全统计,隋唐时代注疏笺解《老子》近30家。

唐玄宗为使大唐帝国皇帝的列祖列宗直接与老子有联系,一再给老子上尊号。天宝二年(743年),玄宗追尊老子为"大圣祖玄皇帝",天宝八年(749年)又尊老子为"圣祖大道玄元皇帝",天宝十三年(754年)再次尊老子为"大圣祖高上大道金阙玄元天皇大帝"。

为了抬高道教的地位,唐玄宗首先规定道先佛后,并令天下诸州普遍建立玄元皇帝庙,并给其庙改名,绘老子像颁布全国祀老子。开元十年(722年),下诏令两京及诸州各置玄元皇帝庙(唐高宗乾封元年尊老子李耳为玄元皇帝)一所,每年按照道法斋醮。开元十九年(731年)五月,令五岳各置老君庙。开元二十九年(741年)正月,又诏令两京及诸州各置玄元皇帝庙一所。在玄宗的一再诏令之下,全国各地都兴建了玄元庙,其建筑也极其富丽堂皇。玄宗又多次下令给玄元庙更改名称,加西京改太清宫,东京改太微宫,诸州改紫极宫,并为之选配道士,赐赠庄园和奴婢等。

玄宗还大肆制作玄元皇帝神像,并告之曰:"吾有像在京城西南百余里,汝遣人求之,吾当与汝兴庆宫相见。"玄宗遂遣使求得于周至楼观山间,闰四月,迎置兴庆宫。五月,令图写玄元真容,分送诸州开元观安置,并诏令所在道士女冠等皆具威仪法事迎候,像到七日夜,设斋行道,仁各赐钱用,充斋庆之费;自今以后,常令讲习道经,以畅微旨;所置道学,须加倍敦劝,使有成益。诏书又令:"今者真容应见,古所未闻,福虽始于邦家,庆宜均于士庶,其亲王、公文、郡主、县主及内外文武官等,并量赐钱,至休假之辰,宜以酒食,用申庆乐,诸道节度使及将士等亦且准此。"天宝三载(743年)三月,玄宗令两京及天下诸州开开元观以金铜铸玄元等身天尊各一躯。天宝八载(748年),又于太清、太微宫圣祖前,更立孔子及"四真人"像以列左右;并以高祖、太宗、高宗、中宗、睿宗"五圣"之像作为玄元的陪祀,从而树立了老君无与伦比的崇高地位。

唐玄宗期间,洛阳作为东都,道教活动很多,道家的修行之地备受帝王的重视。在这种背景下,在洛阳市西北4公里邙山之巅翠云峰始建了著名的上清宫。上清宫,初称老君庙,相传这里为太上老君炼丹处,老子也在此处炼丹。高宗乾封元年(666年),追封老子为太上玄元皇帝,故又称玄元皇帝庙。后因避玄宗讳,改称元元皇帝庙。上清宫规模宏伟,殿堂巍峨,门外有石狮石马,内有吴道子所作壁画《吴圣图》和《老子化胡经》,十分辉煌壮观。上清宫不但是我国道教发源地,而且也是我国道教丹道发源地。东汉时期,道人帛和,据记载到邙山翠云峰老子炼丹处修道。帛和在洛阳创立了"帛家道",又在翠云峰飞升,其墓在翠云峰东北,立于晋惠帝永宁二年(302年)的墓碑上写着"真人帛君之表"。

道教典籍《云笈七签》

唐代在道教理论建设方面有很大的发展,唐代涌现出许多道教学者,如孙思邈、成玄英、李荣、王玄览、司马承祯、吴筠、李荃、张万福、施肩吾、杜光庭等,汲取儒释的一些思想,他们对道教教理、教义、修炼方术、斋醮及科学技术都做了全面的发展。如孙思邈的《千金方》,推动了医药学的发展。以成玄英、李荣和王玄览为代表的重玄学说,对当时和以后的道教理论发展产生了重大影响。司马承祯的《坐忘论》、《天隐子》提出的修炼方法成为内丹学先驱。

唐代道书数量益增，并汇编成藏，正式刊行。史料记载，玄宗在位时，不断颁布重道崇道法令，道教经籍继续加以收集和整理，并组织编辑道教典籍。玄宗即位之初，即先天元年(712年)至先天二年(713年)，命太清观主史崇玄及昭文馆、崇文馆学士崔湜、卢藏用、沈佺期、员半千、薛稷等修《一切道经音义》及《妙门由起》等共约150卷，玄宗亲自为《一切道经音义》作序。开元中(713~741年)，又发使搜求道经，纂修成藏，目曰《三洞琼纲》，总计3744卷(一说5700卷)，这是历史上第一次编纂的《道藏》。为了使道经广为流布，天宝七年(748年)诏令传写，以广流布，名《开元道藏》，这是中国历史上的第一部道藏。天宝八载(749年)下敕：今内出《一切道经》，宜令崇玄馆即缮写，分送诸道采访使，令馆内诸郡转写，其官本便留采访郡太一观持诵。天宝十载(751年)，又命写《一切道经》5本(部)，颁赐诸观。玄宗还亲自注释《道德经》，令士庶诵习，贡举人加试老子策，建立"道举"制度。

唐玄宗时，著名道教学者、少室山达观子李筌在嵩山虎口岩石壁中得《阴符经》，托名黄帝撰，传为上清道士寇谦之藏。由于《阴符经》是讲修真养性、长生久视之道的，全书300字，被列为道教五大经典之一，是道徒必诵的经卷之一。

正统道藏

唐玄宗时期，嵩山地区最为著名的道士要数司马承祯。司马承祯，道教上清派第十二代宗师。南朝道士陶仅景的三传弟子。自少笃学好道，无心仕宦之途。开元十五年(727年)，唐玄宗又把他从天台山征召到洛阳，命他在王屋山自选形盛之地，置坛室以居。司马承祯在王屋山的居处名为阳台观，玄宗亲自为其题写匾额，还让女道士玉真公主和光禄卿韦縚到阳台观修金箓斋。这期间，唐玄宗亲召道士吴筠、张果到宫中授法箓，令他们往来东西京，宣道讲经。尤其是司马承祯被玄宗多次召见，并向皇帝亲授法箓和上清经法。司马承祯曾拜师嵩山道士潘师正，潘师正将符箓、辟谷、导引、服饵之术传给他。司马承祯认为五岳山川祭祀的神祠，都是山林之神，上书请别立斋祠，玄宗听从其言，令在五岳名山重建真君祠，祠内诸神形像、冠冕、章服、佐从神仙、殿宇设计，以及祠内的各项制度，皆由司马承祯按道教经典推意创造。由皇帝亲自许令道士在五岳重镇按道教传统建立斋祠，主持祭典。从此，道教得以参加国家重要祭典活动，并与儒教祭祀山川的礼式抗衡，扩大了社会影响力。随着道教宫观的建立和发展，道教科范仪式的完善，道教更加成为统治阶级的御用工具。

后司马承祯在王屋山去世，玄宗赐号真一先生，赠银青光禄大夫，并亲置碑文。

这一时期，在嵩山地区传道的道人叶法善，闻名全国。叶法善不但有辟谷、导引、胎息、炼丹、摄养、占卜之术，且掌握了治病驱邪的医术，其医术之精深，可以给病人剖腹医治肠胃顽病，能开刀医治眼疾。叶法善行道积德，济度众生。凡是他足迹所达之处，百姓的病痛邪气几乎全被清除，由此声名远扬。唐显庆年间，高宗闻其名，再三征召，预授其官职，而叶法善却淡薄名位利禄，以"臣在朝市，疗在山林"对答，不愿为官，请为道士。历高宗、武则天至中宗、睿宗诸朝50年，往来山中，时被如入宫，尽礼问道。叶法善以其术之高，终莫能测。睿宗即位，称法善有冥助之力。赠官鸿胪卿，封越国公，依旧为道士，止于京师之景龙观。又赠其父为歙州刺史。叶法善精通养生之道，终生理气自强，所以老

当益壮。开元八年(720年)无疾而终,年104岁。叶法善仙逝后,玄宗又封其为"越国都督"。叶法善在唐代所受尊崇独一无二,在中国道教史上也是极为罕见。

唐开元十八年(730年),玄宗李隆基下令依照西汉武帝加增太室祠的故事,仍封嵩岳神为天中王,并敕修中岳庙,动用库银10万两,将中岳庙重新整饰,迁于现址。唐代登封县令李方郁《新修嵩岳天中王庙记》载,当时整修的殿堂有门殿、台、阁、墙、垣、塑像等。唐天宝初年(742年),玄宗李隆基命秩视王礼,改封中岳神为中天王,编在祀典。每岁六月,天子遣河南尹至岳下,斋,具牲牷圭币以行事,祝史执笾豆樽俎以陈辞。望秩之祭,以崇配天之敬,岁无违者。

天宝年间,嵩山道士孙太冲在嵩阳观修炼传道,声誉远播,名闻京都。宰相李林甫到嵩山,让孙太冲为唐玄宗李隆基合炼金丹。孙太冲在嵩阳观和缑氏升仙太子庙炼丹九转。丹成后,唐玄宗下令在嵩阳观刻立《大唐嵩阳观纪圣德感应之颂》碑,以资纪念。该碑由宰相李林甫撰文,书法大家徐浩书丹,碑通高902厘米,宽204厘米,为中岳嵩山第一大碑。

2. 李白在嵩山寻仙访道

唐代道教对社会生活的影响亦不容忽视,社会各阶层都有信仰道教的。除唐皇室崇道以外,大臣百官中也有不少人信奉道教,向往神仙。有的自愿弃官为道士,有的则居官学道,有的与道流过从甚密。由于向往神仙长生,上层社会中服食道教丹药蔚然成风。如尉迟敬德晚年笃信仙方,飞炼金石,服食云母粉;李德裕好服药,有道士李终南授以丹砂丸;李抱真晚年好方士,以冀长生,有孙季长为之炼金丹。高处庙堂之上者如此热衷于道教,退居山林的隐士更与道教有不解之缘。当时不少著名隐士实为"道隐",虽未正式隶身道流,实则行径与道士无异,多以道教思想、方术自慰自娱。文人学士将崇尚道教、与高道作方外游视为风雅。

嵩山在五岳中,除了占有得天独厚的中心位置外,一直以"神奥"闻名天下。在古人眼里,嵩山高大险峻,神秘奥妙,云里雾里,是一座崇高的令人深不可测的神山。在地理位置上,唐代的"东都"、"京都"洛阳与嵩山近在咫尺,很多人到了洛阳,在忙过正事,尤其是在官场上失意以后,就要想方设法地走进嵩山,在游览自然风光的同时,想看一看神山之中的仙与道,那种风餐露宿、超凡脱俗的生活到底有没有?有没有自己的去处和归宿?在当时信奉道教,向往神仙的热潮下,到嵩山来寻仙访道,是再自然不过的事情。唐代的诗人中,在嵩山的人很多,史料记载的就有陆龟蒙、武则天、李隆基、沈佺期、武三思、陈子昂、白居易、李白、王维、李颀、崔曙、王昌龄、储光羲、薛曜、常建、刘长卿、杜甫、岑参、皇甫冉、许敬宗、钱起、李广道、韦应物、宋之问、李益、卢纶、孟郊、姚合、许浑、李涉、陈陶、徐凝、李商隐、曹邺、周贺、郑畋、罗隐、韦庄、聂夷中、厉玄、于邺等,除了皇帝以外,其他都是著名的朝中大臣、文学家、诗人。这些高官与名人的出现,不仅增大了嵩山的名气,而且在嵩山写下了大量的纪实文章和隽永的诗作,使这座古老的神山更加的神秘莫测。

这些名人在嵩山确实寻到了他们要寻的仙和道,如伯夷叔齐、许由、广成子、焦炼师、韦炼师、萧炼师、王子乔、方尊师、沈道士、王道士、麻道士、杨山人、灵澈上人、张山人、无可上人、萧居士、澹公、李渤等仙人和高道,这些名人在游历仙人的升仙遗址,在与道人的接触交往后,都写下了大量的诗文。如许由、王子乔、伯夷、叔齐、焦炼师、萧炼师就有很多名人写文写诗,赞颂事迹,抒发感悟。

在这些大量的到嵩山探秘和寻仙访道的人流中,著名浪漫主义诗人李白是最典型最突出的一位。唐天宝年间,诗人李白到嵩山寻道访仙一事,在历史上对嵩山道教影响很大。时至今日,很多人对李白在嵩山的寻仙访道,对其命运的归宿,仍持有怀疑。

李白,字太白,号青莲居士。祖籍陇西成纪(今甘肃秦安东)。701年生于碎叶(今巴尔喀什湖南面的楚河流域,当时属安西都护府)五岁时随父迁居绵州昌隆(今四川江油市)青莲乡,因自号青莲居士。天宝元年(742年),因道士吴筠的推荐,李白被召至长安,供奉翰林,文章风采,名震天下。因不能见容于权贵,在京仅3年,就弃官而去。

道人在嵩山修炼

李白的一生,除了短短三年左右,没正式官职而以"布衣侍丹墀"的翰林供奉和几个月的永王璘幕僚外,其余的日子,不是隐居就是游历。李白早年,受儒道侠各种思想影响,但浸淫道教至深。他终身学道,孜孜不倦,炼丹、受箓,甚至"余尝学道穷冥梦,梦中往往游仙山。"他认为,通过修道,使人返本还原,与道合一,就可以成为神仙。李白在多年的游历寻道中,结识了不少有名望的道士,如司马承祯、吴筠、元丹丘、胡紫阳等,在对道教中道功、道术,包括炼丹之术与他们之间,都有探讨。

李白一生与嵩山结下了不解之缘,他曾多次在嵩山寻仙访道,多次与嵩山高道元丹丘一起共游嵩山,谈天说地,评道论仙。

李白第一次到嵩山是在唐开元十四年(726年),他专程来到嵩山,拜访了在这里修行的蜀中道友元丹丘。元丹丘,字霞子,李白称他为丹丘子,叶县人。元丹丘早年在峨眉山修行时,李白就与其相识,后元丹丘隐居嵩阳,李白一直念念不忘。这次见面,李白追寻的道教神仙,在修行的元旦丘这里有了具体的探讨和交流。当时,元丹丘居颍阳(今登封市颍阳镇)的紫云山,李白对元丹丘在嵩山的居处作了这样的记载:"丹丘家于颍阳,新卜别业,其地北倚马岭,连峰嵩丘,南瞻鹿台,极目汝海,云岩映郁,有待致焉。"在此之前,元丹丘有约李白相隐嵩山,李白有《以诗代书答元丹丘》以示同意。来到嵩山,李白对这个山清水秀的道教之地颇为满意。在李白眼中,元丹丘决非一般的道士,而是一个有神仙风姿的人物。李白与其相处,其游仙热情空前高涨。

李白第二次访道嵩山,再次探望元丹丘,是在唐开元二十年(732年)夏。开元十八年(730年)夏秋之交,李白抱着莫大的希望初入长安求仕,但均无结果。他满腔愤懑,写下了《蜀道难》、《行路难》等诗以抒其恨。这一次,李白憩隐元丹丘颍阳山居,多次来往于嵩山和洛阳。期间,他与嵩山的其他道人有了交往,游历了洛阳的龙门、香山,并在那里结识了元演、崔成甫等朋友。李白身在嵩山,但他的愿望还是求仕。李白游历洛阳龙门时,正是漫天飘雪的隆冬,他在欣赏北国的雪景时,"举声梁父吟"。此时,李白在《梁父吟》诗中追求自己投谒的艰辛"我欲攀龙见明主,雷公砰訇震天鼓,帝旁投壶多玉女。三时大笑开电光,倏乐晦冥起风雨。阊阖九门不可通,从额叩关阍者怒",再一次表达了他要为皇上起用

李白嵩山寻仙

的强烈愿望："长啸梁父吟,何时见阳春"。开元二十年(732年)秋,李白告别诸友回到了安陆。

史料记载,开元二十三年(735年)冬,元丹丘、元演来访李白,三人相随一起去随州拜胡紫阳为师,习内丹术。李白在《冬夜于随州紫阳先生餐霞楼送烟子元演隐仙城山序》中说:"吾与霞子元丹,烟子元演,气激道合,结神仙交,殊身同心,誓老云海,不可夺也。历行天下,周求名山,入神农之故乡,得胡公之精术。"李白在后来所写的《汉东紫阳先生碑铭》"因遇诸真人,受赤丹阳精石景水田,故常吸飞根,吞日魂,密而修之"对于李白来说,这是一次别开生面、意义重大的聚会。他不仅结识了诸多志同道合的道友,而且还从名师胡紫阳那儿学到了很多的道教知识。

李白第三次到嵩山,是在开元二十五年(737年)。这年的春天,他在太原北游雁门关时,接到朋友元丹丘的来信,旋南返洛阳。"仆在雍门关,君为峨眉客,心悬万里外,形滞两乡隔。长剑复归来,相逢洛阳陌"(《闻元丹丘于城北山营石门幽客》)。李白又到嵩岳与他相会,尽游三十六峰,晚间二人同床而卧,抵足而眠。

开元二十九年(741年)秋冬间,元丹丘奉诏入京,次年即天宝元年受到著名女道士持盈法师(即玉真公主,玄宗之胞妹)赏识,被封为道门威仪,元丹丘受李白之托荐之于玉真公主,然后玉真公主又荐之于其兄玄宗皇帝。故魏颢《李翰林集序》载:"白久居峨眉,与丹丘因持盈法师达,白亦因之入翰林。"天宝元年(742年)秋,李白奉诏从天台山入朝,玄宗召见于金銮殿,命待诏翰林。

李白在长安任职后,游仙的愿望被从政的理想冲淡,此期他很少有崇道活动,只与杨山人,斛斯山人等有些交往。在《送杨山人归嵩山》诗中,李白多少表示了点出世之想:

我有万古宅,嵩山玉女峰。长留一片月,挂在东溪松。

尔去掇仙草,菖蒲花紫茸。岁晚或相访,青天骑白龙。

李白第四次到嵩山是在天宝三年(744年)。这年,李白受诏入宫已经3年了。初入宫,玄宗对李白异礼有加,命为待诏翰林。李白此时认为青云有路,正可一展宏图了。然而事实却使李白大失所望。玄宗不过是将李白作为文学侍从,供其娱乐而已。久之,李白对御用文人的生活渐感厌倦,就浪迹酒肆。杜甫在《酒中八仙歌》中说:"李白斗酒诗百篇,长安市上酒家眠。天子呼来不上船,自称臣是酒中仙"。这首诗正是此时李白生活的真实写照。李白的一生离奇而坎坷,他受儒家"达则兼济"思想的影响,希望能够安社稷、济苍生。但事与愿违,仕途上的不顺,官场上的你争我夺、尔虞我诈,使秉性刚正不阿的他,不愿屈膝卑颜。他在《梦游天姥吟留别》中写道:"安能摧眉折腰事权贵,使我不得开心颜",将他蔑视权贵,孤傲王侯的个性,展露无遗。当年春天,李白上书乞请还山,玄宗同意。立有大鹏之志而又化为泡影的李白被玄宗"赐金还山",从政之梦趋于破灭。他心情郁闷,约友人岑勋一起到嵩山元丹丘处借酒浇愁。面对闲云野鹤般的老朋友,李白一吐胸中块垒,即兴高歌,写下了千古绝唱《将进酒》:

君不见黄河之水天上来,奔流到海不复回!

君不见高堂明镜悲白发,朝如青丝暮成雪!

人生得意须尽欢,莫使金樽空对月。

天生我材必有用,千金散尽还复来。

烹羊宰牛且为乐,会须一饮三百杯。

岑夫子,丹丘生,将进酒,君莫停。

与君歌一曲,请君为我侧耳听。

钟鼓馔玉不足贵,但愿长醉不愿醒。

古来圣贤皆寂寞,唯有饮者留其名。

陈王昔时宴平乐,斗酒十千恣欢谑。

主人何为言少钱,径须沽取对君酌。

五花马,千金裘,

呼儿将出换美酒,与尔同销万古愁。

李白此时寄情山水,游仙方外,吞金服砂,以寻求精神上的超脱,麻醉痛苦不堪的灵魂。李白放逐之后,其游仙思想较之以前更为强烈、执着;其游仙诗歌无论是思想抑或艺术都发生了质的变化。诗人后来所写的《留别广陵诸公》一诗真实地记录了诗人从求仕从政到游仙出世的心路历程:"中回圣明顾,挥翰凌云烟。骑虎不敢下,攀龙忽堕天。还家守清真,孤洁励秋蝉。炼丹费火石,采药穷山川。"

次年,即天宝四年(745年),李白到齐州(今山东历城)紫极宫访道士高如贵。高如贵为李白亲授道箓,至此,李白成了道门内一位名副其实的道士。为了巩固受道箓的信念,李白又北到安陵,请当时著名的高道盖还为他造真箓。李白受道箓后,就开始学习烧炼外丹和内丹的功夫,同时还写了大量的隐居与修炼相关的诗。如:《山中问答》:

问余何意栖碧山,笑而不答心自闲。桃花流水窅然去,别有天地非人间。

天宝十一年(752年),李白再到嵩山寻访元丹丘。这时,元丹丘已回叶县老家,李白遂作《闻丹邱子于城西营石门幽居,中有高凤遗迹,仆离群远怀,亦有栖遁之志,因序旧以记之》的长诗。后元丹丘托友人王大致意李白,邀李白再入叶县石门。期间,李白写下了《寻高凤石门山中元丹丘》、《元丹丘山居诗序》等。天宝十四年(755年)安史之乱后,元丹丘不知所终。从此,李白再也没有见过元丹丘。

在李白一生交往的朋友中,元丹丘是他相知相交最深的知己,每一次到嵩山,都要和元丹丘见面长谈。李白生性超然,脱俗,恬淡风流。作为诗人,李白所到之处,所遇景与物,事与人,无论赞成或反对、喜庆或悲伤,只要激情上来,大都有感而发,出口成诗,美轮美奂。即便是在与元丹丘的交往中,也是伴随着诗咏,字里行间,毫不掩饰对元丹丘的赞美和羡慕,如他作的《元丹丘歌》,就非常浪漫与超脱:

元丹丘,爱神仙,朝饮颍川之清流。暮还嵩岑之紫烟,三十六峰长周旋。

长周旋,蹑星虹,身骑飞龙耳生风。横河跨海与天通,我知尔游心无穷。

李白在嵩山的寻道访道中,除道人元丹丘以外,还寻到了在嵩山修炼的其他道人和神仙,如他写入诗中的吴筠、焦炼师、杨山人、裴十八图、岑徵君、采菖蒲者等,他与这些仙道接触后,都写有诗,作以纪念。如《嵩山采菖蒲者》表现汉武帝嵩山遇仙之故事及自己服药延年之遐想;《题元丹丘山居》、《题元丹丘颍阳山居》、《观元丹丘坐巫山屏风》写随道友游仙之感受;《与元丹丘方城寺谈玄作》写了入玄虚空的体验;《感遇》、《凤笙曲》写了对仙人王子乔升天的追求和向往;《酬岑勋见寻就元丹丘对酒相待以诗见招》写了久别重逢后的心心相印;《颍阳别元丹丘》,

李白与元丹丘

写李白在离别之前,李白毫无保留地将自己炼丹的"锦囊诀"献给道友,并劝他"去为紫阳宾",拜著名道士胡紫阳为老师;尤其是《赠嵩山焦炼师并序》一诗,记访著名女道士焦炼师的经过,至今读来,也还是仙味十足:

嵩山有神人焦炼师者,不知何许妇人也。又云:生于齐、梁时,其年貌可称五六十。常胎息绝谷,居少室庐,游行若飞,倏忽万里。世或传其入东海,登蓬莱,竟莫能测其往也。

二室凌青天,三花含紫烟。中有蓬海客,宛疑麻姑仙。

道在喧莫染,迹高想已绵。时餐金鹅蕊,屡读碧苔篇。

八极恣游憩,九垓常周旋。下瓢酌颍水,舞鹤来伊川。

还归空山上,独拂秋霞眠。萝月挂朝镜,松风鸣夜弦。

潜光隐嵩岳,炼魄栖云幄。霓裳何飘飘,风吹转绵邈。

愿同西王母,下顾东方朔。紫书倘可传,铭骨誓相学。

李白到嵩山寻仙访道,在进行道教活动的同时,也在嵩山写下了与之活动相关的诗作。毋庸置疑,这些诗作的存世与流传,不仅为嵩山的道教文化增加了深厚的思想内涵,还为嵩山的历史文化增添了最绚丽的光彩。

在李白的人生道路上,特别是在开宝三年(744年)的政治活动中遭到失败,被"赐金还山"。李白离开长安,在此前后的嵩山求仙访道、采药炼丹等道教活动,为他以后传授道箓,真正成为一名道士作了前期的铺垫。

(三)武宗时期

"安史之乱"使唐朝由极盛走向衰落,也使道教遭受破坏,但中晚唐的统治者继续沿用"尊祖"、"崇本"的崇道政策,使道教在中唐以后逐步恢复并继续发展。

唐肃宗、唐代宗、唐德宗信奉祈禳之术,唐宪宗、唐穆宗、唐敬宗、唐文宗、唐武宗、唐宣宗、唐僖宗信仰神仙方药。

唐武宗李炎是继玄宗之后又一个热烈崇道者。武宗身在藩邸之时就喜好道术,即位后更是崇尚道术,拜道士赵归真为师,对他们的长生不老之术和仙丹妙药十分迷信。开成五年(840年)正月,他刚即位便下敕规定:二月十五日大圣祖玄元皇帝降生日为降圣节,令两京及天下诸州府设斋行道作乐,赐大酺三日,军期急速亦不在此限,永为常式。同年九月,武宗初即位,便召道士赵归真等81人入禁中,修金箓道场,武宗到三殿,"于九天坛亲受法箓"。除此之外,他的崇道突出表现在:采取措施,崇奉圣祖老子;宠信道士,筑造宫观,炼丹服药。

武宗崇信道教,且鉴于佛教势力泛滥,损害国库收入,在道士赵归真的鼓动和宰相李德裕的支持下,于会昌五年(845年)四月,发动了"废佛"事件,因唐武宗年号"会昌",故历史上称为"会昌法难"。废佛以后,收回了佛教徒从政策中摄取的利益,解决了寺院经济膨胀对财政的威胁,从而扩大了唐朝政府的税源,巩固了中央集权。

道教科仪,在唐代有较系统的发展。道教科仪在南朝陆修静时已初具规模,唐代道士张万福、张继先和唐末五代的杜光庭等对道教科仪、经戒法箓传授进行了系统的整理和增删,使其更加丰富和完备。特别是唐末五代的杜光庭所著的《道门科范大全集》(87卷),将道教主要道派的斋醮科仪加以统一并使之规范化,集唐代道教斋醮科仪之大成。他所制定的道门科范,大多为后世道教所沿用。

据《岱岳观碑》可知,唐时每有重大事件皆令道士往五岳四渎设"金箓宝斋",设醮、奏表、投龙、荐璧,行道或三日、七日乃至四十九日。

隋唐是嵩山道教的兴盛时期,有大批著名道士居此修道。史料有记载的有王远知、孙思邈、潘师正、刘道合、韦善俊、李八百、叶法善、司马承祯、元丹丘、武攸绪、李含光、孙太冲、萧炼师、王旻、王希夷、胡紫阳、李筌、裴沈、王子芝、卢藏用、邓思瓘、吴筠、邢和璞、田游岩、李白、李泌、吴善经、贺自真、薛玄同、王仙君、王征君、田鸾、焦静真、刘德本、麻道士、靖长官、田璆、邓韶、冯道人、裴元静、边洞元等。修道成仙、长生不老是道教徒修行的目标;这是所有道教徒都十分关心的地方,也是道教最吸引人的地方。史料记载或流传下来的道人毕竟是少数,但就是这些少数人,大都在历经磨难之后,大都实现了人生的理想,羽化成仙,或灵魂已经进入到了人生的最高境界。

道教初创时期,道士多入山修道,大都居山洞,或于其旁立茅舍。张道陵的24治即如此。唐释明概曰:张陵"杀牛祭祀二十四所,置以土坛,戴以茅屋,称二十四治。治馆之兴,始乎此也。"至晋,或称治,或称庐,或称靖(又作静)。许谧曰:"所谓静室者,一曰茅屋,二曰方溜室,三曰环堵。……此法在名山大泽无人之野,不宜人间。"至南北朝,道教取得统治者的信奉,皇室和贵族等为道士所建之居所始渐扩大,被称为馆、观,既有祭神之所,又有道士生活用房。唐代由于皇室大力扶持道教,道士之居所进而被建筑为"如王者之居",称为宫、观。从此开始,宫观作为道士祭神和居所之名被确定下来,不再使用治、靖、庐等名称。此后,规模较小,或未被皇帝敕封者,仍有精舍、道院、庵、庙等称谓,但宫观始终是它们的代表名称。据杜光庭于中和四年(884年)十二月十五日的记载,唐代自开国以来,"所造宫观约一千九百余,所度道士计一万五千余人,其亲王贵主及公卿士庶或舍宅舍庄为观并不在其数"。唐代道观每观有观主、上座、监斋各一人主其事。

唐时嵩山地区著名的庙宇有中岳庙、升仙太子庙、启母庙、少姨庙、洛阳周公庙、关林祠庙、郑州城隍庙、河南府城隍庙、老庙、纪公庙和周苛庙、巩县启母少姨庙、白龙庙、香山庙、白龙王庙、鸣皋南岳庙、三义庙、少室山玉皇庙、关帝庙、仙官庙、舜王庙、汤王庙、八蜡庙、火神庙、颍源庙、石人庙等,道宫有上清宫、奉天宫、黄帝宫、南崖宫、紫云宫、三阳宫等,道观有嵩阳观、太乙观、精思观、崇唐观、宏道观、金台观、东明观、青元观、昊天观等。在这些著名的道教圣迹中,很多庙观都是由皇帝直接下诏修建的。中岳庙作为国家祭祀中岳神轩辕黄帝的重要场所,唐代也是将其放在重中之重的地位。开元十八年(730年),唐玄宗命祀嵩山以王礼,仍封岳神为"天中王",仿效汉武帝增建太室祠,修饰中岳庙。时任登封县令的李方郁,奉河南尹府库十万之命修饰中岳庙,鸠工藏事,四旬而就,使岳庙修洁崇盛,面貌焕然一新。李方郁为此次修葺撰有《修中岳庙记》。除中岳庙以外,洛阳邙山上的上清宫(老君庙),便是皇帝下诏建造道教宫观中的一个代表。龙朔二年(662年),唐高宗下诏洛州长史谯国公许力士于邙山翠云峰建上清宫以镇鬼,这是东都洛阳敕建上清宫之始。乾封元年(666年),唐高宗又下令改洛阳上清宫为太微宫,奉祀太上玄元皇帝。唐玄宗时对上清宫更是重视有加,曾三次敕封建。在皇帝的支持下,上清宫自创始以来,香火极盛。

三、五代嵩山道教

五代十国是晚唐藩镇割据的继续和进一步发展。在五代的"五十三年之间,易五姓十三君,而亡国被弑者八,长不过十余岁,甚者三四岁而亡",出现"置君犹易吏,变国若传舍"的局面,各国各代王朝统治的时间都很短促。但帝王中仍有不少因袭唐代风气,崇信道教者。如后唐明宗李嗣源,鉴于"天下宫观,久失崇修",为了"复我真宗"、"期上玄之福佑",于后唐天成(926~929年)中曾大力修复道

教宫观,四方凡有玄元皇帝宫殿处,均整饰一新,并为上清宫崇道观重制牌额。后唐长兴四年(933年),又召道士20人于中兴殿修金箓醮,七日而罢。后晋高祖石敬瑭也"素尚玄元",即位之初,曾屡召道士张荐明,问以治国之道,请其宣讲《道德经》,并拜他为师。后晋天福五年(940年)十一月,又"令以道德二经雕上印版,命学士和凝别撰新序冠于卷首,俾颁行天下"。后周世宗柴荣,大力推行崇道抑佛政策,在毁佛的同时,又亲切召见华山道士陈抟,问以黄白、飞升之术,赐号"白云先生"。闽国君主王延钧,颇好神仙之术,对道士陈守元极为信任,造宝皇宫,以守元为宫主,并拜之为师,亲自授箓,取道名玄锡。其子昶即位后,拜道士谭紫霄为正一先生;又拜陈守元为天师,赐号洞真先生,对其更为宠信,"乃至更易将相,刑罚选举,皆与之议。守元受赂请托,言无不从,其门如市"。后晋天福二年(937年)四月,造作紫微宫,饰以水晶,土木之盛,倍于皇宫。后晋天福四年(939年)四月,又作三清殿于禁中,以黄金数千斤铸宝皇大帝、天尊、老君像,昼夜作乐,焚香祷祀,求神丹,政无大小,皆由宝皇命决之。前蜀王建,拜道士杜光庭为金紫光禄大夫,左谏议大夫,封蔡国公,进号广成先生。其子王衍继位后,更是大修宫殿,仿效李唐尊老子为圣祖,于前蜀乾德五年(923年)"起上清宫,塑王子晋像,尊以为圣祖至道玉宸皇帝,又塑建及衍像侍立于其左右;又于正殿塑玄元皇帝及唐诸帝,备法驾而朝之"。其他如吴王杨行密,宠信道士聂师道,尊为"问政先生"。卒后,追赠银青光禄大夫、鸿胪卿。吴越王钱镠,亲往余杭大涤洞拜访道士闾丘方远,并为其筑室宇居住。后周广顺二年(952年),吴越钱弘俶在位,为道士朱霄外修建天台桐柏崇道观,筑室于上清阁西北用以收藏道经,并赐金银字经二百函及三清铜像。南唐李璟对道士王栖霞,李煜对道士谭紫霄,均甚表崇敬。李煜曾召谭紫霄至建康,赐以道号,阶以金紫,紫霄皆让而不受。燕主刘守光曾以道士刘哲(即刘海蟾)为相。

五代十国的封建统治者在兵荒马乱之中尽管自顾不暇,但不少人对道教仍然崇奉和扶持。他们尊崇道徒,兴修宫观,收集散失的道书,命道士宣讲道经等,这对道教的继续维系和发展,产生了一定的影响。

在五代宋初动荡的局势中,出现了一位道教传奇人物陈抟,字图南,自号扶助摇子,是嵩山地区影响大的道教人物。年少时,好读经史百家之书,一见成诵,悉无遗忘,颇有诗名。五代后唐长兴(930~933)中,举进士不第,遂不求仕进,从后晋至后周,娱情山水,凡20余年。大约在后周或稍前,陈抟移居陕西华山云台观,后又迁到少华(嵩山)石室,"每寝处,多百余日不起"。据宋朝《国史》称,大约在此期间,陈挂心与另外两位传奇人物吕洞宾、李琪(或作"李奇")交往甚密。再传弟子陈景元又称其与谭峭为师友。自此,其名大振。相传,他受《易》于麻衣道者,得所述《正易心法》42章。陈抟弟子中,有洛阳人种放,常居嵩山天封观。

陈抟留在嵩山地区留有不少名迹,至今仍可观瞻的是陈抟书法存于龙门西山摩崖题记:"开门天岸马,奇异人中龙。"这副对联据说是赞颂太上老君李耳的。全联书法取法于北魏《石门铭》。为明人据真迹摹刻上石,今存于龙门石窟。用笔于矫健灵动之中,参以锥辣之趣,结体奇险,势态崚嶒,虽然很少有牵带萦回,却能承上启下,笔断意连,可谓联中之稀有珍品。此联真迹对后世书法影响很大,曾有"天下第一联"之誉。

陈抟的影响在其死后逐渐扩大,主要在道术、相学和《易》学研究方面。道术方面,陈抟创立了"至人之睡"的内丹修炼法,即通过安卧静养,使元气运于体内,阳神游于碧空,达到修身养性的目的,由此奠定了道教内丹学的基础。相学方面,张载著《龟鉴》、《心相篇》等,把中国古代相学引向唯物论的范畴。《龟鉴》明言:"有天者贵,有地者富,有人者寿"。有天、有地,人事不修,是徒有相也。人不可貌相,只要"有天",人在自然界,只要靠劳动和智慧去换取生活财富,"有地",身处世间,以"道德仁义礼"等的中华民族美德来规范自己。"天地人"三者的协调一致,不妄想,不妄为,这就是人的全相、贵相、富相、寿相的重要标志。他把自然物质的"水火"认作人的生命之源,重申了古代唯物哲学家认为宇宙万物的本源是物质的观点,维护了唯物的"天人相应论"。《易》学方面,继承汉代以来的象数学传统,并把黄老清静无为思想、道教修炼方术和儒家修养、佛教禅观会归一流,陈抟不作烦琐的文字解释,而是以图"寓阴阳消长之数,与卦之生变",创绘了《太极图》、《先天方圆图》、《八卦生变图》等一系列《易》图,并发表《太极阴阳说》,后由种放、穆修传给邵雍、周敦颐、程颢、程颐,并深受朱熹推崇。为宋代理学发展做出了最为基础性的贡献,推动了历史的进步。在此之后,北宋大儒张载,继承了陈抟的"宇宙一气论",提出了"太虚即气论",两者契合,成为宋代唯物论的先源。由经可知,陈抟应是当之无愧的中国太极文化的创始人,对宋代理学有较大影响。后来,《先天图》传到欧洲,受到大科学家莱布尼茨的重视,认为其中蕴藏着二进位制,与近代计算机技术有某些类似之处。

除此以外,陈抟著《三峰寓言》、《高阳集》、《钓谭集》、《木岩集》、《诗评》等,博学多才,后世尊他为"儒师道祖。"陈抟与世不争,不贪富贵,不求仕禄,不仅受到社会人士的普遍尊重,而且受到朝廷多次召见。曾多次上谏治国之道,均得到皇帝认可恩准。唐僖宗赐他为"清虚处士"。周世宗赐他为"白云先生",宋太宗赐他为"希夷先生"。陈抟集"道德文章已系于一身",成为中华民族古代史、政治史、文化史上的一代楷模。

偃师县南有缑山,传说是周灵王太子晋控鹤升仙处,唐时建有仙鹤观。宋庆历中,由东京上清宫道士左庆之主持。

五代时期,在嵩山修炼并传道的道士还有谭峭、杨讷、李元光等人。其中,嵩山道人谭峭在道教界非常有名。《历世真仙体道通鉴》卷39载:谭峭,字景升,唐国子司业洙之子,幼聪慧,父训以进士

道教传奇人物陈抟

业,不喜。后遍历名山不复归。谭峭"先师于嵩山道士十余年,得吐纳、胎息、导引之功和辟谷养生之术",达到了道教高层功夫,可不食人间烟火,专靠采晨露仙药餐松饵术,栖息烟霞来维持生计。史书记载,谭峭视世间之乐,不如抛弃的烂砖,常以酒为乐,人称"醉客"。他一生云游了很多地方,"常夏披棉袄,冬着布衫,或卧于雪地,或躺于雨中,人以为死,近而视之,呼吸如故",故人称"谭疯子"。后去南岳深山炼丹,3年炼成金丹,服之入水不濡,入火不灼,并能隐身潜化。后入青城山。谭峭在嵩山修炼得道之后,于后周世宗显德四年(957年)著作《化书》110篇。《化书》是唐末五代由乱思治的代表作,它运用道教哲学思想和儒家伦理观念,以类推比附的手法,从事物的变化中,说明修道成仙的思想,探寻社会治乱的因由,并指出实现太平治世的道路。

四、宋代嵩山道教

宋代是中国道教的又一个繁荣时期。宋代又是中国历史上外患内忧的时期,农民起义高达113次之多,在这种社会背景下,宋代道教不仅没有爆发过宗教性的社会骚乱,而且稳步走向繁荣,这与宋代皇帝对道教的态度和宋政府道教管理有密切的关系。在中央集权的政府内设立中央道录院,高士是指志行高尚之士,炼师是指一般道士。师号是政府代表皇帝赐给僧道的称号,它具有赐的政治特征,道号是为学道或好道之人的别称,自行随意而取的称号。宋王朝采取既利用又限制的政策,限制

宫观数量,防止社会直接生产者减少。宋代时期,嵩山道教持续发展,虽比唐代较为逊色,但仍属历史上的兴盛、创新时期。

(一)北宋嵩山道教

北宋统治者继承了唐朝崇奉道教的政策,宋太祖和宋太宗为此奠定了基础。宋真宗和宋徽宗掀起了两次崇道热潮,编修道藏,大建宫观,册封神仙。

宋初的两个皇帝太祖赵匡胤和太宗赵光义都出生于洛阳。宋太祖赵匡胤崇信道教,登基后让人修建中岳、北岳、西岳等庙。还下诏在自己的出生地——洛阳(今洛阳瀍河区瀍明街北段,本称夹马营)兴教坊旧宅改建道宫,赐名"洞真宫",设女冠主持。又于至道元年(995年)下诏,在汴梁(今开封市)京城内仿建了一座上清宫,与唐玄宗时在洛阳北邙山修建的上清宫的格局一模一样。到宋太宗赵光义时,更加关注北邙山上始建于唐代的上清宫的发展,从而使上清宫成为宋代道士修习的重要场所。

宋真宗是宋代崇道的第一个高潮。大中祥符七年(1014年)幸亳州太清宫,上奉老子为"混元上德皇帝"。《宋史真宗纪》曰:"及澶渊既盟,封禅事作,祥瑞沓臻,天书屡降,导迎奠安,一国君臣发病狂然,呼,可怪也。"宋真宗把道教推至国教地位,使道教再次进入鼎盛期。真宗执政期间,曾三次驾幸北邙山上清宫,称赞老子为至道大德。景德元年(1004年),真宗率百官到上清宫观看吴道子所作壁画《五圣千官图》和杨惠之雕塑的神像后,非常高兴,下诏在西京洛阳大宴三天。洛阳青年画师武宗元在上清宫作壁画《三十六天帝》,在《赤明和阳天帝》中暗暗摹仿宋太宗的肖像。真宗驾幸上清宫,观此画后惊叫道:"此真先帝也",一时名传汴洛,随驾宰相作诗"曾此焚香动圣容"以记此事。北宋时还编纂了不少道教典籍。真宗时编纂的《大宋天宫宝藏》共4565卷,徽宗时编纂的《万寿道藏》共5481卷,这些典籍都与嵩山地区各大道教宫观中所藏的典籍有关。

宋徽宗是宋代第二个崇道高潮。此时道教备受尊崇,已成为国教。宋徽宗尤其喜爱道教,他也同真宗一样,制造大量天神降临、赐语和天书下降等符瑞。所不同的是,他是亲自制造:还在藩邸时,他就自称梦见老子,告诉他"汝以宿命,当兴吾教"。政和三年(1113年)又宣称亲见天神降临玉津园,并亲撰《天真降临示现记》昭告天下。政和七年(1117年),又授意道士林灵素制造青华帝君夜降宣和殿,并要道士们上表,尊他为"教主道君皇帝"。宣和元年(1119年)正月下诏,改佛为道,"易服饰,称姓氏。寺为宫,院为观。改女冠为女道,尼为女德。左右街道录院改作道德院,僧录司改作德士司,隶属道德院。"并大兴宫观土木。"溺信虚无,崇饰游观,困竭民力,君臣逸像,相为诞谩,怠弃国政,日行无忌。"他还下令将庄周、列御寇享"混元皇帝"。《宋史》记载他下诏在太学设《道德经》、《庄子》博士,又对洛阳上清宫进行收编,收归中央秘书省直接管辖。

宋代时期,嵩山道教续有发展,道教在嵩山地区的具体表现就是全真教的创建并流行全国。这一时期,有多名高道在嵩山地区修炼、传道,著名的有吕洞宾、郎然子、许昌龄、郑孺、种放、张润之、左庆之、贺兰栖真、王仔昔、刘居中、董道绅等。

天下道教主流全真道祖师吕洞宾,道教奉为神仙,是"八仙"中传闻最广的一位仙人。俗名吕岩,字洞宾,号纯阳子,出身官宦人家。山西省运城市芮城县人。自幼熟读经史,淹博百家,但三举进士不第,后被钟离权点化入道,收为弟子,赴终南山修道。钟离权在终南山传授给吕洞宾延明之术、炼丹之术和《灵宝毕法》、《火龙剑法》。吕洞宾遵照师傅的指点,前往华山莲花峰下的羽谷修炼。在羽谷的九岩洞中,吕洞宾潜心修研钟离权传授的长生秘诀。功成之后,便时常下山,游走于东西两京之间,在

— 254 —

关、洛修炼达数十年。吕洞宾道术高超，乐善好施，扶危济困，深得百姓敬仰，被信徒尊称为吕仙、吕祖、吕仙祖、吕祖师、纯阳祖师等。王重阳创立全真道后，又被道教奉为北五祖（王玄甫、钟离权、吕洞宾、刘海蟾、王重阳）之一，故道教又称他为"吕祖"。吕洞宾在洛阳传道期间，写有《北邙下》一诗，表达了他对不觉悟的百姓的担忧：

　　金钟灼灼物天阶，独自骑龙去又来。高卧白云观日窟，闭眼秋月擘天开；

　　离花片片乾坤产，坎蕊翻翻造化栽；晚醉九岩回首望，北邙山下骨皑皑。

这首诗表达了吕洞宾对不觉悟百姓的关切和担忧。为纪念吕洞宾在洛阳的活动，后人在其北邙山的修炼处建了一座吕祖庵。

著名道教学者朗然子（俗名刘希岳）45 岁时，来到嵩山，选定了嵩山洛水南岸的通元观（今安乐栖霞宫）传道。通元观始建于唐朝，北宋初重修，为洛阳南最大的一所古道观，其西侧为唐宋古壕，周围数里不见人烟。通元观所在之处，翠柏围绕，古树参天。观内住持和几位道士，除了晨钟暮鼓、早晚诵经外，高道修炼，小道看护。观内幽径生苔，人迹罕至。相传，朗然子来时鬓发斑白，满面皱纹，筋力甚感困乏。入观之后，勤于修炼，足不出观。不到十年时间，这位半路出家的举人，竟然达到功成道圆的境界，身体也发生了异变：原来斑白的鬓发变黑了，脸上的皱纹不见了，身体强健有力了，看上去俨然一个壮汉。

吕洞宾

洛阳的道士，得知朗然子功法大成，不少人前来拜访取经。昔日寂寥的古观，变得川流不息，热闹非凡。道教有内外丹功，东汉以来都有修炼。朗然子所炼的功法为"周天功"，是内丹派。朗然子著有《修真诗》30 首传世。朗然子对道教的贡献主要是在修炼的实践和理论方面。

著名道人贺兰栖真的出道是起自于嵩山。《宋史》卷 462 称，贺兰栖真，"始居嵩山紫虚观，后徙济源奉仙观，张齐贤与之善"。贺兰栖真深于老庄学说，精于辟谷和吐纳之术，近百余岁仍稚颜鸦鬓，轻身矫健。贺兰栖真善于服气，不怕寒暑，常常不吃东西，有时又到集市上纵酒，吃肉达数斤。景德元年（1004 年）宋真宗诏访天下奇士，二年（1005 年）应诏阙下，真宗问以点化之术，栖真以"帝王点化之术，以尧舜之道点化天下，可致太平"应对，上嘉奖之，赐号"宗真大师"，加以命服，并蠲其观之田赋。大中祥符三年（1010 年）十一月病逝，享年 113 岁。

嵩山道人许昌龄，《西清诗话》称其为"真神仙中人也。"《西清诗话》载：登封颍阳石堂山，一峰雄秀，上有石室，即邢和璞算心处也。宋英宗治平（1064～1067 年）中，许昌龄闻其奇，策杖来居焉。北宋大文学家欧阳修与许昌龄有过多次交往，前后写了多首诗赠与许道人，记述和表达了他对许道人的感情。其中"绿发青瞳瘦骨轻，飘然乘鹤去吹笙"、"颍阳道士青霞客，来似浮云去无迹"之句，都形容了他对许道人道术高深而行踪神秘的印象。

嵩山道人王仔昔，北宋洪州（治今江西南昌）人。隐于嵩山，自言遇许逊（许真君），得道术，能道人未来事，遂出家为道，隐于嵩山。政和中，徽宗召见，赐号"冲隐处士"，进封"通妙先生"。徽宗待以客礼。后为道士林灵素所谮，下开封府狱死。

(二)嵩山腹地的两大道教圣地——中岳庙、崇福宫

在北宋,供奉中岳神的中岳庙和供奉道家神仙和真宗御容像的崇福宫遂成为宋代嵩山地区道教的两大重镇。

1. 中岳宗庙

中岳庙是专门祭祀中岳嵩山神和华夏始祖轩辕黄帝的宗庙。宗庙,是古代社会天子、诸侯祭祀神主和祖宗的场所。古人将宗庙看成是宗族和国家生存的象征。宗庙之设,对保持以家族为中心的宗法制度和巩固贵族的世袭统治起到了很大作用,所以历代的统治阶级都极力维护宗庙制度,并将宗庙与社稷并列,以为王室或国家的代称。

坐落在嵩山南麓太室山下的中岳庙是祭祀嵩山最早的祠庙。据《山海经·武帝纪》载,先秦时即已有之。中岳庙内供奉的中岳嵩山神和华夏始祖——轩辕黄帝,是一个天人合一的形象,是道教的崇拜神之一。

据史料记载,上古时期的嵩山就是华夏民族的始祖山,而嵩山脚下的太室祠就是祭祀华夏先祖的神祠祖庙。"道家历来认为,中岳庙是为纪念黄帝而建的,是黄帝祠堂。道教是黄老之学,尊黄帝、老子为开山祖师,干什么事情,当然必须由黄帝授命而为。因为嵩山是道教的根,黄帝就是在嵩山得道的,所以张道陵才来到嵩山修行,才能真正得道。"

在中华民族的历史上,嵩山具有"天室"与"宗庙"双重的尊贵地位。一方面,嵩山古称"天室",是天帝居住的地方,是神宗所在,也是上天与人间沟通的地方;另一方面嵩山又称崇高山,是华夏宗族家庙,而家庙祭祀的主神,就是华夏民族始祖轩辕黄帝。嵩山是祭祀华夏民族始祖轩辕黄帝的始祖山,嵩山脚下的中岳庙即是祭祀华夏民族始祖轩辕黄帝的祖庙、家庙,而在此供奉的轩辕黄帝,既是神界五天地之一的中岳大帝之神,也是我们华夏民族始祖。在华夏文明起源与形成历史过程中,存在着两条主线:一是神祇信仰,二是祖先崇拜,而嵩山恰恰是集这两条主线的条件于一身,神人合一,这是古人天人合一理念的具体表现。因此,在信仰天神,崇拜祖先的远古时期,嵩山是华夏民族祭天法祖的神山。

如北魏《中岳嵩高灵庙之碑》所载:"夫中岳者,盖地理上官之官府,而上灵之云集,四通五达之都会也。上应悬象镇星之配,而宿值轩辕,璇玑玉衡以齐(治)七政。"其意为中岳嵩山是土神之官室洞府,是上天众神经常聚会的地方,是四通八达通天彻地的神灵之城。北斗星为天之中心,对应上天嵩山为地之中心。在华夏先族的原始信仰中,轩辕黄帝当值,以土德镇守中岳,主持管理天地之中,这是千年不变的真理。

作为国家宗庙,中岳庙传承的是封建礼制文化,《说文解字》中记载:"礼,履也,所以事神致福也。"祭祀天神、祭祀先祖,向上天祈福的观念,深深地烙印在古人的心中。北宋初期,当朝的统治者对中岳嵩山神敬奉有加。宋太祖乾德元年(963年),赵匡胤为中岳神制作衣、冠、剑、履,这使中岳神着衣戴冠的风俗一直相沿至今。

太平兴国八年(983年),宋太宗赵光义赠五岳奉号,名中岳之神为"中天崇圣帝",帝后号"正明",并命翰林、礼官详定仪注及冕服制度,并按时派遣官员致祭。大中祥符四年(1011年)五月,宋真宗赵恒诏加五岳尊号。遣册礼使摄太尉、右谏议大夫陈彭年,副使摄司徒、光禄少卿沈继宗,奉玉书衮章,加上中岳帝号曰"中天崇圣帝",中岳后号曰"贞明后",命翰林官详定仪注及冕服制度,崇饰神像之

礼,其玉册如宗庙谥册之制,以州长吏以下充祠官至祭中岳,充奉册使,付有司。

北宋时期,中岳庙大的修建有三次。

第一次是在宋太祖乾德二年(964年),宋河南留守侍中差军将孙禧,差登封镇将郭武等,监修中岳庙杂用23处,行廊100余间,均饰以丹青,绘以壁画,并遍植松柏,去故就新。自东南来者,40里外遥见青荫蓊翳,碧瓦辉映,气氛尤佳。刻立有骆文蔚撰文的《重修中岳庙记》碑,记述了这次修建的情况。就在这一次大修竣工之时,皇帝下诏让县令兼任庙丞,政教合一,这在一定程度上加快了嵩山道教的发展。

第二次是在宋开宝六年(973年),宋太祖赵匡胤敕修中岳中天王庙。据卢多逊撰文的《大宋新修嵩岳中天王庙碑铭(并序)》记载:"望仙作宫,遂极土木之费;梦蛇立時,大设庙堂之飨。虽纪在方册,而无所取法。今之建岳庙、奉岳神,大增其华,而不在奢侈;曲尽其美,而曾无劳役。严殿宇,崇门垣,雕梁彩栋,连甍接庑,庭轩洞邃,瞻之肃然。"并诏登封县令为庙令,尉兼庙丞。

中岳庙中岳大殿

太平兴国八年(983年),宋太宗赵光义赠五岳奉号,名中岳之神为"中天崇圣帝",帝后号"正明",并命翰林、礼官详定仪注及冕服制度,并按时派遣官员致祭。大中祥符四年(1011年)五月,宋真宗赵恒诏加五岳尊号。遣册礼使摄太尉、右谏议大夫陈彭年,副使摄司徒、光禄少卿沈继宗,奉玉书衮章,加上中岳帝号曰"中天崇圣帝",中岳后号曰"贞明后",命翰林官详定仪注及冕服制度,崇饰神像之礼,其玉册如宗庙谥册之制,以州长吏以下充祠官至祭中岳,充奉册使,付有司。

第三次是在大中祥符六年(1013年),宋真宗赵恒命中使增修中岳庙殿宇,并创造碑楼等850间;移塑金妆神像,及装修新旧功德画壁等,共470所,可谓中岳庙史的鼎盛时期。刻立有陈知微撰文《增修中岳中天崇圣帝庙碑铭并序》碑,记述了这次修建的情况。

中岳庙经过唐、宋两代的大力整修,中岳庙已形成"飞甍映日,杰阁联云"的壮丽宏伟规模,在历史上处于鼎盛时期。

2. 崇福宫

崇福宫原名万岁观。史载,西汉元封元年(前110年),武帝刘彻率群臣礼登崇高山,听到山谷中有三呼万岁之声,遂称此山峰为万岁峰,在山顶敕建万岁亭,在山下敕建万岁观。北魏新天师道天师寇谦之于此隐修。唐高宗时(650~683年)"以天神贵者为太乙",在万岁观内建太乙祠,因祈雨有验,改万岁观为太乙观。宋真宗赵恒时(998~1022年),将太乙观"更新改造",把观提升为宫,更名崇福宫,成为供奉道家神仙,为己祈福,搞"万寿无疆"的祝愿之所,琳宫真馆。

崇福宫由参知政事、枢密使、同中书门下平章事丁谓主持修建。《说嵩》云:"(崇福)离宫掖东,殿阁千楹,累朝于兹避暑……真宗以方士符瑞,大兴土木……丁谓(宰相)为修宫使,役工日至三四万,辇四方难致之物,遣所在官取以给用。宫成,总二千六百一十区(单元)。崇福之修离宫殿阁,无不奢靡。"到仁宗天圣年间(1023~1032年)宫内建筑达一千余间。御制《西京崇福宫记》则曰:"崇高之奠

洛邑,望之巍然,峻极于天,号称中岳。夏之兴也,祝融降焉。自三代以来,罔不祀事。……王畿之西,琳宫真馆,神圣所依,崇福为之冠……夙闻嵩岳多神异之纪……独崇福为第一。"陆游于嘉泰三年(1203)撰《洞霄宫碑记》,除历述洞霄宫之兴革历史外,又特别强调了它的重要地位,称灵霄洞在宋时"与嵩山崇福宫独为天下宫观之首,以宠辅相大臣之去位者,亦有以提举灵霄召拜左相者,则其地望之重,殆与昭应、景灵、醴泉、万寿、太一、神霄、宝箓为比,它莫敢望。"从以上记载中可以看出,崇福宫建筑规模之大、品位之高、设施之全、耗费之巨的盛况,同时,也充分显示了当时嵩山崇福宫的崇高地位。

然而,与其他宫观不同的是,崇福宫是道家神仙宫,却由宫廷管理,管理者皆是北宋大儒。宋代设有挂空衔的"提举"、"管勾"官,南渡后仍然遥设这个官衔。神宗以前,管勾宫观官有管勾某宫、某观事,管勾某宫副使事,管勾某观判官等名目,由宰辅或学士兼领,非祠禄官,除增重宫观外,寓有主管本宫修建或御容等事。神宗熙宁三年(1070年),诏增置在外宫观差遣,并依西京崇福宫、舒州灵仙观置管勾官或提举官。"望而忤时者,悉投闲于此",就是说德高望重的朝中高官大儒,不合时宜时,皇帝就给他个提举、管勾崇福宫的闲差,管理道士们给皇帝祈福的事儿,俸禄照拿。

因为王安石变法,当时遭到很多硕儒名臣的反对,皇帝只好将这些反对者集中派放到嵩山崇福宫任职。历史上在嵩山崇福宫任提举、管勾官的有当朝大臣司马光、韩维、程颢、吕诲、范镇、范纯仁、晁咏之、杨时、李纲、朱熹等百余名人,他们的到来,不仅加大了儒学在嵩山传播的力度,而且使道教的崇福宫闻名遐迩。

崇福宫西边不到千米的嵩阳书院,就成为这些当朝大儒们宣讲儒学的最好场所。嵩阳书院是宋代理学的发源地之一,宋代理学的"伊洛理学"创始人程颢、程颐兄弟常在此讲学。由于这些当朝的国家政要、大儒们在崇福宫任职的原因,猛然使嵩阳书院的师资力量大增,这该是多么值得庆幸之事啊!本来是皇帝搞"万寿无疆"的道家宫观,竟然成全了儒学家们的布道天下,这种在历史上少有的文化现象,反倒促进了儒学在嵩山的传播力度,四面八方的学生慕名而来,使嵩阳书院成为北宋影响最大的书院之一。

因为有了这些与当朝政见不一的大臣们的任职,崇福宫实际上已经成了反对王安石变法的精神大本营。许多著名文人都在崇福宫会聚,一些对变法有疑问的学者、学生乃至官僚也聚集于此,了解眼下,洞悉未来。

崇福宫中的龙王殿前是泛殇亭遗址,当时文人在一方形青石板上刻的九曲石渠,并引来崇福宫北面的太乙泉水入渠。大家围石渠而坐,置酒杯于水上顺曲流动,众人一边饮酒作乐,一边赏景吟诗,古称"曲水流殇"盛会。

历史上的嵩山崇福宫不但是名儒云集之地,也是历代著名道学方士栖身传教之所。崇福宫在历史上有北魏寇谦之、唐朝刘道合、宋朝董道绅、金朝丘处机等,都在道教史上留有盛名,他们均在崇福宫主持过道场。其中,丘处机的弟子乔志高,居嵩山崇福宫30余年,为该宫宗主,弟子甚众,赐栖云虚静真人号。

然而,北宋时期的道教在一派繁荣的背后也隐隐透出势微的一面,嵩阳观成了嵩阳书院,太乙观成了司马光等人著书立说之所,崇唐观的大半建筑被司马光建成了温公别宅,这些现象说明,在繁荣的北宋道教末期,嵩山道教也出现了渐衰之象。

金兵进入中原,崇福宫所建之盛,付之一炬,化为灰烬。元朝建立后,崇福宫演化为纯正的道教场所,建有七真堂等,成为全真教道场。

第五节　金元明的继续发展和相对盛行期

南宋以后到明代中叶,封建统治者对道教仍然支持。因此,嵩山道教也继续发展。

南宋与金对峙时期,道教内部宗派纷起,刘德仁创立的真大道教和萧抱珍创立的太一道也一度在嵩山地区流传,但不久就渐渐衰落。金大定七年(1167年),王重阳创立了以道教为主、兼容儒释的全真道。金大定十六年(1176年)中岳庙重修殿宇238间。金末元初,全真道传入嵩山地区,逐渐占据主导地位后,嵩山道教开始步入复兴时期。当时,中岳庙有庙房700多间。

金大定年间创立的全真道,大略以识心见性,除情去欲,忍耻含垢,苦己利人为宗,迅速传遍北部中国。全真道开创祖师王重阳,提倡道儒释三教圆融,认为清静无为乃修道之本,除情去欲,心地清净,才能返朴存真,识心见性。他主张修道必须出家,并且要忍耻含垢,戒杀戒色,苦己利人,节饮食,少睡眠。

金大定七年(1167年)四月,王重阳由陕西户县刘蒋村出发,经河南洛阳下清宫、上清宫、嵩山中岳庙、开封等地道观到达山东莱州。五月,过洛阳时,曾北上邙山上清宫瞻仰圣迹,兴致盎然,特作《题上清宫壁》诗一首:

丘谭王风捉马刘,昆嵛顶上打玉球。

你还般在寰海内,赢得三千八百筹。

这是一首预言诗,预示了王重阳到山东要"捉"到弟子"丘谭马刘"。二年后,王重阳在山东度了7个弟子,即带领其中4个弟子,在返回关中途中,于大定十年(1170年)正月,在开封去世,享年58岁。

王重阳有大弟子7人,即马丹阳、谭处端、刘处玄、丘处机、王处一、郝大通和孙不二。王重阳羽化后,他们继承师业,分别在河南、山东、河北、陕西等地修道传教,并且各创一派,号称"七真"。全真七子中有4人在嵩山地区传真修道,以此地为开教祖庭。

在嵩山地区影响很大的四派是长春真人丘处机及其弟子在嵩阳崇福宫所传的全真龙门派,长真真人谭处端在宜阳韩城所传的全真南无派,清静散人孙不二在洛阳三井洞所传的全真清静派,长生真人刘处玄在洛阳云溪观所传的全真随山派。他们均属内丹派,注重性命双修。这些弟子都有修炼著作传世,其中谭处端有《水云集》、孙不二有《女丹诗》和《不二元君法语》、刘处玄有《道德注》及《阴符演》、《黄庭述》等,后俱收入明代编纂的《道藏》中。这些著作继承和发扬了我国传统道学的精华,对以后全真传内丹修持一直起指导作用。

王重阳与弟子"七真"

金大定十五年(1175年)夏,王重阳唯一的女弟子,原马丹阳妻、清净散人孙不二,西入函谷关,祭奠祖师王重阳后,东返洛阳,住城东北二里的凤仙姑洞,创全真道清净派。金大定二十二年(1182年)十二月二十九日羽化于此,享年63岁。

王重阳弟子刘长生与谭长真一同到洛阳,各住一庙,修真传道。谭长真住洛阳南朝元宫(即今西霞宫),创全真道南无派。大定二十五年(1185年)羽化于此,享年62岁。刘长生住洛阳北土地庙,4年后,又迁住洛阳城东北的云溪洞,创全真道随山派。

王重阳的另一弟子丘处机,据考也因慕名洛阳上清宫,到过洛阳,并在洛阳嵩山传过道。崇福宫有通碑刻记录了丘处机在嵩山传教的史实。为纪念仙师,丘处机就地建重阳观(即延庆观前身),金末毁于战火。《说嵩》载:金大定年间,丘祖传道于嵩山崇福宫,道徒听讲者极多,朝夕络绎于涂,形同赴会。《道藏源流考》也说"北宋西京崇福宫亦有轮藏殿,当有轮藏及道藏经。"后来,丘处机命弟子到开封重修重阳观,30年建成,元祖忽必烈赐名为"朝元宫"。又据元代梁宜的《嵩阳崇福宫修建碑》所载,丘处机的大弟子乔公(即乔志高,号栖云虚静)于公元1242年住持崇福宫,在此传道。后乔公传弟子周志谨,周志谨传弟子罗道全。还有丘处机的另一弟子宋德方的弟子秦志安也曾在嵩山少室传道。著名理学家邵雍故宅安乐窝,亦曾被全真道张六公购去,改为"九真观"。

丘处机与成吉思汗在蒙古大营

金哀宗天兴三年(1234年),金朝灭亡,蒙古开始实施巩固北方政权,南征绝宋灭金,最后统一中国的伟大目标,全真道教势力也大举南进,嵩山道教得以复兴。丘处机的弟子尹志平和李志常,顺应时势,派遣著名道士乔志高到中岳嵩山,以应蒙古利用宗教教化中原汉民之意。此时,昔日道教盛地嵩山崇福宫,经过金朝末年的兵火,殿堂坍塌无存,太乙泉虽然没有干涸,但已咽塞断流,大好的道家园林,只有其名而无其实。乔志嵩来到嵩山,面对残破不堪的没落景象,毅然落迹,一边修道传教,一边重建宫观。经过数年奋力,"殿堂焕然一新,主有室,众有寮,宾有馆,以至库、厩、庖具备。嵩岳以之而增辉,洞天由斯而改色。"于是,全真道风大盛,有徒众数百,嵩山崇福宫恢复成了名副其实的道教丛林。乔志高道成业就后,与世长辞。元大德三年(1299年),成宗铁木耳追赐其为"静虚妙渊真人",由此推动了全真道教势的迅猛发展。元天历二年(1329年),土德观创建于中岳庙西侧,成为全真道在嵩山的又一大丛林。与此同时,全真道的随山一系,也传入嵩山。从此,嵩山道教开始进入中兴时期。

在元代,朝廷还将缑山升仙太子庙改造成"先天宫",传真大道。蒙五祖郦希诚法旨,令杨德元、李德用、郦德和、侯德保等住此,启修真开化之途。

元代中岳庙著名道士有井公、张德良、赵亦然等;元代曾派道士张诚明,张志仙、张留孙、吴全节、蔡天祐等先后到嵩山投龙简,到中岳庙设醮。

史料记载:金元时期在嵩山地区修炼、传道的道人有王重阳、丘处机、孙不二、马丹阳、谭处端、刘处玄、风仙姑、李若愚、秦志安、乔志高、洪山真人、吴全节、井公、张德良、赵亦然等。由于这些道教名人在嵩山地区的修炼或传道,使本来就以神奥天下的嵩山更加神秘,更加有名。

明朝时,由于统治者的限制,道教逐渐衰落,但在嵩山地区仍有一些道教活动。明洪武年间(1368~1398年),国家加强了对宗教的管理,设道会司于崇福宫,管理嵩山道教事务。明宪宗成化八年(1472年),道会司改设在中岳庙,道士胡同良继任总管。这时,仅嵩山南麓就有道徒近千人。当时,中岳庙、崇唐观等庙宇实行子孙制,土德观、崇福宫等宫观实行丛林制。明成化壬寅年(1482年),中岳庙进行了一次历时1年零8个月的大规模整修。明世宗嘉靖皇帝崇信道教,在洛阳的伊王朱典楧仰体圣上之意,大力推崇道教。与此同时,政府滥发度牒,以增加国库收入,嵩山地区各处道观广置田产。嘉靖十四年(1535年),中岳庙重修。万历二十三年(1595年),明神宗遣中使敕建栾川老君山金顶太清观,并颁经8柜,贮藏于观中。

明崇祯十五年(1642年)二月,闯王李自成率义军来到嵩山,老营驻扎于土德观和中岳庙。李自成从土德观两名道士口中得知,南阳府镇台杨某的儿子押运"剿饷"银子进京,行至汝州、登封两县的界牌坡时,听说登封县境有义军驻扎,不敢前进,又折回了仙林寺,准备连夜返回南阳。李闯王当机立断,派出一哨骑兵,疾驰仙林寺,歼灭了官兵,缴获"剿饷"银子数万两。李自成大喜,赏赐土德观道士每人一个元宝(50两),让道士们拿一半银子购粮度荒,一半留下待年景好转后修盖庙宇,金妆神像。二月底,李闯王指挥义

山中庙宇

军一举攻克登封县城,杀了登封知县,开仓放粮,赈济灾民,北上走的时候,劝说中岳庙和土德观的当家道士,带上所有道士跟义军走,免遭官军报复。两个当家道士认为,出家人不能随俗造反,只让两个涉嫌"剿饷"被劫的道士跟随义军出走。南阳镇台杨某,听说"剿饷"被劫、儿子被杀是土德观道士通风报信,恼羞成怒,就存心对中岳庙和土德观进行报复。两个月后,他亲自带领官兵,夜袭土德观和中岳庙,把两个庙(观)中的数百名道士杀死,并将死尸集中到土德观焚烧。烧毁土德观后,他们又在中岳庙放火。霎时,中岳庙大殿、两廊及峻极门便化成了灰烬。

金元时,曾经大名鼎鼎的邙山老君庙已沦废。明伊励王朱㴕之藩至洛,由王妃方氏捐资重建。嘉靖年间,道士张玄慕又加扩建,奠定今日"上清宫"庙貌。又有道士张清林,在伊庄王朱訏渊支持下,建成"三官庙"(今岳村北),今人谓之"下清宫"。

明代嵩山地区最有影响的道教建筑是"关林"。相传,这里是埋葬关羽首级的地方。万历二十一年(1593年)始于冢前建石坊,3年后始建庙,前为祠庙,后为墓冢,是中国唯一的冢、庙、林三祀合一的古代经典建筑。万历三十三年(1605年)加封关羽为三界伏魔大帝、神威远镇天尊关圣帝君,香火愈盛。

清朝建立后,两个跟随李自成义军的道士回到嵩山,看到土德观成了一片焦土,只有一只大铁钟倒在废墟上,中岳庙也空无一人,于是二人就在中岳庙落户,一人继承龙门,一人接嗣随山。至此,嵩山道教才续而有嗣。

第六节 清代"民国"道教的衰落期

明中叶以后,随着资本主义的萌芽,封建社会进入了衰落时期,作为封建社会意识形态之一的道教,也逐渐失去了封建统治者的支持,随之走向衰落。明代,正一教历代天师都要入朝晋见皇帝,而且每次都会被授予赐品和名号。到了清代,统治者重视佛教,对道教采取了抑制政策。清朝初年,天师

张应京入朝,顺治皇帝还赐一品印。乾隆年间(1736~1795年)宣布黄教为国教,道教为汉人的宗教;限制天师职权,取消其道教之首的地位,由天师的二品降至五品,并禁止其差遣法员传度。到了道光(1821~1850年)年代,又取消了传统的张天师朝觐礼仪。鸦片战争后,国家落后衰弱,道教更是江河日下。辛亥革命后,真人封号也被取消,道教的影响也日趋衰微。道教丢失了与朝廷的联系,其地位逐渐下降。

清代道教活动

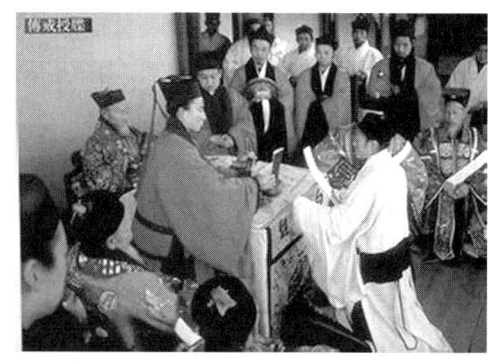
清代道教传道场所

从清朝到"民国"的300年间,嵩山道教和全国道教一样,随着时代的发展受到了极大的冷落,进而步入衰退时期。这期间,嵩山道士王常月是我国道教中的一个亮点。

清朝初年,全真道再次面临与其初创时期相似的形势。500多年前曾入主中原的金朝女真族后裔,又一次趁乱入关,建立了大清帝国。民族矛盾又趋尖锐,剃发易服之辱,折磨着汉族人士的心灵。全真道龙门派宗师王常月应运而出,以振兴道教,恢复祖风自任,传戒弘教,使明代沉寂已久的全真龙门派出现了中兴景象。

王常月是全真道龙门支派律宗的第七代律师,曾在嵩山学道多年。于天坛王母洞告盟天地,授以戒律,并嘱咐他:"成道甚易,然亦难,必以苦行为先,种种外务,切须扫除,依律精持,潜心教典,体道德自然之元奥,括南华活泼之真机,方为稳当汝大器。"此后,他又遍访名师,道行日高。他见全真教门日衰,有心重振教门雄风。过了几年,他在九宫山又见到赵复阳,得密授《天仙大戒》,并被传为龙门七祖。

王常月是道教"全真教"派的支派"龙门"派的重要代表人物。全真教在13世纪左右曾一度非常兴盛,其中由金代高道丘处机创立了龙门派,使这一派在元朝广泛流传。但是丘处机死后,北方以这一派为代表的道教就开始衰落了。直到17世纪,王常月重新改革了这一派别,创立了一套独特的道家学说,号称"龙门心法",而且对全真派的许多戒律和程序以及组织方式都做了大的变动,又使它维持了一段时间的兴旺。因此说,王常月最大的贡献,在全真道门日衰的情况下,重振教门雄风,让本已衰落的全真道龙门派复兴,可说也是令全真的复兴,甚至可以说是整个道教距今最近一次的复兴,被后世道徒誉为全真龙门派的"中兴之祖"。康熙十九年(1680年)九月,他传衣钵于弟子谭守成而后飞升,住世159年。后于康熙四十五年(1706年),康熙帝赐号"抱一高士",降旨筑龛堂、塑法像,每年忌日遣官至祭。

王常月撰有《初真戒律》,后人整理为《龙门心法》,并以此为全真教立教之根本,强调万法千门,守戒第一。《龙门心法》是一部对清代以后的全真道影响最深的道书,使教义由偏重丹法清修转向严持戒律为主,这是全真道的又一次重大演变。王常月虽然在全真道门日衰的情况下,为改革道教全真教龙门派中做了很大的努力,使全真道龙门派得以复兴,但也终究无力挽回清代道教衰退的趋势。

从顺治十年(1653年)到乾隆五十四年(1789年)的百余年间,由朝廷"出库银"整修中岳庙达8次之多,其中以乾隆二十五年(1760年)的规模最大,耗银最多,"修饰正殿九间、寝殿五间、迎神门、峻极门。"但土德观没有重修恢复,理由是土德观有"通贼"之嫌,而新建九龙宫代之。

清高宗乾隆皇帝的庚午年(1750年)嵩山之行,是中国数千年历史上封建皇帝巡狩嵩山、祭祀中岳神的最后一次。这虽是嵩山道教史上的一大盛事,但其对嵩岳神的崇拜程度,对嵩山道教的重视情况,比汉武帝刘彻、北魏太武帝拓跋焘、唐高宗李治却逊色许多。当他乘御舆登上峻极峰之后,并没有进行封禅之礼,仅以"垒石为台,放鹤入云际,御制诗一章,以记登临"。照他本人当时就公开说是"到来瞻气象"的。乾隆帝祭祀中岳庙时,写有一诗《谒中岳庙》,表达了他的"瞻气象"之意:

正正堂堂地,巍巍焕焕京。到来瞻气象,果足庆平生。
还我长年愿,陈兹祈岁情。忽闻鸾鹤韵,疑有列仙迎。

乾隆帝在中岳庙时均由中岳庙老道士张常太、秦志云伴驾,导游陪餐,临走前在道义上和物品上却无甚表示,仅留下了越南国的贡品9支彩色玉如意钩。乾隆丁未年《登封县志》修成,而记载乾隆帝庚午年嵩山之行的《皇德记》却对此只字不提。

道光二十年(1840年)后,嵩山道教更是每况愈下。昔日的道教盛地崇唐观、崇福宫等成了一座座破庙,就连中岳庙的御书楼、乾隆行宫、四岳殿等倒塌后也无力维修。樊扑臣、耿永贤、陈国江等20名道士的日常生活,也是靠耕种土地、庙会香火钱来维持。

清乾隆年间始立的"吕祖庙",是这一时期嵩山地区新创建的小规模庙宇之一。吕祖即吕洞宾,为民间故事中"八仙"之一。吕洞宾父吕让墓志,出土于洛阳,则吕氏一家可能已移居洛阳。吕祖庙初建时规模较小,后经多次重修、扩建,规模渐大,香客日增,影响越来越大。

清代时期在嵩山地区修炼、传道的著名道人有王常月、王教童、李阳正、李守钦等。

宣统三年(1911年),孙中山领导辛亥革命成功,推翻中国历史上最后一个封建王朝,建立了"中华民国",提倡新文化,打倒旧传统,是中国历史发展的一次大飞跃。但孙中山先生于"民国"十四年(1925年)逝世,留下的如何对待历史形成的宗教信仰问题和如何保留、继承、发展民族文化遗产问题都没有得到妥善处理。从鸦片

民国道人留影

战争至新中国成立前的百余年中,中国社会政治动荡,战火连绵,民生疾苦,嵩山道教宫观建筑得不到维修保养,殿堂衰颓,道士离散,在苦难中支撑的民国嵩山道教,像一个苟延残喘的老人,艰难竭蹶地前行着。

后来,中岳庙成了"中岳中学",殿堂变成了学校教室和师生的宿舍伙房。嵩山全真道随山一系的太尉宫,成了国民政府基层政权"联保处",道士石圆亮、李圆天、桑圆升被驱赶到逍遥谷的吕仙庙中。民国二十五年(1936年)秋,国民党军事委员会委员长蒋介石游览嵩山,在中岳庙特意到御书楼后察看被吴佩孚砸毁的寿星石,看后也只是一笑了之。"民国"三十年(1941年)秋,日本帝国主义公然派飞机对中岳庙狂轰滥炸,峻极大殿中弹,殿东南角坍塌,守殿道士也被炸伤,嵩山道教经历了历史上最黑暗的时期。

"民国"三十六年(1947年),中岳庙龙门派道士弋元法、张明琴、姚明喜(属祖师宫)、席圆旺、孟明

林、单明文、李明宽(属火神宫)、李明贵、徐至堂(属神州宫)、张明义、谷至修(属小楼宫)11人,随山系道士桑圆升一人仍坚守在太室山逍遥谷崇唐观中。

第七节 当代道教的健康发展期

中华人民共和国成为后,各级政府贯彻执行宗教信仰自由的政策,尊重公民的合法信仰。人民政府庄重向道教信徒宣告:真正愿意修道者,留下继续修道,任何人不得干涉;不再信道者,还俗后给以生活出路。道士们经过个人认真思考选择,中岳庙继续留庙修道的道士有席圆旺、李明贵、孟明林、徐至堂4人,崇唐观仅有桑圆升一人。道教盛地中岳嵩山只有道士5人,这在近2000年的嵩山道教史上实属罕见,但是这5个普普通通的真心诚意修道的全真道子孙,则是嵩山道教史上承前启后的道教精英。1950年,嵩岳大地实行土地改革,中岳庙道士同广大农民一样,得到自己应分的一份土地,中岳庙共分得土地10亩。他们经过民主商议,决定不再散居各宫,而是集中在神州宫中,由李明贵当家主持教务,孟明林作为副手。他们一边种地放牧谋生,一边修道传教。1957年4月中国道教协会在北京白云观成立,中岳庙监院道士李明贵出席了会议,受到朱德委员长的亲切接见。农业合作化中,中岳庙道士带头入社。人民公社时期,孟明林在庙内是当家道士,在人民公社是生产大队队长。道士们发扬优良传统,清修与劳作并重。

中岳庙

"文化大革命"结束后,经过拨乱反正,社会走向安定。随着改革开放形势的发展,旅游事业的兴起,民族宗教部门的恢复和建立,嵩山道教又开始走上复兴。

20世纪70年代末80年代初,嵩山道教面临两个突出问题,第一,现有道人均已年逾六旬,基本上丧失劳动能力,生活困难,缺吃少穿。登封县人民政府从1980年开始,对中岳庙实行由县财政按照定员、定额,每人每月发生活补助费10元,并且夏(单)冬(棉)两季发给服装。中岳庙享受定补的是孟明林和徐至堂。第二,道人奇缺,新老不接,同当时的改革开放形势、道教本身的恢复和发展很不相适应。解决的办法有二:一是从过去已经还俗、现在本人又愿意回庙修道的人员中适当收回一些。自1982~1984年,相继回庙的有谷至修、姚明喜、张明琴、单明文。他们既懂道教知识,又熟悉道教教务,一回到庙中,就发挥很大作用。二是在社会上吸收了数十名本人愿意出家修道、又有文化知识、道德品质好的青年出家修道。这批青年入庙以后,经过培训,进步很快,有的很快就成为道教中的新秀,后来的道长黄至杰就是其中之一。1984年7月,中岳庙正式交由道士自己管理。公元1984年中岳庙民主管理委员会建立,主任孟明林,成员姚明喜、谷至修、徐至堂、黄至杰。他们在政府宗教部门的指导下,具体掌管嵩山道教教务。

1987年10月20日,河南省道教协会成立,会址设在中岳庙。实际上,河南省道协的主要领导成员,就是中岳庙的几位道士。如今,中岳庙全面整修一新,殿堂阁坊金碧辉煌,锦妆神像庄严肃穆,道教活动井然有序。嵩山道教以新的风貌和姿态,跨入了新的健康发展的历史时期。

　　作为专门祭祀中岳嵩山神和华夏始祖轩辕黄帝的国家宗庙,中岳庙传承的是封建礼制文化。《说文解字》中记载:"礼,履也,所以事神致福也。"祭祀山神、祭祀先祖,向上天祈福的观念,深深地影响了中岳庙的建筑风格。中岳庙现存的布局方式,来源于清朝乾隆年间的北京故宫,故有"天中小故宫"的美称。中岳庙历汉、魏、唐、宋、金、元、明、清各代,屡加修葺,沿革至今。现存中岳庙总面积近13万余平方米。中轴线全长650米,从南向北,由低至高,顺次为中华门、遥参亭、天中阁、配天作镇坊、崇圣门、化三门、峻极门、峻极坊、大殿、寝殿、御书楼,沿中轴线前后共分为11进院落。中轴线两边的东路和西路,还分别建有太尉官、火神宫、祖师宫、小楼宫、神州官和龙王殿等多组单独的小院落,是道士分别举行祭祀和生活的地方。中岳庙现存宫、楼阁、廊庑、亭台等建筑近400余间,汉至清代古柏330余株,金石铸器200余件。中岳庙整个建筑规模宏大,布局严谨,技艺精湛,大有皇家园林之气派。

　　今日中岳庙基本上保留了乾隆时期修建中岳庙的规模,具有明清官式建筑的格局和风格特点。中岳庙中的主体建筑中岳大殿是供奉和祭祀中岳神的主殿,它面阔9间,进深5间,挑檐抹角,四龙吞脊,朱墙黄瓦,素有"台阁连天"、"甍瓦映日"的美誉。两厢再配以廊房拱卫大殿,处处彰显出至高无上的封建礼制文明。中岳庙的建筑装饰承袭着传统的皇家建筑装饰特色,又传递独特的道教文化,还蕴涵着传统建筑美学、宗教、民俗、艺术和精神观念等文化内涵,不但体现出"阴阳调和,天人合一"的道家思想,更是道教文化和儒家哲学结合的产物,它集道教宫观建筑装饰艺术之大成,充分体现了复杂的道教与民间信仰和传统的儒家礼制文化,具有强烈的宗教吸引力和艺术魅力。

　　随着封建帝制的终结,中岳庙作为封建帝王礼祭中岳神的功用已经丧失殆尽。但是,"事神致福"的礼制文明却代代传承下来。如今的中岳庙不但是中州祠宇之冠,也是五岳中现存规模最大、保存较完整的古建筑群,还是世界道教主流全真道的圣地。2001年6月25日,中岳庙作为明清古建筑,被国务院批准列入第五批全国重点文物保护单位名单。联合国教科文组织第34届世界遗产大会2010年8月1日审议通过,将坐落在嵩山腹地及周围的天地之中历史建筑群中岳庙、少林寺(常住院、初祖庵、塔林)、东汉三阙(太室阙、少室阙、启母阙)、嵩岳寺塔、会善寺、嵩阳书院、观星台)列为世界文化遗产。

第三章　道教典籍与嵩山

道教认为,道经是三清天尊为拯救宇宙众生,使用自然妙气书写的先哲圣典。道经藏于"七宝玄台",神仙通过乩仙降笔等方式将经书传授给高道名士,再由他们传播布道于世间民众。道教在长期的发展过程中,积累了卷帙浩繁的经籍书文。道教经典包罗教理教义、教规教戒、修炼法术、斋醮科仪、传道弘道与风水推算等各方面内容。

因为道教中的鬼神观本身就有着非常浓郁的神秘色彩,所以在道教其他的内丹修炼、羽化成仙、灵魂不死、神仙授书等方面,都有了情节离奇、事件具体的神话。历史上,在一些道教神话中,记载出自于嵩山地区的道教典籍很多,无论是道教标志——太极八卦图,还是经道人修行体验所撰写的道教著作,或是在原始山洞中发现并整理的一些重要的道教经书,它们都和嵩山有关,这不能不说是神奥嵩山的又一个神奇之处。

第一节　道教标志——太极八卦图

道教是以"道"为最高信仰的我国传统宗教,它植根于炎黄文化的沃壤之中。

嵩山先民创制的《河图》《洛书》,以神秘莫测的哲理和变幻无穷的魔方,力图用数字图像解释宇宙并推演未来。这一极具象征意义的图像,又成为道教文化的一个源流。史料记载:道教标志——太极八卦图,源自于嵩山北麓的洛汭。

洛汭之名最早见于先秦文献。《尚书·禹贡》说大禹治水,"东过洛汭,至于大伾。"洛汭的地望,历代史地学家公认即巩义市东北洛河入黄河处,在此周围称为洛汭区。当今人注释,洛汭位于嵩山北麓、巩义市东北部洛河入黄河处,即黄河与洛水汇流处,称"洛汭",亦称"什谷"、"洛口"。自古以来,就是一个神奇而奥秘的地方。这里不但是太极图、河图、洛书和八卦几项载誉中外古今的传统文化发端地,它还是上古时期帝王祭天之地。上古时期的帝王们为了巩固政权,在洛汭修坛沉璧,举行祭祀大典,从而得到河图洛书,也就象征得到了天命,达到君权神授的政治目的,实现自己的政治理想。

太极图、河图、洛书和八卦,在科学家的心目中,它有博大精深的文化内涵,是华夏文化典籍的源头。太极图、河图、洛书、八卦,是一种描绘天地和现象规律的神秘图形,中国文字是象形文字,说到底就是图形文字,但这种图形文字,却抽象地暗含着深刻的哲意和玄机,成为中国特有的享誉中外古今的传统文化。

洛汭位于嵩山北麓的洛河与黄河的交汇处,洛河西岸的神都山与其身旁的黄河、洛河是大自然的绝配,单单在这个地方就非常神奇。太极图在这里得到启迪;伏羲画八卦的传说以及这里的画卦台;河图、洛书在洛汭的黄河和洛河被龙马、神龟送上洛河西岸的神都山上的祭坛等,即使这是神话传说,但也只有洛汭这一说。这是一个千古之谜,其中的神秘和灵异,至今无人破解。

太极图,又称《先天图》或《天地自然之图》,是中国上古文化中最神秘的一张图,也是众说纷纭,争论最激烈的一张图。

史料记载:八卦符号出现于周朝之前,相传为上古伏羲氏所作,而"太极"一词最早见于春秋战国时代孔子所作《易传·系辞上》:"易有太极,是生两仪,两仪生四象,四象生八卦,八卦定吉凶,吉凶生大业。"何谓太极?"太"有"至"的意思;"极"有"极限"之义;"太极"就是至于极限,指的是宇宙演生阶段中阴阳尚未分化的最初形式。太极图是以黑白两个鱼形纹组成的圆形图案,俗称阴阳鱼。

太极是中国古代的哲学术语,意为派生万物的本源。从太极图中我们可以直观地看出,任何事物都是由两个相反的对立面组成,二者的相互转化处于一个动态过程中,同时它们又组成了一个统一、平衡的体系。在黑白阴阳鱼中的白黑点则表示任何事物不是绝对的,只有相对而言。太极图形象化地表达了它阴阳轮转,相反相成是万物生成变化根源的哲理,是适应于自然界万物的普遍法则。

道教标志——太极八卦图

但汉代以后所传的《周易》,都不曾附有《太极图》。据说太极图是宋朝道士陈抟所传出,原叫《无极图》,并有"先天"、"后天"之分。陈抟是五代至宋初的一位道士,相传对内丹术和易学都有很深造诣。据史书记载,陈抟曾将《先天图》、《太极图》以及《河图》、《洛书》传给其学生种放,种放以之分别传穆修、李溉等人,后来穆修将《太极图》传给北宋理学家周敦颐。周敦颐写了《太极图说》,发挥了《周易》的观点,提出"无极而太极"的哲学思想。到了朱熹撰写《周易本义》,才正式将《太极图》附在《周易》前面。

这期间,真正对《太极图》有精辟研究的首推理学家邵雍。据邵雍说,先天《太极图》为伏羲所画,后天《太极图》为周文王所作。并指出"伏羲之易,初无文字只有一图以寓其象数。而天地万物之理,阴阳始终之变具焉。"史料记载:邵雍在卫州共城(河南辉县)时,拜县令——易道学家李子才为师,学《河图》、《洛书》。后得其伏羲六十四卦太极图(传说中先天易学先驱者、道仙大师陈抟将《先天图》下传种放,放传穆修,修传李子才,才传邵雍)。邵雍的哲学思想,主要是"先天学"。邵雍据《易传》关于八卦形成的解释,掺杂道教思想,虚构出一宇宙构造图式和学说体系,形成了神秘的"象数之学"(也称"先天学")。他以先天易数,用元、会、运、世等概念来推算天地的演化和历史的循环。他认为宇宙的本原是"太极",即"道"、"心"。"太极不动,性也;发则神,神则数,数则象,象则器,器则变,复归于神也。"(《皇极经世·观物外篇》)。万物皆由太极演化而来。太极永恒不变,万物则皆有消长,依其虚构的"先天图"循环不已,从图中数的顺逆来说明现实世界,推知过去和未来,从而创立了以数学概念解释《易》的新流派。邵雍运用的"加一倍法",推演出象数概念体系,是近代"二进制"数码排列规则,经德国自然科学家莱布尼茨公布于世,其原理被现代电子计算机所应用。

下面将史料记载的有关太极图起源于洛汭之说和伏羲洛汭画八卦之说选录如下：

◆《太极图》源自汉朝嵩山炼丹士魏伯阳的《周易参同契》

南宋著名理学家朱熹认为《太极图》源自汉朝嵩山炼丹士魏伯阳的《周易参同契》。后来的易学大家胡渭也说："太极图取《参同契》之月体纳甲。二用三五，与九宫八卦混而一之者也"。

◆太极图由大禹在洛汭而画

太极图是上古流传下来的先天八卦图、河图和洛书、太极图等各自发展并逐步融合的结果。

有专家认为先天八卦图产生于上古时期，作为历法用途，托名伏羲；后天八卦图是周文王在羑里演《周易》，用先天八卦的形式阐解生命运动的规律而创立的；河图洛书产生于颛顼至尧舜期间，由黑白两种符号组成的数字图式；太极图则是由大禹根据黄河、洛河清浊二水交汇形成的漩涡现象有感而画的。

◆太极图起源于洛汭

《洛汭与河图洛书》载，作为中华民族智慧象征的"太极图形"是伏羲依据黄河、洛河清浊二水交汇形成的漩涡现象顿悟画成的。在科学家的心目中，太极图有着博大精深的文化内涵。这项享誉中外的中国传统文化，与洛汭有关。有专家发表文章说它起源于洛汭，太极图含有深奥的哲理，但它的图像是来自于自然界，受自然界的启发而形成的。洛河流入黄河，洛河水清，黄河水浊。两河交汇，清浊分明，异流数里，黄水中一缕清水隐约可见。具体一点说，在洛汭黄河水暴涨时，堵截洛水倒流，如洛水同时暴涨，两水在洛汭相撞击，形成盘漩，清浊分明，确有阴阳两极的味道。相传，伏羲就是由此得到启示，画成两鱼相抱的太极图像，并推演八卦，用以总括天地间万事万物之理及自然现象和社会现象的发展变化。由是启迪了人们对太极图的构思。这一推测不能说没有它一定的道理。

太极图

◆伏羲氏在洛阳地段的黄河中发现了太极石和太阳石，受其启发而发明了河图、太极图

阴阳鱼太极八卦图是人类还处于捕鱼狩猎时代的伏羲氏在洛阳地段的黄河中发现了太极石和太阳石，受其启发而发明了河图、太极图，进而远取近取，效法天地自然，从而发明了八卦和阴阳鱼太极八卦图。这些都被后世圣人，如黄帝、尧、舜等再获"河图"奇石，而使其日臻完善。发展到文王、周公时期，才进一步形成了今天所见到的《易经》文字，即卦辞和爻辞。

◆伏羲在洛汭画八卦

《易经·系辞上》说："河出图，洛出书，圣人则之。"有文物专家认为："河图则八卦是也，洛书则九畴是也。"也有人认为八卦与洛书有直接的关系。《易经·系辞上》载"易有太极，是生两仪，两仪生四象,四象生八卦。"这说明八卦来源于太极,太极图像始于洛汭。洛汭区的洛口村东,有一台地称为"伏羲画卦台",隋文帝开皇二年(582年)在此曾建"羲圣祠"。《竹书纪年》说伏羲时"龙马负图出于河,始作八卦。"

◆伏羲画八卦

《汉书·五行志》载:伏羲氏继天而王,受河图,则而画之,八卦是也。

◆伏羲八卦

《竹书纪年》载:龙马负图出于河,始作八卦。晋朝王嘉的《拾遗记》卷1载:"伏羲为上古,观文于天,察理于地……是以图书着其迹,河洛表其文。"《易·系辞上》:"河出图,洛出书,圣人则之。"孔安国注说:"河图者,伏羲氏王天下,龙马出河,遂则其文,以划八卦。"《巩义志》载:

伏羲画八卦

"伏羲(癸酉)元年,河出图,画八卦,造书契。"(原注:今按县东洛口东麓曰:图文麓、羲皇池。)位于河洛交汇处东部的洛口村,村东为高出黄河河床约80米的台地,名"伏羲台"。相传即伏羲"观河水东流、察日月交替、思寒暑循环、构演八卦"之处。伏羲台西约40米处有方形水池,称"羲皇池",即伏羲画八卦着墨处。隋文帝开皇二年(582年),曾在此敕建"羲圣祠"。元代曹铎又在祠侧建"河洛书院"。

第二节　道教典籍

道门中,人的思想宗旨是"延年益寿,羽化登仙"。为了达到这个目标,多少代道人积极探索修行法门,在长期的历史发展过程中,撰写出世了很多道教经典,积累了丰富的文献资料。这些资料有的是从先秦诸子中承袭而来,有的则是道门中人在具体活动中为了修行需要而撰写的。就内容而论,道教经书与典籍颇为庞杂,涉及面相当广,是道教的也是我国传统文化的宝贵财富。

嵩山是古人心目中的神山,自然风景独特美丽,地理形胜神奇奥妙。历史上,有隐士高道在山中隐居修炼,在自然的山水中感悟得道,羽化成仙。也有道教学者和修行之人在此发现或总结了自身修行体验而撰写的道教经书和典籍,如上古时期,伏羲在洛汭发现并创作的太极和八卦。东汉张道陵在嵩山古洞中发现的《三皇秘典》、《黄帝九鼎丹书》;鲁女生所得神授《五岳真形图》;左慈的《太清丹经》、《九鼎丹经》、《金液丹经》;鲍靓发现的《太上洞神经》;北魏寇谦之得神赐的《云中音诵新科之戒》、《录图真经》;叶法善得神授的《三

道教典籍

五盟威正一之法》、《五岳符图》、《天皇大字》等等。在个人著述方面,还有东汉魏伯阳著的《周易参同契》、《五行相类》；魏晋魏华存整理的《黄庭经》；郭璞著的《洞林》、《新林》等。北朝韦节所撰《三洞仪序》,《妙真》注解、《西升》等经。

唐代孙思邈所撰《千金要方》、《千金翼方》、《保生铭》、《存神炼气铭》、《摄养枕中方》、《千金髓方》等；潘师正撰的《道门经法相承次序》；司马承祯著述有《天隐子》、《坐忘论》、《修真密旨》、《道体论》、《上清含象剑鉴图》、《洞玄灵宝五岳名山朝仪经》、《坐忘论》、《服气精义论》等；王旻的《山居杂录》；李筌从嵩山虎口岩山洞所得的《阴符经》及所撰的《骊山母传阴符玄义》、《青囊括》、《太白阴经》、《中台志》、《阃外春秋》、《六壬大玉帐歌》等；吴筠著的《神仙可学论》、《玄纲论》、《形神可固论》、《明真辨伪论》、《心目论》、《坐忘论》、《道释优劣论》等；施肩吾所著有《西山群仙会真记》、《太白经》、《黄帝阴符经解》、《钟吕传道集》、《养生辨疑论》、《西山传道》、《会真》等；邢和璞著《颍阳书》；吴善经注的《道德经》。

五代十国谭峭所撰《化书》。宋代朗然子所撰的《悟真经诗》。金代王重阳所撰的著作有《重阳全真集》、《重阳教化集》、《重阳立教十五论》；谭处端著的《云水集》；刘处玄著述有《仙乐集》、《盘阳集》、《同尘集》、《安闲集》等；丘处机撰的著有《磻溪集》、《摄生消息论》、《鸣道集》等；金元的秦志安著有《金莲正宗记》、《林泉集》。明末清初的王常月撰有《初真戒律》,后人整理为《龙门心法》。清代李守钦著有《方书一得》、《太素精要》等等,举不胜举。这些道教文献,虽然由于历史的原因,其中有精华,也有糟粕,也具备某些科学因素,很多都是道教中的理论和经典,它们的存世与后传,使嵩山道教的发展功不可没。

关于道人撰写道教书籍这一内容,除以上简述外,本书中第五章"嵩山著名高道"中也有记述,故本节只着重道人在嵩山发现道教经书的灵异、对道教经书的整理或道学者或道人所著的道家典籍。

◆仙人广成子于石经峪授黄帝《自然经》

浮戏山的乳头峰下有一块石英石,石上有似字非字的痕迹,其上覆盖一层岩石,犹如一本书的封面。相传,仙人广成子授给黄帝一本包罗万象的《自然经》,曾藏于新密浮戏山乳头峰山下一石室中。天长日久,风浸雨蚀,石室坍塌,自然经便裸露在外。河南大学的于安澜教授曾有"石经峪《自然经》摩崖第一页"题词。

大藏经

◆ 东周李浮丘作《相鹤经》藏于嵩山石室

东周时道人李浮丘,号浮丘公,居嵩山修道,白日飞升。尝作《原道歌》云:虎伏龙亦藏,龙藏先伏虎。但毕河车功,不用堤防拒。诸子学飞仙,狂迷不得住。左右得君臣,四物相念护。乾坤法象成,自有真人顾。又以《相鹤经》授王子晋,崔文子学道于子晋,得其文,藏嵩山石室。淮南八公采药得之,遂传于世。

鹤,是游走阴、阳两界的仙鸟;鹤,是王者、仙家的骐骥!王子晋,灵王太子,在缑山(位于偃师)乘白鹤仙去,接引他的正是浮丘公。"王子乔者,太子晋也。道人浮丘公接以上嵩高山(嵩山)。"沟通阴、阳两界的鹤儿,此时由周初王者的象征、仙家的骐骥,演化为升仙的"鹤驾"。

《相鹤经》一说浮丘公所作,一说为南北朝宋人所为。还有史料说:"托仙人浮丘公传于王子晋,王子晋藏经于嵩山石室,有淮南八公采药经此获得,遂传于世"。不管哪一说,都不远于浮丘公。

《相鹤经》云:"鹤者阳鸟也,而游于阴。因金气,乘火精,以自养。金数九,火数七,故七年小变,十六年大变,百六十年变止,千六百年形体尚洁,故其色白,声闻于天。故头赤,食于水;故喙长,轩于前;故后指短,柄于陆;故足高而尾凋,翔于云;故毛丰而肉疏,大喉以吐。故修颈以纳新,故天寿不可量。所以体无青黄二色者,木土之气内养故不表于外,是以行必依洲渚,止必集林木,盖羽族之宗长,仙人之麒骥也。鹤之上相,瘦头朱顶,露眼黑睛,高鼻短喙,切耳长颈,炼身鸾膺,凤翼雀毛,龟背鳖腹,轩前垂后,高颈初节,洪脏纤指,此相之备者也。鸣则闻于天,飞则一举千里。鹤二年落子毛,易黑点,三年产伏。复七年羽翮具,复七年飞薄云汉,复七年舞应节,复七年昼夜十二时鸣中律。复七年不食生物,大毛落,茸毛生,乃洁白如雪,或纯黑,泥水不能污。复百六十年,雌雄相视而孕。一千六百年,饮而不食,胎化产鸾凤,同为旱。圣人在位,则与凤凰翔于甸。"

◆ 少室山有三定思及《自然经书》

卢元明《嵩高山记》载:嵩山石室中,有《自然经书》。嵩山有三定思,《舆地志》云:"少室,在嵩山西十七里。从东角上四十里,得下定思;又上十里,得上定思;十里中,有大石门,为中定思。自中定思而出,至崖头,下有石室,中有水,多白石英,室内有《自然经书》,自然饮食,与世无异。石室前有石柱似承露盘,有石脂滴滴下,食之一合,与天地相毕。"

◆ 老子居嵩山用浮提金壶墨写《道德经》

道家鼻祖李耳(老聃)在洛阳周王室任柱下史和守藏史,形成了自己的思想主张,所著《老子》5000言,又名《道德经》,成为道家学派的经典。据史料记载,老子曾在嵩山老母洞撰写《道德经》。其中,《壬子年拾遗记》有奇异的详细记载:"老君居景室之山,与世人绝迹,惟与老叟五人,或乘鸣鹤,或着羽衣,共谭天地之数。所撰《书经》,垂十万言。有浮提国献神通善书二人,乍老乍少,隐形则出影,闻声则藏形。时出金壶器四寸,上有五龙玉检,封以青泥。壶中有墨汁,状若淳漆,洒地及石,皆成篆、隶、蝌蚪之文,记造化人伦之始,辅佐老子撰《道德经》,垂十万言,写以玉牒,编以金绳,贮以玉函。及金壶汁尽,二人乃欲刳心沥血以代墨焉。"《道德经》成,二人不知所往。《仙传》云:老子以金壶墨泻经峰下,余墨洒林,皆黑也。《道书》云:"洛州景山,太室、少室也。"太室山有金壶峰,源于老子居嵩山用浮提金壶墨撰写《道德经》泻墨峰壁而得名。

◆张道陵入嵩山修炼，得《三皇羽文》、《九鼎太清》、《黄帝丹经》、《琅函玉籍》等经书。

东汉时，五斗米道创始人张道陵入嵩山修炼，得山得《三皇羽文》、《九鼎太清》、《黄帝丹经》、《琅函玉籍》等经书。《列仙传》载：张道陵"隐鹤鸣山，炼龙虎大丹，遇神告曰：嵩山中峰石室，藏《三皇羽文》、《九鼎太清丹经》、《黄帝丹经》、《琅函玉籍》等书，得而修之，乃升天也。于是，赴而掘得之，能飞行遥听，分形散影。"

魏伯阳嵩山炼丹

◆嵩山道人魏伯阳著《周易参同契》、《五行相类》

东汉嵩山道人魏伯阳，尹密（嵩山密县）人。据说，他早年在长白山云游时，遇到了一位道行高深的真人，传授给他合炼神丹的秘诀，获古人所撰丹书《龙虎经》，潜行钻研，深得其妙。薛大训《神仙通鉴》卷9云：魏伯阳从学于阴长生，为阴之弟子。在嵩山修道期间，得到《三十六水法》、《太清金液神丹经》、《黄帝九鼎神丹经》等"火记六百篇"。魏伯阳接受了古人和当时人的炼丹理论之后，他在继承古代《龙虎经》炼丹的基础上，反复实践，融会贯通，达到了当时炼丹水平的最高峰。魏伯阳将自己的炼丹经验著成《周易参同契》、《五行相类》，其说似解释《周易》，其实是借此以论作丹之意，被道教尊为五大经典之一。魏伯阳的思想对道教的炼丹术影响很大，后为道教三元丹法中人元金丹内炼法奉为祖经，史称"万古丹经王"。《周易参同契》全书共6000余字，基本是用4字1句、5字1句的韵文及少数长短不齐的散文体和离骚体写成的。该书"词韵皆古，奥雅难通"，并采用许多隐语，所以历代有很多注本行世，仅《正统道藏》就收入唐宋以后注本11种。《周易参同契》是一部用《周易》理论、道家哲学与炼丹术（炉火）三者参合而成的炼丹修仙著作。魏伯阳认为修丹与天地造化是同一个道理，易道与丹道是相通的。所以能用《周易》的道理来解释炼丹的道理，这使本来就比较复杂的炼丹术变得更加神秘，影响了后世炼丹家的哲学思维。

◆阴长生写《丹经》1通，封以文石之函，置嵩高山

相传为东汉和帝永元八年（公元96年）所立皇后阴氏之曾祖。新野（今属河南）人。生富贵之门而不好荣位，潜居隐身，专务道术。闻马鸣生得度世之道，就甘心自愿为马鸣生当仆人，给他干脱鞋扫地的下贱活儿。然而马鸣生并不传授他成仙的道术，整天与他高谈阔论，如此20余年，阴长生终不懈怠。和阴长生一块来向马鸣生学道的12个人先后离去独有他敬礼弥肃。马鸣生为其至诚所感，偕赴蜀青城山中，立坛盟誓，授以《太清神丹经》。阴长生得其术，归家后合丹，举门皆寿。《神仙传》载：阴长生于嵩山修炼，得度世之道。煮黄土为金食之。周行天下，与妻子相随。一门皆寿而不老，在世300余年。尝裂黄素，写《丹经》1通，封以文石之函，置嵩高山。《神仙传》、《云笈七签》、《历世真仙体道通鉴》等有其传。

五岳真形图

◆鲁女生于嵩山得《五岳真形图》

据《汉武帝内传》记载：汉末方士鲁女生采药于嵩山，遇一神女，自称为三天太上侍官，以《五岳真形图》授之，并告以施用节度，据称其图"可以威制五岳，役使众灵。"《抱朴子》云："凡修道之士栖隐山谷，须得此图佩之，则山中魑魅、精灵、虫虎、妖怪一切毒物皆莫能近矣。"

◆西晋鲍靓于嵩山石室得石刻《三皇文》、《太上洞神经》

鲍靓，字太玄，琅珥人，汉司徒鲍宣的后代。官至南海太守，少好仙道。学兼内外，明通天文，河洛之书，从师左元放，得仙书，能逆推将来事，亦曾得阴长生的仙术。晋惠帝元康二年（292年），鲍靓修道于嵩山石室中，忽有天文大字出现于石壁上，就告而受之，此文后为《太上洞神经》所本。关于《三皇文》的行世，《三皇经》说："晋惠帝时，有晋陵鲍靓，官至南海太守，少好仙道。晋永康二年（301年）二月二日登嵩高山，入石室清斋，忽见古《三皇文》，皆刻石为字，尔时未有师，靓乃依法以四百尺绢为信。自盟而受，后传葛洪。"鲍靓十分器重葛洪，于永嘉六年（312年）授葛洪古《三皇文》，并将爱女鲍姑嫁给他为妻。自此，葛洪潜心修道，专注不二。据《广弘明集·二教论》曰："晋元康年间，鲍靓造《三皇经》被诛。"可见《三皇经》实为鲍靓所著。《三皇经》的主要内容是"劾召鬼神"的符图及存思神化的"真形"之术。

◆魏华存得神授《黄庭内景经》

西晋司徒魏舒之女魏华存，从小随父亲长期居住在洛阳。后结婚成家，生有两子。因幼年时，就接受天师道，羡慕神仙，静默养炼。及年长，信道修炼，日益强烈。待儿子长大后，和丈夫分居，斋戒别室。道教传说，魏华存与丈夫刘文分居之后，经过了3个月，忽有清虚真王褒及众真人降临她的斋室，告诉魏华存说："你专注三清，勤苦到如此境地，我等受扶桑大帝君之命，特授你神真之道。"于是，让玉女打开玉笈拿出《上清真经》31卷，说："我昔潜心学道，遇南极夫人，西城王君，授我宝经三十一卷，诵经习行，以成真人，住有小有洞天仙王，今日所授，乃昔日的文本。"随后，清虚真人王褒起立向北，毕恭毕敬，执书而祝说："奉泰帝的命令，于今良辰吉日，以褒昔精思于阳洛山（王屋山主峰）所授的宝书，传与魏华存，计31卷，华存当谨守明法，修真成仙。有泄我书者，身为下鬼，族及一门。"祝罢又说："此书当传真人，不仅我得如此，你今获此，皆泰帝的命令。自我之后，当有七人得到它，至华存即是第四个人了。"于是，他亲手授予魏华存。随后，王褒又摘经中之节度，行事之口诀，一一传于魏华存。接着，景林真人又授魏华存《黄庭内景经》，令其昼夜存念，诵习万遍之后，可洞观鬼神，调和三魂五魄，可致长生久视。授已毕，众真人隐形而去，留言他日将会见于阳洛山中。

◆魏华存将《黄庭内景经》修订、整理、注述，撰为定本《黄庭内景经》

魏华存得到《上清经》后，就勤奋诵习，宣讲教化，形成了以士族知识分子为主体的道教上清派。上清派在炼养方法上，改变了过去从符箓禁咒和烧炼金丹，而为专炼人体的精、气、神以求长生久视之道，成为套综合医学、仙道、巫术为一体的，以炼神为主的存想静功。魏华存为了使上清派的炼修功夫深入人心，她把原来在晋武帝太康九年（288年）37岁时接受到的《黄庭内景经》草本，加以修订整理后，并予注述，撰为定本，传抄问世。魏华存定本的《黄庭内景经》简称《黄庭经》，是早期道教重要的经典之一。它是以七言诗的形式描述人体脏腑功能，以三丹田与黄庭宫为枢纽，存思黄庭，炼养丹田，积精累气，以求长生。内中所谈到的人体生理，多与中医学相通，其独到之处，尤其是重视大脑的作用,确与现代科学不谋而合。《黄庭内景经》首次提到中国气功学所说的"三丹田"学说,对人体科学养生学有很大的贡献。练功时,注重脑(上丹田)、心(中丹田)、脐(下丹田)之气下行,沉于下丹田,是运气存气的始点和归宿。存养丹田,保气炼精,这正是读《内景经》的人练功强身祛病,养生长寿的最高希望。

◆鲁班刻石《九州图》

南朝任昉《述异记》载:鲁班刻石《九州图》,今在洛城太室山。

◆寇谦之于嵩山得神授《云中音诵新科之戒》和《录图真经》

北魏神瑞二年(415年),寇谦之在嵩山少室石室托言,太上老君在仙人玉女拥护,百灵导从之下,降临嵩山,告诉谦之说:"往岁,嵩山山神上奏天曹,称自从天师张道陵去后,地上修道的人无所师授。今有嵩山道士寇谦之立身直理,行合自然,堪处师位。吾故来授汝天师之位,赐《云中音诵新科之诫》(即《老君音诵戒经》)。汝宣吾新科,请整道教,除去三张伪法、租未钱税及男女合气之术,专以礼度为首,而加服食闭炼。"

北魏明帝泰常八年(423年),正当秋高气爽、晴空万里的金秋季节,寇谦之端坐石室,正诵《老君音诵诫经》,忽然少室山巅,云蒸霞蔚,灵光普照,在五彩缤纷的云上端坐着一位神仙,这是老君玄孙,上师李谱文降临。寇谦之立即走出石室,仰望拜谒。上师说:"受老君之命,特为授汝能'劾召百神',定'坛位礼拜,衣冠仪式'的《录图真经》,并传授销炼金丹、云英、八石、玉浆之法,望谨慎奉持,辅佐北方泰平真君。"

◆唐代白龟年于嵩山东岩下遇李白得书一卷

《体道通鉴》载:白龟年至嵩山,遥望东岩古木,帘幕窣地,步至其旁,尊俎罗列。有一人前曰:"李翰林相召。"龟年趋进。其人褒衣博带,色泽秀发,曰:"吾李白也。子之祖,乃白乐天(白居易)也。虽不同朝,以其道同,今相往复。吾自水解后,放遁山水之间,因思故乡,西归嵩峰。中岳帝飞章上奏,见辟于此,掌笺奏,已百年矣。"赠龟年素书1卷,读之,后遂能听辨禽兽语言。明彭大翼《山堂肆考》卷19载:"白龟年,乐天子也。一日于嵩山东岩下遇李白,曰:'吾与汝父皆仙矣。'出素书一轴授之,曰:'读此可辨九天禽语'。"

◆中岳庙道士李奉时撰《嵩山太无先生气经》

道教经书《嵩山太无先生气经》,又称《太无先生气经》,是道家行气异养类典籍。据宋代郑樵《通志·艺文略·道家书目》记载,《嵩山太无先生气经》的作者为唐朝的李奉时。相传,李奉时为嵩山中岳庙道士。书中自序透露,作者在唐代宗大历(766~779年)年间,遇罗浮山王公,遂得吐纳要道。其时王公曾对作者说道:老君云"我命在我,不在天地。"又说:"吾与天地分一气而自理焉,天地焉能死吾哉!"为此,太无先生总括:夫形之所恃者气也,气之所依者形也。气全即形全,气竭则形毙,是以摄生之士,莫不炼形养气,以保其生。此书篇首序称形气相须而成,气全角全,气竭形亡,故摄生之道,在于养气炼形以保生。自云大历中遇罗浮山王公授以理身吐纳之要道,谓2景、5牙、6诸服气法皆外气,不宜服,而胎息内气,则自身固存、不假外求。本书所录,皆承师旨。全书分上、下2卷,共18篇。其法则为胎息惜气,慎守三田,毋令亏损,致气漏精泄,精泄则气散,精全则气全,养生之道,厥在精气两全。该书文简意赅,条理秩然,实为养生佳作,为《道藏》、《道典》所收录。

◆司马承祯撰《上清侍帝晨桐柏真人图赞》

司马承祯据王子晋嵩山升天成仙编撰道教赞颂类典籍《上清侍帝晨桐柏真人图赞》1卷,原题"天台白云司马承祯录"。司马承祯"早处嵩岳",谒桐柏真人庙堂,"钦影响之余灵","乃观仙传、追伊洛之发迹,复披《真诰》,慕华阳之降形,轻运丹青,敬载图像。"附以赞述,庶表诚心。(卷首序)考上清侍帝晨桐柏真人,即周灵王太子晋。据《史记》:太子圣而早卒。据《列仙传》:"隐而登仙。"《国史》载其前卒之踪,道书着其后仙之事。王子晋即王子乔,始见于《逸周书·太子晋解》。谓其成仙之后,登天堂,诣金阙,朝拜玉晨玄皇大道君。道君策命为"侍帝晨"。侍帝晨,亦作"侍帝臣",乃仙官之名,领五岳,治天台桐柏山金庭洞,故称"侍帝晨桐柏真人"。《上清侍帝晨桐柏真人图赞》是司马承祯采《列仙传》、《逸周书》、《真诰》等书中有关王子晋在世以迄升真之十一事编撰而成。每事皆有叙、有赞、有图,叙文长短不一,赞词则皆为4言8句。与《天台山志》载唐崔尚之《桐柏观碑》所云:桐柏山"中有洞天,号曰金庭宫,即右弼王子晋之所处也,是之谓不死之福乡,养真之灵境"之言相合。本书对真人的神圣英聪,以及恬退高隐之节,修真体道之迹,叙述甚详,图文并茂。收入《道藏》洞玄部赞颂类"养"字帙中。

◆李筌在嵩山虎口岩得《黄帝阴符经》

唐玄宗至肃宗时,李筌得《黄帝阴符经》本经,使嵩山道教享誉盛名。据道书杜光庭《神仙感遇传》载:"李筌,号达观子,居少室山,好神仙之道,常游历名山,博采方术,至嵩山虎口岩,得《黄帝阴符经》本,绢素书,朱漆轴,缄以玉匣,题曰:'大魏真君元年(440年)七月七日,上清道士寇谦之藏诸名山,用传同好。'其本糜烂,筌抄读数遍,竟不晓其意。"

黄帝阴符经

从上述可知,《阴符经》托名黄帝撰,曾由北魏寇谦之所藏,至唐代时有李筌云游嵩山时,才在嵩山虎口发现。《阴符经》全书300字,讲的是修真养性、长生久视。李筌在《阴符经注》,他在注中用阴阳五行思想阐述道教的教理教义,含有朴素的辩证思想,不仅在道教思想史上,而且在中国哲学史上都有一定地位。

《阴符经》自李筌传出后,历代注解纷纷出现,分别有从哲学、军事、养生等各个方面作注,可谓盛极一时。宋代高道张伯端在《悟真篇》中给予高度评价:"阴符宝字逾三百,道德灵文满五千,今古上仙无限数,尽于此处达真诠。"他将《阴符经》与道教祖经《道德经》并列齐名。从历代高道对《阴符经》中"阴符"理解为:"阴者,暗也;符者,合也",其大意可以理解为:任何事情,任何行动,要达到预期的目的,必须使自己的行为与客观条件和规律相吻合(即暗合)。《阴符经》的首句说"观天之道,执天之行,尽矣"。其大概意思是:既要认识和尊重自然规律,又要发挥人的主观能动性,不断地认识它,掌握它,运用它为人类服务;不要违背自然规律,还要学会掌握、驾驭它的本领。该书在唐代引起了道教的重视,被列为道教五大经典之一,是道徒必诵的经卷之一。《阴符经》的传播,对唐宋以后的道教哲学、道教养生等方面产生了重要影响;嵩山道教的威名也随着《阴符经》的问世和传播而更加享誉盛名。

◆嵩山寇大师刻石《寇天师石记》

《宣室志》载:嵩山寇大师尝刻石为记,表于山中。唐高宗上元初(674年),有洛州告成县民,因采药于山,得其书,以献。县令樊文,状言于州,州以上闻高宗诏藏于内府。其铭纪文甚多异,不可解。略云:木子当天下,又止戈龙。又曰:李代不移宗。又曰:中鼎显真容。又曰:基千万岁。所谓"木子当天下"者,盖言唐氏也。"止戈龙"者,天后临朝也。止戈为武,武天后也。又"李代不移宗"者,谓中宗中兴,再新天下事也。"中鼎显真容"者,显实中宗庙号;真容为睿宗之徽谥,得不信乎!"基千万岁",玄宗也。"千万岁"者,盖言历数久长也。后中宗御历,樊文男钦,以石记本上献,上命编于国史内也。

◆宋代刘居中隐居嵩山得《异书》

《舆地志》载:"嵩高山石崖下,有自然经书。刘居中居嵩山控鹤庵,遇石壁摧裂,得异书甚多,诸如阴阳、方技、修真、黄白之学无所不有。乃知二室多遗书也。"

另有史料记载:刘居中,京师人,少时隐于嵩山,居山巅最深处,曰控鹤庵。初与两位友人同处,率一两月,辄下山觅粮,登陟极艰苦,往往跻攀葛藟,穷日力乃至。两人不堪其忧,皆舍去,独刘居之自若,凡二十年,遭乱南来。绍兴间,尝召入宫,赐"冲静处士"。今庐于豫章之东湖,每为人言昔日事。云嵩山峻极处,有平地可为田者百亩。别有小山岩岫之属,常时云雨。只在半山间,大蜥蜴数百,皆长三四尺,人以食就手饲之,拊摩其体,腻如脂。一日,聚绕水盆边,各就取水,才入口即吐出,已圆结如弹丸,积之于侧,俄顷间累累满地。忽震雷一声起,弹丸皆失去。明日,山下人来言,昨正午雨雹大作,乃知蜥蜴所为者此也。又闻石壁间老人读书,逼而听之,寂然。既退,复尔。其后石壁摧,得异书甚多,阴阳、方技、修真、黄白之学无所不有。既下山,独取其首尾全者数十篇,馀悉焚之。又尝闻异香满室,经日乃散,不知所从来也。刘居中生于元丰七年(1084年)甲子岁。

◆明代傅梅发现《嵩阳石鼓》篆字

明傅梅的《嵩书》载:颍阳西石鼓冈,传山上有石鼓,镌刻篆隶之文,今不知所在。夫岐阳石鼓,或以为周宣王猎碣,文笔雅颂,书笔史籀。盖此碣旧流民间,作为杵臼,故强半损泐也。吾夫子订《诗》,未经采编,后儒乃纷纷建议,以为秦物。始皇封禅,泰贷会稽,各有立石,其时已如后世碑碣之制,不似古石鼓之坚朴尚质。然则石鼓之在秦前,无疑说矣。嵩阳石鼓,盖亦类是,而埋没于蒙檨丛箐中,无从踪迹。好古者不惮拨篁寻摹,而苔封莓积,湔洗为难。故古物不存于后,泯于毁劫者半,泯于湮没者亦半矣。

第四章　嵩山道教供奉的主要神仙

道教神灵的历史渊源，可以追溯至远古时代的原始崇拜。但道教形成以"三清四御"为主体的整套神灵系统，却是自唐宋以后才逐渐由封建统治者所确立的。道教信仰的神灵包括中国民间信仰、巫术信仰的各种神灵，它实际上是中国历代各民族与各个地区，乃至外来宗教的各种神灵的总汇合。道教是容纳百千神灵的多神教，它不仅有最高的主神，还有许多各级辅神和护法诸神。因此可以说，道教神灵是中国文化长期发展而形成的，中国道教的神灵系统大致可以分为八大类：由古代图腾崇拜和自然崇拜演化而成的神灵；由祖先崇拜与圣贤英雄演变而来的神灵；封建社会大一统初期形成的五岳、四渎之神；大一统中期形成的天地、四方、六合神灵以及城隍、土地等神；大一统后期形成的三清、四御尊神；从佛教中引入的慈航真人、普贤真人的神灵；各个地区的地方诸神联合而成的民俗杂神、行业神等；道教的祖师、神仙和隐逸之士等。下面仅介绍嵩山地区尊奉祭祀的主要神灵。

有巢氏

有巢氏，中国古代神话中的英雄，汉族人民想象中的始祖，原始巢居的发明者。《庄子》载："古者禽兽多而人民少，于是民皆巢居以避之。"《太平御览》卷78引《项峻始学篇》："上古穴处，有圣人教之巢居，号大巢氏。"有巢氏最大的功绩，是教人构木为巢，以防御野兽侵害，人们得以安居。

传说他出生在九嶷山以南的苍梧，曾经游过仙山，得仙人指点而有了超人的智慧。远古昊英之世，人少而禽兽众，每时每刻都存在着伤亡危险。这时候，有巢氏受鸟类在树上筑巢的启发，最先发明了"巢居"。他指导人们用树枝和藤条在高大的树干上建造房屋，房屋的四壁和屋顶都用树枝遮挡得严严实实，既挡风避雨，又可防止禽兽的攻击，人们白天采摘橡栗，夜晚栖宿树上，从此由穴居改为巢居。嵩山东北麓的"织机洞"，就是"中国猿人"的遗址，是一个洞穴住址。

人们非常感激这位发明巢居的人，便推选他为当地的部落酋长，尊称他为"有巢氏"。有巢氏被推选为部落酋长后，为大家办了许多好事，名声很快传遍中华大地。各部落的人都认为他德高望重，有圣王的才能，一致推选他为总首领，尊称他为"巢皇"，也就是部落联盟总部的大酋长。

燧人氏

燧人氏，中国上古神话中火的发明者，有说他为三皇之首，又称"燧人"。《尚书·大传》云："燧人

燧人氏

为燧皇,伏羲为羲皇,神农为农皇也。燧人以火纪,火,太阳也。阳尊,故托燧皇于天。"远古时代以燧木取火的氏族,又称"燧明国"。相传一万年前,有燧明国,不识四时昼夜。其人不死,厌世则升天。国有燧木,又叫火树,屈盘万顷,云雾出于其间。有鸟若鹗,用嘴去啄燧木,发出火光。有位圣人,从中受到启发,于是就折下燧枝钻木取火,人们就把这位圣人称为燧人氏。《太平御览》卷869引《王子年拾遗记》:"申弥国去都万里。有燧明国,不识四时昼夜。其人不死,厌世则升天。国有火树,名燧木,屈盘万顷,云雾出于中间。折枝相钻,则火出矣。后世圣人变腥臊之味,游日月之外,以食救万物;乃至南垂。目此树表,有鸟若号鸟,以口啄树,粲然火出。圣人感焉,因取小枝以钻火,号燧人氏。"同书卷78引《礼古文嘉》云:"燧人始钻木取火……遂天之意,故为燧人。"又有"燧人氏夏取枣杏之火"的传说(见《艺文类聚》卷87引《九州论》)。

今嵩山地区流传有"燧人击石取火"的神话。关于燧人氏"钻木取火"的神话,反映了中国原始时代从利用自然火进化到人工取火的情况。当时,原始人不知道熟食,猎取到野兽后就连毛带血地生吃。经过长期观察,他们才慢慢发觉由于雷电或火山爆发所引起的森林大火不但可以取暖,而且可以吓跑野兽;同时,还发觉被火烤焦的兽肉,吃起来比生肉更香、更有味,也更容易消化。于是,他们逐渐学会了如何利用天然火种,不让它熄灭,用来烧熟食物、驱逐寒冷、围猎猛兽。由于有了火,过去许多不能生吃的东西可以熟食了,可食之物的范围扩大了。由于熟食,"猿人"的躯体有了新的发展,脑量有了增加,因而在形体上逐渐进化到了"古人阶段",即猿人和现代人之间的过渡阶段。此后又经历了若干年,通过长期的实践观察,原始人发现燧石加工或久钻一块坚硬的木头时,往往由生热而迸出火光,根据这个道理,他们慢慢学会了"钻木取火"。从此,用火便得到了经常的保证。在我国"旧石器时代"遗址中,曾发现用火的痕迹,这说明远在四五十万年以前,居住在这里的人类,就已经知道熟食了。

燧人氏不仅发明了人工取火,而且最早教人熟食。人工取火的发明,结束了人类茹毛饮血的时代,开创了人类文明的新纪元。所以,燧人氏一直受到人们的敬重和崇拜,并被奉为"火祖"。

伏羲氏

伏羲氏

伏羲,古代华夏部落最早的王,被尊为中华民族的始祖,"三皇五帝"之首,又称"庖羲氏"。传说伏羲有圣德,像日月之明,故称太昊。相传他是古代东夷部落的杰出首领,都陈,在位15年。传说在上古的大洪水过后,他与女娲成婚,繁衍人类。他"始制嫁娶",开启了文明婚姻家庭制度。伏羲"以教佃渔","养牺牲以供庖厨",教会人们从事渔猎和畜牧。这个传说所反映的时间,大致在人类社会进入到"中石器时代"以后。当时,石器的制作较前进步,石器的种类较前增多,因而猎获野兽的效率较前提高。特别是像弓箭、矛、鱼叉等狩猎工具出现后,连空中的飞鸟,水中的游鱼,也都成了猎取的对象。猎获物多了,一时吃不完,饲养起来让它繁殖,要吃时再宰掉,以后如果再遇到刮风下雨的日子,无法出外围猎或者围猎一无所获时,就不会再像以前那样闹饥荒了。牧畜的发明,使人类的生活相对地安定下来。人类社会的发展,慢慢地由原始群落阶段进入到了有组织的氏族社会阶段。氏族社会,是以妇女为中心的母系社会,妇女在生产上占有重要的地位。这时候,在婚姻方式上,已经摆脱了同族间"乱婚"的现象,而采取了氏族与氏族间兄弟姊妹对偶婚姻的形式,出现了"嫁娶"。由于氏族社会是以母系为中心,因此这时出嫁的不是女子,而是男子。

7000年前,在没有文字的远古时代,伏羲氏通过仔细观察自然和人类自身,经过认真思索,在宇宙的千变万化之中找到了大自然的规律和一种代表自然的力量,从而创造出代表阴阳的符号,又根据阴阳合一、阴阳相对、阴阳互动的变化,创造出八个代表大自然规律的卦象,即八卦。传说伏羲创造出八卦之后,就坐在一个高台之上,仰观天文,俯察地理,开始思考八个卦象的排列及其它们之间的关系,终于画出了伏羲先天八卦图。位于巩义市神都山上的伏羲画卦台一直保留至今。伏羲"始画八卦",称为"一画开天",这一部无字天书形成了中华民族最早"天人合一"的宇宙观。伏羲的这一伟大发现,从此奠定了中国古代哲学的基础。后人根据伏羲这些伟大的创造,画出阴阳图,即太极图。伏羲深得后世人们的崇拜和敬仰。

炎帝神农氏

炎帝神农氏,传说中的农业和医药的发明者,继伏羲以后对中华民族做出重大贡献的又一个传奇人物。相传"神农氏"尝百草,发明医药,设立集市,又说他制造耒、耜等农具,教人种植五谷,还说他制定了历法,开创九井相连的水利灌溉技术等。传说神农一生下来就是个"水晶肚",几乎是全透明的,五脏六腑全都能看得见,还能看得见吃进去的东西。那时候,人们经常因乱吃东西而生病,甚至丧命。神农就把能食用的东西放在身体左边的袋子里,介绍给别人吃,作为药用;把不能够食用的东西放在身体右边的袋子里,提醒人们不可以食用。传说中所反映的人类社会发展阶段,大致相当于"新石器时代",展示了中国原始时代由采集渔猎向农耕生产进步的情况。当时,人类通过长期的劳动,逐渐积累了丰富的辨认和培植可食植物的经验,石器的制作又比以前更进了一步。

炎帝神农氏

石刀、石镰和木制耒、耜等农具的出现,说明农业已经开始。当然,这时候的农业还是极为原始的,人们只知道在砍倒烧光的林地上,播种谷物,等待收获,还不知道施肥和进行田间管理。这种农业,后世称之为"锄耕农业"。这时饲养牲畜有了进一步的发展,畜牧业与农业需要分别进行,因而开始了第一次社会大分工。由于社会的分工,导致了原始交换的萌芽;开始时,这种交换当然还只是偶然的,不过越到后来便越成为经常的了。我国典型的"新石器时代"的"仰韶文化"遗址所发掘的器物,正好展示了古史传说中"神农氏"时代这一发展的"锄耕农业"经济的某些社会图景。

无极老母

无极老母,嵩山地区特有的女神,和太极老母、皇极老母并称为"三极圣母",又合称"无生老母"

或"无生圣母"。无生为最高境界。"无极"是指太古时代,"太极"是指上古时代,"皇极"是指人类社会。

据说在很久很久以前,天地还没有分开,宇宙是一片混沌,像个鸡蛋。这时,无极老母出现了,经过一万八千年,混沌有了晃动,无极老母便用斧子把混沌劈开,"鸡蛋"中出现了两种气体,清而轻的升起来变成了天,浊而重的沉下去变成了地,天越升越高,地越沉越低。这样又过了一万八千年,太极老母出现了,她像一根大柱子似地支撑着天地,始终不让它再合住。这样又过了一万八千年,她实在太累了,看看天地早已凝结牢固了,便躺下休息,可是她一躺下,便再也起不来了。她就这样静静地死去,她呼出的气体变为风和云,发出的声音变为雷霆,左眼变为太阳,右眼变为月亮,身体变为了广阔的田野,头和四肢变成了五岳,血液变成了江河,筋脉变成了道路,肌肤变成了沃土,汗毛、头发变成了小草和树木,身上的汗液也变成了雨露……这时,皇极老母出现了,她用泥土捏成了人形,晒干后变成了人类,她又教给人类耕作、种植、畜养等生存手段,于是就有了真正的宇宙和人类。为感谢三极老母的造世功绩,人们就在各个庙宇里供奉她们,同时也向世人说明我们的宇宙、家园来之不易。

嵩山老母洞建筑群中的无极洞内供奉着三极老母。无极老母殿里面供奉着无极老母。三极圣母中,尤以无极老母神通最为广大,人们还把她当作送子娘娘,经常前往庙里向她祈求子嗣。

中岳大帝

中岳大帝,中岳嵩山太室山主神,名曰轩辕黄帝。华夏民族之先祖,古代"黄老学派"的创始人,被道教称之为道宗。

中岳大帝

黄帝,华夏民族之先祖,古代黄老学派的创始人,被道教称之为道宗。中岳嵩山之主神。弱而能言,圣而预知,好道希妙,故为道家之宗也。《道学传》:黄帝,少典之子,姓公孙,号常鸿氏,一号归藏氏,又有缙云之瑞,亦号缙云氏赤多白少曰缙,又有土德之瑞,故号曰黄帝。在部落战争中,因打败炎帝、蚩尤,他从部落首领成为部落联盟首领。黄帝是一个富于创造发明能力的人。传说有很多创造、发明都始于黄帝时期,如养蚕、舟车、文字、音律、算术等。黄帝之所以被黄老学派尊为创始人,与其思想有直接的关系。尽管黄帝征战天下,但他可能是一个崇尚阴柔的思想家。古代有《连山》、《归藏》、《周易》等三易之法,而《归藏》可能为黄帝所作。《归藏》是以"坤"为首卦的,代表着黄帝崇尚阴柔的价值取向。黄帝也可能是一个重生、爱护生命的思想家。现存《黄帝内经》系托名黄帝与岐伯、雷公等讨论医学的著作,故取此名。重生也是道家的一贯主张。《黄帝内经》分为《素问》、《灵枢》两部分。它以阴阳五行说为基础,说明人体生理,解释病因,对症治疗。其思想主要有抱道执度、刚柔相成、无伪无私、节俭适欲。中岳庙内所祭祀的中岳主神,即轩辕黄帝也。

周平王东迁后,因嵩山位居京畿,又因三代之居皆在河洛之间,故称中岳。中岳大帝是五岳中信仰起源最早的,也是华夏民族的始祖轩辕黄帝神。中岳嵩山因其邻近洛水和古都洛阳,故在五岳中地位较高。同时也赢得古代帝王的尊崇,为五岳中率先得到帝王封祀者。先秦时,中岳已立有太室祠,以供奉中岳山神。秦统一中国后,诏令祠官向太室、恒山、泰山等名山祠庙供奉牛犊、圭币及脯酒等。

汉武帝游历中岳时,因听到"山呼万岁",遂亦加增太室祠。东汉安帝元初五年(118年),又在太室祠前建造了"中岳太室阳城神道阙"和石翁仲雕像。《中岳嵩山太室石阙铭》曰:嵩高神君,岱气最纯。春生万物,肤寸起云。并天四海,莫不蒙恩。圣朝肃敬,众庶所尊。蔡邕《独断》:五方正神之别名,中央之神其帝黄帝,其神后土。东晋葛洪《枕中书》则以太昊氏为青帝,治岱宗山;祝融氏为赤帝,治衡霍山;金天氏为白帝,治华阴山;颛顼氏为黑帝,治太恒山;轩辕氏为黄帝,治嵩高山。北魏《中岳嵩高灵庙之碑》:"上应悬象镇星之配,而宿值轩辕,璇玑玉衡,以齐七政。"唐宋时期,中岳庙的规模、中岳神的地位达到了鼎盛时期。武则天垂拱四年(688年)七月,武后改嵩山为"神岳",封中岳神为"天中王",并配"天灵妃"。中岳神封号配妃自此始。万岁登封元年(696年),武则天封禅嵩山后,尊岳神天中王为"神岳天中黄帝",尊天灵妃为"天中黄后"。开元十八年(730年),唐玄宗李隆基命祀嵩山以王礼,封岳神为"天中王"。天宝初年(742年),唐玄宗李隆基命秩视王礼,封中岳神为"中天王",编在祀典。宋太祖赵匡胤乾德元年(963年),宋太祖赵匡胤令祠官为岳神制作衣冠剑履。嵩岳之为岳神佩戴衣冠剑履由此开始,一直沿袭至今。今时庙会四方进香,竞献神袍,都由此而来。太平兴国八年(983年),宋太宗赵匡胤赠五岳封号,尊中岳神为"中天崇圣帝",帝后封号为"正明",并命翰林、礼官详定仪注及冕服制度,崇饰神像之礼,按时遣官员礼祀岳神。大中祥符四年(1011年)二月,宋真宗赵恒诏加中天王为"崇圣中天王",五月诏加五岳封号:中岳曰"中天崇圣帝",西岳曰"金天顺圣帝",北岳曰"安天元圣帝"。同年十二月,宋真宗赵恒又对五岳神加封五岳后号:东曰"淑明后",南曰"景明后",西曰"肃明后",北曰"靖明后",中岳曰"贞明后",并命翰林官详定仪注及冕服制度,崇饰神像之礼,其玉册如宗庙谥册之制,以州长吏以下充祠官至祭中岳,充奉册使,付有司。自此,五岳之神有了帝号。但还不够全面,元代至元二十八年(1291年)春二月,元世祖忽必烈在加封五岳封号时,加封中岳,名"中天大宁崇圣帝",遣使诣祠致告,以称朕敬恭神明之意。洪武三年(1370年),明太祖朱元璋不顾前代帝王定制,诏改神号,诏曰:岳镇海渎并去其前代所封名号,止以山水本名称之。在诏五岳神号时,称嵩山为"中岳嵩山之神",依时祀神,遣典宝彭恭祭告。

五岳的信仰源于中国古代的山川崇拜。中岳庙为土神之宫,五行土为尊,所以中岳为五岳之首,配之以四岳殿,表示"五岳共存,五行俱全"的宗教观念。

在我国古代,五岳之神的信仰已深入民间,古代文学作品和一些野史、记文及神话传说中有关中岳神灵异的说法也被神话得五花八门。《山海经·中山经》苦山少室太室,皆冢也。其神皆神面而三首,其余属皆豕身人面也。可见中岳神的形象是半人半兽,这种形象很符合早期人类自然崇拜的特点。中岳大帝也有多种名称:如《封神榜》载"中岳嵩山中天崇圣大帝(闻聘)青骢马"。《纬书》载:"中岳神姓寿,名逸群"。《重修纬书集成》卷6《龙鱼河图》载:"中央嵩山君神,姓春名选群。东方朔《神异经》云:中岳神姓浑、讳善。"《无上秘要》云:"中岳嵩山君,姓角讳普生。"等等。中岳大帝的神职:《五岳名号》载:"主世界土地山川陵谷,兼牛羊食稻。"《神异经》云:"中岳者主于世界地泽川谷沟渠山林树木之属。"中岳大帝的形象,《云笈七签》载:"中岳嵩高君,领他官玉女三万人。中岳君服黄素之袍,戴黄玉太乙之冠,佩神宗阳和之印,乘黄龙,从群官。中岳五土之主,太上常用三天真人有德望者以居之。"《无上秘要》云:中岳嵩山君"头戴黄农玉冠,衣黄锦飞裙,被黄文裘,带黄神中皇之章。常以四季月干支俱土日,乘黄霞飞轮一,奏真他名录,上言于帝。"《道经》载:中岳神服黄袍,戴黄玉太乙之冠,佩神宗阳和之印,乘黄龙,领仙官玉女三万人。主土地山川陵谷,山林树木之属,常以四季月干支俱土日,乘黄霞飞轮,奏真仙名录,上言于帝。在名义上,中岳为五土之主,因此道经中强调,中岳神君,太上常用三天真人有德望者居之。在嵩山地区,人们还传说中岳大帝是玉皇大帝的女婿。文艺作品中关于中岳大帝的说法多了,但是,民间百姓对于文艺作品中这些说法都信以为真,并广泛在民间流传,这样一来,久而久之,中岳大帝的名字也就多了。但是,不管怎么说,都应该实事求是,正本清源。从古到今,中岳庙供奉的主神既是华夏民族的先祖,也是中岳嵩山之神,他的名字就是轩辕黄帝。

三清尊神

三清尊神是玉清元始天尊、上清灵宝天尊、太清道德天尊。

三清实际上是道家哲学"三一"学说的象征。《道德经》第41章曰:"道生一,一生二,二生三,三生万物。万物负阴而抱阳,冲气以为和。"宇宙形成以前,混沌一体,后生阴阳二气,阴阳二气交媾合而万物生。《道教义枢》卷7引《太真科》说:"大罗(即宇宙)玄、元、始三气,化为三清天也。"始气化清微天玉清境,元始天尊居之;元气化禹余天上清境,灵宝天尊居之;玄气化大赤天太清境,道德天尊居之。

三清尊神

三清尊神的形成经过了很长的时间的演变。汉顺帝时(126~144年),张道陵在鹤鸣山(今四川大邑县境内)创立五斗米道,把太上老君更名为道德天尊。三清的名称最早见于南朝梁陶弘景撰写的《真灵位业图》。该书把道教最高尊神排了四位,第一位是元始天尊,第二位是元星大道君,第三位是太平教主金阙帝君,第四位才是太上老君(道德天尊)。三清最后定名是在唐代。《道藏·太平部·三洞珠囊》卷7中有明确的记载。

元始天尊虽为道教最高神,但他的出现要比太上老君晚得多。晋朝葛洪的《枕中书》记载:"混沌未开前,有天地之精,号元始天王,游于其中,仰吸天气,俯饮地泉。经数劫,与太元玉女交媾,生天皇、西王母,天皇生地皇,地皇生人皇,伏羲、神农皆苗裔也。"《隋书·经济志·四》称元始天尊:"生于太元之先,天尊之体,常存不灭,每到天地初开,授以秘道,谓开劫度人。然其开劫,非一度也,故有延康、赤明、龙汉、开皇,是其年号。其间相距经40亿载,所度皆诸仙上品。"

元始天尊的形象据《历代神仙通鉴》记载,"顶负圆光,身披七十二色。"三清殿里的元始天尊头罩神光,左手执丹丸,右手虚捧,象征"混沌未开,万物未形"时的无极状态。其圣诞日为阳生阴降、昼短夜长的冬日。

灵宝天尊居于元始天尊的左边。对于灵宝天尊的来历,见于典籍的极少。《古今图书集成·神异典》云:"太上大道君者,盖二晨之精气,九霄之紫烟,寄胎母氏,育形为人,母妊三千七百年,诞于西那天郁察山浮罗岳丹元之阿。位列高仙,万神入拜,治玄都玉京,玉女三万人侍行。其名为元始天尊所赐。"《真灵位业图》中,陶弘景称灵宝天尊为"上清高圣太上玉晨元皇大道君"。三清殿里的灵宝天尊坐像为手执太极图或玉如意,象征"混沌始清,阴阳初分"的第二大世纪,故以阴生阳消,昼长夜短的夏至为其圣诞。

道德天尊位于元始天尊的右边。道德天尊即老子,名李耳,亦称太上老君,居大赤天太清境。《云笈七签》中说:"老君母曰玄元玉女,日精入口,吞而为孕,怀八十一年,剖左腋而生,生而白首,故曰老子。"老子,春秋时楚国苦县人(今河南鹿邑)。据《史记·老子韩非列传》记载,他曾担任周王室守藏史(国家图书馆馆长),见当时礼崩乐坏,便于公元前491年辞官西行,时年80岁,七月到达函谷关,关令尹喜留之著书,历时半年,写下5000言的《道德经》。秦汉以来,老子被逐渐神化。东汉明帝、章帝之际(公元58~公元88年),益州太守王阜作《老子圣母碑》云:"老子者,道也。生于无形之先,起于太初之前,行于太素之元。"老子被称为太上老君,最早见于《老子想尔注》,书中说:"一散形为气,聚形为太上老君。"作于东汉延熹八年(165年)的《老子铭》中说:"老子,姓李,字伯阳,楚相县人也。自伏羲、神农以来,世为圣者作师。"《后汉书》中说:"宫中立黄、老、浮屠之祠,或言老子入夷狄为浮屠。"《后汉书·桓帝纪》记载:汉桓帝使中常侍管霸去苦县祀老子于濯龙宫。百姓见皇帝如此尊崇老子,争相仿效,"后遂转盛"。可见东汉时老子已被尊为神,且享祠祀。《老子八十一化图》,神奇地描述了老子历代变化的情况:黄帝时号称广成子,周文王时号燮里子,武王时号育成子,周康王时号郭叔子,西汉初为黄石公,汉文帝时为河上公等等。东汉顺帝时,张道陵把他尊为道教祖师,并把《道德经》作为传习经典。西晋葛洪在《抱朴子》中称老君有三理,足有八卦,以神龟为床,以五色云为衣,已俨然为神仙姿容。唐代段成式在《酉阳杂俎》中说,"老君又曰九天皇洞真第一君、大千法王、九灵老子、太上真人、天老玄中法师、上清太极真人、上景君等号。"唐宋时,对老子的尊崇达到极致。据《唐会要》卷五记载:武德三年(620年)五月,晋州人吉善行于羊角山,见一老叟,乘白马朱鬣,仪容英伟,曰:"谓汝语唐天子,吾汝祖也。"高祖异之,乃于此地立庙祀之。唐代皇室姓李,遂奉老子为始祖。高宗时,追尊老子为太上玄元皇帝,对老子屡加封号,玄宗李隆基给老子加了3个仙号。天宝八年(749年)十二月二十七日,玄宗驾幸太清宫,为老子加号为:"大圣高上大道金阙玄元皇帝"。唐武宗会昌元年(841年)定二月十五日为老子圣诞。宋大中祥符六年(1013年)八月,真宗赵恒"祀老子于太清宫",颁诏加封老子为"太上老君混元上德皇帝",此封号一直沿用到今天。

三清之中,对太上老君的信仰最为普遍。南宋罗泌的《路史》中说:"少昊金天氏(黄帝之子)之后裔,有要氏,名乾,字元杲,为周上御史,取洪氏,曰婴敷,感飞星而震。十有二年,副左而生儋,曰玄禄,是为伯阳。甫生而能语,黄面皓首,故谓老子。"又谓老子为"道"之化身,是宇宙之至上者,天地万物产生的本源。嵩山地区民间有"火中求财敬老君"之说,因此打铁的、烧砖瓦窑的、烧瓷窑的、打煤窑的,都奉太上老君为祖师爷、行业保护神。现在每逢农历初一或十五,一些煤矿主都到嵩山老君洞或一些供奉有老君的庙宇进香。

玉皇大帝

玉皇大帝,众神之王。天道的最高之神,主持天道,总管天地人三界,统御主宰三界十方、四生六道的一切阴阳祸福。玉皇大帝简称玉帝,老百姓俗称老天爷,西周以后又称皇天、昊天、天帝,南朝陶弘景的《真灵位业图》中称为玉皇道君,为道教三清四御中四御之一,全称为"昊天至尊金阙玉皇上

玉皇大帝

帝"，居太微玉清宫，即浩劫天宫，又称通明天宫。

玉皇的出身和来历，在五代成书的《高上玉皇本行集经》中有如下介绍：很久以前，有个光严妙乐国，国王名净德，王后名宝月光。净德王长久无嗣，遂思有子以委会社稷九庙，乃诏国中道众，依诸科教，六时行道，遍祷真圣。不久宝月光皇后梦见太上道君送一婴儿与她，觉而有娠，后生一子，"幼而敏慧，长而慈仁"，时以国中库藏济鳏寡孤穷者。国王驾崩后，太子遂舍其国，于普明香岩山中修道，功成超度，经常行药治病，拯救众生，令其安乐。"如是修行三千二百劫，始证金仙，号曰清静自然觉王如来，又经亿劫，始证玉帝"，后为"三才主宰"、"乾坤真主"。道教经典《搜神记》、《三教源流搜神大全》等书中都记载了这样的故事。这种传说显然是为了抬高玉皇大帝在道教神系中的地位，依照释迦牟尼顿悟成佛的故事而虚构出来的。

玉皇之称在南朝时已经定名，《真灵位业图》有"玉皇道君"之名位于神灵阶次的玉清三元宫右位第十一。唐代时，玉皇已上升为掌管天界诸天仙的尊神，其信仰在民间广为流传。唐代诗人白居易的《梦仙》诗中就有"仰谒玉皇帝，稽首前至诚"的诗句。元稹《以州宅夸乐天》一诗中也有："我是玉帝香案吏"之句。宋真宗大中祥符八年（1015年），赵恒上玉皇大帝圣号为"太上开天执符御历含真体道玉皇大天帝"。宋徽宗政和六年（1116年），赵佶又上玉皇尊号为"太上开天执符御历含真体道昊天玉皇上帝"。

道教认为，玉帝为众神之王，妙相庄严，法身无上，主宰宇宙，开化诸天，统御万灵，无量度人。道教徒们把玉皇大帝的地位抬高到了空前的高度，宣称他总管着天、地、水"三界"，东、西、南、北、东南、东北、西南、西北、上、下"十方"，胎生、卵生、湿生、化生"四生"，天道、人道、神道、地狱道、饿鬼道、畜牲道"六道"。辅助玉皇大帝执掌天道的还有四位帝王：勾陈上宫天皇大帝，协助玉帝执掌南北极与天地人三才，并主宰人间兵革；中天紫微北极大帝，协助玉帝执掌天经、地纬、日月星辰，统御诸星和四时气候；承天效法后土皇地祇，协助玉帝执掌阴阳生育，万物生长，与大地山河之秀；南极长生大帝，协助玉帝总乎十极之中，宰制万化，宣金符而垂光济苦，施惠泽而覆育兆民，恩溥乾元，仁敷浩劫。

玉皇大帝一般身着九章法服，头戴十二行珠冠冕旒，双目下视，其神情既雍容和善又端庄严肃，表现出一种宁静、飘逸、超然的风度，显示出无上的权威和超神的智慧。

每年正月初九为玉皇大帝圣诞，腊月二十五日为玉皇大帝出巡的日子，道教宫观届时都要举行盛大的道场。

王母娘娘

王母娘娘，中国历史上神话传说的一位女神。王母娘娘的原型为西王母，在上古神话传说中就已出现，是个半人半兽、长有虎牙豹尾、掌管灾疫和刑罚的怪神。《山海经》曰："西王母其状如人，豹尾虎齿，善啸。"她住在昆仑山的瑶池，因而也称为瑶池金母。相传有3只名叫青鸟的巨禽，每日给她叼来食物和日用品。她有5个女儿，分别为华林、媚兰、青娥、瑶姬、玉卮。

西王母在流传过程中逐步女性化，演变成一个年老慈祥的女神。《穆天子传》中，西王母成了一位多才多情的女神，和周穆王在宴会上赋诗酬答。随着西王母神通越来越大，形象也愈来愈美。据说西王母手中有不死之药,吃了可以长生不老。后来有关西王母婚嫁的传说也不断出现,先是与黄帝结合,道教兴起后,又把西王母嫁给了东王公,称西王母是元始天王与太元玉女的女儿,叫九光元女,号太真西王母,出生在神州伊川,姓侯,刚生下来就会飞翔,可以结气成形,"天上天下三界十方女子之登仙者、得道者,咸所隶焉。"并说西王母居住的地方在"昆仑之圃,阆风之苑,有城千里,玉楼十二,琼华之阙,光碧之堂,九层元室,紫翠丹房,左带瑶池,右环翠水。"这样道教徒就从出生、职能、治地等方面为西王母勾画出一个整体形象,使之成为道教中的重要女神。直到玉皇大帝坐了天界第一把交椅成为万神之主后,西王母才成为玉皇大帝的配偶,而被称为王母娘娘。自此,她成了与人间交往最密切、最富有人情味的一位女神,甚至她的名字也和其他天神有所区别,有的说她姓杨名回,又名婉吟,有的说她姓何名回,字婉吟。

王母娘娘

春秋到汉初,西王母或为凶神,或为吉神,或为人王,形象不一。两汉之际,西王母已经人格化。西汉司马相如在《大人赋》中说:"吾今日睹西王母,皓然白首。"在《汉武帝内传》中,说她是传养生之道的女神。她赐汉武帝生长3000年结一次果的蟠桃,并授汉武帝《五岳真形图》及《灵光生经》。汉代,西王母开始接受人们的祭祀。汉哀帝建平四年(前3年),"京师郡国民聚会里巷仟佰,设祭,张博具,歌舞祠西王母。"宋元明时期,以西王母蟠桃会为体裁的小说戏曲很多。如宋官本杂剧《宴瑶池爨》、金元院本《王母祝寿》、《蟠桃会》等。

相传每年三月三日为王母娘娘的生日。

女娲娘娘

女娲娘娘,中国历史上神话传说的第一位女神,中华民族功劳最大的女英雄,在西汉《运斗枢元命苞》中被列为中华民族人始之初的三皇之一。女娲娘娘又称骊山老母、骊山老姥。《山海经·大荒西经》云:"女娲功烈,非仅造人,又兼补天。"女娲造人历尽艰辛。《风俗通义》云:"俗说天地开辟,未有人民,女娲抟黄土作人,力不暇供,乃引绳于泥中,举以为人。"据《太平御览》记载,女娲在造人之前,于正月初一造出鸡,初二造出狗,初三造出羊,初四造出猪,初五造出牛,初六造出马。初七这一天,她仿照自己的样子造了一个小泥人。她造了一批又一批,觉得太慢,于是用一根藤条,沾满泥浆,挥舞起来。点点泥浆洒在地上后都变成了人。为了让人繁衍下去,她又创造了嫁娶之礼。

还有一种传说,见于唐代的《独异志》,说是女娲和伏羲为兄妹,混沌初开时,天地间只有他们两人。两个人想结为夫妻,又觉得害羞,伏羲便对天祷告,如天上的云彩合在一起,便结为夫妻。他刚说罢,天上的云立即合在一起。于是,他们便结为夫妻。中华民族都是他们的子孙后代。

女娲补天的故事见于《淮南子·览冥训》:"往古之时,四极废,九州裂,天不兼覆,地不周载。火滥炎而不灭,水浩洋而不息。于是女娲炼五色石以补苍天,断鳌足以立四极,杀黑龙以济冀州,积芦灰以止淫水。"在洪荒时代,水神共工和火神祝融因争吵而大打出手。战败后的共工怒发冲冠,一头向不周山撞去。哪知不周山是撑天的柱子,不周山被撞倒后天塌下去半边,出现了一个大窟窿。洪水从地下喷涌而出,山林燃起了大火,空前的大灾难从天而降,人类面临灭顶之灾。

女娲看到人类突遭奇祸,心中无比痛苦,决心补天。她拣来五色石子,熔化后将天窟窿补好,捉来一只大龟,斩下四肢,把塌下来的天撑起来。她收集到大量的芦草和芦灰,堵住了喷涌的泉水,还擒杀了残害人民的黑龙。人们重新过起了安乐的日子。

传说李筌曾于嵩山石壁中得《黄帝阴符本经》,抄读数千遍,竟不知其义理。后入秦地,在骊山下遇一老母,衣衫敝破,扶一拐杖,在看着一棵正着火的树,并自言自语说:"火生于木,祸发必克。"李筌大吃一惊,因为这是《阴符经》中的文字,于是问她何所而得。"吾受此经,已三元六周甲子矣",老母回答说,"少年贯生于生门,命门齐于口角,血脑未减,心影不偏,德贤而好法,神勇而乐智,真吾弟子也。"遂出丹书1通,贯于杖端,令筌受之。李筌拜老母为师,恳切地向老母请教。于是,老母说《黄帝阴符本经》之义数百言,直到傍晚。老母曰:"日且晡,吾有麦饭为食。"老母从袖中拿出麦饭,取出瓢,让李筌到谷中取水。可李筌回来,老母不见了,只留下几升麦饭。李筌食之,自此绝粒,辟谷修道,成为仙人。现在《道藏》中收载的《黄帝阴符经李筌注疏》,相传就是骊山老母传授的。

女娲不仅是道教供奉之女神,也为民间崇祀的尊神。六月十三为其圣诞,各地群众届时赴老母庙祭祀,祈求保佑。

观音老母

观音老母,佛道两教都供奉的神。道教称观音老母,佛教称观音菩萨。

释迦牟尼的左边侍者,华严三圣之一。关于观音的来历,有不同的说法:

一种说法:春秋时期在火炷山(今河南平顶山市西)之东20里,有一个国王叫庄王。庄王有3个女儿,大女儿妙颜,二女儿妙音都已经出嫁,三女儿妙善尚待字闺中。妙善不愿结婚,决心出家修行。父王无奈,便把女儿赶出皇宫,交白雀寺尼姑惠真劝说。劝说无效后,庄王大怒,便送去宝剑一把,令其自尽。妙善接过宝剑,说也奇怪,那宝剑竟寸寸断掉。国王命人火焚寺院,企图烧死妙善,谁知妙善又被尼姑救出。不久,国王身患重病,御医们束手无策。铁拐李化作游方郎中,入宫为庄王治病。说:"陛下之病并不难治,一服药便可痊愈,只是药引子难觅。"国王问是何药引,铁拐李说是亲骨肉的一只手,一只眼。庄王叫大皇姑献手献眼,大皇姑吓得躲了起来;又叫二皇姑献手献眼,二皇姑也躲了起来。这时,三皇姑回宫,献出了自己的一只手和一只眼,庄王的病好了。庄王问妙善要些什么?妙善说:"我什么都不要,只求父王在火炷山为女儿修座寺庙,儿要终身侍佛。"庄王答应了三皇姑的请求,在火炷山建了一座大寺院。塑妙善像时,负责塑像的官员请示庄王塑成什么样子。庄王说:"全手全眼。"该官员把全手全眼错听成了"千手千眼",就塑了一尊千手千眼的三皇姑佛像。千手千眼佛成了后来的大悲观世音。

观音老母

佛教界也有一种说法:观世音是西方三圣之一,当众生有苦难时,只要念他的名字,即可获得解救。关于他的形象,南北朝时多为男子,唐以后常作女子。原译名为观世音,唐朝时为避李世民讳,故称观音,或观音大士。

观世音有33化身之说。根据说法道场需要,他随时都要更换性别。唐朝以后,观世音固定为女性菩萨。观世音所住的普陀山,在浙江舟山群岛的梅岑岛。相传唐时有个印度僧人在岛上的潮音洞拜观音,洞内忽放异彩,观音现身。于是,这里便被传为观音显圣地。

中国佛教界将每年农历二月十九定为观音圣诞,九月十九日为观音出家日,统称"观音香会"。

文殊老母

文殊老母,道佛两教都供奉的神。道教称文殊老母,佛教称文殊菩萨。

释迦牟尼右边的侍者,佛陀的大弟子,和观音、普贤合称"华严三圣"。文殊老母即文殊菩萨,古译称文殊师利、曼殊室利。《大日经》中说,曼殊是妙的意思,室利是头、德、吉祥之意。

在中国,文殊称"大智",观音称"大悲",地藏称"大愿",普贤称"大行",并称四大菩萨。五台山是文殊菩萨的道场。《文殊师利盘经》说他是释迦牟尼的大弟子,本是舍卫国一个婆罗门贵族家的公子,离家投奔释迦牟尼学习佛法,功德圆满后修成菩萨身,并被尊为众菩萨之首。

普贤老母

普贤老母,道佛两教都供奉的神。道教称普贤老母,佛教称普贤菩萨。

释迦牟尼右边的侍者。普贤老母音译为三曼多跨陀罗,象征佛陀理德、行德的菩萨,职责是推行佛门的"善"。

普贤的坐骑是六牙白象,代表佛法的大慈悲力。佛教称六牙白象是菩萨所化,表示威灵,象征"愿远广大,功德圆满。"

《华严经》说普贤住在光明山。此山昼有佛光,夜有圣灯,一片光明。普贤常给3000弟子说法。光明山即四川的峨眉山。峨嵋山最早的寺庙叫普贤寺,供的第一尊佛就是普贤。现在峨嵋山有庙宇近80座,各大寺庙中都有普贤殿。峨嵋山是普贤菩萨的道场。

嵩山的各大寺庙中,都供有普贤神像。

三官大帝

三官大帝,亦称"三元大帝"、"三官帝君",全称"三元三品三官大帝",太极尊神。

天官,名为上元一品赐福天官,紫微大帝,隶属玉清境。天官由青黄白三气成成,总主诸天帝王。每逢正月十五日,即下人间,校定人之罪福。故称天官赐福。

地官,名为中元二品赦罪地官,清虚大帝,隶属上清境。地官由元洞混灵之气和极黄之精结成,总主五帝五岳诸地神仙。每逢七月十五日,即来人间,校戒罪福,为人赦罪。

水官,名为下元三品解厄水官,洞阴大帝,隶属玉清境。水官由风泽之气和晨浩之精结成,总主水中诸大神仙。每逢十月十五日,即来人间,校戒罪福,为人消灾。

玄武大帝

玄武大帝

玄武大帝，道教大神之一。玄武大帝亦称"真武"、"真武大帝"、"祖师爷"，道教尊称为"镇天真武灵佑圣帝君"，民间俗称荡魔天尊、报恩祖师、披发祖师。玄武原为28宿中北方七宿（斗、牛、女、虚、危、室、壁）之合称，属紫微垣。北斗七宿形似龟蛇，配北方水，色黑，所以称"玄"；龟蛇身披鳞甲，故曰"武"。《淮南子》说："北方水也，其帝颛顼，其佐玄冥，其神为辰星，其兽玄武。"《赵子昂记》云："斗牛，女虚危，室壁宿列于北方，成形为元（玄）武，元武者龟蛇也，色赤而黑玄也，体具鳞甲武也。"玄武原是古代表示北方星宿之星象，后来又被用来代表北方天文方位，至东汉后期，其地位逐渐上升，被称为黑帝之精。

随着民间宗教的产生和发展，玄武逐渐被人们尊崇为北方之神，同青龙、白虎、朱雀合称四方四神。道教产生后，常以青龙、白虎、朱雀、玄武作为其护卫神，以壮威仪。《道藏·洞神部玄天上帝启圣录》、《道藏·洞神部真武本传神咒妙经》、《历代神仙通鉴》、《三教源流搜神大全》等道书载，玄武帝君乃先天始炁，太极别体，上三皇时下降为太初真人，下三皇时下降为太素真人，到黄帝时下降托胎净乐国善胜皇后。孕育14个月，他于岁建甲辰三月初三日庚寅午时，产于母左胁。当生之时，瑞云覆国，天花散漫。帝生而神灵，举止隐显，年及7岁，经书一览，悉皆默会，仰观俯察，靡所不通，潜心会道，志契太虚，愿事上帝，普福兆民，遂感玉清圣祖紫元君传授无极上道，后遇天神赐以宝剑入武当山修炼飞升。龙汉四劫元年曾受元始之命，披发足跣，皂纛玄旗，助周武伐纣，功成摄龟蛇回天。昊天玉尊加封为太上紫皇天乙真人。

宋代玄武在道教众神中的地位逐渐提高，北宋初赫赫有名的翊圣真君，即玄武也。宋真宗因避所尊圣祖赵玄朗之讳，改玄武为真武。真武是镇守北方之神，被道家收入神仙谱系中。大中祥符（1008~1016年）间，真武被尊为"镇天真武灵应帝君"。元代真武神又被封为"元圣仁威玄天上帝"。明成祖曾借助真武神的威名，以北统南，定都北京，由于其大力渲染提倡，真武神信仰迅速遍及全国，香火极盛。徐霞客游嵩山时，曾拜谒峻极峰上的真武庙。

真武神的形象至北宋时一直是龟蛇，南宋时开始人格化，其形象多著道服羽流，披发仗剑，颇为威猛。明朝以后，真武神在全国有极大影响，近代以来在南方民间信仰尤烈。近代真武祀像一般为披发跣足，或端坐，龟蛇置其旁；或仗剑，履其龟蛇；或戴通天十二旒冠，着黑色帝服。

北极紫微大帝

北极紫微大帝，辅佐三清的四御之一。北极紫微大帝又称北极大帝、北极星君。北极大帝的职能为：率三界星神和山川诸神，呼风唤雨，役使雷电。

对北极大帝的信仰，源于古代的星辰崇拜。北极大帝是紫微垣中的帝座。《后汉书·卷四十八》说："天有紫微宫，是上帝之所居也。"故紫微垣为紫微宫，后来皇帝居住的地方亦称紫禁城。

关于北极大帝的来历，《太上玄天大圣真武本传神咒妙经》引《北斗生经》说："昔龙汉初劫，有周上御国紫光夫人，于上春日游玩至温玉池边，方脱衣澡盥，忽感莲蕊九苞，一一开放，化生九子，夫人护抱鞠养宫中,志愿惟成圣哲,佐辅乾坤,诸子泊壮冠乃各修,功行俱满,白昼升天,并受得三清贵职也。天皇大帝,长子也,紫微上官纪纲,元化众星主领。紫微大帝,第二子,佐北极中官明堂,布政下土。"

北极大帝受到历代帝王崇祀。在宋代,北极大帝常和玉皇大帝坐在一起,现在四川大足县还有宋代塑的北极大帝塑像。《明史·礼志四》载:"宫廷敕建紫微殿,设象祭告。"其形象为帝王打扮。北极大帝的圣诞为四月十八日。

南极长生大帝

南极长生大帝,元始天王之子。南极长生大帝全称为"高上神霄玉清真王长生大帝统天元圣天尊",居高上神霄玉清府。

关于南极长生大帝的来历,有两种说法:其一为元始天王长子之说。据道经《高上神霄玉清真王紫书大法·序》载:"昔太空未成,元气未生,元始天王凝神……结胎……分辟乾坤,乃自玉京上山下游,遇万炁祖母……行上清大洞雌雄三一混化之道,生子八人,长曰南极长生大帝。"其二为元始天王第九子之说。据《高上神霄玉清微玄都雷霆玉经》称,元始天王"第九子位为高上神霄玉清真王长生大帝,专制九霄三十六天,为三十六天尊统领。"

后土娘娘

后土娘娘,道教尊神四御中的第四位天神,与主持天界的玉皇大帝相配合,为主管大地山川的女性神。后土的职能是掌管阴阳化育,万物之美与大地山河之秀。后土娘娘官称"承天效法后土皇地祇",简称后土,俗称"后土娘娘"。关于后土娘娘的身世,不少文献都有记载,但说法不一,有的是以普通人的身份出现的,有的是作为女神仙出现的。

作为普通人出现的记载有:《左传·昭公二十九年》:"故有五行之官,是谓五官……木正曰句芒,火正曰祝融,水正曰玄冥,土正曰后土。颛顼氏有子曰黎,为祝融。共工氏有子曰句龙,为后土。"《礼记·祭法》:"共工氏之霸九州也,其子曰后土,能平九州,故祀以为神。"《山海经·大荒北经》:"大荒之中,有山名曰成都载天。有人珥两黄蛇(把蛇挂在耳朵上),把两黄蛇(手中拿两条蛇),名曰夸父。后土生信,信生夸父。"《淮南子·天文训》:"中央土也,其帝黄帝,其佐后土。"

作为女神出现的有:《后汉书·世祖本纪》:"光武中元元年(56年)改薄太后为高皇后,配食地祇。"《通典》:"魏明帝景初元年(237年),诏祀方丘所祭,曰皇天之祀,以舜妃伊氏配。北郊所祭,曰皇地(后土)之祀,以武宣后配。"《隋书·礼志》:"隋高祖文帝定祀典,祭皇地祇以太祖配。"

以上文献表明,后土皇地祇在春秋之前是以男人的形象出现的;春秋以后便成了女神了。从秦汉到隋唐,后土并没有尊号,一直到了宋朝政和年间,宋徽宗才给后土上了尊号。《宋史·礼志七》记载:"政和六年(1116年)九月朔,地祇未有称谓,谨上徽号曰承天效法厚德光大后土皇地祇。"

宋代,后土娘娘被道教列为四御尊神之一。宋朝人张君房《云笈七签·天地部》称:"三十六土皇,上应三十六天,中应三十六国,如是土皇皆位齐玉皇之号。"

九天玄女娘娘

九天玄女娘娘,古代传说中的女神。她鸟身人头,又叫玄鸟。这个玄鸟后来化身为玄女,被编入了黄帝神话中,成了黄帝的师傅。

相传黄帝和蚩尤大战,蚩尤呼风唤雨,法力高强,黄帝不能取胜。他正在发愁时,来了一位妇人,对他说:我是九天玄女,王母特派我来传你战法。后来,黄帝果然战败了蚩尤。到了宋代,九天玄女彻底人格化,成了一个雍容华贵、十分漂亮的女神仙。

宋元以后,人们对她传授兵法的事逐渐淡薄,却给她增加了一项最实惠的功能,那就是给没有孩子的人家送子,成了一位送子娘娘。现在玄女庙遍布全国,不少地方将玄女庙改为送子娘娘庙。

广成子

黄帝问道广成子

广成子为古代传说中的神仙,道教12仙之一。

《神仙传》说他是黄帝时人,居嵩山东部崆峒山之石室。自称养生得道法,1200岁未见衰老。黄帝曾向他请教治国之道,广成子不予回答。过了3个月,黄帝又向他请教治身之道,广成子告诉他:"至道之情,杳杳冥冥。无视无听,抱神以静。形将自正,心静必清。毋劳尔形,毋摇尔精,乃可长生。慎内闭外,多知为败。我守其一,而处其和。故1200年,未尝衰老。得吾道者为皇,失吾道者为士,入无穷之间,游无极之野,与日月齐光,与天地为常。人其尽之死,而我独存焉。"说完授黄帝《自然经》一卷。

还有一种说法,即广成子为太上老君化身。《太上老君开天经》说:"黄帝之时,老君下为师,号曰广成子。消息阴阳,作《道戒经》、《道经》。黄帝以来,始有君臣父子,尊卑以别,贵贱有殊。"

广成子为上古传说中的神仙,后世皇帝未见为其加封者。

张天师

张天师,名张陵(公元34~156年),字辅汉,号天师,道教尊他为张道陵。东汉沛郡丰县(今江苏徐州丰县)人。太上老君"授以三天正法,命为天师","为三天法师正一真人",后世尊称为"老祖天师"。

其父张翳,字太顺。其母夜梦魁星下凡,授以薇薇香草,即有身孕,于东汉建武十年(公元34年)甲午五月十八日生下张陵。七岁遇河上为公,授以《道德经》,遂通晓大道义理。曾入太学,通四书五经。年26"举贤良方正极谏科"。汉明帝时曾为巴郡江州(今重庆)令。后辞宫云游。曾隐居洛阳邙山修道。后被魏伯阳收为徒。朝廷征召他为博士,称病不赴任。和帝刘肇永元四年(公元92年)征为太傅,封冀县侯,三诏不出。得黄帝九鼎丹法,精诚修炼。后又携弟子到嵩山修炼。顺帝时入四川,在鹤鸣山修道。历三年,九鼎神丹炼成,服后返老还童。据《列仙全传》称,张陵善用符水治病。后得太上老君《正一盟威秘录》《符箓丹灶秘诀》,奉治蜀地。著作《老子想尔注》,弟子有3000多人。创立五斗米道,后世称天师道、正一道。永寿二年(156年),天神来迎,白日飞升。

张陵受到历代帝王许多封号。唐天宝六年(747年),唐玄宗封他为"太师"(三公之一,即太师、太傅、太保、皇帝尊为师);唐僖宗封他为"三天扶教辅元大法师";宋理宗封他为"三天扶教辅元大法师正一静应显佑真君";元成宗封他为"正一冲元神化静应显佑真君";明太祖洪武元年(1368年)改封天师为"真人"。

李八百

道教神仙。李八百因其活了800岁和日行八百里而得名。傅梅《嵩书》:"唐有道士李八百,炼药于嵩峰之下,常有三白鹤飞集峰顶。"关于他的传说很多,较有代表性的有以下几种:

张天师

其一,为周时蜀国人,蜀人计其寿800岁,故称李八百。到了秦代,李八百听说汉中唐公昉有道心,于是前往度化。李八百假作身长恶疮,让唐公昉夫妇舐患处试其诚心,试后以《丹经》一卷授予唐公昉,唐氏夫妇遂入云台山炼药,药炼成,服之,即刻成仙而去。

其二,指李脱。周时蜀国人,居筠阳五龙岗。至今那里还保留有李八百使用过的淬剑池和七星井。他或居闹市,或隐山林,后到华林山石室修炼。周穆王时居金堂县龙跷峰,曾三次在金堂县栖贤山学道炼丹,号紫阳真君。成仙后,封妙应真人。

其三,指李阿。三国蜀人,常乞食于成都集市,所得全部施舍给穷人,夜晚回青城山住宿。有一名叫古强的人在18岁时看到李阿好像50岁左右的模样,到古强已经80多岁时,看见李阿依然如故。四川资中焦坛山有李阿修炼之所。李阿号800岁公。

其四,指三国吴大帝时蜀人李宽,也称李八百。

其五,《茅亭客话》中说的虎耳先生吕洞宾,在太白九井山时,人呼为李八百。

其六,《瑞州府志》中说李真,蜀人,后来高安,自称活了800多岁,时人也称他李八百。

刘海蟾

刘海蟾,道教全真道北五祖之一。刘海蟾字宗成,又字照远,号海蟾子,五代时燕山(今北京宛平)人,辽时应试,中甲科进士,为五代时燕国皇帝刘守光的丞相。他崇尚黄老之道。一日,有道士拜谒,自称正阳子。海蟾问其姓名,默而不答,问海蟾要十枚鸡蛋,一个个叠垒上去。海蟾惊呼:"危坠!"道人笑着说:"相公地位比这更危险。"说完,他长笑而去。海蟾忽然开悟,于是散家财,辞官职,远游秦川。他常往来于华山与终南山之间,复遇正阳子授以丹诀,后得道仙去。元世祖封其为"海蟾明悟弘道真君",元武帝加封为"海蟾明悟弘道纯佑帝君"。

和合二仙

和仙叫寒山,合仙叫拾得(说合仙是捡来的),本是同父异母兄弟,二人感情甚好。哥俩同恋一个姑娘,又互相不知。寒山结婚时,才知道弟弟亦爱此女。哥哥毅然割爱,离家出走,来到苏州枫桥出家。弟弟知其兄为了他的爱情出家,深受感动,抛下恋人,四处寻兄。后来,二人便在苏州建寒山寺,剃度修行,终成正果。现在苏州寒山寺仍保存石碑一块,上刻二人名字和形象。

旧时婚礼上大多挂二仙画像,寒山手执荷花,拾得手捧盒子,取和合美好之意。

麻 姑

麻姑,跨鹤腾云的漂亮女仙。有关麻姑的身世有两种说法。

葛洪《神仙传》说他是仙人王方平之妹,建昌人,于牟州东南姑余山修道。

唐朝颜真卿《麻姑仙坛记》碑文中说:"麻姑姓黎,字琼仙,先入宫为宫人,后在麻姑山丹霞宛陵洞天(在江西南城县,道教三十六洞天之一)修道。麻姑曾到过四川酆都古城,鬼城内有麻姑洞,据说于此修道。旧历三月初三为王母娘娘寿辰,麻姑于绛珠河畔用灵芝酿美酒为其祝寿。"因而,祝女寿者多赠麻姑跨鹤腾云像,谓之"麻姑献寿"。

送子张仙

送子张仙,民间传说送子的神仙,其实就是后蜀皇帝孟昶。

孟昶爱妃徐氏,青城(今四川灌县)徐国璋女,貌美如花,孟昶封他为花蕊夫人。后蜀广政二十八年(965年),赵匡胤灭后蜀,花蕊夫人被送到汴京。花蕊夫人怀念前夫,便画了一张孟昶的画像挂于寝宫。赵匡胤问她画中人是谁,花蕊夫人诡称:"此乃我蜀中送子张仙。"此事不胫而走,很快传入民间。求子心切者对着画像焚香祈祷,渐染成俗。

包公爷

包公神像

包公爷(999~1062年),公正廉明的青天大老爷。包公,即包拯,字希仁,庐州合肥(今安徽合肥市)人,父亲包仪,曾任朝散大夫,死后追赠刑部侍郎。包公少年时便以孝而闻名,性直敦厚。在宋仁宗天圣五年(1027年)中进士,当时28岁。先任大理寺评事,后来出任建昌(今江西永修)知县,因为父母年老不愿随他到外乡去,包公便辞官职回家照顾父母。包公先后任天长(今属安徽)知县、端州(今广东肇庆)知州,刚正清廉的英名已经传遍天下,因此调任殿中丞,后来又历任监察御史、三司户部副使、天章阁待制、知谏院,还曾多次任地方官,如转运使。在他任开封府知府时,包公为了表示对皇帝向南而坐的尊重,在升堂办公时他就向北而坐,所以,后来的戏词中便有了一句"包龙图倒坐南衙开封府"。后来,包公又任右谏议大夫、三司使,最高的官职是枢密副使,是主管军事事务的副职,相当于副宰相。包公执法如山,日断阳,夜断阴,因而用他来陪祀十殿阎君断案,似乎更合理。包公并没有被后代皇帝加封,但历代被立祠、高祀。

姜太公

姜太公,中国历史上一位全智全能的人物,中国神坛上一位居众神之上的神主,被奉为"太公在此,百无禁忌"的护佑神灵。

姜太公本姓姜,名子牙。他的祖先在夏朝时曾被封于吕(今河南南阳西15公里董吕村)。相传他年过花甲,穷困潦倒,听说西伯侯(周文王)礼贤下士,便去投奔他。他在歧山下的兹泉钓鱼,遇见打猎路过的周文王,相谈甚欢。文王说:"你就是我先太公盼望已久的贤人吧!"因而,后人又叫他"吕公望"。

姜子牙被文王拜为军师后,替文王谋划军国大计,史称"天下三分,其二归周者,太公之谋计居多。"他死后,被道教纳入神仙谱系中。由于他帮助周武王伐纣,消灭商朝,建立奇功,又是长寿者,渐渐地被尊奉为能祛除百病百灾、福佑民众的神。

财 神

民间信奉的财神有文财神(包括比干、范蠡)、武财神(包括赵公明、关公)、五路财神(包括赵公元帅、招宝天尊萧升、纳珍天尊曹宝、招财使者陈九公、利市仙官姚少司,也有说是赵公明、招财、利市及和合二仙),但最主要的还是赵公明。嵩山地区供奉的三尊财神为赵公明、关公、比干。

赵公明,亦称赵公元帅。《三教源流搜神大全》中说他姓赵名公明,终南山人,自秦时避入山中,精修至道,功成之日,羽化飞升,钦奉玉帝旨召为神霄副帅,掌太华山山西台府。还有种说法,说张道陵修炼仙丹,奏请守护神,天帝遣之,授"正一玄坛元帅"神号,故又名赵玄坛。魏晋南北朝中,他被视为冥神、瘟神,所以唐时把赵公明列为五瘟神之一。《列仙全传》称赵公明等为八部鬼帅,周行人间,暴杀万民,太上老君遂命张天师治之。元明以来,相传赵公明于终南山得道,其形象戴铁冠,执铁鞭,黑面浓须,骑黑虎,因护张天师丹炉有功,封正一玄坛元帅,能驱雷役电,呼风唤雨,除瘟禳灾,平断冤狱,买卖求财,使之宜利。其职本掌雷部星宿,为道教执法天神,但《封神演义》则称其为峨眉山仙人,以助纣抗周而亡,后封正一龙虎玄坛真君,下辖招宝天尊、纳珍天尊、招财使者、利市仙官。近代奉其为财神,与这个有密切关系。民间普遍祭祀赵公明,是从明朝开始的,买卖求财成为他的专司职责。根据清人顾禄《清嘉录》卷三记载,农历三月十五为赵公明的生日。每到此日,人们都要祭祀,祈福求财。

财神爷

关公,即关羽,字云长,三国时蜀汉大将军,民间俗称关公、关爷,亦称关圣帝君。传说其死后,头葬于洛阳,身葬于河北当阳,人感其德义,因以立祠,岁时奉祀,后来道教奉之为降神助威的武圣人。

关羽不仅在道教神系中地位崇高,而且在民间影响颇大,甚而佛教寺庙也祭祀关羽,将他作为护法伽蓝神。自宋代以降,关帝灵异神功始著,据传关羽为三十代天师张继先殿下神将,因投符解州盐池,磔死水裔有功。宋徽宗崇宁二年(1103年),赵佶始封其为"崇宁至道真君",宣和五年(1123年)敕封为"义勇武安王",令配祀于武成王姜太公。元天历元年(1328年),文宗加封为"显灵义勇武安英济王"。至顺二年(1351年),元宁宗封其为齐天护国大将军、检校尚书、守管淮南节度使,兼山东河北四门关招讨使,兼提调诸宫庙神煞天分地处检校官、中书门下平章政事、开府仪同三司、驾前都统军、无宁侯、壮穆义勇武安英济王、护国崇宁真君。明初,其被祀为关壮穆公,与岳飞同祀武庙,各地称"关岳庙"。至万历四十二年(1614年),明神宗加封其为"三界伏魔大帝神威远镇天尊关圣帝君",又封其夫人为"九灵懿德武肃英皇后",子亦得封为"竭忠王",自此相沿有"关帝"之称。到了清朝,关帝祭祀被列为国家祭祀要典。顺治九年(1652年),清世祖加封其为"忠义神武关圣大帝"。康熙五年(1666年),清圣祖敕封其为"忠义神武灵佑仁勇威显关圣大帝",勒石立碑于今洛阳关林。关帝还与文圣孔子齐肩而为"武圣人"。除作为道教的护法神外,关公还有"司命禄,庇护商贾,招财进宝"的职责,故被奉之为财神。据说关公十分善于理财,曾设笔记法,发明日清簿,设有原、收、出、存四项,长于会计业务。他为人讲义气,又被后人尊为商业财神。人遇有争执时,求其为明见决断,甚而旱时又向其求雨,又可抽求病人药方,还被视为驱逐恶鬼凶神之最有力者。后世还有假托关圣帝君的劝善文,如《关帝觉世真经》、《关帝明圣经》、《戒士子文》等。

比干,一副文官打扮,手捧如意,足蹬元宝。《史记·殷本纪》载:殷纣王叔父比干,为人忠耿正直,他见纣王暴虐无道,常常犯颜直谏。一次劝谏时,纣王怒道:"我听说圣人的心有七窍,今天我倒要看看你的心是不是七窍!"比干怒视纣王,将自己的心摘下,掷于地上。后来,他吃了姜子牙的灵丹,不曾死去。因为没心,也就无偏无私,办事公道。在他手下做生意,买卖公平,童叟无欺,于是人们把他当作财神供奉起来。

福 神

什么是福?《尚书·洪范》中说:一曰寿,二曰富,三曰康宁,四曰攸好德,五曰考终命。《韩非子·解老》说:"全寿宝贵之谓福。"福就是健康长寿、富贵安宁、万事顺心之意。

福神名阳城。据《唐史演义》记载:阳城,唐定州北平(今河北顺平县)人,字亢宗,学识渊博,德行高尚。进士及第后,他被李泌荐举为谏议大夫。唐德宗贞元十一年(795年),大将陆贽被奸相裴延龄诬陷,德宗欲杀陆贽,满朝文武不敢劝谏,只有阳城冒死力谏,救了陆贽。朝中金吾大将军张万福赞道"朝廷有直臣,天下太平矣。"从此,阳城名倾朝野。

阳城后来因谏德宗不要重用裴延龄,触怒德宗,被贬道州(今湖南道县)。道州百姓因水土原因,身体都十分矮小,多为侏儒。据《旧唐书·阳城传》载:当时朝廷诏令道州每年都要进贡男子,号为"矮奴"。阳城到道州后,禁以良为贱,"悯其编氓(百姓)岁有离异之苦,乃抗疏论以免之。"道州百姓感其恩泽,特建祠供奉,尊为福神。诗人白居易在《道州民》一诗中赞道:"道州民,民到于今受其赐,欲说侍君先下泪;仍恐儿孙忘侍君,生男多以阳为字。"

《道藏·搜神记》中记载的福神名杨成,本道州刺史。汉武帝爱道州民矮,特命道州进贡矮民入宫为奴。杨成上疏说:"本州有矮民,无矮奴也。"武帝感悟,遂不再让道州进贡矮民。民感杨成恩德,立祠供养,以为福神。

禄 神

禄神是掌管官禄职位之神。相传唐朝宰相娄师德年轻时身患痨病,十分虚弱。有一天,一个道人从他面前经过,说道:"我观你印堂发暗,天灵无光,若无贵人相助,三日必死。"到了第三天晚上,娄师德见从外边闯进一个紫衣人,从怀中取出弹弓,扣上弹丸,不由分说,便朝他面门射了过来。娄师德心想必死无疑。谁知过了许久,不仅没死,反觉神清气爽,飘飘欲仙,病痛全无。娄师德心里想,此人便是贵人了,便跪着下问是何路神仙。紫衣人便告知是禄神张仙,接着把娄师德带到"司命署"的一间石室里,让其查阅禄命典籍。娄师德打开一看,见自己的姓名、出生年月、籍贯、进士及第、当宰相的时间及85岁寿终全部记录在案。娄师德心中大喜,正准备离去,忽从门外闯入一头怪兽,手执画戟,喝道:"大胆娄师德,岂敢乱翻禄籍!"娄师德吃了一惊,方知是南柯一梦,以后娄师德果然如梦中所示高官厚禄,位居宰相。后来,人们尊张仙为禄神。

寿 神

寿神来源于古代的星宿崇拜。《尔雅·释天》说:"寿星,角亢也。"角亢2宿,是28宿东方7宿的头2宿,故郭璞注曰:寿星"数起角亢。"《史记·天官书》说:在天狼星东南有一颗大星,叫南极老人星。老人星出现,天下太平;不见,则兵起。《汉书·天文志》有:"仲秋之日,年始七十者,授之以玉杖,哺之糜粥。八十、九十、礼有加赐。……祀老年人星于国都南部老人庙。"

周秦以来,寿星在历代王朝中皆被帝王列入祀典。到了明代,国家祀典虽废,在民间则广为流传。元明时期,寿星形象经常出现在评弹、杂剧中。《白蛇传》中南极仙翁(寿星)赠灵芝给白娘子以救许仙,明代冯梦龙的《警世通言》中有"福禄寿三星度世"的小说,《南极登仙》、《群仙祝寿》、《长生会》等杂剧中也有关于寿星的形象。

明代以后,民间常常把福禄寿三神合为一起祭祀,企求富有、宝贵、长寿。

东方朔

东方朔,道教神仙。东方朔小名曼青,汉武帝时人。《太平广记》卷6载,黄眉翁指母以语朔曰:"昔为我妻,托形为太白之精,今汝亦此星之精也。"《独异志·卷上》载:"汉东方朔,岁星精也,自入仕汉武帝,天上岁星不见。至其死后,星乃出。"时任太中大夫。武帝晚年好仙术,东方朔常以神仙灵怪说给汉武帝,汉武帝对他宠信有加。有一次,有人给汉武帝进献不死酒,给东方朔看,东方朔接手后一饮而尽。汉武帝大怒,欲杀东方朔。东方朔说:"要能杀死我,此药不验;如果然有验,杀亦不死。"汉武帝拿他没办法,只好作罢。

据《神仙传》记载,东方朔拜太上真宫谷希子为师,得钟山和神州真形图,后为西王母侍臣。据《汉武帝内传》记载,汉武帝太始四年(前93年),东方朔乘龙飞去,不知所终。

陈抟老祖

陈抟老祖

陈抟(871~989年),道教神仙。陈抟字图南,自号扶摇子,亳州真源(今河南鹿邑)人,因其曾漫游西蜀,也有文献记载说为蜀之普州崇龛(今四川安岳县)人。据《宋史》记载,他少年即聪颖好学,"及长,读经史百家之言,一见成诵,悉无遗忘"。他通医理,晓佛学,知天文。五代后唐长兴二年(931年),他参加进士考试不第后,放弃仕途,游历名山,求仙访道。后来,他得孙君仿指点,隐居武当山九室岩,服气辟谷20余年,其后移居华山云台观,与隐士李琪、吕洞宾为友,修炼道术。后周世宗显德三年(956年),皇帝命陈抟入宫,问炼丹飞升之术,陈抟答:"陛下为四海之主,当以致治为念,奈何留意黄白之事乎?"世宗然之,封谏议大夫,陈抟不受,遂赐号"白云先生"。北宋时,太宗知其有韬略,便请其到京,咨以国事,许以高位,他辞而不就,献"远招贤臣,近去佞臣,轻赋万民,重赏三军"之策,宋太宗很敬重他,赐号为"希夷先生"。

陈抟练睡功数十年,能睡数月不醒,人皆呼为"睡仙"。

陈抟喜好研易,作"无极图"刻于华山石壁上。理学开山大师周敦颐的《太极图说》,就是依据他的《无极图》而来的。邵雍称其易学"不烦文字解说,止有图以寓阴阳消长之数,与卦之生变",并受其《先天图》的影响使易学象数研究在宋代走向高峰。陈抟绘出了河图、洛书图样,使争论不休的"何为图何为书"的问题有了直观的可视图像,这是宋代对河图洛书研究最大的贡献。

陈抟书法也很好,笔力雄健,潇洒飘逸。后唐明宗长兴年间,他曾游学京洛,今洛阳龙门石窟宾阳洞一侧山崖上留有其题字刻石:"开张天岸马,奇异人中龙。"

陈抟对宋代理学的发展起到了一定的奠基作用,在中国思想史和宗教史上都占有重要的地位。

彭 祖

彭祖,道教神仙。彭祖姓篯,名铿,颛顼玄孙。传说他常服水桂、云母粉、麋角散,任殷大夫时,已700余岁。彭祖曾被尧封于彭城(今江苏徐州),又称彭祖。

《神仙传·卷一》说:"殷王命采女问道于彭祖,彭祖说:'吾遗腹而生。三岁失母,遇犬戎之乱,流离西域,百有余年,丧四十九妻,失五十四子,数遭忧患,和气折伤,荣卫焦枯,恐不度世。所闻浅薄,不足宣传。'"

彭祖擅房中术,导引行气。《隋书·经籍志》中的《彭祖养姓》、《新唐书·艺文志》中的《彭祖养性经》均有介绍。葛洪在《抱朴子·微旨》中对他的房中术有高度评价:"大都知其要法,御女多多益善。如不知其道而用之,一两人足以速死耳。"

文昌帝君

文昌帝君,中国古代登科举仕的守护神,主宰功名利禄。文昌帝君名理明,字先常,又名神宗、灵华,四川梓潼人。

文昌帝君来自古代的星宿信仰。《梦辞注》说,文昌六星在北斗星座之左位。从唐代开始,历代帝王对文昌帝君大都有封号,唐明皇封他为左丞相,唐僖宗封他为济顺王。宋代科举制度渐次完备,各地祭祀文昌星君的风气尤盛,宋太祖赵匡胤封他为"圣文仁武孝德圣烈王"。元仁宗延佑二年(1315年)七月七日,仁宗封他为"辅元开化文昌司禄宏仁帝君"。

明弘治元年(1488年),张九功上疏为文昌星君请祠祀,孝宗皇帝恩准。从此,上自国子监,下至府、州、县书院学堂必须奉祀文昌。每年二月初二文昌诞辰,全国各地都要举行盛大祭祀活动。

紫虚元君

紫虚元君(? ~334年),道教上清派第一代天师。紫虚元君又称南岳夫人,姓魏名华存,字贤安,任城樊(今山东济宁)人。据《南岳魏夫人传》载:幼而好道,读《庄子》《老子》《列子》三传,五经百氏,无不涉览。年二十四,嫁南阳人刘文,生二子,长子叫璞,次子叫瑕。刘文,字幼彦,在修武当县令,夫人斋于别寝。后来,众仙下降,夫人之师傅清虚真人王褒授给她《太上宝文》《八素隐书》《大洞真经》《神真虎文》《高仙羽玄》等书,共31卷。随后,景林真人又授其《黄庭内经》。刘文去世后,魏夫人知中原将乱,遂携二子渡江,到南岳衡山隐修。晋成帝咸和九年(334年),诸仙授魏夫人仙药两剂,华存服之,七日后抚剑化形而去,升仙为"紫虚元君上真司命南岳夫人。"宋朝元祐年间,哲宗赵煦加封其为"高元宸照紫虚大道元君"。

太阴星君

太阴星君,道教月神。最早见于史料记载的是《尚书·尧典》:"日、月、星辰为天宗;岱、河、海为地宗。"六宗,即日、月、星、山、河、海六神也。

关于月亮的神话由来已久,据《山海经·大荒西经》记载:"大荒之中,有女子方浴月。帝俊妻常羲,生月十有二,此始浴之。"常羲就是后来传说中的嫦娥。《归藏》说:"昔嫦娥以西王母不死之药服之,遂服之,遂奔月为月精。"月亮里除嫦娥之外,还有白兔和桂树。《拟天问》中说:"月中何有?白兔捣药。"唐朝段成式在《酉阳杂俎·天咫》中说:"月桂高五百丈,下有一人常斫之,树创随合。人为吴刚,西河人,学仙有过,谪令伐树。"后来,道教封月神为"月府素曜太阴星君",俗称"太阴星君"。

碧霞元君

碧霞元君,道教神仙。关于碧霞元君的来历,有多种说法。一种说法是,黄帝在泰山建岱岳观,预先派7位女子迎接西昆真人,玉女是七女中得道者。一种说她就是泰山的玉女。明代王之纲在他著的《玉女传》中说:"泰山玉女者,天仙神女也。黄帝时始见,汉明帝时再见焉。"另一说为汉代民女石

玉叶。《玉女卷》称："汉明帝时，西牛国孙宁府奉符县善士石守道妻金氏，永平七年（64年）四月十八日生女，名玉叶，生性聪颖，七岁解道法。十四岁入天空山黄花洞修道。"天空山即泰山，山顶有玉女池，旁立玉女石像。宋真宗赵恒登封泰山时，在玉女池洗手，见一石人浮出水面，细视则玉女也。宋真宗下令重塑玉女白玉像，封玉女为"天仙玉女碧霞元君"，并建"昭真祠"。明朝时，昭真祠被更名为"灵应宫"，后又扩建，再更名为"碧霞宫"，玉女得赐号"碧霞元君"。

民间传说的碧霞元君神通广大，能保佑农耕、经商、婚姻、疗病，能保佑妇女生子。现在，在全国各地建有许多娘娘庙，在娘娘庙中配祀的有送子娘娘、催生娘娘、眼光娘娘、天花娘娘四位神仙。这几位娘娘为民俗神仙，其职责就是保佑产妇母子平安，保护幼儿眼睛，不出天花。

碧霞元君的圣诞一说是农历四月十八，一说是农历三月十五。各地的娘娘庙届时都要举行庆典。

三霄娘娘

三霄娘娘，道教神仙。三霄娘娘为云霄娘娘、琼霄娘娘、碧霄娘娘。

《封神演义》关于这三位神仙有如下记载：三霄娘娘本是姐妹三人，在三仙岛修炼。其师兄赵公明被姜子牙钉头七箭书射死，申公豹到三仙岛报信，姐妹仨发誓为师兄报仇。云霄仙子用戮目珠把黄天化二目打伤，姜子牙也被打伤一目。后来，太上老君前来助阵，命黄巾力士把云霄压在麒麟崖下，元始天尊命白鹤童子用三宝玉如意把琼霄当头劈死，并用一神盒把碧霄装入，刹那间化为血水。三霄娘娘的灵魂化作三缕清风飘向封神台去。

《封神演义》第99回中，姜子牙对三霄封神："特敕封尔执掌混元金斗，专擅先后之天，凡一应仙凡、人圣、诸侯天子、贵贱、贤愚，落地先从金斗转动，不得越此……尔当念此鸾封，克勤尔职。"其封号为：云霄娘娘、琼霄娘娘、碧霄娘娘。

混元金斗是何物件？《封神演义》中说："混元金斗即人间之净桶。"原来是新生婴儿洗浴的水桶。

王灵官

王灵官，道教天界尊神中的卫道护法大神，道教护法四圣之一。在道书中，四圣名称不一，说法各异，比较流行的是《道法会元》中的四圣：天蓬玉真寿元真君、天猷仁执灵福真君、翊圣保德储庆真君、佑圣真武灵应真君。此书中还列出了四圣的姓名：马灵耀、赵公明、温琼、关羽。大约在明朝前期，四圣之首的马灵官逐渐演变为王灵官。王灵官，本名王善，宋徽宗时人，曾从西蜀道士萨守坚受道符之法，为林灵素的再传弟子。明朝永乐年间，有道士周思得者，以王灵官法显于京师，于是永乐帝为王灵官建天将庙，内塑二十六天将，以王灵官为天将之首。宣德中，明宣宗改天将庙为"火德观"，封萨真人为"崇恩真君"，封王灵官为"隆恩真君"，加封玉枢火符天将，并于每年万圣节、正旦、冬至日遣官致祭。自此以后，"先天大将火车王灵官"就取代了"华光火车马灵官"，成为道教第一殿的护法主神，行纠察天上人间之职，声名显赫。明清以来，道教宫观多于山门塑其像，赤面满髯，金盔金甲，手执铁鞭，威猛异常。由于其除邪祛恶，主行正义，故又多为民间所信仰。

中岳庙将军门内供奉有王灵官。

三官大帝

　　三官大帝,道教尊崇之神。溯其渊源,始自对传说人物尧、舜、禹三圣王的崇拜。汉末五斗米道兴起,以天、地、水为三官,五斗米道之鬼吏为病者祈祷时,书病人姓名及说明服罪之意,作书三通,一著山上通于天,一埋于地,一沉于水,谓之三官手书。此种信仰,直到唐代还很盛行。北魏时寇天师改革天师道,遂将三官与三元相配,以正月十五为上元,七月十五为中元,十月十五为下元。传说三元日各为三官诞辰,故唐宋以来,三元节皆为道教大庆之日。唐代三元节,由皇帝下令敕天下诸州各禁屠三日。

　　三官之神职及所统辖的对象,在《三教九流搜神大全》中有详细地记载。上元一品九气天官紫微大帝,处玄都元阳七宝紫微上宫,总主上宫诸天帝王、士圣高真及三罗万象星君;中元二品七气地官清虚大帝,处九土无极世界洞空清虚之宫,总主五岳帝君并二十四治山、九地土皇、四维八极神君;下元三品五气水官洞阴大帝,处金灵长乐之宫,总主九江水帝、四渎神君、十二溪真及三河四海神君,并说每至三地之日,三官便考籍大千世界之内的神仙升临、人品考限与万类化生之事,天官赐福,地官赦罪,水官解厄。由于天官被封为"赐福紫微大帝",故近代民间又有以天官为福神者,与禄、寿二神并列。至于三官神的职掌范围,宋明以后因三清四御的确立而有所缩小,一般认为是掌握人间祸福、天神转迁、生死轮回诸事。

斗　姆

斗姆

　　斗姆,北斗众星之母,道教所信奉的女性尊神之一。斗姆亦称斗姥,尊称为"圆明道母天尊"。溯其渊源,斗姆是由北斗星宿信仰逐渐发展起来的。中国古人很早就认识到北斗七星不但在夜间能作为指示方位的标志,同时其运行规律对于制订历法也大有作用。《河图始开图》中说:"黄帝名轩辕,北斗神也,以雷精起。"即将其人神化,并加有许多社会功能。道教形成后,北斗即被奉之为神,专掌寿夭,"北斗主死"之说遂兴。但因中国民间素有东岳、酆都主阴之说,隋唐以来佛教的地藏、阎罗信仰又广为流传,北斗为总领人间命籍的神职相对削弱,于是又有本命神之说,人们以为北斗七星分掌诸生辰,只要虔奉本命神之星,即可获神佑。

　　在北斗星神人格化过程中,先后出现了几种传说。《道藏》中说,斗姆原为龙汉年间周御王之妃,名紫光夫人,生九子,初生二子为天皇大帝、紫微大帝,后生七子即北斗七星。《道藏》中还说,斗姆为北斗众星之母,号"中央梵气斗姆元君",而紫光夫人遂被称为斗姆。

　　在道教神系中,斗姆在民间的信仰颇为兴盛,少数民族中也有信仰斗姆的。道教宫观常建有斗姆室、斗姆殿、斗姆阁。其塑像一般为三目四首,左右各出四臂,且常以六十甲子本命星君、十二星君同祀。

　　嵩山逍遥谷中现有斗姆宫遗址。

八　仙

　　早在汉代，就有淮南王的八公，奉诏而著《淮南子》。魏晋以后，《神仙传》诸书附会其为神仙。四川古代也有"蜀中八仙"的说法，分别是李己、容成公、张道陵、董仲舒、严君平、李八百、范长生、葛贵。到唐代又有"饮中八仙"之说，即李白、贺知章、李进、李适之、崔宗之、苏晋、张旭、焦遂。而这些都与道教的八仙不相涉。现在民间传说的八仙，大致产生于元代。元杂剧中有八仙，只是缺少了何仙姑，而有余仙翁。明代《列仙全传》所说八仙无张果老，而有刘海蟾。《西游记》中的八仙有风僧寿、玄壶子，而无张果老、何仙姑。一直到明朝吴元泰的《八仙出处东游记》，如今的八仙才相配定型，家喻户晓。八仙之中，有的是传说中的仙人，如蓝采和，有的是历史人物，如吕洞宾、张果老。明清以来，在道教宫观中一般都塑有或绘有八仙的神像。

八仙

　　李铁拐，八仙中资历最老的神仙，民间亦说其为吕洞宾的弟子。李铁拐又称铁拐李，姓他，名玄，又叫李凝阳。《续文献通考》说："李铁拐，或云隋时陕人，名洪水，小字拐儿，常行丐于市，人皆贱之，后以铁拐掷空，化为龙，乘龙而去。"《集书铨真》说："李铁拐又化名李孔目，有足疾，西王母点化其成仙，授以铁拐，前往京师度汉大将军钟离权。得王母封紫府少明君。"《历代神仙通鉴》卷五载，李铁拐遁隐于砀山洞中，一日受太上老君之约同赴华山仙会，临行时对弟子说："若七日不返，可将尸体焚化。我之元神要赴仙会。"第七天中午，弟子老母病重，急着回家，不等天黑，就将李铁拐尸体焚化。李铁拐元神回来后不见尸身，无形魄可依，急不可耐，忽见林中有一死尸，即从囟门入。但此人蓬头虬髯，坦腹跣足，丑陋不堪。欲将元神跳出，老君急止之道："道行不在外表，我赠你金箍束发，铁拐拄足，便是异相真仙。"我们现在看到的李铁拐就是这般模样。

　　吕洞宾（798～？），唐朝道人、道教神仙。八仙中最为有名的一个，全真道北五祖之一，有"民间道教之祖"之称，通称吕祖。俗名吕岩，号纯阳子，又称纯阳道人。关于吕洞宾身世的说法不下十几种。一说其于唐懿宗时曾举进士及第，避世乱而隐遁江湖；一说他是唐礼部侍郎吕渭之孙，海州刺史吕让之子，仕途多蹇，转而学道。《吕仙自叙传》说："本唐室宗亲，避武后之祸，挟妻而遁。因易吕姓。以山居，故名岩，字洞宾，号纯阳子。"《吕仙飞剑记》则称他生于唐贞元十四年（798年）四月初四巳时，因其掌心之纹有一山三口之异，乃取名岩。《宋史·陈抟传》说他是关西人，通剑术，年百余岁，是一位兼通武术的长寿道人。还有说他是河中府永乐县（今山西）人。吕洞宾少怀大志，通习儒家经典，以博学多才而闻名。咸通初，举进士不第，携家隐居终南山，学老子之法，企图以此逃避现实。后浪迹江湖，相传在他64岁时,被钟离权点化入道,收为弟子。吕洞宾得道成仙故事,以《夜航船》之说较为流行。书中说其落拓风尘时,遇钟离权,便向其述说平生不得志之事,钟离权熬粥,使洞宾酣睡,梦尽生平兴衰,遂拜钟离权求其超度。宋人画有《钟吕问道图》,表现了两人早期的情谊。后人传说附会,给吕洞宾编造了许多神仙故事。说他于贞观年间由仙鹤化生,金形本质,道骨仙风,左眉角一黑痣,足下有龟纹,及长,身高八尺二寸,3髭须,喜顶华阳巾,貌类张子房,又似太史公。后遇钟离权,经过生死财色十试,皆心无所动,遂受金液大丹与灵宝毕法,后又遇火龙真君传日月交拜之法,又得火龙真人天遁剑法,游历天下,斩蛟除害,为民所敬。吕洞宾誓愿度尽天下众生,认为善性为通天堂之路,恶为入地狱之阶,又认为仙、佛皆以慈悲为怀,故仙犹佛也,仙人之剑,在于一断贪嗔,二断爱欲,三断烦恼。这些思想给宋代道教教理以一定影响。钟离权在终南山传授给吕洞宾延明之术、炼丹之功和《灵宝毕法》、《火龙剑法》,然后离去。吕洞宾遵照师傅的指点,前往华山莲花峰下的羽谷修炼。在羽谷的九岩洞中,吕洞宾潜心修研钟离权传授的长生秘诀。功成之后,便时常下山,游于东西两京之间。他对洛阳情有独钟,对洛阳的百姓也充满关切,曾写诗《北邙下》表达对不觉悟的百姓的担忧:

金钟灼灼物天价,独自骑龙去又来。高卧白云观日窟,闭眼秋月擘天开。

离花片片乾坤产,坎蕊翻翻造化栽;晚醉九岩回首望,北邙山下骨皑皑。

后人为纪念吕洞宾在洛阳的活动,在其洛阳市北约2.5公里北邙山南麓的修炼处,修了一座建筑——吕祖庙,至今庙里香客依然,香火旺盛。吕洞宾在宋代被封为"妙通真人",元代被封为"纯阳演正警化孚佑帝君",故后世多称吕纯阳。吕洞宾曾度刘海蟾、王重阳真人,首开道教南北二宗。苗善时广搜其事迹,编《纯阳帝君神仙妙通记》,再加上《列仙全传》、《八仙出处东游记》的记述,其仙人形象广泛深入民间,妇孺皆知。传说四月十四日为其生日。

钟离权,全真道正阳祖师,世传为吕洞宾之师,陈抟之友。《历代神仙通鉴》卷九载:"钟离权即汉钟离子",京兆咸阳人,字寂道,号和谷子,又称正阳子,云房先生。其父钟离章为东汉大将,北征匈奴有功,封燕台侯。其兄钟离简为中郎将。权为上古真人托生,出生时体大如三岁小儿,不哭不吃,第七天突然说:"身游紫府,名书玉京",一时间语惊四座。紫府和玉京均为玉皇大帝官城,小儿何以得到?众人皆知此儿非常人。他长大后任汉朝谏议大夫,因表李坚边事失当被贬南康知军。后来,他仕于晋,与偏将周处同领兵事,奉诏征吐蕃,战败隐遁山林,遇东华先生王玄甫授长生真诀和青龙剑法。此后,他游崆峒,谒见太上老君,修道成仙。玉皇大帝封其为"太极左官仙人"。《全唐诗》中收有他当年题于长安酒肆的三首绝句,其一云:

坐卧常携酒一壶,不教双眼识皇都。乾坤许大无名姓,疏散人间一丈夫。

张果老,唐代道士。张果老即张果。《新唐书·方技传》载"张果老擅长法术,常隐居恒州中条山,往来汾晋之间,寿数百岁。"《太平广记》卷30载:"果常乘一白驴,日行数万里,体则重叠之,其厚如纸,置于巾箱中;乘则以水噀之,还成驴矣。"唐太宗闻其名,召之,不应。唐开元二十一年(733年),玄宗派使臣裴晤固请,其不得已入宫。玄宗问及神仙修炼之事,其终不言语。一天玄宗外出打猎,捕得一只大鹿。张果老说:"此仙鹿也,已届千岁,本是汉武帝上林之鹿。"玄宗问何以证之,张果老说:"武帝舍放时,以铜牌系左角上。"验之果然。玄宗与群臣十分敬佩,便将鹿放归山林。玄宗赐号"道玄先生",加封"银青光禄大夫",并欲以玉真公主嫁之。张果老不应,恳请还山,归途中羽化于恒山蒲吾县,尸解成仙。后人有诗赞曰:"举世多少人,无如这老汉;不是倒骑驴,万事回头看。"

蓝采和,《东游记》称其为赤脚大仙降生。据南唐沈汾《续仙传》载,他原为游方道士,一脚着靴,一脚赤足,手执拍板,行乞街市。人若以钱与之,则以长绳穿之,拖地行,虽散失亦不回顾,或济与贫

人,或施于酒家。后踏歌濠梁,醉卧酒楼,忽有云鹤笙箫,遂飞升云中,掷下靴衫拍板,冉冉而去。

韩湘子,相传曾为吕洞宾的弟子。据《酉阳杂俎》记载,韩湘子本为唐朝韩愈族侄(一说为族孙)。另据明朝杨尔《韩湘子全传》记载,汉丞相安抚之女灵灵有才貌,汉帝欲赐婚皇侄,安抚不允,汉帝大怒,将其罢职发配。灵灵郁郁而死,转生为白鹤,受钟离权、吕洞宾点化,投生昌黎县韩会为子,乳名湘子。她幼丧父母,由其叔父韩愈抚养,长大后立志学道,韩愈则命其学儒。湘子遂作诗一首,中有两句:"可造须臾酒,能开顷刻花。"意即瞬间酿成美酒,眨眼便可开花。韩愈不信,命其试验。湘子找来一个花盆,装上土,盖上盖,一会儿说:"花已开矣。"取下盆盖,果见土中长出两朵碧绿的花,叶子间有金字。韩愈一看,原为一副对联:"云横秦岭家何在,雪拥蓝关马不前。"韩愈不解其意。后来,韩愈因上表劝阻唐宪宗迎佛骨,宪宗大怒,贬他为潮州刺史,赴任途中,韩湘子前来送行,说:"叔父还记得花叶上对联吗?此即蓝关也。"韩愈嗟叹不已,随口吟出七律一首:"一封朝奏九重天,夕贬潮阳路八千。欲为圣朝除弊事,肯将衰朽惜残年。云横秦岭家何在?雪拥蓝关马不前。知汝远来应有意,好收吾骨瘴江边。"韩湘子护送韩愈潮阳上任。后来,韩愈在韩湘子度化下,隐遁于卓韦山学道,终成正果。

曹国舅,相传为宋朝太师曹彬之孙,宋仁宗曹皇后的弟弟,名佾,又名景林,因横行不法,草菅人命,被包公断以国法,蒙大赦获释,遂入山修道,遇吕洞宾点化成仙。据《历代神仙史·宋史列传》载,他自幼聪慧,心地善良,不慕荣华,酷爱清虚,后遇钟离权和吕洞宾。二仙问他:"听说你很有修养,你修的是什么?"国舅答:"我修的是道。"又问:"道在什么地方?"国舅以手指天。二仙再问:"天又在什么地方?"国舅以手指心。二仙大笑道:"天就是心,心就是天,你悟到了道的真谛。"于是,二仙授以秘术,度入仙班。

何仙姑,八仙中唯一的女仙,吕洞宾的弟子。《历代神仙通鉴》说,她原名何秀姑,唐朝人何太之女,生于武后天授元年(690年)三月初七。她13岁时入山采茶,遇吕洞宾,赐给一桃,说:"食此,他日当飞升。"何秀姑食后,数月不渴不饥,洞知人事休咎,梦神人教食云母粉,往来山顶,其行如飞。唐中宗景龙二年(708年),何秀姑白日飞升。

三十六天将

道教认为北斗众星中有三十六罡,每个天罡星中有一神,共三十六位神将。而切每位神将皆有名有姓,并非虚指。他们是蒋光、钟英、金游、殷郊、庞煜、刘吉、关羽、马胜、温琼、王菩、康应、朱彦、吕魁、方角、耻通、邓郁光、辛汉臣、张元伯、陶元信、敬雷洁、毕宗远、赵公明、吴明远、李青天、梅天顺、熊光显、石远信、孔雷拮、陈元远、林大华、周青远、纪雷刚、崔志旭、江飞捷、驾天祥、高克。以上三十六天将中,有的原是历史上的人物,如关羽,属忠义孝烈的代表,死后封之为神。有的是高道,如王菩,羽化后被神话,成为王灵官。更多为传说中的人物,如泰山神温琼(又作瘟神)、财神赵公明(亦作冥神、瘟神)。还有小说中的人物,如太岁神殷郊。当然也有些不甚明了。道长在斋坛作法时,常召请三十六天将下界驱鬼。如《上清天枢院回车毕道正法》曰:"三十六天罡,天中大神王七总元君,为吾驱祸殃。即道士在斋醮祈禳时所用之经法。

据《北方真武祖师玄天上帝出身全传》(亦称《北游记》)称,三十六天将均为真武大帝收伏的神,但是玉帝所封全部隶属真武麾下三十六天将与前说有所不同。他们是水火、龟蛇二将、赵元帅赵公明、显灵关元帅关羽、雷开、苟毕二元帅、风轮周元帅广泽、尽忠张元帅张健、火德谢元帅谢仕荣、灵官马元帅华光、管打不信道朱元帅朱彦夫、考校党元帅党归籍、仁圣康元帅康席、混炁元帅庞乔、降生高元帅高原、降妖辟邪雨元帅雨田、威灵瘟元帅雷琼、神雷石元帅石成、虎丘王、高二元帅王铁、高铜、先锋李元帅李伏龙、纠察副元帅副应、太岁殷元帅应高、猛烈铁元一帅铁头、电母朱佩娘、雷公酆都辛元帅、月孛天君朱孛娘、豁落王先帅王忠、杨元帅杨彪、刘天君刘俊、聪明二贤高委、师旷、二太保任无别、宁世考、邓元帅邓成、辛元帅辛江、张元帅张安。书中描述了真武收伏三十六天将的全过程。在民间传说中,三十六天将常与二十八宿,七十二地煞联合出动,阵妖伏魔。

龙　王

龙王,人们想象出来的一种超自然的神。其形象为角似鹿,头似驼,眼似兔,项似蛇,腹似蜃,鳞似鲤,爪似鹰,掌似虎,耳似牛,又添置长须,常伴随五色祥云,出没于山川河海。在民间众神中,龙的家族非常广大,有四海龙王、五方龙王。凡是有水的地方。都有龙王驻守,掌管当地的雨旱、庄稼丰歉。

在漫长的社会发展历程中,龙是社会造就的一种多元体信仰,是一种异常复杂的民族精神、民族文化的集中体现。龙开始时是人们所想象的类似一般动物的神,后受到道教、佛教文化的影响,逐渐变成了神。唐宋时封龙神为王。宋于大观二年(1108年)十月,徽宗诏天下五龙神皆封王爵,青龙神封广仁王,赤龙神封嘉泽王,黄龙神封孚应王,白龙神封义济王,黑龙神封灵泽王。佛教中龙王也很多,《妙法莲花经》中龙王有八,《华严经》中龙王有十。道教四海龙王分别为:东海龙王沧宁德王敖广,南海龙王赤安洪圣济王敖润,西海龙王素清润王敖钦,北海龙王浣旬泽王敖顺。当然更多的是无名无姓的龙王,和数不清的龙子龙孙和龙兵龙将。

龙王的职能主要有三种:一司雨,这是其最主要的职能;二司家中平安,人丁兴旺;三司显贵。在20世纪50年代以前,嵩山地区几乎村村都有龙王庙。

九龙圣母

九龙圣母,嵩山地区特有的女神。她起源于一个传说,说是一个姑娘在河中洗衣服,一个道人求她缝补道袍,善良的姑娘缝补时,用嘴咬下的线头化入肚中,不久怀孕,其父母感到有辱门风,就把她赶出家门,后来姑娘生下九条小龙。于是后世就尊称她为九龙圣母,并立庙奉祀。

骊山老母

骊山老母又称黎山老母、骊山老姥,实指女娲。《山海经·大荒西经》云:"女娲功烈,非仅造人,又兼补天。"《风俗通义》云:"俗说天地开辟,未有人民,女娲抟黄土作人,力不暇供,乃引绳于泥中,举以为人。"

老母炼石补天,救人民于水深火热之中。《淮南子·览冥训》云:"往古之时,四极废,九州裂,天不兼覆,地不周载。火滥炎而不灭,水浩洋而不息。于是女娲炼五色石以补苍天,断鳌足以立四极,杀黑龙以济冀州,积芦灰以止淫水。"

骊山老母不仅是道教供奉之女神,也为民间崇祀的尊神。六月十三为老母圣诞,各地群众届时赴老母庙祭祀,祈求保佑。

玉仙圣母

玉仙圣母,太古初期的神女,神号为"太素元君"。"太素"乃丝绸之源,"元代"乃祖始之神。嵩山地域中的登封告成八方村、石道玉仙庙村、新密牛店镇、巩义老庙山、荥阳高村乡及汝州、伊川等地都建有玉仙圣母庙、玉仙观,可见历史上玉仙圣母祭祀之盛。每适农历三月十一(传说中的玉仙圣母生日)的庙会时,嵩山地区各县市的玉仙庙、玉仙观内,总是有成群结队的善男信女、游人,到此上香、观光,场面异常热闹壮观。

城　隍

城隍神

城隍,道教神灵中护卫城邦、扶正祛恶的地方神。其起源据说是先秦时的天子八蜡之中的水庸祭。古代城市多有沟河护卫,故后来逐渐演化为对城隍的崇信。南北朝时正式称为城隍神,唐代开始封爵,五代加封为王,宋代列入国家祀典,各府州县皆立庙奉祀。元代在京都建城隍庙,封其神为佑圣王,城隍遂成为国家的守护大神。明代洪武年间大行封赏城隍神,京都等地封有六王,府城隍封公,州城隍封侯,县城隍封伯,后来整顿祀典,取消神爵,下令各地城隍一如行政建制称呼,其庙宇建造也仿自衙门规模,形成了一套完整的阴间王朝的官吏系统。城隍神的职掌,原来主要为守御城池,保障治安,道教纳入其范围后,扩大为护国安邦,剪恶除凶,调和风雨,管领亡魂诸事,甚至各级封建官吏赴任,都要到城隍庙宣誓就职,以取得其保佑。明清以后的城隍庙中,因受佛教影响,多附有十殿阎王。

城隍神的民间信仰极为普遍,过去嵩山山区各县都建有城隍神庙。

灶　神

灶神,主管每家饮食的神仙。灶神又称灶君、灶王,老百姓俗称老灶爷。自汉代以来,无论宫廷还是民间,都普遍信奉,民间多供奉于灶头。据神话传说,与火有关的大神炎帝、祝融皆为总灶神,也有说祀灶是报先炊之德,祭老妇人。道教奉灶神为"昆仑老母",《灶王经》称为"种火老母元君"。嵩山地区传说灶神姓张。灶神之职先是主管一家饮食,以后变为操掌一家的祸福生死,灶神作为玉皇大帝的特派员住于人家,随时录入功过,每年上天报告。人们为防他胡奏遭殃,每到腊月二十三祭灶之日,就供奉糖瓜以封其口,于是形成了中国特有的祭灶风俗。

门　神

门神,用以守卫门户、驱邪避鬼的神。门神源于先秦时五祀之门祀,最早的门神为神荼、郁垒。据《山海经》记载,沧海之中有度朔山,山上有大桃木,枝间为万鬼出入的鬼门,神荼、郁垒于此执苇索缚鬼以饲虎,因此后世多于除夕时画此二神与虎于门,悬挂桃人、苇索以捉鬼。这种风俗演变为悬桃符驱邪。唐代盛传钟馗捉鬼的故事,说他是终南进士,死后专持利剑,劈食天下小鬼。自此以后,钟馗逐渐取代了神荼、郁垒的门神地位。道教称钟馗是混沌初分时的黑蝙蝠所化生,封为"祛邪判官"。宋明以后,民间多画武士门神以卫户驱邪,如秦琼、尉迟恭二将,温岳二元帅。其中尤以秦琼、尉迟恭二神在民间最受欢迎。而钟馗之像,近代人们多于端午节悬挂于堂屋之中,以驱逐邪怪。

土地神

土地,古称社神,即管理一方的神灵。《孝经纬》中说:"社者,土地之神,土地阔不可尽祭,故封土为社,以报功也。"敬土地神的日期,称为"社日"。秦汉以后,社日一般分为春社和秋社。自唐宋以来,关于土地神的传说相当多,乡里村社皆祭土地,祈祷五谷丰登,故土地形象大都衣着朴实,平易近人,慈善可亲,多为须发皆白的老人,民众皆呼为土地公公。道教经书中,也称为土翁神、土母神、太社神等。

土地神

火 神

火神是主管人间火的神,俗称为火神爷,有的地方称火星爷、火王爷。在人类社会发展中对火的崇拜曾具有重要意义,传说最早教会人们钻木取火的是燧人氏,他被称为"火圣"。各地敬奉的火神不止一个,影响较大的还有炎帝、祝融、回禄等。在众多火神庙中,商丘的阏伯台堪称正宗。嵩山地区还有一些不知姓名的火神。20世纪50年代以前,几乎村村都有火神庙。正月初一上午,男女老少都到火神庙里焚香烧纸放炮,叩头请命。正月十五,还有很多村庄都出火神社,摆供祭祀火神。

嵩山文化大系

第五章　嵩山高道

　　道教的基本信仰是长生不老、得道成仙。因而，道教以此为最终目标，从而实现天人合一。自战国时期神仙家兴起以后，人们逐渐形成一种观念，即：神仙是一些能轻身飞举的超人，他们居处于天界，常"乘云气，御飞龙，而游乎四海之外"。在《逍遥游》和《齐物论》等篇中，有关于神仙的描述，称"肌肤若冰雪，绰约如处子。不食五谷，吸风饮露，乘云气，御飞龙，而游乎四海之外"。《南华真经》还说到这些神仙，大火烧着不觉得热，江河冰着不感到冷，雷电飓风打着也不会惊慌。《战国策·楚策》中还有奉献不死之药的故事，尽管它是讽刺楚王，揭露进药人"欺王"的，但是它反映出追求长生不死是人生的最大理想。为此，道人特别重视医药学及修炼、辟谷、餐风饮露、炼丹、吸精、羽化等保命养生之术。

　　道教认为：神仙不同凡人，其所居之处不与世人相杂，故古代道士入山修道，大都居山洞，或于其旁立茅舍。道教视嵩山为神仙洞府所在地和道士修行佳处，称其为三十六洞天之第六洞天。司马承祯《天地宫府图·三十六小洞天》云："第六中岳嵩山洞，周回三千里，名曰司马洞天，在中的登封县，仙人邓云山治之。"嵩山居天地之中，既是五岳名山，又是古人信奉为"天室"的神山，又与其古人的仙境信仰密不可分。嵩山之中，系列山脉连绵起伏，山间流水纵横交错，山谷沟壑、平原盆地、石岩洞穴，树木花草，为人在自然界的生存，提供了一个得天独厚的自然条件。山中烟雾缭绕，万物生发，自古以来就被认为是神灵出没、修炼羽化、仙人得道的圣地，那里远离尘嚣，温度适宜，空气清新，四季分明，环境安全，是采药炼丹、呼吸吐纳的理想场所，故为道人、隐士、修行地的首选之区。历史上我国许多著名道士浮丘公、王子晋、张道陵、成公兴、寇谦之、王远知、潘师正、司马承祯、吴筠、刘道合、邱处机、王常月等，都在嵩山修炼过。他们中，有的在嵩山地区发现或得到神授，或整理、著述道教著作；有的嵩山修道，而后成就了一番道业；有的成名之后来嵩山修道传道，利用嵩山庙观林立，高道聚集的优势，在修炼的基础上，进而传播新的道法。他们通过在嵩山的修炼，大都实现了自己的理想，灵魂不死，羽化成仙。

　　古人说，仙人是由气功、药物养身而不得病、久活不死的特殊人。仙人的生存空间，一般分为三等：上等肉体升天（飞升），永远生存于天上，称为"天仙"；中等长生不死，优游于名山海岛，称为"地仙"；下等却老延寿，但肉体不得不死，死后蜕化为仙，进入神仙世界，称为"尸解"。

　　历史上在嵩山地区修炼、传道的隐士、道人很多，但能通过修炼而得到养生或羽化成仙的人毕竟是少数。况且他们又都是长期隐于嵩山深处，不为人世所知的隐士和道人，加之古代书写用具落后，传播有限，而被侥幸留下姓名载入史册的人更是少之又少，所以，能传世下来的这些资料愈发显得珍稀可贵。为了反映隐士和道人在嵩山修炼成仙的事迹，我们只能根据有限的史料，将以下在嵩山修炼或传道的道士事迹,汇集于此,从中可见嵩山神奥之魅力所在。

左 彻

左彻,古代传说中居嵩山修炼的道人。传说他做过黄帝的臣子,当黄帝登仙以后,他用木头刻制成像黄帝一样的雕像而领着诸侯们前往朝拜。7 年后,黄帝还没有还朝,他便立了颛顼为帝,自己也成仙而去。

宋 伦

宋伦,字玄德,洛阳人,西周时在嵩山修道飞升的道人。专心修道,服黄精(中药名)20 多年,精神益旺。周厉王时,他时感太上老君来降,出灵飞六甲符授之《通真经》,得经精修,自然感通,察物如神,言无不验,遂彻底悟解大道。宋伦能望岩申步,凌波涉险,不由津路。传说他道术高超,能预知人世吉凶,并能飞行天上,日行千里,变形易质,翱翔原陆。并能与仙人同游,喜好与病人同睡,病者醒后自然痊愈。常居于嵩山,时游五岳焉。周宣王时他 90 多岁,升天成仙。天帝封为"太清真人"。

宋德玄

宋德玄,西周时在嵩山修炼的道人。《真语》载:宋德玄,西周宣王时人,服灵飞六甲得道,能一日行 3000 里,数变形为鸟兽,得玄灵之道,今在嵩高山,乃中岳真人。

《真诰卷之十四》载:九嶷真人韩伟远,久随宋德玄学道,乃得受法,行之道成,今处九嶷山。

王仲伦

王仲伦,西周时在嵩山修炼的道人。西周时卫人。宣王时入嵩山少室得道。晋太康中,有田宣者,隐高唐县鸣石山,岩高百余仞,其石声甚清越,田宣常拊石自娱。每见一人着白单衣,徘徊岩上,及晓方去。田宣于后击石,住岩上潜伺。俄然果来,遽撮袂诘之。王仲伦自言姓字世代,频适方壶去来经此,爱此石响清越,故辄留听云。田宣求之留一石,如鸡卵,初则凌空,百余步犹见,渐渐烟雾障之。田宣得石,含百日不饥。

《王氏神仙传》:王仲伦时居鹤鸣山,石自响,田宣见而问之曰:彼何人也。曰:我神仙王仲伦也,爱此石之奇响,故流连而听之耳。

章 震

章震,西周时在嵩山修炼的道人。《抱朴子》载:章震在周幽王时,屡召不起,师长桑子得其衍,能分形化影,折草化为龙虎,喷水为珠玉。一日与弟子行,即以泥圆化为马乘之,日行千里。后入崆峒山,白日上升。

邛 疏

邛疏,周时在嵩山修炼的道人。《列仙传》载:邛疏,周封史也。能行气炼形,煮石髓而服之。谓石钟乳,寿至数百年。往来入太室山中,有卧石床枕焉。

老 子

老子(约前572~前492年),春秋末期杰出的哲学家、思想家,道家学派的创始人。姓李,名耳,字聃,又伯阳,号老子。楚国苦县(今河南省鹿邑县)人。史料有"母胎八十一年而生,故世称老子。"曾任东周"守藏室之史"(管理图书典籍的史官)。《史记》中有"孔子适周,将问礼于老子"和"孔子之所言事,于周则老子"之记载。孔子谓弟子曰:"鸟,吾知其能飞;鱼,吾知其能游;兽,吾知其能走。走者可以罔,游者可以为纶,飞者可以为矰。至于龙,吾不能知,其乘风云而上天。吾今日见老子,其犹龙邪!"夫孔子师老聃,其说盖肇于《庄子》。庄子之学师老,故其著书独推老子,甚至假借孔子言语誉之。

东周时诸侯争霸,连年战争,老子遂弃官归里,设坛讲学。后见周代衰落,遂西出函谷关(今河南省灵宝市东北),隐去,不知所终。

老子之学,宗黄帝《归藏易》之体系,首重坤柔。其守静、贵柔、尊阴、无为的思想,和"道生一、一生二、二生三、三生万物"的宇宙生成论和数字推测法,被认为是在《周易》的成卦程式以及易有两仪、四象、八卦的启示下衍生出来的。老子所著《老子》(又名《道德经》)5000言,言简意赅,富于哲理,博大精深,内容涉及人生、宇宙、政治、军事等方面。《道德经》一书对宇宙万物的探源,对人事纷繁问题的指向,提示了"人法地,地法天,天法道,道法自然"这一贯穿天地的大法则。而且老子对宇宙万物的探源包括了微观、宏观两个方面,"观其妙"、"观其微"。他把"道法自然"中的"道"作为宇宙的本源,用"道"来说明万物的演变,否认神造世界,揭示出一切事物相反相成的关系是永恒的规律和对立事物向它的反面转化的辩证规律。这个"道"有"独立不变,周行不殆"的永恒性,他认为世界本源起于"无",一切事物生成变化都是有和无的统一,这种思想后世逐渐形成为"清静无为"的"黄老之治",对中国封建社会帝王的统治思想起了很大作用。

老子传道图

老子的哲学思想被许多国家所敬仰,是当今世界100位历史文化名人之一。道家和道教是不相同的,一个是哲学派别,一个是宗教,各不相干。道教是汉朝末年张道陵所创立的。道教创立后,为了吸引群众的注意和信仰,就借助于老子的名声,尊奉他为道教祖师,并成为一位神仙"太上老君"。嵩山之所以站在道教历史发展的源头地位上,无论是五斗米教创始人张道陵和后来的道教的改革家寇谦之。据史料记载,都是在嵩山的古洞里修炼时,受了老子的神谕。据联合国教科文组织统计,全世界译成外文发行量最大的两本书是《圣经》、《道德经》。老子"道法自然"的思想阐述了客观事物发展的根本规律,一切宇宙、天地、人类社会、人体自身的产生发展灭亡的规律,在《道德经》中都有明确的阐述。

据史料记载,老子曾在嵩山老母洞撰写《道德经》。其中,《王子年拾遗记》有奇异的详细记载:"老子居景室之山,与世人绝迹,惟与老叟五人,或乘鸣鹤,或着羽衣,共谭天地之数,所撰《书经》垂十万言。有浮提国献神通善书二人,乍老乍少,隐形则出影,闻声则藏形,时出金壶时器四寸,上有五龙玉检,封以青泥。壶中有墨汁,状若淳漆,洒地及石,皆成篆、隶、蝌蚪之文,记造化人伦之始。辅佐老子撰《道德经》,皆以玉牒写之,编以金绳,贮以玉函。及金壶汁尽,二人乃欲刳心沥血以代墨焉。"《仙传》云:老子以金壶墨泻经峰下,余墨洒林,皆黑也。《道书》曰:洛州景室之山,太室少室也。太室山有金壶峰,源于老子居嵩山用浮提金壶墨撰写《道德经》泻墨峰壁而得名。老子当定王时,定王问在世仙,对曰:"中岳古先生者,即予是。"

位于嵩山西南麓的洛阳老城西北8公里处的邙山翠云峰上的上清宫,传为老子炼丹处。

关 尹

关尹,春秋末在嵩山修炼的道人,道家思想家。与老子同时。一说名轨,字公度。道书中称作关令尹喜,或关令尹,或尹喜。据说他少好坟索,善天文秘纬,在周康王时为大夫,官至东宫宾友。为早期道家代表人物之一。《古今图书集成》卷225:"关令尹喜,字公文,周大夫,善内学,常服日精月华,隐德修行,时人莫知。老子西游,喜先见紫气来,知有真人当过,物色而遮之,果得老子。"后随之出关西去,"与俱游流沙,莫知所终"。

关尹的中心思想是"贵清"。清就是"静",是道家"清静无为"思想的又一体现。关尹主张"以本为精,以物为粗,以有积为不足,淡然独与神明居。""以濡弱谦下为表,以空虚不毁万物为实"、"在已无居,形物自著"。顺应大道,清虚自守,摆脱物欲的羁绊,心平体正。做人要"其动若水,其静若镜,其应若响",他自己的行为也"未尝先人而常随人"。

关尹自著书9篇,号曰关尹子。关尹在道教中地位崇高,常配祀于老子侧。道书中说关尹善内学,常服精华,隐德修行。时人莫知老子西游,关尹因瞻紫气西迈,天文显瑞,知有真人当度函谷关西去,乃求为关令。他预先斋戒,使人扫道焚香以候,果然老子至。关尹执弟子礼,说:"子将隐矣,强为我著书。"老子亦知其奇,应其所求,著《道德经》5000余言,留传世上,并尽传关尹以内外修炼之法。后来随老子俱游,西去流沙,莫知其所终。《庄子·天下篇》中将老子与关尹称赞为"古之博大真人"。

关尹后来得道成仙,号文始先生,证位为无上真人,玉清上相,为天府四相之一。元顺帝至元三年(1266年)加封文始尹真人,无上太初博文始真君。道教派别之一"楼观道"奉为祖师。

苏 林

苏林,春秋时在嵩山修炼的道人。字子元,自言生于卫灵公末年,少得练身消灾之术,后来遇到了仇公,教以服习之法、还神守魂之术。他还曾求学于涓子,涓子教给他三一之法、洞真之妙和道经《索灵》。《索灵》上说:"一则消除万害,一则形体不败,住地之术,长生之法也。"苏林拜受修习后,就到各大名山游历,数百年后,自称黄泰。其事迹见之于《神仙通鉴》。

施 存

施存,春秋时在嵩山修炼的道人。施存,自号婉盆子,人称胡浮先生,或壶公。春秋时齐人。师黄卢子,得《三皇内文》中的"遁变化景之道,役御虎豹之术"。他先居南岳凛峰修道,出行则乘白豹。时步还山,豹即迎之。后或隐或显,常在中岳少室山,被称为壶公。晋代永康初年(300年),施存乘豹升天。宋重和元年(1118年),赐号冲和见素真人。其事迹见之于《神仙传》。

鬼谷子

鬼谷子

鬼谷子,春秋时在嵩山修炼的道人,唐代纵横家之祖。传说为苏秦、张仪的老师,被道家尊为神仙。鬼谷子,姓王名诩,战国时卫国人。因隐身于周阳城一个叫"鬼谷"的山谷中,自号鬼谷子。《仙传拾遗》:鬼谷,战国时期晋平公时(前557～前532年)人,隐居嵩阳鬼谷,因以为号。苏秦、张仪从之学纵横之术,智谋相倾夺,不可化以至道,临别去,先生与一只履,化为犬以引二子,即日到秦矣。苏秦、张仪曾在嵩高山的阳城"鬼谷洞"从鬼谷子学道。著作有《鬼谷子》1卷。鬼谷子长于持身养性和纵横术、精通兵法、武术、奇门八卦,著有《鬼谷子》兵书14篇传世,世称"王禅老祖"。道家说他是上天一位神祇,法力高强,除了擅长兵法之外,鬼谷子还擅长修身养性之术和纵横捭阖之术。传说授黄帝兵书的九天玄女就是他的师妹,二人曾经一同跟随太上老君学道。

嵩山登封阳城有鬼谷子洞,鬼谷子在此隐居修炼,弟子孙膑、庞涓一同在此跟着他学习兵法和道术,他俩后来都成了战国时期的大军事家。后来鬼谷子得到了太上老君的真传,成了太上老君的弟子,最后终于得道成仙。东晋诗人郭璞《游仙诗》14首,其中有一部分提到鬼谷子,其中一诗写道:"青溪千万仞,中有一道士,云生梁栋间,风出窗户里。借问此何谁,云是鬼谷子。"

浮丘公

浮丘公,古代传说中居嵩山修炼的道人。浮丘公姓李,名李浮丘。隐居嵩山修炼,服黄精20余年,发自返黑,齿落更生,久之道成,白日飞升。周灵王时,接引太子晋,往来于嵩高山修道。后太室有浮丘、子晋二峰,皆因之得名也。尝作《原道歌》:"虎伏龙亦藏,龙藏先伏虎;但毕河车功,不用提防拒。诸子学飞仙,狂迷不得位,左右得君臣,四物相念护,乾坤法象成,自有真人顾"(见《逍遥虚经》卷1)。《文选》晋郭璞(景纯)《游仙诗》之三:"左挹浮丘袖,右拍洪崖肩"。

《历世真仙体道通鉴》本传:"李浮丘伯,世号浮丘公。居嵩山修道,白日飞升。尝作《原道歌》。"《太平府志》"浮丘公周灵王时人。尝与王子晋吹笙,骑鹤游嵩山。著有《相鹤经》、《王子乔传》。《巢县志》谓:姓李,尝以《相鹤经》授王子晋藏于嵩山。淮南王采药得之,遂传于世。"其事迹见之于《列仙传》,相传,嵩山浮丘峰就是浮丘公经常居住修道的地方。

王子晋

王子晋,周时在嵩山修炼的道人。字子乔,周灵王第四子,传说是周灵王的太子。王子晋生下来就很聪明灵异,喜欢吹笙作凤凰鸣声,游于伊水和洛水之间,有一年洛水泛滥,将要危及王宫,周灵王要筑坝拦截从王城西边南流的洛水,王子晋以为不可,说治水只能因势利导,不可以硬堵,灵王不听,还让他居于别宫,斋戒修道,闭门思过。那时嵩山有一个道士叫浮丘公,秘密来到他修道的房室,授给他修道的诀要,并赐以灵药,于是他就随浮丘公到嵩山修道。后来王子晋的好朋友桓良在嵩山北麓的缑山遇到了王子晋,子晋对桓良说:"七月七日,我就要升天了,到时可与朋友们告别。"到了七月七日,桓良与他的朋友登上缑山,只见子晋骑着白马飞奔至山下,后又改骑白鹤,在空中盘旋,挥手向大家致谢,然后便飞升而去。《仙志》载:子晋入嵩岳学仙,其妹亦随晋入山。兄妹不相见,惟通水道于地下,筒中传书受道术。

王子晋驾鹤仙升

现在嵩山峻极峰以东的白鹤观、缑山拜马涧,就是王子晋修道的飞升之处,王子晋留在嵩山的遗迹还有子晋峰、观香峰、太子沟、太子庙,缑山上还有升仙太子庙。

王观香

王观香,周时在嵩山修炼的道人。《真仙通鉴》载:字众爱,周灵王第三女。母宋姬,与子乔为异母妹,传与飞解脱网之道,入缑氏山中。又与王子乔入陆浑山中,积39年,道成,白日升举。《偃师县志》记载:周灵王的三女儿观香,字众爱,母宋姬,是子晋的同父异母妹妹,后也随子晋修道,39年后道成,也于嵩山白日飞升。其事迹见之于《列仙传》。一说观灵,字众爱,观香成道受书,为紫清内侍妃,领东宫中侯真夫人,俱子乔妹。又,观香同生兄眉寿亦得道。子乔史弟登仙凡7人。今太室山有观香峰。

列御寇

列御寇,战国时在嵩山地区修炼的道人。战国早期著名的思想家、寓言家和文学家,道家思想代表人物。名寇,又名御寇。那时,由于人们习惯在有学问的人姓氏后面加一个"子"字,表示尊敬,所以列御寇又称为"列子"。东周威烈王时期嵩山郑国圃田人(今郑州市)。与郑缪公同时。其学本于黄帝老子,主张清静无为。后汉班固《艺文志》"道家"部分录有《列子》8卷。《列子》又名《冲虚经》(于前450至前375年所撰),是道家重要典籍。汉书《艺文志》著录《列子》8卷,早佚。今本《列子》8卷,从思想内容和语言使用上看,可能是后人根据古代资料编著的。全书共载民间故事寓言、神话传说等134则,是东晋人张湛所辑录增补的,题材广泛,有些颇富教育意义。唐玄宗天宝元年(742年)李隆基封其为冲虚真人,其书为《冲虚真经》。

列子终生致力于道德学问,曾师从关尹子、壶丘子、老商氏、支伯高子等。隐居郑国40年,不求名利,清静修道。主张循名责实,无为而治。先后著书20篇,10万多字,今存《天瑞》、《仲尼》、《汤问》、《杨朱》、《说符》、《黄帝》、《周穆王》、《力命》等8篇,共成《列子》一书,均已失传。其中寓言故事百余篇,如《黄帝神游》、《愚公移山》、《夸父追日》、《杞人忧天》等,篇篇珠玉,读来妙趣横生,隽永味长,发人深思。

康熙三十二年《郑州志》记载:列子心胸豁达,贫富不移,荣辱不惊。因家中贫穷,常常吃不饱肚子,以致面黄肌瘦。有人劝郑国执政子阳资助列子,以搏个好士之名,于是子阳就派人送他十车粮食,他再三致谢,却不肯收受实物。妻子埋怨说:我听说有道的人,妻子孩子都能快乐地生活,现在我却常常挨饿。宰相送粮食给你,你却不接受,我真是命苦啊。列子笑着对妻子说:子阳并不真的了解我,听了别人

列御寇

的话才送粮给我。以后也可能听别人的话怪罪我,所以我不能接受。一年后郑国发生变乱,子阳被杀,其党众多被株连致死,列御寇得以安然无恙。

列子贵虚尚玄,修道练就了一身卓绝的轻功——御风之术,能够御风而行,常在春天乘风而游八荒。庄子《逍遥游》中描述列子乘风而行的情景"泠然善也,旬有五日而后返。"他驾风行到哪里,哪里就枯木逢春,重现生机。飘然飞行,逍遥自在,其轻松自得,令人羡慕。列子在嵩山地区的遗迹有位于郑州的列子墓、列子祠堂、八卦御风台。

刘奉林

刘奉林,周时在嵩高山修炼的人。一说刘奉林姓娄,又作娄奉林。学道于嵩高山,服黄精积400年,而得以不死。曾3次炼合神丹,都因邪鬼捣乱而没有成功。于是就到委羽山修道,能闭气3日不息,在那里修成了地仙。其事迹见之于《神仙通鉴》。

孙　膑

孙膑(?~前316年),战国时兵法家,道教神仙。嵩山洛阳人。他曾与庞涓一起拜鬼谷子为师,在嵩山阳城鬼谷同学兵法,因庞涓妒忌孙膑的才能,当了魏惠王将军的庞涓设计把孙膑骗到魏国,处以膑刑(砍掉双足和膝盖),故称孙膑。孙膑怕庞涓害死自己,便装疯蒙混庞涓。有一次,齐国的使者到了魏国,孙膑暗中拜见齐使,齐使认为孙膑有奇才,便把他藏在自己的车里载回齐国。到了齐国后,孙膑帮齐国大将田忌赢了赛马,田忌就把孙膑推荐给齐威王,被齐威王任命为军师,帮助齐国取得了桂陵之战和马陵之战的胜利。

周显王十五年(前354年),魏围攻赵都邯郸,次年赵向齐求救。齐王命田忌、孙膑率军援救。孙膑认为魏以精锐攻赵,国内空虚,遂引兵攻魏都大梁(今河南开封)。果然诱使魏将庞涓赶回应战。孙

膑又在桂陵（今河南长垣）伏袭，大败魏军。这场战争甚为著名，孙膑不直接引兵救援赵国，而攻打魏国以解赵国之围的这个策略，更留传后世，即围魏救赵。

在桂陵之战后，庞涓不服输，而魏王亦想扩张领土，因此在公元前342年，魏王派庞涓进攻邻近弱国——韩国。韩国向齐国求援，孙膑向齐威王提议坐山观虎斗，待魏韩火拼一番后才出兵救援，这样则"尊名"与"重利"皆得。结果在韩国奋战五场皆败后，齐王派田忌及孙膑统兵去救韩国。庞涓这次直接回兵与孙膑决战，孙膑则选择避其锋芒，以减灶之计造成军士逃亡假象，诱使庞涓在马陵坡中了埋伏，万箭齐发，大败庞涓，逼使庞涓自杀，报回当年被害之仇。这就是著名的马陵之战。从此齐国称霸东方，魏国则每况愈下，无力争霸。

孙膑

孙膑著有《孙膑兵法》89篇，另附作战图4卷，反映了孙膑的军事思想。认为战争有一定的规律；在战略战术上贵"势"，即依据一定条件占据主动和优势；突破前人速战速决的理论，提出了持久作战的思想；适应战国时期经济的发展，强调攻城；认为只有覆军杀将方为全胜，开创歼灭战的理论；对野战中车垒的运用、阵法的研究和将领的必备条件等均有阐述。

大约在唐宋时，鬼谷子被道教尊为神，于是，其弟子孙膑也随之被纳入神仙谱系。

宋 钘

宋钘（约前382～前300年），战国"稷下黄老学派"的主要代表人物。又称宋荣、宋荣子、宋子，战国时宋国人。刘宣王时，与尹文、彭蒙、慎到同在稷下学宫游学。尹文擅长名辨，和宋荣子（即宋钘）持共同观点。宋钘与尹文的思想受到道家和墨家的影响，后人称其为"宋尹学派"。宋尹学派主张以"宽"、"恕"和"均平"，为处理人与人之间关系的总原则，"设不斗争，取不随仇"，"见侮不辱，救民之斗"。他们主张在国与国之间"禁攻寝兵，救世之战"，禁止攻伐，息止兵事，反对诸侯间的兼并战争。据《孟子》记载，秦楚构兵，宋牼（即宋钘）曾要往秦楚二国"说而罢之"。他们"救民之斗"、"救世之战"的目的，是"愿天下之安宁，以活民命"。为了达到利天下的目的，在内心修养方面，他们提倡"以情欲寡浅为内"，认为人类的本性就是欲寡而不欲多，"人我之养，毕足而止"，"五升之饭足矣"。

《汉书·艺文志》"小说家"著录《宋子》18篇，"名家"著录《尹文子》1篇，二书皆已亡佚。《管子》中的《心术》上下、《白心》、《内业》4篇，刘节、郭沫若等认为是宋尹学派的遗著，今暂保留此说。这几篇反映了道、法、儒合一趋势，同时兼有各学派的思想特点，为战国中期稷下学士的著作，大致不会有误。宋尹学派的思想资料，散见于《庄子》、《荀子》、《韩非子》、《吕氏春秋》等书中。

尹 文

尹文（约前360～前280年），战国时期的道学家。与宋钘齐名，属稷下道家学派。他们的思想具有调和色彩，对后期儒家思想有深刻影响。尹文于齐宣王时居住在稷下，为"稷下道家学派"的主要代表人物。战国时齐国人。大致活动在齐宣王、愍王之际，与宋钘、田骈、彭蒙等齐名。尹文擅长名辨，和宋荣子持共同观点。据《公孙龙子》记载,尹文曾与齐湣王辩论过"士"的标准,认为"见侮而不斗",不算耻辱,不失为士。宋尹学派主张以"宽"、"恕"和"均平",提倡"无为"的政策。主张消除争斗,止息用兵。提倡自然而然的思想,要求人们应不媚于俗,不累于物,不苟于人,不随波逐流。他们反对主观偏见,主张"接万物以别宥为始",认为只有破除了见侮为辱、以情为欲等偏见,才能认识事物的真相。他们力图从主观上清除荣辱、誉非、美恶的界限,要求做到"定乎内外之分,辨乎荣辱之境"。荣辱是属于外在的东西,不应以之妨害内心的平静,即使身陷牢狱之中,也不以为羞耻。"举世誉之而不加劝,举世非之而不加沮"。普天下人赞誉,他并不因此更受鼓励;普天下人非议,他也不因此更加沮丧。他们认为,如能做到人人"见侮不辱",虽然被侮,但不以为耻辱,这样就不会互相争斗,能够"救民之斗",便可以使天下安宁了。他对刑名问题有深刻的认识,认为概念(名)要与对象(形)一致,"名正则治,名丧则乱"。

尹文著有先秦论法术和形名的专著《尹文子》一书流传于世。《尹文子》旧列名家,今本仅一卷,分《大道》上下两篇,语录与故事混杂,各段自成起讫。上篇论述形名理论,下篇论述治国之道,可以看作是形名理论的实际运用。其思想特征以名家为主,综合道法,亦不排斥儒墨。自道以至名,由名而至法,上承老子,下启荀子、韩非。《尹文子》的形名论思想,为研究中国逻辑思想史者所重视,其对语言的指称性与内涵等关系的思考,颇值得玩味。

韩非子

韩非子

韩非子(前280~前233年),战国末期杰出的思想家、哲学家、政论家和散文家,法家思想的集大成者。韩国公子(即国君之子),荀况弟子。后世称"韩子"或"韩非子"。战国末期韩国人(今河南新郑)。韩非子建议韩王变法图强,未被采纳,乃发愤著书。《史记·老子韩非列传》:"韩非者,韩之诸公子也。喜刑名法术之学,而其本于黄老。"索隐按:"韩非之论诋驳浮淫,法制无私,而名实相称。"故"归于黄老"。著有《韩非子》55篇。中有《解老》、《喻老》2篇,大抵崇黄老之学。韩非子提倡君权神授,自秦以后,中国历代封建王朝的治国理念都颇受韩非子学说的影响。

韩非子是法家思想的代表人物,但他的思想和道家(此处指老子)的关系非常密切。他的"喜刑名法术之学,而其归本于黄老",而且"韩子引绳墨,切事情,明是非,其极惨礉少恩,皆原于《道德》之意,而老子深远矣。"韩非对老子的"道"、"虚静无为"、形名观念和祸福相生等哲学概念进行了自利性改造,把这些概念纳入到自己的法术理论体系中,无论是韩非子法术体系中的"道"、"虚静无为"、"祸福相生",还是"名实"的观念,都和老子的思想有着千丝万缕的关联。韩非子把老子这些固有的哲学概念加以改造,增加了新的质素,为自己的法治理论奠定哲学基础。在先秦诸子中,道家(老子)对韩非的法治思想影响是最为显著的。

姜叔茂

姜叔茂，秦时在嵩山修炼的道人。《嵩书》载：秦时封巴陵侯，嵩山隐逸。隐于山，种五果五辛菜，然后卖掉买丹砂来炼丹。今山间犹有韭薤，即其遗种。得道后，曾作书与太极官僚云：我学道于鬼谷，得道于少室，修真养性于华阳句曲山，待举于逸域。成仙后，常乘飙车，宴于句曲山中。

丁 实

丁实，秦时在嵩山修炼的道人。《疑仙传》云："疑是地仙"。史传曰：丁实者，常游洛阳，自称嵩山隐人。发白如丝，面若桃花。有人问曰："您看起来像有百岁，何时隐居嵩山？"丁实曰："我本是秦时儒士。始皇坑儒焚书，我即逃入嵩山，遇一老叟，授我一丸仙药吞之，至今已不记得我多少岁了。仙人都是白日升天，我不是神仙，但修得了长生驻颜之道，不得乘虚御气之理，故不能升仙也。"丁实每年春天都要到洛阳城去，如此数十年，人们都认识他。唐朝天宝十四年（775年），安禄山谋反，丁实对人说："我须避胡。"说罢，就离开了，再也没有回来。其事迹见之于《集异记》。

毛 女

毛女，秦时在嵩山修炼的宫人。毛女，字玉姜，得道后，遍体生毛，能飞空乘雾往来于嵩山和华山之间，常栖居于嵩山的山洞中。洞在嵩山法王寺东北毛沟之左，后人称谓"毛女洞"。其事迹见之于《神仙传》、明代付梅的《嵩书》。

周栖野

周栖野，西汉时在嵩山修炼的道人。据《嵩高志》记载，周栖野为中岳人。相传周栖野常穿破衣，隐姓名，如风如狂，常往来于九衢。狂歌曰："巾金巾，入天门。呼长精，吸玄泉。鸣天鼓，养泥丸。"人们都认识他，但没有人能理解他。汉之卿相闻其歌，颇感神异，但不解其奥义。惟张良微服拜访，延入密室，潜有所授，并约定以后在嵩山相会。后张良佐汉成功，周栖野和张良得以相会于嵩山，周栖野跟随张良学道。其事迹见之于《神仙传》。

王 兴

王兴，西汉时在嵩山修炼的道人。阳城道人。居于壶谷中。汉武帝上嵩高山，忽见一仙人长及2丈余，耳出额下垂至肩。帝礼而问之。仙人曰："吾九疑人也，闻中岳有石上菖蒲，一寸九节，服之可以长生，故来采之。"言讫，忽不见。武帝顾谓侍臣曰："彼非学道服食之徒也。恐是中岳之神，以此喻朕耳。"乃采菖蒲，服之2年，而武帝性好热食，服菖蒲每热者，感到烦闷不快，乃止。当时跟从汉武帝的官员也多有服食者，然而都未能持久。只有王兴闻说仙人的话后，坚持服食不息，遂得长生。后来王兴白日飞升，羽化成仙。魏武帝时犹在，其邻里老小皆云传世见之，视兴常如50许人，其强健，日行

300 里,后不知所之。著名诗人李白来嵩山寻道时,据此传说,写有诗《嵩山采菖蒲者》。王兴事迹见之于《神仙传》。

周义山

周义山,西汉时在嵩山修炼的道人。周义山,字季通,汝阴人。《仙鉴》载:"紫阳真人周义山,巡行名山,寻索仙人。登嵩高山,遇中央黄老君,教以存洞房之内"(道界泛称仙人或道士为紫阳)。《云笈七签》卷106《紫阳真人周君内传》载:紫阳真人为汝阴人,汉丞相周勃七世之孙,世为贵宦,其父官至陈留刺史。他每"至月朔旦之日,辄游市及间阎陋巷之中,见穷乏饥饿之人,解衣与之"。有一年大旱,"斗米千钱,路多饥莩"。周义山于是"倾财竭家,以济其困。阴行之,人亦不知是君之慈施也。对万物如临赤子,斯积善德仁爱之施矣"。正因有了如此美德,终得正果。后入蒙山遇羡门子,得长生要诀,白日升天,号紫阳真人。唐代李白在《忆旧游寄谯郡元参军》诗中云:"紫阳之真人,邀我吹玉笙。"

刘 根

刘根,西汉时在嵩山修炼的道人。字君安,嵩山颖川人。年轻时就精通诗、书、礼、易、春秋"五经"。汉成帝绥和二年(前7年)举孝廉,除郎中。后辞官修道,隐居嵩山一石室,石洞在悬崖绝壁上,直下5000余丈。刘根冬夏不衣,身毛长一二尺,颜如14岁人,深目多须,鬓长三四寸。有时他和人对面坐着说话,忽然就变成穿黑袍戴高帽的装束,对坐者却无法觉察他是什么时候穿戴起来的。传说他在嵩山修道期间,遇到了一个异人,授之以秘诀,遂得道成仙,能驱鬼、辟谷。

史料记载:颖川大疫,死者过半,刘根禳解,病者即愈,疫气登绝。很多喜好修道者,就从四面八方来到嵩山,向刘根学道。颖川太守史祈,认为刘根是妖怪,就把他逮捕到郡城,多次审问他:"你有什么道术,而诬惑百姓?如果有神灵的话,你就显验一事,能就让你活下去,不能的话就杀掉你。"刘根微笑着点头。又问:"你既有道术,能召鬼吗?"刘根答道:"能。"于是左顾而啸,顷刻间,史祈已故多年的父母,近亲数十人,被用粗绳反绑着跪在地上向刘根叩头。刘根不禁涕泪交加,茫然不知所措。既而,跪在地上的两个老人厉声数落史祈:"你作为我们的后代,我们活在人世时,你还没有当上官,我们没有得到你的供养;如今我们死了,你却冒犯神仙尊官,使我们被拘捕,沦为囚徒,累辱亡灵!你可对得起我们的养育之恩?还有什么脸面见人?还不赶快叩头向神仙尊官谢罪。"史祈惊惧,悲哀顿首流血,请求刘根赦免双亲,情愿自己服罪受死。刘根默不应声。待史祈如大梦方醒地恢复神志,刘根已不见踪影。后晋朝诗人陆云在嵩山写有诗《刘根颂》。其事迹见之于《搜神记》和《后汉书·方术列传》。

张道陵

张道陵(34~156年),东汉时在嵩山修炼的道人,道教创始人,我国道教第一代天师。本名张陵,字辅汉,号天师。道教徒尊称他为张道陵、张天师、祖天师、正一真人,东汉沛国丰邑(今江苏丰县)人。道书载:为汉留侯子房(张良)八世孙。其父张翳,字太顺。其母夜梦魁星下凡,授以蘅薇香草,即有身孕,于东汉光武帝建武十年(34年)甲午五月十八日生下张道陵。7岁遇河上为公,被授以《道德经》,遂通晓大道义理。后入洛阳太学,博览群书,通晓天文、地理、诸子、五经,从学者1000余人。东汉永平二年(59年)以直言极谏科中,曾被推荐至京城洛阳,朝廷任他为巴郡江州(今重庆)令,时年25岁。因素志于黄老之道,见世风日下,不久遂弃官到洛阳,隐居于洛阳北邙山修道,后被嵩山道人魏伯阳收为徒。他研读了《道德经》、《河图》、《洛书》以及谶纬之学。潜心修习黄老长生之道,修持炼形合气,辟谷少寝长生之道。朝廷征召他为博士,他称病不赴任。和帝刘肇永元四年(92年),他被征为太傅,封冀县侯,三诏不出。后遇神人,告之曰:"嵩山中峰石室中藏有《三皇秘典》、《黄帝九鼎丹书》,得而修之,可以升天!"从之,果得其书,其道术日益完善。能飞行遥听,分形散影。

张道陵在"嵩高山石室,隐斋九年"潜心参悟,精思积感,真降道成。后闻蜀中民风淳厚,易可教化。顺帝时,他入蜀居鹤鸣山,修神丹符咒之术,历时3年,九鼎神丹炼成,服后返老还童。据《列仙全传》称,张道陵善用符水治病。后来,他得太上老君《正一盟威秘录》、《符箓丹灶秘诀》。汉顺帝汉安元年(142年),在蜀地鹤鸣山创立五斗米道,受其道者,辄出米五斗,时号为米贼。五斗米道尊老子为天师、教祖,以"道"为最高信仰,奉《老子五千文》撰《老子想尔注》阐扬道教教义,称"道"即是"一","一散形为气,聚形为太上老君",故五斗米道后又称天师道、正一道。张道陵自称太上老君"授以三天正法,命为天师","为三天法师正一真人",并造道书24篇。

张道陵

关于张道陵创立天师道有三种说法:一说张道陵"弃家学道,负经而行,入嵩山石室,隐斋九年,周流五岳,精心积感,真降道成"。一说张道陵"隐鹤鸣山,炼虎大丹。遇神告曰:嵩山石室,藏三皇羽文,九鼎太清丹经,得而修之,乃升天也。于是,赴而得之,能飞行,遥听,分形散影。"还有一说是,张道陵"曾入太学,博通五经,晚乃叹曰:此无益于生命。遂学长生之道。后入鹤鸣山,自称太上老君授以道法,命为天师,造道书二十四篇。"

汉桓帝永寿二年(156年),天神来迎,张道陵在青城山白日飞升,相传年123岁。道教尊为祖天师、泰玄上相、降魔护道天尊。张道陵受到历代帝王所封:唐天宝六年(747年),唐玄宗封他为"太师"(三公之一,即太师、太傅、太保,皇帝尊为师)。唐僖宗李儇封他为"三天扶教辅元大法师"。宋理宗赵昀封他为"三天扶教辅元大法师正一静应显佑真君"。元成宗铁穆耳封他为"正一冲元神化静应显佑真君"。明太祖洪武元年(1368年),朱元璋改封天师为"真人"。

张道陵羽化后,其子张衡行其道,衡子张鲁继之。张鲁于东汉献帝初平二年(191年)在汉中建立了政教合一的政权,历时24年。建安二十年(215年),曹操进攻汉中,张鲁投降曹操。

王 长

王长,东汉时在嵩山修炼的道人。据《龙虎山志》记载,王长为张道陵弟子。通黄老,习天文。从张道陵最早,同居龙虎山炼大丹。负书行歌,不交人事。随侍张道陵至嵩山、西蜀。张道陵以九鼎之要付王长。后与赵升随张道陵同日飞升。

阴长生

阴长生,东汉时在嵩山修炼的道人。相传为东汉和帝永元八年(公元96年)所立皇后阴氏之曾祖。《神仙传》卷四《神仙传》载:阴长生,新野人,生富贵之门而不好荣位,潜居隐身,专务道术。闻马鸣生得度世之道,乃入名山寻求,后于南阳太和山中,得与相见,执奴仆之役。马鸣生只朝夕与之高谈世务,不教其度世之道。如此20余年,终不懈怠。与阴长生一起奉事马鸣生的12人已先后离去,独有他敬礼弥肃。马鸣生为其至诚所感,偕赴蜀青城山中,立坛盟誓,授以《太清神丹经》。阴长生得其术,归家后合丹,举门皆寿。相传在世170余年,颜面如童子。后于平都山白日升天,进入仙界。

魏伯阳

魏伯阳

魏伯阳(约100~170年),东汉时在嵩山修炼的道人,著名道教炼丹家。道家《神仙传》称其为"火龙真人"——一条浑身带火的奇怪的龙。薛大训《神仙通鉴》卷9云:魏伯阳从学于阴长生,为阴之弟子。东汉河南尹密(嵩山密县)人。世袭簪缨,唯有魏伯阳生性好道,不肯仕宦,闲居养性,时人莫知其所从来。魏伯阳修真潜默,养志虚无,博瞻文词,精通纬候,恬淡守素,酷爱道术。视轩冕,如秕糠。据说,他早年在长白山云游时,遇到了一位道行高深的真人,传授给他合炼神丹的秘诀,获古人所撰丹书《龙虎经》,潜行钻研,深得其妙。魏伯阳回到嵩山以后,又在往来京都洛阳和故乡密县之间,得到《三十六水法》、《太清金液神丹经》、《黄帝九鼎神丹经》等"火记六百篇",这些丹经是古人炼丹经验的结集,是古人在人类人体生命科学研究方面的智慧结晶,是东汉时代自然科学尤其是化学、冶炼学发展的里程碑。魏伯阳接受了古人和当时人的炼丹理论之后,魏伯阳就隐居嵩山,修真养性。经过多年无数次的反复实践,获得了真实的经验。由于他的学识渊博,百家皆通,尤其对大易、黄老、炉丹学说,更是精益求精。他在继承古代《龙虎经》炼丹的基础上,亲自反复实践,融会贯通,达到了当时炼丹水平的最高峰。

后来,魏伯阳将自己的炼丹经验著成《周易参同契》、《五行相类》,其说似解释《周易》,其实是借此以论作丹之意,被道教尊为五大经典之一。魏伯阳的思想对道教的炼丹术影响很大,后为道教三元丹法中人元金丹内炼法奉为祖经,史称"万古丹经王"。

魏伯阳认为修丹与天地造化是同一个道理,易道与丹道是相通的。所以能用《周易》的道理来解释炼丹的道理,这使本来就比较复杂的炼丹术变得更加神秘,影响了后世炼丹家的哲学思维。《周易参同契》是一部用《周易》理论、道家哲学与炼丹术(炉火)三者参合而成的炼丹修仙著作,总结了东汉前炼丹术中一些化学知识,虽则内容不多,但却是现存世界讨论炼丹术的最早文献。1932年,广州中山大学化学系教授吴鲁强将《周易参同契》译成英文,引起世界学术界重视,苏联的《苏联大百科全书》和《普通化学教程》都对此书作了介绍;英国李约瑟博士的《中国科学技术史》第五卷第三部分专题探讨《周易参同契》的科学内容,更引起国外学术界的注目。而魏伯阳也被世界公认为留有著作的一位最早的炼丹家。

魏伯阳写成《周易参同契》以后，先后秘密地传授给两个人，一个是青州的徐从事，一个是洛阳市长淳于叔通。徐从事的名字已不可考，"从事"可能是官职名。他是《周易参同契》的第一位注释者，由于不愿扬名显姓，因此在注释本上也隐去了自己的姓名。淳于叔通名斟，叔通是他的名字。他爱好道术，擅长占卜。汉桓帝的时候，曾担任过节徐州县令、洛阳令等职，后来弃官归隐，养性修真去了。《周易参同契》就是通过他们两人而流传下来的。

鲁女生

鲁女生，东汉时在嵩山修炼的道人。长乐人。服胡麻、苍术，绝谷80余年。日更少壮，色如桃花，日能行300里。在嵩高山采药时，忽遇到一个神女，坐山涧中。鲁女生知是神人，稽首乞长生之要。良久，女人曰："我三天太上侍官者也。汝当得仙，故得见我。我授汝宝文秘要，可以威制五岳，役使众灵。"乃授《五岳真形图》与之，并告诉他使用的方法。鲁女生道成后50年，有人见女生于西岳庙前，颜色更少，乘白鹤，寄语谢其乡里故人。事迹见之于《汉武帝外传》。

黄 敬

黄敬，东汉时在嵩山修炼的道人。字伯严，自称地仙，武陵人。少读颂经书，仕州为部从事，后弃官学道。于霍山80余年，后复入嵩山，专行服气断谷，为吞吐之事。能胎息内视，召六甲玉女，吞吞阳符。又思赤星在洞房前，转大，如火周身。相传至200岁，转还少壮。道士王紫阳数往见之，求要言。黄敬告王紫阳曰："吾不修服药，但守自然，盖地仙耳，何足诘问。闻新野阴君神丹升天之法，此真大道之极也，子可从之。人能除遣嗜欲如我者，不可以学我所为也。"王紫阳固请不止。黄敬乃诗曰："大关之中有辅星，想而见之翕习成；赤童在焉指朱庭，指而摇之炼身形；消遣三尸除死名，审能守之可长生，失之不久沦窈冥。"王紫阳受之，遂得长生。晋朝诗人陆云曾作诗《黄伯严颂》。

于 吉

于吉，东汉末方士，早期太平道的理论创建人。于吉又称干吉、甘室。琅琊（今山东临沂）人。据《后汉书》记载，于吉于曲阳泉上得神书170卷，号《太平清领书》（后称《太平经》）。后来，于吉"涉乱迁移"，"出入伊洛"，传播太平道。顺帝时，于吉的弟子宫崇把该书献给皇帝，因不合顺帝之意，顺帝没用；桓帝时，仍没受到重用。《太平经》现已经遗失。据《后汉书·襄楷传》记载，《太平经》以奉事天地、顺应五行为主要内容，也有兴国广嗣的方术，内容非常庞杂。从中可以看到，作者强烈地反对统治阶级聚敛财物，主张自食其力和救急周穷，主张扶弱敬老，爱护女子，还设计了一个实行平等和平均主义原则的乌托邦社会，但他的阐述还不够系统。

肥 致

肥致，东汉时在嵩山修炼的道人，一位蜚声海内、群士景仰的道家人物。梁县（今河南临汝）人。道教早期传承巫术、方术，肥致自称神仙道，炼制服饵金丹，迎合封建贵族，企求长生不老，上天成仙的愿望。同时,又迎合民间占验、预卜吉凶,符水治病的需求。东汉时期,道教盛行。肥致仙风道骨,神通广大,广交古今仙人,教授门徒,声名远播。肥致因擅方术而被召入宫,并受封为"掖庭待诏,赐钱千万"。公元1991年7月由偃师县文物管理委员会在偃师南蔡庄乡北邙山南坡砖瓦窑厂东汉墓中经发掘出土东汉《肥致碑》,就是存放于东汉方士肥致墓内的碑。此碑刻立于东汉建宁二年(169年)五月,碑文记载了方士肥致具有四大神技:一是常舍止枣树上,三年不下;二是"行数万里不移日时";三是"应时发算",除去皇宫中"时有赤气著钟连天。"四是"须臾之顷",从千里之外的蜀郡取回两束葵献给皇帝。碑文还记载了章、和二帝与道教徒的交往。肥致死时,其弟子等人也一同服"石脂"死去。因为缺乏史料,肥致这个人物的许多具体情况,已成为千古之谜。

马元义

马元义

马元义(？~184年),东汉时在嵩山修炼传教的道人,早期太平道的活动家,东汉末黄巾起义领袖。嵩山洛阳人。光和六年(183年),黄巾起事前夕,马元义是黄巾之乱时黄巾军于洛阳的大帅(总指挥),他奉黄巾首领张角之命,在汉朝都城洛阳作起事的准备工作,他的任务是调动荆、扬二州的徒众数万人集中邺城,与朝廷中信奉太平道的宦官和禁军的力量里应外合,准备在全国大起义时,一举占据洛阳。作为早期太平道的活动家,马元义长期在嵩洛一带活动。在马元义的苦心经营下,太平道在嵩山地区迅速发展,许多市民、官吏、甚至皇宫中的宦官,都是太平道的信徒。嵩山地区内的阳城(登封)、阳翟(禹州)、汝州均被列为黄巾起义的主要战场之一,起义前有大量的信徒参与其事。马元义往来洛阳,联合部分宦官和禁军的力量为内应,准备于公元184年(甲子年)的3月5日(甲子日)起事。但起事之前,张角济南弟子唐周叛变,向朝廷告密,泄露了起义计划。马元义于中平元年(184年)一月被捕,被车裂于洛阳,同时被捕的教众有近千人,也由于马元义的失败,迫使张角决定提早于一月起兵发动叛乱。东汉灵帝中平元年(184年),张角发动了黄巾起义。由于此次起事仓促,加上统治者的残酷镇压,很快失败,遭镇压的约有10万余人。

蓟子训

蓟子训,东汉建安年间(196~220年)在嵩山修炼的道人。八仙之首铁拐李的门人。东汉乌程余不乡(今浙江省德清县)人,明方术,解分身之法。有神异之道流名京师。史料记载,尝抱邻家婴儿,故失手堕地而死,其父母惊号怨痛,不可忍闻,而子训唯谢以过误,终无它说,遂埋藏之。后月余,子训乃抱儿归焉。父母大恐,曰:"死生异路,虽思我儿,乞不用复见也。"儿识父母,轩渠笑悦,欲往就之,母不觉揽取,乃实儿也。虽大喜庆,心犹有疑,乃窃发视死儿,但见衣被,方乃信焉。于是子训流名京师,士大夫皆承风向慕之。

汉代时候许多人相信佛家的道理,也有许多人相信道家的宣扬,当然儒家思想更丰富了。而蓟子训,是善于宣扬自己有神技异术的一位名士,当时京城里许多人对他的道术深信不疑。

蓟子训在洛阳时,去拜会一些公卿,一共拜访了很多家。每到一家,他就拿着一斗酒一块肉干,对那些公卿说:"我远道而来,也没带什么好东西,只是略表一下心意。"即使有几百个客人,不停地喝他的酒吃他的肉,他的酒和肉也始终不见少。他离去后,人们都看见白云升起,从清晨到晚上都不消散。当时有个年过百岁的老翁说:"我很小的时候见过蓟子训在会稽的集市上卖药,当时的相貌就是这样。"蓟子训听到了,就不喜欢居住在洛阳,因此隐居起来。魏齐王正始年间,有个人在长安东郊的霸城,见到蓟子训和一个老者一起摩挲秦朝遗留下来的铜人,他们一边抚摸,一边说:"从我看见铸这几个铜人到现在,已经快五百年了啊。"这人赶忙冲蓟子训喊道:"蓟先生留步。"但蓟子训和老者只是并肩应答前行。看着他们似乎走得很慢,但即使是骑着飞快的马也追不上他。

费长房

费长房,东汉时在嵩山修炼的道人。曾为市掾,汝南(今河南上蔡西南)人。曾在嵩山地区学道,云游四方。《后汉书·方术列传》:东汉时有个叫费长房的人,一日,他在酒楼喝酒解闷,偶见街上有一卖药的老翁,悬挂着一个药葫芦兜售丸散膏丹。卖了一阵,街上行人渐渐散去,老翁就悄悄钻入了葫芦之中。费长房看得真切,断定这位老翁绝非等闲之辈。他买了酒肉,恭恭敬敬地拜见老翁。老翁知他来意,领他一同钻入葫芦中。他睁眼一看,只见朱栏画栋,富丽堂皇,奇花异草,宛若仙山琼阁,别有洞天。后来,费长房随老翁10余日学得方术,临行前老翁送他一根竹杖,骑上如飞。返回故里时家人都以为他死了,原来已过了10余年。从此,费长房能医百病,驱瘟疫,令人起死回生。

帛 和

帛和,汉末时在嵩山修炼的道人,"帛家道"的创始者。帛和又名护,字仲理,益州巴郡(重庆嘉陵江北)人。东汉末、三国初时,"帛家道"在嵩山地区兴起。在洛阳因患重病,曾拜师于吉,后又从师于嵩山道士刘根,于嵩山石室中得《三皇文》。之后,便在邙山翠云峰上老子炼丹处布道。帛和"博涉众事,洽练术数",嵩洛道士纷纷向帛和请教修道疑难问题,"帛和即寻声论释,皆无疑碍",遂有"远识人"雅号。帛和功深湛,善隐形和轻功术,后被洛中人称为"神人"。相传他曾入洛阳西城山师仙人王方平,于石室中精思,见古人所刻《三皇天文大字》、《五岳真形图》等,道教列为典籍,视为珍宝。至今《五岳真形图》碑还保存于中岳庙内。帛和在嵩山期间广收徒众,传帛家道,至晋犹盛。帛和最后在邙山修真处辞世,并葬于洛阳北、瀍水西南。

左 慈

左慈,三国魏时在嵩山修炼的道人。字元放,庐江(今属安徽)人。从小就入嵩山修道,有神通,精通五经,有占星和六甲(一种咒语)之术,还有役使神鬼之法。据葛洪《神仙传》记述,他能通儒学五经(《诗》、《书》、《礼》、《易》、《春秋》),擅长星气之学。曹操、刘表、孙策都忌讳他的左道,数次欲杀他,但没成功。后来遇到孙权,孙权知其道术高深,很是礼重。相传左慈曾是葛玄的老师,传授《太清丹经》3卷、《九鼎丹经》1卷、《金液丹经》1卷给葛玄。

据《后汉书》、《搜神记》、《神仙传》记载,魏公曹操听说后召至许昌,把他关在房室中,命人看守,断谷数日,出来后面色如故。曹操想,生民活人没有不吃饭的,左慈也应该是这样,既然不吃饭还能活

下来,必定是左道,就想杀掉他。屡次这样来验试,左慈都是这样,曹操更想杀掉左慈。左慈就逃到嵩山阳城(今登封告成)的山头上,混入羊群中。而追捕的人分辨不出,就命令放羊的人数一数自己的羊有多少,果然多出了一只,才知左慈已变成了羊。左慈得脱后逃往东吴,在天柱山省悟道妙。他传道于葛玄(孝生),玄传于郑隐(思远),隐传于葛洪。

封君达

左慈

封君达,三国时在嵩山修炼的道人。封君达,名衡,陇西人。平时不告人姓名,常因骑青牛往来,闻人有疾病将死者,便过与药治之,应手皆愈。不以姓字语人,世人识其乘青牛,人们称他为"青牛道士"。少好道,通老、庄,勤访真诀,凡图箓传记,无不诵习。后入山服黄精50余年,百余岁往来乡里,视之年如来岁之人,乡人称奇。封君达有练功诀曰:"体欲常劳,食欲常少,劳无过极,少无过虚,去肥浓,节咸酸,减思虑,捐喜怒,除驰逐,慎房事。"据说,曹操行之有效。闻鲁女生在嵩山得真人《五岳真形图》,连年请求之。女生后见授,并具告节度。封君达在人间200余年,乃入玄丘山中,不知所在。临去,以《五岳真形图》传左元放,元放以传葛孝先也。

王　真

王真,三国时在嵩山地区修炼的道人。王真,字叔坚,上党人。少为郡吏,年70岁,乃好道,寻见仙经杂言,说郊间人者,周宣王时郊间采薪之人也。采薪而行歌曰:"巾金巾,入天门,呼长精,噏玄泉,鸣天鼓,养泥丸。"甚得其法,后入洛阳女儿山。

孙　秀

孙秀,西晋时在嵩山传播五斗米道的道人。西晋时,五斗米道在原来太平道活动的地方徐州琅琊郡已经流行,一些士族大家开始奉道,如王氏、孙氏等。"八王之乱"时,孙氏一族中的孙秀成为赵王伦的心腹宠臣,用五斗米道帮助赵王伦作乱。据《晋书·赵王伦传》记载,赵王伦,孙秀一起用巫术迷惑人,听从妖邪之说,命令手下的亲信在嵩山穿着羽衣,谎称是仙人王乔,炮制神仙书来迷惑百姓,还拜道士胡沃为太平将军,以寻求福佑。

魏华存

魏华存(251~334年),晋朝女道士,上清派所尊第一代太师。姓字贤安,道士称她紫虚元君南岳魏夫人。西晋司徒魏舒之女,兖州任城(今山东)人。魏夫人幼小时,随父(父任朝廷官职)长期生活在洛阳,受到良好的家庭教育。平时喜读《老子》、《庄子》、三传五经及诸子百家。幼年时,就接受天师道,羡慕神仙,静默养炼。及年长,耳濡目染天师道的传道经典和方式,以及在洛阳流传的养炼经典,诸如《太平经》和《周易参同契》等,后信道修炼,日益强烈,平时按道教养生丹法服胡麻散、茯苓丸,并且用吐纳气液,摄生静养。家中亲戚往来,她一概拒绝会见。她要求离开家庭,住到一个清静的地方,但遭到了父母的反对。无奈,只好在家中找一偏僻的住室,读道书,静养炼。魏华存24岁时,父母亲强迫她嫁给太保掾、南阳籍的刘文(字幼彦),生了两个儿子。幼彦后来做了修武县令。魏华存内心一直向往道教,崇信越来越诚。待两个儿子长大,于是就和丈夫分居,斋戒别室。她的诚心感动了仙人,忽有一日,清虚真人王褒及众真人降临夫人斋室,说:"你专注三清,勤苦到如此境地,我等受扶桑大帝君之命,特授你神真之道。"于是,让玉女打开玉笈拿出《上清真经》31卷,亲手授予魏华存。这一次,景林真人授魏华存《黄庭内景经》,令其昼夜存念,诵习万遍之后,可洞观鬼神,调和三魂五魄,可致长生久视。授已毕,众真人隐形而去,留言他日将会见于阳洛山(王屋山主峰)中。在此之后,魏华存相继在洛阳、洛山、济源王屋山、修武等地修炼。

魏华存

魏华存一生对道教最大的贡献,就在于创立"上清派",著传《黄庭经》。魏华存在洛阳修真养炼好多年,已获得上乘体验。后来,丈夫刘文去世,中原发生饥荒,魏夫人乐善好施,救济贫饥,得到真人兆示,得知中原将发生大乱,拟携二子渡江南下。魏华存离开洛阳到江南,半途中,盗贼横行,流寇打劫,而魏华存所到之处,都平安无事,逢凶化吉。到南方后,魏华存的两个儿子都十分争气,长子刘璞升安城太守,次子刘瑕任太尉从事中郎将。二子立业,魏华存已无后顾之忧,她独自来到南岳衡山,冥心斋静,潜心修道多年。其间,魏华存曾经"托剑化形而去",重新回到阳洛山二仙洞修炼,道成功满之后,开始讲经传道,以其大德高行,天师道徒推举她为天师道祭酒(高级传教师),领职理教,克尽职守。

魏华存自得到《上清经》后,就勤奋诵习,宣讲教化,形成了以士族知识分子为主体的道教上清派。上清派在炼养方法上,改变了过去从符箓禁咒和烧炼金丹,而为专炼人体的精、气、神以求长生久视之道,成为一套综合医学、仙道、巫术为一体的、以炼神为主的存想静功。魏夫人为了使上清派的炼修功夫深入人心,她把原来在晋武帝太康九年(288年)37岁时接收到的《黄庭内景经》草本,加以修订整理后,并予注述,撰为定本,传抄问世。魏夫人定本的《黄庭内景经》简称《黄庭经》,是早期道教重要的经典之一。

东晋咸康元年(335年),魏华存在衡山集贤峰紫虚阁寿终,享年83岁。传说,魏华存"闭目寝息,饮而不食",7天后一天夜里,被西王母派众仙来迎接她升天。在她升仙的第一天,有一群仙人驾着鹤车来到观前的"礼斗坛"相迎。杜甫在《望岳》诗中说:"恭敬魏夫人,群仙夹翱翔",说的就是这件事。魏华存升天后,被帝封为紫虚元君领上真司命"南岳夫人"。与西王母共同管理天下的天台山、缑山、王屋山、大霍山和南岳衡山的神仙洞府。

在魏华存身后的东晋至唐末,以《黄庭经》为修行要义的道教上清派最为兴盛,魏华存因而被尊为上清派祖师,道号紫虚元君,封号南岳夫人。

郭 璞

郭璞

郭璞（276~324年），两晋之交的方术大师、堪舆家、著名诗人、赋家。其诗被称"中兴第一"，词赋为"中兴之冠"，在我国古文学史上占有重要位置。据《晋书》记载，郭璞，字景纯。河东闻喜（今属山西）人。父郭瑗，晋初任建平太守。郭璞周识博闻，通天文地理，龟书龙图，爻象谶纬、安墓卜宅。有出世之道鉴，善测人鬼情状。相传河东郭公精于卜筮，郭璞拜为师，受青囊中书9卷，其卜筮之术，禳灾转祸，胜于京房、管辂。西晋末年郭璞预计到家乡战乱将起，于是避地东南。过江后在宣城太守幕下任参军，后又从宣城东下，被当时任丹阳太守的王导引为参军。晋元帝即位后，任著作佐郎，迁尚书郎。后任大将军王敦的记室参军。东晋时，郭璞以卜筮之术名闻朝野。王敦举兵，郭璞卜必败，因劝阻王敦图逆，为王敦诛杀，相传三日后开棺无尸，郭璞得兵解之道，已成仙而去。追赠弘农太守。

郭璞对神话传说有着特殊的爱好，把古代神话志怪著作视为至宝，潜心钻研，为开拓、发展中国神话学做出了巨大贡献，被后人奉为中国神话学的开山鼻祖。他曾花费大量时间、精力，为《楚辞》、《山海经》、《穆天子传》等著作做注释。在中国诗歌史上，郭璞是第一个全力创作游仙诗的诗人，一生写有大量的歌咏神仙漫游之情的游仙诗。特别是在嵩山洛阳活动期间，写有多首歌咏嵩山和洛阳的诗。

郭璞著述宏富，撰前后筮验60余事，名为《洞林》，抄京、费诸家精华，重撰《新林》10篇、《卜韵》1篇，注《尔雅》、《三苍方言》、《穆天子传》、《山海经》及《楚辞》、《子虚赋》、《上林赋》数十万言，作诗、赋、诔、颂数万言，皆行于世。

葛 洪

葛洪

葛洪（283~363年），晋朝在嵩山修炼的道人。我国道教理论家、医学家。葛洪，字稚川，自号抱朴子，丹阳句容（今江苏句容）人。葛洪自幼家境贫寒，靠种田和打柴养家糊口。但他学习十分刻苦，常挑灯夜读，尤好神仙养生之法。16岁，他拜师葛玄的弟子郑隐，学习炼丹秘术。晋成帝咸和元年（326年），他曾当过州主簿。后来，他被选为散骑常侍，不就。南海太守鲍靓很看重他，把女儿嫁给他，又把自己的学问也传授给他。后来他辞官不做，遍游名山，想通过炼丹得到长寿。

葛洪一生所著碑诔诗赋百卷，移檄章表30卷，神仙、良吏、隐逸、集异等传各10卷，又抄《五经》、《史》、《汉》、百家之言、方技杂事310卷，《金匮药方》100卷，《肘后要急方》4卷等。葛洪著述篇章富于班马，又精辩玄赜，析理入微。后忽与岳疏云："当远行寻师，克期便发。"岳得疏，狼狈往别。而葛洪坐至日中，兀然若睡而卒，岳至，遂不及见。时年八十一。视其颜色如生，体亦柔软，举尸入棺，甚轻，如空衣，世以为尸解得仙云。

阿夫神

阿夫神，晋时在嵩山修炼的道人。史料记载，阿夫神，阳侯任城魏阳元之女，修武令刘幼彦之妻。幼好道，志慕神仙。相传晋成帝咸和八年（333年），在洛阳嵩山得道成仙，时年83岁。号为紫虚元君，封南岳夫人，故立祠，俗号阿夫神。

鲍 姑

鲍姑，晋时在嵩山修炼的道人。据《墉城集仙录》记载，鲍姑为南海太守鲍靓之女，晋散骑常侍葛洪之妻。其父鲍靓学通经纬，从左慈受中部法及三皇五岳劾召之术，能役使鬼神，封山制魔。鲍姑得父传道要，亦登仙品，后出嫁葛洪，随洪南下广州，居罗浮山炼丹修道，后鲍姑与葛洪相继登仙。

成 公

成公，晋时在嵩山修炼的道人。《博物志》载：晋代嵩山密县有成公，其人出行，不知所至。复来还，语其家云："我得仙。"因与家人辞别而去。其步渐高，良久，乃没而不见。

王玄甫

王玄甫，晋时在嵩山修炼的道人。《真诰》：王玄甫授仙人吞日景之法，积34年乃能内见五藏，冥中夜书。道成，太上遣羽车迎玄甫，乘云驾龙，白日登天。后在玄圃台，受化为中岳真人。

商丘开

商丘开，晋时在嵩山修炼的道人。幼好道，居姑射山，能蹈水火而呑不焦溺，或救覆舟，或噀水而灭火。善丹青，然身常贫。客隐范氏家，诸客莫不狎侮之。范氏一朝家大火，诸客莫能救。商丘开独入火，取锦往还，埃不漫，身不焦。火大炽，对诸客噀水即灭。众方疑其为神人，惭谢。后入嵩山不出。

郗 鉴

郗鉴，西晋时在嵩山修炼的道人。《博物志》载：郗鉴，字孟节，阳城人。能行气导引，辟谷不食，号200岁。《别传》载：阳城郗鉴，少时行猎堕空冢，饥饿，见冢中先有大龟，数数回转，所向无常，张口吞气，或俯或仰。郗鉴素亦闻龟能导引，乃试随龟所为，遂不复饥。百余日颇苦极。后人有偶窥冢中，见郗鉴，而出之。后竟能咽气断谷。魏王召置土室中，闭试之，一年不食，颜色悦泽，气力自若。晋文帝《典谕》载：郗鉴能行气，善辟谷，自王与太子，及予兄弟，咸以为调笑，不全信

郗鉴

之。然尝试之,辟谷百日,犹与寝处行步起居自若也。夫人不食七日则死,而郗鉴乃能如是。议郎李覃学郗鉴辟谷食茯苓饮水,中寒泄利,殆至殒命。至西晋惠帝末,郗鉴犹健强。

元阳子

元阳子,西晋时在嵩山修炼的道人。元阳子,姓姬,自号元阳子,山东海丰人。与弟挺阳同学道,后修炼于嵩山猴氏中。一日,同飞升去。

鲍　靓

鲍靓,西晋时在嵩山修炼的道人。字太玄,东海人,一说陈留(今河南尉氏)人,也有说是上党人。汉代司徒鲍宣的后代,曾官至南海太守。据《晋书》等记载,他5岁时对父母说:"我本来是曲阳姓李人家的儿子,9岁时掉入井中而死。"他的父母就寻访到了李姓人家,一问,果有此事。鲍靓兼学道经和儒家典籍,明晓天文、《河图》、《洛书》,后升迁至南阳中部都尉、南海太守。曾入海遇风,煮白石充饥。《云笈七签》载:西晋惠帝时,著名道士鲍靓登嵩高山,入石室清斋,见《三皇古文》,皆刻石为字。尔时未有师,靓乃依法,以400尺绢为信自盟而受,后传葛洪。《嵩山文献》记载,晋惠帝元康二年(292年),他修道于嵩山石室中,忽有天文大字出现于石壁上,就告玄而受之,此文后为《太上洞神经》所本。鲍靓和著名道士许谧经常往来,还曾和仙人阴长生会面,得受道诀。著名弟子有许迈、葛洪。东晋成帝咸和元年(326年),他将女儿许配给弟子葛洪为妻。享年百余岁。或云年过70岁而尸解。或云后还丹阳,卒葬于召子冈。或云于罗浮山得道。

寇谦之

寇谦之

寇谦之(365~448年),北魏在嵩山修炼的道人,中国道教史上著名道教改革家,新天师道首领。寇谦之,字辅真,生于前秦时期的一个官宦之家,上谷昌平(今北京昌平)人,后来迁居冯翊万年(今陕西临潼),自称是汉朝雍奴侯寇恂的第13世孙。其父寇修之曾任前秦苻坚时的东莱郡最高行政长官太守。其兄寇赞之曾任北魏太武帝时安远将军,官至南雍州刺史,也是一个郡的最高行政长官。

寇谦之少时就喜好仙道,有绝俗之心,开始时是修习五斗米创始人张道陵之孙张鲁之术,服食饵药,即五斗米道的符水,多年没有见到成效。后来,他随方士成公兴到华山修道,又到嵩山居住于石室之中修道。几年后,成公兴外出,嘱咐寇谦之,说:"如果有人送药来,你不要怀疑惊怪,得到后就吃掉。"成公兴走后,果然有人送药,寇谦之一看尽是恶臭之物,就没有吃。成公兴回来后询问时,他以实相告。成公兴叹道:"先生不能得仙!如果投身政治,可为帝王之师。"于是寇谦之便采药服食,隐居守志。

寇谦之在嵩山修炼30多年间,清楚地看到了道教由于五斗米道起义而被统治者大规模压制的现状以及道教的弊端和存在问题的根源,迫切地意识到改革道教的必要性和重要性,深刻地认识到必须从教义、信仰和制度上对道教做深层次、根本性的改革。为此,寇谦之开始了一系列的准备活动。他首先借助神的力量,使自己取得道教统领地位。就是在嵩山这30多年,寇谦之努力形成了新天师道的理论体系,嵩山由此成为新天师道的发祥地。

魏明帝神瑞二年(415年),寇谦之自称太上老君降临嵩岳,授他以"天师之位",令其统领世间道众,并赐给他《云中音诵新科之戒》20卷,让其清整道教。于是,他对道教进行了改造,除去三张伪法,收五斗租米钱税及男女合气之术。寇谦之遂能辟谷,气盛体轻,面色殊丽。后来寇谦之专以礼拜求度为主,以服气食药闭精练气为辅,而加之以服食闲炼。力倡儒道合流,佐国扶命。主张臣忠子孝、夫信妇贞,兄敬弟顺,安贫乐贱,信守五常。

经过寇谦之初步改革的道教实施了一段时间之后,寇谦之感到仅改革道教的教义和科仪还是不够的,他认为道教地位低落的核心问题是没有得到封建最高统治者的认可和支持。于是,北魏明元帝泰常八年(423年),寇谦之又称:老君之玄孙李谱文降临嵩岳,面授他为太真太室九州真师、治鬼师、治民师,统领人鬼之政,并授以《录图真经》60卷,此经专门讲述坛位、礼拜、衣冠仪式,使其"奉持辅佐泰平真君,建立静轮天宫,勾通人神。"奉持泰平真君就是辅佐北魏的最高统治者,这使自东汉建立以来便站在皇帝对立面的道教一下变为封建帝王的拥护者,从而完成了中国道教发展史上的一次重大转折。

自此,寇谦之成了全国道教真正的宗师,以中岳嵩山为基地,对东汉末年张道陵开创的天师道实行了彻底全面的改革,称为新天师道。经过改革后的新天师道,由于符合北魏统治者的需要,得到北魏太武帝拓跋焘及左光禄司徒(宰相)崔浩的支持。魏太武帝始光元年(424年),寇谦之到魏都平城(今大同市)献《录图真经》,崔浩以"辞旨深妙"上疏盛赞。太武帝使谒者奉玉帛牲劳祭祀嵩岳,迎寇谦之山中弟子,并在平城东南建立天师道场及静轮天宫。"于是崇奉天师,显扬新法,宣布天下,道业大行。"

寇谦之曾参与谋划军政,利用宗教帮助北魏统一北方。始光二年(425年),魏太武帝将攻西夏王赫连昌,当时军队的最高将领太尉的长孙嵩极力反对,太武帝转而问幽微于寇谦之,寇答以"必克"。太武帝遂连年出击,消灭西夏、北燕、北凉等割据政权,到太延五年(439年)最终完成了统一北方的事业。太延六年(440年)寇谦之为太武帝祈福于嵩山,据说"精诚感通,太上冥授帝以太平真君之号",帝信之,遂改元太平真君元年。据《资治通鉴》卷123记载,太延七年,即太平真君二年(441年),寇谦之对太武帝说:"今陛下以真君御世,建静轮天宫之法,自古以来,未之有也,应登授符书,以彰圣德。"太武帝便听从寇谦之的奏议,于太平真君三年(442年)亲自到道场接受道教符箓,并正式封寇谦之为国师。从他开始,以后的北魏每位皇帝登基即位,都要亲到道场接受符箓,使新天师道真正成为名副其实的官方宗教。寇谦之不仅自己得到了帝王的崇信,就连他的家族也得到了不同的封赏,他的父亲被追封为安西将军、秦州刺史、冯翊公,他的母亲被追封为冯翊夫人,他的家族宗亲有16位被追赠为太守、县令、侯爵、开国男等,家族受禄的辖区达7郡、5县。

北魏太平真君九年(448年),寇谦之羽化于魏都平城。不久,魏太武帝也与世长辞。早在太延五年(439年)或六年(440年),北魏朝廷就授命左光禄大夫崔浩撰文《中岳嵩高灵庙之碑》。《碑》文记载了寇谦之在嵩山修道30多年,改革道教,奏请太武帝重修中岳庙等事,盛赞魏太武帝和名道寇谦之的丰功伟绩,先称赞魏太武帝:"大代龙兴,拨乱反正。刑简化醇,无为而治。圣上以睿哲之姿,应天顺民,绍降洪绪。是以即位之初,天清地宁,人神和会",接着又表彰寇谦之:"有继天师寇君……高尚素志,隐处中岳三十余年。岳镇主人,集仙宫主表奏,寇君行合自然,才任轨范。于是上神降临,授以九州真师,理治人鬼之政。佐国扶命,辅导真君,成太平之化。"此碑至今矗立于嵩山中岳庙内,成为寇谦之在嵩山修行和改革道教的实物见证。

关于寇谦之在嵩山的活动，《魏书·释老志》《历世真仙体道通鉴》中也均有记载。寇谦之为改革道教而编纂的道教经典，今存《道藏·洞神部·戒律类》，是研究嵩山文化乃至中国传统文化中道家文化的重要资料。清康熙《嵩山志》载，寇谦之在嵩山修道期间，常刻石为记，藏于嵩山之上。唐上元初，嵩山告成县（今登封告成镇）民因上山采药得之献于县府。

成公兴

成公兴，北魏时在嵩山修炼的道人。相传，成公兴为胶东人，字广明，精通九章算术。曾给嵩山道士寇谦之做佣工，一次逢谦之演算七曜，久而未决。于是就指点他用《周髀算经》推算，才得解决。《寇谦之传》载：谦之少习张鲁之术，后遇中岳仙人成公兴，将谦之入嵩山。有三重石室，令谦之居第二重。历年，兴谓曰："我去后，当有人将药来，得但食之。"寻人持药至，皆毒虫秽物，寇谦之惧走。成公兴还问状，谦之惧走。兴还问状，谦具对。兴叹曰："君未便得仙，政可为帝王师耳。"成公兴相伴7年，忽曰："明日中应去。"乃入第三重石室中卒。又明日，尸欻欻而去。

廖　冲

廖冲（471～568年），南朝梁武帝时期在嵩山修炼的道人。《佛家经典》载：廖冲。字清虚。保安人也。梁武帝中大通三年（531年），居连山郡。以才德见称。为本郡主簿。自幼聪慧，及长成，学问渊博，精通诗文、经史。后以才德见称，以研究经书成名。梁武帝时为官主簿、西曹祭酒。善词章，多得梁武帝嘉赏。后辞其印绶，游探道要，居嵩高山，潜心修行。久之，过荆渚，公安二神作妖，起风浪阻船，遂伏之令护船。而渡至南岳，于融顶遇太平真君传道要。复谓二神曰，吾居郴阳作丹，可为吾守炉。他日丹就，汝亦有分。丹成归乡，常乘一虎，执蛇为鞭。年100余岁。光大二年（568年）风云晦冥而升举。

韦　节

韦节

韦节（496～569年），北朝时在嵩山修炼的道人。字处玄，京兆杜陵（今陕西省兴平市）人。本出身于关中名门士族，其家藏书万余卷，世奉嵩山寇谦之新天师道。韦节自幼好古，通晓经传子史及占候之术。年十四，被北魏宣武帝擢为东宫侍书。孝明帝、孝庄帝时，又历任鲁郡、阳夏太守。38岁时，弃官至嵩山，师从天师道法师赵静通，受三洞灵文及神方秘诀。时北方大乱，魏分东西，佛教炽盛，道门衰微，本为神仙福地的嵩山，亦被浮屠栖占，致使"积尸沈魄，秽浊灵山"。赵静通乃谓韦节"可抵商洛岷益间"，而自云当游泰山，或乘桴于海。韦节于是卜居华山之阳，寄庐岩穴，服食丹砂及草木之药，修炼"三一雄一八道九真"功法，人称华阳子。北周武帝曾幸观醮祠,钦尚其风,请受《灵宝五符赤书真文》,特赐号"精思法师"。南朝陈周弘正出使北周,武帝命韦节与其对答,"剖析深微,抑扬三教"。弘正至为叹服,称之曰:"三界杰人",武帝遂改赐号"玄中大法师",复赐太元精舍。天和四年(569年),解化于山中,享年74岁。韦节著述颇丰,尝撰《三洞仪序》,注解《妙真》、《西升》、《庄子》、《列子》、《中庸》、《孝经》、《论语》、《老子》、《周易》等书100余卷(一说80余卷),又读太和真人尹轨《楼观先师传》,复续为1卷。其于楼观道教义的发展及其官方化有不可埋没之功。

邢子才

邢子才(496～约561年),北朝北魏嵩山隐士。名邵,字子才,小字吉少。北魏河间鄚(今河北任丘)人。10岁能属文,少游洛阳,因雨5天读完一部《汉书》。聪明强记,日诵万余言。文章典丽,既博且速。邢邵文词宏远典丽,独步当时,《北史本传》云:"自孝明之后,文雅大盛。邵雕虫之美,独步当时。每一文出,京师为之纸贵。"邢邵虽贵,不以才傲物。尝居一小屋,满置果饵,与宾客共啖内行修谨,亲戚雍穆。仕北魏、北齐两朝,历官骠骑将军、西兖州刺史、中书令、国子监祭酒、加特进等,与魏收、温子升号称三才子,世称"北地三才"。邢子才亦是名无神论者,《北齐书》载其曾说"神之在人,犹光之在烛,烛尽则光穷,人死则神灭"。《北史》评价其"与济阴温子升为文士之冠"。尔朱兆入洛,京师扰乱,邢子才与弘农杨愔,避地嵩高山。后历官至太常卿,兼中书监,摄国子祭酒。

邢子才

邢子才脱略简易,士无贤愚,皆能顾接。有书甚多,而不甚雠校。尝曰:"天下书至死读不可遍焉。能始复校此,且误书。"史载,"子才少有盛名,鼓动京洛,文宗学府,独秀当年。举必任真,情无饰智,疏通简易,罕见其人,足为一代之楷模也。"邢子才著有《文集》30卷,明代人张溥辑有《邢特进集》。

史载,在《北齐文宣帝高洋测字知生死》一文中,当太子高殷将入学时,高洋特请国子监博士邢子才替他起个字号。邢子才思索再三说,字正道。谁知高洋一听大叫,糟了,正字是一止,我儿子恐怕很难继承大统。邢子才慌忙恳求重起字号。高洋长叹:"不用了,这是天意,改了也枉然。"接着,高洋环视众臣,对他的同母弟高演说:"阿演啊,我要是现在杀了你,师出无名,反而落个千古骂名。只求你日后手下留情,要篡位就篡位,可不要乱杀无辜啊。"高演一听跪在地上磕头不止,连说:"不敢,不敢。"高洋死后,高演位至太师,矫诏杀了他的侄子、年仅17岁的高殷和尚书令杨愔,果然如高洋所料。通过这个故事,可见邢子才之神奇。

王远知

王远知(509～635年),隋朝时在嵩山修炼、传教的道人。名琅琊,又名远智,字广德,原籍琅琊临沂(今属山东),后为扬州人。祖景贤,梁江州刺史。父昙选,陈扬州刺史。远知母,梁驾部郎中丁超女也。尝昼寝,梦灵凤集其身,因而有娠,又闻腹中啼声,沙门宝志谓昙选曰:"生子当为神仙之宗伯也。"王远知少聪敏,博综群书。初入茅山,师事陶弘景,传其道法。后又师事宗道先生臧兢。陈主闻其名,召入重阳殿,令讲论,甚见嗟赏。隋炀帝为晋王时,曾多次召见他,俩人谈经论道十分相契。隋开皇十二年(592年),杨广据扬州,厚礼敕见。大业七年(611年),隋炀帝召见于涿州临朔宫,还曾以弟子身份迎见王远知,问以仙道事。炀帝归朝,护驾洛都,下诏让其到京师住持玉清玄坛,诏其在中岳嵩山修斋仪,又把擅长辟谷术的道士宋玉泉、孔道茂等置于他左右,称"四道场"。在嵩山洛阳建道观24座,度道士1100多人。

隋末,王远知在炀帝要顺着新修的京杭大运河到南方去的时候,曾劝过炀帝不要去,但炀帝执意要去。王远知道炀帝此去,天下必大乱,便离开洛阳北上太原,投向李渊。其后,社会上广泛流传"杨氏将灭","天道将改,当有老君子孙治世"的道教箴言,并预言李渊"当为天子",李世民将为"太平天子"等,很多箴言都是出自王远知那里。唐太宗为秦王时,亲授三洞法策于官邸。太宗登极,将加重位,以疾固辞还山,时人称为"王法主"。

贞观九年(635年),敕王远知于茅山置太平观居之,未毕,卒。其年,王远知谓弟子潘师正曰:"吾见仙格,以吾小时误损一童子,不得白日升天。见署少室伯,将行在即。"翌日,沐浴,加冠衣,焚香而寝。卒,年126岁。高宗调露二年(680年)追赠太中大夫,谥升真先生。则天武后嗣圣元年(684年)追赠金紫光禄大夫,改谥升玄先生。著《易总》15卷。事见《旧唐书·隐逸传》。

孙思邈

孙思邈

孙思邈(541或581~682年),唐朝时在嵩山修炼的道人,医药学家。被后人称为"药王",许多华人奉之为医神。京兆华原(今陕西耀州区)人。幼聪颖好学,自谓"幼遭风冷,屡造医门,汤药之资,罄尽家产"。及长,通老、庄及百家之说,兼好佛典。年18岁立志究医,"颇觉有悟,是以亲邻中外有疾厄者,多所济益"。曾隐居于嵩山修道,炼气、养形,究养生长寿之术。并在嵩山的密县、巩义、登封、禹县等地采药行医,与当地名僧道相交友善。隋大业(605~618年)中,游蜀中峨眉炼"太乙神精丹"。唐太宗、高宗数次征召他到京城做官,都辞谢不就,志在山林,终其一生。永淳元年(682年)卒,遗令薄葬,不藏明器,祭去牲牢。宋徽宗崇宁二年(1103年)追封为妙应真人。

唐太宗即位后,召他入京,见到他50多岁的人竟能容貌气色、身形步态皆如同少年一般,十分感叹,便道:"所以说,有道之人真是值得人尊敬呀!像羡门、广成子这样的神仙人物原来世上竟是有的,怎么会是虚言呢?"皇帝还想授予他爵位,但被孙思邈拒绝了。就连当时的名士对他也都十分尊敬,以待师长的礼数来侍奉他。一次,卢照邻问了老师一个问题:"名医能治愈疑难的疾病,是什么原因呢?"他答道:"对天道变化了如指掌的人,必然可以参政于人事;对人体疾病了解透彻的人也必须根源于天道变化的规律。天候有四季,有五行,相互更替,犹似轮转。那么又是如何运转呢?天道之气和顺而为雨,愤怒起来便化为风,凝结而成霜雾,张扬发散就是彩虹。这是天道规律,人也相对应于四肢五脏,昼行夜寝,呼吸精气,吐故纳新。人身之气流注周身而成营气、卫气,彰显于志则显现于气色精神,发于外则为音声,这就是人身的自然规律。阴阳之道,天人相应,人身的阴阳与自然界并没什么差别。人身的阴阳失去常度时,人体气血上冲则发热,气血不通则生寒,气血蓄结生成瘤及赘物,气血下陷成痈疽,气血狂越奔腾就是气喘乏力,气血枯竭就会精神衰竭。各种征候都显现在外,气血的变化也表现在形貌上,天地不也是如此吗?"孙思邈的回答十分精彩,也足见其医学上的造诣颇深。

孙思邈一生不慕荣利,终身不仕,始终隐居学道,以行医为事,在医药学上为后世做出不可磨灭的贡献,影响至深。据传孙思邈擅长阴阳、推步,妙解数术,神应无方。他将道教的养生理论与医学实践相结合,认为人若长寿,就须讲究饮食起居,抑情养性,加以导引食气,食补药补,才能终其天年。他广搜民间药方、验方秘方,总结唐代以前的医学理论和医疗实践,加以分类记载,在医学药物学方面做出了重大贡献,被后世尊为"药王"。他认为服食金丹是"神道悬邈、云迹疏绝"之事,而把炼丹作为制药疗病的手段。认为只要"良医导之以药石,救之以针剂",天下没有不可治愈的病。他的著作有30多部,主要有《千金要方》、《千金翼方》、《保生铭》、《存神炼气铭》、《摄养枕中方》、《千金髓方》等。唐高宗永淳元年(682年)在五台山乘龙飞升。孙真人圣号为"九天采访三界药王天医大圣开元普度天尊。"

由于孙思邈曾在嵩山修炼行医,附近的几个县市都为孙思邈建有药王庙,当地的百姓从唐代祭祀至今。其中,世称药都的禹县(今禹州市)至今流传有"医不见药王不妙,药不进禹州不香。""医不见药王不灵,药不过禹州无味。"药王与药都,是千百年来人们对药王孙思邈与药都禹州的真实写照。

潘师正

潘师正(584~682年),唐朝时在嵩山修炼的道人,上清道茅山宗第11代宗师。字子真,赵州赞皇(今河北)人。家本世代官吏,祖父是北周楚州刺史,父亲是隋朝通州刺史。潘师正崇尚道法,主要是受母亲鲁氏的影响。鲁氏善言明理,及师正能言,即授六经、《道德经》。母卒,建庐于墓侧,以至孝闻名天下。

隋炀帝大业(605~617年)中,潘师正得遇道士刘爱道,就请求向他学道。刘爱道说,我不是不想让你跟我学道,因为要想修炼成道,非跟王远知不可。于是潘师正又师事王远知,隶道士籍,得授《三洞隐诀真文》,随王远知同还茅山。

潘师正

不久,王远知对潘师正说:"嵩阳乃汝修真之地,当及往无疑。"潘师正听从王知远的话,与刘爱道遂入嵩山,"历群岩以选胜,究绝界而择优",庐于太室山逍遥谷,食饮唯青松涧水而已,清静寡欲,修道传道。

上元三年(676年),唐高宗幸东都,礼嵩岳,召见潘师正,高宗尝召问"山中有何所需"。对曰:"茂松清泉,臣之所需,山中不乏。"高宗与天后甚尊之,流连信宿而返。调露二年(680年),高宗亲诣少姨庙,赐谥已故道士王远知为升真先生,赠太中大夫。……又幸逍遥谷潘师正居所,看到其薜荔绳床将要朽腐,又无火炊之具,只有雨瓢贮青当饭,就敕令在此为潘师正建"崇唐观",并在岭上别起"精思院",作为他的住址。初置奉天宫,帝令所司于逍遥谷作门,南面的门叫"仙游门",北面的门叫"寻真门",皆为师正立名焉。当时太常献新乐曲,高宗又令以《祈仙》《望仙》《翘仙》为名。因潘师正的缘故,帝先后赠诗十余首。

在几年内,高宗连续几次会见潘师正。96岁的潘师正鹤发童颜,神采飞扬。高宗更加宗信,殷勤地向他询问三洞、七真的奥义,并封其为太师。随后在太子府为他建"宏道神坛",在老君寿院建"玄元观",高宗亲笔题额。

潘师正一生共在嵩山修炼讲道50多年,他使茅山宗以嵩山为中心,向中原地区迅速发展。永淳元年(682年),潘师正羽化于嵩山隆唐观,时年98岁。高宗及天后武则天追思不已,赠太中大夫,赐谥体玄先生。唐圣历二年(696年)由司功王适撰写、司马承祯书丹的《唐默仙中岳体元先生太中大夫潘尊师碣文并序》刻立在嵩岳逍遥谷隆唐观。潘师正有弟子18人,其中司马承祯、韦法昭、司马子微、吴筠、郭崇真、王大通等都是开元名道,后来王大通及吴筠继承潘师正在嵩山继续修道。

据陈国符考证,《正统道藏》收《道门经法相承次序》3卷,内有唐天皇于中后逍遥谷与潘师正之问答,即唐高宗与潘师正对话录。

刘道合

刘道合(? ~671年或672年),隋末唐初时在嵩山修炼的道人。亦名刘爱道,陈州宛丘(河南淮阳县)人。早怀德逸志,住寿春安阳山。隋末迁居苏山,师事仙堂观道士孟诜,又曾得神人授以"三天正一盟威慑召符契"之法,自此道法灵验。唐高祖武德(618~625年)中,与潘师正同时隐于嵩岳。唐高宗闻其名,敕令于其隐居之所置太乙观以供其居住,并召入宫,深尊礼之。刘道合在嵩山修炼时,在道教中已有很大名气,曾多次在嵩阳崇福宫主持过道场。在高宗将要到泰山封禅时,阴雨连绵不止,高宗让刘道合在仪鸾殿作止雨之术,俄而霁朗,帝大悦,即令驰传,刘道合先上泰山,以祈福佑。后来唐高宗下诏在嵩山建太乙宫让刘道合为之炼九阳还丹。前后所赐甚厚,皆散施于贫者。

后来唐高宗让刘道合为之炼丹,丹成而上之。唐咸亨中(约671~672年)刘道合卒,葬于嵩山。唐高宗欲封禅嵩山,先营建奉天宫作为行宫,迁葬刘道合时,弟子们打开墓室准备启棺移葬,只见刘道合尸体唯有空皮,而背上开拆,有似蝉蜕,尽失其齿骨,众谓尸解。高宗闻之,很不高兴地说:"刘师为我合丹,自己却服之成仙了。"

韦善俊

韦善俊(595~694年),唐朝时在嵩山修炼的道人。其祖先出京兆(今陕西西安),因祖父宣敏为嵩山巩县令,移家遂为巩县人。母初娠,每遇血食则连夜腹痛,遂改蔬食。13岁时即长斋,诵《道德》《度人》《西升》《升玄》诸经。壮年时,到嵩阳观师事黄元赜参悟道法,后又从汝州洞元观道士韩元最学道,又得秘要,后复归嵩阳观。唐高宗调露元年(679年)初,有刘文儿过山之西,见神人长丈余,介甲而坐,见韦善俊来,神人起迎之。从此,韦善俊过坛墟店,遇黑驳犬绕旋不去,因蓄养之,呼为"乌龙"。唐中宗嗣圣年间,寓居嵩山北麓升仙观。后游少林,食以斋饭,僧不悦,韦善俊谢曰:"吾过矣。"韦善俊即乘犬去。望之愈远,犬愈大,长数丈化为龙,世俗谓为药王云。武则天长寿年间逝去,寿百岁。

唐朝诗人皇甫冉写有《少室山韦炼师升仙歌》:

红霞紫气昼氤氲,绛节青幢迎少君。忽从林下升天去,空使时人礼白云。

叶法善

叶法善(616~720年),唐朝时曾在嵩山修炼的道人。官吏。字道元,一字太素。人称"叶天师"、"括苍罗浮真人"。祖籍叶县(今属河南),汉末迁居处州括苍(今浙江丽水)。五世为道士,皆有神术摄养登真之事,以阴功劲召救物济人。有摄养、占卜之术,13岁居父母丧后,历游天下名山福地。寻诣豫章万法师求炼丹、辟谷、导引、胎息之法。15岁,中毒将死,又见青童告以句曲仙人飞印相救。于是远访茅君;又于青城赵元阳受遁甲步玄之术,与嵩山韦善俊传八史云跷之道。后东入蒙山访求隐术,遇神人授书。诣嵩山,神仙授剑。前后得神人授《三五盟威正一之法》、《五岳符图》、《天皇大字》及三洞上清之法甚众,由此潜行阴德,济度死生,声名大振,海内称焉。

叶法善

显庆(656~661年)中,高宗闻其名,征召赴京,将如爵位,固辞不受。求为道士,度于景龙观,多留在内道场,供待甚厚。时高宗令广征方术之士,合炼黄白。叶法善上言:"金丹难就,徒费财物,有亏政理。"遂罢其事。这期间,叶法善常采药并祈祷于嵩山。叶法善常行涉大水,忽沉波中,谓已溺死,7日复出,衣履不濡,云:"暂与河伯游蓬莱。"武则天徵至神都,请于诸名岳投奠龙璧。曾于东都洛阳凌空观设坛醮祭,禁劲魅病,士民大服。东西两京受道箓者,文武中外男女子弟1000余人。所得金帛,修宫观,恤孤贫,无所吝惜。

自高宗、武则天、中宗诸朝历50年,常往来名山,数召入禁中,尽礼问道,始终未曾失掉皇帝的尊崇。中宗复位,武三思尚秉国权。叶法善以频察妖祥,保护中宗相王及玄宗,为三思所忌,遭贬于南海。后移入洪州,率弟子入西山洪崖先生学道之所,行上清隐法。睿宗即位,称叶法善有冥助之力。预知韦氏诈乱,先已闻奏。玄宗登基后,更加信任叶法善,称"屡闻道要","言奸臣窝谋,凶丑僭逆,未尝不先事启沃"(《御制真人碑》)。先天二年(713年)八月,加授金紫光禄大夫鸿胪卿,后又封越国公,兼景龙观主,并赠父爵。但法善不为爵位尊贵所动,仍愿为道士,只是奏请在故乡卯山建道观,唐玄宗准奏,并赐名"淳和仙府"。开元八年(720年)六月三日仙逝,寿104岁(一说107岁)。玄宗下诏痛悼,进赠越州都督,并制像赞,专门作《叶道元尊师碑记》悼念他。肃宗重赞。至宋徽宗政和六年(116年),特封致虚见素法师,宣和二年(1120年),加号灵虚见素真人。弟子甚众,唯尹愔、暨齐物(一作卢齐物)为入室。今存《上清隐书骨髓灵文》,据称为叶法善所传。

传说,张果老是八仙中年迈的仙翁,武则天时,隐居中条山,时人皆称其有长生秘术,他自称年龄有数百岁。《太平广记》记张果老自称是尧帝时人,唐玄宗向术士叶法善询问张果老的来历时,叶法善说:"臣不敢说,一说立死。"后言道:"张果老是混沌初分时一白蝙蝠精。"言毕跌地而亡,后经玄宗求情,张果老才救活他。

司马承祯

司马承祯(647~735年),唐朝时在嵩山修炼的道人,著名道教学者、书画家。司马承祯,字子微,法号道隐,又号白云子,洛州温(今河南温县)人。21岁时师事潘师正,潘师正向其传授符箓及辟谷导

司马承祯

引之术。高宗和武则天驾幸嵩山潘师正居所时,司马承祯也随同受到接见。后来,司马承祯遍游名山,止于天台,隐居在天台山玉霄峰,亲自构筑庐舍,取名众妙台,自号天台白云子。修炼数年后,闻名遐迩。与陈子昂、卢藏用、宋之问、王适、毕构、李白、孟浩然、王维、贺知章为"仙宗十友"。

司马承祯名气渐大,武则天闻其名,召至京都,亲降手敕,赞美他道行高操。等他将要还山时,又敕麟台监李峤饯之于洛桥之东。唐睿宗景云二年(711年)召入宫中,询问阴阳术数与理国之事,他回答阴阳术数为"异端",理国应当以"无为"为本。颇合帝意,赐以宝琴及霞纹帔。当他还天台山时,朝中诗人赋诗以赠,徐彦伯撮其美者为《白云记》。开元九年(721年),唐玄宗派遣使者迎入宫,亲受法箓,成为道士皇帝。开元十五年(727年),司马承祯应诏到洛阳,玄宗问道之后,感觉司马承祯居住的天台山离京师太远,就诏令在河南府济源王屋山为其修建阳台观,让其住持修炼。并按照他的意愿,在五岳各建真君祠一所。

司马承祯的道教思想,吸收儒家的正心诚意和佛教的止观、禅定学说,以老庄思想为本,融合而成道教的修道成仙理论。主张收心守静,坐忘去欲,修服气养形之术。他认为人的天赋中就有神仙的素质,只要"遂我自然"、"修我虚气",就能修道成仙。他将修仙的过程分为"五渐门",即斋戒(浴身洁心)、安处(深居静室)、存想(收心复性)、坐忘(遗形忘我)、神解(万法通神),称"神仙之道,五归一门"。将修道分为"七阶次",即敬信、断缘、收心、简事、真观、泰定、得道。七阶次又可以概括为简缘、无欲、静心三戒,认为只要勤修三戒而无懈退,就能达到"与道冥一,万虑皆遗"的仙真境界,获得长生久视之道。司马承祯是唐代著名道教学者,学术思想在道教史上具有一定地位,他的思想对北宋理学的"主静去欲"理论的形成有一定的影响。司马承祯著述有《天隐子》《坐忘论》《修真密旨》《道体论》《上清含象剑鉴图》《洞玄灵宝五岳名山朝仪经》《坐忘论》《服气精义论》等传世(事见《旧唐书·隐逸传》《茅山志》卷11等)。

司马承祯善篆隶,号金剪刀书,玄宗命以三体写《老子》,刊正文句。文静师尝与承祯隔屏宿,忽闻小儿诵经声,玲玲如金玉响。密窥之,见承祯客上有小日光耀一席,逼听,乃脑中之声也。《黄庭经》云:左神公子发神语,此之谓也。曾铸含象鉴、震景剑以进之。玄宗封泰山,问司马承祯五岳何神主之,他回答说:"岳者,山之巨镇,而能出云降雨,为国之望,然灵仙所隐,别有仙官主之。"于是,玄宗诏五岳别立仙官庙,其形象制度,皆由司马承祯按道经创意为之。

开元二十三年(735年)司马承祯卒,葬于王屋山西北的松台,玄宗赐光禄大夫,谥贞一先生。陆放翁曰:"司马子微师潘师正,师正师王远知,远知师陶弘景。"师正尝语子微曰:"吾得陶隐居正一法,逮汝四世矣。"然则体玄升元,一堂传授,盖道陵符箓之学也,去《道德》远矣。

武攸绪

武攸绪(655～723年),唐朝时在嵩山修炼的道人。武则天哥哥武惟良的儿子,武则天从父武士让之孙。并州文水(今属山西)人。武攸绪,"少有志行,恬淡寡欲。"弘道元年(683年),唐高宗病死,武则天以太后身份临朝称制,掌握了唐朝大权。武攸绪被任命为太子通事舍人。天授元年(690年)

九月,武则天称帝,改唐为周,武攸绪被封为安平王,并历任殿中监、扬州大都督府长史、鸿胪少卿、千牛卫将军等职。武承嗣、武三思、武懿宗等掌权以后,为巩固武氏权势,残酷打击和屠杀李唐宗室和不附己的大臣,更加深了李唐宗室和拥唐大臣对诸武的仇恨。

自幼恬淡寡欲的武攸绪,防盛满,避灾祸,于万岁通天元年(695年)十月,放弃一切官爵,隐居嵩山,在那里从茅山宗道士王昊学道,时年41岁。武则天皇后怀疑他有诈,允许了。然后察其言,观其行。武攸绪在岩石下建自己的房子,如同早就遁世的人。武后派他的哥哥攸宜劝慰他,但攸绪终究不出来。皇后才惊异于他的作为。

武攸绪在嵩山隐居20余年,经常往来于龙门、少室山之间。武攸绪研读《易经》、庄周之书,"以琴书药饵为务"。冬天躲在茅屋里,夏天住在石室中。朝廷所赐的金锅银碗、衣服,王公大臣所赠的鹿裘、白蚊帐、杯盘等,都沾满了灰尘,而不使用。武攸绪在登封颍阳买了田地,让家奴在其中劳作,自己混迹于百姓中。晚年的武攸绪肌肉消瘦,眼瞳中有紫气,白天能看见星星。终武则天之世,整整十年,武攸绪未曾出过嵩山。

神龙元年(705年)正月,唐中宗复位以后,武攸绪曾两次回京,但都很快返回嵩山。第一次,是神龙元年三月,唐中宗以其刚复帝位为由;第二次是景龙二年(708年)十一月,中宗以其爱女安乐公主与武延秀结婚为由,两次派专人带玺书把武攸绪请回京城。武攸绪每次回京,中宗对他都很热情,迎送礼仪非常隆重。但唐中宗让武攸绪做官,他坚辞不受;给他大量赏赐,他一无所取。"亲贵来谒,道寒温外,默无所言。"正因为武攸绪采取与世无争的态度,所以在诸武与李唐宗室为争夺统治权的激烈斗争中,武三思、武崇训、武延秀等先后被杀,"唯攸绪以隐居不予其社祸,时论美之"。唐睿宗李旦继位,特别下敕书褒奖,说他"久厌簪绂.早暮林泉,守道不回,见机而作,兴言高尚,有足嘉称。"唐玄宗李隆基对隐居的武攸绪也很尊重,"令州县数加存问,不令外人侵扰。"

武攸绪在嵩山"从茅山宗道士王旻学道,得其导养炼气之诀。"开元十一年(723年),武攸绪仙逝,年69岁。

吴道子

吴道子(约680～759年),唐朝第一大画家。后世(唐宣宗847年)被尊称为"画圣",被民间画工尊为祖师。道教尊为吴道真君、吴真人。玄宗赐名道玄,画史尊称吴生。嵩山阳翟(今河南省禹州)人。自幼丧父母,家贫寒。曾从唐大书法家张旭、贺知章习书,未见成就,遂改习画,不到20岁就初露才华。曾在韦嗣立幕中当大吏,做过兖州瑕丘(今山东兖州)县尉。漫游洛阳时,唐玄宗闻其名,任以内教博士官,并官至宁王府友,改名道玄,在宫廷作画。开元年间,玄宗知其名,召入宫中,让其教内宫子弟学画,因封内教博士;后又教玄宗的哥哥宁王学画,遂晋升为宁王友,从五品。吴道子才华出众,人物、鬼神、山水、殿阁、花草、禽兽等无不精通,被唐人称为"冠绝于世,国朝第一"。其早年行笔较细,中年后用笔磊落潇洒,线条似"莼菜条",富有运动感和节奏感。其用色淡雅,又常用水墨,《图绘宝鉴》说他画人物时"墨于焦墨痕中,略施微染,自然超出缣素,世谓之吴装"。《画鉴》说他画人物"生意活动,方圆平飞,高下曲直,折算停分,莫不如意。"衣纹用线圆

吴道子

转而飘举,也称"吴带当风"。

吴道子的作品很多,尤以佛道教神像画为最多。据《两京耆旧传》所记,仅他所画的佛道教壁画就有300余幅。据说太清宫、龙兴观、咸宜观、宏道观壁画为他所画。《太平广记》卷212记载,洛阳玄元皇帝庙有其画的《五圣千官图》,被杜甫赞为:"画名著前辈,吴生远擅长。森罗放地轴,妙绝动宫墙。五圣联龙衮,千官列雁行。冕旒俱秀发,旌旆尽飞扬"(见《杜工部诗集》卷9)。《宣和画谱》中收录他的作品有93件,其中道画有:《天尊像》、《木纹天尊像》、《列圣朝元图》、《太阳地君像》、《辰星像》、《太白像》、《荧惑像》、《计都像》、《五星像》、《五星图》、《二十八宿像》、《六甲神像》等等。遗憾的是这些作品均未流传下来。现存苏州玄妙观的太上老君石刻像传为吴道子所作。

李含光

李含光(682~769年),唐朝时在嵩山修炼的道人。李含光姓弘,唐朝广陵江都人。以清行度为道士,居龙兴观。家世业儒。父孝威,号贞隐先生,精黄老之术。唐开元十七年(729年),从司马承祯于王屋山,司马承祯一见目之曰:"真玉清之客也。"李含光居嵩阳20余年。司马承祯亡后,玄宗召诣阙,与语,叹曰:"吾见含光,如司马真人犹然在世。"一日,玄宗问及金鼎,李含光对曰:"道德,公也;轻举,公中之私耳。若忽道德而求生徇,欲则似系风。"玄宗深感异之,赐号玄静先生。大历四年(769年)冬十一月,从蜕于紫阳别院,执简如生时,年87岁。

孙太冲

孙太冲,唐朝在嵩山修炼的道人。唐玄宗年间,身患疾病的唐玄宗李隆基,让嵩阳观道士孙太冲为其炼丹九转,以求长生不老。孙太冲曾在嵩阳观为其炼药制丹。丹药炼成后,李隆基服之,病好转后,于天宝三年(744年)特在嵩阳观立石《大唐嵩阳观纪圣德感应之颂碑》,记述孙太冲炼药制丹的事迹。

萧炼师

萧炼师,唐朝时在嵩山修炼的道人。唐朝著名诗人许浑写有《赠萧炼师》诗,诗中有萧炼师的情况。

赠萧炼师

炼师自贞元初,自梨园选为内妓,善舞《柘枝》,宫中莫有能比者。后闻神仙之事,谓长生可致,乞奉黄老,上许之,诏居嵩南洞清观。至年八十,雪肤花颜,与少无异。诗曰:

闲于独鹤心,大于高松年。迥出万物表,高栖四明巅。

千寻直裂峰,百尺倒泻泉。绛雪为我饭,白云为我田。

静言不语俗,灵踪时步天。

王 旻

王旻,唐朝时在嵩山修炼的道人。号太和先生。居洛阳青罗山,据说已数百岁。葺居幽胜。多植艺术花木。唐高宗时武则天擅权,其侄武攸绪退身远祸,隐修于嵩阳,师事于王旻,得其导养炼气之诀。唐玄宗开元(713~741年)中召王旻至京,见其童颜黑发,颇加恩礼。玄宗先于茅山得杨、许七真及陶弘景所写《上清》诸经真迹,既诣司马承祯受三洞宝箓,后摇诣李含光受《真迹上经》,所阙杨羲笔札十数幅,遣王旻赍诏书信币就紫阳观请李含光补之。及还京,岁余请归旧山。《衡岳志》载云,王旻居衡山,貌如30余岁,其父亦道成,有姑亦得道,尝在衡岳,或往来天台、罗浮,貌如童,唯以房中术致不死,所在俱有异迹。天宝(742~756年)初,诏征之至京师内道场安置。学通内外,玄宗与杨贵妃晨夕礼谒,拜于床下,访以道要,王旻随事教之,然大约在于修身俭约、慈悲为本,又广陈报应,以开其志。玄宗亦信之。与人言谈,随机应对。其服饰,随四时改变,虽长于服饵而喜饮酒,或食鲫鱼,饭不过多,但不食葱韭薰辛酸咸之物。好劝人食芦菔根叶,言"久食功多"。在京累年。天宝六载(747年),南岳道士李遐周恐其留恋京师不出,乃宣言:"吾将为帝师授以符箓。"玄宗因令求之,次年冬至京,劝王旻出,王旻乃请于高密牢山合炼。玄宗许之,因改牢山为辅唐山。王旻与达溪侍郎交善,后王旻仙逝,犹杖履诣达溪,人始知其尸解。著有《山居杂录》3篇。

王希夷

王希夷,唐初时在嵩山修炼的道人。徐州滕县人。孤贫好道,父母终,为人牧羊,收佣以供葬。葬毕,隐于嵩山,师事道士黄颐,向40年,尽能传其闭气导引之术。颐卒,更居兖州徂徕山中,与道士刘玄博为栖遁之友。好《易》《老》,常饵松柏叶及杂花散。景龙中,年70余岁,气力益壮。刺史卢齐卿就谒致礼,访以治人之术。王希夷曰:"孔子称:'己所不欲,勿施于人'。可以终身行之矣。"及玄宗东巡,敕州县以礼征,招至驾前,访以道义,时年96岁。中书令张说访以道义,宦官扶入宫中,与语甚悦。开元十四年(726年),玄宗制褒:"徐州处士王希夷,绝学弃智,抱一居贞,久谢嚣尘,独往林壑。朕为封峦展礼,侧席旌贤,贲然来思,克应嘉召。虽纤绮季之迹,已过伏生之年,宜命秩以尊儒,俾全高于尚齿。可朝散大夫,守国子博士,听致仕还山。州县春秋致束帛酒肉,仍赐衣一副、绢一百匹。"后不知所终。事见《旧唐书》本传。

胡紫阳

胡紫阳,唐朝玄宗时在嵩山传道的道人。司马承祯的再传弟子。俗姓胡,道名紫阳,随州人。胡紫阳8岁时首次经过仙城山(今曾都区府河镇与洛阳镇交界处的现光山),看见那里峰高峻峭、云雾缭绕,仿佛是神仙出没之地,就萌生了出家修道的想法。9岁那年,胡紫阳正式出家,在仙城山静修。12岁时,他已掌握了道家辟谷功法,能够连续多天不吃东西。20岁时,游历了衡山等地,称遇真人授赤丹阳精、石景水母,遂密而修之。拜当时最负盛名的天师李含光为师,潜心学习修炼,终成一代大师。后胡紫阳传箓于嵩山。

胡紫阳修道,声名远播。当时"南抵朱陵,北越白水",其弟子多达3000余人,嵩山高道元丹丘就是其中之一。开元年间,经元丹丘推荐,李白和好友元丹丘来到随州,拜访了胡紫阳。数年后,李白在其代表诗作之一的《忆旧游寄谯郡元参军》中回忆了这次相会:"……不忍别,还相随。相随迢迢访仙城,三十六曲水回萦。一溪初入千花明,万壑度尽松风声。银鞍金络到平地,汉东太守来相迎。紫阳之真人,邀我吹玉笙。餐霞楼上动仙乐,嘈然宛似鸾凤鸣。袖长管催欲轻举,汉东太守醉起舞。手持

胡紫阳

锦袍覆我身,我醉横眠枕其股。当筵意气凌九霄,星离雨散不终朝。"这首名诗中的"黄金白璧买歌笑,一醉累月轻王侯"、"晋祠流水如碧玉"等诗句至今在中学语文课本中被引用。

胡紫阳曾为李白做媒。李白在嵩山活动期间,在河南丞许谏府上认识了故相许圉师的孙女。许小姐才貌出众,且能歌善剑。许谏是许圉师的侄子许力士(原洛州长史)的曾孙。许小姐是由安陆来洛阳作客许府的。当年,英俊潇洒的青年诗人李白很想向已故宰相许圉师的孙女求婚,但苦于找不到有名望的人说媒。胡紫阳获悉李白的心思后,就与"郡督马公"马正公一道前往许家撮合了这段姻缘。开元十六年(728年)秋,李白与许圉师的孙女结婚,先后生女平阳,生子伯禽,夫妇恩爱,相敬如宾,直至开元二十六年(738年)底许氏病故。这10年间,李白与胡紫阳交往频繁,写下了大量诗文,流传至今有《题随州紫阳先生壁》、《冬夜于随州紫阳先生餐霞楼送烟子元演隐仙城山序》等。

天宝二年(743年),应唐玄宗之诏,胡紫阳入宫为太微官使,赐道号:"紫阳真人"。因反对东汉魏伯阳服丹成仙之说,驳斥了种种谬论,自然遭到一些术士的反对和排挤。后以有病为由,奏请皇帝同意,回归故里。临别时他自祭说"神将厌予,予非厌世"。在他走时,王公卿士送及龙门。当他走到叶县(今平顶山市叶县),在王乔祠堂停留时,两眼突然向上好像看到了什么东西,"泊然而化(死亡)"。更奇怪的是,他去世时,"天香引道,尸轻空衣"。当他的尸体运回随州时,看起来依然像活着时候一样。汉东太守裴公亲自在郊外迎接,全城轰动,每天有上万人前往观看。当年农历十月二十三日,胡紫阳葬于城东的新松山,享年62岁。李白受托撰写了《汉东紫阳先生碑铭》,称"先生含弘光大,不修小节。书不尽妙,郁有崩云之势;文非凤工,时动雕龙之作。存也,宇宙而无光;殁也,浪化而蝉蜕"。李白还称"予与紫阳神交,饱餐素论,十得其九",为此"篆石颂德,名扬八区"。

李 筌

李筌,唐朝中期时在嵩山修炼的道人,道教学者。约活动于唐玄宗至肃宗时。陇西(今甘肃境内)人。自少喜好神仙之道,常游历名山,广泛采纳方术。曾在嵩山少室山修道多年,号为少室山达观子。唐玄宗开元年间,先后任荆南节度判官、节度副使、仙州刺史等官。此后,"竟入名山访道,后不知其所"。

李筌主张改革政治,反对占筮迷信,提出"任贤使能,不时日而事利;明法审令,不占筮而事吉;贵功赏劳,不禳祀而得福。"他认为天地为阴阳二气构成,人们应从"天地阴阳之道"去观察事物的变化,"天者,阴阳之总名",万物及人禽草木"俱禀阴阳而生",但阴阳化生万物也有其条件,人们可以利用它来达到自己的目的,从而强调人们必须"执天之道","奉天而行",根据阴阳五行的"自然之理"行事,故又谓"阴阳既形,逆之则败,顺之则兴"。但他并不认为"自然之理"会自然而然地实现,更不能迷信鬼神的作用,必须依靠与发挥人的作用。他还从"地势所生,人气所受,勇怯然也",说明人性和地理环境的关系,并从刑赏能影响人的勇怯得出人性可移、人心可变的结论。在军事上,他认为战争的胜负主要决定于人事。他认为国家须"乘天之时,因地之利,用人之力,乃可富强",并提出"任贤使能"、"明审法令"、"贵功赏劳"等主张。他将人才分为"通才"和"偏才"两种,称"英不能果敢,雄不能智谋"者为"偏才","能柔能刚,能翕能张,能英而有勇,能雄而有谋,圆而能转,环而无端,智周乎万物,而道济于天下"者为"通才","通才"可为"大将军",为"人之司命,国家安危之主",当慎重加以选择。他又强调"任才之道",要任其所长,各有所用:"计谋使智能之士;谈说使辩说之士;离亲间疏,使间谍之士;深入诸侯之境,使乡导之士;建造五兵,使技巧之士;摧锋捕房,守危攻强,使猛毅之士;掩袭侵掠,使蹻捷之士;探报计期,使疾足之士;破坚陷刚,使巨力之士;诳愚惑痴,使技术之士。"他指出"任才之道"乃事关国家存亡之大事,必须郑重从事,国家"得其道而兴,失其道而亡"。相传他精于兵法,强调发挥主观作用,讲究时势必权变,对孙子"知己知彼"之说有许多具体发挥,其思想对后世道家之学、军事学与政治权谋学都有一定影响。

李筌与骊山老母

李筌的理论,基本上以先秦道家、前人道教学说为核心,并很好地融合了法家、兵家的思想,构造出自己的思想体系。他认为"抱一"就是"复本","本"是最高的"道",为"至道"。"抱一复本"就是体认、领悟"至道"的性质和功用,从而与"至道"融为一体。他强调修道者一定要了解"至道","阴阳生万物,人谓之神,不知有至道,静默而不神,能生万物阴阳,为至神矣。"因此,主张人们应该动用道教的方术,以灵明心通晓"盗机"之方法,将自己练就成为无味无觉却又像逐渐生长的婴儿一样,最终与"至道"合一,就可以穷达本源,掌握宇宙,逍遥成仙。

传说,李筌在嵩山修道期间,曾多次得到神的启示。有一天,他在嵩山虎口岩的一个山洞里得到了一卷书,红漆的轴,白帛写的字,盛在玉匣里面,上面题字有:"大魏真君二年七月七日上清道士寇谦之藏诸名山,用传同好。"书名就是《阴符经》,托名黄帝撰。帛快要腐烂了。李筌小心地抄了下来,但看了千百遍也看不懂。有一次他有事到骊山,见一老母,打扮得很奇特,正在看着一棵着火的树,并自言自语地说:"火生于木,祸发必克。"李筌大惊,知道这是《黄帝阴符经》上的话,于是拜老母为师,恳切地向老母请教。老母耐心地教他,直到傍晚。老母从袖中拿出麦饭,叫李筌到谷中取水。等李筌回来,老母不见了,只留下几升麦饭。

后传李筌从嵩山虎口岩山洞所得的《阴符经》,为上清道士寇谦之藏《阴符经》,讲的是修真养性、长生久视,全书300字,在唐代引起了道教的重视,被列为道教五大经典之一,是道徒必诵的经卷之一。今《道藏》中收有《黄帝阴符经疏》3卷,为李筌所作。

李筌另著有《骊山母传阴符玄义》、《青囊括》各1卷,《太白阴经》、《中台志》、《阃外春秋》、《六壬大玉帐歌》各10卷,《孙子兵法注》2卷等。

裴　沈

裴沈,唐朝时在嵩山修炼的道人。《神仙感遇传》载:裴沈,仕为同州司马。云其再从伯自洛往郑州,日晚,道左闻人呻吟,下马披蒿莱寻之,见一病鹤,垂翼俯咮,翅上疮坏无毛,异其有声,恻然哀之。

忽有白衣老人，曳杖而至，谓曰：郎君年少，岂解哀此鹤耶？若得人血一涂，必能飞矣。裴沈颇知道，性甚高逸，遽曰：某请刺此臂，血不难。老人曰：君此志甚佳，然须三世人，是其血方可中用。郎君前生非人，唯洛中胡芦生三世人矣，郎君此行非有急切，岂能却至洛，为求胡芦生耶？裴沈然而返洛中，访胡芦生，裴沈具陈其事，拜而祈之。生无难色，取一石合子，大如两指，以针刺臂，滴如乳下，满合以授裴沈曰：无多言也。及鹤处，老人喜曰：固是信士。乃以血尽涂鹤疮上，言与之结缘。既而谓裴沈曰：我所居去此不远，可少留也。裴沈觉非常人，以丈人呼之。随行数里至庄，竹落草舍，庭庑狼籍。裴沈渴甚，求茗，老人指一土㲯曰：中有少浆，可就饮之。裴沈视㲯中，有杏核一扇，大如笠，中有浆，其色正白，乃力举饮之，味如杏酪，不复饥渴。裴沈拜老人，愿为仆。老人曰：君世间微禄，不可久住。君贤叔真有所得，吾与之友，出入游处，君自不知，今有一信，凭君达之。因裹一幞物，大如羹盎，戒无窃开。共视鹤疮，并已生毛矣。又谓裴沈曰：君向饮浆，当哭九族，但戒酒色耳。裴还洛中，将窃开其幞，四角各有赤蛇出头，乃止。其叔开之，有物如乾大麦饭，因食之，入王屋山，不知所终。裴沈寿至90岁。

王子芝

王子芝，唐朝时在嵩山修炼的道人。《神仙感遇传》载：字仙苗，自云河南缑氏人。常游京洛。闻耆老云，五十年来见之，状貌常如四十许，莫知其甲子也。好养气而嗜酒。故蒲帅琅琊公重盈作镇之初年，王子芝居于紫极宫，王重盈待之甚厚，又闻其嗜酒，日以二杯饷之。间日，王子芝出，遇一樵者，荷担于宫门，貌非常也，意甚异焉。因买其薪，付以高价。樵者得钱，亦不谦让而去。王子芝令人蹑其后以问之，樵者径趋酒肆，尽饮酒以归。他日复来，对王子芝曰：是酒佳即佳矣，然殊不及解县石氏之醪也，予适自彼来，恨向者无侣，不果尽于斟酌。王子芝问樵者曰：石氏芳醪可致否？樵者颔之，因丹笔书符一，置于火上。烟未绝，有小童立于前听命。樵者敕之曰："尔领尊师之仆，挈此二杯，往石家取酒，吾待与尊师一醉。"时既昏夜，门已扃禁。小童谓芝仆曰："可闭目。"因搭其头，人与酒壶偕出自门隙。已及解县，携酒而还。因与王子芝共倾焉，其甘醇郁烈，非世间可比。中宵，樵者谓王子芝曰："已醉矣，余召一客伴子饮，可乎？"王子芝曰："诺。"复书一朱符置火上，瞬息间异香满室，有一仙人堂堂美须眉，拖紫秉简，揖樵者共坐，伴二人痛饮。饮满两巡，二壶且竭。樵者烧一铁箸，以燎紫衣者，云：子可去，时东方明矣，遂各执别。樵者对子芝说："识向来人否？少顷，可造河渎庙祀之。"王子芝送樵者讫，因过庙所，睹夜来共饮者乃河神也。铁筋之验宛然。赵均郎中时在幕府，自验此事，弘文馆校书郎苏税亦寓于中条，甚熟踪迹。其后王子芝再遇樵仙，别传修炼之诀，且为地仙矣。久之，王子芝亦仙去。

卢藏用

卢藏用，唐朝时在嵩山修炼的道人。字子潜。幽州范阳人（今北京一带）。曾隐居终南、嵩山少室二山学习炼丹；为求炼辟谷术，还云游天下名山。他多才多艺。《琴史·卷第四》载："登衡庐，彷徉岷峨，与陈子昂、赵正固友善，善著龟九宫术，工草隶与篆，于琴奕尤用思精远。"

邓思瓘

邓思瓘（？～739年），唐朝时在嵩山修炼的道士，北帝派重要传人。一名紫阳，人称"邓天师"。

抚州南城(今属江西)人。累世居抚州南城麻姑山。父洪嗣,道高于世,开元中诏赠临川太守。故或说"家于临川"(亦属江西)。邓思瓘幼入庐山,中移恒岳,吸沆瀣,濑清冷,乃隐于麻姑仙坛西北为道士。后因省亲,路获神剑,佩之。性刚毅,自负济世之材。唐开元二十三年(735年),唐玄宗下诏求方士,本都别乘李行讳以邓思瓘应辟。玄宗请问所习,雅重其言。常斋太一宫,集玄元教,虑失诸野,思得其人,临遗邓思瓘,使巡江南60郡,冥搜玄览,欲以张皇大道,开觉下人。次年春二月甲子,复命称旨意,正式度为道士,取名紫阳,并赐紫罗法衣,配嵩山洛阳福唐观,兼本郡龙兴观。召入大同殿建醮,进封天师。九月七日,扈从长安,敕安置同德兴唐观。开元二十五年(737年)冬,敕许归觐省,出中使二人监侍。开元二十六年(738年)春,特敕诣嵩山、王屋山、函谷、宗圣及诸名山修功德,所至"神兵降于坛上,庆云集于山下,元鹤徘徊于霄汉,丹芝郁馥于原野"。玄宗闻而嘉之,赐钱帛甚众。二月甲子,一日两诏,皆召7人,初为宫中洁斋,后以真源谒庙。开元二十七年(739年)冬十月七日,邓思瓘随玄宗驾至温泉宫,令太元观安置。子夜过半,忽见虎驾龙车,二神执节于庭中,于是他对门人竹务猷说"吾当从之,此迓我也"。邓思瓘遗言:"吾事亲未终于孝,爱弟未终于仁,请本郡御书仙灵观额及麻姑山置庙,兹事莫遂,奄至形解。圣上倘问于我,君将此辞以闻。"言毕奄忽而化。箧藏手诏30纸,壁挂《老子》5000言,前后所赐法衣7副,钱帛则尽供幡像香油之费,或赒老病贫婆。玄宗闻之流涕,度弟思明为麻姑庙道士,御书辇送还本乡。次年改葬,棺中唯见牙简香炉而已。《临川县志》载:"今相山所祀四仙,邓其一也。"

吴　筠

吴筠(？～778年),唐朝时在修炼的嵩山道人,著名道教学者、文学家。吴筠字贞节,号宗玄先生。华阴(今属陕西)人,一说为鲁中儒士。吴筠少通经史,尤善属文,举进士不第。15岁有志于道学,曾与同好者隐于南阳倚帝山。后入嵩山,师从道教上清派法主潘师正,受授上清经法,苦心钻研,尽通其术。性高洁,不奈流俗。开元年间(713～741年),吴筠南游金陵,访道茅山,东游天台山。

吴筠尤善著述,在剡与越中文士为诗酒之会,所著歌篇,传于京师。玄宗闻其大名,遣使征之。既至,与语甚悦,令待诏翰林。帝问以道法,他回答说:"道法之精,无如《五千文》,其余枝词蔓说,徒费

吴筠

纸札耳。"又问神仙修炼事,答以"此野人事,当以岁月功行求之,非人主所宜适意。"每与缁黄列坐,朝臣启奏,筠之所陈,皆以名教世务,强国富民为本,以达其诚。玄宗深重之。玄宗召见后,待诏翰林,并在京师为其建道院。

天宝中,李林甫、杨国忠用事,纲纪日紊。吴筠知天下将乱,坚求还嵩山,屡请不许,乃诏于岳观别立道院。不久,安禄山欲称兵,又求还茅山,玄宗许之。既而中原大乱,江淮多盗,乃东游会稽。尝于天台剡中往来,与诗人李白、孔巢父诗篇酬和,逍遥泉石,人多从之。

天宝十三年(754年),吴筠进《玄纲论》3篇,自谓道教"总括枢要"之作,言修性养形之理。《玄纲论》继承了老子自然无为的思想,认为"道"为宇宙万物的根源,它具有生成性,而这种生成性本质上是自然而然的,即天地万物的生成根源是自然之道。他的"与道同一"思想,既是一种天人合一的宇宙观,也是一种修道论。关于修道的具体方法,吴筠主张"心静",认为修道在于"平和恬淡,澄静精微"。

代宗大历十三年（778年），吴筠卒于剡中。其弟子邰冀元等共同商议取谥号为宗玄先生。吴筠著有《宗玄先生文集》，收有《神仙可学论》、《玄纲论》、《形神可固论》、《明真辨伪论》、《心目论》、《坐忘论》、《道释优劣论》等重要著作。吴筠工诗善赋，《全唐诗》录存其诗120余首，《全唐诗补编》存其诗3首，《全唐文》存其文2卷。事见《唐书隐逸传》、《仙监》等。唐朝权德舆写有《中岳宗元先生吴尊师集序》。

邢和璞

邢和璞，唐朝时在嵩山修炼的道人。早年喜欢老子的道家学说，善算心术，凡人心之所计，布算而知之。《酉阳杂俎》记载，邢和璞面相清瘦，长于道学，通占卜，身怀怪术，比如能旋转着升至半空中。旋转时，像个大陀螺，白须飘飘。开元二十年（732年）到长安，有许多朝廷高官都来拜访他。房琯曾经请他给自己算过运势，当时人们称他"邢仙人"。擅长方术，占卜和算人年龄。曾对高僧一行说："汉朝时，有位名叫洛下闳的曾造过历书，曾言800年内，必有一日差错，到那时候，必定会有圣人出世修正。算算期限，今年已满，而一行禅师的《大衍历》已经造了出来。由此而论，一行禅师岂不正是洛下闳预言之圣人吗？"《唐书》列传载：邢和璞偏得黄老之道，卜居登封颍阳石堂山紫云龙之涧，著《颍阳书》3篇。

史料记载邢和璞高超方术之事很多，从中略选一二事记之。

邢和璞善长方术，身边常常带有计数的竹签。如果有人请他算命，便用竹签摆成卦形，纵的横的都有，一共要动用一百多根，摆满一床。摆完之后，就告诉人家是吉是凶，是福是祸，说出那人的年龄寿命大小以及官禄，说得极准，像神一般。他能算出人的寿命长短，帮人增寿。又能起死回生，把死人救活。开元十二年（724年），邢和璞至京都。有友人居白马坡下，死已逾日，其母哀之。邢和璞遂将尸放到床上，引衾同卧，闭户良久，起，具汤沐，须臾即活，后不知所之。又崔司马（崔曙）与邢和璞友善，疾笃，闻寝壁有穿穴声，窥之，有微隙，渐大，见一人紫衣大冠坐车中，导从甚多，谓崔曰："邢先生令太乙相救。"言讫而去。疾遂愈。

少闻先人言，房琯太尉祈邢和璞算终身之事，邢言：君若由东南去西北，此行主凶！禄命卒矣。降魄之处，非馆非寺，非途非署。房太尉说："那我到底死在哪儿啊？"老邢呵呵一笑："这是天机。不过，我可以告诉你，病起于鱼飧，棺材有可能用龟兹板做。"后房琯自袁州去汉州，后又调赴长安，途中过阆州，卧疾一处叫紫极宫的道观。恰巧遇到有工人在做木器，房太尉闲来观看，觉得那木料特别，问之，道士称："数月前，有贾客施数断龟兹板，今治为屠苏也。"房始忆邢和璞之言。稍愈，阆州刺史知房太尉路过于此，召会郡斋，进鲙，食毕疾复作，翼日果终。前有贾者，施龟兹板为老君账，因假以为棺。

邢和璞曾在终南山隐居，因名声很大，好道者多卜筑依之。崔曙年少亦随焉。一日。老邢召集弟子们说："过几天，有位异客来拜访我，你们可以每人准备一道小菜儿，放置于亭子里，但你们都得在屋子里待着，不准出来观看。"日子到了，筵席在亭子里摆好，老邢果然请来一客，那客人形容怪异：身长5尺，宽3尺，首居其半。绯衣宽博，横执象笏。其睫疏长，色若削瓜。鼓髯大笑，嘴角能一直咧到耳朵。众弟子于窗后窥视、倾听，异客与老邢所谈的，似乎都不是人间的事。那崔曙偷听着，最后实在忍不住了，从屋里跑出来。异客看到小崔后，笑道："此人莫非是泰山老师？"老邢说："正是。"异客说："转世到现在，跟前生真是有巨大区别哦！"直到傍晚，异客才离去。这时候老邢跟崔曙说："刚才那客人是天帝身边的戏臣。他刚才说你是泰山老君转世，上辈子的事你还记得吗？"崔垂泣言："某实山老师后身，不复忆,幼常听先人言之。"邢和璞这类事极多。后来不知他到哪儿去了。

登封市颍阳镇紫云山中的紫云洞,相传为道士邢和璞隐居地。

田游岩

田游岩,唐朝时在嵩山修炼的道人。明陆柬《嵩岳志》载:京兆三原人。永徽时补太学生,后罢归,游于太白山。每遇林泉会意,辄流连不能去。其母及妻子并有方外之志,与田游岩同游山水20余年。历荆楚、夷陵清溪、山庐其侧。长史李安期表其才,召赴京师。行及汝,辞疾入箕山,就许由庙东筑室而居,自称"许由东邻"。调露中,高宗幸嵩山,遣中书侍郎薛元超就问其母。田游岩山衣田冠出拜,帝令左右扶止之。谓曰:"先生养道山中,此得佳否?"田游岩曰:"臣泉石膏肓,烟霞痼疾,既逢圣代,幸得逍遥。"帝曰:"朕今得卿,何异汉获四皓乎?"薛元超曰:"汉高祖欲废嫡立庶,黄、绮方来,岂如陛下崇重隐沦,亲问岩穴!"帝甚欢,因将田游岩就行宫,并家口给传乘赴都,授崇文馆学士,令与太子少傅刘仁轨谈论。帝后将营奉天宫于嵩山,田游岩旧宅,先居宫侧。特令不毁,仍亲书题额悬其门,曰"隐士田游岩宅"。文明中,进授朝散大夫,拜太子洗马。垂拱初,与裴炎交结,特放还山。蚕衣耕食,不交当世,唯与朝法昭、宋之问为方外友。

田游岩

李 白

李白(701~762年),唐朝时在嵩山寻仙的逸人,最著名的古代浪漫主义诗人。字太白,号"上清鉴逸真人"。祖籍陇西成纪(今甘肃秦安)人。10岁通诗书、观百家,15岁好剑术。击剑任侠,轻财重施。他到处游历,希望结交朋友,拜谒社会名流,从而得到引荐,一举登上高位,去实现政治理想和抱负。可是,10年漫游,却一事无成。这时他已结交了不少名流,创作了大量优秀诗篇。

李白不愿应试做官,希望依靠自身才华,通过他人举荐走向仕途,但一直未得人赏识。他曾给当朝名士韩荆州写过一篇《与韩荆州书》,以此自荐,但未得回复。直到天宝元年(742年),因道士吴筠的推荐,李白被召至长安,供奉翰林,文章风采,名震天下。太子宾客贺知章见其诗文叹为"谪仙人",道士司马子微亦谓"白有仙风道骨,可与神游八极之表"。贺知章荐于玄宗,李白因才气为唐玄宗所赏识,待诏供奉翰林,称"李翰林"。李白尝醉于宫,令太监高力士脱靴,为士深以为耻,乃逸其诗讥杨妃。因不能见容于权贵,在京仅3年,就弃官而去,仍然继续他那飘荡四方的流浪生活。

李白

李白早年,受儒道侠纵横各种思想影响,但浸淫道教至深。他终身学道,孜孜不倦,炼丹、受箓,甚至"余尝学道穷冥筌,梦中往往游仙山。"曾到嵩山、峨眉山、寿山等许多名山寻道访仙。天宝三年(744

年),大鹏之志化为泡影的李白被"赐金还山",不久便隐居山林。次年,并在安陵受道箓当了道士。他受道箓后,就开始学习烧炼外丹和内丹的功夫,同时还写了大量的隐居与修炼相关的诗。如:《山中问答》:"问余何意栖碧山,笑而不答心自闲。桃花流水窅然去,别有天地非人间。"

安史之乱发生的第二年(756年),他感愤时艰,曾参加了永王李璘的幕府。不幸,永王与肃宗发生了争夺帝位的斗争,兵败之后,李白受牵累,流放夜郎(今贵州境内),途中遇赦写下《早发白帝城》。上元三年(762年),李白去世。

李白的一生,除了短短三年左右,没正式官职而以"布衣侍丹墀"的翰林供奉和几个月的永王璘幕僚外,其余的日子,不是隐居就是游历。这是古代一种特殊的道家修炼方法,游历访道,隐居炼丹,修炼吃苦。而修炼的一生,当然是坎坷的一生、磨难的一生,其中包括消业还债、受尽精神委屈。因此,不管他是游历、涉世或隐居,都是修炼的步骤,心性提高的过程。

李白平志慕神仙,学宗老子,一生与仙道结下了不解之缘,其立身行事及诗歌创作深受其影响。无论是在蜀中还是在"仗剑去国,辞亲远游"的漫游途中,他都乐于游名山探仙道,并结识了不少有名望的道士,如司马承祯、吴筠、元丹丘、胡紫阳等。李白很多的诗是祈求神仙之作,诗中多有神仙、紫霞、天宫楼阙、琼阁仙山等仙境的描述,足见李白对道教之倾心和道教对他的深刻影响。后隐居山林的李白在隐逸之思中,人生理想就是成神成仙。它认为,通过修道,使人返本还原,与道合一,就可以成为神仙。这时期,他修行了一系列的道功、道术,包括炼丹之术。

李白之死,历来众说纷纭,莫衷一是。总体可以概括为三种死法:其一是醉死,其二是病死,其三是溺死。第一种死法见诸《旧唐书》,说李白"以饮酒过度,醉死于宣城(安徽宣城市)"。第二种死法亦见诸其他正史或专家学者的考证之说,不能偏信。说当李光弼东镇临淮时,李白不顾61岁的高龄,闻讯前往请缨杀敌,希望在垂暮之年,为挽救国家危亡尽力,因病中途返回,次年病死于当涂县令、唐代最有名的篆书家李阳冰处。第三种死法为《仙鉴》所载:宝应元年(762年),李白在当涂的长江上饮酒,因醉捉月赴水而终,人谓之水解。

而道教则偏重李白于水中捞月而死之说。这一传说已成为李白诗风和人品的象征而广泛流传于世。《旧唐书》记载,李白流放虽然遇赦,却由于途中饮酒过度,醉死于宣城。《摭言》曰,李白着宫锦袍,游采石江中,傲然自得,旁若无人,因醉入水中,捉月而死。南宋前期洪迈的《容斋随笔》(卷3)作了更详细论述:世俗多言"李太白在当涂采石,因醉,泛舟於江,见月影,俯而取之,遂溺死。"从道教的另一角度理解,李白的去世也可理解为尸解成仙,实现了他得道成仙的梦想。尽管他的死法是不解之谜,但他传奇修道的一生,让后人仰望、凝视,见证着他别致的生命回归旅程。

《龙城录》载,唐朝文学家韩愈曾言诗仙李白得仙去。唐朝元和初年(806年),有人自北海来,说:见李太白与一道士在嵩高山上谈笑风生。久之,顷道士于碧雾中跨赤虬而去,李太白耸身健步追及,共乘之而东去。

《广列仙传》、《体道通鉴》载:白龟年至嵩山,遥望东岩古木,帘幕匝地。步至其旁,尊俎罗列。有一人前曰:"李翰林相召。白龟年趋进,见其人褒衣博带,色泽秀发。曰:吾李白也!子之祖乃白乐天也。今相往复,吾自水解后,放遁山林之间,因思故乡,西归,嵩峰中岳帝飞章上奏,见辟于此,掌笺奏已百年矣。"因出素书1卷,遗(赠送)龟年曰:"读之,可辨九天禽语,九地兽言。"

李 泌

李泌

李泌(722~789年),唐朝时曾在嵩山修炼的道人、奇才,杰出的政治家、宗教家、经济家、军事家。字长源,京兆(今陕西西安)人,祖籍辽宁襄平(今辽宁辽阳)。出身显赫,六代人都在朝廷任高官,人称"六代祖弼"。祖上是北魏达官,入唐以来,徙居长安。其父李承休曾任吴房县令,以藏书而著名。李泌幼而聪敏,有神童之誉。玄宗开元十六年(728年)召入禁中问对,时尚年幼。及长博学,善治《易经》,常游嵩、华、终南山,慕神仙不死之术。天宝(742~756年)中,诣阙献复明堂九鼎议,玄宗忆其早慧,召他讲《老子》,得待诏翰林,并供奉东宫。肃宗即位,颇信重其言。

李泌一生忽隐忽仕,充满了传奇色彩。据说,李泌在嵩山修道时,曾遇一高人,对他说:"许你做十年的太平宰相!"。《邺侯外传》记载,李泌在嵩山隐居时,遇见了方仙道的人物:"神仙桓真人、羡门子、安期生降之,羽车幢节,流云神光,照灼山谷,将曙乃去。"临分手时,诸仙人传授李泌"长生、羽化、服饵之道",并一再告诫他:"太上有法旨,因为国运中危,朝廷多艰难,应该以文武之道来佐佑人主,功及生灵,然后才能登真脱展。"从此,李泌经常"绝粒咽气,修黄老谷神之要"。李泌在衡山修道期间,已有高超的道术。据说,他能够多年不吃饭(绝粒),身轻如燕,而且能够让手指出气,这股气可以吹灭烛火。他创制的祭神方式,也为时人所接受:"泌又作中和酒,祭勾芒神,以祈年谷,至今行之。"

李泌在哲学方面,重人事而轻天命。政治方面,他善于协调统治集团内部的关系。安禄山叛乱后,肃宗在灵武继位,李泌冒难奔灵武,向肃宗陈说古今成败的奇谋。后任为右相,但李泌自称山人,辞官秩,但中枢事务、四方文状、将相任免,肃宗均让李泌参与,权逾宰相。李泌眼光敏锐,善于洞察各种政治关系和政治人物的心理,并能做出相应的恰当安排。李泌不但在军事上出谋划策,以智力决胜千里之外,以复长安、洛阳两京,平定安史,居功卓著;而且在当时的李辅国、元载等权佞横行无忌之时,为朝廷选荐、保全了一批将帅,有中唐名将韩晃、李晟、马燧等。

李泌一生4次归隐,5次离京,该仕则仕,该隐则隐,实践了道家的"无我"精神和儒家的"无可无不可"的态度。李泌的处世态度十分机智,充分地表现了一位政治家、宗教家的高超智慧。天宝年间,当时隐居于嵩山的李泌上书玄宗,议论时政,受到玄宗的重视,"令待诏翰林,仍东宫供奉。"然而,却遭到杨国忠的忌恨,说李泌曾写《感遇诗》讽刺朝政,结果送往蕲春郡(今湖北蕲春县)安置,而李泌则干脆脱离官府,"乃潜隐名山,以习隐自适。"后来,他帮助肃宗平叛时,"权逾宰相",招致了权臣崔圆、李辅国的猜忌。李泌畏祸,隐衡山修道,有诏给三品禄,赐隐士服,为治室庐。李泌曾取松樛枝以隐背,名曰养和,后得如龙形者,以献肃宗。四方争效之。李泌无妻,不食肉。代宗时召至京,任为翰林学士,赐居第,诏食肉,并强迫娶妻。德宗朝,李泌官至宰相,封邺侯。贞元四年(788年)八月,月食东壁,李泌认为必伤大臣,而自己以宰相兼学士必当之。次年果卒,年68岁,追赠太子太傅。肃宗曾赞之李泌:"天生此间气,助我化无为。"代宗时李泌别号为天柱峰中岳先生,赐天玉简。著有《明心论》、《养和篇》等,有《李泌集》20卷行于世。

李泌一生都在政治家和高道名隐之间转换,后人评价,他在这两个方面都取得了巨大的成功。作

为一个高道名隐来说,他爱好神仙,曾隐居嵩山、衡山,经过艰苦的修炼,具有高深的道行,在当时的宗教界,是一位极具影响力的人物;作为一个政治家来说,他淡泊明志,宁静致远,历经玄宗、肃宗、代宗、德宗四朝,谋事尽忠,常以智术获胜,自比鬼谷子。参与宫室大计,持黄老鬼神说,运用拨乱反正之道,辅翼朝廷,内外兼顾,运筹帷幄,使国家一次次免祸为安,因得进用,成为肃宗、代宗、德宗三朝天下叱咤风云的重要人物。《三字经》把李泌当成一个典范来启发人们早学:"莹八岁,能咏诗;泌七岁,能赋棋。彼颖悟,人称奇,尔幼学,当效之。"

吴善经

吴善经(731~814年),唐朝时在嵩山修炼的道人。号三洞法师。缙云仙都山(今属浙江省)人。幼从儒学,后读《道德经》,至"为学日益,为道日损",改习四真《灵宝》等经。年17岁(748年),居本郡缙云山。后遍登匡庐、天台、茅山,遂隶太清宫籍,从申冲虚受三洞经法。

《唐书·吴善经传》载:吴善经,嵩山学道10余年,周历幽胜。一日,忽直一洞门,广丈余,高五六尺。徐行入二三里,即觉似浓雾中;又数里,豁然明朗,山川洞开,四顾极远。岩下有道士五六人,奔往礼谒。比至,惟一人在焉。善经拜礼修谒,自幸遭遇,乞延生度世之要。仙者欣然曰:"度世之道,须青箓著名,天挺仙骨,未易言也。然子慕道之志,亦可悯焉。"因指石床上有书数轴,令取一轴来,依教取之。仙者笑曰:"未可教以出世之道,且读此,可于人间整叙经书,辨识文字,以佐王者,增尔善功耳。"即授以指诀,叮咛再三。吴善经了然顿悟,一一详识。即令出山,指以他径。顷之,已在洛下矣。自此,经中玉篆赤书,宝章真诀,展读详熟,与隶书无异。唐宪宗修内殿,于斗拱内得符一函,中外无有识者,召吴善经入内殿示之。披读悉,殿无凝滞。赐以金帛,即令注解以进。

唐贞元年间(785~804年)中,吴善经于宫院立仙坛,德宗赐以篆节幡佩。权德舆《唐故太清宫三洞法师吴先生碑铭》述其师承为申冲虚之师泉清简,"泉君之师曰来君,来君之师曰万君。皆有遗像在开元观"。并称其时,传三景真篆者500余人。吴善经在嵩山洛下,年90余,貌若婴孩,齿发不衰。后游五岳,不知所在。

吴善经所注《道德经》,并著文20篇,"元览至颐,通乎徽妙"。弟子有赵常盈,从其学者有符洞幽、周元德、晏元寿、董太珣等。

贺自真

贺自真,唐朝时在嵩山修炼的道人。贺自真久居嵩山。有文学,为事高古,常焚修精勤。无人知其年龄,然道俗相传,见之多年矣,皆不甚为异。一日,云鹤满空,声乐清亮,贺自真忽飞升而去。时处士陈陶在东都洛阳,见洛城人观望瞻礼,惊叹不已,乃赋诗曰:

子晋鸾飞古洛川,金桃再熟贺郎仙。三清乐奏嵩丘下,五色云屯御苑前。
朱顶舞翻迎绛节,青鸾歌对驻香軿。谁能白昼相悲哭,太极光阴几万年。

元丹丘

元丹丘,唐朝时在嵩山修炼的道人。字霞子,自号丹丘子,叶县人。为茅山派第7代嵩山传人,嵩山名道司马承祯的三传弟子。元丹丘一直在嵩山隐居传道，名播东西两京。后从道于胡紫阳。李白在嵩山寻仙访道期间，先是结识了谯郡参军元演。通过元演，他又结识了元丹丘。元丹丘是个道教中的人物，隐居在河南颍阳山中。只几个月时间，李白同元演、元丹丘便成了莫逆之交，是所谓"海内贤豪青云客，就中与君心莫逆。回山转海不作难，倾情倒意无所惜。"《〈忆旧游寄谯郡元参军〉》为了接受元丹丘的邀请，李白还到颍阳元丹丘家中小住过一段时间。元丹丘的别墅是新营造起来的，风景优雅。北边靠近马岭山，和嵩山相连，南边可以观赏鹿台山，登高远眺，整个汝水流域便可尽收眼底。在元演、元丹丘的陪同下，李白游历了颍阳地区的"北山"、"南岭"，一起观赏了"汝海月"，纵览了"嵩山飞云"。他们半倚半躺在岩旁的古松下，从清晨一直谈到黄昏。临走时，李白为元丹丘的别墅题了诗，即《题元丹丘颖阳山居》。

元丹丘是李白一生中最重要的交游人物之一。李白一生与元丹丘的交游，其时间则始于唐玄宗开元十四年(726年)、止于天宝六年(747年)，前后共21年。李白在这一时期的文学创作与思想变化，均受到了元丹丘较大的影响。由于与元丹丘的交情，李白结识了元丹丘的老师胡紫阳，后亦成为道师好友。

元丹丘是被李白看作是长生不死的仙人，他们志趣相投，交往密切，感情深厚，常在一起谈诗论道。李白曾作有蜚声天下的《将进酒》以及《酬岑勋见寻就元丹丘对酒相待以诗见招》《观元丹丘坐巫山屏风》《寻高凤石门山中元丹丘》《闻丹丘子于城北营石门幽居因叙旧以寄之》《题嵩山逸人元丹丘居》等十几首与之酬赠诗，流传后世。其中，李白在《元丹丘歌》中，写下了对嵩山仙人元丹丘的印象：

元丹丘，爱神仙，朝饮颖川之清流。暮还嵩岑之紫烟，三十六峰长周旋。

长周旋，蹑星虹，身骑飞龙耳生风。横河跨海与天通，我知尔游心无穷。

薛玄同

薛玄同，唐朝时在嵩山修炼的女道人。恭氏，河中少尹冯徽之妻。道号玄同，嫁二十年，常托疾独处，誓焚香念道，别居一室，持《黄庭经》，日三两遍。咸通十五年(874年)七月夜，忽有青衣玉女二人降其室，曰："紫虚元君将亲降于此。"如是凡五夕。薛玄同焚香以候，元君果与侍女降于其室，憩之良久，示以黄庭填神存修之旨，赐九华之丹一粒，谓玄同曰："可八年后吞之，当遣玉女飙车迎汝于嵩岳矣。"言讫散去。薛玄同是冥心静神，往往不食。至广明庚子岁(880年)，大寇犯关。冯徽与玄同寓迹于常州晋陵。中和元年(881年)十月，舟行至直渎口，欲抵别墅，乘流之际，忽见河滨有朱紫官吏及戈甲武士立而序列，若候舟积者，舟人惊骇不进。薛玄同曰："无惧也。"即移舟及之，官吏皆拜，玄同指挥曰："未也，犹俟春中自私第去，无速也。"其官吏遂各散去。同舟者莫究其由。明年壬寅二月，玄同沐浴，饵紫虚所赐之舟，二仙女密降其室，促嵩高之行。十四日夕，终于私第。有仙鹤36只翔集室宇之上。薛玄同尸质柔软，状若生人，额中有白光一点，良久化为紫气。沐浴之际，玄发重生，立长数尺。十五日夜，云彩满室，忽闻雷电震霹之声，棺盖飞起，庭中失尸所在，空衣衾而已。

施肩吾

施肩吾(780~861年),唐朝著名诗人、道学家。宪宗元和十五年(820年)进士,唐睦州分水县桐岘乡(贤德乡)人,字希圣,号东斋,入道后称栖真子。习《礼记》,有诗名。唐宪宗元和十五年(820年),施肩吾参加殿试,被钦点为状元。他在谢礼部陈侍郎云:"九重城里无亲识,八百人中独姓施。"不待除授,即东归,张籍群公吟饯。拍浮诗酒,趣尚烟霞,慕神仙轻举之学。诗人张籍称他为"烟霞客"。以洪州西山,十二真君羽化之地,慕其真风。由于生性淡泊,难耐官场交接,乃只身隐居于洪州(今江西南昌)西山之游惟观,潜心修道。以开成三年(838)正月一日"闭户自修,不交人事"。后在《与徐凝书》中自谓:"仆虽幸忝成名,自知命薄,遂栖心玄门,养性林壑。赖先圣扶持,虽年迫迟暮,幸免龙钟,其所得如此而已。"学道之余,惟以诗酒自娱,其自序诗集《西山集》曰:"二十年烟萝松月之下,饮而不食,肠胃无滓,形神益清,见天地六合之奥。"于此可见其学道后的自得与闲适。施肩吾晚年迁居澎湖。唐懿宗咸通二年(861年),谢世于澎湖,享年82岁。

施肩吾

施肩吾一生著作甚丰,可分诗歌和道家研究两大部分。诗作奇丽隽永,有诗《西山集》10卷、《闲居遣兴诗》100韵。道教著作有《西山群仙会真记》、《太白经》、《黄帝阴符经解》、《钟吕传道集》、《养生辨疑论》、《西山传道》、《会真》等记各1卷。其中《养生辨疑论》收录于《全唐文》中。《全唐诗》也收入其诗作。其养生之说亦见于《道枢》。施肩吾在嵩洛活动期间,著有诗文,惜保存下来的很少。其中,小说《嵩岳嫁女记》收录于嵩山史料中。

王仙君

王仙君,唐朝时在嵩山修炼的道人。唐昭宗天复年间,王仙君自上党云游,经北邙缑氏入嵩山。同侣相接,莫知其所为。王仙君旷度虚怀,淡然无迹,虽放志林谷,飘忽无滞,遂迷其所之。岁余,其门人与其弟侄女自壶关太行,南及嵩少,历询所经宫观,物色求之。乃于嵩山西北绝崖下,见仙君端居嵌窦,晏坐凝然,高耸且百仞,壁立悬绝,非攀援所到。门人等炷香瞻礼,涕泣恋慕。良久,王仙君忽谓曰:"太上以我夙有微功,召为少室仙伯。仙凡路隔,勿复悲恋。"言讫,王仙君腾空而去。

王征君

王征君,唐朝时在嵩山修炼的道人。嵩山太室之阳有碑铭曰:王征君,名元宗,号谷神,唐临沂(今山东)人。殡葬太室山中顶石室。铭其口授,词理真率,生死脱洒,无碍腐滞之气。末云:"风云聚散,山水虚盈;谷神不死,我本长生。"仙风道骨,犹或见之。

田鸾

田鸾，唐朝时在嵩山修炼的居士。传田鸾为柏叶仙人。长安（今陕西西安）人。出身士族，至田鸾家富。兄弟五六人，皆年未至30而夭亡。田鸾25岁，母甚忧虑，鸾亦自惧。常闻道士有长生药，遂入华山，求问道士。有道士对他说，柏树即长生药。田鸾乃取柏叶曝干为末服之，稍节荤腥味。服至六七十日，但觉时时烦热。至二年余，发热病，头目如裂，周身生疮。至七八年，热疾更甚，其身如火，人不敢近，都能闻到柏叶气，诸疮溃烂，黄水遍身如胶。母以为他必死，而田鸾却于斛中沐浴而寝，三日后身下谒疮皆已扫去，眉须绀绿，顿觉耳目鲜明。自称睡梦中遇道士引谒上清，遍礼古来列仙，都说"柏叶仙人来此"，并授以仙术。田鸾自此绝粒，不思饮食，隐于嵩阳。至德宗贞元末年，年已123岁。而有少容，忽告门人，无疾而终。人以为尸解。

焦静真

焦静真，唐朝时在嵩山修炼的女道人。世称焦炼师，生于齐梁时。焦静真隐居嵩山，羽化成仙，非常有名。据说焦静真已经200多岁了，其年貌只有五六十岁的样子。她于嵩山修上清法，常胎息绝谷，居无室庐，游走如飞，悠忽万里。世或传其入东海，登蓬莱，竟不能测其往也，人称"神人"。《续仙传》载云："女真焦静真经海诣蓬莱求师，至一山，见道者指言曰：天台山司马承祯名在丹台，身居赤城，真良师也。静真既近，诣承祯求度，未几升天。"

焦静真在嵩山修炼期间，当时在嵩山的诗人李白、王昌龄、李颀、钱起、王维等名家，处于对焦炼师的敬佩之意，皆写有诗赞。其中，李白访道嵩山期间，闻焦静真之仙风，登少室山36峰，寻师，终究未悟。为此，他写下了《赠嵩山焦炼师》一诗：

二室凌青天。三花含紫烟。中有蓬海客，宛疑麻姑仙。
道在喧莫染，迹高想已绵。时餐金鹅蕊，屡读青苔篇。
八极恣游憩，九垓长周旋。下瓢酌颍水，舞鹤来伊川。
还归空山上，独拂秋霞眠。萝月挂朝镜，松风鸣夜弦。
潜光隐嵩岳，炼魄栖云幄。霓裳何飘摇，风吹转绵邈。
愿同西王母，下顾东方朔。紫书傥可传，铭骨誓相学。

刘德本

刘德本，唐朝时在嵩山修炼的道人。字孝叔，人称"刘仙翁"，鄂州（治所在今湖北武汉市武昌）人。好古多能，曾篆书写六经子史。家豪富，不求仕进，往来大江商贩。唐僖宗乾符二年（875年）后，黄巢陷鄂州，刘德本遂携家舍舟陆行。时岁大饥，饿死者甚多。刘德本以其所贩米数万石赈济饥民，全活万余家，死者得葬，远近推仰。后避乱庐山五老峰下，有鹿裘道士来访，一同入深涧丹井，游洞天仙境。遇九天使者真王之侍卫，告诉严持戒行，澄莹心神，济物利生，必垂超度等意。自此，刘德本遍游五岳名山福地。据称，忽一日在中岳乘鹤仙去。

麻道士

麻道士,唐朝时在嵩山修炼的道人。麻道士,不知姓名。常年居于嵩山修炼,亦历仕途而退隐者。唐代著名诗人卢纶曾写有《嵩山麻道士》一诗:

开云种玉嫌山浅,渡海传书怪鹤迟。阴洞石幢微有字,古坛松树半无枝。

卢纶又诗曰:几年亲酒会,此日有僧寻。学稼功还弃,论边事亦沉。

田璆 邓韶

田璆 邓韶,唐朝时在嵩山修炼的道人。《嵩岳志》载,田璆与其友邓韶博学能文,皆以人昧,不能彰其明。家于洛阳。唐代元和年间,中秋之望,携榼出门,求望月地。遇二书生,邀人别庄,飞泉松桂,奇草异花。顷见群仙相会,歌诗和乐。复出来时,惟见嵩山嵯峨。比归家,已岁余。其家人招魂葬于北邙之原,坟草宿矣。于是田璆、邓韶捐弃家室,同入少室山修道。

冯道人

冯道人,唐朝时在嵩山修炼的道人。冯道人,不知姓名,人称冯炼师。唐朝著名诗人崔曙在嵩山活动期间,闻冯道人之事,在其中诗《寻冯炼师不遇》中云:"更值空山雷雨时,云林薄暮归何处。"唐代时嵩山有三炼师焉,焦炼师居凡顶之石堂,萧炼师居嵩南之洞清观,冯炼师不著其居,或中岩下之炼师庵,为冯居欤。

应 靖

应靖,唐朝时在嵩山修炼的道人。应靖,又称靖长官。唐僖宗时为登封令,有惠政。黄巢犯东都,分兵徇属邑,登封吏民惶惧无计。应靖曰:"吾邑无郛,库无后,廥无粟,何以守乎?"应靖率吏民住嵩高山,自为殿。贼追及,应靖力战以捍之,贼解去,登封之人获全。应靖既而弃官学道,遂仙去。隐其姓,以名显,故谓靖长官。宋哲宗元祐中,刘几常遇嵩高山中,天姿疏散浩然也。靖长官尝以道授黄蓬石。有格非者,仕至2000石,少慕清高,亡何亦见长官于大蓬山飞仙岩,自是数至。靖长官喜抵掌谈笑,饮酒至斗余,然静坐立亡,倏忽千里,不可测度。一日,靖长官过,格非、吕真人寻浮空而至,并坐语。格非遽起,再拜,求指教。真人曰:"子自有师矣。"格非志不笃,已而不能悉知长官言,以疾终焉。

裴元静

裴元静(? ~854年),唐朝时在嵩山修炼的女居士。缑氏县令裴升之女,户县尉李言之妻。幼而聪慧,母以诗书示之,皆诵之不忘。及笄好道,请父母别置一静室,披戴道服,父母亦崇道,深念许之。日以香火瞻礼道像,若别有女伴相谈,父母窥见,却不见人。年20岁,不愿嫁,唯愿入道修真,以求度世。父母逼之以归李言,妇礼臻备。未过一月,裴元静告诉李言:"以素修道,神人不许为君妻,请绝俗。"李言亦早慕道,从之,任其独居静屋焚修。夜中闻笑声,李稍疑。潜壁隙窥之,见明光满室,异香芬馥,有二女子年十七八,凤髻霓裳,姿态婉丽,侍女数人,皆云髻绡服,绰约在侧。李异之而退。及旦间,元静答曰:"此昆仑仙女,慎勿窥也。然元静与君宿缘甚薄,非久在人间。念君后嗣未立,候上仙来,当为言之。"后,一夕,有仙女降李言之室。经年,复降,送一儿于李,言"此君之子也,元静即当去矣。"后,二日,有五云盘旋,仙女奏乐,白凤载元静飞升,向西北而去。

边洞元

边洞元,唐朝时在嵩山修炼的道人。洛阳人。幼慕老庄,因隶籍为道士。凡游四方,以卖药自给。登嵩山崿岭,遇一书生,以木简负数册书,又携酒一大壶,同憩于古松之下。边洞元问他:"君何往?"书生答曰:"往嵩阳肆业。"复曰:"壶中酒,命师饮之,可乎?"曰:"幸甚。"于是连饮十数杯,洞元乃醉。书生曰:"小子有术,可与师醒酒,然慎勿惧之。"遂取一木简摩拭,俄而化为剑,对他说:"欲借师之肝胳之可乎?"边洞元惧而醒,乃俯伏乞命。书生曰:"观子有仙风道骨,然未有所遇。"遂挥剑浮空而去,掷下书一卷,对洞元曰:"收之,请相访于五云溪。"边洞元展开是数幅纸,五彩画研茶槌 20 枚,殊不晓其意。纸尾有岭书生作诗一首《示边洞元》:

邂逅相逢崿岭边,对倾浮蚁共谈玄。拟将剑法亲传授,却为迷人未有缘。

边洞元感叹不遇,皇皇若有所失。神仙授剑法而未悟,久之归洛阳,乘醉入水,不复出。后其法属、亲友自衡湘来,言边洞元在南岳观中,托附书至洛阳。亲旧辨其墨迹,乃边洞元亲笔,好事者传为水解。

另有《畿辅通志·边洞元传》载,唐玄宗开元(713~741年)末,一老叟赠予边洞远丹药,服之白日升天。

谭峭

谭峭

谭峭(860 或 873~968 或 976 年),唐末五代南唐时在嵩山修炼的道人,著名道教学者。《唐书》本传载:谭峭,字景升,号太极子。福建泉州府清源县(今属莆田市)人。其父谭洙,唐国子监司业,乐善好施接济贫人,在地方上颇有名声。谭峭幼而聪慧,博闻强记。经史子集,典章故事,莫不博览,小小的年纪却博得了"神童"雅号,在邻里乡党间流传。其父让其应进士考试,以便走"学而优则仕"的道路。而谭峭不愿走做官的路,却醉心于黄老诸子以及道教典籍,遂弃家学道,遍游终南、太白、太行、王屋、嵩山、华山、泰山诸名山不复归。其父驰书责之,谭峭复信说:"茅君昔为人子,亦辞父学仙,今峭慕之,冀其有益。"父知其求道心坚,亦无可奈何;而心常念之,每遣家童寻访,并寄以衣物钱帛。谭峭一无所留,衣物赠予贫家,钱帛置于酒肆。人问,答曰:"何能着得?盗之所窃,必累于人,不衣不食,固无忧也。"

谭峭师随嵩山道士十余年,专炼吐纳、胎息、导引之功和辟谷养生之术,达到了道教高层功夫,可不食人间烟火,专靠采晨露仙药餐松饵术,栖息烟霞来维持生计。谭峭嗜酒成性,周游无方。寒暑无侵,夏日穿皮衣,冬日着单衫,或整日卧于霜雪之中,人以为已死,视之,呼吸如故,气出蒸然。后去南岳深山炼丹,3年炼成金丹,服之入水不濡,入火不灼,并能隐身潜化。乃入青城山不复出。每行常吟诗曰:"线作长江扇作天,鞭鞋抛向海东边。蓬莱信道无多路,只在谭生拄杖前。"

谭峭在嵩山修炼得道之后,西游终南山,于后周世宗显德四年(957年)著作《化书》110篇。《化书》以"道"为最高范畴,认为无限多样的世界统一于"道"。"道"的变化,乃是万物发生、发展和衰亡的根源。他认为世界起源于"虚"。道是由"虚化神、神化气、气化形",然后再由"形化气、气化神、神化虚",于是万物复归于"虚"。道即是"虚实相通"的精神境界,修道者经常保持此境界,就可以"无生死",达到神化。并讨论了社会的演化、动乱等问题。认为人类社会的早期阶段,没有尊卑和争夺,人们友好相处。以后有了分化,有君民、贵贱之别;在上者穷奢极欲,聚敛不已,刑戮不止,遂激起人民的反抗。为此,他主张无生死、黜是非、齐昏暗、忘祸福,泯灭一切事物的差别,达到"大同"。他还同情劳苦大众,主张"均食"、"尚俭"而致太平,期望建立一个无剥削、无压迫、共同劳动、共同享受的"太和"社会。《化书》是唐末五代由乱思治的代表作,它运用道教哲学思想和儒家伦理观念,以类推比附的手法,从事物的变化中,说明修道成仙的思想,探寻社会治乱的因由,并指出实现太平治世的道路。

朗然子

朗然子,宋初时在嵩山地区修炼的道人,道家学者。朗然子名刘西岳,也为刘希岳,字秀峰,又字望嵩,朗然子为其号,生于唐末漳水(一说龙溪,今福建)的名门望族,早年中举,后萤窗十年,两次应试未中,40岁弃家入道,已是满面皱纹,鬓发斑白。朗然子入道之后,阅读道教典籍,在访观问道的浪迹生涯中,得到异人的指点,遂开始修炼道家功法。大约在他45岁时,来到嵩山,选定了嵩山洛水南岸的通元观(今安乐栖霞宫)传道。相传,朗然子入观之后,勤于修炼,足不出观,勤苦修炼内丹派"周天功",不到10年时间,这位半路出家的举人,竟然达到功成道圆的境界,身体也发生了异变:原来斑白的鬓发变黑了,脸上的皱纹不见了,身体强健有力了,看上去俨然一个壮汉。西京洛阳中的道士,得知朗然子功法大成,不少人前来拜访取经。来来往往的人群,使昔日寂寥的古观,成为洛阳的一个大市,变得川流不息。据记载,有一天,朗然子要离观远行,不少道俗信众来送他,只见他拥衲端坐,闭目养神,可是忽然又不见了踪影,接着一阵蝉声震耳欲聋,众人抬头向村上看去时,又见树梢祥云缭绕,朗然子端坐云端。

道教有内外丹功,东汉以来都有修炼。至唐代,外丹修炼达到高峰,但由于几位皇帝服食以后暴亡,外丹功大受其挫,内丹功遂逐渐被重视起来。朗然子所炼的功法为"周天功",是内丹派。朗然子对道教的贡献主要是在修炼的实践和理论方面。朗然子著有《悟真经诗》30首传世,此书为修炼内功经验的总结。至今,有一定的科学研究价值。

朗然子修炼非凡,事迹灵异,隐世百载,后于西京洛阳桃花坊通元观无疾而终,时在宋太宗端拱二年(989年),敕改通元观为集真观。政和元年(1111年),集真观主张道言,小师周抱真将朗然子诗30首刻石5块,存于观内。宋徽宗敕改集真观为万灵朝元宫。

郑 孺

郑孺,宋朝时在嵩山修炼的道人。一名清恺,号翠房。荥阳人。少慕仙道,矢志修真。闻白玉蟾在武夷,不惜千里之遥,跋山涉水前往拜访,然不遇。于是转而去罗浮山,师从朱橘,得授内炼丹诀,云"气归脐为息,神入气为胎。"遂笃志修炼,日有所进,终于能绝粒休粮,辟谷食气,所谓"不食亦不饥,气力百倍。"世传仙宫中有寥阳之殿、蕊珠之阙、翠英之房,"道君在中而说经",郑孺心中向往,因改名为清恺,号翠房,并正式出家为道士。后复往三山天庆观,见白玉蟾,即拜为祖师,恭谨求学,尽得其传,及归冲虚。

张润之

张润之,宋朝时在嵩山修炼的道人。张润之,新郑人。少耽玄学,结庵于新郑西兴寺前,遇神至授以炼精服气之术,栖真40余年,后于宋政和年间仙去。新郑旧有其遗迹升仙台。

贺兰栖真

贺兰栖真,宋朝时在嵩山修炼的道人。五代北宋谯国(今安徽省)人。师事骊山白鹿观主冯洞元出家为道士。"善服气",内练功甚深,乃至不避寒暑,常常绝食,臻于"辟谷"佳境,超然尘俗,自言百岁,善服气,不惮寒暑,往来不食,或时纵游市廛间,能啖肉数斤。贺兰栖真隐身岩壑,潜心道法,仙骨飘飘;时或纵酒,开怀豪饮,儵然街市,偶"能啖肉至数斤",活脱脱一方外高道潇洒自如之貌,令遇之者颇有"异人"之感。玄游访道至终南山,居嵩山紫虚观,与同中书门下平章事(即宰相)张齐贤为方外之交,关系甚厚,往来颇繁。后徙济源奉仙观。深涪老庄,精于服辟谷术。近百余岁仍稚颜鸦鬓,轻身矫健。景德二年(1005年),宋真宗诏访天下奇士,内侍省(掌侍奉宫廷内部生活事务)官员李怀赟奉命召贺兰栖真入朝廷对答朝政。真宗问曰:"知卿有点化术,可言之。"贺兰栖真不自夸其道法如何高明,而答称"臣请言帝王点化之术,愿以尧舜之道点化天下,可致太平。"并恳请真宗切勿听信"方士伪术"。其所谓"尧舜之道",当指"尧舜垂衣裳而天下治"的无为之道,此乃道家修行最高境界,足见贺兰栖真长期修炼已得"道"旨。真宗闻言"大奇",对贺兰栖真愈加礼敬。作二韵诗赐之,封号宗真大师,并赐以紫服、白金、茶帛、香药等;特免贺兰栖真所在道观之田租,且度其随从为道士。不久后,贺兰栖真请求返回旧居。真宗大中祥符三年(1010年)贺兰栖真仙逝,享年113岁。据称其时大雪三日,而栖真"顶犹热,人皆异之。"其事迹见《宋史》本传。

种 放

种放(955~1015年),宋朝时在嵩山修炼的道人,画家、易学家、教育家。字明逸(一作名逸),自号云溪醉侯。洛阳人。父种诩,宋吏部令史,后调补长安主簿。名将种世衡之叔父。深通《易》学、不事科举。父死,奉母隐居终南山豹林谷多年,以讲习为业,从学者甚众,以教授学生之所得养母。淳化初,诏使召之,其母恚甚,种放称疾不起。太宗嘉其节,赐缗钱,使养母,不夺其志。咸平元年,母卒。咸平五年(1002年)宰相张齐贤之弟推荐,以幅巾见。帝命坐与语,大悦。真宗朝由翰林学士宋湜与钱若水、王禹偁荐入朝廷,赐官左司谏、直昭文馆,授右谏议大夫。咸平六年春,辞归终南山,帝亲制诗送之。后经常往返于终南山与朝廷之间,每到京师,秦、雍生徒多从而受业。大中祥符元年(1008年),判集贤院。从帝封泰山,拜给事中。四年(1011年),从帝祠汾阳,拜工部侍郎。景德、大中祥符年间,屡诏至阙下,每有询问,皆据经以对。晚年移居嵩山天封观侧,帝命内侍就兴唐观基,起第赐之。大中祥符八年(1015年)十一月的一天,种放起床后,烧掉所有诗文奏疏,穿上一身道士服,"召诸生会饮于次,酒数行而卒",年61岁。赠工部尚书。种放终身未娶,没有子嗣。真宗闻知嗟悼不已,亲自制文,派内侍前去致祭。

史料记载,种放是太极图的传承人。《书史会要》卷六载:居华山,为陈抟弟子。陈抟(？~989年),五代宋初一位道学大师,常隐华山。他受《易》于麻衣道者,得所述《正易心法》42章。陈抟弟子中,有洛阳人种放,常居嵩山天封观。种放精通道学,又善书画,有名画《山居图》和诗句传世。南宋朱霞(约1127年前后生存)著《汉上易解》云:"陈抟以《先天图》(太极图)传种放,放传木穆修、修传李之才,之才传邵雍"。

种放曾上《时议》13篇,议论政事。种放晚年以所得禄赐,广置田地,纵子弟恣横,甚至倚势强买,门人亲属也多行不法,为时论所讥。种放好诗,有集6卷。著有《退士传》、《蒙书》、《嗣禹说》、《表孟子》、《太乙祠录》、《种明逸集》、《种隐君小集》等书传世。

许昌龄

许昌龄,宋朝时在嵩山修炼的道人。欧阳修文集中称"许道人"。《西清诗话》称其为"真神仙中人也。"《宋史》本传载:许昌龄,字安世,许旌阳真人(许逊)后裔,早得神仙术。《西清诗话》载:登封颍阳石堂山,一峰雄秀,上有石室,即邢和璞算心处也。宋英宗治平(1064~1067年)中,许昌龄闻其奇,策杖来居焉。时北宋文学家欧阳文忠(欧阳修)在嵩山守亳社,公生平不道释,闻之,邀至舍与语,豁然有悟,即时赋诗一首《赠许昌龄》:

绿发方瞳瘦骨轻,飘然乘鹤去吹笙。郡斋独坐风生竹,疑是孙登长啸声。

一日,欧阳修问道,许昌龄告以"公屋宅已坏,难复语此,但明了前境,犹庶几焉。"又说公昔游嵩山见神清洞事,欧阳修默有所契,又写诗《再赠许昌龄》:

南庄相对北庄居,更卜深山十里余。幽路每寻樵径上,真心还与世情疏。

云中犬吠流星过,无外鸡鸣晓日初。昨日有人相问讯,旋将落叶写回书。

史料记载,欧阳修对许昌龄屡屡相赠。他的《赠嵩山许道士》一诗为:

洛城三月乱莺飞,颍阳山中花发时。往来车马游山客,贪看山花踏山石。

紫云仙洞锁云深,洞中有人人不识。飘飘许子旌阳后,道骨仙风本仙胄。

多年洗耳避世喧,独卧山岩听山溜。至人无心不算心,无心自得无穷寿。

忽来顾我何殷勤,笑我白发老红尘。子归为筑岩前室,待我明年乞得身。

欧阳修与许道人有过多次交往。其中,欧阳修在《送龙茶与许道人》中写道:

颍阳道士青霞客,来似浮云去无迹。夜朝北斗太清坛,不道姓名人不识。

我有龙团古苍璧,九龙泉深一百尺。凭君汲井试烹之,不是人间香味色。

除以上几首诗外,欧阳修在与许道人的来往中,还写有《戏石唐山隐者》诗:

石唐仙室紫云深,颍阳真人此算心。真人已去升寥廓,岁岁岩花自开落。

我昔曾为洛阳客,偶向岩前坐磐石。四字丹书万仞崖,神清之洞锁楼台。

云深路绝无人到,鸾鹤今应待我来。

从以上多首诗中,可见诗人欧阳修与嵩山道人许昌龄有过多次交往,并用诗真切地表达记录了他当时对许道人的印象与感情。据说,在此之后欧阳修归汝阴,临死还以诗寄赠。

王仔昔

王仔昔(？~1117年),宋朝时在嵩山修炼的道人。洪州(治所在今江西省南昌)人。始学儒,欲求入仕。自言遇许逊(许真君),得《大洞》《隐书》,豁落七元之法,能测人未来事,遂出家为道,隐于嵩山。政和年间(1111~1117年),因蔡京举荐,宋徽宗赵佶召见,赐号冲隐处士。王仔昔善符箓咒术,每遇天旱,徽宗即遣小黄门持纸请仔昔画符祷雨,因得宠信。一日,黄门又持纸至,王仔昔不为画,知为宫妃疗赤目,乃篆符纸上,细书云"焚符、汤沃而洗之"。然小黄门不知真相,惧不敢受。王仔昔强其遵行,乃持去。盖帝默祝为宫妃疗赤目者,一沃立愈。故再予恩赏,徽宗进封王仔昔通妙先生,待以客礼,并令居上清宝箓宫。

王仔昔尝进言九鼎神器"不可藏于外",徽宗纳之,遂于禁中建"圆象徽调阁"以贮九鼎。然其依仗恩宠,骄倨傲慢,"又少戇,鄙贱阉宦,待之殆若童奴",又欲众道士都宗奉自己。林灵素得宠,王仔昔心中嫉恨,设计陷害,反误其身。及失利,被囚于东太一宫,旋即又因出言不逊,下狱而死。王仔昔以一生道名,却锐意于邀宠、争名、夺利,实与道家清静无为、自守求真旨趣相悖,终于落得修行尽废,命丧牢狱。其得罪宦者,数冯浩第一,未死时,曾书示门徒,言"上蔡遇冤人"。后冯浩南逃至上蔡,果然被诛,盖王仔昔言事颇验,只可惜未能很好把握自身。

刘居中

刘居中,宋朝时在嵩山修炼的道人,汴(今河南省开封市)人。少时隐居嵩山,居山巅控鹤庵20年,居所曰"控鹤庵"。其立志丹霄,游思浩渺,每日观云听风,苦修冥想。大约隔一两月即下山觅粮,攀缘藤葛,登陟极为艰辛,常耗整日精力方至。同修2人不堪其苦,先后离去。独刘居中泰然自若,清静自守,凡20年不改。刘居中修炼之时,常闻石壁间有老人读书声,而近听则寂然无声,多次反复均如此。其后,石壁摧裂,得异书甚多,诸如阴阳、方技、修真、黄白之学,"无所不有"。刘居中见状大喜,倾力诵读,驰骋神思,洞晓奥义。及北宋靖康之乱(1126年),刘居中下山,独取首尾全者数篇,"余悉焚之"。又尝闻异香满室,经日乃散,不知所从来也。宋室南渡后,刘居中修道已成,游于江表,颇有时名。宋绍兴年间,高宗赵构尝召之入宫,赐号冲静处士。然刘居中依旧鹤迹山野,身飘烟霞,后不知所终。

董道绅

董道绅,宋朝时在嵩山修炼的道人。当时在道教中名气很大,曾在嵩阳崇福宫主持过道场。

王重阳

王重阳(1112~1170年),金朝时在嵩山传播传教的道人,著名道家学者,全真教创始人。原名中孚,字允卿。后改名世雄,字德威。入道后,改名嚞,字知明,号重阳子,自号王三、王疯子、王害疯。祖籍陕西咸阳,累世为地方大族,后居于终南县刘蒋村。自幼好读书,才思敏捷,擅长骑射。曾一心一意走仕途之路,却直到47岁才中举。后来长期任征酒小吏,遂愤然辞职,隐栖山林。相传,其入道颇有点机遇偶然。金正隆四年(1159年)六月,任户县甘河镇监酒税的王重阳正准备到街上饮酒,忽遇两个长相服饰一模一样的人,他们散发披毡,行走在街上。王重阳感到十分惊异,便跟随他们到了一个僻静处,行了问候礼。二位异人异口同声地说:"此子可教矣!"于是授以王重阳修炼真诀,然后飘然而去。从此,王重阳弃官入道,在甘河之南的南时村筑墓,居内修炼两年多,自称为"活死人墓",外边挂着"王害疯之灵位"的牌子。

王重阳

金世宗大定三年(1163年),王重阳功法大成,便封填墓穴,迁至终南山下刘蒋村北居住,继续修炼。大定七年(1167年)夏天,王重阳焚烧草庵,开始了传道生涯。这年五月,王重阳来到嵩山,特地登上洛阳邙山,参观了上清宫。后在山东宁海(今牟平县)传道度人,先后收下了弟子丘处机、谭处端、马丹阳、王处一、郝大通、孙不二、刘处玄(号称"七真")。为弘扬所创之教,王重阳带领弟子奔于登州、莱州、文登、福山、宁海州之间,创立"三教平等会"、"三周五会"、"全真教会"、"玉华会"、"金莲会"等。一时间,风起云涌,入会者迅速达千余人。因王重阳在山东宁海自题其庵名为"全真堂",故入道者都称为全真道士。

金大定九年(1169年),王重阳携其弟子马、谭、刘、丘4人西归,次年正月初,在大梁(今河南开封)王重阳作诗开示弟子之后去世,归葬于终南刘蒋村故居(今陕西户县祖庵镇),后全真道尊奉该地为祖庭。元世祖至元六年(1269年)封为重阳全真开化真君。元武宗至大三年(1310年)加封为重阳全真开化辅极帝君。全真道奉为"北五祖"之一。

王重阳糅合道、儒、释的思想,主张三教平等合一,以《道德经》、《般若心经》、《孝经》作为全真道徒必修的经典。他认为修心去欲为修道之本,主张先修性后修命,修道者必须断绝酒色财气、攀缘爱欲与忧愁思虑,如此身虽在凡尘而心已入圣境。其著作有《重阳全真集》、《重阳教化集》、《重阳立教十五论》等,今均存于《正统道藏》之中。

王重阳所传7弟子,各传一派。其中4派在嵩山地区为开教祖庭;长春真人丘处机及其弟子在嵩阳崇福宫传全真龙门派;长真真人谭处端在宜阳韩城传全真南无派;清静散人孙不二(道姑)在洛阳三井洞传全真清静派;长生真人刘处玄在洛阳玄溪观传全真随山派。

孙不二

孙不二(1119~1182年),宋金时在嵩山修炼、传教的道人,著名道教学者,全真教清静派创始人。孙不二原名渊贞,又名富春姑,或称孙仙姑。宋徽宗宣和元年(1119年)正月初五,生于山东宁海州富户孙忠翊之家。她天生聪慧,自幼饱读五经,诗词歌赋,无所不通。论嫁之年,嫁与马丹阳为妻。马丹阳家境富庶,号称"马半州",他本人也熟读五经,才艺超群,但他却不愿出仕,因此,夫妻两人过着平和安稳的日子。马丹阳无心仕途,出家入道,得到孙渊贞的支持。在丈夫出家一年半后,金大定九年

(1169年)春,孙渊贞也在宁海"金莲堂"正式入道,拜王重阳为师,学修道秘诀。王重阳给她取名孙不二,号清静散人。她独处静室,面壁炼心,7年功成。

孙不二在功法炼成之后,于金大定十五年(1175年)来到嵩山地区,游历于伊、洛,传道度人,曾住在洛阳城东北瀍水西岸的凤仙姑洞潜心修炼。由于她一心向善,洛阳城中的人们纷纷去听她讲道传道。孙不二在嵩山地区传道7年,创立了全真清静派,后被尊奉为"北七真"之一。金大定二十二年(1182年),孙不二羽化于洛阳凤仙洞。元至元六年(1269年),赠封为清净渊真顺德真人。

孙不二将自己的功法写成《不二坤道功夫次第》、《女丹诗》、《不二元君法语》等,《道藏精华录》收存有《孙不二元君法语》1卷、《孙不二元君传述丹道秘书》。

孙不二

马丹阳

马丹阳(1122~1183年),宋金时在嵩山地区传教的道人、医家。初名从义,陕西扶风人,后迁往山东登州宁海县。金贞元年(1153~1189年)进士,在一个县里管摄六曹(即兵、刑、工、吏、户、礼)。大定(1161~1189年)年间,遇重阳子王嘉授以道术,遂与妻孙渊贞同时出家,改名钰,号丹阳,后在莱阳游仙宫羽化。马丹阳曾长期寓居嵩山汝州北街,精通医术,善针灸,所创"马丹阳十二神针"甚为有名。明陈继洲在其所著《针灸大成》中载有《马丹阳天星十二穴治杂病歌》,言其疗效为"治病如神灵,浑如汤泼雪",最后并说此针的传授原则,"至(好)人可传授,匪(不合适的)人莫浪(乱)说。"马丹阳在嵩山地区行医时,有一少妇猝死于路上,他急俯身口对口吮吸,路人以为轻薄。少顷,他吐出吮吸的浊痰,少妇立时苏醒,观者才解除误会齐称神奇。马丹阳死后,群众在他的行医处修建一座"丹阳观"以作纪念,那条街因此称为"丹阳街",今为"丹阳东路"。

谭处端

谭处端(1123~1185年),金朝时在嵩山修炼的道人,全真道七真之一,全真教南无派创始人。原名玉,字伯玉,后改字通正,洛阳人,后迁徙山东宁海。涉猎经史,为人慷慨重孝义。金大定七年(1167年),谭处端得知王重阳到宁海传道的消息后,因腿有残疾,就到王重阳所住的全真庵,请求治疗腿疾,因王重阳闭门不见。谭处端在寒风中坚持到晚上并不断轻叩其门,王为其精神感动,遂引入内室面谈,因相谈甚契,谭处端即拜王重阳为师,正式入道。王重阳为其取法名处端,法号长真子。谭处端师事王重阳,朝夕参请,多得玄旨,摒绝思虑,泯灭人我,苦心修道,同时关注儒家伦理,认为"忠孝仁慈胜出家"。他略微修改了马丹阳出家修行的理论,认为在家也可以修行,这一修改,使此后全真道更适合民情而得到迅速发展。

王重阳去世后,谭处端为师傅守墓3年。然后,到嵩山洛阳朝元观修炼,又在福昌县(今伊阳县)的古韩国旧城遗址幽静之处结庵"长真庵"隐居传道。宋太宗时,朗然子曾在此住持修道,其后200余年,出过不少道教名人。谭处端认为这是个极好的修炼场所,就在此修道。后他在福昌县(今宜阳县)

的韩城(古韩国旧城遗址处),选择了一处幽静之地结庵隐居修炼,庵名"长真庵",并收徒传道。他回洛阳后,他的弟子在韩城修炼。谭长真在洛阳创立全真南无派,并根据自己修炼的体会和真诀编成《水云集》供弟子们修炼使用。据说,现今洛阳上清宫道士即为其嫡传派系。金大定二十五年(1185年),谭处端去世,弟子葬其于朝元宫附近。据说今洛阳上清宫道士为其嫡传派系。

据《金莲正宗记》:"曾过招提,就禅师处乞残食。禅师大怒,以拳殴之,击折两齿,先生和血咽入腹中。旁人欲为之争,先生笑而稽首,殊不动心,由是名满京洛。"金大定二十五年(1185年),谭长真仙逝于洛阳乾元宫,他的弟子把他安葬在乾元宫附近。元世祖至元六年赠封"长真云水蕴德真人",为北七真之一,世称长真真人。以修炼、传承他的教理、思想为主的门人派别称为全真南无派,简称南无派。

谭处端善书法、尤喜书"龟"、"蛇"二字,每日习而不已,妙将入神,有飞腾变化之状,奉道信士多收藏之,视为珍宝。谭处端著有《云水集》传世,今存《道藏·太平部》。弟子有王道明、董尚志。

谭处端

刘处玄

刘处玄

刘处玄(1147~1203年),金朝时在嵩山修炼、传教的道人,道家学者,全真道七真之一,全真教随山派创始人。原名刘长生,山东莱州人。自幼丧父,事母谨孝,不慕荣华,清静自守。大定九年(1169年),刘处玄听说王重阳携弟子到莱州传教,就赶去拜见。王重阳见他仪表不凡,就收为徒弟,并给他取法名刘处玄,道字妙通,一说字道妙,道号为长生子。

从此,刘处玄从王重阳学道,游寓齐豫,乞食炼形。王重阳去世后,他与马谭邱守孝庐墓3年,于大定十四年(1174年)来到洛阳,最早在土地庙中居住,以游方乞食为生,混迹处于身市井和花街柳巷之中,以磨练自己的心性。他艰苦修炼,数年后,功德圆满,便迁往洛阳城东北瀍水之滨的云溪观。

云溪观为北宋洛阳的一大道教宫观,与三井洞相临。相传,刘处玄迁居云溪观后,因弟子较多,该观显得狭小,弟子们便在附近再凿洞室,忽然挖出一口古井,众人惊异,刘处玄笑着说:"不远数尺,还有二井,乃我前生修炼时经营的。"众弟子听后,继续开凿,果然又凿出二井。于是,人们便将云溪洞也称作"三井洞"。刘处玄修炼时住过的云溪观和三井洞曾被改名为长生万寿宫。刘处玄在云溪观修习多年,弟子云集。

金大定二十五年(1185年)谭处端逝世,刘处玄继任为全真教第四任掌教。承安二年冬天(1197年),刘处玄应金章宗的邀请前往燕京。金章宗询问刘处玄甚至是"至道",他回应:"道之要,寡嗜欲则身安,薄赋敛则国泰"。承安三年(1198年)乞归,赐名灵虚。

金章宗泰和三年(1203年)二月初六,刘处玄仙逝于其山东故里的灵虚观,享年57岁。至元六年(1269年),元世祖诏赠为长生辅化明德真人,世称长生真人,为北七真之一。以修炼、传承他的教理、思想为主的门人派别称为全真随山派,简称随山派。今山东崂山道士为其后学弟子。刘处玄著述有《仙乐集》、《盘阳集》、《同尘集》、《安闲集》及《至真语录》、《道德经注》、《阴符演》、《黄庭述》等修道之作,其功法体会尽集其中,被后人称为全真随山派,另有《百字谱》传世。

丘处机

丘处机率弟子到西域见元太祖成吉思汗

丘处机(1148~1227年),金朝时在嵩山修炼、传教的道人,著名道教领导人、道学家、全真道北七真之一、全真教龙门派开创者。丘处机或作邱处机,字通密,号长春子。"世为嵩阳显族",后迁登州栖霞(今属山东)。19岁入道,次年拜王重阳为师,追随左右,甚契玄机。王重阳羽化后,金大定十四年(1174年),他穴居陕西磻溪洞,历时6年,后又在龙门山(今陕西宝鸡东南)潜修7年。金大定二十八年(1188年),奉金世宗之召,到燕京主持"万春节"醮,事毕返陕。金明昌元年(1190年),金章宗以"惑众乱民"为嫌,下诏禁罢道教,丘处机于是东归栖霞。泰和八年(1208年),金章宗赐丘之居所为太虚观。贞祐二年(1214)秋季,请命招安山东杨安儿义军,获得成功。贞祐四年(1216年),金宣宗召见,丘处机亦不应。兴定三年(1219年)南宋宁宗召见,丘处机皆不应诏。因为丘处机从山东一地观察社会政治形势,看透了金朝和南宋的前途不妙,同时也看到以后要使全真道得到发展,必须同将要称王于中国的蒙古政权拉上关系,取得蒙古大汗的支持。金兴定三年(1219年)十二月,成吉思汗闻其名,自乃蛮(今蒙古境内)派使者召请,丘处机不顾72岁高龄,于兴定四年(1220年)正月,毅然率大弟子尹志平等18人,从莱州昊天观出发,跋涉万里,历尽艰难,于兴定六年(1222年)到达西域大雪山成吉思汗行宫。元太祖成吉思汗问他如何治理天下,他回答应以"敬天爱民"为本;问长生久视之道,回答以清心寡欲为要。并进言欲统一天下者,"必在乎不嗜杀人"。太祖深契其言,礼遇甚隆,尊为神仙。

丘处机在西域滞留近1年,于正大元年(1224年)三月回到燕京后,成吉思汗赐以虎符、玺书,令其掌管天下道教,诏免道观和道士一切赋税和差役。丘处机于是广发度牒,建立平等、长春、灵宝等8个教会,在燕京和各地建立道观宫庙,设坛作醮,一时间教门四辟,道侣云集,教门大盛。

丘处机在元太祖成吉思汗大帐

丘处机掌教期间,基本继承王重阳的思想,主张清心寡欲为修道之本。全真道大盛,全真道传承的主要教派——龙门派,丹法亦显。他创立的全真教龙门派有严格的出家住庵制度,宗教素质较高,其教理融合儒、释,建立了一套完整的教义教制,成为中国道教的大宗。道教通过全真教子的传播,得以在全国发扬光大。

丘处机于正大四年(1227年)羽化,时年80岁。元世祖忽必烈至元六年(1269年),元世祖诏赠丘处机为演道主教真人。元武宗至大三年(1310年)加封为长春全德神化明应真君。后世称为长春真人。丘处机撰有《大丹直指》2卷,系统阐述其内丹修炼的理论和方法。另外还著有《磻溪集》6卷,收存于《正统道藏》;《摄生消息论》1卷,收入《道藏精华录》;另有《鸣道集》和记载其西行经过的《长春真人西游记》。

丘处机曾在嵩山崇福宫传全真龙门派,在此宫多次主持道场;曾在嵩山奉天宫修道。丘处机在嵩山道教史上留有盛名,嵩山史料中多有记载。

凤仙姑

凤仙姑,金朝时在嵩山地区修炼的道姑。姓名不详,俗呼为"小二娘"。据进士王宇所作铭序说,金熙宗皇统(1141～1149年)中,凤仙姑自关西来寓居洛阳,似秦(今陕西)人。凤仙姑乞食度日,垢面蓬头,以秽污身而远世魔。昼则佯狂于市厘,夜则栖宿于荒祠。凤仙姑不起爱憎,不言是非,无为淡泊,一任自然,内修仙道,外隐仙迹,而能信口放言,以畅密旨。

李若愚

李若愚,金朝时在嵩山修炼的道士、诗人。李若愚有名气,好吟咏,称"爱诗道人",又称"李道人"。李若愚长居嵩山。金朝著名诗人雷渊、元好问、李献能、王偓、麻九畴、刘勋、史学等诸名士与之交往,皆有赠予李若愚的诗,史料有录。

孙伯英

孙伯英(1180～1230年),金朝时在嵩山修炼的道人。祖籍雄州容州(今河北容城县),世居洛阳。早岁入太学,与名士交游,因遭金河南尹温迪罕福兴诬陷遁去。贞祐丁丑岁(1217年),孙伯英闻全真教刘处玄的大弟子于道显居嵩山传道,遂进嵩山投于道显为师,成为全真道士。

秦志安

秦志安(1188～1244年),金元时在嵩山修炼的全真道士。字彦容,号通真子、樗栎道人,陵川(今属山西)人。出身读书人家,为长子。早年趣高雅,四举进士不中。金哀宗正大(1224～1232年)中,父死,秦志安已40岁,遂置家事不问,浪游于嵩山少室间,稍取方外书读之,以求治心养性之要。于道、佛二家之学有所疑,问于僧人,久而厌其语混漾,无法征诘,离去转从道士游。河南被元人攻破后,北归,遇宋德方于上党,略交谈数语即心有所契,乃叹道:"吾得归宿之所矣!"因执弟子礼,受上清大洞紫虚等箓,并求《道藏》之阅读。宋德方虑丧战之后,道书散落无几,欲锓木流布,委任他编纂之职。遂于元太宗九年(1237年)在山西平阳玄都观主编元《玄都宝藏》,历时8年。其于三洞四辅经,补完订正,出于其手者为多。并增入《金莲正宗记》《烟霞录》《绛仙》《婺仙》等传附录。居玄都观近10年,虽日课校雠,远方来参玄学、受章句者源源不断。宝藏既成,对徒众说:"《宝藏》成坏,事关幽显,冥冥之间,当有阴相者。今大缘已竟,吾其行乎!"过二十五日夜半,沐浴更衣,蜕形于所居栎栎堂,享年57岁。

秦志安著有《金莲正宗记》5卷、《林泉集》20卷。弟子有李志实、郭志希、刘志玄等。元好问的《通真子墓碣铭》载其事迹。

乔志嵩

乔志嵩,元朝时在嵩山修炼的道人。乔志嵩居嵩山崇福宫30余年,为该宫宗主,弟子甚众,赐号栖云虚静真人。

洪山真人

洪元真人,元朝时在嵩山修炼的道人。不知姓名,号洪山真人。嵩山密县人。元初混迹耕牧,为人佣工,以所得易豆饲牛。牛或不行,跪拜于前,不用鞭策,牛即解意力拽。后在嵩山修炼得道,趺坐于氾水之金谷堆,瞑目而逝。氾人称之为使牛郎,因立庙焉。嵩山地区现存有位于新密市区东南25公里的大隗镇洪山庙村的大隗洪山庙,因庙祀洪山真人而得名。该庙始建于元代,现为河南省文物保护单位。

吴全节

吴全节(1240～1321年),元朝时在嵩山扶持发展道教的元朝谋臣,正一道道士。字成季,号闲闲,饶州安仁(今江西余江县)人。吴全节出身于儒门,13岁时至龙虎山师从正一道张留孙,"得其秘法,祈祷辄应"。16岁出家为道士。师徒二人均以善祈禳占卜而见重于元室。至元二十四年(1287年),吴全节至京师大都,承张留孙谒见元世祖,"遂留不归"。自此后50年间,吴全节历元世祖、元成宗、元武宗、元仁宗、元英宗、元泰定帝、元天顺帝、元文宗凡八朝,因其才气横溢,为人聪颖达悟,贞静文雅,且善识为政大体,故受知于朝廷,成为重要心腹政治谋臣。至元二十八年(1291年),奉诏从张留孙遍祠岳渎山川;次年,奉诏祠中岳、淮渎、南岳、南海。英宗至治二年(1322年),吴全节继其师张留孙任上卿玄教大宗师,敕封"崇文弘道元德真人",命总摄江淮荆襄等处道教,知贤院道教事,赐玉印一、银印二。全节之祖亦被追赠为昭文馆大学士,其父被封为饶国公,其母为饶国太夫

吴全节

人,其故里则更名为"荣禄乡具庆里",降玺书护其家。就道教之功而言,吴全节助师扶教,阐补道旨,隆于道门,有突出贡献。

吴全节工于诗,善草书,雅相友善,交游文贤,颇有名气。其才高德重,学问典故,从容裨补,有人所不能知,在何荣祖、张思立、王公毅、王士熙等大臣执政期间,皆以咨询;而其亲敬长者,"推毂善类,唯恐不尽其力",洛阳太守卢挚及吴澄、阎复等,均因其举荐而受到重用。

吴全节曾受命到嵩山投龙简,为此,他写有《中岳投龙简》一诗,记述了在嵩山投龙简的前后经过。

中岳投龙简

皇庆二年,岁在癸丑,四月甲子,诏玄教太宗师张留孙醮大长春宫,弭星芒祷雨泽也。圣天子敬天爱民,一诚之发,其答如响。礼成,命玄教真人吴全节、正议大夫太常卿李允中,奉金龙玉简投诸嵩洞。入山之初,一雨遄霁,蒇祀之际,轻阴护凉。咸谓使命必当有纪。谨赋五言诗一章,以彰圣治云。

阳城天地中,坤灵奠神岳。积翠千层霄,元气远盘礴。
降神生申甫,形势控伊洛。谽谺虎豹蹲,偃塞蛟龙跃。
猛士横戈矛,奇阵出帏幄。簇簇罗旌旗,巍巍耸台阁。
玉镜为谁开,金柜为谁钥。远近列画图,周遭峙郛郭。
万状不可名,起伏互连络。皇皇圣帝居,历代重封爵。
老柏浮苍烟,古殿蚀丹雘。天朝混华夏,秩礼特优渥。
皇庆二载春,宵旰轸民瘼。有旨醮长春,玉简命新琢。
诏臣走登封,香币致虔恪。邃洞藏宝符,琼音降笙鹤。
三呼今复闻,祥风度天乐。小臣奉明祀,三使陟云崿。
箕山胜可家,颍水清可濯。遐想饮牛人,高风动寥廓。
赐玦知何时,分我云半壑。歌诗勒嵩珉,用赞圣人作。

颜道人

颜道人,明朝时在嵩山修炼的道人。颜道人,不知何许人也。明穆宗隆庆末,颜道人于中岳少室山巅凿洞,深丈余,谓弟子曰:"吾欲入洞修道,汝可筑土实洞口,令内外不相闻乃止。3年后可启视,如身欹,则道不成也。"弟子如命筑之。逾三年,其弟子同百余人启洞审视,师果两手抱卵,端然而坐。洞去白道洞四五里,在少室山御砦东顶,后仍封闭矣。

马之瑶

马之瑶,明朝时在嵩山修炼的道人。马之瑶为太康人,弃家游嵩山,居太室绝顶,善导引术。雨雪绝粮,或数日不食。人召之食,又能大啖。当邑旱,持画一轴,谓人曰:"吾与龙王祝寿,为汝辈祈雨。"忽耸身入潭中,须臾复出,衣履不濡,曰:"某日当雨。"后果验。与人语多癫狂不经,不能窥其际也。

王宗道

王宗道(1345～1415年),明初全真道士。字景云,一字景仙。淮安人。早年学道,初从云水道士何无垢,同游嵩山,后向张三丰执弟子礼,得导引咽瀚秘术以及步虚洞微之法。永乐三年(1405年),王宗道与胡濙应明成祖朱棣之召,给付全真道士度牒,赐金冠鹤氅,令寻张三丰。王宗道遂奉书香遍访天下达10年之久,终不得遇。回归京师,赐封圆德真人,年70岁卒于长安门外。

王常月

王常月(？～1680年),明末清初时在嵩山修炼的道人,全真教龙门派的中兴之祖,全真教龙门支派律宗的第七代律师。俗名王平,法名常月,号昆阳,山西潞安府长治县人。生于明朝末年,慨然有出尘之心。刚20岁时,即遍历名山参求大道,博览三教典籍,研究道书,参师20余人。曾在嵩山学道多年。于天坛王母洞告盟天地,授以戒律,并嘱咐他:"成道甚易,然亦难,必以苦行为先,种种外务,切须扫除,依律精持,潜心教典,体道德自然之元奥,括南华活泼之真机,方为稳当汝大器。"此后,他又遍访名师,道行日高。他见全真教门日衰,有心重振教门雄风。过了几年,他在九宫山又见到赵复阳,得密授《天仙大戒》,并被传为龙门七祖。

王常月离开师父后,来到华山隐居修道,时值清军入关,进入北京。他也下山北上,挂单于灵佑宫,很快就取得了清廷的支持。曾于清世祖十三年(1656年)奉旨主持北京白云观,3赐紫衣,3次登坛说戒,度弟子千余人,使道风大振,成为全真创教以来公开传教的第一人。他最大的贡献,在于让本已衰落的龙门派复兴,可以说也是令全真的复兴,甚至可以

王常月

说是整个道教离现今时代最近一次的复兴。王常月本人也被誉为全真龙门派的"中兴之祖"。他曾说过"戒是全真第一关"。他强调要皈依道、经、师三宝,忏悔罪业,断除障碍,定心守意,清静身心,最后功德圆满。他还认为欲修仙道,先修人道,人道不修,仙道远矣。撰有《初真戒律》,后人整理为《龙门心法》,并以此为全真教立教之根本,强调万法千门,守戒第一。《龙门心法》是一部对清代以后的全真道影响最深的道书,使教义由偏重丹法清修转向严持戒律为主,这是全真道的又一次重大演变。

康熙十九年(1680年),王常月传衣钵于弟子谭守成而后羽化飞升。后于康熙四十五年(1706年),赐号抱一高士。

王教童

王教童,清朝时在嵩山修炼的道人。上街卢医庙道士。山东人,武艺绝伦,远近闻名。一日,有异常的人从庙前经过,向他授以道法,并让王教童将他送到黄河岸边,其人在水上行走如飞,他令王教童随他一样在水上行走。王教童到水上试行,水亦不沾身,乃随之渡行。后又遇火如山状,其人入进,他又让王教童随行,王教童不肯,其人叹息说:"君当晚成矣!"话毕,转瞬,失其人。王教童返庙后,渐悟通灵。后上街会命王教童去禹州办差,往返百里,仅半日而归。不几日,王教童便端坐而逝。门人为其塑像于庙旁,盖骨胎也。后有官送官银于西方者,途遇寇抢劫。危急中,突有青衣道人执铁烟具击将劫贼打散。官问其姓名,青衣道人回答:"汜水上街卢医庙旁,姓王氏。"官归,问其人,无之。官偶游上街卢医庙中,看见庙旁的塑像,识得此像为青衣道人也。乃捐金修其庙。

李阳正

李阳正,清朝在嵩山修炼的道人。居嵩山逍遥观,日诵道德经,演先天数。常普施药饵救济世人。年逾八旬,尚如童颜。一日,李阳正忽然对其徒弟说:"我3日后当辞尘世。"等过了3日,他果然端坐瞑目,容貌如常。鼻垂涕流尺许,光明照人。时为康熙三十八年(1699年)正月十三日也,其徒弟为他建塔奉祀。

董清奇

董清奇,清朝时在嵩山修炼的道人。董清奇,道号乞化道人,河南邓州人。因长年赤足云游四方,故别号"赤脚道人"。他赤足托钵云游天下,涉足于陕西、湖北、湖南、甘肃、河南、河北、天津、北京等地,参方访道、穷理尽性,究察修性淳心除欲之理,时人称赤脚仙人。他到西安之前,曾在嵩山修炼。

董清奇约在嘉庆十八年至二十年(1804~1806年)前后,担任西安八仙庵方丈。在他任方丈期间,恢复了八仙庵的丛林制度。八仙庵在清初就确立了丛林制度,但至嘉庆初年(1796年),某个当家人产生了私心异志,把该庵的丛林制度蜕变为子孙庙,把公产变为一家私产,引起该庵道士的不满。当时被尊为"神仙"的董清奇在会真庵潜迹修行。他受到八仙庵道众的真诚相请,出任该庵方丈。撤换了原来的当家人,恢复其丛林制度,广集募化修缮道院,增修西跨院,开坛演戒,重振道风,恢复了曾一度取消的十方丛林体制。

《八仙庵十方丛林碑记》云:"嘉庆丙寅,赤脚董清奇复为开修,大振仙宫,留参霞士。"董清奇还总结了八仙庵及自己多年来积累的穷理尽性、修性除欲的感悟、体会,编著了一部《除欲究本》:"赤脚道人,终日托钵,十方功德无可酬答,编一部《除欲究本》的俚言奉劝世人。"董清奇真人还说过,古人慕道先弃家,弃家之后可舍身,舍身之后才访道,访道明理才修真。

李守钦

李守钦,清朝时在嵩山修炼的道人。李守钦,号肃庵。嵩山荥泽观道士,号为洞玄真人。传说李守钦修道,能遇仙客。聪明善悟,读书损神,病将危,得蜀医医而愈之,后拜其为师,即北面受其业。走峨眉,邂逅异人,授岐伯要旨,归皈道院,尤精太素脉理,能预知人生事远近,活者不可胜数。诸王台省,咸敬礼之。后徙居嵩山荥泽观中。一日,有客自河北来,星冠羽扇。李守钦识其此人并非常之人,谨以待之。两人相处数日,谈论世间万事,李守钦皆能应对,客人敬服钦之,说:"先生我师也。"又说,"三日后,罗主事过此,我当去也。"他临走,题诗于壁而别。三日后,果然有罗主事自南而北,过荥泽为黄河泛涨所阻,不得不滞留观中,见壁间题词,吃惊地说道:"此吾已故父之笔,何缘三日前题此?"始知客为罗念庵也。由此,人说李守钦能识仙客。李守钦修道,能预知归期。他临终前一日对其徒弟说:"来日我当告终,盍置丧具?"其徒弟不信,然又不敢不遵其嘱。次日,李守钦果然瞑目而逝,面色如玉,目光不变,其年98岁。李守钦著有《方书一得》、《太素精要》诸书行于世(见《汜水县志》)。

第六章　嵩山道教特质

嵩山地区为道教发源地之一，三国时期五斗米道、太平道兴盛，北魏时期北天师道盛行，唐代上清派茅山宗曾大行其道，金元以降，全真道占据了绝对地位。因此我们可以说近代嵩山道教的特质就是全真道。

第一节　全真道的基本信仰

道教的教义十分庞杂，但其基本信仰有以下几方面：

一是大道无形，生育天地。《常清静经》说："大道无形，生育天地。大道无情，运行日月。大道无名，长养万物。"这是道教宇宙生成论的最简短的概括。道教认为洪元是其创世纪的第一大世纪，洪元经过万劫而有混元，又过万劫而有百成，百成八十一万年后而有太初。太初是其创世纪的第二大世纪，这时太上老君从虚空而下，为太初之师，太初之世才分别天地，创造了日、月、

清朝全真道人留影

人。太始是其创世纪的第三大世纪，这时太上老君下凡为师，经太素、混沌、太连之世后，太上老君又下凡为师，名郁华子，教伏羲推旧法，演阴阳，正八方，定八卦。"大道"生成宇宙及万事万物，太上老君是创世主，是道教徒不可动摇的信念。

二是道教宗元于三宝。道家经诰起自三元，第一混洞太无元，第二赤混太无元，第三冥寂玄通元，从混洞太无元生天宝君，从赤混太无元生灵宝君，从冥寂玄通元生神宝君。三宝君亦即元始天尊、灵宝天尊、道德天尊（太上老君）。三宝君分别治于三清境，即玉清境、上清境、太清境，三清境又名三天，即清微天、禹余天、大赤天。

三是生道合一，长生久视。道教是一种以生为乐，重生恶死，甚而追求长生不死的宗教。在人类发展进步的历史上，每一个古老的民族都有自己的生命信仰，古埃及人将重生的希望寄托于金字塔和

木乃伊,古印度人用浴火重生的"涅槃"来解读来世,世界上所有古老的宗教都在宣扬宿命的轮回,长生不老和死而复生似乎是每一个人的梦想。今天看起来,当时的人们最关注的无非是对天与地和生与死的思考,因而生命也成为道教最关心的话题。《太平经》云:"人居天地间,人人得一生,不得重生……故凡人一死,不得复生。"贵生是道教的基本观念,广为流传的道教经典之一《度人经》阐述道教的宗旨是"仙道贵生,无量度人。"《抱朴子·对俗》中说:"人道当食甘旨,服轻暖,通阴阳,处官秩。耳目聪明,骨节坚强,颜色悦怿,老而不衰,延年久视,出处任意,寒温风湿不能伤,鬼神众精不能犯,五兵百毒不能中,忧喜毁誉不为累,乃为贵尔。"道教认为人的生命之存亡、年寿之长短,决定于自身,并非决定于天命,人只要善于修道养生,安神固形,便可以长生不死。所以道教造作了许多修道养生的方术,如外丹、内丹、存思、守一、服气、服饵、导引、房中、守庚申等,希求"保神固根,精气不散,淳白不分,形神合道",以达到生道合一,长生久视。

　　四是崇拜天界、仙境、地府。对神仙世界的崇拜是道教最基本的信仰之一。道教认为三宝君统领三十六天,是仙人游乐之仙境,三清境则为九圣、九真、九仙之所居。还有三十音(即三十六土皇)和三十六天相应,道教以人死为鬼,鬼入阴曹地府,受阎罗王之审判,恶鬼即被打入地狱受罚。道教认为人间仙境有十洲三岛、十大洞天、三十六小洞天、七十二福地,十洲三岛为仙人游息之处,洞天是上天遣群仙统治之所,福地是上天命真人治理之地,多得道之所。

　　五是天道承负、因果报应。天道循环,善恶承负,即如果为恶,则前人惹祸,后人遭殃;如果为善,则前人种树,后人遮阴。自然与社会的变化也是如此。因此人要行善积德为后世子孙造福,信众要虔诚信道修行,免除自身的承负之厄。《易传》曰:积善之家必有余庆,积不善之家必有余殃。道教用这种此生的善恶之因可以成为后世祸福之果的观念,来增加人们社会行为的心理压力,从而规范人间的伦理与道德。道教还认为吉凶祸福是个人行为善恶的必然报应,认为上有日月"照察",身中有心神与天"音声相闻",有诸神疏记人的善恶,过无大小,天皆知之,到了一定时候,天便校其善恶,予以惩罚,对善者赐福增寿,对恶者则降福、减寿,还要把他的鬼魂打入地狱。因而,为了得到现世的幸福与永恒的生命,为了获得神鬼的庇佑,道教要求人们遵循一定的伦理规范与道德准则。

　　六是万物有灵。道教是多神教,最高的神仙是元始天尊、灵宝天尊、道德天尊,以下有三十天帝,还有大明、夜明之神,北斗之神,五星五行之神,太一、文昌、列星诸神,风雨雷电诸神,五岳、五镇、四渎、四海诸神,还有五祀八腊、城隍土地、先农先蚕等。宇宙遍有神灵,人体的各个器官也都有神灵驻守,如发神苍华安太元、脑神精根字泥丸、眼神明上字玄英、鼻神玉垄字灵坚、耳神空闲字幽田等。

第二节　全真道的主要思想

　　全真道是创立于金代初年的道教宗派,其始祖为王重阳,发扬光大者为丘处机。全真教早期以个人隐居潜修为主,不仕新朝,不尚符箓,不炼黄白之术。全真教以"识心见性,除情去欲,忍耻含垢,苦己利人"为教宗,以性(精神)命(身体)双修为修道之根本,注重修习内丹,认为"夫道以无心为体,忘言为用,柔弱为本,清修为基。节欲食,绝思虑,静坐以调息,安寝以养气。心不驰则性定,形不劳则精全,神不扰则丹结。然后灭情于虚,宁神于极,不出户庭,而妙道得矣。"全真道是一个以有民族意识的宗教而兴起,以援儒摄佛而形成的,以道家思想为核心的三教合一的新道教派别。全真道重新确立道家全性保真、追求精神超越、与道合一的人生理想。"全真"二字是其教义纲领,全真的意思是"全其本真",即保全作为人性命之根本的精气神三要素,使其不受污损。"全精、全气、全神",是全真道修持的目标。为招纳群众,全真道把《道德清静经》、《般若心经》、《孝经》列为信徒必读经典。

全真道主张性命双修与识心见性。道家与道教哲学的根本宗旨是"全性保真",即保全个人生命和自然本性,追求生命的永恒和人性的解放。性即道性,亦称自然真性。它是人心中本来固有、未曾被世俗尘垢所污染的纯朴本性,是与天道同一的"本我"或"真我",这个本我正是道教徒追求的理想境界,全真道把以复归本我的精神人格而非肉体不死的神仙作为人生的最终归宿。为达到此一目的,道教主张性命双修。道教内丹派提倡性命双修,形神俱妙,但张伯端的性命双修是先修命而后修性,而全真道主张的性命双修则是先修性,后修命,以修性为主,强调以"识心见性"为修仙正途。

全真道认为人心固有的本来真性(或称真心、元神、本来一灵)不生不灭,超越生死的唯一根据,而四大假合的肉体则有生有灭,不可能永存不死。人的自心真性得自道体,本来清静无染,但世人皆被后天的物欲所迷惑,不识自心真性,因而流转生死苦海,不得解脱。修行者若能在心地上做功夫,对境忘缘,澄心静虑,一念回光,识得自心真性,保持不乱,便可证得无形无相的"法身",使真性超越生死之外。王重阳《授丹阳二十四诀》说:"是这真性不乱,万缘不挂,不去不来,此是长生不死也。"全真道把早期道教的修道成仙追求肉体不死转变为心性超越长存而形体不离凡间,认为道教养生是养法身而非肉身,"法身者,无形之相也。不空不有,不下不高,非短非长,用之则无所不通,藏之则昏默无迹。"这个无形的法身,即众生从道体禀受的元神真性。全真道认为修道以锻炼性命为根本,修炼成功者可超凡入圣,超凡入圣不是指肉体白日升天,离开凡尘,而是"身在人间而神游天上","形寄于尘中而心明于物外",是心离而非身离。这种精神超出三界的人,身在凡间而心在圣境,犹如莲根在淤泥之中而花开虚空之美。

以识心见性为宗旨的全真道,其修炼实践是澄心寡欲。全真道将道家传统的节欲说发展到极端,宣扬人的七情六欲都是成仙证真的障碍,要人把七情六欲都消散,脱人之壳而与天为徒。澄心寡欲的目的是使人心地清静,随时注意扫除物欲之心而使真性显现。

全真道在宣扬识心见性的同时,还要求信徒必须有克己忍辱、禁欲自苦的精神。王重阳及其弟子吸取佛教人生观,极力渲染生命短促无常及生死轮回之苦,劝导人们视功名富贵皆虚幻不实,家庭为牢狱,儿女是债主,夫妻恩爱是金枷玉锁,应及早跳出樊笼,立志求道学仙,追求天上真乐。因此全真道规定道士必须出家住观,遵守严格的清规戒律,不娶妻室,不茹荤腥,居处不雕梁峻宇,要断除酒色财气及爱念忧虑,乃至遏制基本的生理需要。王重阳的大弟子马玉教导弟子:"道人不厌贫,贫乃养生之本。饥则餐一钵粥,睡来铺一束草,褴褴褛褛,以度朝夕,正是道人活计。"

全真七子画像

他还说:"酒为乱性之浆,肉是断命之物,直须不吃为上。酒肉犯之犹可恕,若犯于色,则罪不容诛矣。何故?盖色者甚于狼虎,败人美行,损人善事,亡精灭神,至于殒躯,故为道人之大孽也。"丘处机大弟子尹志平则说:修行之害,食睡色三欲为重。多食即多睡,睡多情欲所由生。人莫不知,少能行者。必

欲制者,先减睡欲。日就月将,则清明在躬,浑浊之气不生。

全真道既倡导识心见性,又说修行不能只在心地上作工夫,还要在传道济世的实践中体道悟真。全真道士的修炼,包括个人澄心内修的"真功"与传道济世的"真行"两个方面。一方面要求信徒除情去欲,忍耻含垢,安贫乐贱,刻苦勤劳;另一方面则要积极参与社会活动,济贫拔苦,行善积德。学道之人必须功行两全,既要入世无为,修心体道,又要入世有为,行善济世,二者不可偏废。如果不能兼顾有为无为,则应"存无为而行有为,"不可"两头空担"。由此可见,全真道的修炼更注重宗教伦理的社会实践。《晋真人语录》中说的最为明白:"若要真功者,须是澄心定意,打叠精神,无动无作,真清真净,抱元守一,存神固气,乃真功也。若要真行,须要修仁蕴德,济贫拔苦,见人患难,常怀拯救之心,或化诱善人入道修行,所为这之事,先人后己,与万物无私,乃真行也。"他还说:"有功无行,道果难成,功行两全,是谓真人。"

全真道还主张遵循丘祖之"三乘之法"量力而行,苦志而修。三乘之法即"上乘者,修真养性,苦志参玄,证虚无之妙道,发天地之正气,除尘世之冤怨,广行方便,大积阴功。中乘者,秉心演教,礼忏诵经,信心恳祷于圣前,虔诚斋戒于庙中,清静身心,阐扬大道,一念纯真,常存正法。下乘者,修宫建庙,印经造像,修桥补路,戒杀放生,施茶舍药,推慈悲之本,绝悭贪之意,或周济穷苦,低下为心,尊师敬友,接待往来,爱老惜贫。"

全真道还把内丹学作为得道成仙的途径。道教内丹学是道教在修炼方术追求天人合一、返璞归真、人与道的一体化的最完善的修持方法和行为模式。嵩山内丹流派以龙门派为正统,行三元丹法中的天元丹法。在功法方面,道教内丹功称为性命双修,即性功炼心,命功运丹,两者并修,始达化境。全真道内丹功法要点有二:一是顺行生人,逆行生仙,即丹功对自身精气必须加导引逆转。二是周天运转,分为筑基、炼精化气、炼气化神、炼神还虚四个阶段。根据修炼丹法及用功深浅,有鬼仙、人仙、地仙、神仙、天仙等证果之别。筑基是基本功,为丹功打基础,因为丹功以身为基,所以炼丹前必须先补亏损,祛除病症,重在填亏补虚,以达到精全、气全、神全。基础既固,方可炼精化气。炼精化气时,以精气为药,以神加以内炼,初步凝结,即精气相合成"气",进而炼气化神,炼神还虚,直至重返先天虚空,与"道"同一体性,进入长生久视的神仙境界。修炼内丹是一件极不容易的事,心意不诚之人害怕艰苦之心,是绝无所成的。因此道教在内丹功法传授上十分慎重,认为得其人不传,要背过,不得其人而传,要遭天谴。所以修炼内丹,一要有缘分,二要有悟性,三要有功夫。

从全真道对道教的主要贡献说,全真道首次形成了上下一统的组织体系,结束道教长久以来传承混乱的局面,形成统一有序的宗教组织模式。由于士人的加入,道士的普遍文化素养和总体社会形象有所提高。从一个宗教对国家来说,起到了救济世人,保护种族不被灭绝的关键作用。

全真道除了继承了中国传统道教思想以外,更将符箓、丹药等思想内容重新整理,为今时今日的道教奠下了根基。全真七子之一的丘处机更因随同成吉思汗西征,而使全真派在元朝得以壮大。明清两代在全国各地,乃至东北、西南、西北等边远地区传播。至今全真道仍是道教最重要的道派,以至后来成为世界道教主流。

嵩山全真道和其他地区全真道一样,采佛教僧团之制,倡出家修道、住庵云游、刻苦磨炼,其丛林观庵,仿禅宗之制而立清规玄范。全真道士们现在仍蓄发留须,直领右衽,保留着清朝以前汉族的民俗服饰。

第七章　道教在嵩山地区的影响

道教是中国的本土宗教,其萌芽、形成、发展、兴盛都与嵩山地区有很大关系。道教对中国文化的影响虽然不及儒家和佛教,但其也为上层统治集团提供了精神支柱,一些道教领袖也曾贵为国师辅臣,从嵩山地区走出的张道陵、寇谦之、潘师正、司马承祯、丘处机、王常月等都是道教赫赫有名的人物。道教对于民间信仰有着直接和深广的影响。嵩山地区道教庙宇林立,中华人民共和国成立前,村村有庙,户户敬神,因而可以说,道教在嵩山地区的影响无处不在。

中岳嵩山是著名的道教圣地,是道教36洞天中的第6洞天,嵩山的附属山脉缑山是道教的第60福地,嵩山的北翼邙山是道教的第70福地,山上的上清宫被列为道教24治之一。千百年来,历代先贤、帝王将相、高道名士、文人墨客在此祭祀封禅、寻仙问道、修庙建观、歌咏书丹,留下了众多的文物古迹。嵩山上星罗棋布的庙、宫、观、洞,无不透射着丰厚的道教文化特色。同样,源远流长的道教文化又以自己独有的特性,影响着嵩山地区的思想、政治、经济、文化及社会生活的方方面面。

第一节　道教对思想的影响

以《道德经》为核心的道家思想,是中国古代思想文化史上的一座高峰。道教追求的终极目标是得道成仙,这对人们的思想及行为方式有着重要的影响。

道教的根本信仰是对"道"的信仰,因之道教的神性论也是对道性论的神化。根据"一切有形皆含道"的理义,道教塑造了一批天、地、山、水等自然神,进而根据"一切有生皆含道"的理义又增加了一批有生命的动植物的保护神,进而又根据"一切有情皆含道"的理义,使一大批"真人"成了神仙。仙真即体道合真的人,就是凡人通过修炼而达到道的境界的仙人。修仙之人,必须首先看破世俗,不为物所累,能以淡泊为怀,才能达到自然无为、清静超俗的境界。因而历代许多修道之士皆隐居深山,以自然无为为修道,以清静求仙,并且在修仙的过程中研习守一、导引、行气、吐纳、服食、金丹术等各种道术。

作为道家的创始人,老子创立了一种以"道"为核心的道家思想体系。老子认为,"道"是宇宙自然的法则和规律,是天地万物生生不息的总根源,世界上的一切事物都是由"道"产生的,并且是按照"道"的规律运动变化的。"天法道,道法自然"的宇宙观成为老子养生思想的哲学基础。老子的养生思想主要体现在以下几个方面:第一,少私寡欲,返璞归真。"抱朴"或"守朴"是老子提出的一种重要

的养生方法。在他看来,最好的生活应是一种少私寡欲、纯朴自然的生活,人们应像初生婴儿那样,过一种无知、无为、无欲、无求的完全自然的生活,这样才能保其精神,全其性命,健康长寿。第二,静以养生。老子认为,惟虚方能容纳万物,使万物自由运行于其中。此为自然之理,人事之理也是如此,惟其虚怀若谷,才能不计较利害得失,而能宽宏大度,容人之过,不责于人。第三,柔弱处上,抱一专气。在老子看来,在生命世界中,柔弱代表着旺盛的生命力,而刚强则象征着生命力的衰竭。生命的保养必须认识到"柔弱处上"这一条养生原则。所谓抱一专气,就是首先固守体内的先天真元之气,进而通过体内的意念锻炼,达到精、气、神三者的完美统一。《老子》曰:"昔之得一者:天得一以清,地得一以宁,神得一以灵,谷得一以盈,万物得一以生,侯王得一以为天下贞。"由此可见,"一"作为始者,无疑是最柔弱的,始终保持着"无为"、"不争"的风格,然而"一"对于天地万物来说,却有着至关重要的影响,它能够让天得以清静,让地得以安宁,让"神"得以灵验,让河谷得以充盈,让万物得以保持旺盛的生机和活力。从人体生命学的角度来讲,"一"其实就是完全地体现和代表了大道的"柔弱"品质。

老子重人贵生、长生久视的思想被人们接受、吸收、改造和利用,不仅对后世追求长生不死的神仙方术、金丹术产生了很大影响,使嵩山在隋唐时期成为道教炼丹的重要场所,而且也对嵩山道教医学的产生有着极为重大的作用。

道教医学的兴起是道教追求的"长生久视、羽化登仙"终极目标的需要。道教修炼的目的就是成仙,要成仙首先要健康,要健康就要治病,因而道教必须有自己的医学。道教医学的兴起也是道教对老子观生、修生、存生、保生、贵生、爱生思想的继承,这种"贵生"的思想反映在道教的实践活动中,就是对医学的重视,研讨医学是每个道士的必修课。作为道教第六小洞天之"洞府"的中岳庙,近、现代许多名道都通晓医理,悬壶应诊,名噪天下。《中岳庙神效百药方》即根据古人收集、珍藏的经验妙方整理编写而成。嵌于中岳庙三仙殿外东壁、唐代天际大师道人原刻、当今中岳庙道人摹刻的《专治心病处方碣》,其药名及用药方法充分体现了道教的养生思想。

道教是中国土生土长的宗教,是主张崇尚自然和清静无为的哲学。道教设定的人生终极目标是修仙飞升。贵己重生,澄心寡欲,服食金丹,性命双修,成仙证真,成了道教徒的日常生活。健康长寿一直是人们向往和追求的美好愿望,道教丰富多彩的养生思想成为嵩山地区极具特色的一种文化现象。

第二节 道教对文学艺术的影响

道教对嵩山地区的文学艺术影响深远。道教音乐和民歌相结合,形成了嵩山地区独特的音乐形式——吹歌。吹歌成为农民农闲时自娱自乐的一种方式,现在颍阳张门村、洛阳田家沟村还很兴盛。祭神时人们的一些动作后来演化成了民间舞蹈,如经篮舞、嵩山麒麟舞等。与道教关系密切的神魔小说《西游记》、《封神演义》、《镜花缘》为嵩山地区人们耳熟能详,一些道教故事还被改编成戏剧,被人们广泛传唱。唐宋时期,一些文人学士到嵩山游历时,和一些高道交往,留下了很多光辉的诗篇。唐代大诗人李白在嵩山访道,写下了《赠嵩山焦炼师》、《将进酒》、《元丹丘歌》、《嵩山采菖蒲者》等。高适的《送杨山人归嵩阳》、孟郊的《访嵩阳道士不遇》、王维《送方尊师归嵩山》、杜甫的《送张山人彪归嵩阳》等,现在还为人们传颂。明代的青花瓷上绘有道教内容的图案,今天在荷兰的阿姆斯特丹博物馆还珍藏着这样的外销瓷。洛阳的西汉卜千秋(郡级官吏)壁画墓内所绘"升仙图",堪称嵩山文化的璀璨瑰宝,为我国道教艺术史上的一块丰碑。画面上,墓主夫妇在升入云霞纷繁的仙境时,日月当空,伏羲女娲引护,神禽仙兽拱卫,方士招引。这幅画以线描表现手法逼真而自然,具有强烈的宗教色彩,具体而生动地描绘出当时嵩山地域民众的生死观。这种宗教绘画艺术,为后来道教宫观壁画的主要内容之一。

中岳庙作为古代祭祀圣地和著名的道教场所,保留有大量的金属铸器。立于古神库四角的4个宋代铁人,高2.5～2.65米,武士风度,气宇威严,握拳振臂,怒目挺胸,通称"镇库大铁人"。峻极殿前月台下的一对金代大铁狮,高1米,围径1.4米,共重850公斤,色泽黝黑光亮。神州宫三仙殿前的一对明代铁狮,共重1000余公斤,造型优美。这些金属铸器为研究古代嵩山地区的铸造工艺提供了宝贵的实物资料。

道教对嵩山地区艺术的影响,还表现在各种各样的金石碑刻上。嵩山的碑刻种类多,分布广,价值高,其内容大量地反映庙观祠堂的兴废纪事、宗教的典章制度,反映了当时的政治、经济、天文、水文、地理、自然灾荒等。反映道教的碑刻在中岳庙内保存最多,现尚北魏碑1通、唐碑1通、宋碑4通、金碑2通、元碑3通、明碑13通、清碑34通、"民国"碑刻6通、年代不详9通、现代碑刻10余通。这些书法高超、铸艺精美的金石文物,不仅体现了古代在雕塑、石刻等方面的卓越成就,而且也是珍贵的历史实物资料。

《八十七神仙卷》局部

登封现存最早的石刻是嵩山汉三阙,它是研究中国古代汉字和书法从篆书向隶书演变的宝贵资料。太室阙上有许多画像石,保存较好的有50余幅,画像内容有车骑出行、马戏、倒立、斗鸡、舞剑、人捉鸱鸮、鲧像、楼阁、虎食鬼、绞龙穿壁、双羊头、双头鸟、熊、玄武、铺首衔环、犬逐兔、朱雀、羽人等。启母阙的画像石保存较完整的有60余幅,主要内容有蹴鞠、幻术、乐伎、马技、斗鸡、骑马出行、杂技、驯象、郭巨埋儿、大禹化熊、启母化石、果下马、狩猎、虎逐鹿、双蛇、月宫图、龙、虎等。少室阙阙身画像石保存较完整的有

启母阙中的女子蹴鞠图

60余幅,主要内容有车骑出行、宴饮、击剑、狩猎、犬逐兔、驯象、斗鸡、蹴鞠、鸱鸮、羊头、鹿、虎、鹳鸟哺雏、马技、绞龙穿壁、月宫、常青树等。其中马戏和狩猎图雕刻最好。画像艺术风格浑朴古拙,气势深沉,反映了古代劳动人民在艺术创作上的辉煌成就。其形式和内容对研究建筑史、美术史和东汉社会史均有重要价值。

东汉安帝元初五年(118年)前后刻立的两个石刻翁仲,用青石雕琢而成,浑为一石,高1.22米,腰围1.54米,头顶平整,腰系大扣纽带,轮廓古朴大方,体形粗犷原始,人体曲线表现得不明显,好像

一幢石柱。翁仲身穿长筒袍衫,腰间系着一条宽带子,双手紧握剑柄,矜持地拱护在胸前,长长的剑锋直垂触地。石翁仲是中岳嵩山神祠的象征性守门人,是中国现存雕刻年代最早的石翁仲,也是研究汉代雕刻艺术和衣着服饰的珍贵遗物。

北魏寇谦之在嵩山修行和改革道教的实物见证《中岳嵩高灵庙之碑》,至今矗立于嵩山中岳庙内,它是南北朝时期魏书最典型的代表作。盛唐一代,书法人才辈出。登封唐代碑刻就是当时书法成就的典型代表,而且这些碑刻多为帝王、大臣及当朝的名家撰书。知名的《大唐嵩阳观纪圣德感应之颂》碑,巍然屹立于嵩山南麓的嵩阳书院门外,为嵩山碑刻之冠。《中岳体玄先生潘尊师碑》书法史称"金剪刀书",是唐代碑刻的佳作。登封城西万羊岗上的《大周封祀坛碑》为名家薛曜所书,书法精美。唐代《状嵩高灵胜诗》也非常著名。宋代碑刻在登封广为分布,中岳庙院峻极门前东侧有宋真宗天禧三年(1019年)的《御制中岳醮告文》八棱石幢。幢上饰柱状和石雕宝珠幢刹,下为仰覆莲须弥座。碑文为宋真宗撰的祭文。《碑帖叙录》称:"书极似王羲之,可能即为王羲之之集字,亦恐为刘太初善学王羲之所为。"在崇圣门和化三门的东西两侧,遥遥相对有三通宋代巨碑,分别是卢多逊撰、孙崇旺书的《新修中天王庙碑》,王曾撰、白宪书的《中岳中天崇圣帝庙碑》以及陈知徽撰,邢守元书的《增修中岳中天崇圣帝庙碑铭》,此三碑皆为宋碑珍品。中岳庙内还保存了不少金代碑刻佳作。金承安五年(1200年)刻立的《庙图碑》,乃绘图碑珍品。中岳庙东华门内金世宗大定二十二年(1182年)刻立的黄久约撰的《重修中岳庙碑》,尤为世人注目,郝史书法遒劲,苍古可观。元代碑刻的书法艺术有相当高的造诣。《中岳投龙简诗碑》、《寇谦之传碑》、《圣旨碑》等都是元代名碑。著名的明代碑刻有《混元三教九流图碑》、《五岳真形图碑》等。清代以《乾隆御制诗书碑》最为著名。

登封碑刻在中国古代石刻艺术宝库中占有重要的地位,是中国古代文化遗产中极有价值的财富,对研究中国古代政治、经济、文化、历史、宗教、古建、书法、绘画、雕刻等都有重要意义。

第三节 道教对建筑的影响

中岳庙山门

道教对嵩山地区的重要影响之一,就是表现在道教宫观的建造上。宫观为道宫和道观的合称,是历代道士居住修道、祀神、修道、传教以及举行斋醮等祝祷祈禳仪式的场所。最初叫"茅室"、"幽室",汉代称为"治",晋代称为"庐",南朝称为"馆",北朝称为"观"(个别称寺),直到隋唐。唐宋以后,规模大者称为"宫"或"观",民间小一些的建筑则称为"庙"。2000多年来,嵩山地区可以说是道教的重镇。嵩山道教圣迹甚多,太室山东有浮丘峰,西有子晋峰。北魏时,嵩山已建有嵩岳庙,栾川县老君山建有金顶太清宫,伊川建有南岳庙。隋唐时,登封先后建有嵩阳观、隆唐观、太一观等宫观,洛阳建有泰山庙,汝阳建有祖师庙。宋元间,嵩山又增建紫虚观、天封观、承天宫、长春庵等宫观。明朝,在嵩县建有周公庙。清朝在北邙山建有吕祖庙。明清以后,除中岳庙屡经重修外,其他宫观大都倾圮。除上所述外,嵩山还有众多的道教及民间信仰所建的庙、观、洞,如山神爷庙、土地庙、关帝庙、火神庙、三官庙、玉皇庙、龙王庙、龙泉观、龙翔观、玉溪观、洞清观、崇庆观、太微观、通真观、嵩仙观、丹霄观、颐真观、浮丘洞、石楼洞等。尤其是山神庙、土地庙、三官庙、龙王庙这些道教和民间信仰相杂的宗教场所有多处。据不完全统计,即便不包括较小的山神庙、土地庙,仅嵩山地区的登封,庙观就达150多座。不过,绝大部分已毁。至今,道教在嵩山的重要道场有中岳庙、老君洞、崇唐观、三官庙、峻极宫、九龙圣母庙等。

中岳庙是中国现存最早的庙宇之一,是五岳中规模最大、保存较为完好的古建筑群,距今已有2000多年的历史。中岳庙依山势而建,为由南向北,由低至高,逐层对称的传统建筑群。中轴主建筑共分十一进:名山第一坊、遥参亭、天中阁、配天作镇坊、崇圣门、化三门、峻极门、嵩高峻极坊、中岳大殿、寝殿、御书楼。从中华门起,全长1.3华里,面积10万多平方米。中轴两侧有太尉宫、火神宫、祖师宫、神州宫、小楼宫等跨院建筑。庙内现存明、清建筑300余间。完整的建筑布局使中岳庙成为一座主次分明、错落有致、布局紧凑、色调和谐、幽深雅致、古朴庄严的典型的祭祀礼制宫殿式庞大建筑群。与中国现存的其他山岳、河流的祭祀建筑相比,中岳庙具有独特的完整性,建筑群的空间格局之艺术特点也最为突出,规模宏大,气魄巍然,主体建筑等级高,可与历代宫殿建筑比美,具有中国传统官式建筑风格。这座中国规模最大、最高级别的礼制建筑群,整体历史价值无与伦比,它是古代祠庙建筑群空间处理的优秀范例,是古代山岳崇拜的实物见证。

嵩山汉三阙是中国现存最古老的石阙,是中国仅存的国家级山岳祭祀建筑用阙,历代君王将相、硕儒名士都是由此踏上对嵩山的顶礼膜拜的路途。它们具有突出的重要性,不仅反映阙与太室祠、少室山庙、启母庙的位置与环境关系,而且反映了汉代礼制建筑的初创制度,可以作为探究早期礼制建筑形制的依据。汉三阙造型朴拙,既具有石构建筑的典型面貌,又在屋顶等细部上反映了木构建筑的特点,是研究汉代建筑史和东汉社会史的珍贵资料。

第四节 道教对节日的影响

我国的传统节日体系萌芽于先秦时期,这一时期积累的包括祖先崇拜、天地崇拜、鬼神崇拜、生殖崇拜等在内的原始宗教信仰,为后世创设繁复的节日民俗准备了大量的文化素材。嵩山地区民俗节日丰富多彩。溯其渊源,大多与道教信仰和道教文化的浸润有密切关系,几乎所有节日都富有道教信仰的内容,同时也是道教的节日。现在有的节日虽然民众已不了解其与道教的关系,但仍相沿不衰。

春节是嵩山地区最盛大的节日,腊月二十三祭灶,标志着欢度新年,之后一系列节俗活动都与道教信仰有关。祭灶即送灶,是将灶神送往天上的祭祀活动,嵩山地区人们把灶神当作一家之主,多供于灶头,除夕之夜还要迎其下界,供奉迎送,以求其"上天言好事,回宫降吉祥"。腊月二十五是玉皇大帝下界视察人间善恶之日,人间遂有取悦玉皇大帝的迎玉皇活动,家家都要杀猪款待。腊月二十八,家家都要贴门神。腊月二十九,家家都要准备香炉以备祭天和祭祖。除夕日的祭祀其实就是迎诸神,要供奉天地全神、牛王爷、井王爷、土地爷、床神等。正月初一,人们燃爆竹,祭祖,拜年。正月初五,人们还要祭祀路神,送穷鬼。而正月初二祭财神,正月初五接财神,正月初八祭本命元辰星宿神,正月十三祭虫王爷,正月十四迎紫姑,这些仪式在嵩山地区已不再盛行。

正月十五灯节，即元宵节，也是道教的上元节。灯节可以说是中国的狂欢节，人们所开展的舞狮、玩灯、猜谜等娱乐活动，其实就是一种娱神活动。

清明节，七月十五中元节，十月初一冥阴节，民间合称"三冥节"，都是道教节日，也都与祭祀鬼神有关。清明节，亦称鬼节、冥节，家家户户都要上坟祭祖扫墓，祈求祖先保佑五谷丰登。七月十五中元节，本是地官校籍赦罪之辰，嵩山地区多称鬼节，很多村庄都以之作为古刹庙会。十月一日，是寒衣节、烧衣节，嵩山地区有"十月一，送寒衣"的风俗，主要以为祖先送冥衣来表达悼念之情，同时也报答和感谢保佑丰收的神明和祖先。

五月初五端午节，是嵩山地区夏季最重要的传统节日，也是一个祭祀诸神的节日，如屈原、张天师、农神、蚕神、钟馗等。这天人们都要贴天师符，门上挂艾，喝雄黄酒，小孩子还要戴五色线和香囊避邪，这些都是道教信徒为避五毒之害而进行的活动。八月十五中秋节，是祭月、拜月的节日，是道教所尊称的太阴星君即月神圣诞之日。九月初九重阳节，这天登高、佩朱萸、饮菊花酒的风俗，反映了人们盼望消灾避凶、健康长寿的愿望，这些都深受道教影响。

其他道教节日如正月初九玉皇大帝诞辰，正月十九丘祖诞辰（燕九节），二月二龙抬头，三月三王母娘娘及真武大帝诞辰，四月十四吕祖诞辰等，嵩山地区群众都要到各个庙宇去烧香拜神。

中元节中的道教习俗

第五节　道教对语言的影响

道教文化对嵩山地区的语言也有极大影响，一些道教用语以及与道士、神仙有关的语言成为人们经常使用的成语、歇后语、俗语等习惯用语。如用"八仙过海，各显神通"比喻在集体生活中各人有各人的办法；用"大器晚成"来形容担当大事的人要经过长期锻炼，往往成名较晚；用"返老还童"形容老年人充满青春活力；用"六神无主"形容人精神慌乱，不知如何是好。其他还有包罗万象、五雷轰顶、大音稀声、大象无形、大相径庭、东施效颦、分庭抗礼、扶摇直上、过路财神、呼风唤雨、黄粱美梦、魂不附体、灵丹妙药、目无全牛、念念有词、旁门左道、杞人忧天、人面兽心、善始善终、游刃有余、脱胎换骨、逍遥自在、一人得道鸡犬升天、天网恢恢疏而不漏等等。

在歇后语中，与道教、道士、神仙有关的更多。如大水冲了龙王庙——一家人不认得一家人，八仙吹喇叭——神气活现，八仙聚会——神聊，八仙上寿——老排场，中岳庙的小鬼——光瞪眼不说话，中岳庙走到城隍庙——处处有鬼，家里除了灶王爷——就数你大了，关帝庙的横批——亘古一人，雷公动怒——不同凡响，雷公劈城隍——以上压下，龙王管土地——管得宽，龙王爷出海——兴风作浪，吕洞宾讲故事——神话，吕洞宾戏牡丹——骚仙，三百钱买个土地爷——钱能通神，烧香惹鬼叫——好心不得好报，申公豹的嘴——搬弄是非，寿星出点子——老主意，寿星打哈欠——老气横秋，小鬼面前告阎王——找错了对象，阎王爷做生意——鬼都不上门，阎王写文章——鬼话连篇，老灶爷上天——尽说吉利话，老灶爷的抹布——揩油，张果老骑毛驴——倒行逆施，张果老闭着眼睛吃虱子——眼不见为净,张天师家闹鬼——没人信,张天师被鬼迷住——明白人也有糊涂时,赵公元帅翻脸——不认账,等等。

嵩山地区的一些俗语也与道教有关,如"谁家没有老灶爷","谁家烟筒不冒烟","天打五雷轰","求来的雨不会大,拜来的爹娘不会亲","掂着猪头还怕找不到庙门","不怕判官怕小鬼"等。

此外,嵩山地区民间常用的词语很多都是从道教里来的,如天堂、地狱、阴阳、五行、大道、心性、功德、存想、花心酒色、修心养性、返朴归真、生死轮回、天人合一、道法自然等。

举例词解:

◆精炁神

道家修炼,将"精炁神"称为人身三宝。《玉皇心印妙经》云:"上药三品,神与炁精。"精炁神为人身修炼之三品上药,彼此互相依存,三宝若失其一,人即死亡。又有先天三宝与后天三宝之说,先天三宝即先天真一之精、先天真一之炁和先天真一之神,又称为元精、元炁和元神,后天三宝即呼吸气、思虑神和交感精。修炼所用,为先天三宝;常人所用,为后天三宝。后天三宝,乃由先天三宝变化而来,故此修炼之时,须将后天返为先天。后天三宝转化为先天三宝,则大丹可成,而生死可了。

◆出神

形容注意力高度集中,神情专注,像灵魂出窍了一样。也是一种宗教词,有萨满的出神,先知的出身,出神可能是灵魂感到了真主的启示时的状态。出神也是一种宗教词,有萨满的出神,先知的出身,出神可能是灵魂感到了真主的启示时的状态。

◆真气

真气是由先天元气与后天水谷之精气结合而化生,为维持全身组织、器官生理功能的基本物质与原动力。道教谓为性命双修所得之气。按照中医理论,真气是维持人体生命活动最基本的物质,人之有生,全赖此气。气的含义指流动着而看不见且有生命作用的精微物质;血产生气,气又推动血液的运行给与活力,气血相生,气就是生命能量即生机。有质而无形。

◆道

《道德经》第二十五章曰:"有物混成,先天地生。寂兮寥兮,独立而不改,周行而不殆,可以为天下母。吾不知其名,字之曰道,强为之名曰大。""道"是道教的最高信仰,是生天生地生人生万物的宇宙本源,是宇宙间一切事物的实相。

◆性命双修

道教专业术语。是道教重要的教义之一,也是中国古代传统养生的基本理论。性命双修指身心全面修炼,即今存各先秦文籍中,所 在中国哲学中,"天"与"性"是紧密相连有之性字皆后人改写,在原本必皆作生字,"性"可以被追溯到古代"生"字的用法,而"生"这个字恰好构成了"性"字。性命双修指身心全面修炼,达到至高完美的境界。性指人的心性、思想、秉性、性格、精神等。命指人的身体、生命、能量、命运、物质等。

◆ 意念

内丹名词。是由神发出的思维活动。混然子《入药镜注解》谓意者,性之阴,即其土也。故丹经中常称意念为"媒",为"土"。又称作"黄婆"。黄色暗示属于中央土,婆即媒婆,比喻配合阴阳的介绍者。

◆ 先生

"先生"一词,最早算是起源于道教。《真诰》云:"为学无师,道则不成,心存目想,见师如经,学非师授不可以教人,恐疑悟后学,故不得传求法。事师莫择贵贱,勿疑长幼。言我年大而彼年小,彼是贱而我是贵,此是未解正真平等之要。人无贵贱,有道则尊,所谓长老不必耆年,要当多识多见以为先生。"先生本是有道之人的称呼。《定真玉箓经》里也说:"凡欲定心,当受上皇民籍定真玉箓,此至要为学之先也。先能定心,仙名乃定,是三天正一,先生所佩,以定得仙之名。"道教里很多祖师都称为先生的,比如张果称"通玄先生",黄公望称"纸舟先生",吴筠称"宗玄先生",徐神翁又叫"虚静冲和先生"等。

◆ 法官

法官,我们都知道是法院里审判的官员,近代法院兴起,才有了法官。但是最早使用法官一词的是道士,原意是指行法的道士。《混洞女青诏书》云:"诸雷神被法官差于某年某月某日某时震动以为报应,至时而不震动,不依牒内坐说故意违者,仰法官差神吏重行遣役。"又《道法会元》云:"法官披发仗剑,先至东方召东方使者,烧东方檄。"

我们现在的"法"是民法、刑法、青少年保护法等。法院里的法官是根据这些法律来判决案件,惩恶扬善。道教的法则是"玉宸炼度符法"、"清微梵炁雷法"、"紫极玄枢奏告大法"等,道教的法官则是根据这些"法"来役使鬼神,助国救民。

◆ 律师

律师这个词,源于道教。比如我们称清朝著名道士,龙门律宗的兴起者王常月祖师,也叫"王大律师"。这个"律",不是法律的"律",而是戒律的"律"。

古代衙门里打官司是没有律师的,只有讼师。讼师是一个不好听的名词,因为中国人不喜欢诉讼。孔子说:"听讼,吾犹人也,必也使无讼乎?"中国人不喜欢打官司,讼师在古代看来都是狡猾的人。近代法学系统,很多事情都要走法律途径,用讼师这个词,明显不符合时代精神,于是就改用"律师",以取代"讼师"。

◆ 元气

道教教义的基本概念。原本为先秦道家用语,指产生和构成天地万物的原始物质,或指阴阳二气混沌未分的实体。

◆亡灵

指死者的灵魂。《徐仙翰藻》卷十一："呜呼！死亡为言归也。归也者,归于道也。首者,身以无形为主,昏昏嘿嘿,杳杳冥冥,吾固不得而强名亡灵。

◆行善积德

道家的"善",宣扬的是一种"无心"之善,"无争"之善,是一种自然而然的善。道家认为人的心是一颗执着心。做任何事都是"成心"要做,做成了,心情好；做不成,就徒生许多烦恼。所以,要解决这个"成心"问题,就提出了"无心""无为"。"无心""无为",是指放下成心,放下执念,顺其自然,求得心灵的解脱,内在的自由。所以,道家的善,是从解决自己内心的执着开始,再恕己及人,与人与世无争。这种善,可谓上善,是合乎天道的大德,即为"道德"。道教大宗师吕洞宾在其著述中讲修仙飞升,首先必须积阴德、行善事,生出纯阳之气,飞升才有可能；如果行善就到处宣扬,则是积阳德,不生纯阳之气。道教里修仙炼丹盛行后,修德依然是第一要务。《文昌帝君阴骘文》里劝人行善,时时处处随手行善积德,随分行事。为善不论大小,行善不计较得失。劝有"点夜灯以照人行,造河船以济人渡；见挡路的荆棘顺手砍掉,遇当道德瓦石顺手挪开"等等。道家讲善,主要是讲修德,要修到行了善而没察觉的境界。德有上德和下德之分。阴德,即上德；阳德,即下德。上德,"无为而无不为",即无私心,不带功利性地随本分行善事；下德,"有为而有以为",即常计较,带有功利性地做好事。上德之人,人前背后言行一致,不欺暗室,不愧屋漏,可以"慎独"。下德之人,行善功利心重,斤斤计较,念念不忘,是小善。至于虚情假意行善,做做表面文章的,那就是伪善了,所以《道德经》说："皆知善之为善,斯不善已。"所以,行善积德是道家的根本。

积德行善

◆无极

教义名词。原为先秦道家用语。指无形无象的宇宙原始状态。《道德经·二十八章》："知其白,守其黑,为天下式；为天下式,常德不忒,复归于无极。"是说圣人深知明亮,却安守于暗昧,此之为天下的范式,这样永恒常存的"德"就不会有差失,最后返归于虚静无穷的根本。因此,老子所说的"无极"是对万物归根的"大道"的一种形容,是无穷无际的意思,未具实体概念。道教沿用此名词,并加以衍化,遂产生多种含义。河上公《老子注》从养生长寿的角度讲"无极",认为"人能为天下法式,则德常在于己,不复差忒也",如此"则长生久寿,归身于无穷极也。"这种说法开了以后道教内丹炼养家鹄(音谷)的先河。

《老子想尔注》中说：精为白色,肾为黑色,以精藏于肾"安如不用",就叫"守黑"。认为"行《玄女经》龚子、容成之法"者,是从外身借贷,实有违真道,应藏精自守,"绝心闭念",这就称作"大无极"。

宋初道教学者陈抟作《无极图》，集中表述其内丹修炼理论。其图自下而上，"以明逆则成丹之法"，先为"炼精化炁"，继以"炼炁化神"，最终"炼神还虚，复归无极"，达到"脱胎求仙"的最高境界。因此，这一内炼境界多称作"虚空"、"圆明"，故后世丹经中常用"○"符号代表"无极"。

◆太极

所谓太极即是阐明宇宙从无极而太极，以至万物化生的过程。其中的太极即为天地未开、混沌未分阴阳之前的状态。《易·系辞》上："易有太极，是生两仪。两仪生四象，四象生八卦。"太极生两仪，便是由太极的分化形成天地的过程，两仪，即是天地，亦可是阴阳。疏："太极谓天地本分之前，元气混而为一，即太初、太一也。"所谓"太极"，是至高无上的宇宙观本原，由太极剖判，产生天地阴阳，再由天地阴阳产生春、夏、秋、冬四时，由四时产生乾隆、坤、震、巽、坎、离、艮、兑八卦。

"太极"一词，出于《庄子》："大道，在太极之上而不为高；在六极之下而不为深；先天地而不为久；长于上古而不为老"。太，即大；极，指尽头，极点。物极则变，变则化，所以变化之源是太极。太极的概念经常与易学一起出现。道家易有自己的独特体系，太极的概念是道家易的宇宙论、修养理论的重要基本概念。

◆阴阳

老子在《道德经》中指出万物由"道"所生，皆有阴阳的对立属性。《庄子》中认为阴、阳交感相合，而生万物。《周易？系辞上》认为阴阳的相互交感作用是宇宙的根本法则，提出"一阴一阳之谓道"，影响甚为深远。道教吸取上述观念，衍化形成其内容丰富的阴阳说。早期道教经典《太平经>宣称，天地人乃至君臣、四时都蕴含有阴阳的属性，并认为阴与阳不能独生，必须有二者的和合作用，"阴阳相得，交而为合"，二合并力同心，才能产生自然与社会人生的各种事物。东汉魏伯阳撰《周易参同契》，以论神仙炼丹方术，认为天地万物都具有阴阳属性，乾坤互包，相融不分，雌雄交媾，精气抒发，化生万物。《参同契》以阴阳论述丹道，对道教丹鼎派影响很大。北宋道士张伯端著《悟真篇》，继承道教内丹炼养传统，以丹法论阴阳，认为"道"为生命本源，产生先天之气，由"一气"分为阴阳，即以心为性，以肾为命，心为离属阳，肾为坎属阴，阴阳生三，即精、气、神三合，由此顺行则生人，逆行返本则成丹长生。

道教关于阴阳的解说有多种，一是认为阴阳为化生天地万物的原质之气；二是阴阳为人身体内使人得以生存的动力；三是阴阳为万物禀赋的刚柔、热寒等自然属性；四是阴阳为善恶、仁戾等道德属性。

◆五行

教义名词。指金、木、水、火、土为五种物质，喻事物间相生相克的关系。道经中宣称，五行相生相克；木生火，火生土，土生金，金生水，水生木；水克火，火克金，金克木，木克土，土克水。并用以解释四时天象方位等，认为南方属火色赤，东方属木色青，西方属金色白，北方属水色黑，中央属土色黄。还以五行配五常、五脏，《道法会元》卷八十四有："肾属水藏精为智，心属火藏神为礼，肝属木藏魂为仁，肺属金藏魄为义，脾属土藏意为信。

在道教内丹术中，运用五行学说原理，主张在不同的季节，不同的时刻，运用不同的方法练功。以火代表元神，水代表肾间动气（称元气），通过练功，使元神与元气相交，称为水火既济。借用木火，金水的相生关系,以木火为一家,金水为一家,土自成一家。脾属土,主意,炼功即在"意土"的媒合下,三家相见,结成内丹。

五行是自然的构成元素,是对事物的基本性质的归类,它们之间的关系表现了世界万物的基本联系。道家以研究自然为目的,于是把五行支配在一切物质上。

◆天师

对得道者尊敬之称谓。《庄子·徐无鬼》记黄帝称童子为天师,《素问》黄帝称岐伯为天师。张陵以"五斗米道"行汉沔间,其子衡孙鲁据汉中传其道,信教者称陵为天师。《水经注》卷二十七《沔水》有张天师堂,即指张道陵。故"五斗米道"后又称为天师道。《汉天师世家》卷二《天师世传引》:"天师之号,见于《素问》《庄子》。盖谓有道者之极称。老子言《道德》于周,祖天师倡正一教于汉,而张氏号天师者,今四十八代矣。传代历历,何其详哉。"后来的道流如寇谦之、杜光庭等,也称为天师(见清钱大昕《十驾斋养新录》卷十九《天师》)。

◆天

天界。《洞玄灵宝自然九天生神章经解义》:"天者,以玄为义,取其自然,故以天名。"《玄妙观志·平江府重建三清殿记》:"混沌既判,惟天为大,不可俄而度,据远视之,其色苍苍,以形体则谓之天。"

◆先天

有三种含义:其一即老子所云:"有物混成,先天地生,独立而不改,周行而不殆。"即是指天地万的产生之前的一种状态,丹书又谓之:"五行不到处,父母未生前。"其二,即指修炼至混沌无我状态,无形无象,杳冥恍惚之中,而生出的先天一炁,即老子所云:"惚兮恍兮,其中有象;恍兮惚兮,其中有物;杳兮冥兮,其中有精;其精甚真,其中有信。"其三,指婴儿处于母腹之时的状态,那时不识不知,混混沌沌,空空洞洞,亦属先天。孔子云:"先天而天弗违。"如果人于先天境界,则合乎天道,而天亦不违,自然生机可操,大道可成。

◆后天

在丹道修炼而言,后天之说,乃与先天对待而言,亦有三种含义:其一是指天地万物产生之后,一切变为有形,不可永存之物,均称为后天。此就物质而言。其二,是指每日思虑念想,人欲横流,老病死苦,生命无主,均属后天。此就精神而言。其三,是指婴儿下生之后的状态,即渐生妄心,惊扰元神,着于外物,贪求不止,流浪生死,皆为后天。虽然后天之体,实不可取,但是后天状态,乃由先天变化而来,欲修先天无形大道,须借后天有形肉身。故此,道家对于后天身体亦为关切,并不象佛家指斥为臭皮囊不屑一顾。因为须后天以返还先天,借有形肉身以成就无形大道。所以道教修炼是一种超世的无上法门,贯通天地人我,总辖凡尘大道。

◆天堂

道教名词。天堂,指仙宫,与"地狱"相对而言。称天上

天堂

神仙及世人死后灵魂居住的极乐世界,后亦以比喻幸福美好的生活环境。《吕祖志·真人本传》:"天堂地狱非果有主之者,特由人心自化成耳。"

◆地狱

相对"天堂"而言。比喻苦难危险的境地。五常(1)指五种伦理道德,即父义、母慈、兄友、弟恭、子孝。《书·泰誓》下:"今商王受狎侮五常。"(2)礼教称君臣、父子、兄弟、夫妇、朋友之间的五种关系。也称五伦。(3)指仁、义、礼、智、信。(见《汉书·礼乐志》刘向注、《白虎通·情性》)(4)指五行。《庄子·天运》:"天有六极五常。"成玄英疏:"五常谓五行。"《礼乐记》:"合生气之和,道五常之行。"疏:"道达人情以五常之行,谓依金、木、水、火、土之性也。"

◆天中

内炼名词。指鼻子。《三国志·魏·管辂传》:"又鼻者艮,此天中之山。"注:"相书谓鼻之所在为天中。鼻有山象,故曰天中之山也。"《黄庭内景经·天中章》:"天中之岳精谨修,云宅既清玉帝游。"唐梁丘子注:"天中之岳谓鼻也。一名天台。《消魔经》云,鼻欲数按其左右,令人气平。所谓溉灌中岳,名书帝录。"

◆内功

称内修炼养功夫为内功。元玄全子《真仙直指语录》卷上:"经云:'人能常清静,天地悉皆归。'盖清静则气和,气和则神主,神主则是修仙之本。本立而道生矣,此为内功。"也含人所禀赋的德行。

◆化缘

宫观清规。宫观兴修须凭檀越,常住请能事者持疏化缘金谷,以助修造之用。求人施舍捐助之谓。

◆心定

炼养名词。本指人的精神意识合乎自然、社会变化的道理而趋于稳定。《庄子·天道》:"天下奋柄而不与之偕,审乎无假而不与利迁,极物之真,能守其本。故外天地,遗万物,而神未尝有所困也。通乎道,合乎德,退仁义,宾礼乐,至人之心有所定矣。"后为静功炼养的重要条件。指精神意志专定。元玄全子《真仙直指语录》卷上:"睡眠亦人之所欲,须是减省,不得专打坐,行、住、坐、卧只要心定,皆是道。"

◆心性

内炼名词。指本心。谓不变之心体,为人的自然本性。杜甫诗"盘涡鹭浴底心性,独树花发自分明。"也指心和性。儒家认为性是心的本体,《孟子·尽性上》"尽其心者,知其性也。"

◆幻境

内炼名词。浅言之,"幻境即世间一切困人之环境。""其实所谓幻境者,乃身中阴魔乘机窃发之种种景象,或动人爱恋,或使人恐怖,或起嗔恨,或感悲伤,或令人误认为神通,或引人错走入邪路,甚至神识昏迷,自残肢体,偶有见闻,妄称偶圣,凡此等类,皆是幻境。"(《孙不二女功内丹次第诗注》)。

◆阴德

早在汉代的道教经典《淮南子·人间训》就有:"有阴德者必有阳报,有阴行者必有昭名。"

◆布施

道教积善修仙用语。以财物施舍于人。布施求报,不算善事。《抱朴子内篇·对俗》:"善不在大,恶不在小也。虽不作恶事,而口及所行之事,及责求布施之报,便复失此一事之善。"道教分布施为三种:一财施,谓施舍财物救济贫人;二法施,谓说法度人;三无畏施,谓以无畏施于人,救人厄难。后来又演变分别布施项目为二十余种,如以身布施,以力布施,以妻子布施,以饮食布施,以衣服布施等(见《太上洞玄灵宝净土生神经》)。《敦煌道经·图录篇》:"布谓启蒙布,无穷;施谓施与一切,故曰布施。"

◆幸福

在道教思想中有更重要的意义。因为人贵的"生"应是今生今世,是现实的生存。人们也知道上,永生不是人人可以做到的,"成仙"也是一个过于奢侈和遥远的梦想,最为现实的是现世世界的利益。而幸福在那个时代,也许就是东汉桓谭在《新论·辩惑第十三》中说的"五福:寿、富、贵、安乐、子孙众多。"相反的,大恶有四:"兵、病、水、火。"这些"福"的获得和"恶"的避免,一方面在于人为,更多的是人力不可为,那么就希望借助一种外在的力量帮助予以免除,道教正适应了这种要求。所以在中国,道教拥有大量的信徒。

◆道德

"道德"是道教思想中的又一个重要观念。为了赢得现世的幸福或永恒的生命,为了获得神鬼的护佑,人们须遵循一定的伦理与道德准则,这种准则主要包括以下几个方面:在人品上要甘守清贫、清心寡欲、心术端正、谦和恬静;在家庭或家族生活中,要孝顺慈爱;在社会生活中,应重视信义、讲求礼仪、分明秩序、举止中规。道教还相信:"积善之家必有余庆,积不善之家必有余殃(《易传》)"道教用这种此生的善恶之因可以成为后世祸福之果的观念,增加人们社会行为的心理压力,以此规范人间的道德与伦理。

◆入定

内炼名词。指精足、气盈、神定物我两忘境界。《谷神篇》:"若人精无漏,则性水俱澄,内观无心,外观无形,远观无物,将入真静。阳魂渐消,阴魄渐胜,魄之精,性之水,咸若光明静定而能忘,乃曰入定。"《天仙金丹心法》:"经云:'一点落黄庭,入定练阳神'。是言丹落中宫,当行炼气化神之道,而炼气化神,非入定不可。夫必入定者,以人有生死,因有呼吸,苟无呼吸,自无生死。无呼吸,便为入定。定久则空,空极则觉;十月如愚,有不圣胎成,而阳神出乎?又白玉蟾曰:'定中求定,空内求空'。定中求定者,由息定而胎稳如山;空中求空者,由念空而真人破顶。是定与空,为结胎之最要。而空从定来是入定,实为结胎之始基也。但入定之法,必内气不出,外气不入,似无而有,神、气在定,似有而无,神气在定,而不见再定之相。任地涌金莲,美女入户,只不思善,不思恶,万想皆空,诸缘屏息,夫乃为定,夫乃为入定。然到此地位,纯是自然,不患定之不入。到此地位,天魔屡试,转患定之或出。守其入而防其出,胎成指掌矣。

◆贵生

是道教的基本观念。道教从一开始关心的就是生命。在《太平经》里,道教曾经发出"人居天地间,人人得一生,不得重生,……故凡人一死,不得复生。"在道教流传最广的经典之一的《度人经》里曾经说到道教的宗旨是:"仙道贵生,无量度人。"所以,法国学者马伯乐在《关于纪元初期几个世纪中的道教的研究》的一开头,就把道教称为"永生的宗教"。

◆升天

两种意思:一谓修道成仙,飞升登天。二指死后烧身粉骨。《太上大道玉清经》卷七《道化四夷品第十七》:"风俗,残形灭生,烧身粉骨,浮烟上腾,谓之升天。"

上善若水

◆上善若水

《道德经》第八章:"上善若水。水善利万物而不争,处众人之所恶,故几于道。居,善地;心,善渊;与,善仁;言,善信;正,善治;事,善能;动,善时。夫唯不争,故无尤。同诸葛卧龙所注:"人力无为。人意争万物而不让,取万物之所善,故几于盗矣。居福地,心魔渊,与伪善,言伪信,政自治,事利能,动善时。夫无不争,故深尤。"之意相反也!"上,最的意思。上善即最善。这里老子以水的形象来说明"圣人"是道的体现者,因为圣人的言行有类于水,而水德是近于道的。

◆致虚守静

"致虚守静"是道家心性修养的意境。老子曰:"致虚极,守静笃。万物并作,吾以观复。夫物芸芸,各复归其根。归根曰静,静曰复命。复命曰常,知常曰明。"(《老子》通行本第十六章)老子认为,人要使自己的心性达到与宇宙之道接近的虚空寂寥的无极状态,也即宇宙的本体美之境。这就首先要持守住内心的那份宁静与平和,不受物欲诱惑,不受尘世干扰,持一守中,心如止水,也即人性的静观审美境界。

致虚守静的基本精神是"道法自然",而道法自然的理论基石是天道的"自然而然"精神和人性的"无为而为"本质。致虚守静"需要守得住孤独、耐得住寂寞。守住孤独就等于守住了本真之美,耐得住寂寞才有可能回归自然本原之美。致虚守静的理论基础是"自然而然"和"无为而为"。"道"是自然而然的,而自然而然的具体化就是虚静恬淡,因而"道"观照下的人性也应是虚静恬淡的。致虚守静的目的是摆脱性分之外的欲望功利对人的心性的困扰,使心性处于虚静平和的自然状态中。这种对性分之外的欲望功利的无所追求当然是无为的。无为的目的是敞开并保持人的虚静的自然本性,并不否定人的所有作为,而是倡导"无为而为"。

◆虚无

道家哲学。1.道家用以指"道"的本体。谓道体虚无,故能包容生万物;性合于道,故有而若无,实而若虚,荒诞无稽。2. 柳宗元《省试观庆云图》诗曰:天空高标连汗漫,向望接虚无。

◆齐同慈爱

"齐同慈爱"思想是道教慈悲济世、无量度人的核心思想。老子说:"圣人无常心,以百姓心为心",又说:"天道无亲,常与善人。"人与人之间,物与物之间,都是有差异的。"齐同慈爱"思想的根本之义就是要实现"物我无别、天下一家"的大同世界,不论贫富贵贱还是亲疏远近,甚至于花木鸟兽,皆给与相同之爱,不起分别之心,不生差别之念。《南华经》说:"以道观之,物无贵贱。"人与人之间、不同的人群和不同的民族之间都要平等相待、相互尊重。进一步,在平等相待和相互尊重的基础上,人人都对他人心怀慈爱与同情。也就是说,首先要有深刻的同情心,在深刻同情的基础上产生共享之"爱",就是"齐同慈爱"。这种以平等相待和相互尊重为基础的慈爱与同情不断弘扬,就能在全社会产生共鸣,"物我无别、天下一家",进而构建一个人与社会、人与自然的和谐关系。

◆守一

养生方法。谓心身专一,精思而固守,以得真一。

◆归真

谓人死曰归真。亦称羽化。玄一为道教教义的重要概念。其意义为"渺冥幽远",是对"道"或"德"的一种形容。《老子想尔注》说:"玄,天地。古之仙士,能守信微妙,与天相通。"因此,后世人为信仰的天界尊神真武大帝,又称为玄天上帝。二为丹经名词。即玄妙。《大洞玉经疏要十二义》:"玄者,玄妙之义。以形而论,水火相合谓之玄;以理而论,有无相合谓之玄;以道而论,性命相合谓之玄。"

◆守神

谓神不外驰。《类经》:"神不外驰,故曰守神。神守于中,形全于外,身心皆合于道,故云肌肉若一。即首篇形与身俱之义。"二是保持对神的祭祀。三是炼养方术名词中。喻存神。

◆无量

(1)《度人经集注》:无量者,言殊方异类,普闻妙义,无有限极也。"无量"一词,含义众多。简单的说,即是不能够从有形有相上去理解,甚至抽象上也无法全部说明,即可以称作"无量"。在浅显的可以说是"没有限度的",所以道经中的"无量"含义众多,它既可以是形容词,也可以是副词,也可以是名词,甚至有时候能理解为代词。如《太上洞玄灵宝三元无量寿经》中说:"即得生无量智慧。增无量善因。灭无量业障。消无量烦恼。延无量寿算。长无量福田。世世欢荣。生生快乐。恒须恭敬抄写流传。利益众生。是为无量。"

无量,除了汉语词汇本身含有的"无数""无边""无限"的意思之外,还有不可揣度,无法推测之意。如俗语"前途无量",在这里,"无量"可以理解为不可测度的意思。

(2)神名。《度人经集注》:天中无量大圣之始神也。总统飞天神人,皆受其品量而得升迁也。"无量"是道教对"天尊"各种神圣属性的高度总结而用的前缀词语。

◆调息凝神

属于中华道家修炼的人手功夫。调息为命功,凝神为性功,二者不可分离,故为性命双修之人手功夫。张三丰真人论之颇详,曰:"'调息凝神,凝神调息',八个字,就是下手功夫。须一片做去,分层次而不断乃可。凝神者,收已清之心而入其内也。心未清时,眼勿乱闭,先要自勤自勉,劝得回来,清凉恬淡,始行收入炁穴,乃曰凝神。凝起神了,然后如坐高山而视众山众水,如燃天灯而照九幽九昧,所谓凝神于虚者此也。调息不难,心神一静,随息自然,我只守其自然。加以神光下照,即调息也。调息者,调度阴蹻之息。与吾心中之炁,相会于炁穴中也。"又曰:"心止于脐下曰凝神,炁归于脐下曰调息。"又曰:"大凡打坐,须要将神抱住炁,意系住息,在丹田中,宛转悠扬,聚而不散,则内藏无炁,与外来之炁,交结于丹田,日充月盛,达乎四肢,流乎百脉,撞开夹脊双关,而上游于泥丸,旋复降下绛宫,而下入于丹田,神炁相守,息息相依,河车之路通矣。功夫至此,筑基之效已得一半。"又云:"调息须以后天呼吸,寻真人呼吸处。古云:'后天呼吸起微风,引起真人呼吸功。然调后天呼吸,须任他自调,方能调得起先天呼吸,我惟致虚守静而已。真息一动,玄关即不远矣。照此进功,筑基可翘足而至,不必百日也。"此为中华道家修炼,筑基之时,最重要的人手功夫。

厚德载物

◆厚德载物

指重视品德像大地一样能容养万物,又或形容品德像地一样容纳百川。旧指道德高尚者能承担重大任务。语出《周易》:"地势坤,君子以厚德载物。"意思是指君子的品德应如大地般厚实可以承载万物。厚德,重视品德;载物,容载万物。什么是德,帮助别人要求回报,叫做交易;帮助别人不要求回报,就叫做德。厚德载物,作为中华民族的精神和优良传统是十分重要的。一个有道德的人,应当像大地那样宽广厚实,像大地那样承载万物和生长万物。

◆勿忘勿助

是指在修炼之中,对于身体内景的变化,保持自然的口诀。张三丰真人云:"神息相依,守其清静,自然曰勿忘;顺其清静自然曰勿助。"丹经又云:"真想往来无间断,知而不守为功夫。"意思是说,对于体内功夫的变化,不可太着意,那样就会拔苗助长,破坏功夫的进展;但是又不可完全落于无意,那样就会神炁分离,同样无法进入修炼的正轨。好像烧火做饭,火太大则饭烧焦,火不足,则饭不熟,就在二者之中求之。妙在有意无意之中。其中火候,须要修炼者注意领悟。

◆闭关

道家为了专一修炼,处身山洞或密室之中,隔绝尘事,一心做功,谓之闭关。闭关之时,需要有道伴护持,每日定时送饭,且防出现危险。如已辟谷之人,则无需送饭。闭关时间,有百日、半年、十月、三年等期限不等。

◆息息归根

道教用语。一呼一息,叫做一息。人在下生之前,以脐带随生命呼吸受炁,即脐呼吸。因此,肚脐乃为生身受炁的的根源所在。中华道家修炼,讲究养炁,因为"一息不存,命非我有。"而要炼炁,就要寻着呼吸根源。所以,道家讲究丹田呼吸,即脐呼吸,以便返本还初,掌握生命的自主权,谓之息息归根。

◆济世利物

"济世"就是普济世间,"利物"就是利益万物。

◆筑基

是利用禅、静坐法以控制精、气、神,进而增进体力的一种方法。

◆清心寡欲

《道德经》说:"见素抱朴,少私寡欲。"意即抱守淳真素朴,减少私心和欲望。又说:"罪莫大于可欲,祸莫大于不知足,咎莫大于欲得"。道教修炼的终极目标是长生成仙,它所提倡的一切都是奔着这个去的。要成仙,你得先变得不像人,即变得清心寡欲。欲不仅是人类的自带属性,只要是有情众生,必会有欲。欲,广义上来说是一种动力,它的存在驱使着你像一个正常人一样过完一生,欲,可被看做一种维持人类世界正常运转的"程序"。人在欲海之中,难免受到各种企求、奢望、情感等影响。而这些欲望的产生和纵欲的行为,又会给自己的身体和心灵以至社会带来严重影响。故对于修道信道的人来说,这些欲望就是大魔,是修真进业的绊脚石,如不即时扳除,就很难清静身心,得道成真。

◆玄典

是以老子、庄子思想为基础,进而达到修心养性的一种方式。

◆道生一,一生二,二生三,三生万物

"道生一,一生二,二生三,三生万物"出自老子的《道德经》第四十二章,是老子的宇宙生成论。这里老子说到"一"、"二"、"三",乃是指"道"创生万物的过程。主要讲述了一、二、三这几个数字,并不把一、二、三看作具体的事物和具体数量。它们只是表示"道"生万物从少到多,从简单到复杂的一个过程。

道家典籍讲的是道生一,一生二,二生三,三生万物。无名天地之始,有名万物之母。就是说事物的初始状态就好比称作道 ,由初始而发展的混沌状态称为一;由混沌而生两仪,两仪就是事物有阴阳之分,互相矛盾互相统一;然后发展为万物。

◆ 德

《道德经》第五十一章曰:"道生之,德蓄之。"道的具体表现,叫做德。

◆ 尊道贵德

《道德经》第五十一章曰:道生之,德蓄之,物形之,势成之。是以万物莫不尊道而贵德,道之尊德之贵,夫莫之命而常自然。"道生万物,德养万物。所以,万物尊道而贵德。"

◆ 五常

(1)指五种伦理道德,即父义、母慈、兄友、弟恭、子孝。《书·泰誓》下:"今商王受狎侮五常。"(2)礼教称君臣、父子、兄弟、夫妇、朋友之间的五种关系。也称五伦。(3)指仁、义、礼、智、信。(见《汉书·礼乐志》刘向注、《白虎通·情性》)(4)指五行。《庄子·天运》:"天有六极五常。"成玄英疏:"五常谓五行。"《礼乐记》:"合生气之和,道五常之行。"疏:"道达人情以五常之行,谓依金、木、水、火、土之性也。"

◆ 大道

教义名词。谓能令人解脱烦恼,复归自在之道。《太上大道玉清经》卷四《中元品第十》:"……以是义故,理虽合道,不能令身而得入理,喻如梦游,身不随心。是故,众生心得入理,身不入道,心人理者,名之为解;身不入道,名为无解。无极大道,身心无碍,能令微尘世界一时赴感,故曰大道,自在解脱。"《钟吕传道集》:"大道无形,无名、无问、无应,其大无外,其小无内,莫可行而知也,莫可得而行也。"参见"道"、"德"二条。

◆ 大道无为

仙籍语论。(1)指天地之源。《清静经》:"大道无为,生育天地。"(2)在内丹养生中的运用。《真气还元铭》:"大道,喻身,无为,是无所施为也。但习胎息时,或坐或卧,或行或立,任气胎息纵身如太空,始至无为,是人无身也。既至为身,则是无乱想。既无乱想,则元气不求而自至,不召而自来。"

◆ 紫气东来

紫气东来

顾名思义,"紫气东来"就是紫气自东而来,比喻吉祥的征兆。正是由于它的美好含义,所以在中国民间,当每年的春节来临之际,家家户户都喜欢把它作为春联的横批,贴在门框上。

传说,老子原周王朝都洛邑担任主管图书典籍的"守藏史",大约在他70多岁的时候,天下大乱,诸侯之间争夺地盘和权位的战争经常发生。老子预料到,将来会发生更大的战乱,所以就辞官不做,骑着一头青牛,离开了洛邑向西走去。善观天象的函谷关令尹喜在楼观观察到东方紫气氤氲,缓缓向西而来,知道会有圣人将至,便夹道焚香以迎圣人。出关相迎,果然见一长须如雪,道骨仙风的老者,骑着青牛悠悠而来,这就是老子。尹喜期待老子数日,请他著述,老子推辞不掉,于是留下了著名的五千言,世人称之为《道德经》。后人又称《老子》或《老子五千文》。老子去后,尹喜去关令之职,终日在楼观之上修习,初时不甚明了,诵之口熟,渐渐品出其中妙通。后终于悟出真谛,修成大道。后此人经道教加以神化称为"无上真人"、"文始先生"。唐代著名诗人杜甫有诗说道:"东来紫气满函关"就指此事,意思是说,人有祸福之分,天有不测风云;只要常看天上云气,就可以预知征兆吉凶的迷信说法,历代皇帝都信仰"惟天降命",就常把这句话当"名言"悬挂在自己的寝处,以安慰自己。

◆八卦

八卦是道家文化的深奥概念,是一套用四组阴阳组成的形而上的哲学符号。其深邃的哲理解释自然、社会现象。根据史料记载,八卦的形成源于河图和洛书。是三皇五帝之首的伏羲所发明。八卦表示事物自身变化的阴阳系统,用"一"代表阳,用"- -"代表阴,用这两种符号,按照大自然的阴阳变化平行组合,组成八种不同形式,叫做八卦。

八卦在中国文化中与"阴阳五行"一样用来推演世界空间时间各类事物关系的工具。每一卦形代表一定的事物。乾代表天,坤代表地,巽代表风,震代表雷,坎代表水,离代表火,艮代表山,兑代表泽。八卦就像八只无限无形的大口袋,把宇宙中万事万物都装进去了,八卦互相搭配又变成六十四卦,用来象征各种自然现象和人事现象,基于当今社会人事物繁多;八卦在中医里指围绕掌心周围八个部位的总称。

◆本体

道教炼养名词。犹元神、祖气。《文昌大洞仙经》:"历劫不坏,亘古亘今之身。此身先于天地而不为始,后于天地而不为终,卓然独存,即谓本体。

◆化缘

宫观清规。宫观兴修须凭檀越,常住请能事者持疏化缘金谷,以助修造之用。求人施舍捐助之谓。

◆无为而治

无为,道家所指顺应自然变化之意;治,治理。顺应自然变化不妄为而使天下得到治理。原指舜当政的时候,沿袭尧帝的主张,不做丝毫改变。后泛指以德化民。

无为而治是道家的基本思想,也是其修行的基本方法。无为而治的思想首先是由老子提出来的。老子认为"我无为,而民自化;我好静,而民自正;我无事,而民自富;我无欲,而民自朴",而且一再强调无为才能无不为,所以无为而治并不是什么也不做,而是要靠万民自我实现无为无不为,靠万民的自治实现无治无不治。总之,? 道家的? 无为而治是策略和手段,最终目的是无不为。

◆门神

神名。道教和民间信仰的守卫门户之神。旧时人家多帖于门上以辟邪驱鬼,攘灾迎福。这种习俗源于古代"五祀"之一的"门祀"。后世门神种类甚多，主要有"武门神"和文门神两种。前者常为威严凶猛的武将形象，道教称为"门丞户尉"，代表者有神荼和郁垒、秦叔宝和尉迟敬德、马超、赵云、张飞等；后者的代表有天官、仙童、加冠和进禄、刘海蟾、状元、送子娘娘等。

◆土地神

道教神名。又称土地公或土地爷，是道教神系中地位很低的小神，但民间信仰极为普遍，旧时凡有人群聚居之处就有土地神存在。

◆真人

道教对于真人的定义有着很浓厚的教派色彩，简洁而不失深度。道教把修真得道（成仙），洞悉宇宙和人生本原，真真正正觉醒，觉悟的人称之为真人。由于真人达到了"天人合一"的至高境界，历史上被封为真人的人，寥寥无几。我们比较熟知的关伊子、庄子、列子，在唐朝时期被封为道家真人。而鬼谷子、王重阳、张三丰等，则被封为得道真人。

道教中有"真人"一词，是对修为高深的人的尊称。这个词最早出现于庄子的《南华经》中：所谓真人就是勘破大道境界的人，有非比寻常的智慧，而且平易近人，无欲无求，达到天人合一的境界，一切外力都不能对他造成伤害。《洞元自然经诀》：真人者，体洞虚无，与道合真，同于自然，无所不能，无所不知，无所不通。《鬼谷子》：生受于天，谓之真人；真人者，与天为一。内修练而知之，谓之圣人；圣人者，以类知之。《黄帝内经》：上古有真人者，提挈天地，把握阴阳，呼吸精气，独立守神，肌肉若一，故能寿敝天地，无有终时，此其道生。

◆灵治

利用掌握人的心灵（心理状态），进而以治疗人疾病的一种方术。也就是现所称谓的"心理治疗"。

◆三花聚顶

人花—炼精化气，人本由精化而生，故精为轮回种子，修道者心必空於下焦，戒去淫欲，精不妄泻，则精满不思淫，铅花生矣。

地花—炼气化神，人之生存赖以气，心必空於下焦，无惊无恐，无忿无怨，则气平顺，道畅通，中气足而不思食，银花生矣。

天花—炼神还虚，精气虽足，无神者，则其体无光，其人无命，故神为主宰，今心空其上焦，不执不着，神满不思眠，常清常醒，则脱壳还虚，归入虚空境界，则金花生矣。

天人合一

◆天人合一

道教主张"天人合一"的基本态度是认为天道与人道、自然与人为能够相通，它包括以下几点：

第一,天人同源。道教认为,道从虚无中化生了天地,而人身亦从虚无中来,也就是说天和人都是来源于大道。

第二,天人同构。道教认为人与天具有同样的结构,可以这样说,人就是天的一个副本,这就是天人相副。道教经典《太平经》中说:人的头圆如同天,人的足方类似地,人的四肢好似春夏秋冬四时,人的五藏犹如金木水火土五行,而人的耳目口鼻则象征天上的七政三光。

第三,天人同律。道教认为,天与人有共同的运动规律。在道教养生家看来,人身小天地,天地大人身,人完全可以借日月轮出,寒暑更替之天道运行的规律,知晓人身气血之盈虚,从而掌握修炼火候之进退。由此,道教主张养身必须自觉地操持与自然规律的一致性;并且,人要实现养生,就必须使人体小宇宙同自然大宇宙息息相通,不断地从自然界获得有益于人生的精气。

同时,道教认为,既然天与人相通,那么天上的神灵便可以居住在人间甚至人的身中,进而对人的种种行为进行监督和约束。我们常说:"劝君莫做亏心事,须知抬头三尺有神灵"就是这个道理。

◆ 五气朝元

一、心藏神,后天为识神,先天为礼,空於哀,则神定,南方赤帝之火气朝元。
二、肝藏魂,后天为游魂,先天为仁,空於喜,则魂定,东方青木之木气朝元。
三、脾藏意,后天为妄意,先天为信,空於欲,则意定,中央黄帝之土气朝元。
四、肺藏魄,后天为鬼魄,先天为义,空於怒,则魄定,西方白帝之金气朝元。
五、肾藏精,后天为浊精,先天为智,空於乐,则精定,北方墨帝之水气朝元。

◆ 清静无为

《道德经》第五十七章曰:"以正治国,以奇用兵,以无事取天下。……故圣人云:我无为而民自化,我好静而民自正,我无事而民自富,我无欲而民自朴。"《道德经》第三章曰:"是以圣人之治,虚其心,实其腹;弱其志,强其骨。常使民无知无欲,使夫知者不敢为也。为无为,则无不为治。"《道德经》第三十七章曰:"道常无为而无不为,侯王若能守之,万物将自化。……不欲以静,天下将自正。"《史记·曹相国世家》曰:"参(曹参)之相齐,有盖公好黄老术。曰:'大道贵清静,而民自定。'""清静"就是自然,"无为"就是顺应自然。清静无为,天下自定。

◆ 得道成仙

学习道学的人,的追求的最高目标就是得道成仙。

《太平经》中曰:"求道之法,静为基先,心神已明,与道为一。"所以我们要像宇宙创生之前那样保持虚静。我们只有在虚静中"复归无极",才能与宇宙母体大道接通。才能养生延寿、开发智慧和潜能。为实现修道成仙的目标,不仅需要形体上的修炼,而更重要的还须思想和行为上的修德。这就是道教的"性命双修",以致神形兼备。如道教徒只学方术不修德行,则无法成仙。

道教建立起"我命在我"、"神仙可学"的生命主体论,主张发挥主观能动性的作用来改变自我。人体通过一定的修炼是可以发生质的变化的,甚至可以激活我们原有的许多潜能。邱祖云:"凡有七窍者,皆可成真。《合神赋》曰:"养神在心,不死由我。"《真气还元铭》中讲:"天法像我,我法像天,我命在我,不在于天。"《太平经》中说:"夫形生愚智,天也。强弱寿夭,人也。天道自然,人道自己。"只

有超越时空,超越生死,物我两忘的"撄宁"之逍遥境界,才能成就最终的"得道"。总之,神仙也是由凡人修炼而成,要想成仙,必须得道。

◆返朴归真

《道德经》第十九章曰:"见素抱朴,少思寡欲。"《道德经》第二十八章曰:"知其荣,守其辱,为天下谷。为天下谷,常德乃足,复归于于朴。"《道德经》第三十七章曰:"无名之朴,亦将不欲。"《道德经》第五十四章曰:"修之于身,其德乃真。"返朴归真就是清心寡欲,回归自然。

◆尊道贵德

《道德经》第五十一章曰:"道生之,德蓄之,物形之,势成之。是以万物莫不尊道而贵德。道之尊德之贵,夫莫之命而常自然。"道生万物,德养万物,所以万物尊道而贵德。

◆身怀六甲

在道教神仙体系中,六丁六甲神是常见的护法神将,他们主管传递天庭与人间玄门道众之间的符咒信息,所以在很多道教正一派的符咒上面都会标注着六丁六甲神将的尊讳。其中丁神六位为丁卯、丁巳、丁未、丁酉、丁亥、丁丑;甲神六位为甲子、甲戌、甲申、甲午、甲辰、甲寅。在《续文献通考》中这样记叙:"丁卯等六丁,阴神玉女也。甲子等六甲,阳神玉男也。"因此,说孕妇身怀六甲,既有对孕妇腹中之子是神仙下凡的恭维和祝福,也体现出古人重男轻女的陈旧习俗。在道教信仰和文化中,一直重视生命的延续。《太上说六甲直符保胎护命妙经》中开示信众,只要信仰虔诚,自然有"六丁六甲护法神将"下降护佑怀胎女子,起到保命护身的作用。

还有一种说法,六甲,传说为天帝造物之日。在《隋书·经籍志三》中有"六甲贯胎书"的记录,其中"甲"为天干之首,而甲子、甲戌、甲申、甲午、甲辰、甲寅的干支搭配,被称为"六甲"。六甲对应的时间里,被认为是上天创造万物之时,也是妇女最易受孕的日子,所以,身怀六甲最初被用于人们求子之时说的祝福语。因"六甲"属于道教文化的重要组成部分,而说孕妇"身怀六甲",既包含着"六甲"所代表的天地精气对生命的建构,又祈求着六甲神灵对胎儿的护佑。一个简单成语,却蕴含着极为丰富的道教信仰底蕴。

◆道法自然

"道法自然"是老子在《道德经》第二十五章中提出的,老子曰:"人法地,地法天,天法道,道法自然。"意为道生万物以及天、地、人的活动过程都是"自然无为"的,并非"道"之上还有一"自然"实体的存在。庄子继承老子的天道自然思想,主张人生的目的就是任其自然。道教承续、吸收"自然"观念后,认为"道"的本性就是自然,道之自然的法则即是天所效法的,也是地所效法的,人生在天地间,其行为的最高法则也应是效法道性自然的法则。自然,没有任何固定的模式、形式,它生化万物,万物皆按其各自的本性自然生长(生而不有),不存在强加的任何因素(为而不恃),从而保证了自然界的和谐(长而不宰,是谓玄德)。

而人修大道,就当效法道的自然本性,顺应天地自然变化的规律,尊重自然界一切生命的特性,并致力于保护、维护自然界的和谐。对于人世间的一切东西,都不要强求,应顺应事物发生发展的自然规律。必须尊道而贵德,要知足、知止、使心神平和,精神得到升华。

◆花心酒色

道家修炼,将丹田比喻为真土,求其静定;然后,将真意比喻为下种,以待炁发。而将真炁发动,比喻为"花"。真炁所发之处,乃在丹田,因而喻之为"花心"。真炁所化之丹液,比喻为"酒",吕祖又曰"长生酒",服之可以接命续龄。因为有这样的花酒妙喻,所以又巧喻为"色",以示仙家的洒脱气概。所以"花心酒色"等字,在道家修炼有此妙喻。吕祖《敲爻歌》云:"色是药,酒是禄,酒色之中无拘束。只因花酒悟长生,饮酒带花神鬼哭。""酒是良朋花是伴。""摘花戴饮长生酒,景里无为道自昌。""洞中常采四时花,花花结就长生药。"张三丰《无根树》云:"无根树,花正新,产在坤方坤是人。摘花戴,采花心,花蕊层层艳丽春。时人不达花中理,一诀天机值万金。借花名,花作神,句句敲爻说的真。"一般人望文生义,以为是世间凡情,纵情于花心酒色,则足以丧生损命,堕入伪道,哪知仙宗另有妙义。

◆八仙过海,各显其能

八仙是中国民间传说中道家的八位仙人,历来说法不一。就是汉钟离、张果老、吕洞宾、铁拐李、韩湘子、曹国舅、蓝采和、何仙姑。神通,指无所不能的本领。比喻做事各有各的一套办法。也比喻各自拿出本领互相竞赛。"八仙过海,各显神通"原指八位仙人法力无边,在过东海时铁拐李建议将各自法宝投于水面各自过海,结果八仙各自渡过了东海。现引申为做事各有各的办法,也有各自拿出自己的本领比赛的意思。

◆孝

中国传统道德规范,亦道教基本教戒之一。《元始洞真慈善孝子报恩成道经》:孝道至大,与无并生,治于三光,照耀幽夜,有生之类,待赖无穷。孝治天下,不劳法令。孝治其身,志性坚正。孝治百病,天为医之。孝治万物,衆毒不害。孝治山川,草木不枯。孝营生业,田蚕万倍。孝至于天,风雨以时。孝至于地,万类安静,神芝灵木,处处呈瑞。孝至禽兽,龙麟鸾凤,翔集境内。孝至渊泽,河侯献珠,鱼龙踊跃,静息波浪。但孝二亲,元元大恩。天地万灵,晨夕侍卫。行道守一,自然得道。孝道至大,与无并生,治于三光,照曜幽夜,有生之类,侍赖无穷。

◆急急如律令

有两种解释。一种为汉代公文常用的结尾语词"如律令"字样,意谓情势紧急,应如同依照法律命令一般火速办理。后来道教符咒经常以急急如律令一语结尾。符咒仿效,也是令鬼神迅速执行的意思。

另一种解释说"律令"是鬼神名,能行走如飞。"急急如律令"表示要如"律令"一样迅速,立即生效。《土风录》云:"令,音伶,律令,雷部神名,善走,用之欲其速。"

◆换骨脱胎

指修道者得道以后,就转凡胎为圣胎,换凡骨为仙骨。现比喻通过教育,思想得到彻底改造。

◆生死轮回

生死轮回,是宇宙成物的基本规律。道家认为,生命是由魂魄组成的,所以新的生命,还是需要魂

生死轮回

魄的结合。一个人的魂魄分散了，会通过天地的生命通道，与其他分散的魂魄重新组合，成为新的魂魄团聚体，即是一个新的生命体，这就是道教的轮回观。不是百分百的生命转世，那是高真大德才能做到的，高道甚至是乘愿再来者，或者他的生命可以百分百转世，这是不受造物主约束的。其实对于某些真修实证的大德，他能够修证圆满，生命能够百分之百的转世，他的神气可以一直保持下去。然而一般的人，没有通过修持，是根本做不到的。

◆白日上升

犹言白日升天。道教谓人修炼得道后，白昼飞升天界成仙。

◆天劫

道教术语。天劫就是一个劫数（也指灾难与困难），当一个人做了违背天理的的事后，上天会给予他惩罚或灾难。就如修真者逆天而行，妄图以凡人之身修得真仙，上天就会降下天劫。天劫的运用主要存在于修真小说中。该类小说普遍认为，人可以通过修炼来获得特殊的能力。这是一个违背天理的过程，上天会降下劫难，只有渡过这些劫难才能继续修炼变的更加强大。所有劫难中，最高级的劫难称为天劫。当修真者渡过天劫后，即可突破人间界的桎梏，飞升到仙界成为仙人或者神人。

◆反老成童

反，同"返"，归，还。道教语，由衰老恢复青春。形容老年人充满了活力。

◆换骨脱胎

道教词语。指修道者得道以后，就转凡胎为圣胎，换凡骨为仙骨。现比喻通过教育，思想得到彻底改造。

◆长生不老

长生，同永生。原为道教的话，后也用作对年长者的祝愿语。

◆修身养性

修身养性既是保持本性。人在不同的阶段，展现出不同的模样，请问那个是你的本性？其实在道家看来这些都是你，也都是你的本性。人在幼年时好奇源于无知和大脑发育，青春期的叛逆也有激素作用，壮年的油腻更有家庭压力，老来无事自然不油腻，这一切都是大环境的作用，是人对环境的自动反应，源于本性，但不一定有"我"的意志。因为这些不好的行为是完全被情绪控制，是属于低等大脑区域的本能。

在道家修炼理论中有类似于潜意识和表意识的说法，不过要说清楚这个，我们可以换一个说法。这也是为什么道家讲究清心寡欲，反对纵情纵欲。道家想让人寻找的本性，则是属于人的本性，而非是低等动物的本能。道家说的本性则类似于属于人类的高等大拿区域,当本性察觉到这种控制后,就会争夺身体的控制权,让人重回理智。道家提倡的同理心、仁爱、理智、慈悲、孝等等是高等动物大脑区域才有的。

第六节 道教对民俗风情的影响

道教对嵩山地区影响至深,除体现于节日、语言外,还体现在对民俗风情的影响上。在嵩山地区,人们很多时候都要求助于道教的神灵。有些青年夫妇不会怀孕,就要到老母洞、中岳庙或其他一些送子娘娘庙祈子,一些庙里老奶奶神像前的泥娃娃也是为人们祈子准备的。为了祝愿儿子长得结实,有的还和神结成干亲,有的把儿子认到老灶爷身上,有的认到一些大树上,有的认到中岳庙的铁人身上。大多人的名字也和道教有关,如带"龙"、"福"、"禄"、"天"等字的。天久旱无雨了,人们就到龙王庙里去祈雨,下雨了,人们还要报答龙王,往往要唱上几天大戏。人们盖房时,事先要找人看个好日子,上梁时要在大梁上写一条"龙盘虎踞呈吉祥"的红纸缠绕在梁上,或者写一幅"姜太公在此,诸神退位",以示镇妖祛灾,房子盖成后,还要在房脊上插上小红旗,传说是镇妖的令旗,也有人在房顶上装上镜子的,说是照妖镜,让鬼神远离自家。凡新房落成或乔迁新居,主人都习惯告知亲戚朋友前来贺喜,俗称"燎锅底",又称"暖房"。一般先要选择吉日于天亮前在新居院内鸣放鞭炮,杀一只白公鸡滴血围新房一周以驱邪,还要在堂屋正中位置贴"姜太公在此诸神退位"的红帖,然后生起火炉发面蒸馍,趁天未亮

民俗一景:祭祀大树

或夜晚搬杂物箱柜,两头不见太阳,以示财不露白。等东西搬迁完毕,亲友则携礼登门庆贺,礼品一般为饭锅、蒸笼等厨房用具。弟兄分家另立炉灶,也有"燎锅底"习俗。人们新婚嫁娶、丧葬时的很多礼仪,也都和道教礼仪有关。另外,各行各业都有行业神,保佑他们平安、发财。与火有关的敬老君,木匠敬鲁班,做生意的敬财神,纺织业敬织女,造酒的敬杜康,做豆腐的敬孙膑,制笔的敬蒙恬,画画的敬吴道子,唱戏的敬唐明皇,理发的敬罗祖等。因此,道教对嵩山地区的影响可以说是无孔不入。

综上所述,道教是一个博大精深的思想文化体系,是中国哲学、政治、宗教、科学、文学艺术乃至风俗习惯得以产生和发展的源泉,它不仅对中国社会的方方面面有着广泛而深刻的影响,而且也对世界文明的进程具有重大而深远的意义。

卷三　嵩山佛教

佛教是世界三大宗教之一,产生于公元前六世纪的古印度,公元前三世纪被定为印度国教,并开始向国外传播。东汉初年,佛教正式传入中国,首先在东汉都城洛阳和地处京畿的中岳嵩山落迹,并同中原文化相融合,形成中国汉传佛教。在近两千年的漫长历史中,它同其他社会现象一样,几经兴衰,曲折前进。

中国佛教史的第一阶段,从东汉明帝"永平求法"到西晋怀帝"永嘉之乱"约 250 年,是以嵩山地域为中心展开的。产生于印度的佛教文化,是通过大月氏人经天山南北的"丝绸之路"传入中国内地的。大月氏人建立的贵霜帝国,则是把伊朗文化、希腊(汉代称"兜勒")文化与印度文化冶为一炉。所以,佛教文化的传入,也标志着中国文化与印度文化、伊朗文化及希腊文化交流的重大事件。西晋时,西域城邦诸国佛寺僧人要受嵩山地域洛阳高僧的指导,反映了中原文化对西域文化的影响。中国人接受佛教文化之初,就具有强大的吸收力和改造力,不仅创造了仙佛模式,北魏时还把供奉佛像与祭祀祖先相结合。

隋唐时代,佛教文化达到历史高潮。长安与洛阳为两大中心。禅宗、天台宗、法相宗、净土宗、律宗、华严宗、密宗等相继形成具有中国特色的宗派。武则天以"弥勒下世"自居影响巨大,她第一次打破了"佛"与"人"的界限。自南北朝起,中国僧人即开始创作佛经,隋唐五代尤甚。

自宋代政治中心和经济重心的南移,佛教在嵩山地区开始走向衰落。金元时代,中国经历了空前的政治变局,思想也从宋代理学束缚下解放出来。这一变局对中国宗教的冲击巨大,僧人万松行秀倡导"冶三教于一炉",学者李纯甫提出了"孔门禅",人、佛界限更加宽松。中下层民众创立了代表他们利益的宗教派别。明代时嵩山佛教由于得到明王朝的支持而保持隆盛局面,一直到明朝彻底灭亡。嵩山佛教的以武参政,也招致了从清初到民国三百多年的大衰落。

第一章 佛教的形成及其发展

佛教起源于古印度(天竺),相传于公元前六世纪由北天竺迦毗罗卫国(今尼泊尔境内)净饭王的长子乔达摩·悉达多所创立,距今已有2500多年的历史。最初佛教规模比较小,以后逐渐扩大,而且向国外传播,也传到了中国。

第一节 佛教产生的社会背景

每一种宗教的产生,都与当时的社会状况有密切关系。佛教的产生也有其深刻的社会根源。佛教是在古印度奴隶制度时代社会极为动荡的历史条件下产生的。雅利安人自中亚细亚进入印度河流域,征服了土著民族后,政治上创立了野蛮的种姓制度。种姓制度把人分为四等:第一等为婆罗门,是宗教祭司,掌握神权和教育权、宗教经典和文化知识,为最高的社会阶层;第二等为刹帝利,是武士阶层,后来还包括国王和军事贵族,掌握军事和行政权;第三等为吠舍,即农民、手工业者,后来还包括从中分化出来的工商业主、高利贷商人;第四等为首陀罗,是由非雅利安的土著部落平民组成,地位低下,另外还有没有任何社会地位的奴隶,无种姓者,被称为"贱民"、"不可触者",是最下贱的阶层,受着极残酷的阶级压迫和民族压迫,被婆罗门随意驱逐甚至残害。这种不平等的种姓制度,不仅被订在法律中,还神圣不可动摇地规定在当时占统治地位的婆罗门教义中。婆罗门教是印度维护奴隶社会的主要宗教,是一种多神教,崇拜自然精灵和祖先神,信奉天神、雷神、司法神、日神、火神、风神、雨神等多神。它宣扬业报轮回的观点,认为人在今生的行为(业)的善恶,将带来来生轮回不同的因果报应,如果不相信婆罗门教的吠陀经典或有违犯种姓规定的行为,或有杀生行为等,死后将轮回转生为下等种姓贱民或牲畜,而如果学习吠陀经典,苦行,行善,死后可转生为上等种姓,以至成为天神,与大梵合一。婆罗门教宣传婆罗门种姓至上,说梵天用口造婆罗门,用手造刹帝利,用双腿造吠舍,用双脚造首陀罗,并为他们规定了社会职业,永世不可改变。

当时的印度社会生产力已得到极大发展,铁器工具被普遍使用,农业生产的水平有了提高,手工业和商业也随之发达起来,一批城镇小邦兴起,迦毗罗卫国就是当时的一个小邦。在公元前七世纪到前六世纪的古印度,存在着100多个种族部落,相互之间经常侵并,发生冲突,连年不断争战。经过一系列的兼并战争,众多部落逐步联合成一二十个独立小国家,习惯上称为"十六大国"。在兼并战争中,一部分出身于刹帝利的武士崛起,上升为新兴的王族。伴随着手工业和商业的发展,一部分出身于吠舍的商业人士经济实力增强。这两部分人要扩大自己的权利,提升自己的地位,就必然与高高在上的,极力维护婆罗门教、种姓制度的婆罗门祭祀贵族发生各种矛盾。因而古代印度的社会经济和阶级关系明显地发生了空前的剧烈变化,婆罗门所创建的"四姓"制度亦已根本动摇,"婆罗门至上主义"已成为众矢之的,于是酝酿已久的古代印度的阶级斗争便从此正式拉开帷幕。这种对婆罗门教心怀不满,企图有所改革的思想运动,起初虽然隐藏地、温和地、缓慢地进行,但一经发动便不能停止,并且愈往前进必然愈益激烈,愈益显露其独立的面貌,最后演变到公开地明目张胆地反对婆罗门教的斗争。

当时的阶级矛盾、民族矛盾集中反映在种姓制度问题上,形成了尖锐复杂的斗争,导致社会动荡,生产下降,人民得不到温饱和安定,处于水深火热之中。痛苦、失意、无望、颓废成为当时一般的社会情绪。这些社会变化在意识形态领域的反映,就是代表刹帝利和吠舍利益的"沙门(出家者)思潮"兴起,并且把批判的矛头指向占统治地位的婆罗门教。各种沙门教派虽然在哲学思想、政治主张等方面并不完全相同,但是他们共同反对婆罗门教奉行的"吠陀天启"、"祭祀万能"和"婆罗门种姓至上"。

在这种社会情绪和社会变化中,后来成为佛祖的小邦王子的乔达摩·悉达多诞生了。

第二节　释迦牟尼成道

释迦牟尼成道

乔达摩·悉达多传说生于公元前565年,死于公元前485年,活了大约80岁,大致与中国的孔子同时。据说,释迦牟尼刚一诞生,便有一位神秘的修道者来到王宫,预言他将"登上智慧之船,拯救整个世界",不是伟大的君王,便是统治世界的教主。释迦牟尼生来相貌端庄,聪明伶俐,母亲摩耶夫人去世较早,他由姨母抚养长大。少年时代,他接受婆罗门教的传统教育,学习《吠陀》经典和"五明"。《吠陀》是婆罗门教的圣典,"五明"指五种学问,即"声明",音韵训诂之学;"巧明",工艺技术之学;"医方明",医药之学;"因明",逻辑推理之学;"内明",宗乘大意之学。他的文学、算学等各方面知识都很广博,武术、骑马、射箭也是高手。后来,他与觉饭王之女耶输陀罗结婚,生子罗睺罗。他经常眉宇低垂,盘腿坐在树下,一动不动地思索着人生的苦难、矛盾以及摆脱人生痛苦的道路。他读过的婆罗门教经典不能解决他的问题,他学到的知识和他未来的王位、权力也不能解决他的问题。他的思想日益苦闷,产生了消极厌世的念头,不愿继承王位。于是,在29岁那年,释迦牟尼不顾父王的反对和妻儿的依恋,决心出家去寻求人生之路,探索人生的解脱之道,希望求得彻底的大觉大悟。

一个万籁俱寂的深夜,释迦牟尼毅然舍弃常人所羡慕的一切财富、王位以及妻儿,骑一匹白马离开王宫,直奔一个森林,换上粗布衣,剃掉发须,成了一个修行人。

释迦牟尼出家之后,先是跟随两位哲学家学习,然后开始了长达6年的苦行生活。释迦牟尼之所以要苦行,与当时人们的一种普遍认识有关。当时人们认为,摩擦湿木头是不能生火的,摩擦干木头才能取火。同样的道理,人们只有经过一系列的苦行生活,清除了身体中的体液,才能悟出真理。于是,他逐渐减少饮食,后来,7天才吃一顿饭。他穿鹿皮、树皮,晚上睡在鹿粪、牛粪上,有时还睡在荆棘上。但是,6年之后,他身体消瘦,形同枯木,仍然一无所获,并没有发现什么人生的真理。他认识到苦行无助于解脱,就决定净身进食,便走到尼连禅河里去沐浴,洗去了经年的积垢,然后又接受了附近一村女供献的乳粥,恢复了气力。他渡过尼连禅河,来到伽耶(今印度的菩提伽耶),闭居山林冥思苦想。一天夜里,他在一棵毕钵罗树(后被称为菩提树,菩提就是"觉悟"的意思)下,面向东方,铺草打坐,思悟解脱苦难之道。他发誓说,今生今世如证不到无上大觉,任凭粉身碎骨也不起坐。然后,他便进入了一个澄思静虑、坐禅悟道的思想境界。7天7夜过去了,黎明时分,他忽然看到天上有一颗明星出现,心里顿觉豁然开朗,排除了魔障,得到了"正觉",亦即大彻大悟了人生痛苦的根源,找到了摆脱人生苦厄和解脱轮回的方法,便宣布自己成佛了。这一年他35岁。他被称为"佛陀",或简称"佛",意思是"觉悟者"。因他是释迦族人,所以后来他的弟子又尊称他为释迦牟尼,意为"释迦族的贤人"。这个尊称以后非常流行,以致他的本名很少被人提及了。

第三节　佛教的形成与初传

释迦牟尼成道之后,立即到鹿野苑(在今印度瓦腊纳西附近)寻找当年跟随他的五位侍者憍陈如等5人,向他们讲说他所悟"四谛"的道理,由于从不同角度讲了3遍,佛教史上称为"三转法轮"。由于是释迦牟尼初次讲法,也称为"初转法轮"。憍陈如等5人信仰了释迦牟尼的教义,成为首批僧侣,号称"五比丘",是为佛陀最早的五大弟子。至此,有了成道的释迦牟尼(佛),有了他所证悟的真理(法),又有了信徒(僧),传统称为佛法僧"三宝"具足,标志着佛教真正建立。

佛教的教义是一个相当庞大、精细的唯心主义体系,后来由于不断的传播,发展成为许许多多不同的流派,教义就显得更为杂乱了。相对来说,在释迦牟尼创教时就重点弘扬,并且被以后绝大多数佛教派别普遍接受,没有发生太大改变的一些学说,就成为佛教教义的基本内容。释迦牟尼创教时最关心的,是解决人生的苦难问题,而不是某些不切实际的抽象理论问题。所以,佛教的基本教义,都是围绕解决现实人生痛苦的主题而展开,这也正是佛教思想的一个重要特点。

释迦牟尼所创立的四谛说和十二因缘之道是早期佛教的基本教义。"四谛"是佛教的基本教义之一。据称是释迦牟尼最初说教的内容。"谛"是真理的意思。所谓四谛,即四种真理,包括苦谛、集谛、灭谛、道谛,概括了佛教对人生和现实世界的认识和价值判断,其内容是列举苦的表现形式,分析产生苦的原因,指出消除苦的方法和途径,描述达到解脱的境界。"苦谛"讲人生是个充满痛苦的过程。佛教宣扬所谓八苦,即生苦、老苦、病苦、死苦、怨憎会苦、所求不得苦、爱别离苦、五盛阴苦的一切身心之苦。"集谛"探索"苦"产生的根源。在佛教看来,人生之苦都是由贪欲、嗔恚、愚痴引起。特别是人们的种种渴求和欲望,人们的愚昧无知,会直接引起生死轮回之苦。"灭谛"描述消除苦难之后的境界,即涅槃的妙乐境界。这是超脱生死轮回，达到解脱的最高境界。"道谛"指出消除苦难、达到解脱的八种正确方法和途径，一般称为"八正道"，即正见、正思维、正语、正业、正命、正精进、正念、正定。在修道当中，最强调"正业"。不论出家的和尚或在家的居士，都必须坚持"五戒"不杀生、不偷盗、不邪淫、不妄语、不饮酒，坚持"五戒"，即为修行。佛教不承认婆罗门教的神能主宰人的命运，不承认婆罗门的经典和条祀有拯救人的作用，从而否定了婆罗门教和婆罗门种姓的权威。

涅槃图

佛教修行，以涅槃为终极目的，其实就是引导人们去求死。四谛之中，苦、灭二谛尤为重要。人生最苦，涅槃最乐，这就是佛教的基本思想。这最脆弱、最怯懦的思想，对现实生活中的问题一点也不敢触动，仅以消极厌世和追求死亡的说教来麻痹人民的斗争意志。苦谛以生老病死等作为人生中最大的苦难，认为任何人都不可能逃脱这些苦难，穷人是这样，富人也是这样，这就很巧妙地掩盖了阶级矛盾，抹杀了阶级剥削和阶级压迫是造成被压迫人民痛苦的根源。诚然，剥削阶级也会遇到生老病死等问题，但他们是从剥削阶级的贪欲本性来考虑这类问题的，即如何才能长寿，如何在来生来世也能保住荣华富贵等等。而这种说教，不仅迎合了剥削阶级的贪欲心理，还为他们提出了解决问题的办法，即只要剥削阶级在纵情享受的同时，分出一部分财物施给寺庙，就可以得到极大的福报，正所谓"施佛塔庙，得千倍报；布施沙门，得百倍报"。因而，这种说教当然是对剥削阶级有利的。

由于佛教把人生痛苦的根源归结为有"生"，生是苦的开端，生命是受苦的实体，因此佛教又从人生过程的角度，把人生划分为许多部分，这些部分互相结合为无止境的痛苦锁链，并由此进一步阐明人生的痛苦现象及其根源，这即为12因缘。它把人生现象分成12环节，即无明、行、识、名色、六处、触、受、爱、取、有、生、老死。它们前后之间互成因果，互为生灭条件，即无知（"无明"）引起意志（"行"），由意志引起了精神统一体的"识"，由识引起身体的精神和肉体（"名色"），有了名和色，就形成了眼、耳、鼻、舌、身、意（心）等感觉器官的"六处"，六处引起和外界接触（"触"），由触引起感受（"受"），由受引起贪爱（"爱"），由爱引起对外界事物的追求索取（"取"），由取引起生存的环境（"有"），由有引起"生"，再由生引起了"老死"。所以说到底，人生的痛苦是由无明引起的，只有消除了无明，才能获得解脱。佛教经典又把12因缘说解释为"三世因果报应"说。即：无明、行是过去因，感现在果；识、名色、六处、触、受是现在果；爱、取、有是现在因，感未来果；生、老死是未来果。佛教宣扬人们在社会中所处的地位和各种遭遇，都是自己前世所作"善业"或"恶业"的结果，是早就注定了的，无法改变的。这就为剥削阶级残酷剥削劳动人民，荒淫无耻地进行享受提供了根据，把劳动人民由于剥削制度造成的苦难亦解释为合情合理的事情。这种说教起着掩盖剥削阶级的罪恶和让劳动人民服服帖帖当牛作马的反动作用。

根据"因果报应"，佛教又提出"轮回"的说教。"轮回"的原意是"流转"的意思。佛教沿袭婆罗门教的说法而加以发扬，宣称一切有生命的东西，会永远在所谓"六道"中生死相续，犹如车轮的旋转不停一样。根据佛教经典所谓"六道"是指：天、人、阿修罗（一种鬼怪恶神）、地狱、饿鬼、畜生。人若做了善事，如信佛等，死后就可升入天界。人若做了坏事，如不信佛，不安于自己的命运，触犯了他人的利益等,死后就会变成畜生,变成饿鬼,或堕入地狱。这种说教,实际上成为反动统治阶级用来恫吓劳动人民,对他们进行精神奴役的一种手段。与此同时,佛教也有积极的一面。在社会伦理道德观方面,它向世人宣扬的五戒说,既是佛门僧尼的教规,也是世俗弟子的信条。它还要人们建立一种和谐、礼让的家庭关系。佛教伦理学专著《善生经》就要求在家人要建立正确的伦理生活,子女对父母要报恩孝顺,父母对子女要教养、婚配,弟子对师长要供养、恭敬,师长对弟子要尽心教导,并代择明师善友,妻子、丈夫之间要敬爱服侍、诚实,共同料理家务,亲友之间要互相敬爱,互相济助,互以赤诚相待,互以善言规勉。早期佛教在抨击婆罗门教所宣扬的种姓血统论时,提出了"众生平等"的口号。这一口号虽然改变不了现实的等级制度,但在佛门内是不分种姓的,这对冲击等级森严的种姓壁垒是有积极作用的。

"三法印"指衡量是否真正佛教教义的三条标准。"诸行无常",指世界上的万事万物都是变化的,没有什么东西是永恒不变的;"诸法无我",指一切事物或现象都是因缘和合(各种因素和条件聚合)而形成,没有独立的实体和主宰者;"寂静涅槃",指超脱生死轮回的涅槃境界是永恒清净、没有烦恼的。如果符合这三条标准,就是真正的佛教思想。

据佛典所载,自释迦牟尼成道,进而宣传教义起,不久便获得了广大的信众。他在婆罗捺斯(Baranasi)城说服了当地长者耶舍(Yassa)及其亲友多人,在尼连禅河畔说服了著名的罗底迦沙门团的首领迦叶兄弟3人,其弟子千余亦皈依佛陀,再至摩迦陀首府王舍城向摩迦陀王频毗婆罗(Binbisara)说教,王率大众,归依佛法,王舍城著名的沙门舍利弗(Sariputra)和大目健连(Mahamaudgalyana)亦皈佛称弟子,后来刹帝利中最有权威的桥萨罗王波斯匿(Prasenajit)和摩迦陀王阿阇世(Ajatasatra)等,亦皈依佛陀的新教。至于其他王侯长者富人及其人民之继续入教者,更是难以胜数。释迦牟尼将所有出家弟子组成团体,名为僧伽(Samgha)。据说,他成道的第一年便已有僧伽弟子千余人了。从佛典中关于佛陀吸引信众的记载,可以看出:自佛陀确定他的教义向各方宣传后,有好些沙门团确受了他的影响,内部发生了分化和解体的现象,其中有不少徒众甚至领袖转而投归佛陀;同时,许多刹帝利甚至最有权势的国王,对于佛陀所倡的新教表示欢迎和信赖,认为是自己的宗教。这就足以证明佛陀所创立的新教,在实际运动中,在他生存时的实验中,已经获得了很大的成功,已经表现出具备取代婆罗门教地位的基础了。

此后45年间,释迦牟尼主要在恒河流域中游一带传教弘法。当时这一带地区经济比较发达,文化比较繁荣,沙门运动高涨,新兴的宗教团体和哲学派别大都在这里活动。释迦牟尼在传教过程中,一直得到商人和王族的支持。他有两个最重要的说法处所,一处是舍卫城(在印度北方邦)南的祇园精舍,是拘萨罗国富商须达多布施的;一处是摩迦陀首府王舍城(在今印度比哈尔邦)的竹林精舍,竹林是迦兰陀长者赠送的,精舍是频毗沙罗王出资建造的。

释迦牟尼每天的生活比较有规律:黎明起床,坐禅冥想,接近中午时外出乞食,有时在午饭前访问某些沙门,午饭后到聚落外的静寂处坐禅,黄昏时分,或为弟子说法,或到聚落里向俗人传教,一直持续到晚

释迦牟尼真人像

上。他一年中的大部分时间是巡游布道,雨季停止旅行3个月,称为"伐沙"(坐夏)。释迦牟尼的生活方式,也就是当时僧侣生活的缩影,后来逐渐演变成为佛教僧团的一些修行生活规则。到80岁时,释迦牟尼在拘尸那迦城(今印度北方邦境内)附近的娑罗林中逝世。到他圆寂的时候,佛教在社会上

已经有了一定的影响。此后,他的大弟子等500多人继承佛陀弘扬佛法,并把释迦牟尼生前的言行辑录成12部经典,在天竺国流传。

第四节　佛教的确立与东传

佛祖释迦牟尼死后百余年间,佛教发生分裂。一派称为"上座部",主要由一些长老组成;另一派称为"大众部",拥有广大的僧侣。公元前一世纪前后,大众部的一些支派组成"大乘佛教",并且称呼非大乘佛教的教派为"小乘"。大乘教派宣称自己是"普度众生"的,说小乘教派是只管自己修行得道,得了道就当"罗汉",不管别人,所以很不可取。他们把罗汉称之为"自了汉",是带有一点轻蔑的意思的。大乘打着普度众生的招牌,宣称自己宁愿入地狱度人,也不愿自己先解脱,这很能换得人们的同情和尊敬。因而,大乘比小乘具有更大的欺骗性。释迦牟尼寂灭后200年间,佛教由于刹帝利的扶植和佛弟子们的努力,其势力逐渐地遍布了全印度,不但压倒了各派的新教团体,而且实际上凌驾在婆罗门教之上了。

孔雀王朝时期(约前324～185年),佛教被定为印度的国教,正式地代替了婆罗门教的地位。阿育王是孔雀王朝的第三代国王。他继位后,实行对外扩张政策,不久征服了次大陆南邻的揭陵伽。在那里"十五万人被俘,十万人被杀,死亡者超过此数的许多倍",至此,除极南端的一些地方外,印度基本实现统一,形成了一个空前庞大的帝国。阿育王目睹揭陵伽战役的悲渗流血景象,良心受到责备,并产生了悔恨与悲痛之情,变成了一个佛教的皈依者。他在位期间,大力宣扬佛教,广建佛塔,刻敕令和教谕于摩崖和石柱,并在华氏城召集了佛教史上的第三次结集,组织高僧编纂佛经,还给沙门赠送财物,修建舍利冢、寺院和庙宇等。

当时印度海上交通发达,对外关系活跃,国家甚至发动佛教传教士远赴国外以扩大政治影响。据佛教文献记载,当时派出传教的僧团共九批,甚至包括阿育王的儿子摩晒陀和女儿桑柯米特罗。佛教由此逐渐向亚洲其他各国传播,南从印度到斯里兰卡、缅甸、泰国、柬埔寨、老挝等国,北经帕米尔高原,在公元前后传入我国,再由我国传入朝鲜、日本、越南等国。南传教以小乘佛教为主,北传教以大乘佛教为主,以后佛教便一步步地发展成了世界性的宗教。佛教传入各国各地区后,又与当地的思想意识、宗教相结合,经过漫长的岁月,形成了不同的流派,对各国各民族产生了深远的影响,并且在各国构成了一个范围广阔、历史悠久、独具特色的"佛教文化圈"。因此,可以说,佛教传入中国,是东方文化史上,甚至世界文化史上的一件大事。

第二章　佛教在嵩山地区的传播与发展

东汉时期，佛教正式传入中国，首先在东汉都城洛阳和地处京畿的中岳嵩山地域落迹，并且开始由洛阳及所在的嵩山地域向全国传播。在嵩山地区传播的近 2000 年的漫长岁月中，佛教同其他社会现象一样，几经兴衰，曲折前进。东晋高僧弥天释法师曾经说过："不依国主，则法事不立。"佛教在嵩山地区的传播和发展基本上都和帝王的支持有关。南北朝时期，嵩山周围是中国佛教传播尤其是禅

嵩山地域

法传播的重心。后来，随着政治形势的变化，禅法重心由嵩山地区向外转移。隋唐时期，嵩山佛教的传播进入鼎盛时期，佛教诸神的队伍急剧扩大，有的源自印度，有的是中国的创作，如骑狮子的文殊菩萨像、骑象的普贤菩萨像、十六罗汉像、三十三观音像、禅宗及天台宗祖师像等。有趣的是，凶恶的鬼子母像，一变而为人性化的母亲与子女像。有人说，不但"西天诸神"来到了中国，甚至四大菩萨的"总部"（根本道场）也搬到了中国，文殊在五台山、普贤在峨眉山、观音在普陀山、地藏在九华山。唐朝历经太宗、高宗的奉佛护法，佛教的地位已经如日中天。当时，中国僧徒各自诠释佛经，阐述教义，形成了各种各样的中国化的佛教宗派。武则天本身出过家，对佛教有深厚的感情，当政之时，更是不遗余力地发展佛教。然而，唐武宗于公元 845 年爆发了一场"会昌法难"。这场全国性禁佛运动的表面是佛、道的斗争，实际里面隐含着很深的政治、经济矛盾。佛教在整个发展过程中可以说也是起起伏伏的，不过前几次的起伏应该说影响都不是很大，但是会昌法难对很多佛教宗派尤其是对寺院经济打击非常大，成为中国佛教发展史上所受到的最为严重的一次打击，很多宗派在会昌法难以后都急剧地衰

落,嵩山佛教也转入低谷。金、元、明时期,嵩山佛教的传播持续了长达500年的中兴。清朝到民国时期,嵩山佛教再度步入300年的大衰落。中华人民共和国成立后,嵩山佛教受到国家法律保护,随着对外开放形势的发展,嵩山佛教再度呈现殿堂金碧一新,僧尼云集禅堂,国内外信徒纷纷前来朝圣、礼祖的兴旺景象。

佛教在嵩山地区的传播和发展大体上可分为七个时期:东汉至西晋佛教的传入与奠基、十六国至北朝佛教的传播与发展、隋唐佛教的繁荣与鼎盛、晚唐五代和两宋佛教的循回与进步、金元明佛教的中兴与昌盛、清朝和民国佛教的倒退与衰落、当代佛教的复兴与发展。

第一节 东汉至西晋佛教的传入和奠基

汉、三国、西晋时期是佛教初传中国内地并逐渐奠基发展的重要时期。从东汉至西晋时期的中国佛教,是佛教传入内地并在内地流传的早期阶段。这一时期,在嵩山地区建立的白马寺和大法王寺,首先拉开了全国建立佛寺的序幕。佛教在中国传播中以佛经的翻译为主要内容,小乘禅数学和大乘般若学构成了早期佛教义学的两大系统。佛教从混同于神仙方术、黄老之学,到逐渐走上自身发展的轨道,从最早仅在皇室贵族等上层社会流传,到向民间大众的广为传播,都显示了早期中国佛教稳步发展的趋势。般若经等大乘经典的译传和佛教回应儒、道等中国固有文化的努力,不仅体现了中国佛教思想的主要性格,而且还为中国佛教的后来发展明确了基本的方向。

一、东汉时期的嵩山佛教

从两汉之际到东汉末年,佛教初传中国内地,在与中国固有的儒家经学、神仙方术、黄老道学的碰撞、混杂、比附中逐渐站住脚跟。这一时期,中国社会文化领域黄老学说、神仙方术盛行,国人往往把新传来的佛教视作与黄老学说、神仙方术相类的学说加以理解和接受。佛教及其教义在国人的误读和曲解中,通过对道教的依附和与谶纬方术等的混同而获得了自身生存与发展的空间。

(一)佛教的传入与奠基

1. 佛教传入中国的时间

佛教传入中国内地,标志着佛教的发展开始了一个新的纪元。但是,关于佛教传入中国的具体时间,就像佛教的创建一样,始终充满着许多神秘的色彩,根据文献记载有很多种不同的说法。据羽溪了谛《西域之佛教》,"据勒苦伯利之说,公元前425至375年之间,自巴比伦人及波斯人所占有之爱生诺亚海至中国东部,即山东浙江沿海之贸易,皆为印度航海者所掌握",晋人王嘉认为佛教是在战国时燕昭王七年(前305年)即释迦牟尼去世后的第二个百年通过水路传入燕齐沿海一带。据《列子》"丘闻西方有圣者焉,不治而不乱,不言而自信,不在而自行,荡荡乎人无能名焉"推测,佛教在东周末年传入中国。然而遍搜史料,均无法找到相关的证据。学术界则普遍采纳以下两种说法:

一说始于秦始皇时。隋费长房《历代三宝记》卷1记载："又始皇时。有诸沙门释利防等十八贤者,赍经来化,始皇弗从,遂禁释利防等夜有金刚丈六人来破狱出之"、《史记·始皇本纪》"使蒙恬渡河取高阙、阳山、北假中,筑亭障以逐戎人。徙谪,实之初县,禁不得祠。明星出西方",有学者认为佛教在秦始皇三十三年(前213年)之前已传入中国。梁启超认为可信,秦始皇与孔雀王朝的阿育王同时,阿育王派遣256名宣教师赴各地传教,可能有人来中国。王仲荦《魏晋南北朝史》下册中演其说,指出:"北天竺孔雀王朝的阿育王在公元前249年(秦庄襄王元年)举行佛遗教的第三回结集,会后分命众僧,各携结集之佛典四出传教,因此秦始皇时有沙门到达咸阳,并非没有可能。由于当时中原地区开始接触佛教,对它了解不深;同时当时中国的统治者也还没有感到可以利用佛教来统治人民的迫切需要,因此佛教没有传播开来。"《史记·秦始皇本纪》三十三年说:"禁不得祠明星出西方。"日本藤田丰八《东西关系史研究》一书认为:"不得"若释为"不许",与"禁"字犯复,因而"禁不得祠"和"明星出西方"各是一句,"不得"是"佛陀"(Buddha)的异译。

一说始于两汉之际。据《魏书·释老志》,"按汉武帝元狩中,遣霍去病讨匈奴,至皋兰,过居延,斩首大获,浑邪王杀休屠王,将其众五万来降,获其金人,帝以为大神,列于甘泉宫。金人率丈余,不祭祀,但烧香礼拜而已,此则佛道流通之渐也。及开西域,遣张骞使大夏。还,传其旁有身毒国,一名天竺,始闻有浮屠之教"推测,佛教大约在公元前后一世纪传入,大夏即今阿富汗北部,身毒国即当时国人对印度和巴基斯坦一带的称呼,汉武帝时汉朝的使者张骞曾看到我国巴蜀地区出产的物品由身毒转销到大夏,当时佛教已在身毒盛行,大夏和身毒国又是近邻,张骞也就很有可能听说过佛教,只是《史记》、《汉书》都没有记载而已。有人认为佛教是在西汉末年汉哀帝元寿元年(前2年)传入内地。据《三国志》注引鱼豢的《魏略·西戎传》"昔汉哀帝元寿元年,博士弟子景卢受大月氏王使伊存口授《浮屠经》。回复立(豆)者,其人也。《浮屠》所载临蒲塞、桑门、伯闻、疏问、白疏问、比丘、晨门,皆弟子号"以及《世说新语·文学篇》、《魏书·释老志》、《隋书·经籍志》等对于景卢接受大月氏使者伊存口授佛经的记述,认为佛教在汉哀帝时开始传入中国。

然在诸传说中,一般以"汉明感梦,初传其道"的说法最为有名,三国以来即被盛传。据牟子《理惑论》"昔汉明皇帝,梦见神人,身有日光,飞在殿前,欣然悦之,明日,博问群臣:'此为何神?'有通人傅毅曰:'臣闻天竺有得道者,号之曰'佛',飞行虚空,身有日光,殆将其神也。'"明帝于是"遣使者张骞、羽林郎中秦景、博士弟子王遵等十二人,于大月支(氏)写佛经四十二章。……时于洛阳城西雍门外起佛寺。"因而佛教界一般把充满神秘色彩的汉明帝"夜梦金人、永平求法"作为佛教传入中国的开始。

然而,研究中国佛教史的学者们大都认为,这个说法,尽管流传甚广,却是靠不住的。佛教传入中国从种种迹象来看,肯定早于汉明帝。张骞是西汉武帝时期的人,早于东汉明帝一个半世纪以上。《理惑论》里没有提到摄摩腾、竺法兰的名字,也没有白马寺这个名字。这几个名字都是较晚在别的书中出现的。为了弥补漏洞,后出的一些文献把他换成蔡愔,又冒出了天竺僧摄摩腾、竺法兰随同他一起来洛阳并译出《四十二章经》的情节,还说遣使在永平七年(64年),三年后回国。这些说法扑朔迷离,引起中外学者的疑问。日本镰田茂雄在《简明中国佛教史》中指出:"第一,感梦遣使这事本身就非常奇怪。楚王英信仰佛教是明确的,而且明帝做太子时就和楚王英很接近了,因此明帝理应早已知道佛教的存在。说他因梦而始见佛,这是不能成立的。……第三,求法传说中所列举的秦景和王遵等,在别的文献上未有出现,历史上是否有此等人物是个疑问。第四,关于替明帝解梦的万事通傅毅,明帝时他还是个少年,不可能在朝廷做官。再者,当时和西域还未正式互遣使者。"但楚王英,是明帝的异母弟,建武十七年(41年)封王,11年后就国。明帝说他"诵黄老之微言,尚浮屠之仁祠"。(《后汉书》卷42《楚王英传》)因此,明帝感梦遣使求法的说法,经过刮垢磨光,依然能体现历史真实的一面。

《理惑论》中说,中国派人到大月支去写佛经42章,当时的大月支这个游牧民族正居住在大夏。《理惑论》这一句话是符合历史事实的。总之,印度佛教不是直接传入中国的,途径有两条,时间有先后。最早的是通过大夏,以后是通过中亚某些古代民族,吐火罗人最有可能。于是,佛教界普遍认为公元64年,汉明帝刘庄夜梦金人,遣使西域拜求佛法,使得中国历史上第一次有了西天取经的故事。

东汉初年,中国已经有人信仰佛教,而且已见诸正史记载。楚王刘英是东汉第一个皇帝刘秀的儿子,都彭城(今江苏徐州)人。他崇信佛教,不仅有供养"浮屠"(即佛)的"仁祠",而且还供养着"伊蒲塞"(佛教信徒)和"桑门"(即沙门、和尚)。汉明帝刘庄是第一个正式接受佛教的皇帝,并建立了中国第一座佛教寺院。汉桓帝刘志是我国历史上第一个信奉佛教的皇帝,据《后汉书·襄楷传》记载,他在宫中设华盖以祠黄老、浮屠。这些上层统治阶级以中国固有的神灵和方术来看待佛教,把释迦牟尼和黄帝、老子一样供奉。

2. 汉明帝"永平求法"

佛教传入中国内地,缘起于汉明帝"夜梦金人、永平求法"的故事,这是流传最广的一种说法。这是发生在东汉孝明帝刘庄永平年间一个最为传奇的故事。有一天晚上,疲累的汉明帝在南宫睡着了,不久他做了一个很奇怪的梦,梦见一个相貌庄严美好、神情怡然自得的金人,金人的头上光环辉耀,像一个闪烁的日轮。汉明帝十分惊讶,正要询问他是谁,那金人却头也不回地飞升空中,径直往西去了。汉明帝从梦中惊醒过来,睁眼一看,残灯尚明,寝殿中什么也没有,这才知道原来是一场梦。他不由地觉得这个梦有很强烈的暗示意味,金人的出现似乎有什么吉兆凶示。第二天早朝时,汉明帝就将这个神秘的梦讲给大臣们听,并问群臣自己所梦金人到底意味着什么。对于皇帝这个莫名其妙的梦,大臣们都说不出个所以然来,更无法预测吉凶。正当大家面面相觑之时,见多识广的太史傅毅对汉明帝解释道:"臣听说西方天竺有位神,这位神的名字便叫佛,佛的形象同皇上所梦见的金人一样。"这番奇奏高谈,立即引起了明帝极大兴趣。明帝本就记得自己在梦中见到金人时心中颇感愉快,因而听了大臣傅毅的解释后恍然大悟,认为自己与佛有缘,于是就决定派遣使臣西去天竺求取佛法。经过4年的筹备,汉明帝于东汉永平七年(公元64年)亲自点名派遣使臣郎中蔡愔和中郎将、博士秦景带着十余人出使西域天竺,前往拜求佛法,迈出了"西天取经"万里征途的第一步。天竺,即今天的印度,是佛教创始人释迦牟尼的诞生地,离洛阳有五千多公里。奉汉明帝重托西行取经的求法使团,历经千山万水,饱尝风霜雨露,艰难地到达与天竺毗邻的佛教流传地大月氏国,即今天的阿富汗一带,在此巧遇正在这里弘扬佛法的两位天竺高僧摄摩腾和竺法兰。于是,蔡愔、秦景等人邀请二位高僧东赴汉地讲经传法,二人慨然应允。永平十年(公元67年),求法使团偕同摄摩腾和竺法兰用白马驮着经卷、佛像,回到东汉都城洛阳。这就是历史上著名的"永

汉明帝夜梦金人

平求法",它是中国文化史上的一大转折。

汉明帝在都城洛阳以极其隆重的仪式亲自迎奉求法使团,见到两位印度高僧带来的佛像形貌与自己梦中的金人一般无二,明帝十分高兴,给予其很高的礼节礼遇。为尊重两位印度高僧,汉明帝派使臣将他们恭迎到当时负责接待外国使节重臣的最高官署鸿胪寺暂住。自此,佛教已经被中国封建统治阶级正式接受。

第二年,汉明帝把自己当年做太子时读书纳凉的地方奉献出来,敕令按照印度佛教寺院的样式在洛阳城西雍门外三里御道南为两位印度高僧修建了中国第一座佛教寺院,也就是中国第一座官办寺院。杨衒之《洛阳伽蓝记》曰:"白马寺,汉明帝所立也,佛入中国之始。"另根据《四十二章经序》、牟子《理惑论》、北魏郦道元《水经注》、《魏书·释老志》、梁《高僧传》等典籍记载,洛阳白马寺成为公认的中国佛教祖庭,是古印度佛教在中国的第一个菩提道场。由于白马是当时把佛经、佛像乃至高僧驮载回来的主要运输工具,明帝为纪念白马驮经,便取名"白马寺",以纪念马的功德。在汉代,三宫所居之地为府,九卿所居之地为寺,实际上鸿胪寺、大理寺是官府的衙门名字,而汉明帝把两位高僧所居之地取名为"寺",则体现出他对佛教的极其尊重和恭敬,此后寺渐渐为佛教界所专用,成为一代代僧侣心目中一个令他们无比仰慕的圣地,成为值得他们用生命守护和崇拜的地方。

3."释源""祖庭"白马寺

白马寺作为中国第一座佛教寺院,对佛教在中国的产生和传播有着不可替代的作用,所以白马寺被称为"中国第一古刹"。从作为佛教在中国建寺建院来讲,洛阳白马寺的创建具有时代的意义。白马寺在东汉的建立不仅标志着佛教在中国的正式传播,而且意味着当时的统治者对佛教教义的认可和支持。两位印度高僧以此为契机,开始在白马寺礼佛度徒,诠经传灯,从而逐步奠定了它"祖庭"、"释源"的独尊地位。

白马驮经

在白马寺西南,还有一处传说中的"焚经台"遗址。这是两个高大的夯土台,台上原树有"东汉释道焚经台"碑石,现已迁入寺内下僧院中保存。相传白马寺刚刚落成不久,贺正之、费叔才、吕惠通等69名道士斥佛虚诳,上表汉明帝要与"西域胡僧较试优劣",以论真伪。汉明帝遂令于白马寺山门外筑二高台,于永平十年(公元67年)元宵佳节,道士捧道经登西台,佛徒捧佛经登东台,用火焚经,当场校验。结果,道经顷刻化为灰烬,而佛经烈火不燃,"唯见五色祥光烛天"。褚善信、费叔才当场气死,吕惠通等620人皆弃冠投佛出家,从此佛教大兴。此说虽涉荒诞,但把它和白马寺联系起来,也就曲折地反映出白马寺在佛教传播以及佛、道二教斗争中的独特作用。

那时从印度流传过来的佛教典籍都是梵文版的,白马寺里至今珍藏着最早传入的《贝叶经》等梵文佛经,而要让中国人看懂这些典籍,翻译是一个不可或缺的环节。在汉明帝的安排下,摄摩腾和竺法兰两位高僧在白马寺开始了翻译佛经的工作。白马寺里有一个用青砖镶砌的高台,便是因有着厚重的佛教传统文化而被称为"空中庭院"的白马寺清凉台。清凉台这个位置原是汉明帝当太子时读书纳凉的地方,后来他把两位印度高僧安排在上面翻译佛经、过禅居的生活,从而使白马寺成为中国的

第一所译经道场。两位高僧撷取佛教中大小乘义理,翻译出的《佛说四十二章经》成为中国第一部汉译佛经。

《四十二章经》是一部令后世学者争论不休的汉文经书,有人说是最早译出的佛经,但有人认为是经抄性质的书,即据译出的多种佛经抄撮其大意而拼凑的佛教基本读物。《四十二章经》传世有两个本子,一个说成是汉明帝时中天竺沙门迦叶摩腾和竺法兰在洛阳白马寺翻译的,一个是三国时大月氏僧支谦在东吴翻译的。这本神秘的经书,实际讲述的就是42个问题。由于《佛说四十二章经》简要平实,且富含哲理,很快就为当时的贵族及士大夫所传诵,佛法也随之深入民间,融入中国人的生活中。

印度高僧摄摩腾和竺法兰

摄摩腾去世后,竺法兰一个人单独译出了《十地断结经》4卷、《法海藏经》1卷、《佛本生经》1卷、《佛本行经》5卷等,这是中国最早的一批佛学著作,对中国佛教的最初传播关系极大。摄摩腾、竺法兰为中国佛教的两位开山鼻祖。

摄摩腾、竺法兰圆寂之后,西域僧人不断来到洛阳,参与佛经翻译。他们译经的同时,也开始在洛阳讲经,这使得白马寺成为中国佛教早期传播和佛事活动的中心。在以后漫长的岁月里,有不少得道高僧在白马寺创造了奉佛度徒、诠经传灯的光辉业绩,谱写了中国佛教史上引人注目的篇章。

4. 东都大法王寺——全国建寺的序幕

嵩山大法王寺

"寺"原是古代官署名称,《说文》云:"寺,官舍也",《汉书》注:"凡府廷所在,瓷胃之寺。"如鸿胪寺、大理寺等。东汉明帝时,天竺僧摄摩腾等携带佛教经像来洛阳,最初住在接待外宾的官署——鸿胪寺,后将此寺改建,称白马寺,后世相沿以"寺"为佛教建筑的通称。从作为佛教在中国建寺建院来讲,洛阳白马寺的创建具有时代的意义。白马寺建造于东汉永平十一年(68年)。白马寺的创建,不仅以西行求经、东归造寺、西域沙门摄摩腾、竺法兰在此翻译中国第一部汉文佛经——《四十二章经》等佛教早期传播活动全面揭开了印度佛教传入中国之序幕,而且为尔后2000年的中国佛教交流文化发展奠定了基础。故后世佛门弟子皆认为白马寺为中国佛教发源地,尊为"祖庭"和"释源"。

大约因最初的一些佛寺原来就是院落,后来佛寺的布局又承袭了中国传统的院落形式因此叫寺院。佛教在中国流行近2000年,虽然不同时代、不同宗派的佛寺在建筑上存在着差异,但大体都是以佛殿或佛塔(见塔)为主体,辅以讲堂、经藏、僧舍、斋堂、库厨等建筑,布局上沿袭中国传统的庭院形式。佛寺是佛教僧侣供奉佛像、舍利(佛骨),进行宗教活动和居住的处所。佛寺在中国历史上曾有浮屠祠、招提、兰若、伽蓝、精舍、道场、禅林、神庙、塔庙、寺、庙等名。

摄摩腾、竺法兰二人在繁华的都市译经,深感不利于传法,故请求朝廷另辟清净之地。于是汉明帝就在嵩山腹地为他们另辟居所,建造了嵩山大法王寺。

大法王寺位于嵩山之阳的太室山玉柱峰下,"面南岭,建经台;倚北阜,筑讲堂;傍危峰,搭方丈;临浚流,立僧房",为摄摩腾、竺法兰建造大法王寺,汉明帝敕名"东都大法王寺"。东都大法王寺的建成,拉开了佛教在全国广建寺院的序幕。

从此,两位天竺高僧就长住嵩山大法王寺,先后译出《十地断结经》、《法海藏经》、《佛本性经》、《佛本行经》。这些佛教典籍,为佛教在中国的传播起到了重要的奠基作用。

大法王寺建成后,由于嵩山地处京畿,往来方便,明帝及随从官员多次亲临道场,听经拜佛。明帝还下令,新任命的官员,不论职位高低,都必须到大法王寺听经学法后方可上任。因此,当时的法王寺就有了一种类似于当今学校学习的职能。同时,明帝刘庄为了使佛教在中国得以传播,特许司空阳城侯(今登封告成)刘峻到法王寺落发出家。史书记载:刘峻是中国汉地的第一位僧人,刘峻出家是"嵩山度僧之始也"。

继登封的法王寺创建后,嵩山地区开始陆续建造佛寺。东汉年间,建造的佛寺有嵩山南麓的报恩寺、洛阳城西的菩萨寺、颍川郡之颍阴(今许昌)的许昌寺等。曹魏时期遗留的佛寺佛塔等建筑、佛像雕塑十分稀少,在文献中略有记录。

5. 最初的佛教信仰

在佛教传入中国内地之时,中国社会已经形成一套以儒学为核心的比较完备的封建宗法思想文化体系,作为在中华文明的形成与发展中发挥重要作用的嵩山地区,敬天祭祖、遵循天序、实践人伦的宗法思想和伦理纲常已经是广为流行的文化。面对这样的境遇,佛教要想取得生存与发展,就必须依附、迎合、吸收中国封建社会的传统文化,成为维护中国封建统治秩序的一种工具。因而,汉代佛教不仅采取道术,斋戒祭祀,而且融合儒学,宣扬清静,从而适应了中国国情,得以落地生根。

佛教最初传入中国,因文化背景全然不同,刚刚接触佛教的中国人用自己头脑中固有的信仰来比附佛教,将"黄老与浮屠"并视,佛教的教理被认为可和黄老之学并论,"佛"被认为是与传统的神仙类似的一种大神。史载汉桓帝时"宫中立黄老浮屠之祠"。"浮屠"为梵语 Buddha 的音译,也译作"佛"。佛教刚传入时其建筑曾借用中国传统的"祠"的名称,后又称为"佛屠"或"浮屠"。晋袁宏的《后汉纪·明帝纪》云:"浮屠者,佛也,西域天竺有佛道焉。佛者,汉言觉,其教以善修慈心为主,不杀生,专务清净。其精者号沙门。沙门者,汉言息心,盖意去欲,而欲归于无为也。又以人列精神不灭,随复受形,生时所行善恶,皆有报应,所贵行善修道。以炼精神而不已,以至无为而得为佛也。"在汉代,佛教被视为神仙方术的一种。当时中国人眼中的佛的形象,其实就是一个无所不能的神仙,身长1丈6尺,黄金色,项中佩日明月光,无所不入,故能通百物而大济群生。

东汉末期嵩山地域对于佛教的信奉,首先是宫廷的奉佛。汉桓帝时,在宫中建立佛寺,铸黄金浮屠、老子像,亲自在濯龙宫中设华盖的座位,用郊天的音乐来祭祀黄老和浮屠,以求福延寿,这是东汉宫廷设置佛寺的最早记录。《后汉书·西域传》说:"楚王英始盛斋戒之祀,桓帝又修华盖之饰。"汉桓帝始终把佛教和祝愿长生不老的黄老信仰同等看待,在祭祀黄老的同时而祭浮屠,佛陀被当作有攘灾招福长生不老之灵力的神来信仰,前来传道的西域沙门被当作扮演巫祝角色的修仙者而受到尊敬。尔后,在社会政治上,宦官外戚斗争为患,天灾时起,黄巾起义,军阀混战而民不聊生;在学术上,两汉儒家困于"经学考据"、"谶纬合流"而抑郁难抒。因此平民、士子在长期生活悲苦、心灵困顿之时,佛教的无常及因果观,纾解了他们的情绪,而大品般若的精深更启迪了他们的思想。汉灵帝时,佛教得到进一步提倡。就这样,佛教完全被后汉社会当作为追求现世功利的道教信仰来接受了。在当时人的眼里,"佛"是一个神通广大的神仙,"法"就是一种无所不能的本事,"僧"当然常常被当作一种有巫术和法术的法师,这就是中国人最初对佛教的信仰,也是当时的信仰特点。佛教开始由印度传入中国,在长期传播发展中,这种早期佛教的信仰内容贯穿于以后的中国佛教史,从而形成了具有中国民族特色的中国佛教,反映了中国佛教最基本的性质。

从两汉之际到东汉末年,佛教初传中国内地,在与中国固有的儒家经学、神仙方术、黄老道学的碰撞、混杂、比附中逐渐站住脚跟。这一时期,中国社会文化领域黄老学说、神仙方术盛行,国人往往把新传来的佛教视作与黄老学说、神仙方术相类的学说加以理解和接受。佛教及其教义在国人的误读和曲解中,通过对道教的依附和与谶纬方术等的混同而获得了自身生存与发展的空间。所以,到了汉末三国时代,佛教逐渐由上层遍及民间,由少数人逐渐扩展到多数人,弘化地区也由洛阳、长安往南方开展。

(二)佛教在中国传播的首要方式为佛经翻译

古印度梵经

佛教在中国的传播是和佛经的翻译事业分不开的,佛经翻译是佛教最初在中国传播的首要方式。中国最早的佛经翻译开始于汉明帝时,从西域来的那两位印度僧人摄摩腾和竺法兰到了洛阳后,便首先开始翻译佛经,相传就是现存的《四十二章经》,是《阿含经》的节译本。

到了东汉末年,不少古印度和西域的僧人来到汉地,以嵩山地区为中心,译出大量的佛教典籍。译经,指佛经之翻译。在我国古代,是指将梵本等佛典翻译为汉文而言。从事译经之僧侣称为"译经僧"。东汉时期,嵩山地区有较大规模的译经活动,嵩山洛阳成为中原佛经翻译的中心,中国人从此开始阅读用汉语写成的外来经典。

汉译佛经

佛教经典的翻译主要由外来高僧进行,而且主要是西域的僧人,这是东汉佛教初传时的主要特点之一。当时,有不少国外高僧来嵩山地区开展译经工作,尤以汉末灵帝和献帝时居多,这在《高僧传》、《出三藏记集》中均有记载。来华译经的胡僧基本上以国名为姓氏,如东汉时期的安世高(安息国)、支娄迦谶(大月支国),三国两晋时期的康僧会(康居国)等。除此之外,外来的译经高僧还有竺佛朔、安玄、支曜、康巨、康孟祥等,他们译出了《阿含经》、《般若经》、《般若三昧经》的许多单品。这一时期,最有影响的译者是安世高和支娄迦谶。安世高主要传译上座部系统说一切有部的学说,重点是"禅数",他翻译了小乘经典 34 部 40 卷。支娄迦谶的重点是般若学说,他翻译了大乘佛典 14 部 27 卷。

东汉时期的嵩山佛教经典的翻译,可分为二系:一为安世高小乘禅数阿毗昙系,二为支娄迦谶大乘方等般若系。这是由于时当印度大小乘兼畅之世,所以汉末两大译师实代表印度佛教的两大系统,也可以说中国一开始所接受的佛教便是兼具大小乘,这是中国佛教初传的特色。两系统的特点是:禅学常杂以方术;般若学多比附老庄。

1. 安世高翻译的小乘禅数阿毗昙系

东汉末期的佛典翻译事业,主要开始于精通神道方术的高僧安世高。安世高是安息国的太子,自幼好学,通晓天文、风角、医学等方术,名闻西域各国。其父去世后,他把王位让给叔父后出家修道,周游诸国,宣扬佛法。东汉桓帝建和二年(148 年),他来到洛阳,很快学会了汉语,并应用熟练。据传,他在洛阳讲经,"听者云集",大约中国的讲经即开始于安世高。安世高是中国佛教史上第一位译经大师,他在洛阳的 20 多年,共译出了佛经 34 部 40 卷,主要有《安般守意经》、《阴持入经》、大小《十二门经》、《修行道地经》、《人本欲生经》和《百六十品经》等。安世高是精通阿毗昙学和禅经的学者,他翻译的经典主要是禅法的典籍以及阿毗昙学。"禅"指禅观,是说通过禅定静虑,领悟佛教的人生观和世界观,以期达到神秘的涅槃精神境界。《安般守意经》、大小《十二门经》、《大地道经》、《五十校计经》等,就是指导禅定修行的书,而《大小安般守意》是中国最早盛行的禅法。阿毗昙指的是它对佛教基本理论概念的分

安息国太子安世高

类,多用数字表示,如四谛、八正道、十二因缘、五蕴("阴")、十二处("入")、十八界("本持")、十二门禅(四禅、四无量、四无色)等等。安世高的翻译多用质朴的直译,"义理明晰,文字允正,辩而不华,质而不野"(南朝梁僧祐的《出三藏记集》),这也是这个时代佛经翻译的特点。后来的道安对安世高十分推崇,也说他的翻译是"音近雅质,敦兮若朴,或变为文,或因质不饰"(东晋道安《地道经序》),"世高出经贵本不饰,天竺古文文通尚质,仓促寻之,时有不达"(道安《大十二门经序》)。安世高系的小乘禅法,实际上是用中国的道教来解释佛教的。因此,安世高所传的禅学比较注重禅定的修行。这是因为佛教初传中国时,人们都把它视同于社会上流行的神仙方术,而禅学正是为了满足比简单的神仙方术更高层次的修习的需要。

由于当时安息国盛行的是一切有部小乘佛教,所以安世高翻译的佛经大多属于小乘佛教,主要内容是介绍小乘佛教的基本教义和修行方法的,有相当一部分是小乘佛教基本经典《阿含经》的单品。小乘和大乘的分歧是由于弟子回忆释迦牟尼的传法,发生了分歧,分成了不同的部派。所谓"小乘"是公元前后兴起的大乘佛教对原始佛教和部派佛教的贬称。"乘"(梵语 yana)是运载物(如车、船)的意

思,大乘佛教自称能运载无数众尘超度"苦海"达到彼岸,而说小乘佛教只能运载少量众生达到彼岸。形象地说,小乘就像坐羊车,而大乘就像坐牛车。"人生如火宅",人生处境很危险,脱离苦海,坐牛车要快于羊车,最快的办法是"大乘"。汉灵帝末年,为避战乱,安世高到江南传教,死于会稽(今浙江绍兴)。安世高翻译的经典成为中国早期佛教信徒了解佛教的桥梁,在佛教史上有很深的影响。三国时期东吴名僧康僧会和东晋名僧释道安,都是安世高系学说的重要继承者和发挥者。

另有一位安息人是比安世高稍晚的安玄。安玄是个在家持戒的居士,汉灵帝末年到洛阳经商,因功称"骑都尉",通晓汉语,经常和沙门讲论道义、佛法,被人们称为"都尉玄"。他与汉族沙门严佛调共译出《法镜经》一卷,安玄口译梵文,严佛调笔受。其内容是劝人信奉大乘佛教,并说在家居士应修持出家戒律。严佛调是临淮(即下邳,治在现江苏宿迁西北)人,是中原第一个出家者,也是当时杰出的参与佛经翻译事业的人。严佛调与安玄都是安世高门下高足,共译佛典,前后成经多部,流传后世。时人赞誉安世高、安玄和严佛调是当时译经之最,无人能够媲美。严佛调除与安玄合译佛经外,还著有《沙弥十慧章句》,这是第一部东汉本土僧人的佛教著作,也是宣传小乘佛教基本教义和修行方法的"禅数"著作。

2. 支娄迦谶翻译的大乘方等般若系

大月氏国高僧支娄迦谶

支娄迦谶,简称支谶,原是大月氏人。支娄迦谶是和安世高同时期来到洛阳的,他第一次把大乘般若学传进中原。他出身于大月氏国,"秉持法戒,以精勤著称,讽诵群经,志存宣法"(南朝梁释慧皎《高僧传》)。支娄迦谶于桓帝末年来到洛阳,来华不久,即通晓汉语。在灵帝时期先后在嵩山地区译出了《般若道行经》、《般舟三昧经》、《首楞严三昧经》、《阿閦佛国经》等23部经典合67卷,其中以《道行般若经》、《般舟三昧经》、《首楞严三昧经》最为重要。

支娄迦谶翻译的都是大乘经典,也就是后世所分的《般若》、《宝积》、《大集》、《华严》、《涅槃》,其中一部分的异译,最重要的是《般若道行经》。支娄迦谶是在中国传播大乘般若学的第一人,大乘般若学在魏晋时期曾依附玄学而盛极一时,对整个中国佛教理论产生过巨大的影响。而支娄迦谶所译的《般若道行经》就是大乘般若学传入中国内地的开始。

《首楞严三昧经》也是宣传大乘禅观的经典。据说如果能够达到"三昧"这种禅定状态,就能拥有统摄一切佛法的不可思议的神秘力量。当时社会上下盛行神仙不老方术,这种宣传长生久视、变化自在思想的佛经受到了欢迎。所以这部经典从东汉末年到东晋短短200多年的时间中共有7个译本。在后世的中国有着极大影响力的阿弥陀佛随着《般舟三昧经》这部大乘禅观著作的译出,开始走向中国人的信仰世界。这是阿弥陀佛信仰传入中国内地的开始。佛经中说一个人如果一心思念阿弥陀佛,经一昼夜乃至七天七夜,就会在禅定状态中看见阿弥陀佛,死后可以住在阿弥陀净土(极乐世界)。

《般若道行经》和《般舟三昧经》实际上是支娄迦谶与也是在东汉桓、灵之间来到洛阳的译经僧竺佛朔合作翻译的。支娄迦谶所译《道行品经》(有三十品,即三十章)是《大品般若经》的节抄本,是由竺佛朔直接从天竺带来的原本。当时由竺佛朔宣读原本梵文,通晓汉语的支娄迦谶译成汉语,孟福、张莲两人笔录。

支娄迦谶所译《般舟三昧经》的翻译也是这样组合与竺佛朔合译的。据《出三藏记集》:《般舟三昧经》,光和二年十月八日,天竺菩萨竺朔佛于洛阳出。菩萨法护(四字疑衍)时传言者,月支菩萨支谶,授与河南洛阳孟福字符士,随侍菩萨张莲字少安笔受,今后普者。在建安十三年(208 年)于佛寺中校定悉具足。后有写者皆得南无佛。又言建安三年(198 年),岁在戊子(应为戊寅)八月八日,于许昌寺校定。

据《出三藏记集》卷 11 引《比丘大戒序》,初期译文不能准确表达原意,不得不吸收中国的思想和术语去附会佛经原文,因而被称为"皆葡萄酒之被水者也"。作为一种追求出世的宗教,佛教的宗教理论和修行方式都与中国传统伦理纲常有许多不一致之处,因而为适应中国信仰者的心理需求,这些译经高僧非常注重对以儒家、道教为中心的中国传统社会伦理的迎合,尽量避免与中国传统文化的矛盾。这些早期汉译佛典的出现,为佛教的中国化以及佛教的广泛传播起了重要的推动作用。这一时期翻译佛经的事业得到了许多中原汉族贵族的支持与民间知识分子信徒的资助,这些中原汉族贵族应该说就是中国第一代佛教信徒,如洛阳人孟福、南阳人张莲、南阳人韩林、颍川人皮业等,像孙和、周提立等"劝助者"就是提供译经资金、场所和各种生活用品的施主。

据《中国佛教史》分析,东汉的译经有以下四个显著特点:第一,译经者主要是外来僧,他们或是单译,或是合译,虽也有少量中原僧人或居士参加,但只是从中辅助工作;第二,外来僧带来什么梵本经就译什么经,而且大小乘佛教典籍同时被翻译流传,人们对二者未能区别,把它们都看作是释迦的教说;第三,以译经为主,著述和注释极少;第四,译经事业没有得到政府的直接支持,而是由民间地主及知识分子信徒资助进行。所以有这些特点,是由佛教尚处于传播的早期阶段所决定的,而以后随着佛教在社会上的广泛深入传播,必然会发生一些新的变化。

二、三国时期的嵩山佛教

三国时期,佛教也在东汉佛教的基础上进一步传播。佛教的主要传播活动仍以般若学及佛典翻译,这阶段的译经工作和对佛教教义的宣传、研究,为及其以后佛教的发展打下了初步基础。

(一)戒律产生与我国僧人的西行求法

自三国开始,中国僧人出家有了正式的戒律,佛教在中国开始走向规范化和制度化,为僧团的建立奠定了基础。据《高僧传》之《昙柯迦罗传》记载,中天竺人昙柯迦罗于魏嘉平年间(249~254 年)由印度来到中国洛阳,于嘉平二年(250 年)在白马寺翻译出《僧祇戒心》,作为受戒者朝夕诵习之用,成为中国佛教界一件非常重大的事。《僧祇戒心》是佛教传入中国第一部关于戒律的书,它的翻译对规

朱士行

僧团制度以及僧团发展的规范化起着决定性的作用。根据这部《僧祇戒心》的内容,昙柯迦罗主张僧众应遵佛制,守戒法,并在白马寺建坛传戒,开中国传戒之先河。这使僧人出家有了可遵循的规则,不再像东汉时只是剃除须发以区别于俗人。因此,东土佛教徒尊昙柯迦罗为中国律宗鼻祖,洛阳白马寺也因此成为中国的第一座传戒道场。两晋时又有不少戒律被翻译出来,自东晋法显巡礼南亚以后,中国的戒律更加完备。

从东汉到魏初,传佛教的皆为胡僧,汉人释佛是为了求福禳灾,而均不得出家。到了三国,东来胡僧与日俱增,嵩山地域的禅寺也愈来愈多。从这个时候开始,中国佛教才有了真正的出家人——比丘、比丘尼。正是在这个时候,汉族颍川(今河南禹州市)僧人朱士行,成为中国佛教史上第一位正式受戒的出家人。东汉政府禁止汉人出家,只允许西域来华人士信奉佛教。关于汉地最早出家的僧侣,北宋赞宁《僧史略》卷上说:"汉明帝听阳城侯刘峻等出家,僧之始也;洛阳妇女阿潘等出家,尼之始也。"刘峻出家事,见于伪书《汉法本内传》,不足凭信。一种说法认为东汉严佛调是见于记载的第一个汉地出家人,但《历代三宝记》称他为清信士,可见是在家居士。当时戒规不完备,汉人信奉佛教只以剃发和俗人区别,未举行正规仪式,故严佛调不能算作正式出家僧侣。嘉平二年(249年),中天竺僧昙柯伽罗来曹魏首都洛阳,建立羯摩法,创行受戒,朱士行才正式剃度为僧人。

汉地最早的尼姑是西晋人净检,俗名仲令仪。净检祖籍彭城(江苏徐州市),父仲诞曾任武威(甘肃武威市)太守。净检常为大家闺秀教授琴书,听僧人讲法有所警悟,遂请求出家。净检等24位妇女,从来华罽宾(克什米尔)僧智山剃发受戒,在洛阳宫城西门建立竹林寺,作为修行处所。进入东晋,净检等四人请胡僧昙摩羯多建立戒坛,受具足戒,正式成为比丘尼。

朱士行在西域

与此同时,中国僧人开始西行求法。为了确切理解佛教,汉僧奔赴西域、天竺求法取经。在中国佛教史上,最早西行的是嵩山地区的汉僧朱士行,他改变了从佛教传入以来中土一直依靠外国僧人来华携带佛经的佛经翻译状况,与那些西域、印度僧人的作用同等重要。据《出三藏记集》,朱士行"志业清粹……少怀远悟,脱落尘俗,出家以后,便以大法为己任。常谓入道资慧,故专务经典。"早在东汉末年,有支谶和竺佛朔译出《道行般若经》,朱士行曾在洛阳研究和讲解《道行般若经》,发现译文的文句简略,义理艰涩,前后不能贯通。由于对其中的意义解说不清,"每叹此经大乘之要,而译理不尽,誓志捐身,远迎《大品》。"他前往西域求取《大品般若经》的梵文原本。从朱士行到于阗寻求佛经,说明随着佛教在中原的传播,汉族信徒对由印度和西域带来什么经就译什么经的状况已不满足,而是按照中国佛教传播情况和社会风尚的需要,主动到西域以至印度寻求有关佛典。他于曹魏甘露五年(260年)远征一万一千七百里,抵达于阗(新疆和田),得到梵文《放光般若经》,这为中国僧人西行求法之始。他抄写90章,于西晋太康三年(282年)派弟子弗如檀将其携回洛阳,带到仓垣的水南寺。朱士行在于阗共23年,以80岁高龄去世。晋元康元年(291年),于阗沙门无罗叉与竺叔兰翻译该经,太安二年(303年)对其抄写校订。因为与当时社会流行的玄学十分切合,所以这部《放光般若经》曾经风靡一时,对西晋般若研究的兴盛做出了重要贡献。后来,竺法护翻译了同本异译的《光赞般若经》。

在我国佛教史上,继嵩山地区朱士行到西域取经之后,西晋有竺法护、僧建的西域之行。第一位到达天竺并取回大批佛教典籍的汉僧是法显。法显之后,西行求法取经的著名人物有智猛、昙无竭、惠生、宋云等。惠生、宋云是北魏时期的著名高僧。北魏孝明帝神龟元年(518年)十一月,洛阳崇立寺僧人惠生与住在洛阳城北闻义里的敦煌人宋云,受孝明帝和灵太后派遣,西行数万里,穿越流沙,通过于阗,跨过葱岭,进入印度,完成了北魏王朝难得的一次官方西行求法,从北天竺所取大乘派佛经170部,于正光三年(822年)二月返回洛阳,历时3年零4个月。惠生、宋云西行取经因是在法显之后,玄奘之前,是中国佛教史上和中外交通史上的一件大事。它不仅在于为佛事活动增添了新的内容,更在于它进一步沟通了中西交通,加强了内地与西域的来往,加强了与古代印度的来往。同时,可以看出京都洛阳作为政治、文化、经济中心和宗教活动中心的盛况。

(二)三国佛教的译经

三国魏地的佛教以译经为主。这一时期,从其他国家来到嵩洛一带译经的僧人日益增多,并出现汉人高僧。曹魏时期,中国与西域的交通发达,交流方便,这使得嵩山一带的南亚来华僧人数量增加,其中著名的佛学家、翻译家有中印度人昙柯迦罗,天竺人康僧铠、竺叔兰,安息国人昙谛、彊梁娄至,大月支国人竺法护等,及中国高僧、翻译家昙影、支遁、道安、慧远等都集中嵩山洛阳一带,译经传教。

据《高僧传》之《昙柯迦罗传》记载:中印度人昙柯迦罗于魏嘉平二年(250年)来到魏都洛阳。当时魏晋的佛教,由于戒律尚未传来,所以出家的僧侣并没有禀受归戒,只是剃发而已,所有斋供礼仪也是按照中国传统的祠祀方式进行。昙柯迦罗主张,佛教徒的一切行为皆应遵从佛制。应洛阳僧众之请,昙柯迦罗译出摩诃僧祇部的戒本《僧祇戒心》,又邀请当地的梵僧举行受戒的羯磨来传戒。这是中土有戒律受戒的开始。昙柯迦罗首次将戒律传人中土,以及他首倡的依戒度僧制度,是中国佛教的重大事件,

西域僧人

在中国佛教史上具有深远的影响,他也因此被尊为律宗的始祖。

在佛经翻译中,主要以康僧会译介的小乘禅数学和支谦译介的大乘般若学为代表。这期间,大量的佛教经典被翻译介绍到中国来。长于律学的安息国沙门昙谛,于魏高贵乡公正元二年(255年)来到洛阳,在白马寺译出《昙无德(法藏)羯磨》一卷,此书出自《四分律》,该经卷后来一直在中国流传。康僧铠于嘉平末年来到洛阳,译出《郁伽长者所问经》一卷、《无量寿经》二卷等四部。龟兹僧人帛延于高贵乡公甘露三年(258年)来到洛阳,译出《无量清净平等觉经》二卷、《叉须赖经》一卷、《菩萨修行经》一卷、《除灾患经》一卷、《首楞严经》二卷等七部。安息僧人安法贤译出《罗摩伽经》三卷、《大般涅槃经》二卷,书已阙失。其时的译经,大小乘并举。小乘经典强调禅法,注重守神养心("守意");大乘偏重般若。这个阶段的译经工作和对教义的宣传、研究,为两晋南北朝时期佛教的发展奠定了基础。

曹魏时期的译经与东汉时期主要依靠西域僧人译经有所不同,更多地具有了本土文化的色彩。支谦、康僧会都是祖籍西域而出生于汉地,深受汉文化影响的高僧。他们所翻译的佛经不但文辞典雅,而且能够自由地运用本土的道家语言来解释和表达佛教思想。这一时期还出现了梵呗,也就是运用乐曲创作歌咏佛经故事的赞颂声调,这种方法推动了佛教在更大范围的传播。支谦、康僧会都曾创作梵呗。当时的陈思王曹植也喜读佛经,而且能够创作梵呗。

三、西晋时期的嵩山佛教

魏明帝死后(239年),曹氏集团开始衰落,政权为司马氏豪强集团所控制。公元263年,司马昭带兵灭蜀。公元265年,司马炎以禅让方式代魏,改国号为晋,公元280年灭吴,全国重新统一,史称西晋。西晋王朝是继三国之后比较统一的王朝。但因西北各少数民族相互攻伐,战争连年不断。因此建都在洛阳的西晋王朝,只存在了52年,是说从晋武帝泰始元年到愍帝建兴四年(265~316年)。在这52年中,佛教较之于三国时期却有所发展,来华的西域僧人和本国僧人以及居士的译经事业,又有新的进展,寺院的建设和出家的僧尼都有所增加。据说,西晋时仅在洛阳、长安东西二京,便有寺院180所,出家僧尼3700余人。现在,我们能够在史籍里找到的西晋时期的洛阳寺庙,就有白马寺、东牛寺、菩萨寺、石塔寺等10余所。

(一)西晋佛教的特点

两汉时期,中国思想界几乎为儒学所垄断,随着东汉的灭亡,儒学也必然丧失其权威性。因而,魏晋时期佛教的传播随着中国社会和思想界的重大变革而有了新的发展演变,逐渐被更多的人所接受。从三国到西晋这一时期,时局纷扰,传统儒学名教解体,名士避世弃儒,趋附老庄"以无为本"思想而蔚为风气,因其立意渺玄,故称"玄学"或"清谈"。佛教大乘般若学说在思辨方法上与玄学相似,所以一些佛教僧侣试图用佛教,特别是宣扬"诸法悉空"的《般若经》教义来迎合玄学,并且用玄学唯心主义思想来讲解《般若经》。而某些知识分子也开始对佛教大乘般若学说发生兴趣,试图借用佛教唯心主义哲学来发挥他们的老庄玄学理论。《般若经》认为世界上一切事物和现象虚幻不实,反对执着名相,这在当时人看来它与玄学理论并无二致。在这种空气下,佛教名士莫不以"般若性空"充实其学,或增清谈之资,佛教于焉深入士大夫阶层而迅速传播,风行社会,从朝廷命官至平民百姓,普遍有了对佛教的信仰。

魏正始年间(240~249年)兴起了以王弼、何晏为主要代表的反抗儒学权威、要求学术思想自由的玄学运动。"竹林七贤"的嵇康、阮籍、山涛、向秀、刘伶、阮咸、王戎等知识分子的自由生活态度和玄学新思想逐渐成为魏晋思想界的主流,这些思想家认为佛教《般若经》和《维摩经》中的般若思想与老子、庄子的无为主张很相似,因而接受了佛教的般若思想,这使中国有了接受外来佛教教义的精神土壤,为佛教的中国化奠定了基础。

西晋的佛教义学,继承后汉、三国,以方等、般若为正宗,这在当时几位著名译人的译籍里可以看得出来。如竺法护,虽然译出许多重要典籍,但他的中心思想仍是继承支谶、支谦传弘方等、般若之学的。西晋的译经,虽然涉及许多方面,而几位主要的译人,如竺法护、无罗叉、竺叔兰、帛法祖等人的学术思想,仍以弘扬《方等》、《般若》为主。这是当时的学风,是社会上义学沙门的一致趋向。当时佛教的大乘和小乘共同传播,但是大乘般若学说更加流行,社会上下对佛教的信仰相当普遍,除门阀士族、官僚名士外,佛教进一步传向民间和普通的社会大众,普通人要在白马寺为死者举行法会,祈求生于西方安乐世界。因此,佛教比起前代来有了相当的发展

由于佛教在西晋渐次流行,这不免引起土生土长的道教徒中某些人的嫉恨,他们起来要与佛教争高低。据传佛道之争,从东汉就已开始。原因是佛教为外来文化,必然要与中国的固有文化相冲突,这是必然的。所以在西晋惠帝时,道士祭酒王浮平日和帛法祖争论佛道二教的短长,王浮乃撰《老子化胡经》,以扬道抑佛。"老子化胡"之说,从后汉以来已开始了。如《后汉书·襄楷传》说:"或言老子入夷狄为浮屠。"又《魏略·西戎传》说:"浮屠所载与中国老子经相出入,盖以为老子西出关,过西域,之天竺,教胡浮屠属弟子,别号合有二十九。"王浮的《化胡经》,或即集前人的传说而作。

但是不管道教徒如何抑佛,而佛教却在日益发展。西晋佛教最兴盛的地方是京畿,高僧云集洛阳、嵩山一带,翻译佛经,弘传教义,建寺度僧,佛教的流传区域渐次拓展开来。随着佛教在嵩山地域的传播,佛教寺院渐渐形成一定的规模,寺院数量增加,佛教信仰者也逐渐增多,僧尼队伍随之壮大。据唐代法琳的《辩证论》卷3说,西晋的洛阳和长安,共有寺院180所,僧尼3700余人。由此可见佛教信仰在西晋时代,已经是相当普遍了。由于专供僧人居住的寺院出现,"寺"渐渐成为中国佛教寺院的专用名称。

西晋佛教的发展也是艰难曲折。从永平元年(291年)开始的"八王之乱"和永嘉年间(307~312年)发生的"永嘉之乱",前后历时20余年,使洛阳的佛寺遭到了很大的破坏,释源祖庭白马寺就是其中之一。西晋永嘉三年(309年),王弥、刘聪率大军进攻洛阳,东海五司马越拒战于西阳门(即东汉时的雍门),白马寺正当其冲,毁坏残重。西晋永嘉五年(311年)刘曜、王弥、刘聪等兵破洛阳,幽禁晋帝,逼辱皇后,盗掘陵墓,焚烧宫庙,白马寺亦在劫难逃,破坏严重。

(二)西晋佛教的译经

西晋时期,求法译经工作更盛。东都洛阳成为译经中心,许多佛教经典已经被翻译成中文的,还有行者亲赴西域求取真经,得梵文本《大品般若经》90章。信徒开始增多,有出家修行的僧尼,洛阳和长安已有不少寺院和僧尼。这就为佛教的迅速发展创造了条件。

西晋时代译经,以竺法护为当时的代表,所译经典有《光赞般若》、《维摩》、《宝积》、《涅槃》、《法华》等各部类经,对于大乘佛教的开展,影响甚大。其中,《正法华经》的译介,使观音信仰普及于民间,为鸠摩罗什之前最著名的翻译家。

竺法护,梵名昙摩罗刹,祖籍月支,世居敦煌。8岁出家,因礼竺上座为师,故改姓竺。他笃志好学,万里寻师,随师游历西域诸国,学会36种语文,收集了大量梵本经典带回敦煌,毕生从事译经事业。从晋武帝泰始二年(266年)至愍帝建兴元年(313年),他译出《光赞般若》等经175部,合354卷。他是西晋译经最多的人。他翻译的佛经,对于后世中国佛教影响很大。梁朝僧祐认为经法在中国的广泛流传,乃竺法护之力。当时的人们都将竺法护作敦煌的菩萨。

竺法护的译籍仍以般若为主。般若学与道学有其相似之处,如般若提出的"性空",就是以道家所说的"无"来表述的;般若所说的无相无生等,也与道家的无名、无为等概念相类。魏晋时期玄学盛行,以般若学说为基本内容的大乘空宗,因为在思想上与玄学有相似之处,所以得到迅速传播与发展。

竺法护的译经,得到当时有长于梵学的优婆塞(意为清信士,即在家信佛的居士)聂承远、聂道真父子的大力协助。据史料记载:聂承远对于竺法护译经文句多所参正,并担任笔受。聂道真也曾担任

笔录。

西晋的译经有中外僧俗12人。其中主要的译人除竺法护外,还有无罗叉、竺叔兰、安法钦、帛法祖、卫士度、支孝龙、帛法祚和在广州的彊梁娄至等人。

无罗叉,于阗(今新疆和田)沙门,西晋惠帝元康元年(291年)在陈留(今河南开封东南)仓垣水南寺与竺叔兰共译《放光般若经》1部30卷(此经原是三国时期朱士行从于阗抄写,共90章60余万言)。西晋太康三年(282年),他派弟子佛如檀等10人送还洛阳,后辗转传到陈留仓垣水南寺,才由无罗叉和竺叔兰译出。

竺法护

竺法护译《贤劫定意经》

竺叔兰,玄学化的高僧。祖籍印度。其父避难来中国,住河南,生叔兰。叔兰幼年时,从二舅谘受经法,一闻便悟,并习梵、汉两种语文及诸文史。他与无罗叉共译《放光般若经》20卷后,自己又译出《异毗摩罗诘经》3卷和《首楞严经》2卷。

安法钦,安息国沙门。他学赡众经,幽鉴无滞。于西晋武帝太康二年(281年)至惠帝光熙元年(306年),于洛阳译出《道神足无极变化》等经5部16卷。

帛法祖,又名帛远,河内(今河南沁阳)人,幼年出家。他学通内外,尤精《方等》。在长安,以讲习为业,于西晋惠帝时,译出《菩萨逝》等经16部18卷。

法立、法炬二人在西晋惠帝时和晋怀帝时期,在洛阳合译出《佛说诸德福田经》、《楼炭经》、《法句譬喻经》等经4部12卷。后法立死,法炬自译《优填王》等经40部,合50卷。

聂承远,居士,明解有才,笃志务法。先助竺法护译经,后自己于惠帝时译出《超日明三昧经》二卷和《越难经》一卷。

聂道真,居士,聂承远之子,初与其父助竺法护译经,后自译《无垢施菩萨分别应辩》等经24部,合36卷。

支法度,沙门,不知是何许人。因姓支,可能是月支人,或是中国人从师姓。他于西晋惠帝永宁元年(301年)译出《逝童子》等经4部5卷。

若罗严,外国沙门,译出《时非时经》1部1卷。《经》后有《记》云:"外国法师若罗严,手执胡本,口自宣译,凉州道人于阗城中写记"(《开元释教录》卷二)因为没有译经的年代,智升说:"且附西晋录中"。

依据唐智升《开元释教录》卷2的统计,西晋王朝的全部译经,智升说起自武帝泰始元年至愍帝建兴四年(265~316年),凡经4帝52年,缁素12人,译出经戒集等及新旧集失译诸经,总共333部,合590卷。

第二节 十六国至北朝佛教的传播与发展

在黄河流域的北方中国,自西晋灭亡后,有匈奴、鲜卑、羯、氐、羌等几个少数民族,先后建立了16个国家,另外还有几个汉人控制的小国。他们之间也是战争连年,互相兼吞,最后基本统一于鲜卑的拓跋魏王朝。

鲜卑族原是北方的一个游牧民族。公元386年,鲜卑拓跋部落酋长拓跋珪即代王位,同年改国号曰魏。公元398年,建都平城(山西大同),史称北魏。次年称帝,号道武帝。至公元439年,魏太武帝灭北凉国,完成了黄河流域的统一。公元493年,魏孝文帝又迁都洛阳,改姓为元。北魏政权入主中原后,采取了一系列改革措施,任用大批汉族人为官,吸收和利用先进的汉文化和科学技术,发展农业生产巩固了统治。这一局势维持了100多年。

西晋以后,嵩山地区仍然是佛教传播的中心区域。此时,不仅出现了一批外来高僧,而且出现了相当数量的汉人高僧,代表人物有佛图澄、鸠摩罗什、支遁、道安、竺法雅、慧远等,他们的主要活动就是译经传教。同时,普通百姓出家为僧侣的日渐增多,寺院的兴起,龙门石窟和巩义石窟的开凿,大批造像的出现,都标志着嵩山佛教的迅速传播。

东魏建都于邺,政权实际上掌握在贵族高欢手中。公元550年,高欢之子高洋代东魏称帝,史称北齐,建都洛阳。公元557年,西魏宇文觉代魏称帝,国号曰周,史称北周。公元577年,北周灭北齐,北方统一。

东晋之后,南北分裂,南方有宋、齐、梁、陈,称为南朝(420~588年);北方有北魏(又称跖跋魏),嗣后分为东西二魏,而禅位于北齐、北周,称为北朝(359~581年)。南北朝形成对峙局面,历时160余年,后由隋文帝统一。十六国至南北朝时期,是中国历史上封建国家分裂和民族大融合时期,中原地区长期处于战争动乱之中,经济凋敝,人民颠沛流离。在长期的社会动荡中,佛教经历了不同民族封建统治阶级集团的政权更替。在这种情况下,人们对现实感到万般无奈,既希望有神灵保佑,更憧憬着未来的幸福,不断寻求精神的寄托,以减轻或逃避现实生活的痛苦。而佛教的今生来世、因果报应之说,为民众解释穷苦的根源,提供了一套系统的解释工具,在自我麻醉中起到了淡化现实生活苦难的作用。对于享受荣华的士大夫而言,佛教的意义也是一套解释现实社会现象的理论,而且更警戒他们的行善,以信佛来维持他们荣华生活的永久性。当时的统治阶级为了维护自己的统治,也大力提倡宗教,以麻痹人民的反抗思想。尽管佛教的伦理价值与中国传统背道而驰,但解释功能补充了中国传统文化的不足,因此,佛教得到迅速地传播。

佛教这个外来宗教与中国传统文化进一步结合,出现了许多以研究佛教某一部分佛典为中心的佛教学派,如涅槃、成实、毗昙、三论、摄论、楞伽等学派,而且在这一时期,已经完全和政治结合在一起了。北朝时期,虽然出现有北魏太武帝和北周武帝的两次灭佛事件,但随之而来的却是中国佛教的全面持续高涨。特别是北魏孝文帝迁都洛阳后,嵩山地域的庙宇迅速发展到1000余所。寺院拥有大量的土地和财富,寺院经济迅速发展,呈现出前所未有的兴盛状态。并且孝文帝不惜耗费大量人力物力,在大同云冈和嵩山地域的洛阳龙门、巩义开凿佛教石窟、雕造佛像。由于各帝王的支持拥护,嵩山地域的寺院僧尼急遽增多,西域来的僧侣达到千人以上,佛教译经更为隆盛,大小乘经论弘传,佛教学派成立,不再依附儒道。佛教已成了中国各阶级、各阶层生活的一个组成部分,更因为其理论的深奥与严密,而吸引了大批知识分子的投入,因而加快了与中国传统文化的融会贯通。

一、北方诸国与佛教

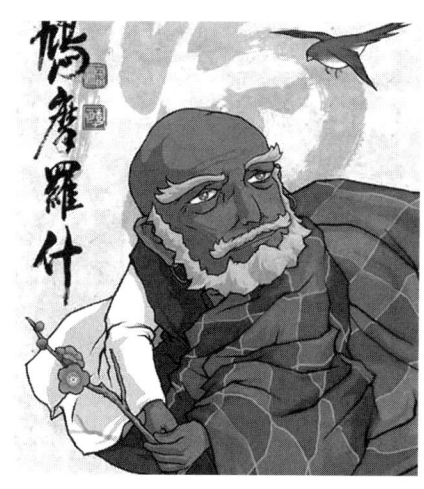

鸠摩罗什

西晋亡后,北部中国陷入了十六国的混战。佛教在后赵、前秦、后秦、北凉等一些有影响的大国中,受到最高统治者的信仰和支持,发展特别迅速,形成了一个高潮。

后秦武昭帝姚苌奉鸠摩罗什。后秦文桓帝姚兴,提倡佛教和儒学,广建寺院。于公元401年,败后凉吕隆,迎鸠摩罗什到长安,集沙门5000余人,一时名僧大德辈出,领南北中国佛学之先;其州郡事佛者,十室而九,声振西域天竺,吸引了更多的外来僧人进入内地传教。

据《晋书·姚兴传》载:先是姚兴到了逍遥园,在澄云堂召集沙门八百余人,听天竺高僧鸠摩罗什演说佛经。鸠摩罗什精通汉语,常发现汉语译本中有许多错误,跟西域从印度梵文译的经文不相符合,姚兴便手持经卷跟国师的译本彼此参照。若新本和原本有不相符合的地方,在文理上依据原本,逐字逐句详加修订,并亲自读诸经,体会佛理,撰诸论以辨讹纠偏。姚兴在鸠摩罗什客居长安的8年间,相互切磋、翻译、厘定和撰写经卷。在鸠摩罗什的指导下,姚兴著有《通三世论》《通不住法住般若》《通圣人放大光明普照十方》《通一切诸法空》等书论,从中国封建帝王的角度,结合中国传统文化,对佛教的一些基本教义进行了阐述。姚兴和鸠摩罗什合著的有《十论律》《四分律》《十住经》等。

姚兴不仅亲自译经、编律、撰论,而且更重视佛教的推广传播。他大兴佛寺,倡凿石窟(甘肃天水麦积山石窟就是在姚兴弘始二年即公元400年前后开创的)。据说,当时长安城就有僧尼约万余人。为了实行朝廷对佛教的管理,姚兴设立了管理全国僧尼的行政机构,任命鸠摩罗什的弟子僧䂮为管理僧尼的最高僧官,即僧正;以鸠摩罗什的另一弟子僧迁为都维那,即副职。下设僧录,以纲纪统摄僧众,掌全国僧尼簿籍和有关事务。佛教的这一管理机构,是中国佛教史,首次由政府设立的僧官管理机构。姚兴还十分重视佛教人才培养,兴学育人,培养出了许多造诣颇深的佛学弟子,如著名的"什门四圣"就是一代广为传颂的佛学大师。姚兴培养和网罗的大批人才,以佛法宣世,在一定意义上影响了世俗的政治统治,但也在王权和教团的矛盾中,刺激了佛教自身向适应中国社会传统宗教信仰需要的转变。

鸠摩罗什在姚兴的支持下,不仅培养了大量人才,最大功德就是翻译佛经。从后秦弘始三年(401年)到中国至公元413年圆寂的11年中,他在弟子的帮助下译经35部294卷。他的译笔忠于原文,圆通流畅,典雅质朴,并纠正了四百年来他人译经之误,成为后世流传最广的佛教经典。

北凉的建立者、国君沮渠蒙逊,统治通畅了与西域诸国的往来,兴造佛像,促进了佛教的普及。他请昙无谶译经,以《涅槃》佛性为中心,影响远及长安、建业,使姑臧成为西陲的义学重镇;又使昙无谶教其女媳多子之术,信敬咒神役鬼,开创密法的实际传播。经西域诸国传进内地的佛教,不断有新的思潮出现。又据《高僧传·僧朗传》记，僧朗以苻秦皇始元年移居泰山，别立精舍，闻风而造者百余人。秦苻坚、后秦姚兴、燕主慕容德、魏主拓拔珪，以及东晋孝武帝，或征请，或致书，或供养，竞相招致。

后赵明帝石勒，在其统治期间，大力提倡儒家经学，保护和起用士族，以汉文化教化各族民众；同时推崇神僧佛图澄，与狂乞者麻襦、禅者单道开等，共以神异惑众，大兴佛教。时人民为逃避租役，多"营造寺庙，相竞出家"。至石虎即位，公元335年迁都于邺，曾下书谓："佛是戎神，正所应奉"，"其夷赵百蛮有舍其淫祀乐事佛者，悉听为道"，致使"中州胡晋略皆奉佛"。佛教普及到五胡十六国的各个民族，并成了一些主要国家用以争取民众而共同支持的一种信仰。这对于增进南北各族人民的相互了解和相互联系，对于形成各族人民的共同心理，起到了比儒学还重要的作用。

敦煌壁画——佛图澄的神异故事

这一时期，特别要提的是石勒、石虎信佛图澄，以之为国师的事实以及有关佛图澄的神话。石勒是五胡十六国时期之一的后赵王朝的第一位皇帝。佛图澄，西域高僧，曾两次到罽宾国学法，以神异著名。晋怀帝永嘉四年（310年），来到洛阳传教，时年已79岁。佛图澄是个博学多识、善解文义的僧人，不仅精通佛教经典，而且广读佛典以外的书籍，他还非常重视戒律，平生"酒不逾齿、过中不食、非戒不履"，因此博得中原地区及西域佛教学者的敬重。

佛图澄最大的特点是以神异名世。《高僧传》将他归入"神异部"，记述了他许多的神异事迹。史料记载，他到洛阳后，本想在洛阳建寺，因战乱未果。时值晋末大乱，他通过石勒部下信佛的大将郭黑略会见石勒。佛图澄知道石勒知识未开，不达深理，只有用法术来导使其相信。为了给石勒解释佛教的灵验，佛图澄略施法术，师随手取了一个食器，将器中注满清水然后对着它秘咒一会儿，食器中竟生出一支青莲花来，光色鲜艳耀目。石勒见状非常信服，尊佛图澄为"大和尚"，不但将其诸稚子多养于寺中，亲自诣寺灌佛为儿发愿，且"有事必咨而后行"，令佛图澄直接参与外灭刘曜、内平叛乱等军政要务。石虎继位，对佛图澄倍加推崇，誉为"国之大宝"，"衣以绫锦，乘以雕辇，朝会之日，和上升殿，常侍以下，悉助举舆，太子诸公扶翼而上，主者唱大和尚至，众坐皆起"。还派司空朝夕问候，太子诸公，五日一朝。佛图澄成了石勒、石虎的精神支柱。

藩王礼佛图

佛图澄一生行事，多由诡秘的预言构成。据《高僧传》本传记，他"善诵神咒，能役使鬼物。以麻油

燕脂涂掌,千里外事,皆彻见掌中。"又能"听铃音以言事,无不效验。"其他如敕龙出水降雨,治病复生,观天象知休咎,与天神交通,在相当程度上,反映了西域的原始巫术渗入佛教的情况。佛图澄开创了中国神异僧侣的一途,成了中国佛教密教的先声。

因为佛图澄的灵异事迹非常有名,他的佛教理论以及戒律方面的成就反而不为人所重视。汉僧对于佛经中的外族思想、名词、概念感到陌生、费解,他在传播中就以中国文化去比附、解释,这种做法叫格义。例如:佛图澄把"真如"翻译或解释为"本无",把"涅槃"翻译或解释为"无为",把"禅定"翻译或解释为"守一",把五戒比附为五常等等。格义的代表人物是竺法雅。据《高僧传》卷4《竺法雅传》记载,他见汉僧"并世典有功(通解世俗学术),未善佛理",就"以经中事数拟配外书,为生解之例"。"经中事数"指佛经中的事项、概念常冠以数字,如四谛、五阴、六道、八正道等。"外书"指世俗书籍。格义使佛教思想便于中国僧人理解接受,可也难免走样,因而招致一些僧人的批评。

般若学说由于利用玄学术语,对物质和精神的关系产生理解分歧,形成六家七宗,分别是:本无家本无宗,代表人物道安;本无家本无异宗,竺法深、竺法汰;即色家,支遁(支道林);识含家,于法开;幻化家,道壹;心无家,支愍度、竺法蕴、道恒;缘会家,于道邃。鸠摩罗什译出大乘中观著作,其弟子僧肇批评六家七宗的佛教玄学化说法,才纠正了对佛教的错误理解。随着佛教的发展,人们对佛理研究逐步深入,格义随之废弃。

佛图澄也是戒学的阐扬和践行者。石勒、石虎在历史上以暴虐残忍著称,即使在十六国那样非常战乱时期,也很突出。佛图澄以师在其左右故,朝夕劝谏,佛图澄宣传"帝王事佛"之术在于"体恭心顺,显扬三宝"。一方面"当杀可杀,刑可刑",一方面"不为暴虐,不害无辜"。他曾劝说石勒效"王者",行"德化",又恐吓石虎:"布政猛烈,淫刑酷滥,显违圣典,幽背法戒,不自惩革,终无福祐"。《僧传》说石勒听了佛图澄劝谏后,"凡应被诛余残,蒙其益者,十有八九";石虎"虽不能尽从,而为益不少"。他以宗教的语言和方式参与了政治、军事,扩大了佛教的社会影响。

佛图澄是中国佛教史上第一个靠自己实力争取当朝统治者,把巫术神异和参与军国机要同佛教教义三者冶为一体,使佛教在中国历史上第一次被封建最高统治者作为真正信仰所崇奉,并纳入国家扶植之下,并利用国家力量帮助佛教发展的外籍僧人。他活用了佛教神通和佛教哲学的高超理论(开了后来中国佛教密宗的先声),采取了能屈能伸、左右逢源的处世态度和手段,及时缓解和处理了后赵内外的大小矛盾。佛图澄又是位博学的僧人,是位中外罕见的、年高德昭的社会活动家。

佛图澄精通佛教经典,领悟汉学义理,经常给佛徒稚众宣讲教理教义,并自我约束,严守戒律,以身作则,示范时人,其声望远播内外。梁《高僧传》卷9说"澄长八尺,风姿详雅,妙解深经,傍通世论。"当时,佛图澄声传大河南北、誉满西域各国。他在华期间,西域和天竺、康居的沙门,如须菩提、竺佛调等几十名僧人,不远万里来到中国从他受学;而中国的著名佛教学者,如晋师道安、竺法雅、竺法和、竺法汰、竺僧朗等人都是佛图澄的弟子。高僧法首、法祚、法常、法佐、僧慧、道进等人,都是佛图澄身边的侍者和助手。佛图澄师出家109年,来华度弟子百余人,前后门徒数以万计。他所在的国家是个特殊的、割据的后赵,几乎成了中外佛学文化的交流中心。

后赵建武十四年(348年),佛图澄圆寂,享年117岁。他在中国北方活动30多年,把巫术神异和参与军国机要同佛教教义三者冶为一体,使佛教在中国历史上第一次被封建最高统治者作为真正信仰所崇奉,并纳入国家扶植之下。

在佛图澄的佛教思想影响下,"中州胡晋,略皆奉佛。"后赵佛教盛极一时。华北佛教因为佛图澄而繁盛起来。在后赵占领的广大地区,汉人和少数民族大都信奉佛教,出家为僧的人迅速增加。后赵短短的数十年间,在朝廷和各州郡的资助下,佛图澄与其弟子经手所建佛寺893所,是佛教传入中国以来的最高数字。

二、孝文帝迁都洛阳,开启了嵩山佛教的繁盛局面

从东汉永平十四年(公元71年)到北魏正平元年(451年)的380多年间,佛教在嵩山虽有所传播,但没有大的发展。直到北魏兴安元年(452年),从魏文成帝开始,北魏诸帝大都结交禅僧,大修功德,以求福寿,更重要的是借助佛教"巡民教化"、"敷导民俗"、"安抚民众",提高其政权的统治效能。北魏太和八年(484年),大德沙门生禅师,创建嵩阳寺于中岳嵩山之要处(今嵩阳书院西侧)。

北魏孝文帝迁都洛阳

北魏孝文帝迁都洛阳后,大力发展佛教,在我国历史上迅速出现了第一个崇佛高潮。孝文帝在洛阳迎像、度僧、立寺、设斋、起塔,广作佛事,提倡《成实》、《涅槃》、《毗昙》等佛教义学,师事通晓《涅槃》、《成实》的学者道登。在龙门、巩义等地开凿石窟,并为西域高僧跋陀在嵩岳少室山建少林寺,开启了嵩山佛教的繁盛局面。

(一)皇帝的信佛和支持

佛教发展的直接原因,是统治阶级的大力扶植。北朝诸帝,除北魏太武帝和北周武帝的短暂时刻外,无不扶植佛教。南朝的齐高帝、梁武帝、陈武帝,北朝的魏孝文帝、齐文帝、宣帝、周文帝、均曾舍其宫苑,以造佛寺。尤其是北魏孝文帝迁都洛阳后,孝文帝、道武帝、孝明帝对嵩山地区佛教的发展,有着直接的影响和作用。

北魏献文帝拓跋弘(466~471年在位)起永宁寺,构七级佛图,高300余尺,天下第一。又于天宫寺造释迦立像,用赤金十万斤,黄金600斤。后来自动退位,于北苑建鹿野佛图,岩房禅堂,容纳禅僧。孝文帝元宏(471~499年在位)为其父资福,度僧起寺。同时亦略重佛义,以为《成实论》可以"释人染情",故推崇成实论师系统。北魏太和十七年(493年),孝文帝至洛阳"巡宫旧址",诏令重建白马寺。《洛阳伽蓝记》载:东汉时在白马寺译出的佛经,到北魏时还保存着:"寺上经函至今犹存,常烧香供养之,经函时放光明,耀于堂宇,是以道俗礼敬之,如仰真容"。该书还记载:当时的佛塔前种植柰林(石榴)、葡萄和别处不一样,枝叶繁茂,果实硕大。其中柰林一个重7斤,葡萄比枣还大,"味并殊美,冠于中京"。每年果实成熟季节,皇帝便常派人去寺里摘取果实赐予宫人,他们又相互转饷亲友,凡得到者,都当作奇味。故当时流传有"白马甜榴,一实值牛"的谚语。

孝文帝开洛阳龙门石窟,与敦煌石窟同列世界三大佛教艺术,可见北朝佛教之盛。刻于洛阳龙门石窟宾阳洞中的"帝后礼佛图",生动地表现出这样一种宗教热忱,北壁的孝文帝头戴冕旒,手持熏炉,在擎宝盖、执羽葆的侍从们的簇拥下向南行走;南壁的文昭皇后则头戴华冠,在十余名侍从的簇拥下向北行走。两列礼佛队南北朝向,严谨对仗,画面布局华丽,气势浓烈。

君主好佛,天下风从。孝文帝为其父资福,度僧起寺。同时亦略重佛义,以为《成实论》可以"释人染情",故推崇成实论师系统。当时北朝达官贵人死后,其家人多舍居室以施僧侣,南朝豪门亦常舍其邸宅以建佛寺。北齐魏收的《魏书·高祖纪》说,孝文帝"雅好读书,手不释卷。《五经》之义,览之便讲,学不师受,探其精奥。史传百家,无不该涉。善谈《庄》《老》,尤精释义。"孝文帝曾在洛阳永宁寺度百余良家男女出家为僧尼,又到永宁寺听讲佛经,还允许高僧入殿讲论佛经,并命令大臣与僧侣讨论佛义。他在鸠摩罗什所居旧堂建三级浮屠,以授给官位的办法来访求罗什后裔。孝文帝采取了一些发展寺院经济的措施,为寺院分配僧祇户以及僧祇粟,作为赈饥以及佛事之用。他还以一些犯了重罪的人和官奴为佛图户,充任寺院的杂役和耕作等事。对于后世影响最大的举措恐怕当属孝文帝亲自下令修建了嵩山少林寺。公元495年,孝文帝迁都洛阳。次年,诏于少室山阴立少林寺,安居西域沙门佛陀扇多(即跋陀),与以供给。

北魏宣武帝元恪(500~515年在位)则比孝文帝更加信仰佛教,对佛教采取宽纵的政策,"笃好佛理,每于禁中亲讲经纶……上既崇之,下弥企尚"。他本人甚至亲自在宫廷给朝臣和僧侣宣讲《维摩经》。宣武帝为外国来洛阳的僧人建立了永明寺,有房千余间,外国僧人千余名。著名的龙门石窟也是从这时开始开凿的。宣武帝即位之初,于景明元年(500年)下诏命令依据平城云冈石窟,于洛南伊阙山为其父母孝文帝和文昭皇太后营造石窟二所,因为规模太大没能完成,五年后又诏令缩小规模继续修造。永平年间,又为宣武帝造一窟,这便是著名的龙门石窟的宾阳洞三窟。

孝明帝元诩(516~528年在位)登基后,灵太后胡氏专权,把崇佛之风推向高潮。灵太后非常聪明,而且多才多艺,自幼就与佛教结缘,略得佛经大义。胡太后鸩杀孝明帝,而为了赎罪,大力建设佛寺,不惜减少百官俸禄十分之一。她在熙平元年(516年)修建的洛阳永宁寺,规模宏伟,建筑豪华。立于寺院中央的永宁寺塔为九层木塔,塔高49丈或40余丈,合今136.71米左右,加上塔刹通高约为147米,是古代最伟大的佛塔。她还派遣宋云与惠生前往西域朝礼佛迹,访求经典。正光三年(522年),宋云等人取得大乘经论170部后回国。

每一个统治阶级集团都把佛教作为笼络人心、瓦解农民斗争的工具加以利用。东晋时候,朝廷诏令僧人以俗礼拜见君主,以行使国家对僧侣的统辖权。慧远撰写《沙门不敬王者论》,认为出家人与世俗人不同,出家法也应该与世俗法不同,僧人朝见君主,依然如同平常一样合掌致礼,不应像世俗臣民那样跪拜。经过慧远的反对,朝廷取消诏令意见。在"五胡"统治下的北方地区,出身于少数民族的统治者,除了当时北魏太武帝拓跋焘和北周武帝宇文邕曾两次毁佛灭法外,其余封建帝王都全力支持与保护佛教发展,从而削弱以汉族为首的各族人民的反抗。统治阶级中世族地主的势力日渐强大,广大人民群众在社会上的地位日渐低落,生活日趋痛苦,便从精神上产生了对现实的逃避,把人间生活的幻想寄托到来生来世。这个时期,从上到下,从封建贵族、士族到劳动人民,佛教广泛传播,并为统治阶级所利用。

(二)北魏佛教的译经

北方之译经,自鸠摩罗什去世后,仅北凉较盛。而北魏统一凉州(439年)后7年,太武帝即下诏灭佛。文成帝复兴佛教后，又重于建寺造像及开凿云冈石窟，并不重视义学及译经，仅沙门统昙曜与天竺沙门常那耶舍等译出新经14部。献文帝即位后开始重视义学，再经孝文帝、宣武帝的继续提倡，遂有著名外来翻译家菩提流支等人的译经。

菩提流支是北天竺人，于魏宣武帝永平（508～512年）初至洛阳，宣武帝即下敕慰劳，安置于永宁大寺，供给丰厚，准备译经。遂集中梵僧700人，敕以菩提流支为译经之元匠，开始译经。东魏时，菩提流支随孝静帝去邺都，继续翻译。他从永平元年到东魏天平二年（508～535年）的近30年间，先后译出《佛名经》、《入楞伽经》、《法集经》、《深密解脱经》等经，《胜思惟梵天所问经论》、《大乘宝积经论》、《法华经论》、《破外道小乘涅槃论》等论，共39部127卷。菩提流支带来的经籍甚多，当时的清信士李廓说：三藏法师流支房内，经论梵本可有万甲（夹），所翻新文、笔受稿本满一间屋。则菩提流支所译经论可能不止百多卷，未译者也当不少。

勒那摩提精于禅法，在宣武帝正始五年（508年）来洛阳，译出《宝积经论》、《妙法莲华经论》、《究竟一乘宝性论》共3部。

菩提流支、勒那摩提等的译籍，多为天竺无著、世亲瑜伽行派的经论，如《深密解脱经》、《入楞伽经》以及无著所著《顺中论》、《摄大乘论》，世亲所著《法华经论》、《十地经论》、《唯识论》等等。

佛陀扇多通内外学典籍，特善方言，尤工艺术，从孝明帝正光元年（520年）到东魏孝静帝元象二年（539年）15年间，在洛阳白马寺及邺都金华寺译出《金刚上味陀罗尼经》、《摄大乘论》等经，共11部。

中外僧俗译经场面

昙摩流支专精律藏，于宣武帝景明二年到正始四年（501～507年）7年间，在洛阳译出《信力入印法门经》等3部。

另外，有南印度波罗城的婆罗门瞿昙般若流支，于北魏熙平元年（516年）来洛阳，后随孝静帝迁到邺都，于元象元年到武定元年（538～543年），先后共译出《正法念处经》及龙树的《壹输卢迦论》、无著的《顺中论》、世亲的《唯识论》等，共18部。又有乌苌沙门毗目智仙，和般若流支一同到邺都，于兴和三年（541年）译出龙树的《回诤论》及世亲的《宝髻菩萨四法经论》等，共5部。这一时期所传译的经论，以有关大乘瑜伽学系的典籍为多。

北魏时期所译的这些经典受到了人们的重视，促进了佛教义学的迅速发展。这些经论对当时和后世影响最大的是《十地经论》。此论是菩提流支于永平元年至洛阳后,与勒那摩提、佛陀扇多共译的,历时整整三年,至永平四年才全部译完。此论译出后,即广为传播,形成了不同派别的地论师。

北魏的译经,与东汉、三国时期的主要依靠西域高僧的译经已经有了很大的变化。与前者相比,北魏的译经场面变大了,参加人员也多了。虽说译经仍然以西域僧人为主译,但笔录的人员已经由本土僧人担当。译经时,对于译经时出现难懂的句子会出现切磋辩论、商讨,译经结束后所译经文的整理工作,在西域高僧的主持下,则由本土僧人认真地将笔录整理、校对成稿。译经完成后,还要在其他高僧和佛学研究人员进行宣读、听取意见,待方方面面都进行完后,最后送交朝廷审阅,公布天下。

当时的洛阳,是北方地区的佛教活动中心,中外名僧荟萃,译经事业兴旺,佛学思想活跃。由于统治阶级对佛教的支持,许多外国高僧到嵩山地区传播佛教,讲经译经。因为佛学研究者众多,由此促成佛教学派的成立。如位居北朝之冠的菩提流支,译出的《入楞伽经》,乃禅观最重要的经典依据;《往生论》则为昙鸾所倡他力、易行思想等净土一系的基础;《十地经论》则有勒拿摩提、慧光等所形成的地论学派之依据,以及昙无谶翻译的《大般涅槃经》(北本),形成涅槃学,传入南朝后,弘扬更广。

南北朝时期,佛教界内部还产生许多专门研习某一经典或以印度佛教的一派经典为主的师派学说。重要的有:涅槃学派、成实论师、三论师、摄论师、毗昙师、南北地论师、四分律师、净土师、楞伽师等等,这些学派同样对中国佛教哲学的发展起到过巨大的促进作用,为后来隋唐佛教宗派的产生奠定了基础。

(三) 全民信佛,广建寺院

嵩山地处中原,战略地位十分明显。因此北魏政权南迁后,开始了在嵩山地区大规模建造佛寺的活动。

佛寺本是僧尼聚居生活的处所,主要有两个职能:一是作为佛教偶像供养和进行法事活动的据点,直接影响周围民众;二是作佛教义学活动的中心,进行佛教经典、宗教哲学、道德文化的创造,与社会知识层沟通。佛教建筑、雕塑、绘画、音乐等艺术形式,大部分表现在寺院及其活动中。

佛寺的修建费用和僧侣的生活费,主要依靠权贵和富有者的布施捐赠。作为施主,他们的目的大都是为了修福免灾,其社会效果,是吸引了国家中的某些游离分子进入僧侣队伍,同时缩减了游方乞食僧侣的数量。因此,寺院的发展,一方面反映了一些人存有浓厚的恐惧心理,同时也反映了国家安定和富裕的程度。

北魏灵太后胡仙真

当时寺院和僧侣的另一种收入就是"营生"、"自供",包括垦殖田圃、商旅博易、聚畜委积、机巧异端、占相卖卜、行医治病等,其中农耕、行商、工艺、高利贷等,构成寺院经济的独立部分,使佛教与世俗社会更紧密地联结起来。经营俗业、管理财务,也成了寺院的另一职能。

《魏书·释老志》记载魏明帝(227~239年)曾大起浮屠。唐代释道世的《法苑珠林》卷四十所引的《汉法本内传》也记载:魏明帝时"洛城中,本有三寺,其一在宫之西,每系幡刹头,辄斥见宫内,帝患之,将毁除坏,时外国沙门居寺,乃赍金盘盛水以贮舍利……帝叹曰……乃于道东造周阁百间,名为官佛图精舍"。

据南朝梁僧祐的《出三藏记集》,西晋竺法护时代已有"寺庙图像崇于洛阳"之说。见于现存记载中的，西晋时洛阳有白马寺、乐牛寺、菩萨寺、石塔寺、愍怀太子浮图、满水寺、盘鸱山寺、大市寺、宫城西法始立寺、竹林寺、光明寺、伊阙寺等十余所。史书记载：西晋的时候有西域僧人犍陀勒进到嵩山建立了寺庙；东晋的时候，有个叫竺法慧的关中人进到嵩山，拜浮屠密为师；还有个头陀僧释僧稠，韬光晦迹，常在嵩山坐禅。北魏太武帝想要灭佛法，这个僧稠对底下的人说："大难将至"。于是同眷属数十人，一起躲进了寒山。

这一时期，南北朝皇帝大多信佛，上层贵族对于佛教的崇奉使朝野上下形成了一种崇信佛法的狂潮，普通百姓出家为僧侣的日渐增多，社会各阶层人士也广建寺院。

在当时广建寺院的大潮中，皇帝的带头作用是有目共睹的。北魏太和十九年(495年)，北魏孝文帝为天竺高僧跋陀(即佛陀扇多)建少林寺于少室山阴。后来，少林寺成为中国颇负盛名的佛教禅宗祖庭，被称为"天下第一名刹"。孝明帝熙平元年(516年)，为灵太后胡氏所建永宁寺，还建有石窟寺。永平二年(509年)北魏宣武帝元恪诏令冯亮、僧暹与河南府尹甄琛，视嵩岳形胜之处兴建佛寺，遂监造了嵩高道场寺。后为宣武帝的嵩山灵台行宫。孝明帝正光元年(520年)，又将其赠施佛门，名为闲居寺(隋仁寿元年改名嵩岳寺)。正光三年(522年)，在嵩岳寺建成嵩岳寺塔。史料记载，宣武帝在洛阳建立的永明寺房屋有1000多间，可以容纳千余名外国僧人居住。

正光二年(521年)，孝明帝为安置明练公主创建了明练寺，后因孝明帝的妹妹永泰公主出家于此，改名永泰寺。这是嵩山地区唯一的尼僧寺院，也是中国现存年代最早的尼僧寺院。正光年间，还在阳城山顶马领山建了马鸣寺。《洛阳伽蓝记》载：孝文帝在洛阳开阳门外三里处修建报德寺，为祖母冯太后追福。

宣武帝先后建了瑶光寺、景明寺和永明寺3座寺院。瑶光寺是一座尼寺。据《洛阳伽蓝记》的记载，瑶光寺是宣武帝所立，中有5层浮屠一所，高50丈，做工的美妙，和当时有名的永宁寺不相上下。为安置外国僧人，宣武帝元恪特意为他们建立永明寺，以僧舍接待外国僧人。据《洛阳伽蓝记》记载："时佛法经像盛于洛阳，民国沙门，咸来辐辏，负锡持经，适兹乐土。世宗故立此寺以憩之。房庑连亘，一千余间。庭列修竹，檐拂高松，奇花异草，骈阗堦砌。百国沙门，三千余人。"远者来自大秦(罗马)和南印度，洛阳成为当时世界佛教最盛的圣地。灵太后胡氏所建的永宁寺影响深远，对北魏时期佛教在嵩山地区的兴盛，起到了推波助澜的作用。她还选后兴建太上公寺和太上君给自己的父母追福。因为灵太后的重视，"常有大德名僧，讲一切经。受业沙门，亦有千数。"

在皇帝的影响下，皇亲国戚也纷纷在嵩山地区建寺。景乐寺是清河文献王元怿所立，有佛殿一所，中有像辇，雕刻巧妙，冠绝一时。此外，元怿还在洛阳城西建了规模较大的融觉寺。彭城王元勰王修建的明悬尼寺在洛阳城东。外戚冯熙在诸州镇建佛屠精舍，共72处。昌黎王冯晋国建造皇舅寺，有五级浮屠，据《水经注·漯水篇》记载："其神图像皆合青石为之，加以金银火齐，众彩之上炜炜有精光"。还有广陵王所建的龙华寺，北海王所建的追圣寺与灵太后所建的秦太上公寺是京都洛阳的三大名寺。

在此形势下，朝中的官员也随之建寺。龙华寺、正始寺、景宁寺、招福寺和正觉寺都是官员所建。龙华寺为宿卫羽林虎贲所建立，景宁寺是太保司徒公杨椿所立。三公令史高显洛在利民里地下挖出黄金百斤，根据黄金上的铭文，"遂造佛寺"。正觉寺是尚书令王肃所立。宦官所建的寺院大多为尼寺，如照仪尼寺、景兴尼寺、宦官刘腾所建的长秋寺，李次寿所立的魏昌尼寺等，"亦阉官等所共其立也"。只有宦官王桃汤所建的王典御寺是一座僧寺。

僧人所建的寺院有普提寺，"西域胡人所立也，在慕义里"。比丘道恒立灵仙寺于黄女台。西域乌场国胡沙门昙摩罗所立的法云寺,采用西域的建筑格式,别具特色,"工制甚精"。当时北朝达官贵人死后,其家人多舍居室以施僧侣,南朝豪门亦常舍其邸宅以建佛寺,因而出现了舍宅为寺的风气。在兴盛佛教的大潮中,建寺之风愈演愈烈。为了表示对佛的虔诚,上自达官贵人,下至平民百姓,都纷纷将自己的住宅舍出来作为寺院。洛阳城内的愿会寺、建中寺、照仪寺和光明寺都是这样形成的。《洛阳伽蓝记》所记北魏洛阳城内的寺院,除皇亲贵戚、达官贵人所建之外,还有一些是社会地位较低的平民所立的,如灵应寺、开善寺、归觉寺等。特别是归觉寺,据记载是由屠夫太常民刘胡舍宅为寺所谓"太常民",即隶属于太常机构的杂户。"太常"所属应是乐人,但其中也有管理祭祀牲畜的廪牺署。刘胡其人即是在这一部门中服役的杂户。所以习于屠宰。其地位当在奴婢之上、平民之下。另外,《洛阳伽蓝记》卷二"璎珞寺"条记建阳里内有士庶二千余户,"信崇三宝",供养着附近十个寺庙的人僧众。从身操屠宰之业,社会地位低下的太常民刘胡舍宅为寺,以及建阳里士庶百姓供养十寺僧众这些事实来看,北魏佛教在一般民众,特别是社会下层人民中间已有很深的影响。

北魏时期的全民信佛

在众多的新建寺院中,气势恢弘的永宁寺,堪称嵩山地域寺院之首。长秋寺、瑶光寺、昭仪尼寺、胡统寺、修梵寺、嵩明寺、景林寺等都是当时奢华宏伟的寺院。

《洛阳伽蓝记》卷5云:"嵩高中有闲居寺(即现在的嵩岳寺)、栖禅寺(在嵩顶)、嵩阳寺、道场寺(在嵩顶)。上有中顶寺(在嵩顶),东有升道寺。"北邙山上有冯王寺、齐献武王寺,京东石阙有元领军寺、刘长秋寺,京南阙口有石窟寺、灵岩寺,京西瀍涧有白马寺、乐熙寺等等。大批佛寺的建起,使北魏从事佛教业的僧尼人数也达到了一个空前的高峰。据《魏书·释老志》和《洛阳伽蓝记》可知:北魏太和元年(477年),平城内有寺约百所,僧尼2000余人;四方有寺6478所,僧尼77258人。延昌时期(512~515年),天下有寺13727所,徒侣甚众。神龟元年(518年),洛阳城内寺庙已达500所。魏末(534年)洛阳有寺1367所,天下有寺3万余所,僧尼200余万人。据说,洛阳的一些小小的里坊,也建置起10所佛寺。

北魏崇佛兴佛的局面一直延续到北魏末年的"永熙之乱"。北魏政权在魏末各族人民大起义打击下摇摇欲坠,统治阶级内部展开了激烈的权力争夺。北魏永熙年间(532~534年),祸乱迭起,战火不断。尔朱荣发动河阴之变(见尔朱氏之乱),控制了北魏中央政权。永安三年(530),孝庄帝利用朝见机会杀尔朱荣。荣侄尔朱兆起兵赴洛阳,杀死孝庄帝,立元恭为帝(节闵帝)。太昌元年(532),原尔朱荣部将高欢在河北大族的支持下,消灭潼关以东的尔朱氏势力,杀节闵帝,立元修为帝,即孝武帝。北魏政权落入高欢手中。北魏永熙三年(534),孝武帝元修脱离高欢,从洛阳逃至长安,投靠北魏将领、鲜卑化的匈奴人宇文泰。次年宇文泰杀孝武帝,立元宝炬为帝(文帝),史称西魏。西魏和东魏都是北魏分裂出来的割据政权。东魏天平元年(534年)迁都邺城,洛阳暂时退出了政治的中心舞台。当时,洛州刺史韩贤亲不信佛,听说白马寺有汉明帝时的经函,经常发光,就"往寺所破之"。东魏元象元年(538年),侯景"烧洛阳内外宫寺民居,存者什二三。"武定五年(547年),杨衒之行役经过已成丘墟的洛阳城,目睹荒凉残败的洛阳寺观,无限感慨,特撰《洛阳伽蓝记》一书,记述了洛阳"城郭崩毁,宫室倾覆,寺观灰烬,庙塔丘墟,墙被蒿艾,巷罗荆棘。野兽穴于荒阶,山鸟巢于庭树"的破落景象。

北魏灭亡后,孝文帝在嵩山积翠峰下的离宫也成了澄觉禅师的精舍,隋开皇五年(585年)被赐名为会善寺。北齐文宣帝天保元年(550年),在石淙河畔今大冶镇西刘碑村还建造了刘碑寺,在登封东南今蒋庄村建造了在孙寺。北齐武平元年(570年),还在今登封告成建造了龙华寺。这些佛教寺院的大量出现,不仅为佛教的迅速传播提供了条件,同时也形成了中国寺院的建筑风格,而且促进了寺院经济的产生和发展。

根据唐朝法琳的《辩正论》卷3所载,东晋及南北朝的寺数及僧尼数如下:东晋:寺院1700余座,僧尼两万四千人。南朝:宋,寺院约2000座,僧尼36000人;齐,寺院2000余座,僧尼32000余人;梁,寺院2800余座,僧尼约83000人;陈,寺院1200余座,僧尼32000人。北朝:元魏,国家大寺47座,王公贵族五等诸侯寺839座,百姓造寺4万余座,总度僧尼200万人。由此可见南北朝时,寺院僧尼急剧增加的情形。

(四)永宁寺——世界建筑史上的奇葩

1. 永宁寺建筑

永宁寺为北魏王朝于都城洛阳营建的著名皇家佛寺,在佛寺的中部曾经建有一座举世瞩目的木构佛塔,它造就了古代建筑物的最高高度,堪称是中国建筑史上的奇迹。

在北魏全民信佛崇佛的大潮中,寺塔是最具代表性的佛教建筑物。由于当时塔是佛的象征,在佛教活动中具有特殊地位,因而塔的高低大小,意味着对佛的崇敬程度。《上品大戒经校量功德品》载:佛教讲因果报应,"庭佛塔庙,得千倍报;布施沙门,得百倍报",造塔显然要比布施僧尼更有诱惑力。而且不论造塔,还是布施,都是越多越好。《智慧本愿本戒上品经》载:"施散佛僧中塔寺一钱以上,皆二万四千倍报。功多报多,世世贤明,玩好不绝。七祖皆得入无量佛国"。佛教宣传的因果报应,无疑刺激了佛塔的建塔向高大型发展。因此,北魏就成为我国历史上第一次寺塔大发展时期,永宁寺便是这一时期建寺造塔风潮达到登峰造极程度的标志。

"永宁寺"一名,似取《尚书·吕刑》中"其宁惟永"之义,由此可窥见北魏上层儒释合流统治思想之一斑。《魏书·释老志》载:早在北魏天安二年,即皇兴元年(467年),魏献文帝拓跋弘就"曾于代京(今山西大同)起永宁寺,构七级浮图,高三百余史,基架博敞,为天下第一。"到了熙平元年(516年),灵太后依照北魏旧制,在国都洛阳选址于"宫前阊阖门南一里御道西","亲率百僚表基立刹",再建永宁寺,占地面积达9万平方米。《水经》谷水条亦注云:"水西有永宁寺,熙平中始创也。作九层浮图,……取法代都(大同)七级而又高广之。"熙平二年(517年),永宁寺塔建成,魏明帝与灵太后登塔眺望,"视宫中如掌内,临京师若家庭","以其目见宫中"而严禁一般人登塔。永宁寺成为专供皇帝、皇后礼佛的场所。

永熙三年(534年)二月,永宁寺塔遭雷电所击,"火初从第八级"燃起,"经三月不灭","周年犹有

烟气"。永宁寺塔烧毁不久,"皇舆迁邺,诸寺僧尼,亦与时徙",永宁寺院也因而废弃。事实说明永宁寺仅存17年,就被雷电所击后焚毁,留给后人无限遗憾。

据杨衒之《洛阳伽蓝记》和新中国成立后考古发掘可知:永宁寺院的平面呈长方形,四周有墙,四面各开一门,实测周长1040米。寺中央以"九层浮图"为主体建筑,其北为佛寺正殿。另外还有"僧房楼观一千余间"。

永宁寺这种四面设门、中央立塔,寺北建殿——在中轴线置主要建筑的布局形制,正是我国早期佛寺的典型布局。它一方面借鉴了古印度佛寺,"窣堵波"建筑的布局形式;另一方面,又结合了两汉以来明堂、辟雍等礼制建筑平面十字对称的形制,不仅把外来建筑文化和民族的合二为一,继承下来,而且还有所发展。此时的佛事活动,已由简单的绕塔而行,礼佛诵经,即由对塔的崇拜,进一步发展为对佛像的崇拜,从而出现了供奉佛像的佛殿,于是塔殿并重,但是塔仍居殿前,作为寺院的主要标志。

永宁寺地处城中,外无园林环境,寺内则以豪华伟壮的建筑与幽雅恬静的环境,构成了一座以人工造型为主的城市型寺庙园林。其建筑格调,追求皇家特有的宫廷式豪华风格,从体量、尺度及规模上体现出一种崇高壮美。寺内北部的一座佛殿"形如太极殿"。太极殿,是北魏朝廷的"金銮殿",是最高等级的建筑形制。永宁寺佛殿能与之匹敌,可见其建筑规模、形制,也是最高级别的。另从殿中供奉有"丈八金像一躯,中长金像十躯,绣珠像三躯,金织成像五躯,玉像二躯"这一记载来看,佛殿内置21尊大中型佛像,足见其内部空间之大,建筑的规模、体量,则是当时任何佛民无法比拟的。据考古人员对永宁寺遗址发掘,佛殿基址东西60余米,建筑面积达1300米以上。据史料记载,永宁寺的规模比现在的白马寺还要大三分之二。

特别是寺中的佛塔,以其惊人的体量和高度,纵向开拓立体空间。据《魏书·释老志》载:"佛图九层,高四十余丈。"《水经注》云:"浮图(即塔)下基方十四丈,白金露盘下至地四十九丈。""四十九丈"若折合以后相当于136.71米。据考古学家实际发掘遗址后,根据唐代间、宽、柱高来推测,永宁寺塔的高度约合100米,除去台基塔刹,九层木构平均每层约9米左右(包括明层和暗层)。永宁寺塔不仅与寺本身的平面空间形成对比,而且与整个北魏洛阳城所追求的平面铺排、层层叠进的横向空间形成了强烈反差,从而突出了崇高壮阔、气魄宏大的佛国主题。魏然耸立的巨大塔体,直插霄汉的金色塔刹,把现实生活中人们的理想与寄托,带到了更高、更美的佛国境界。

永宁寺塔是木构的九层楼阁式佛塔,平面为正方形,其设计者是北魏建筑师、殿中将军郭安兴,据《魏书·艺术传》:"世宗、肃宗时,豫州人柳俭、殿中将军关文备、郭安兴并机巧。洛中制永宁寺九层浮图,安兴为匠也。"郭安兴是我国历史上最杰出的建筑师之一。永宁寺的建筑结构,可分为地宫、塔基、塔身、塔刹四个部分组成。

地宫位于佛塔的最底部,形制是用砖石砌成的地下室,放置有盛着舍利、经书和其他珍贵物品的金函、石函或木棺椁。地宫是古印度葬舍利于塔与中国古代陵墓制度结合的产物。从考古发掘来看,此塔地宫位于塔基中心下,为一方形竖穴坑,约1.7米见方,深5米多。方坑四壁整齐,皆系夯土。

塔基今为高出地面5米多的土台。其座平面呈方形,分为上下两层。下层基座是建于当时地面以下的基础部分,位于今地表以下约0.5～1米处,为一东西长约101米,南北宽约98米,厚约2.5米的夯土台基。在其中心部位,是上层长宽均为38.2米,高2.2米,周围包砌青石的夯土基座,是建于当时地面以上的木塔基座。基座四周均设踏道。在塔基南北两侧,不法之徒中有两层夯筑台基,一层紧连一层,与中心塔基构成了完整的建筑布局。

据《洛阳伽蓝记》载:关于塔身的结构,"浮图有四面,面有三户六牖,户皆朱漆,扉上各有五行金铃,合有五千四百枚。复有金环铺首,……绣珠金铺。"据专家说永宁寺塔身的特点:九层塔檐层叠而上,塔身的每一层之间的距离较大,由下至上逐层递减开间和柱高,而间数不减。其整体稳定而富有韵律,外形极似一高层楼阁。每一面均为九间十柱,柱上安设梁枋、斗拱,承托上层。挑出的塔檐带有挑檐檀枋、椽子、飞头、瓦垄等。塔身的内部情况由文献及考古发掘可知,塔内中空,可以登临。塔的第一层由124根方柱组成,从外向内分为五圈,构成方形柱网:檐柱——最外圈,每面10根,四角内外另增置一柱,共48根,印证了文献中"面有九间"的记载;明柱——第四圈,每面有8根,实有28根;内柱——第三圈和第二圈,分别为20根和12根;中心柱(金柱)——最里圈,16根,纵横排列成一个坚实的中心柱束。柱下皆置方形柱础。檐柱之间筑有土墙,厚1.1米,外涂朱红,内绘彩色壁画,内容有菩提树、背光和莲花化生等佛教题材。在第二圈内柱以内,有一土坯砌成的方形实心体,边长20米,露高3.6米,很可能就是自

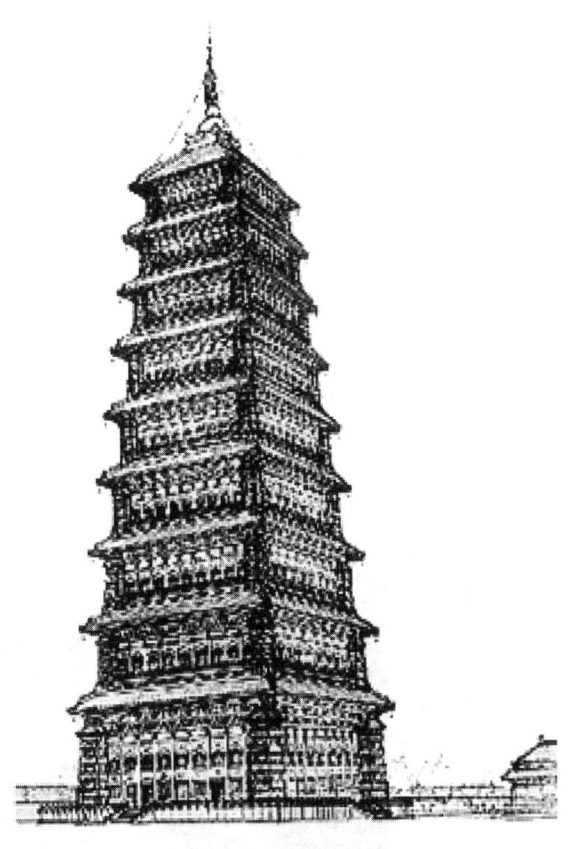

永宁寺塔复原图

塔顶贯通下来,作为塔身骨干的巨大中心柱址,在其东、南、西三面,明柱之间的墙壁上,各保留有5个弧形壁龛,这是供奉佛像之处。中心术北面没有壁龛,应为支架木梯之处。

塔刹,即塔顶,是印度窣堵波的一种变形。在古佛教中"刹"的梵文名为"刹多罗",意思是土田,代表国土,象征佛国。"刹"是瘗埋佛骨、舍利的部位。而我国的塔刹,则更多地作为塔顶的装饰和佛界的象征。它是佛塔最为崇高壮观的部分,是全塔艺术的顶峰。永宁寺塔刹,其结构可细分为刹座、刹身和刹顶在部分。刹座的形制文献无记载,但根据敦煌北魏壁画及云冈石窟中佛塔的形象,专家判定永宁寺塔刹的座应为阶梯状的"山花樵叶",中间为扁平覆钵。《洛阳伽蓝记》载:刹身的形制为"承露金匜皆垂金铎。"承露金盘即塔刹的刹身部分,也叫相轮,是套贯在刹杆上的回环。据佛经《术语》云:"相轮,塔上之九轮也。相者,表相高出,谓之相。"《行事抄》亦载:"人仰视之,故云相。"其意是幢杆的表相,作为佛塔被人仰望的标志,以起到礼佛的作用。相轮的大小多少,代表着塔的高级和高低大小。永宁寺塔刹有十一重相轮,足见其等级之高。十一重环形相轮,被一根刹杆贯穿,通过刹座直插塔内,从而起到固定塔刹的作用。刹顶的形制为"金宝瓶,容二十五斛。"宝瓶曾于北魏孝昌二年(526年)"随风而落,入地丈余",可见其体量之大。

此外,永宁寺还通过音响和花木对环境进行加工点染、烘托气氛。据载永宁寺塔上下皆悬鎏金铜铎,共计130枚,每至高风深夜,"宝铎和鸣,铿锵之声,闻及十余里",由此烘托出佛国胜地的超脱境界,取得了更深更广的艺术效果。

永宁寺院以宫殿式建筑和庄重肃穆的环境,为佛提供了"宫殿"和"苑园",以此来展现佛国境界。这与苦难沉重的人间生活形成了鲜明的对比,以芸芸众生产生出极大的诱惑力,起到了"寓教于乐"的巨大作用。

2. 永宁寺塔是公元六世纪中的世界最高建筑

东汉的"永平求法"迎来了西天的佛光,在国都洛阳诞生了中国第一座佛寺——白马寺。关于佛寺的建筑形制,据《魏书·释老志》载:"自洛中构成白马寺,盛饰浮图,画迹甚妙为四方式,凡宫塔制度,犹依天竺旧状而重构之,以一级至三、五、七、九,世人相承,谓之浮图。"由此可以看出,中国最早的佛教寺院的一般特点:寺院的主体建筑是佛塔,佛塔形制多为具有民族建筑形式的四方形楼阁式,塔刹则为"天竺式样"。

永宁寺塔建筑不仅直接承袭了这些特点,而且还有所发展。此塔檐墙外涂丹硃,内绘有菩提树、背光和莲花化生等内容的彩色壁画,可谓"画迹甚妙"。后人在发掘塔基时出土"影塑"佛像300余尊,造型精美,超出同时期石窟中泥塑的艺术水平,堪称北魏雕塑艺术之神品。另有宝装莲花纹,变体莲纹和莲花化生等图案的瓦当及狮子纹帖砖等建筑材料,亦足谓"盛饰浮图"。而其"前塔后殿式"的布局,更具有极其明显的早期佛寺的特点。这种布局的佛寺在今天已难以找寻,永宁寺遗址也就成为研究我国早期佛寺极其珍贵的典型例证。

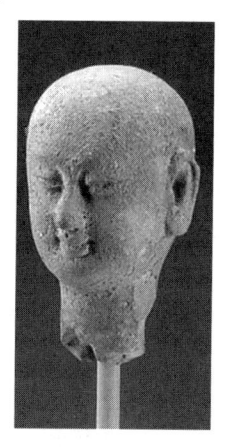

永宁寺塔遗址发掘出土的泥塑

北魏时,"丝绸之路"又开辟了一个新道,这就是北"丝绸之路",也叫"草原丝绸之路"。还在建都平城时,北魏和西域诸国就往来频繁,丝绸贸易发达。北魏太安三年(457年),西域的于阗等50多个国家曾共同遣使朝魏,"草原丝绸之路"一片繁荣。北魏太和十八年(494年),魏孝文帝把国都由平城迁至洛阳后,"草原丝绸之路"随之通达洛阳。北魏在曹魏、西晋的洛阳都城的废墟上重建新都,规模大于魏晋都城,东西长20里,南北宽15里,居民达10.9万余户。当时的洛阳交通便利,商业繁荣,商贾云集,货源充足,"天下难得之货,咸悉在焉。"洛阳不仅是国内最大的商业都市,而且也是一个国际丝绸贸易中心。杨衒之在《洛阳伽蓝记》中记述了洛阳当时商业发达的景象:"自葱岭以西,至于大秦,百国千城,莫不欢附。商胡贩客,日奔塞下,所谓尽天地之区已。乐中国土风,因而宅者,不可胜数。是以附化之民,万有余家。"当时来除洛阳定居、做生意有大秦(罗马)和西域商人外,还有大量从西域到洛阳传播佛教的高僧及其他客人,这些人为当时洛阳人口的十分之一。为了接待、安置这些外国人,北魏王朝专门建设了金陵、燕然、扶桑、崦嵫四馆和归正、归德、慕义、慕化四坊;为安置外国僧人,宣武帝元恪特意为他们建立永明寺,"房庑连亘,一千余间",接待"百国沙门,三千余人。"

古老的洛阳城中,在繁华的街市建筑与传统的宫殿式建筑中,突然地树起一些"天竺式样"的佛塔,真是一下子就使洛阳城中的建筑有了不少的异国风情。当高耸入云的永宁寺塔落成,立刻就吸引了洛阳城几乎所有人的目光,每天前来观塔的人流如潮水一样涌向永宁寺,大家都为永宁寺塔的高大雄伟和美丽绝伦叹为观止。

与永宁寺同时代的高层建筑,每每以能与之相匹而为荣。如瑶光寺"有五层浮图一所,去地五十丈","作工之妙,埒美永宁。"《历代三宝记》载:南朝梁武帝时建的同泰寺,为南朝著名寺院之一,其"楼阁殿台,房廊绮饰,凌云九级,俪魏永宁。"《水经注》在谈到永宁寺塔时亦云:"虽二京之盛,五都之富,利刹灵图,未有若斯之构",可见在当时影响之大。它不仅反映出北魏时期已具有相当高的建筑技术水平,而且对以后的高层建技术亦产生了深远的影响。

象永宁寺这样以塔为中心,塔在殿前的"前塔后殿式"布局的佛寺,目前在我国遗存已很少。但日本的四天王寺和飞鸟寺,仍保留有中国早期佛寺的特点。据日本学者考证,这两座寺院是仿照北魏洛阳的白马寺而建,亦即中心建塔,塔后建殿的布局,与永宁寺的平面布局十分想象。另外,日本法隆寺五重塔内有中心柱,由平地直贯刹顶,发掘永宁寺塔基时发现的残高3.6米,土坯垒砌的方形实心体中心塔柱近似,这些都反映出以永宁寺为代表的北魏佛塔建筑对日本早期佛寺有着深刻的影响。

永宁寺塔不但对当时的东亚有巨大的影响,而且在世界范围内,永宁寺也是一个惊人的奇迹。据中国禅宗初祖菩提达摩说,当他在洛京看到永宁寺塔"金盘神日,光照云表,宝铎含风,响出天外",便情不自禁地"自云:年一百五十岁,历涉诸国,靡不周遍,而此寺精丽,阎浮所无也,极佛境界,亦未有此。"达摩激动地竟口唱南无,合掌连日,由衷赞叹此寺"实是神功"。

菩提达摩所到国家不过南亚、西亚之属,而当时的欧洲建筑是什么样呢?公元六世纪,属欧洲中世纪时期,封建分裂状态和教会的统治对其建筑的发展产生了巨大影响,宗教建筑成为这一时期建筑成就最高代表,与同时期的中国南北朝极其相似。此时欧洲与东欧的拜占庭建筑为最,其中又以坦丁堡的圣索菲大教堂作为最杰出的代表。它是东正教的中心教堂,是皇帝举行重要仪典的场所,是拜占庭帝国极盛时代的纪念碑,这与北魏永宁寺亦很相象,永宁寺也可说是北魏一代的纪念碑。虽然圣索菲大教堂结构体系复杂,内部空间曲折多迷,但仅就其总高来说,不超过60米。所以,相比之下,公元六世纪世界上最高建筑是中国北魏的永宁寺塔,在世界建筑史上占有重要地位。

永宁寺塔虽然在空间中早已消失了,但在时间的巨碑上却永远镌刻着它的名字,即使在今天,在所有关于我国古代高层建筑的著述中,都无一例外地记载有它的故事。此塔虽然在人类与自然的抗争中受挫而亡,但它却反映出在公元六世纪中国人已能用自己的力量,以木质为主要建筑材料,在中国传统建筑的基础上,结合外来因素,用大木结构和细节处理的手法,以前所未有的高度,创造了一个属于自己民族形式建筑的最伟大创举。

(五)营造石窟

石窟艺术产生在古代印度。最初,它只是利用山间自然的洞窟作为佛教僧人坐禅、修持、集会及生活之用。后来,人们自己开山凿洞,并开始在洞中设置佛龛、佛像、画上壁画。开始时的造像、壁画除了有供养的意义外,主要是供禅定时观想所用,后来慢慢产生装饰功能,石窟寺也就越造越华丽,越来越壮观。现在印度保存的阿旃石窟、爱罗拉石窟等石窟艺术都是这样产生的。

自佛教传入中国至魏晋南北朝,历时已有300多年,经过和中国本土道教、儒学的相互渗透和借鉴,又相互排斥斗争的发展过程,佛教艺术也就随着佛教思想的巩固而扎根于中国古代艺术的苑林中,并呈现出特有的格调与风采。

西晋以后,中原由鲜卑族拓跋部建立了北魏王朝,和南方的东晋及后来的汉族政权形成南北对峙的局面。

据汤用彤的《汉魏两晋南北朝佛教史》载：南朝佛教"以执尘尾能清言（清谈玄理）者为高。"其流弊所极，在乎争名而缺乏信仰。在崇佛或排佛方面的社会表现也多是"以鼓舌争玄理"为主要形式。北朝佛教则"以造塔像崇福田者为多，其流弊所极，在乎好刊，而堕于私欲。"北朝佛教与南朝佛教相比，"崇法尚不热烈"。但是他们的动机是"上焉者，不过图死后之安乐，下焉者，则求富贵利益。"名义上他们修的是超出尘世之法，而行为上则贪图的是物质享受和精神寄托。权贵和僧人"甚者贪婪自恣，浮图竟为贸易之场。"

造像建塔之事之所以能够久而不衰，其另一原因则是佛教经典在我国广泛的传播。如《妙法莲花经》卷1云：

介入为佛故，建立诸形象，刻雕成以相，皆已成佛道

或以七宝成，输石赤白铜、白银及铅锡，铁木及与泥。

或以胶漆布，严饰作佛像，如是诸人等，皆已成佛道。

其它佛教经典也有造像得福报的论述，大都代表了统治阶级发愿的意志。因此，从皇帝皇后，到王公大臣、富商大贾，及佛门僧尼直至一般平民百姓皆竞相造像，不同类型，不同质量的佛教造像便应运而生。

北魏孝文帝造都洛阳以后，随着佛教的迅速传播与发展，石窟艺术也开始盛行起来。著名的洛阳龙门石窟、万佛山石窟，巩义石窟，偃师水泉石窟，伊川吕寨石窟、石佛寺石窟，荥阳邢河石窟、王宗店石窟，密县香峪寺石窟，登封王家门石窟等，在嵩山地域构成了一幅辉煌壮丽的佛教石窟艺术画卷。其中，洛阳龙门石窟和巩义石窟当为举世闻名。

龙门石窟始凿于北魏太和十七年（493年）左右。在洛阳以南的伊阙龙门山上营造石窟，以后龙门山石窟日益浩大，斩山石数十丈，20余年中用人工80万。至于私人造像，也是盛极一时。龙门石窟中的古阳洞、莲花洞、宾阳中洞等一批北魏后期洞窟所塑造的褒衣博带、修骨清相的佛、菩萨、弟子形象，成为影响中国北部鲜明的中原风格。在造像内容上，释迦牟尼佛、弥勒菩萨、三世佛、无量寿佛、观世音菩萨、千佛等均有雕造。精美的飞天、英武的金刚力士、细密的装饰图案等，均是杰出的雕刻艺术品。龙门石窟还保存了大量北魏的造像题记，著名的"龙门二十品"早已驰名海内外。

邮票：古阳洞主佛
——释迦牟尼造像

据古阳洞现存的造像题记载，龙门开窟造像，便始于该洞，其年代当在北魏太和十七年（493年），或太和十七年之前。古阳洞是龙门石窟开凿最早的一个洞窟，也是北魏皇室造像最集中的一个重要洞窟。古阳洞北魏时称"石窟寺"，位于龙门西山南部。从北魏孝文帝太和十七年（493年）起，经宣武帝景明、正始、永平、延昌至孝明帝熙严、神龟、正光、孝昌等北魏皇室，经营了34年之久，西魏、东魏、北齐、唐只是在此壁间插刻了一些小龛而已。

古阳洞东西进深13.55米，南北宽6.9米，窟顶为穹隆形，最高处离地面11.1米，地平地面大致为长方形。

古阳洞西壁正中雕刻1佛2菩萨。主佛为释迦牟尼，高达6.12米，结跏趺坐，佛座为方形，高4.8米。佛头上为磨光高肉髻，面相为长圆形，颈直，胸部平坦，身着褒衣博带式袈裟，衣褶密集，层层叠叠，呈直平阶梯状。释迦牟尼右侧是的菩萨为大势至，高3.9米，头着莲花宝冠，面容清秀；左侧是持净瓶的菩萨为观世音，

头着宝冠,宝冠侧面以整朵莲花作为装饰。两尊菩萨身上的装饰大致相同,各着项链,项链上缀有宝珠、玉璧;两肩各饰一圆环连结缨珞;袒露上体,下身束裙裾,衣褶重叠而稠密。

古阳洞的造像内容一般圆拱龛内本尊多是交脚弥勒菩萨,坐狮子座,两边立2菩萨,龛饰多为童子或兽头牵华绳及缠枝忍冬纹。尖拱龛内多造释迦牟尼及二胁侍菩萨,龛饰多为坐佛、缠枝卷草纹、莲花等。盈顶龛内多造弥勒,二弟子以浅浮雕形式出现,成了1佛2弟子2菩萨5尊式;龛饰多为坐佛、化生童子、维摩文殊变,中间饰以兽头,下边是帷幕。还有屋形龛内造1佛2弟子2菩萨等。古阳洞造像题材极为丰富,其中偏袒右肩袈裟则直接继承了云冈石窟的遗风,还带有外来造像的色彩。此外还有严格等级制度的礼佛图浮雕,完整的北魏建筑样式,变化多样的龛楣装饰,均是研究北魏王朝社会政治、经济、文化的重要资料。

古阳洞内有造像题记多达800多个,有纪年的不下110个。它们不仅是研究历史的佐证,同时又是我国传统书法艺术品,著名的《龙门二十品》,古阳洞就占19品。如:孙秋生、刘起祖200人等造像记;比丘慧成为亡父始平公造像题记;北海王元详造像题记;北海王国太妃高为孙保造像题记;长乐王丘穆陵亮夫人尉迟为亡息牛橛造像题记;一弗为亡夫张元祖造像题记;司马解伯达造像题记;云阳伯郑长猷为亡父母等造像题记;比丘惠感为亡父母造像题记;高树、解伯都32人等造像题记;广川王祖母太妃侯为亡夫贺兰汗造像题记;马振拜等34人为皇帝造像题记;广川王祖母太妃侯造像题记;比丘法生为孝文皇帝并北海王母子造像题记;安定王元燮为亡祖等造像题记;齐郡王元祐造像题记;比丘道匠为师僧父母造像题记;杨大眼为孝文皇帝造像题记;魏灵藏、薛法绍造像题记等。

这些造像题记品数多,书体又不同于此前流行的汉隶和以后隋唐的楷法,后人遂称之为"魏碑体",或简称"魏体"。在整个北朝书法史中,以龙门古阳洞造像题记的水平最高。在这些作品中,既有朴拙粗豪的尚存隶意的,也有奇肆险峻自成一格的,还有舒畅流丽开隋唐楷法先河的,它们是我国书法由隶向楷过渡阶段的重要标志,在我国书法史上承前启后的重要地位是举世公认的。故而受到了许多书法大家的赞赏,并成为后来书字者学习和摹写的范体。

古阳洞石窟造像(局部)

继古阳洞开凿之后,北魏皇室又继续在龙门进行了更大规模的营造活动。据《魏书·释老志》载:"景明初,世宗诏大长秋卿白整准代京灵岩寺石窟,于洛阳伊阙山,为高祖、文昭皇太后营石窟二所。初建之始,窟顶去地三百一十尺。至正始二年中,始出斩山二十三丈。至大长秋卿王质,谓斩山太高,费功难就,奏求下移就平,去地一百尺,南北一百四十尺。永平中,中尹刘腾奏为世宗复造石窟一,凡为三所,从景明元年至正光四年六月以前,用功八十万二千三百六十六。"宾阳洞在北魏时称"灵严寺",宾阳洞之称始于明清之际是以清代顺治年间(1644~1661年)洛阳县令武攀龙《重修宾阳洞碑记》"寻为宾阳,盖取寅宾出日之义"为据。

宾阳三洞开凿于北魏时期,是北魏的宣武帝为他死去的父亲孝文帝做功德而建。它开工于公元500年,历时24年,用工达80.2366万个,后因为发生宫廷政变以及主持人刘腾病故等原因,计划中的三所洞窟(宾阳中洞、南洞、北洞)仅完成了一所即宾阳中洞,南洞和北洞都是到初唐才完成了主要造像。

宾阳中洞内为马蹄形平面,穹隆顶,高为9.3米,宽11.4米,进深9.85米。中央雕刻重瓣大莲花构成的莲花宝盖,莲花周围是8个伎乐天和2个供养天人。它们衣带飘扬,迎风翱翔在莲花宝盖周围,姿态优美动人。洞内造像为北魏石窟中常见的三世佛题材,即过去、现在、未来三世佛。主佛为释迦牟尼。释迦牟尼原是古印度净饭王的儿子,在29岁时出家修行,经过六年,悟道成佛,创立了佛教。由于北魏时期崇尚以瘦为美,所以主佛释迦牟尼面颊清瘦,脖颈细长,体态修长。衣纹密集,雕刻手法采用的是北魏的平直刀法。由于北魏孝文帝迁都洛阳后实行了一系列的汉化政策,所以洞中主佛的服饰一改云冈石窟佛像那种偏袒右肩式袈裟,而身着宽袍大袖袈裟。释迦牟尼所有侍立2弟子,2菩萨。2菩萨含睇若笑,文雅敦厚。左右壁还各有造像一铺,都是2佛,2菩萨,着褒衣博带袈裟,立于覆莲座上。

宾阳中洞洞口的南北两侧,自上而下有四层精美的浮雕。第一层是以《维摩诘经》故事为题材的浮雕,叫作"维摩诘经变"。第二层是两则佛本生故事。第三层为著名的帝后礼佛图。北壁是北魏孝文帝及其侍从,名为《皇帝礼佛图》,南壁是文昭皇后及其侍从,名为《帝后礼佛图》。第四层为人神合一的"十神王"浮雕像。特别是位于第三层的皇帝和帝后的这两幅礼佛图,以简洁明快的线条,刻画出两幅气势恢宏、形象生动的皇帝与皇后亲自礼佛的浩大场面。它们反映了宫廷的佛事活动,在皇帝与皇后的分别带领下,几十个随从列队而行,庄重严肃的神情,徐徐前行的步伐,渲染出礼佛场面虔诚肃穆的宗教气氛。更令人赞叹的是,雕刻家生花妙笔,将几十个从事同一活动且神情大体相似的众多人物的不同内心世界表现出来,刻画出了佛教徒虔诚、严肃、宁静的心境,让我们约略了解他们的身份、地位以及礼佛活动中角色的差异。画面造型准确,制作精美,代表了当时生活风俗画的高度发展水平,具有重要的艺术价值和历史价值。非常可惜的是,这两幅精美的浮雕在20个世纪的三、四十年代被盗往国外,"皇帝礼佛图"现陈列于美国纽约市博物馆,"皇后礼佛图"陈列于美国堪萨斯州纳尔逊艺术博物馆。

皇帝礼佛图

宾阳中洞的雕凿无论从规模还是艺术表现来说,都称得上是鸿篇巨制,美轮美奂。它是北魏时期最具典型性的大型洞窟,在我国佛教发展史和美术发展史上都占有举足轻重的地位。

龙门石窟中的造像活动历经北魏孝文帝、宣武帝和孝明三帝时期,计35年。北魏造像约占龙门整个石窟的1/3,北魏造像全部在西山,最有代表性的洞窟有古阳洞、宾阳中洞、莲花洞、皇甫公窟和魏字洞、普泰洞、火烧洞、慈香窑等。

巩义石窟始建于北魏晚期,石窟开凿在巩义市区西北2.5公里的洛河北岸的邙山(当地称大力山)岩层上。巩义石窟原名希玄寺,明弘治七年(1494年)重修碑载:"自后魏宣武帝景明之间,凿石为窟,刻佛千万像,世无能烛其数者。"巩义石窟总体风格与龙门石窟相近,但规模小。题材除佛、菩萨、弟子、天王、力士,还有礼佛图、神王、怪兽、伎乐等。石窟多呈方形,窟中有中心方柱,方柱四周凿龛造像,龛内均雕1佛、2弟子、2菩萨,窟顶浮雕平棋,以第5窟藻井浮雕最为精美。巩义石窟中最具代表性的北魏作品就是位于千佛龛下的三层浮雕"帝后礼佛图"。礼佛图生动而逼真地记录了北魏统治者宗教活动的情景。左侧三幅以皇帝为主,右侧三幅以皇后为主。每幅上都有众多侍从,有的为帝后执扇撑伞,有的捧持香炉和供品。行列前有身穿袈裟的和尚为前导,后面紧跟着仪态雍贵的帝后及为他们掣提拖裙的宫女。浩浩荡荡的仪仗队簇拥着帝后进香礼佛。像这样的帝后礼佛图,在我国石窟艺术中保存这么完好并不多见。浮雕构图协调,刀法圆熟,造型逼真,显示出北魏工匠高超的艺术才能。

巩义石窟的主要洞窟是继洛阳龙门石窟之后开凿的,上承云冈石窟和龙门石窟的雕造遗风,简雅洗练,成为北魏晚期风格的典型,具有布局严整、内容丰富、雕饰精备、设计统一等特点,而且还孕育着北齐、隋代雕刻艺术的萌芽,在中国古代雕刻史上占有重要地位。

巩义石窟中的《比丘道匠造像记》

在北魏的石窟艺术中,龙门石窟和巩义石窟除各有特色之外,其共同的特点就是佛龛多,造像多。洛阳龙门山上有大小佛龛2000多个,巩义大力山的石壁上则有大小佛龛1000余个。在这些大大小小的佛龛造像中,大的佛像高达几丈,小的佛像在碑上只有手掌那么大,每个佛龛都有佛像说明,叫作造像记。大的造像为朝廷官方所造,小的造像为民间老百姓所为。大块碑文记录的都是达官贵人或社会上层人物的事,小的造像所记的却是老百姓的事。朝廷在龙门山石窟和巩义开凿时,允许百姓任便开凿。因此,龙门山和巩义的大力山下,大大小小的佛龛最多。在官方大规模的开凿的同时,民间的善男信女也都各自出钱雇工开凿佛龛,还在佛龛下方或左右侧刻上施财造像人的姓名,或陈述造像的愿望。从龙门山造像、巩县石窟寺造像及嵩山偃师、登封、新郑等县散存下来的民间造像来看,信仰神灵已成为百姓生活中的一件大事。他们的造像从供养于家庭佛堂中的石刻佛像,到庭院、再到山上的岩石雕刻佛像,他们对神灵的祈求和愿望是多方面的。从这些造像铭记的内容来看,民间造像大多数是为亡故的父母、兄弟、姊妹、夫妻、弟子等人祈求冥福。有人为大病不死而造像报恩,有人为去世的父母造像超度,有人为全家人的平安造像保佑,有人为有病的亲人造像祈福,并要世代供养。造像不但反映出当时人民的生活和思想状态,而且从中可见佛教造神运动在当时社会的普及与兴盛。

三、少林寺的兴盛，开创了嵩山佛教发展的新局面

嵩山少林寺建成后，印度高僧跋陀开始在此传播小乘禅法，跋陀的弟子在学习传播律宗，并以翻译经典经而闻名天下。后来，禅宗初祖菩提达摩到少林寺传播大乘禅法，使少林寺成为佛教禅宗祖庭，嵩山地区成为佛教禅法的重心。北魏期间，永泰公主入住嵩山永泰寺，大大提高了嵩山佛教的影响力，并引起北魏朝廷的关注。这一时期，嵩山少林寺名僧辈出，有西域高僧佛陀扇多、菩提流支、勒那摩提，本国高僧慧光、僧稠、道房等，正是他们呕心沥血的译经、学法、习禅，才使少林寺得以兴盛。

但是，在南北朝后期，出现了历史上有名的"周武法难"，使嵩山佛教遭受到了严重的打击。

（一）跋陀在少林寺传播小乘禅法

北魏太和十九年（495年），天竺高僧跋陀（又名佛陀扇多）来到孝文帝元宏在少室山阴的丛林中专为他而建的少林寺。少林寺门外东西并列着两座明代徽王府捐造的石牌坊，东牌坊造于明嘉靖二十二年（1543年）五月，内侧横额刻"跋陀开创"四字。就少林寺为跋陀开创这一说，就得从跋陀高僧说起。有关跋陀的史料，散见于道宣的《续高僧传》、裴漼的《皇唐嵩岳少林寺碑》、靖彰的《大唐中岳永泰寺碑并序》、张彦远的《历代名画记》等等。从各项记载可知，跋陀或音译为佛陀扇多、佛陀、僧迦佛陀，是天竺人。

跋陀

据说他出家后，"学务静摄，志在观方"，即一面学习禅观之法，一面结伴漫游各地。与他共同修炼的五位道友先后都已证果，只有跋陀无所收获，尽管他勤苦励节，还是无济于事，为此他甚至想自杀以了却此生。他的得道朋友劝导他说："修道要借机缘，时来便克。你与震旦（中国）有特别的缘分，为什么不往彼修炼却白白去死呢？"于是跋陀开始跟从他的朋友们游历诸国。在佛法兴隆的北魏国都平城，跋陀尝到孝文帝优厚的待遇，后随帝南迁，来到九朝古都洛阳。虽然孝文帝在洛阳为跋陀设立了"静院"以代禅修，但跋陀"性爱幽栖，林谷是托。屡往嵩岳，高谢人世"。在这种情况下，孝文帝为他"别设禅林，凿石为龛"，国都南迁洛阳后，孝文帝"复设静院"，并"就少室山为之造寺"（即名闻遐迩的嵩山少林寺）。跋陀是为少林寺的创立者和第一位住持。

跋陀在少林寺传法，得到了北魏王朝的鼎力相助，全部衣食费用由官府供给。各地息心修禅，慕跋陀之名而聚集于嵩山少林寺者，常常有数百人之多。跋陀一面教弟子们坐禅，一面又辑出一些经义，供弟子们学习，嵩山少林寺蔚然成为禅学一大中心。因此，跋陀是名副其实的嵩山少林寺的开山祖师。

跋陀在少林寺传授小乘禅法，属于印度传统的"四念处"、"五停心"的止观禅法，有人概称为"三藏心禅"。得法者有僧稠、慧光、道房等，皆为一代高僧，其中僧稠以禅法名世。

僧稠是巨鹿郡瘿陶人（今河北省隆尧县北柏乡县西），原是一位忠孝达礼的儒生，后来被选为"太

学博士",由于讲论坟索而知名。正当政治前途一片光明的时候,他却深厌世烦,潜扣道机,28岁往巨鹿郡(河北省晋州市)景明寺投僧实法师出家。后来,他又在少林寺从道房禅师学习禅法,道房正是跋陀大师的高足。此后,他先后在定州嘉鱼山、赵州障供山、相州鹊山、怀州王屋山等处修习禅观。在"入定证果"的基础上,依照《涅槃圣行四念处法》修炼,达到了梦中醒来都无欲想的境界。这期间,他跟从道明禅师学习了"十六特胜法"。此法是印度古老相传的呼吸调心的方法,分为四节,每节四项。大意是"念出入息,遍身周行;觉喜觉乐,除此心行;觉心令心,摄此解脱;观察无常,断离灭相。"僧稠集中精力,修行此法,据说到了"钻仰积序,节食鞭心","九旬一食,不觉晨霄","摄心入定,动移晷漏"的程度。据说有一次,僧稠到鹊山(河北省内丘县西)坐禅,有个淫女走来,"抱肩筑腰,气嘘项上"。僧稠"以死要心,因证深定,九日不起。"过了美人关。僧稠一生极富传奇色彩,相传他在王屋山时,有二虎交斗,咆哮声震山谷。他持锡杖上前分解,二虎各自散去。又有一天,忽然有人在他床上放了两本《仙经》。他自念道:"我本修佛道,岂求长生不老之术?"须臾间,《仙经》就消失不见了。

延昌二年(513年),僧稠回到少林寺,向跋陀大师报告了自己修禅的成就。跋陀听后,赞赏说:"葱岭以东,禅学之最,汝其人矣!"正光元年(520年),僧稠接任了少林寺"寺主"的职务。

在北魏,僧稠的名气已非常大,孝明帝听说了僧稠的大名,三次下诏,召他入宫。他辞谢说:"普天之下,莫非王土;乞在山行道,不爽大通。"孝明帝也只好由他去了,又派人送过供品给僧稠。

高洋替代东魏称帝而建立了北齐政权,北齐天保二年(551年),文宣帝高洋下诏书,请僧稠到国都邺城(今河北省临漳县西南的邺镇),"教化群生,弘宣至道"。他再三推辞,最后只好从命。文宣帝高洋文宣帝高洋率领文武百官、朝廷仪仗队,以隆重的礼仪出郊迎接僧稠禅,亲自扶持年届七旬的僧稠禅入宫殿。僧稠禅即向

僧稠

文宣帝阐讲佛教禅理。文宣帝立即接受僧稠的禅法和菩萨戒,并表示愿做他的护外檀越。僧稠在宫中停留40余日,每天都向皇帝讲说佛法。僧稠密宣讲佛法大意为:三界本空,荣华富贵也不可常保。以又详尽说明了"四念处法"。高洋听了,毛竖汗流,乞受禅道,从此受"菩萨戒法",吃起素斋并下令废除渔猎制度,又禁天下屠宰生灵,命令国民斋戒修寺。

北齐时僧稠被尊为"国师",被文宣帝高洋赐为"大禅师"。《续高僧传》评价他"稠怀念处,清范可崇","高齐河北,独盛僧稠"。他在北齐地位之高,所受礼遇之重,无人可比。僧稠的小乘禅法造诣颇深,有"光(慧光)以学显,稠以禅著"的说法。僧稠著有《止观法》卷。僧稠所习禅法为达摩禅法中"佛陀——僧稠"系。

唐代道宣在《续高僧传》中认为"高齐河北,惟盛传僧稠禅法;周氏关中,尊崇僧实禅法",对二人的宝重,可比当年的佛图澄和道安。僧稠极富传奇色彩,曾有人将他一生的神异故事绘成《云门像图》,惜这幅长卷已经失传。僧稠的著名弟子有法懋、昙询、僧邕、智舜、智旻、贤统等。

僧稠不但是一个禅学大师,他还是最早的少林武僧。当时,他为了强身健体,在他的带动下,少林寺和尚习武成为必修之课,并逐渐形成了精湛而丰富的少林武功。据《续高僧传》记载:稠禅师于安阳西龙山今日天喜镇村云门寺"两任纲位,练众将千,供事繁委,充诸山谷。"也就是说,跟随稠禅练武功的人有2000多人。稠禅去世后,弟子们分别在安阳小南海和嵩山少林寺等处建立稠禅石碑、石窟和"僧稠禅塔"以作纪念。

跋陀曾对弟子们说:"此少林精舍,有特别的神灵护卫着它;立寺之后,永不消灭!"跋陀是禅、律并重的高僧,他的两大弟子僧稠和慧光继承了他的事业。跋陀之后,僧稠、慧光在少林寺传承其法。由于嵩山在当时已成为北方坐禅修道中心,加上跋陀与孝文帝的特殊关系,所以跋陀的弟子及其再传弟子们,皆成为当时禅学的重要精英群体,对后世佛教发展影响巨大。

跋陀年迈以后,大约公元514年左右,不再参与僧迦活动,有关少林寺的佛事皆由寺主僧稠做主,一切委诸学徒,自修成业,他本人则移至寺外一间小屋养老。他觉得有一善神,常常伴随他,守护他。所以临终以前,他在屋门上亲手画了善神之像。据记载,直到九世纪,这屋门上的神像还保存着。跋陀是位灵感极丰富的画家,他所画的"拂林国人物图"、"器物样"及"外国兽图",一直流传至唐末。

(二)少林寺最早以翻译佛经而闻名

勒拿摩提

北魏迁都洛阳以后,嵩山地区是北方佛教的中心,这里汇集有北天竺的菩提流支、中天竺的勒拿摩提、北天竺的跋陀、西域人昙摩流支、南天竺波罗(木奈)城的婆罗门瞿昙般若流支(又称般若流支)等一流的译经大师,受到皇家的供养和礼重。

与此同时,嵩山地区也出现了更多的汉人高僧,如慧光、慧可、慧思等。他们都是熟悉中国传统文化的学者,深受中国传统文化的影响,用中国传统文化的方式来理解佛教,用中国传统文化的概念、词语阐释佛教的教义,使得佛教在中国传统文化和哲学思想的影响下发生嬗变,为后来产生具有中国佛教特点的佛教宗派奠定了一定的文化基础。当时的白马寺、少林寺,皆是以汇聚高僧大德,翻译佛经,传播佛教而闻名于世。

早期的少林寺不但是嵩山地区的一个传播佛教的地方,而且它还是我国佛教的一个重要的译经场所。

宣武帝正始五年(508年)年初,大名鼎鼎的勒拿摩提来到嵩山少林寺。他博学多闻,理事兼通,尤明禅法。他还精通"五明",即声明(语言文字学)、工巧明(工历及算历等)、医方明(医学)、因明(逻辑学)、内明(佛教三藏十二部教)。他记忆力极好,据说他背诵一亿首"偈语"。佛陀扇多(又名跋陀)把勒拿摩提安排到幽静秀美的翻经堂,请他译经。勒拿摩托提翻译的是世亲菩萨所造的12卷本《十地经论》。世亲是北印度犍陀罗国(今阿富汗白沙瓦一带)人,大约生活于公元400年,西晋竺法护及东晋鸠摩罗什都译过《十地经》;世亲造此论,为的是进一步阐释其中的奥义。当勒拿摩提刚刚在助手的协助下将《十地经论》译出了一部分。

不久,闻名遐迩的另一位译经大师菩提流支也来到了少林寺。史书中说他"遍能三藏,妙入总持,志在弘法,广流视听"。他先住少林寺,后永宁大寺建成(517年),孝明帝下敕,移住永宁大寺。

永平初年(508年)四月一日,为了表示朝廷对译经事业的重视,宣武帝元恪在皇宫的正殿——太极殿内举行了隆重的《十地经论》首译仪式。宣武帝亲任翻译：菩提流支、勒拿摩提；从译跋陀；笔受：僧辨（即把译妥的经文中文抄录下来）。仪式过后，菩提流支与勒拿摩提和跋陀一起来到嵩山，在少林寺的"翻经堂"开始共同翻译世亲菩萨所造的 12 卷本《十地经论》。

在翻译之初，由菩提流支及勒拿摩提主译，跋陀传语，即把两位三藏说的梵文口译成汉语，其他学者作为助手。过了一段时间后，两位主译之间发生了意见分歧，在对经义的理解上，在如何选用中文词句上，常常发生分歧，以至相持不下。同时参加译经工作的北印度佛陀扇多亦不知如何是好。二位大师索性各译各的，不相通气。助译者来自四面八方，方言各异，以致两种译本在文字表达上出现许多分歧，彼此争执更大。后由少林寺僧人慧光承担了把二位大师的译稿统一起来的艰难的工作。慧光深知二位大师争论的焦点所在，便作适当的取舍，存其纲领。由于他熟悉各地方言，常常居中沟通双方的分歧，促进了译业的顺利进行。永平四年（511 年）四月，约 12 万字的《十地经论》宣告译完。然而，合翻工作的完成最终也未能弥合二位大师的分歧，他们仍是各持己见，终于由此形成了《十地经论》的"南道"（勒拿摩提）与"北道"（菩提流支）两大学派。在这一过程中，慧光与勒拿摩提建立了师生之谊，承传了勒拿三藏的地论学说。后来把学习心得撰成《十地经论疏》，发挥经论的奥旨，使得勒拿一派的地论学说得以流传广布。

菩提流支

《十地经》原是《华严经·十地品》的单行本，是印度大乘佛教学者世亲所著的对于《十地经》的解释性著作，本论作者世亲本来是小乘学者，后在阿瑜陀国听人读诵《十地经》而信仰大乘，成为瑜伽行派的祖师。《十地经论》的译出后，其意义深远，影响几代佛学思潮。《十地经论》由世亲作论发挥，提出了两个带世界观性质的论点：第一，《经》谓三界"唯是一心作"，《论》谓这"一心"就叫做"阿黎耶识"；第二，《经》谓众生有"种种心差别相"，《论》谓，这"种种心"就有一种是"自性清净心"。但是，作为世界终极本原的，究竟是"阿黎耶识"还是"自性清净心"，《论》本身并未讲清，由此引起了佛枚义学界持续长久的争论，一直波及唐宋。

这一时期，跋陀在少林寺西创舍利塔，又会同勒拿摩提和菩提流支在其后建翻经堂，从事翻译佛经和传法活动。他们聚众开大法会，讲经说法，"天降甘露"，四方僧众慕名而来。

因为北朝西域著名译经大师菩提流支、勒拿摩提和跋陀在嵩山少林寺翻译经典，给少林寺带来了巨大的荣誉。从此，少林寺闻名国内外。

（三）少林寺最早是律宗的传播地

律宗是佛教中以研习、传持戒律为主的一个宗派，因为它依据的是五部律中的四分律，所以又称其为四分律宗。佛教自东汉初年正式传入中国，历经数百年的传播，到南北朝时期，佛寺遍布各地，僧尼大量增加，于是国家对佛教的管理逐渐严密，同时，佛教自身也需要实行戒律加强组织。这就有了研究、讲授律学的律师和传持律学的组织形式，因而律宗应运而生。

1. 四分律宗的开山始祖慧光与祖庭少林寺

嵩山少林寺初祖跋陀是位禅、律并重的高僧，他的两大弟子僧稠和慧光都继承了他的事业。其

慧光

中，僧稠继承了跋陀的禅法，慧光继承了他的律学，这两个人的成功，为后世禅法和律宗的传播都起到了一个奠基的作用。而法上则是慧光的弟子，他们在学习、传播佛教的事业中，以惊人的事迹和显赫的成就，对当时佛教的发展产生了重大的影响。

中国佛教律宗的开山始祖是嵩山少林寺慧光大师。慧光大师13岁即皈依少林寺寺主跋陀。跋陀以为戒律是智慧的根本，就让慧光先学《四分律》，授具足戒。慧光是跋陀收的第一个正式徒弟。跋陀赞之非为常人，"若受大戒，宜先听律。律是慧基，非智不奉。若初以经纶，必轻戒纲。"因此，他从小便在佛陀门下修习戒律。先是，在《四分律》未广弘之前，有道覆律师，创开此部，制《四分律疏》6卷，慧光从此入律学之门。年长在本乡受具足戒后，博听律部。又登讲《僧律》，虽词理精玄然曲高和寡。慧光认为这是自己的功力不逮，于是进一步广寻群部，参学经论，再入洛阳求学，并贯通南北方言，从事著述。

早在东晋时，鸠摩罗什等就曾翻译出了《四分律》，北魏孝文帝时，法聪、道覆等也都研习过《四分律》，但基本属于教条式的，没有详细解释。

后来，慧光根据在少林寺译经的勒拿摩提的传授及各律家的口传，撰写了《十地经论疏》、《四分律疏》，并删定了羯摩戒法，弘《四分律》分通大乘之说，使律学得到了广泛传播。当时慧光的文笔很受人称赞，许多朝廷重臣把他看作圣人，甚至连天旱不雨之类的事情，也要请其出马，在嵩岳池边烧香祈雨。武泰六年（528年），孝庄帝即位，元颢攻洛阳，侍中领军将军朱世隆想挟孝庄帝"北巡"，下令征税僧尼，用充军旅，事先立言，敢谏者斩。当时慧光身为僧官，冒死劝阻，此事遂息。

《续高僧传·慧光传》称慧光"立志贞静，坚存戒业，动止安详，器仪无妄。七众深崇其操"，可与十六国时代的道安相提并论，并对《胜鬘》、《遗教》、《温室》、《仁王般若》等皆有注释。慧光疏解了《四分律》，删定《羯磨戒本》，为法侣所传诵。同时又参与了《华严》、《十地》、《涅槃》、《维摩》等佛经的翻译注释。又著《大乘义律章》、《仁王七戒》，并订《僧制》18条等，均见重于世。其徒道云奉遗命而专弘律部，作疏9卷，为众所尊崇。慧光学识渊博，初依佛陀禅师，修习禅学和律学；继从勒拿摩提钻研《地论》，而成为《地论》名家；又攻习《四分》，成为律学大师。慧光不仅精于小乘禅法，而且对律宗、华严宗等颇有研究，在佛学、教理和禅学等方面都有很高的造诣。因此，后人称他为"四分律宗"的奠基人，"地论宗"的开创者，"华严宗"大师，是大乘教法的象征和最高权威，可谓兼通禅、教、律的一代名家。

慧光在中国佛教史上有两大贡献，一是他通过将勒拿摩提和菩提流支分别译出的《十地经论》，通过与梵本比较对勘，悟其精神，合为一本，地论宗遂因之而起。二是他通过弘研《四分律》，并撰《四分律疏》120纸（或说四卷）而揭橥《四分律》的兴起，其疏则是"后代引之，以为义节"。（《续高僧传》卷21《释慧光传》）

慧光为北朝晚期著名的佛门领袖。北魏孝明帝末年，慧光担任了主管全国佛教的"沙门统"的副手"都维那"。东魏时（534～550年），他任国僧都（僧正的副职）。北齐时（550～580年），应召入邺都，住大觉寺，转任国之僧统，担任东魏的"昭玄统"，即中央最高僧官，主领全国佛教事务，是当之无愧的一代名僧。

唐代大律学家道宣在《续高僧传·慧光传》中评论说："初在京洛，任辊僧都；后召入邺，绥辑有功，转为国统。……自正道东指,弘匠于世,则以道安为言初;缁素革风,广位声教,则慧光抑其次矣!"正是从慧光起,经慧光的弟子及再传弟子都大力弘扬律学,中国佛教中的四分律宗才完全形成,因此后世律僧们尊慧光为"光统律师"、"四分律宗开山始祖"、"律宗五祖"。

律宗虽至唐代道宣时始成宗派,但其形成过程却可追溯到曹魏嘉平二年(250年)《僧祇戒心》及《四分羯磨》的翻译,甚或更早。通观戒律在中国的初传、律藏的翻译与流播,乃至唐代道宣时律宗的正式形成。慧光及其弟子所在的嵩山少林寺在律宗发展史上,都占有重要位置。因此有人说,嵩山少林寺不仅是禅宗祖庭,也是律宗祖庭。

2. 慧光弟子与律宗学派的形成与传播

慧光门下高材很多,著名弟子有法上、昙衍、道凭、道云、道晖、昙遵、僧范、慧顺、灵询、僧达、道慎、昙隐、洪理、安廪等,其中以法上为上首,由于他位于北齐僧领,其影响巨大,前所未有。

公元550年,高洋废掉东魏孝静帝,建立齐朝,史称北齐文宣帝。天保元年(550年),朝廷在昭玄寺设置十统僧官,其中大统一人,由少林禅宗跋陀的三朝弟子法上担任,受命主领齐朝天下寺院,依律规定僧服式样,改变了过去道俗混同的做法,被齐宣帝高洋拜为戒师。

法上,俗姓刘,是朝歌(河南淇县)人。他的身材高大过人,微黑的皮肤,性情温和。法上到嵩山地域不久,当地遭逢了天灾,衣食都很缺乏。法上却专心于《涅槃经》。再冷再饿也熬着。他的办法是"一粒之米加之以菜",就是说把瓜菜当成主食;"一衣为服兼之以草",也就是说把草当成衣服,躲在其中取暖。延昌三年(514年),法上来到嵩山少林寺投慧光为师,受具足戒,成为比丘。他"性戒夙成,不劳师导;勤勤谛理,无失寸阴。"后来,法上开讲《十地》、《地持》、《楞伽》、《涅槃》等经,十分透彻。

北魏将亡的时候,法上北上怀、卫,游化头陀。东魏大将军高澄知道法上是一代高僧,就上奏请求把他诏入邺都。到了那里,法上果然很有号召力,"微言一鼓,众侣云屯"。他主领天下寺院,出家人和俗众全都觉得好。就连齐文宣帝高洋也拜法上为"戒师"。史书记载,北齐文宣帝高洋十分崇拜佛教,在拜僧统法上为师的仪式上,文宣帝高洋磕头而把头发布于地上,命僧统法上在他的头发上踩过,以此表示对佛教的尊崇。在邺都,法上依律规定了僧服的式样,改变了过去出家人跟俗众的混同;为了使寺院清净,他又规定了寺院的一些制度。

法上的大名当时蜚声海内外,东方的高句丽国(前37～668年),高句丽国自北魏以来,差不多年年都会派使臣进贡,跟中原的往来十分密切。559年,高句丽"平原王"高阴成(559～590年在位),更是年年派使臣朝贡,便派遣人跟随使臣入邺,特地向法上求教。

王丞相向法上请教的问题是:

释迦文佛入涅槃以来至今几年?又于天竺几年才至汉地,初到时是何帝、何年号?又齐、陈二国的佛法,谁先传入?

法上大师见问,便写了书信,请来僧带回国,以答复王丞相之问。信中说:

佛以姬周昭王二十四年甲寅岁生,十九出家,三十成道,当穆王二十四年癸未之岁。穆王闻西方有化人出,便即西入而竟不还。以此为验,四十九年在世。灭度以来,至今齐代武平七年丙申,凡经一千四百六十五年。后汉明帝永平十年,经法初来,魏晋相传,至今流布。

在东魏和北齐将近40年中,法上一直担任魏齐两代的最高僧官昭玄(主管佛事的官衙)的"大统"。北周大象二年(580年)七月十八日,一代大师法上辞世。撰有《增一数法》40卷、《佛性论》2

卷、《大乘义章》6卷、《众经录》1卷及《十地论义疏》、《大乘义章》等并行于世。

法上的著名弟子有净影寺慧远，他对《大乘义章》作了详细的注疏，阐述了地论师南道的教说，并集南北朝佛学的大成，在教理史上有着重要的意义。法上的一生，和其大师慧光一样，以其自己的道行和戒律，推动或促进了佛教的传播与发展。慧远（523～592年），13岁出家，年满进具依上统，光师十大弟子并为证戒，时以为声荣至极者。曾在周武帝灭佛、道前的庭辩会上，慧远当场与周武帝直接抗辩，表现了为求真理而无所畏惧的精神。在僧俗中有很高的威望。

僧达（475～556年），他在少林寺从慧光研习《十地经论》，有许多创见，进而受菩萨戒。后到达建业（南京），很受梁武帝敬重。梁武帝请僧达讲《十地经论》，连讲7天，听者兴趣盎然。梁武帝和他同往同泰寺，并从之受戒，誓为弟子。

昙衍（503～581年），洲沙门，自齐、郑、燕、赵，皆履弘化。昙衍弟子有灵干。灵干（535～612年），年10岁，投师昙衍，18岁即复讲《华严》、《十地》。周武灭法居家，隋复佛法，于少林寺安置。

道凭（488～599年）定慧双修，初于嵩山少林寺摄心坐夏，从慧光修习戒本，又学各种大乘经论，经十年磨练，终成正果。《地论》、《华严》、《涅槃》、《四分》皆览卷便讲，众称誉云云："凭师法，相上公，文名一代希宝"。道凭弟子有灵裕。灵裕（518～605年），年始弱冠即投下光律师，会光师已世七日，遂投凭师听《十地》。22岁进具后游学下，学《四分》于隐公，后依凭师法席，昼夜不舍。自此专业《华严》、《涅槃》、《地论》、律部，皆博寻旧解穿凿新异。隋开皇十一年（591年），文帝裕进京欲立为国统，灵裕坚辞获免。灵裕一生所学博杂，著述种类繁多。然其《地论》、《华严》、《涅槃》、《四分》等学说，均从道凭师处完全地继承了下来。著有《十地疏》4卷，《华严疏》及《旨归》合9卷，《涅疏》6卷，《四分律疏》5卷，还有其他各类大小经论杂集等近百卷。

慧光的另一弟子道晖亦为《四分律》作疏7卷，受人推重。当时有谚语称："云公头，晖公尾，洪理中间著。"即反映了慧光三徒道云、道晖、洪理在当时律学界的地位。在这些著名的弟子中，嵩山少林寺的道云"奉光遗令，专弘律部"，著《律疏》9卷，被尊为律宗六祖。

六祖道云有弟子道洪（又作道照），是为七祖。道洪事迹附于《洪遵传》后："洪据相州，绍通云胤，容止沈正，宣解有仪。学门七百，亟程弘亮。故诸经论之士欲导世者，皆停洪席，观其风略，采为轨躅。"

道洪传弟子智首（559～627年），是为八祖。初投相州云门寺稠师之高徒智师出家，智首之母亦出家为尼。22岁遂听道洪律师席，七百同侣，首系者。未至而立之年，频开律府，道振雄伯，灵裕法师亦亲下席，荣耀共美。隋仁寿年间立大定寺召僧，智首随师遂止于京城。智首据"自律部东阐六百许年，传度归戒多迷体相，五部混而未分，二见纷其交杂，海内受戒并诵正法之文。"智首是当时新兴的律学大家，"钞疏山积，学徒云涌"，弘扬律学30余年，影响甚大。有弟子3人，分别为道宣、道世和慧满。其中，道宣继其衣钵，被尊为律宗九祖。

道宣久居终南山，创立南山宗，标志着中国律宗的正式形成。道宣编定了僧尼规范，制定了《法门清式》，规定了行香、定座、上讲之法，常日六时行道、饮食、唱时法及布萨、差使、悔过等法。

道宣（596～667年），唐代律学高僧，中国戒律思想史上的重要思想家。姓钱氏，吴兴人（今浙江湖州市），（一说长城人；《宋高僧传》作丹徒人）。年10岁即舍家赴长安日严寺出家，第二年于日严道场落发。"隋大业中，从智首律师受具。武德中，依首习律。"在中国佛教史上，道宣是一位很有影响的人物。他潜心律学，著有《四分律比丘含注戒本注》3卷、《四分律删繁补随机羯磨》2卷、《四分律删繁补阙行事钞》12卷、《四分律拾毗尼义钞》6卷、《四分律比丘尼钞》6卷等律学著作，合称五大部，阐发了其为律学开宗的见解,堪称律学的集大成之作。他把南北朝以来就存在的由专重《十诵律》而逐步向偏重《四分律》转变的趋势,发展为由《四分律》独统天下,而且还对《四分律》做出了"定于一"的阐释,并以该律为依据,制定出相应的传法、受戒仪轨等。乾封二年(667年)二月,他于终南山麓清宫精舍创立戒坛,依他所制的仪轨为诸州沙门20余人传授具戒,从此律宗得以与天台宗、三论宗、唯识宗、华严宗、禅宗、密宗、净土宗并驾齐驱,成为中国佛教八大宗派之一。

在律宗的形成过程中,道云另一弟子洪遵及洪遵弟子、再传弟子的律学成就是有目共睹的。

洪遵律师,俗姓时氏,相州人。于北魏武泰元年(528年),到嵩山少林寺依道云律师学习戒律并习《华严经》等。又至下随道听习《四分》,成绩斐然。后至山林学调心法,即禅定也,十年方归律宗。洪遵主要活动于北朝晚期,当时中国北方存在着北周、北齐两个互相对立的政权,北齐境内的佛教在高氏父子(高洋高欢)的支持下,颇为兴盛。北周大象元年(579年),被复选为全国"沙门中德业灼(著)然者菩萨僧"。北齐时国主高氏命洪遵以"内律"治"五众有坠宪纲者",并任命为"断事沙门"(即负责处理僧人犯律的僧官),赴青、齐一带处理宗教纠纷。洪遵"以法和喻,以律科惩,曲感物情,繁诤自弭",故为人所称道。洪遵非类不交,所交多名僧大德。北齐著名高僧慧远等常与其讨论教义,通宵达旦而不知倦怠。北周统一北方地区后,周武帝在原北齐故地毁

隋代译经场面

佛,洪遵被迫遁入白鹿洞中,到北周宣帝搜访名僧,洪遵被推荐到嵩岳。大象二年(580年),复选全国"沙门中德业灼然(著)者菩萨僧"。"菩萨僧"为当时朝廷所选的一些道德品行卓越的僧人,洪遵入选,成为在嵩山少林寺行道的120位"菩萨僧"之一。洪遵因德性不孤拔傲岸,所以僧众都聚结他身边。隋初,文帝大兴佛教,于长安立涅槃、地论、大论、讲律、禅门"五众",每众各有"众主",选各地硕学大德任之,称"五大德"。开皇七年(587年),洪遵奉召离开嵩山少林寺来到长安,成为"五大德"之一,受到皇帝特别慰劳,令住兴善寺,由国家供给衣食所需。开皇十一年(591年),洪遵受命与天竺僧共译佛经。十六年受封为"讲律众主",于长安掌观寺院讲律。原先,关中多奉《僧祇律》,故洪遵开讲《四分律》时,应者稀少。于是,洪遵晨讲《法华经》,晚宣《四分律》,名义上讲经,而主旨却在弘律,久而久之便吸引了听众。其结果是原来一直盛行的《僧祇律》渐渐被人淡忘,而原来无人问津的《四分律》却得广为传布,极大地促进了律学的发展。洪遵一生,佛教活动虽多,但于律学用功最勤,贡献尤著,特别是他的佛教活动先后得到了北齐及隋朝统治者的支持,《四分律》之所以后来能取代原来佛教界流行的《僧祇律》,应与洪遵之大力弘扬密不可分。

洪遵弟子有洪渊,弘律于幽、冀之地。洪渊弟子有法砺。法砺(569~635年),律宗"相部宗"的创始人。初投灵裕法师为弟子,受具后从静洪律师咨学《四分律》,又从恒州洪渊听集大义两载,后又往江南寻访《十诵律》,未得师资而返回下,随缘开导,直至唐初。与慧休法师合著《四分律疏》10卷,《羯磨疏》3卷。

继洪遵之后,在嵩山传持戒律的还有明遵、慈云、阙素。

综上所述,《四分律》一宗之确立,实始于嵩山少林寺地论元匠慧光。少林寺开山始祖跋陀慧英识才,于慧光堪成大器,故先导之以戒行、律学,后学之以经论。然以《四分》、《十地》为先。后慧光弟子沿此双轨并进,桃李满天下,终成参天大树。

纵观律宗形成,其传承之路为慧光传道云,道云传道洪,道洪传智首,智首传终南道宣,这才有了中国律宗的正式形成。其先驱慧光,法上、昙衍、道凭、道云、慧远、道晖、洪遵、道洪、智首、道宣等俱功不可没。而道云、道晖的弟子洪遵、洪遵的再传弟子法砺、法砺的弟子怀素等又是后来的相部律和东塔律形成的极为关键的人物。慧光弟子及再传弟子们,成就显赫,对后世佛教发展影响巨大。

3. 律宗的传承及其发展

佛教自东汉永平年间传入我国,此后至曹魏嘉平元年(249 年),期间 180 余年,虽有经藏的传译,独缺律典。这时期的僧侣只有剃发染衣,以别于俗人,并没有受戒的仪式。嘉平二年(250 年),中印度的昙摩迦罗在洛阳译出《僧祇戒心》1 卷,并敦请十位梵僧建立羯磨法(受戒规则)创行受戒,举行传戒大典,开十大僧传戒的先河,为我国传授戒法之始,昙摩迦罗尊者因此而成为我国四分律宗的开祖。姚秦弘始六年,弗若多罗译出汉文广律《十诵律》后,律典相继传入。正元(254～256)中,安息国沙门昙谛来洛阳,译出《法藏部羯磨》,从此中国僧众即依此受戒。自东晋始,先后又把《十诵律》(弗若多罗与鸠摩罗什共译)、《四分律》(佛陀耶舍、竺佛念、道含共译)、《摩诃僧祇律》(佛陀跋陀罗与法显共译)、《五分律》(智胜译)等"广律"译出,用作行事的依据,以致受戒与随行不相一致。

北魏法聪是中国最早研习律学的人。北魏孝文帝时,法聪在平城讲《四分律》,并口授弟子道覆作《四分律疏》6 卷,内容只是大段科文。因此,法聪被认为是四分律师。及至慧光造《四分律疏》,并删定羯磨,始奠定该宗基础。此后慧光弟子道云传道洪,道洪弟子智首,慨叹当时五部律互相混杂,即研核古今学说,撰《五部区分钞》、《四分律疏》,影响很大。

智首的弟子道宣,专研律学。继入终南山潜心述作,著《四分律比丘含注戒本》、《四分律删补随机羯磨》、《四分律删繁补阙行事钞》、《四分律拾毗尼义钞》、《四分比丘尼钞》,后被称为五大部。唐乾封二年(557 年)二月,道宣在终南山创设戒坛,制订佛教受戒仪式,依他所制仪轨为诸州沙门 20 余人传授具戒,从而律宗正式形成宗派。

与此同时弘扬《四分律》的有相州(今河北临漳境内)日光寺法砺和长安西太原寺东塔怀素。法砺和慧休合撰《四分律疏》、《羯磨疏》等,其系统遂称"相部宗"。法砺再传道成,道成传满意与怀素。满意居西塔,弘扬法砺之"相部律";怀素居西太原寺东塔,校对大师法砺《四分律疏》的错误,遂立新论,著《四分律疏开宗记》,开创"东塔宗"。南山宗、相部宗和东塔宗后被称为律宗三家。其间互有争论,尤以相部宗和东塔宗争论最烈。后来由于各种原因,相部宗与东塔宗两系逐渐衰微,至德宗时期即已失传,惟有道宣创立的南山律宗传弘不绝,一枝独秀,成为律宗的代表。

回望中国律宗在历史上整个形成的过程,律宗从三祖法聪是最早研习律学的人。法聪在平城讲《四分律》,并口授《四分律疏》,由弟子道覆笔录,以问答形式对《四分律》进行阐释。四祖道覆在《四分律》未广弘之前,制《四分律疏》6 卷。但法聪和道覆对《四分律》的研习,基本属于教条式的,没有详细解释。而在嵩山少林寺随跋陀弟子修习戒律的慧光,将法聪和道覆的《四分律疏》,作为入律学之门,开始了对《四分律》的研习。

事实上,《四分律》之兴盛全仰慧光的提倡和弘传,故而《高僧传》言其"搜扬新异,缁素革风"。当

— 444 —

菩提流支、勒那摩提、跋陀三家翻译经典时,常因语言障碍而发生争执时,慧光以其谙熟各地方言的便利,沟通译师之间的语言障碍。慧光注解了《华严》《涅槃》《维摩》《十地》《地持》等经论。慧光根据在少林寺译经的勒那摩提的传授及各律家的口传,撰写了《十地经论疏》《四分律疏》,并删定了羯摩戒法,始奠定该宗基础。后经道云、道洪、智首,传至道宣。《四分律》逐渐流传更广,渐次取代各部,成为主流。

由于地理的原因,北朝律学是中国"四分律学"的直接理论土壤,也是其主要的思想渊源。正是在慧光律师努力"搜扬新异"的提倡之下,才使众多的律师和僧人把注意力转向了《四分律》。尔后,中国律宗经慧光及弟子、再传弟子们的努力传播,终成参天大树。

史料记载,律宗形成过程中的"九祖"系谱:法正——昙摩迦罗——法聪——道覆——慧光——道云——道洪——智首——道宣。

初祖法正,即传说造《四分律》的昙无德(Dharmaguptah)。其实,在印度部派佛教中,昙无德到底是人名甚或部派名,尚存在疑问。二祖法时,即曹魏时首次将戒本译入中土的印度僧人昙摩迦罗(Dharmakala),其译经地点就在洛阳,汉土依戒本而受比丘戒的第一位真正沙门朱士行就是在洛阳受戒的。三祖法聪率先弘扬《四分律》,四祖道覆是中国第一个对《四分律》进行解释的高僧。除此之外的其余五位祖师则都出自嵩山。而对律学有特殊贡献的洪遵,以及创立"相部律"的法砺和创立"东塔律"的怀素,也都出自嵩山,可见嵩山在律宗形成过程中的重要地位。

(四)禅宗初祖菩提达摩与祖庭少林寺

北魏孝昌三年(527年),天竺国高僧菩提达摩到嵩山少林寺弘扬大乘禅法,菩提达摩成为中国禅宗的初祖。随着禅宗在中国的发展,达摩逐渐成为传说式的人物。相传达摩曾在少林寺北五乳峰上的山洞中面壁九年。今少林寺西北约3公里处的山腰间,有一个"达摩洞",相传是菩提达摩头陀坐禅处。这是一具天然山洞,宽3.3米,深约4米,高约3.5米,内窄外宽,呈不规则形状。洞前有石牌坊一座,横额刻"默玄处"3字,是明万历三十二年(1604年)所立,宦官胡滨所书。据传菩提达摩原是南印度国王的第三子,为护国而出家,曾入南海之中,求得禅宗"秘法",并以"衣钵"为传法的信物。自从佛祖释迦牟尼在灵鹫山大法会上拈花微笑,只有大迦叶会心一笑,以心传心,接过了大法,依次相传,灯灯相续,传到菩提达摩,是第28代。菩提达摩以游化为务,于是渡沧海而到达广州,很快被请入南朝梁国都南京,拜见了梁武帝萧衍。萧衍问:"我广造寺宇,度众人为僧;写佛经、造佛像也不遗余力。凡此种种,有何功德?"答:"并无功德。"萧衍追问:"为什么没有功德?"答:"你只不过干了几件好事,这实际上算不了什么功德。"萧衍闻言,心中不悦。菩提达摩知道因缘不契,便决意北上。当菩提达摩来到汹涌的长江边时,竟找不到渡船可乘,便踩在一枝芦苇上渡过了长江。这就是"一苇渡江"的故事。这枝芦苇上有五片叶子,所以后来禅宗发展成五派。达摩到达北魏国都洛阳后,曾参访过修梵寺及永宁寺,不久隐于嵩山少

达摩一苇渡江

林寺。他在山岩间坐禅,面壁九年,一动不动,小鸟竟然在他肩头上筑起了巢,蜘蛛则结网在他的手掌上,久而久之,他的精气神透进石壁。

菩提达摩潜心苦修,终成正果,不料却遭人嫉恨,六次对他下毒手,终被毒死。弟子们含泪将他埋葬在熊耳山前空相寺中。然而西行求法归国的高僧宋云,却在西域大戈壁中遇到已死了很久的菩提达摩。见他赤着脚,提着一只鞋,闷闷不乐,宋云问道:"大师往哪里去?"答:"回西天去!"说完,他径自西去,消失在戈壁之中。宋云回到洛阳,向众人说起此事,人人诧异,决定打开棺材,棺内却只有一只鞋……这便是唐宋以来佛教界广为流传的关于菩提达摩的故事。

被后世尊为"禅宗初祖"的菩提达摩是中国佛教史上最富传奇色彩的人物,以他为主题的绘画、雕刻等艺术作品最为丰富,但对他的记载,传说多于史实。2004年河南省陕县西李村乡熊耳山西麓空相寺的发现,改写了中国佛教史上有关"达摩晚年事迹,各传都未明确记载"的定论,确认大约在东魏天平年间(534~537年)菩提大摩灭化于洛河之滨,葬于熊耳山的空相寺。

达摩面壁

唐碑"汾阳王置寺表"发现于空相寺北面一座建于明洪武五年(1372年)的七层砖塔东南约200米的地下。碑通高121厘米,宽58.5厘米,厚14厘米,下有榫,榫高11.5厘米,宽31厘米,厚10厘米。碑首为圆额,双行篆书"汾阳王置寺表"。碑的首行题目为"故尚父汾阳王奏达摩祖师谥号寺额塔额度僧表并中书门下牒及牒寺牒"。立碑年代为唐宣宗大中十二年九月(858年)。立碑人为汾阳王郭子仪后人,时任河南府永宁县(今洛宁县)县令的郭琪。碑文的大意为,郭子仪奉命平定"安史之乱"前,曾到空相寺朝拜达摩遗塔,至收复东京洛阳后,许愿若达摩禅师福佑,消灭叛军,必当奏请朝廷,对寺院"特加崇饰",因而平定"安史之乱"后郭子仪上书朝廷请赐谥号及寺额塔额,代宗御批"达摩禅师宜赐谥号圆觉禅师,寺额为空相之寺,塔额为空观之塔。"郭子仪奏章的落款日期是大历七年(772年)十一月二十五日,皇帝御批后,十二月十二日,中书门下批复各省"请录自施行者,各帖所由照准敕故牒"。大历八年(773年)正月四日郭子仪上书"谢赐谥号"。碑阴还有大历八年(773年)三月对寺院的四至边界的记载。

达摩在嵩山传法时收慧可、道育等为徒,传授印度佛教大乘禅宗。达摩传法,以壁观为修身之法,并以4卷《楞伽经》为传法经典,提出二入四行的禅法。二入是理入和行入,理入要求舍伪归真,属于理论思考,达摩的解释是:"外息诸缘,内心无喘,心如墙壁,可以入道。"行入要求去欲修行,属于宗教实践。四行是报怨行、随缘行、无所求行和称法行。报怨行针对过去,认为过去的种种恶业,必定得到与之相应的苦恼果报。随缘行针对现在,主张对于各种苦乐遭遇,应以无我的观点对待,不必计较得失。无所求行针对未来,把三界看成如同火宅一般,应求出离,不加贪著。称法行指依照佛法观照修行,即与性净之理相应,达到行无所行的自然境界。这种禅法以壁观法门为中心。他面壁而坐,终日默然,长达九年,因而有壁观婆罗门之称。这种禅法就是后来为历代禅宗奉为旨宝的"教外别传,不立文字,直指人心,见性成佛。"这种禅法在中国得到了发扬光大,曾长期地影响着中国的佛教界。后来禅宗成立,法门与此迥乎不同,但依然奉他为"禅宗初祖"。

史料记载:西魏大统元年(535年),菩提达摩在嵩山五乳峰山洞中面壁已经九年,功成正果,自己觉得已经到了应该确定法嗣,回归西天(竺)的时候。一日,达摩祖师召集众弟子,用当场提问、解答的办法,考核弟子们参学程度,以便从中选定中土法嗣。菩提达摩祖师说:"你们都从我参禅数年,都说说自己的获得吧。"第一个答对的是僧副,他说:"如我所见,不执文字,不离文字,而为道用。"菩提达摩祖师说:"你只是得到禅法的表皮。"接着是尼总持发言,她说:"我的理解是,如庆喜见阿閦佛国,一见更不再见。"达摩祖师说:"你得到的是禅法的肌肉。"再有僧道育解答,他说:"四大本空,五阴非有,而我见处,无一法可得。"菩提达摩祖师说:"你获得的是禅法之骨。"最后,是禅光双手合十,一言不发,依旧站在原来的位置上。菩提达摩祖师满意地笑着说:"啊!你所获得的是禅法的精髓。"按照考核结果理应选定神光为摘传法嗣。

达摩传法,在历史上充满了神话传奇的色彩。少林寺内有一"立雪亭",是纪念二祖慧可处。亭正中柱子上有一对联:"禅宗初祖天竺僧,断臂求法立雪人",额题为"雪印心珠"。这副对联写得就是二祖慧可断臂求法的故事。史料记载:慧可为嵩山荥阳汜水镇人。俗姓姬,名光。他从小聪慧,出家后精研佛教经典。有一天正在默坐,忽然看到一位神人,对他说:"你想得到正果,为什么要滞留在这里呢?大道并不遥远,你往南去就行了。"他知道这是神的点化,遂改名神光。他的师傅对他说:"让你往南,就是少林寺的达摩大师才是你的老师啊!"于是,神光往南到了少林寺,拜达摩为师。时值寒冬,达摩在洞内坐禅,慧可依旧站立在洞外,合十以待。半夜时分,鹅毛大雪铺天盖地地压了下来。很快,大雪淹没了慧可的双膝,慧可浑身上下好似披了一条厚厚的雪毯,但是他仍然双手合十,兀立不动,虔诚地站在雪地里。第二天一早,达摩开定了,走到洞口一看,慧可似雪人般在雪地里站着。达摩顿生怜悯之心,终于开口问道:"汝久立雪中,当求何事?"慧可回答道:"唯愿和尚慈

慧可断臂

悲,开甘露门,广度群品(意思是向佛祖求法)。"达摩道:"诸佛无上妙道,旷劫精勤,难行能行,非忍而忍。岂以小德小智,轻心慢心,欲冀真乘,徒劳勤苦(诸佛所开示的无上妙道,须长时间精进勤苦地修行,行常人所不能行,忍常人所不能忍,方可证得。岂能是小德小智、轻心慢心的人所能证得?若以小德小智、轻心慢心来希求一乘大法,只能是痴人说梦,徒自勤苦,不会有结果的)。"听了达摩的教诲,为了表达自己求法的诚意和决心,慧可毫不犹豫地抽出随身携带的戒刀,"咔嚓"一下砍断了自己的左臂。随后,慧可放下手里的戒刀,弯腰拿起自己鲜血淋漓的左臂,围绕达摩面壁洞转了一圈后,仍侍立于被鲜血染红的雪中。达摩被慧可的虔诚举动所感动,说:"诸佛最初求道,为法忘形,汝今断臂吾前,求亦可矣!"于是传衣钵、法器予他,并为其取法名慧可。

慧可是不是真的自己断臂,历史上也有争议,上面所述的只是神话故事,而《高僧传·慧可传》则记载了慧可断臂的另一种情况。文中说慧可在洛阳从达摩学了6年,达摩去世后,他曾一度隐迹,于东魏太平初年(534年)到了邺都(今安阳),开始在那里讲学。当时那里有一个叫道恒的禅师,很有势力,门以千计。他的徒弟听了慧可的讲学,都留下不走了。道恒恼怒,使用钱收买了几个亡命之徒,加

害慧可,竟砍掉慧可一只胳膊。这种说法似乎更为可信,它反映了达摩禅法在初传时的艰辛。初祖达摩和二祖慧可在传播禅法的道路上,都付出了生命之代价。

达摩之后,慧可得其法,被称为"禅宗二祖"。达摩在嵩山授徒传禅之后,佛教大乘禅宗逐渐在嵩山少林寺开始传衍。当时嵩山的大部分佛寺,如闲居寺、栖禅寺、嵩阳寺等寺院,也为禅僧集居之地。至此,中国禅法重心在嵩山的局面真正形成。中国禅宗初祖菩提达摩和二祖慧可在嵩山传承大乘禅法影响很大,因此嵩山被称为"大乘胜地"、"禅宗祖庭"。现在嵩山少林寺外的"面壁洞"、"卓锡井"、"炼魔台"和寺院内的"立雪亭",就是菩提达摩和他的嫡传弟子慧可传承大乘禅法的遗迹。

(五)嵩山地区成为中国佛教禅法的重心

南北朝时期,佛教在嵩山地区广泛传播,随着北魏政治势力逐渐向南推进,佛教禅法重心在嵩山的局面应运而生,印度佛教的中国化也由此而始。北魏迁都洛阳,是嵩山地区成为中国禅法重心的政治因素,而跋陀开创少林寺,直接促使了嵩山为中国禅法重心的形成。

北朝佛教除极力主张汉化的北魏文帝提倡义学外,余则多半重视实践修行的禅、净、律三门。在禅修方面,有跋陀传慧光、僧稠以及菩提达摩传慧可等二系;净土则以昙鸾为主;律学有慧光的四分律一系。其中,以禅观最为盛行。

跋陀先于菩提达摩到达魏境。据《续高僧传》卷16《习禅篇初·佛陀传》记载,跋陀本天竺人,"学务静摄,志在观方",至北魏后,孝文帝为他"别设禅林,凿石为龛",国都南迁洛阳后,孝文帝"复设静院",并"就少室山为之造寺"(此即名闻遐迩的嵩山少林寺),于是"四海习心之俦,闻风响会者,众恒数百"。跋陀后传慧光,然慧光以律学为主,故弘扬佛陀禅学者,则是再传弟子僧稠。跋陀曾赞叹僧稠是:"自葱岭以东,禅学之最。"又僧稠曾撰着《止观法》2卷,在北魏先后受到孝明、孝武帝的礼遇。到了北齐,文宣帝高洋主张废除禅学以外的各种义学,为僧稠所阻止,更从师受菩萨戒。上述二例可见北朝帝室对禅学的重视,以及禅学流行之盛。

达摩是南天竺人,"志存大乘,冥心虚寂,定学高之"。梁武帝普通元年(520年),师泛海至广州番禺,武帝遣使迎至建业,然与武帝语不相契,遂渡江至北魏,止嵩山少林寺,面壁坐禅九载。神光慧可慕师之高风,乃断臂求法,师感其精诚,遂授心印,授慧可袈裟及《楞伽经》4卷。

北魏迁都洛阳以前,嵩山已经是禅僧集居之地。北魏太武帝时,僧稠就在嵩山头陀坐禅。慧蛟《高僧传》卷11云:"释僧周,韬光晦迹,常在嵩山头陀坐禅。"这是佛僧在嵩山活动的最早记载。北魏太和八年(484年)有"大德沙门生禅师。隐显无方,沉浮嵩岭,创嵩阳寺于中岳之要害……"从此那些"硕学名贤、踵武相望,……虔礼禅寂,六时靡辍。"

汉桓帝初年(147年),原西域安息国太子、后悟入空门的安士高已开始在嵩山地区传播小乘禅法。他在中土活动了40多年,开始在洛阳译经,后又到广州,继而到会稽。他共译经34部40卷。主要有《阴持入经》和《安般守意经》,是小乘禅法在中国的奠基者。小乘即"小车"的意思,他们主张只有个别人才有"佛性",只有这些个别的有"佛性"的人,经过修行才能成"佛",而大众是没有佛性的。小乘是"大乘"兴起以后对早期佛学派的一种贬称。安士高所传的小乘禅法叫"禅数",或叫"定慧"。"禅定"是一种宗教修养活动。即要求人们把注意力集中到佛教教义规定的修行程序中去,以形成合于宗教修行的独特心理和幻觉,使人进入一种宗教神秘主义的直观境界。

《安般守意经》介绍的禅法主要是"四静虑"或叫"四禅",即经过四个步骤的心理活动,将一切喜乐感受全部舍去。另外,还有"四无色"和"数息"的方法,令浮躁不安的心情平静下来。这些具体的作法,不仅和后来的大乘禅法有某种相通之处,而且和中国的道教、医学健身术和气功都有一定的关联。

到晋末宋初,西域月支国(今阿富汗及中亚地区)僧人支娄迦谶所传的大乘禅法也开始流行并逐渐为世人所重。而且译经越来越多。如《禅要》、《禅法要解》、《禅秘要经法》、《达摩多罗禅经》。这种禅法大致有四:一是念安般,即继承安士高的《安般守意经》中的内容;二是叫不净观,要消除人色、淫之欲;三是念佛,主要是"阿弥陀佛";四是叫首楞严三昧,据说这首楞三昧威力最大,"一切禅定、三昧、神通、如意、无碍、智慧,皆摄在首楞严中。"名僧慧远在庐山率众习禅,而后魏时北主亦兴禅法,北凉名僧玄高已是有名禅师,北魏迁都洛阳之后,嵩山已成为中外禅僧的会集之处。

以上所说的这些所有在嵩山地区的传播小乘禅法和大乘禅法,以及高僧在这里的汇集和交流,都为后来中国禅法重心在嵩山的形成,作了先期的铺垫和准备。这个历史性的局面是在北魏孝昌三年(527年)天竺国高僧菩提达摩到嵩山少林寺弘扬大乘禅法,致使中国禅法重心在嵩山的局面才真正形成。历史上,佛教学家把北魏太和十九年(495年)至熙平三年(534年)的39年,称"嵩山为中国禅法重心"。

四、永泰公主和永泰寺

北魏武泰元年(528年),嵩山地区发生了一件震惊朝廷上下的大事,即北魏宣武帝元恪的女儿,孝明帝元诩的妹妹永泰公主到嵩山明练寺出家为尼了。此事在当时影响巨大,盛极一时。

北魏时期,佛寺按性别分男僧寺和女尼寺。内地的女性出家者,最早可追溯到两晋之际,有净检等20余人,第一个尼寺就是为她们修行在洛阳建造的竹林寺。诸皇后所建寺院,主要为安置女尼。女尼的领袖人物,多半出身官僚士大夫家庭,她们的作用,几乎与男僧相同:民康明感"专笃禅行,戒品无愆";尼昙罗、道仪等,博览经律,精心妙理;尼道容逆知祸福,为明帝、简文帝所敬;尼妙音博学内外,为孝武帝和司马道子所重,并直接参与朝政。

虽然尼僧地位与男僧相等,但皇亲国戚中的人物毕竟还是凤毛麟角。当时,最出名的尼僧就是少林寺的尼总持。尼总持就是南梁武帝的女儿明练公主,嵩山明练寺就是梁武帝在子晋峰下把原来的转运庵改建为安置明练公主的寺院。明练是少林初祖达摩的四大徒弟之一,赐法名道迹,法号总持。这位尼总持在佛教历史上很出名,传说,明练来到五乳峰达摩面壁的"默玄处"洞口,要拜达摩为师,此时达摩已有3个弟子,即慧可、道副、道育,都是男弟子。明练来到时,达摩正面壁静坐,明练连呼了几声,达摩都不理不睬。明练公主耐心地等待着,达摩看明练诚意十足,又很有悟性。就答应收她为徒。对于几个门人,达摩认为道副"得吾皮",尼总持"得吾肉",道育"得吾骨",而慧可"得吾髓",当然是慧可最堪传法,于是"内传法印,以契证心,外付袈裟,以定宗旨"。因明练公主是禅宗的第一位女僧,开创了禅宗尼僧的先河,所以后人称总持为佛教禅宗尼僧的鼻祖,称明练寺为佛教禅宗尼僧的第一寺院。

北魏宣武帝的女儿永泰公主在中岳嵩山"出欲入道为尼",所到的佛寺就是尼总持的明练寺。

永泰公主,一个皇家妙龄少女,为什么落发出家,史书没有记载,但有三种传说:一说她生有慧根,大彻大悟,要修炼成佛;又说她对婚姻不满,出家脱俗;三说在皇室内讧中斗争失败,为了保全性命,以防杀身之祸。但哪一种说法正确,历史学家多说后一种说法较为符合当时历史实际。

宣武帝崇尚佛教,在洛阳大兴佛寺。他宠任奸臣,优柔寡断。当政时天下极不太平,水灾旱灾不断,各地起义频繁。北魏政权从此由兴盛转向衰败。北魏延昌四年(515年),宣武帝贺崩,年仅6岁的孝明帝元诩继承皇位,史称孝明帝。起初,由皇太后高太后临朝听政。高太后性情软弱,凡事做不了主张。元诩的生母胡充华野心勃勃,不择手段,朝政大权逐渐落在胡太妃的手中。高太后被逼到瑶光寺削发为尼,远离权势,不问朝政,整日与青灯佛经为伴。就这样,高太后依然没能逃过胡太妃邪恶的魔掌。胡太妃以到瑶光寺进香为名,酒内下药,毒死了高太后,并用尼礼葬高太后于荒丘。胡太妃又以皇上的名义,自封自己为皇太后,临朝称制,独揽朝政大权。

永泰公主像

年幼的永泰公主目睹了皇室的明争暗斗,对母亲的阴险毒辣不寒而栗。到正光四年(523年),明帝元诩已经长大成人,按照封建礼制,摄政者应当还政于帝,但是灵太后权欲熏心,死抓住皇权不放。引起满朝文武大臣的不满。鸿胪少卿谷会等人联名上书,劝胡太后归政。权欲熏心的胡太后对谷会等人恨之入骨,寻机对上书的大臣们下了毒手,有的被贬充军,有的被判罪杀头。在这场斗争中,永泰公主站在哥哥明帝一边。

武泰元年(528年),灵太后胡充华挟持明帝巡狩嵩山。途中,永泰公主规劝母亲,还政给他的哥哥孝明帝。为此灵太后恼恨在心,声称回到洛阳以后要跟儿子、女儿一齐算账。永泰公主为了活命,在孝明帝的纵容下逃入深山老林。灵太后发现女儿逃跑,曾派人搜山未见,便又挟持孝明帝返回京都洛阳。此后,帝后之间的斗争更加激烈。孝明帝元诩暗地策动掌握兵权,驻扎晋阳的尔朱荣举后南伐。当尔朱荣阵兵黄河北岸的时候,灵太后先下手为强,用鸩酒毒杀孝明帝于显阳殿。尔朱荣攻入洛阳。灵太后仓惶东逃,行至河阴县境,被尔朱荣生擒活捉,砍去四肢,投入黄河。尔朱荣怀有野心,返回洛阳以后,准备自立称帝。以元子攸为首的元魏皇室,诛杀了朱尔荣,登上皇位,史称魏孝庄帝。

待局势稍稳以后,孝庄帝曾多次派人到嵩山查寻永泰公主的下落,得知永泰公主已在嵩山明练寺出家为尼,并力劝她返回皇宫。此时永泰公主对皇室世俗生活心灰意冷,决计出俗为尼。于是北魏朝廷对明练寺赐给许多布匹、粮食和银钱,供给永泰公主之需。永泰公主又把多余的赐舍用于"普度众生",救济贫苦俗民,影响很大,使得明练寺极盛一时,尼众多达数百。魏永安三年(530年),尔朱荣之子尔朱兆"纵兵洛阳,秀容胡骑入寺淫秽"。当时洛阳一片混乱,有"洛阳女儿急作髻,瑶光寺尼夺女婿"之说。而嵩山明练寺远离京城,安然无损,永泰公主则高寿而终。

北周建德二年(573年),武帝宇文邕下令毁佛灭法,明练寺被毁。唐景龙二年(708年),"嵩岳寺僧道莹奏请(朝廷),修复(明练寺)"。为纪念永泰公主,从此,将修复后的"明练寺"改名"永泰寺"。在嵩山众多佛寺中,唯永泰寺为女性佛徒修炼佛法道场,也是全国唯一的一所皇家尼僧寺院。

现存永泰寺寺院内的皇姑楼(永泰公主修练佛法之所),寺院后的"皇姑塔"(永泰公主灵骨之塔)和寺后山上的"皇姑洞"(永泰公主避难之洞),都是永泰公主在永泰寺修行习法时留下的遗迹。

五、周武法难及其影响

(一)历史背景

在北魏、东魏、北齐时代,朝野上下形成了一股崇信佛法的狂热。但是在这个时代的大潮流中,真正大彻大悟修炼成佛者只是极少数。北魏统治集团则是借助佛法巡民教化,辅导民俗,推行文治,巩固政权,以至死后得到极乐。而下层平民百姓则是求佛保佑,获得福寿,加之北魏朝廷实行一系列倾斜政策,诸如寺院的土地不向国家缴纳赋税,出家当和尚不充当兵役,佛门收徒不加任何限制,僧人犯罪只用戒律约束,不受国家法律惩治,无止境地扩建寺院等等,因而在崇信佛法炽热的背后,隐藏着许多背佛违法的行为,贪婪者把寺院当作交易竞争场所,放荡者视净土为淫秽之地,犯罪者变精舍为逃法之所,使得寺僧的恶迹秽德到处公开流布。

南朝梁武帝信佛,定佛教为国教,而且他本人曾3次舍身到佛庙去作寺奴。仅都城建康一地,就有佛庙500多所,和尚10万多人。当时人说佛教僧众和佛庙里所占有的劳动力之多,使"天下户口,几亡其半"。所有的佛庙都很富有,占有大量土地和金银财货,好多佛庙都放高利贷、开质店即当铺,与世俗地主豪强一样盘剥人民。

佛教的兴盛带来了社会的危机。《魏书·释老志》载:"正光以后,天下多虞,工役尤甚。于是,所在编民,相与入道。假慕沙门,实避调役。自中国之有佛法,未之有也。略而计之,僧尼大众二百万,其寺三万有余。流弊不归,一至于此,识者所以叹息也。"在当时,北魏统治集团中头脑比较清醒的人,已经看出狂热崇佛的弊端。神龟元年(518年),任城王元澄就上书孝明帝元诩和灵太后胡充华,极言时弊:"自迁都以来,年逾二纪,寺夺民居,三分且一,寺僧混杂,为乱之源,不可不慎",而且提出了改变现状、加强管理的措施。但是,北魏政局日趋混乱,虽有令而不行,以致酿成大患。

永熙三年(534年),高欢立元善见继承皇位,而且强迫幼主迁都邺城,史称东魏孝静皇帝,改元天平元年。次年,宇文泰在长安立南阳王元宝炬称帝,史称西魏文帝,改元大统元年。东魏强大,西魏较弱,嵩山寺僧择优而栖,跋陀、菩提流支、慧光、道房、法上、僧稠、菩提达摩的弟子慧可等,相继迁徙邺城,离开少林寺,我国北方禅法重心由嵩山向外地转移,嵩山佛教开始走入低谷。

北魏太武帝时期,由于佛教僧侣的无限量增加,兵役、徭役人口日益流失,威胁到了北魏的皇权统治。太武帝拓跋焘亲见有佛僧匿藏武器、淫乱妇女,又有笃信道教的崔浩在一边劝说,太武帝于公元442年正月开始限制佛教,下令:凡50岁以下的和尚都要还俗,服徭役,纳税赋。太武帝限佛运动,使朝廷与佛教僧侣矛盾激化。

公元445年,盖吴等人反抗北魏在陕西黄陵起义,各族人民和僧众纷纷参加。北魏太武帝发兵讨伐,在西安一个佛寺看见沙门和尚的卧室里有兵器,大发雷霆,说:"此非沙门所用,必与盖吴通谋,欲为乱耳。"公元446年3月15日,魏太武帝下令:"先尽诛天下沙门,毁诸佛像。今后再敢言佛者,一律满门抄斩!"这次灭佛被称为中国佛教史上的"太武法难"。

(二)周武法难

公元557年,宇文觉取代西魏建立北周。4年之后(561年)宇文邕登上皇位,史称北周武帝。北周之时,佛、道二教极其盛行,"僧侣半天下","食之者众,生之者寡"。周武帝为除其弊,励精图治,注

重儒术治国,提高皇权,改革多年狂热崇佛之弊。宇文邕欲废佛法,唯存道教,集诸僧道士试取优长。于建德二年(573年)十二月,宇文邕在西安的太极殿集群臣及僧、道二界代表,辩论三教的先后问题。

道士张宾登高座发言:"大道清虚,淳一而无杂。祈恩请福,则上通天曹。而白日升仙,寿与天地同毕。岂如佛法之虚幻,无实者耶!如此不可客寓于中夏。然百姓无知,而信其诡说。"这时,主持庭辩的襄城公何妥手里拿着玉制的如意准备递给发言的僧人。坐在僧人第一位的是嵩山少林寺的等行禅师站起,准备发言。诸僧人阻止他说:"皇帝在此,不可造次;您是佛法大海,但应对之间,应讲究辩才。"于是,商议让四川僧人智炫应辩,何妥将如意交给了智炫。

智炫手执如意对张宾说:"请你说说,道教是何时诞生,佛教又是何时诞生的?"

道教代表张宾说:"圣人出世,有何定时?说教兴行,有何定处?总之,道教旧来本有,佛法近自西来。"

智炫反驳说:"如果说不出道教诞生的时间,等于还没有诞生;说不出地点等于没说。你说道教旧来本有,这就是清虚;上请开曹,岂能无杂?寿同天地,岂能无始?"

张宾倚仗皇帝的信任,突然恶狠狠地说:"这帮僧人,都该杀掉!"周武帝看着不顾一切的张宾,只得令舍人扶他下殿。

周武帝亲自登上高座说:"佛教中有三种不净:一是释迦牟尼娶过妃子耶输陀罗并生了儿子罗睺罗;二是经律中允许吃三种净肉;三是僧人多有犯法造罪者,佛在世时弟子们便互相攻击。这样看来,佛、法、僧皆不净。我的意思是除掉佛教以息虚幻。如果你们能证明佛法中无此三不净,我就保留佛法!"

智炫一听这,马上应对道:"陛下所说,引证经典,确是事实。但是,道教中的三不净更胜于佛教。天尊在紫微宫,侍御者五百童女;道教章醮请福时,必须用鹿脯;道士犯法者各朝各代也都有。如果说因为有和尚犯法就应该取消佛教,逆子、叛臣相继而出,难道也要取掉皇位吗?这当然不可以……"智炫不卑不亢,从容自若,语调抑扬。虽然是在与皇帝辩论,但没有一丝的恐惧之感。

周武帝听了,愕然良久,继而恼怒,拂袖而去。群臣及众僧惊恐不已,智炫与僧界代表等毫无惧色,脸上明显地写出一种坚定:表示宁可早升净土,也不与无道之君共世而生。

周武帝说不过和尚又恨道士不争气,不再进行辩论,直接颁布诏书:"断佛、道二教,经像悉毁,罢沙门(僧尼)道士,并令还民"。

次年,即建德三年(574年)五月十六日,周武帝在太极殿令僧人、道士辩二教优劣,先由道士张宾和法师智炫辩论,张宾再次败北。宇文邕气急败坏,再次亲自登台,指斥佛教是"不净"之教,并于第二天就下令二教俱废,普灭佛道二教,毁灭经像,勒令沙门、道士还俗为民,各种不符合儒教礼义的"淫祀",也都废除。有史料记载,武帝建德三年(574年),仪勒令还俗的僧道即有200余万。

建德六年(577年),周武帝宇文邕亲率大军进攻北齐,攻占邺城,宣告北齐王朝灭亡。宇文邕亲自召集北齐沙门大统法上等于昭玄寺,宣布废止齐境佛教令。

周武帝在废佛讲话中,谈到他以儒教六经立国,至于佛教,真佛无像,敬佛应敬在人的心中,而大译佛经、大建寺塔之类,不能使人受恩惠,所以必须荡除佛教。在场僧众500余人,俱俯首垂泪,默不作声,只有法上的弟子净影慧远一人,厉声抗辩:"陛下今恃王力,破灭三宝(佛、法、僧),是邪见人,阿鼻地狱不论贵贱,陛下安得不怖?"周武帝勃然大怒,眼睛直瞪着净影慧远说:"只要百姓得乐,我也不怕入地狱!"慧远回答说:"陛下以邪法化人,现种苦业。当共陛下同趣阿鼻,何处有乐可得?"周武帝理屈词穷,更无所答,只得说:"僧等且还,后当更集。"之后,道宣叙述说,在慧远顶撞周武帝时,在场的北周兵众都喊："粉其身骨,煮以鼎镬",而慧远依然"神气巍然,辞色无扰"。慧远不屈不挠地反复同周武帝进行辩论,但终究无效。集会结束,北齐大统法上以及国都昙衍等执慧远手泣而谢曰:"天子之威如龙火也,难以犯触。汝能穷之,《大经》所云护法菩萨,应当如是。彼不悛革,非汝咎也。"慧远回答:"正理须申,岂惟顾此形命?"慧远又说:"时运如此,圣不能遣。恨不奉侍目下,以为大恨。法实不灭,大德解之,愿不以忧恼。"法上为慧远之师,昙衍为其师叔。尽管慧远此举未能挽狂澜于既倒,但其不畏死、不畏帝王的护法精神,得到了当时和后世僧俗的崇敬。

随后,严厉的废佛活动在原北齐国境内大张旗鼓地开展起来。在这场"法难"中,北朝4万余所佛寺被毁,一切经像尽毁之于火。寺院财产、簿录入官,寺院奴婢全部释放,近300万名僧尼全部勒令还俗。承光二年(577年)二月以后不久,嵩山地区最著名的少林寺被废,菩提达摩的弟子慧可也逃往舒州皖公山(今安徽省潜山县),传法给禅宗三祖僧粲。嵩山地区的寺庵有的被拆除,有的改作宅第,僧尼有的还俗,有的逃往南方。这是继北魏

周武法难中佛像被埋

太武帝拓跋焘灭法之后的第二次法难,对佛教在嵩山地区的传播也是一次沉重的打击。

(三)周武法难与佛法复兴

即使在周武灭法的严峻形势下,仍有一部分僧人坚持信仰,矢志不渝。外逃、躲避、还俗后仍坚持佛教信仰,是北周灭佛期间,佛教徒弘扬佛法的三种基本方式。这三种基本方式的存在,足以说明:北周尽毁佛法,所禁毁者只是佛教信仰的外在形式,佛经、寺院、圣像以及庙产等,而真正内在的精神信仰并没有完全摧毁。不可否认,有相当一部分对信仰不坚定的佛教徒,在灭佛之后完全脱离了佛教,但对于佛教的健康发展而言,禁毁佛法则淘汰了那些不坚定的信仰者和累赘的外在形式。而佛教徒中那些真正坚定的信仰者,必将成为佛法复兴过程中的中坚力量。

在国家的上层来说,周武帝宇文邕灭佛后不久对宗教政策进行了微调,从而对佛教表现出一定程度的容忍。灭佛期间,佛教弘法活动并没有完全终止,佛教徒以不同方式延续自己的信仰,这些弘法活动为佛教复兴储备了大量人才。

周武帝死后,在其继位者周宣帝宇文赟的主持下,佛法复兴一事迅速提上议事日程。但周宣帝对武帝灭佛政策多有回护,佛法之复兴进展也就非常缓慢。大象元年(579年)宣帝禅位于长子宇文衍(北周静帝),隋国公杨坚受遗辅政,佛法复兴才走上快速发展的道路。

有学者说:"推动北周复兴佛法者主要有两类人,第一类是北周政权内部支持佛教者;第二类是佛教信徒。在这两种人的影响下,宣帝、静帝先后开启了复兴佛法的大门,于是不但有120位菩萨僧在陟岵寺行道,而且宣帝薨后,还有3位皇后相继出家为尼。"复兴佛教的进程虽然缓慢,但毕竟已经开始。

"菩萨僧"为当时朝廷所选的一些道德品行卓越的僧人。在陟岵寺行道的120名菩萨僧中,最为著名的有慧远、洪遵、灵干智嶷等。其中,慧远就是那位敢于在周武帝宣布废除佛法时当庭抗辩的净

影慧远。在周武帝于齐地推行灭法政策之后,"遂潜于汲郡西山(安阳市林虑山),勤道无倦。三年之间,诵《法华》《维摩》等,各一千遍,用通遗法。既而山栖谷饮,禅诵无歇,理窟更深,浮囊不舍。"北周于大象二年(580年)恢复佛教,于东都洛阳和西京长安各立大陟岵寺,置"菩萨僧",净影慧远被列入朝廷所选的120名菩萨僧之中,全被安置于洛阳陟岵寺(少林寺)。在陟岵寺行道的慧远,大讲经论,广开法席,听讲者常多达千人。《地持》《十地》《华严》《涅槃》《维摩》《法华》《胜鬘》等经,他都讲得条理分明,深刻透彻,令听者说迷。

杨坚代周立隋之后,慧远重新剃发恢复比丘身份。慧远在洛阳大开讲会,"远近归奔,望气成津,奄同学市,所以名驰帝阙,皇上闻焉。下敕授洛州沙门都,匡任佛法,远辞不获免,既而位之。"隋文帝听闻慧远之声名,任命慧远为洛州"沙门都"。慧远"立性质直,荣辱任缘,不可威畏,不可利染,正气孤雄,道风齐肃,爱敬调柔,不容非滥。至治犯断约,不避强御;讲导所之,皆科道具;或致资助有亏,或不漉水护净,或分卫乖法,或威仪失常,并不预听徒。自余堕眠失时,或后及法席,并依众式有罚无赦。故徒侣肃穆,容止可观。"隋初的洛州统县18个,不限于今日的洛阳。慧远担当这一广大区域的地方僧官,从律仪、讲说唱导之法等等方面整顿管理,使僧侣的面貌得到了很大改观。

"周武灭佛"虽然在当时非常厉害,但从佛教总体发展进程来看,灭佛只是佛教在融入中国文化过程中的一个插曲。最终佛教在经历数次打击之后,不断调整与发展,成为中国人自己的宗教,成为中国文化不可或缺的重要组成部分。

隋开皇七年(587年),文帝杨坚召六大德入关,慧远即其一也,居西京净影寺,名震佛界。慧远被后世称为"隋朝三大师"之一,与天台宗创始人智𫖮、三论宗创始人吉藏大师齐名。

第三节 隋唐佛教的繁荣与鼎盛

南北朝时期,佛教虽有发展,但实际上还处在客位文化的地位,喧宾夺主而招致废佛。唐代时期,中国佛教的发展最为兴盛,虽然从寺院及尼僧数目等发展规模来看,唐代佛教最兴盛的时候,也只有数十万尼僧,绝对没有北朝二三百万的规模。但是,从两种文化的相互关系来说,经过数百年的吸引、摩擦与融合,佛教在中国传统文化中已找到了不可替代的位置,成为中国文化密不可分的一部分,代表着佛教中国化历史过程中的最终完成。

隋唐时期,佛教得到统治者的积极倡导和大力支持,绝大多数皇帝对佛教的信奉,使得佛教与政治的结合更加紧密。王法与佛法、戒律与家法、高僧与士人之间有着密切而协调的关系。僧侣极力介入政治,为统治者效劳,以争取帝王的支持,帝王也乐意利用佛教为自己的统治服务,佛教的弘扬成为国家的一项事业,佛教深入到社会生活的方方面面。

结束南北分裂局面而开展的隋唐,是中国历史上政治、经济、文化最强盛的朝代,也是中国佛教史上经典翻译、宗派竞立的巅峰时期,其影响不仅深入中国各阶层,而且远播至韩国(高丽、百济、新罗)、日本等国,开启各国佛教的新篇章。

一、隋代时期的嵩山佛教

宣政元年(578年),周武帝宇文邕病死,外戚隋国公、左丞相杨坚辅佐北周宣、静二帝继承皇位。据说,杨坚少时曾得到名尼智仙的养育,有恩于佛,一旦政权在手,就立即复兴佛教。北周武帝时受到压制的佛教得到迅速的复兴,进入了新的发展时期。

大定元年(581年),隋朝建立。隋文帝正是大象二年(580年)支持复兴佛法的前北周丞相杨坚。隋文帝开始有步骤地推行复兴佛教的政策。隋文帝即位之初,就"普诏天下,任听出家",命令各地修复因周武帝废佛而荒废的寺院,进一步推行佛教治国的政策。开皇九年(589年),隋灭南朝陈国,完成了统一全国的霸业,从而结束了长达几百年的南北分裂。据唐释道宣的《续高僧传》记载,开皇十年(590年),"度僧至五十万人"。十一年,隋文帝下诏:"朕位在人王,绍隆三宝,永言至理,弘闻大乘。"隋文帝的几个儿子,太子杨勇、次子晋王杨广、三子秦王杨俊、四子汉王杨谅、五子蜀王杨秀,也全都崇信佛教。隋文帝还在仁寿年间(601~604年),三次下令,要天下百余州立塔用来藏舍利,即著名的"仁寿舍利"。仁寿元年(601年)至仁寿四年(604年),隋文帝先后派人向全国111个州送舍利,命令全国各地建立舍利塔供奉舍利,又命令各地在同一时间举行盛大的法会,为皇室、官员和国民祈祷,加强全国臣民的统一意识,它的意义已经超出了宗教范围。隋文帝推行佛教政策的目的是使佛教成为隋王朝统一国家的精神支柱,因此隋朝佛教之为国家宗教的色彩很浓。隋文帝的一系列恢复佛教的政策,消除了在无宗教状态下民众潜存的不满,成功地激发起人们对新王朝的衷心拥戴。隋文帝一生建造佛寺精舍3792所,筑立宝塔110个,缮写新佛经13万2千零86卷,修治故经3853部。

隋代古刹

大象二年(580年),隋文帝杨坚在东西两京各立一寺,洛京的寺院即少林寺。因"孝思"父母之故,周静帝将少林寺更名为陟岵寺。复教后,遁迹山林及还俗的少林寺僧大多又回到了少林寺。同时,"选沙门中德业灼然(著)者,置菩萨僧一百二十人",少林寺慧远法师、洪遵律师皆在其列。

公元581年,杨坚取代北周建立隋朝。开皇元年,隋文帝杨坚诏令洛中陟岵(寺)仍称少林(寺),而且下诏书将少林寺西北50里的柏谷庄100顷良田赐予少林寺,"二教初兴,四方普洽,山林学徒,皈依者众,其柏谷屯田一百顷,宣赐少林寺。"在隋文帝的推崇下,少林寺成为一个拥有庞大田产的庄园,这为少林寺兴盛提供了雄厚的物质基础。自此,嵩山地区其他寺院也相继得到复修,嵩山佛寺出现了"山林学徒皈依者众"的局面,嵩山佛教才又出现院了新的转机。

隋炀帝杨广即位后,尤其笃信佛教,他在长安和洛阳广招僧侣,大建佛寺。迁都洛阳后,他在洛阳建立了东都慧日内道场,成为皇家宫廷佛教研究院,招揽了许多义学高僧和异能之士。据《续高僧传》

记载,东都内道场中的知名高僧有智脱、法澄、道庄、法论、立身、智果等。其中:

智脱,江都郡(扬州)人。7岁出家,游学南北,遍学经论。杨广在扬州"初建慧日,盛搜异艺,海岳搜扬。脱以慧业超悟,爰始沾预……道场英贤,学门崇仰,而脱雅为论士,众所推焉。"后随杨广入京,住杨广所立的日严寺,讲经著述不辍。大业元年(605年),随隋炀帝来东都,安排在内道场。大业三年(607年)正月去世,春秋67岁,埋葬在洛阳金谷里的邙山上。他一生"凡讲《大品》《涅槃》《净名》《思益》各三十许遍,《成论》《文玄》各五十遍。"传业学士多人,"各踵敷弘,知名当世。"

法澄,吴郡(治今江苏南京市)人,精通四论(《中论》《百论》《十二门论》《大智度论》)。他在扬州开善寺聚徒讲学,"化洽吴楚,传誉淮海",于是被吸收到扬州内道场中。后随杨广入京师日严寺,"声望弥重,京师硕学咸谒问之。炀帝徙驾东都,定鼎伊洛,从出崤右,因疾而终。"

道庄,扬州建业(今南京市)人。精通四论(《中论》《百论》《十二门论》《大智度论》),被杨广征入内道场,后携入京师日严寺,讲《法华经》,"著疏三卷,皆风骨雅趣,师者众焉。"后来,"随驾东指,因疾而卒于洛阳。"

法论,"南郡(治今湖北江陵市)人","虽外涉玄(道家)儒,而内弘佛教"。杨广在扬州,"远闻令德,召入道场,晨夕赏对"。后来,随杨广入京,住日严寺。"及晋王之处春坊(杨广立为太子),优礼弥厚,中使慰沃,启疏相寻"。大业元年,"因随驾至洛,不久而终,时年七十八矣"。

立身,"金陵(今南京市)人",有文章,工辩对,被选入扬州慧日道场。"从驾东都,遂终于彼,时年八十余矣"。

智果,"会稽剡(今浙江嵊州市)人",除了具备佛学修养,还通晓经史文学,其书法"势逼右军(书圣王羲之)"。杨广在扬州,令他写字,他断然拒绝,被囚禁起来。后来,隋炀帝释放他,"召入慧日,终于东都,六十余矣"。智骞,"江表人",精通语言文字学,因而被追入东都内道场。朝廷的秘书正字雠校著作时,遇到言义不通的情况,都向他请教,往往解决问题。他"造《众经音》及《苍雅》《字苑》,宏叙周赡,达者高之,家藏一本,以为珍璧"。

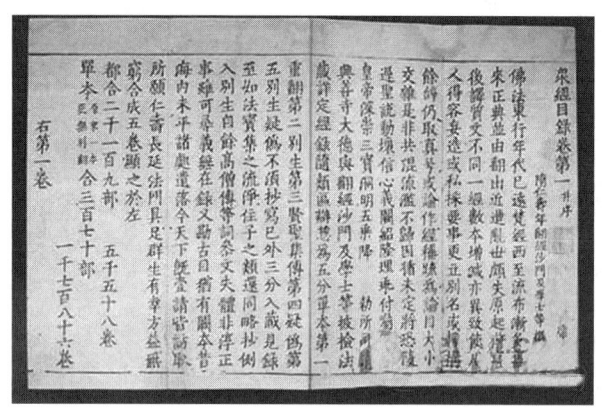

彦琮撰《众经目录》

根据以上所述可知,东都内道场的这些义学高僧,大多是炀帝从扬州内道场带过来的南方人,这体现出他的学术追求。在南北朝分裂时期,南北佛教,风格异趣,南方重理论,北方重实践,即所谓南义北禅。伴随着隋朝的政治统一,南北佛教风格也应该统一,于是天台宗提出了定慧双修的止观法门。止即禅定,属于佛教实践;观即智慧,属于佛教理论。智𫖮《修习止观坐禅法要》卷上指出:"止乃伏结之初门,观是断惑之正要;止则爱养心识之善资,观则策发神解之妙术;止是禅定之胜因,观是智慧之由藉。……此之二法,如车之双轮,鸟之两翼,若偏修习,即堕邪倒。……若偏修禅定福德,不学智慧,名之曰愚;偏学知(智)慧,不修禅定福德,名之曰狂。"北方佛教重禅定,早已形成传统。南天竺僧菩提达摩来华,先到建康(今江苏南京市),和梁武帝交谈,机缘不契,遂于北魏正光元年(520年)来嵩山少林寺,从事禅观实践,从学者甚众。他面壁结跏趺坐,终日默然,长达九年,因而有壁观婆罗门之称。这时,洛阳禅僧还编造神话,以推波助澜。崇真寺僧慧嶷死后七日复活,说阎罗王复审,自己以错招而放回阳间;二僧生前分别以坐禅、诵经为业,俱升天堂;另外三僧生前分别讲经、造经像、造寺,俱入地狱。灵太后因此在内殿供养百名禅僧,并下令禁止僧人持经像乞讨。"自此以后,京邑(洛阳)比丘皆事禅诵,不复以讲经为意。"隋炀帝拜智顗为师,无疑会受到天台宗的濡染。他长期居住扬州,对南方佛教有一定的了解。他所以在洛阳设立内道场,无疑是以南方佛教改造北方佛教,消泯二者的差异,融汇为统一风格。

大业二年(606年),炀帝杨广在东都洛阳上林园设立翻经馆,品位甚高,"其中僧有学士之名",专门从事佛经翻译。从此,隋朝的译经中心从长安转移到了洛阳。翻经馆中汇集着一批中外籍僧人。中国僧人最突出的是担任主事的彦琮,外国僧人则是来华的南天竺僧达摩笈多。达摩笈多在开皇时期来到长安,被安排在大兴善寺翻译佛经。上林园翻经馆建立之际,炀帝立即征聘达摩笈多并诸学士来这里从事翻译。达摩笈多在这里工作了14年,直到唐高祖武德二年(619年)去世,连同他在长安的工作,共翻译经论7部32卷。

中国僧人彦琮,精通中文和梵文,开皇年间他在长安奉诏翻译佛经。仁寿二年(602年),彦琮撰成《众经目录》一书,对流行典籍分作单译、重翻、别生、疑惑、伪妄五类。该时期有天竺王舍城沙门前来拜见隋文帝,将还国时,请《舍利瑞图经》和国家《祥瑞录》,隋文帝令彦琮把它们由中文译成梵文,合成十卷,赐诸西域。洛阳上林园翻经馆建立后,彦琮主持翻经馆的翻译工作。彦琮在洛阳上林园翻经馆和达摩笈多共事期间,他询问达摩笈多所游历的国家和地区,多是前史不曾记载的情况,撰成《大隋西国传》一书,包括方物、时候、居处、国政、学教、礼仪、饮食、服章、宝货、山河、国邑、人物10篇。唐释道宣的《续高僧传·达摩笈多传》曰:"斯即五天(东西南北中五天竺)之良史,亦乃三圣之宏图。"隋朝平定了林邑(今越南中部)后,获得了佛经564夹,合1350余部以及昆仑书(南洋文字)、多梨树叶(贝叶经)。隋炀帝下诏送入翻经馆,交付彦琮披览,编叙目录,次第翻译。他撰成5卷目录,分为经、律、赞、论、方字、杂书等类,译成中文应有2200多卷。他前后译经共23部一百来卷。彦琮还将在长期的翻译实践中产生的体会写成《辩正论》,提出了系统的翻译理论,以作翻译的范式。大业六年(610年)七月二十四日,他在翻经馆中病逝,俗寿54岁。

彦琮哥哥的儿子僧行矩,从小便追随彦琮,请益佛经,参与长安、洛阳两馆的翻译活动。翻经馆还是一所外国语学校。彦琮在这里,曾向达摩笈多学习梵文,行矩、智通等僧也在这里学习梵文。智通"往洛京翻经馆学梵书并语,晓然明解",入唐后参与翻译佛经,"善其梵字,复究华言,敌对相翻,时皆推服"。

隋代结束了南北朝以来分裂的政治局面,各种文化呈现出一种新的面貌,佛教也综合了南北体系,逐渐形成了划一的时代特色。隋代虽立国短暂,然而佛教的发展却十分迅速,并为唐代佛教的兴盛奠定了基础。除隋文帝发挥较大作用外,隋炀帝在发展佛教方面的作用是巨大的。隋炀帝杨广一生度僧尼1.62万人,铸刻新佛像3850躯,修治旧佛像10.1万尊,缮写修补佛经612藏。

隋代记录白马寺的记载很少,但是由于隋代奉行扶植佛教的政策,隋文帝、隋炀帝都鼓励各地建寺造佛,在这种大环境下,白马寺也有所复苏。张彦远在《历代名画记》记载戴逵(字安道,谯郡铚人)说:"今亦有逵手铸铜佛并二菩萨,在故洛阳白马寺,隋文帝自荆南兴皇寺取来。"

隋炀帝大业年末,天下大乱,拥有巨大田产的少林寺自然成了被称为"山贼"的农民起义军进攻的对象。一次,强大的农民军一度攻入少林寺,把寺院烧得只剩下一座孤塔。这是少林寺历史上第一次被焚。鉴于此,寺僧为了保护寺院,开始有组织训练武僧,对抗农民军。少林僧众的这些举动,为唐初少林武僧助李世民平定王世充奠定了基础。

二、唐代时期的嵩山佛教

唐代佛教,是指从唐高祖武德元年到哀帝天祐四年(618~907年)289年间的李唐一代的佛教而言。这一时期,佛教因有帝王的护持,在嵩山地区得以迅速发展,其繁荣和兴盛表现在许多方面,如创建寺院、译经数量、高僧著述、造像艺术等,尤其中国化佛教宗派的成立,更是重要的特色之一。

(一)少林寺助唐灭郑,嵩山佛教再度兴盛

隋朝末年,群雄纷争,唐国公李渊在太原自立称帝,国号大唐。隋东都洛阳留守王世充也据地自立,国号大郑。王世充在伊洛河两岸、中岳嵩山南北,掠占了大量土地,直接侵害了以少林寺为代表的嵩山各佛寺的利益,同僧众处于尖锐对立地位。唐武德三年(620年),唐高祖李渊令秦王李世民挥师东伐,率兵攻洛阳王世充,嵩山佛教势力自然站在唐军一边。就这样,历史把嵩山少林寺僧推向了以武参政的道路。

十三棍僧救唐秦王邮票

在唐、郑两军决定胜负的柏谷庄大会战中,王世充的侄子王仁则扼守军事要塞柏谷庄(又称轘州),形势对唐军十分不利。武德四年(621年)四月二十七日,少林寺上座善护、寺主志操、都维那惠玚、寺僧昙宗、普惠、明嵩、灵宪、普胜、智守、道广、智兴、僧满、僧丰13位僧人助李世民攻洛阳,在城内轘州司马赵孝宰等配合下,里应外合,"率众以拒伪(郑)师,抗表以明大顺,执(王世)充侄仁则以归。"少林武僧在这场战争中发挥了重要作用,有力地推动了战争的进程,使唐军转败为胜,为大唐帝国的建立和巩固立了大功。这就是"十三棍僧救秦王"的传说。唐太宗李世民"嘉其义烈,频降玺书宣慰",对参战有功的13名武僧各有封赐。少林寺《太宗文皇帝御碑》上刻有李世民当年亲笔所写的圣旨,碑文中李世民高度赞扬13棍僧的赫赫战功,并赐少林寺耕地40顷、水磨一具,封昙宗和尚为"大将军僧",上面还清楚地刻有昙宗、惠玚、志操等13名棍僧的法号。

武德五年(622年),因少林寺原属"伪郑"之地,被下令废省。这是少林寺第二次被废。但是,少林寺僧因有"翻城之功",不伏减省,上表申诉。至武德七年(624年)七月才获敕"依旧置立"。次年二月,土地登记时,又错误地注明为"口分田",直到贞观六年(632年),才改正为"赐田"。又依《均田令》,每位和尚还可以分得"口分田"30亩,赐田和口分田,是少林寺的财政来源。此时,嵩山少林寺规模空前扩大,寺产颇丰。李唐王朝的鼎力支持,不仅使少林寺以武勇闻,名扬天下,而且从此少林寺的发展迎来了空前辉煌的时期。其后的唐朝帝王也不断巡幸少林,封赐少林。唐武德七年(725年)唐王朝"敕许,发京寺骁悍千僧充用军伍,则僧人亦为帝王所利用。"从这时起,少林僧徒练武之风大振,

少林武术逐渐向刀、枪、剑、戟、鞭、锤等方面发展,为后来少林武术的发展奠定了一个坚实的基础。同时,唐王朝还给以少林寺为代表的嵩山各佛寺许多特权。于是,嵩山佛教又开始兴起。

少林寺自"贞观之治"以后,又恢复了往昔的活力。首先是有一批律师,研讨戒律,"虚求一义,洞真谛之源"。他们是:明遵、慈云、元素、智勤等等。明遵是律宗"相部宗"创始人法砺(568~635年)的大弟子。

唐初律学,共有三大学派,即道宣的"南山宗",最初传播于长安终南山的白泉、崇义、丰德诸寺;怀素(625—698)的"东塔宗",最初传播于长安西太原寺的东塔。怀素最初从"五律宗师"法砺研习三载,后独立发展为一派;法砺的"相部宗",最初传播于相州日光寺。

法砺是灵裕的弟子,后从静洪学习《四分律》,更就洪渊听《四分》大义,又穷究《十诵律》,开拓异闻,参考经论,与慧休合撰《四分律疏》十卷、《羯磨疏》3卷。他的弟子有明导、昙光、道成、满意、昙遵等人。法砺去世后,少林寺就成为阐扬相部宗律学的一个重镇。唐玄宗时,相部宗由昙一(692~771年)传播到会稽的开元寺,传到了长江以南。唐大历十三年(778年),代宗下令在长安的安国寺设立"金定律疏院",为的是和合三宗,但效果甚微。此后,虽南山宗特盛,但另二宗也传至北宋。

唐代宗教大盛,而佛教在众多宗教中实际上处于主导地位,带给社会复杂多元化的影响。佛教的出世主张与儒家学说的入世主张相矛盾,吸引了大量游手好闲的人背弃社会责任,逃避赋税,遁世出家,这便在政治、经济、文化等方面处于与国家利益相对立的状态,因此佛教受到统治阶级中一部分人的批判,受到国家的限制和打击。唐朝初年,唐高祖等人企图废弃佛教,佛教徒和崇佛士大夫奋起抗争。释法琳向唐高祖奏上《辩正论》,指出佛教在维护社会治安、巩固朝廷统治方面有其特殊高妙的功能。他说:"释氏之化,无所不可,谅入道之教源,诚济俗之称首。夫行一善则去一恶,去一恶则息一刑,一刑息于家,则万刑息于国,故知五戒十善,为正治之本矣。又五戒修而恶趣灭,十善畅而人天滋,人天滋而正化隆,恶趣衰而灾害殄。"(《广弘明集》卷13)法琳的世俗弟子李师政撰《内德论》予以配合,说:"一缕之盗,佛犹戒之,岂长篡逆之乱乎?一言之竟,佛亦防之,何败醇和之道乎?惟佛之为教也,劝臣以忠,劝子以孝,劝国以治,劝家以和。弘善示天堂之乐,惩非示地狱之苦,不唯一字以为褒贬,岂止五刑而作戒。"(《广弘明集》卷14)这些说法动摇了唐高祖的废佛信念,后来的皇帝和大大小小的官吏,都不断加深对佛教这一功能的认识。朝廷在所下的诏敕论及佛教、道教时说:"释教本以助化,道家先于理国,惩恶劝善,以齐死生,熏然慈仁,美利天下,所庇者大,所益者深,故历代崇尚而弗易也。(《全唐文》卷410,常衮《禁天下寺观停客制》)"刘禹锡《袁州萍乡县杨岐山故广禅师碑》指出:佛教"阴助教化,总持人天,所谓生成之外,别有陶冶,刑政不及,曲为调柔"(《刘禹锡集》卷4)。

统治阶级利用佛教劝善弭祸、阴助教化的作用,有其社会根源:其一,佛教作为宗教,具有神秘主义、信仰主义的色彩。当世俗说教失去灵验时,同样的精神由佛教变换一种方式或一套术语加以表达,就带来了一种超自然的神秘力量,使得具有敬畏神灵心理的民众受到震慑,几乎不假思索便接受服膺。换言之,佛教伦理比纲常名教对社会有更大的渗透力。其二,儒学仁义道德的说教,主要引导人们认识自身的社会责任,而佛教的因果报应学说,却唤醒人们对自身利益的思索。善有善报,恶有恶报,人们现世的言论、行为和来世的处境直接挂钩,为着利己的目的,也应该行善断恶。假若每个人都从自身做起,不杀生,不偷盗,不邪淫,不妄语,不怨无争,谦让恬淡,推而广之,必定是全社会的安定和封建秩序的长治久安。世俗动用刑律,以行杀而止杀,无法根绝危害社会治安的现象,而佛教提倡对微小的身心过恶予以防范,以不杀而止杀,断其杀业,防患于未然,与世俗追求的最佳状态"刑措"完全一致。这样,佛教便在幕后悄悄地起到了维持社会治安的作用。

嵩山少林寺是禅宗东土初祖菩提达摩住持的地方,被称为禅宗的祖庭。自菩提达摩在此从事禅观以来,这里便是禅观的中心,后来经神秀系北宗禅学人的传承,蔚为重镇,这样做能起到破除世人争名逐利的作用,因而为中原民众所尊奉。这在相当长的时期内少林寺都保持着它的门风,具有不能被别的地方取代的地位。特别是少林寺僧人协助新建立的唐朝完成统一大业,赢得朝廷的好感,促成它受到国家的重视和垂青。

隋唐时期的少林寺都受到了当朝皇帝的重视。杨坚辅政时复兴佛教,恢复了少林寺,从各地僧人中遴选德业灼然者置为菩萨120人,其中就有慧远法师和洪遵律师。隋文帝杨坚执政初期,从全国范围内前后两次挑选十大德和六位高僧进京翻译佛经、研究佛教,慧远和洪遵都在其选。唐太宗以来,少林寺的著名高僧层出不穷,有明遵、慈云、元素、智勤等律师,法如、慧超等禅师。唐高宗李治及皇后武则天多次驾临少林寺。咸亨年间(670~674年),唐高宗亲自为少林寺御飞白书,题金字《般若碑》碑额(王知敬书写了碑文),并留幡施物。永淳年间(682~683年)又在少林寺墙壁上以飞白书写一"飞"字,题于寺壁。武则天也不断给少林寺施物赠金,为其亡母作功德,并在少林寺建灵塔,多次致御书并立碑于少林寺。武周如意元年(692年),女皇武则天还将少林寺诸神像金装后,迎入宫中供奉。

武则天赠袈裟与道安

嵩山僧人也有受到皇帝极度尊崇的。著名的道安禅师曾受到高宗征召而拒不响应。武则天时,她还曾到嵩山会善寺拜访道安,并赠袈裟于道安。

神龙二年(706年),唐中宗在长安"敕令中官(宦官)赐袈裟并绢,度弟子二七(14)人",但他宠辱不惊,次年便辞归嵩山。开元十一年(723年)冬,唐王朝在少林寺立《皇唐嵩岳少林寺碑》,唐玄宗李隆基鉴于少林寺有先圣缔构之迹,也御书碑额"太宗文皇帝御书"七字,委派天文学家僧一行将墨迹及"太宗教书"一本送往少林寺,交少林寺寺主慧觉领取。后镌刻于裴漼所撰碑上"太宗文皇帝御书"碑额系玄宗御书,"世民"二字系太宗李世民在武德四年所书。当时正在检查没收全国寺院的土地财产,唐玄宗"以此寺地及碾,先圣光赐,多历年所",因而"特还寺众,不入官收",使少林寺享受到"礼殊恒刹"的待遇。唐景龙时(707~710年),中宗特在少林寺设置"十大德高僧",从寺内僧中选任。由于本寺龙象荟萃,因而"人不外假,座无虚授"。由于李唐王朝的大力支持,少林寺逐渐成为名扬四方、高僧云集的著名寺院。唐代少林寺的兴盛及闻名,正如《皇唐嵩岳少林寺碑》所云:"海内灵岳,莫如嵩山;山中道场,兹为胜殿。"

经过"贞观之治",少林寺走向繁荣,这时的少林寺依地势高卑分为上方(西台)、下方,共有12院。上方风景最佳,分布着翻经堂、舍利塔、跋陀灵塔、普光佛堂等建筑。

贞观六年(632年),李世民将洛阳作为自己的行宫,号称"洛阳宫",可视为嵩山佛教事业再兴盛的前兆。唐高宗与武则天执政时期(650~704年),嵩山佛教才真正进入了鼎盛期。显庆二年(657年),唐高宗首次来到洛阳。同年十月,就诏令改"洛阳为东都,洛州官吏员品并入雍州。"从此以后,李治在位期间,曾九次来往于西京长安与东都洛阳之间,莅高居洛阳达11年之多。显庆四年(659年),李洛还诏迎法门寺的护国真身释迦佛指舍利至洛阳大内供养,皇后武则天还特意为舍利制造了金棺银椁。光宗元年(684年),武则天改东都洛阳为"神都"。天授元年(690年)九月,武则天登基称帝改国号唐为周。实际上,唐高宗李治和武则天当政期间,东都洛阳是国家政治、经济和文化的中心,为了政治上的需要,把地处洛阳京畿的嵩山称为神岳。同时,大力提倡佛教,不断提高僧尼的社会地位,大多高僧云集嵩山,伴随而来的僧众多达数千,因而又有一批佛寺先后建立,诸如华严寺、龙潭寺、卢岩寺、普照寺、龙泉寺等。当时,嵩山地区著名的佛寺有少林寺、白马寺、慈云寺、会善寺、法王寺、嵩阳寺、嵩山峻峰上的中顶寺、三阳宫、龙门十寺(香山寺、宝应寺、奉先寺、乾元寺、天竺寺、菩提寺、敬善寺、广化寺、石窟寺、胜善寺)等。

贞元十三年(797年),长安大兴善寺僧性宽(745~817年)"感非人于少林寺"。"非人"即"人非人",指紧那罗,似人而有一角。自此,少林寺"紧那罗"为护伽蓝神。

元和五年(810年),新罗国全州人慧昭(774~850年)受戒于少林寺琉璃坛,并习禅多年,830年返国,在康州智异山建玉泉寺,卒后谥为"真鉴国师"。

唐宪宗元和九年(814年),淮西节度使吴元济叛乱,宪宗派兵加以平定。据《旧唐书》载:元和十年(815年),淄青镇(治今山东省青州市)节度使李师道因反对唐宪宗讨伐吴元济,密结前安史叛将、嵩山少林武僧园净图谋联合造反。园净结盟嵩山南北村民数万人,打进梁县治所(今汝州),除了恶县令,然后与青州(今山东境内)节度使李师道部结成盟军进攻洛阳。圆净带兵埋伏在东都洛阳进奏院,并准备焚烧宫阙,肆行剽掠。后因为跑漏了风声,东都留守吕元鹰调兵袭击、围剿,谋反者逃入嵩山后被擒获。经审讯得知其主谋为少林寺僧人园净。园净俘时,年八十。园净被捉时官兵"使巨力者奋锤不能折其胫"。而圆净骂道:"鼠子,斩人足犹不能,敢称健儿乎!"他的徒弟永春同时被俘而死。

唐宣宗大中四年(850年)八月十五日,诏河南尹于熊耳山重建菩提达摩的"圆觉塔",请洛阳龙门山天竺寺审元上人主持。大中十三年(859年),彦晖(840~911年)于少林寺受大戒,承习毗尼,研味经论。可知在9世纪时少林寺仍是禅律双修,宗法于神秀的北宗禅。

唐武宗会昌二年至五年(842~845年),毁佛之举逐渐升温,达到高潮。时少林寺情况不明,估计也一度被废。

(二)唐代白马寺的兴衰

洛阳白马寺是东汉由西域引进佛教后建立的第一所佛寺,到了唐代,随着京都洛阳佛寺的大量出现,它的突出地位也随之淡化。武则天时期,白马寺得以重修,在政治生活中充当了重要角色。更重要的是,历代政治升沉和兵燹战乱带给它一些冲击和影响,使之出现破烂衰败之势。

武则天时,白马寺在唐代洛阳城东,离城区最近距离有十多里,离皇家中心区宫城则有二三十里。在没有现代化便捷交通工具的唐代,洛阳城区内的佛寺显然具有"近水楼台先得月"的优势。

唐代东都洛阳城内建有很多佛寺,唐高祖当皇帝前的洛阳城内旧宅,唐太宗贞观六年(632年)立为天宫寺。唐高宗龙朔元年(661年)九月巡幸该寺,"周历殿宇,感怆久之,度僧二十人"。武则天晚年,禅宗北宗领袖神秀由湖北被迎请到洛阳,神龙二年(706年)二月二十八日在天宫寺逝世。武则天为了给先母追冥福,把母亲生前居住的洛阳城内旧宅,于上元二年(675年)立为太原寺,也就是后来大名鼎鼎的大福先寺。显然,这是一个典型的皇家寺院,唐代有著名的天竺高僧菩提流志、宝思惟、地婆诃罗、善无畏及国内高僧义净、志辩、道丕、法藏(诸葛氏)等,都分别在这里从事佛教传播活动。显庆二年(657年),以幼小皇子李显(唐中宗)的名义,在洛阳城内怀仁坊为其父母唐高宗武则天立敬爱寺,天授二年(691年)改为佛授记寺,后来又改为敬爱寺。游学天竺、南亚回国的义净和华严经创始人法藏，在武则天的安排下，都曾在这里翻译经典。神龙二年（706年），唐中宗、唐睿宗兄弟为先母武则天追冥福，把洛阳城内的中兴寺改名为圣善寺，在寺内立报慈阁，同时将城内的慈泽寺改名为荷泽寺。安史之乱爆发后，禅宗南宗领袖神会被邀请在洛阳置坛度僧，收取香水钱，以弥补国家军费之需。这对于朝廷收复长安、洛阳两京，起到了相当重要的作用。相比之下，位于城外的白马寺多少有点逊色。

唐高宗李治和武则天当政期间，大力提倡佛教，到处建佛像修寺院，当时的佛教寺院可与宫室相媲美。东都洛阳是国家政治、经济和文化的中心，洛阳白马寺也迎来了自己的辉煌盛世，成为空前雄伟壮观的大寺院。

垂拱元年（685年），薛怀义建议维修故白马寺，武则天于是命他监修，担任寺主。河南伊川县1977年出土的《张庭珪墓志》说："薛怀义建伪阁，殚万家之产。"传说唐代白马寺的规模异常宏大，寺门前有高大的石牌坊，寺周围有很宽的河水环绕，寺内殿阁辉煌无比，殿堂周围有回廊环护，偏院多处，栽满梅、兰、竹、菊、柳、梧桐等名贵树木。仅寺内僧人就有3000多人，其山门几乎直抵洛河北岸，因为僧人居住的地方离山门太遥远了，步行要花费很长时间，所以到了晚上僧人须得骑马前去关闭山门，这就是所谓的"跑马关山门"之说

白马寺重建后，一鸣惊人，在政治生活中充当了重要角色，既帮助武则天实现了政治抱负，使她成为惟一的女皇帝，营造出中国古代史上空前绝后的奇迹，又使得国家的宗教政策发生了根本性的转变。武则天曾以皇后、皇太后的身份在洛阳执政。她想推翻唐朝，建立周朝，自己当皇帝，但自己的女性身份无法逾越传统的儒家男性皇储继位规矩。儒家学说是入世用世的学说，主要讲当世，具有现实主义风格。她要想克服儒学给自己带来的不利，当时除了讲论前世来生的佛教，没有别的学说可资利用。这时，佛教帮助了她。

载初元年（690年），白马寺主薛怀义、魏国寺法明等9位洛阳僧人利用《大云经》"陈符命，言则天是弥勒下生，作阎浮提主，唐氏合微"。（《旧唐书》卷183《薛怀义传》）《大云经》即十六国时期北凉僧人昙无谶翻译的《大方等无想经》。该书卷4说："尔时众中有一天女，名曰净光。"佛对净光天女讲其前世因缘，说："汝于彼佛暂得一闻《大涅槃经》，以是因缘，今得天身。值我出世，复闻深义。舍是天形，即以女身，当王国土，得转轮王，所统领处四分之一。得大自在，受持五戒，作优婆夷。教化所属城邑聚落男子女人大小，受持五戒，守护正法。摧伏外道诸邪异见。汝于尔时实是菩萨，为化众生，现受女身。"卷6又说：净光天女"为众生故，现受女身"。"尔时诸臣即奉此女以继王嗣。女既承正，威伏天下，阎浮提中所有国土悉来承奉，无拒违者。女王自在，摧伏邪见。"今存敦煌残卷《大云经神皇授记义疏》解释说："今神皇（武则天）王南阎浮提一天下也"，"当今大臣及百姓等，尽忠赤者即得子孙昌炽，……皆悉安乐"。"如有背叛作逆者，纵使国家不诛，上天降罚并自灭。"武则天的困境终于被解除。九是阳数，她选择载初元年九月九日重阳节在洛阳举行登基大典，体现了自己前世的男性身份，龙飞九五当然是天经地义的了。她于是下制颁布《大云经》于天下，令洛阳、长安两京及各州皆立大云寺一所；将这9位洛阳僧人封爵县公，并依照相应级别官员的服色佩饰，赐给紫袈裟、银鱼袋。天授二年（691年），谕令"释教宜在道法之上。缁服（指僧人）处黄冠（指道士）之前"。武则天因佛教为自己改朝换代鸣锣开道，对佛教怀着感激之情，因而将唐初以来的道先佛后国策改变为佛先道后。延载元年（694年），封薛怀义为伐逆道行军大总管，领十八军以击默啜。天册元年（695年），加号"慈氏越古金轮对神皇帝"，慈氏，意即弥勒。久视元年（700年），欲在白司马坂（距白马寺不远处）造大象，"使天下僧尼日出一钱，以助其功。"后因宰相狄仁杰力谏而罢。

后来，薛怀义厌烦进入皇宫，多居白马寺，刺血画佛像，挑选千名强壮丁男度为僧人。侍御史周矩

疑其图谋不轨，奏请处理。但薛怀义有恃无恐，骄倨无礼。武则天祖护薛怀义，指示周矩："此道人风（疯）病，不可苦问。所度僧任卿勘当。"周矩"穷其状以闻，诸僧悉配远州"。事后周矩遭到薛怀义的陷害，下狱免官。后薛怀义益发偃蹇跋扈，欺侮朝官，还纵火天堂，延及明堂，终于使武则天不能容忍。证圣元年（695），武则天下令杀掉他，"以辇车载尸送白马寺，其侍者僧徒皆流窜远恶处"。

作为"释源"、"祖庭"，白马寺在佛道之争中有着其他寺院所不能取代的地位。唐神龙元年（705年），中宗在洛阳恢复皇位，诏令佛道二教的代表来洛阳皇宫内辩论《老子化胡经》的真伪，百官参与旁听。《老子化胡经》是道教的一部伪经，西晋道士王浮所著，宣称佛教创始人释迦牟尼是道教祖老子的徒儿尹喜投胎转世，被老子培养成为佛。道教徒和佛教徒争高低，常以该经作为攻击佛教的重型武器。这次辩论中，僧法明质问道士说："老子化胡成佛，老子为作汉语化，为作胡语化？若汉语化胡，胡即不解。若胡语化，此经到此土，便须翻译，未审此经是何年月、何朝代，何人诵胡语，何人笔受？"道士被问得哑口无言。于是唐中宗于九月十四日下敕令废除《化胡经》："仰所在官吏废此伪经，刻石于洛京白马寺，以示将来。"白马寺的这通国家级碑刻，成了唐朝宗教政策的实物标志。

先天元年（712年）秋，唐玄宗在长安即皇帝位，"东都白马寺铁像头无故自落于殿门外"。这一现象被说成是唐玄宗称帝伊始即恢复重道抑佛国策的征兆："自后捉搦僧尼严急，令拜父母等，未成者并停革，后出者科决，还俗者十八九焉。"

唐玄宗天宝十四年（755年），爆发了安史之乱，叛军把白马寺当作驻军场所。《旧唐书·回纥传》载，回纥兵平定安史之乱后，应唐朝之邀收复洛阳。"至东京，以贼平，恣行残忍，士女惧之，皆登圣善寺及白马寺二阁以避之。回纥纵火焚二阁，伤死者万计，累旬火焰不止。""安史之乱"后的洛阳，"宫室焚烧，十不存一，百曹荒废，曾无尺椽。中间畿内，不满千户，千里萧条。"白马寺遭到破坏，从此一蹶不振。唐人张继《宿白马寺》之诗描绘了安史之乱之后，他所看到的白马寺萧条破败的景象：

白马驮经事已空，断碑残刹见遗踪。萧萧茅屋秋风起，一夜雨声羁思浓。

但白马寺依然是高僧习法译经之所。唐高宗永徽六年（655年）天竺僧人释佛陀多罗，其法名意译成中文叫觉救。他携带贝叶经来华从事教化，"止洛阳白马寺，译出《大方广圆觉了义经》"。这时期，白马寺的佛事活动一直在继续。另一位诗人许浑还写有这样的诗句：

寺喧听讲绝，厨远送斋迟。墙外洛阳道，东西无尽时。

唐代宗大历二年（767年），安国寺僧乘如上书，请抽白马寺僧崇光，同德寺僧重进，香谷寺僧从恕、惠深等7人入嵩山会善寺持律，代宗允之。

唐代后期的会昌废佛（841~846年），是唐武宗发动的一次废佛事件，严重地摧毁了佛教势力。据《旧唐书·武宗纪》载：会昌五年（845年），武宗敕令，"毁山野招提兰若，东西两都两街各留2寺，每寺留僧30人，节度观察使治所及同、华、商、汝4州，各留一寺，寺分3等，上等留僧20人，中等留10人，下等5人，其余僧尼皆敕归俗，寺非应留者毁撤，田产没官，铜像、钟磬以铸钱。凡毁寺4600余，归俗僧尼26.05万人，毁招提兰若4万余，收良田数千（当为十）万顷，奴婢10万人。"据日僧圆仁目击记述，到处是"僧房破落，佛像露坐"，"寺舍破落，不多净吃；圣迹陵迟，无人修治"（《入唐求法巡礼行记》卷4）的景象。从此，中国佛教由鼎盛转向衰落。

唐代末年，洛阳又长时期陷入兵火。史载"孙儒据东都月余，烧宫室官寺民居，大掠席卷而去，城中寂无鸡犬。"又载，当时"西至关内，东至青齐，南至江淮，北至卫滑，鱼烂鸟散，为烟断绝，荆棘蔽野。"史料中虽然没有记载白马寺当时的境况，但通过以上对洛阳境况的描述，白马寺的惨状也就可想而知了。

三、隋唐时期的嵩山石窟与造像

龙门石窟中的隋代造像稀见罕存,只在宾阳南洞有若干不加龛饰的纪年小龛。其中在《伊阙佛龛之碑》北侧,有隋开皇年间的小佛像龛,在宾阳南洞北壁有大业十二年(616年)的佛像龛。这两龛代表着自隋初至隋末的造像风格,形象较前更加丰腴,衣纹基本上采用圆刀技法。至于龙门隋代造像稀少的原因,尚有待考察研究。

唐代是嵩山佛教进入繁荣昌盛的时期,也是嵩山石窟达到了空前的营造高潮。这一时期,石刻艺术向着中国化、世俗美的形象发展,而且取得了很高的成就,不仅成为中国,而且也成为世界艺术史上的奇观。在唐代的中原地区石窟景观中,最具代表性的当为龙门石窟和巩义石窟。

(一)龙门石窟

1. 龙门石窟与奉先寺

初唐阶段的龙门窟龛中不见唐代武德年间的纪年造像。据《伊阙佛龛之碑》提供的资料,贞观十五年(641年)继续营建宾阳南洞未竣工程。永徽年及稍后完成宾阳北洞之余工,并开始潜溪寺的修建工程。此时,在龙门洞窟内最早出现了铠甲装束的武将形象的天王。这种将世俗将帅神化了的作法,反映了唐代统治阶级的愿望。

自永徽六年(655年)起,龙门石窟出现了一种特殊的"优填王造像"的形象。这种形象善跏趺坐,千篇一律,衣纹极少褶纹。直到调露二年(680年),前后连续达30年之久。此期的雕刻手法上,佛座的变化较为突出,佛像的造型继续向丰满圆润,世俗化及写实美的境界推进。

自武则天立为皇后直至改唐为周,期间近半个世纪,武氏要利用佛教为其称帝大造舆论,此为广开窟龛的政治原因。而石雕技艺的日益精熟,给规模宏大、形象逼真的石窟造像提供了艺术的保证。

唐代石窟营造最繁盛的时期是唐贞观十四年(640年)以后,唐代在龙门营造的石窟数量之多居各代之前,约占60%。其中,最具有代表性的重要石窟是龙门奉先寺。在龙门西山南部山腰,有奉先寺大像龛,原名"大卢舍那像龛",后代称"九间房",是龙门石窟开凿规模最大的摩崖像龛。据其北侧的《大卢舍那像龛记》载,奉先寺为唐高宗李治为唐太宗追福所营造,因"奉先思孝"而得名。皇后武则天曾施脂粉钱二万贯(相当于今天600万元)助建。石窟开凿于咸亨三年(672年)四月一日,至上元二年(676年)十二月三十日完工,前后历时三年九个月。虽然耗时不长,但宏大的规模超过了龙门所有的石窟。奉先寺在开窟造像时,别具匠心,一反常规,不采取全部开凿洞窟的方式,而是因地制宜,将整座山体劈成南北宽约36米,东西进深约40米的门形崖面,然后依山就势在露天的崖壁上雕造佛像,这就使这样大规模的建筑能够实现获得了可能,并且可以利用山势减少开凿山崖的时间。据唐开元十年(722年)铭记:"佛身通光座高八十五尺,二菩萨七十尺,迦叶、阿难、金刚、神王各高五十尺",整个石窟中所有的佛像都烘托出一种浑然天成的浩然大气。卢舍那是佛的梵名"vairocana"音译。佛有三身,一是法身,是佛的本来之身,称"毗卢舍那";二是报身,是佛经过修炼而获得的佛果之身,称"卢舍那";三是应身,是佛为"超度众生"而显现之身,称"释迦牟尼"。因此简单地说,"卢舍那"便是释迦牟尼佛报身的名号,释迦牟尼是应身的名号。毗卢舍那华译为遍一切处,是光明遍照一切的意思。卢舍那华译为净满,是清净圆满的意思。奉先寺的卢舍那大佛正是按照这个意念雕造的。卢舍那大佛依山结跏趺端坐在八角形莲花须弥座上,身披袈裟,衣纹简洁清晰而流畅,背光华美而富于装饰性,烘托出主像的严整圆润。雕造者显然将表现的重心放在了大佛的面部,丰满圆润,姿态庄严,目光慈祥,睿智的双眼俯视着脚下的芸芸众生,嘴边微露笑意,显出内心的平和与安宁。大佛的表情含蓄而神秘,严肃中带有慈祥,慈祥中透着威严,威严中又有着一种神圣与威武,这是一个将神性和人性完美结合的艺术典范,一个具有伟大情感和开阔胸怀的完美形象。雕造者使宗教的理念与艺术的创造达到了完美的和谐与统一,成功地塑造了既充满睿智又美丽典雅的艺术造型,这不能不说是我国古代雕造史上的奇迹。

奉先寺共有九尊大型雕像,均依山凿石而成。正壁(西壁)造像五尊,中为卢舍那,左为弟子迦叶和文殊菩萨,右为弟子阿难与普贤菩萨。南北两壁各雕一天王、一力士像。在正壁五尊主像的周围壁面和南北两壁天王、力士像的周围壁面上,在这些主像的间隙处或上方,还有许多小龛、立佛、供养人等,他们对奉先寺的九躯大像,特别是对主佛卢舍那像,如众星拱月,起到了很好的烘托作用。

奉先寺营造于唐代盛世,其规模的宏伟反映了当时经济的高度发展,艺术之精湛折射出唐代文化的无比繁荣。可以毫不夸张地说,奉先寺是唐代文化艺术的高峰,也是中国美术史、世界美术史上的一座丰碑。

在龙门石窟的唐代窟龛中,就施工成员来说,大卢舍那像龛是记载最为详细的一个洞窟,这反映了封建国家对一宗教工程高度重视的态度。当时参与这一造像工程的历史人物,有支料匠李君瓒、成仁威、姚师积等人,他们应是中国雕塑史上杰出的大师。还有唐代西京实际寺净土宗大师善道,西京法海寺主惠简,以及主持工程的大使司农寺卿韦机,副使东面监上柱国樊元则等,正是他们共同完成了奉先寺大像龛整体的雕造。

奉先寺大像龛营造之前,历史上曾经有一座真正意义上的寺院——奉先寺。据载,奉先寺大像龛建成以后,唐高宗于调露元年(679年)在龛南创立大奉先寺,并亲处书额。该寺是高宗追念祖先的,因而称为"大寺",亦即其具有"国寺"的地位。开元十年(722年)大奉先寺被洪水冲毁之后,唐玄宗将其与未受洪水侵袭的另一座寺院——龙花寺合并,改名奉先寺。该寺在北宋至元前期仍香火不断。

2. 全民参与造石窟

唐代开凿龙门石窟时,地处伊水两岸的龙门石窟就成了唐王朝皇室的开窟造像的中心区域,上自皇帝、皇后、太子、亲王、公主,下至朝廷显贵、黎民百姓,纷纷来到这个风景秀丽的河畔山崖间,出资镌刻佛像,以寄托自己和亲人们的各种祈盼。

龙门石窟不但是全民参与的成果,还是佛教众多宗派的集成。在中国佛教史上,由于信仰的神祇和义理不同而出现了许多宗派。龙门石窟就聚集了佛教众多宗派的造像。如唐高宗与武则天经营的奉先寺大卢舍那像龛是依据《华严经》造像,与华严宗有关;敬善寺、万佛洞、北市采帛行净土堂、东山万佛沟的西方净土变龛与净土宗有关;东山大万伍佛洞(即擂鼓台中洞)和看经寺内的罗汉浮雕群像应是依据禅宗的经典所为;西山中段万佛洞南上方的十一面观音、东山万佛沟北崖的千手千眼观音龛、千手观音龛以及擂鼓台南、北二洞的造像与密宗有直接关系;40余尊的优填王造像与法相宗有关;以地藏菩萨为主尊的造像应是三阶教崇拜的对象。在一处石窟内集聚如此多的佛教宗派造像,在全国石窟中极为罕见。这就大大地丰富了石窟造像的题材内容,反映了龙门石窟初、盛唐时期的中心地位,也为研究佛教宗派的活动及其仪轨提供了可靠的实物资料。

唐代龙门石窟的雕造,在全民参与的大潮中,除了皇家和百姓的参与外,还有社会上一些商业团体的参与,如龙门石窟中"北市丝行像龛"、"北市香行社像龛"、"北市彩帛净土堂"就是由北市丝行、北市香行社、北市彩帛行出资营造的。这三个洞窟都在龙门西山南端,规模都不算大,造像水平也不及奉先寺、万佛洞等皇家窟龛中的雕刻,但它们自有其不可忽视的历史价值。

全民参与造石窟

北市丝行像龛位于奉先寺大卢舍那像龛南,为一小型窟龛。窟额上刻有"北市丝行像龛"6个大字,洞名即由此而来。从洞内造像题记可知,这个洞开凿于唐武则天垂拱四年(688年)至永昌元年(689年)。窟外正壁为方形,窟门高1.56米,两侧各有一力士,后壁坛座犹在,但坛上原有的五尊造像则无一留存。坛正面有五身伎乐人,其本尊身光为对称的四身伎乐人,虽为浅刻,但姿态活泼优美,极富动感与韵律。该窟南北壁均有数个像龛。北壁上的圆拱龛内为1佛2弟子2菩萨像,龛顶处是永昌元年九月十五日比丘惠澄、善寂为法界众生、师僧父母及自身、开门人菩常等造释迦像一铺的题记,龛下两侧各有一身穿袈裟、足登云头鞋,双手持钵作供养状的比丘雕像,分别刻有人名"佃惠澄"与"僧善寂",这是唐代石窟造像中造像者以供养人的身份进入佛像系列的又一鲜明例证。壁中间是一个内为莲瓣、外为火焰的头光。头光左侧就是该"北市丝行"成员的题名:社老李怀璧、平正严知慎、录事等共21人。

北市香行社像龛在古阳洞与药方洞之间,其形制比北市丝行像龛略小,也是完工于永昌元年(689年)。窟顶大半残塌,造像头部已残。然洞北壁可见题记:"北市香行社,社官安僧达,录事孙香表、史玄策……永昌八年三月八日。"据学者考证,这些人多为西域后裔而取中国姓氏者,是西域商人在洛阳经营香料而又参与龙门石窟开凿雕像的具体例证。

北市彩帛行净土堂是唐代东都洛阳北市的彩帛行出资营造的洞窟。窟楣上有"北市香行王元翼、李谏言、刘羲方、王恩忠、张□行"等人的题名,则说明香行社的成员,有可能是作为股东参加彩帛行的开窟造像活动。

从上述三个由商业行会成员出资营造的小型洞窟,从中可以看出唐代武则天时期商业与手工业的发达。这时,仅在洛阳北市就有丝绸、香料、彩帛等商业行会的出现,那么整个洛阳商业与手工业的昌盛自然可想而知。同时,从这些造像题记中看到,西域商人在洛阳香料经营中占有重要的地位,而香料又是我国从丝绸之路上输入的主要商品之一,可见唐代的洛阳在丝绸之路的东西方交往中占有何等重要的地位。洛阳作为丝绸之路东端的起点,大概也可由此得到佐证。

3.独特的雕塑艺术语言

由于皇帝、皇后、太子、诸王、朝臣显贵亲自参与,财力自然雄厚,全国的大师巧匠云集龙门。因此,这一时期的凿窟的雕刻艺术达到了前所未有、后亦难续的巅峰。

因此,唐代的造像继承了北魏的优秀传流,又汲取了汉民族的文化,创造了雄伟生动而又朴实自然的写实作风。以规模宏伟、气势磅礴的大卢舍那像龛群雕为代表,这座依据《华严经》雕琢的摩崖式佛龛、以雍容大度、气宇非凡的卢舍那佛为中心,用一周极富情态质感的美术群体形象,将佛国世界那种充满了祥和色彩的理想意境表达得淋漓尽致。这组雕像体现了大唐帝国强大的物质力量和精神力量,显示了唐代雕刻艺术的最高成就。

龙门石窟有自身成套而独特的雕塑艺术语言,提示了雕塑艺术创作的各种规律和法则。自石窟艺术传入中国后,新疆等边远地区的早期石窟艺术,乃至云冈昙曜五窟都较多地保留了犍陀罗和秣菟罗艺术的成分。而龙门石窟则是远承印度石窟艺术,近继大同云冈石窟风范,与魏晋洛阳和南朝先进而深厚的汉族历史文化相碰撞、融合开凿成的。所以龙门石窟的造像艺术,一开始就呈现出了中国化、世俗化的趋势,其造像的神态气质、衣着服饰、雕刻手法都为之一新,造像特征表现出一种"褒衣博带"、秀骨清姿、宽袍大袖、表情温和、潇洒飘逸的风格。入唐以后,龙门造像受雍容华贵、富丽健美时尚的影响则演变为体躯丰腴、面相圆润、隆胸细腰、典雅端庄的风格,并精雕细刻,毫无繁缛、臃肿之感,达到了形似完美的境界。这两种划时代的中原艺术风格,在龙门石窟一经形成,便借其政治上的优势而迅速风行全国,甚至影响到域外的造像艺术。

4. 唐代龙门石窟观览

唐代的龙门石窟造像有着以下几种情形:其一是在北魏工程的基础上,对魏窟进行改造或新造佛像,如宾阳北洞、宾阳南洞、药方洞等造像龛。其二是新开洞窟新造佛像。这一时期,龙门石窟中所建的大中型洞窟有:奉先寺、惠简洞、西山摩崖三佛、万佛洞、东山大万伍佛洞、高平郡王洞、潜溪寺、敬善寺等。其中,惠简洞,以惠简主持而得名。它以弥勒佛为主尊,是迎合武则天是弥勒转世的说法,为改唐为周作舆论准备的产物。西山摩崖三佛是一个依山凿石开放式的露天造像龛,是以弥勒为主尊,以结跏趺二佛分左右的布局,又据弥勒在宋朝几乎绝迹的现象,故知此亦当是武氏称帝前后的作品。万佛洞是为高宗、武则天及其诸子开凿的大型洞窟之一,洞壁遍刻小佛,其数目实际在1.5万尊以上。东山大万伍佛洞,其主要内容和西山万佛洞一样,刻有数量为1.5万尊以上的小佛像。窟内正壁造像弥勒。还有一组据《付法藏因缘传》雕刻的佛教西土从摩诃迦叶到狮子比丘的25代传法谱系罗汉浮雕像。与此相类似的东山看经寺所谓的29代传法谱系罗汉图大同而小异,都是释迦牟尼身后代代相因的传法者。万佛沟的高平郡王洞,是以连枝五莲花造像的型制而著称于世。潜溪寺是龙门西山北端的第一所大窟,窟内主佛为阿弥陀佛。敬善寺是唐太宗妃子韦氏所造的功德窟,围绕主佛窟内四壁刻有53尊坐姿不同的菩萨,坐在同一根而数十茎的莲花宝座上。这组别致的造像据说是出自于佛经"一佛五十菩萨,各坐莲花"的故事。然而,它已不是以往的绘画,而是圆雕石刻,因此也就弥足珍贵。其三是以武则天执政为界,此前,开窟造像大体不出西山范围。后来则渐渐向东山转移。然因东山石质不及西山,其数量自是远远不及西山。

唐中宗到玄宗时期,龙门的佛教造像活动走向了低潮。此期间的50年,没发现有纪年的大中型洞窟。东山二莲花洞、四雁洞,从风格上看属此期的可能性较大。在此期间,政治斗争反映在宗教造像上的是,自中宗复辟,弥勒佛的形象在龙门基本绝迹。玄宗时期,当是唐代龙门开窟造像的余波,到天宝十四年(755年)"安史之乱"以后,更是濒临尾声。德宗贞元元年(785年),虽有几个纪年的小龛,但艺术造型较之以前相比,都已有了很大差别,艺术价值更不可同日而语。

龙门石窟在唐朝的营造,历太宗、高宗、武则天和玄宗四帝时期,计110年。唐代在龙门营造的重要石窟除以上所说以外,还有清明寺、双窑、极南洞等。西山最南的极南洞、东山擂鼓台三洞、看经寺诸洞为武则天时期(684~704年)重修。唐代在龙门除佛教造像以外,还有个别雕造道教造像的。在东山万佛沟北崖西口有唐贞元七年(791年)造像龛,另外在西山以及东山也发现有个别宋代佛龛,说明中唐以后,龙门小型龛的凿造一直延续到宋代。

总体说,龙门石窟自北魏孝文帝迁都洛阳(493年)之际开凿始起,后历经东魏、西魏、北齐、北周至隋唐,断断续续历经400余年的开凿,使大大小小的窟龛似蜂巢一般,蔚为壮观,密布在伊河两岸的崖壁上,南北长达1公里。龙门石窟的佛教造像,是外来的艺术形式在中国文化的土壤中生根开花结果的产物,是中华民族艺术史上的光辉篇章。龙门石窟造像的历程告诉我们,它多是皇室权贵发愿祈福之作。它记载着历代的战乱,洛阳的兴废过程,它反映了王朝的重大政治动向,如孝文帝的汉化改革,武则天的改唐为周,中宗的改周为唐等等。龙门石窟的确是研究佛学史和艺术分期的不可多得的实体资料。

(二)巩义石窟

相对于巩义石窟说,龙门石窟所有洞窟的形制较简单,石窟中没有设中心方柱,没有分前后室的形制。而巩义石窟虽然规模小,但窟内留有中心方柱,这是与其它石窟不同的特点。窟内有了中心方柱,自然就成了平顶,这和云冈、龙门的穹隆顶,顶上绘有藻井,有显著的不同。留中心方柱,是工匠根据岩石层断裂纹较多、为防止石窟塌陷而采取的措施。有了方柱不但可以防止塌方,又可以增加石壁面积,使石工们在最突出的方柱上大显身手,雕刻出像石塔一样的大型艺术作品,给石窟增添不少内容,显得更加丰富多彩。

巩义石窟虽不如龙门石窟那样雄伟庞大、气势磅礴,但它以小巧玲珑、惟妙惟肖见长。其中,千佛龛就是唐代雕造的最具代表性的石窟作品。

千佛龛位于巩义石窟最东边。历来称"千佛洞",系唐乾封年间(666~668年)所凿。千佛龛实为1个大龛,高1.50米,宽2.12米。圆拱龛楣,后壁平直,除中间刻一较大的坐佛和题记外,后壁和两侧壁皆刻满排列整齐的小佛龛,共计999尊,加上中间坐佛共为1000尊,故名"千佛龛"。龛内千佛所著衣服,富于变化。龛内两侧外边,雕有4个竖长形的佛龛,内各刻一菩萨像,龛口两侧角又各刻一形象生动的天王像。洞外侧刻有小佛龛9个,佛座下方有刻于唐乾封年间的一块造像题记。

石窟外面除摩崖大像外,唐代雕琢的有些小龛亦非常精致。如第4窟外壁唐龙朔二年的119号龛,系在加工平整的长方形壁面上开凿的。佛坐莲花座,2菩萨、2弟子、2天王及2力士皆立于莲蓬、莲叶及莲花上,以莲梗将各像联结起来。龛楣以12个莲上伎乐天组成。龛下部刻一排栏杆及双手托栏杆的力神。龛底为6个怪兽。再下面为一排跪坐的供养人。在大约高75厘米,宽90厘米的平面上,形象丰富、生动有变化,是巩义石窟小龛中的突出作品。

在嵩山地域的洞窟中,巩义石窟规模虽然不大,但它属于帝室营建,其雕造技艺的高超和总体设计的巧妙,都代表了北魏和唐代石窟的最高水平。巩义石窟自北魏建寺以后,东西魏、北齐、北周、隋、唐以及北宋相继在此凿窟造像,历经400多年。巩义石窟现存主要洞窟5个,千佛龛1个,摩崖造像3尊,摩崖造像龛255个,佛龛约1000个,造像题记及其他铭刻200余则,佛像7743尊。无论过去和现在,她都是镶嵌在大力山中的一颗耀眼的明珠。

四、隋唐时期的求法高僧

隋唐是中国古代的盛世,政治上的统一和安定,经济文化上的繁荣发达,使得隋唐王朝与世界各国的经济文化交流都空前繁盛,求法和译经活动规模空前。佛教在中国尽管已经确立了自己的地位,但有许多问题在长期的论争中悬而未决,这促使中国僧人前往佛教的发源地追根溯源。其实,佛经传入时都为梵文,翻译起来相当困难,自南北朝时候起就有人去西天取经并翻译典籍,隋唐时期因为语言发生了变化,人们开始看不懂南北朝时翻译的佛经,于是又有胸怀大志的僧侣前往印度探寻真正的佛经教义。据统计,从公元 3 世纪到公元 8 世纪有 170 位高僧离开中土长途跋涉到西域求取真经,他们中大多数人都没能回到故乡,平安返回的只有 43 人。在这些西行求法的人中,嵩山人玄奘、少林寺高僧义净和少林寺的新罗僧慧超最为著名。

(一)西行求法

1. 走出嵩山的玄奘

玄奘,俗名陈祎,出生于唐朝嵩山缑氏县(今偃师市南境),佛教法相宗的创始人,著名的翻译家。贞观三年至十九年(629~645 年),玄奘作了艰苦卓绝的西行求法壮举。玄奘西游纯属未

玄奘西天取经

经朝廷批准的个人行为,当时适逢唐朝与西域交战,朝廷禁止人员前往战区,玄奘甚至在行至甘肃瓜洲时还看到朝廷拘捕自己的文书。尽管玉门关外道途险恶,九死一生,但他不顾个人安危,完成了这次惊天动地的求法壮举,成为成就最大影响最深远的人。

玄奘前往天竺,舍身殉命学习那些没有传入中国的佛教义理。他历尽艰险,经过几十个国家来到印度,又辗转游历了印度各国,在著名的那烂陀寺参拜戒贤法师和胜定论师,学习了《唯识抉择论》、《成无畏论》、《破大乘论》,并将自己撰写的《会宗论》和《制恶见论》呈给戒贤法师,人们都说玄奘穷尽了天下劲敌的理论。玄奘在印度受到戒日王的顶礼膜拜,戒日王为他举行曲女城大会,请玄奘升上法座,命令众人提出驳难,一连 18 天都没人敢提出疑问。

当玄奘西行求法跋涉十余万里,历时 17 年,历经艰难险阻,克服重重困难,携带 8 尊佛像、梵语佛经 520 夹 657 部以及佛祖舍利等回到大唐王朝时,当朝皇帝李世民与百万市民倾城出动,迎接游历 17 年的玄奘西天取经归来。14 岁的武则天见到玄奘,对她的佛性有了启发,此后武则天借助佛教的力量登上皇帝的宝座,成为大唐王朝 22 帝中最为崇佛的帝王。

玄奘回国后,请求翻译自己带回的 657 部佛经,唐太宗即命京师留守梁国公房玄龄专门负责监护翻译工作,所需物资由国家供给。玄奘先后在长安弘福寺、大慈恩寺译经,唐太宗为之写《大唐三藏圣教序》,皇太子写了《述三藏圣教序》。这期间,玄奘希望将少林寺作为自己最终栖托之地,为国家翻译经典。唐太宗贞观十九年(645 年)二月上书皇帝,请求"望为国就彼(少林寺)翻译",但未获允,敕命就西京弘福寺译经。显庆二年(657 年)至显庆三年二月,唐高宗在洛阳居住,这一次玄奘亦陪从。此

次在洛阳停留达一年之久,玄奘终于有机会回故乡探望。玄奘的父母早逝,"坟陇颓毁,殆将湮灭"。他问访亲故,又是"沦丧将尽",亲人已"零落殆尽"。他深自愧疚:"不能殒亡,偷存今日",感慨"岁月如流,六十之年,飒焉已至,念兹遗速,则生涯可知。加复少因求法……途路迢遥,身力疲竭。顷年以来,更增衰弱。顾阴视景,能复几何?"在这种复杂心理的状态下,九月三十日(657年11月1日),玄奘向唐高宗上表,申请入嵩山少林寺修禅观并翻译佛经。但是,"帝览表不许",又遭婉拒。

《尺牍清裁》载:

上高宗表

唐 玄奘

玄奘少来,颇得专精教义,惟于四禅九定,未暇安心。今愿托虑禅门,澄心定水。窃惟此州嵩高少室,岭嶂重叠,峰涧多奇。含孕风云,包蕴仁智,果药丰茂,萝薜清虚。其间复有少林、伽蓝、闲居等寺,皆跨枕岩壑,萦带林泉。佛寺尊严,房宇间邃,即后魏三藏菩提留支译经之处也。实可皈依,以修禅观。两疏朝士,尚解归海;巢许俗人,犹知栖箕。玄奘出家为法,翻滞寰中,清风激人,念之增愧。

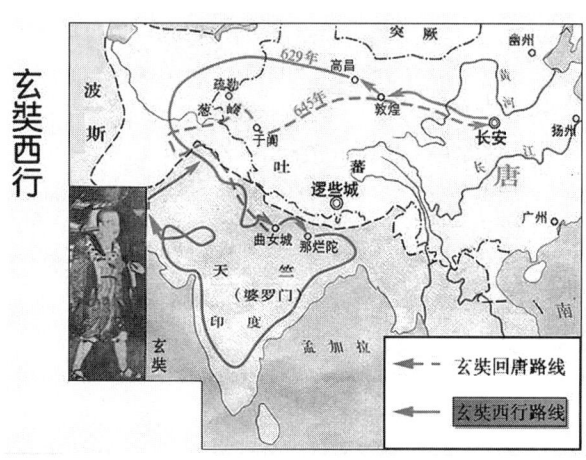

玄奘取经路线图

玄奘一再申请入少林寺,是有着多种缘由的。首先,他想摆脱皇帝的严密控制。玄奘在皇帝身旁,不得不分心应对许多宫廷俗事。其次,玄奘仰慕北魏印度高僧和翻译巨匠菩提流支等人在少林寺"翻经堂"翻译《十地经论》,亦欲效仿。三是玄奘想在少林寺修习禅观。当时已是拥有"禅宗祖庭"地位的嵩山少林寺在佛教界已经是闻名遐迩,北朝以来的禅学几大流派皆源于少林寺,能进入这样的名寺修习禅观,是很多出家人的愿望。四是从师承上追源,玄奘与少林寺关系密切。玄奘在相州(今河南安阳)时,师承慧休,慧休得自少林寺的传承是:跋陀——慧光——道凭——灵裕——慧休,则玄奘是少林寺开山祖师跋陀下五代法孙。玄奘在长安时,从师僧辩,而僧辩得自少林寺的传承是:跋陀——慧光——法上——融智甲靖篙——智凝——僧辩,则玄奘是跋陀下七代法孙。最后,在嵩山少林寺与玄奘的故乡缑氏县之东南的凤凰谷陈村,近在咫尺。长住少林寺译经,等于和长眠于地下的父母共处一地,近在身旁,和这里的乡亲们同在一起,有回归故里之感。在为国做事的同时,可以慰藉一下他长期漂泊在外而内心深处那种隐隐的思亲恋乡的情感。纵然是有再多的缘由,玄奘还是选择忘掉自己,服从了国家。

玄奘西行求法回国后,对佛教的主要贡献是译经与创宗。

唐高宗让玄奘居住在为皇太子建造的西明寺及玉华寺,他在弟子的帮助下共译出佛经、论著75部,总计1335卷,包括因明、对法、戒律、中观、瑜伽、唯识诸科,印度佛教全盛时期的精华宝典,玄奘几乎全都翻译成了汉文,比竺法护、鸠摩罗什、真谛、义净、不空几位所译的总数1222卷多出百余卷。玄奘对中外文化的传播做出了卓越的贡献,成为我国古代最杰出翻译家、佛学家。在中国所有的译经者中,玄奘是翻译数量最多、质量最好的,而且他的翻译非常准确,文义贯连,词句典雅,被称为"新译",为佛教界所推崇,开中国翻译史之新纪元。

此外,玄奘还将《老子》和《大乘起信论》等论著译成梵文,传到印度,推动了中印文化交流事业的发展。

玄奘在翻译佛经的同时,和弟子窥基创立了中国佛教史上大乘部法相宗(唯识宗)。法相宗非常重视逻辑,重视理性思考,主张通过层层缜密的推理和因明逻辑,来无限接近并揭示佛教徒心中的真理,在阐释佛教哲学名理上贡献很大,丰富了中国思想文化宝库。法相宗具有的理性主义色彩深得中国理性主义知识分子的推崇。在唐代太宗、高宗两代帝王的支持下,法相宗非常兴盛,并且传播到日本、朝鲜,成为那里直至今日的主流宗派。而恰恰是由于理性主义的气质和晦涩难懂,所以很难为普通民众所接受。唐代后期,法相宗在中国渐渐失去了它生长发展的环境。

贞观二十年(646年)秋七月,玄奘编撰完成了由自己口述、辩机记录整理、唐太宗钦定的《大唐西域记》。书中记述了玄奘西行的所见所闻,记述了他所到的128个国家和地区的都城、疆域、地理、历史、语言、文化、生活、物产风俗、宗教信仰,此外还有其他十余国家的情况。该书实际上是一部玄奘西行的实录,是继晋代法显之后的又一部取经游记巨著。书中除生动描述阿富汗巴米扬大佛、印度雁塔传说、那烂陀学府以及诸如佛祖成道、佛陀涅槃等无数佛陀圣迹,还有很多佛教传说故事。这些十分详尽的记载,又被后来的历史文献和文物考古所佐证,对于研究印度、巴基斯坦以及中亚细亚各国的古代史具有重要的史料价值。该书先后被译为英、法、德、日等国文字广为传播,是研究中外文化交流、佛教历史及交通史、民族史的珍贵资料。

玄奘圆寂于陕西玉华寺,葬于白鹿原。下葬那天,沿途40里都是送葬的老百姓和僧众。后来皇帝又下特别敕书,改葬在樊川。现在嵩山北麓他的家乡建有唐僧寺,以资纪念。

玄奘不远万里的西行取经,无论是在我国古代中外文化交流史上,还是在中国和印度佛教史上,都具有顶尖意义的重要性。特别是在千年之后,人们对于玄奘在西行求法中的种种艰险与奇遇,赋予了更多的情感与意义,共认这是用信念、坚韧和智慧浇铸而成的壮举。玄奘令人钦佩、受人尊崇的西天取经活动,使他逐渐变为神话中的人物,在中国成为家喻户晓的高僧。

2. 律学大师义净

除了玄奘,嵩山高僧义净也是西行求法的代表。义净是唐朝著名的旅行家、佛学家,与鸠摩罗什、真谛、玄奘并称为中国佛教史上的四大翻译家。有史学家说,在唐代佛教史上,只有义净三藏是可以与玄奘媲美的伟大人物。他们都是长期留学印度的大佛学家、历经数十国的大旅行家和主持译场的大翻译家。若有不同,那就是玄奘侧重于法相唯识学的研究,而义净侧重于律学的研究。玄奘是横渡流沙,循陆路而往返;义净则是乘风破浪,遵海路而去来。

永徽六年(655年),20岁义净,由慧习禅师为他授具足戒。此后5年,学习道宣、法砺两家律藏。慧习禅师鼓励义净出外游学,义净到东都洛阳,修习《阿毗达摩论》与《摄大乘论》诸经,佛学水平不断提高。

义净

但其时佛教各派纷争,观点歧异,中国律学界正处于争论不休、莫衷一是的境地。南方重视《十诵律》,北方虽宏《四分律》,但也有研究《僧祇律》的。道宣的南山宗,法砺的相部宗,怀素的东塔宗,各阐其说,"神州持律,诸部互牵。"典籍的记载与解释亦互不统一,故义净在学习中产生各种疑问。于是他到长安学习了《俱舍论》与《唯识》等经,但胸中疑问不减。为祛蔽解疑,义净认为必须赴印度取经求法。

咸亨三年(672年)秋,他在一名叫冯孝铨的官吏资助下,搭上波斯商人的货船,自广州前往印度。途中在室利佛逝国(位于今印尼苏门答腊岛上)停留6个月,学习梵语。经室利佛逝国王的帮助,经末罗瑜(后改隶室利佛逝)、羯荼等国,于咸亨四年(673年)2月8日,到达东印耽摩梨底国,和另一住在那里多年的唐僧大乘灯相遇,停留一年,学习梵语。之后两人结伴,跟随商旅到达中印度,瞻礼各处圣迹。上元二年(675年),义净到达著名的那烂陀寺。那烂陀寺历史悠久,公元5～12世纪一直是印度佛教的学术中心,12世纪末遭入侵的穆斯林毁坏。义净在那里时,此寺分为八院,僧众3500人,寺院的经济来源,由201所寺庄供应。义净仔细地考察了印度寺院的生活、管理、机构等,同时对印度的社会制度、医药、服饰、饮食乃至记时用的"水漏"等,都认真观察、记录,从中比较中印两国的差别,为后人留下了大量的珍贵资料。

义净海上西行求法

义净在国内遇到的关于律宗各派观点歧异的问题,在这里也有了新的认识。律宗的各派纷争不仅在中国有,在印度也有。由于认识问题,所以在印度就出现有僧人投恒河自杀、上伽耶山跳崖,有的自饿至死,有的上树投身等。针对这些现象,他就请教最有权威的世尊,对此种种舍身行为发表见解。世尊认为这些行为都属于"外道","深乖律典",是不可取的。正宗的律典是依据"根本说一切有部"而作的律藏,不应该将其他部的律法糅入其中。有部律藏可区分为法护、化地、迦毗三部分,只在乌苌国、龟兹于阗国有人实行。即使在印度本土,有部律也未能实行。

义净在那烂陀寺学习了10年之久,研究过瑜伽、中观、因明和俱舍,并和道琳法师屡入坛场,最后求得梵本三藏近400部,合50余万颂,方才言旋。垂拱元年(685年),义净带着自己翻译中的经典,准备由海路回到中国。归途重经室利佛逝国,在此停留了6年。他为了求得纸墨和写手,曾于永昌元年(689年)随商船回到广州,获贞固律师等的相助,于是年十一月又返回室利佛逝,随授随译,并抄补梵本。天授二年(691年),他遣大津回国,把自己在室利佛逝新译的经论及所撰《南海寄归传》等送回。长寿二年(693年),义净才偕贞固、道宏离开室利佛逝,回到广州,之后北上。证圣元年(695年),归抵国都洛阳。

义净于咸亨三年(672年)秋,从广州乘船前往印度求法,到证圣元年(695年)返回国都洛阳,先后在东南亚、南亚30余国游历达20年。

武周证圣元年(695年)五月,武则天在神都洛阳的上东门外举行盛大仪式,欢迎游学印度24年的义净三藏归国。72岁的女皇帝武则天亲自在上东门外迎接义净,以示隆重。洛阳各大寺院都派僧人前往欢迎,浩浩荡荡地把义净送到佛授记寺。义净先后在东南亚、南亚30余国游历,带回了梵文经、论、律典籍近400部,合50万颂,还带回金刚座佛像一铺,佛舍利300粒。

义净归国后,成为武周时期的主要大译经家之一。在中国佛经翻译史上,和鸠摩罗什、真谛、玄奘、不空等齐名的译经大师,对中国佛教的发展有独特的贡献。

义净归国回到洛阳后,一度参加大遍空寺的"华严经译场",先共于阗实叉难陀、大福先寺主复礼、西崇福寺主法藏等译《华严经》。久视元年(700年)以后,他组织译场,自主译事。义净在武则天和唐中宗、唐睿宗的支持下,先后在洛阳佛授记寺、大遍空寺,长安大荐福寺等寺先后译抄经典共68部,289卷。据《开元释教录》卷9载,义净先后12年间,曾译出《能断金刚论颂》《尼戒经》《百一羯磨》《毗奈耶颂》《金光明最胜王经》《大孔雀咒王经》《佛为胜光天子说王法经》《药师琉璃光七佛本愿功德经》《浴佛功德经》《称赞如来功德神咒经》《根本说一切有部毗奈耶》《法学论》等,此外尚译有《说一切有说跋窣堵》和其他尚未流行的译作颇多。据同时代卢璨所撰《义净塔铭》所记,共有107部,428卷,可见散佚几及半数。

义净除翻译佛经外,还写有《南海寄归内法传》和《大唐西域求法高僧传》。这两部书叙述了初唐时期赴印求法盛况、中印交通、印度佛教及社会生活面貌等,丰富了当时的史地知识。《南海寄归内法传》对了解和研究当时印度、南亚、东南亚各国历史文化和宗教有重要参考价值。《大唐西域求法高僧传》记述了唐代从贞观十五年(641年)到天授二年(691年)近50年间西行求法的56位僧人的事迹,其中对于印度各地的历史文化知识也有不少介绍,是继玄奘《大唐西域记》之后又一部中外交通和文化史的著作。义净西行求法之壮举,正如他在《大唐西域求法高僧传》序言中所说:"观夫自古,神州之地,轻生殉法之宾,显法师则创辟荒途,奘法师乃中开正路。其间,或西越紫塞而孤征;或南渡沧溟以单逝……茫茫象碛,长川吐赫日之光;浩浩鲸波,巨壑起滔天之浪。独步铁门之外,亘万岭而投身;孤标铜柱之前,跨千江而遗命。或亡飱几日,啜饮数晨。可谓思虑销精神,忧劳排正色。致使去者数盈半百,留者仅有几人!"此外,义净对培养年轻人也颇为关注。他特意编写了《梵唐千字文》、《悉昙章》等入门读物,以方便年轻人学习梵文。《梵唐千字文》一书在中国久佚,现在日本"东洋文库"中尚保存有日本僧人的抄本。

3. 嵩山少林寺的新罗国僧人慧超

新罗国(前57~935年),位于朝鲜半岛东南部,首都在今韩国庆州市。当新罗、百济、高句丽三国并存的时代,它就与唐朝关系最为密切,交往频繁。唐代有许多新罗人来到中国。

禅宗六祖、少林寺法如大师的弟子慧超,就是一位著名的新罗僧人。慧超西行,是取海路前往,循陆路以归。他经阇蔑国、裸形国而达东天竺,然后巡礼中天竺、南天竺、西天竺而至北天竺,再游历迦叶弥罗、大勃律、杨同、娑婆慈、吐蕃、小勃律、建驮罗、乌长、拘卫、览波、罽宾、谢䫻、犯引、吐火罗、又西行波斯、大食、大拂临,转而东经安国、曹国、史国、石骡国、米国、康国、跋贺那国、骨咄国、突厥、横越葱岭,历疏勒,于开元十五年(727年)十一月上旬到达了唐朝"安国大都护府"的驻地、古龟兹的国都(今新疆库车县

慧超

县城)。他在这里拜会了副大都护赵颐贞,参访了两座汉人寺院大云寺和龙兴寺,住了许多天。令人惊奇的是,我国考古学家黄文弼后来在库车县北郊库木吐拉千佛洞的罗汉洞西壁上,发现了一处刻画题记:"慧超礼拜罗汉,回施功德,慈母离苦得解脱",在另外一个石窟内又发现有红笔书写的"慧超、法圣、伯訾(辩)到此间"的字句。上述题记均无年月,但可推断为唐代。

往返印度的众多新罗僧人中,留下著述的仅慧超一人。慧超每至一地,详记里程、语言、风俗、宗教、物产与国情,留下了非常珍贵的资料。他对大食(阿拉伯)与唐帝国的军事对峙,也作了忠实的报道。他写道,在胡蜜(今阿富汗东北边境的瓦汉),在吐火罗王的住地缚底延(今阿富汗北边的巴尔赫),已有大食兵驻扎。而葱岭镇则属汉,唐军在此驻守。但此后的天宝十载(751年),大食军在怛逻斯城大败唐军高仙芝,俘虏将士12万多人,唐帝国的军事力量退至葱岭以东。怛罗斯战役奠定了伊斯兰教进入中亚的基础,这是世界史上的一件大事。

近代中国,法国人保罗·伯希和是被西方世界公认为20世纪最有权威的汉学家,他从敦煌"藏经洞"所窃取的价值连城的经卷中,有唐代新罗僧慧超所撰的《往五天竺国传》的残本。

慧超在国外30年左右,回归祖国时已60岁左右。关于慧超是禅宗六祖、少林寺法如大师的弟子一事,立于开元十六年(728年)的《皇唐嵩岳少林寺碑》有这样的记载:"皇唐贞观之后,有明遵、慈云、元素、智勤律师,虚求一义,洞真谛之源。复有大师讳法如,为定门之首,传灯妙理。弟子慧超,妙思奇拔,远契玄纵,文翰焕然,宗途易晓。景龙中,敕中岳少林寺置大德十人。数内有阙,寺中抽补;人不外假,座无虚授……"碑文中对法如众多弟子中独推慧超一人,并加以称赞他"文翰焕然,宗途易晓"。慧超著有《往五天竺国传》,书中记述了慧超西行期间所到之处的所见所闻,是唐代涉及外交、国家、宗教方面珍贵史料。宋代赵明诚《金石录》中,收有《唐东夏师资正传》,僧慧超述,李岩正书,刊于开元十八年(730年)四月。这应是慧超追述禅宗法如系传承之作,可惜原文佚失。

慧超在西行中,不但留有大量的著述,还写有不少表露情怀的律诗。如他在"新头故罗国"悼念一位刚刚去世的汉族僧人时,写诗:

故里灯无主,他方宝树摧。神灵去何处?玉貌已成灰。

忆想哀情切,悲君愿不随。孰知乡国路,空见白云归。

慧超在"胡蜜月国"遇到大唐使臣将西去,写诗辞别:

君恨西蕃远,余嗟东路长。道荒宏雪岭,险涧贼途猖。

鸟飞惊峭巘,人去偏樑□。平生不扪泪,今日洒千行。

慧超在"胡蜜国"遇到大唐使臣将西去,曾写诗辞别:

君恨西蕃远,余嗟东路长。道荒宏雪岭,险涧贼途猖。

鸟飞惊峭巘,人去偏樑口。平生不扪泪,今日洒千行。

以上唐代几位高僧游历了许多国家,翻译了一大批佛教典籍,加强了中国与东南亚的文化交流,对中国佛教的发展产生了深远的影响。

五、隋唐时期的译经

隋唐时期,东都洛阳是一个佛教传播中心,有大批的国内外高僧聚集在这里,在佛经的翻译方面做出了很大的贡献。

从翻译史上看,隋唐五代 300 年的译经事业,远远落后于此前的 300 年。北宋赞宁说:"朝廷罢译事,自唐宪宗元和五年(810 年)至于周朝相望一百五十岁许,此道寂然"。

隋唐佛典翻译是在帝王的直接支持下,通过国家的资助而达到它的全盛。唐王朝统一的政治,繁荣的经济,使设置规模宏大的译场成为可能,也使全国各地翻译人才的集中成为现实。唐代帝王对译经事业给予热情支持,同时有意识建立钦定译场,其目的和效果也是明显的。通过这些措施,一方面加强对佛教教团的统制,使佛教在政治、经济领域无法摆脱对封建国家的依赖;另一方面使佛经的翻译、教义的宣传严格按照王权的需要进行,成就能为他们所用的思想文化活动;再一方面则可借此宣扬功德,为自己树碑立传。

隋唐佛典翻译的成就,也是佛教本身繁荣发展的结果。佛教在中国的长期传播,已为社会各阶层所熟悉或接受。全国各大寺院,研习和讲解佛典之风盛行,各类注疏竟出,人们对佛教的理解进入一个新的阶段。隋唐佛教的空前发展,造就了一大批有素养的佛学人才,这就为译经事业提供了学术基础。隋唐以前,佛经释义、佛典翻译主要还是依靠印度和西域的学者。翻译方面,虽有中国学者参加,但译主多为外国沙门。由于译主和助译在语言方面的隔阂,使翻译质量难免不受限制。真正由中国学者自任译主,组织译业的,是玄奘和义净。他们先后游学印度,具有极高的佛学水平,且精通汉、梵语文。译场的助译也都是一时之彦,具有很好佛学修养,他们与译主配合,完成盛极一时的译业。贞观二十年(646 年),玄奘在进新译经论的表中说:"比与义学诸僧等,专精夙夜,无堕寸阴。"(《大慈恩寺三藏法师》卷六)因此,唐代佛典翻译的成就,是许多名僧学者集体智慧的产物,代表了这一时期佛学的最高水平。

唐代重要译家有数十人。有波顿、玄奘、义净、实叉难陀、菩提流志、善无畏、金刚智、不空等多人。其中:

实叉难陀,于阗人,应武则天之邀,赍梵本《华严经》来到洛阳,并于证圣元年(695 年)与菩提流志、义净、复礼、法藏等人译于大遍空寺。圣历二年(699 年),在洛阳佛授记寺翻译完毕,是为《华严经》80 卷。武则天曾亲临译场,并为该经作序。此外,他还译出《大乘入楞伽经》、《文殊师利授记经》等 19 部,107 卷。

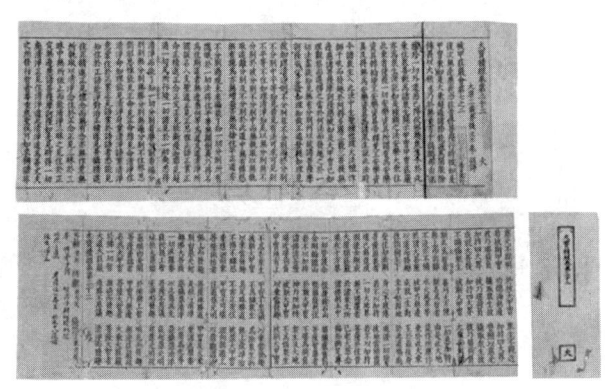

菩提流志译《大宝积经》卷二十二

菩提流志,原名达摩流支,从武后时改名。南印度人,婆罗门种姓。唐高宗闻知其名,遣使往迎。抵洛阳当年(693 年),即于佛授记寺译出《宝雨经》,于序分末加入东方月光天子受记在中国现女人身统治世间一段,深为武则天青睐。神龙二年(706 年)起,于长安崇福寺编译《大宝积经》。共译经 53 部,111 卷。

唐玄宗时期译经的主要内容是密教经典。号称"开元三大士"的善无畏、金刚智、不空都是重要翻译家。

中天竺人善无畏,遵师命而来中国弘法。他于玄宗开元四年(716 年)携带大量梵本抵达长安。玄宗尊之为国师,命于宫内建立灌顶道场,所赍梵经尽许翻译。他译出的第一部密宗经典是《虚空藏求闻持法》。此后,以僧一行为助手,译出《大毗卢遮那成佛神变加持经》(即《大日经》)、《苏悉地羯罗经》、《苏婆呼童子请问经》等。其中《大日经》是密教理论的主要体现者,属密教胎藏部的根本经典。

中天竺人金刚智，出身婆罗门。开元七年（719 年），他由海路经师子国、室利佛逝国抵达广州。次年至洛阳，再入长安。敕住慈恩寺，后移住大荐福寺。他与一行、不空等一起，先后译出《金刚顶瑜伽中略出念诵法》《金刚峰楼阁一切瑜伽瑜祇经》《七俱胝佛母准提大明陀罗尼经》等多部。其中《略出念诵法》略自《一切如来真实摄大乘现证三昧大教王经》，属金刚顶部的根本经典，特别重视密教实践。

不空，狮子国人（一说为北天竺人）。他在"开元三大士"中活动能力最强，影响地域最广。从金刚智出家，受学密教，并随金刚智来到洛阳。曾参与金刚智译场，后受命往狮子国求密典，以天宝五年（746 年）携密教典籍及大小乘经律论梵本 100 部 1200 余卷返抵洛阳。他先后译出以密教为中心的经典共 100 多卷，在中国佛教史上，被视为"四大译师"（关于四大译师，有二说。一说为罗什、真谛、玄奘、义净；一说为罗什、真谛、玄奘、不空）。其中，《金刚顶一切如来真实摄大乘现证三昧大教王经》（即《金刚顶经》）是《一切如来真实摄大乘现证三昧大教王经》的初分，是密宗的重要经典。另外译有《金刚顶王秘密修行念诵仪轨》《金刚顶瑜伽中发阿耨多罗三藐三菩提心论》《金刚顶瑜伽分别圣位修证法门》等。唐代宗曾为他所译的《仁王般若经》《密严经》作序。

玄奘译经

隋唐译事，完全控制在国家手里，国家不许，民间极难进行，所以译事集中在唐宪宗以前。据《开元录》和《贞元录》统计，自隋天皇元年（581 年）到唐贞元十六年（800 年）的 220 年中，约有僧俗译著者 49 人，共出经籍传录 491 部，2622 卷，相比南北朝约 170 年中，有译者 67 人，译籍 750 部，1750 卷。卷数上是增多了，但部类上却大大缩小。其卷数之所以增多，主要是编译的丛书量大，像《大般若经》有 600 卷，《大宝积经》有 120 卷；一些重译的经论，也加大了部头，如《大毗婆沙论》200 卷，《华严经》80 卷。

隋唐译典有两个鲜明的特点，其一是重译多，另一是密教多。隋代最大的译家是阇那崛多，共译 39 部，192 卷，其中重译 20 部，占全部译籍的一半以上，明显的密教经籍 15 部。唐代共译佛经 372 部计 2159 卷。

玄奘是唐代第一大译家，共译出 76 部 1347 卷，占隋唐全部译经卷数的二分之一强，但也多数属于重译，除《大毗婆沙论》外，还有《大般若经》中的《大品》《小品》《文殊》《金刚》《实相》诸经，法相宗特别宗仰的经论如《解深密》《俱舍》《摄大乘》等，也都早有译本。经他译介的密教经典约 12 部。至于号称中国四大译家之一的不空，共译 111 部，143 卷，几乎占隋唐全部译籍部类的四分之一，全都是密教的经典仪轨。这个简单的统计说明，隋唐之际至于开元以后，密教在中国的发展，引人特别瞩目，而其它宗派的形成，很少与新译的佛典有关。隋唐佛教的诸宗派，有强大的经济实力和群众基础，有经过数百年战乱考验并不断获得新质的传统文化作背景，具有运用和摄取外来资料创造诸种新体系的雄厚潜力。

在唐朝的汉人译经者中,义净也是一位翻译大家。义净西天取经归国后,曾在国内多座寺院组织译场,翻译了大量的佛经。在翻译方法上,义净比较灵活,独具特色,他组织的译场在分工上比玄奘还要细。在义净翻译的佛经包括他自己撰写的著作中,有一个显著的特点,是在译文或正文下常常可以看到加写的注,注文订正译音、译义、考核名物制度,有时说明是典语(梵语)还是俗语,注文中保留下了一些有关佛教历史的非常重要甚至是绝无仅有的史料。宋人赞宁在《宋高僧传》中称颂道:"自汉至今皇宋,翻译之人多矣。晋魏之际,唯西竺人来,止称尼拘耳。此方参译之士,因西僧指杨柳,始体言意。其后东僧往彼,识尼拘是东夏之柳。两土方言,一时洞了焉。唯西唯东,二类之人未为尽善。东僧往西,学尽梵书,解尽佛意,始可称善传译者。宋齐已还,不无去彼回者,若入境观风必闻其政者,奘师、净师为得其实。此二师者,两全通达,其犹见玺文知是天子之书,可信也。《周礼》象胥氏通夷狄之言,净之才智,可谓释门之象胥也欤!"

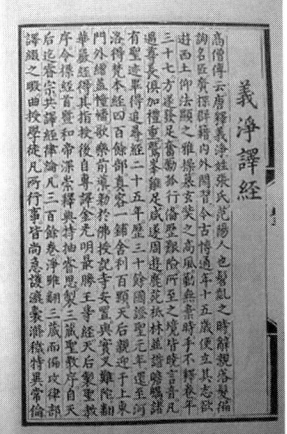

义净译经

六、佛教中国化

印度佛教向中国的传播是人类历史上延续上千年并产生深远影响的一次文明交往进程。印度佛教传入中国以后,经历了一个中国化的发展过程。除了佛教不断地同中国传统的思想文化——主要是儒家和道家文化相碰撞、相影响,逐渐在隋唐时代形成了具有中国特色的佛教宗派外,一个重要标志就是佛教不断地深入到社会的各个阶层,上起帝王将相,下到普通百姓,大多数人都对佛教有着几乎狂热的信仰,佛事活动成为当时各个阶层的人们日常生活中的一项非常重要的内容。

佛教的中国化是中国文化具有强大吸收能力与改造能力的象征,对于外来文化因素,嵩洛人并非视为异端,拒之门外;相反是取其所长,避其所短,尽量加以改造,使其佛教中国化。古代的成功经验,对于后人是有相当启示的。

根据日本僧人圆仁所作《入唐求法巡行礼记》的记载,隋唐时期在宫内设有内道场,"安置佛像经教,抽两街诸寺解持念僧三七人番次差入,每日持念,日夜不绝"。隋朝的两代皇帝隋文帝和隋炀帝都曾经受过佛教的菩萨戒,自称为"佛弟子";唐朝的中宗、睿宗、玄宗、肃宗、代宗等也都曾经先后在内道场里请佛教僧人为他们受过菩萨戒或者是灌顶。另外,隋唐两朝的最高统治者们还经常进行念经、请佛教僧人讲经说法、为佛经作注撰序或者是给佛教寺院赏赐、施舍财物等佛事活动,其中唐代宗甚至"常于禁中饭僧百余人,有寇至则令僧讲仁王经以禳之"。

在帝王所从事的佛事活动中,最能体现其佞佛程度的就是唐高宗、武则天、唐肃宗、唐德宗、唐宪宗、唐懿宗和唐僖宗先后七次迎法门寺佛指舍利到长安和洛阳的皇宫中进行供奉、礼拜的崇佛举动。他们期望通过供养舍利,能够受到佛祖护佑,使国泰民安、江山永久。特别是武后时期发生过两次迎舍利的佛事活动,都是规模宏大,皇帝、百官、平民争相礼敬。显庆五年(660年)三月,高宗敕迎舍利于东都宫内供养。皇后武则天大行布施。晚年第二次迎舍利,依然焚香礼拜,场面壮观。

众多的佛事活动包括盂兰盆会、迎舍利活动、讲经说法、无遮大会等。佛教两大重要节日,是四月初八的佛诞日、七月十五的盂兰盆会,武则天每年在洛阳城南门外举办盂兰盆会。《资治通鉴》卷205记载:"怀义又常作无遮会,用钱万贯,士女云集,所在公私田宅多为僧有。"这样的官方支持的佛事活动是常常举行的,整个社会弥漫着浓郁的佛教氛围。

隋唐时期的帝王崇佛,带动了当朝士大夫们的崇佛。如武后时期信佛者数量众多。这一时期,除了僧尼以外,社会中的佛教信仰数量众多,信仰阶层也比较广泛。不仅当朝的士大夫们大部分都信仰佛教,而且还有一些道士改信佛教,百姓中也有大量信仰佛教的人。在唐高宗龙朔二年(662年)准备下诏命令僧尼致敬父母王者时,居然有超过半数的官僚士大夫反对他的命令,迫使他不得不收回诏令。"时朝宰五百三十九人请不拜,三百五十四人请拜。时大帝至六月赦不拜君而拜父母,寻亦废止。"可见当时官员中崇佛者占总数的一半以上,这种情势迫使皇帝收回诏令。还有官员自愿出家为僧尼,武则天时期,监察御史王守慎辞官为僧,则天赐号法成。当时佛教的兴盛竟然导致一些道士改变了信仰,《儒道论衡》中记载:"京城西华观道士郭行造金铜佛像五躯,十一面观音像二躯,并诸大乘经,改依佛教"。当时百姓中信佛人数同前后期比较起来,也是最多的。敦煌藏经洞发现了大批写经,其中以唐朝写经居多,而高宗武则天时期写经最多。写经多为法华、阿弥陀、维摩诘、观无量寿、药师、弥勒、宝雨等经。这说明佛教在高宗武则天时期达到了鼎盛,人民普遍信仰佛教,并抄写经书以求福,形成社会风气。

唐代大型崇佛活动

隋唐时期除了上层社会的崇佛活动外,下层社会中平民百姓对佛教的崇拜就更加普遍。在古代社会里,平民百姓的日常生活受各种各样自然和社会因素的影响比较大,很难有长期稳定的保障,而一旦遇到旱涝、战争等天灾人祸,他们的处境就更加艰难,甚至连自己和家人的生命也不能保全。这种比较低下的社会地位,使他们很容易受到佛教的影响,他们面对现实生活中的忧愁和困苦,求助于佛,他们对佛祖神灵和佛教僧人的崇拜和礼敬的活动,也几乎都是在用自身的实际利益与佛进行交易。

神灵是民众祈祷的对象,神灵的拯救是宗教的内容之一,神灵观是佛教之所以成为宗教的原因和表现之一。隋唐时期,民众佛教的神灵信仰主要以念佛和造像祈愿两大形式展现出来:

其一,民众的念佛。念佛名号是民众佛教神灵信仰的一个重要表现,是佛教结社的一个重要内容。从嵩山地区民间流行的念佛名号看,有念佛祖释迦牟尼的,有普贤菩萨名号的,有念观音名号的,有念弥勒名号的等等,从上可见,民众念佛的名号与他们崇拜的神灵的职能有很大关系。念佛的内容涉及持名念佛的原理、原则、心态、方法、境界、妙用等方方面面,几乎无所不备。

修净土法门,唯一的行持,就是诚心念佛。"念"字是一个"今"字和一个"心"字合成的。分开来说,就是"今心";合起来说,就是"念"。"佛"字是印度梵语,具足云:"佛陀耶"。按中国意思来说,就是"觉悟"的意思。念佛是人人本分的事,也是人人本能的事。念佛的意义,就是求得现前一念心的觉悟与明白。忘佛的愿望是成佛,成佛就是用念佛的功夫,念得打成一片,把人们心里那些肮脏东西,去得干干净净,肮脏东西去净了,佛性也就现前了。民众的念佛活动,突出的是功德和灵验色彩。

其二,民众的造像与祈愿。佛像崇拜从两汉之际印度佛教传入中国就十分流行,在官方以及士大夫的支持下,形成了蔚为壮观的佛像艺术。唐代的造像比较魏晋南北朝说,有了更进一步的发展。这一点,嵩山地区从北魏起就开凿的龙门石窟和巩县石窟,在唐代有了更大的规模。其中龙门石窟的造像人的身份更加复杂,有朝廷官员、中外僧人、普通民众等。尤其是民间造像也呈现出一种普遍的形势。就巩义石窟寺来说,虽说它是北魏时期的一个皇家寺院,但随着北魏政权的衰落,巩义石窟寺的受众面开始扩大,平民信徒开始频繁地光顾。石窟寺除了朝廷所建的佛像外,在旁边山壁上,民间百姓在石窟寺所开凿佛龛越来越多,出现了很多平民寄托愿望的题记。这种现象到唐代有了更进一步的发展,来往于巩义石窟寺的人物更加趋向多样化,有朝廷官员,也有平民;有本地人,也有外地人;有男人造像题记,也有女人造像题记,各种摩崖造像和题记在数量上也明显增多。如位于巩义市石窟寺的《卢赞府造像》文:总章元年四月二日卢赞府为老母敬造救苦观音一区,合家供养;《种行高妻朱造像》文:咸亨元年五月十四日,种行高妻朱造像一铺供养;《元大娘造像》文:元大娘□年八月身患□□,愿身□□食敬造像一躯,合家供养佛时,乾封三年三月廿一日切记。……巩义市石窟寺的摩崖造像是太多了,这些由当地的官吏、佛僧、平民百姓所造的佛像密密麻麻的,紧挨在一起,彰显出佛教神灵的巨大魅力。

祈愿是民众佛教神灵信仰的一个普遍主题,它在很大程度上反映了民众佛教的世俗性特征及民众的愿望。从巩义石窟寺中百姓供养佛像看,他们的祈愿很简单,有为父母祛病除灾,有为自己、为全家人祈愿的,有为亡灵祈祷,有为国王帝主、师僧父母、十方施主祝福的等等。从造像的神灵看,观音、阿弥陀佛、罗汉、弥勒、大势至、药师、地藏等在民间较为流行,它们的职能体现出浓厚的中国化以及民间化色彩。虽然这些连在山壁上的佛像在艺术上不是那么精细,简短的造像记中的文字是那么简单,但他们在老百姓眼里,所造佛像是神力无边的救世主,是实现他们平安、健康、兴旺、吉祥等无限美好愿望的保障,它承载了民众的信仰寄托和心灵慰藉的作用。佛像的灵验是他们最大的梦想。造像铭记了千年以来活跃于巩义石窟寺的芸芸众生,他们以自身行为演绎了这个大千世界。造像题记不但反映出当时民众信佛礼佛的生活状况以及社会风气的转变,由此体现出中国民众佛教浓重的世俗化、功利性、开放性、包容性等特征,而且从中可见佛教造神运动在当时嵩山地域的普及与兴盛。

七、佛教的中外文化交流

中国佛教经过南北朝时期的广泛发展,到了隋唐时,达到了全盛。

隋唐以前的中外佛教文化交流主要是与印度、中亚等国的交流,方式主要是引进和翻译佛教经典。东汉、曹魏、西晋、北魏都有不少印度僧人来到嵩山地区,传播佛教。同时,也有些中国僧人西行求法,如东汉时期我国最早的西行求法者朱世行和东晋的法显。

历史发展到隋唐时期,由于封建国家社会经济的高度发达,佛教也得到了空前的发展。隋唐佛教的繁荣,以国家的统一和空前富强为社会背景。隋朝的统一为时短暂,唐朝的发展达到了中国封建社会的顶峰。

唐朝政治开明,经济繁荣,与亚欧各国之间的往来出现了前所未有的盛况。唐朝佛教对外交流的领域曾西到咸海,与波斯接壤;东至平壤城,同新罗交界,沿海岸线延伸到库页岛和外兴安岭以北;北越沙漠、贝加尔湖,抵达安加拉河流域;南至南海,与印支半岛上的林邑、真腊相望。领域的开拓,强化了与四周邻国的往来,密切了同域外诸民族的关系,为丰富和发展中华帝国的文化,提供了良好的外部条件。

外国僧人来华

历史上由于受客观条件的限制,与我国交往频密的主要是周边国家,次之就是中亚、西亚地区,与非洲和欧洲距离远,交往就相对少些,直接交往就更少了,阿拉伯人在中间起了桥梁作用。唐朝对外交往的对象主要有五个:东边的朝鲜(新罗)、日本,西边的古印度(天竺)、波斯和阿拉伯(大食)。交往的内容可分为政治、经济和文化三个方面。注意交往的双向性,一方面,周边国家向唐明学习,深受其惠,尤以日本为甚;另一方面,唐朝也在对外开放中,吸取了外国优秀的经济、文化成果,促进了自身的发展。

这一时期,佛教已经成为中国文化密不可分的一部分,"三教制衡"的局面也已形成。随着三阶教、华严宗、南北禅宗、密宗的先后出现,佛教中国化的历史过程最终宣告完成,形成了具有中国特色的佛教宗派。各宗派之间为了竞争,都积极完善自己的教义、教规和传教的形式。在对外佛教文化交流上,呈现出三个特点:一是继续接受着从印度、西域等国输入的佛教文化,大量的印度佛经也在这一时期输入中国并译成汉文。一大批著名的外来高僧如实叉难陀、菩提流志、阿儞真那(宝思惟)、地婆诃罗(日照)、提云般若、法藏、善无畏、金刚智、不空等聚集嵩山地区,在这里翻译经典,传播佛教文化。二是唐代高僧西行求法有了伟大的壮举,玄奘、义净、慧超成为唐代西行求法的杰出代表。三是周边的一些邻国如日本、新罗等请中国高僧前去传播佛学,而且印度等南亚国家的僧人也纷纷到中国寻求出路,中国已经从一个佛教输入国成为佛教输出国,成为佛教东传的中心。

唐朝时期,嵩山地域是中国佛教活动的中心。与此同时,印度国内佛教急剧衰落,于是中国理所当然地成为世界佛学中心。洛阳是唐朝的东都,中外僧人大批都聚集在这里。因而嵩山地区各国僧人云集,成为佛教文化交流的重要枢纽。当时的佛教发展说明,隋唐佛教已经脱离了对印度佛教的依附,逐步走上独立与创新,形成了以中国为中心向四邻邦国家传播佛教的新格局。

隋唐在当时的东亚是最强大的帝国,而日本、韩国等作为一个尚未进入封建社会的小国迫切需要学习先进的文化和制度,在诸多国际国内的环境促使下,日中两国的佛教文化得以交流和发展。文化的交流是双向的,隋唐时期的佛教文化交流也同样如此。从隋唐对外交往的基本史实中,我们以和印度、新罗、日本国的交往为例,可看出隋唐在当时的佛教的兴盛状况。

(一)和印度的佛教文化交流

唐朝时候,统称印度半岛为天竺。唐与天竺交往频繁,不但佛教僧侣往来不绝,双方不断遣使通好。中国使者王玄策三次出使印度,时间分别在公元643年、647年和公元657年。最后一次,他是奉命送佛袈裟到印度的。洛阳人王玄策三次使印,联络了中印度和东印度、迦毕试和尼泊尔等国,向印度各国传播了道教的基本理论和礼仪,加深了我国佛教艺术的造诣。公元641年,天竺国王尸罗逸多(戒日王)"遣使入朝"。唐太宗也一再派梁怀开璥、王玄策等出使天竺。高宗、武则天、玄宗时使臣往来不绝,经常互赠礼物。双方经济文化交流频繁。公元647年,天竺摩揭陀国遣使来中国"献波罗树,树类白杨"。

中国和印度佛教僧侣的往还,自西晋开始络绎不绝。到了唐朝,西行求法的中国僧侣多至52人,而印度高僧来华传教的不过16人。在中印文化交流史上,曾在印度留学15年,载誉归国,致力于印度经典翻译的玄奘,是其中名声最响的一个,他的名字成为中印文化合作的象征。玄奘在中印度先后巡访了佛教六大圣地:室罗伐悉底国、迦毗罗卫国、拘尸那揭罗国、婆罗尼斯国、华氏城、王舍城。玄奘在印度受到各国的欢迎和礼遇。玄奘在公元641年到达印度的最高学府—那烂陀寺,用印度话开讲经义,论述精微、说理晓畅,听者踊跃,名扬全印。玄奘著《会宗论》3000颂;公元646年,玄奘根据唐太宗的旨意,完成了他在中亚、印度的见闻录《大唐西域记》12卷。

和古印度文化的交流

在唐代赴印求法高僧中,功绩也仅次于玄奘的是义净。义净精通梵语,著有《梵语千字文》,是国内所编第一部梵文字书;又著《南海寄归内传法》,记录东南亚和印度的佛教、地理、民间习俗和医方。义净最大的功绩在于佛典的翻译,他追迹玄奘,回到嵩山地区,便翻译《华严经》。

中国与印度在佛教交流中,也是双向的。唐代中印度那提三藏来华,搜集大小乘经律论500多夹,合1500多部。玄奘从印度带回的梵本也有520夹,合657部。汉魏以来直到唐代以前,佛典翻译大都依靠西域沙门,本国的译经师中多数也是侨居在中国或在中国出生的外侨后裔。隋代印度僧人阇那崛多、达摩笈多译出部分唯识和密教的经典。唐朝时期的译经主要是由中国高僧所主导,为佛教经典的汉译与宗派的建立缔造了佳绩。典型代表是玄奘、义净这两位高僧。他们曾在印度居住十几、二十年,不但精通梵文,佛学造诣更是博大精深。此外,善无畏、不空翻译大量的密宗经典,也是这个时期的特色。

隋唐时期,在嵩山地域从事传教活动的著名印度译经师中以菩提流志、阿儞真那(宝思惟)、地婆诃罗(日照)、善无畏、金刚智、不空最有名。南印度人菩提流志配合80卷本的翻译,又补成《大宝积经》120卷本,称宝积正本。北印度人阿儞真那,于洛阳天宫寺、佛授杞寺、福光等寺译出《不空羂索陀罗尼经》、《随求即得大自在陀罗尼神咒经》(又称《随求经》)等7部9卷。中印度人地婆诃罗,至武后垂拱年间(685~688年),共译出《华严经入法界品》、《佛顶最胜陀罗尼经》、《大乘显识经》、《大乘五蕴论》等18部34卷。善无畏是中印度摩伽陀国人。密教的根本经典《大日经》,又名《大毗卢遮那成佛神变加持经》7卷,由善无畏口译,一行记录而成。南印度人金刚智,译有《金刚顶经》、《瑜伽念诵法》、《观自在瑜伽法》等8部11卷。不空是北印度人,幼年到中国,师事金刚智,专研密藏。开元、天宝年间出游印度,公元746年归后到公元771年,专译密部经咒仪轨等书147种,称密宗大成。

佛典翻译自经东汉三国时外国僧侣主译时期,两晋南北朝中外人士合译时期,和隋唐时期转入中国僧侣主译时期,前后三个时期,在翻译技巧和方法上显示出巨大的进步。按宋代赞宁《高僧传》的评述,第一期翻译,以安世高、支娄迦谶为代表,"初则梵客华僧,听言揣意",结果"咫尺千里,面难通"。第二期以道安、鸠摩罗什、觉贤、真谛为代表,"次则彼晓汉谈,我知梵说,十得八九,时有差违"。第三期以彦琮、玄奘、义净为代表,汉学佛教大师亲自主译,梵言、佛理两皆精通,于是达到了"印印皆同,声声不别"的境界。

随着中印佛教人士的往来频繁,有关介绍印度佛教情况的书,也陆续撰出,除玄奘的《大唐西域记》和义净的《南海寄归传》等外,还有《中天竺行记》、《唐西域图志》、《西域志》等图书编出,使中国人士对于佛教胜地及印度文化更加理解,同时印度风格的佛教艺术也在中国广泛流布。贞观十九年(645年)雕绘巧匠宋法智随王玄策等至摩揭陀等国图写圣迹和佛像归来,唐京道俗竞相摹写仿制。这些都有助于当时中国寺塔、石窟和造像等佛教艺术的发展。

隋唐时期来华的古印度僧人

在与印度佛教交流中,来中国传播佛教的印度高僧,也受到了隋唐政府的礼遇和尊重。唐代著名的洛阳龙门"十寺"中,其中三座寺院就为外国僧人所立,即为中天竺国三藏法师地婆诃罗重兴香山寺;为北印度迦湿密罗国人阿儞真那立天竺寺;为中印度人善无畏三藏和尚立广化寺。此外,还厚葬于龙门西山南奉先寺的南印度高僧金刚智,葬于龙门西北原上的南印度高僧菩提流志、葬于龙门之西冈的北印度迦毕试国的高僧般刺若等等,都永远地长眠于中国大地。

佛教发源于印度,传到中国后与中国的传统文化互相影响、吸收,发展为中国民族宗教之一,成为中国封建文化的重要组成部分。唐朝时期,中国和亚洲各国之间经济、政治和文化交流十分广泛,尤其是佛教往来方面,其中与印度的交往最为频繁。唐朝与印度的佛教文化交流,不仅促进了两国佛教文化的发展,还促进了两国的友好关系,成为中国历史上中外关系的重要时代。

(二)和新罗国的佛教文化交流

新罗(前57~935年),是朝鲜半岛新罗、百济、高句丽三国之一。从传疑时代开始,立国长达992年,是亚洲历史上立国时间最长的国家之一。7世纪,新罗开始与唐朝结盟。660年,新罗武烈王联合唐朝灭亡百济。663年,唐朝在新罗设立了鸡林州都督府,以新罗王为"鸡林州都督",世代承袭。668年,文武王联合唐朝灭亡高句丽。新罗在百济、高句丽灭亡后,最终统一了朝鲜半岛,定都庆州,变称"统一新罗时代"(676~935年),效仿唐朝的国家制度进行统治,直到唐末,始终和唐朝保持着友好关系。两国互遣使节,不断从陆海两路往来。"受命辞云陛,倾城送使臣"的送出使新罗使节的诗句,表明中国人民对出使新罗的重视。

朝鲜半岛上的高丽、百济和新罗三国来华的留学生很多。如新罗人智明、光、昙育、玄光、安弘、高句丽人波若等。隋文帝仁寿元年(601年)诏令各州建舍利塔时,"三国使者将还,各请一舍利,于本国起塔供养,诏并许之"。隋朝还专门为留学僧延聘名德学者为之讲授。

在唐朝的外国留学生中,以新罗人最多。新罗派了大批留学生到中国学习。公元837年旅唐的新罗学生多至216人。公元840年学成归国的新罗学生一次就有105人。从公元821年至唐末,新罗留学生参加唐朝科举考试考取"宾贡"(意为外籍进士)的共58人。

当时,新罗和日本初次接触佛教时,中国的佛教已经相当成熟,宗派林立,典籍浩如烟海,典制完备,僧侣教育业非常发达。所以新罗和日本派遣一批批学问僧来中国求法取经,进入著名的寺院从高僧学习佛法,中国的佛教遂被新罗、日本社会所信奉。

新罗高僧从中国出发,赴印度巡礼求法者也大有人在。仅据义净大师所记的就有7人,其中阿难耶跋摩及慧业、玄太、玄恪、慧轮等都是新罗僧人。其中,玄恪西行而亡于印度;玄太在永徽年间取道吐蕃(今西藏),经尼泊尔至印度,又返回唐朝。义净还在吐火罗国见到过40多岁的新罗僧慧轮。还有两位不知姓名的新罗僧人,泛海西行,但航行到室利仙逝(今印度尼西亚的苏门答腊岛)西边的婆鲁师国,双双染疾而亡。

隋唐时期的新罗僧人

在嵩山地区学习佛学的新罗僧人也陆续不断,如少林寺中的新罗僧真监禅师名震海东"探讨毗尼,制造仪钞","远近流行,乃至新罗异域"。据载,真监禅师于贞元二十年(804年)来唐,元和年间在嵩山少林寺受戒。新罗沙门无染禅师于长庆二年(822年)来华,在洛阳香山寺学习佛法。元和五年(810年),新罗国全州人慧昭受戒于少林寺琉璃坛并习禅多年,830年返国,在康州智异山建玉泉寺,卒后谥为"真鉴国师"。

新罗在政治文化上受到唐朝的影响很大,在佛教方面与唐朝也有着密切关系,前后到唐朝求法的僧人很多,有的还在佛教史上有很大的影响。新罗僧神昉、胜庄、道庄、大贤、顺憬等人先后入唐,从玄奘一系受学唯识教义。神昉于贞观十九年(645年)奉召入弘福寺参与玄奘译场,长期随侍玄奘,译经受学,是玄奘重要弟子之一。玄奘在大慈恩寺译《大毗婆沙论》、《本事经》时,他担任笔受,后又在《大般若经》翻译中担任缀文。

唐朝来华的新罗僧人除慧超外,还要数圆测和义湘的成就最大。

圆测(613~696年),唐朝外来高僧,玄奘大弟子,新罗国人。出身新罗王族,自幼出家。贞观元年(627年)入长安,从唐太宗受度牒。玄奘西行回国后,圆测就跟玄奘学习《瑜珈师地论》、《成唯识论》等,在法相唯识学方面取得了卓越的成绩,形成自己独具特色以的唯识学。他精通六国语言,三次参加大规模的译经活动,著作很多。圆测终身留在中国,他的弟子道证等回新罗发挥传播他的佛学著作和他独特的唯识学思想,对新罗的佛教产生了巨大影响,为新罗法相宗的创立奠定了理论基础。圆测圆寂后,葬于洛阳龙门东山的香山寺。

义湘(625~702年),唐朝外来高僧,新罗国人。于662年入唐,到长安终南山至相寺随智俨学习

《华严经》,与后来创立华严宗的法藏是同学。667年,义湘回到新罗,得到新罗王庭的重视和支持。他在太伯山建立石浮寺开始讲习,华严经,使华严教义在新罗迅速得到传播,并形成一大学派。他对华严宗教义造诣颇深,成为一代名僧,被封为海东华严宗的初祖。他所他的华严宗,又名浮石宗,据说他有弟子三千,贤哲十人。胜诠、审详入唐后跟随法藏学习华严教义。胜诠于692年回国时,法藏曾托他将书信和自己所著《华严经探玄记》等带给义湘。审详则后来去日本宣传华严教义。

著名的洛阳龙门石窟中,至今还保存着于景云元年(710年)的"吐火罗及新罗僧人造像龛",也是朝鲜僧人在嵩山地区求法的见证。

在新罗佛教的传播和宗派建立过程中,来华学习佛教的僧人起了直接的宣传和组织作用。不少僧人在华期间曾参与玄奘、日本来华的高僧金刚智等人译经事业,甚至直接参加过中国佛教宗派的组织活动,回国时携去大批佛教典籍、文物。回国后,有的继续从事佛教经论的研究,有的开山授徒,展开建立佛教宗派活动,充分运用他们在中国所学,着力发展本国的佛教。

(三)和日本国的佛教文化交流

行走在中国大街上的日本僧人

日本佛教的传入,是在中国南北朝时期。《日本书记》载:南朝梁武帝时,就有人到日本结庵奉佛,这就是中国佛教传入日本之始。隋炀帝大业五年(609年),日本胜德太子第二次遣使到洛阳,随来的8个学生中就有4个学问僧。唐代日本西来学佛的人数大增,这些人多数都活动在长安、洛阳,他们学成之后回国时都带回了大量的佛学典籍,并邀请中国的佛学大师去日本讲经,自此佛学在日本广泛传播开来。

中国佛教对日本的影响,从北魏时期的洛阳永宁寺建筑可见一斑。北魏洛阳的永宁寺以塔为中心、塔在殿前的"前塔后殿式"布局虽然在中国已无处可寻,但在日本的四天王寺和飞鸟寺,仍保留着中国早期佛寺的建筑特点。据日本学者考证,这两座佛寺是仿照北魏洛阳白马寺而建,亦即中心建塔,塔后建殿的布局,与永宁寺的平面布局十分相像。另外,日本法隆寺王重塔内有中心柱,由平地直贯塔顶,和发掘永宁寺塔基时发现的残存塔基近似。这些都反映出以永宁寺为代表的洛阳南北朝佛教建筑对日本早期佛寺的深刻影响。

日本圣德太子(574~622年)摄政期间,大力提倡佛教。圣德太子曾经拜高丽僧慧慈为师,十分崇尚汉文化。隋大业三年(607年),圣德太子派遣国使小野妹子来华恢复两国正式邦交。后来再派小野妹子为使赴隋,同时率带有学生和学问僧多人来华学习,这是日本向海外派遣留学僧的开始。隋炀帝将这些来华留学僧安置于洛阳鸿胪寺的"四方馆",令国内名僧给予指授。此后日本派遣来华的僧俗学生便络绎不绝。日本留学僧分学问僧、请益僧。学问僧即来唐学习佛法的僧侣;请益僧是已在本国学有专长,带着疑难问题来唐质疑问难的僧侣。据日本史书记载,从公元608~882年,日本入唐的学问僧、请益僧在史书上留下姓名的有92人,留唐的时间有五六年,十多年或三十多年不等,其中确实到达或留住长安的日僧有40多人,他们留学期间的费用由日本政府赐给。唐朝政府设有专门机构管理日本、新罗学问僧。据《新唐书·百官志》卷48:"崇玄署掌京都诸观名数与道士帐籍、斋醮之事。新罗、日本僧入朝学问,九年不还者编诸籍。"唐朝政府对日本学问僧也给予种种照顾和优厚待遇,如对日本圣武朝的学问僧荣睿、普照、玄朗、玄法等人每年给绢25匹及四季衣服,仁明朝之学问僧圆载,特给五年食粮。日本僧人在寺院中的生活费用,由信徒施与;如游历各地时,可在各州就龙兴寺、开元寺求食请宿;如所在地无寺院,由民家施与。从圆仁的《入唐求法巡礼行记》中的记载看到,圆仁及其弟子惟止、惟晓,随从丁雄万从山东登州至山西五台山,历时二个月,所到之处接受施与,顺利到达目的地。由于这些日本来华僧他们的努力,使唐代流行的佛教各宗相继传入日本,历史上称为"南都六宗"。佛教的传播是中日文化交流的媒介。随着佛教的东传,文学、艺术、建筑、绘画、雕塑、医药等方面也进行了广泛的交流。日本入唐留学僧在这方面做出了自己的贡献。

唐朝时候,日本发生"大化改新",开始向封建社会过渡。唐朝封建经济的高度发展与日本的社会变革结合起来,出现了中日经济文化交流的高潮。唐朝建立后的200年间(630~838年),日本正式的遣唐使来中国的共12次。另有任命后未成行、未到达唐朝、迎入唐使和送客唐使共6次。每次最少250人,最多五六百人。在这些遣唐使的人流中,就有留学生、学问僧多人。日本学问僧重要的贡献是把唐代盛行的主要佛教宗派移植到日本,在日本逐渐建立起与中国相应的佛教派系。日本所谓的"古京六宗"(三论、成实、法相、俱舍、华严、律),都是源于"南都六宗",它们都是在中国佛教的基础上移植而成的。唐代佛教对日本佛教影响最大的当是禅宗、唯识宗、华严宗、律宗、天台宗、密宗。著名的道昭、智通二人都曾拜玄奘为师学习法相宗,回国后创立日本法相宗。在日本学问僧、请益僧中"入唐八大僧"占有重要的地位,他们是最澄、空海、常晓、圆行、圆仁、惠运、圆珍、宗睿八人,其中最澄和他的弟子圆仁、圆珍属于天台宗;空海和他的弟子常晓、圆行、惠运、宗睿属于密宗(真言宗)。他们从中国带回经书1700余部,3600多卷,还有大量的经轨、佛像、佛画、佛舍利、法器,且各编有一部"请来目录",这对平安时代中日本佛教的发展及日本文化教育发挥了重要作用。

唐永徽三年(653年),日本遣唐使吉长丹率沙门道昭等121人来中国从玄奘法师学习法相宗,后至相州(河南安阳)隆化寺依禅宗二祖慧可的弟子慧满学习禅宗,成为最早从中国学习禅宗的日本僧人。道昭回国后在日本建立禅院传法,从此禅宗在日本作为一个佛教宗派发展起来,道昭即为日本禅宗始祖。

盛唐时代,洛阳大福先寺也是中日佛教界交流的场所。天竺高僧菩提流志、宝思惟、地婆诃罗、善无畏,唐朝高僧义净、志辩、道丕等人,分别在大福先寺从事翻译佛经、创立密宗、弘阐律学、检校三阶教无尽藏等活动。

唐朝除了日本僧人来华求取佛法外,也有中国僧人东去传教的。据《唐大和尚东征传》记载:神秀再传弟子道璇原是洛阳大福先寺的僧人。唐玄宗开元二十年(733年,日圣武朝天平五年),日本僧人荣睿、普照来到洛阳,唐玄宗敕居大福先寺,大福先寺主持给二人受戒。荣睿、普照在大福先寺学经,与道璇相交甚密,皆劝请道璇东渡日本传经。3年后,为弘扬圣道佛法,

大福先寺牌匾

道璇不怕渡海的危险与艰苦,于开元二十三年(736年)随日本遣副使中臣名代去到日本。他继中国和尚道明、道荣之后第三位入日僧人,比鉴真东渡早18年。道璇到日本后,住在日本大安寺西禅院,开堂讲解他带去的唐代南山律宗道宣的《律藏行事抄》,成为日本弘通律宗的先驱。道璇是在日本传

播佛教律宗的先驱,同时还是传播华严宗、天台宗的学者,他去日本还带去《华严章疏》一部,他的行事都一一遵循《华严·净行品》。日本华严宗、天台两宗的兴盛,和道璇在日本的佛事活动有很大关系。唐开元三十三年(746年),日本东大寺铸造了卢舍那大佛像。日本平胜宝四年(752年)四月,举行开光供养时,还请道璇作了咒愿师。后来道璇协助后期到达的鉴真弘法传戒,为中日文化交流贡献了毕生的心血。天宝十二年(753年),中国僧人鉴真东渡日本,他把严格的佛教授戒制度和以钻研戒律为主要内容的律宗教义传给日本,保证了国家对佛教的控制,这也是东来国家佛教的共同特点。鉴真在日本除传授戒律外,还在奈良东大寺兴筑戒坛,亲自为习法的日本僧人授戒,此为日本登坛受戒的开始。自此,律宗得以在日本正式传播,鉴真即为日本律宗初祖。

隋唐时期的日本僧人

鉴于日本僧人荣睿、普照在大福先寺学经受戒,与中国僧人道璇相交甚密,后劝请道璇东渡日本传经的意义,洛阳大福先寺(后改名古唐寺)时至今日,洛阳在日本人心目中仍具有非常神圣的地位,每年都有日本游人至此游访,拜谒。

日本在整个平安朝(794~1192年),真言、天台两宗非常发达,是当时佛教界占有明显优势的宗派,而这两个宗派都是由日本僧人从中国唐代学习佛教,并移植到日本的。日本高僧空海(774~835年)随日本国第17次遣唐使入唐求法,在长安青龙寺从惠果和尚学习密教。回国后创立了日本密教——真言教,成为日本佛教真言宗的创始人。鉴于空海在中日文化交流中的贡献,被誉为"日本文化史之人杰,中日友好之先驱"。而日本僧人最澄、圆仁、圆珍则是属于日本天台宗三个派别的创始人。其中,最澄(767~822年),日本近江国滋贺郡人。唐贞元二十年(804年),他经日本天皇的批准,率弟子义真等,随日本第12次遣唐副使石川道益抵中国。最澄在中国学习佛教多年,携回佛教经典230部460卷,回到日本在比睿山延历寺正式创立日本佛教天台宗,圆寂后被尊为传教大师。临海龙兴寺遂成为日本天台宗祖庭,为历代日本天台宗僧人和信徒所瞩目。圆仁为日本佛教天台宗山门派创始人,于开成三年(838年)以请益僧身份随遣唐使到中国求法,曾巡礼五台山,于大华严寺、竹林寺从名僧志远等习天台教义,抄写天台典籍,并受五会念佛法等。后入长安住资圣寺,结识名僧知玄,又从大兴善寺元政、青龙寺法全、义真等受密法,从宗颖习天台止观,从宝月学悉昙(梵语),前后历时10年。时值武宗禁佛,于宣宗大中元年(847年)携带佛教经疏、仪轨、法器等回国,弘传密教和天台教义,使日本天台宗获得很大发展。日本佛教天台宗寺门派创始人圆珍,赞岐国(今香川县)人。公元853年入唐,曾在中国福州、天台山、长安等多地学梵语和密教,研习天台章疏。唐大中九年(855年)至长安青龙寺,从法全受瑜伽密旨,受传阿阇黎位灌顶;又向大兴善寺智慧轮学胎藏、金刚两部秘法。大中十二年(858年)携带经疏千余卷回国,后任天台宗第五代座主,职位僧教。

公元743年,日本圣武天皇仿效武则天在奈良东大寺(即大和国分寺)铸造金铜大佛,佛像重达500吨,动用人工200多万人次,历时近10年完成,与洛阳龙门奉先寺主尊卢舍那佛同名,这充分显示了中国佛教在东亚的巨大影响。

显而易见,隋唐时期是佛教传入中国广泛发展后最繁荣的一个阶段,同时也是中国与印度佛教文化交流最为频繁的时期,而这一时期中国与东南亚诸国的佛教文化交流无疑是其中重要的环节之一。

正是由于众多的中外僧侣途经东南亚诸国前往印度取经或东来中国译经传法活动,从而构成了这一时期佛教文化的繁荣。

(四)龙门石窟与中外文化交流

位于洛阳市东南,洛龙区龙门镇伊河两岸的山崖壁上的龙门石窟,开凿于北魏孝文帝迁都洛阳的493年前后,历经东魏、西魏、北齐,到隋唐时已是处于一个鼎盛时期。龙门石窟是历代皇室、贵族、僧人、民众发愿造像最集中的地方,不仅是当时人们意志和行为的体现,也是当时的人们对生活追求的缩影。唐代的洛阳是一个国际性的大都市,许多外国的使臣、僧侣、商人、留学生等久居这里,他们和当地的百姓信仰一样,在这里留下了他们活动的遗迹。因此,龙门石窟内不但有华人大量的造像,还有着许多外国人在此造像。从元丰七年(1084年)三月十五日所立的《龙门山天竺寺修殿记》可知,唐代龙门寺院内有大量的外国僧人在此活动,龙门造像记中也有一大批涉及中外文化交流的珍贵史料。

◆ 僧玄照造像记

位于龙门万佛洞门外南侧金刚力士北侧。

僧玄照造像记

大唐调露二年岁次庚辰七月十五日,玄照敬造观世音菩萨一躯。愿救法界,苍生无始罪障,今生疾厄,皆提消灭。

义净的《大唐西域求法高僧传》卷上载:玄照,唐代高僧。台州仙掌人,一生曾两次赴古印度,客死于奄摩罗跋国。

◆ 王玄策造像记

位于龙门宾阳南洞西壁北侧下部。

王玄策造像记

王玄策□□□□□下及法界众生敬造弥勒一铺麟德二年□月十五日度□□□损失□

王玄策,唐代著名外交使者。嵩山偃师人,与当时高僧玄奘同乡。在我国外交史上,曾创造了"一人灭一国"的奇迹。唐初贞观十七年至龙朔元年(643～661年)间四次出使印度(一说三赴印度)的使节。曾官融州黄水县令,右卫率府长史。唐太宗贞观十五年(641年),印度摩揭陀国国王曷利失尸罗迭(逸)多(梵语:HarshaSīlāditya,即戒日王)继玄奘访问该国之后致书唐廷,唐命云骑尉梁怀璥回报,尸罗迭多遣使随之来中国。贞观十七年(643年)三月,唐派行卫尉寺丞李义表为正使、王玄策为副使,伴随印度使节报聘,贞观十九年(645年)正月到达摩揭陀国的王舍城(今印度比哈尔西南拉杰吉尔),次年回国。

贞观二十一年(647年)唐太宗命王玄策为正使、蒋师仁为副使一行30人出使印度。不料此时戒日王已死,自立为王的阿罗顺那听说大唐使节入境,竟发兵拒唐使入境。派了2000人马半路伏击,王玄策及随从30多人全部被俘扣押,身陷牢狱之中。后来王玄策和蒋师仁趁夜色逃脱,日夜兼程,赶往吐蕃(即今之西藏)西部边境,以唐帝国及姻国吐蕃王中之王的名义,向泥婆罗国(今尼泊尔)借兵。当时吐蕃强大,称霸雪域高原,唐帝国与泥婆罗国均与其联姻,也就是将本国公主嫁给吐蕃赞普(国王)。泥婆罗国鸯输伐摩(意为光胄)国王将自己最心爱的女儿墀尊公主嫁给了吐蕃赞普松赞干布,以此换取和平。唐太宗也将宗室女文成公主许配给松赞干布。文成公主入藏后,极大地促进了吐蕃的文化进程,倍受臣民尊敬,因此吐蕃与唐帝国正处在双方关系史上最为友善的时期。

泥婆罗国是个小国,必须依附强国生存,因此泥婆罗国王那陵提(Narendra-deva)很给唐帝国和吐蕃面子,派出了7000人的军队,吐蕃赞普松赞干布也派出了1200人的精锐骑兵,人马总数8000多。王玄策、蒋师仁率领这支全部由外援组成的大军重新杀回中印度,在激战之后,王玄策终于大破中印度军,俘虏了阿罗那顺及其家属。史载"其王阿罗那顺及王妃、子等,虏男女12,000人、牛马20,000余以诣阙"。贞观二十二年(648年)、王玄策执阿罗顺那及一千降臣,绑俘长安。这就是传说中的"一人灭一国"的故事。在这场战争中,大唐使臣王玄策只凭一己之力,借兵灭掉了天竺(古代的印度),并把印度的国王擒获移交回长安法办。太宗皇帝大喜,下诏封赏玄策,授散朝大夫。

王玄策一生曾4次出使西域,以上造像记是王玄策第4次返洛阳时所造,麟德二年(665年)正月,在龙门造像是于本年的九月,时间完全吻合。王玄策在出使西域期间,曾将在那里求法的玄照带回唐朝。

王玄策一人灭一国

◆王玄祚造像记

位于龙门石窟敬善寺区。

王玄祚造像记

龙朔二年五月二十五日,洛阳河南县前朗州龙记县簿王玄祚为亡考、妣敬造阿弥陀佛一铺。

将"王玄策造像记"和"王玄祚造像记"相比较,除造像主的名字相近外,在造像时间上也相近。为此,后来的史学家中有人猜测,王玄祚有可能是王玄策的兄弟。

◆新罗像龛

位于龙门西山北部珍珠泉南山半崖。龛门东北向,龛高1.77米,深1.83米,宽1.80米,龛内造像已经全部盗空。从其遗迹来看,可能为7躯造像。龛额阴刻楷书"新罗像龛"4个大字。由龛的形制、制像布局、题记来看,此龛系唐高宗、武后时期(650~704年)来中国参学的新罗僧人所雕造。

◆殷朋先造像记

位于龙门赵客师洞南壁西侧下部。这个神龛宽0.20米,高0.18米,内造一小阿弥陀佛。时间大约在显庆朔间。

殷朋先造像记

殷朋先为唐胡七人遂恶捺佛愿造像一。

"康胡七人"即康居国胡人七人。"遂恶捺佛"即放弃了恶的信仰而改信佛教。"遂恶"即放弃了火祆教信仰之义。殷朋先是与康胡七人关系密切的居士。故为他们"捺佛"而造像一躯。

◆吐火罗僧宝隆造像龛

位于龙门东山上看经寺上方偏北之山腰处,像龛开凿于一个断崖上,龛门向西北,唐睿宗景云元年(710年)九月一日雕造。龛高0.9米,深0.23米,宽0.75米。造像布局为1佛,1菩萨,2力士。主像通高0.7米,体躯较完好,唯左臂及两手残毁,身着通肩式袈裟,立于束腰仰覆莲圆台座。左菩萨通高0.69米,右菩萨通神同为0.66米。二菩萨上身袒,斜披络腋,脖挂项饰,肩搭帔巾,手戴钏,下着裙,均立于束腰仰覆莲圆台座上。左菩萨左手下垂握莲枝,莲茎上刻一人物像,右手举胸前,捻一小瓶;右菩萨左手平举胸前,托一经箧,右手下垂握帔巾。二力士雕于龛外中部,体躯较小,仅及菩萨之半。龛下方刻供养人,左右两组,每组二人,左方外侧第一人为女供养,第二人着圆领束腰袍服,四供养人呈跪状。该龛造像记位于龛左下方,字大都漫漶不清,幸存的文字仅有"景云元年玖月一日,吐火罗僧宝隆造。"据史料记载,该造像记原文为:

吐火罗僧宝隆造像记

盖闻百空者,诸佛……旋资粮。所以慧观穷于两边,……破□四德。今有北天竺三藏弟子空隆,上奉诸佛,中报四恩,下□□□,敬造释迦牟尼一铺……为赞曰:大悲大愿,是救是依。灭□生善,不柱不欺。

景云元年玖月一日,吐火罗僧宝隆造。

在造像记下方有一观音菩萨像龛,造像题记为"□□□□用心,景龙四年六月十五日供养。"宝隆造像龛左下方,为前路州□□造49尊佛像龛。

吐火罗僧即巴克特里亚或大夏,西域古国。其地相当于今兴都库什山与阿姆河上游的地区。史料记载"龙朔元年,以陇州南由令王名远为吐火罗道置州县使。自于阗以西,波斯以东,凡十六国,以其王都为都督府,以其属部为州县。"玄奘大师曾云睹货逻国(即吐火罗)人,"其俗则志性恇怯,容貌鄙陋,粗知信义,不甚欺诈。"造像记云宝隆"灭□生善,不柱不欺",颇相呼应。

除以上外国僧人的造像题记外,龙门石窟中还有很多类似的造像记,这里不一一列举。还有大量的唐代官员、僧人及外国僧人在龙门石窟中的造像,因历代兵燹,年久失修,惜今大多已不存在,留存下来的很少,这不能不说是一个损失。

八、佛教宗派与嵩山

佛教刚从印度传入中国时,由于当时中国政治版图上的分裂,佛教形成了南北不同的教风,并无佛教宗派的出现,只有众多的佛教学派。在这些佛教学派中,有毗昙师、成实师、三论师、摄论师、十诵律师、涅槃师、地论师、四论师、四分律师、净土师、楞伽师等等。这些学派和大师的出现,为佛教宗派的产生奠定了基础。

佛教在我国经过五六百年的传播和发展,至隋代起,国家由长期战乱分裂进入到了相对的和平统一时期。统一的帝国政权,要求有文化的繁荣与发展,并有与之相应的宗教信仰与宗派。如隋代"炀帝与东都洛阳建四道场,召天下名僧居焉"。隋炀帝设法集南北各地各家名僧于东都,即反映了建立统一的佛教之需要。在经济上,佛教中的寺院经济的充分发展则是形成中国化佛教宗派的基础。寺院拥有大量的庄园、土地和寺奴,享有免税免役的特权,有的还经营工商业和当铺,乃至放高利贷等。寺院经济成为封建地主经济的重要组成部分。独立的寺院经济,为各自发挥佛教理论,制定独特的宗教制度,提供了重要的物质基础。在思想上,进入隋唐时代,由于政治、文化的统一,佛教学风逐步趋于一致,而佛教首领大师们,又多是博览群经,这就为创立佛教宗派提供了重要的思想性条件。

佛教与中国传统文化充分融合,特别是融会儒家的伦理道德观念和道教的神仙长生思想,开始走上全面繁荣创新发展的新阶段,佛教进入了创宗立派的时期,在佛教各学派得到进一步融合发展的基础上,古大德高僧依个人对佛法修持体验,开始有针对性诠释佛法经典及宣传修证佛法道径,由此而产生分门别类的佛法衍变教义,通过"判教",每一教派皆有各自的理论和教义,渐渐形成各种具有中国特色的佛教诸大宗派,所以通称为"宗"。所谓天台宗、三论宗、法相宗、华严宗、律宗、密宗、禅宗、净土宗、真言宗、三阶教等教派的纷纷创立,各自发展徒众,判教立宗,著书弘教,创造新的理论体系,呈现出一种百花齐放的态势。这些宗派是在印度佛教的影响下,与中国传统文化紧密结合而蓬勃发展起来的,其中不少教派是在以嵩山地区为中心的传统文化的濡染下,发源于此,并成为有中国特色的佛教教派。

唐代佛教宗派

怎样理解佛教的这些宗派呢?有佛学家说:"原来佛法的目的是求'觉悟',可是在求达到'觉悟'的目的地以前,必定有许多途径,也可说是求达目的的方法和历程。在佛教的目的上,原是一样。在途径上,自不妨有法相宗、天台宗、三论宗、华严宗、律宗、禅宗、净土宗、真言宗、三阶教等宗的不同。所以法相宗的求觉悟,有法相宗的方法和历程;禅宗求觉悟,有禅宗的方法和历程;三论宗求觉悟,有三论宗的方法和历程;其他各宗,亦莫不皆然。佛法既有了这许多的途径,于是佛法的上面,就有了许多的宗派。"这些宗派各具特色的教义、教规和修持方法,并效仿世俗封建宗法制度,建立了各自传法体系。在各宗派的体系中,都融合吸收了大量的中国传统思想和文化及中国本土宗教教义和教规,伴随着佛教各宗派的建立,佛教开始了中国化,中国化佛教各宗派的建立,标志着佛教在中国的发展进入了鼎盛时期。

(一)天台宗

1. 天台宗渊源与发展

天台宗源于南北朝末期,初创于隋,兴盛于唐,是汉传佛教中,最早一个完全由中国佛教论师所创立的本土性宗派。天台宗是由陈入隋的浙江天台山僧人智𫖮创立的,以《妙法莲华经》立宗,又称法华宗。自编传法系统是:龙树-慧文-慧思-智𫖮-灌顶-智威-慧威-玄朗-湛然。天台宗的主旨是诸法实相论,认为宇宙万象的本体是真如佛性,宇宙万象林林总总各自不同,都是在显示真如的本相。为了阐明这个主旨,该宗提出圆融三谛说和一念三千说。南北朝时期,南北佛教风格不同,南方重理论,北方重实践,即南义北禅。随着隋朝对全国的政治统一,佛教需要顺应时势,融合南北风格为统一的风格,智𫖮因而提出定慧双修的止观法门,止即禅定,观即智慧。他在《修习止观坐禅法要》卷上中指出："止乃伏结之初门,观是断惑之正要;止则爱养心识之善资,观则策发神解之妙术;止是禅定之胜因,观是智慧之由藉。……此之二法,如车之双轮,鸟之两翼,若偏修习,即堕邪倒。……若偏修禅定福德,不学智慧,名之曰愚;偏学知(智)慧,不修禅定福德,名之曰狂。"智顗,祖籍颍川(河南许昌市),迁居荆州华容(湖北监利县),他出家后,到处游学,被称为天台大师,他的著作很多,最重要的是《法华玄义》、《法华文句》、《摩诃止观》,各20卷,被称为天台三大部。

智顗与隋炀帝杨广关系密切,杨广早为晋王时就从智顗受"菩萨戒",并取法名"总持",杨广则称智顗为"智者大师"。智顗一直把"兴显三世法"的宗教事业和"拥护大隋国土"的政治目的紧密地结合在一起。他在临终时的《遗书》中还一再表示"命尽之死,若有神力,誓当影护王之土境,使愿法流行,以达王恩,以副本志"(《国情百录》卷3,《大正藏》卷46,《大正藏》卷9)。由于智顗把宗教与政治结合在一起,为天台宗的创建和发展奠定了基础。

天台宗奉印度空宗论师龙树为初祖,是由于本宗的理论生发于龙树《中论》卷4中的一首偈:"众因缘生法,我说即是空,亦为是假名,亦是中道义。"这里以空、假、中三个命题来解释宇宙万象和宇宙本体的关系带着即空、即假、即中的统一性。天台宗发挥为圆融三谛说,认为"我说即是空",是真空,是真谛。所谓真谛,即绝对真理,是从佛教的角度立言的,揭示宇宙万象的本质。这里讲宇宙万象的总相、共性,即都是由因缘和合而成,没有自身的实体,其本原是佛性,佛性实有,不能用世俗概念加以描绘,故名之为空。"亦为是假名",是假有,是俗谛。所谓俗谛,即相对真理,是从世俗的角度立言的。

天台宗大师智顗

这里讲宇宙万象的个别相状,即宇宙万象虽无自身的实体,却有各自如幻如化的相状,历历在目。"亦是中道义",是中道,是中谛。所谓中谛,即对立统一的认识论。这里讲宇宙万象非空非假,亦空亦假。由于任何现象,既体现空,又体现假,又体现中,故称圆融三谛。换言之,空离不开假和中,假离不开空和中,中离不开空和假。至于一念三千说,是认为人的"介尔一念心"(心念活动的最短时刻),同时具有六凡、四圣十个法界。十法界彼此游动,相互具备,六凡中的任何一种,都可以上升为四圣中的任何一种,四圣中的任何一种,也能现身为六凡中的任何一种,这样便构成百法界。十法界由色受想行识五蕴组成,叫做五蕴世间,五蕴世间含有情识,叫做有情世间,色法构成的山川大地、日月星辰、五谷花木等叫做器世间。十法界各自具有这三种世间,因而总共三十种世间,那么百法界便具有三千种世间。三千种世间囊括了六凡四圣和宇宙万象,但他们都是"介尔一念心"的产物。

天台宗提出了以本宗为中心的判教说。所谓判教,是中国佛教界看到大乘、小乘、空宗、有宗、密宗等派别的佛经,充满矛盾和分歧,却无法指责哪些佛经不对,就将所有的佛经系统地进行排队、剖析,指出它们之所以说法有矛盾,是由于佛在不同的场合对不同根基的对象灵活地进行不同的教育所致,因而所有佛经总的原则和基本精神是一致的。

"五时八教"是天台宗的判教理论。五时是就根据时间的先后分出华严时、鹿苑时、方等时、般若时、法华涅槃时。八教是就法的性质分判的,即化法四教与化仪四教,化法是教化众生的法门,即"三藏教、通教、别教、圆教;化仪是教化众生的仪式,即顿教、渐教、秘密教、不定教。"通过五时八教的判释,天台宗对全部佛教经典作了一个安排,使其各自居于合适的位置,既调和了佛教内部的矛盾,又突出了本宗所依的《法华经》的崇高地位。

天台宗以《法华经》为宗经而提出的"会三归一"理论,一方面把天台宗的教义说成是至上的"一乘",另一方面也为它调和融合其他学说打开了方便之门。在"方便"法门的旗号下,天台宗对佛教各种经典和学说以及传统文化的不同思想做出了融会贯通,并有选择地把它们"会归"到天台宗的教义中来,表现出了中国第一个佛教宗派在调和圆融的基点上创宗的重要特点。

2. 天台宗与嵩山

盛唐以来,嵩山地区的汝州风穴寺就成了天台宗的一大阵地。其缘由主要有三点:

一是为禅宗临济宗派四祖风穴寺延沼禅师原本是个天台宗禅师。《风穴七祖千峰白云禅院记》载:"祥师法号匡沼,俗姓刘氏,浙东处州松阳县人也。于护国寺出家,得佛心印,为人天师。……自清泰初(934年),禅师以身观身,上德不德,擎携瓶锡,来往林泉。谓幽楼为匡界之基;谓宴坐作修行之地。参禅者使息四方之志,问法者不远千里而来。不十年间,僧徒辐凑矣。于是,改易经堂,创修佛殿,川原革故,庭宇鼎新……"以上所述匡沼禅师,实际上即是我国佛教史上赫赫有名的临济宗四祖风穴延沼禅师。

匡沼(896~973年),浙江处州松阳县人,本习天台宗,于后唐长兴二年(931年)参访汝州,遇临济宗三祖慧颐,在其劝导下,改宗临济,后成为临济宗的"四祖"。立此碑时,匡沼55岁,正在风穴寺中。宋代至现今的禅宗史上,都把临济宗四祖写作"风穴延沼",实际上当时宋朝人为避宋太祖赵匡胤的讳而改写的。明清以来,以讹传讹,不知更改,直至今日。

匡沼早年"依本州岛(处州)开元寺智恭披剃受具,习天台止观","玩《法华玄义》,修止观定慧",显然是位天台宗和尚。匡诏的弟子五祖首山省念亦是密诵《法华》,行头陀行的天台宗禅师。省念晚岁依匡沼,充知客,"穴(匡沼)乃垂泣告之曰:'不幸,临济之道,至吾将堕地矣!'师(省念)曰:'观此一众岂无人也?'穴曰:'聪明者多,见性者少。'师曰:'如某者何知?'穴曰:'吾虽望子者久之,恐汝耽着此经(法华经),不能放下。'师曰:'此亦可事,愿闻其要。'穴遂升堂……"从中可知,匡沼和省念都是由天台宗转移到临济宗中的僧人。

匡沼在汝州的弟子除首山省念外,还有广慧真禅师等。汝州首山省念在汝州的弟子有首山怀志、叶县广教院归省、汝州广慧院元莲等。

五代时,风穴寺仍以天台宗和禅宗并宏。

二是唐代风穴寺著名的贞禅师,原来是天台宗的七祖

风穴寺中有一座九层密檐式方形塔,古老相传"七祖塔",就是天台宗七祖贞禅师的墓塔。贞禅师(612~725年),俗姓张氏,京兆人。该《塔铭》载:"师泛浪知清,依林择茂。将挥圣姓,载顾华宗。年弱冠,秀才登科,知名太学。以观门,居于洛阳白马寺。口不绝诵习,心不离三昧。孚妙有之慧萌,荆赖耶之浊种,庶灭裂有为,干盘无生焉。后隶此郡开元寺,又以为喧者起之本,静者定之缘,利缘舍起,故复居此。窟茨房药,蔬之妙受,奚谷箕口瓢,捌之胜尘,可略言矣。"从以上记载可知,贞禅师既"载顾华宗",又"受衡阳止观门",显然是位天台宗大师,承袭南后慧思(515~577年)之衡阳三昧。

《塔铭》还说,丞相崔日用、尚书李嵩等人"皆顶奉山宇",尊可贞为师。崔日用,《旧唐书》有传,约于开元七年至十年(719~722年)任汝州刺史。李嵩《旧唐书》有传,开元初授汝州刺史。

《风穴七祖千峰白云禅院记》记述了"风穴七祖"的来历:"开元年,有贞禅师袭衡阳三昧,行化于此,溢然寂灭,示以阁维。有崔相国、李使君名履,与门人等,收舍利数千粒,建塔九层,玄宗谥为'七祖塔',见今存焉"。文中的唐玄宗谥为"七祖塔",证明是唐玄宗敕封可贞为天台宗七祖的。

以上资料确证可贞是袭"衡阳止观门"的天台宗大师,大约是经当时丞相史崔日用、尚书李嵩等人请求,由唐玄宗谥号给可贞为天台宗"七祖"。至五代时,风穴寺仍是天台宗寺院,所以习天台止观的匡沼、省念乃会集于此。但此时天台中衰,他们又改为禅宗临济宗派了。遗憾的是《塔铭》中没交代可贞在白马寺从何人受天台宗;可贞的弟子宗本又恰遇"安史之乱",故这一段天台宗史为后人所遗忘也!

依佛教史传统所言,天台宗的传承是:天竺龙树——北齐慧文——衡阳慈思——天台智凯——章安灌顶——绪云智威——东阳慧威——左溪玄朗——荆溪湛然……然而,就是这个天台宗的传承表,在唐时即为人们所怀疑。湛然的俗弟子梁肃(755～793年)在《台州隋故智者大师修禅道场碑铭并序》中说:"自绍云至左溪,以玄珠相对,向晦,宴息而已。"唐玄宗以来,禅宗正统之争,十分激烈。约于此时,天台宗也存在着定祖之说。

《风穴七祖千峰白云禅院记》刊于公元950年,所言唐玄宗赐谥,应较为可信,其赐谥时间当在开元二十六年至天宝十五年间(738～756年)。

据《续高僧传·灌顶传》可知,隋仁寿二年(602年),晋王杨广鼻祖请灌顶入京,于是"顶持衣负锡,高步入宫,三夏阐宏,副君欣戴。"隋大业七年(611年),炀帝治兵逐野,又"下敕迎顶远至行所,引见天房,叙以同学之欢。"由此可见,风穴寺贞禅师之师承,或出于京下灌顶(651～632年)之弟子。灌顶为天台五祖,则贞禅师(按道光二十年赵林成、白明义纂《直隶汝州全志》称贞禅师为可贞)恰应为七祖。

三是可贞禅师的这一支天台宗法脉传到了嵩山的会善寺、少林寺。

可贞禅师的一支法脉曾传到了嵩山会善寺。会善寺西塔院的法素禅师,也是天台宗大师,他的弟子就是著名的法华钧。今少林寺的东北隅,有一座立于后唐同光四年(926年)三月十六日的单层方形砖塔,塔高约5尺,塔的背面所嵌石板上刻有《唐嵩山少林寺故寺主法华钧大德塔铭并序》。从《塔铭》记载可知,法华钧,名行钧,俗姓阎氏,郑州阳武(今原阳县)人。14岁入嵩山会善寺,投西塔院的法素禅师为依止师,攻研天台宗用作本经的《法华经》,日日焚修为业,三年时间,便诵完了一部《法华经》。20岁时,登本寺琉璃坛受具足戒,成为比丘。

风穴寺七祖塔

此后,法华钧游历讲肆,攻研律部,曾卜居石城山,讽诵《莲花经》60部,受到人们的尊重。天台宗因创立者智顗住天台山而得名。该宗主张"定慧双修",由禅生意,而得大乘圆顿境界。天台山在浙江省台州天台县以北,濒临东海。天台山南门叫赤城山,西门叫石城山,北门在剡县的金庭观,东门叫王爱山。法华钧所登的石城山,正是天台山的西门。这一点,揭示了法华钧是天台宗和尚的真相。

唐僖宗广明元年(880年),天台宗大师法华钧被请为少林寺住持,这样,他就把天台宗传入了少林寺。他早年依止于会善寺法素禅师,攻研《法华经》。他任主持的这年冬天,黄巢义军入汝州,占洛阳,取长安,称皇帝,国号"大齐"。但少林的寺院生活,晏然如故,法华行钧还主持了修葺大殿、塑造佛像的活动。数年后,少林寺遭到毁废。值再开佛法,行钧率弟子"复立殿堂,兼塑佛事"。他临坛度人,

领众诵经,直至去世。法华行钧有弟子100多人,都属于"宏"字辈。后接任寺主之职的是宏泰禅师。"宏"字辈下,是"钦"字辈,是法华行钧的法孙一代。法华行钧不仅担任少林寺主,还为少林寺建立了新的系统的传承制度,这对于少林寺的持续发展和天台宗法统的延续具有重要意义,因而亦为后世所沿用。

(二)密宗

密宗创立于禅宗之后,但禅宗在晚唐五代大规模发展,成为中国佛教的主流。因此,禅宗留在后面介绍。

1. 密宗派别及其宗义

密宗不像称为显宗的其他宗派那样用明白的语言正面宣传教义,而是用号称真言的咒语来表达,咒语隐秘难解,故名密宗、真言宗,是法身佛毗卢遮(大日如来)佛对自己的眷属说秘奥大法,即所谓秘密真言。密教修行,只要依佛真言(《大日经》、《金刚顶经》)可以即身成佛。又由于密宗依理事观行,修习身语意三密瑜伽(相应)而获得成就,故又名瑜伽密宗。

密宗的经典,早在东汉译经中就有(《安宅神咒经》、《五龙咒毒经》、《七佛安宅神咒经》)等咒。但密宗正式传入我国和形成则是在唐代。密宗的实际创立者是善无畏、金刚智、不空等,而他们的传教区域又集中于嵩山地区。

密宗分为两派:善无畏传播胎藏界,崇奉《大日经》;金刚智和不空传播金刚界,崇奉《金刚顶经》。密宗主张六大缘起说,认为佛和宇宙万象都是由地、水、火、风、空、识这六大形成的。前五大是色法(物质现象),属于理;后一大是心法(精神现象),属于智。六大无碍,彼此兼有。大日如来佛就是六大,宇宙万象都由六大构成,因而都是大日如来法身的显现,一切国土都是大日如来所依止的密严净土。胎藏界属于理,于一心法界上树立理平等,同中观派(大乘空宗)关系密切。金刚界属于智,于一心法界上树立智差别,同瑜伽行派(大乘有宗)关系密切。密宗崇拜护摩,护摩是烧的意思,分内外两种,主张以智慧之火烧掉烦恼和业,即可生出菩提芽,还往往烧掉大批的物资、庄园,以得到所想要的东西。密宗提倡祭祀、供养,变禁欲主义为纵欲主义。他们崇拜男精女血,认为"女是禅定,男是智慧"(《大日经疏》卷4),念女人名号"能除一切贫穷业障,获得丰饶财宝富贵"。(《佛说大吉祥天女12名号经》)

金朝少林寺的木庵性英是当时的密教名僧,其弟子知玲曾从他在少林寺学传总持法,后于金朝皇统年间在河北盘山传密教。后来木庵性英北上大都(北京),作仰山栖隐寺住持五六年。

从密宗创立者"开元三大士"及僧一行在嵩山地区传播密宗的活动看,嵩山地域是我国密宗最早的传播中心之一。

2. 密宗的早期传播

印度密宗思想和实践传入中国,始于三国时代。自2世纪中至8世纪中的600年间,汉译佛经中约有100多部陀罗尼经和咒经,其中东晋帛尸梨蜜多罗译的《大灌顶经》12卷,初唐阿地瞿多译的《陀罗尼集经》12卷,属于陀罗尼和真言的汇编性质。在此期间,印度、西域来华的译师和高僧也多精于咒术和密仪。据佛书记载,永嘉中(307~312年),帛尸梨多罗在建业专门传播陀罗尼法门。西晋永嘉四年(310年)来洛阳的佛图澄"善诵神咒,能役使鬼物",约于北凉玄始十年(421年)至姑臧的昙无谶"明解咒术,所向皆验,西域号为大神咒师"。北魏永平初来洛阳的菩提流支也"兼工咒术","莫测其神"。隋开皇年间(581~600年),在广州就有"男女合同杂,妄承密行"的记载。《宋高僧传·智通传》更明确指出,唐永徽年间(650~655年)智通即云"行瑜伽密教,大有感通"。同书还记述在永徽年间,由中印度僧阿地瞿多(无极高)主持,在长安慧日寺建立了"陀罗尼普集会坛",发起者有沙门大乘琼、李世勋、尉迟敬德等12人。阿地瞿多还从《金刚大道场经》中撮要译出了《陀罗尼集经》12卷,内有"三重院方形坛",配合95尊像;又有"五重院方形坛",配合209尊像及139尊像等仪轨。中国高僧玄奘、义净等也都传译过密法。以上后世称为"杂密"。

3. 嵩山地区是密宗的圣地

嵩山地域是密宗的圣地。善无畏、金刚智、不空、一行都是闻名于佛教界的高僧。在中国弘传纯粹密教("纯密")并正式形成宗派的,实始于"开元三大士",即唐玄宗开元年间(716~719年)三位来华的天竺僧人善无畏、金刚智、不空。他们三人有很多年都在嵩山地域翻译经典,传播佛教密宗。善无畏和金刚智死后都葬在龙门。

印度蜜教分胎藏界和金刚界两大系统,分别由善无畏和金刚智传入中国。密宗不像称为显宗的其他宗派那样,用明白的语言正面宣传教义,而是用号称真言的咒语(陀罗尼)来表达,咒语隐秘难解,故称密宗、真言宗。又由于密宗依理事观行,修行身、语、意三密瑜伽而获得成就,故又名瑜伽密宗。印度密教分胎藏界和金刚界两大系统,分别由善无畏和金刚智传入中国。三人分两派,善无畏传播胎藏界,崇奉《大日经》;金刚智和不空传播金刚界,崇奉《金刚顶经》。

开元三大士

善无畏,13岁时继任中天竺乌荼国国王,兄弟们起兵相争,他在平定叛乱后放弃王位,出家为僧,曾在中天竺的那烂陀寺学习密教。唐开元四年(716年),印度密宗高僧善无畏以80岁高龄携带梵本经西域来到长安,深受玄宗礼遇,被尊为"国师"。开元五年(717年)起,先后于长安、洛阳两处译出密教经典多部。开元十二年(724年),他随唐玄宗来洛阳,奉诏在洛阳大福先寺同其弟子嵩山会善寺僧一行共同翻译《大毗卢遮那成佛神变加持经》等佛经。其弟子一行担任笔受工作,"删缀辞理,文质相半,妙谐深趣,上符佛意,下契根缘,利益要门,斯文为最"(《宋高僧传》卷2《善无畏传》)。《大毗卢遮那成佛神变加持经》的梵文原本共有10万颂,善无畏的译本只是"撮其要耳",成书7卷,简称《大日经》,"大毗卢遮那",意为"大日",后成为密宗崇奉的"宗经"。该经是"六经三论"最主要的经,也是密宗的"宗法",标志着密教独立思想体系和派别的形成。据佛教传说,此经是大日如来在金刚法界宫为金刚手秘密主等所说,原有广本10万颂,系龙猛菩萨入南天竺铁塔,亲承金刚萨埵的传授后诵出。其弟子一行亲承讲传。他们传授以胎藏界(理)为主的密法,是为中国密教正式传授之始,表明密宗在嵩山地域正式成立。

善无畏翻译《大毗卢遮那成佛神变加持经》经典时,鉴于密宗特别重视咒语,为了使中国人都能大致按照梵文的读音去念诵,就把经中的密咒全部写出梵文,用汉字注出读音。天竺古代的语言文字学叫做悉昙(意译为成就、吉祥),善无畏是在中国最早讲求这门学问的人。他的这一做法,为后来不空翻译密宗经典所继承。在善无畏的著述中,有一卷《无畏三藏禅要》,是他同嵩山会善寺僧敬贤讨论佛法的纪录。这本书先开发心、供养、忏悔、受戒等十一门,再说观智密要、禅定法门,列举陀罗尼十首和月轮观法等。初学禅人多怕起心动念,无法增长善念,以为专守无念才是究竟。他不以为然,主张先正念增修,然后即可达到究竟清净的境界,因而不怕起心,只怕进学做得不到位。这反映出当时的禅风和他对禅定的理解。

善无畏道法很高。据史料记载,善无畏在洛阳,一次旱情严重,唐玄宗派宦官高力士去请他祈雨。善无畏推辞不过,以钵盛水,以小刀搅动,且搅且咒。片刻间,钵中出现手指头大的一条龙,通体鲜红,时而昂首浮出水面,时而潜入水底。他继续边搅动边念咒,终于,一股白气由钵中蒸腾而起,高达数尺,渐渐消退。他让高力士赶快回宫汇报。高力士骑马飞奔,回头"见白气疾旋,自讲堂而西,若一匹素,翻空而上。既而昏霾,大风震电"。高力士刚到达天津桥,"风雨随马而骤,街中大树多拔焉"。还相传,邙山有巨蛇,善无畏以天竺语咒数百声,不几日蛇死,"乃安禄山陷洛阳之兆也"。

金刚智作法求雨图

金刚智所传为金刚界密法。金刚智,南天竺人,广泛学习经律论三藏,"闻脂那(中国)佛法崇盛,泛舶而来"。唐开元八年(720年),南印度密教高僧金刚智携梵文经典,与弟子不空经南海、广州抵洛阳,大弘密法。金刚智在印度学的是金刚顶瑜伽诸部藏,到长安后被礼为国师。译有《金刚顶经瑜伽修习毗卢遮那三摩地法》、《瑜伽念诵法》、《七俱胝陀罗尼》、《观自在瑜伽法要》、《金刚顶五秘密修行念诵仪轨》等21部24卷,先后参加译经工作的有东印度婆罗门大首领伊舍罗、嵩岳沙门温古、沙门智藏、一行等。金刚智所到之处,必建金刚界大曼荼罗灌顶道场,弘扬密法。有时奉敕为国祈雨,或为妃嫔、公主加持除病等。

金刚智一生广闻博览,过目不忘,善剖析佛学义理,故宋僧赞宁称赞他"理无不通,事无不验,经论戒律秘咒余书,随问剖陈,如钟虚受。有登其门者,智一觇其面,永不忘焉。至于语默兴居,凝然不改,喜怒逆顺,无有异容,瞻礼者莫知津涯,自然率服"。

史料记载,密宗人修习身、语、意三密,常有一些出人意表的举止。关于金刚智行法灵验的传说也很多,如说金刚智曾受诏在洛阳求雨,一行参与活动。金刚智"用不空钩,依菩萨法,在所住处起坛,深四肘",作法七天,终于"崩云泄雨","而结坛之地,穿穴其屋,洪注道场"。后京城士洛阳民众都说:"(金刚)智获一龙,穿屋飞去。龙飞之前,崩云泄雨,远近惊骇。"于是"求观其处,日千万人"。

金刚智据说还有起死回生的本事。唐玄宗的一个女儿——第25公主久染沉疴,缠绵病榻,后来病情恶化,多日闭目不语。唐玄宗估计她快死了,就敕令金刚智对她授以戒法。金刚智到公主跟前,选取宫中两个7岁幼女,用绯缯缠住脸,卧在地上,使宦官牛仙童写敕令一纸,在别处烧掉。金刚智用密语念咒,两个幼女即能一字不遗地将敕令背诵出来。金刚智调整呼吸,止息杂虑,专心一境,又以不可思议力使两个幼女带着敕令到琰摩王(地狱阎罗王)那里去。不一会儿,琰摩王派已故的公主保姆刘氏护送公主的魂魄随两个幼女还阳间。于是公主睁开眼,坐了起来,言语正常。唐玄宗听说后,来不及等待仪仗护卫,急忙骑马来看女儿。公主对他说:"冥数难移,今王遣回,略觐圣颜而已。"(《宋高僧传》卷1《金刚智传》)不空见邙山有巨蛇,"矫首(抬头)若丘陵,夜常承吸露气","每欲翻河水陷洛阳城以快所怀",就为他受戒说因果,使它不至于作恶。"后樵子见蛇死洞下,臭味数里。"(《宋高僧传》卷1《不空传》)密宗人的这些活动,使唐玄宗松动了重道抑佛的态度,对佛教稍稍归仰。

不空,一说南天竺人,一说狮子国(今斯里兰卡)人。金刚智的弟子。唐开元八年(720年),随同金刚智来中国。此后18年,他随金刚智学习翻译,广泛学习律仪和中文、梵文的经论。金刚智去世后,他奉遗命回狮子国和天竺学习密法,搜罗密教经典,得到经籍仪轨1200卷后于天宝五载(746年)再度来华,从事译经和传法,对中国密教的发展贡献很大。他回中国后曾入宫建立曼陀罗给皇帝灌顶。不空先后在长安、洛阳、武威(甘肃武威市)等地译出《金刚顶经》、《金刚顶五秘密修行念诵仪轨》等11部143卷。《金刚顶经》后亦为密宗所依的主要经典,他们的传授以金刚界密法(智)为主。不空门下弟子很多,据说他居灌顶40余年,受法门人约有万计,由他授比丘戒的弟子也有2000余人。不空认为弟子中能够尽传密法的弟子有金阁寺含光、新罗慧超、青龙寺惠果、崇福寺慧朗、保寿寺元皎、觉超6人,时称"六哲"。其中,慧朗在他死后继承衣钵,成为密宗的一代宗主。另一位弟子惠果曾任代宗、德宗、顺宗三代"国师"。惠果门下有弟子有爪哇僧辩弘、日本僧空海等。空海回到日本后创立了日本的密宗——真言宗。

将胎藏界和金刚界两大密法继承下来的是中国僧人一行。一行是从嵩山会善寺中走出来的密宗大师。开元五年(717年),一行协助佛教密宗大师善无畏,译《大日经》,并最后删缀成文。其后。又从金刚智学习金刚界密法。他曾请金刚智译金刚顶瑜伽中《念诵法》、《佛说七具胝佛母准提大明陀罗尼经》,并接受灌顶。一行为中国佛教史上传承胎藏、金刚两部密法的大阿黎,并被尊为密宗五祖之一,在汉传佛教密宗史上有很高的地位。

一行协助佛教密宗(又称真言宗)大师善无畏,翻译《大日经》,并最后删缀成文。其所撰《大日经疏》20卷,对《大日经》中晦涩的地方进行解释,保存了善无畏所传的图位、注明许多事相的作法与意义。在书中,他强调要发扬大乘佛教入世、出世不二的积极精神,使得密宗教理合理化,成为阐释密宗理论的权威著作。他本人又是中国著名的天文学家和数学家,著有《唐开元大衍历》52卷,改制历法。

4.嵩山地区的密宗雕刻

我国最早的、较完整的密宗遗迹于1986年前后发现于龙门石窟,最有代表性的是龙门东山刘天洞石窟中的主尊大日如来佛造像。刘天洞结构独特,以横梁隔为上、下两层,洞宽1.5米,深1.65米,上层高1.2米,隔梁高0.29米,下层高1.1米。上层环三壁造一坐佛(已毁)、二侍立菩萨(右壁者已毁)、二天王,窟门外为二力士。下层正辟本尊造大日如来,左右胁侍已毁。大日如来坐高0.82米,头戴宝冠,颈下系桃形项圈,其上缀以宝珠。身着袒右肩袈裟,右臂佩臂钏,饰以花纹,手施禅定印,结跏趺坐于束腰莲座上。两侧壁上各刻十身结跏趺坐菩萨装佛像,似表密教浅、深十地。

从窟楣的"天授三年(692年)三月八日"纪年铭可知,刘天洞造于天授三年(692年)以前。而学术界通行的观点认为:瑜珈密教之纯密大规模弘扬始于"开元三大士"善无畏、金刚智和不空来华,并

形成唐密。但在此之前,杂密早已陆续传入中国内地,从而为唐密形成创造了条件。据道宣《续高僧传·达摩笈多传》、赞宁《宋高僧传·智通传》都记载了隋唐之际瑜珈密教传入的事实。按时间记载,善无畏和金刚智分别于开元四年(716年)和开元七年(719年)由天竺来到长安和洛阳,而密宗本经《大日经》及《金刚顶经》的译出更是开元十一年(723年)以后的事。这些造像表明,该洞在善无畏、金刚智入唐以前已经完成,由此证明了瑜伽密教早在"开元三大士"之前已传入中国,并有了相当的发展。

在开元三大士之前的这些密宗造像,建造时间应发生在"开元三大士"来华之前的武周时期,当属于杂密遗迹,这些造像表明,密教之纯密入华时机已经成熟,因此也就有了后来闻名中外的"开元三大士"。

龙门东山擂鼓台三洞是龙门石窟中密宗造像较为集中的一个大型石窟。擂鼓台位于龙门东山最南端,因唐天授元年(690年)武则天巡幸香山寺,在此摆鼓司而得名。由于依崖并列开凿了三座石窟,所以又称为"擂鼓台三洞"。擂鼓台三洞均为供奉密宗大日如来的石窟,尤以北洞规模最大。北洞窟形呈马蹄形,穹窟顶,高4米,宽4.9米,深5.4,窟顶饰莲花藻井,环绕四身飞天。窟内造三尊坐佛像,三壁三坛,正壁主尊是头戴饰有化佛的宝冠,颈系项圈、右臂佩臂钏的大日如来佛像。窟门内侧刻八臂菩萨(头为后人补塑)及四臂十一面观音菩萨,头毁。其余壁面刻结跏趺从菩萨装佛像。窟门上方有一个开元六年(718年)的小龛"打破了"窟门上部的门楣,证明该洞的完工年代必早于开元六年。

密宗中的大日如来,即大日佛,为梵名摩诃毗卢遮那的意译,摩诃意为大,毗卢遮那意为日。密宗认为,宇宙的一切均是大日如来的表现,大日如来也是密宗金刚界和胎藏界的主像,开元三大士中善无畏传授以胎藏界为主的密法,所依经典为《大日经》,重在表现大日如来之理性,认为理性犹如胎儿享受母体的关爱,人的一切悟觉可用佛的慈悲培育出来。金刚智、不空所传为金刚界密法,主要依据《金刚顶经》,重在强调大日的智慧,将其比同金刚,用以摧破一切烦恼。

擂鼓台北洞窟内两观音,似为密教不空羂索观音形象,"羂索"为绊取野兽所用的绳索,"不空羂索"为不落空之羂索,取意观音救度众生无有遗漏。佛经中的不空羂索观音形象有三面两臂、四面六臂、一面四臂、一面八臂等多种。《不空羂索神变真言经》卷5《羂索成就品》讲到供养不空羂索观音之益处:"当调伏邪恶人者,诵念真言轮旋索者,当则顺伏。""若欲龙,天降澍雨者,及止雨者,如法作坛,供养像索,视天诵念真言旋索作法,须雨则雨,须止则止。若欲攘除一切灾疫病者,于高楼上或高山顶,诵持真言七遍,轮掷羂索,一切灾疫恶风雹雨,则皆除散。"不空羂索观音像也由此在唐代得到较多的表现。

观音崇拜在我国有悠久的历史。密教传入我国也以圣观音等的崇拜为契机。密教崇拜的"六观音"是圣观音、千手千眼观音、马头观音、十一面观音、准胝观音和如意轮观音。

龙门东山万佛沟内,有两处千手千眼观音浮雕,时间在武则天至中宗时,是国内最早的一身"千手千眼观音"。龙门西山的观音洞内,也塑有观世音菩萨像,其中还造有11面33臂观音,时间约为武则天晚期。

荥阳大海寺的十一面观音造像是于1976年3月在荥阳大海寺旧址出土的菩萨造像之一。该造像石灰岩质,唐长庆年间(821~824年)雕造,造像膝以下残缺,存高1.71米。高发髻,面相丰满圆润,有白毫。发髻正面刻8个小头像,最上面的是高肉髻佛像头,其下7个作菩萨装束。左耳后刻凶相面,右耳后刻善相面。上身穿衫,饰项圈、戴臂钏、手镯,腰束长裙,挽结于腹前。肩雕六臂,其中两手合十于胸前,作说法相,两臂下垂于体侧。雕刻细致,肌肤丰满,质感强烈,形象准确,体态严肃大方,衣纹皱褶清晰,线条阴阳相间层次分明,过渡自然而又严谨。据《成菩提集》记载:"十一面观音,密宗称'变异金刚'六观音之一。三面当前,面作慈悲相,右边三面作威怒相,左边三面利牙出相,后有一面作暴笑容,最上一面作如来相(阿弥陀佛),冠中有化佛。"该造像与记载基本相符,所不同者,是此相集中突出在正面相上。

荥阳大海寺十一面观音造像

1985年,在洛阳东郊史家湾砖厂出土了雕版印制的密教之随求咒法《大随求陀罗尼》,此经主要阐释大随求陀罗尼之"心中心咒"之功力广大,并揭示此咒及诸印契所具之不可思议力。经上有墨书云:"天成二年正月八日期徐般弟子依佛记"。据僧史记载,五代时洛阳密教再度复兴。后唐至后晋时,有西域僧人嚩日罗三藏在洛阳行瑜伽教法。凤翔府法门僧志通游洛下时礼事之。凤翔府道贤(? ~936)是五代时影响最大的密教阿阇梨,持讽《孔雀王经》、《瑜伽灌顶法》。清泰元年(934年),道贤从末帝李从珂入洛阳,大宏密教,后卒于洛阳,葬于龙门。北宋佛教史家赞宁评论说:"今两京传大教(密教)者,皆法孙之曾玄矣。"

著名的《佛顶尊胜陀罗尼》是唐代最流行的密教经典之一,它的最早刻本就发现于龙门石窟西山莲花洞。这部《佛顶尊胜陀罗尼》是北印度僧人佛陀波利于公元683年翻译的,由史延福刻于唐代如意元年(692年)。

嵩山地区是我国最早的密宗传布中心之一,隋唐时期许多翻译过密典的高僧都曾活动于这里,甚至长眠于这里。现存密宗雕刻对于研究中国佛教的发展及密宗造像艺术具有重要价值。

(三) 三阶教

三阶教是隋朝僧人信行创立的宗派,又叫三阶宗、第三阶宗、三阶佛法和普法宗。三阶教把全部佛教按照时间、处所和人分为三类,每类再分为三阶。时间的三阶是:佛灭度后第一个500年为第一阶,是正法时期,依照佛教教义修行的人,都能证得圣果。第二个500年为第二阶,是象法时期,信仰佛教的人,似有所证,实无所证。第三个500年以来为第三阶,是末法时期,佛教日益衰微。处所和人的三阶是:净土是利根(根机最高)第一阶一乘人所依止的世界,秽土是第二阶三乘人和钝根(根机最低)第三阶世间众生所依止的世界。三阶教还将佛法分为别法、普法两类。所谓别法,是于法分大乘小乘,于人辨圣贤凡愚。这又叫有眼众生佛法,如同有眼能辨颜色。所谓普法,是于法不分大小,于人不辨圣凡,普信普敬,不尊此法而斥他法。这又叫生盲众生佛法,如同生来眼瞎,不辨颜色。第一阶人唯学一乘法,第二阶人唯学三乘法,所学各别,故名别法。第三阶人具有空有邪见,侧重学习大乘或小乘,必然爱此憎彼,造成谤法之罪,故第三阶相应之法是普法。他们认为一切众生都有可能成佛,身上都有佛性、如来藏,因而都是佛性佛、如来藏佛,也都是当来佛。对一切众生都作佛想,故都是佛想佛。对人的态度既无差别,对法的感情又无爱憎,故对已成未成诸佛一律普敬。因此,三阶教僧人路上见到行人,不分男女,一律礼拜。对人普敬的同时,对自己须认识空有邪见的过恶,以苦行忍辱的方式来加以荡涤。三阶教人每天只吃一顿乞讨来的饭,以吃寺院的饭为不合法。他们死后实行野葬(林葬),尸体被置放于荒郊的尸陀林(寒林),施舍给鸟兽作食物,残余尸骨由同仁收集起塔。三阶教人反对净土信仰,不念阿弥陀佛,只念地藏菩萨。他们认为一切佛像都是泥胎,不必尊敬。他们设立无尽藏院,接受社会的布施,用以经营当铺、钱庄,将所得分为三份,"一分供养天下伽蓝增修之备,一分以施天下饥饿悲田之苦,一分以充供养无碍(即斋僧)"(《太平广记》卷439《裴玄智》条,出《辨疑志》)。尽管三阶教人以自损的方式做善事,以普敬的方式对待一切众生,但三阶教并没有赢得普遍的欢迎。他们认为隋朝时间正当末法,处所是秽土,人属于钝根,再加上聚敛钱财,经营当铺、钱庄,引起佛教内部不同派别的不满,也触动国家同他们的经济利益冲突,引起朝廷的反感,隋唐政府曾加以取缔。

关于三阶教中最有名的"无尽藏",本来含义十分广泛,在佛教中凡认为具有无限功德、利益的事物皆可称之为"无尽藏"。"藏"为储藏、收藏,作为名词是收藏东西的地方,相当于仓库;"无尽",意为用之无尽。无尽藏财物的来源是男女信徒争先恐后的施舍,有富人信徒用车载来钱帛。无尽藏的用项有三:供各地修建寺舍、救济贫穷、供佛教活动用费。无尽藏施的意义,如《像法决疑经》强调集体布施的功德说:"若复有人,多饶财物,独行布施,从生至老不如复有众多人,不问贫富贵贱若道若俗,共相劝化,各出少财,聚集一处,随宜布施贫穷、孤老、恶疾、重病困厄之人,其福甚大。"三阶宗即依此主张个人的一善一行必须融化于'无尽藏行',才能获得更大的福德(信行《大乘法界无尽藏法释》)。

三阶教设立无尽藏院,积累了大量财富,这势必影响以皇帝为首的中央政府的财路,也必然增加与世俗地主阶级的矛盾,这也是三阶宗一再被当局作为"异端"禁止,经籍遭毁的原因之一。

无尽藏设在长安的真寂寺(唐初改称化度寺),武则天时把无尽藏移到洛阳福先寺,如意元年(692年)曾命净域寺法藏到"东都大福先寺检校无尽藏",大概不久之后又移回长安化度寺。长安年间(701～704年),武则天又命法藏检校化度寺无尽藏(据《金石萃编》卷71《法藏禅师塔铭》),到玄宗开元元年(713年)下令毁除此无尽藏。可见三阶宗在真寂寺所置的无尽藏延续了约120多年,财富充盈,连皇帝都要亲自过问,影响极大。

而作为暂为保管无尽藏的洛阳大福先寺是三阶教的重要寺院。洛阳福先寺原在东都延福坊,本为武则天母之馆邸,曾改作东都太原寺,武则天称帝后,于天授二年(691年),将太原寺改名大福先寺。天授元年(690年)九月,武则天称圣神皇帝,追封其父为"无上孝明高皇帝",其母为"无上孝明高皇后",将"太原王"升格为"皇帝","太原王妃"升格为"皇后",则"太原寺"也升格为"大福先寺"。武则天撰《大福先寺浮图碑》云:"伏惟皇考太祖无上孝明高皇帝……皇妣无上孝明高皇后……仰竭深哀,敬申宏愿,聿怀多福,式建浮图,恭记胜缘,敬资先佑,爰初制造,逮至毕功……十六丈屋,岂唯须达之力;千二百房,讵假祇陀之势……"碑文记述:大福先寺塔是楼阁式高塔,塔高为唐尺16丈;寺内建筑有1200间房屋。规制之宏伟,于此可见一斑。又据唐代《敕还少林寺神王师子记》碑云,如意元年(692),武则天令将少林寺北魏夹纻塑像一堂迎入大福先寺供养。久视元年(700)敕还少林寺(《金石萃编》卷91)。

史料记载:洛阳的大福先寺是三阶教的重要寺院。洛阳的大福先寺,曾经是武周皇室祈福用的皇家寺庙,寺院规模宏大,寺内曾建直入云霄的高塔,故该寺又名"塔寺"。女皇武则天曾亲自为该寺撰写浮屠碑文,唐代大文豪韩愈曾为该寺题写山门匾额。大福先寺建有"三阶院",当亦传三阶教。张彦远的《历代名画记》约作于大中初至咸通三年前(847～862年),内中记述大福先寺的"三阶院"中,有吴道子壁画《地狱变》,画中有病龙,栩栩如生,尤为绝妙。

这一时期,天竺高僧菩提流支、宝思惟、地婆诃罗、善无畏,唐朝高僧义净、志辩、道丕、法藏(诸葛氏)、湛然等人,分别在洛阳福先寺从事翻译佛经、创立密宗、弘阐律学、检校三阶教无尽藏等活动。开元二十一年(733年),日本僧人荣睿、普照来华,奉唐玄宗敕令在福先寺跟随定宾律师受学,该寺僧人道璿律师应他们的邀请,于开元二十四年(736年)东渡日本,弘阐律学、华严学说、天台学说和北宗禅。

由于三阶教的理论和实践与正统的佛教宗派都有所不同,因此,它的发展受到很大限制,甚至遭到其它宗派的反对。隋唐时期,三阶教曾经屡遭禁绝,得一直禁而不绝。直到晚唐,还有三阶教徒在嵩山地区活动。

(四) 唯识宗

唯识宗,又称法相宗、瑜伽宗、有相宗、慈恩宗,是由唐初僧人玄奘奠基、其弟子窥基建立的大乘部宗派。该宗以一系列佛教名相(概念)分析一切物理现象和心理现象,阐释一切唯识所变,故又称为法相宗。由于玄奘、窥基长期居住长安大慈恩寺,故又名慈恩宗。该宗依据的典籍是印度大乘有宗瑜伽行派的十一论,其中以《瑜伽师地论》最重要,其余十论处于从属地位,故有一本十支的说法。自编传法系统是:无著——世亲——陈那——护法——戒贤——玄奘——窥基。

将异国宗教推向峰巅,又将它带入绝境的是唯识宗。唯识宗曾在南北朝时期初传入华,到唐代由玄奘自印度再次传入中土。唯识宗的创始人是玄奘,唯识宗的诞生地在洛阳,且它的传教活动亦偏重于河洛一隅。玄奘,嵩山偃师缑氏(偃师市)人。二兄长捷在东都洛阳净土寺出家,玄奘受其影响,13岁出家,武德五年(623年)在成都受具足戒,他到各地游学,为各家说法不一感到困惑,遂萌动了去天竺求经问道的念头。

玄奘归来

贞观三年(629年),他从长安出发,冒着违抗朝廷禁止国人出蕃的禁令,悄悄西行,沿途受到通缉,所过烽堠,差点中箭,偷渡玉门关后,茫茫戈壁,不见道路,他凭借尸骨、马粪辨认去向。一次,连续四五天滴水不沾,人马饥乏,晕倒在地,靠念观音菩萨保佑而勉强前进。进入西域,在高昌王的帮助下,绕道西突厥王廷碎叶城(吉尔吉斯斯坦托克马克),然后到达天竺。他游历天竺各地,巡礼佛教胜迹,广泛学习大小乘佛教。他长时间居住中天竺那烂陀寺,拜戒贤法师为师,学习大乘经典和各种学问,受《瑜伽师地说》,同时兼任及大小乘《毗昙》各说。他参与了几次同佛教内部不同派别和顺世外道的论争,都获得胜利,被大乘人恭维为大乘天,小乘人恭维为解脱天,成为当时印度大乘唯识宗之集大成者,并力破各种反对派,战胜了各个论敌,将印度大乘佛教瑜伽行派向前大大推进了一步。

贞观十九年(645年),玄奘返回长安,数十万民众在城外夹道欢迎他,如值弥勒下生。他带回如来舍利150多粒,金檀佛像7躯,梵本经论657部。唐太宗时在洛阳,召见他时发现他词论典雅、风节贞峻,一再动员他还俗做官,被他拒绝。

玄奘一生的宗教活动是西行求法,回国后的译经、传教和扩大国际学术的交流。并且他的功绩在于,西行战胜天竺大小乘所有论敌之后,使中国的佛学超越了天竺。

玄奘所奠基的唯识宗的基本理论有三性说、唯识说、五种姓说。

第一,三性说。三性说一是遍计所执性,即妄有性,说世俗认识从方方面面去度量以名言概念所表示的宇宙万象,执著为各有自性差别的实有,这是根本错误。二是依他起性,即假有性,说宇宙万象依因缘条件而生起,没有自性,虚幻不实,似有非有,这是相对真实。三是圆成实性,即实有性,说圆满成就一切现象的实体,即真如佛性,是不依据任何因缘条件的真实的存在,由具有无上智慧的人通过

神秘的直觉"瑜伽"亲自证得,这是绝对真实。对此,天竺论师陈那打比方说:夜里行走见一物,以为是蛇,随后发现是绳子,再看看,绳子是用麻做的。最初误把绳子当成蛇,完全错误,是遍计所执性;接着发现是绳子,看到现象,相对正确,是依他起性;最终分析出绳子的本质是麻,完全正确,是圆成实性。总之,认识了三性,也就认识了有和无、假有和实有、现象和本体的关系,从而获得全面的认识,这就是中道观。

第二,唯识说。唯识说认为宇宙间的一切现象,都是由精神实体"识"变现出来的。识分为八种。前六识是眼识、耳识、鼻识、舌识、身识、意识,是六根作用于六境而产生的,它们担负同外境联系的任务,起认识和追求的作用。第七识末那识也是意识,但和第六识意识不同,意识同外境联系,但末那识不同外境联系,只是联系前六识和第八识的桥梁,永不间断地把第八识思量为自我,影响前六识对外境产生贪爱执著,这是一切我执的最后根源。第八识阿赖耶(原意粮仓)识是贮存一切心理活动的仓库和发号施令的总指挥部,不同外境直接联系。它是永恒相续的意识流,接受前七识的熏习,把熏习所产生的印象保存下来。它含藏着许许多多的种子,是精神的潜在状态,具有能生的势力,能够产生与自己同类的现象(能生自果),因而又叫功能。种子是产生宇宙万象的因缘条件,有染净之别,即有漏无漏两类,有漏种子是世间诸法的因,无漏种子是出世间诸法的因。唯识宗的这个说法在逻辑上存在混乱,一方面认为阿赖耶识种子是宇宙间一切有为法现象的总根源,这有本体的含义,另一方面又认为阿赖耶识种子属于有为法现象,这便不具备本体的含义。阿赖耶识既是认识的主体,又是被认识的客体。认识不是主观认识功能对客观事物的作用,而是八识对于自己变现出来的现象的认识,即自己认识自己。

第三,五种性说。唯识宗否定一切众生皆有佛性的说法,认为众生本身具有的种子有无漏和有漏的区别,修行结果自然不同,因而提出五种性说。第一等是如来种性,未来成就为佛、菩萨。第二等是独觉种性,未来成就为辟支佛。第三等是声闻种性,未来成就为罗汉。这三种统称三乘。第四等是不定种性,虽具有三乘种子,但不一定证得三乘果位。第五等是无种性,永远在六道中轮回,最好的前途是转生到人间或天界。

唯识宗非常重视逻辑,重视理性思考,主张通过层层缜密的推理和因明逻辑,来无限接近并揭示佛教徒心中的真理,在阐释佛教哲学名理上贡献很大。由于心外无境,所以普通人所谓的认识外界事物,实际上只不过是由识变现,分成认识的主体"见分"和认识的客体"相分",然后再由见分去认识相分。在修行实践上,唯识宗认为阿赖耶识内藏的种子有的被染污,有的是清净的。修行的关键是如何清除染污,使所有的种子都变清净,这就能达到涅槃解脱。而要做到这一点,首先要认识唯识无境的理论,其次要按照佛教要求进行修持,如遵守戒律,修习瑜伽禅定等等。

在唐太宗、高宗两代帝王的支持下,玄奘创立的唯识宗曾盛极一时,并且传播到日本、朝鲜,成为那里直至今日的主流宗派。但是,玄奘作为中国佛教史上的一代宗师,不仅在中国,而且在世界佛教史和世界文化史上劳绩卓著,贡献是多方面的,被梁启超称为"千古学者之模范",被鲁迅颂为"中国人的脊梁"之一。然唯识宗作为中国佛教哲学的一大宗派,在唐代盛行不过三四十年光景,在轰动一时后,很快就折入了一蹶不振的曲径。

对于法相唯识宗的盛衰过程及其历史命运的认识,似乎已成为一段公案,结论如陈寅恪所言:"其忠实输入不改本来面目者,若玄奘唯识之学,虽震动一时之心,而卒归于消沉歇绝。……其故匪他,以性质与环境互相方圆凿枘,势不得不然也。"然而,仔细考究唯识宗与中国历史、中国佛教的因缘际合,除了陈寅恪所论之外,还有其他的社会、历史因素在发生作用,其早衰的根本原因是该宗固守于印度佛教的教义,宣扬宗教唯心主义思想,论证烦琐晦涩,且主张五种性说,认为有一种无种性者,终究不能成佛,这与中国传统思想所主张的人性本善以及人人皆可为尧舜的观念相冲突,脱离了中国封建社会的实际和国情,很难为普通民众所接受,也受到了主张人人皆可成佛的天台宗、禅宗的批评。而且唯识宗的弘传只限于有较高文化的社会上层,不利于争取更多的信众。武则天上台时为了与李唐王朝相区别,改为提倡华严宗。同时比较接近下层的禅宗也起而与之相争,唯识宗也就渐渐失去了它生长发展的环境。

(五)律宗

1. 律宗产生及其宗义

律宗是佛教中以研习、传持戒律为主的一个宗派,因为它依据的是五部律中的四分律,所以又称其为四分律宗。律学是律师在对佛教戒律的翻译、研习、弘传、持守的过程中形成和发展的。佛教自东汉初年正式传入中国,历经数百年的传播,到南北朝时期,佛寺遍布各地,僧尼大量增加,于是国家对佛教的管理逐渐严密,同时,佛教自身也需要实行戒律加强组织。这就有了研究、讲授律学的律师和传持律学的组织形式,因而律宗应运而生。

律宗的主要理论是戒体论。律宗三家的理论分歧,在于对戒体到底是什么质地的东西说法不同。佛教认为一切诸戒分为戒法、戒体、戒行、戒相四科。戒法指佛制定的所有戒律。戒体指徒弟从师傅受戒时所产生而领受在心的法体,即防范杜绝身口意三业过失的心理功能。戒行指受戒者在戒体支配下出现的符合佛教规定的言论行动。戒相指受戒者因为戒体坚固、戒行彻底而表现出来的可作为楷模的相状。关于戒体,佛教文献旧译作"无作",新译作"无表"。古来僧人多依据《成实论》,以

僧人学戒律

"无作"为不相应法,即戒体既不是物质也不是精神,而是借物质、精神的差别而成立的有生灭变化的一切现象。法砺从武德元年(618年)至武德九年,为《四分律》作疏10卷(旧疏),即依据《成实论》,因而相部宗对于戒体的理解,坚持传统的说法。东塔宗怀素于咸亨元年(670年)撰成《开四分律宗记》10卷(新章疏),依据根本说一切有部的《阿毗达摩大毗婆沙论》、《俱舍论》,以"无表"为色法,即认为戒体是物质现象。南山宗道宣曾参加玄奘译场的译经活动,受到法相宗的阿赖耶识种子说的影响,认为《四分律》通于大乘,以戒体为阿赖耶识种子,即认为戒体是精神。三家聚讼纷纭,莫衷一是。宰相元载"笃重素公(怀素),崇其律教"(《宋高僧传》卷15《如净传》),影响到唐代宗。元载死后,唐代宗于大历十三年(778年)敕令长安14位临坛大德在安国寺讨论新旧二疏,修订施行,由律僧如净负责组织。唐德宗建中二年(781年),如净奏二疏并行,可见三家的理论分歧没能调和,相部宗依然流行。僧普愿即是例证,他是嵩山新郑人,大历十二年(777年),到嵩山会善寺受具足戒,"习相部旧章"(《宋高僧传》卷11《普愿传》)。

唐初僧人道宣在终南山从事戒律研究著述,所创立的一派称为南山宗,相州(河南安阳)僧法砺别创相部宗,盛行于相州一带,长安西太原寺僧怀素又创东塔宗,并称律下三宗。后来南山宗兴盛,律宗也就专指南山宗而言。

2. 律宗与嵩山

曹魏废帝嘉平二年(250年),中天竺律学沙门昙柯迦罗在洛阳译出《僧祇戒心》,又邀请当地的梵僧举行受戒的羯来传戒。这是中土有戒律受戒之始,后世即以迦罗为律宗的始祖。安息国沙门野谛于公元255年来到洛阳,在白马寺译出《昙无德(法藏)羯磨》1卷,此后一直在中国流行。北魏法聪是中国最早研习律学的人。孝文帝时,法聪在平城讲《四分律》,并口授弟子道覆作《四分律疏》。在《四分律》的发展中起到重要作用的即是北魏的嵩山少林寺高僧慧光。慧光13岁皈依嵩山少林寺主佛陀扇多,不久,度其为僧。佛陀扇多以为戒律是智慧的基本,于是令刚入佛门的弟子慧光先学《四分律》,并受具足戒。事实上,《四分律》之兴盛全仰慧光的提倡和弘传,故而僧传言其"搜扬新异,缁素革风"。史料记载,慧光根据各律家的口传,作《四分律疏》,并删定《羯磨戒本》,遂为律僧们所传诵,每次开讲,常有僧徒数千列席。慧光撰《四分律疏》,弘《四分律》分通大乘之说,奠定了律宗的基础,是律宗的奠基人。所以后世律僧们尊慧光为"光统律师"和"四分律宗开山始祖"。

由于地理的原因,北朝律学是中国"四分律学"的直接理论土壤,也是其主要的思想渊源。正是在慧光律师努力"搜扬新异"的提倡之下,才使众多的律师和僧人把注意力转向了《四分律》。慧光门下弟子众多,继承四分律法系的有嵩山道云和邺都道晖。再由道云传道洪、道洪传智首、智首传道宣,至道宣创立南山宗,标志着中国佛教中的四分律宗才完全形成。

(1)律学高僧慧萧、昙光

除前面介绍的律宗在形成过程中做出了巨大贡献的法正、昙摩迦罗、法聪、道覆、慧光、道云、法上、僧达、昙衍、道洪、智首、道宣及慧远、道凭、洪遵、道晖、昙隐、洪理等律宗大师外,在律学方面富有成就的嵩山高僧还有不少,慧萧、昙光就是这方面的代表。

义净自印度求法返回后,长期在洛阳、长安翻译经典,他在翻译佛经时也特别注重律部,义净广译有部律藏共18部206卷。汉译"广律"之最后一部《根本说一切有部毗奈耶》59卷就是他于695年至711年间译出的。在长安四年(704年)以前,已译出《根本萨婆多部律摄》20卷、《根本说一切有部毗奈耶》50卷、《根本萨婆多部羯磨》10卷等。在他一生翻译的经典中,有四分之三是关于律学方面的,并且多为一切有部律(即小乘律)。

释慧萧,长葛人。18岁时以聪悟敏达,善说诗礼而被州郡举荐,但他不以为然,却隐入嵩山,求师出家,以戒行见称,被称为"今世之优波离"。优波离(Upali),为释迦十大弟子之一,号称"持律第一"。传说其先为宫廷理发师,后与诸王子一同出家,佛教第一次结集时,经由阿难陀(Ananda)诵出,律则出自优波离之口。慧萧被时人称作优波离,说明其持戒与律学已得到当时佛学界非同一般的认可。开皇(581~600年)初,慧萧又游学邺城,博览经律,贯通律学诸部,其中偏重《四分》。闻泰山灵岩寺有幽栖洁行之宅,又往从之。后年老,还嵩山。龙门沙门明朗,为河东持律之最,闻慧萧名而投之。明朗虽年长于慧萧,但执弟子礼甚敬。后二人同行,至龙门定林寺。当时,马头山有僧善禅师,聚徒结业,从其习禅定者甚多。闻慧萧、明朗至,投其门下修毗尼(Vinaya,律)之学。隋仁寿(601~604年)中,慧萧因藏匿亡人,触犯律条,不得不离山遁逃,至蒲坂(今山西永济县西蒲州)、晋州(今山西临汾)等地,与沙门道积、神素、道杰等有交。隋炀帝时，藏匿罪科更重，慧萧被迫走东奔西，从中条山奔王屋山，游于巨壑深林之间。河东郡丞丁荣，敬服慧萧德行，招其住仁寿寺，以弘扬律藏为务。从学者肩随踵接，成为蒲坂、晋州、绛州（今山西新绛）一带的五众之师。慧萧的经历，说明了嵩岳这位高僧与当时律学的关系。

释昙光，俗姓张，汴州（今河南开封）人，自幼及长，洁志清范。曾受教于砺、烁两师，逮至而立之年，已盛明律藏，命宗章义，受人推崇。砺师叹曰："使吾道流河右，诚此人乎"又往玉法师所，听《法华经》、《地论》，往嵩岳相禅师处修学止观。唐麟德年间（664～665年），东都洛阳天宫寺需要住持，以昙光德望，敕召合住，"四方律学，莫不咨询"，"房宇门人，肩联踵接"。昙光本来就"盛明戒律"，又在嵩岳相禅师处修学过止观，以博学被召入东都洛阳天宫寺任住持，随其就学者甚多，说明他在律学方面的造诣已经相当深厚。

（2）戒坛的建立与发展

律学大师义净一生"遍攻律部"，也是一名律学实践家。义净自印度求法返回后，长期在洛阳、长安翻译经典。他一生翻译的经典，有四分之三是关于律学方面的，并且多为一切有部律，即小乘律。

为了实践有部律，义净在嵩山少林寺传授戒律"名为小戒"，更明确了他对一切有部律的实践。唐长安四年（704年），义净作嵩山"少林寺主"，与嵩山少林寺主僧义奖、上座智宝、都维那大举、法济等人在少林寺建造戒坛传法，并临坛传授戒律。重结戒坛，标相永定，使名为"小戒"。义净还亲自书撰写了《唐少林寺戒坛铭》文，于唐开元三年（715年）刻石立于少林寺。《唐少林寺戒坛铭》记载：

奥以长安四年岁次甲辰四月七日。此寺纲维，寺主义净，上座智宝，都维那大举，法齐禅师及德众，是以少林山寺，重结戒坛，欲令受戒忏仪，共遵其处，乃遂之都下，屈诸大德，殷勤致礼，延就山门，是时我老必刍义净，及获律师、瑎禅师、思禅师、恂律师、晖律师、恪律师、咸律师等，既至寺所，解旧结新。金议此地，名为小戒，相永定，异无疑惑。于是获鹅珍之嘉士，无召自来。得草结之英贤，不期而会。数逾一百，行道三旬，共系颈珠，俱修跌足。

《唐少林寺戒坛铭》文说的是少林寺举行的一次较大规模的"重结戒坛"活动。铭文内容表明：其一，这次是"重结戒坛"，由此说明少林寺过去曾设过戒坛；其二，这次"重结戒坛"邀请了义净法师等8位大德来寺，作为受戒仪式中的"三师七证"；其三，文中也说明了这次设坛"行道三旬"，即一个月时间，且参加的僧众"数逾一百"，已达100多人，无论是从时间上还是人数上讲，这在当时都应当是较大规模的了。当时嵩山少林寺还是禅律共居、以律为主的佛教寺院。《唐少林寺戒坛铭》是我们目前所知义净法师参加传戒活动最重要的一处资料记载，是对义净法师一生"遍律"思想的重要补充。

时隔10多年后，唐开元五年（717年），嵩山会善寺一行禅师和元同律师，又共同建造"五佛正思惟戒坛，……四时讲律。"

在义净与少林寺僧人在在少林寺建造戒坛后不久，著名密宗高僧金刚智、不空又于开元十二年（724年）在洛阳广福寺建成戒坛。继之，僧一行再于贞元十二年（796年）建嵩山永泰寺戒坛。

在嵩山地区的唐朝佛教戒坛中，嵩山会善寺戒坛在当时有着很大的名气。会善寺戒坛位于登封市太室山南麓积翠峰下会善寺西边西戒坛院内。会善寺位于少林寺东侧不远处，孝明帝正光元年（520年），会善寺有僧众千人，堂宇千间。会善寺戒坛创立于唐开元元年（713年），据唐德宗贞元十一年（795年）陆长源撰《嵩山会善寺戒坛记》载："一行禅师与玄同律师铲林崖之歆倾，填乳窦之窈窕，甃玉立殿，结琼构廊，旃檀为香林，琉璃为宝地，遂置五佛正思维戒坛。"这就是闻名于后世的"琉璃戒坛"。

会善寺的琉璃戒坛,不仅是历史名人僧一行所建,它还是唐朝时期佛教界认定的向十方僧徒传授戒律(受戒)的地方,在历史上都具有相当高的地位和名气。

继一行之后,会善寺琉璃戒坛又先后于开元十四年(726年)、贞元十年(794年)重兴过。日本高僧圆仁记载说,元和二年(828年),唐政府颁布禁止百姓随便剃度为僧的命令,仅有五台山戒坛与会善寺琉璃戒坛不在此限。据称,当时"每岁前来受戒的僧徒辄达一千多人,每日晋献洁供而礼佛的人士亦有数百"。可见当时会善寺琉璃戒坛地位之重要。

会善寺戒坛遗址,在净藏禅师塔东侧,五代时寺院被毁,戒坛亦遭厄运,今仅存唐代武士石柱一根。宋太祖年间予以重建,并赐名大会善寺嵩岳琉璃戒坛。

唐代以来,嵩岳戒坛,驰名于世。职是之故,缁门人物,接踵而至,在这里学法受戒,修习律学,有不少都成为一代名僧。现能从史料记载中找到的有元珪、普愿等。

会善寺大殿

有说为禅宗七代法主的元珪就是在会善寺学法受戒的。元珪,俗姓李,伊阙人。永淳二年(683年),出家受具足戒,隶居嵩山闲居寺,以习毗尼(Vinaya,律),孜孜不倦。后来,他入嵩山会善寺受戒,拜道安为师,在道安国师的指导下,很快"印以真宗,顿悟玄旨。"后在少林寺法如禅师门下参禅3年,悟少林寺禅宗,大通心要,深入玄微,遂卜庐于中岳庞坞。法如禅师"寂然卒世"后,元圭和尚以嵩岳寺为道场,继续弘扬佛法,作嵩岳寺主持27年。去世前,嘱其弟子仁素将遗骸葬于寺东山岭上。

继元珪在会善寺学法受戒之后,唐代到嵩山会善寺学法受戒的还有普愿、寰中、允文、从谂、良价、圆修、庆绪、贞峻等律学高僧。

普愿,新郑人出家后,先投密县大慧禅师受业。大历十二年(777年),普愿30岁时,入嵩山会善寺,从著名的嵩律师受具足戒,习律宗相部旧章,究毗尼(律)篇聚之学。后游学讲肆,习《楞伽》、《华严》诸经。贞元十一年(795年),南至池阳南泉寺,护军彭城刘公迎请其下山传法,不出一年,前来投奔者达数百人。

寰中(780～862),姓卢氏。河东蒲坂人。河东蒲坂人寰中,先往北京(今山西太原)童子寺出家,博览诸经。后往嵩岳登戒,隶习律部。以心慕上乘佛法,复往百丈山求学,参礼百丈怀海,得嗣其法。此后隐居于南岳常乐寺,结茅于山椒,受到谏议大夫崖公公的崇敬,并立师为方丈。不久,转赴浙江杭州大慈山,聚徒讲法,四方归依参礼如云,使驻锡地成为当地有名的大寺。会昌四年(844年),值武宗毁灭佛教,师遂易服避居。大中六年(852年),应太守刘公之请,师重行剃染,重返禅林,弘扬佛法。传说其逝世时,常乐寺山虎跪泉忽然干涸。僖宗乾符四年(877年),朝廷敕谥大师号"性空",塔名"定慧",缙云太守、文学家段成式为其写真作赞。

允文,字执经,姓朱氏,秀州嘉禾(今浙江嘉兴)人。16岁出家,23岁时投嵩山临坛大德远和尚获无作法。是夏又入中京(今陕西西安市)攻相部律并《中观论》。大和五年(公元831年),返回故乡,先驻锡钱塘(今浙江杭州市)天竺寺,后至钱州嘉禅寺,会昌三年(853年)再转静林寺,专以涅槃为务。

会昌法难兴时,他昼夜躲避,未亏僧行。大中年间(847~860年),佛法复兴,入会稽开元寺讲律。

从谂(778~897年),唐朝律僧。青州临淄人。幼年辞二亲投本州龙兴寺出家,后往嵩岳会善寺琉璃坛纳戒,听习经律。又至池阳南泉禅师处。应众人所请,赴赵州观音院,大扬禅道,作十二时歌。他所作《语录》,为禅宗"公案"多方流传,为禅林著名人物,颇受僧俗的敬重。

良价(807~869年),佛教曹洞宗创始人。诸稽(一曰会稽)人。幼年出家。20岁时尊师嘱赴中岳嵩山受具足戒。后游学四方,先投池阳南泉禅师,次随沩山,再谒云岩、罢成等名师。宣宗大中十三年(859年),大振禅法于广东新丰山,建"洞山寺"在此接引后学,弘扬大道,世称"洞山良价"。后迁移江西洞山,盛开化门。咸通十三年(872年)在江西洞山坐化,敕谥"悟本禅师",塔号:"慧觉"。

圆修(741~824年),唐朝著名律僧。姓潘氏,福州闽人也。早年寻事名师,剃发变衣,年满于嵩山会善寺琉璃戒坛纳戒。不久游历他方,遇百丈山海禅师,根教相符,遂明心要。代宗时诏道林禅师入京。道林参谒之后,契悟心要。南归途中,在杭州秦望山看见一棵松树盘曲如盖,遂栖止于松巅,时人称为鸟窠禅师;其侧有鹊构巢,故而又称鹊巢和尚。由兹在杭州秦望山如鸟筑巢似的在一棵松树上栖止了40年。因其声道高远,当时每有太守到任,必先瞻仰之。

庆绪(747~838年),俗姓陈,庐陵人。年13礼绍銮禅翁为师。23岁入嵩山受具足戒,便就东都洛阳学毗尼(律)。后还南岳,入大沩山、石霜山就学。

洪湮(?~901年),俗姓吴,吴兴人。19岁于开元寺礼无上鉴宗大师。22岁时,往嵩岳会善寺受满足律仪,诵《大比丘戒》,习毗尼。后至沩山,再徙杭州径山,礼本师无上鉴宗大师。无上鉴宗大师圆寂,僧众请洪湮承继法席。此时有僧仅百人,而至洪湮时竟发展到千人之多。唐僖宗赐院额"乾符镇国"。吴越钱氏时,仍以洪湮为上师,赐号"法济大师"。

贞峻,郑州新郑人。年14投相国寺归正律师出家,诵《净名》、《仁王》诸经,计数万言。时人称之为"有脚行筐"。年满于嵩山会善寺戒坛院受戒,后住封禅寺,学新章律疏。大顺二年(891年),相国寺遇火,殿阁四百余间化为灰烬,寺众惶惶,相率前来嵩山请贞峻入相国寺为上座,借其高名,以修复寺院。贞峻在此复开律讲,有僧尼弟子50余人。僧传言"峻之律行,冰雪相高,暑无裸意,寒至袷衣,食惟知量,清约太过。"乾化元年(911年),临坛秉法。后梁时,度僧尼3000余人。

此外,僧传所载在嵩山受戒或在那里"隶习毗尼"的高僧尚有不少,如唐代"学识泉涌"的博学高僧藏奂、对律学有深厚造诣的后梁名僧彦晖以及后汉洛阳天宫寺的名僧从隐等。

众所周知,僧传所载者均为当时名僧,而史籍未载的入嵩山受戒的僧人更是难计其数。仅就以上各位高僧而论,已可见嵩岳在当时佛教界的地位。从僧传知,普愿、圆修、洪湮、贞峻都是在嵩岳会善寺受具足戒的,说明会善寺戒坛在当时的地位非同一般。

戒坛是向十方僧徒传授戒律(受戒)的地方,乃一个寺院的佛光圣地,从佛教意义上说,乃神圣之地。当时的嵩山会善寺形成了一种禅律共处一寺,律僧参禅,禅僧受戒的风尚。直到北宋末年,报恩禅师在朝廷的支持下,"革律为禅。"律宗在嵩山才逐渐消失。然而,从此嵩山禅僧受戒不得不远足到其他律寺。

综上所述,可以看出,不论从律藏传入中国,还是律学在中国的出现与发展,以致到唐代道宣时律宗的最终形成,嵩岳少林寺名家辈出,争奇斗艳,在全国律学律宗中具有举足轻重的地位;嵩岳戒坛,在当时亦颇有声望与影响。

（3）嵩山佛寺与日本律宗

律宗在嵩山的传播，除以上所述的白马寺、少林寺、广福寺、永泰寺、会善寺以外，还有洛阳的天宫寺、佛授记寺、大福先寺等很多著名佛寺也都在传播律宗。

北印度迦显密罗国高僧阿你真那专精律品，长寿二年（693年）届于洛都，敕于天宫寺安置，即以其年创译。至中宗神龙景午（706年）在洛阳佛授记寺、天宫寺、大福先寺等寺，出《愈演绢索陀罗尼经》等7部，后精勤礼颂，修诸福业。鉴真是我国唐代赴日本传戒并首创日本律宗的高僧，他曾在唐景龙元年（707年）到洛阳游学，后将中国的律宗正式传到日本，被日本律宗奉为祖师。

唐代洛阳的大福先寺，是一座规模宏大的著名寺院，也是律宗的重要寺院。大福先寺，原名"太原寺"，是武则天于其生母太原王妃杨氏旧宅所立。天授元年（690年），武则天称圣神皇帝，追封其父为"无上孝明高皇帝"，其母为"无上孝明高皇后"。原来的"太原王"升为"皇帝"，"太原王妃"升为"皇后"，则"太原寺"也随之升格更名为"大福先寺"了。大福先寺是一个著名的中外高僧翻译经典的地方，这里当时聚集着南天竺国高僧菩提流志、北印度高僧阿你真那、中印度高僧地婆诃罗、中印度高僧善无畏以及中国到西天取经归来的义净、中国高僧法藏等名人皆在此寺译经或弘扬密宗，阐发律学，传播三阶教。

其实，在鉴真之前，已经有洛阳大福先寺的道璇应邀到日本，开始传授唐代南山律宗创始人道宣的《律藏行事抄》等律学著作。因此，从这一方面说，洛阳大福先寺在中国佛教史上和中日文化交流史上都占有重要地位。

中、晚唐及五代时，福先寺虽仍完好，但其佛事活动以传律宗著称。唐代有沙门志辩（755－827）、道丕（899－955）等住过福先寺。志辩字广宣，泽州晋城人。年廿受具戒（775），随律师昙睿隶福先寺，是大律师定宾的三传弟子，号称"福先律仪，首冠天下"。其弟子有真满（其传承为：定宾——？——昙睿——志辩——真满）。

道丕27岁时（915年），"遇曜州牧娄继英，招住洛阳福先寺弥勒院，即晋道安翻经创浴之地也。"唐代"四分律"学，演化为南山宗（道宣）、相部宗（法砺）、西京东塔宗（怀素）和东都西塔宗（即大福先寺定宾）四派。

（六）净土宗

净土宗，是专修"往生西方极乐净土"为目的的宗派。因本宗以称念佛名为主要修行方法，希望借着弥陀本愿的他力，往生于西方极乐净土，所以又称为念佛宗。一般所谓净土，主要是指弥勒净土、弥陀净土。弥勒净土的信仰，以东晋道安大师为最早，他著有《净土论》6卷，倡导往生兜率天的弥勒净土；唐代玄奘与窥基大师，也以弥勒净土为行持依归。但自此以后，由于修者少，弘扬者更少，渐形衰微，代之而起的是弥陀信仰的兴隆，弥陀净土便成为诸佛净土的代表。早期弘扬弥陀净土信仰的，以东晋慧远大师为最力，他在庐山结白莲社，与大众共修念佛三昧，以期能往生见佛，是我国结社念佛之始，也是我国净土的主流。

净土宗由唐初僧人善导创立，尊创立白莲社的东晋庐山东林寺僧慧远为初祖。我国净土宗从庐山慧远倡导净土思想，历经北魏昙鸾、唐朝道绰、慈愍等大师的大力推弘，随着时代的迁移，愈为后代人所奉行，是影响中国佛教民间信仰最为深远的宗门。

净土思想主要奉依"三经一论"，"三经"是《无量寿经》、《观无量寿经》、《阿弥陀经》；"一论"是指佛陀入灭后八九百年左右，世亲菩萨所造的《往生论》。历来的净土宗祖师大多依据"三经一论"以及马鸣、龙树等诸论师赞述"三经"的要义来弘传此宗。

在这三经一论中,《无量寿经》和《往生论》皆在嵩山地区译出,译者分别为曹魏时期的康僧铠和菩提流支。佛说无量寿经——曹魏康僧铠译,但经日本学者考证,应是东晋佛陀跋陀罗及刘宋宝云共译于公元421年。北魏宣武帝时,天竺译经大师菩提流支译出世亲的《往生论》。东魏时的昙鸾为之注解,着《往生论注》一书,书中采用龙树《十住毗婆沙论》中(易行品)的说法,明示佛法修行的难、易二道,也就是他力法门、自力法门的不同,阐扬净土信仰的本旨在于他力法门,主张依靠他力本愿为五浊恶世中方便易行之道,始阐扬净土立教的本义,并强调藉着持名念佛来求生净土。

净土宗初祖慧远

净土宗三大经典之中,《阿弥陀经》描述阿弥陀佛西方净土种种庄严的事相,并说明发愿往生的意义及方便,赞叹阿弥陀佛不可思议的功德。这部经的经文较短,很容易诵读,被奉为净土宗修行者必诵之经。《无量寿经》详述阿弥陀佛在因地为法藏比丘时所发的四十八愿,以致果地圆满成佛,庄严国土,摄受十方念佛众生,并说明三辈往生的条件。《观无量寿经》旨在说明想要往生西方极乐国土的众生所必修的净业正因,并以十六观法谛观阿弥陀佛的身相及极乐净土相,又解释九品往生的因果。至于《往生论》,则说明修习"五念门",可得种种成就,令众生得以往生安乐国土,面见阿弥陀佛。净土宗的宗旨,是以修净土者的"心行"为"内因",以弥陀的"愿力"为"外缘",内外相应,往生极乐净土。由于净土宗没有艰深繁琐的理论,修持法门简单易学,因而在民间广泛传播。

到唐代,道绰、善导等大师继承昙鸾的教旨,极力强调佛的本愿力,主张往生净土就是相应于末法时代的信仰。道绰着有《安乐集》一书,论破诸师的谬解,开示末世众生的要路,并依昙鸾难易二道之说,创立圣道、净土二门的教判。善导撰《观无量寿佛经疏》,楷定古今各家的谬见,确立净土的教义、教相,并厘定修行上的正行、杂行之别,奠定了净土教义独立系统的基础。当时,善导曾受命为洛阳龙门大卢舍那像龛之检校僧。其后,他怀感著《释净土群疑论》,针对各宗对往生净土的质疑,一一阐论。

唐代开元初年,慧日大师自印度归国,看到当时禅家把净土信仰视为引导一般愚民的方便教说,便激烈反对,而提倡念佛往生的必要,主张戒净并行、禅净双修、教禅一致,而以一切修行都回归于往生净土的旨趣。于是,我国净土宗在唐代,可分为三种教系,即慧远系统、善导系统、慈愍系统。当时,在禅门中有认同慧日一派的,如六祖门下的南阳慧忠提倡解行兼修。

为净土宗的成立和发展起过重要作用的僧人还有道绰和少康。

道绰奉行念佛法门后,自己每天以念7万遍为限,并广劝僧俗念佛,教人以豆子计算念佛遍数,后改为串联无患子为念珠以计数。山西各地僧俗在他的影响下,"人各掐珠,口同佛号,每时散席,响弥林谷"。(《续高僧传》卷20《道绰传》)

唐德宗贞元年间(785~794年),少康来到洛阳白马寺,见大殿中有佛经放出光芒,原来是善导的《行西方化导文》。少康于是去长安参拜善导影堂,见善导遗像升空而起,感到奇瑞显现,就读善导的著作,发誓以净土法门教化民间。他来到睦州(治今浙江建德县),诱导儿童念阿弥陀佛,念一声给一文铜钱。经过一个多月,逐渐普及开来,念阿弥陀佛多遍才给一文钱。一年后,蔚成风气,当地男女老少一见少康,就念阿弥陀佛。他这样把净土信仰推广到浙江,建立净土道场,"所化三千许人"(《宋高僧传》卷25《少康传》)。

随着净土宗在我国的传播与发展,净土宗也有大量的典籍被翻译成汉文。净土宗典籍的翻译,始于安世高与支娄迦谶两大译经师。安世高于东汉桓帝建和初(179年)来洛阳,20年间译出176部经卷,多属小乘,间译大乘经。支娄迦谶于桓帝永康元年(167)来洛阳。十余年间,译经21部,多属大乘经典。此两大译经师都曾翻译过净土宗典籍。据《开元释教录》记载:安世高曾翻译《佛说无量寿经》2卷,惜已佚。支娄迦谶于后汉灵帝光和二年(179年)译出《佛说般舟三昧经》,此即中国净土宗经典传译之开端。继而又译出号称净土宗第一经的《佛说无量清净平等觉经》。到了三国时代,吴月氏优婆塞支谦于公元222年译出《佛说阿弥陀三耶三佛萨楼佛檀过度人道经》,曹魏印度沙门康僧铠于249年译出《佛说无量寿经》。姚秦鸠摩罗什于公元401年来洛阳译出《佛说阿弥陀经》、《十住毗婆沙论》等。北凉昙无谶于公元419年译出《悲华经》,刘宋畺良耶舍于公元424年译出《佛说观无量寿佛经》,北魏菩提流支译于公元508年译出《无量寿经优婆提舍愿生偈》,唐玄奘于公元650年重译《阿弥陀经》,名《称赞净土佛摄受经》,唐南印度三藏菩提留志译出《无量寿如来会》(此本出《大宝积经》),赵宋西域沙门法贤译出《佛说大乘无量寿庄严经》(《无量寿经》自汉迄宋有12译,上面所列乃存世之5种)。

上面所述乃净土宗主要经典,带言净土的大乘经典尤多,诸如《华严经》、《法华经》、《楞严经》、《楞伽经》等大乘经典。随着净土宗经典的次第译出,古印度佛教净土思想在东土广泛传布,在原有的儒道文化土壤的滋润下,开花结果,逐渐发展为大乘佛教的一道浩荡洪流。

(七)华严宗

华严宗是武则天时期胡族血统的中国僧人法藏创立的,依据的佛经是《华严经》,由于发挥法界缘起的旨趣,故又称法界宗,因法藏被武则天赐号贤首(《华严经》中菩萨名),故又称贤首宗。

早在北朝时,洛阳净土寺有海玉法师,构华严众,志兴此典,请于宣讲。隋朝慧远作有《华严疏》7卷,在嵩山地区弘扬佛法。

华严宗的传法系统是:法顺(杜顺)——智俨——法藏——澄观——宗密。该宗为阐明法界缘起教理,提出四法界、六相、十玄门等法门。

华严宗

法界缘起说:是说世间和出世间的一切现象,由如来藏自性清净心生起,互为因果,相资相待,此中有彼,彼中有此,此即是彼,彼即是此,相即相入,圆融无碍,如同帝释天宫殿上无数宝珠缀织成的因陀罗网,重叠辉映。为阐明这个道理,又细分为四法界说。四法界是事法界、理法界、理事无碍法界、事事无碍法界。事法界略相当于客观存在这一概念,但与这一概念的哲学意义不同,认为是由理法界变现出来的假有,不是独立于意识之外的客观存在。事法界说宇宙万象彼此差别,各有自相,分界不同,山是山,水是水。理法界指宇宙万象的共同本体,一切事物虽千差万别,但它们的真实体性都是真如佛性。理事无碍法界说本体和现象,和谐无碍,水即波,波即水。事事无碍法界说宇宙万象虽千差万别,但同一本体,因而现象之间圆融无碍,水与波无碍,波与波也无碍。六相圆融说:六相指总相、别相、同相、异相、成相、坏相。

总相是说一种缘起事物的总体,例如房屋。别相是说一种缘起事物的各个部分,如构成房屋的梁柱砖瓦等等。同相是说各个部分相状不一,共同合成一个整体,如梁柱砖瓦各不相同,共同构成房屋。异相是说各个部分虽共同合成一个整体,但各自依然不同,如梁柱砖瓦依然各是各的相状。成相是说各个部分合成一个整体,则此整体生成,如以梁柱砖瓦合成房屋,则房屋生成。坏相是说各个部分毕竟保持着自己的独立状态,未消泯自己而融为一体,如梁柱砖瓦本来各自独立,虽构成房屋但没有变成房屋。

六相分两类,搭配成相应的三组。总相、同相、成相为一类,指整体,是从无差别的方面说的;别相、异相、坏相为一类,指部分,是从有差别的方面说的。同时,六相又两两相顺,总相与别相,同相与异相,成相与坏相,即整体与部分,无差别与有差别,同时具足,相即相融,和谐统一。离开总相,即无别相;离开同相,即无异相;离开成相,即无坏相。因此,总相即别相,别相即总相,同相即异相,异相即同相,成相即坏相,坏相即成相。房屋就是梁柱砖瓦,梁柱砖瓦就是房屋。从整体与部分、同一与差别、生成与坏灭三对范畴六个方面来看,虽然一切现象各不相同,但都是融通无碍的。

十玄门:一是同时具足相应门,说一切事物互为因缘,同时产生和存在,具备各自的条件,宇宙是万物和谐共存的体系。二是广狭自在无碍门,说事物不分大小,互相包含,任运俱现,自在无碍。此门原作诸藏纯杂具德门,说佛教各种修行都具有功德。三是一多相容不同门,说本体(理)和宇宙万象(多、事),彼此相容,你中有我,我中有你,同时又有区别,你不是我,我不是你。四是诸法相即自在门,说宇宙万象由于本体同一,因而任何一事物都可以摄入其余事物,一事物即一切事物,一切事物即一事物,彼此相同无碍。五是秘密隐显俱成门,说事物同时具有隐蔽和显露两种相状,被观察注意到则显露,未被注意到则隐蔽。六是微细相容安立门,说即便是微细事物,也为其余庞大事物所包容,那么,微细事物必然反过来包容其余事物,彼此安然并立。七是因陀罗网境界门,说一切事物相入相即,交互摄入,无穷无尽,如同因陀罗网上面缀的宝珠一样,个个相映,一珠现一切珠影。八是托事显法生解门,说观察具体事物,要联系现象和本体的关系,产生正确理解。九是十世隔法异成门,说事物都有过去、现在、未来三世,每一世又各有过去、现在、未来三世,合为九世,每世为别世,九世又相互摄入,合成一念(刹那),称为总世,别世总世合为十世。十世区分是隔法,事物在十世中同时具足显现,隔法异成,同时存在于一念中,即事物在一刹那中便包含着九世,在时间上既有区别又无区别。十是主伴圆明具德门,说无论从空间还是时间来看,一切事物都是相即相入、圆融无碍的,因而以任何事物为主,其余事物都是伴,主伴交辉,相依无碍,具德圆满。此门原作唯心回转善成门,说一切佛教功德都由心回转,能够成就一切善业。

法藏,祖先是康居国(乌兹别克斯坦撒马尔罕)人,其祖父时移居长安,故以康为姓。他本人生于长安,17岁入太白山学佛,后从智俨听讲华严经,深受智俨赞赏,28岁才出家为沙弥,学习用功最多的是东晋译本《华严经》,曾参与玄奘译经活动。上元元年(760年),奉诏在太原寺讲《华严经》。后诏京师十大德为授具足戒,并赐号贤首。从此以后经常参加翻译、讲经、著述。先后和地婆诃罗、提云般若、实叉难陀、菩提流志等共译事,特别对华严经的翻译贡献最大;亦于《华严经》研究最深,前后讲说《华严经》30余次。将智俨所创的教相和观行作了详尽的发挥,成为华严宗的实际创立者。世称贤首国师。

此外,在洛阳龙门石窟发现有康法藏造像记多处。在这些造像记中,有法藏为父母及家人的造像,有他与朋友造像的题名,有自己供养的造像,还有法藏祖坟题记。通过这些造像题记,尤其是他的祖坟题记,可知法藏的家庭身世。法藏是第三代移民,母亲是汉族,所以他"本资西胤,雅善梵言,生寓东华，精详汉字。故初承日照(即地婆何罗，死后葬于龙门东山之香山寺)，则高山擅价；后从喜学(即实叉难陀)，则至海腾功。"

康法藏一生与洛阳结下了不解之缘，武则天时，于阗僧实叉难陀携带梵本《华严经》来洛阳，奉敕翻译，法藏担任笔受工作，完成新译《华严经》。这两个本子都是节译本。武则天责成他在佛授记寺讲解新译《华严经》，法藏先后讲解新旧《华严经》30多遍。他在讲解华严义理时，善巧化诱，常以教具和通俗说法把深奥复杂的道理变得简单易懂。一次，武则天不解华严义理，法藏就以宫殿前的金属狮子为教具，撰写《金狮子章》来开导她。《金狮子章》不足1100字，却囊括了华严宗的基本理论和判教说法，有咫尺万里之势。所以能这样，除了法藏具备高度的概括能力以外，还由于他以实物为例，舍弃了很多论证过程。为了说明色空无碍关系，《金狮子章·辨色空第二》就以金体比喻佛性(空)，以狮子相比喻现象(色)，说："狮子相虚，唯是真金。狮子不有，金体不无，故名色空。又复空无自相，约色以明。不碍幻有，名为色空。"为了说明秘密隐显俱成门，《金狮子章·勒十玄第七》说："若看狮子，唯狮子无金，即狮子显金隐。若看金，唯金无狮子，即金显狮子隐。若两处看，俱隐俱显。隐则秘密，显则显著，名秘密隐显俱成门。"法藏很善于利用教具，由此及彼，由浅入深，进行直观教育。为了说明事事无碍法界，他为武则天和那些理解力低的人准备了十面镜子，安放于八方上下，镜面相对，各距一丈，中间安放一尊以火炬照着的佛像。于是，每面镜子中都重重叠叠地现出佛像和其它镜子映现佛像的样子。在场的人一下子都明白了这一佛教理论。

法藏在洛阳时，还出入宫廷，参与国家大事。神功元年(697年)，契丹大举入寇，武则天一方面派军队前往应战，一方面敕令法藏"依经教遏寇虐"。法藏上奏道："若令摧伏怨敌，请约左道诸法。"所谓左道，是指巫蛊、方术、诅咒、祈祷鬼神等等带有迷信色彩的斜门旁道，由于认识能力受到科学知识幼稚的限制，左道被看作是危害政治的行径，一直为统治者所严禁。但这次武则天允许实行。法藏于是沐浴更衣，建立道场，设置十一面观音菩萨像，行道作法。几天后，契丹军队所见的武周军队便成了"无数神王之众"，又见"观音之像浮空而至"，因而军心大乱，被武周打败。武则天下敕表彰法藏，说："蓟城之外，兵士闻天鼓之声；良乡县中，贼众睹观音之像。醴酒流甘于阵塞，仙驾引纛于军前。此神兵之扫除，盖慈力之加被。"长安四年(704年)腊月，法藏供奉于洛阳内道场，建置华严法会。神龙元年(705年)正月，宰相张柬之趁武则天病重，发动政变，诛杀武则天的亲信

华严三祖贤首法藏法师

法藏

张易之、张昌宗兄弟，拥立唐中宗复位。法藏参与政变，"内弘法力，外赞皇猷"。中宗下诏表扬法藏道："传无尽之灯，光照暗境；挥智慧之剑，降伏魔怨。凶徒叛逆，预识机兆，诚恳自衷，每有陈奏，奸回既珍，功效居多。"(崔致远《唐大荐福寺故寺主翻经大德法藏和尚传》)由此可见，佛教徒标榜出世，实际做不到，因而不得不以出世而入世。

法藏在洛阳的宗教活动，主要表现为翻译并研究佛经，以及进行佛教的宣传教育活动。法藏的著述主要有《华严探玄记》、《五教章》、《十二门论宗致义记》、《起信论疏》等。法藏在洛阳培养的人才，也对弘扬华严学说发挥了巨大作用。他的弟子慧苑是洛阳授记寺的僧人，鉴于新译《华严经》"未有音释，披读之者取绝无从，遂博览经书，诙张古训，撰成二卷，俾(使得)初学之流不远求师，览无滞句，旋晓字源。"

华严宗的理论经法藏在嵩山地区的译经、著述、宣讲而发扬光大。它的法界缘起、理法界、事法

界、理事无碍法界、一切即一、一即一切等理论,对后来统治中国长达800年的程朱理学的产生和发展,起着直接的启发和推动作用。理学中的"理",就是华严宗所说作为宇宙万象本体的"理法界"。华严宗的法界缘起、事法界、理法界、理事无碍法界、事事无碍法界、一切即一、一即一切等命题,成为以程颢、程颐为代表的"伊洛理学"思想渊源之一。

法藏的国际影响主要是指法藏的同学新罗人义湘,回国后不断收到法藏带给他的佛学著作,得以提高,被称为海东华严初祖。法藏的弟子新罗人审详,东渡日本弘扬华严理论,传法于日本僧人良辨,创立了日本华严宗。

(八)禅宗

禅宗是中国佛教主要宗派之一,在中国佛教诸宗派之中,禅宗影响最大,流传时间最长,至今仍延绵不断。禅宗在中国始于菩提达摩祖师,盛于六祖慧能(638~713年),唐代之后成为汉传佛教的主流,也是汉传佛教最主要的特征之一。

禅宗又名佛心宗、达摩宗、无门宗。指以菩提达摩为初祖,探究心性本源,以期'见性成佛'之大乘宗派。中国自古以专意坐禅者之系统为禅宗,兼含天台、三论二系,而不限于达摩宗;唐中叶以降,达摩宗兴盛,禅宗遂专指达摩宗而言。

禅宗的"禅",原是止观的意思。止观方法即禅法。禅法主张寂坐修心,不重讲经(义门)。禅宗以主张修习禅定,故名。又因以参究的方法,彻见心性的本源为主旨,亦称佛心宗。禅宗初创,不立文字,教外别传,后来依然离不开文字,出现很多禅师语录。自编传法系统是所谓西天二十八祖与东土六祖。相传世尊一日在灵山会上,拈一枝金婆罗花示众。时大众皆默默不得其要领,唯独大迦叶尊者破颜微笑。世尊曰:"吾有正法眼藏,涅槃妙心,实相无相,微妙法门,不立文字,教外别传,嘱咐摩诃迦叶。"此即禅宗所传的"拈花微笑"公案,亦即释尊与迦叶的大法授受。在这拈花微笑,心心交照之间,迦叶尊者就成为传灯的第一祖。禅的始传,自释尊与迦叶间授受以后,二十八世传至菩提达摩,形成了直指单传的禅宗。

达摩禅师与梁武帝

天竺僧菩提达摩在南朝梁武帝时来华至南朝都城建业会梁武帝,面谈不契,遂一苇渡江,北上北魏都城洛阳,后在嵩山少林寺传播大乘佛教,在达摩洞面壁九年,人称壁观婆罗门。从此,北朝禅学进入了一个更兴盛的阶段。禅宗的"禅",原是止观的意思。止观方法即禅法。禅法主张寂坐修心,不重讲经(义门)。达摩提倡的"见性成佛",即"静坐默语,明心见性",与儒家所宣扬的"修心养性"相合,风行海内,禅宗成为中国佛教各宗派中最重要、并占绝对统治地位的派别。禅宗强调人人都有佛性,佛性就在人的心中,不必出家为僧,不必实行禅宗就可以成佛。这实际上是扩大了禅的意义。禅宗是从内部摧毁佛教的重要力量,它虽然打出了传统的佛教教义,但它却将人的心带入了另一个无形的精神世界之中。诚如马克思在评价欧洲马丁·路德时所说:"他把僧侣变成了俗人,但又把俗人变成了僧侣。……他把肉体从锁链中解放出来,但又给人的心灵套上了锁链。"由此观之,达摩所创立的禅宗,在中国佛教史上和中国哲学史上都具有重要的意义。

弟子神光(慧可)立雪断臂,志求佛法,终得达摩所传心印,为中国禅宗第二祖。慧可传僧璨,僧璨传道信,本宗渐盛。道信之下有弘忍、法融二杰。法融之下有智俨、慧方、法持等,此法系以住于金陵牛头山之故,世称牛头禅;以"欲得心净,无心用功"为其要旨。五祖弘忍住蕲州(湖北)黄梅山,阐扬金刚般若经奥旨,门下俊秀辈出,他曾对玄蹄说:"吾一生教人无数;好者并亡,后传吾道者,只可十耳"。这十个人,据说就是神秀、智洗、刘主簿、惠藏、玄约、老安、法如、慧能、智德和义方。除此之外,在嵩山地区传法的还有南宗北传的神会、净藏、惟宽,还有神秀的弟子普寂、义福等,正是因为这些禅师的卓越贡献,禅宗南北二宗在嵩山地区率先得到广泛传播和弘扬,同时也使这一时期成为嵩山佛教发展的黄金时期。在唐后宋初,禅宗极盛一时,贤首、天台等各宗派得以复兴,皆赖禅宗力量的帮助。

中国的禅宗六祖到底是谁,弘忍传法之人究竟是哪个弟子,历史上的争论一直就没有间断过。

1. 南北禅宗说

相传菩提达摩于六朝齐、梁间从印度渡海东来,梁普通年间(520～526年)前后到洛阳弘扬禅法。因其禅法不为当时佛教界所重,乃入少林寺安心壁观,以"二入四行"禅法教导弟子慧可、道育等。慧可从达摩6年,达摩授以《楞伽经》4卷。后隐居于舒州皖公山(今安徽潜山东北),传法于僧璨。僧璨受法后又隐于舒州司空山(今安徽太湖北),萧然静坐,不出文记,秘不传法。唯有道信僧璨9年,得其衣法。后至吉州(治所在今江西吉安)传法,尝劝道俗依《文殊说般若经》一行三昧,可见其除依《楞伽经》外,还以《般若经》为依据。后住湖北黄梅双峰山(一名破头山)30多年,主张"坐禅守一",并传法于弘忍。其另一弟子法融在金陵(今江苏南京)牛头山传牛头禅。

禅宗五祖弘忍得法后即至黄梅县城东12公里的冯茂山另建道场,名东山寺,时称其禅学为"东山法门"。弘忍在东山寺授徒时,不用传统的《楞伽经》,而改用《金刚般若经》。从此,这种传习法成为禅宗授徒的定式。其"萧然静坐,不出文记,口说玄理,默授与人"的作风,开中国佛教特有的禅风,对后来禅宗发展影响甚大。弘忍弟子700多人,著名弟子有神秀、慧能、玄绩、智洗、法如等。

相传弘忍为选嗣法弟子,命大家各作一偈。尉氏(河南尉氏)人神秀是上首弟子。神秀书偈于壁,云:"身是菩提树,心如明镜台;时时勤拂拭,勿使惹尘埃。"这是渐悟法门。弘忍认为"未见本性"。慧能以为神秀没有见性,也作一偈请人书写于壁,云:"菩提本无树,明镜亦非台;本来无一物,何处惹尘埃。"(敦煌本《坛经》)这是顿悟法门。弘忍认为神秀尚未登堂入室,慧能见解透彻,就秘密地对他传衣付法,为第六代祖。慧能得法以后南归,隐居15年,继至居韶州曹溪宝林寺。后应请在韶州大梵寺说摩诃般若波罗蜜法,并传授无相戒。嗣法弟子有行思、怀让、神会、玄觉、慧忠、法海等40余人。法海集其言行为《六祖坛经》,是为南宗顿门。南宗传承很广,成为禅宗正统,以《楞伽经》《金刚经》《大乘起信论》为主要教义根据,代表作为《六祖坛经》。神秀于弘忍圆寂后至荆州当阳山玉泉寺弘禅,20余年中门人云集,弟子有嵩山普寂、终南山义福等,是为北宗渐门。神秀北宗所依经典有《大乘五方便》(又名北宗五方便)、《观心论》等。五祖弘忍下分为南宗慧能,北宗神秀,时称"南能北秀"。

2. 禅宗北派的开创者神秀

禅宗五祖弘忍死后,禅宗的主干部分以神秀为代表的禅宗北派自公元691年开始依附于刚刚诞生的武周政权。在武则天、唐中宗的支持下,弘忍的大弟子神秀开始走上了历史的重要舞台。

神秀，唐代高僧，为禅宗五祖弘忍弟子，北宗禅创始人。俗姓李，汴州尉氏人。少习经史，博学多闻。年轻时在洛阳天宫寺受具足戒，半百时参谒禅宗五祖弘忍。弘忍圆寂后，神秀在江陵当阳山大开禅法，从者云集，后曾大得武则天之崇奉，在黄河流域、长江流域都有广泛影响。

以神秀为代表的北宗禅学，忠实地继承了四祖道信和五祖弘忍的东山法门，丝毫没有变化，所以当年弘忍禅师曾赞叹道："东山之法，尽在秀矣"。六祖嫡传的并不是自四祖、五祖的东山法门，而是嫡传了佛陀以心印心，不立文字，教外别传的宗法。后来所传的道信《信心铭》、弘忍的《最上乘论等》，应是公元8世纪或以后的作品。8世纪以前的资料表明，那时候还没有袈裟传灯的说法；也没有神秀及慧能作偈明心，弘忍半夜传给慧能的说法。

弘忍去世20多年后，东山法门引起了武则天的重视。久视元年（700年），武则天遣使迎请时年已90岁的湖北当阳玉泉寺僧神秀来洛阳，将其安排在内道场，享受着丰厚的供施。闻风来拜者至数万。武则天给予了神秀以超乎寻常的礼遇：他可以坐肩舆上殿，可以结跏而坐见皇帝。不仅如此，武则天还亲自跪迎，拜为帝师，时时问道。

神秀由荆州玉泉寺北上，共计6年时间，被誉为"两京（长安与洛阳）法主"、"三帝（武则天、中宗、睿宗）国师"。从这一称号中，可以看出神秀在佛教界的权势和地位。这样，便出现了南宗顿门和北宗渐门的区别。神秀于神龙二年（706年）在洛阳天宫寺示寂，唐中宗册谥大通禅师。遵其遗愿，归葬当阳。

唐朝宰相张说在《大通禅师碑》中概述神秀的禅法时说："其开法大略，则慧念冯息想，极力以摄心。其人也，品钧凡圣；其到也，行无前后。趣定之前，万缘皆闭；发慧之后，一皆如知。奉持《楞伽》，弟为心要。过此以往，未之或知。"从中

神秀

可知，达摩禅旨的大意在这里还都保持着，仍是奉行《楞伽经》的渐修禅法。张说的《大通禅师碑》中，提出了一张禅宗传承表："自菩提达摩，天竺东来，以法传慧可，可传僧粲，粲传道信，信传弘忍……东山之不地，尽在秀矣。"可见当时，张说主张立神秀为禅宗的六组。

神秀在北方有二大弟子普寂和义福，传其禅法。这时，也还没有"南宗"、"北宗"之争。

神秀的大弟子普寂，俗姓马，蒲州河东人。出家后听习过经律论典，也曾在嵩山隐居。他本来是准备投法如门下的，但等他到达法如传法的少林寺时，法如已经圆寂，因此才改投神秀门下。普寂后来坐禅嵩山会善寺，人称"嵩山普寂"。武则天召神秀入京时，神秀也推荐了普寂。神秀晚年，中宗念其年事已高，曾令普寂代替神秀统领全国僧众。神秀去世后，北方地区信奉佛教的都师事普寂。后来，普寂又受到玄宗的礼遇，专门颁发一道敕令，命在都城居住，传播佛法达20余年。据《南阳和尚顿教解脱禅门直了性坛语》记载："时王公士庶，竞来礼偈。""普寂禅师，名字盖国，天下知闻，众口共传，不可思议。"《宋高僧传·神会传》说：神秀"门人普寂、义福，并为朝野所重"。普寂代神秀统其法众后，以"大照禅师"著称于世。普寂把神秀的北宗禅法推向了极致，以致"两京之间皆宗神秀"。

普寂（大证）禅师以神秀禅宗正统六祖，自称为禅宗七祖。《嵩岳寺大唐大德大证禅师碑》记为："自达摩传慧可，可传僧粲，粲传道信，信传弘忍，大通传大照，大照传广德，广德传大（证）师。一一授

手,一一摩顶,相承如嫡,密付法印。"普寂弟子有道璇者将其禅宗传到了东方日本。普寂在嵩山还剃度了伟大的僧一行法师。

神秀的另一大弟子义福,是长安福先寺主义福大师,亦是在得知"嵩岳法如大师,演不思义要用,特生信重,夕惕不遑。"千里迢迢来嵩山投师法如。"即至,闻如公迁谢,怅然悲愤,追践行径久之"。后来才又投神秀门下。义福于开元年间从驾往东都,经过蒲、虢二州,"刺史及官吏士女,皆赍幡花迎道,所在途路充塞。"从这些记载中,可以看出普寂与义福受宫廷与佛教徒的尊崇程度。

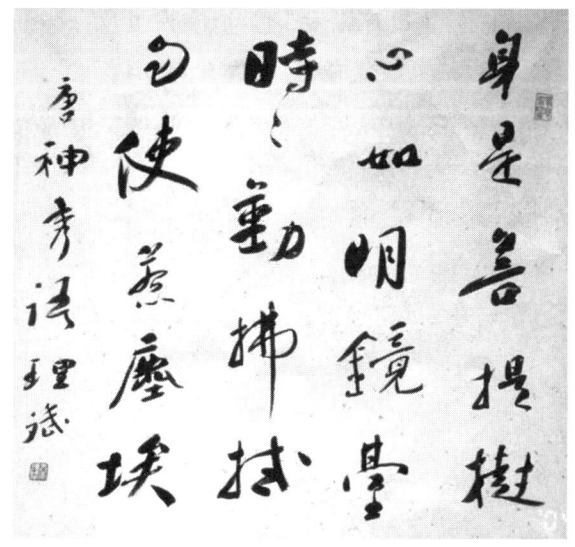
神秀偈语

神秀圆寂后,普寂、义福两大弟子在帝王的支持之下,继续阐扬他的宗风,盛极一时,有"两京之间皆宗神秀"之概。普寂并以神秀为达摩一宗的正统法嗣,立为第六祖而自称为第七祖,其弟子有道璇者还将其禅宗传到了东方日本。南方禅宗自神会后以神秀为渐而贬抑之,对慧能为代表的见性成佛顿悟法门则标榜推崇。还有许多史料说:其慧能一系,在慧能寂后荷泽神会出而论定是非,指出达摩宗的正统法嗣不是神秀而是慧能,并以神秀之禅由方便入为渐门,不如慧能之顿悟。于是后世禅宗有所谓"南顿北渐"之分。

《宋高僧传·神会传》载:玄宗开元八年(720年)以后,慧能的弟子神会"于洛阳大行禅法"、"南北二宗时始判焉";而"先是两京之间皆重"。普寂和神会各立神秀和慧能为六祖,争端渐多。神会居住洛阳荷泽寺,其徒众道成荷泽宗。安史之乱以后,北宗逐渐失去寺院经济的有力支持,尽管其法脉又延续了100多年,但毕竟已经走向衰落。

3. 禅宗南派的开创者慧能

禅宗南派的开创者慧能在佛教史上称"东土禅宗六祖"、"中国佛教南禅始祖"。慧能改造了传统佛学,创立了中国禅宗理论体系,使佛学"中国化"。

六祖慧能,是唐代著名的佛教改革者,禅宗南派的创始人。24岁时以行者之身,成了佛祖释迦牟尼血脉嫡传的佛教第33代祖师爷。祖籍范阳(北京市),其父贬官新州(广东新兴)后生慧能。慧能目不识丁,一次卖柴,听人诵《金刚经》,似有领悟。他打听到东土五祖弘忍在蕲州黄梅(湖北黄梅)冯墓山聚徒讲习《金刚经》,于是慕名前往参禅问道。弘忍轻蔑地对他说:"汝是岭南人,又是獦獠,若堪作佛?"慧能毫不含糊地答道:"人即有南北,佛性即无南北。獦獠身与和尚不同,佛性有何差别!"(敦煌本《坛经》)弘忍没允许他正式出家,让他在寺中当行者,在碓坊舂米。将及一年,弘忍召集寺众,让各自作偈,以选拔接班人,将菩提达摩的袈裟作为信物传付其人。慧能

慧能偈语

抓住了机会,说出了自己所理解的佛理,得到了五祖弘忍传授衣钵,继承了东山法脉并建立了南宗,弘扬"直指人心,见性成佛"的顿教法门。

提倡心性本净,佛性本有,见性成佛。主要依据是达摩的"二入"、"四行"学说。"二入"指"理入"和"行入"。理入是凭借经教的启示,深信众生同一真如本性,但为客尘妄想所覆盖,不能显露,所以要令其舍妄归真,修一种心如墙壁、坚定不移的观法,扫荡一切差别相,与真如本性之理相符,寂然无为。这是该宗的理论基础。行入即"四行":报怨行、随缘行、无所求行与称法行,属于修行实践部分。慧能继承这一学说,在《六祖坛经》里主张舍离文字义解,直彻心源。认为"于自性中,万法皆见;一切法自在性,名为清净法身"。一切般若智慧,皆从自性而生,不从外入,若识自性,"一闻言下大悟,顿见真如本性",提出了"即身成佛"的"顿悟"思想。其禅法以定慧为本,定慧即"无所住而生其心"。"无所住"指"定","生其心"即"慧"。慧能从"无所住而生其心"的经文中,悟出了定慧等学微旨。禅宗的一切思想,皆从此义引申扩充而来。

"忽遇慧风吹散,卷尽云雾,万象森罗,一时皆现。……故遇善知识开真法,吹却迷妄,内外明澈,于自性中,万法皆见(现)"。佛与众生的差别,在于是否觉悟。"自性迷,佛即众生;自性悟,众生即是佛"。众生应该单刀直入,"于自心顿现真如佛性"(敦煌本《坛经》)。慧能从理论和实践上对"明心见性,顿悟成佛"的阐述,奠定了唐以后中国禅宗发展的基础。因此,倡导明心见性,不假外求。这样便简化了成佛的途径,扩大了成佛的范围,因而受到佛教界和知识界的欢迎,迅速风靡全国。

慧能得法南归,在猎户中隐居,佛教倡导"不杀生",争权夺利的僧人抢夺传法信物,不至于到以杀生为业的猎户中寻找。隐居15年,他才开始出头露面,从印宗法师剃度,正式出家,后到广东曹溪宝林寺说法,禅宗正式创立。

慧能的禅学在当时的历史条件下是非常具有进步意义的。这种进步意义体现在慧能彻底否定了当时流行的"住心观净"的修行方式,在当时佛教完全依靠教义修行的风气下,对"禅定"做了一种基于体悟自性的创造性转换的理解。这种转换让"禅"这个本属于佛法与外道"共法"的禅定之学转变成了可以诠释大乘佛教"本心、自性"的特定的禅学。"禅宗"之名至此得以真正确立,禅宗"直指人心、见性成佛"理论成为佛教未来发展的必然模式。

慧能不但使得禅宗其他流派尽归其宗,而且,他所创立的禅法,几乎成了汉传佛教的代名词,所谓中国佛教,其特质在禅。慧能"明心见性,顿悟成佛"的新禅学,佛学思想主为概括为四点:一是佛性恒带清净,人人共有,一旦认识本心(本性),就可以达到佛的境界。即怎样才能成佛的问题,说明了真心就是佛,本心具有菩提的智慧,只要认识到自己的本心,就是顿悟、解脱、成佛这一道理。二是南宗主张不持戒、不坐禅,提出了"定无所入"的修行方法。三是提出了"真如本性"说。一切现象都在自心(性)之中,真如本性的显现,就能包容万事万物,也就成为清净法身,成为佛。四是觉悟自性就是佛,迷误在一念之间,一刹那觉悟本性就成为佛,这种觉悟就是顿悟。这是最方便、最简易的快速成佛法,也是南宗禅法的重要特点。即成佛不是另有佛身,而是自然性就是佛,只在一念之间,一刹那间就可以见性成佛,顿悟成佛。

作为中国佛教宗派之一的禅宗,特别是慧能一系的南宗不仅为印度原来的佛教所无,而且与中国其它各个佛教宗派有异。它的出现在中国佛教史上乃至世界佛教史上,都是一次空前的大改革,产生了划时代的意义和里程碑的作用:

第一,它的清净自悟,顿悟成佛的学说,说明了成佛不再是西方人的"专利",而中国人人皆可成佛。这一学说从根本上动摇了异域佛祖释迦牟尼的绝对权威,维护了神州华夏的民族尊严。

第二,倡导简易明快的新学说,发出了向佛教经典权威的挑战。历代译经浩如烟海,多数文辞又艰涩难懂,后来又流行一种不切实际的章句之学,积久臃肿,迷惑难解。禅宗用了一种最简便易行的新学说取代了种种烦琐的佛经注释,给佛教经典权威以轻蔑的挑战,并以此影响波及国外。

第三,摈弃了烦琐的佛教教义,破坏了佛教赖以维持的严格纪律,如慧能一系公开反对释佛坐禅,主张修行不必出家,取消了旷劫不息的累世苦修,并认为布施、供养、建寺、造塔都不是什么功德等等,足可说明这个问题。

在特定的历史背景下,禅宗纵然在中国的思想发展史和哲学发展史上起到了重要的历史作用,但它毕竟是宗教,它强调了人人都有佛性,顿悟即可成佛。这实际上扩大了禅的意义,扩大了修行的范围,将更多的人引向了佛教之路,实现了印度佛教中国化,玄学佛教生活化,贵族佛教平民化(都市佛教山林化),义理佛教实用化。慧能的禅学思想深刻影响了中国佛教文化的历史进程,即使在当今,慧能的精神财富依然对中国文化乃至世界文明产生着重大而广泛的影响。慧能从一个不识字的樵夫,成为享誉青史的一代宗师,被西方人称作"东方耶稣"。

王维《能禅师碑铭》谓其:"实助皇王之化"。同时也引起了中原皇室的尊重和供养,皇室屡次迎请慧能进宫,并为其建寺造塔。在滑台大云寺的无遮大会之后,通过对南北是非的辩论,奠定了曹溪禅在禅宗的地位。在慧能入灭100年后,禅者已非曹溪不足以谈禅。柳宗元撰《赐谥大鉴禅师碑》说:"凡言禅,皆本曹溪。"武宗灭法之后,曹溪禅即位居中国佛教的主流地位。

禅宗南宗的弘扬和兴盛是在慧能死后20余年,由基嫡传弟子神会先后在南阳、洛阳大弘禅法,南宗遂成禅宗正统,慧能宗风独尊于天下。

4. 禅宗六祖法如说

法如

今人说,禅宗是中国汉传佛教主导宗派,始于菩提达摩,盛于六祖慧能。五祖弘忍将禅法传于他的两个弟子神秀和慧能,即后来的禅宗的两大派别——"南能北秀"。还有史料说,禅宗是六祖慧能创立的,以用参究的方法彻见心性的本源为主旨,故又称佛心宗。禅宗初创,不立文字,教外别传,后来依然离不开文字,出现很多禅师语录。自编传法系统是所谓西天二十八祖与东土六祖。西天初祖是迦叶,说灵山会上,如来拈花,迦叶微笑,开教外别传的风气之先。禅宗祖庭为嵩山少林寺,东土初祖是来华天竺僧菩提达摩。达摩在少林寺传播大乘佛教,在达摩洞面壁九年。慧能是东土六祖。实际上,慧能之前,只是借教悟宗、实行渐悟的如来禅禅学,慧能创宗,才是不立文字、实行顿悟的祖师禅禅宗。

而事实上禅宗在五祖弘忍时代尚无定祖之风,更无南北分裂之势。各序师承,亦很正常。而且慧能在弘忍门下3年,只是一位行者(在寺院干活的人),还没有剃度出家。神秀在弘忍门下服勤6年,早早就离开了弘忍。而始终服侍弘忍了16年,至弘忍去世才离开的大弟子中,只有法如,故说弘忍传法于法如,才是历史的真实。法如去世时,称"忍传如"。当时弘忍的弟子神秀、慧能、玄赜、智洗及其弟子辈普寂、义福、净藏、神会等等均在世,而无一人对此提出异议,足证这在当时乃是一个不争的事实。

据《唐中岳沙门释法如行状》载,法如俗姓王氏,祖籍山西上党(今山西长治市),幼年随舅父到了澧阳(今湖南省北部的澧县),19岁出家投惠明为师。惠明姓王,杭州人,少年出家,游道无定所。后入越州(今浙江省绍兴市),投敏法师法席,住了25年。在1000多僧侣中,他被称为"解玄第一",对经义颇有研究。他每每披一块青布,作为袈裟,时人号之曰"青布明"。后来,他到了蒋山(江苏省南京市郊),向岩禅师咨请禅法10年。后又西上荆州四望山头陀从禅,念诵《思益经》,依经作业。公元658年,法如从惠明出家两年后,惠明对法如说:"蕲州忍禅师行一行三昧,你应该到他那里去求教。"

"三昧"是梵文的译音,也可译作"三摩提"或"三摩地",意思是禅定摄心。佛教说人的心生来就弯弯曲曲,不端正,只有通过禅定摄心,心才端直。譬如说,人心就像那弯弯曲曲的蛇,如果让蛇爬进大竹筒中,它的身体自然也就端直了。这"三昧"就像治理人心不直的大竹筒。"一行"是一种行相,指"法界"一相;"法界"指物质的和精神的存在,就是说让"心"定于"法界",系念"法界"万万千千的事物,知道它们在本质上是并无差别的。就连佛与我们普通人也是平等无二的。而佛又何止百个、千个。佛有多少个是数不清的,就如恒河的沙粒。总之,天下万事万物,浑然一体,并无差别。能想明白这番大道理,便是体认了"一行"。而使心定于一行修习三昧,就是"一行三昧"了。这"一行三昧",又称"一相三昧"或"真如三昧",是弘忍一生所坚守的信仰。

法如遵从惠明的指教,来到蕲州黄梅县东边的双峰山东山,投弘忍为师,专心学习"一行三昧"。法如在黄梅东山寺,奉侍弘忍达16年之久,直到他去世。弘忍去世时,他最有名的五大弟子——神秀、道安、智诜、慧能和法如,只有法如还在他的身边。如果说,弘忍有什么"临终遗嘱"的话,那也只有法如可堪嘱告,密受东山法门的真谛了。

弘忍圆寂后,法如游淮南9年,后于永淳二年(683年),北上嵩山,隐居于少林寺,"守本全朴,弃世浮荣",默行禅道。"至咸亨五年(674年),祖师灭度,始终奉侍,经16载。既淮南化掩,北游中岳。后居少林寺,处众三年,人不知其量。"法如的作风,与神秀、慧能等师兄弟不同。神秀大行禅法,声彩发挥,成为"两京法主,三帝国师。"神秀上殿时,武则天亲自跪拜,好不威风。而慧能南下岭南,值印宗法师讲《涅槃经》,借机发难,先声夺人。

法如在少林寺的三年之间(683～686年),少林寺僧皆不知其来历,这正是他守本全朴、弃世浮荣的品格,确有外藏名器、内治玄功之贤士高遁的雅风。直到垂拱二年(686年),僧众们才发现法如乃一代禅师弘忍的嫡传,都惊讶不已。于是,四海标领僧众、洛阳高僧大德齐集少林寺,请法如开讲禅要。他们请求说:自北魏至唐,所经的五个朝代,近200年之久。而命世大德,时时间出,皆以无上大宝(佛法),教导后人。今请再振玄纲,使闻法者光复正化。法如推辞说:言语不讲,则真意不会消亡;用智慧求解脱,则思虑无穷。我怎么敢从命,发扬什么先师的禅道呢!如此推辞再三,众僧再四祈请,才开讲禅要。

垂拱二年(686年),法如在少林寺开演禅法,"光复正化","再振玄纲"。他主张"一行三昧",以一印之法,密印于众意。法如说:我看佛的意思,广矣,深矣,远矣!今唯有一法(东山法门)能使圣人、凡人同人波定,勇猛的人接受真谛。就像人从火灾中逃出,不能有丝毫犹豫、中断!听众一下子豁然开朗,便得本心。法如还说,佛法如空中之月,它只能出现在观看者之心。你们勤恳努力吧,道就在你的努力中寻觅!法如的这番"道契于心"的宏论,真是闻所未闻。原来每个人心中都有佛,又何必苦苦向外去觅求呢?就如同一轮明月当空,天下万万千千条溪、河不都可以映出月亮吗?这就叫做"一印之法,密印于众意"。

法如禅师所传禅法的详细内容,不见传世,只能从《唐中岳沙门释法如禅师行状》碑中略见一斑。碑曰:"……今唯以一法能令圣凡,同入波定,勇猛应当谛受。如人出火,不容中断。众皆屈伸壁顷,便得本心。师以一印之法,密印于众意。世界不现,则是法界。此法如空中月影,出现应度者心。子勤行之,道在其中矣!"这就是说,参禅者只要用主观去密印,便会在客观上得到"本心"。就一定能进入"法界"。

法如禅师在嵩山少林寺传法6年,时间虽短,影响很大,波及全国,成为北方禅宗的"定门之首"。法如在少林寺的传法活动,为少林寺禅宗祖庭地位的确立起到了极大的作用。

少林寺法如禅师塔

自垂拱二年至永昌元年的三年(686~689年)中,法如频诲学人,孜孜不倦。但他声称,他并没有接法的弟子,"非曰其人,孰能传哉!"

《唐中岳沙门释法如行状》提出了中国禅宗史上第一个传承系列表:"南天竺三藏法师菩提达摩托绍隆此宗,武步东邻之国,传曰神化幽迹。入魏传可,可传粲,粲传信,信传忍,忍传如。当传之不可言者,非曰其人,孰能传哉!"法如生前谨慎而明确地宣布,他死之后,无弟子可传。当年定传承刊刻之时,弘忍的大弟子中,神秀、慧能、道安等人均在世;这个传法世系刊刻立碑,出现在祖庭少林寺,当时禅法权威部门,有许多学者、高僧都还健在,嵩山道安,当阳神秀,宝林慧能是知道的。当时禅宗也还没有分裂成水火不容的南、北二派,所以可信度是较高的。

关于法如的事迹和禅宗的传系,在唐代的碑刻中多有明证:立于唐开元十三年(725年)六月的《大唐中岳东闲居寺故大德珪和尚纪德幢》文,载有"此一行三昧,天竺以意相传,本无文教。如来在昔,密授阿难。自达摩入魏,首传慧可,可传粲,粲传信,信传忍,忍传如,至和尚(指元珪),凡历七代,皆为法主,异世一时。"

立于唐开元十六年(728年)《皇唐嵩岳少林寺碑》碑文是唐王朝钦定刻制的,碑载:"皇唐贞观之后,……复有大师讳法如为定门之首,传灯妙理,弟子慧超、妙思、奇拨、元契、玄宗,文翰焕然,宗涂另晓。"这时候,神秀的弟子普寂、义福;慧能的弟子净藏、神会等都目睹此碑,对法如禅宗六祖地位仍未提出不同意见。

在敦煌遗书中出土的《导凡趋圣心诀》卷子(伯希和)的文中有"初,菩提达摩以此传慧可,慧可传僧粲,僧粲传道信,道信传大师弘忍,弘传法如,法如传弟子道秀等。"敦煌郑子杜础撰《传法宝记》所列传法次序是:达摩——可——粲——信——忍——法如——道秀。法如所传之人,皆无证也。

上述史料皆说明法如的禅宗六祖地位是肯定的。

法如禅师既是弘忍的嫡传法嗣,禅宗六祖,后来其事迹为什么隐而不显,禅宗六祖地位为什么由别人取而代之。根据历史实际分析,主要是法如对选择法嗣要求严格,生前没有选定嫡传法嗣,后继无人。时隔数十年后,神秀和慧能的弟子们,为了提高自己的身份,利用封建门阀观念,在唐王朝和权贵们的支持下,才出现"忍传大通(神秀)"和"忍传大鉴(慧能)"的传法世系,才有禅宗六祖"南能北秀"之说。

5. 禅宗七祖神会说

禅宗南北之争,实起自慧能晚年的弟子神会。神会(684~758年),禅宗六祖慧能晚期弟子,建立南宗的一个得力人物。禅宗菏泽宗之祖。襄阳(湖北襄阳)人,俗姓高。幼学五经、老庄、诸史,后投国昌寺颢元出家。讽诵群经,易如反掌。年十三,参谒六祖惠能。慧能示寂后,参访四方,跋涉千里。六祖入灭后20年间,曹溪之顿旨沈废,两京之间皆宗神秀,由普寂等续树法幢。

神会

神会初至洛阳,欲振六祖之风,乃于开元十二年(724年)正月十五日,神会在滑台(今河南滑县)大云寺设无遮大会和山东崇远大开辩论。神会先声夺人,树立慧能的南宗,贬斥神秀的北宗,批评了当日最有声望的神秀门下普寂。普寂以神秀为达摩的正统,他自己则是继承神秀的人。据李邕的《大照(普寂)禅师碑》记普寂临终诲门人说:"吾受托先师,传兹密印。远自达摩菩萨导于可、可进于粲、粲锺于信、信传于忍、忍授于大通(神秀)、大通贻于吾,今七叶矣"(《全唐文》卷262)。当时神秀门下的声势很大,他们所立的法统无人敢加以怀疑。但神会却认为这个法统是伪造的,说弘忍不曾传法给神秀。他提出一个修正的传法系统:"(达摩)传一领袈裟以为法信授与慧可,慧可传僧粲,僧粲传道信,道信传弘忍,弘忍传慧能,六代相承,连绵不绝。"(独孤沛《菩提达摩南宗定是非论》)神会又说:"秀禅师在日,指第六代传法袈裟在韶州,口不自称为第六代。今普寂禅师自称第七代,妄竖和尚(神秀)为第六代,所以不许。"崇远质问他说:普寂禅师是全国知名的人物,你这样非难他,不怕生命的危险吗? 神会从容地说:我是为了辨别是非、决定宗旨,为了弘扬大乘建立正法,那里能顾惜身命? 他的坚强态度和言论惊动了当时参与大会的人。从此南北两宗的界线更加分明,争论也更加激烈。天宝四年(745年)着"显宗记",神会应兵部侍郎宋鼎等人之邀在洛阳,大讲"曹溪了义",宣扬"荷泽顿门",定南北顿渐两门,即以南能为顿宗,北秀为渐教,"南顿北渐"之名由此而起。

在禅宗南北纷争中,神会为争得南宗禅法(顿悟)成为正统,终生奋斗,遭到北宗法门的排挤和朝廷贵族们的倾轧,曾经4次受到贬谪。天宝四年(745年)神会以78岁的高龄应请入住东都荷泽寺,这时普寂和义福都先后去世,由于他的弘传,使曹溪的顿悟法门大播于洛阳而流行于天下(宗密《圆觉大疏钞》卷3之下)。天宝八年(749年)神会在洛阳荷泽寺又楷定南宗的宗旨而非斥北宗,且每月作坛场为人说法:抑清净禅,弘达摩禅(《历代三宝记》中《无相传》)。这时北宗门下信仰普寂的御史卢奕于天宝十二年(753)诬奏神会聚徒企图不利朝廷。唐玄宗即召神会赴京,因他据理直言,把他贬往江西弋阳郡,不久移湖北武当郡。天宝十三年(754年)春又移襄州,七月间又敕移住荆州开元寺。这些都是北宗的人对神会的报复(《宋高僧传》卷8《本传》、《圆觉大疏钞》卷3之下)。神会虽过着贬逐的生活,两年之间转徙四处,但他的声望并未下降。但他并不气馁,相反意志更加坚强。安史之乱后,又有唐宗室、嗣虢王李巨支持南宗顿门之说。李巨是李邕的次子,可能做过东都留宗之类的大官。安史之乱起,两京板荡,时大府在洛阳各置戒坛度僧,请神会主坛度之事,积极劝导度僧,收缴度僧税钱,资助国家平定叛乱,所获财帛悉充军需,为国效力,在平叛中立了功劳,使顿门在北方大规模发展,后来在全国范围内占据优势,禅宗就成了南宗的专称。乱平后,肃宗诏神会入宫内供养,并建造禅宇于荷泽寺中,诏请住之,故世称荷泽大师。

由于神会是分判南北禅宗之别、造成南北禅宗分庭对抗、奠定南北禅宗之说的关键人物,所以,宋

初赞宁在《宋高僧传》卷八中说:"从见会明心,六祖之风荡其渐修之道矣。南北二宗,时始判焉。"由此可以见出,"南宗"这一说法,是在神会与普寂,也就是慧能系与神秀系的直接对抗中形成的,在当时有它特定的内涵,而不能仅从地域的分布来看。

有学者认为,神会入洛阳传布"南宗顿门"之时,北宗神秀的两大弟子普寂和义福已先后去世,几乎无人出来抗辩。但北宗弟子仍然坚守其"北宗渐门"的禅法,绵延至唐末而渐衰。这个北宗与南宗与的奇特变化,不能不说是北宗渐门的遗憾。

唐乾元元年(758年)五月十三日,神会于荆府开元寺奄然坐化,享年七十有五,僧腊五十四夏。神会去世后,由李巨"迎尊颜于龙门",迎遗身于龙门宝应寺,于永泰元年(765年)十一月十五日,派人把遗体迎回洛阳下葬入塔,此时距神会去世已7年了。在1983年出土的《大唐东都荷泽寺殁故第七祖国师大德于龙门宝应寺龙岗腹建身塔铭并序》记载,神会的禅法是:"说般若之真乘,直指见性;谈如来之法印,唯了佛心。"在当时,禅师们均指神会禅法为"了教"。"了"就是"唯了佛心"。这个塔铭还拟出了一个禅宗传承表,文云:"粤自佛法东流,传乎达摩。达摩传可,可传粲,粲传道信,信传弘忍,忍传慧能,能传神会,相承七叶,永播千秋。说般若之真乘,直指见性;谈如来之法印,唯了佛心。"此表比法如碑晚76年,时事已大变矣。神会早在开元十二年(724年)滑台大云寺辩论时,即大张慧能旗帜时,时法如去世已经43年矣,法统之争愈演愈烈。

6. 禅宗七代法主元珪说

盛唐时期,在嵩山弘扬佛法的还有中国禅宗六祖之一法如禅师的"受业"弟子,嵩岳寺主元珪和尚。元珪号称"庞坞和尚",上元二年(675年)年得度,出家于嵩山闲居寺(即嵩岳寺)。后又到嵩山会善寺拜道安为师,在道安国师的指导下,很快"印以真宗,顿悟玄旨。"永淳二年(683年),元珪在洛阳大敬爱寺遇到禅宗正宗六祖法如禅师,开始在法如禅师门下受业。期间,积极会同"四海标领僧众,集少林精舍,请开禅法"。垂拱二年(686年),法如禅师在禅宗祖庭嵩山少林寺开坛说法,元珪在听法如开讲禅要后,感叹地说:"尝闻千载一遇,今谓万劫难逢!"从此,元珪正式在法如禅师门参禅三年,"验之先说,信而有证,遂蒙启发,豁然会意,万象皆如。圆口在目,动静斯溢,恝彼宿心。"永昌元年(689年)七月,法如禅师"寂然卒世"后,元珪和尚以嵩岳寺为道场,继续弘扬佛法。

元珪在嵩岳寺传法时,有一个非常有名的故事,内容主要是说他给皈依者讲解五戒的具体内容和奉持五戒的具体方法。这个故事在宋《高僧传》卷19,《五灯会元》均有记载,其中都详细地记述了元珪在嵩岳寺传法时,给皈依者讲解五戒的故事。

史料记载的这个故事说,有个身体魁伟,穿着官服,随带侍从数名的人,到嵩岳寺会晤元珪和尚。元珪看到来者为非常之辈,问:"你是善意来同我结交呢?还是随便来这里游山玩景的呢?"来者没有回答。元珪和尚的问话,反而问道:"你认识不认识我是谁?"元珪和尚说:"我们出家人同你们俗家人一样,咱们初次见面,我怎会知道你是谁呢!"来者夸耀自己说:"我是能叫人生与死的人。"元珪和尚听了这咄咄逼真、带有威胁性的话,只是微微一笑,说:"我本来就不生,你怎能叫我死!我看人的身体是空无一物,我和你都是一样,难道你能坏空一切人和你自己吗?"来者一听,知道元珪和尚已经完全悟入空境,赶快恭恭敬敬地给元珪和尚施礼,请求说:"我已经知道大师你有广大之智,请你度我出世,授我以正戒。"元珪说:"你既是来向我求戒,当然我可以对你受戒。但佛门戒律,只授佛门弟子,不授佛门以外的俗人。我怎么能给你这样身份的人俗人授以正戒呢!"来者立即表示:"我愿意皈依你为佛门弟子,请师傅你开始对我授以正戒。"元珪和尚看来者改变了原来那种蛮横态度,诚恳地向自己求戒。

于是便"秉炉正机",开始给来者受戒,说:"我先授你以五戒,你若能奉持,你就说能,若不能奉持,你就说不能。"皈依者说:"行"。元珪说:"你能不淫吗?"皈依者不说自己能不能奉持,而说:"我已经娶妻成室了,啊!"元珪讲解说:"不是说你现在娶没娶妻,而是要求你不能再有罗欲。"皈依者对"罗欲"二字的含意不甚理解,只是摇头不语。元珪看出来皈依者没有听懂,又进一步讲解道:"所谓罗欲,是指除了你同你的妻子以外的多欲、邪欲。"皈依者完全听懂了淫戒的含意说:"要是这样,我能奉持。"元珪问:"你能不盗吗?"皈依者随即答道:"我家境富有,我什么都不缺,我不会去偷盗别人。"元珪讲解说:"不是指的有没有盗窃行为,而是要求你,不要因为有的人对你行贿,你就给人以福,反之,你就给人以祸。"皈依者说:"我现在掌握生杀权柄,惩罚罪犯保护众生是我的职责,我怎能对那些罪有应得者不杀呢!"元珪讲解说:"不是指你杀与不杀,而是说你该不该杀,在杀中不要有滥用权力,出现不该杀的误杀。"皈依者:"我能奉持。"元珪问:"你能不妄吗?"皈依者很自信地说:"我为人正直,从来不曾有过妄想、妄为。"元珪讲解道:"不是指的你自觉的妄言、妄为,而是要求你对每一件公案,事前决定的处理方法和事后对问题的处理结论,没有不合法律和实际的。"皈依者说:"我能奉持。"元珪问:"你能不遭酒败吗?"皈依者问:"师傅是要求我滴酒不尝吗?"元珪说道:"是指的不能因酒误事。"皈依者说:"我能奉持。"

元珪讲解了五戒的具体内容以后,接着又讲解了如何奉持五戒的方法和要求,说:"在奉持五戒的时候,要真正用心按戒律去做,而又不要认为自己是受到戒律约束才这样做的,要承认戒律是客观存在着的东西。而又要做到无戒律同有戒律一样去规范自己的行为。如果你是这样的真心奉持了戒律。就能达到先天地生不为精,后天地死不为老,终日变化不为动,毕尽寂寞不为休。悟到这样的境界,就能虽然已经娶妻如同未娶;虽然终日忙于工作而不会错误;虽然有人给你行贿,你就自觉不去受贿;虽然你也喝酒,但不会因酒醉而误事;虽然掌握权柄,而不会滥用权力。"元珪的精辟讲解,使皈依者心服的五体投地,诚恳地表示说:"我以往愚昧,从来未听过象师傅你今天讲得这样透彻,这样入情入理。今天你所受五戒,弟子我一定认真用心奉持。"元珪满意地说:"你若能如言,也算吾用心不妄。"

元珪

元珪和尚做嵩岳寺主27年,唐开元四年(716年)圆寂,世寿73岁,弟子们为其造塔于嵩岳寺东岭。元珪和尚塔的塔铭中,有一个禅宗传承系列表:"自达摩入魏,首传慧可,可传粲、粲传信、信传忍、忍传如,至于和尚(指元珪),凡历七代,皆为法主,累世一时。"碑文尊法如为禅宗六祖,称元珪是禅宗第七代法主。

元珪有一位弟子叫灵运,少林寺西北不远的地方,有一座精美的单层六角形石塔,塔门上刻有"肖光师塔"四字。这就是灵运的遗身塔。灵运俗姓萧,是南朝梁武帝萧衍的后代。他游历嵩山后,便决定留在少林寺修行。他向庞坞和尚元珪求法,得到元珪的指教,也得了"一行三昧"法,照十方于自空,脱三界于彼着。慧眼既净,全身亦如。始知心外无法,所得者皆梦幻耳! 他面对苍然的空山,年年默坐,观大地、土木,与佛利无别;观云霞、溪水,悟无心无性。一切自然的与人间的造化都与梦境般空幻不实。

"肖光师塔"是灵运的弟子坚顺所建。如果按照元珪塔铭记载所说,元珪是法如的嫡传弟子,那么坚顺就是法如系统可查到的最后一位弟子。

7. 中国禅宗南北纷争的重要场所之一——嵩山会善寺

唐高宗李治和武则天当政期间,东都洛阳是国家政治、经济和文化的中心,为了政治上的需要,把地处洛阳京畿的嵩山称为神岳。同时,大力提倡佛教,提高僧尼的社会地位,放多名高僧云集嵩山,伴随而来的僧众多达数千,又有一批佛寺先后在嵩山建立,诸如华岩寺、龙潭寺、卢岩寺、普照寺、龙泉寺等。

嵩山会善寺山门

嵩山积翠峰下的大会善寺,是盛唐时期中国最著名的佛寺之一。这里不仅高僧辈出,而且是禅宗南北纷争中直接交锋的重要道场。会善寺位于太室山之阳,为北魏孝文帝(471～499年)时期的离宫,正光元年(520年)建"闲居寺"。隋开皇五年(585年)改名"嵩岳寺",后隋文帝赐名"会善寺"。唐代武则天巡幸于此寺拜"道安禅师"为国师,赐"安国寺",在寺内置"镇国金刚"佛像,并增建殿宇、戒坛、塔。五代时,嵩山琉璃戒坛纳法,又名"封禅寺",后梁时废。开宝五年(972年)宋太祖赐名"嵩岳琉璃戒坛"和"大会善寺"。

嵩山会善寺的琉璃戒坛,不仅是蜚声海内外的高僧一行所建,它还是唐朝时期佛教界认定的向十方僧徒传授戒律(受戒)的地方,在历史上都具有相当高的地位和名气。而更使会善寺骄傲的是唐朝有5位在此修行而闻名全国佛教界的禅师,即禅宗五祖弘忍的弟子道安、神秀的弟子普寂、法如的弟子元珪、普寂的弟子一行、禅宗南派的慧能的弟子净藏。他们在会善寺的修行中,他们的业绩不但推动了嵩山佛教的向前发展,还使得嵩山佛教的内涵更加博大,意义更加深远。

唐朝时期,中国禅宗五祖弘忍的两个大弟子道安(《五灯会元》称慧安)国师、禅宗"定门之首"法如相继归山,再传菩提达摩大乘禅法。后来,中国佛教禅宗南北纷争,北宗大通神秀的嫡传法嗣普寂和南宗大鉴慧能的嫡传法嗣净藏,都相继来到嵩山各传其法。嵩山会善寺成了中国禅宗南北纷争的重要场所之一。

(1) 禅宗在嵩山的重要传播人道安

盛唐时期,第一个到嵩山落迹地的是禅宗五祖弘忍的十大弟子之一道安国师。道安国师一生历经两朝八帝,受封国师,禅学造诣很深,是唐代佛教中德高望重的老禅师。隋开皇十七年(597年),落发出家。道安到湖北黄梅双峰山东山寺投弘忍门下参学菩提达摩大乘禅法时,弘忍大师初见这位已经白发苍苍,比自己年长20岁的老僧,仍志求大法,内心十分感动,当即答应收下这位老门人,而且他从不叫其名,而称"老安"。道安参禅虔诚,进步很快,不久"便得心要"。道安在黄梅参禅的时候,同时神秀和尚也在这里求法。弘忍大师对这两位弟子十分赞赏,常说"予常有愿,当令一切。俱如妙门,获所安乐,学人多矣,唯秀与安,惜其才难也……今法要当传,付此二子,吾无忧哉!"后来,道安听说弘忍大师要把禅要传付给自己和神秀,又"顺退避位,推美于玉泉大通(神秀)。"别的同学劝他应当"高让名、闻坚进。"道安却反劝同学们说:"山涧树下,难可厌舍。丰石足以枕依,香泉足以澡漱,与道而漫,不乐何求。"随即离开黄梅,云游到终南山。唐高宗慕其名,屡次礼召。他避而不奉,又离开终南山东行。

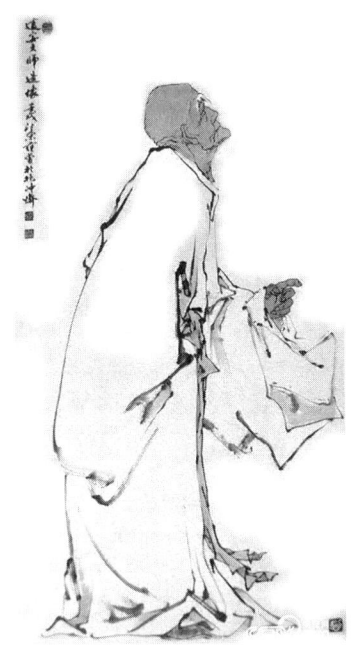

道安禅师

道安禅师比五祖弘忍和神秀年龄都大,但因他极力称赞推让神秀,才让神秀成了禅宗北宗的代表人物。有研究佛教的学者说,实际上,道安禅师应该是禅宗北宗真正的领袖人物。

唐高宗麟德元年(664年),已经82岁高龄的道安和尚,来到中岳嵩山,看到这里山清水秀,林深谷幽,高兴地说:"是吾终焉之地也。"从此,道安和尚在嵩山会善寺传法45年,直到唐中宗景龙三年(709年)灭度。在这期间,大周皇帝武则天游历中岳曾多次亲访道安禅师,拜其为国师,并因此改会善寺为安国寺。武则天对道安禅师非常尊重,"征(道)安至辇下,待以师礼,以(神)秀禅师更加钦重。"唐中宗神龙二年(706年),又召道安"入禁中供养",赐紫袈裟一件。神龙三年(707年)再"赐摩纳,辞归嵩岳。"道安禅师对嵩山地区的佛教传播起到了很大作用。

道安国师在嵩山所传禅法内容,《高僧传》和《嵩山故道安禅师碑》均无记载,不得而知。但从武则天和唐中宗都尊其为国师,就足以说明,道安是一位禅学造诣很深的老禅师。道安于唐中宗景龙三年(709年)圆寂在嵩山会善寺,俗寿128岁。

道安国师在嵩山传法40余年,在他门下参禅的数以千计,最著名的有27人。洛阳福先寺仁俭禅师,嵩山嵩岳寺破灶堕禅师等都是道安国师门生。就连南岳怀让禅师,嵩山嵩岳寺元珪禅师和会善寺净藏禅师,都是先在道安国师门下参学数年后,又分别去从慧能和法如的。

(2)神秀大弟子普寂

弘忍灭度以后,大通神秀于唐咸亨五年(674年),离开黄梅双峰山东山寺,到当阳山度门寺传法。武则天听到他的声望,召请他到西京长安,受到"肩舆上殿,亲加跪礼"的特殊待遇。中宗时,神秀更受礼重,称"两京法主,三帝国师。"神龙元年(705年),神秀在东京洛阳天宫寺圆寂,谥"大通禅师"。神秀门人众多,最著名的是嵩山会善寺主普寂和长安大慈恩寺主义福。他们继承神秀法席,在唐王朝的支持下,分别以嵩山会善寺和西京慈恩寺为道场,广传神秀禅法。

普寂禅师"慧门也",俗姓冯氏,山西永济人。唐永淳二年(683年)出生,幼年出家,"遍寻高僧,以学经律。秀住当阳,寂往事师,凡六年。神秀奇之,尽以其道授焉。"久视元年(700年),神秀年高,荐普寂给朝廷,唐中宗"特下制令,普寂

普寂禅师

代神秀统领法众。"其宗风大盛,"有两京之间皆宗神秀之概"。唐开元二十七年(739年),普寂临终前遗言门人:"吾受托先师,传兹密印。远自达摩寻可,可进于粲,粲钟于信,信传于忍,忍授于大通,大通贻吾,今七叶矣!"。立神秀为禅宗六祖,自称七祖。普寂圆寂以后,谥"大照禅师。"普寂嫡传法嗣有洛阳大敬爱寺主法玩禅师,一代圣僧一行。北宗后来又"大照传广德,广德传大证,一一授手,一一摩顶,相承如嫡,密传法印。"

(3)佛教南宗北传的净藏

大鉴禅师慧能是史书记载的中国佛教禅宗六祖。从五祖弘忍8个月,得衣钵后到岭南传法。唐神龙二年(706年),中宗遣内侍薛简往曹溪召慧能进京。他以"久处山林,年迈风疾"辞却不应。先天二年(713年),圆寂于新州国恩寺。唐宪宗谥"大鉴禅师。"慧能禅师门下弟子数以千计,嫡传弟子中最著名的有南岳怀让(此人原在嵩山会善寺从道安国师数年,后来又到岭南从慧能),青原行思,南阳会中,荷泽神会和嵩山净藏等。

在嵩山活动的诸多高僧中,净藏禅师是佛教南宗北传的一个代表。净藏先从师道安,后从师慧能,自称禅宗"七祖"。《净藏禅师塔铭》(《金石萃编》卷87)云:"师乃如生象,空空烈迹。可、粲、信、忍,宗旨密传,七祖流通,起自中岳。师亦心苞万有,慧照五明,为法侣律梁,作禅门龟镜。于是化流河洛,屡积岁辰,不惮劬劳,成崇圣教。"净藏禅师,俗姓戚氏,山东济阴郡人。唐咸亨五年(674年)生,19岁落发出家。圣历二年(699年)到嵩山会善寺从道安国师求法习禅,10年有余。道安国师圆寂后,景龙三年(709年),净藏又到岭南从慧能求法参禅,亲承五载,获慧能印可,付法传灯。后来在慧能禅师的许可下,于开元二年(714年)回归嵩山会善寺,弘扬南宗禅法,住西塔院(即道安塔院),主持会善寺30年,在此造写藏经5000余卷。

在中国禅宗南北纷争中,净藏禅师开南宗北传先河。随后才有荷泽神会,在平定安史之乱中,帮助唐王朝征收度僧税钱,以补军费不足有功。后来唐德宗令皇太子,楷定禅门宗旨,搜求传法正,旁。以神会为禅宗七祖,使南宗禅法在佛教禅宗史中取得正统地位。

继净藏禅师之后,南岳怀让的再传弟子惟宽禅师也北上落迹嵩山,住持少林寺,使南宗在嵩山地区继续得到弘扬。

8.惟宽说法续南宗

贞元十二年(796年),唐德宗又命皇太子召集诸禅师楷定禅门宗旨。搜求传法旁正,立荷泽(神会)大师为七祖,追认慧能为六祖,南(顿悟)禅法成为钦定的禅法正统。但是,后来神会门下,除了灵坛、宗密之外,很少大师,数传之后,法脉断传。而后来传承南宗禅法的是六祖慧能另两位法嗣,即青原行思和南岳怀让。南岳怀让早年曾"诣嵩山(慧)安和尚,(受)安启发之,乃直诣曹溪,参六祖(慧能),遂得心禅法要。"怀让门下有大寂道一,道一门下有大彻惟宽。

惟宽禅师是继净藏禅师之后,落迹嵩山,住持少林寺,弘扬南宗禅法的又一高僧。惟宽禅师,衢州(今浙江省)信安人,欲姓祝。13岁时,"见杀生者,肃然不忍食,退而发出家心。遂求落发于僧坛。受尸罗于僧崇,学毗尼于僧如,证大乘法于天台止观,成最上乘道于大寂道一。贞元六年(790年),始行闽越间,岁余而回心改服者百数。七年(791年),训猛虎于会稽,作胜家道场。八年(792年),与山神受大戒于鄱阳,作回响道场。十三年(797年),感非久于少林寺",住持传授南禅法要:

僧问:"如何是道?"

师曰:"大好河山。"

问:"学人问道,师何言河山?"

曰:"汝只识河山,何曾达道!"

问:"狗子还有佛性否?"

曰:"有。"

问:"和尚还有否?"

曰:"我无。"

问:"一切众生皆有佛性,和尚因何独无?"

曰:"我非一切众生。"

问:"既非众生,莫是佛否?"

曰:"不是佛。"

问:"究竟是何物?"

曰:"亦不是物。"

问:"可见可思否?"

曰:"思之不及,议之不得,故名不可思议。"

元和四年(809年),唐宪宗召见惟宽禅师于西京长安安国寺。翌年问法于麟德殿。元和十二年(817年),二月,大说法于传法堂。有问禅法心要,惟宽答曰,应病授药,岂能一言尽其法要。时白居易为赞誉大夫,常向惟宽问道:

问:"既曰禅师,何故说法?"

师曰:"无上菩提者,被于身为律,说于口为法,行于心为禅,应用有三,其实一也。江湖河汉,在处立名,名虽不一,水性无二。律即是法,法不离禅。云何于中妄起分别!"

问:"既无分别,何以修心?"

曰:"心本无损伤,云何要修理。无论垢与净,一切无念起。"

问:"垢即不可念,净无念可否?"

曰:"如人眼睛上,一物不可住。金屑虽珍宝,在眼亦为病。"

问:"无修无念,亦何异于凡夫耶?"

曰:"凡夫无名,二乘执著。离此二病,是名贞(真)修真修者,不得勤,不得忘。勤即近执著,忘即落无名,其心要云尔。"

前有僧问法于惟宽,大师亦有说:

问:"道在何处?"

曰:"只在目前。"

问:"我何不见?"

曰:"汝有我故,所以不见。"

问:"我有我故即不见,和尚还见否?"

曰:"有汝有我,辗转不见。"

问:"无我无汝还见否?"

惟宽说法

曰:"无汝于我,阿谁求见。"

惟宽禅师传法堂大说法后不久,圆寂于西京大兴善寺,俗寿63岁,唐宪宗诏谥"大彻禅师",葬霸陵西原。时白居易任南宾郡守,受托撰书传法堂碑,纪惟宽大师行实及其生前讲述的禅宗传法世系:"有问师之传授,曰释迦如来欲涅槃时,以正法密传摩诃迦叶,传至马鸣,又十二叶,传圣师子比丘,及二十四叶,传至佛陀先那,先那传圆觉达摩,达摩传大弘可,可传镜智璨,璨传大医信,信传太满忍,忍传大鉴能,是为六祖。能传南岳怀让,让传洪州道一,一谥大寂,寂即师之师。贯而次之,其传授可知矣。"

9. 禅宗的五个支派

禅宗发展到晚唐五代,分出沩仰宗、临济宗、曹洞宗、云门宗、法眼宗五个支派,禅宗史上称其为"一花五叶"。禅宗达摩祖师在传法时有过一偈,偈语中说:"吾本来兹土,传法救迷情,一花开五叶,结果自然成。"后人把"一花"比喻是慧能顿悟一宗,而"五叶"比喻是顿悟法门的五个宗派。

其一,沩仰宗。开创者灵祐,福州长溪(福建霞浦)人。怀海的上首弟子,住潭州(湖南长沙)沩山,被称为沩山灵祐。慧寂,韶州(广东韶关)人,从灵祐学禅10多年,后住袁州(治今江西宜春)仰山,被称为仰山慧寂。沩仰宗以沩山、仰山合称命名。这个支派以想生、相生、流注生划分主客观世界。想生指主观思维。相生指所思之境,即客观世界。流注生认为主客观世界处在不间断的流动状态中。这三种生"俱为尘垢,若能净尽,方得自在"(《人天眼目》卷4)。

其二,临济宗。创立者义玄,俗姓邢,曹州南华(山东菏泽)人。临济宗以他所居住的镇州(河北正定)滹沱河畔禅院名称命名。这个支派提出四料拣、四宾主、四照用的教育原则。四料拣是逼迫人们放弃自身存在的某种偏见,有我执者则夺人,有法执者则夺境(事境和理境),我执法执都有者,则人境俱夺。一是夺人不夺境。"煦日发生铺地锦,婴孩垂发白如丝。"前句存境,后句夺人。二是夺境不夺人。"王令已行天下满,将军塞外绝烟尘"。"前句夺境,后句存人。三是人境俱夺"。并、汾绝信,独处一方。"既夺人,又夺境。四是人境俱不夺"。王登宝殿,野老讴歌。既存人,又存境。(《古尊宿语录》卷4)四宾主是根据主(师)、宾(学人)双方见面的不同态度,以鉴定谁是行家。一是客看主,指客见解正确,主见解错误。二是主看客,指主正确客错误。三是主看主,指双方都正确。四是客看客,指双方都错误,还装模作样,卖弄机锋。四照用是四料拣的又一种说法,照是夺其法,用是夺其人,根据学人的具体情况,夺其法执我执,使其达到觉悟目的。一是先照后用,指夺其法而肯定其放弃我执的一面。二是先用后照,指夺其人而肯定其放弃法执的一面。三是照用同时,指法执我执并夺。四是照用不同时,指没有法执我执,不用夺。

其三,曹洞宗。曹洞宗在历史上的影响仅次于临济宗,创始人良价,会稽诸暨(浙江诸暨)人,后住豫章高安洞山(江西宜丰境内),称洞山良价。本寂,泉州莆田(福建莆田)人,后住抚州曹山(江西宜黄境内),称曹山本寂,是良价的弟子。曹洞宗以洞山、曹山合称命名,平声字放仄声字前。曹洞宗提出五位君臣说,即:君位,正中偏;臣位,偏中正;君视臣,正中来;臣向君,兼中至;君臣合,兼中到。正偏的范畴和对应关系是:正——君、体、空、真、理;——臣、用、色、俗、事。这一说法把佛教关于本体和现象的关系,赋予了封建政治内容。

其四,云门宗。文偃,姑苏嘉兴(浙江嘉兴)人,住韶州云门山(广东乳源境内),因以名宗。他把云门宗的思想概括为三句话。一是涵盖乾坤句,是说举真如本体可涵盖乾坤万象。二是截断众流句,是说人们只需体证真如本体,乾坤万象就会在观悟中冰消瓦解,故不必认识客观外界。三是随波逐浪句,是说为了开导世人,又不妨随波逐流,随顺教化,灵活运用方法。这三句话被云门宗人推许为云门剑、吹毛剑。

其五,法眼宗。创始人文益,余杭(浙江余杭)人。死后被南唐中主李璟谥为"大法眼禅师",因以名宗。法眼宗认为三界唯心、万法唯识,但不同于唯识宗的说法,而接近华严宗。

禅宗飞速发展,宗风发生很大变化。从大的趋势来说,由慧能时期的运用正常语言正面阐述禅宗主张,逐渐发展到摈弃一切外在形式的佛教实践活动,甚至呵佛骂祖、斗机锋等极端的地步,以求明心见性、顿悟成佛。禅宗人已不再坐禅,认为那是外求方式。马祖道一在南岳怀让门下学习佛教,独处一庵,专心坐禅。怀让为了开导他,就故意在他的庵外磨砖。道一问怀让磨砖做什么,怀让说用砖磨出一面镜子。道一说:"磨砖岂得成镜?"怀让说:"磨砖既不成镜,坐禅岂能成佛?……譬牛驾车,车若不行,打牛即是,打车即是?"(《古尊宿语录》卷1)终于使道一抛弃了坐禅的求佛方式,转向开发内心顿悟的能力。

后来,禅宗干脆发展到呵佛骂祖、蔑视宗教权威的地步。临济宗认为:"你欲得如法见解,但莫受人惑,向里向外,逢着便杀,逢佛杀佛,逢祖杀祖,逢罗汉杀罗汉,逢父母杀父母,逢亲眷杀亲眷,始得解脱,不与物拘,透脱自在。"(《古尊宿语录》卷4)邓州(河南邓州市)丹霞山天然禅师,本来是走科举道路的士大夫,在进京应考途中,听从一位禅师"选官何如选佛"的劝告,便去当了禅僧。一次天寒,他将木雕佛像拿来烧火取暖。院主呵斥他道:"何得烧我木佛!"他用禅杖拨了拨火灰,说:"吾烧取舍利。"院主说:"木佛何有舍利?"他说:"既无舍利,更取两尊烧。"他后来还说:"岂有佛可成!佛之一字,永不喜闻!"(《五灯会元》卷5《丹霞天然禅师》)如此"不与物拘、透脱自在",必然发展为任随自然:"随缘消旧业,任运著(着)衣裳,要行即行,要坐即坐"(《古尊宿语录》卷4);"饥来吃饭,困来即眠"(《大珠禅师语录》卷下),便是用功修道。禅宗的宗教行为和世俗生活方式之间画上了一个等号,佛教的世俗化结局终于出现。沿着开发内心顿悟能力的途径,禅宗又发展到反理性的地步,频频使用斗机锋的手段。所谓斗机锋,就是禅宗人相见,不用正常的语言交流观点,而用莫名其妙的隐语、谜语来旁敲侧击,或者用作手势、翻筋斗、打耳光、拳打脚踢、学老虎叫驴叫、学女人作礼等等奇怪的动作来寄托含义,促使对方猜测寓意、恍然大悟,但往往弄得对方目瞪口呆,晕头转向,摸不着边际。例如:弟子或学人问不与万法为侣者是什么人,师父说待你一口吸尽西江水。意思是你一口喝光了西江水,我再告诉你正确答案,你当然做不到一口喝光西江水,我也用不着告诉你正确答案,你自己悟去吧。问什么是祖师西来意,答干屎橛、破草鞋、屎里蛆等等,或者不答,用拂尘打问者。这便把事情弄得非常神秘,以至于作者无心,见者有意。《景德传灯录》卷6《怀海传》说:众僧正在地里干活,传来寺院开饭的鼓声,师父还没有说收工,一位僧人大笑不止,扛着镢头回寺。大家都以为他悟了。师父说:"俊哉!此是观音入理之门。"回到寺院,师父问这位僧人:"适来见什么道理,便怎么?"这位僧人说:"适来只闻鼓声动,归吃饭去来。"师父不觉哑然失笑。

禅宗的发展壮大,取得了独步天下的形势,其余宗派有的已经衰落消亡,有的逐渐与禅宗合流。五代以后,汉地佛教只是余脉相承,不再翻出新的花样。因此,禅宗祖庭少林寺名气越来越大。

10. 禅宗与龙门石窟看经寺

看经寺在龙门东山万佛沟北侧,是龙门东山最大的一个洞窟,是武则天为唐高宗开凿的。周围有青砖砌就的院墙,洞的正面有一座建于清代的有砖瓦结构的二层门楼,门额上题写"看经寺"3个大字。

看经寺分前后两室。前室为方形,木构建筑,窟楣风化比较严重。窟内雕像2飞天已严重剥蚀,仅留有飘带的痕迹。飞天下的2力士都有严重的损坏,仅残留身体的某些部分。力士外侧北壁上,有四个较大的造像龛,或为空龛,或风化剥落,无一完整。

后室为平顶方形,高8.4米,宽11.1米,进深13.9米。洞顶雕有莲花藻井,周围环绕着四个形象优美、体态丰润、衣带飘扬、颇具凌空飞舞之韵律感的飞天。洞内东、南、北三壁整个窟室的平面设计基本上呈方形,与同一时期其它洞窟最大的不同是该窟正壁上没有主像,垂直的窟壁上,只有不规则的零星造像。南壁中层有九排佛像,每排四身;北壁正中一方整崖面上有六排像,第一排为千佛,其余五排是姿态各异的菩萨像,上下六排都以同茎莲座互相联结,构成一组完整的菩萨像。窟顶为莲花藻井,外围有六个飞天,刻工细致,飘逸潇洒,与敦煌莫高窟的彩绘飞天风格相似。看经寺后室南、北、东三壁在高1.2米的台基上有29尊浮雕罗汉像,身高在1.80米左右,皆身着袈裟、足穿云头履。在这29尊高浮雕罗汉中,每个人的性格都雕刻得十分传神,毫无雷同之处:饱经风霜而睿智的;稚拙而聪慧的;慈祥而善良的;凶猛而严厉的;诙谐而幽默的,严肃而认真的,乐天而随和的……形态逼真、姿态各异,生动传神,使造像在整体上显得整齐划一而不失个性的张扬,秩序井然而不失节奏的抑扬顿挫,仿佛融入禅宗传法谱系的情景之中,是龙门石雕罗汉群像中的杰作,有着极高的艺术观赏价值。

龙门石窟看经寺

看经寺没有造像题记,根据隋代费长房所著《历代法宝记》一书可知,释迦牟尼涅槃后,将传法的任务交付摩诃迦叶,迦叶寂灭后,又将传法的任务交给阿难,阿难传末田地,末田地传商那和修,商那和修传优婆掬多,这些人实际上就是佛教在释迦牟尼身后的接班人,从摩诃迦叶到菩提达摩诸天竺祖师衣钵相承之形象,在印度共为29人,佛教称"西国二十九祖"。

广义上讲,佛教也泛称得道的和尚为罗汉,由罗汉进一步修行,便可以修成菩萨;再由菩萨进一步修行,便可以修成为佛。佛是佛教修行所追求的最高果位。看经寺为什么不造佛像而唯独雕刻传法的罗汉呢?据学者考证,看经寺的开凿年代大约在武则天时期,该窟为禅宗主持开凿,洞窟造型为禅宗僧人打坐礼佛的禅堂。

禅宗,是佛教宗派中一个大的派别。禅,是梵语"禅那"的简称,意为静虑。佛教认为,佛者于身为律,于口为经,于意为禅。禅宗就是因主张用禅定概括佛教的全部修习而得名的。其创始人菩提达摩,就是看经寺中29尊罗汉中的最后一位。

达摩,也作达磨,意译为道法。据《续高僧传》卷28与《景德传灯录》卷3记载,菩提达摩为南天竺人,来华之前,他在天竺投师般若多罗大师,学习禅宗。般若多罗为他改名"菩提达摩"。般若多罗是禅宗传法的第27世祖,菩提达摩则应是禅宗的28世祖了。他于南朝刘宋末年自海路来华,而后渡江北上,来到中原弘扬禅宗。达摩到洛阳时,正是龙门石窟的古阳洞、宾阳洞、莲花洞等北魏大型洞窟开凿期间,洛阳城中最大的寺院永宁寺刚刚竣工。自称活了150岁,足迹踏遍许多国家,目睹过无数佛教寺院的天竺僧人达摩,在雄伟壮丽的永宁寺前惊呆了,他感中此精美的建筑是他从未见过的圣景,情不自禁地赞叹"神功",口唱"南无",竟合掌连日。于是决定留在这里传播禅宗。

达摩到中原之前,已经有禅宗传入,传播者也是天竺僧人,名跋陀。孝文帝为安置跋陀在嵩山建少林寺,跋陀为少林寺的开山鼻祖。跋陀是佛教史上的代表人物,他传的是小乘佛教,而达摩所传的大乘佛教。所谓"乘",是梵文 yana(音译"衍那")的意译,有"乘载"或"道路"之意。大约在公元1世纪左右,印度佛教内形成了一些具有新的思想学说和教义教规的派别。这些佛教派别自称他们的目的是"普度众生",他们信奉的教义好像一只巨大无比的船,能运载无数众生从生死此岸世界到达涅磐解脱的彼岸世界,从而成就佛果。所以这一派自称是"大乘",而把原来的原始佛教和部派佛教一派贬称为"小乘"。但是这一称呼,"小乘"禅宗派别本身是不承认的。

在教义学说上,大乘佛教与小乘佛教之间的重要区别是:原始佛教又称为小乘佛教,后期佛教又称为大乘佛教。小乘佛教一般主张"我空法有",即否定个人的主观精神主题,但对客观世界的否定却不彻底,部分小乘佛教派别则通过"分析"的方法来否定客观事物,实际上却承认事物的基本组成因素"极微"的存在,带有唯物思想倾向。大乘佛教则通通常主张"人法两空",既否定人的主观精神主题,也否定客观事物的存在,他们认为关于客观事物"空"的认识并不是通过"分析"方法得到的,而是"缘起性空",即一切"法"都是由因缘和合而成,不存在本质实体,因而是"空"。事物现象的存在只不过是一种虚幻的假象而已。"性空幻有",这是大乘思想,特别是早期大乘思想的一个重要特点。另外在修行目标上,小乘小乘追求自我解脱,而大乘佛教则宣传大慈大悲、普度众生,为修行宗旨,以建立净土佛国为最高的修行目标。在修习方面,小乘以"四谛",十二因缘为主的修行方法,大乘主张以六度(即六种从生死此岸到达涅槃木彼岸的方法或途径)为主的菩萨行。

达摩所传的大乘禅法,其特点就是"壁观",以清白无杂的心念去投契佛理。据说,达摩在少林寺修炼禅法时,曾在少室山一山洞内"面壁而坐,终日默然"九年,最后连影子都深深地印入了石壁。他的修行方法在于"理入"和"行入"。所谓"理入",要求舍伪、归真,解决认识问题;"行入"则教人去掉一切爱憎情欲,按佛教的教义去实践去行动。菩提达摩的禅法是革故鼎新的禅法,所依据的是"南天竺一乘宗",也就是大乘空宗,它更能为中国广大佛徒所接受,代代相因,成为佛教中一个影响很大的宗派,并传入日本、朝鲜等国,后世遂称达摩为中国禅宗初宗。

达摩作为我国佛教禅宗的初祖,少林寺作为佛教禅宗的祖庭,洛阳作为北朝以及后来隋、唐政治和文化中心,大型禅窟看经寺出现在当时的由唐高宗、武则天领头兴建的龙门石窟绝不是偶然的。

第四节 晚唐五代和两宋佛教的循回与进步

唐末社会矛盾和民族矛盾深化,中央宦官专权,地方藩镇割据,李唐王朝在黄巢起义浪潮中坍塌,国家又走向分裂,相继出现了五代十国。直到赵匡胤于960年夺取政权,建立了宋朝,国家才复归统一。两宋300余年,虽有封建城市及工商业的发展,但内忧外患始终伴随着赵宋王朝。在这样的历史时代,佛教的发展虽不如魏晋南北朝和唐代,但呈现出持续发展、禅宗独盛的特点。

一、会昌灭法

安史之乱以后,随着唐王朝的由盛而衰,嵩山佛教也开始逐渐衰落,特别是唐武宗李炎发动的"会昌灭法",嵩山佛教遭到有史以来最大的法难。

唐宪宗元和十年（815 年）八月，淄青节度使李师道勾结嵩山僧人圆净，阴谋叛唐，首先派人烧毁设在东都京畿河阴县境的国家物资仓库，"凡烧钱币二十贯，匹、米二万四千八百石，仓室五十五间。"同时，僧人圆净联合山棚数百人，暗藏东都洛阳进奏院，乘官兵出征讨伐城内空虚之机，起事反叛，欲取而代之。但事前，李师道的部将杨进、李再兴向唐东都洛阳留守吕元膺告密，结果事发被剿。李师道兵败后，率残部窜逃嵩山。不久，李师道和僧圆净被擒杀。这件事对唐王朝刺激很大，尤其是到唐朝末年，朝廷虽然认为佛教伦理对其统治仍然有用，但由于佛教势力的扩张，佛寺占用大片土地不纳赋税，大批僧人不服徭役，严重影响了唐王朝的赋税收入和兵力、劳动力的来源，佛寺庄园同国家利益对立起来，而且时常持先皇特赐的特权与新的皇帝相对抗。佛教同最高统治者之间产生了冲突，于是，一场空前的毁佛灭法运动在所难免。

会昌灭法

唐武宗李炎为了巩固唐王朝的统治政权，审时度势，决除积弊，发动了毁佛灭法运动。从会昌二年（842 年）到会昌五年（845 年）的 3 年内，运用行政手段，在全国共拆除佛寺 4600 座，遣送僧尼 20 余万，收缴膏腴的上等田地数千万顷，许多寺院经像尽毁于火，这就是中国历史上有名的"会昌法难"。据《旧唐书·武宗纪》载：会昌五年（845 年）正月，受宠的道士趁机"排毁释氏，而拆寺之请行焉"。七月，武宗"敕并省天下佛寺"，"天下废寺，铜像、钟磬委盐铁使铸钱，其铁像委本州铸为农器，金、银、鍮石等像销付度支。衣冠士庶之家所有金、银、铜、铁之像，敕出后限一月纳官，如违，委盐铁使依禁铜法处分"。"其天下所拆寺四千六百余所，还俗僧尼二十六万五百人，收充两税户，拆招提、兰若四万余所，收膏腴上田数千万顷，收奴婢为两税户十五万人"。"其上都、下都每街留寺两所，寺留僧三十人"，其余一概拆毁、遣散。极端政策给佛教势力以沉重打击，佛教文化惨遭浩劫。除了官方记载以外，当时在嵩山地区活动的日本僧人圆仁的《入唐求法巡礼行记》（以下简称《行记》）卷四多处记述了会昌法难的始末经过、细节详情。例如他在会昌五年（845 年）十一月三日记道："三四年以来，天下州县准敕条流僧尼，还俗已尽。又天下毁拆佛堂、兰若、寺舍已尽。又天下焚烧经像、僧服罄尽。又天下剥佛身上金已毕。天下打碎铜铁佛，称斤两收检讫。天下州县收纳寺家钱物、庄园，收家人奴婢已讫。"有违敕令者处以极法。

圆仁一行前往法王寺途中

根据圆仁的这部日记式的游记记载，圆仁于公元 845 年 6 月 9 日离洛阳，8 天以后到了郑州。在这次途中，圆仁经过嵩山，便慕名前往嵩山法王寺。当时，正值唐武宗灭佛风声最紧的时候，大法王寺僧正为寺内原本供奉的佛骨舍利的安危而担心。

据史料记载：佛祖释迦牟尼圆寂火化后遗存舍利有 1800 多件，都散布在世界信仰佛教的国家，其中东汉时期传入我国 19 件。隋文帝仁寿二年（602 年），大法王寺建舍利塔，更名舍利寺。据《隋书》

记载,隋文帝出生于陕西般若寺,幼时受尼姑抚养。因此,隋文帝对佛教一直抱有感恩之心。隋文帝君临天下后,传说有天竺沙门向他赠送了一包佛骨舍利,隋文帝下诏分送全国30州建立舍利塔供奉。显然,大法王寺也正是在那个时刻建立了舍利塔。圆仁的到来,除给大家带来了全国最新的灭佛情况外,作为一个佛门弟子,他义不容辞地和大法王寺的僧人一起,共同担负起秘藏法门圣物,这一艰巨而伟大的历史使命。为预防不测,他们将佛骨舍利,转移到高僧塔的塔室中。

法王寺唐塔内的佛牙舍利盒

2000年4月6日,嵩山大法王寺发生了一件震撼世界佛教界的大事,考古队员从法王寺2号佛塔的地宫中出土了世界罕见的"飞天舍利盒",及盒中"舍利子"(即三颗"佛牙")、白釉细颈瓶、鎏金镂孔铜炉、迦陵频伽盒等20多件珍贵文物。尤其是"飞天舍利盒",是一件雕有古代仕女形象的玉石盒,该盒做工精美,小巧玲珑,人首鸟身,头梳高髻,作吹箫状。经查阅佛教经典,这个玉石盒叫"迦陵频伽盒",是供奉佛舍利的玉棺。打开玉盒,考古工作者发现其中盛放有极其珍贵的佛牙舍利。除此之外,地宫中还发现国内罕见的跌从真身包骨像一尊,彩绘袈裟依然可辨。这尊包骨像虽然有些残破,但还能看出整个人的轮廓,比如双腿盘坐,双手叠压放在胸前。地宫内发现僧人包骨像极其罕见,这确切地表明法王寺2号塔是一座纪念高僧功德的塔。在佛教界,高僧入葬一般有两种形式,最普遍的是沿袭释迦牟尼火化,然后将骨灰装进坛子放入地宫。另外一种是坐化的形式,一般都是高僧。据说高僧去世的时候,坐在那里不会倒。所谓坐化,表示这个僧人功德圆满。像这一类僧人,在入葬的时候,是把真身放在那儿,上面糊一层泥,把他的真身包起来,作为一种葬制。这就是后来形成的包骨像。

本该安放在佛塔中的舍利,怎么出现在高僧塔中?围绕着佛舍利的身世带来重重疑问,大法王寺内的《释迦舍利藏志》碑文,道出了其中缘故,引出了一段中日高僧曾联手保护佛舍利的佳话。《释迦舍利藏志》碑文:

汉西来释迦,东肇佛坛,嵩山南麓法王寺立矣。隋仁寿间帝敕建浮屠,遣使安佛真舍利于内。殊因移匿地宫,密函之。盖护宝,非不恭也。法门圣物,世远疑失。诚恐,镌石以记,祈圣门永辉。

圆仁,天如。

大唐会昌五年。

碑文说明法王寺的历史渊源,以及隋文帝在仁寿二年(602年)敕修佛塔于法王寺并安放舍利的事情,这些记述与史实相符。最重要的是记述了因为"特殊的原因"而移释迦舍利于佛塔地宫密函的事,为防后人遗忘而立此碑文,并寄于祈愿。碑文中与圆仁并列出现的"天如",可能是当时法王寺住持。

从《释迦舍利藏志》简短的碑文到佛塔中出土的飞天舍利盒和盒内的三颗佛牙舍利及塔内的地宫的那尊僧人的跌从真身包骨像,引起人们无尽的遐想:在一个月黑风高之夜,僧人们冒着生命危险,极秘密地将圣物转移。而那个成为真身包骨像的法王寺僧,舍身涅槃,以"舍身护法"的行为,在特殊的大环境下毅然殉葬于塔下,成为永远的与舍利同在的护法人。这是一次极少数人参与而必须严守秘密的行动,也是中国目前唯一有记载的国宝佛牙舍利。而嵩山大法王寺出土的盛放舍利的玉棺及三颗佛骨舍利正好印证了史书的记载。

在这场毁法运动中,嵩山的佛寺同全国各地的佛教寺院一样不能幸免,大部分寺院被拆,僧尼还俗。现在嵩山少林寺塔院室内的释迦牟尼佛石像的肢胫断裂就是会昌灭法的实证。从此,嵩山佛教经历了晚唐到北宋末年200多年的严重衰败期。

唐人李节有慨于武宗毁佛,作《饯潭州疏言禅师诣太原求藏经诗序》,指出晚唐时期社会治安已出现严重危机,佛教有其特殊的作用,以为"衰代须释氏之救"。说:"夫释氏之教,以清净恬虚为禅定,以柔谦退让为忍辱,故怨争可得而幽幽息也。以菲薄勤苦为修行,以穷达寿夭为因果,故贱陋可得而安也。""夫俗既病矣,人既愁矣,不有释氏使安其分,勇者将奋而思斗,知(智)者将静而思谋,则阡陌之人皆纷纷而群起矣。""故离衰乱之俗可得而安,赖此也。"这便是"释氏扶世助化之大益"(《全唐文》卷788)。

唐末"会昌法难",嵩山佛教,包括神秀——普寂北宗法系和慧能——净藏南宗法系,都受到了严重打击,唐玄宗开元年间由印度高僧善无畏、金刚智和不空在中国创立的佛教密宗在北方中原地区也渐成绝响。其后,经过五代十国长达50多年的社会大动乱,北方游牧民族经常不断南下,战争频繁,嵩山佛教更是处于岌岌可危的境地。

二、晚唐五代和两宋佛教的循回与发展

北宋佛教法事文书

唐末五代长期的社会动乱,也给佛教事业带来了直接的影响。佛教各宗派的章疏典籍,经过唐武宗会昌灭佛以及唐末五代战乱,遭受严重破坏,大部分已经散佚。而从印度、西域传入的佛教经典,因其传译已于此前基本完成,故译经事业也进入消沉时期。另一方面,传统佛教宗派自"安史之乱"之后,已普遍衰微。北方不信息的战乱,造成赋役的不断加重。无休止的掠杀,既给佛教寺院设施和寺院经济以严重破坏,也驱使更多的丁壮和人口加入了僧侣队伍。这种情况直接影响到国家的赋税、兵役,因此,五代时期政府对僧尼的管理比较严格,对佛教普遍采取限制赏赐名僧和度僧人数的政策,并禁止新建寺院。至后,周世宗显德二年(955年),政府便毅然对佛教予以沙汰。凡未经国家颁发寺额的寺院,基本上一律废除,仅在原无敕额寺院的地方许留一些。又禁止私度,出家必须通过严格的读经试验,在此政策下,五代时期嵩山地区的佛教事业同隋唐相比,衰落了许多。

北宋建立以后,统治阶级一反后周世宗打击佛教的政策,停止了后周的废佛运动,转而提倡和保护佛教。宋太祖登基之初,便诏令"诸路州府寺院,经显德二年(955年)停废者忽复置,当废未毁者存之",建隆元年(960年),先度童行8000人,停止了寺院的废毁。继而派遣沙门行勤等157人去印度求法,使内官张从信往益州(今成都)雕刻大藏经版。这为佛教提供了较为宽松的发展空间,使佛教的传播得到迅猛发展。

太宗太平兴国元年(976)度童行达17万人。五年(980年)中印度僧人法天、天息灾(后改名法

贤）、施护先后来京，因而朝廷设立译经院，恢复了从唐代元和六年（811年）以来久已中断的翻译。太宗还亲自作了《新译三藏圣教序》。后来院里附带培养翻译人才，改名传法院。又为管理流通大藏经版而附设印经院。当时印度等国僧人赠送梵经来中国者络绎不绝，从宋初到景祐初的80年间，即有80余人。真宗一代（998～1022年）接着维护佛教，在京城和各路设立戒坛72所，放宽了度僧名额。天禧末（1021年），全国僧尼比较宋初增加了很多。寺院也相应增加，近4万所。另外，还有贵族私建或侵占的功德文寺很多。这些寺院都拥有相当数量的田园、山林，得到豁免赋税和徭役的权利。于是寺院经济富裕，举办起长生库和碾硙、商店等牟利事业。到神宗时（1068～1085年），因年荒、河决等灾害频仍，国家需用赈款，开始发度牒征费。这一权宜之策，后来继续执行，数量渐增，流弊也愈大，致使寺院经济与政府财政间的矛盾有加无已。最后到徽宗时（1101～1125年），由于笃信道教，一度命令佛教和道教合流，改寺院为道观，并使佛号、僧尼名称都道教化。这给予佛教很大的打击，但不久即恢复原状。

唐末五代到两宋，禅宗极盛，中国大乘佛教至禅宗的彻底中国化有了更大的发展。

太平兴国七年（982年），汴京（今开封）太平兴国寺设立"译经院"，召中天竺（今印度中部一带）僧法天、北天竺（今印度北部）僧天息灾（后改名法贤）、施护、法护等，主持译经之事，使自唐代元和六年（811年）中断了官方译经事业正式恢复。宋太宗赵光义曾亲自撰写《新译三藏圣教序》。在宋代，还出现了佛经的木刻版本。然而总的说来，宋代译经水平较低，内容也较偏，在佛教史几乎没有产生什么影响。

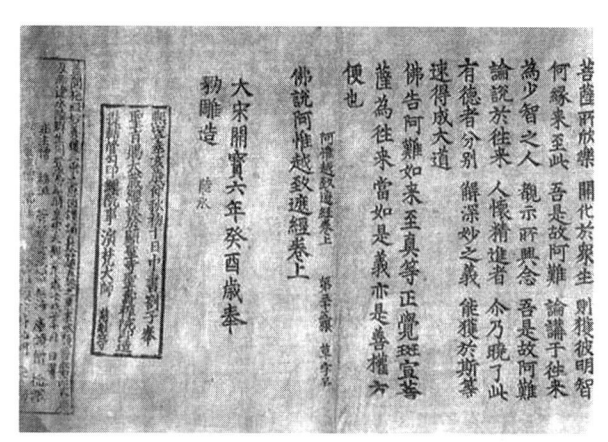

宋刻《开宝藏》图录图片

北宋历代皇帝供养佛牙，在今天的大相国寺还能看到皇帝题赞佛牙的五首诗。宋太宗赵光义就曾写诗题赞佛牙：

目睹数重金色润，手擎一片玉光寒。炼经百火精神透，藏处千年莹彩完。

宋仁宗赵祯曾作七言诗《赞舍利偈》，此诗刻于洛阳齐云塔旁。明代嘉靖三年（1524年）的石碑上，诗云：

金骨灵牙体可夸，毫光万道透云霞。历代君王曾供养，累朝天子献香花。

铁锤认打徒劳力，百火焚烧色转加。年年只闻开舍利，何曾顶戴老君牙。

北宋科学家沈括的《梦溪笔谈》对唐时的悟空佛牙也有明确记载。宰相王安石崇尚佛教，是个虔诚的佛教徒，自称"半山居士"，他曾在佛牙中部用小楷墨书题写"东府"二字。神宗皇帝的弟弟嘉王赵頵在嘉王宫设佛牙阁供奉佛牙。宋神宗赵顼的堂兄弟、北宋开国皇帝赵匡胤的玄孙、洋州侯赵世昌经常出入宝相寺，与僧人品茗论禅，谈佛论经，交往频繁，后居家修行，并于宋神宗熙宁六年（1073年）从京师向堂弟嘉王赵頵求取佛牙舍利献于宝相寺。宝相寺是一座唐代建筑群，原名昭空寺，咸平五年（1002年）宋真宗封禅泰山时路经中都曾驻在寺院，并将其改名为皇家功德道场——宝相寺。元丰四年（1081年）二月二十八日，按照佛教礼仪，放置在特别打造的金棺、银椁以及石匣中的佛牙舍利被供养在历经30多年建造的宝相寺太子灵踪塔内。

宋徽宗赵佶曾一度令佛、道二教合流。据宋释志磐的《佛祖统纪》，宋徽宗建中靖国三年（即崇宁三年,公元1104年)徽宗赵佶下牒文,"圣旨"追赐"白马寺摩腾三苴启道圆通法师;竺法兰开教总持法师;傅大士等空纪觉大士;方山李者显教妙严长者",并勅"西京白马寺"等,"今后每遇圣节,各许进奉功德",大搞佛事活动。所有这些都表示了宋王朝对佛教的重视。

(一)宋代白马寺

1. 宋代白马寺概况

宋代白马寺仍然以"释源"、"祖庭"受到皇帝的重视和尊崇。据载,淳化年间,天下大旱。宋太宗赵光义曾派人至白马寺拜佛祷二印度高僧以祈雨。北宋著名政治家、文学家欧阳修曾说:自大宋以汴梁为京师,建庙社,洛阳空而不都。达官贵人及富商大贾纷纷离去。寺院岁毁月坏,与游台、钓池并皆荒芜者,古有八九。在此社会状况下,宋代淳化三年(992年),宋太宗赵光义下令修葺白马寺,并敕翰林学士苏易简撰写《重修西京白马寺记》以记之。淳化三年(992)刻碑立于寺内的。碑文分五节,矩形书写,人称"断文碑"。据《宋文选》载其文曰:

鼎新伟构,寅奉庄严。采文石于他山,下瑰材于邃谷。离娄聘督绳之妙,冯夷掌置臬之司。辟莲室而洞开,列绀殿而对峙。图八十种之尊相,安二大师之法筵。灵骨宛如,可验来仪于竺国;金姿穆若,犹疑梦现于汉廷。天风高而宝铎锵洋,晴霞散而雕棋辉赫。周之以缭垣浮柱,饰之以法鼓胜幡。远含甸服之风光,无殊日域;旁映晁补之居士城阙,更类天宫(《宋文选》)。

苏易简描绘了此次重修后的白马寺莲室绀殿,辉煌壮丽,造像80尊,神对庄严,宝铎和风,幡幔悬垂,有着无异日域、亚赛天宫般的胜景,当时寺内僧人有千人以上。

重新修建后的白马寺大门之外,广场南有近些年新建石牌坊、放生池、石拱桥,其左右两侧为绿地。左右相对有两匹石马,大小和真马相当,形象温和驯良,这是两匹宋代的石雕马,身高1.75米,长2.20米,作低头负重状。相传这两匹石雕马原在永庆公主(宋太祖赵匡胤之女)驸马、右马将军魏咸信的墓前,后由白马寺的住持德结和尚搬迁至此。

宋仁宗赵祯也是一位崇佛皇帝,他僧写过一首七言诗《赞舍利偈》,以颂扬佛教。此诗刻于白马寺齐云塔旁明代嘉靖三年( )的石碑上。诗曰:

金骨灵牙体可夸,毫光万道透云霞。历代君王曾供养,累朝天子献香花。

铁槌认打徒劳力,百火焚烧色转加。年年只闻开舍利,何曾顶戴老君牙。

宋徽宗赵佶曾一度令佛、道二教合流。宋代崇宁二年(1103年)徽宗赵佶下牒文,"圣旨"追赐摄摩腾为"启道圆通大法师",竺法兰为"开教总持大法师",并敕"西京白马寺"等,"今后每遇圣节,各许进奏功德",大搞佛事活动。所有这些都表示了宋王朝对佛教的重视。

宋真宗咸平三年(1000年),"遣内殿崇班夏守思往保州奉顺祖惠明皇后,简穆皇后神柩于西京白马寺"。景德二年(1005年)"诏康陵,定陵宜令蓝继宗罢修,其匦到神柩,遂以一品礼葬于河南府河南县。"

早在隋唐时代,由印度传入中国的佛教,已经形成八大宗,这正是佛教经过充分发展而达到高度繁荣的表现。唐武宗灭佛以后,其他各宗派大抵销声匿迹,唯独禅宗,尤其是禅宗南宗却兴盛起来。禅宗的极盛期是唐代"安史之乱"到北宋初年这一时期,以后相续流传,至今未绝。而作为佛教发源地的洛阳白马寺,也在特定的历史条件下发生了相应的演变,五代宋元之后,白马寺奉行禅宗,主要是禅宗之下的临济宗。

2. 宋代齐云木塔考

齐云塔本称释迦舍利塔、金方塔、白马寺塔,坐落在洛阳白马寺山门外东南约200米处,是洛阳一带地面现存最早的古建筑之一。齐云塔初建为木塔,后毁于雷火。现存之齐云塔,为金大定十五年(1175年)所重修,故又称"金方塔",为四方形密檐式砖塔,通高35米,共13层,距今已有800多年的历史。塔的底部为正文形的束腰须弥座,边长7.8米,束腰处边长各约6.76米。第一层塔檐之下饰砌以仿木构式斗拱,顶覆宝瓶式塔刹,外轮廓略作抛物线形,玲珑挺拔,古雅秀丽。塔每层南边开一拱门,可以登临眺望。塔身周长之最大处是在塔的中腰,即第四、五层塔模仿檐处,线条显得柔媚流畅。它的每一层塔檐,都是用多层小砖叠涩砌出。在第一层塔檐下面,用小砖饰砌以仿木结构式普柏枋和斗拱(一斗三升),各层塔檐的第一层小砖之下皆饰砌以菱角牙子。整体观看,该塔结构严谨,浑然一体。

但在考究这座古塔时,有专家认为,齐云塔的主要建筑材料是砖,但须弥座所有砖是一种很大的砖,而塔座之上的塔身所用的则是一种小砖,而且整个塔座显得破旧,塔身保存却相当完好。由此,专家推断,齐云塔的须弥座和塔身不是同一时期,更非一次性建筑。

现存齐云砖塔,却有着今齐云塔旁保存的《大金重修河南府左街东白马寺释迦舍利塔记》碑石为证,实重建于金大定十五年(1175年)。

《大金重修河南府左街东白马寺释迦舍利塔记》碑石中有如下一段文字:"洎五代之后,粤有庄武李王,施已净财,于(白马)寺东又建精舍一区,亦号曰东白马寺,并造木浮图九层,高五百余尺。……又一百五十季至丙岁之末,遭劫炎一炬,寺与浮图俱废,唯留遗址,鞠为瓦子堆茂草场者今五十载矣!……彦公大士……自浊河之北底此,睹是名刹荒榛丘墟,彷徨不忍去……因塔之旧基,剪除荒埋,重建砖浮图一十三层,高一百六十余尺。"由此碑文可知,今存之白马寺砖塔重建于金大定十五年

白马寺齐云塔

(1175年),而在砖塔之前,此处原建有九层木塔,这座木塔存在了大约150余年后被毁(今塔座四周之巨大石柱础可能就是原木塔之柱石);又过了50余年始建砖塔。就是说木塔比砖塔大约早过了200余年,即大致在宋太祖开宝年间。而由宋太祖开宝年间下延150年左右的"丙午岁",当北宋末年(1126年),今存砖塔之前的木塔实建于北宋初年而毁于北宋末年,大体和北宋宋王朝相始终。

但长期以来流行的传统说法,以为木塔兴建在"五代时期"或"五代后唐时期",甚至更具体说是后唐庄宗李存勖修建的。显然,以上说法都不确切。《大金重修河南府左街东白马寺释迦舍利塔记》碑的撰文者,"河南府学正"李中孚,自称为"庄武李王"的"六代孙"。按通常一代为30年计算,6代180年。由金大定十年(1170年)上推180年左右,也只能推到公元990年左右,即宋太宗或宋太祖时期。因此,这也是木塔建于北宋初期的又一明证。

北宋所建木塔都毁了,那原来东汉时所建的齐云塔呢?

据《魏书·释老志》载:"自洛中构白马寺,盛饰浮图,画迹甚妙,为四方式,从一级至三、五、七、九,

世人相承,谓之浮图,或云浮图。"由此段记载可知,在创建白马寺的同时,就已经修建了佛塔(浮图)。有学者考据,今白马寺内所保存的于宋代天禧五年(1021年)刻石《摩腾入汉灵异记》所载,汉明帝曾于"己巳之岁"敕令所司"崇建浮图","凡九层,五百余尺,岌若岳峙,号曰齐云。"己巳之岁,即公元69年,也即建造白马寺的第二年。就是说,东汉明帝曾在公元69年创建了齐云塔,但东汉齐云塔的下落至今不得而知。这也算是一个谜。

清代初年,白马寺著名方丈和尚如琇对今存之砖塔作了一番考证,"知是塔乃释迦舍利塔也,创于汉之永平己巳,号曰齐云,高五百尺"。正是如琇和尚第一个把今存之砖塔称作了"齐云塔",这个说法的时间,距今也已有200多年。

(二)宋代少林寺

宋代少林寺呈现两大特点:一是革律为禅,二是《少林寺拳谱秒抄》的问世。

1. 少林寺革律为禅

随着禅宗初祖达摩在少林寺传法故事的渲染及禅宗的广传,自后唐的天台宗行钧、宏泰住持后120年间一直冷落无闻的禅宗祖庭少林寺又被推上了佛教至高无上的地位。在社会及佛教界,由于《传灯录》、《五灯会元》等对少林寺及达摩的推崇,少林寺成为四方信徒敬仰之地。大约在公元1056～1060年间,云门宗的大禅师投子脩颙往少林寺说法,北宋宰相富弼闻讯前往听脩颙说法。北宋熙宁四年(1071年),已经归养洛阳的富弼再次请脩颙禅师于少林寺及偃师府店之招提寺开演禅宗。据传宋雍熙年间,少林寺所藏的佛经有9500余卷,其土地数量也相当可观,有数万亩之多。

自宋代政治中心和经济重心的南移,佛教在嵩山地区开始走向衰落,大批寺院在兵荒马乱中毁于战火,佛教徒纷纷南迁。然而,恰在这个时候,慧能禅法在我国南方大大发展了,而且逐渐开始北传。慧能的法裔,有南岳怀让一系和青原行思一系,前者分为沩仰、临济二宗,后者分出云门、法眼、曹洞三宗,合称南禅五家。宋末金初,少林寺虽不如唐宋时兴盛,然而就中国佛教寺院来说,仍是极具影响的佛寺,并且统领禅宗。曹洞、云门、临济三宗先后传入嵩山,取代了嵩山原来的佛教势力。少林寺作为禅宗祖庭,崇公、教享、性英等当世名僧云集,而曹洞名僧在金代也入主少林,西堂老师、志隆等曹洞大师先后出任少林寺住持。此后,中国内地佛教有"临(济)天下,曹(洞)一角"之说,然而嵩山佛寺的大多数,则多为曹洞宗所占据。

曹洞宗的开创者洞山良价和曹山本寂,是禅宗六祖慧能门下第六、七代传人。唐朝末年,良价和本寂先后在江西省高安县洞山和吉水县曹山,举扬一家宗风,故后世称其为曹洞宗。洞山良价禅师在传授禅法中,根据众生善根之强弱,借用《周易》之卦爻,创设五位君臣法旨:"君(真理)位正,空界,本来无物;臣(事物)位偏,色界,有万象形;君视臣位正中偏,背理就事;臣向君位偏中正,含事就理;君臣道合位。兼中到,冥应众缘,不坠诸有,非染非净,非正非偏。"曹山本寂禅师在忠于良价法师的基础上,又有所发展。他在回答门人时,对"五位君臣"法旨阐述得更加具体明了。僧问:"如何是君?"本寂禅师回答:"妙德掌寰宇,商明朗太虚。"问:"如何是臣?"答:"灵机弘圣道,真智利群生。"问:"如何是臣向君?"答:"不坠者异趣,凝情望圣容。"问:"如何是君视臣?"答:"妙容虽不动,光烛本无偏。"问:"如何是君臣道合?"答:"浑然无内外,和融上下平。"本寂禅师又说:"以君臣正偏言者,不俗犯中,故臣称君不取斥言之也。此吾法宗要。"他把曹洞宗的法旨概括为:人观万象,如面临宝镜。镜内影子是镜外形貌的显现,即所谓"渠(影)正是汝形",就是说"由事相上能显现出理体境界。"

曹洞法系自良价下传本寂、道膺、警玄,警玄后法脉不明。20 年后,有舒州投子山义青禅师(1032 ~1083 年),"续其断弦",再有义青禅师的嫡传法嗣大洪报恩禅师(1058 ~1111 年),于宋哲宗元祐元年(1086 年),在北宋王朝的支持下,首次把曹洞禅法传入嵩山。在禅宗传播早期,禅僧居住在所谓律寺,与其他僧人并未严格分开。其实,少林寺自开山以来大多都是禅僧和律僧共居。报恩和尚"遍参名宿,皆蒙印可。"20 岁的时候就显名于世。宋哲宗元　元年(1086 年),他受"丞相韩公缜之请,开法于西京(洛阳)少林(寺)。"大洪报恩禅师一到少林寺就"革律为禅",详细向少林僧人讲解曹洞宗的五位君臣禅法。

大洪报恩还同无尽居士、丞相张商英以书信往来形式,研讨佛道儒三教大要。无尽居士问:"清凉疏第三卷,西域邪见,不出四见。此方儒道,亦不出此四见。如庄、老计自然为因,能生万物,即是邪因。易曰:太极生两仪,太极为因,亦是邪因。若谓一阴一阳之为道,能生万物,亦是邪因。若计一为虚无,则是无因。令疑老子自然与西天外道自然不同。何以言之?"又问:"老子曰:常无欲以观其妙,常有欲以观其徼。无欲则常,有徼则已,入其道矣。谓之邪因,岂有说乎?"再问:"周易曰:一阴一阳之谓道,阴阳不测之为神。神也者,妙万物而为言,寂然不动,感而遂通天下之故。今乃破阴阳变易之道为邪因,拨去不测之神,岂有说乎?"以上三个问题,"望纸后批示,以断疑网。"

报恩禅师回答曰:"西域外道宗多途,要其会归,不出有无四见而已。谓有见,无见,亦无见,非有非无见也。盍不即一心为道,则道非我有,故名外道。不即诸法是心,则法随见异,故名邪见。如谓之有,有则有无。如谓之无,无则无有。有无则有见竞生。无有则无见斯起。若亦有亦无见,非有非无见,亦有是也。夫不能离诸见,则无以明自心。无以明自心,则不能正道矣。故经云:言词所说法,小智妄分别。不能了自心,亡何知正道。又曰,有见即为垢,此则未为见。远离于诸见,如是乃见佛。以此论之。邪正异途。正由见悟殊致故也。故清凉以庄老计道法自然,能生万物。易谓太极生两仪,一阴一阳之谓道。以自然太极为因。一阴一阳为道,能生万物,则邪因。计一为虚无,则是无因。尝试论之,夫三界唯心,万缘一致,心生故法生,心灭故法灭。推而广之,弥纶万有而非有,统而会之,究竟寂灭而生无。非无亦非非无,非有亦非非有。四执既之,自非斯遣。则自然因缘。皆为戏论,虚无真实,俱是假名矣。

老禅师说法

至若谓太极阴阳,能生万物。常无常有,斯为众妙之门。阴阳不测,是谓无方之神。虽圣人设教,示悟多方。然既一心,宁非四见。何以明之盍虚无为道,道则是无。若自然,若太极,若一阴阳为道,道则是有。常无常有,则是亦无亦有。阴阳不测,则是非有非无。先儒或谓妙万物谓之神,则非物,物物则亦是无。故西天诸大论师,皆以心外有法为外道,万法唯心为正宗。盖以心为宗,则诸见自亡。言虽或异,未足以为异也。以外有法,则诸见竞生。言虽或同,未足以为同也。虽然儒道圣人。固非不知之,乃存而不论耳。良以未即明指导一心,为万法之宗,虽或言之,犹不论也。如西天外道,皆大权菩萨示化之所施为。横生诸见,曲尽异端,以明佛法是为正道。此其所以为圣人之道,顺逆皆宗,非思议之所能知矣！故古人有言,缘昔真宗未至,孔子且以系心;今知理有所归,不应犹执权教。然知权之为权,未必知权也。知权之为实,斯知权矣！是亦周、孔、老、庄设教立言之本意,一大事因缘之所成始,所成终也。然则三教一心,同途异辙。"

报恩禅师融会三教知识,又借助北宋权贵的支持,在少林寺传法数年,使曹洞宗风在嵩山居于首位。这时期,嵩山地区涌现出了一大批著名的曹洞名师,如惠初禅师、西堂老师、东林志隆等。

另一位义青禅师的弟子道楷(1043～1118年)也是将曹洞宗带入嵩山地域的禅师之一。道楷的弟子中,有清江做过少林寺住持。清江的名字见于宋楼异的《三十六峰赋》石碑,署曰:"住持少林寺传法沙门清江"(1101年),又见于西京永安县公据碑,署曰:"十方少林禅寺住持清江"(1105年)。据此可知,至迟在1101年,"少林寺"已改称为"少林禅寺",则知此时少林寺确已经"革律为禅"了。

2.《少林寺拳谱》的问世

少林古拳谱

少林寺自创寺始起,传统习武已成寺风,在历史上相继出现了井拦踢毽的慧光、拳捷骁勇的僧稠、唐初救驾唐王李世民的13棍僧等一些著名传奇的少林武僧。到了宋代,少林武术有了更大的发展,其中最显著的标志就是在宋末,少林寺方丈福居邀请全国十八家武术师到少林寺演练三年,各取其长,汇集成少林拳谱。这一时期,少林武术的发展得益于三个条件:

一是北宋帝王的支持。五代后期,少林寺已相当有名,禅宗的南传,武功的扬名,使少林寺身价百倍,许多习武修禅之人遁迹少林,蛰居修行,名僧辈出。清《拳经》云,宋朝开国皇帝赵匡胤亦精于少林拳法,后世还传有少林太祖长拳。此说虽不能以有力的史实予以佐证,但作为人们长期流传的一种说法,应当与少林寺武术有一定的渊源关系。据传北宋初年,宋太祖赵匡胤对少林武术非常热爱,一度多次驾临少林,少林受到皇帝的青睐,世人瞩目,佛寺香火旺盛,殿堂楼阁连云,寺僧增之1800余名,护寺僧兵就有五百余人,成为天下(全国)最大的佛寺。开宝年间(968～975年)赵匡胤敕封少林寺为"天下第一名刹",并亲书匾额,由其弟赵匡义送之少林寺悬挂于山门(今天王殿)上。

二是政治军事的需要。自五代末至宋初,由于宋王室与夏辽、金少数民族政权长期对峙,战事不断,武备提到了重要的议事日程。

三是民间尚武的环境。据史料载宋初承袭五代遗风的手搏和角抵等武术活动兴盛。其活动形式有二:一是平常在村中自家房舍内进行武术演练;一是有比赛性质的露台(擂台)争交,不分重量、等级以巧、智、勇决胜负,"天下无敌者,方可夺其赏"。

在朝廷支持、政治军事需要、民间尚武这样的大环境下,少林寺方丈福居和尚,一方面激励寺僧勤奋刻苦习武,另一方面为了提高寺僧武功技艺,于后周显德年间(954～959年)派弟子到全国各地去邀请武术名家,到少林进行演武。

据《少林寺志》记载:"宋末,少林寺高僧福居曾邀请全国十八家武术师到少林寺演练三年,各取其长,汇集成少林拳谱。"公元960年至963年,在宋家王朝的支持下,全国18家武林高手汇聚少林寺,在少林寺演武达三年之久。这样一则授艺与僧,丰富了少林僧人习练武术的内容;二则各演其技,取长补短,择优互学。据《历代祖师传》记载,当时赵匡胤也曾来寺演武,还调诸州名将高怀德、高怀亮等轮驻少林。

据《少林拳谱抄》载:宋太祖乾德元年(963年),福居指示弟子灵智、灵敏、灵丘等,将寺内演练三年之久的十八家武艺,结合宋以前寺僧所习旧术与经验,汇编成少林拳谱48卷,其中拳术143套,十八般兵器133套,并收录了包括点穴、擒拿、卸骨、徒手、医疗等21篇,共327套,图3895幅。

少林寺这次取众所长,使寺僧武术与民间武术融为一体汇集成的拳谱,是少林武术发展史上第一次对武术套路技法进行编纂整理,不仅规范了少林武术的套路技法,而且对于传播少林武术起到了巨大的推动作用。

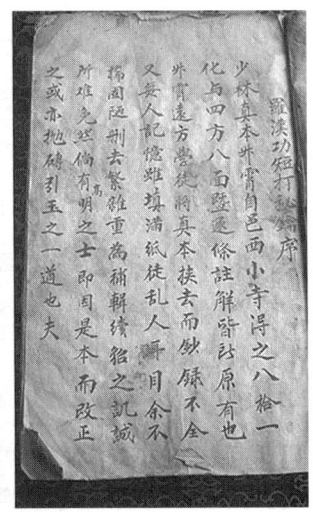

福居和尚编纂的《少林古拳谱》

第五节　金元明佛教的中兴与昌盛

金代佛教是指公元1115~1234年间女真族统治中国北方地区建立完颜王朝时代的佛教。金朝在灭辽灭北宋南进中原后,佛教开始大规模传入。金代帝王对佛教都采取了有节制的扶持政策。金代统治者皆崇奉佛教,他们不仅在内廷供奉佛像,还在各地兴建寺院,布施币帛良田。皇族有病,亲临寺院求佛许愿,有时还召高僧入内廷说法。这个时期,社会安定繁荣,佛教事业也趋于兴盛极,佛教各宗派都有相当规模的发展,禅宗仍是佛教主流,发展最盛。

元朝佛教与朝廷的关系密切,其能以一蒙古外族而统治华夏100多年,可说多得力于佛化政治。太祖忽必烈建国之初,重用禅宗行者耶律楚材制订典章,令剽悍好战的蒙古百姓摄化于佛教。其后诸帝承袭此风,皆倚重僧信以协助国政。至元世祖迎请西藏萨迦派的八思巴入京,请制蒙古文,译述藏经,对蒙古文化贡献巨大,赐号"大宝法王",世祖封赏全藏为俸爵,地位职权之高仅次于皇帝。此后萨迦派僧侣世代为国师,遂使喇嘛教成为元代的国教。

藏教虽受元朝帝室的崇信,然终究不合以汉族为主的民情,故仅能在宫廷中流行。民间则以禅、净二宗最为盛行。嵩山地区是佛教在中国传播、发展、演变的重要区域,产生了众多高僧大德,对佛教中国化,本土化,最终为形成禅宗、传播禅宗做出了突出贡献。而金元时期的嵩山佛教,经过统治者的弘扬,传播范围扩大,与周边政权的佛教交流活跃,佛教势力迅速发展壮大。我国北方曹洞禅法大宗师万松行秀和他的法、俗弟子们,以嵩山为基地,传播曹洞禅法,其影响巨大。蒙元一代,少林寺作为皇家寺院,皇帝对少林寺及寺僧恩崇备至,尤其是元代帝师八思巴等人的支持和参与,不但使嵩山地区的释源祖庭白马寺得到了一次大的修建,还使得嵩山少林寺方丈的雪庭福裕被授以执掌全国佛教都僧省的最高僧官都总统一职,嵩山少林寺也居于省僧统的领导地位。

就金元时期佛教在嵩山地区的发展历史而言,地位不断抬升,影响不断扩大,主要表现在以下几个方面。

一、少林寺僧抗金

北宋亡后,金兵南侵,民族矛盾加剧,全国各地以"社"、"堡"、"山寨"等活动联络民众自动组织抗金武装,"教习武艺","御贼备战",自相纠集,保护乡井,英勇杀敌。嵩山一带战事未息,南宋与金在西京洛阳及巩县宋陵一带展开了长期的争夺战,少林寺由于有习武遗风,且精英众多,成为一股重要的民间抗金的军事力量。

宋徽宗政和四年(1114年),金兀术以粘罕为前锋,带兵侵犯中原,知府下书到少林寺,派僧兵赴边征战。方丈道整大和尚当即命令惠威、惠琳带僧兵五百,驻守黄河南岸,截击金兵,威、琳挥刀抗敌,英勇无错,又以天文才学妙测天象,借风力燃火攻敌,大破金兵。

僧人抗金

史载:宋靖康元年(1126年),金将和尼率部渡黄河由孟津袭击永安军(宋陵)。当时,镇守宋陵永安军的首领杨天吉,召孟迪与焦文明(宋名将焦赞,孟良之子)二将商议,由焦孟各带一部,隐蔽在嵩山北麓夹井口孟良寨与焦赞岭,待机以放火为号出击破敌。焦、孟在双河岭上看到烟火,知是皇陵遭劫,即率兵从坞罗口出击,和尼不知兵从何来,惊慌失措,一交锋便打了败仗,只好率兵弃尸向孝义桥逃跑,此时适逢西京(洛阳)留守翟兴率南城(巩义西南的宋陵)义军(少林僧)赶来,三面夹击,金兵大败。据《巩县志·舆地沿革》:北宋景德四年(1007年),宋王朝为保护宋陵划登封、偃师、巩县部分地方而设立"永安县"。政和三年(1113年),永安县升为永安军。宋熙宁八年(1075年),轩辕关即改入永安县管辖。可见当时的少林寺归永安军管,因而少林僧人多次帮助镇守永安军的宋军将士。

据《宋·范致虚传》载:北宋末年徽宗时(1101年),金兵南下攻占潼关,河南尹范致虚以少林僧人赵宗印充任宣抚司参议官,并节度军马。宗印选拔僧人组为一队去抗击金兵,号为"尊胜队",又以少年僧人组成童子军队,号为"净胜队"。宗印所率军队,攻下潼关后,乘船向洛阳进发,不幸被金兵击溃。范致虚在徽宗时任河南尹,任职在洛阳,少林寺就在其管辖领地之内。范致虚当时与少林寺关系密切,所以能调动组织少林寺僧兵抗金。北宋宣和四年(1122年),宋代著名书法家太师鲁国公蔡京书写的《面壁之塔》就是由他住持刻立的。实际上,宗印统领的僧兵乃是唐代少林僧兵的延续。

宋高宗绍兴十年(1140年),岳飞在蔡州(今河南上蔡县)大破金兵后,于六月率军进入登封,帅府设在中岳庙。当时岳飞与金作战,先后二百余场战斗,士气旺盛,兵驻登封,志在收复宋陵。想到金兵入侵,中原沦丧,虽多次大败金兵,但孤军奋战,总不能"尽屠夷种",他挥笔在中岳庙将军门后壁上题写了抒发自己情感的词章:

自中原板荡,夷狄交侵。余发愤河朔,起自相台,总角从军,历二百余战,虽未能远入夷荒,洗荡巢穴,亦且快国仇之万一。今又提一旅孤军振起宜兴,建康之役一鼓败虏,恨未能使匹马不回耳!故且养兵休卒,蓄锐待敌,嗣当激励士卒,功期再战。北逾沙漠喋血房廷,尽屠夷种,迎二圣,归京阙,取故土,上版图,朝廷无虞,主上安枕,余之愿也!

为收复宋陵,他拜谒少林,请求少林寺僧助他抗金。

据少林寺僧讲:岳飞从师周侗,原为少林门人,兵马驻扎中岳庙后,以弟子之礼请寺僧共护宋陵抗金。同时遣张宪南下许昌,打败了金将韩昌,郝政又收复了郑州。岳飞将寺僧编入杨遇部,收复南城军(少林寺北巩义西南的宋陵)。少林寺僧熟悉地形,作战勇敢,所向无敌,均有战绩。七月又遣将张应、韩清入西京(洛阳)与河南知府李兴相会,李兴调少林寺僧参战,后收复永安军。这个事件为传说,未见史载,可至今在少林地区广为流传。

二、金朝少林寺

金朝(1115～1234年)是中国历史上以女真族执政的北方封建王朝。女真人建立的金国是信奉佛教的,其统治者皆崇奉佛教,他们不仅在内廷供奉佛像,还在各地兴建寺院,布施币帛良田。皇族有病,亲临寺院求佛许愿,有时还召高僧入内廷说法。女真族在开国以前,就已有了佛教信仰的流行,这是从它邻境奉行佛教的高丽、渤海等国传入的。迨建国后,它以武力灭辽,又继承了辽代社会盛行佛教的风习。其后南进,占领宋都汴京(今开封市),攻略黄河流域以至淮水以北的地区,更受到了宋地佛教的影响。

金代国祚虽短,但在金代朝廷的支持下,嵩山佛教发展兴盛,在历史上留下了深远的影响。主要标志在金代的少林寺住持中,出来了几个非常有名的高僧,由于他们的信仰和努力,禅宗祖庭少林寺继续成为佛教发展的中心之一。

约公元1140年,曹洞宗的传承人西堂老师法和(1079～1157年)为金代少林寺首任住持。他是道楷的大弟子、焦山长老普证法成(1071～1128年)的弟子,是一位"曹洞之机立契,芙蓉之旨顿彰"的大师。法和在少林寺做了两年住持。据说他在少林寺,"提纲法要,举唱宗乘。示狮子频呻,显轮王三昧。规仪建立,祖令当行。毳客盈席,衲僧竞至。遍施法乳之恩,广布慈悲之慧。机关酬对,句裹无私。不露锋芒,正眼顿现。住持二载,天下知闻"。此后,朝廷派人再三敦请,乃住持京府普照寺九载。一时贵胤亲依,巨豪侍仰。但法和深厌烦杂,于是退居天清寺,宴处空谷。此后潇然拂袖,返归岩溪,再上少林寺,猿栖鹤宿,"性同孤月流天,意若白云自在"。他于79岁去世,时为金正隆二年(1157年)丁丑三月二日。法和的弟子们依西天法火葬,起塔于少林寺西南的塔林中。法和度师40余人,嗣法者5人。弟子有祖端、智政、广寿、法云、惠深、惠淳、德超、宗颙、法贤、善忠、自觉等等。

法和的弟子祖端(1115～1167年)在1145～1160年间做少林寺住持。祖端是阳翟县(今禹州市)人,俗姓蒋氏,童年即入嵩山法王禅寺,礼俊公山主为师,后遇皇恩普度,于1124年受具足戒。此后,遁入山林旷野,木食单衣,惟以生死大事为怀。一日,他忽然想到,闻三乘教海、圆顿上乘、破无明,显一真,出三界,登长乐,不可限于隅,少有收获就满足。于是,他出山林,遍访各方圣会,讲说《华严经》、《圆觉经》。他又参扣善知识,往少林寺拜访善应道人法和。法和劝他"末在更道",他也回答"徧界不留藏",深得法和之旨,于是被请住持少林寺,继续传承弘扬曹洞宗达15年之久。今少林寺方丈院南

墙上线刻画《妙色那罗延执金刚神像》,就是祖端上石制作以激励寺僧念咒练气的,神像上方有文字云:"经云,此神即观音示现。若人尽心供养,持此印咒,则增长身力,无愿不获。灵验颇多,罔能具说……"后祖端被汴京留守请往开封住持法云寺数年,晚年回少林寺终老,于金大定七年(1167年)七月二十五日归寂,世寿53,僧腊25。墓塔有今塔林中。祖端度门人弟子20余人。

在曹洞宗得到大力弘扬的同时,云门宗和临济宗也传入了嵩山地区。

云门宗是中国佛教禅宗下的五家之一,开创者是禅宗六祖慧能第八代徒孙文偃禅师。因他在韶州云门山(今广东省乳峰县北)光泰院开举一家宗风,故其后世称其为云门正宗。云门宗的禅法旨要是"注重一切现成",教人参学的方法是"涵盖乾坤,截断众流,随波逐流",终使参学者"截断轻机,无可用心,慎得真谛。"云门宗何时传入嵩山,已不可知。金末元初,"风岸孤竣,特慎许可"的虚明寿公曾把嵩山龙潭寺作为云门宗的传法道场。先有在嵩山龙潭寺传授云门禅法。再有虚明寿公的法嗣寂照通悟遍参名山之后,到嵩山龙潭寺"扣虚明寿公之室",不久"处以首座"。金哀宗正大元年(1224年),寂照通悟徽和尚离开嵩山。不久,龙潭寺为曹洞宗占据,云门宗在嵩山法脉中断。

临济宗是中国佛教禅宗下五家中最隆盛的一支。自金大定元年(1161年),先后有临济宗的法海(1132~1178年)、悟鉴、普照、兴崇(1166~1208年)、教亨(1150~1219年)及宏相(1161~1224年)为少林寺住持。法海、悟鉴、教亨都是郑州普照寺临济宗大师"宝公"的弟子。

号称"红蓼花"的虚明教亨禅师,据说他"雄文逸翰,咳玉喷珠",甚得金章宗的赏识。金代时期的高僧,可被朝廷钦命或佛教当权人士安排,或被一些著名寺院邀请,到全国名寺中担任住持。史料记载,教亨是金代著名的高僧,历主大刹,曾受金国左丞相谷清臣及玄悟老人之请,住持金中都(今北京市)潭柘寺。没多久金章宗下诏书,请教亨住持中都大庆寿寺(原在北京西长安街路北,今已无存),当时的金大寿寺有沃田20顷,僧万人,教亨在此3年。此外,他还相继住持了嵩山大法王寺、济州(今山东济宁)普照寺。金代大安元年(1209年),受官府之命出任嵩山少林寺住持,使少林法席大盛。由于他在佛教界的威信和影响,所在的寺院也极负盛名。

教亨的弟子有清凉宏相、罗汉福汴、祖昭、香山江、慈云海等人。其中,清凉宏相也是一位非常有名的高僧。清凉宏相(1161~1224年)住持少林寺。宏相是沂水(今山东沂水)人,俗姓王氏。幼年出家于沂州普照寺,拜祖照为师。19岁以诵经得度。他喜欢读书,不管佛教内外的书都读,读了10年,知识丰富了,也更不满足了。29岁时,投郑州普照寺教亨老师席下,尽弃旧学,接纳新说。39岁出世,住郑州之大觉,嵩山之少林,沂州之普照,最后住持嵩山清凉寺。

从法海到宏相,临济宗在少林寺传法50余年。此时禅法,似已南传福建。在嵩山数十座佛寺中,嵩岳寺为临济宗主要传法道场。数百年来,临济宗靠"单刀直入,机锋峻烈"使学子忽然悟得,保持了它在嵩山时断时续的历史地位。

三、万松行秀与嵩山佛教

宋朝末年,宋徽宗崇信道教,剪灭佛教,于政和二年(1112年)诏令天下寺院改名为宫观,把释迦牟尼佛改称"大觉金仙"。当时,曹洞宗传入嵩山不久,因为改朝换代,政局动乱,加之嵩山曹洞宗本身没有杰出宗师,数传之后法脉不明。自贞祐至金亡的20年中,少林寺的住持都是青州希辩一系的曹洞宗禅师。以后以东林志隆为起点,万松行秀的弟子开始住持少林寺,这是一个重要的转折。此后,除木庵性英师承不明而外,历代住持均为万松行秀门人所把持。在元朝帝室的大力支持下,曹洞禅法以少林寺为主要传播聚集地,在嵩山弘扬光大。元初以来,万松行秀的弟子福裕雪庭得到帝室支持,势力隆盛,法子法孙盘踞少林寺历元明而至清初,长达500余年之久,且其法裔远播至江西、福建、广东等南方地区。

这一时期,不仅有万松行秀的法弟子们在嵩山传法,而且他的俗家弟子们也汇集嵩山,和法弟子们一道,在嵩山不断进行佛儒活动,并在大元帝国的建立与巩固中起到了特殊作用。

(一)万松行秀及其法、俗弟子

万松行秀,金元之际北方佛教著名领袖,属曹洞宗第十九世祖。据说,金章宗秋猎时,行秀献诗。金章宗就亲临方丈室,对行秀很是赞赏。蒙古军南下攻中都时,许多僧人请行秀南下避难,行秀说:"北方人(指蒙古人)难道就不知佛法么?"庚寅(1230年),元太宗窝阔台赐给行秀佛牙一枚,尊他为"万松老人"。公元1232年蒙古军大举灭金,67岁的行秀率燕京僧道朝拜窝阔台,窝阔台下旨免僧道徭役。此后,归服蒙古的僧道人数越来越多。

万松行秀是燕都报恩寺的一位禅宗大师,他传曹洞青源一系之禅,嗣法磁州大明寺雪岩满禅师,虽治禅学,而平时恒以《华严》为业。圣安澄公说他"儒释兼备,宗说精通,辩才无碍"。他善于写狂草,兼通文墨,还有人甚至说他有"将相之才"。他既受到金章宗的器重,又能靠拢元太宗窝阔台,颇能左右逢源。

万松行秀兼有融贯三教的思想,常劝当时重臣湛然居士耶律楚材以儒治国,以佛治心,极得耶律楚材的称颂,说他"得曹洞的血脉,具云门的善巧,备临济的机锋",一时传为好评。万松行秀曾通过耶律楚材向元太祖成吉思汗建议:"欲治其国,先正其心。未有心正而天下不治者。"而"治心唯有佛",即"以佛治心,以儒治国"。这条治国之策为元初诸帝所采纳。后来,元朝诸帝在进行灭金绝宋战争的同时,又采取了许多文治措施,其中派万松行秀的门人到地处中原的嵩山弘扬佛法,就是许多文治措施中的一个。

自金宣宗贞祐元年(1213年)以来,蒙古铁骑屡屡南侵,江淮河汉纵横万里悉为战区。金宣宗匆匆迁都汴京(1214年),中都沦陷(1215年),金国又升洛阳为"中京府"(1217年),派移剌粘合在嵩岳少室山修筑工事,囤积兵戈粮草以备战。在兵戈战乱、动荡不安的形势下,位于开封、洛阳之南的嵩山深处,尚可称作安然的一隅,中都文人学士纷纷南渡,不少人侨居嵩山,在嵩洛山地区汇集了一大批顶尖级的社会精英。如金代首相耶律楚材的全家、金朝官员赵秉文、李纯甫、元好问、刘从益、雷渊等,仅见于《金史·隐逸传》的就有杜时升、薛继光、张潜、王妆梅、辛愿等。在这大批的名人中,万松行秀的俗弟子有闲闲老人赵秉文、屏山居士李纯甫、湛然居士耶律楚材等。万松行秀的法弟子中著名的有和公、皓公、洪倪、东林志隆、木庵性英、雪庭福裕、乳峰德仁、复庵圆照、全一至温等人。而北倚五乳峰,面对少室山的少林寺,就成为北方僧人、居士所常常参禅之地。一时香火,盛于北宋。

高士与高僧在乱世的交游是因为他们"同病同忧",一是为逃避战争,背井离乡;二是政局腐败,国家将亡,是正直人共有的忧虑;三是有人投了蒙古,有人未投蒙古,贤侯如何评判,令人困惑。这就是僧弟子万松系列和赵秉文、李纯甫等地主阶级文人系列相结合的政治、思想基础。

在这种急剧变化的形势中,湛然居士耶律楚材,以金臣投奔成吉思汗,被称为"吾图撒合里"(美髯公);万松行秀也由金章宗的宾客变马了窝阔台的宾客,儒家的"忠"不能谈,避之亦唯恐不及。

在此背景下,万松行秀向他的弟子们公开阐扬了他的禅法精髓——"显诀":"其法,忘死生,外身世,毁誉不能动,哀乐不能入。"他还说:"湛然居士得此显诀,在会其心,精究入神,尽得其道。世人皆说佛心可以治心,不可以治国。证之天湛然、正心、修身、家富、国治之明显效果,我的显诀不比《大学》差。"万松行秀用精细的禅学治人之心,使人"忘死生、外身世",因缘时会以治国家,自比其说《大学》之篇,恰证明万松禅学沟通了儒释,适可称为"禅门孔学"。

1220年,万松行秀的法嗣东林志隆,第一个到嵩山住持少林寺。因东林志隆与耶律楚材同参万松行秀为师,所以互有诗歌唱和。这期间,同为万松行秀俗家弟子的金代文学家、屏山居士李纯甫和金朝文学家、理学家赵秉文同时隐居嵩山,他们身上兼有弘法、立国的双重使命,只是对后者不予公开承认罢了。

兴定四年(1220年),东林志隆住持少林寺。他在少林寺建了一所便民免费的药局,派懂中医的二僧主持药局事务,取世所必用、疗疾之功博者百余方以为药,使病者自择焉。少林寺的慈善事业,自此为始。这期间,他还重修了"达摩面壁庵"和"雪庭西舍"。他请万松行秀的俗弟子、屏山居士李纯甫写了《重修面壁庵记》和《新修雪庭西舍记》这两篇传世文章。《重修面壁庵记》写于兴定四年(1220年),文中称志隆为"少林主人隆公",则知东林志隆住持少林不晚于兴定四年(1220年)。

金朝南迁以后,金朝的文坛大都是赵秉文与李纯甫系列的人。文学家王庭筠荐引了赵秉文、李纯甫、冯璧,"皆一时名士,世以知人许之";赵秉文则推荐了麻九畴、元好问、李献能、李献卿、刘祖谦等;李纯甫则"雅喜推借后进",如刘从益、周嗣明、李经、王权、雷渊、宋九嘉等人,在当时皆名噪一时。其中见于《金史·文艺传》的就有麻九畴、元好问、李献能、周嗣明、李经、

金代禅宗大师万松行秀

宋九嘉等人。这一大批地主阶级文人在政治上愤世嫉邪,在人格上清高自尊,在文风上言之有物,文笔高雅。这些人既是文学家,又是儒者,还信佛学禅,在哲学上都有自己所独特的理论。他们聚集在嵩山,更多的是常常聚集在少林寺,或论文作诗,或谈孔论禅,纵横儒佛。在金末元初的战乱时期,在远离闹市的嵩山深处,满怀激情地开辟出一个极具浓郁文化氛围的另一番天地,不断地创造出乱世之中的神话,这在当时说来,实在是一个奇迹。

东林志隆之后有广铸禅师(1170~1224年)曾于元兴二年(1223年)冬受少林寺之请,予为住持。方其行也,偶示疾,未及赴任,次年二月而亡。木庵性英等于1224年建《铸公禅师之塔》,现存少林寺塔林。

耶律楚材

从金正大元年(1224年)至金亡的金天兴三年(1234年)前后十年间,少林寺住持为"孔门禅"的思想领袖木庵性英。木庵性英善诗,时人把木庵性英看作是一位"诗僧"。木庵性英,弱冠做举子,后受到博州(今山东聊城)高仲常的影响,出家为僧,从万松老人淘汰法门。贞祐初(1213年)他南渡黄河,居洛西子盖山。木庵性英与三乡(今河南省宜阳县三乡镇)人辛愿、赵宜之、刘景玄、元好问等常常聚在一起讨论诗词文章而成为好友。特别是北方文坛一代宗师

元好问,是木庵性英40多年的好友。元好问曾为他作诗:"不见木庵师,胸中满尘泥。西窗一握手,大笑倾冠巾。"其感情之真挚,可以想见。木庵性英出世后,先是在龙门西山宝应寺做住持多年,后才到了少林寺。金哀宗时,赵秉文奉命祠太室山过少林寺而会见性英。时木庵性英倦于迎来送往,思欲退席,赵秉文作书挽留,书中称赞他"书如东晋名流,诗有晚唐风骨。"

就是这帮高僧与士大夫的聚集与讨论,引发了嵩山文化史上一次大的演变,禅儒结合演变成为禅宗历史上非常有名的"孔门禅"。

(二)禅宗的又一思想表现形式——"孔门禅"

在金元交替时期,多年的战乱,对士族和佛教高僧多有影响,而禅宗思想在急剧变化的形势中,本身也有适应历史的自身要求。因此,社会的巨变和禅宗自身的发展便催生演变了新的禅宗思想形式——孔门禅。

禅宗对于佛教和中国传统思想文化的巨大影响是不言而喻的。孔门禅,儒家孔夫子之门槛,可能会生出释家的"禅"呢?这孔门禅亦不外时代思维之产物。全真道的王重阳主张会通儒释道;云门宗的澄徽,也在注解《道德经》;曹洞宗的万松更是一位"冶五宗为一炉"、"儒释兼备"的人物。在当时国破家亡、人心动荡不安的时代,传统的儒家道德思想和理论亦受到了挑战。

金代佛教的主流是禅宗。"孔门"就是儒家孔夫子的门,"孔门禅"就是儒家学者结合儒家学说发展出来的"禅",是儒释融会的禅宗,即经禅门而渗透孔门,以佛法比拟儒学,或经孔门而入禅门,以儒学证佛法,从而寻求治国修身的新途径。

孔门禅主要由禅宗曹洞宗第十九世祖、著名曹洞宗高僧万松行秀和他的俗家弟子、著名文学家李纯甫创立。

孔门禅一般被认为是曹洞宗的派生物和儒、佛融通的结晶。万松行秀是曹洞宗鹿门自觉一系第七代传人,融儒、佛为一炉,在当时名扬两河三晋,且本人号为国师,与金元两朝统治者关系密切。如耶律楚材、雪庭福裕等人的积极入世也是具体的实例。耶律楚材为著名的政治家、文学家,官至封王拜相。而雪庭福裕为少林寺住持,担任全国高级僧官。"孔门禅"思想的参与实践者们以具体的行动,对当时政治以及禅宗自身的发展产生了积极影响。

以禅宗祖庭嵩山少林寺为活动中心,其周围汇聚了万松众多的僧俗弟子,他们出入佛儒,与朝廷紧密合作,把禅宗思想和儒家精神结合起来,把万松行秀的"显诀"发展为"孔门禅",遂从"外佛内儒"转而为"外儒而内佛"的形态,"以儒治国,以佛治心",这便是孔门禅脱胎于这一思想的文化背景。这是少林寺有史以来最重要的一次思想变革,也是嵩山文化史上的一次大的文化演变。

当初,万松行秀把他的孔门显诀敬告给他的朋友们,但大都不体会,惟有一代奇才李纯甫对万松行秀的禅门孔学心领神会。而李纯甫自1213年从万松行秀学禅以后,与禅僧士子来往,力探奥义,取儒道两家书,牵引杂说,错综诸经,著为别解。其理论卓识,自然超群,不苟同于众人。然而,就是李纯甫的理论,在将万松行秀的"显诀"发展成为孔门禅的过程中,起到了关键性的作用。

在当时来说,李纯甫的理论惊世骇俗。本来,在中国思想史上,主张儒释道三教合一的思想由来已久。而李纯甫主张"卷波澜于圣学之域,撤藩篱于大方之家"、"会三圣人理性蕴奥之妙要,终指归佛

李纯甫

祖而已"。湛然居士耶律楚材虽认为"三教根源本自同,愚人迷执强西东",但其主张只是"以儒治国,以佛治心"。认为"穷理尽性莫尚佛乘,济世安民无如孔教。用我则行宣尼之常道,舍我则乐释氏之真知"。万松行秀曾批评他是"近乎破二作三,屈佛道以徇儒情"。耶律楚材辩护说:我这样讲只是一种"行权","以是语饵东教之庸儒,为信道之渐焉"。耶律楚材还说,(以儒治国,以佛治心)已遭庸儒"切齿",骂他"叛道"、"忘本"。李纯甫则大胆地跨进一步,把他的理论贯穿到他的《鸣道集解》、《金刚经别解》、《楞严外解》等著述中,从中会佛祖、老子、孔子三圣人"理性之学要,终归指佛祖而已"。李纯甫还将"孔门禅"的理论精髓,大胆地运用到他所写的《重修面壁庵记》和《新修雪庭西舍记》这两篇传世文章中,公然提出指归佛祖的三教合一说。因他不像耶律楚材那样为高官所累,恐遭非难。显然,李纯甫是一位有着"一条生铁脊,两片点钢唇","啸歌祖祢,出礼法之外","宁为时所弃,不为时所囚"的叛逆人物。

孔门禅的思想核心是万松行秀和李纯甫,万松的其他弟子则是孔门禅思想的受益者和实践者。

其中最著名的当是耶律楚材。雅金入蒙古、开启元代文风的大文豪耶律楚材也是孔门禅的骨干成员,耶律楚材自论幼而喜佛。逢金朝末年战乱,蒙古兵围困燕京城,转而学佛。耶律楚材初从圣安澄公习禅,于27岁投于万松行秀门下,受显诀。"湛然大会其心,精究入神,尽弃宿学,冒寒暑、无昼夜者三年,尽得其道。"真正领会了万松行秀以"佛法可以治心"的"孔门禅"精髓。公元1218年,元太祖闻其名,聘之,随太祖西征,耶律楚材于是离开万松行秀。太宗时拜中书令,多有建树。耶律楚材利用自己的政治地位和影响力,推进了曹洞宗以及禅宗等佛教在元朝的发展。

耶律楚材进入蒙元朝廷后,出入儒佛,孔禅并用,他在随元太祖西徵途中还专门写信给万松行秀,就此加以感谢。制止蒙古军队的杀戮应该是其众多贡献之一。《元史·耶律楚材传》:"旧制,凡攻城邑,敌以矢石相加者,即为拒命,既克,必杀之。汴梁将下",耶律楚材全力制止之,"时避兵居汴者得百四十七万人"。耶律楚材对佛教多有维护还表现于公元1229年刊出《西游录》,其中对道士丘处机已经有所不满,实际上是维护佛教在蒙元朝廷中的地位。

以当代大儒自居的金朝名宦、金朝末期文坛领袖的赵秉文是万松行秀的又一俗家弟子。他在以禅学求慰藉中,自由出入于佛儒中,以佛补儒,授禅济儒。《秋涧集》卷42《雪庭裕公和尚语录序》:"雪庭初参万松秀公,万松得法雪岩上人,纵横理窟,深入佛海。至于游戏翰墨,与闲闲、屏山二居士互相赞叹,为方外师友。"赵秉文奉佛唯谨,时与朝士谈论,又与释士过从。《归潜志》卷9:"(屏山)兴定间再入翰林,时赵闲闲马翰长。……每相见,辄谈儒佛异同,相与折难。"

金代著名文学家元好问是孔门禅的参与者和见证者,也是最先提出并概括孔门禅的人,他与万松行秀、耶律楚材、李纯甫同时代,与上述诸人相互熟悉有往来。元好问在给挚友李纯甫所做的七言律诗《李屏山挽章二首》诗中有"谈尘风流二十年,空门名理孔门禅"一句,正式提出了李纯甫兼通儒释的孔门禅,概括了李纯甫的禅宗思想特点。

李屏山挽章二首

谈尘风流二十年,空门名理孔门禅。诸儒久已同坚白,博士真堪补太玄。

孙况小疵良未害,庄周阴助恐当然。遗编自有名山在,第一诸孤莫浪传。

时金代大文学家元好问在嵩山下,出入少林寺,与李纯甫以及东林志隆、木庵性英等少林高僧多有往来。

孔门禅对当时禅宗思想和政治文化都产生了实际的影响,扩大了禅宗的思想体系,也使众多万松行秀的门人积极入世,构成了元朝崇信佛教的一个条件。表现之一,万松行秀门人相继担任高级别的僧官,参与管理领导佛教。全一至温(1217~1267年)禅师乃万松行秀嗣法弟子,与刘秉忠同乡,同受元世祖宠信。虞集《佛国普安大禅师塔铭》:"师讳至温,字其玉,一号全一,邢州郝氏子也。……时宪宗命海云主释教,诏天下作资戒会。师持旨宣布中外而辅成之。世祖征云南还,刘公(刘秉忠)请承制,锡师号曰佛国普安大禅师,总摄关西五路河南南京等路太原府路邢洛磁怀孟等州僧尼之事。"其他弟子有雪庭福裕、林泉从伦、复庵圆照、东林志隆、木庵性英、乳峰德仁等都是曹洞宗高僧,雪庭福裕还位高至"统领释教"。

因为孔门禅主要是李纯甫在禅宗祖庭少林寺时所论述,故孔门禅也多称"少林孔门禅"。除当时的木庵性英师承不清外,此时少林寺为禅宗曹洞宗万松行秀、雪庭福裕一系所住持。其中万松行秀弟子东林志隆、乳峰德仁、雪庭福裕、复庵圆照都住持过少林寺。雪庭福裕被尊为"少林寺中兴之祖",由于他是禅宗曹洞宗第二十世祖,由此标志着曹洞宗的正式回归祖庭,延续至今。雪庭福裕本人与朝廷的密切关系,致使少林寺在元代获得了很大的发展,因而也继续扩大了孔门禅的影响力。

总之,孔门禅是万松行秀自禅门掘进,通向孔门;李纯甫则从孔门到禅门,把孔孟之说纳入空门禅学,其影响之大、之深,前无古人。孔门禅就是从理论上将孔、老之说纳入禅学之内。就其彼时的现实而言,乃是不得志的地主阶级文人隐遁于禅学之中,攻击占统治地位的腐儒庸论。儒学毕竟是中国封建社会正统的统治思想,李纯甫以儒攻儒,从中国传统观念上说,他的理论终归不被儒家所接受,最终孔门禅在历史上只能是昙花一现。因此之故,虽此说并未越出三教囿圈,但耶律楚材已遭"切齿",并视为"叛道"、"忘本",而李纯甫也终"为名教所贬"。甚至有人说,孔门禅为大批儒士逃避现实设下了台阶,也为儒士投奔蒙古备好了理论说辞,竟至成了不辨忠奸的遮羞布。但是,孔门禅是金中朝和蒙古灭金占据中国北方的这段时间内,儒释汇通合流,成为历史文化大潮中十分突出的特色之一。而李纯甫则为发展的深化阶段的代表人物,无论在中国佛教史、思想史,还是在中国古代文化史、文学史上都有十分巨大的贡献和显著的地位。

岁月匆匆,时光荏苒,但历史永远不能磨灭的是,在漫长的历史长河中,在那种时局动荡不安、颠沛流离的战乱时期,大批文坛精英与名儒高僧聚集嵩山深处的少林寺,从讨论争辩的学术讨论中,引发出来思想火焰,成为金代末期的天空中最耀眼的光华。

四、蒙元时期的少林寺

蒙元时期,嵩山地区的少林寺和白马寺都是驰名全国的大寺院,更是中原地区代表性的寺院。这一时期,少林寺的雪庭福裕与白马寺的龙川和尚都与元代第一任"帝师"、世祖忽必烈之"帝师"、"国师"、蒙古新字(即八思巴文)创制者八思巴等朝廷要人多有往来,少林寺的雪庭福裕总领全国释教,因此,嵩山佛教发展进入到了一个繁盛时期。

(一)少林寺雪庭福裕与全国佛教

蒙元初年,万松行秀的三位法嗣,即乳峰德仁、复安圆照、雪庭福裕相继到嵩山住持少林、法王两寺,同样有其特殊的历史使命。自贞祐至金亡的二十年中,少林寺的住持都是青州希辩一系的曹洞宗禅师。以后东林志隆为起点,万松行秀的弟子开始住持少林寺,这是个重要的转折。此后,除木庵性英师承不明而外,历代住持均为万松行秀门人所把持。

元太宗窝阔台即位后,为了完成国家的统一和政权巩固,钦依万松行秀的高足弟子、曹洞正宗兴教大禅师乳峰德仁住持嵩山少林寺。乳峰德仁住持少林寺的时间约为公元1239年~1247年。他上任之初,嵩山少林寺罹兵革,殿宇崩毁十七八,乳峰德仁悯念祖师道场,竭诚干蛊,俾堕者起之,故者新之,数年间,几还旧观。但有当权者认为,他对蒙古统治集团赋予的政治使命执行不力,因而乃马真后二年(1243年),元太宗又钦依万松行秀的另一个法嗣、曹洞正宗大禅师复安圆照住持嵩山法王寺,后又住持少林寺。但由于复安圆照仍然兴教有方,参政不力,蒙古大汗太子忽必烈于乃马真后四年(1245年)上奏乃马真后,再次钦依万松行秀的又一高足弟子雪庭福裕住持嵩山少林寺。

佛道辩论

福裕,号雪庭,太原府文水县人。雪庭福裕从万松行秀参禅10年,释儒兼备。雪庭福裕出世,首住奉福寺(在北京西直门,后改为广恩寺。)1245年,忽必烈命福裕往少林寺建资戒大会,又命他在故里文水县建报恩寺,并赐以田地及财物。1248年,定宗皇帝又下诏,命雪庭福裕住持哈喇和林的太平兴国禅寺;次年,雪庭福裕受万松老人之托,住持少林寺,时约6年之久。

13世纪初,忽必烈举兵南下,将汴梁城重重包围,城内200万百姓的生命危在旦夕,就在这即将血流成河的危急时刻,少林寺僧人在方丈雪庭福裕的带领下深入蒙古大军中,以慈悲为怀的牺牲精神,舍命劝阻了蒙古军人,使百姓免遭了一场血腥的大屠杀。这就是历史上著名的"雪庭福裕救天下"之事。

虽然雪庭福裕与前任住持乳峰德仁同于元初住持兴复少林寺,又同为万松行秀的门人,但雪庭显赫而乳峰德仁隐没,两个人的有着很大的反差。乳峰德仁面目严冷,不矜名誉,不贪渎货略,不趋炎附势,且不妄为传授。乳峰德仁保持了万公行秀的清高的传统,雪庭福裕却抛弃了这一传统。雪庭福裕则紧密依靠元朝帝室的支持,上下左右,里里外外,很快就把自己的事业做大了。

雪庭福裕住持少林寺时,使嵩山佛教"煨烬之余,兴仆起废,训徒说法,施者如丘山,来者如归市。嵩阳诸刹,金碧一新",将少林寺恢复到金代的规模。还重整少林寺的下院永庆寺,恢复白马寺,因缘会合,倾动一时。既有功于元王朝的文治事业,也有力地推动了嵩山佛教的中兴。这一时期,少林寺的繁荣程度达到历代顶峰,仅河南境内的少林寺及其下院就占地5万多亩,即3300多公顷,寺僧发展到四五万之众,这时的少林寺可谓如日中天。

1248年,雪庭福裕和国师克什米尔人那摩发动了戊午佛道大辩论。当时,全真道的丘处机受到成吉思汗召请后,海内承风,全真道大行。丘处机的弟子尹志平、李志常等人到处扩充道教势力,还常常与佛教争夺寺院及田产。他们认为,丘处机西行向成吉思汗布道,是应了历史上"老子化胡"之谶。李志常将《太上混元上德皇帝明威化胡成佛经》及《老子八十一化图》刊印流布,以壮声威。这时,道教徒已侵占了梵刹482所,还毁了一些夫子庙,改作道观。

嵩山少林寺雪庭福裕和国师那摩等人将这种种情形报告了忽必烈。于是,由宪宗下旨,召开佛道辩论大会。

著名的戊午年(1258年)佛道辩论大会,在哈喇和林的"万安宫"内举行。这次大辩论是奉蒙哥汗谕旨,由忽必烈出席、八思巴主持、由国师那摩、尚书姚枢等人担任评判,佛、道各17人参加辩论。佛教界的有资圣寺统摄至温、嵩山少林寺雪庭福裕、龙门县抗讲主龙川行育、滦州开觉寺长老祥迈、燕京药师院长老林泉从伦、蜀川讲主元一等等;道教界的有李志常、张志敬、樊志应等等。

辩论的焦点是所谓"老子化胡"的问题。老子西出函谷关(或说大散关),西渡流沙而入夷狄,教化胡人(释迦牟尼)成佛的故事,纯属演义性质。而蒙古把人分为叫四等,一等是蒙古人,二等是色目人,三等是汉人,四等是南人(原南宋的人民)。说丘处机对成吉思汗布道是"化胡",蒙古人绝不会赞同此说。大辩论的结果自然是佛教击败了全真道。按照双方事先的约定,失败的道士由近臣脱欢带领到龙光寺削发为僧。又命道士们焚毁伪道书45部,归还侵占的佛寺237所。

1253年冬,宪宗皇帝在开平的账殿里召见了雪庭福裕,要他总领释教,授以都僧省之职。少林寺内有一通刻立于延祐元年(1314年)孟冬吉日的蒙元《圣旨》碑,碑上共刻蒙元皇帝白话"圣旨"4道,所写圣旨时间分别为1253年(牛儿年)、1261年(鸡儿年)、1280年(龙儿年)、1308年(鼠儿年)。碑阴也分为四段,前二道圣旨用"老蒙文"刻用,后二道用"新蒙文"(八思巴文)刻写。这四道圣旨中,其中一道写于1253年(牛儿年)的是由宪宗蒙哥颁布的圣旨文,就是给少林寺长老雪庭福裕所下的由他总领释教,授以都僧省之符的任命书。

于是,雪庭福裕掌管天下寺院和僧人,而河南一带所有的寺院统归于少林寺。雪庭福裕住持少林,开辟了嵩山地区佛教发展的第二个黄金时期。

1255年冬,宪宗宣命福裕至燕京,为延庆禅寺开山第一代住持。公元1260年,世祖忽必烈赐给他"光宗正法禅师"之号,主持燕京大万寿寺,取得都南"闲田"200余顷,开办了药室、浴宇、贾区,壮大了寺院经济。

雪庭福裕为使其子孙代代相沿,世世相承,在广泛吸纳中国传统宗法思想基础上,参照曹洞宗师曹山本寂在江西豫章传法时所立的56字派的做法,在少林寺创立了少林曹洞70字辈世系谱。据清《释氏源流五家宗派世系碑》所载70字为:"福慧智子觉,了本圆可悟;周洪普广宗,道庆同玄祖;清净真如海,湛寂淳贞素;德行永延恒,妙体常坚固;心郎照幽深,性明鉴崇祚;衷正善禧祥,谨悫原济度;雪庭为导师,引汝归铉路。"雪庭福裕创家族式世系谱后,凡出家于少林寺的僧人基本上都是按照此字辈取名并传代,沿相至今。嵩山广大僧众称赞他"旷复嵩山,如祖师再出世",认为其功可比开山祖师,故称之为"中兴之祖"。

拙纳思慧的《少林寺第十代妙严弘法大禅师古岩就公和尚道行碑铭并序》中的一段文字可以概括曹洞宗的这段传承:"青原四世,而有洞山。耽章继出,盛荆湖间。曹洞门庭,家风绵密。玉线金针,唯师(指雪庭法孙古岩)委悉。芙蓉一枝,应谶朔方。青州南来,孕蕊腾芳。传至万松,声喧天下。雪庭承之,日增高价。"

雪庭福裕晚年归栖少林而逝。1275年,微疾而终。得嗣法小师30人,度门弟子千余,从他受戒者

元代时期的佛道大辩论

不计其数。据说,在1271年的一次全国性释子集会上,福裕的弟子几乎占了全国的三分之一,门庭的繁荣,由此可见。

元朝对少林寺及寺僧恩崇备至,雪庭福裕不仅被授以执掌全国佛教都僧省的最高僧官都总统一职,圆寂后还被封为"晋国公",这是少林历史上惟一被封为"国公"的僧人。

蒙元时期,嵩山少林寺雪庭福裕不仅被授以执掌全国佛教都僧省的最高僧官都总统一职,而且少林寺也成为中原佛教界的一个领头寺院,国内许多著名的高僧大德相继在少林寺做住持、执事等要职。元代少林寺僧众达2000人之多,在历史上是空前的。众多的少林弟子相继出任各地的僧官,如"襄阳府路都僧录"、"大名府路都僧录"的慧庆,"河南西路十州提领"慧肃,"陕府僧判"智资,等等,极大提高了少林寺在全国的知名度,增加了少林高僧在佛教界的影响力。少林高僧的努力不但为少林寺的振兴做出了贡献,还有力地推动了元朝佛教事业的发展。

有元一代,自雪庭福裕住持少林寺,紧密依靠元朝帝室的支持,势力隆盛,子孙繁衍,形成门户,法子法孙盘踞少林寺历元明而至清初,长达500余年之久,且其法裔远播至江西、福建、广东等南方地区。

元代印《大乘阿毗达磨杂集论》图

尽管有人对雪庭福裕等人有"勾结帝室"、"僧侣地主"之微词,但正是雪庭福裕中兴了少林寺,使曹洞宗禅法得以正传。"复嵩山如祖师再出世、倡道垂教于天壤间,如鼓雷霆而揭日月",不能不承认雪庭福裕在两项洞中的承上启下作用是巨大的。

(二)少林寺的兴盛与发展

元代的少林寺在全国佛教界有着很高的地位,它不但是中原佛教界的一个领头寺院,而且少林寺住持除雪庭福裕外,足庵、灵隐、中林、古岩、月岩、损庵、凤林、慧山、慧庆等均受到皇帝的"恩宣"。始于宋代的住持赐封制度,到元朝才大规模开始。元代的少林寺,是一个拥有众多分院、下院的广大佛寺。雪庭福裕主持少林寺时,将嵩山诸寺归于少林门下,成为其分院。其所属下院更是数量多而分布广。仅后至元二年(1336年)所铸的钟铭上,少林寺的下院就达23个,远及方城、信阳、灵宝、卢氏、永宁等地。此外,雪庭福裕还在内蒙古和林、河北燕蓟、陕西长安、山西太原、河南洛阳分别建造了五座少林寺。元朝寺院的修建极盛,寺内最高的殿宇钟楼、鼓楼及达摩亭、廊庑等皆为元朝所建。

拙纳思慧的《少林寺第十代妙严弘法大禅师古岩就公和尚道行碑铭并序》中的一段文字可以概括曹洞宗的这段传承:"青原四世,而有洞山。耽章继出,盛荆湖间。曹洞门庭,家风绵密。玉线金针,唯师(指雪庭法孙古岩)委悉。芙蓉一枝,应谶朔方。青州南来,孕蕊腾芳。传至万松,声喧天下。雪庭承之,日增高价。"

这一时期,少林寺的兴盛程度达到历代顶峰,仅河南境内的少林寺及其下院就占地5万多亩,即

3300多公顷,寺僧发展到四五万之众,这时的少林寺可谓如日中天。

雪庭福裕有许多弟子作了少林寺的住持或执事并得到朝廷的敕赐,著名的有五峰慧庆、足庵慧肃、灵隐文泰、中林智泰、藏云慧山、普惠慧道、慧炬、在庵慧正、通辩慧定等。

中林智泰自1282~1290年间住持少林寺8年,"振万松一代之玄纲,续少室千年之慧命"(空然普秀撰《少林住持泰公禅师之碑》)。他致力于寺院建设,如创建须弥法座一所,翻新琉璃大殿、祖师殿、三门、厨库、寮舍等,于1286年修设了"药师、罗汉水陆大会"。中林智泰作住持时,少林寺扩大寺僧人数达千人之多。后由朝廷钦命,调他去住持太原府中林报恩禅寺。

雪庭福裕弟子普惠慧道(1237~1299年),在少林寺任都提举期间,在住持中林智泰领导下,筹办了至元二十三年(1286年)的"法界圣凡水陆普度大斋胜会",该会是佛教界超度天下"六道"、"四生"无量苦难的大功德法。大会进行了三昼夜,赴会修供者不可胜数,什物灿然一新,库中委积丰盛。普惠慧道还独立化缘,重修了少林寺大殿。后到浙江余杭的大普宁寺,购得新刊的《大藏经》约6000卷,并在少林寺创建"藏经阁",用以贮藏这部《大藏经》。普惠慧道还在偃师县东创建了一所下院(某某庵),自己做"庵主",度落发30余员。

在雪庭福裕众弟子中,对少林寺贡献最大的是少林寺提举藏云慧山。雪庭福裕弟子藏云慧山(1243~1308年),登封人,7岁时出家入少林寺,礼雪庭福裕为师。慧山禀气温和,赋质果毅,曾跟随福裕北上大万寿寺,又不惮劳苦数赴"龙沙"——哈喇和林(成吉思汗时定为国都,后元朝定大都于北京,和林成为北行省的省府)。藏云慧山于1274年他自雪庭福裕回到少林寺,始终任少林执事50年,对少林寺贡献最大。他为少林寺筹建"水陆大会",二次远赴杭州求大藏经一部,创建"转轮阁",为国祈福。

藏云慧山最大的贡献是在至元三十一年(1294年)两次诣阙下,奏请增加少林寺下院。经过努力,皇帝圣旨、皇储令旨、诸王令旨、帝师法旨、都僧省榜文一一指示下来,批准少林寺"护持"下院12所:

熊耳山空相寺、龙门山宝应寺

河南府(洛阳)天庆寺

登封龙潭寺、善护寺

虢州(灵宝)普福寺

水北(陕县)安国寺

钧州(禹县)庵头普照寺

南阳府维摩禅寺

南阳花山潭药王寺、观音院

卢氏县博相谷上生寺

鼠儿年(1308年)三月十三日从大都写来的"圣旨",刻于圣旨碑第四段。后至元二年(1336年)十月二十五日,少林寺铁钟上所列下院已达23所之多。当时的住持是息庵义让。增加的11所寺院是:

偃师县白龙潭玉泉寺

登封永泰寺

雪庭福裕

钧州（禹县）开元寺、三峰寺

信阳州妙相寺、寡妇寺（罗山县）

永宁（洛宁县）白马寺

缑氏（偃师）永庆寺

府店（偃师）净名寺

后河（登封）庄严寺、龙兴寺

这23所下院的名字见于1336年所铸的大铁钟上，可证这种格局大概维持到元末。

少林寺元代所铸铁锅

足庵净肃任少林寺住持时间大约是在1368年前后。在此之处，他还做过山东长清灵岩寺和大都万寿寺住持，因禅学深广，号称"法窟"。立于少林寺常住院内的蒙元白话《圣旨》碑的第三段，就是元世祖忽必烈给少林寺净肃长圣旨，时间是"龙儿年（1368年）正月二十五日"，从"青山儿里有的时分写来"，内容是不许侵占少林寺的田地、仓粮、园林、碾磨、浴血奋战房、店铺；可以不交地税、商税、不服差役，不支应铺马等等。

足庵慧肃的弟子古岩普就于1313～1317年任少林寺住持。他在少林寺除修葺殿宇，置庄开田外，重点推行了《百丈清规》（即宋版《禅苑清规》），规范丛林制度，改革"弊风"，使"玄纲大振，道化日新"。此件共3卷，元至大四年（1311年）刊行过。元代曾命僧人德辉重新编写了《敕修百丈清规》于1366年下令遍行天下丛林，但比古岩普就在少林寺推行这一清规晚了20多年。

息庵义让于1336～1340年任少林寺住持。古岩普就为少林寺住持时，息庵义让也随至少林寺，晨夕参请，机缘相契，乃密付衣颂，使续洞上宗风，且令他担任书记之职。古岩去世，息庵义让便南下南阳香岩禅寺（河南淅川县白岩山中），为维那之职。又司记室于宝丰县香山寺，做首座于嵩山法王寺。至治二年（1322年），开堂于洛阳天庆寺，后又于熊耳山空相寺和山东灵岩寺，所到之处，革故鼎新，百废俱举。息庵在少林寺除传道扬化外，更注重于庄严法社之举。妆銮殿宇，修整仓库、庄园、水井、寮房等，祖刹为之改观，仓储十倍于常。

元代嵩山地区高僧中，有两位法名叫"文才"的人，一位是华严宗大师，号仲华，全称仲华文才，著有《华严悬谈详略》5卷、《肇论略疏》3卷、《慧灯集》2卷等；另一位是禅宗大师，号淳拙，全称淳拙文才。淳拙文才曾于1324～1329年及1345～1352年两度担任少林寺住持，在他主事期间，他立钟楼、储库等，考证了《五经音释》《华严义海》《百门注解》，扩充田产20顷。他还曾为白马寺撰写了《洛京白马寺祖庭记》碑文（1333年立），撰写了《初宜菩提达摩大师来往实迹之记》碑文（1347年立），后者多据传说，不少臆断。后人评论：淳拙文才老人厌弃芬华，脱略声利，一衲泊然，栖禅林下。以清淡自居，独拔当世，真是本色住持，见道高僧也。淳拙文才死于1352年，而他的灵塔却建于公元1392年，竟拖了40年之久。

至正十一年（1351年），红巾军起义爆发。红巾军是元朝末年起来反抗元朝的主要起事力量，他们最初是与明教、弥勒教、白莲教等民间宗教结合所发动的，宣传"弥勒佛下生、明王出世"。因打红旗，头扎红巾，故称作"红巾"或"红军"，又因焚香聚众，又被称作香军。各地农民起义也纷纷燃起战火,邓州王权的北琐红军转战豫南和豫西,一度攻陷了河南府(洛阳)。唐州、嵩州、汝州皆被攻占。此后不久,北起辽河,南至长江,东南江浙,西北陕甘,义军蓬起,战火连天。

至正十一年三月二十六日,颖州红巾军入少林寺掠取粮草,遭到了寺曾的反抗。据《少林寺志》载:至正初年(1341年),一名烧火僧在厨中作务,数年辛勤,终日寡言,闲则闭目打坐,人皆异之,不知姓名。后红巾军率众突到少林寺,欲行劫掠,此僧持以烧火棍出,变形数十丈,独立山峰,大叫:"吾是紧那罗王也!"众惊恐而逃。少林寺众僧念其护寺有功,遂恭敬为少林伽蓝神。少林寺现存一通反映紧那罗王御红巾军的碑刻,碑的正面刻有《紧那罗王像》,画面上紧那罗王手持烧火棍立于两山顶端,高大无比。左侧绘有少林寺钟楼,右侧绘藏经阁(鼓楼),上面有题记:"至正十一年庚寅,史记十一年红巾作乱。"

从红巾军入少林寺作乱,到至正二十年(1360年),少林寺只剩下了20多人,寺宇残毁,仅存其半。佛像也被刮金破背,掏取宝藏,惨不忍睹。

元代末年的少林寺住持是嵩溪子定。嵩溪子定,偃师县仙君保人。初入少林寺为行童,礼古崖就公为师,又扣月照江公、淳拙才公法席。先后任少林寺维那、书记、藏主、庵主、提点、首座之职。他在元末的1360~1362年和明初的1368~1369年两次担任少林寺住持。子定在危难之际,他率领留下的20多位老僧、病僧,日则耕耘,夜则参禅,维系山门。他本人"率众农作,以身先之","力田给众",支撑了3年。这期间,少林寺僧恢复到500多人。嵩溪子定退席后,孤处二祖庵,隆冬盛暑,参禅不止。明洪武十一年(1378年),子定任熊耳山空相寺住持4年,后移退居永宁白马寺(今河南省洛宁县),日讲《莲经》不辍,顿悟"法华三昧"。

(三)元代少林武术的发展机遇

少林武术在元代有了一个奇特的发展机遇,那就是著名少林寺武僧觉远的出现,和觉远请来的全国著名武林高手李叟和白玉峰作为少林寺武教头的到来,使少林武术得到了一个全面的充实与发展。

觉远,著名少林寺武僧。祖籍严州(今浙江建德人),世家公子。为人性情豪爽,喜爱技击与剑术,幼入少林寺拜洪温禅师为师。洪温精于硬气功和桩功,耄耋之年尚能头顶百斤,双膝架人。觉远跟他习禅练武,深得精髓,对十八罗汉手大悟,推衍变化增加,化散式为整式,发展为72手,参互错综,重视实用,微妙不测,达到了出神入化之境。

当时,觉远已经提出了少林拳内外双修的方法和理论,说:"力以能柔而刚,气以善运而充,力从气出,气隐力显,无气则自身而生乎?外家之力,其来也猛,猛则多浮而鲜沉。内家之力,其来也若有其意无意之间,必抵隙沾实,而后全力一吐,沉重如山,可以气透肤里。此其故,盖由外家之力刚,内家之力柔,刚则虚浮,柔则沉实,习之即久,自能觉悟。盖一掌一拳打出,手一着力,则气有三停:一停于盲穴,二停于肘拐,三停于掌根,如是而后力能贯透指颠或掌心也。至于柔运(即纯粹之气功)之力,则与此不同,一举手则全身奔赴于气之所运,所谓意到气到,捷于声响,精粗之别,学者于此可悟矣。"这段话无疑可以力证

觉远

此时的少林武术是重内练而并非是重外练。少林武术之发力是以内导外,用意运气使力。内练心宜静,不静则气不清神不定。练外运宜勤,不勤则手不敏足不捷。所以内练主静,外练主动,不辨自明。觉远不但在武术上实践上有精深的功夫,在理论上也有一定的钻研,著有《罗汉七十二手》、《少林擒拿一百招》。

作为少林寺武教头的觉远和尚虽身怀绝技,但他仍不满足自己的武术技能,为了进一步提高自己,征得师傅洪温法师应允,改俗装,出游四方,一为寻访少林宗派,二为求道于武林高手。觉远先后游遍了川、楚、滇、陕、晋、甘等地,访问了众多的武术名家高手,吸纳了各派武术技击之要点,并结合少林寺原有的武术内容,在练功的方法上进行了创新,在技术理论上提出了气与力合、练养结合的新的论点,使少林武术找到了练武增力的诀窍门经。

就是在觉远遍访全国众多武林高手之时,他有幸在洛阳结识了当时已经是闻名全国的武术高手李叟和白玉峰。

秋月和尚(白玉峰)

李叟,原名李延寿,原籍河南。据有关资料介绍李叟在少年时候,就喜欢武术,以擒拿出名,且精于棍术,后做生意到了兰州,便无人知晓他会武术。他平时喜欢练大、小洪(红)拳,故身法矫健,以掌法骈指为独到绝技。60岁的时候,客居甘肃兰州与其子一起以小贩为生,因不慎与一恶痞发生摩擦,再三谦虚,恶痞仍不让步,又打又踢,李叟轻轻地用右手骈两指在恶痞之背敲击了一下,恶痞便跌倒在地,且唇青面白,痛不可忍,可见李叟的武功技术能力之强。

白玉峰,李叟的朋友,也是我国技击家之泰斗。白玉峰常居洛阳,以授徒谋生,身躯瘦小,而精锐之气逼人,年五十有余,仍健壮异常。白玉峰从小生于富贵之家,因生性酷爱武术,只要有一技之长者便请于家中求教,时间一长家中财产都被他因学习武术而耗尽。家道中落后,他便卖掉房子携资周游四方,求教于各派武术高手,对气功、剑术最为精湛。

少林武僧觉远与李叟、白玉峰认识后,同居洛阳同福寺,一同倾心演练武术。在此期间,觉远受少林寺方丈之托,邀请李叟、白玉峰到少林寺教练武术。开始,李叟与白玉峰不以为然,相处一段时间后,俩人深感觉远的诚恳之意,即答应与觉远一起同归少林。

李叟在少林寺主传传大、小洪拳,棍术和擒拿。李叟将擒拿与棍法等绝技融会于少林棍法与拳术之中,进一步提高了少林拳、棍的技击效果。据载:李叟所传棍法为单头式,有七法,即点、拨、扫、撬、压、坐、退跃。李叟创编的《少林十三抓》,就是取少林拳法的精华技击部分创研编制而成,至今仍有传人。

白玉峰在少林寺主传龙、虎、蛇、豹、鹤五拳及气功,把少林寺的罗汉18手发展到170多手,又编著了《五拳精要》,阐述龙拳、虎拳、蛇拳、豹拳、鹤拳的练习和用法。白玉峰将旧时罗汉18手创增之172手。他还根据华佗的《五禽戏》改鹿、熊、猿三者为龙、豹、蛇,变鸟为鹤,撰写了五拳精要一本,系统完善地阐述了"龙、虎、豹、蛇、鹤"五拳特点和手、足、身、眼、步法等五拳的练法要领。

李叟、白玉峰二人在少林寺不仅将自己几十年的武艺精华和超人的功夫,毫无保留地传授给了寺内众僧,对众僧演练的各种套路逐一作了指点矫正,而且对少林武术部分拳术套路增补了招式,使其攻防兼备,节奏严谨,利用实战,如罗汉拳、行龙剑、黑虎拳、六合拳、踢打擒拿24势等。自从李叟与白玉峰到少林寺之后,李、白二人向众僧传授了大洪拳、小洪拳、擒拿、剑术、气功等武技,取少林旧时宗法融会贯通。

觉远和李叟、白玉峰在少林寺在教僧习武的同时,并不断地在一起切磋武技,将练气与练力融为一体,注重内功的运用,力争形神兼备,系统完善各种武技的练法要领,自此少林技击功法在历史上第一次有了一个大的变化和飞跃,使少林武术不断地趋于成熟。

(四) 少林寺的外国僧人

元代的嵩山少林寺曾有多位日本高僧在此习法。唐宋以来,日本人以中国为"佛国",遣僧西渡,相望于途。据不完全统计,元朝时期,日本高僧西渡来中国的就有些220多位。有史料记载,曾驻锡于少林寺的日本沙门有古源邵元、祖继大智、嫩桂祐荣、龙山德见。

祖继大智历参古林清茂、云外云岫、中峰明本、无见先睹各位禅老,修学普洞宗旨,于元泰年间(1312年)来少林寺,苦行修炼13年之久,学到了少林拳和少林棍,于1324年回国。祖继大智在日本加贺他祗陀寺,在熊本创广福寺。广收门徒,传授武技,使中国少林武术传入日本。

嫩桂祐荣,入元及返国年代不详。回国后在越前创立了日本少林寺。

龙山德见,据仅有的史料记载中,可知因被官方怀疑是"倭寇",一度拘押于洛阳白马寺。

"丹青多彩,辉金饰宝。可惜今已无存。"

邵元,号古源。据《少林寺志》记载:日僧邵元和尚长期居住在少林寺。他精通汉文,擅长书法,初任书记,后任首座僧,并得到少林武术之传授,于1347年回国,将少林武术带到日本,广为传播,深受日本人民的尊敬,被称之"国魂"。

邵元在嵩山少林寺曾久住二祖庵,曾任少林寺"书记"、"首座"等职,协助两任方丈僧,即菊庵法照和息庵义让办理日常佛事。今少林寺方丈室前东侧的一座重630斤的大铁钟,就是邵元和和息庵等铸,铁钟上有"住持嗣祖沙门息庵"和"书记邵元"的题名。邵元精通汉文,且擅长书法,后来成为禅学造诣很深的大德,曾作为全国100名高僧之一,到元朝首都参与《大藏经》的翻译。邵元在华长达21年,为元代禅宗卓越之留学僧。邵元撰写的立于少林寺的《显教圆通大禅师照公和尚塔铭》和《息庵禅师行实之碑》,永远留名于我国金石史上,也是元代中日两国佛界僧人友好往来和文化交流的历史见证。20世纪70年代,郭沫若先生生前见到邵元撰写的《息庵禅师道行碑记》和《照公和尚塔铭》时,为两碑各题诗一首以表赞誉。

《息庵禅师道行碑记》题诗:

息庵是邵元文,求法来唐不让仁。愿作典型千万代,相师相学倍相亲。

《照公和尚塔铭》题诗:

邵元撰写照公塔,仿佛唐僧留印年。花落花开沤起灭,何缘哀痛着陈言?

邵元回日本国后,曾在京都大圣寺、等持寺、兵库县法云寺说法。他又是东福寺峰宗源的法嗣,传临济宗禅法。

五、蒙元时期的白马寺

（一）白马寺与元代帝师八思巴

元代帝师八思巴

洛阳白马寺是佛教传入中土汉代官方所立的第一座佛寺，因而有"释源"和"祖庭"之称，在中国佛教史上占据重要的位置。然而，就是这么一座古老的寺院，随着中国历史上的战乱硝烟，也时兴时废，经历了不同时代的风雨洗刷。如在东汉末年的战乱、西晋的"八王之乱"和"永嘉之乱"、东魏"侯景之乱"、唐代的"安史之乱"中，白马寺都遭到过严重的毁坏。与中国其他古老的寺院一样，白马寺在毁坏与重修之间，延续着自己上千年的历史。元代之前，白马寺遭到的最严重的毁坏是在宋钦宗靖康年间（1126年），由于金人的劫掠焚烧，到金大定十五年（1175年），白马寺被破坏殆尽："寺与浮图俱废。唯留余址，鞠为瓦子堆、茂草场者，今五十载矣。"

在这种情况下，白马寺遇到了一个能改变其面貌的贵人，这个贵人就是元代帝师八思巴。八思巴（1235～1280年），藏传佛教萨迦派第5代祖师，元代忽必烈的帝师。帝师则是元代对西藏萨迦派的昆氏家族及该派其他僧人最尊崇的一个封号，也是当时最高的僧职，因为帝师总领宣政院，掌管全国佛教及吐蕃事务。帝师虽为藏族僧人，但是，他们对汉地佛教的发展也起到了很大的作用。八思巴在嵩山活动期间，与嵩山地区领头的寺院少林寺与白马寺都有着密切的联系，与嵩山地区的许多名僧，也有着不同程度的关系。

史料记载，在戊午年（1258年）佛道辩论大会上，作为佛教界的名人，八思巴站在佛教一方参加了辩论。八思巴及雪庭福裕、龙川行育在这次辩论中，都有出色的表现。尤其是八思巴在这次辩论中显示了渊博的学识和出色的雄辩才能。《帝师行状》中记载："戊午，师二十岁，释道订正化胡经。宪宗皇帝诏师剖析是非，道不能答，自弃其学，上大悦。"可见，八思巴在这次辩伪活动中起了很重要的作用。具体而言，据《至元辩伪录》记载，在论争中，当道士在回答僧人所问的"佛是何意"出现错误时，道者又持《史记》诸书以进，欲出多说侥幸取胜。帝师板的达发合思八曰："此是何书？"道曰："前代帝王之书。"上曰："汝今持论教法，何用攀援前代帝王。"帝师曰："我天竺亦有此书。汝闻之乎？"对曰："未也。"帝师曰："我为汝说，天竺频婆罗王赞佛偈曰：'天上天下无如佛，十方世界亦无比。世间所有我尽见，一切无有如佛者。'当其说是语时，老子安在？"道不能对。帝师又问："汝《史记》有化胡之说否？"曰："无。"又问："老子所传何经？"曰："《道德经》。"曰："此外更有何经？"曰："无。"曰："《道德经》中有化胡事否？"曰："无。"帝师曰："《史记》中既无，《道德经》中又无，其为伪妄明矣！"道者辞屈。尚书姚枢曰："道者负矣。"上命如约行罚，遣近臣脱欢将道者樊志应等十有七人，诣龙光寺削发为僧。焚伪经45部。天下佛寺为道流所据者237区，至是悉命归之。

从这段记载来看，八思巴在"至元辩伪"中起到决定性的作用。八思巴在辩伪活动结束后，还特意写下了《调伏外道大师记》来记载这件事。

戊午年佛道大辩论会之后，八思巴与他一起参加戊午年佛道辩论会的少林寺住持雪庭福裕和龙门县讲主龙川行育都在佛教事业上有了进一步的发展的提升。雪庭福裕不但被授以执掌全国佛教都僧省的最高僧官都总统一职,圆寂后还被封为"晋国公",这是少林历史上惟一被封为"国公"的僧人,在中国佛教史上占有重要地位。

忽必烈称帝之前,为发展佛教,就重用太保刘秉忠、著名高僧海云、雪庭福裕、龙川行育等一大批高僧屡承顾问,成为辅佐,其中帝师八思巴的作用,是不能否认的。

按照遗留下来的碑刻资料,原任龙门县(今河北省宣化西北的龙关镇一带)某寺讲主的龙川行育。八思巴是吐蕃人,龙川是女真人,在蒙元时代均属"色目人",高于汉人一等,自然更易结合走近。由于在戊午年佛道大辩论中初露锋芒,受到忽必烈和八思巴的极度重视,赐以袈裟,加之封号,并用为西安兴教寺及洛阳白马寺住持。

按照《龙川和尚塔志》记载,行育是"女真人,姓纳合氏。得度于宝应秀,受业于永安柔。量宇弘远,识鉴高明。在戊午年佛道大辩论会上,因辩謇缁黄,世祖皇帝赐赤僧伽梨,加'扶宗弘教大师'之号。江南皈命,诏令总摄江淮诸路僧事。帝师八思巴甚器重之,一时贤贵,如太保刘文贞公之辈,皆引为友辅。"

上文中的"宝应秀"就是金、元时期的名僧万松行秀;"永安柔"是华严宗名僧善柔。道士戴黄冠,僧人穿缁衣,所以一般合称缁黄,"辩謇缁黄",是指他参与了蒙元时期的佛道辩论。在此次辩论中,因为龙川表现突出,所以元世祖赐其红色的僧衣,并封其为"扶宗弘教大师"。所谓"江南皈命",就是元灭南宋。《佛祖历代通载》记述说:"宋平宋已,彼境教不流通。天下拣选教僧三十员,往彼说法利生,由是直南教道大兴"。即在此时,龙川走马上任"江淮诸路释教总摄"。

龙川行育得以受封为"扶宗弘教大师",实际上是受到了国师八思巴的举荐。现在留存下来的、嵌于白马寺上僧院西院壁间的"七古诗",是由龙川的挚友商挺为龙川所作有诗赞,全诗明确地记载了其中的前因后果:

龙川大士僧中雄,名响凤夕闻天聪,诏命殿上坐持论,慈音涌出琉璃筒。

众流截断具真见,有敌不敢当机锋。帝师欢喜上奏请,赐号弘教扶其宗。

至元七年(1270年),八思巴被封为帝师、大宝法王后,他"集郡国教释诸僧,登坛演法"。期间,八思巴询问众人汉地佛法传入中国始于何时、首先在哪一个寺庙出现时,在座的龙川行育便以汉明帝"永平求法"的事情回复,这中间自然要提到汉明帝修建的白马寺,借此机会,龙川行育提出了重建白马寺的请求。八思巴"嘉纳",并将龙川行育的请求上奏元世祖,世祖下令让龙川行育总理修寺事务。《龙川和尚塔志》载:"帝师八思巴以释源白马寺荒废岁久,奏于元世祖,请龙川兴葺,仍假怀、孟六县官田之租以供支度。"这样,在帝师八思巴的荐举下,白马寺大规模的重修活动终于在忽必烈的支持下得以成行。

但是,工程进行得并不顺利,寺院在重修之初所需的费用主要来自于各方的布施,这显然是杯水车薪,所以"涛更岁龠而未睹成效"。八思巴听说以后,便让胆巴上师监理其事。胆巴(1230～1303年),吐蕃喇嘛。朵甘思的旦麻人(即今青海玉树藏族自治州称多县人)。9岁时,便能很流利地背诵一些梵咒;12岁时,对经咒坛法也能通达;24岁时讲演《大喜乐本续》,四众悦服。以后到西天竺国参礼大德古达麻室利,尽得其传。胆巴从西天竺学成归来后,就住在家乡旦麻。大约在1268年,八思巴由萨迦返回大都途径旦麻时,将胆巴一同带归大都,推荐给忽必烈。忽必烈命他住在五台山寿宁寺,"时怀孟大旱,世祖命祷之,立雨。又尝咒食投龙湫,顷之奇花异果上尊涌出波面,取以上进,世祖大悦"(《元史·释老传》)。胆巴修摩诃葛剌神(大黑天)有神验,据《佛祖通载》记载,胆巴在元朝向南宋用兵之际,曾祷于摩诃葛剌神,阴助兵事。胆巴虽然并未位列元代的14位帝师之中,但在皇庆年间

(1312~1313年),元仁宗追封他为"大觉普惠广照无上胆巴帝师"。

八思巴让胆巴督造白马寺的目的,是想借助胆巴的社会影响,快速推进这件事。胆巴上书请求以大护国仁王寺的田租作为兴修白马寺的工程费用,得到批准。大护国仁王寺是由忽必烈的察必皇后(昭睿顺圣皇后)下令修建的皇家寺庙,也是元朝最大和最重要的寺庙,据《日下旧闻考》记载,当时有殿宇175间,房舍2065间,且精美绝伦,"其严好若天宫内苑移下人间"。大护国仁王寺的田产也很多,《日下旧闻考》卷98引《程雪楼文集·大护国仁王寺恒产碑》记载,当时该寺在全国拥有土地六万三千余顷,并广有人户、林木、矿冶,寺产之巨实为罕见。能将这样一座寺院的寺属田产(指怀、孟六县)的田租用来推进白马寺的重建,也只有胆巴这样为朝廷器重的藏族僧人才能办到。

除此之外,当时的东宫太子真金也出资相助。真金是八思巴的弟子,八思巴特意作《彰所知论》为其讲述佛法。真金出资重建白马寺,与八思巴也不能说完全没有关系。

在八思巴和胆巴真金的支持下,白马寺的修建工程大规模地展开。到大德四年(1300年),白马寺完工,前后历经20来年。重建的白马寺"殿九楹,法堂五楹,前三其门,傍翼以阁,云房精舍,斋庖库厩,以次完具,位置尊严,绘塑精妙,盖与都城万安、兴教、仁王三大刹比绩焉。""其精巧臻极,咸曰稀有"。

白马寺重建后,大护国仁王寺欲收回寺院田租的使用权。此时,龙川行育已经圆寂,继任白马寺寺主的是仲华文才(1241~1302年)。仲华文才即遣僧人对胆巴曰:"转经颂禧,寺所以来众僧也。有寺无田,众安仰?"胆巴便让宣政院官员达什爱满等上奏,将大护国仁王寺借与白马寺田租的土地赏赐给白马寺,并且成宗还敕有司世世勿夺,实际上成为白马寺的恒产。

被赏赐给白马寺的为大护国仁王寺在怀、孟六县的水陆田产,这怀、孟六县具体指的是怀庆路所领的河内、修武、武陟、河阳、济源、温县,共有田地1600顷,这笔田产划归白马寺,对白马寺的发展至关重要。胆巴能促成这件事,这也跟他当时的身份有关。因为在元贞乙未四月(1295年),胆巴"奉诏前往大护国仁王寺,敕太府具驾前依仗,百官护送。"所以,此时胆巴是住在大护国仁王寺,以他的身份地位,完全可以主持大护国仁王寺的事务。也许正是这种特殊的身份,才使得大护国仁王寺的田产顺利地划归在白马寺的名下。

此外,大护国仁王寺是当时一座和藏族僧人关系密切的寺院。帝师八思巴在至元十七年(1280年)圆寂后,元廷在大护国仁王寺内建大塔,奉藏真身舍利。胆巴去世后,元成宗赐沉香及檀香木等火化遗体,并命送其舍利至大都,于大护国仁王寺庆安塔中供放。因此,用大护国仁王寺的田租修建白马寺,直至最后将这些田产赐给白马寺,这在元代本身就是藏汉佛寺以及藏汉佛教互相交融的一个典范。

帝师八思巴和吐蕃喇嘛胆巴在白马寺重建中所起到的重要作用,使得当时的白马寺僧众甚为感激,所以流传下来的石碑、塔铭,如《龙川和尚遗嘱记》、《大元重修释源大白马寺赐田功德碑》、《扶宗弘教大师奉诏修白马寺纪实》、《龙川和尚塔志》中对他们皆有记载。

元代修缮白马寺的经过与结果,全都在记载于园觉所述之的龙川行育的《遗嘱记》中。《遗嘱记》云:"先师维(蔚)扬之行也,予知世缘之将尽,乃召门弟子海珍等大书遗嘱。悉以平昔衣盂之分黄金一百两、白银一十五锭,俾充释源造像之资;并以近寺西北陆田二百亩岁收所属,充本寺长供。自余圣像、经籍、法衣、器用付之常住,传流护持。"

"又令殊万圣于清凉山,馔佛僧于燕台悯忠(北京法源寺)、万安(大圣寿万安寺、今北京白塔寺)、宝集、崇孝、崇国(今北京护国寺)等五大刹。暨余中外咸处分讫,乃曰:清凉祖师云:大明不能破长夜之昏,慈母不能保身后之子。今吾斯往,再会难期;人各勉旃,同荷祖刹。"珍等涕泣稽颡,敬奉严训。

元贞二年(1296年),沈胆巴上士奏圣旨,遣成大使驰届寺,塑佛、菩萨于大殿者五(即一佛二弟子二菩萨)及三门四天王,计费中统钞二百锭。

大德三年(1299年),召本府马君祥寺妆绘,又费三百五十锭。其精巧臻极,感曰稀有。每岁三月十三日师之示灭,四月初五师之铭忌,严办上供,以馔佛僧,永为例程。其余所委,一一遵行。仍命园觉敬述梗概,刊诸贞石,示不忘也。……(大德十一年四月门弟子海珍、海祐、海贵、海信、海政等立石)

龙川行育的这则《遗嘱记》概述了元代白马寺修葺、塑像和妆绘的过程,也交待了经费支出等情况。

元代重修白马寺以及白马寺最终得到1600顷土地田产,都是在当时的帝师八思巴和胆巴上师的支持下完成的。重修白马寺的举措和过程,充分体现了当时藏汉佛教水乳交融的和谐局面。

此外,嵩山地区的元代佛教还有一个重要的现象,就是在洛阳白马寺的寺主中,不但龙川行育和帝师八思巴和关系密切,而且龙川以后的白马寺其他寺主和嗣法弟子也和其他几任元朝的帝师有不同程度的关系,这也是元代各民族文化间密切交流的结果。

龙川行育圆寂后,白马寺寺主空缺。河南僧录、宗密圆融大师慧觉推荐仲华文才,元世祖特降旨,命主洛阳白马寺,为"释源宗主"(元代白马寺住持的特有封号)。仲华文才,自受具后,遍游讲肆,尽得贤首之学。初隐成纪(今甘肃天水),以松树筑室,欲作终身之所,故人称"松堂"和尚。仲华文才上任后,率其属下,秉承龙川遗命于元贞二年(1296年)在白马寺大殿塑五尊佛、菩萨像,在山门塑四天王像。大德三年(1299年)召本府马君祥等庄绘,极其精巧。并经胆巴得白马寺赐田之命。仲华文才主白马寺,学者川奔海会,声誉日隆。仲华文才曾经撰写了《洛京白马寺祖庭记》一文,记述佛教源流和白马寺始末,在仲华文才去世后,元代至顺四年(1333年)立碑于白马寺。此碑传为赵頫所书,是一件珍贵的文物。

仲华文才

时值元成宗在五台山建成大万圣佑国寺,成宗认为作为名山大寺,非天下之名僧不能主持之,所以下诏让当时的帝师迦罗斯巴负责诏求开山第一代住持的人选。这里的迦罗斯巴在汉藏史籍帝师中没有确切对应的译名。迦罗斯巴(?~1303年),元代第五任帝师。又名扎巴俄色,《元史·释老传》里写作乞剌斯斡节儿。其藏文名扎巴,按照元代对藏文的拼写方法,很容易被译为迦罗斯巴。迦罗斯巴曾作过八思巴的管庙长老,后来又作了第三任帝师的侍从。从1291年起,他先后成为世祖和成宗两朝的帝师。他在成宗朝很受恩宠,"成宗特造宝玉五方佛冠赐之。元贞元年(1295年),成宗又更赐双龙盘钮白玉印,文曰'大元帝师统领诸国僧尼中兴释教之印'"

就在帝师迦罗斯巴物色人选之时,恰逢仲华文才从洛阳前往谒见帝师,帝师"喜曰:'佑国寺得其人矣!'"在帝师迦罗斯巴的推荐下,成宗下诏文才以释源宗主兼居佑国寺,即铸金印,署"真觉国师"。仲华文才曾在帝师面前对此有推辞之意,帝师劝之曰:"此上命也,上于此事用心至焉,非女其谁与居?此吾教所系,女其勉之。"可见,迦罗斯巴对他十分看重,将他视为天下名僧之冠。

元代白马寺另外一个和帝师有间接关系的就是高僧法洪。法洪是陇西巩昌府成州(今甘肃渭川)人,俗姓刘。他在12岁时入成州兴化寺剃度为僧,20岁受具足戒后,出外游学参访,到洛阳时,仲华文才主洛阳白马寺。仲华文才见其禀赋非同寻常,就留侍左右,尽传其学。仁宗皇庆二年(1313年)宗密圆融大师慧觉卒,经过宣政院呈的奏请,仁宗下旨让法洪住持白马寺,不久,赐号"释源宗主"。1321年,英宗即位后,下诏各路立帝师殿,纪念八思巴。并追谥八思巴为"皇天之下一人之上开教宣文辅治大圣至德普觉真智祐国如意大宝法王西天佛子大元帝师班弥怛拔思发"。同年,敕建帝师殿碑,碑文就是由当时的光禄大夫大司徒大永福寺住持释源宗主法洪撰写的。因为各路都立有帝师殿,所以碑文中对帝师八思巴的生平记述及评价必须是十分准确的,并且带有官方性质。英宗让法洪来撰写这一碑文,至少传递出这样两个信息:一是朝廷十分器重法洪的才识;二是法洪对八思巴的事迹十分熟悉。这一碑文被全文收在《佛祖通载》中,进一步说明汉藏僧人在元代水乳交融的关系和汉藏佛教之间的密切联系。

与法洪大约同时的弘教大师慧印,也和白马寺及当时的帝师都有关系。慧印,俗姓张,为关西人。他是元代较为著名的僧人之一,《补续高僧传》和《五台山志》中皆有其传记。慧印少攻儒典,长习佛书。对华严、唯识、律宗、因明等均有涉猎,并且在唯识一学上颇有造诣。其华严学就是跟随白马寺大慧国师所习,因此也是白马寺的法嗣弟子。"及归山,上赐紫衣香药,遣旌幢,送至台山万圣祐国寺,以主法席。"所以,非常巧合的是慧印继仲华文才之后,成为万圣祐国寺的住持。而且,慧印还在至治元年(1321年),"从帝师受秘密之诀",也就是跟随帝师习学藏传佛教密法。此时的帝师是第八任帝师贡噶罗追坚赞贝桑波(《元史·释老传》中写作公哥罗古罗思监藏班藏卜)。他于1299年出生,从小聪慧过人,对所阅读的经典能过目不忘,9岁时就能背诵《喜金刚续第二品》。11岁被迎入大都,仁宗即位后,任命其为帝师,当时年仅16岁。对整个萨迦派而言,他做的一件至关重要的事情就是将整个教派划分成4个拉章,分给他的异母弟弟。每个拉章又各有自己的座主,父子相承,实际上削弱了萨迦派的势力。

所以,元代白马寺的寺主以及法嗣弟子不仅和元代的几代帝师关系密切,而且还有部分人也修习密法,这也包括在仲华文才之后出任寺主的慧觉(? ~1313年),他被元世祖赐号为"宗密圆融大师"。慧觉是姑臧人(今甘肃武威),出家后因为当时的西北一带信奉密乘,所以慧觉也是深得其道。他后来拜在文才的门下,又尽得其华严学真传,是一个显密兼修的人物。

综上所述,元代白马寺从各个方面和当时的几任帝师发生了深刻的关系,这种关系体现了元代汉藏两族僧人在佛教文化交流方面开放的心态,体现了元代汉藏佛教间密切的联系,体现了元代民族大融合。同时,使得嵩山地区的佛教直接取得了元代皇朝的支持,有幸在有元一代,嵩山地区接连不断地出现了全国释教的领军人物,使得这里高僧可到全国名寺任寺主。这种立足嵩山,面向全国的对外文化交流方式,不但推动了嵩山地区佛教的发展,而且使嵩山地区再次成为我国佛教的中心。

(二)白马寺夹纻干漆造像

元代夹纻干漆罗汉馆藏与洛阳白马寺内,白马寺的十八罗汉像,是目前国内仅知的一例组像,实为国宝。夹纻干漆工艺造像最重要的特点是重量轻、造型美、色泽鲜、耐酸碱、耐高温、防潮防腐、坚固结实等。

洛阳白马寺馆藏的元代"夹纻干漆"造像包括韦驮、韦力二天将、十八罗汉以及大雄殿内的"三世佛",即释迦牟尼佛、东方净琉璃世界药师佛、西方极乐世界阿弥陀佛,天王殿后的弥勒佛等。韦驮天将造像高2.17米,白皙英俊,温和文雅,韦力天将造像高2.01米,赫面瞪目,英武刚强。这两尊造像,通体匀称,比例得当,气韵生动,实为不可多得的佛教造像艺术珍品。

罗汉是梵文对"阿罗汉"的省称。白马寺里的十八罗汉,皆为坐像。罗汉通高介于1.55~1.61米之间。除其中一尊罗汉头戴"兜"以外,其余17尊皆削发光项,身皆披袈裟,彩绘描金,袈裟纹饰多不雷同。有所谓的"千佛袈裟",其上绘有许许多多的释迦牟尼像,结跏趺坐于莲花宝座之上。

十八罗汉虽皆为坐像,但坐姿式殊异,有全跏坐,半跏坐,摞盘坐,交脚坐等多种,手中所操也各不相同,或扶杖,或端山,或拈数珠,或捧经卷,或执笔,或托钵,或抱小狮,或所致如意等等。这一组罗汉造像生动,神情各异,形象逼真,把十八个不同年龄、不同风貌、不同性格、不同感情的罗汉,刻画得栩栩如生。

"夹纻干漆"这种造像工艺,不同于泥塑、木雕、石刻、铜铸等,它是中国古劳动人民独辟蹊径培育出来的一株工艺名花。这种造像工艺早已失传,在国内非常罕见。而"夹纻干漆"十八罗汉像在全国仅此一套,现为白马寺镇寺之宝。

夹纻是什么呢?纻是纻麻,是一种麻。夹纻说白了就是脱胎,我们现在老说脱胎漆器,拿着很轻的那个就叫脱胎漆器。夹纻的制作工艺就是充分利用的麻布的张力与漆的粘性。其造像工艺的大致过程是:首先工匠用泥制作出一个具体形状的原型泥胎,然后在泥胎的外表面刷上一层漆,再贴上一层由纻麻(布)、丝、棕等织成的布进行裱裹缚缠,然后再刷一层漆,再贴一层布。如此反复后,等到漆干,再将内部的泥胎取出,就剩下一个又牢固又非常轻便的漆器,最后再进行彩绘和描金等艺术工艺的加工,制成中空的塑像。用"夹纻干漆"制作出来的佛像就叫"脱胎像"、"空胎像"或"夹纻像"。此种造像具有厚实、稳重、丰满的特色,重量轻,造型美,色泽鲜,耐酸耐碱,防腐防潮,结实坚牢,经久不坏。由于采用的是夹纻干漆工艺,整个佛像虽看似雄伟,实则非常轻,大约是3公斤到5公斤。白马寺里保存的这组元代造像,迄今已有数百的历史,现在依然完好如故,色彩不退。

白马寺夹纻"十八罗汉像"之一

"夹纻干漆"工艺在我国有悠久的历史了,大约在战国时期已开始萌芽,其见于古代文献较早的是:东晋著名雕塑家、画家戴逵,曾于招隐寺作"夹纻干漆"五躯,当时人们把这五尊造像和狮子国(今斯里兰卡)所进玉佛、顾恺之所做的维摩诘像并称为"三绝"。据唐法琳《辩正论》中的记载:"晋常侍戴(逵)安道,学艺优远,造招隐寺,手自制五夹纻像,并相好无比。"梁简文帝曾作《为人造丈八夹纻金荡像》文,说明夹纻漆像在当时已经流行。

到了隋、唐,玄奘法师曾在瞿萨旦那国(于阗)也见有夹纻立佛像,可见在龟兹那边也有了这种夹纻像。尤其是初唐和盛唐时期,"夹纻干漆"造像工艺臻于成熟,且特盛于嵩山地区。如意元年(692年),武则天曾把嵩山少林寺的两尊神像迎入宫中,后改成脱胎夹纻像。另据唐代张鷟《朝野金载》说:"周(武则天)证圣元年(695年)薛师名怀义,造功德一千尺于明堂北,其中大像高九百尺,鼻如千斛船,小指中容数十人并坐,夹纻以漆之。"《旧唐书》记载像高100余尺,较之洛阳龙门石窟奉先寺的大卢舍那佛(高17.14米)还要高得多。这应是唐代最大的造像,也是我国历史上最大的"夹纻像",它足以证明唐代"夹纻干漆"工艺已十分发达。

在此之后,我国的"夹纻干漆"工艺又越过东海到日本。唐天宝二年(743年),扬州大云寺鉴真和尚东渡日本传法,夹纻造像之法由是传入彼邦。鉴真在日本传法10年,把盛唐文化全面地介绍给日本,对日本的佛学、医药学、工艺技术等都做出了不可磨灭的贡献,日本因此称他为过海大师。鉴真于公元763年6月21日圆寂于奈良唐招提寺,享年76岁。鉴真逝世前一年,由他的弟子忍基和思托根据鉴真的形象,用"夹纻干漆"工艺,制成等身大小的干漆夹贮坐像一尊,即日本奈良唐招提寺开山堂内的鉴真像,一直保存到今天。这是日本最早的以真实人物作为对象的优秀塑像,被日本列为"国宝"。日本人通称此造像工法为干漆(Lacquer),致使现在欧美及一般人只知有干漆而不知有夹纻脱胎之名。

夹纻像在唐宋元,甚至到明代都做得比较多,明以后"夹纻干漆"这种工艺逐渐失传。究其历史原因,这种塑像因为质轻,便于携运,所以在鸦片战争以后,中国大部分重要的夹纻像大都流向了国外,现在美国的大都会博物馆及西雅图博物馆各藏有唐代的夹纻脱胎佛坐像。

另据明代黄成所著《髹饰录》中有明言"重布胎"的方法,知为夹纻脱胎的遗法,之后明清两代一般漆器,宫廷所使用朱漆碗盘碟之类,大都用脱胎漆器来制作。但夹纻像再也没有复生。在夹纻像保存极少的今天,白马寺这组元代夹纻像是仅存的一例,在国内非常罕见,是研究"夹纻干漆"工艺珍贵难得的实物资料。

六、明朝嵩山佛教

元朝末年,嵩山各佛寺为了保护其政治、经济上的既得特权,在元王朝的支持下,以少林寺护法菩萨紧那罗王的名义联合起来,公开出面组织僧兵武装镇压农民红巾军起义。后来,农民起义军取得胜利,推翻了元朝统治,建立明王朝。这本来对嵩山佛教是十分不利的,但是,嵩山佛教不仅没有受到影响,反而保持了明朝统治时期长达267年的稳定繁盛期。

明太祖朱元璋早年曾为僧侣,但他看到元代佛教发展狂热的弊端,深知佛教之兴衰与比丘大众能否严守佛规关系极大。洪武元年(1368年),朱元璋一称帝就在中央设置善世院,开始对全国佛教进行整顿。洪武十五年(1382年),国家对佛教的整顿更加严厉。从中央到地方,各级都设僧司僧官。中央设僧录司,僧官分左、右善世。各府设僧纲司,僧官为左、右善教。各州设僧正司,僧官分左、右讲经。各县设僧会司,僧官称左、右觉义。僧录司中的僧官和全国各大寺院住持僧,均由礼部任命。对僧、尼实行三年发放一次度牒的制度。每次发放前都进行严格考试,经过考核,合格者发给度牒。对不通经典,不守戒律者,令其还俗。对僧、尼平时违法犯戒者,严加惩处。这些举措,缓和了佛教同广大人民群众的关系。

明初,嵩山高僧中出现了两位在明王朝僧录司任职的大家,他们的出现对嵩山佛教的发展,无疑是一个正面的影响。

在嵩山佛教整体发展中,以闻名于世的白马寺和少林寺为标志,从其发展轨迹中,从中看出明代嵩山佛教的发展情况。

(一)嵩山高僧中的两位大家

明初,嵩山高僧中出现了两位在明王朝僧录司任职的大家,一位是嵩山法王寺的斯道道衍,一位是嵩山曹洞宗雪庭福裕一系的雪轩道成。他们在明朝之初,有机会直接进入了明王朝专门管理佛教僧人的高层机构僧录司任职,特别是斯道道衍直接参与了永乐大帝的帝位和皇权问题。

斯道道衍,至正九年(1349年)出家为僧,后到嵩山大法王寺参禅,师承不明。同时,跟嵩山名道席应真学得阴阳五行术数之学,还结交著名术士袁珙。明洪武年间(1368～1398年),僧道衍到南方应僧试,考试以毕,回归嵩山途中路过北固山,遇临济大宗师季潭宗泐,有缘成为知己。不久,明太祖朱元璋选拔高僧为诸王(子)之师,当时,已任僧录司左善世的季潭宗泐,把道衍举荐为燕王朱棣师。于是道衍成为季潭宗泐的门生。同时,道衍在南方考试中留心考察、比较,得知镇守北边的燕王朱棣,文武双全,后来有江山者必是其人。便密谒燕王,称:"大王若使我侍,我奉你白冠一顶。"燕王不解其意,问其故。道衍笑而不答,遂以食指画地,先书一白字,又在白字下面书一王字,白王二字相加成"皇"。朱棣一见大喜,遂求太祖以道衍为师。道衍又把著名术士袁珙荐给燕王,后来,道衍和袁珙在"靖难之师"中屡次出谋划策,为燕王朱棣夺得帝位立了大功。

永乐元年(1403年),燕王朱棣遂即帝位,年号永乐,迁都北京。永乐皇帝论功行赏,道衍为第一,授僧录司左善世。永乐二年(1404年),再授道衍资善大夫,太子少师,并复其俗姓姚,赐名广孝。自此以后,永乐皇帝对僧道衍尊称"少师",而不呼其名。道衍坚持"居庆寿寺,带冠而朝。"永乐十六年(1418年),道衍圆寂在北京庆寿寺,终年84岁。永乐皇帝赐以推诚辅国协谋宣力文臣,特进荣禄大夫,上柱国荣国公,谥恭靖,并"亲制神道碑志其功。"

另一位是出自嵩山曹洞宗雪庭福裕一系的雪轩道成,应世硕德,秉承正印后,于大江南北畅演宗承,堪辨龙蛇,颇有建树。雪轩道成,讳道成,字鹭峰,河北保定人。后常居山东青州隐修。继应缁素坚请,出住普照寺。次迁莱州大泽山。洪武十五年(1382年),太祖朱元璋召立僧司,雪轩道成禅师膺选,授青州僧纲司都纲。三十年(1397年)八月,擢僧录司右讲经。洪武、永乐年间,常往应天(南京)天界寺。永乐元年(1403年),明成祖永乐帝登基即位,日本国遣使来贺。永乐帝遂遣大臣赵君仁和僧雪轩道成送日本国特使回国,并赠书通好。燕王朱棣夺得帝位后,德望之重,师法之尊,宗传之懿,才辩之瞻,皆足以化服彼方远人的雪轩道成被选任国使,奉诏赴日本密赞圣化,导扬德意。持节出使期间,雪轩道成禅师不辱使命,增重宗教。所到之处,随宜说法——或震之以法雷,或润之以法雨,或袭之以慈风,或煦之以慧日,俾窒者通,慧者明。接其言容者,无不拜伏向化。故回国后,擢升僧

斯道道衍

录司左善世。宣宗朱瞻基嗣位伊始,即遣官召雪轩道成禅师进京,引见便殿,慰劳甚至,仍命掌僧录司事。雪轩道成禅师一直在此任上干到宣德三年(1428年),上表请辞归山。宣宗悯其诚,特遣内臣护送,南还大天界寺西庵养老。

斯道道衍和雪轩道成,离开嵩山之后,专心国事,虽然再也没有回过嵩山,但是他们的任职和政治上的影响,无形是对嵩山僧人是一种巨大的鼓舞,对嵩山佛教也是一种巨大的保护。

(二)明代白马寺

对于释源祖庭白马寺来说,明朝的重修至关重要。洪武二十三年(1390年)明太祖朱元璋敕修白马寺;景泰年间,明政府曾规定各地寺观产业限制为60亩,估计白马寺也大致如此。由明代嘉靖二十年(1541年)刻立的由钦差后军都督府会昌侯孙泉、尚膳监太监黄锦等撰文的碑石可知,明朝正德十二年(1517年),僧人定太及化主德允等,重修白马寺佛殿。"富者输其财,贫者效其力",一时间,"殿

陛焕然而日新,圣像彩色鲜明"。嘉靖三十二年(1553年),黄锦等为"祖庭"、"释源"白马寺敬造香炉、花瓶;蜡台等共20件,合计重量3600斤。嘉靖三十四年(1555年),身为朝廷司礼监掌印太监、兼总督东厂之职的黄锦,是洛阳龙虎滩人,又一次大规模整修白马寺。由黄锦撰文的《重修古刹白马寺禅寺记》碑石,保存了关于此次重修的详细资料。据此碑记载,在此次重修中,曾修建前后大殿各五楹,左右配殿各三楹,新塑诸佛、菩萨等神像,以砖石铺砌道路,使"天王有殿"、"钟鼓有楼",于东建礼贤堂、庖厢,西建演法堂、庖厢,又建静舍120间;清凉台上修建毗卢殿及左右配殿,共占地62亩。此次重修大体上奠定了今日白马寺的规模和布局,在白马寺沿革史上意义重大。

明代白马寺一景

今白马寺坐北朝南,为一长方形的院落。据新中国成立后地面实测,白马寺的总面积为4万平方米,主要建筑有天王殿、大佛殿、大雄宝殿、接引殿、毗卢阁等,均列于南北向的中轴线上。这与明代重修时占地62亩的记载基本相合。在黄锦重修5年之后,佥都御史、诗人王琤奉使河东,嘉靖辛酉,即嘉靖四十年(1561年)夏五月,路过白马寺,诸多感慨,赋诗"七律"一首,其诗刻石,现存毗卢殿。诗中有"宝刹高标倚太清","卓锡云深鹤翅轻"句,记载了当时白马寺的一些风貌。

明代末年,洛阳又遭战乱破坏。"绀宫红楼,悉为灰烬",白马寺"虽岿然独存,而金粉零星,土木凋残"。

(三)明代少林寺

嵩山佛教在明代始终保持稳定兴盛的发展态势,其原因和嵩山一些高僧能够应天(服从当时执政者)顺民(尽量不与民争利)有直接关系。明代,曹洞宗一系可谓生机盎然,龙象辈出。嵩山少林寺仍然是明代的皇家寺院,在全国佛教界处于一个重要的位置,少林寺与皇亲国戚互有交往,其住持大都由朝廷钦命,所以少林寺住持都是选自全国佛教界中的精英。明初嵩山少林寺住持有松庭子严、凝然了改、仁山毅公等;明中期的无方可从、拙庵性成、归源可倾、古梅祖庭、月舟文载、大千可观等;明后期的小山宗书、悟空匾囤、幻休常润、无言正道、寒灰慧喜、彼岸海宽等;还有著名的月空,边澄、三奇周友、万庵同顺、大才普遍等参与戍边抗倭的少林武僧,正是因为这些著名高僧大德在嵩山地区讲经说法,保邦护国,才使有明一代的嵩山佛教持续繁荣。曹洞宗作为嵩山佛教的最大流派,在临济宗于其他地方大行其道的同时,在嵩山地区雄踞一方。此外,从文化交流上,汉地佛教与藏传佛教在这里也有很好的交融与体现。

按照目前学术界对明代历史分期的划分:明前期(开创时期),洪武朝至英宗朝(1368~1441年);明中期(积弱和改革时期),正统七年至万历十年(1442~1582年);明后期(衰败时期),张居正去世至明亡(1583~1644年)。本节所记述的著名少林寺住持们在这三个时期中,是怎样为佛教事业而奋斗,并做出大的功德。

1. 明前期少林寺

明朝初年,任少林寺住持的是松庭子严。松庭子严是偃师县缑氏镇人,9岁时被父母送入少林寺,拜霄云长老为师。18岁受具足戒为比丘,号松庭,又以"少室山人"、"蕴贞子"为别号。至正初年(1341年),子严北游燕京,到白塔寺求法。此后,子严南归嵩山,依龙潭寺松庵迪公,然机语不契,遂转入少林寺参叩淳拙才公,多承印可,付以衣法。大约在1345年以后,子严受请到淅川县香岩禅寺做了二年住持,后又转嵩山法王寺、洛阳天庆寺为住持。洪武二年(1369年),众执事力劝,请为少林寺住持,在任13年。其间,他收了弟子宗砺觉金。又在施主、洛阳柴园进夫妇大力支持下,修整了大殿供养的"三世佛像"。洪武十五年(1382年),子严做了河南府僧纲司的都纲。松庭子严死后,立塔于少林寺塔林。少林寺藏主性彻专程赴燕京,请前杭州府灵隐景德禅寺住持传法嗣祖沙门蒲庵来复为他撰写塔铭。

其后,凝然了改出任嵩山少林寺住持。他是登封金店乡人,14岁入少林寺,礼松源觉训提点为师,21岁受具足戒,往参月印潭长老于嵩岳寺。明初,了改听说松庭严公大和尚住持少林寺,便返回少林寺,向松庭参学,乃得证道,随后做了5年书记。洪武二十年(1387年),应燕京仰山栖隐禅寺善公长老之请,出任首府,历时三年。洪武二十三年(1390年),因少林寺祖席高虚,丛社荒凉,四众敬仰了改的硕德,具疏请为少林寺住持。凝然了改到任后,"力谋兴葺",恢复元末战争留下的创伤。他主持修复了被毁的殿宇、僧堂、寮舍等,数年之间,"四众云集,万指围绕"。他在少林寺"踞狻猊之座,竖龟毛之义",弘扬宗门,缁素云集,声震华夷。3年后,因年迈退席。

洪武二十六年至永乐三年(1393年~1405年),仁山毅公奉周王朱橚令旨任少林寺住持。仁山禅师在少林寺他13年间,尤重戒律,设水陆无遮大会,礼请十师建立资圣戒坛,创建法堂,修营祖殿、方丈室,贡献颇大。

此后,少林寺住持传承情况不明。从塔林的墓塔中查出有竹庵子忍、桧庵斑公、道安圆勤于1422~1434年后左右为少林寺住持,生平事迹皆无从查考。

2. 明中期少林寺

明宪宗的50多年间,住持少林寺的先后有无方可从、拙庵性成、归源可倾、古梅祖庭、月舟文载等人。

成化十年至十九年(1474~1483年)无方可从住持少林寺"理故丛席,振而兴之。"

明中有古梅祖庭曾分别于公元1497年和公元1501~1505年间两次住持少林寺。第一次住持少林寺时,凡过往官吏、文人名士皆求与祖庭接谈,互相应酬,不胜其烦。他厌人事繁冗,遂休隐于伊阳岘山(今汝阳县南三屯乡)。弘治十四年(1501年)春,因少林寺法筵久虚,积极物色方丈人选。于是,古梅祖庭再任少林寺住持,于九月升堂于少林寺,自此他率领500多位寺僧夜参昼讲,只将本分钳锤。古梅祖庭住持少林寺,"宗风大振,祖道光扬"。弘治十八年(1505年),古梅祖庭命敲钟集合全体寺僧,将大红色纻丝禅衣、罗缎纱偏衫、袈裟等共6件,都交给了常住,挝鼓颂偈一首,以警世人:

休休休处更休休,万事从今一笔勾。誓与青山为故识,愿同绿水作良俦。

人间好事如春露,世上浮名若水沤。一任海枯松石烂,此心终不混常流。

月舟文载是明初总领全国释教的觉源慧昙禅师的法裔,他讨厌名相之繁芜,慕禅宗之直指顿悟,便来到少林寺,3年伏腊,始蒙印可。此后回京,栖身于白塔寺近20年之久,声名也播于四方。正德五年(1510年),少林寺执事恳请其出山,再三再四,才到礼部领取"劄子",就任少林寺住持。他到少林寺以后,推行《禅苑清规》,整顿丛林懿范,接纳方来,孜孜不倦,寺风为之一变。月舟文载还主持对少林寺大加整修,重修了"轮藏"(鼓楼)、方丈室、立雪亭、厨库、厅堂等,创建了玉皇殿,重建了甘露殿等。此间,他曾为密县法海寺住持宝藏重修废寺落成,写了庆贺文章,是为正德十二年(1517年),此文刻石今存于新密市文化馆内。

正德年间,一直担任少林寺初祖庵庵主的大千可观和尚。他在初祖庵刀耕火种,以充衣食;晨香夕灯,梵呗喧轰,苦读《金刚经》,课颂不辍。晚年,他双目失明,还常常对弟子们讲解《金刚经》大义,很受人尊重。

嘉靖朝45年间,少林寺住持有静庵悟榻、宗琳玉堂、竺东悟万及小山宗书。

明代少林寺出征僧人(电影资料图)

小山宗书曾应召三次挂帅出征,率领少林僧兵为保家卫国,赴东南沿海抗击倭寇,屡建战功,被皇帝封为"大将军",其名气之大,在明代独一无二。嘉靖三十七年(1558年),"领礼部显(衔),……住持少林寺"。嘉靖三十八年(1559年),在少林寺"大开法席,四方学徒,众盈五百,升堂距座,日无虚席。嗣其法者,不可胜数。"小山宗书住持嵩山少林寺10年,使"曹洞宗风复振,少林禅宗复新",有"启后鼎新之功"。隆庆元年(1567年)腊月十六日,小山宗书圆寂于北京宗镜庵。灵骨一分为三,一留北京宗镜庵,一回南和开元寺,一归祖庭少林寺。分别起塔,树碑志实。小山禅师的碑文由明郑藩掌国事王德庆和郑恭王世子、后来被公认为世界音乐家的朱载堉撰写。

小山宗书弟子众多,除相继执掌少林法席外,还将曹洞家风盛传于江西、江苏、广东、福建等地。小山的一位弟子蕴空常忠,将曹洞宗传到了江西省建昌寿昌寺。后来常忠的弟子无明慧经名声大震,他的一位弟子永觉元贤则把曹洞宗带到了福建省福州市鼓山涌泉寺。小山宗书的另一位弟子幻依祖住,于公元1540~1545年的5年间,依侍大章和尚(即小山),蒙师印可,先后在淮安、南京、京口、苏州传法。

这期间,少林寺还有一位高僧无穷周义曾传法于云南省宾川县,在大理洱海东北的鸡足山,创立了"放光寺"。

竺东悟万住持少林寺期间,对少林寺进行了一次大的重修。嘉靖三十一年(1552年),明藩徽王首阳子捐资,命少林住持竺东悟万重修少林寺。关于这次重修少林寺的具体情况,徽王首阳子亲自撰文并书丹了《嘉靖重修少林寺记》碑,立于登封少林寺慈云庵(今少林寺院碑廊)的西墙外。

3. 明后期少林寺

自万历至崇祯帝的70年间,少林寺住持以幻休常润、无言正道、寒灰慧喜和彼岸海宽最为著名。

幻休常润先后往伏牛山、浙西径山、安徽九华山、京师、五台山等处参访,学习天台宗、法相宗、华严宗,研究《中论》、《百论》、《十二门论》和《起信论》,最后参叩小山和尚,后得到明代官员陆树声的推崇。明万历二年(1574年),神宗朱翊钧钦命幻休常润为嵩山少林寺第25代方丈,任职6年。

幻休精通禅学,"博探经典,洞悉奥义",讲经说法,精辟透彻,僧众云集,名扬四方。幻休留下的法语数千言,具载于"休公语录"。幻休常润大宗师弘扬佛法一生,得法弟子数以千计,其中以无言正道和大觉方念为高足。方念再传圆澄于绍兴云门山,后来形成了云门支系。

幻休常润圆寂后,嵩山少林寺方丈空位9年。明万历二十年(1592年),又钦依无言正道为嵩山少林寺第26代方丈。无言正道大宗师住持嵩山少林寺17年,"岁行冰结,机辩泉流。或升堂普说,或入室小参,莫不摧被凝城,登之觉岸,明镜屡照而不痹,洪钟待既而辄应。典型卓尔,清规肃然,作宾王家,名动京阙。"万历三十七年(1609年),无言正道圆寂,在寺南建衣冠塔,寺西起"安乐处"塔,寺院内树立了由赐进士出身,中宪大夫,钦差湖广提督学校按察司副使,前翰林院国史编修,兼理浩敕起居章奏,东宫讲术华亭董其昌撰书的《敕赐嵩山大少林寺传法住持曹洞正宗第二十六代嗣祖沙门无言道公雪居禅师行实碑》。因无言正道原属临济宗,故在少林寺南院,另立"圆通行超明"五字辈,自"玄"字辈起,才并入福裕70字派。这就是少林寺"明传曹洞,暗传临济"的来历。

正道住持少林时,请求官府免除少林寺粮差,这也是少林寺历史上最后一次豁免粮差。他的另一个贡献就是带领僧,千辛万苦,在少林寺南山丘上种下了千万棵柏树,人称"柏坂"。正道在少林寺时,有周端王朱肃溱、周端王世子周恭枵等王子及社会名流请他讲法,这些人在他的讲解和指点中,大为开悟。无言正道被称为"僧中之杰",不仅名动京阙,还成为北方禅宗的首领。

明代的少林寺,和元朝一样,受到帝王和官府的恩崇与支持。明初之时,河南府及县府所设的僧人管理机构僧纲司和僧会司,掌印人基本上由少林寺僧充任。

明代的月舟文载、小山宗书、幻休常润、无言正道、寒灰慧喜、彼岸海宽均是在得到朝廷礼部或祠部文书之后出任少林寺住持的"钦依"住持。

明王朝不仅在政治上对少林寺大力支持,经济、文化上也鼎力相助。明肃皇太后拆伊王殿材,在少林寺建造规模宽大、华丽无比的毗卢阁,并命工匠精刻藏经储于少林寺,万历帝也发诏书于少林,保护藏经阁。明代少林寺的修缮建设颇盛,寺内所存殿宇多为明代创建或重建,毗卢阁、六祖殿、紧那罗殿、廓然堂、石坊等皆创建于明代,立雪亭、法堂、初祖殿、禅堂等皆重建于明代。在少林寺现存古代的碑刻中,明代碑刻超过一半。在塔林中的229座古塔中,已知的明塔占140座以上,多于半数。明代少林寺大规模的修建,是当时昌盛的重要体现。

(四)明代少林武术

僧人以武术之长,成为皇朝僧兵的历史,始于唐朝。史料记载,在唐玄宗时就有"以北方禀气刚毅,列刹多习骑射。诏沙门辩才为临坛教授,用加训导。"唐武德七年(624年),即有僧法雅率长安骁悍僧千人充为军伍。北宋末年,有僧赵宗印,率"尊胜队"两支僧兵在潼关抗金。五台山僧正真宝率众抗金在战场上壮烈牺牲。

少林寺以武术成名的历史,最早是在隋代末年,少林僧人抗击入侵山贼的事件;唐朝武德年间,又出现了13和尚救唐王李世民的传奇。而少林寺有僧兵,最早见于明代正德年间。

1. 少林僧兵

明朝中期,内政腐败,经济衰颓,外患严重,社会动荡。然而嵩山佛教却仍然保持着隆盛局面。这是因为嵩山佛教的主流,仍然是曹洞正宗的宗师住持少林寺,而且他们又都"以武参政,强兵护国",从而得到明王朝的支持。这种局面一直保持到明朝彻底灭亡。

明武宗正德皇帝喜好喇嘛教,常服其服而颂其经,演法于内厂。又设"豹房",引入蕃僧,教修"密法"。他还自称"大庆法王、西天觉道圆明自在大定慧佛",派宦官刘允去西藏寻找"能知三生"的"活佛"。朝政则一片混乱。自正德三年(1508年)起,山东、两广、江西、湖南、四川、陕西、河北等省有民变纷起。受朝廷的征调,少林寺一批武僧参军,成为镇压农民起义的一支重要力量。

明代的少林僧兵,使少林寺武术名冠天下。明代永乐皇帝以后,军功分为奇功、首功、次功三等。大名鼎鼎的嵩山少林寺武僧周友英勇善战,曾经三次立下"奇功",由此得名"三奇周友"。少林寺有僧兵,最早见于正德年间。史料记载,三奇周友在正德年间"蒙钦取宣调",镇守山东、陕西布政使司(省)辖下的堡塞,屡立战功,御封为"都提调总兵"。他曾在皇帝的征调下,镇守山、陕、冀,统征云南。先后4次出征,最多的时候带三五百名和尚去打仗,在河北打过当时的平民武装刘六、刘七,在山东剿灭过土匪王堂。当云南的苗族发生动乱,他一直远征到云南边陲。他的少林寺塔林墓塔上题有敕名"天下对手,教会武僧"8个字,显示着少林武僧的自信和向天下英雄学习的胸怀。

少林寺《登封县帖》(1581年立)云:上司调遣寺僧随征刘贼、王堂、师尚诏、倭寇等,阵亡数僧,屡有征调死功。"刘贼"指刘宠、刘宸等于正德年间(1510~1512年)在霸州的起义;王堂乃青州矿丁于嘉靖元年(1522年)的起事;师尚诏乃为嘉靖三十二年(1553年)柘城起义的盐徒。

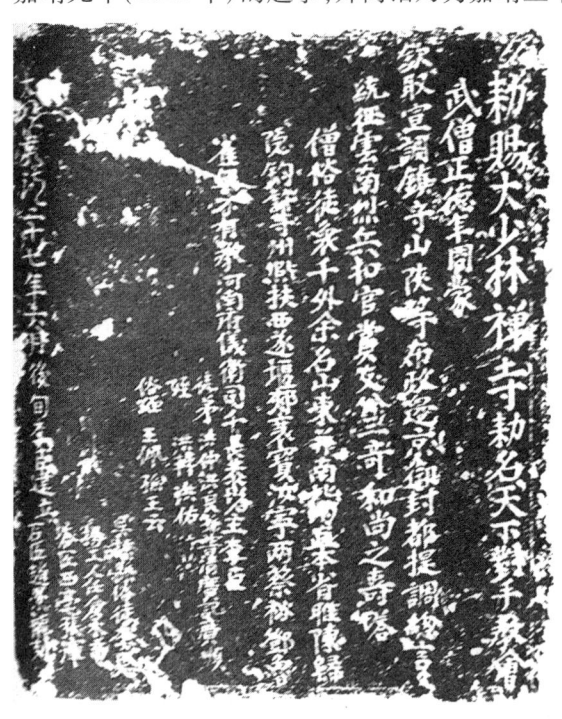

少林寺周友和尚塔铭

现存于少林寺塔林的竺方参公塔上的《少林寺竺方参公塔铭并序》(立于万历三年三月)记载了少林武僧征讨河南柘城起义首领师尚诏的情况。塔铭中有这样的记载:

师讳周,其名曰参,号竺方……于嘉靖三十二年(1553年),上司明文周用截杀,领僧兵五十名,征师尚诏。赶贼兵,运大智于沙场,战雄兵于顷刻不过,尽忠于国,丛林见得忠义。

竺方周参,明代著名的少林武僧。塔铭记载他"族周氏,本郡人","自幼习武,精究六韬","习学演武,名播四海"。15岁入少林寺,礼悟空和尚(即扁囤和尚)为师。"其性惟勇,巍堂磊落""习学演武,名播四海,武亚诸方。"他在少林寺,"纲直推举执事,三十而应役首僧。五十一而管理监寺,三载常住,岁季积蓄杂粮四百,并无徇私。"他俗寿58岁,做了43年和尚。

在众多的少林僧兵中,本乐宗武和万庵同顺是在战场上同时阵亡于明天启五年(1625年)的二位武僧。万历四十七年(1619年)三月,皇帝敕赐少林禅寺教授武公本乐和尚享寿四十一之塔,敕赐少林禅寺都提举、征战有功的顺公万庵和尚享寿七十四之塔,二位高僧的塔皆立于少林寺塔林之中。

稍晚,还有大才普遍和守余宗卿两位武僧也是同时阵亡于战场上。明天启五年(1625年),皇帝敕赐祖庭少林禅寺恩祖征战有功大才便公寿八十三岁本大和尚之灵塔,敕赐祖庭少林禅寺恩师提点宗余乡公本大和尚寿葬之塔。据说守余宗卿还是大才普遍的法孙。遗憾的是,以上四位武僧皆不知战死在哪一场战斗中,亦不知为何事而战。

明世宗嘉靖皇帝和他的继承者们,从发生的一系列农民起义和云(南)、贵(州)、山(西)、陕(西)

边防危机,东南沿海的倭寇猖獗中,看到少林寺僧兵在戍边、抗倭、保安方面的现实作用,深感以少林寺为代表的嵩山佛教,对巩固其封建统治政权十分有益,因此对嵩山佛教更加重视,尤其是对少林寺住持和尚的人选和任用愈加慎重。在这种情况下,少林寺高僧死后是否在少林寺塔林建塔也引起了朝廷的议事之中。所以,从嘉靖二年到天启五年(1523~1627年)的100多年间,皇帝敕赐少林寺僧在少林寺塔林建塔的就有50多人。明皇朝以此来对有功德的少林高僧进行褒奖,以此鼓励表彰少林僧人的功德。

嘉靖三十二年(1553年)春,倭寇大举进犯我国东南沿海一带,大肆掠夺财物,残杀百姓,这些日本武士使用倭刀,刀法奇诈诡异。明王朝海防松弛,沿海卫所"战船、哨船,十存一二",士兵也只剩十分之四,而仅存的部队也因制度腐败、军纪废弛而战斗力极弱。因此,明军正规部队经常吃败仗,于是在倭变突起,朝廷不及调集中央军队的情况下,只好临时就地征召当地战斗力较强的地方武装。所谓"僧兵",就在这时开上了战场。

明代僧兵

当时,南京中军都督万表派人给嵩山少林寺下了一道表,让少林寺选派武僧前去抗倭。当时少林寺的方丈是坦然法师,他听说了倭寇的暴行,十分震惊,决定派武功高强的大弟子月空和尚为首领,带领月忠、自然、慧正、智囊等人在内的31名武僧前去抗倭。这31位武僧都是由月空和尚一个一个仔细挑选出来的,为了确保他们确实能够"技压群僧",月空沿用了少林寺"打出山门才出寺"的老规矩。选定之后,寺里给他们每人配备了一匹马和一根7尺长、15公斤重的铁棒,即威震武林的少林棍,有的还配有刀枪剑等武器。月空大师带领少林僧兵抵达淞江前线后,打的第一仗就是白沙滩之战。上海地方志办公室保存的《南汇县志》资料中记述:这年农历七月,倭寇再次进据川沙,撤民居为营。参将卢镗率外地调来的兵士前往攻打,结果中倭寇埋伏,几乎全军覆没。倭寇得势后,决定又一次侵扰南汇境地,此时适值少林寺僧兵前来增援,战倭寇于白沙滩。少林增兵人数不多,却个个勇猛善战,竟奋不顾身地直捣敌营,毁倭寇停泊在岸边的舰船3艘,斩敌百余人,敌营大乱。万表在《海寇议》中写道:时值海寇出没,倭乱大起,万表结少林僧兵,习格斗法,屡歼其众。

倭寇入侵之初,中国军队连战连败,少林僧兵出马,首次战胜倭寇,使我军民重新振作,所以时人郑若曾便说:"其安中国之神气,功岂小哉?"少林僧兵在明代的征战活动,特别是参加抗倭战争,屡建殊勋,为少林寺、少林僧兵、少林武术赢得了巨大的名声。这是少林武术史一个重要的转折点,是少林武术真正发展和显扬的重要契机。

月空
率领僧众平倭寇
一腔勢血溅水疆

少林寺僧官月空带领武僧开到了东南沿海前线。他们在平倭的战斗中,以长枪、砍刀、铁棒、铁棍等少林器械,英勇顽强,拼命杀敌的精神,史料多有记载。

嘉靖三十二年(1553年),倭寇犯杭州。据载,在杭州之战中,当时"杭城闭","三司领僧兵四十人御之","大破倭寇"。这支僧兵队伍"其将为天真、天池二人"。这是僧兵参加抗倭的第一次战役,也是僧兵抗倭的第一次胜仗。

《云间杂志》记载,嘉靖三十二年(1553年),按院蔡公可泉,召少林僧兵百余人,其首号月空,次号自然,傍贼结营。

《云间杂志》记载:嘉靖三十三年(1553年)元月,倭寇向上海、江阴、太仓一带大举侵犯,明王朝征调各地乡夫参战,少林僧月空接到都督万表檄文,与自然率少林应募武僧30余名赴淞江(今上海淞江县)抗倭。

嘉靖三十三年(1554年)二月六日,官兵战叶谢、马家浜诸地,僧兵冲锋颇多斩获,因援兵不继,而且对当地地形地势又不熟悉,前进冲杀,陷于敌人埋伏重围,大有、西堂、天移、古峰等21僧战死。

嘉靖三十四(1555年)十月,提督诸公合浙、直诸路兵进剿陶宅倭寇,少林僧兵为前队,直至倭寇门前,抡棍进去破敌,遇者即倒,顷刻之间,倭寇死之很多。然而,倭寇将先前击败残兵的服装和器械,穿在身上扮作我官兵,忽从后面大声喊叫着混杀而来,僧兵不知,以为是我兵接应,然倭兵已近身前,杀死僧兵很多,僵尸满田野,见者无不涕泪。事后僧兵尸骨,朝廷都给以建塔。

嘉靖三十四(1555年)的巢门之战,僧兵损折不少,最终胜负不得而知。

《云间杂志》对于少林官月空在抗倭战斗中的表现还作了详细的记载:"一贼舞双刀而来,月空坐不动,将至,身忽跃起,从贼顶过,以铁棍击碎贼首。"月空干净利索的动作里透着相当浓烈的禅武味道。可见僧兵武艺出众,以一当十。史料又载:僧兵与倭寇持续搏杀了10天,全部歼灭倭寇。《僧兵首捷记》说"僧兵骁勇,不以首级论功",这支队伍在作战之时,"暗约以靛青涂面,贼见青脸,红布蒙头,疑为神兵,胆已唬落。"感觉有点类似当今的特种兵。

古人绘制的《少林僧兵抗倭图》

后来,在少林僧兵参战的最著名的一次抗倭战斗中,少林武僧皆战死沙场。明代史学家顾炎武的《日知录》对少林僧兵参加的这次抗倭战斗有详细的记载:月空带领的僧兵自为部伍,持铁棒击杀倭寇甚众,作战十分英勇。后因误入敌军埋伏,皆战死。据称,少林方丈闻讯后带着一百僧兵上前线,口宣佛号棒杀倭寇上千人。

除以上记载外,还有郑若曾的《江南经略·僧兵首捷记》记载的嘉靖三十二年(1553年)僧兵抗倭的白沙滩之战、翁家港之战;《江南经略·上海县倭患事迹》记载的嘉靖三十三年(1554年)僧兵抗倭的叶谢镇之战、马家浜之战;《江南经略·吴江县倭患事迹》记载的嘉靖三十四年(1555年)僧兵抗倭的六里桥之战;《上海掌故丛书·甲乙吴淞倭变志》记载的嘉靖三十四年(1555年)僧兵抗倭的巢门之战,都详细地记述了僧兵在每个战斗中具体抗倭的英勇表现。

据现能查到的史籍有明确记载僧兵参加的抗倭战役,只有杭州、赭山、翁家港、白沙滩、叶谢镇、马家浜、六里桥、巢门七次。这七次战役,都发生在今天的上海、江苏、浙江,也就是所谓的"长三角"一带,时间则是嘉靖三十二年(1553年)至嘉靖三十四年(1555年)间。这正是倭寇大举侵扰江浙地区而明朝地方政府和卫所军队仓促应战的时期。《僧兵首捷记》开首便云:"国家承平日久,民不习兵。东南文物之地,武备尤弛。嘉靖癸丑春,倭人猾夏,我祖宗之制,非奏请不得擅动军旅。有司仓皇不及以闻,权起民兵御之。"显然,参加江浙地区抗倭的这一支僧兵,也是作为民兵的一支,开上战场的。这一支僧兵的参战,亦属军事紧急时不得已而为之。僧兵尽管在战场上建立功勋,但往往不贪图富贵,在战争局势和缓之后,选择离开。所以,当明朝开始大规模扫荡倭寇,僧兵"班师后,当道莫与奏功,而仅赏银牌,退归山刹。"

遗憾的是,屡战疆场的少林僧兵的优秀代表月空、自然,均是法号,而非法名,在少林尚无查到他们真实的名字及事迹。至于少林寺在抗倭战争中,分几次各有多少人到东南沿海前线抗击倭寇,有多少人战死疆场,有多少人返回少林寺,至今无史料可寻。但可以肯定的是,少林寺有僧兵数次赴江浙沿海抗倭,他们多数人都牺牲于战场,但也有少数人返回了少林寺。

自嘉靖三十四年(1555年)下半年开始,明王朝任命了张经、赵文华为总督大臣,统筹剿倭,并调集正规军或建立新军,对倭寇开始进行大规模的围剿。戚继光、俞大猷等人,就是在这时走上抗倭战场并成为一代名将的。这一支人数并不多且属于临时征调的僧兵,很有可能就从这时起退出了抗倭的主战场。也就是说,这支僧兵参加抗倭的时间,主要是在戚继光、俞大猷等所率正规军参战之前。

据史料记载:少林武僧边澄、周友也曾多次参加抗倭及赴云南等边关镇守。查各类史料,明代少林武僧参加平倭、保边等战事者不下数百人,有其姓名者寥寥无几,只有大造化、月空、天池、一舟、田、太虚、性空、东明、古泉、大用、碧溪、智携、大有、西堂、天移、占峰、了心、彻堂、一峰、真元、孤舟、天真、元极、天元、周友等。

嘉靖三十八年(1558年),钦依释儒兼备的小山宗书为少林寺曹洞正宗第24代方丈。小山宗书既承曹洞,兼开示净土法门。小山宗书住持少林寺期间,得到了太监张暹、贾廷贵、杨伟的资助,得到了河南太守吴山的支持。他在少林寺大开法席,四方学徒蜂拥而至,听其讲经说法的挤满了法堂,嗣其法不计其数。小山宗书弟子众多,且传法于广东、福建、云南。小山宗书住持嵩山少林寺10年,使"曹洞宗风复振,少林禅宗复新",有"启后鼎新之功",使嵩山少林寺第三次达到极盛。小山禅师住持少林寺期间,正值明朝抗倭战争,日本海盗曾不断骚扰我江、浙沿海,百姓深受其苦。身为住持的他,曾应召三次挂帅出征,率领少林僧兵为保家卫国,赴东南沿海抗击倭寇,屡建战功,被皇帝封为"大将军"。据说,少林寺山门前的石狮子和东西牌坊就是朝廷为了嘉奖少林寺而建的。

但是，后人对小山禅师挂帅出征，领兵抗倭一事有疑。原因是小山和尚领兵抗倭虽出于少林寺盛传，但少林寺山门前旗杆插座的两块臣石说明，嘉靖皇帝特赐在山门前立双旗杆，以彰显少林武僧抗倭之功绩是真实的。但是，由郑藩掌国事王才撰文，"三教中人"、"狂仙"朱载堉书丹并篆额的《小山禅师行实碑》，和由明王朝宗室德庆王体易居士（朱载堉的堂叔父）为小山禅师塔撰写的塔铭《钦依住持少林寺嗣祖曹洞正宗第二十四世、当代传法小山禅师塔铭并序》，

少林僧兵抗倭资料

这两篇文章中都没有见到小山和尚领兵抗倭一事。反而从两文的介绍中可知，小山和尚是一个文僧，而且年谱基本相连。如果他真的领兵打仗有功，这几位藩王也不会把他这么大的功绩忽略不写。所有这也是后人主要的疑问。

有学者认为最合理的解释应为，当月空等人征战疆场时，正是少林僧兵力请小山和尚住持少林寺之时。后来有嘉奖，可能为小山住持代表少林寺接受，或者小山为住持时，派本寺武僧到东南沿海抗倭。由于连年征战，少林寺派到前线作战的武僧是前后分批去的。作为国家护国强兵的重要基地，少林武术以其独特的优势自立于世，这是其他任何佛寺所难以类比的。由于大多数的征调武僧都发生于嘉靖年间的中后期，而这一时期的小山和尚又是著名的住持，所以许多传说就从他那里源出。

从以上记载来看，少林僧兵在明代是一支能和国家军队一样的来之能战、战之能胜的地方武装，在社会上拥有相当高的地位。明代的最高统治者为了保持这样一支特殊军队的常备性，除经常嘉奖、封赏以外，也给少林寺许多优厚的待遇。如免除少林寺的粮税，使他们有足够的自给能力。明万历九年（1581年）立于少林寺内的《豁免寺僧税粮碑》，说明少林寺在明朝之初，是和俗家一样按地纳粮的。永乐十三年（1415年），他们退还了不少土地，又开垦了一些荒山，但不能保证收成，"旱则苗枯，涝则冲流，薄收此少。"过去，上司征调寺僧四方参战，死伤情实可哀。于是，皇帝下圣旨到少林寺，免除了他们的税粮，让监寺僧人广美拿着圣旨，示明县乡"毋得再行私自科派"，这就等于是固定了他们的常备军费。万历二十二年（1595年），又有《豁免粮差碑》载："嘉靖间，刘贼、王堂及倭寇并师尚诏等倡乱，本夺武僧屡经征调，奋勇杀贼，多著死功。则本寺僧徒，文武并用，护国强兵，又与方内丛林修斋诵经。"少林寺再次被免其粮差。国家政策的优待，保证了少林僧兵在国家危难之时，能和军队将士一样听从皇帝征调，赴前线保家卫国。

明代的少林寺以武术名扬天下，明代有很多次政治和社会事件中，都少不了少林派的踪影，少林僧兵在保家卫国，抗击倭寇、平叛除贼等战争战事中屡立战功，以鲜血与生命换得了崇高的荣誉，成为皇朝中的一支国防力量。因此，在后来的少林寺住持中，越来越重视僧兵队伍的建设。

明天启四年（1624年），明熹宗朱由校钦依寒灰慧喜为嵩山少林寺第27代住持。寒灰慧喜"奉命入院"，直到明思宗崇祯十二年（1639年），圆寂在嵩山少林寺方丈任上，历时长达28年。寒灰慧喜住持嵩山少林寺期间，农民起义所向披靡，明王朝已是危机四伏，处于风雨飘摇之中，他继先师们的"强兵（僧）护（明）国"之志。天启五年（1625年），出师资为明室训练地方武装，还邀请并陪同河南巡抚程绍来嵩山检阅少林寺僧兵队伍。程绍作《嵩山观武》诗赞曰：

暂憩招提试武僧,金国铁棒枝层层。刚强胜有降魔力,习惯轻携捗虎能。

定乱策勋真正果,保邦靖世即传灯;天中缓急无劳虑,忠义毗卢演大乘。

明崇祯元年(公元1628年),农民起义军突破明军包围,连破河南省卢氏、伊阳等县城,其势如破竹。崇祯皇帝和各地藩王、官吏豪绅们都惊惶不安,他们为了保命护家,纷纷组建地方武装,请嵩山少林寺武僧充当教师。陕州知州史纪言一到任,便出私财,募士卒,聘少室武僧训练之。崇祯八年(1635年)十月,农民起义军夜袭陕州城,当晚史纪言的军队奉命调往外地,城内只有少数官属和少林武僧。城破,史纪言由两名少林武僧护持妄图逃走,被义军抓获斩首。明崇祯年间(1628~1644年),嵩山南北连年干旱,灾荒严重,"人相食,父子相食"惨状目不忍睹。加之官府加派"剿饷",官逼民反。登封李际遇,申请邦率饥民揭竿而起,而嵩山各佛寺则公开伙同官府镇压农民起义军。崇祯十三年(1640年),农民起义军攻陷登封县城,杀知县鄢延海,明登封政权彻底倒台。因为寒灰慧喜"护国强兵"有功,在他生前,就有明赐进士及第,江西监察御史,西京焦源博和钦赐总督陕西三边军务,兼理粮饷兵部侍郎王少采,撰书《少林寺二十七代钦依传法住持寒灰慧喜公禅师碑》立于少林寺中。

史料记载,明代的僧兵主要有三个来源:即嵩山少林寺,伏牛山中各寺和山西省五台山中各寺。《明史·兵志》载:"僧兵有少林、伏牛、五台。倭乱,少林僧应募者四十余人,战亦多胜。"所谓少林僧兵"朱发靛面,倭人望而败走",可能是少林僧兵手持长棍,头戴面具以模仿"紧那罗神"的缘故。

据老僧人德禅说,少林寺原有一本《征战簿》,详细记载了少林寺历代征战有功的武僧及战绩,存于大雄宝殿,寺僧每年集体听方丈宣读一次,举行拜礼,以悼念前辈,激励寺僧,可惜1928年石友山火烧少林寺,这本《征战簿》也与大雄宝殿一起化为灰烬。

但是,少林武僧的故事并没有就此中断,相反,少林武僧的故事在民间传说中从来就没有停止过,而且大有愈来愈神之势。少林武僧的传奇故事,被明万历以来写入各种文艺作品,成为我国武术界的神话。

2. 少林武术

明朝从洪武到崇祯的260年间,少林僧兵不断接受朝廷征调,多次参与战事,平定叛乱,镇守边疆,抗击倭寇,履历奇功,使少林武术的技击与实用性功能得到了考验与提高。同时,战场上的真打死拼,极大地刺激着少林寺武僧的习武热情,因此少林寺内习武之风极为兴盛。他们在习武、征战中,常与武术同行进行技术交流,在传播少林武术技能的同时,注重学习吸纳其他武术高手的优秀之处,不断地将其他武术的先进成果融于自身,不仅对少林武术的理论化、系统化、套路化的完善与成熟起到了推动和促进作用,而且使少林武术得以在全国广泛的传播,成为少林武术发展史上的一个重要时期。可以毫不夸张地说,明代的少林武术,是冷兵器时代中国军事武艺与世界军事武艺的最高峰,这也是少林寺对中国武术所做的一个重要贡献。

少林武术自明代扬名之后,即开始在国内广泛传播。明正德时镇守边关、征讨云南的著名武僧周友的武术弟子遍及河南、山东、两直隶四省的几十个州县。嘉靖时参加抗倭的众多手持棍棒的少林派武僧,遍及东南沿海,使少林武术根植我国东南诸省。明末,明王朝将领还多次聘少林武僧为之训练军队,传授少林武功。

史料记载:武僧三奇周友有僧俗弟子千余人,出名的有洪钟、洪良、洪转、洪佑、普清、广记、广顺等人,皆从其习武,他们中大都擅长棍术。其中,洪转"棍法神异,寺众推崇",著有《梦缘堂枪法》。少林棍法首先扬名于世,洪转、洪纪、广按、宗想等棍法大师名扬四方。

明代中叶浙东棍法的代表人物浙江慈溪的边澄,其棍术也是出自于嵩山少林寺。据说他小时候就力气很大,清曹秉仁《宁波府志》载:"边澄在山东做客时,遇一满载货物的车下坡,儿戏用肩相阻,车停止不前。"正德年间(1506~1522年),慕名前往少林寺学习武艺,"托身居炊,下者三年"。在这烧火做饭的三年里,对少林武术揣摩苦练,遂"妙悟博法","出诸学者右",在师兄弟之上。后离开少林寺游历江湖间,在姚江遇一醉汉力士,"即求与澄角力"比武。力士败后恼怒,哄聚其党羽百余人围攻边澄。边澄从容应战,挥佩巾缠住前边一个人的武器,顺势跃出圈外,众人折服,方放下武器。后又与善使枪的倭寇比武,倭寇"十余辈各执枪争先进攻,边澄举扒一挥,枪皆落"。众倭寇又将边澄围住,边澄直冲其围,回身举扒打去,又在转瞬之间煞住,不伤对手。后参加抗御队伍,屡立战功。

随着少林武术在全国的广泛传播,明代也有许多俗家弟子进入少林寺习武,如程君信、程涵初、程宗猷等,都曾到少林寺习武。其中,程宗猷从少林僧洪纪、洪转、宗相、宗岱与广安等习练棍法,对刀、马、枪、棍、弩诸艺皆认真研习,皆有较高造诣,尤以棍法为精。其棍法得自少林僧人洪纪,刀法得自浙江人刘云峰传授,得倭刀真传。枪法得自河南刘光渡、李克复传授,得八母枪、六合枪之传。万历四十四年(1616年),程宗猷著《少林棍法阐宗》3卷,详述少林棍法,使少林棍法广播四方。明末茅元仪将其中部分内容冠以《少林棍谱》之目,编入军事百科全书《武备志》。天启元年(1621),程宗猷写成《蹶张心法》、《长枪选法》、《单刀选法》、《射史》,与《少林棍法阐宗》并合,更名为《耕余剩技》。程宗猷著作中的棍、枪、刀法,均为势势相承的套路。他认为,只有进行成套动作的训练,才能全面提高进退、跳跃、环转之法,避免临敌掣肘。程宗猷主张"胆量、意志和武艺"三者并重,不拘泥于古法,力求从实战需要出发练兵,故殊见成效。其所著《耕余剩技》曾被誉为继戚继光《纪效新书》之后,研究明代和继承古代武术技击的重要文献之一。天启二年(1622年),后金入侵,明王朝出塞抗击。由于军兵训练素质不佳,东北兵事松弛,以致临战败北。已62岁的程宗猷,受天津巡抚李辟之召,被委任为天津都司佥书,训练津兵,率弟子家族80余人,自带粮饷,赶至津门从戎。以其所创强弩及刀、枪诸法,日夜操练津兵。崇祯二年(1629年)程宗猷撰写《射史》一部8卷。

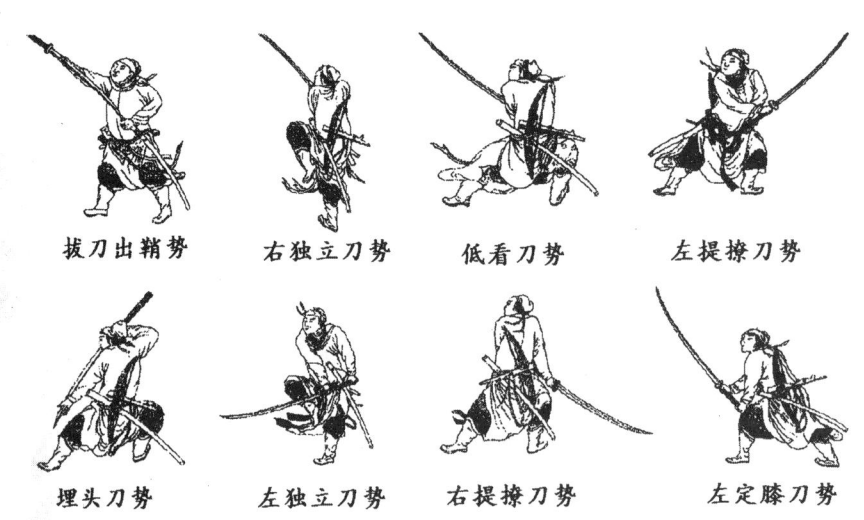

程宗猷《耕余剩技》中的"单刀法"(部分)

另外,明代少林寺中的扁囷和尚也是一名武林高手。少林寺内传说,少林寺住持扁囷和尚武艺高强,曾解救苗民于水火之中。程宗猷所著《少林棍法阐宗》中说,哈麻师"以拳棍授扁囷",有学者说,这就是"夜叉棍"的来源。由此处看来,明代的少林僧人与西藏僧人同在少林寺修炼,多有探讨和切磋,少林武术在其发展的过程中,就吸纳了西藏僧人所授的拳棍法,这应该属于事实。

小山宗书任少林住持期间,少林武术就曾得到了明朝武学名家、抗倭名将、诗人、兵器发明家俞大猷的指教。嘉靖四十年(1561年),俞大猷因抗倭自北方奉命南征,途经河南。因素闻"河南嵩山少林寺有神传长剑之技",故特别造访少林寺。所谓"长剑之技",即棍术。寺僧自负其技,有数百人参加了少林棍术的表演。俞大猷观看后,发现少林寺僧的棍术因久失传,直言不讳地对方丈小山宗书说:"此寺以剑技名天下,乃传久而讹,真诀皆失矣!"小山宗师恳请俞大猷指教。俞大猷告知众僧,学习棍术必须掌握总诀,即刚柔、阴阳、攻守、动静、审势、功力、手足等动作的运用。俞大猷在小山的陪同下,游历了本山少林寺周围大小庵场及达摩壁洞等处,见寺前有块山地,形势更奇,便说:"此地可建一个十方禅院,以增少林之胜。"小山方丈慨然说:"建院之责,愚僧任之,即可平治地基以经始也。而剑诀失传,请示真诀,则有望于名公了。"俞大猷说:"此必积之岁月而后得,非旦夕可授而使悟也。"为向少林寺回传少林棍法真诀和《剑经》(实为《棍经》),小山方丈挑选了两位年少而勇力的僧人宗擎、普从,随俞大猷南行抗倭前线。俞大猷在出入营阵之中,不断地"时授以阴阳变化真诀,复教以智慧、觉照之戒"。3年之间,二人皆得真诀,虽说未入得心应手之神通,但"十步一人,千里不留行"的功夫是学得差不多了。二僧请归,俞大猷令二人"以所授之教转授寺众,以永其传。"临别,俞大猷写《少林寺僧学成予剑法告归》一诗赠送,云:"神机阅武再相逢,临别叮咛意思浓。剑诀有经当熟玩,遇蛟龙处斩蛟龙。"此后,二人辞行,北归少林寺。他们将所学剑诀禅戒传给寺众,所学最深者达百人。从而,使完善之后的少林棍法得以继传。

俞大猷带少林武僧宗擎、普从上抗倭前线

万历四年(1576年)宗擎赴北京戒坛受戒并留下听论。次年四月,适逢俞大猷在北京神机营提调兵车。这次,宗擎专程去神机营拜访了俞大猷。师徒相逢,一叙往事。宗擎除告知普从早已去世外,并禀报恩师云:"回寺以剑诀、禅戒传之众僧,所得最深者近百人,其传可永也。"俞大猷甚喜,赠以《剑经》,勉其精益求精。临别时,俞大猷赠诗一首《诗送少林寺僧宗擎》:"学成伏虎剑,洞悟降龙禅。杯渡游南粤,锡飞入北燕。能行深海底,更陟高山巅。莫讶物难舍,回头是岸边。"以表师徒情谊之长。宗擎将《剑经》带回了少林寺,后在住持安排下,组织武僧学练。鉴于俞大猷向少林僧人宗擎回传少林棍法的历史意义,福建泉州洛江区俞大猷纪念馆亦塑其弟子少林僧人宗擎像侍于俞大猷塑像右侧。

武术作为一种文化形态,在向四面八方的传播发展过程中,也不可避免地受到了各种因素的影响。所以,由于地域风情风俗的不同,师承的不同,所传功法内容的差异,形成了具有各地域文化特性及民俗特点的武术流派。

从清朝雍正时起,少林寺多次遭到官府的"查缉"之后,许多会武术而与反清复明结社有联系的僧人,为了逃避清王朝的缉拿,便散走四方,一方面以传拳授武为生,一方面继续进行反清复明活动,并各以其术为教授,收徒传武。由于所处地理环境,民俗风尚习惯的不同,各地其习技之法也不尽相同。在安徽、浙江一带学习少林武术,多致力于气功,很少有人擎枪使棒。在广东岭南一带,则以觉远弟子一贯禅师为宗,而崇尚腿击与超举之法,因粤人好以筋力跳跃为能事,于运使神化之微,颇不易于领悟,以是少林技击术,一至粤中,已如江至浔阳,九派斯分。此由于风土俗尚之不同。故所传亦因而互异也。然以皖浙与百粤,试为比较,虽同出一宗,而各有其所尚。究其造诣之精粗而论,则皖浙派得其柔,粤中得其刚。

除以上所说的少林武术中的皖浙派和粤中派以外,还有从少林武术发展而成的内家拳和外家拳、北少林派和南少林派、峨眉少林拳、太极拳、形意拳等多种武术派别。

千百年来,少林寺僧集我国武术之古技,在长期的演练和实战中,除自身的传承、发扬、完善以外,不断吸纳来自四面八方的武术精华,得到了国内一些武术高手的指导和帮助,博采众长,广泛吸取,融会贯通民间拳师、军中将士技击术及道家气功、养生等功法,并经过集体演练、充实、发展、创新、提高、强大,正是无数人的努力和智慧,才促进了少林武术文化及技术内涵的不断精进,从而形成了今日博大精深的少林武术文化体系。

少林武术对练图

少林武术在历史的长河中经过了漫长的演变发展过程:由最初的健身防卫到格斗;由雏形的单式动作,经过合理的结接,先形成简单的套路,进而演变为复式多式;从寺僧禅静以吐纳引导术与套路招式的融合,到形成柔和无比的内功拳,进而发展到刚劲有力的外功拳;由单练发展到对练;由徒手发展到械技。

少林武术从起源到现在已经有1500年的历史,在发展过程中,少林武术集南北派别之大成,融内外拳家之精华,历经千锤百炼,不断丰富,吸收各家流派之所长,内容极为丰富,逐渐形成了一个博大精深的武术技术体系和理论。少林武术按类别可分为徒手和器械两大类,器械又可分为长兵器、短兵器、软兵器等。按技法又可分为拳术、棍术、刀术、枪术、剑术、技击、气功等几十种。少林武术最早出现的多是实战的格斗技法,从明代后期开始逐渐向套路化方向演化,并被固定下来,形成众多的套路。由此,体系完整的少林武术体系形成。

少林武术以内容广博、种类繁多、技法精湛而享誉中外,广泛流传。少林武术以强身健体、祛病延年、活跃生活、防身除恶、抗暴杀敌、卫国保家为目的,以技击性强、利于实战、攻防合一、内静外猛、刚健有力、起落进退、反侧往来收纵、均在一条线上运动为技术特点,以短小紧凑、滚出滚入、动作似曲蓄而有余、形神兼备等为技术风格,以朴实无华、套路繁多、内外功夫兼修、刚柔相济而深受人们的喜爱。一般认为,目前流传于社会上的许多拳中,如炮拳、红(洪)拳、花拳、查拳、梅花拳、功(弓)力拳、臂挂拳、通臂拳、燕青(秘踪)拳、螳螂拳、猴拳、长拳、七星拳、昭(朝)阳拳、关东拳、岳家拳、鹰爪拳、形意拳,以及八极、戳脚、拦手等都属于少林拳系列。从20世纪80年代初登封县体委刘振海拳师整理的《少林拳械录》看,仅少林地区流传的拳路与功法就有250余种,器械套路130余种;从90年代后德虔(王长青)法师编著的《少林武术大全》和21世纪少林寺方丈释永信出版的《少林功夫》看,历代传习的各种套路拳术有708套,器械套路552套,各类功法156套,可见内容之广博。

一直被少林僧人传承,并被视为镇山之宝的《易筋经》也是出自于明代。易筋经功法的修炼,有着一套相当完善而且独具特色的理论指导体系。据《易筋经》原文,其内容包括总论、膜论、内壮论、阴阳配合论等。《易筋经》理论体系以在强身基础上提高技击能力为最终修炼目的。技术修炼进程有初级内壮阶段、中级以内导外阶段和高级内壮外勇阶段。易筋经技术修炼将养生功法和武术功法熔为一炉,既有注重内修的静功功法,又有强调外修的动力功法。在修炼过程中运用了练意、练气的内修手段、运气试力的外修手段、服药汤洗和按摩拍击的辅修手段。其技术体系具有动静结合、练养相兼、体用合一特点,认为经过一些系列修炼措施,将血气之躯易为金石之体,能达到"并指可贯牛腹,侧掌可断牛头"的功效。

少林寺僧人习武在明代达到高潮,其当时的少林武僧的习武的兴盛与水平,天启年间礼部右侍郎公鼐写的《少林观僧比试歌》一诗,从观武者的角度,写出了少林武僧真实壮观的比武场面。

少林观僧比试歌

震旦丛林首嵩少,苾蒭千余尽英妙。战胜何年辟法门,虎旅从兹参象教?
我度轘辕适仲秋,晓憩招提到上头。倏忽绀园变芰舍,缁徒挺立如貔貅。
袒裼攘臂贾余勇,抗声鼓锐风雷动。蠢目斜视伏狙趋,距跃直前霜鹘速。
迅若奔波下崩洪,轻若秋箨随轻风。崖目高眂慴猛兽,伸爪奋翼腾游龙。
梭穿毂转相持久,穷猿臂接黾兔走。李阳得间下老拳,世隆取偿逞毒手。
复有戈剑光陆离,挥霍撞击纷飙驰。狮吼螺鸣屋瓦震,洞胸散胫争毫厘。
专门练习传流古,凭轼观之意欲舞。自从武德迄当今,尔曹于国亦有补。
偶来初地听潮音,观兵何事在祇林?棒喝岂是夹山意,掌击宁观黄檗心?
彭泽载酒惬幽赏,崖桂高悟对潇森。一时佛谓散空华,庭音满院风泉响。

明代的少林武术不仅在国内闻名遐迩,而且还传到了日本。明后期的少林武术名家陈元赟东渡日本传授少林武术,深受日本人民的喜爱,现今日本人仍将其视为日本武术之"先哲"。史料记载,"陈元赟年方二十八,入河南登封少林寺,习武术和制陶术。"他于明万历四十七年(1619年)东渡日本,于日本宽永二年(1625年)至第二年在江户国昌寺创编柔道,给浪人福野正胜、三浦义辰、矶贝次郎传授拳术,继而结合少林武术拳法和明衙门捕人术及日本固有拳法,创编柔道,被尊为日本柔道的鼻祖。今日本爱宕山残存的一通《爱荡山拳法碑》上镌刻碑文:"拳法之有传也,自投化人陈元赟而始。"当代日本学者小松原涛在《陈元赟研究》一书中说:"在江户初创柔术史上,使日本柔术近代化的人,是入籍的少林拳法家陈元赟。

陈元赟

陈氏滞留于江户饭仓草庵及西久保虎岳山国昌寺,时间是从宽永二年(1625年)四月上旬至九月十六日,从此寄居为契机,他向福野七郎左卫门正胜、三浦与次郎右卫门义辰,矶贝次郎左卫门三位武士与国昌寺有关系的柔术僧众传授拳法,从而创造了江户新的一派。"

其实,早在明代以前,少林武术作为一项搏斗格杀的特殊技能,就已经被世界很多国家所认知和喜爱。在武术外传的历史上,早在唐代宪宗时少林武术便传入越南、缅甸等国,元时日本僧人大智到嵩山少林学习拳法,归国后广传少林武术。之后,东南亚的新加坡、泰国等都不断派人到少林寺学习武术。自20世纪80年代以来,美国、苏联、德国、法国、加拿大、意大利,世界上习练少林武术者多达80多个国家和地区,人数在千万计以上。从文化意义上说,少林武术的影响已远远超越了地域、国界和宗教。

(五)少林寺与藏传佛教

藏传佛教中的壁画

藏传佛教,或称藏语系佛教,又称为喇嘛教,是指传入西藏的佛教分支。佛教北传入中国分藏传和汉传。藏传佛教是佛教传入藏区后,更多的是结合西藏本土文化和本土宗教(苯教,或称苯波教)融合后的产物,主要是密宗,但是也有显密双修。汉传佛教则是佛教与中国本土思想进行融合后(道家和儒家)从而形成的,主要有禅宗、净土宗等多种宗派。

藏传佛教和汉传佛教都有佛教的共同特点,如承认四法印,饭依三宝,四众弟子都按律部规定受戒,发慈悲心,抑恶扬善,以正见破除三界烦恼,追求解脱苦与苦因等等。藏传佛教和汉传佛教又同属大乘佛教,因此,都有大乘教的共同特点,如利益众生为目的的菩提心,受分别解脱戒和菩萨戒,以六度修福慧资粮,成就佛陀色法二身,以无二正见破障,追求不同于小乘教的不住两边涅槃等等。

藏传佛教和汉传佛教也有各自的不同特点和大同中的小异。如藏传佛教是显教菩萨乘和密教金刚乘合二为一的教派,而汉传佛教是大乘显教;藏传佛教各派都以龙树中观见为主,虽然各派对中观二谛义的理解方面有千差万别,但没有一个尊唯识见者;藏传佛教和汉传佛教,由于各自所处的历史文化、自然环境和信众的生存条件、生活习俗不同,因此,在饮食起居、典章制度、塔殿佛像的造型风格、信仰习俗、信众的心理素质等众多文化内涵方面形成了各自不同的特点。总的来说,藏传和汉传佛教之间虽然有以上这些不同点,但二者既然都是佛教,在根本教义方面没有什么不同,也就是说它们在本质上没有什么不同。不同点,只表现在非本质的表面现象方面。

明代皇帝崇奉藏传佛教,加强了汉藏文化交流,对藏区文化的发展也起了促进作用。明代诸帝王无不奉佛,禅、净二宗与喇嘛教并行。明代有成百上千的各教派藏僧走出闭塞的藏区,来到文明程度更高的中原,与汉族僧人相互交流,取长补短。他们不仅自己增长了见识,拓宽了视野,许多人在回藏后也必然把汉地先进的文化介绍给藏区,加强了汉藏同胞的了解和文化交流。

明代的少林寺,曾请梵僧到少林寺举办的法会上讲法,曾有梵僧到少林寺和汉僧一起生活,他们不但互相交流藏传佛教与汉地佛教的相同与异处,他们还在日常的佛事活动中,一起习法,一起诵经、一起切磋武艺,甚至于一起化缘,极大地推动了佛教的振兴和发展。

藏传佛教和少林寺的区别在于藏传佛教是佛教密宗与本土宗教苯教融合的产物,而少林寺所代表的教派是佛教禅宗与中国儒教结合的产物;藏传佛教中很多宗教仪式保留有对自然物以及自然界的神灵和鬼魂的信仰,比如"打鬼"的仪式,但禅宗没有这样的信仰;藏传佛教的转世灵童宗教仪轨是一个与其他佛教教派显著的区别;在宗教实践的方法论上,藏传佛教遵循的是"身口意"的修行方法,认为通过修行,使修行者在思想和言行上都做到和佛一样了,才可以成佛,这需要长时间的艰苦努力。而禅宗则认为只要实现心的"顿悟",就可以成佛,而"顿悟"不由修行时间的长短和程度决定,而决定于心的"觉悟";在修行对象上,藏传佛教对修行者有很高的要求,需要经过严格的考验和培养,并且规定,只有经过秘密师徒相传的仪式,由师傅施行"灌顶"等一套严密和完整的仪式,才能修行。而嵩少林寺禅宗对修行者没有严格要求,任何人都有资格修行并且有可能成佛。正因为嵩山少林寺有了这样的修行的条件,所以才有了后来梵僧到少林寺修行的机会。

明代时期的少林寺不仅是一所皇家寺院,而且还是国家的一所重点佛寺。因此,少林寺在佛教文化的发展中,也采取"请进来,走出去"的策略,即诚请当时在全国有影响力的高僧到少林寺做住持或来少林寺讲法,在请进来的高僧中,就有藏传佛教的"梵僧"或"哈麻"。而走出少林寺的高僧中,很多是被朝廷任命为某地方的佛教界领导,或到全国其他名寺院作住持,或其到他寺院习法等。也有的高僧走出少林寺,到其他寺院学习后,再回到少林寺任职的僧人也有不少,其中也有到了晚年还要叶落归根于少林寺的。在明代,少林寺是与藏传佛教有过僧人与喇嘛有过实际交往的寺院。

史料记载,明代少林寺与梵僧的交往有如下记述:

明正统十四年至景泰三年(1449～1452年)俱空契斌住持少林寺。俱空契斌内穷《肇论》,外究《论语》、《孟子》、《周易》,是少林寺百年以来有学问的一位高僧。景泰初年(1450年),俱空契斌在少林寺建"大毗卢佛水陆堂",请甘州(今甘肃张掖)喇嘛道源塑毗卢佛一堂,此为与藏传佛教交流之始。

少林寺圆囷和尚塔

明代成化年间,少林寺与河西的藏族喇嘛有了直接的交往。景泰元年(1450年)春天,有喇嘛僧人摩诃施白金5两及水陆一坛,在少林寺初祖殿后面盖水陆堂一所,3间5架,内置佛陀缘水陆一堂。来自甘州(今甘肃省张掖市)的黄教喇嘛道圆,是位丰姿德艾、塑画俱通的艺术家,他亲自塑造了毗卢佛及二夹侍菩萨的金蝉脱胎妙像,又绘了壁画,丹青多彩,辉金饰宝。可惜今已无存。

公元1505～1505年间,古梅祖庭住持少林寺,寺内原有一座"单传堂",早已损毁。为重建单传堂,古梅祖庭请"梵僧"主持化缘活动,历时五载,备好了资金,重建了寺内的"单传堂"。

嘉靖末年,少林寺出了一位颇具传奇色彩的圆囷和尚。圆囷原为佛门禅宗弟子,后拜少林寺西天梵僧哈麻为师。据《阐宗·纪略》载,"紧那罗之后,有喇嘛师者,似亦紧那罗之流亚,曾以经(棍)授净堂,以拳授圆囷。"《圆囷和尚碑》载:圆囷禅师者,号无空,禹州陈氏子也。年逾二十,投少林寺,礼梵僧喇嘛为师。请求法名,师曰:"道本无形,何名之有?"空曰:"三世诸佛,皆有名号,弟子安得独无?"师授以心经,读至五蕴皆空,豁然大悟,曰:"身尚是幻,何处求名?"一日,手编大囷于师前。师指曰:"圆囷是汝名也。"答曰:"既名圆囷,内也无空。"

依以上所说年代推测,当时在少林寺的这位哈麻,则应是噶玛噶举派黑帽系八世活佛弥觉多吉。

哈麻与少林寺的扁囤和尚有着密切关系。少林俗家弟子程宗猷著的《少林棍法阐宗》中说，哈麻师"以拳棍授扁囤"。这说明西藏僧人曾向少林寺和尚扁囤传授拳棍之法。匾囤和尚曾结茅于四川峨眉山顶，宣扬《大阿弥陀经》。匾囤和尚还曾入云南省鸡足山修持并传授紧那罗神咒。匾囤和尚的灵塔于公元1565年，刻立在少林寺塔林中，上刻有"没哪塔匾囤和堂灵塔"，其中"没哪塔"，即 Karma_natha，是藏传佛教高僧的荣誉称号。

正德初年，有西藏喇嘛（或河西喇嘛）在少林寺西侧的"甘露台"上，兴建了一座藏经殿，用以贮存朝廷颁赐的《大藏经》（大概是"明北本《大藏经》，1440年刊布"）。在藏经殿的左右，又修建了阅经室和修禅室。四周松筠环翠，老桧参天，环境十分幽静。

除了上述事例以外，少林寺中的紧那罗王造像也是藏传佛教在这里留下的遗迹。考察其与藏传佛教的关系。从少林寺现存文献和碑石资料看，紧那罗王造像最早可上溯至金初，即祖端住持少林期间所立《那罗延执金刚神像》，现存少林寺碑廊东壁。碑上那罗延执金刚神手执金刚杵，裸胸跣足，威风凛凛。据说，它是后来一切紧那罗王造像之所本。少林寺这幅造像及后来以此为底本所出之造像，入明以后，开始被有些人视同为藏传佛教中的哈麻神像。

具有藏传佛教特色的
少林寺紧那罗王塑像

单从紧那罗王造像的特征，细看少林寺中的《那罗延执金刚神像》，以及少林寺紧那罗殿供奉的紧那罗王神像，可以看到：在面容和姿态上，紧那罗延神像和紧那罗王像都是裸胸跣足，甚至说有些不太雅观，与寺内其他大殿内衣着优美、面目端庄典雅的神像相比，确有极大的差别。有学者说，这种差别就是藏传佛像和汉传佛像的异同。汉传佛像在讲求写实主义的同时，追求佛性的统一和完整，佛像大多是慈眉善目，面相丰满而圆润，庄严典雅，衣裾自然流畅而优美。而藏传佛像造型则更丰富奇特，既有寂静尊，也有寂愤尊和愤怒尊。慈眉善目、面貌安详的显宗佛像；凶神恶煞、多首多臂的密宗佛像；妩媚动人的度母像；面目狰狞的佛母像；极美与极丑、极善与极恶的众神汇聚一堂。这样说来，藏传佛像和汉传佛像的异同，可能是被有些人将汉传佛教中所造紧那罗王神像视同为藏传佛教中的哈麻神像的主要原因。

明代少林武术家程宗猷《少林棍法阐宗·纪略》："嗣有哈嘛师（指'西天梵僧'）者，似亦紧那罗王之流亚。"程宗猷曾于万历初入少林寺习武，"前后阅十余载"，已将"哈嘛师"与紧那罗王联系在一起。可见，紧那罗王造像给人留下喇嘛教神像的印象是明显的。

清初景日昣《说嵩》"紧那罗王"条：少林紧那罗殿，在大雄殿东，西向。奉神三像，裸体执棍，灵动欲活，前向如将仆。中像扶摩之，动辄移时，旁两像不动也，见者无不肃然。史载元成宗大德中，建天寿万宁寺，寺中塑秘密佛，形象丑怪。皇后幸寺，见之恶焉，以帕障面而过。少林像盖秘密类也。

少林寺范围内带有藏传佛教色彩的文物，还有塔林里三座藏传佛教造型的塔：立于嘉靖四十四年（1656年）的"嘿没哪塔扁囤和尚灵塔"；立于隆庆六年（1572年）的"钦依祖庭少林禅寺传法住持小山大章书公禅师灵塔"；立于万历八年（1580年）的"坦然和尚之塔"。这几座塔的造型样式都为瓶式塔，都带有明显的藏传佛塔的特征。

藏传佛塔即喇嘛教所崇奉之塔,也就是中国早期"塔婆式塔"的发展。从元代将喇嘛教奉为国教,塔婆式塔便开始为喇嘛教所尊崇,并被俗称为"喇嘛塔"。这种类型的塔发源于西藏,其发展几乎遍及全国各地,凡与藏传佛教有关的地区,都建造藏传佛塔。藏传佛塔,式样大体相仿。总体上说,每座佛塔构造都由塔座、塔瓶、塔刹和塔顶等4大部分组成。其形制宽肩圆腹,身大而圆,就像一个倒扣着的僧钵,又因肚象瓶,故俗称为"瓶塔"。这种塔在少林寺塔林中,明显与汉地的多边形佛塔有着很大区别。但是,汉地佛塔与藏传佛塔并存于少林寺塔林中,其塔形多种多样,塔式高低不等,林立错落,呈现出一种佛教的奇特壮美的历史景观。透过历史的烟云,从这个历史景观中可以看到,藏传佛教文化与汉地佛教文化在少林寺曾有的影响与融合。

在当今的嵩山少林寺来说,无论是史料中记载的藏传佛教人物,还是藏传佛教在少林寺中所留下的带有藏传佛教特征的文物,都说明嵩山少林寺在历史上,曾经是一所僧人与喇嘛有过实际交往,受过藏传佛教文化影响很深的寺院。

藏传佛教中的僧人祭拜

(六)少林寺与明王朝及皇亲

明朝对佛教非常重视,实行朝廷亲自任命住持的制度,任职前均由礼部或祠部颁发正式文书予以确认。明代的文载、小山皆是在领礼部文书后出任少林寺住持。之后的幻休、正道、慧喜、海宽也均是在得到礼部或祠部文书之后出任少林寺住持的。

明代少林寺高僧,多为明廷及藩王座上贵客。因此,少林寺作为一座皇家寺院,其住持不但由朝廷选定,而且对于寺院的建设与发展,也给予大力扶持。明代期间,朝廷在洪武之初整修了少林寺;在嘉靖年间,对少林寺又进行了两次大的整修。除此之外,明代朝廷对于少林寺还给予了粮差豁免和治外法权等特权。同时,少林武僧的在对内平叛,对外抗倭的战斗中,屡建奇功,成为朝廷的一支重要的武装力量。由于朝廷和少林寺之间的相互作用,有明一代嵩山少林寺和政府以及皇室的关系一直很密切,少林寺日常的佛事活动、高僧的去向安排、皇室的法事需请等等,深受朝廷及皇亲国戚的关注和支持。朝廷中亲王及太监、官吏与少林寺高僧也关系密切,互有走动,来往频繁,这也是嵩山少林寺兴盛的原因之一。

◆朝廷在财政拮据的情况下,重修了嵩山少林寺

明代洪武之初,朝廷在财政拮据的情况下,重修了嵩山少林寺,翻修禅堂,装修佛像,使少林寺面貌一新。

◆少林寺住持松庭子严被朝廷任命做了河南府僧纲司的都纲

洪武十五年(1382年),少林寺住持松庭子严被朝廷任命做了河南府僧纲司的都纲。这年冬天,被周王朱橚请到开封,为国母、孝慈皇后马氏资悼冥福。

◆仁山毅公与晋王、周王关系密切

洪武十六年(1383年),仁山毅公奉晋王朱㭎的令旨,为太原崇善寺住持,任期达十年之久,仪教兼备,亲藩顶礼。洪武二十六年(1393年),仁山毅公奉周王朱橚令旨,出任少林寺住持13年(1393~1405年)。永乐三年(1405年)五月,少林寺住持仁山毅公被朝廷举为参加全国佛教法会的高僧入京讲法。仁山禅师既不是雪庭福裕的法脉,甚至也不属曹洞一派,完全是因为周王的令旨,才做了少林寺的住持,这在少林寺历史上还是少有的一例。仁山毅公在少林寺的13年间,尤重戒律,设水陆无遮大会,礼请十师建立资圣戒坛,创建法堂,修宫祖殿、方丈室,贡献很大。周王、晋王都因为有"异谋"而引起朱元璋的警惕,而仁山毅公先后受到晋王、周王顶礼而平安无事,可见他没有参与政事。

◆少林寺住持拙庵性成

接替无方可从做少林寺住持的是拙庵性成。拙庵性成是山西省太原府太谷县人。父名杨素,母姓越氏。他自幼离亲,住湖广襄阳府黄龙寺礼虎溪和尚为师,学习禅讲,苦读有成。又投少林寺无方可从长老,亲承曹洞之印。后游方北京庆寿寺,谒东阳法师。成化十八年(1482年),拙庵性成复还少林寺。第二年,太监陈某奉旨到少林寺侑斋,因缺住持领众,经镇守河南太监兰氏、河南巡抚孙某及登封县知县等推举,命拙庵性成为少林寺住持。

◆明徽王府中贵大人杨悟仅等请少林寺原住持无方可从住持观音寺

成化十九年(1483年),明徽王府中贵大人杨悟仅等请少林寺原住持无方可从住持观音寺。观音寺位于河南省汝阳县城东15公里的圣王台村。《汝阳县志》载,观音寺始建于宋代庆历年间,明代正统年间有位铁船和尚住锡修复之。

◆徽王府给少林寺赠画

成化二十年(1484年)四月初八佛诞日,徽王府中贵廖福(字兴成)造、画士张起画《观音图》石刻画一幅,赠予少林寺。画中观音双手结定印,坐于蒲团之上,右侧一钵,内有柳枝,画面十分精美。另外,徽王府中贵智庵给少林寺所施有阴刻横幅《伏虎罗汉图》一幅。画面中央是罗汉,倚巨松、扶禅杖低首小憩。罗汉坐处,左有一虎,右有一行童,依偎在罗汉身边而卧。画面左为青山,右为奔腾而下的瀑布,人、兽、山、水和谐共处,恬静自然。

◆周惠王朱同镳在开封举办法会,请少林寺住持古山可仙现场升堂说法。

弘治二年(1489年),周惠王朱同镳在开封举办法会,诚请少林寺住持古山可仙现场升堂说法。法会之后,朱同镳赐白金元宝2锭,各重54两,青铜400余斤,还有钱币布帛等物。古山可仙回少林寺后,决定用这笔巨款兴修当时已经零落的法堂(毗卢阁)。由这笔巨款作基础,古山可仙带领众僧采大河之石,择密林之材,经8年的筹备才备足九成的材料。四方信士,闻风捐献财物。现在发现信士捐助的有题记的石柱有14根。有一根方柱(高385厘米,每边宽53厘米)题记云:

河南府偃师县高龙保一里管后村居住居士、男善人周浪,施杂粮一百石打石柱一根,予少林寺修盖毗卢阁,愿吉祥如意者。

大明弘治十年四月吉日记

另有一根石柱题记为：

山西平阳府曲沃县南庄里大李村祁大运令施米一石,买椽五根……据。

◆徽王府请古梅祖庭支府上升堂说法

弘治九年(1496年)秋,任少林寺住持的古梅祖庭受徽王府之请,去府上升堂说法,很受徽王朱见沛的敬仰。

◆明代曾有八位王子随无言正道出家于少林寺为僧

传说明代曾有八位王子先后追随无言正道出家为僧,居住在嵩山少林寺少溪河南岸的"八王子院"。这"八王子院"是周王府为无言道公所建,称为"周府庵",因其地在少林寺本院之南,又称"南园"。它的西邻就是正德七年(1512年)创建的十方禅院——乃寺中之邮亭,行脚之旅舍。南园中有"永化堂"、"白衣殿"等建筑。明末兵祸猖獗,殿宇多化为灰烬,今仅存白衣殿小院一座。

◆周王生了男孩,也要刻玉佛送少林,以报佛恩。

明永乐时,周王生了男孩,也要刻玉佛送少林,以报佛恩。

◆三奇和尚"蒙钦取宣调"

明代著名的武僧首领三奇周友,在正德年间"蒙钦取宣调",镇守山东、陕西布政使司(省)辖下的堡塞,屡立战功,御封为"都提调总兵"。

这期间,周友奉朝廷之命而统征云南,讨伐叛蛮。曾参加平定了发生于正德五年(1510年)十月的刘六(刘宠)、刘七(刘宸)等人在霸州的起义,参加讨平了发生于正德十六年(1521年)二月的在云南弥勒州的苗民之乱,参加平定了发生于了嘉靖元年(1522年)十一月,山东青州矿丁王堂等人的起事。

◆张永给少林寺施送达摩像

正德十四年(1519年),权势显赫的司礼监(明代太监主管的"十二监"之一)太监张永,向少林寺施送金铜菩提达摩坐像一尊。张永是明武宗时有"立地皇帝"之称的太监刘瑾的党羽。由于参加镇压安化王朱寘鐇在宁夏的反叛有功,又因密奏刘瑾大逆(正德五年,刘瑾被凌迟处死),恃功骄傲。但后来因手下的库官偷盗库银的事件披露,一度被削官,"闲居九年"。这期间,张永一心念佛,祈求保佑。九年后(1519年)他官运再兴,做了司礼监太监。他觉得这是菩提达摩暗中佑护,自己"闲居九年",仿佛是"面壁九年",所以他转运后,向少林寺施送了一尊达摩像。这尊金铜达摩坐像至今保存于少林寺立雪亭中。

◆少林僧兵参加抗倭战争

朱云锦《予乘时小录》载:"明时倭寇作乱,总制胡宗宪始用少林僧兵。"《云间杂志》载:嘉靖癸丑(1553年),倭初至海上……按院蔡公可泉,召少林僧兵百余人,其首号月空,次号自然,傍贼结营。顾炎武《日知录》载:明嘉靖三十一年至三十三年(1552~1554年),少林寺武僧月空接到都督万表的檄文,率领30多名武艺高强的僧兵开赴松江(今上海市松江县)一带抵抗倭寇。

◆明藩徽王首阳子给少林寺捐黄金若干

徽王首阳子(即浦城王朱载堉)捐黄金若干,命少林住持竺东悟万修葺少林寺甘露台的"藏经殿",并绘饰"方丈室",起盖"立雪亭"。此工程在竺东悟万的主持下,于嘉靖三十二年(1553年)完成。关于这次重修少林寺的具体情况,徽王首阳子亲自撰文并书丹了《嘉靖重修少林寺记》碑,立于登封少林寺慈云庵(今少林寺院碑廊)的西墙外。碑文除记载了徽王捐资重修少林寺之事以外,还记述了徽王游览中岳之感叹。

◆徽王府首阳子捐资重修少林寺山门前牌坊

位于少林寺山门前的牌坊,系嘉靖三十四年(1555年)由徽王府重修建立,牌坊上的楹联为"首阳道人"所书。"首阳道人"即徽王府浦城王朱载堉。朱载堉(？~1556年),时以尊奉道教取媚于帝,被封"清徽翊辅化忠教真人"。在重修少林寺山门前坊之后,次年,朱载堉因罪自杀。

少林寺山门前牌坊

◆少林武僧竺方周参奉命征师尚诏

嘉靖三十二年(1553年)九月,河南省柘城县的师尚诏与王邦用等起事,首先攻克了归德府(商丘)、检校董纶率兵巷战败亡。此时义军达数万人。攻打宁陵、睢县不下,南下攻克柘城、鹿邑。再挥戈向西,在太康、鄢陵、西华、扶沟、许昌、临颍等地流动作战,官军望风而逃,朝廷为之震动。皇帝下令调用精兵二万,分三路合围义军,由曹邦辅统领。王邦用突围中被俘,师尚召败走皖北,又走五河(山东莘县),终被擒杀,时在十月间。师尚诏起事计40余日,破府一,县八,杀官军十余万人。周参率五十员少林僧兵参加了征讨师尚诏的战役,"尽忠于国,丛林见得忠义。"

◆小山和尚三次挂招讨帅印,率领少林武僧到东南沿海抗倭,

史料记载:明代少林寺小山和尚也三次挂帅征边,为国立功,朝廷为表彰他,特在少林寺前建立旗杆和石狮。

◆朝廷为表彰少林武僧的抗"倭"弥乱之功,整修少林寺

嘉靖三十六年(1557年),朝廷为表彰少林武僧的抗"倭"弥乱之功,对嵩山少林寺进行大规模整修,并重建了初祖庵大殿。

◆两位藩王撰文所书《小山禅师行实碑》

小山,名宗书,字大章,为明代著名禅师和钦命少林寺住持。嘉靖年间,小山和尚曾三次挂招讨帅印,率领少林武僧到东南沿海参战平倭,保障了当地老百姓的生活,为嘉奖少林武僧的功德,皇帝还下令在少林寺山门前竖立了两根旗杆。

位于少林寺内的《钦依住持少林寺嗣曹洞宗第二十四世当代传法小山禅师行实碑》,刻立于明嘉

靖四十四年(1565年)三月,系郑藩掌国事王才撰文,"三教中人"、"狂仙"朱载堉书丹并篆额。朱载堉是朱元璋九世孙,郑恭王朱厚烷的长子,字不勤。他不愿继承王位,早年从舅父何塘学习天文、算术,因对其父无罪下狱不满,乃巩土屋于宫门之外,独居19年,钻研乐律、数学、书法,后成为天文学家、数学家、画家、书法家、"世界乐圣"。他所书篆的《少林寺小山禅师行实碑记》,为其青年时代的作品,字体秀逸妍丽,丰润净洁,点画匀称,枯润互映,劲气内敛,有精华蕴蓄之态。在这通碑的另一面则是朱载堉载堉撰制的《混元三教九流图赞》,整幅画构思巧妙,内涵深刻,寓意深远。画面寓儒、释、道三教于一体,形象准确表达了三教一体(源)的深刻含义,其思想性和艺术性达到了高度的统一。很多嵩山文化学者评价:《混元三教九流图赞碑》集中反映了少林寺深厚的文化底蕴与融通三教、合会百家的博大襟怀。即使全民构建和谐社会的当今,仍然有着极强的历史意义和现实意义。

附录:

少林寺小山禅师行实碑记

钦依主持少林寺嗣曹洞正宗第二十四世当代传法小山禅师行实。郑藩掌国事德庆王撰文;三教中人狂仙载堉书篆。

粤自拈花示众,渡苇西来,诸祖问出。传持此道,皆以慈悲为本,济苦为用。随其根器,方便引导,究竟菩提之路,证明空寂之理。所以嗣续慧命,令不断绝。然而教外别传,指心见性,单提向上,不历阶级,如是法门,最为捷径。六传之后,五派以来,曹洞宗旨,尤为缜密。故少林门庭久而弥著。传佛心印,代不乏人。若今主持传法小山禅师者,其沙门之杰。特与师乃前主持虚白、月舟、载禅师之法胤。名宗书,字大章,小山其别号也。原籍顺德南和李氏子,父讳进,母刘氏,生师于弘治庚申岁。其在童幼,异于常伦,与群儿戏,效作佛事,十岁,父令入学读习儒业,已通大义,即掩卷曰:"此皆世法,非出世法也。"遂泣拜辞亲担求出家。年甫十五,笃志不违。父母欣然从之曰:"吾家积代奉佛,尔有斯志,深可嘉美。"于是,礼郡之开元寺法堂钿和尚为范。后二载,闭关太

小山禅师行实碑

行,三越寒暑,手书华来严等经,不食五味,期满,年方二十。闻少林虚白老师,传授达摩心宗,志切参学,遂梦游其境,至则悉与梦符。乃依法席,入室请益,功勤八载,洞上宗风,蒙赐印可。嘉靖庚寅,回抵家山,省侍本师。三年复往京都受戒,历诸讲肆,遍探教海。寻于都城内兴德寺静居三载,有中贵官姜公信,迓入天庆寺,开阐佛乘,及诸寺延讲。后应五台山推演禅宗,期毕回京。值中贵李公元善请师披阅藏典,于积善庵四载周完。岁甲寅复迁宗镜庵,少林耆宿。秉诚复请。师乃叹曰:先"师化后三十余年,曹洞宗风迨乎湮没,前辈有言,禅林下衰,弘法者多假,我偷安不急撑挂之,其崩隤跬可须也。虽惭薄德,其宗付嘱何?"于是领礼部显请,札付主持少林。时有中贵张公遥、贾公廷贵、杨公伟,发心印造公案方册,施财玉成。于戊午岁大开法席,四方学徒,众盈五百。时值亢旱,河井干涸,既法席敷开,泉源复涨。癸亥岁,钧州名德颍东党公、少渚李公,延就本州广通寺,传演宗乘。开示净土法门。越明年甲子,吾郡诸檀请师于敕赐宝光寺安禅说法,三月期满,乙丑春复返少林。升堂踞座,日无虚席,嗣其法者不可胜计。自戊午至乙丑,凡历八年,曹洞宗风复振,少林禅于聿新大哉。其启后鼎新之功,永不可磨也。师之门人诣予备陈实行。请为记焉。因笔其事,而铭之曰:诸佛出世,惟一大事;少林宗

源,与佛同致。赫赫大师,启示奥秘;开元太行,大乘秉志。宗承虚白,安住圆位;往复京师,教海弘备。耆虚虔请,法席及赍;曹洞宗风,远而弥炽。四方学徒,彼岸允至;广通宝光,相望振鹭。净土既凝,法胤永嗣;慧日常明,于是为记。

时大明嘉靖四十四年岁在乙丑春三月朔日,参学门人成桂等稽首立石。

◆明王朝宗室德庆王体易居士为小山禅师塔撰写塔铭

明隆庆六年(1572年)季春,小山禅师塔全称"钦依祖庭少林禅寺传法住持嗣祖曹洞正宗第二十四世小山大章书公禅师灵塔"在少林寺塔林建成,明王朝宗室德庆王体易居士(朱祐,朱载堉的堂叔父)为小山禅师塔撰写了塔铭《钦依住持少林寺嗣祖曹洞正宗第二十四世、当代传法小山禅师塔铭并序》铭文。

附录:

少林寺小山神禅师塔铭并序

钦依住持少林寺嗣曹洞正宗第二十四世当代传法小山禅师塔铭并序。德庆王体易居士撰,应行居士成吉祥书。

是岁孟春,愉庭上人至,言乃祖小山禅师之逝,建塔工完,乞铭于吾兄应行居士,兄以乙丑之岁春,曾为小山作"行实碑记",颇详其事,当为之铭。

少林寺小山和尚塔

按愉庭所撰形状,禅师讳宗书,字大章,号小山,原籍直隶顺德府南和县李进之仲子,母刘氏,生于弘治十四年庚申岁。一往行实及丁巳年至乙丑年以前行实,具载前行实之碑,此不繁叙也。且序自乙丑年,以后之行实自丁巳年至丙寅年,其往持少林凡历十年。其开示门人嗣法者百余人,入室者七八十人,其参学者不可尽数。忽于丙寅年二月内,以衰老病侵,复厌常住事繁,乃谢事少林,复上京师宗镜庵,阐演宗乘。于隆庆元年丁卯岁游历西山,至谷集山三学洞,美其山景幽寂,遂结夏焉。至冬染疾,至腊月十六日索笔书偈,偈曰:"宗镜宗镜,心法成行;即日圆觉,镜破宗正。"偈毕俨然坐脱,世寿六十八,僧腊三十六。茶毗身骨,嗣法徒孙镇性、愉庭者,分为三分,一分留于宗镜庵,起塔供养;一分送至顺德府祖茔,起塔供养;一分送至少林祖山,起塔供养。其于少林谢事之日,法堂中法鼓无故坠地;其于得疾之初,少林秦封槐树摧一大枝;既入寂之后,其树无故崩倒。信乎!有道之人或出或处,皆有预兆。谢事法鼓坠地,表法幢摧于法鼓,隐声而不复震;得疾封槐摧一大枝,示法梁将败;于其始于寂,其树崩倒,著法梁已折。于其末,由是观之,道人出处,皆预有先兆。其人之存没,时之盛衰,用此可卜。

今天隆庆六年春塔事落成,窃惟佛学以无德无说为第一义,禅宗以即心即佛为最上乘,未悟以求解脱为妙,既证以不退转为难。小山幼而颖悟非常,长而好学不倦,绍诸师之统,传佛祖之心,克修梵行,始终如一,以大乘立教,开示来学成就者,不可胜记,究明般若之宗,卒证菩提之道。观监终之偈,不挂一毫,可谓真得解脱者矣!述其往行,因作铭曰:如来灭后,大法独存;匪有其依,孰知所尊。古今圣贤,绍隆三宝;非道弘人,人能弘道。吾师小山,曹洞宗主;昔居京邑,名闻海宇。仰慕祖风,来游少室;山峙川流,禅林第一。曾过覃怀,月山避冬;道高德厚,为众所宗。善期甫毕,圆寂现示;文殊问疾,法门不二。出家开元,飞锡宗镜;住持少林,门资咸盛。三处建塔,灵骨均分;后世欲闻,征此铭云。

皇明隆庆六年岁次壬申孟夏吉旦建(小师、徒孙、重孙法名略)建塔匠:付仓、常天福。石匠:赵景隆、席上珍刊。

◆明英宗曾孙,封新昌王的厚尊撰《匾囤和尚碑》

明隆庆二年(1568年),明英宗曾孙,封新昌王的厚尊为已经圆寂的匾囤和尚撰写《匾囤和尚碑》文。

匾囤和尚碑

明　厚尊

匾囤禅师者,号无空,禹州陈氏子也。年逾二十,投少林寺,礼梵僧喇嘛为师,请求法名。师曰:"道本无形,何名之有?"空曰:"三世诸佛皆有名号,弟子安得独无?"师授以《心经》,读至五蕴皆空,豁然大悟曰:"身尚是幻,何处求名!"一日,手编大囤于师前,师指曰:"匾囤是汝名也。"答曰:"既名匾囤,内也无空。"师曰:"教外别传,方契此语。"后到峨眉绝顶,结茅以居。一日,见阿弥陀佛手执《大弥陀经》一部,曰:"藏内有经,藏外全无。付授予汝,广令传化。"空遂周流寓内,前后印造《大弥陀经》若干藏。未几,复返少林。念少林为达摩单传之地,施银三百两,亲在本寺率诸僧众法筵大启,共辅皇猷。嘉靖四十二年再之峨眉,行至夔州江中,曰:"道旷无涯,逢人不尽。"登岸,端坐而逝。徒孙普明等曰:"少林,吾师发身之地,归葬少室。"建塔告成,走钧阳,拜于不谷,以不谷上接天潢,征文以状禅师之实。予怜其诚,姑将禅师行实详述之,以塞众望,并志岁月云。隆庆二年。

◆少林寺住持无言正道为周端王朱肃溱说"保寿之法"

无言正道大宗师住持嵩山少林寺:"典型卓尔,清规肃然,作宾王家,名动京阙。"在此期间,周端王朱肃溱曾请无言正道至开封,为说"保寿之法"。正道说:

王位为宝,货财非宝。心王为宝,玩好非宝。心驰玩好,则心血耗竭,寿何可宝?心营货利,则怨诅丛生,寿何可保?必也息心养神,必也专心念佛。佛寿无量,心寿无量。佛即是心,心即是佛。久久纯熟,自然长寿。

周瑞王大为开悟。于是,正道为他说了《药师佛十二大愿》。

周瑞王的世子周恭枵,腿有病,也请无言正道为他治病。世子平时倚杖而立,道公引导他周行七转,汗流如注,果然扔掉了拐杖。道公垂示:"心清则欲寡,则精足。精足则身安。身安则嗣续广衍,福禄无穷。"世子唯然受教。

◆慈圣宣文明肃皇太后在少林寺建毗卢阁

万历十年(1582年),明神宗朱翊钧为其生母李彩凤加尊号曰"慈圣宣文明肃皇太后"。之后,慈圣宣文明肃皇太后拆伊王殿材,在少林寺建造规模宽敞、华丽无比的毗卢阁。

皇太后拆伊王殿材,在少林寺建造规模宏大、华丽异样的,并命工匠精刻藏经储于少林寺,万历帝也发圣旨于少林,掩护藏经。

◆万历皇帝亲发谕文于少林寺

万历十五年(1587年),慈圣宣文明肃皇太后特赐嵩山少林寺以精工刻印的大藏经637函,贮于寺中。同年十一月十九日,万历皇帝亲发谕文于少林寺。谕文如下:

嵩山少林寺住持及僧众人等:朕惟佛氏之教具在经典,用以化导善类,觉悟群迷,于护国佑民,不为无助。兹者圣母慈圣宣文明肃皇太后命工刻印,续入藏经六百三十七函,通行颁布。本寺尔等务须庄严持诵,尊奉珍藏,不许诸色人等故行亵玩,致有遗失损坏。特赐护持,以垂永久。钦哉故谕。

◆明神宗生母李太后备物送无言正道赴寺上任主持斋仪

万历庚寅(1590年)年冬,少林寺提举筠庵焦公等人奉命赴京聘请无言正道为少林寺方丈,恰遇明神宗朱翊钧生母李太后准备派官员到少林寺上香。他们备好了斋银、冬夏紫衣、僧帽、僧履、香烛等礼物,一道请无言正道赴寺上任,主持斋仪。无言正道接领了礼物,到朝廷礼部领取了钦依"劄子",准备赴任。听说正道要南下少林寺,京师有官员、好友纷纷为之送别。据说,无言正道离开京师时有二、三百人送别至郊区,倾动一时,可见无言正道在当时的影响之大。

◆敕赐少林高僧建塔

据《少林寺塔志》记载:从嘉靖二年至天启七年(1523~1627年)的100多年间,皇帝敕赐少林高僧在少林寺塔林建塔的就有50多人。如"敕赐少林寺都提举政公德心和尚之灵塔"、"敕赐大少林禅寺首座智公和尚之塔"等等都是皇帝敕赐的少林僧人塔。

◆少林拳派中的痛禅上人

在明末的少林拳派中,有痛禅上人者,相传为明福王之堂叔,明皇族朱德畴剃度后之名。痛禅上人曾在嵩山少林寺习武。后数年,复蓄发,往粤西,谋举兵恢复,不成。又遁到台湾,依延平之子,亦不得志。痛禅上人在少林寺时,复立戒约十条。据说,痛禅上人柔术最精,当其在梧州时,捕者10余人,悉被次第抛置街心,上人乃得潜逃出险。

第六节 清朝和"民国"佛教的倒退与衰落

嵩山佛教在经历了元、明两朝的鼎盛之后,失去了昔日的辉煌,在清朝和民国时期,开始走向衰落。

一、清朝嵩山佛教

到了清朝,封建的中央集权统治达到高潮,清朝的各个皇帝都致力于加强中央政府的权力,对佛教进行了严格的管理,不仅限制了佛教僧尼的人数,还明确禁止私建寺院。虽然这些禁令并没有被严格执行,但是清朝时期的佛教一直都没有能够发展起来,这个时期不仅缺乏有影响力的高僧,而且佛教理论也基本上停止了发展。特别是从道光以后,国势极弱,佛教彻底衰落。

在清朝这个大的政治背景下,清朝时的嵩山佛教一直处于衰落态势。究其原因,与其社会的政治背景、自然灾害、农民起义、少林武僧参政等都有关系。

(一)清朝前嵩山佛教的政治背景

明朝中期以后,朝政腐败,王公国戚和地主豪绅争相兼并土地,而嵩山地区又加上佛寺庄园,广大农民失去了土地,沦为佃户、奴仆,生活苦不堪言,官府豪绅及佛寺庄园主在内的特权阶级,同广大农民群众处于尖锐的对立地位。

明崇祯十二年(1639年),登封贫苦农民李际遇和申靖邦在闯王李自成领导的农民大起义形势的推动下,率众四五万人揭竿而起。农民起义直接触犯了官府豪绅及佛寺庄园的政治特权和经济利益,于是他们相互勾结,处处与农民起义军为敌。李际遇为了消灭自己身边的隐患,一日夜间,乘少林寺僧齐集法堂礼佛的不备之机,率众轻装翻墙而入,径至法堂,把在场的僧人全部杀死。同时,嵩山其他佛寺也遭到不同程度的袭击。这是嵩山佛教有史以来,遭到当地农民群众最大的一次打击。初祖庵在明末只剩二三僧人供奉香火,白衣大士殿"频经劫火,已倾剖于荆棘灌莽者久矣"。

明崇祯十七年(1644年),闯王李自成领导的农民起义军攻陷北京,明思宗朱由检吊死煤山,明王朝土崩瓦解,彻底灭亡。那些明室遗老遗少纷纷南来嵩山少林寺避难,名曰皈依佛门,实为利用少林寺僧兵妄图复明。明"皇叔"朱德畴也到少林寺"出家",法名"痛禅",此人武功赫赫,对少林寺僧公开宣称:"吾乃有深仇隐痛,……念故国河山已堕,拨发为奴之劫,此恨难消,磨筋肉废弛、勤奋鸡鸣舞剑之心,东海可移,此恨难消,磨精练骨,留以有待。……假使天不亡汉(指明朝),成功终有其时。"他以拳代言,在拳击招数中加进联络暗号,积极积聚力量,等待时机,准备大举起事。后来因行事不密,被清廷侦悉,他不得已逃亡台湾,病死海岛。

明"皇叔"朱德畴事件的发生,引来了朝廷对少林寺的不满。

清世宗爱新觉罗·胤禛于雍正十三年(1735年)闰四月,颁发"敕修"嵩山少林寺圣旨:

河南巡抚王承准中堂扎开钦奉上谕

据河东总督王士俊奏称:

豫省少林寺岁久失修,今委员相度确估,重加修建。绘图呈览等语。朕阅图内门头二十五房距寺较远,零星散处,俱不在此寺之内。向来直省房头僧人类多不守清规,妄行生事,为释门败种。今少林寺既修建成一丛林,即不应令此等房头散处寺外,难于稽查管束。应将所有房室俱拆,造于寺墙之外左右两旁,从为寮房。其如何改造之处,着王士俊酌情办理。至竣工后,应令何人主持,候朕谕旨,从京中派人前往。钦此!

在雍正帝的圣旨文中可知,他对嵩山少林寺僧人有着明显的不满和指责,对少林寺很不放心,要加强"稽查管束"。连令何人任少林寺住持,也要他亲自"从京中派人前往"。

乾隆十五年(1750年)十月,清高宗爱新觉罗·弘历的祭祀中岳嵩山之行,亦有观察嵩山寺僧行为之政治目的。

此时终日习武、不参政事的少林寺却被朝廷认为是反清复明的中坚力量,这是嵩山佛教受到清王朝的冷落、限制练武的原因。后来清朝颁布诏令,严厉禁止僧人习武,但作为少林武术发祥地,且一直把习武作为宗风的少林寺僧人来说,习武活动却禁而不止。少林僧人为了避免清廷的查究,他们的习武活动不得已便转入山林或改在夜晚秘密进行,现在少林寺千佛殿内还留有僧人练武踏陷下去的脚印。推测其原因,恐怕与僧人习武及"反清复明"情绪,不无关系。建于明末的少林寺毗卢阁(千佛殿),从雍正开始,变成了少林寺的秘密夜间练功房。道光二十六年(1846年)的《西来堂志善碑》所载的"夜演武略"就是寺僧练功由公开变成秘密的真实写照。

在明朝政治背景的影响下,进入清朝的嵩山佛教没有了昔日的辉煌,大势所趋,走向衰落。在此情况下,少林寺僧人大都迁散四方,清初的少林寺,除有极少数僧人留守之外,寺院内外,一派荒凉。直到康熙前期,少林寺仍是衰败的景象。明代著名学者顾炎武亦作诗感叹:

今者何寂寥,阒哉成芜秽。坏壁出游蜂,空庭雏荒雉。山僧缺餐粥,住守无一二。

(二)清代少林寺

清代僧人迁散

明末清初之际,少林寺住持彼岸海宽在危难中坚守维系。明崇祯十二年(1639年),喜公圆寂,彼岸海宽接任少林寺住持,肩持祖道,备尝艰辛。彼岸海宽平生好学,又善文墨,且戒行冰霜。在战争纷起的年代,彼岸海宽于危难中坚守山门,受到人们普遍赞誉。清顺治三年(1646年)三月,礼部给札令其住持,但彼岸海宽因"足疾",未能领到朝廷礼部的剳子,中有在寺静观时变,埋头整理、编撰《五家宗派世谱定祖图》。这期间,彼岸海宽联络了一批地方官,如分守许公、分巡范公,捐资修葺了单传堂、法喜堂、武圣祖师殿、钟楼、藏经阁及方丈室,自顺治九年(1652年)孟夏至顺治十年(1653年)仲秋,费时1年零3个月。傅景星的《重修少林寺记》记述了这次重修少林寺成果:"凡单传大殿,法喜、禅悦两堂,至于武圣祖师钟楼、藏阁、山门、方丈,悉次第毕就。"他还于顺治九年(1652年)至顺治十一年(1654年)连续举办了"天地冥阳水陆赈孤荐祖大法会",用以追荐在连年战乱中死去的亡灵,巩义、偃师、登封3县人士参加了这项活动。在战乱、民族矛盾和天灾之后,孤苦无望的民众通过法会得以"荐祖",获得"赈济",这种深得民心之善举影响深远。彼岸海宽积极参加了清初的僧诤,他在《释区源流五家宗派世谱定祖图序》中,对当时"党护门风,不通议论者"、"不遵皇藏,颠倒伦常者"作了尖锐的批判。他认为费隐通容在《五灯严统》(公元1653年刊)中,"将我少林洞上一十八代真参实悟之祖师尽行削去,一笔抹杀,意欲吞并五宗,独霸独王……此乃欺君灭祖,不忠不孝……是可忍也,孰不可忍也!"顺治十三年(1656年)夏,彼岸海宽北上京师,住锡善果禅院,一面刊梓《五家宗派世谱定祖图》,一面开堂说法。顺治十四年(1657年)二月,他才接受任命,成为少林寺清代首任住持。次年四月八日升堂,叹云:"一堂风冷淡千古!"时年已经63岁。大约在康熙初年退职。彼岸海宽平生好学,又善文墨,且戒行冰霜,危难中坚守山门,受到人们的赞誉。时人称颂他"鞠躬尽瘁能荷担,自有芳名达九天!"又赞他"巩法雨之金汤,存佛轮于劫火。此道未丧,系一线于中天也!"经过苦心经营,到顺治末年,少林寺僧众已恢复到600多人。

彼岸海宽自认是少林寺中兴一派之祖,因此定下了120字派,即"觉海永洪,宣授传宗……"不过,这在清代少林寺并未完全实行。海宽的弟子纯白永玉大约在公元1661年至1664年间为少林寺住持。康熙三年(1664年)秋,他离开少林寺,参学天下,远涉燕山。这位"少室嫡传,柱石洞宗"的纯白永玉,为何离开少林禅宗祖庭?至今仍是一个谜。史料记载,海宽一系并未在少林寺扎根传嗣,只有福裕及正道两系在此弘传。

康熙五年(1666年),少林寺第28代方丈彼岸海宽禅师圆寂,继任者也未得到清廷的任职文牒,少林寺历史上传承了数百年的"钦命住持"制度至此终止,皇家对少林寺住持的恩崇到此终止,少林寺在政治上失去了最高统治者的支持。此后的几十年间,少林寺陷入极度混乱状态。彼岸海宽的去世,少林寺便进入了群僧无首的状态。彼岸海宽也尽全力修复了少林寺因战争损毁的殿堂,但这仅是昙花一现。

康熙十二年(1673年)冬天,清代著名学者赵光祖等人送来"脱纱造"(即夹纻像)菩提达摩圣像一尊,绣幡四首,并捐资整修了初祖庵。康熙十三年(1674年),福缘祖善做了初祖庵的住持。

康熙二十三年(1684年),河南官员张思明陪侍户部右侍郎鄂尔多祭祀中岳庙,顺道看望了著名的少林寺。当时,他看到的少林寺状况是:"久经劫火,法堂草长,宗徒雨散矣。偶步千佛殿西,见榛莽荒秽中,散瓦数椽,风雨不蔽。"张思明对这座千年名寺的衰败非常感慨,便发动一批官员捐俸,于次年修整了白衣大士殿。同时,少林寺主僧净升还在张思明的支持下修缮了慈云庵,少林寺初祖庵的住持福缘祖善还监修了孔雀明王殿。

少林寺白衣大士殿修葺后,乃有塑像之举。康熙二十五年(1686年),由"焚修冠带住持",净升率领徒子玄奏、玄泰、玄臻,徒孙祖慧、祖云、祖依、祖荣、祖意等人恭塑"送子观音圣像"。他们聘请名匠万相明负责塑像事宜,用了5个月的时间,恭塑完毕。据说这大士像"现雪衣之瑞像,结抱送之妙容。香花珠络,光照大千"。可惜此像今已无存。

清少林寺壁画《白衣殿拳谱》

少林寺在衰败的形势下,偶尔也有光彩之处。史料记载:嵩山地区在顺治元年至顺治八年(1644~1651年),连年发生大的水灾,禾稼渍毁。其中,在最厉害的时候,出现人相食的景况。在此社会背景下,从顺治八年至十一年(1615~1654年),由少林寺僧祖文、清连、净稳主办的"天地冥阳水陆赈孤荐祖大法会"。登封县、偃师县和巩县三县各保人氏都参加了这为期3年的大法会。在战乱、民族矛盾和天灾之后,孤苦无望的民众通过法会得以"荐祖",获得"赈济",此善举深得民心,影响深远。

康熙四十三年(1704年),清圣祖爱新觉罗·玄烨为少林寺书写了两方匾额。颁赐御书于少林寺。一方是"少林寺",原悬挂于天王殿门外,后移于山门之上;另一方是"宝树芳莲",原高悬于大雄

宝殿,清末毁于兵火。在此之后,少林寺渐以恢复。

少林寺在经历了六七十余年的混乱之后,到了雍正、乾隆之时迎来了一个较大规模的整修时期。这次工程是由河东总督兼河南巡抚王士俊(1691~1756年)主办,由雍正皇帝批准的。此次重修,不仅增设了山门,修葺了天王殿、大雄宝殿、法堂,还创建了少林寺山门及两侧的寮房,形成了今天少林寺的格局,耗银达9000两之多。由于此次修寺用材较多,王士俊急于求成,下令就地取材,遂将南山上由无言正道率弟子们辛勤种下的数千株柏树"斩伐一空"。

清高宗爱新觉罗·弘历于乾隆庚午年(1750年)十月奉太后、率皇后等到中岳庙祭祀中岳神。乾隆之行还游览了嵩山少林寺,寺僧善修净府等得以参见。乾隆皇帝御制诗四章并题匾额。他在《题面壁石》中指出:"大地那非碧眼僧,九年面壁却何曾","片石无端留色相,千秋不必考明征"。他对达摩故事的不以为然,与唐高宗、武则天对少林寺的虔诚形成强烈对比。乾隆的这次驻跸,给少林寺带来了一次整修的机遇,这是继顺治、雍正之后又一次大规模的整修少林寺工程。除此之外,乾隆帝也有观察嵩山寺僧之行为的政治目的。

乾隆十九年(1754年),朝廷下令,取消官给"度牒",这虽减少了朝廷对出家人的控制,但也不可避免的增加了伪滥之事。

清道光帝以后,社会危机加剧,外患频繁,少林寺也是纲纪大坏。道光廿二年(1842年)三月的一则《告示》指出,房头僧人往往交结豪绅,留容土匪。或邀约酗酒,或聚众赌博,甚至朋比窝娼,构串结讼。当然,多数僧众还是恪守戒律的。咸丰五年(1588年)六月的《合寺僧俗公议规矩碑》指出:"近经兵荒,匪人蜂起。混迹道门,借游滋事,更有结队成群,谋为抢掠者,合寺均受其累。"

这一时期,少林寺的衰落非常明显,往日统领天下禅宗的"天下第一名刹"的地位也不断下降,寺院建筑损坏严重。少唇亡齿寒,嵩山其他寺院也繁华不再。但是,即使在佛教极度衰败的形势下,仍然有名人对佛教的这座千年名刹少林寺钟爱有加,在目睹少林寺面貌破损、满目凄凉的情况下,毅然慷慨解囊。

道光九年(1829年)二月,河南巡抚杨国祯诣祭中岳,礼成之后,憩息少林寺中,见正殿虽尚完固,而东西钟、鼓二楼已渐欹倾,至御座房以及御碑亭,雕敝尤甚,乃捐金3700余两,重修治之,经始于丁□秋,至戊子冬而告竣。为此,杨国祯撰有《修嵩山少林寺碑记》,记述了这次重修的过程。

光绪十九年(1893年)九月,周元钊撰写的《重修少林寺中殿记》,碑中言:"辛卯,予来摄邑篆,始至寺,中殿——即行宫——圮毁,询之,知为我朝高宗纯皇帝幸嵩时建,御座犹存。……乃鸠工庀材,于今年九月蒇事,规模与碧六佛殿——即六祖殿——相颉颃,甚壮观也。"

清代少林寺有个自古未见的现象,即屡屡为地方长官歌功颂德、树碑立传。例如为邑令王又旦立《长生牌位》(1686年)、为分守道张思明立《张公祠堂碑》及《张公德政歌碑》(1696年)、为邑令黎公立《众僧世代感恩碑》(1815年)、为邑令李公立《李老爷感戴碑》(1833年)、为邑令何公立《感德碑》等等,这反映了少林寺对地方官吏的依赖及自主权的减弱。迨至清末民初,少林寺仅有僧人200余人,土地2870余亩。

少林武僧在历史上,为保家卫国,平稳天下而名扬四海,后被后写入各种文艺作品中,吸引了广大读者。但僧人开"杀"戒人毕竟是行定历史条件下的产物,不足弘扬。而僧人习武健身,严守戒律,广传佛法,亦是善举。但由于清朝廷的压制和禁止汉人习武(1727年)的政策,少林寺僧习武不得不由公开而变成隐蔽,直到清末。清道光八年(1828年)三月二十五日,满族大员麟庆(麟见亭)代替巡抚杨海梁祭祀中岳,礼成之后。他走马至少林寺中,向少林寺负责人提出,要求观看一下少林寺的拳法。

因当时清廷禁止民间练习拳棒,违者要逮捕法办。所以少林寺主僧初则讳言不解。后来,还是麟庆说:少林拳勇自昔有闻,……只在谨宗清,保护名山,正不必打讪语。经劝解,少林寺主僧才方选健僧在殿前表演了少林拳术。麟庆看后,佩服少林拳法的"熊经鸟伸,果然矫捷"。现在白衣殿北山墙上画有一个清代官员坐于紧那罗殿廊下,正聚精会神地观看少林和尚们在殿前空场上表演少林武艺。画面上的这个官员就是麟庆。这个事情反映了清代对少林武术的限制。

由于清统治者对嵩山少林寺心存芥蒂,迫使僧人返俗回到了民间。因此,这些返俗的少林武僧也将少林武术带到了民间。因为少林武术名扬天下的缘故,他们的武技很快就受到了各地人士的重视,如有人请他们当保镖护卫、开武校,民间社火及娱乐团体请他们当教练、主演,有当地豪绅为健身延年,调养气血,改善人体机能,请他们教练少林武术内外功法,也有的少林武僧外逃,或落草为寇,或卖艺为生等等,从而使他们的少林武技在民间发挥了重要作用。

少林寺建寺1500年纪念邮票——明清代少林寺演武

原本多局限于少林寺寺院里传承的少林武术,无论作为一个武术技能,还是作为一个娱乐节目,或是作为一个体育健身项目,它在民间的传播都相当广泛。清代的野史、小说、笔记、诗歌中都有对少林武术和少林人物的记载。在大量史料和文艺作品记载和渲染能匹敌天下的少林武术气氛中,少林武术也出现了许多支脉流派,如在皖、粤、浙一带流行的少林武术,在全国各地兴起的一些少林武术派别,还有少林内家拳、少林外家拳、南北少林拳等等,使少林武术得以在东北、西北、西南、东南较为偏远的地区广为流传。

这一时期,少林武术在嵩山地区的民间社火表演中表现极其突出。尤其是对一些高难度表演节目如武戏中的舞狮、少林武术等,或文戏中的打铁,闹歌等节目,都要有一定武术技艺的人才能担当。因此,每逢节日喜庆,嵩山地区的各市县的乡镇、村庄都要到少林寺附近打听已经还俗到民间的少林武术高手,请他们至村中社火中当师傅,教练村中的年轻人学习少林武术,并使他们达到一定的表演水平。这个习俗,一直在嵩山地区的民间延续,以至到现在,都还有这个习惯。

当然,除了社火表演中的少林武术外,民间少林武术高手在一起切磋、比试少林武技,也是常有的

少林武术在民间

事情。由于每乡每村学习少林武术的人多了,少林武术就成了当地非常普及的一种娱乐节目,它不但能参加社火表演,还能参加其他文艺活动,尤其是年轻人,也把它作为一种特殊技能进行传承。会少林武术的人能打出几十种套路来,不会少林武术的人也能打个三式五式的,很平常。

以少林寺所在地登封而言,少林武术非常普及,很多村庄都是练习少林武术的基地。追究历史渊源,从明代起,就有少林僧人在登封的民间传艺,如明代时少林僧人偌天发在登封阮村传授武艺,阮村出现了拳房,少林武术今天还在那里

— 595 —

传承。登封磨沟范氏宗族是范仲淹的后裔,明代时范家聘请少林僧人道磨沟范家传艺,磨沟后世出现了许多少林武术精英,明末农民义军领袖李际遇就是磨沟走出的少林拳高手。除以上村庄之外,还有登封的大金店、雷村、书堂沟、文村、塔沟、骆驼崖、八方等,也都是著名的少林武术村。这些村子中的习武者通过种种渠道都与少林寺有着千丝万缕的联系,他们在暗地里都能请来少林寺武僧传授少林武艺。因此,这些村庄在民间公开的设立拳场,招纳学员,集中练少林武术,久而久之,形成了所谓的"少林武术村"、"少林武术教师窝"。由于以上种种原因,少林寺院里的许多功夫也得以保存和传承。因此,嵩山地区被称为"武术之乡"的说法也都来源于此。

(三)清代白马寺

经过明代末年的战乱之后,到了清初,在全国佛教衰落的大背景下,白马寺依然步履维艰,缓缓前行。

康熙年间,在洛阳邑高镐支持下,白马寺主持如琇和尚出售寺内"古柏数株",得金若干,加以"耕三余一,耕九余三之力","费几年工夫,重修白马寺,使毗卢一阁,流丹生辉","大殿、山门、配殿等俱灿然陆离"。"十年来辛苦备尝,上而台阁殿宇及诸寮舍等焕然一新者,皆师(指如琇和尚)经营之力。"同治元年(1862年)立佛殿(接引殿)被焚烧;光绪九年(1883年)又重建。"转倾覆以为壮丽,除尘封而焕然一新。"接引殿是寺内现存规模最小、重建最晚的一重大殿。宣统二年(1910年),曾重修清凉台之毗卢阁。

清初白马寺方丈如琇和尚,能文能诗,书画亦佳,是一位多才多艺的僧人。至今白马寺内还留下不少他所做的诗、文和画的刻石。如琇和尚于"禅诵之余","偶拈古迹六事,缀以韵言",题为"白马寺六景",从此以后便有了著名的"白马寺六景"之称。这白马寺六景,指的是白马寺中的清凉台、焚经台、齐云塔、夜半钟、腾兰墓、断文碑。

二、"民国"嵩山佛教

清代末期至"民国"以来,由于统治者的腐败无能,国外资本主义列强的入侵,中国社会的政治经济形势日益衰败,社会矛盾激化,太平天国革命、辛亥革命、五四运动等重大事件都对中国社会、中国人民的思想文化带来了重大影响。在这种形势急剧的动荡变化下,佛教很难发展。1911年辛亥革命后,一部分僧人曾在北京、上海等大城市,组织佛教协会,创办佛学院,继续护法、弘法事业,但收效不大。

(一)"民国"白马寺

历史跨越了161年,进入"民国"时期,古代那种刀枪剑戟等冷兵器对阵的时代已成过去,随之而来的是火炮交锋。

清末以后,洛阳和全国一样,社会动乱,民不聊生。佛教力量不大,僧人也不多,白马寺在军阀混战、兵火绵连之下,长期处于荒凉衰败之中。大约在"民国"十二年(1923年)前后,伊川人张志公为首的红枪会一部,和国民党某二师发生激战,红枪会进驻白马寺内的清凉台,二师曾火烧白马寺;"民国"十五年(1926年)前后,冯玉祥部驻扎洛阳,曾到白马寺拆毁大殿佛像,由于大殿殿檐塌毁,构件掉下砸伤了人,才停止了拆像行动。"民国"十八年(1929年),当时的洛阳县平乐区区部,在王法森、王春芝带领下,曾驻在清凉台,维护社会治安,庙貌较好。不久,洛河南一帮土匪打过来,打死了王春芝,区部也溃散。此后数年间,白马寺一片荒野,蒿草丛生,殿宇残破,供桌尘封,香火稀微,甚至有点阴森可怖。当时,龙虎滩一位姓黄的村民,曾来寺院看守。

白马寺山门外前面,今310国道外,原有阀楼,下为通道,上为二层楼,在此时被白马寺村拆毁,用其材料,修了二座砦门。

"民国"二十年(1931年)"九一八"事变爆发;次年,上海"一·二八"事变爆发,日寇势力威胁南京。国民党政府决计迁移洛阳,是年二月迁洛,十一月复迁南京,以洛阳为行都,西安为陪都。迁洛过程中,国民党中委张继等来洛阳,往访白马寺,见白马寺墙倒宇塌,庭阶荒芜,一派破败的景象,即请上海佛教会的留云寺德浩法师住锡白马寺,重行营建。此次重修,修建了山门内左右两侧的门头堂、云水堂和天王殿、大佛殿两侧的客堂、祖堂、禅堂、斋堂,又在寺院东南、西南各修建方形歇山顶二层阁楼一座(即钟、鼓楼,也称角楼),以青石镶包了印度高僧墓和天王殿、大佛殿的台基,补修了各殿阁、厢房之门窗;各殿内配置高达一米多

民国白马寺一角

的铜铁供器,各殿前铸高鼎(今仅存大佛殿一个)云牌、铜钟、铜牌,这些供器均在上海铸好运来。并把一尊高约0.90米的白玉佛迁奉于毗卢阁内,至今仍存寺内。这尊白玉佛身披袈裟,结跏趺坐。玉佛丰耳隆鼻,容貌慈祥,双眸微垂,俯视前下方,整个形象显得慈眉善目,端庄大气。在此尊白玉佛的佛座上,刻有如下文:

佛历二九六〇年,民国廿二年,癸酉,四月八日,比丘海山募化,敬奉洛阳白马禅寺。南无释迦牟尼。三宝弟子曾门何氏淑屏发心敬助,誓愿善根永植,福慧增光,见佛闻法,得不退地。

从这段文字可知,这一尊白玉佛原是佛门女弟子何淑屏所敬助,而由和尚海山募化来敬奉白马寺的。但在白马寺僧人中以及洛阳一带,历来相传,此玉佛为缅甸所赠。或者是何淑屏原得自缅甸?此次重修中,住持和尚德浩还把魏咸信墓前的2匹石马迁置于白马寺山门之外,即今日所见之石马。

德浩法师住持白马寺期间,还在寺院内外广植柏、榆、杨、柳、楝树及花竹。今清凉台上缠柏的灵霄也由此时移栽,原有二株,一株枯死,今存一株。德浩法师还特在焚经台前立碑,以示对历史上曾经发生在这里的佛道大辩论及在辩论中佛教取胜,道教焚经的纪念。原来一殿内供有关公像,德浩法师在泰山庙(今白马寺小学)修殿5间将关公迁出供奉。

关于白马寺的田产,现存于接引殿前的《白马寺回地纪念碑》记载说:白马寺原有"香火地数百亩","自时事变迁,沙门侈靡,费用不支,将地典质于村民者甚多。"寺院萧条冷落,目不忍睹。德浩和尚等"价目完备,分文莫少",将土地收回,以供佛寺之用。戴季陶、王二苎、闻兰亭等,"慨捐资财,复募化若干,锐意复兴",专员王次甫、德浩和尚等,在收回土地时,"价目完备,分文莫少",允许村民将二麦收获,还劝村民遍植树木,振兴实业,争取十年致富。

此外,德浩法师还准备修复古唐寺和孙村一座古寺,惜均未实现。德浩法师,德高望重,风度文雅,持戒精严,对修建工程极为认真负责,事先仔细安排(先做模型),完工认真检查。鸱吻等构件,均在寺里建窑烧制而成。金村人王银堂祖母为虔诚的佛教徒,去世时,德浩法师亲为主持放焰口。1942年闹灾荒,德浩法师慈悲为怀,赈济村民。他拿出买面粉的钱,但有人从中尅扣,及至村民手中,面粉

成了石面,法师自然生气。当时寺内有80多名僧人。僧人育安为会计,云峰打外交,养有2头牛,2匹骡子,有地38多亩,浇地水井7眼,寺院兴盛一时。德浩法师晚年,身患疾病,住古唐寺疗病并于此圆寂。埋葬之时,灵柩由古唐寺送出,白马寺迎接,专员李杏村、僧人净严法师、自如师并众多僧人为之送行,村民夹道,民间社火弥舞奏乐,葬于白马寺东,墓地今存。德浩法师圆寂后,白马寺村民曾为之立碑于村头,以示纪念。

抗战时期,146后方医院(原第二临时陆军医院)进驻,在此住了2年,接受伤兵,寺院里搭了许多草棚子,德浩法师当时还在,后来医院迁往西安去了,院长梁祖,上海人,人称梁公子,常驻开封,不到白马寺,后死于耀县。再后来,72兵站医院进驻,杨辉庆为院长,把白马寺的僧人赶出山门,住在原来由德浩法师修盖的仅有5间房的泰山庙(今白马寺小学院内)。

1944年有僧人传道、传立等,传立后来还俗。

"民国"时期,白马寺的情况大致如此。

(二)"民国"少林寺

少林寺在"民国"时期的命运仍然与僧人参政、参战有着密切的联系。说到少林寺的命运就不能不提到民国时期的冯玉祥部的石友山火烧少林寺,说火烧少林寺就不能不牵扯到少林寺的两个关键人物,即少林寺住持云松恒林和妙兴。

恒林和妙兴师徒是民国时期少林寺最具影响力的两位武术大师。他俩住持少林寺时,可以说是"民国"年间少林武术比较兴盛时期。

云松恒林和尚领导的保安团

"民国"初期,军阀混战,豫西地区土匪多如牛毛。整个嵩山地区世局不稳,战事不断,危险四起。少林地区也是匪患重灾区,这里常常是"伏莽出没",甚至少林寺僧也曾被土匪掳去。在此形势下,清朝沉寂了近300年的少林僧兵在民国初期又重新出现,精于武功的少林寺住持恒林仍坚持以武参政,被推选执掌嵩山佛教,升任为登封县僧会司僧会(会长)。"民国"八年(1919年),陈万里到少林寺游览,恒林问道:"曾否带有手枪?有则藏诸身侧,备土匪。"众人听后皆呈"骇异之色"。匪患严重程度,杨圻在《少室观雪图记》中云:"匪亦入山中,洗劫净尽,至无鸡犬。"

"民国"是少林寺历史上风云变幻最激烈的时期之一。"民国"九年(1920年),临汝、偃师、登封、巩县各地土匪猖獗,少林寺当家和尚、雪庭福裕的第三十五代法嗣恒林大师,仍坚持以武参政,除继续演练传统少林武术外,"以菩萨心肠作金刚面目",购置快枪数百支,成立"少林寺保安团",被地方政府委任为"少林保安团总"。为了保卫寺院和地方民众,恒林上任后,严格训练僧兵,亲自指挥剿匪,与巨匪大数十战,使少林寺周围数十里以内的村民得以安居乐业,受到僧、俗大众的热诚拥戴。

同年,匪首牛保成、牛邦、孙天章、段洪涛等匪徒攻打巩县鲁庄,恒林会同偃师十四区、巩县九区民团与之交战,当土匪退逃时,恒林又率少林寺保安团截击,与土匪大战于少林寺西侧傲子坪,经几番交锋,土匪终不能敌,溃散而逃,少林寺遂得枪支许多,藏于寺。从此,恒林及少林僧兵威震四方,远近土匪闻其名不敢犯其境。时任河南省省长的张凤台，对恒林剿匪给予嘉奖，并颁发了奖章、奖状，并献"威灵普被"匾额于少林寺，以答谢神灵；河洛道道伊阎伦如以"少林活佛"匾额赠与恒林，以彰其剿匪有功。从此，拥有大量枪支且精通武功的少林僧兵，成了登封县一支重要武装力量。其后，登封县城数度被土匪围攻，少林寺保卫团多次应招前往参战。

"民国"十二年（1923年）秋，恒林和尚卒于团总任上。消息传出，"四方无不哀悼，同声惋惜！"次年，登封、临汝、巩县、偃师四县百姓数百人集资，为之立碑于少林寺西。

恒林圆寂，遗嘱少林寺主由弟子妙兴继任，复得僧众推举，妙兴继主寺政，众即推之出任登封县僧会司会长。妙兴，别字文豪，绰号金罗汉，嵩山登封人。幼习技击，兼功翰墨，尤嗜佛学。弱冠技渐精纯，乃遍游大江南北，遇才异能之士甚多。互相研讨，技得大成。妙兴大师自受佛家洗礼之后，间乃熟习拳术，以锻炼体魄，旋时被掌教方丈发现，惊为奇人，盖妙兴大师斯时之功夫，确已臻于化境矣，于是优待备至。蒙方丈授以少林嫡宗拳械及各种功夫，并镇山棍、护山子门性罗汉拳等术，并点穴、卸骨、擒拿、按导、炼气行功等法，技艺精绝。俗家有拜山较艺者，必令妙兴与较，无不胜者，于是僧众皆重视之。后至监寺兼长僧教授事宜。妙兴在任少林寺住持期间，开放少林武术门户，一改保守思想，打破少林武术秘技不外传的旧规，将少林嫡传武功传授给了众多俗家弟子，从其习武者甚多，僧俗多时达5000余人。

"民国"十四年（1925年），段之善游少林寺后所著的《游少林寺琐记》中，记述了妙兴与弟子演武情况："其初所练皆系单人拳法，功力严谨，手眼身法，步步周密。演练时全场肃静，中逢节段，莫不鼓掌如雷。复演双人，对手拳脚飞舞，纵横颠覆，犹令观者，警目夺神，为之赞叹。拳脚之后表演单刀，入场后但见白练翻飞，寒光闪烁，更使观众注目，鼓掌不绝。最后方丈妙兴法师同得意弟子对练镇山棍，身法灵敏，神严功整，双棍旋身骄捷异常，目睹耳闻，棍声呼呼，敏若惊蛇，疾若游龙，股掌之间，不禁为之喝彩，大饱眼福，叹观止焉！"这段话是对民国时期妙兴大师及众僧演武情况的真实写照。

同时，妙兴还以发扬武术、保家强国为职责，把许多少林寺院内部秘不外传的功夫如《白猿剑法》、《先天罗汉拳》、《性功秘诀》等传于俗家。至今妙兴所传的罗汉拳练法秘诀"头如波浪，手似流星，身如杨柳，脚似醉汉，出于心灵，发于性能，似刚非刚，似实而虚，久练自化，熟扱自神"，仍在弟子中广为流传。

"民国"时期著名武术家、曾任东北边防军第一旅武术总教官的金恩忠，就是妙兴当时的得意弟子。金恩忠创办有《国术竞进会》、《技击研究会》，著有《少林七十二艺练法》及《浑元一气功图解》。

妙兴不仅武功卓绝，而且文武兼备，文词又好，在世时曾写有《少林宗派渊源世系图解》《少林拳解》《少林棍解》《达摩五经拳》《禅杖图解》《少林戒约释义》《增补拳箴》等书藏于少林寺。

在军阀混战，政局复杂的"民国"时期的大形势下，嵩山少林寺很快迎来历史上最大的一场灾难。公元1922年第一次直奉战争时，盘踞在洛阳的直系军阀吴佩孚部手下的河南暂编第四团团长樊钟秀将指挥部设在少林寺内，少林寺被卷入军阀混战的漩涡之中。

北洋军阀争权夺利，其中牵涉一个教育问题，在北伐前就河南省来说，全省仅有"省立中州大学"一所，省立师范七所，省立中等学校20余所。至于县立或私立中学，不但数目少而且设备简陋，所以文盲在百分之七十以上。大军阀冯玉祥虽系行伍出身，但是非常重视教育。1923

石友三

年,他兼任河南省政府主席后即宽筹教育经费,其来源有三:一、没收北洋系军政官僚逆产。二、没收庙产,充作学田校舍。三、各县市创设契税经理局,凡买卖地产契税全数充作教育经费。在教育厅中设立"教育款产经理处",专管以上三项收支,不准其它机关挪用。河南籍北洋人物袁世凯、赵倜及其他等人财产没收者甚多,足好创办好几所学校。所谓庙产,就是指寺庙中的一切财产,如寺田、寺塔房舍及附属的法物等。至于民国时期的庙产兴学,在传统社会渐趋瓦解的同时,佛教、道教等传统宗教思想资源等同迷信,对佛、道二教确实影响很大。当时,冯玉祥为了筹集教育经费,要没收寺庙地产作为学田,而少林寺僧竭力反对。

嵩山少林寺历史悠久,僧徒众多,且历代以武功驰名全国。在北伐以前,僧徒为庙产安全及保护附近民众,除传统练习武功以外,又拥有大批新式枪炮,形成一支强大劲旅。"民国"十一年(1922年)第一次直奉战争时,直系吴佩孚部师长张玉山至登封,意在收抚河南自治军陈青云、任应岐的部队。张玉山手下的河南暂编第四团团长樊钟秀过少林寺休息,见大雄宝殿残破,发心修补,因军务倥偬,无暇及此,暂捐四百圆,预作购买物料之用。寺中大众感激,因而与樊有联络。

次年(1923年)秋,吴佩孚受命为直鲁豫三省巡阅使。吴佩孚命其师长张玉山在登封一带收编湖北第一师别动队,其"建国豫军"第一旅旅长卢耀堂觊觎少林寺僧兵武装及枪支,便极力拉拢妙兴,并于1923年10月,收编妙兴所率的少林保卫团僧兵武装为"建国豫军第一旅第一团",委任妙兴为团长。这样,妙兴就加入了吴佩孚的军事集团。

"民国"十四年(1925年)二月,豫西爆发了"胡憨之战"。陕西的刘镇华派憨玉琨率军入河南,与河南督军胡景翼作战,争夺中州。胡部樊钟秀派兰世勋运动驻偃师的憨部李慎亚倒戈。当憨部崔继华自密县退却时,妙兴率武僧帮助李慎亚攻打崔继华,大大支援了樊钟秀。自此,妙兴与樊钟秀关系更加密切。

"民国"十七年(1928年)三月,吴佩孚部的建国豫军樊钟秀和少林寺僧趁冯玉祥的国民军在安阳、大名一带同东北军阀张作霖作战之机,联合山西李虎臣军,袭击了冯玉祥的孝义兵工厂,夺得巩县、偃师,进围登封,并围攻了冯玉祥部驻防登封县城的苏启明旅。冯玉祥为解除后患,令师长石友三从前方回援,击败樊军,将巩县、偃师夺回。樊钟秀南撤。石友三部向南追击,至轘辕关(十八盘),少林寺僧助樊钟秀部狙击,终不敌而溃。樊钟秀退守嵩山少林寺,并以少林寺为司令部,转攻登封县城。石友三命苏启明攻打少林寺,樊钟秀部下和参战的少林寺武僧弃寺逃走。冯部石友三攻入少林寺,于3月15日纵火焚烧法堂,以泄其愤。次日,驻防登封的国民军(冯玉祥部)旅长苏明启,命军士将大桶煤油抬到寺中,继续焚烧。从3月15日开始,大火连烧40天,少林寺的天王殿、大雄宝殿、钟楼、鼓楼、六祖堂、龙王殿、紧那罗殿、阎王殿、香积厨、库房、禅堂、东西寮房、御座房等主要建筑全被烧毁,一批少林寺的珍贵文物及藏经5480卷均化作灰烬,成为少林寺历史上空前惨烈的大劫难。

而少林武僧精英妙兴却早于少林寺被焚的前三年离开少林寺。史料记载:"民国"十四年(1925年)二月,妙兴率僧袭击了陕西"镇嵩军"憨玉琨部。"民国"十六年(1927年)春,冯玉祥占领西安,联合北伐军与吴佩孚激战豫南。妙兴率团随卢耀堂旅开往郑州抵抗,后旋调舞阳,在与任应岐部交战中阵亡。

从此,嵩山佛教一落千丈,嵩山僧徒四处星散,流离失所,多数佛寺成了无僧空寺,只有少林寺方丈素典与仅剩的20余名老、病、残、弱的僧人,在苦难中只有靠种田为生,极力维持着少林寺在凄风苦雨中仍然燃烧着的奄奄一息的香火。

特别值得一提的是,少林寺院虽然遭遇大火焚烧,许多四处逃生的少林僧人,为了谋生,收徒传艺,客观上促进了少林武术在民间的进一步传播与发展。有少林寺僧人满腹宏志,隐居民间,习武之风不辍。许多人依然苦行习武,争获绝技,待机报国。武林高手也不乏其人,像贞俊、贞绪、素典、贞和、妙聚和当地的民间武术家吴三林、刘景文、凌斗、韩希天等皆为少林武术出类拔萃者。另外,民国乱世之中,却赫然走出了两位后来成了中华人民共和国的将军的许世友和钱钧。这两位将军在参加革命以前,都曾以僧人的身份,在少林寺习武,这不能不说是少林寺的光荣与骄傲。

少林寺火灾之后,正是一些民间的武术高手和全国一些武术精英作用,将来自于民间及战争中的实战技法融于少林武术,从而使少林武术更加完善充实,功夫更加提高,内容也更加丰富。所以,在少林武术在民间的传播与发展,在关键时刻是起到了至关重要的作用。日本侵华战争爆发后,1937年8月,在登封城东关帝庙成立"嵩山抗日救国会",与会的少林拳师就有500多人。这一时期,还有武僧高参、常新还走出国门,将少林武术传授到南洋一带。

纵观嵩山佛教近2000年的兴衰历史,大都同少林寺的武功有关。近人多讲寺以武显。的确,少林寺以武参政,得到当权者的支持,嵩山佛教兴盛的事实很多。但是也应当看到,少林寺以武参政,也招致了从清初到"民国"300多年嵩山佛教的大衰落。

军阀火烧少林寺资料图

第七节 当今佛教的复兴与发展

社会安定是任何宗教赖以存在和人们开展信仰活动的最基本条件。中华人民共和国成立以后,社会发生了天翻地覆的变化,人民有了安居生活的条件,寺院和僧人也结束了战乱之苦,开始了佛教信仰活动的新历程。

一、当代白马寺

1946年洛阳白马寺自如法师接任方丈,他持戒严谨,品德高尚,扛犁耕地,躬自劳作。当时因闹饥荒,平乐乡长张营向自如法师派交苛捐杂税,自如和尚交不出,他便把自如法师捆起来,金村人王银堂赶来把自如法师放开。当时僧人有大黑、性宏。

新中国成立后,土改初期,白马寺院划为地主,自如和尚曾备受磨难,后来落实宗教政策,情况好转。1951～1954年,洛阳县副县长王飞亭领导重修白马寺,建筑工人有丰李的一批人,翟泉的一批人,技工有唐斌等,修包了大殿立柱,修了自来水厕所,齐云塔前盖了亭子,四角各雕龙头一个。今310国道北侧不远,原来有牌坊,到解放时,拆去了仅剩的两根立柱。此次重修大雄殿时,发现大雄殿山墙由碎砖垒砌，打开碎砖，发现山墙内夹有一套罗汉像，当时即被毁坏，拉到寺西和尚墓地处。

1959年，海法法师于北京佛学院毕业，应省、市宗教部门之邀，卓锡白马寺，后任监院之职。1959年，再次重修白马寺。当年，郭沫若曾游览白马寺，并曾写下"白马驮经印度来"七律一首。1961年，国务院确定白马寺为全国重点文物保护单位。这期间，白马寺一直对外开放，直到1966年。

20世纪六七十年代的"文化大革命"时，白马寺也惨遭破坏。不仅一度成为洛阳市直单位"斗批改"的场所，更甚者，各殿佛像被砸，藏存佛经被烧，其中有30余片"贝叶经"（相传为摄摩腾、竺法兰二位高僧从印度带来）也化为灰烬。除少数几位僧人外，其他都被遣散离庙还乡。

白马寺僧人打豆子

1971年，由市文物部门为主，翻修了毗卢阁阁顶。1972年，为迎接西哈努克亲王，中央和省、市各级领导机关决定全面修复白马寺。经有关部门批准，正式成立了白马寺汉魏故城文物保管所（当时隶属于洛阳博物馆）。周恩来总理在百忙之中，还亲自过问白马寺的重修事宜，并作了具体的指示。这一次重修是由洛阳市文化局、洛阳市博物馆（以及白马寺汉魏故城保管所）具体负责，前后持续了4年之久，花费了巨大人力、物力、财力，用款达40余万元。翻修了寺内的五重大殿，彩绘了天棚、梁架、斗拱，修缮油漆了门窗，加固殿柱，广聘新老艺人塑修了寺内在"文革"中被破坏而残缺失的佛像，并贴金涂彩，砌阶修路，广植松柏、银杏、各种花草，还栽植了绿竹、樱花及菩提树，使这座千年古刹在"文革"浩劫之后，面貌焕然一新。

一些在"十年动乱"时被迫还乡的僧人也先后返寺，这时期，寺内僧人不多，他们耕种十几亩土地，养有二头黄牛，国家每月给予他们一定的生活补助，基本上达到了衣食有靠。文物保管所还为僧人的佛事活动而配设了多种香案、供器、七珍八宝，在大殿内悬挂幔帐，莲台前摆列蒲团，逐渐恢复了这座千年古刹固有的宗教气氛。

1979年6月1日，重新对外正式开放。这一时期，白马寺的保护管理、参观接待等都由文物部门（文物保管所）负责。

1982年，四川宝光寺方丈彻幻大师应邀来白马寺讲经弘法后，经省、市宗教部门及僧众推荐出任白马寺方丈。这是自自如法师圆寂后，白马寺的又一任方丈，海法大师任监院。

白马寺僧人和外国友人在一起

1984年，根据国家有关文件，全国160余所重点寺院交由宗教部门和僧人管理，河南省有白马寺、少林寺二座寺院。此后，寺院日常管理，对外接待均由僧人管理，文物部门则只对文物保护厉行监督、指导之责。

二、当代少林寺

　　1948年春,嵩山大地获得解放,从而结束了近百年的战乱历史,社会逐步走向安定,嵩山佛教又开始出现了新的生机。公元1956年,农业集体化以后,嵩山地区实行以寺(队)为核算单位,自食其力,多劳多得。

　　中华人民共和国成立后,人民政府就认真制定并贯彻宗教信仰自由政策,把人们的宗教信仰完全当成个人的私事来处理,庄重宣告嵩山佛教比丘大众,真正愿意信佛者留下,不愿再信者,任何人不得干涉,对还俗者则分给一份土地,给予其生活出路。广大僧(尼)众经过认真思考和选择,一部分还俗离寺,一部分留下继续参禅。当时,嵩山各佛寺留下的僧尼46人。嵩山少林寺留下的僧人有贞绪、素喜、德禅、德容、德立、行夏、行政、妙性等25人。会善寺的德旺,清凉寺的法明,卢岩寺的能力、能升,永泰寺的淳柱、淳季等,也都坚持信仰佛法而留在寺院。1950年,全国实行土地改革,嵩山的佛门信徒同广大俗民一样,分得了个人应分得的一份土地。少林寺僧人共分得土地28亩。从此,僧尼们一边礼佛参禅,一边务农谋生,走上了"农禅并重"的新路。

　　中华人民共和国成立以后,嵩山少林寺的修建是从我国戏剧名家田汉的"人大提案"开始的。这座曾经在历史上辉煌无比的嵩山少林寺,在新中国成立以后,仍然受到全国人民的关注。在20世纪50年代期间,不断有全国各地的领导和名人到少林寺参观,都想看一看这座"天下第一名刹"的风采。但是从民国的战火硝烟中走来的少林寺,依然是一副荒芜破败的景象,距人们想象中的名寺面貌相差甚远,这不免使前来这里拜谒的人感到遗憾。

　　1957年,我国著名戏剧家田汉到少林寺参观时,看到空落的少林寺院内,除残存着多座殿宇楼阁外,还有长满荒草的殿基和台座,有些生长的树木还明显地带着被大火烧过的伤痕印记。倒塌的少林寺山门已被当地农民作为临时的羊圈门使用……曾经在历史上非常兴盛的寺院,现在变得满目凄凉,冷清空荡。少林寺这种破败的景况极大地触动了这位文化界的名人。田汉回去后,在北京参加第一届全国人民代表大会时,作为一名人民代表,他认真地写了一份关于修缮嵩山少林寺的提案,提交到大会上。这份提案立即得到了国务院的重视,当年就拨款对嵩山少林寺的部分建筑进行了修缮。

　　但是,随着我国政治形势的变化,少林寺在20世纪的"文化大革命"中,以遭遇了磨难。"文化大革命"开始不久,造反派冲进嵩山的各个佛寺"破四旧",砸毁了一批珍贵文物,如龙潭寺塔林(50多座塔)被拆毁,卢岩寺全部被扒掉,少林寺毗卢佛被推倒。1968年农历四月八日,佛祖释迦牟尼生日,少林寺僧众正在礼佛纪念,造反派把所有在场的僧人都戴上高帽,挂上黑牌,押上汽车到登封县城游街示众。

　　1976年10月,在"文化大革命"结束的同时,国家宗教政策又得到贯彻落实,嵩山佛教又走入正常。随着国家改革开放形势的发展,河南省人民政府首先拨出巨资,对嵩山各个佛寺进行不同程度的修复和保护。20世纪七八十年代,登封市人民政府在河南省人民政府的领导和支持下,对少林寺进行大规模的修建,对少林寺常住院中的毗卢殿、达摩亭、地藏殿、白衣殿、方丈室、东西寮房、初祖庵大殿、二祖庵大殿等先后落架翻修,对大雄殿、藏经阁、四天王殿、六祖殿、紧那罗殿、东西禅堂都进行了重新建造。20世纪90年代,嵩山永泰寺、法王寺也在社会各界的大力支持下重修复建。2004年,登封市文物局对嵩山会善寺进行了大的整修。嵩山诸刹再度出现金碧一新的气象。同时,一批青年信仰佛教者相继涌入嵩山。史料记载,1989年底,嵩山佛教僧尼为48人。到20世纪末,嵩山佛教僧尼已有200余人。

"禅宗祖庭法轮转,佛光重现五乳峰"。1986年12月2日,禅宗祖庭嵩山少林寺空缺300多年的方丈席位断而又续,当代高僧,雪庭福裕第32代传人行正禅师升丈任座为少林寺住持。同时,雪庭福裕第31代传人德禅和尚升任名誉方丈。目前,嵩山少林寺在方丈释永信禅师的住持下,团结曹洞、临济两派僧众,为弘扬佛法,推进武术发展,促进中外佛教文化的交流发挥着积极的作用。

普京在少林寺观看武僧表演少林武术

20世纪80年代初,一部电影《少林寺》轰动了全世界。好像是在一夜之间,从世界四面八方的武术爱好者像潮水一样向少林寺涌来,少林寺一下子就成了世界武术的焦点。为了满足人们学习少林武术的愿望与热情,传播嵩山少林武术的一些专业少林武术学校也应运而生,这样,嵩山少林武术学校每年都为国内外培养了大批的武术人才,这使得"天下功夫出少林"的名气越来越大。自20世纪70年代末期,我国实行改革开放以来,少林寺跟世界各地的交流非常频繁,这使得少林寺的禅武文化有了更广泛的传播。特别是2006年3月22日,俄罗斯联邦总统普京访问了少林寺,受到了释永信方丈暨全寺僧众的热烈欢迎。少林寺武僧们为普京总统表演了少林传统拳、少林棍等少林绝技。武术表演结束后,普京总统演讲后,欣然和众武僧合影留念。

这一时期,嵩山大法王寺也在方丈释延佛主持下,再现了名寺风范。永泰寺、会善寺在登封县文物局的大力支持下,也得以修缮一新。如今,嵩山腹地的登封境内仅有少林寺、法王寺、永泰寺3座寺院有僧尼常住。

从佛教在中国的传播、发展过程,我们可以看出,作为中华文明摇篮的嵩山地区,在与佛教文化的传播、融合中,在佛教经典的翻译中,以及在佛教寺院的建设中,都发挥了极其重要的作用。

第三章 嵩山佛教供奉的主要偶像

释迦牟尼

释迦牟尼(约前565年~前485年),佛教创始人。人们多称其为如来佛。释迦牟尼有很多名号:佛,即佛陀的简称,意为能自觉觉他、觉行圆满的觉者;法王,《无量寿经》说"佛为法王,尊超众圣,普为一切天人之师";如来,就是"从如实之道而来",为开示真理的人,释迦牟尼常自称为如来;圣人,即道德极高、智慧极广、知识极丰的人;天尊,《无量寿经》中说"今日天尊,是佛异名",《涅槃经》中说"天有五种……佛于五天中最上,故曰天尊"等。"大雄"是其法号,是对他道德、法力的尊称。梵语"大雄"意为大勇士,无所畏惧,什么艰难险阻都不怕,都能克服。佛经说他能降伏五阴魔、烦恼魔、死魔和天子魔等各种魔,威高德上,赞称他为"大雄世尊",多供奉在寺院大雄宝殿。佛祖有各种不同的姿势:一种是结跏趺坐,左手横置左足上,名为"定印",表示禅定的意思;右手直身下垂,名为"触地印",表示在成道以前的奋进以及为了众生牺牲自己的一切。"触地印"的姿势可以说成"成道相"。一种是结跏趺坐,左手横置左足上,右手向上屈指作环形,名为"说印法"也叫"说法相",是佛祖说法的姿势。有一种是立身像,左手屈臂向上伸,这叫旃檀像。左手下垂,名"与愿印",表示能满足众生愿;左手上伸,名"施无畏印",表示能除众生之苦。

释迦牟尼佛

释迦牟尼在历史上实有其人,他的生活年代大体与中国孔子同时。释迦,是一个部落的名称,意思是"能"。"牟尼"的意思是"仁"、"寂"等,合起来则是"能仁"、"能寂",也可理解为"释迦族的圣人"。释迦牟尼是尊称,原名叫乔答摩·悉达多。释迦牟尼是古印度一个小国国王净饭王的儿子,母亲生下他七天后就去世了。释迦十六七岁时,娶表妹为妃,生了个儿子叫罗睺罗。释迦深感自己国家处于强国之间,处境险恶,他又看到社会残酷无情,人们生老病死种种苦难,毅然抛弃舒适生活,出家修行,企图找到精神解脱的方法。六年后,他在一棵毕钵罗树下,盘腿打坐。经过七天七夜的冥思苦想,豁然开朗,悟出了宇宙、人生的真谛,得到了解脱,于是悟道成佛(知者),此时他35岁。以后他开始了广泛的传教活动,建立了僧团和寺院制度。在80高龄时,释迦在拘尸那迦城郊一片娑罗林中涅槃,一颗伟大的心脏停止了跳动。释迦入灭后,遗体火化,佛舍利(遗骨)分给各国使者,建塔供养。

此后,释迦牟尼创立的佛教向古印度境外不断传播。逐渐发展为世界性宗教,成为世界三大宗教之一,在许多国家形成各具民族特色的教派。释迦牟尼也由最初的"觉悟者",而逐渐被信徒们神化为法力无边、尊贵无比的佛门第一大神。

横三世佛

横三世佛

横三世佛是按地域范围来说的,而竖三世佛则按时间前后而言。横三世佛具体指东方净琉璃世界的药师佛、娑婆世界的释迦牟尼佛和西方极乐世界的阿弥陀佛。所以,横三世佛是指三个不同世界的佛。

中央释迦牟尼佛,主管中央娑婆世界,他有两位胁侍,"大智"文殊菩萨和"大行"普贤菩萨;他是这个世界的教化者,是佛教教主。他的法身是藏传佛教崇敬的大日如来。"娑婆"是梵文的译音,意思是"堪忍"、"能忍"。娑婆世界就是"堪忍世界",这是释迦牟尼进行教化的世界,其实就是人间的现实世界。这里边有这样的含义:现实世界里充满了不堪忍受的灾难,众生罪孽深重,佛和菩萨在这个世界里"堪忍"悲苦,任劳任怨进行教化,表现了无畏和慈怀。

右边是西方极乐世界的阿弥陀佛,主管西方极乐世界,他有两位胁侍,"大勇"大势至菩萨和"大悲"观世音菩萨。这是佛教宣传最力、影响最大的佛国净土。佛经上讲,这里无任何悲痛和苦恼,居民们可以尽情享受诸种快乐,所以叫"极乐"。这片极乐国土上黄金铺地,房舍、道路、城池,全用珠宝镶嵌,还有各种神奇美丽的小鸟,一天到晚响着悠扬的音乐。有这等曼妙世界,谁不向往?佛书上为此提供了方便,说只要一心一意口念"阿弥陀佛"名号,阿弥陀佛就会接引念佛者往生西方极乐世界。难怪信徒们整天开口闭口"阿弥陀佛",竟有人一天能念上十万声!阿弥陀佛因此又被称作接引佛,他的左右胁侍是观世音菩萨和大势至菩萨,合称"阿弥陀三尊",又叫"西方三圣"。一般祈祷于阿弥陀佛,主要目的在于祈求死后的解脱。汉传佛教认为,阿弥陀佛主要是以其愿力,引渡众生到极乐世界,脱离苦难的轮回,故亦号"接引佛"。在藏传佛教,他被称为月巴墨佛,也是长寿的象征。

阿弥陀佛的典型形象为结跏趺坐,双手叠置足上,掌中有一莲台,接引众生的意思。阿弥陀佛有13个名号,最常见的有"无量寿佛"、"无量光佛"。在净土宗寺庙如山西交城县玄中寺大殿内,只供接引佛。这是阿弥陀佛的立像,右手垂下,作与愿手印,左手当胸,掌中有金莲台。

左边为东方净琉璃世界的药师佛,主管东方净琉璃世界,他有两位胁侍,日光普照菩萨和月光普照菩萨。这个位于东方的净琉璃世界,是佛教理想中的"净土"乐园。药师佛曾立下十二大愿,要使净琉璃世界的一切居民,无病无灾,丰衣足食,解脱苦厄,身心安乐,以及转女成男等。药师佛除与释迦佛、弥陀佛在大雄宝殿共同享用人间香火外,还有自己的"药师殿"、"药王殿"(与中国道教的药王庙是两码事)。殿内正中为药师佛,两旁是他的左右胁侍日光菩萨和月光菩萨,合称"药师三尊",又叫"东方三圣"。药师佛的典型形象是左手持钵,内盛甘露,右手持药丸。一般祈祷于药师佛,主要目的在于祈求现世安乐。药师佛可以保佑世人消灾、延寿、去病,许多老者、病人都会礼拜药师佛,以求健康长寿。

三身佛

三身佛分别是毗卢遮那佛、卢舍那佛和释迦牟尼佛。

三身,即三种佛身。按照中国佛教天台宗的说法,毗卢遮那佛是法身佛。"毗卢遮那"的意思是"遍一切处",就是他的光明普照万方,所以密宗把毗卢遮那佛译成"大日如来"。《大乘义章》说:"显法成身,名为法身。"其中颇有些绝对真理的味道。

卢舍那佛是报身佛。"卢舍那"的意思是"光明遍照",与毗卢遮那相似,又译作"净满"。报身佛是表示证得了绝对真理获得佛果而显示了佛的智慧的佛身。释迦牟尼佛是应身佛,是表示随缘教化,超度世间芸芸众生而现的佛身,特指释迦牟尼的生身。

以大乘佛教的信仰,三身佛是表示释迦牟尼的三种不同的身。佛殿中的三身佛设置如下:

中尊是法身佛:毗卢遮那佛。

左尊是报身佛:卢舍那佛。

右尊是应身佛:释迦牟尼佛。

最负盛名的卢舍那佛像,要属河南洛阳龙门的奉先寺了。奉先寺位于西山最高处,是龙门唐代石窟中规模最大、艺术最精、最富代表性的石窟。这里的主佛即卢舍那佛,佛高五丈有余,面容丰腴饱满,修眉长目,嘴角微翘,流露出对人间的关注和智慧的光芒。衣纹简洁流畅,达到了形神兼备的效果。两侧侍立的弟子,一为迦叶,老成持重;一为阿难,温顺虔诚;天王手托宝塔,魁伟英武;力士左手叉腰,右手举拳,怒目相视,咄咄逼人。卢舍那大佛是唐代武则天下令雕造的,她为造此寺,资助脂粉钱两万贯,亲率朝臣参加卢舍那大佛的开光仪式。佛像面容丰满秀丽,有人说是按照武则天的"御容"雕造的,庄严中又有几分女性风韵。

卧佛造像

释迦牟尼佛,佛祖头西面南和衣而卧,右手曲肱托头,左手自然平放腿上,双腿直伸。卧佛全身部位匀称,体态自然,造型逼真。只见释迦双目微合,似乎在安祥地睡去。

原来,这是一幅立体释迦涅槃图。所谓"涅槃",又作"灭度"、"寂灭"、"圆寂",是佛教全部修行所要达到的最高境地,是指对生死、悲乐、贵贱等诸般情缘彻底断灭后,所获得的一种最高理想境界。但世俗一般认为涅槃就是死亡。

据佛教史籍记载,释迦牟尼收了最后一个弟子善贤时,已达80高龄,他在游化时碰上雨季,患了重病。走到拘尸那迦城外河边一片茂密的树林中,疲倦的释迦在两棵娑罗树之间,头朝北方,右胁而卧。月光透过树叶照在他的脸上,安详、高尚、圣洁。释迦在即将"涅槃"之际,突然光明普照,弟子们无比哀戚,感到无依无靠。佛祖向右侧身躺在师子床上,安慰大家说:"佛是永存的,法是无边的,你们要依法精进修行。我灭后要以法为师。"这就是释迦牟尼"八相成道"的第八相"入灭"。后人根据"如来涅槃"这一佛教传说,塑造了卧佛群像。

观音菩萨

观音菩萨

观音菩萨,四大菩萨中影响最大的菩萨。观音菩萨原名观世音。《悲华经》中说,他是古印度转轮王无净念的长子。当初无净念带领长子不晌和次子尾摩一起跟随释迦牟尼出家学佛,后又一起功德修成。于是,释迦便授无净念为"阿弥陀佛",授不晌为"观世音菩萨",授尾摩为"大势至菩萨",其父子三人合称"西方三圣"。唐代为避唐太宗李世民的讳而省去"世"字,改观世音菩萨为"观音菩萨"。据《妙法莲花经》中的"普门品"说,观音是大慈大悲的菩萨,能现33种化身,救12种大难,遇难众生只要念诵他的名号,"菩萨即时观其音声",前往拯救解脱。观音主张"随类化度",他对一切人都救苦救难,不分贵贱贤愚,所以他的美名尊号为"大慈大悲救苦救难观世音菩萨",简称"大悲"。观音还有"圆通"的美名。隋唐时观音已逐渐获得社会上的普遍信仰,今存敦煌莫高窟的40多壁隋唐法华经壁画,表现以观世音为主角的"普门品"就有半数以上。壁画中有犯人念观音名号而枷锁自落、死囚临刑时念观音名号而刀杖节节折断的场面,这自然是一种幻想。

浙江省舟山群岛上的普陀山是观音菩萨显灵说法的道场。道场的开基源于日本名僧慧锷。慧锷多次来唐,在858年或863年,他从五台山请了一尊香木观音雕像回日本,途经普陀山时,船为风暴所阻,多次不能成行,据说后来整个普陀山海面出现了许多铁莲花,把帆船团团围在中间。他明白了观音不肯去日本而愿留中国的灵示,于是在普陀山潮音洞前紫竹林,与当地居民共同建成了"不肯去观音院"。北宋以后,该院香火极盛。据中国传说,观音的生日是夏历二月十九,成道日是夏历六月十九,涅槃日是九月十九。于是,每当二、六、九月,朝拜者尤为踊跃,特别是日本、朝鲜、东南亚的善男信女,常不远千里而来。日本虽以本国的那智山作普陀洛迦道场,但是信士们还是心向中国南海普陀。因而,普陀山已成为近代中国最大的国际性道场。

据说观音可应机以种种化身来救众生苦难,所以他的化身形象特别多。一是圣观音像,一首二臂,结跏趺坐,手中或持莲花或结定印,天冠中有阿弥陀佛像。一种是自在观音像,一足盘膝,一足下垂,显得十分自在。一种为立像,手持净瓶,瓶内盛有甘露,插有柳枝,象征以大悲甘露遍撒人间。此外,还有十一面观音、四十八臂观音、千手千眼观音,也有根据其穿戴而分别叫做白衣观音、杨柳观音、鱼篮观音等等的。

菩萨意为"觉有情"、"道众生"、"道心众生",也有译为"圣士"、"大圣"、"大士"等的,所以一般人常称菩萨为"大士"。菩萨在佛教中是仅次于佛一等的,据说释迦牟尼未成佛时就曾以菩萨为称号。据佛经说,菩萨可穿出家僧衣,也可作在家装束。佛教传入中国后,穿僧衣的菩萨甚少。菩萨的形象与装束,于唐代开始定型,大致是面作女相。但据佛经上记载,一般菩萨都是男子,根据度化众生的需要,可以变相为女相。菩萨的形象是长圆盘脸,长而弯的翠眉,凤目微张,樱桃小口,高髻或垂鬟髻,多出来的长发披垂在肩上,穿带袖天衣,常袒胸,有帔巾,肤色润泽、莹洁、白皙。总之,繁丽的衣饰,是中国人所想象的古代南亚次大陆贵族装饰,又夹杂着唐代贵族妇女的时装,是这两者奇异而协调的混合。健美的面庞和体态,则纯是以唐代贵族妇女特别是家伎等女艺术家为模特。大概女相使人感到亲切,再加上菩萨以度众生登彼岸为旨,可以出莲座,历下界,化愚顽,比抽象崇高的佛更具亲和力,故观音菩萨常现女相。

地藏菩萨

地藏菩萨

地藏菩萨，四大菩萨之一。传说他为新罗国（今朝鲜）王子，姓金名乔觉，躯体雄伟，顶耸骨奇，落发后号地藏比丘。据《地藏十轮经》说，他"安忍不动犹如大地，静虑深密犹如地藏"，故名地藏菩萨。佛经故事说他受释迦牟尼嘱咐，在释迦入灭而弥勒尚未降生世间这一时期度化众生。于是，他发了大誓愿：一定要尽度六道轮回中的众生，拯救各种苦难后，才升级成佛。因此，他的美称是"大愿地藏"。"大愿"是：一，孝道，即孝顺和超荐父母；二，为众生担荷一切苦行、难行；三，满足众生需求，令大地草木花果生长；四，祛除疾病；五，要度尽地狱众生，不然，誓不成佛。这些内容，如孝道，很有些中国传统伦理道德气息，是佛教汉化后的新说教；保护农业和防治百病，更适合以家立国的中国国情；至于代众生受苦受难和度尽众生，更受老百姓欢迎。所以，除了观音外，地藏菩萨在中华人民共和国成立前信徒最多。相传他在唐高宗时来到中国，到处参访、游化数年后，来到号称"东南第一山"的安徽九华山结庐苦修。若干年后，地方绅士诸葛节等见他生活清苦，住石洞茅棚，吃掺有观音土（一种白土）的饭食，又询知他是新罗国王子，感到应尽地主之谊，于是发心为之造寺。当时，九华山为乐善好施、信佛敬僧的闵公所有，建寺要闵公出地，闵公问地藏比丘要多少地，他说"一袈裟所覆盖地足矣"，闵公应允。不料他的袈裟越扯越大，盖尽了九华山，于是闵公就将九华山全部布施，自己也成为地藏的护法侍者。因闵公佛学造诣很高，对别人提出的问题对答如流，故有"答辩长者"的尊称。他的儿子道明也随地藏出家，法名道明，现在少林寺地藏菩萨两侧的胁侍就是闵公父子。而按照佛教先入空门为长的教规，闵财主还是他儿子的师弟呢。

据说地藏菩萨居九华山几十年，唐玄宗开元二十六年（738年）七月三十日，近百岁时，召众告别，念罢偈语（成为后世附会的主要根据）就跏趺坐化，三年后肉身不坏，以全身入塔。九华山的月（念"肉"音）身殿，相传是其成道处。后世以七月三十日作为地藏菩萨应化中国的涅槃日，举办地藏法会，全国各地寺僧还盛行插地藏香的风俗，表示对地藏菩萨的纪念和敬意。地藏菩萨和其他三大菩萨不同，现出家相，作比丘装束。他的标准像一般是结跏趺坐，右手持锡杖，表示爱护众生和戒修精严，左手持如意宝珠，表示欲使众生之愿满足。

有些地方地藏菩萨头上悬挂一口钟，传说是唤醒沉迷在六道中的众生的警钟，它不时地在警醒众生的迷梦，希望他们听到钟声就提起正念，改恶从善。以前少林寺的钟楼内供有地藏菩萨，正是来源于此。

文殊菩萨

文殊菩萨，四大菩萨之一。文殊菩萨全称为文殊师利，也有译为曼殊师利的，意为"妙德"、"妙吉祥"。据说文殊在诸大菩萨中智慧辩才为第一，在菩萨众会时，处处酬唱应答，圆融无碍，因而又叫"大

文殊菩萨

智师利菩萨"。他的典型法像是顶结五髻,手持宝剑,坐莲花宝座,骑青狮,这是智慧、辩才锐利、威猛的象征。他的美名尊号为"大智文殊"。有关他的住处,《华严经·菩萨住处品》中有明确说明,大意是"东北方有菩萨住处,名叫清凉山,文殊师利住有此山"。中国佛教徒以五台山应之,说五台山"岁积坚冰,夏仍飞雪,曾无凉暑",可拟清凉山。五台山北魏时就建有佛寺,隋文帝下诏在东西南北中五台之顶各立寺一所,并遣使在山顶设斋立碑。唐代开元时文殊信仰以此山为中心臻于极盛,五台山成为唐宋以来最早最大的一处国际性道场。不过宋元以来,民间的观音信仰逐渐普及,观音、文殊、普贤三大士还得请观音居中,文殊屈居左侧。

普贤菩萨

普贤菩萨,四大菩萨之一,传说是释迦牟尼的得力助手。他有无量的功德和行愿。他主一切诸佛的理德和行德,与文殊的智德、证德相对,也就是说他代表"德"与"行"。德,即他有延命之德;行,即他发过十种行愿,要为佛教弘法工作。他的美名尊号为"大行普贤"。"普贤之学得于行,行之谨审静重莫若象,故好象。"所以,普贤骑六牙白象,白象是他愿行广大、功德圆满的象征。普贤骑象像的一般塑像为:象身白色、六牙、四足分踏三尺莲座,普贤手执如意,端坐于象背莲台之上。四川峨眉山是普贤东来道场。

阿弥陀佛

阿弥陀佛西方接引图

阿弥陀佛,即无量寿佛、无量光佛,意为能照到十万一切世界中去。据说释迦牟尼在王舍城说法时讲到,古印度有位国王叫法藏,弃国出家,从一个叫作"世自在王"的佛学法,并在世自在王前许下心愿,表示在他成佛后,在他管辖的佛国净土中没有地狱、饿鬼、畜生,一切众生都可转生到此处,过不愁吃穿、没有任何苦恼的安闲自在的生活。后来法藏果然成佛,号阿弥陀佛,其佛国在西方十分遥远的地方,叫"极乐世界"或"安乐世界"。据《无量寿经》等经的说法,西方极乐世界的地是由金、银、琉璃、珊瑚、石车磲、玛瑙等七宝铺成的,光彩闪耀,瑰丽无比。那里温度适宜,没有寒暑,到处是由七宝组成的树林。阿弥陀佛说法地方的道场树,由各种宝物组成,微风吹动,声音美妙无比。众生住在由七宝建成的房子里,生活自由自在,想吃饭时,面前就会出现香美的饭食,衣服也是应念而至,在这里的众生长寿,又没有任何烦恼。佛经上说要想转生此处有三种途径:第一种出家为僧,一心专念阿弥陀佛,并修各种功德,"愿生彼国";第二种不必出家,但专念阿弥陀佛,并多少修些功德,如造像、施舍等,"愿生彼国";第三种只要"一向专念,乃至十念",念阿弥陀佛,"愿生彼国",死后皆可转往极乐世界。现在我们在寺院可以不断听到"南无阿弥陀佛"的佛号,僧人见面相互口念"阿弥陀佛",是因为当初阿弥陀佛曾起誓说"只要有人喊我的名字,他就可以消灾灭难"。人们见面相呼一声"阿弥陀佛",包含着互相祝愿消灾灭难、长寿极乐的意思。"南无"二字是礼拜虔诚、恭敬的意思,南无阿弥陀佛就是恭敬的阿弥陀佛。

达摩祖师

菩提达摩,简称达摩。他是南天竺香至国国王的第三子,本名菩萨多罗。他与佛祖释迦牟尼一样,也属于刹帝利种姓(贵族)。幼年时拜释迦牟尼的大弟子迦叶的后裔般若多罗为师,学习大乘佛教,按时壁观养性,从不懈怠。功成后他问道:"应去何处教化?"答曰:"应去震旦(中国)。"

达摩漂洋过海到达广州,住在光孝寺里。后为好佛的梁武帝迎到金陵(南京),但二人话不投机,达摩遂离开金陵而渡江北上。

相传达摩来到江边,江水茫茫无舟楫可渡,只有一位老妇坐在岸边,身边有一捆芦苇。达摩向她要了一根,放入江中,双脚踏上去,眼观鼻,鼻观心,心观丹田,凭借一阵东南风悠悠北去。今天少林寺中还有一块元代碑刻《达摩一苇渡江图》,就反映了这段传奇。

达摩来到嵩山少林寺,在寺后山上找到一个天然石洞,"九年面壁而坐,终日默然。"想来达摩精通印度瑜伽功,有些与中国道教的辟谷(不吃不喝)颇类。相传因达摩面壁时间长久,面影身形摄入石中,衣褶仿佛全有,故名"面壁石",又叫"影石"。

9年后,少林寺内僧众全成了他的门徒,遂把他请进寺内,达摩成为继跋陀之后的少林寺第二代方丈大和尚。

达摩的面壁禅定对中国佛教影响很大,人们把达摩提倡的禅定静虑、消除杂念、顿悟成佛的方法,称之为禅学。他所开创的这一中国佛教宗派即称为禅宗。

达摩坐禅时间久了,自然肢体麻木,于是必得起来活动活动手脚,这就是所谓"罗汉拳",又叫"十八罗汉手"。后人在此基础上,博采百家,发展成一套少林拳法。

达摩把衣钵法器传给弟子慧可之后,离开了少林寺,游于龙门千圣寺,据说在洛水之滨遇毒身亡,葬于熊耳山(今河南宜阳县)。唐代宗赐谥曰:"圆觉禅师。"

弥勒佛

弥勒佛,即"大肚佛"、"布袋佛"、"皆大欢喜佛"。弥勒佛手提布袋,袒腹露脐,慈颜喜眉,笑逐颜开。按照佛教的说法,弥勒是释迦牟尼佛娑婆国土中的一位候补佛位的大菩萨,现在仍在兜率天宫内说法度生。今天大多寺院里的弥勒佛,实际上是一名禅宗游方僧的塑像。此人自称契比,又号"长汀子布袋师",是五代时的一个和尚。据说他两耳垂肩,袒胸露肚,开口常笑,出语无定,寝卧随处,终日奔走,劝人信佛,形如疯癫,常以杖荷一口袋,内装随身用具,四处化缘,乞求布施,人称"布袋和尚"。他常卧雪中,而雪不沾衣,

弥勒佛

常言人吉凶,应期无忒(意为没有误差),天将下雨,就著木屐,天将旱时,就穿草鞋,人们常以此观察天气。当有人问他佛法大意时,他用一偈回答说:"一钵千家饭,孤身万里游,青目观人少,问路白云头。"他去世前以"弥勒真弥勒,分身千百亿,时时示时人,时人自不识"之偈语自称弥勒转世,人们就以为他真是弥勒佛的化身,纷纷塑其像供奉。相传宁波雪窦山岳林寺为其道场。据记载,五代后很多寺院由原供奉的头戴五佛天冠的弥勒塑像逐渐变为供奉布袋和尚塑像。弥勒佛,寺院一般多供在山门内,多为坐像,又称"迎宾佛"。有很多对联这样描写他:"大肚能容容天下难容之事,慈颜常笑笑天下可笑之人";"终日解其颐,笑世事纷纭,曾无了局;经年袒乃腹,看胸怀洒落,却是上乘";"笑呵呵会山门外,觑着去的去,来的来,皱眼愁眉,都是他自寻烦恼;坦荡荡载布袋中,休论空不空,有没有,含哺鼓腹,与斯世同庆升平";"开口便笑,笑古笑今,凡事付之一笑;大肚能容,容天容地,与己何所不容";"大肚能容,了却人间多少事;满腔欢喜,笑开天下古今愁"。

四大天王

四大天王,即保寺护法的四大金刚。塑为白色、手持琵琶者为东方持国天王,名多罗吒;塑为青色、手持长剑者为南方增长天王,名毗琉璃;塑为红色、手绕缠一蛇者为西方广目天王,名毗留博义;塑为绿色、右手持一宝塔、左手持一银鼠者为北方多闻天王,名毗沙门。古印度神话中说须弥山腹有"四大王天",那里耸立着一座犍陀罗山,此山有四山峰,四天王及其眷属分住其上。四大天王的任务是"各护一天下",即掌握佛教传说中的须弥山四方人类社会的东胜身、南赡部、西牛货、北俱卢四大部洲的山河、森林、地方,所以又称为"护世四天王"。他们在寺院内的职责是观察众生善恶行径,保护寺内佛法僧三宝及来者的人身安全。《封神演义》中说四大天王本是中国佳梦关魔家四将魔礼青、魔礼红、魔礼海、魔礼寿,死后经姜子牙开封神榜派去西方作四大天王,至此四大天王的就地改造工作才基本完成。南方增长天王手执青光宝剑一口,职风;东方持国天王手执碧玉琵琶一面,职调;北方多闻天王手执混元珠伞一把,职雨;西方广目天王手持紫金蛇、花狐貂,职顺,象征风调雨顺、五谷丰登。在四大天王中,北方多闻天王最为突出,是北方的守护神,又是财富之神,信徒最多。唐代还产生了这样的传说:天宝元年,西安城被番兵围困,他在城北门楼上出现,放大光明,金鼠咬断敌军弓弦,三五百名神兵穿金甲击鼓,声震三百里,地动山崩,蕃军大溃,玄宗大悦,令诸道城楼供奉天王像。多闻天王还有五位太子,以二太子独健、三太子哪吒最为有名。明清时,四大天王进一步汉化,他也不再特殊化,逐渐与其他三大天王平等,财神的兼职也被暗中取消,并从他身上分化出了"托塔李天王"。四大天王脚下所踩之人是谁说法各异,但可肯定他们是进寺捣乱的妖魔鬼怪,四大天王将他们打翻在地,再踏上一只脚,使其永远不得翻身。

十八罗汉

罗汉,阿罗汉的简称。最早是从印度传入中国的。意译上有三层解释:一说可以帮人除去生活中一切烦恼;二说可以接受天地间人天供养;三说可以帮人不再受轮回之苦。即杀贼、应供、无生,是佛陀得道弟子修证最高的果位。罗汉者皆身心六根清净,无明烦恼已断(杀贼)。已了脱生死,证入涅槃(无生)。堪受诸人天尊敬供养(应供)。于寿命未尽前,仍住世间,梵行少欲,戒德清净,随缘教化度众。阿罗汉,即自觉者,在大乘佛教中罗汉低于佛、菩萨,为第三等,而在小乘佛教中罗汉则是修行所能达到的最高果位。佛教认为,获得罗汉这一果位即断尽一切烦恼,应受天人的供应,不再生死轮回。

据佛经记载,十八罗汉原只有十六罗汉,都是释迦牟尼佛的得道弟子。佛涅槃后,曾令十六大阿罗汉永住世间,济度众生。现存最早记载所有十六罗汉名字的汉译佛典是《大阿罗汉难提密多罗所说法住记》,由唐代高僧玄奘所译,难提密多罗是梵语音译,意译为"庆友",十六罗汉即宾度罗跋惰、迦诺迦伐蹉、迦诺迦跋厘惰、苏频陀、诺讵罗、跋陀罗、迦里迦、伐罗弗多罗、戍博迦、半托迦、罗怙罗、那迦犀那、因揭陀、伐那婆斯、阿氏多、注荼半托迦十六尊者。

后来在十六罗汉的基础上发展成十八罗汉。关于十八罗汉后来补上的两位罗汉,后人的种种推测和考定。最初的传说,十八罗汉中第十七既是《法住记》作者庆友尊者,第十八便应是《法住记》译者玄奘法师。但是后人以未能推定为玄奘而推定为宾头卢,以致重复,结果造成众说不一,难以考定。由此,十八罗汉的传说因而普遍,自元朝以后,各寺院的大殿中,多雕塑十八罗汉像,十六罗汉的传说则不甚通行了。

一般寺庙供奉的十八尊罗汉是指降龙、伏虎、笑狮、骑象、坐鹿、布袋、芭蕉、长眉、欢喜、沉思、过江、探手、托塔、挖耳、看门、开心、举钵、静坐诸罗汉。

现在流传的十八罗汉因添加两罗汉不同也有数个版本,根据明清官窑瓷绘画中所用的十八罗汉图看,基本为如下成员:

十八罗汉

降龙罗汉:庆友尊者,传说曾降伏恶龙。

坐鹿罗汉:宾罗跋罗多尊者,曾乘鹿入皇宫劝喻国王学佛修行。

举钵罗汉:迦诺迦跋厘隋阁,是一位托化缘。

过江罗汉:跋陀罗尊者,过江似蜻蜓点水。

伏虎罗汉:宾头卢尊者,曾降伏过猛虎。

静坐罗汉:诺距罗尊者,又为大力罗汉,因过去乃武士出身,故力大无穷。

长眉罗汉:阿氏多尊者,传说出生时就有两条长眉。

布袋罗汉:因揭陀尊者,常背一布袋笑口常开。

看门罗汉:注荼半托迦尊者,为人尽忠职守。

探手罗汉:半托迦尊者,因打坐完常只手举起伸懒腰,而得此名。

沉思罗汉:罗怙罗尊者,佛陀十大弟子中,以密行居首。

骑象罗汉：迦理迦尊者，本是一名驯象师。
欢喜罗汉：迦诺伐蹉尊者，原是古印度一位雄辩家。
笑狮罗汉：罗弗多尊者，原为猎人，因学佛不再杀生，狮子来谢，故有此名。
开心罗汉：戍博迦尊者，曾祖露其心，使人觉知佛于心中。
托塔罗汉：苏频陀，是佛陀所收最后一名弟子，他因怀念佛陀而常手托佛塔。
芭蕉罗汉：伐那婆斯尊者，出家后常在芭蕉树下修行用功。
挖耳罗汉：那迦犀那尊者，以论"耳根清净"闻名，故称挖耳罗汉。

韦驮菩萨

韦驮菩萨，佛教天神，四大天王南方增长天王的八大神将之一，人称护法金刚。传说韦驮菩萨姓韦名琨。他身穿将军服装，手持一根宝杵，面向大雄宝殿，仿佛在注视出入行人的动向，职责就是保护寺院的安全。韦驮在四天三十二神将中最为勇武。唐朝道宣在《感通录》里谈到他常在东、西、南三洲巡行，守护佛法，故称"三洲感应"。关于韦驮，还有一段故事：传说释迦牟尼涅槃后，帝释天取下佛牙舍利准备建塔供奉，结果被躲在身后的罗刹鬼突然窃去，韦驮奋不顾身，急起直追，刹那间就抓获了罗刹，夺回了佛牙，因其降魔护法有功，很快就升为菩萨。伽蓝守护神韦驮菩萨的塑像通常有两种姿势：一种是双手合十，横宝杵于两腕，直挺挺地站立；一种是左手握杵拄地，右手叉腰，左足略向前立，有点像今天的稍息姿势。这位韦驮菩萨也是汉化了的，《封神演义》中那位手使降魔杵后来投奔西方肉身成圣的韦护，是他的中国式造型。

紧那罗王

紧那罗王，少林寺特有的护法神，元末明初嵩山少林寺著名武僧，少林寺烧火做饭的和尚。俗名许那罗，河南偃师人。他蓬头垢面，袒腹赤足，手握一根烧火棍，武艺精湛，威猛无比，对于刀法、枪法、棍棒、剑、戟、草镰等十八般武艺，无不娴熟，善用双刀、双铖、草镰，尤以棍术最精，被称为少林棍术之王。据《志祥异》记载，元代至正元年（1341年），一僧人来到少林寺，蓬头裸背赤足，只穿一件单裤，进寺后就在灶房帮厨。他每天上山打柴，一回来就烧火做饭，稍有空闲就闭目打坐，很少与人说话，人们也不知道他的姓名。1351年三月二十六日，颍州红巾军的一股，突入少林寺抢掠，这个烧火僧持棍勇猛冲出，并且一下子变得有数十丈高，踞立少室山头，大喝一声："我紧那罗王也！"遂打退了红巾军。这时人们才知道他是菩萨化身，就为他塑了这一脚踏太室山、一脚踏少室山的塑像，后被封为少林寺的护法伽蓝。从此，该僧率众以三尺拨火棍退敌事迹流传下来。少林寺僧众传其为天龙八部之一的紧那罗成佛后的化身，因此少林寺特供此神。少林寺武僧尊称救秦王的13棍僧之首的昙宗为头辈爷，尊称他为二辈爷。著《紧那罗兵法》15篇，流传至今。

哼哈二将

佛教护法神名。《大宝积经》说，这二位原是手拿金刚杵（兵器中最坚固的一种）保卫佛的夜叉神，叫做"执金刚"。相传佛祖身边有五百名手执金刚的随从警卫，队长叫"密迹金刚"。密迹金刚原为法意太子,他发誓皈依佛教后,要做金刚力士,能亲近诸佛,听到诸佛的一切秘要密迹之事。这就是他叫"密迹金刚"的缘故。这位卫队长的首要职责是守卫寺庙第一道大门,与门神并无二致。但中国的门神大多是两位,于是密迹金刚便一分为二,一左一右对称地雄立于山门内的两侧。

还有一种佛教传说,过去有个国王夫子生了一千个儿子,都成了佛,其中就有拘留孙、释迦、青叶髻、楼至德等。最小的两个儿子青叶髻和楼至德为了保全兄长们成佛和护持佛法,便做了佛国护法神。山门中的二位金刚便是他们的化身。

哼哈二将

二位金刚化作哼哈二将,其功劳全出于《封神演义》。《封神演义》中说,"哼将"叫郑伦,本是商纣王的大将,拜度厄真人为师。真人授他窍中二气,碰到敌人,鼻子一哼便响若洪钟,并喷出二道白光,吸人魂魄。郑伦靠这个绝招儿胜了许多强手。哼将郑伦后被周将擒获,遂投降了周武王,当了督粮官。"哈将"陈奇也是商将,亦曾受异人秘术,炼成腹内一道黄气,张嘴一哈,黄气喷涌,对手魂魄自散。陈奇曾与降周的郑伦交战,一哼一哈,不分高下。后来陈奇被周将黄飞虎刺死。

周灭商以后,姜子牙归国封神,特封郑伦、陈奇二将镇守佛寺山门。我国佛教寺院常以此二神做山门护法神,一左一右,把守津关,各持金刚杵,怒目张须,雄风勃勃,十分威严、勇猛。

金刚力士

金刚力士,佛教的护法神。梵语名那罗延,又作那罗延天,意译为坚固力士、金刚力士、帝释天之力士,亦被视为毗湿奴之异名。以上诸称谓都是佛教在的发展过程中,吸纳众多的印度教诸神作为神、佛树立。其中渊源于印度古代神话的夜叉和那罗延天,属于佛教中的护法神系列。他们被佛教吸收后经历了复杂的演变过程,逐步演化成金刚力士群体。那罗延菩萨曰:世间出世间为二。世间性空,即是出世间,于其中不入不出,不溢不散,是为入不二法门。那罗延菩萨就是金刚大力士菩萨,等于密宗的金刚藏菩萨。这名称代表颠扑不破的意思,在任何时间环境都不会被

龙门石窟中的金刚力士造像

打倒。显教表现的菩萨,多半是慈眉善目,眼睛半开半闭的,这是顺世之法,顺应世间人的观念,认为修道的人应该这么善良的。显教认为,用恶眼瞪人都是犯菩萨戒的。但是菩萨也有走逆法的,因为光是善良不能教化所有的人,有时要用相反教法,显金刚怒目相,让人看了畏惧,因而不敢起妄念。手段不同,目的却是一个,都是为了教化众生。

第四章 嵩山著名高僧

我国佛教传自印度。明帝永平十年(67年),蔡愔赴西域访求佛法返国,邀得印度高僧摄摩腾、竺法兰来华,并以白马驮回佛像及经卷,将其安顿中国早期的佛寺白马寺,作供奉佛像及佛法之用。为摄摩腾、竺法兰等高僧翻译佛经有一个僻静的理想场所,后在嵩山兴建了法王寺,为我国建造佛寺拉开了序幕。东汉、三国、两晋、南北朝时期,大量的佛教经典被翻译介绍到中国来,越来越多的人开始信仰佛教,佛教寺院也得到了充分的发展。南朝梁时,全国佛寺多至2800所;北魏迁都洛阳后,全国佛寺就达3万多所,佛教进入全盛时期,这为以后佛教在我国的发展,奠定了一个坚实的基础。

中国佛教早期活动的主旨是传播,而译经、授经则是传播佛教的主要内容。历史上,嵩山地区是我国佛教发展的一个最重要的窗口:洛阳为京都,嵩山为天地之中,又是我国较早的进入文明时代的先进地区,是佛教传入中国后最早的落脚地和传播地。所以,在每个历史时期,都有许多闻名遐迩的外籍高僧和本土高僧从四面八方聚集到这里,在传播佛教的活动中,或翻译经典,或弘传教义,或从事其他高水平的佛教活动,给佛教在嵩山地区的传播与发展带来了得天独厚的条件,为我国佛教的发展做出了不可磨灭的贡献。这些外来的高僧大多来自天竺、安息、康居、月支、兜佉勒(中亚细亚地方)及西域、罽宾等国,他们来中国后,很快学会了华语,与中国僧人相结合,开始了艰苦卓绝的翻译佛经工作。在这些著名的外来译经者中,有汉魏时期的摄摩腾、竺法兰、鸠摩罗什、竺佛朔、安世高、支娄迦谶、昙摩迦罗;两晋时的佛图澄、竺叔兰、无罗叉、彊梁娄至、竺法护、僧伽提婆;南北朝时期的佛陀扇多(跋陀)、菩提流支、昙摩流支、勒拿摩提、菩提达摩;唐朝时期的道昭、不空、法藏、善无畏、金刚智、阿你真那、达摩掬多、荣睿、慧超等。他们在嵩山各大佛寺讲授佛理,翻译经典,弘扬佛法,深得五湖君主之崇信。至于我国本土僧人,学梵语、助外人翻译,或润饰其文,或自己翻译者,亦不乏其人,如严佛调、支遁、道安、昙影、僧达、慧光、玄奘、义净、聂承远、聂道真等等。佛教传入中国,首先在嵩山地区扎下根来,并很快通过种种途径向外发展,向外辐射,并与周边文化进行广泛的交流与渗透,这与外籍高僧和本土高僧的努力与贡献密不可分。

第一节 嵩山著名外来高僧

佛教传入我国后,在其传播活动中,译经、授经是一个必需的基础。因此,历史上的每一个阶段,都有很多外来高僧相继来到嵩山地区进行佛事活动。据史料记载,北魏宣武帝(499～515年)时大兴佛教,有不少外国僧人来到洛阳,帝为立永宁寺,舍1000余间,共住外国沙门千余人。这些远道而来的外来高僧,立足嵩山,在这里初学华语,利用自己懂梵语的优势,开始翻译经典,首传佛教。有很多外来高僧在这条荆棘丛生、百般曲折的道路上,历尽艰辛,踏平坎坷,为崇高的信仰一直奋斗终生。

在嵩山地区外来传播佛教的天竺和西域僧人中,有极少数是精通法术的僧人。其中,佛图澄、耆域、犍陀勒、善无畏、金刚智等就是其中的代表,他们持有轻功、飞行、医疗、预测等多种法术,在嵩山传教期间,除了传教弘法外,以自己特殊的法术,服务于社会各界,产生了良好的社会效应,在当地很有名气。

摄摩腾

摄摩腾(？～73年),东汉外来高僧,中国沙门之始祖。竺是以国为姓,摄是迦摄,即迦叶波,为婆罗门之大姓。摄摩腾,亦称迦叶摩腾、竺叶摩腾、迦摄摩腾,原为中天竺(今印度中部)人。他相貌仪表俊美,精通大乘佛经和小乘佛经,以经常到各地传播教化为己任。他曾经往天竺附属小国宣讲《金光明经》。当时正赶上敌国侵犯其边境,摄摩腾说:"佛文中说,能够宣讲佛经、佛法,都会得到地神的保护,可以享有安乐的居所。现在战争刚刚开始,也许还能做些有益的事情"。于是,他舍生忘死,亲自前往双方劝解调停,终于使两国言和,摄摩腾也因此显达。

摄摩腾

东汉永平(58～75年)年间,汉明帝夜间梦见金人,项有日光,从空中飞升而至殿前。次日召集群臣,让群臣解释梦中之事。通事傅毅上奏说:"臣听说西域有一种神,名字叫'佛',陛下梦见的金人,可能就是这种神吧!"汉明帝认为他讲得有道理,于是就派遣郎中蔡愔、博士弟子秦景等12人出使天竺,寻访佛法。蔡愔等人在大月氏国(今阿富汗至中亚)有缘遇到摄摩腾和竺法兰,便邀请他们到东汉京都。摄摩腾立誓传播、弘扬佛法,不怕疲劳和艰苦,冒着生命危险随他们长途跋涉,经过流沙大沙漠,最终于永平十年(67年)到达洛阳。汉明帝对摄摩腾和竺法兰特别给予奖赏和优待,首先将其安置于当时的外交机关鸿胪寺。之后特在洛阳城西雍门外为摄摩腾新建精舍让他居住,取名白马寺。摄摩腾遂成为中国第一位沙门,白马寺也就是中国的释源和祖庭。

当时由于佛法是传入中国的初始阶段,皈依诚信的人不多,所以摄摩腾虽对佛理有深奥的独特见解,却无法向世人宣讲传扬。为此,他开始在中国翻译大量佛经,请求汉明帝为他们另辟安静场所,后来就在嵩山腹地为他们修建了佛舍法王寺。之后摄摩腾和竺法兰于白马寺、法王寺合译了第一部汉文佛经《四十二章经》。从此,佛教开始传入嵩山地区,也开始传入中国。永平十六年(73年),摄摩腾圆寂于洛阳。今天白马寺内还有摄摩腾墓,墓碑重立于明崇祯年间,上刻"汉启道圆通摩腾大师墓"。

竺法兰

竺法兰,东汉外来高僧,中国开教总持大法师。古印度僧人,和摄摩腾同被尊为中国佛教的鼻祖。原为中天竺人,即今天印度中部人,有"开教总持"之称。竺法兰记忆力非常好,能背诵佛教经论数万章,为天竺学者之师。汉明帝梦见金人后,就派蔡音和秦景一行12人出使天竺,寻访佛法时,遇到了正在游化的竺法兰与摄摩腾,就邀请他们到中国传授佛法。永平十年(67年),他与摄摩腾一起历尽艰险,抵达京城洛阳,传授佛法,翻译佛经。汉明帝将他们安置在鸿胪寺,后来又将他们安置在嵩山大法王寺。与摄摩腾合译《四十二章经》。摄摩腾死后,又翻译出了《十地断结经》4卷、《法海藏经》1卷、《佛本生经》1卷、《佛本行经》5卷。60岁时圆寂于白马寺。今天该寺内还有竺法兰墓,与摄摩腾墓东西相对,形制完全相同,墓碑重立于明朝崇祯年间,上刻"汉开教总持竺法大师墓"。

竺法兰

鸠摩罗什

鸠摩罗什(344～413年),后秦外来高僧,著名中国佛教四大译经家之一。又名"鸠摩罗什婆"、"鸠摩罗耆婆"、"鸠摩耆婆",略称"罗什","什",意译"童寿"。祖籍印度,周游过印度和西域,有很高的天分,为当时最卓越的译经大师。据《出三藏记集》卷14、《高僧传》卷2载,父鸠摩罗炎,母名耆婆。父在印度弃相位出家,东渡葱岭,远投龟兹(今新疆库车一带),被逼和龟兹王妹耆婆结婚,生鸠摩罗什(合称父母为罗什)。罗什7岁随母出家,初学小乘佛教毗昙学。9岁随母到罽宾(今克什米尔一带),学习《阿含》等经。12岁随母返回龟兹,途中在沙勒停留一年,遇沙车国王子、大乘名僧须利耶苏摩,聆听《阿耨达经》,悟世界万物空无自相,从此,改学大乘方等诸经,受诵《中论》《百论》和《十二门论》等。博读大小乘经论,名闻西域诸国。回龟兹后的20多年间,讲经说法,声誉很高。

鸠摩罗什

鸠摩罗什来华后,在以洛阳为中心的嵩山地区活动,所译经典以般若类为主,数量和质量都是空前的。共译出《摩诃般若波罗蜜经》《大品般若经》《小品般若波罗蜜经》《中经》《座禅三昧经》《法华经》和《大智度论》《中论》《百论》《十二门论》《成实论》《十颂律》等,共35部294卷,所译经论被称为"新译",影响甚大。其中三论(《中论》《百论》《十二门论》)成为三论宗的主要经典,《成实论》为流行于江南的成实派主要经典,《阿弥陀经》是净土宗所依的三经之一。《法华经》研究渐盛,开天台宗张端,《金刚经》启发慧能禅宗。三论对天台宗、华严宗、禅宗也有重要影响。鸠摩罗什为中国佛教般若学六家七宗的争端创造了条件,为以后佛教宗派的发展做出了贡献。

据传,鸠摩罗什弟子3000人,著名者数十人,其中道生、僧肇、道融、僧睿,被称为"什门四圣",生、肇、融、睿、道恒、昙影、慧观、慧严称为"什门八俊"。

安世高

汉魏外来高僧,著名佛教学者、佛经翻译家。安息国(今伊朗)僧人。原名安清,字世高,原安息国(今伊朗)太子。安世高自幼聪敏通达,好学不倦。少年时,就通晓各门学问,如天文、地理、医学等。

父死,他毅然决定抛弃皇家一切,让位给叔父,自己却出家为僧,孤身一人到寺庙修行。安世高在寺庙,凭自己的天性和勤奋,很快就通晓了存世的佛教经典,对经义和戒律了如指掌,尤精于阿毗昙学,略尽禅经之妙。后开始游历西域各国,并了解到各国的佛教传布情况,还通晓各国语言,名闻西域诸国。安世高为了传经弘佛,于汉桓帝建和二年(148年)经过长途跋涉,经西域来到东汉国都洛阳,很快精通汉语,从事佛经翻译。

安世高来中国之前,佛教从永平求法、楚王英崇信黄老与佛教,一直到汉桓帝尊崇佛道二教,算来已有百年之久。但是,中国的佛教信仰一直和道教连在一起,不可分离。佛教信仰依附于道教,与道教并存、传布。即无教团组织,也无汉族僧人。信仰人只知道有道教经典,而不知道有佛教经典,什么经义、戒律都按道教行事。安世高来中国之后,认识到这种情况,他认为佛教不能独立传播,就是因为缺少佛教经典的宣传。当时洛阳只流传着从天竺国取回的《四十二章经》,人们把这部经典和

安世高

《道德经》一样看待,不能突出佛教的经义特点。所以,对佛教的发展极为不利。安世高认为,翻译佛教经典,让汉人和佛徒明了佛教基本教义和戒律,是当务之急。于是,在都城洛阳白马寺,世高专心致志地翻译佛经。

佛教虽然已传入洛阳百年之久,但有种种原因尚未得到广泛传播,因此它的一整套独特的教义和组织形式,还都不为世人所知,人们仅能根据当时流传的《四十二章经》中佛教的一般教义如"断爱去欲"、"行大仁慈"以及戒"杀、盗、淫"等,来与黄老之教相比附,认为二者相同,甚至认为老子晚年西入夷狄化作浮屠,创立佛教。后来,西晋道士王浮就据此创作出《老子化胡经》。

依晋代释道安《众经目录》所载,安世高自桓帝建和二年(148年)至灵帝建宁中(168~172年),居于洛阳译经,前后达20余年。安世高共译经典35部41卷。主要译著有《安般守意经》《阴持入经》《人本欲生经》《阿毗昙五法四谛》《转法法轮》《八正道》《禅行法想》《修行道地经》《大十二门经》《小十二门经》《道地经》《百六十品经》等。所译经籍除上述者外,据(《高僧传》卷1)载,他还撰有《四谛经》《阿含口解》《十四意经》《阿毗昙九十八结经》各1卷。安世高所译经籍"义理明晰,文字允正,辩而不华,质而不野",开创了佛经汉译通俗易懂的先河,对后世影响很大。

安世高在洛阳的译经活动中,为了尽快让佛徒了解佛教和戒律,满足佛徒修行方面的急需,他抓紧时间,首先翻译出小乘佛教基本经典《阿含经》及其许多单品小经,还有一切有关解释《阿含经》的著作。安世高不仅笔译顺畅,而且能说一口相当流利的汉语。为使佛教对汉人的启蒙教化,安世高除译经之外,讲经也随之进行。史料记载,他善汉语,在嵩山讲经,听者云集。

安世高所传,主要为小乘佛教说一切有关的毗昙学和禅定理论。《安般守意经序》说他"博学稽古,特专《阿毗昙》学。其所出经,禅数最悉。"《阴持入经序》云:"其所宣敷,专务禅观。"可以说,安世高是在中国传播说一切有部阿毗昙学说和禅法的第一位外域佛教学者,是佛经汉译的创始人,他首先译介了印度小乘佛教禅类的经典,对佛教在东汉的传播和佛教逐渐脱离道教、独立传教奠定了基础,起到了不可磨灭的作用。

安世高为了弘佛传法,进行中西文化交流,把自己的一生贡献给中国的佛教事业。东汉灵帝末年,嵩洛一带战乱迭起,安世高离开洛阳,到南方避乱,在江南传教,曾到过沙山、南昌、广州、豫章、浔

阳、会稽等地,留下许多神奇传说,后圆寂于会稽(苏州)。

竺佛朔

竺佛朔(一作竺朔佛),东汉末外来高僧,古印度僧人,著名佛学者、翻译家。一作"竺朔佛"。据《高僧传》卷一载,灵帝(一作桓帝)时携带《道行般若经》梵本来到洛阳,在熹平元年(172年)把它译成汉文。与支娄迦谶合作时,由竺佛朔宣读梵文,再由先来汉地通晓华言的支娄迦谶替他传语,转译为汉文。光和二年(179年)十月,在洛阳与支娄迦谶共译《般舟三昧经》。弟子孟福、张莲两人笔录。所以《道行般若经》事实上的译人是支娄迦谶,《般舟》的传译也是同样。

支娄迦谶

支娄迦谶

支娄迦谶,东汉末外来高僧。西域月支国(今阿富汗及中亚地区)僧人,著名佛学者、翻译家。简称"支谶"。支谶是中国第一个翻译和传布大乘佛教般若学理论的佛教学者。他秉持法戒,以精勤著称,曾讽诵群经,立志宣讲佛法。主要活动于汉末桓帝、灵帝之时。支谶于东汉桓帝永康元年(167年)到洛阳,不久就通晓汉语。在灵帝光和、中平年间(178~189年)传译梵文,译出《般若道行品经》10卷、《首楞严三昧经》2卷、《般舟三昧经》1卷、《阿阇世王经》2卷、《宝积经》1卷等大乘(大乘也是佛教派别。一世纪左右形成于印度,而后传播至中亚、中国、日本、朝鲜、印尼及斯里兰卡。它是北传佛教的主流。大乘佛教强调菩萨理想胜过阿罗汉,宣称人皆具菩提心可以成佛,倡导慈悲一切众生,力主以功德回报他人等等。)佛典,共14部27(12部67卷)卷。其所译《道行般若经》,最初介绍般若学于中国。晋支敏度在《合首楞严经记》中称其"博学渊妙,才思测微。凡所出经,类多玄深,贵尚实中,不存文饰"。他曾与印度沙门竺佛朔合作译经,支谶为传言,洛阳孟福、南阳张莲为笔录。

支娄迦谶有弟子支亮,再传弟子支谦。佛教史上对此3人素有"天下博知,不出三支"之说(《高僧传》卷1)。

支曜　康巨　康孟祥

支曜　康巨　康孟祥,东汉著名外来高僧,著名佛学者、翻译家。他们都是在汉灵帝、汉献帝之际来到洛阳,后专门从事翻译佛典活动。从姓氏推测支曜为西域月支国人。汉灵帝中平中(184~189年),支曜译出《成具光明定意经》(即《成具光明经》)1卷;康巨和康孟祥,从姓氏推测为康居国人。康巨译有《问事地狱经》1卷(已佚);康孟祥在献帝建安中(196~219年)译出《中本起经》(一作《太子中本起经》)2卷和《修行本起经》2卷。

支　谦

支谦,东汉末外来高僧,著名大乘佛经的编译家。支谦,又名越,字恭明。原籍月支人。祖父法度,东汉灵帝时率本团(大月支)人数百归化汉朝,因功授"率善中郎将",是入中国籍的月支族后裔。父随祖来,此后定居洛阳,实为汉籍月支人。支谦自幼聪颖,从小就受汉族文化的影响,10岁开始学习汉文,13岁开始学习胡文,精通西域六国语。当时学者,无不惊叹其聪敏。支谦为优婆塞(居士),未出家,是一位热爱佛学的学者。汉末已经著称于洛阳,时号称"洛阳三支":支娄迦谶、支亮和支谦,佛教史上对此3人素有"天下博知,不出三支"之说。支谦生相细长黑瘦,眼多白而精黄,当时人说他是"支郎眼中黄,形体虽细是智囊"。支谦学佛经时,大乘佛经翻译家支娄迦谶已经辞世,支娄迦谶的弟子支亮,字纪明,亦是嵩山洛阳人,闻名

支谦

当世。所以,支谦从学于支亮,通达大乘佛教理论。他对从前那些过分朴质以致隐晦义理的译本很不满意。汉献帝末年,嵩山洛阳一带发生兵乱。

支谦为避战乱,便随族人南度奔向吴国。在那里他得到从事翻译的机会,从东吴黄武元年(222年)到东吴建兴二年(253年)前后约32年间,支谦搜集了各种原本和译本,未译的补译,已译的订正。尤其是对支娄迦谶的译本《般若道行经》、《首楞言经》和维祇难的《法句经》等,进行重新翻译和校改。同时,又帮助从印度来华的僧人维祇难和竺将炎翻译佛经。译经之外,还有注经,使译文更加明确,如支谦所译的《大光明无极经》的卷首,就加上自注,特别醒目。这种方法补充了翻译文字的不足,使原本的经义更加突出。

支谦为了使翻译佛经准确,和便于阅读,又采取了会译和译注的办法,使译法灵活多样,便于查考和学习。他所译的《无量门微密持经》1卷,是大乘般若修持的重要典籍,原有两种旧译本。《陀邻尼经》和《总持经》。他将这3个译本对勘,区别本(母)末(子),分章析句,上下排列,一目了然。

支谦深谙音律,也深谙梵韵,留意经文中赞颂的歌唱。为了普及佛经,他曾依据《无量寿经》、《中本起经》创作了《赞菩萨连句梵呗》3契。梵呗与转读,三国时已流行,曹植曾作梵呗。所谓梵呗,是天竺方俗,凡是歌咏法言的,统称为呗。至于中国,咏经则称为读转,歌赞则称为梵音。过去有很多赞呗,都能以韵入管弦。由此看来,读转只依经文加以歌颂,梵呗则是按佛经中的短偈来歌颂,并且用管弦来伴奏。前者有高下抑扬,后者则以美妙声音来咏唱新制作的歌词。这只有精通音律的人才能掌握的。支谦依《无量寿经》、《中本起经》,实指支谦自译的《瑞应本起经》。其中有帝释天乐般遮下到石室弹琴之歌,支谦原来就是取此为梵呗。他这一制作与应用,对赞呗艺术的发展有相当影响,对弘扬佛教起到了普及的作用。被称为始制梵呗的陈思王曹植,可能是受了般遮瑞的启发而有《瑞应本起》42契的巨构,成为学者之所宗。

支谦除制作梵呗新声外,还注《了本生死经》,为自律自注,译者读者都很满意。支谦对前人的翻译,不太满意,认为文字太朴质,走了原意。而加以修改,使文从字顺,说明支谦善于驾驭汉文、梵文的能力和技巧。前人在译佛经时,遇到没有对应的汉语词时,就把梵文音直译过来,支谦主张一切名词,

译时不得用胡音。实际上,他主张意译。支谦开译经"文丽"的先河,而且成为佛教玄学化的先导,对后代影响很大。

传说支谦到东吴后曾得到吴主孙权的信任,叫他辅导太子登。后来太子死了,他就去穹隆山过隐居生活,年60岁卒于山中。

支谦在东吴的30余年间,所译佛经达36部,48卷。现在经过考订认定支谦所译的佛经是29部47卷,其翻译的有《阿弥陀经》、《了本生死经》、《须赖经》、《维摩诘经》、《慧印三昧经》、《大般泥洹经》、《阿难四事经》、《佛医经》等。另外,还有记载说,支谦重译过明帝时的《四十二章经》、《菩萨本缘经》和《撰集百缘经》。

安 玄

安玄,东汉外来高僧(来中国的年代比安世高稍后),著名佛学者、翻译家。据《高僧传》卷1载,原安息国(今伊朗一带)人。少年时,志向坚定,性情贞白,深沉内向,善于思考。原为古安息国佛教居士,秉守法戒,严格自律;博览并诵读群经,有很多的经典能通悟理解。东汉灵帝末年,东渡经商,定居洛阳。因他对汉朝在经济贸易方面有所贡献,而建立功勋,被封为"骑都尉"。在洛阳,安玄表现得谦虚谨慎、温顺恭敬,平时把弘扬佛法当作自己的事业。安玄又是一个善于学习的外国人,不久,他就通晓了汉语,于是信心十足,立志宣扬佛经。平时,他常和僧人们讲论佛教义理,有很多高见,得到大家的赞赏,都称他为"都尉玄"。安玄热心于翻译佛经,但个人能力毕竟有限,于是他找到了僧友严佛调。严佛调由于长期从师安世高,梵文胡语也相当通晓,严佛调既为佛门弟子,弘佛译经亦看作己任,所以,二人一拍即合,就合译起经来。严佛调与安玄合译佛经,采取的是"都尉口陈,严调笔受"的方法,就是安玄先拿原本,将经文用胡语念出来,严佛调用汉文直接写下来,然后,两人戡酌字句,修饰润色,便语意更加完整、显豁,便于阅读,这就算作定稿。这在中国佛教译经史上,算是一件破天荒的创举。

此后,多数佛经的翻译都是这样。后之佛学译者对他们译的经典有不惬意之处,甚至还有重语指责的。从汉和西域文化交流来讲,这种助译合译形式,无疑起到了良好的效果。光和四年(181年),安玄和中土沙门严佛调共译出《法镜经》。《法镜经》是《郁伽长者经》的旧本,系菩萨乘经。这部译经在中国佛教史上有很高的评价。三国吴的康居国高僧康僧会称赞其"言既稽古,义又微妙"。晋高僧释道安赞其"省而不烦,全本妙巧"。南朝梁高僧释僧佑赞其"理得音正,尽经微旨,郢匠之美,见述后代"。

昙柯迦罗

昙柯迦罗(约197~250年),三国外来高僧,著名佛学者、翻译家。又译"昙摩迦罗",意译"法时"。古中印度人。世代为富豪之家,信仰婆罗门教。初习婆罗门法,善《罗韦陀论》。自幼聪明颖悟,天赋超人。所学内容,过目不忘,并能通晓其义。尤其是精通婆罗门教经典《四韦陀论》和天象星历、图谶运变的图书典籍。他很自信,自负才高,总认为天下事理,莫不运筹于胸。25岁时见到佛籍《法胜毗昙》,随手观览却茫然不解,请比丘解释后,顿觉佛教宏旷,俗书所不能及。于是舍弃世荣出家为僧,诵读大、小乘经及诸部毗此。曹魏嘉平二年(250年),昙柯迦罗离开天竺北上,从中西丝绸之路的天山南路南行经于阗、鄯善、敦煌,跋涉万里,来到中国魏都洛阳。

此时魏境虽有佛法，但道风讹替，僧人未禀归戒，原因是当时佛教传来不久，汉代当时又不准汉人出家。至三国魏时，汉人的信佛者，只不过以剃发来区别僧俗，佛事斋忏，同道教祠祀没有区别。严格意义上的僧人，除了以汉地的西域各国僧人外，"汉僧"名副其实的几乎为无。而汉魏以来，西域僧人在洛阳所译的经典中，"律"典缺译。汉人出家，守什么律规，全凭传师口授，没有一个统一的"清规戒律"。所以，这个时期的佛教，还不能算独立的宗教。

昙柯迦罗来华之后，在洛阳大行佛法，因为他对律部有研究，当时僧人便请他传戒。然而律典尚未翻译，要传戒，无所本。昙柯迦罗认为以往的律部繁多，中国佛教未昌，恐不能完全借用，遂在他到达洛阳后的当年，在白马寺译出大众部戒律节要《僧祇戒本》1卷。后经抄印流传，供各寺院僧众作为受戒人朝夕诵习之用，并请

昙柯迦罗

梵僧立羯磨法。同时，为了使出家僧人履行受戒，便在白马寺设立戒坛，并同西域来的受过戒的僧人一起担任戒师，为出家僧人受戒。第一个在此受戒的魏国僧人就是朱士行。魏国的佛教传播，从此走上了一个新的阶段，以独立的宗教姿态行于世间。

昙摩迦罗翻译的《僧祇戒本》，使中国开始有了正式的佛教戒律（僧人出家再不像以前那样只是剪落头发以区别于俗人，而是有了可遵循的规则），并请西域梵僧羯磨受戒，此实为中国戒律之始。昙柯迦罗在中国首创受戒度僧的僧法制度，被后世佛门皆尊他为律宗初祖。

康僧铠

康僧铠（？～252年之后），曹魏时期外来高僧，著名佛学者、翻译家。康居国（一说天竺）僧人，因其姓康，从姓氏推测或是康居国人。康僧铠于魏嘉平末年（254年）来到洛阳，从事译经活动。嘉平四年（252年），他根据僧人们的弘法需要，在魏都洛阳白马寺译出了一部专供在家居士学出家之戒的《郁伽长者经》1卷（又名《在家出家菩萨戒经》。实际上，这部佛经是汉末安玄译的《法镜经》和西晋竺法护译的《郁迦罗越问菩萨行经》的不同译本，后被作为《大宝积经》中的《郁郁长者会》）。后又译出了经籍《郁伽长者所问经》1卷和佛典《无量寿经》2卷等4部经籍。其中，《无量寿经》为宣传西方净土的佛典，以后成为净土宗的重要经典，在中国佛教史上有着深远的影响。宣传西方净土信仰的《无量寿经》2卷。

昙　谛

昙谛（？～254年之后），三国外来高僧，著名佛学者、翻译家。亦名昙帝、昙无谛，意译为法实。安息国（今伊朗）人，昙谛精于律学，主张僧众应遵从佛制，禀受归戒。在曹魏律学昌兴之时，于正元年间（254～256年）游化洛阳，于正元元年在白马寺译出《昙无德羯磨律》1卷（道安认为，在后秦之前没有僧家受戒之事，故没有收录）。昙谛与昙柯迦罗共同在洛阳传道译经，促进了佛法，尤其是律学在北方的发展（《开元释教录》、《高僧传》卷1"昙柯迦罗"传附）。

帛 延

帛延(？~258年),三国魏外来高僧,著名佛学者、佛经翻译家。帛延亦称白延,西域龟兹(今新疆库车)人。曹魏嘉平与正元年间(254~256年)来到洛阳,主要活动于曹魏末年。帛延有才明,深解经义,看到洛阳佛学渐兴,也誓志宣法。曹魏甘露三年(258年),住在白马寺,译出《无量清净平等觉经》等凡六部。据史籍《出三藏记集·首楞严·后记》记载,晋孝武帝司马曜宁康元年(373年),著名佛教《优婆塞支施仑诵习须赖经》《首楞严》《上金光首经》等经著见世,其翻译者即为龟兹国王的来华世子帛延。

竺叔兰

竺叔兰,西晋外来高僧,著名翻译家。原籍天竺国人。其祖父娄陀,满怀壮志,好钻研学问,清高简朴而有气节,远近闻名。其父为避国难,迁居洛阳。竺叔兰生在河南,又有天竺长辈扶教,自小就有一口流利的胡、汉语,后来,很快就掌握了胡、汉语文字。并对两种文字的书籍经典都涉猎,并过目不忘。竺叔兰幼时聪明善辩,从学于二舅父学习佛教经法,只要一听讲就立即领悟。因此,他崇拜佛教,博览群经,善于梵汉语。

魏高贵乡公时,我国第一受戒僧、著名西行求法第一人朱士行由于不满足于般若经典过去的译本,矢志西行求经,遂于甘露五年(260年)出塞至于阗国,欲求梵本,后抄得《般若道行经》正品梵书胡本19章,于西晋武帝太康三年(282年)遣弟子弗如檀(法饶)等,送达洛阳后,一直没有译出。21年后,即晋惠帝元康元年(291年),竺叔兰到陈留(今开封县)仓垣水南寺,与于阗国沙门无罗叉一起,将朱士行从西域所求《般若道行经》正品梵书胡本19章共同译为汉文,并改经名为《放光般若经》30卷,从而实现了朱士行求法的宏愿。据说,无罗叉手执梵本,竺叔兰译为汉文。他们译出的《放光》,即盛行于当时。在此之后,竺叔兰在洛阳自己又译出《异维摩罗诘经》3卷,《首楞严经》2卷。由于竺叔兰精通胡、汉两语,所以,他的译文十分精当公允,对当时佛学界影响很大。

无罗叉

无罗叉,西晋外来高僧。于阗国人,稽古多学,尤其精通梵学。我国著名西行求法第一人朱士行由于不满足于般若经典过去的译本,矢志西行求经,遂于甘露五年(260年)出塞至于阗国,欲求梵本,后抄得《般若道行经》正品梵书胡本十九章,后于西晋武帝太康三年(282年)遣弟子弗如檀(法饶)等,送达洛阳后,一直没有译出。21年后,无罗叉和竺叔兰继承朱士行的遗志,即晋惠帝元康元年(291年),无罗叉在陈留(今开封县)仓垣水南寺,与竺叔兰一起,将朱士行从西域所求《般若道行经》正品梵书胡本十九章共同译为汉文,并改经名为《放光般若经》30卷,实现了朱士行求法的宏愿。据说,无罗叉手执梵本,竺叔兰译为汉文。他们译出的《放光》,即盛行于当时。淮阳支孝龙,常钻研《小品》以为心要。他获得竺叔兰和无罗叉刚译出的《放光》,阅读旬余,便从事敷讲。

彊梁娄至

彊梁娄至,西晋外来高僧。彊梁娄至,意译真喜。西晋西域人。志情狂放,心怀弘化之志。于武帝太康二年(281年)在广州译《十二游经》1卷1部。(开元释教录卷2、历代三宝纪卷6、大唐内典录卷2、贞元新定释教目录卷4)。

安法钦

安法钦,西晋外来高僧。安息国人。他博通诸经,幽鉴无滞。自武帝太康二年(281年)至惠帝光熙元年(306年),于洛阳译出之经如下:《道神足无极变化经》4卷、《阿育王传》7卷等5部、《文殊师利现宝藏经》2卷、《阿阇世王经》2卷、《阿难目佉经》1卷,凡5部16卷(大唐内典录卷2、开元释教录卷2)。

支法度

支法度,西晋外来高僧。在惠帝永宁元年(301年),译出《逝童子经》1卷、《善生子经》1卷等4部(上述二部现存)。

若罗严

若罗严,西晋外来译经僧。天竺三藏法师若罗严曾译经于洛阳,译有《时非时经》1部。经之后记谓:"外国法师若罗严,手执胡本,口自宣译,凉州道人于阗城中写记。"

竺法护

竺法护(约212~约305年),西晋外来高僧,著名佛学者、翻译家。本姓支氏,故又称"支法护"。原名"昙摩罗刹"。据《出三藏记集》卷二、卷十三等载,大月支国人,世居敦煌郡。因世居敦煌,有"敦煌菩萨"之称。8岁出家,师从外国沙门竺高座,故姓竺。竺法护笃志好学,过目可解,能日诵经文万余言。晋武帝时,寺庙佛像虽崇于京城洛阳,而大乘经教却蕴积于葱岭之外。竺法护誓欲弘扬佛法,随师万里跋涉游历西域各国多年,在佛教嫡传的国度里,寻法觅经。号称通晓36国语言文字,搜集大量佛籍经典,得到了160多部梵文经本,贯综训诂,比较对刊,分析条贯,字词音义,全部释解。之后,将所有梵经,载回中国。从敦煌到长安、洛阳沿途传译,写成汉文。

竺法护

晋武帝太康十年(289年)至元康元年(291年)的3年间,竺法护在洛阳白马寺先后译出了《宝结经》、《文殊师利净律经》、《魔逆经》、《勇伏定经》、《度世品经》、《大哀经》《如来兴显经》,其速度之快,效率之高,都十分惊人。这些经典的译出与传播,扩大了佛教经典的内容,纠正了过去翻译的不足,成为可读的佛教范本,影响巨大。

史料记载,竺法护于太康七年(286年)八月十日在长安主译出《正法华经》10卷后,立刻传到全国。永熙元年(290年)八月,康那律在洛阳写完《正法华经》后,与清信士张季博、董景玄、刘长武等手执经本,到白马寺与竺法护口校训诂,讲出深义。九月十四日,于洛阳东牛寺中召开施主大会,讲诵此经,整整一天一夜,兴高采烈,无不感到欢欣。仅此一例,从中可见佛教在嵩山传播之盛。

竺法护所译的佛教经典,以种类齐全、影响广泛、深远而著称于世。大乘佛典有般若、宝积、大积、华严和涅槃五大部,竺法护对这五大部都有翻译,般若部有《光赞般若经》,宝积部有《善门经》《密迹经》《离垢施女经》,大集部有《宝女经》《宝结经》《大哀经》,华严部有《渐备一切经》《度世品经》、《如来兴显经》,涅槃部有《方等泥洹经》等,先后所译经典有154部309卷(一说175部354卷),但大部分属大乘经典。据说,竺法护是西晋时期12门译经大师中最重要的一个,他在中国翻译了当时西域流行的许多要籍,几乎涵盖了西域流行佛典的各个方面。这些经典的译出,对两晋佛教的推动和发展起到了关键性的作用。

竺法护往来洛阳、长安、酒泉、敦煌之间,不辞辛劳的译经,前后经历47年,成为中国佛教史上富有成果的佛教学者,成为大乘佛教全方位的宣传家。为东晋十六国时期大乘佛学最伟大的开拓者。

竺法护在洛阳的译经过程中,清信士聂承远全力相助,并曾为其修正文句,《超日明经》就是经聂承远删节订正后才成为后世所传的2卷本。聂承远"明练有才理,笃志法务",他帮助法护担任笔受,参政辞义,整理成文,促成译经进程,既迅速又有效率。聂道真同他的父亲聂承远一样也精于佛学,既懂梵语,又善文辞。在与竺法护译经的助译过程中,有时父子同时担任笔受,多数情况下,是聂道真独自笔受。竺法护死后,聂道真曾独自译经,还把竺法护所译经典编成目录,即《竺法护录》,也称《聂道真录》。其他如竺法首、陈士伦、孙伯虎、虞世雅等也遵承竺法护意旨,对其经文执笔详校(《高僧传》卷3)。

为求得性情纯一,不食人间烟火味儿,竺法护曾隐居深山,大约从西晋武帝泰始十年(274年)到太康五年(284年)前后10年光景,竺法护隐居深山,广布德化,声名远播,僧徒达数千人。西晋惠帝时关中战乱,竺法护与门徒东下避难,在渑池染疾而卒,享年78岁。

犍陀勒

犍陀勒

犍陀勒,西晋外来高僧。犍陀勒,又作干陀罗。历史上,在嵩山的外来高僧中,除了博学多识之外,更有一部分西域僧人以预测见长,犍陀勒便是其中之一。史料记载:"两晋时代,有西域僧犍陀勒曾建鸠山寺于嵩山。"慧蛟《高僧传》卷10记载,西晋时有西域僧犍陀勒入嵩山建"少林山寺"。

犍陀勒在洛阳东南之山修立寺庙,被推为寺主。风操卓然,善法术。一次对同住僧众说:"洛阳东南有盘鸱山,山中原有古寺,今故基尚存,可以修立寺院。"众僧不信,但随他入山,果然找到一处旧寺石基,遂修立寺庙于其上,推他为寺主。新寺距洛阳100余里,他总是每天清晨就来到洛阳城中,薄暮方回。有一位自认为行走迅速的僧人奔走如飞,仍赶不上他。犍陀勒让他拽着自己的衣角,该僧只觉得耳边风声飒飒,须臾至寺,却毫无疲倦的感觉。据传,洛阳僧俗都爱听犍陀勒讲经说法,也都十分敬仰他的高风亮节,但没有人能真正说出他的底细来。

耆 域

耆域,西晋外来高僧。天竺国僧人。为人洒脱而具有特殊神奇之术。有时自我放任,还俗为常人。曾周游西域各国。他常常往来于中原和西域地区,行踪不定。他从来没有一定的居所,当时的人没有谁能够知道他的隐情。但他的灵异行为,却很有名。

一次,耆域在襄阳想坐渡船过江,船主见他衣服简陋破败,十分看不起他,因此拒绝搭载。等船到了对岸,人们发现耆域早已经到了,不免心中暗自称奇。这时突然出现了两只老虎,它们见到耆域,竟然垂下耳朵和尾巴。耆域用手摸了摸老虎的头,老虎便转身离去。两岸观者都追随着这位神僧,不愿离去。

耆域

晋惠帝时期(290～306年),耆域来到嵩山讲法。有时在给僧人说法时,他也会告诉他们的前世今生的情况,比如支法渊是从羊变来的,竺法兴前生是人。看到洛阳宫城,他便对众人说:"它好像忉利天宫,但一个是自然天成,一个是人造的而已。建造这个宫城的人是从忉利天来的,建成后便返回天上去了。屋脊瓦下应有一千五百件作器。"当时确有传闻,说建造此宫城的工匠确实在瓦下放了作器,在完工后被害。

史料记载,耆域给人治病有奇招。时任衡阳太守的滕永文,寄住在洛阳的满水寺。一日忽然两脚挛屈不能起行,耆域亲自探看后,取来净水一杯杨柳一枝,然后用柳枝拂水,洒向滕永文,同时念着咒语。这样做了3次,滕永文行走如初。耆域告诉他之所以患上这样的怪病,是因为行事不谨慎的缘故。滕永文反思以前之所为,十分惭愧。后二人在寺中散步,发现有数十株思惟树枯死。耆域问道:"树死几时?"滕永文回答道:"已多年了。"于是耆域对着树念起了咒语,不一会儿枯枝变绿、发芽、生叶、开花,其神通让人惊异。

尚方署中有一人得了怪病快要死了,耆域就将应器放在病者的腹部上,并用白布覆盖,还念了数千咒语。很快,满屋就弥漫着臭气,而病人则说:"我活过来了。"耆域令人打开白布,应器中有像淤泥一样的东西数升,臭不可近。病人不久就好了。

西晋永嘉五年(311年),洛阳发生"永嘉之乱",匈奴攻陷洛阳、掳走怀帝,嵩山地区动荡不安。耆域打算辞别嵩山,返回天竺。洛阳城中有个沙门叫竺法行的,是僧中的佼佼者。当时人们把他比作高雅人乐令。他和耆域有交往,甚得耆域赏识,因此二人感情深厚,听说耆域要走了,心中恋恋不舍,于是,他请求耆域说:"可以跟众僧会一会面吧?"当众僧都会聚在讲经堂时,耆域升上高座,面对众僧,朗声诵道:"守口摄身意,慎莫犯众恶。修行一切善,如是得度世。"诵毕,便进入禅默。竺法行停了一会儿,重向耆域请求说:"愿上人应再教给我们没有学过或听说过的东西,如刚才老师诵咏的那首偈诗,

就连八岁小孩子也会谙诵,到背如流,这不是我们所希望的得道人呵!"耆域笑着说:"八岁小孩会背诵,百岁之人不能施行,会背诵有什么用处?社会上的人都知道尊敬得道的人,却不知道,施行了自己也会得道的。我的话虽然很少,但对施行的人来说,那收益也是够多的了。"于是,他走下讲堂,辞别了众僧。

据传,耆域在离开嵩山时,洛阳城内凡是得益或崇拜耆域的人,分别请耆域吃中饭,耆域都答应了。第二天500人家里都有耆域,每个人都认为耆域去了自己家里。后来相互谈论起来才知道是耆域的分身降临。

耆域从洛阳城起程回天竺的那天,洛阳各路僧俗,排着长队护送恩僧耆域一直到河南城。耆域在河南城西门外,面向东方,双手合十,连连点头,感谢洛阳僧俗。然后转身西向,大家都看着他慢慢地起步走了,有不少人,想继续送行,但就是赶不上,耆域只好用禅杖在当路划了一条横线说:"就在这里相别吧!"耆域一转身上路了,瞬息间,不见了踪影。

不久,有一个从长安回来的洛阳人说,他在长安城内的一座寺院里,见到了耆域,二人还相互问候。就在同一天,洛阳商人胡湿也说,一天黄昏,他在流沙城见到了耆域,二人也以礼相问候。这样计算起来,耆域已日行9000余里。

佛图澄

佛图澄

佛图澄(232~348年),西晋、后赵时期外来高僧,著名佛学大家。有说姓帛,西域人龟兹(今新疆库车)人;有说姓湿,天竺人。9岁在乌苌国出家,清真务学,两度到罽宾就学名师,善诵神咒,精方技异术,又解深经。西域人都称他已经得道。

晋怀帝永嘉四年(310年),佛图澄来到洛阳,时年已79岁。他能诵经数十万言,善解文义,虽未读此土儒史,而与诸学士论辩疑滞,无能屈者。他知见超群、学识渊博并热忱讲导,有天竺、康居名僧佛调、须菩提等不远数万里足涉流沙来从他受学。此土名德如释道安、竺法雅等,也跋涉山川来听他讲说。教学盛况可见。《僧传》中叙述他的神通事迹颇多,说他志弘大法,善诵神咒,能役使鬼神,彻见千里之外事,又能预知吉凶,兼善医术,能治痼疾应时瘳损,为人所崇拜。他所传义学和戒律行反为神异事迹所掩。

晋怀帝永嘉四年(310年)佛图澄到洛阳,欲立寺,因匈奴人刘曜(后为前赵国王)攻陷洛阳,地方扰乱,因而潜居草野,伺机行事。两年后,他通过石勒的大将郭黑略见到石勒。以异术使石勒信佛,并劝其施德政,这使大批躲过杀戮的中原人开始信仰佛法。佛图澄以他的异术方技深得石勒信佛,常参加军政议事,并多次劝化石氏施行"德化"、"不杀",从而制止当时的大肆杀戮,并大力向民间传播佛教。为此,大批躲过杀戮的中原人信仰佛法。石勒称帝为前赵国王后,大力支持佛教,封佛图澄为大和尚,使佛教在政治上的影响大大加强。石勒之后,其弟石虎废侄自立为帝,对佛图澄更加敬奉,称其为"国之大宝",曾下诏旌表厚赐。朝会之日,佛图澄升殿,常侍以下悉助举舆,太子诸公扶翼上殿,主者唱大和尚,众坐皆起。又敕司空李农每日前往问候起居,太子诸公五日一往朝谒。佛图澄推行道化,其所历州郡,共建寺893所。由于佛图澄的影响,石虎下达了中国佛教史上第一个允许汉人出家为僧的官方许可令。

佛图澄早年曾游历中亚多国,熟悉中外文化,学问非常深厚,佛学兼备大小乘,对般若学也很有造诣。佛图澄的受业弟子甚众,《高僧传》说他门下受业追随的常有数百,前后所收门徒达万人。其中道安、僧朗、竺法汰、竺法雅、安令首尼等都是研习般若学的大家,在中国佛教史上有很大影响。其中法雅创立格义,法汰创本无异宗,道安传教译经,法和授徒西北。后赵建武十四年(348 年)十二月八日,佛图澄卒于邺宫寺,年 117 岁。

僧伽提婆

僧伽提婆(约四世纪),东晋外来高僧。僧伽提婆(华言众天),本姓瞿昙氏,北印度罽宾人。他出家以后,远访明师,学通三藏,尤精于《阿毗昙心论》。又经常颂习《三法度论》,奉为入道的要典。他于苻秦建元年间(365～384 年)来长安,他的气度开朗,举止温和,又洞察物情,诲人不倦,信众都乐于亲近。建元十九年(383 年),僧伽提婆应道安的同学法和之请,译出《阿毗昙八犍度论》30 卷,并与昙摩难提一同协助僧伽跋澄译出《婆须蜜菩萨所集论》10 卷。这是他们学有相通之处,故彼此互相帮助。建元末,发生慕容冲之乱,经数年才略定。提婆与法和召集门徒同往洛阳,研讲经论。提婆在那里住了四五年,已渐解华语,才知道前译多违失本旨。法和也追恨以前的疏忽,乃重新校勘了《八犍度论》的译本。提婆的翻译,可分为前后两期,前期在长安、洛阳所译所校的为《阿毗昙八犍度论》(唐译作《阿毗达摩发智论》)。后期先在庐山译出《阿毗昙心》及《三法度》两论。后在建康又译校了《中》、《增一》两种阿含。另据《历代三宝记》所载。他还译有《教授比丘尼法》1 卷,已经失传。总计他所译校的经论,共 6 部,148 卷。参加他的译事的,最初有竺佛念,次有法和、僧伽罗叉和道慈等。提婆生于说一切有部的根据地罽宾,他所传习的,主要是有部之学,但非有部的正统。提婆出家后曾远道去各地参学,以故他所习的并不囿于罽宾的传统。他专精的是《阿毗昙心论》,而经常诵习的是《三法度论》。提婆是一个弘传毗昙的大家。他不但传译毗昙,而且先后在长安、洛阳,讲解毗昙。其后他又在建康讲《阿毗昙心论》,遂开南地毗昙学的端绪。提婆后在建康译校《中》、《增》两阿含,为有部四阿含最初传来的完本,都由提婆加以正确的译订,这是中国译经史上值得记载的。

跋 陀

跋陀(又名佛陀扇多),北魏外来高僧,嵩山少林寺的开山祖师。跋陀,意译"觉定",音译为佛陀、僧伽佛陀。北印度人。据说幼年时期和其他 5 人同时落发出家,共修禅业。一面学习禅观之法,一面漫游各地。不久,与他共同修炼的五位道友先后修炼功成,取得正果,唯跋陀无所收获。为此,他甚至想自杀,了却此生。这时一位师兄弟劝导他说:"修道要藉机缘,时来便剋。你与震旦(中国)有特别的缘分,为什么不往彼修炼,却白白去死呢?"于是,跋陀开始跟从他的朋友们游历诸国。他们一行先是西行,甚至到过"拂林国"。拂林国就是东罗马帝国(拜占庭帝国),它的一部分领土在地中海东岸。接着,他们又沿着丝绸之路东行,经过西域诸国,直奔佛法兴隆的北魏国都平城(今山西省大同市)。太和十四年(490 年)前后,他们到达了平城。时值北魏魏孝文帝至诚敬隆佛法,便盛情地接待他,并为他专门设立禅林,凿石为龛,聚结徒众修习禅定,并由国家供给物资,超过其他部派的好几倍,最终跋陀在北魏故都平城取得正果,人们都尊称他为佛陀。因其征祥感应显著,人们都惊异他不是常人。平城一位资财百万而崇敬佛法的康姓人家,专为跋陀修造了一所小寺院。跋陀常常居住室内,自己静

坐修习。一次,一个小儿从门缝里看见室内赫然有火,便吃惊地去告诉了康家主人。但全家人都来观看时,却什么也没有看到,只有跋陀依然在室内潜心坐禅。这样的例子很多,人们都认为跋陀的禅法妙通微玄,已经得道了。

北魏太和十八年(494年),孝文帝为了进一步推行汉化政策,与南朝争霸神州,不顾保守势力的反对,魏都南迁,跋陀跟随北魏朝廷来到新都洛阳。魏孝文帝元宏一到洛阳,就先为其"复设精院,敕以居之"。但是跋陀"性爱幽栖,林谷是托。屡往嵩岳,高谢人世",魏孝文帝元宏就于太和十九年(495年),在嵩岳少室山阴的丛林中,为其建造新的精舍,寺以地名,曰"少林寺",并敕命跋陀为少林寺主。跋陀一面教弟子们坐禅,一面又辑出一些经义,供弟子们学习,少林寺蔚然成为禅学一大中心。全国修习禅定的信徒,闻风而来的有数百人,笃实课修出世学道,后来学有成就的人很多。

跋陀任少林寺寺主期间,会同西天竺另外两名高僧勒拿摩提和菩提流支,以嵩山少林寺为译场,译出了《十地经论》等佛教经典,同时积极弘扬小乘禅法。在翻译佛教经典过程中,勒拿摩提和菩提流支时常因为观点不一,语言不同,发生争执,与他们在一起译经的跋陀不知如何是好。在这种情况下,任职为译场汉语传语(翻译)的跋陀的中国弟子慧光,协助跋陀做了大量的思想工作和组织工作,起到了多方面的重要作用,最终使译经事业得到成功。

跋陀年龄渐渐衰老后,就不再参与僧众的事,就把寺院委托给自己的弟子。他搬到了寺院外面,住在单独的房子内。据说他感召了一位善神,常常随身护卫。跋陀也让人设置饭食,供享此神。跋陀将要圆寂时,在墙壁上用手指画下了善神的画像。

跋陀是位灵感极多的画家,所画的"拂林国人物图"、"器物样"及"外国兽图",一直流传至唐末。相传,跋陀临终时,还手绘神像于门壁,不久示寂。在少林寺的塔院,原来建有埋葬跋陀的木质"遗身定塔"。隋代大业末年(617~618年),"群贼以火焚之,不燃,远近珍异。"

跋陀在佛经的翻译上,也是成绩卓著。史料记载,跋陀先后在嵩山少林寺、洛阳白马寺和邺(今河北省漳县西南)鑫华寺译经,译有《十地经论》、《如来狮子吼经》、《摄大乘论》、《金刚三昧陀罗尼经》等10部11卷。

跋陀的中国弟子众多,最为有名的是慧光和僧稠。慧光在中国佛教史中地位显著,既是"地论师南道派的开创者",又是"四分律宗的开山祖师"。慧光还对《涅槃》、《维摩》、《十地》、《地持》等经义作了疏解,众师奉为宗辖。北魏末在洛阳任僧都,东魏时至邺城(今河北临漳)为国统。慧光传承勒拿摩提地论师南道系的法和律学,研习弘通,且门徒如林,使此宗得以极大发展。慧光著有《玄宗论》、《大乘义律》、《仁王七诫》、《僧制十八条》、《胜鬘经疏》等,世称"光统律师"。北齐时卒于邺城大觉寺,年70岁(《续高僧传》卷22等)。

僧稠继承了跋陀的禅法传统,并于跋陀之后住持少林寺数年,是禅、武兼备的高僧。跋陀曾赞颂他"自葱岭已东,禅学之最,汝其人也。"

勒拿摩提

勒拿摩提,北魏外来高僧,著名译经大师,被尊为地论师相州南派之祖。古印度高僧。宣武帝正始五年(508年)年初,勒拿摩提入华来到嵩山少林寺。他博学多闻,理事兼通,尤明禅法。他还精通"五明",即声明(语言文字学)、工巧明(工历及算历等)、医方明(医学)、因明(逻辑学)、内明(佛教三藏十二部教)。他记忆力极好,据说他背诵1亿首"偈语"。跋陀把勒拿摩提安排到幽静秀美的少林寺翻经堂,请他译经。勒拿摩托提翻译的是世亲菩萨所造的12卷本《十地经论》。世亲是北印度犍陀罗国(今阿富汗白沙瓦一带)人,大约生活于400年,西晋竺法护及东晋鸠摩罗什都译过这《十地经》。世亲造此论,为的是进一步阐释其中的奥义。当勒拿摩提刚刚在助手的协助下将《十地经论》译出了一部分。赫赫有名的菩提流支也来到了少林寺,与勒拿摩提和佛陀扇多一起在"翻经堂"共同翻译世亲菩萨所造的12卷本《十地经论》(时间为508～511年间)。永平初年(508年)四月一日,为了表示朝廷对译经事业的重视,宣武帝元恪在皇宫的正殿——太极殿内举行首译仪式。宣武帝亲任"笔受"(由僧辩担任),即把译妥的经文中文抄录下来。仪式过后,菩提流支、佛陀扇多和勒拿摩提在少林寺的翻经堂开始翻译《十地经论》。

由于勒拿摩提和菩提流支一起在少林寺翻译《十地经论》,俩人在对经义的理解上,在如何选用中文词句上,常常发生分歧,以至相持不下。二位大师索性各译各的,不相通气。后由慧光承担了把二位大师的译稿统一起来的工作。慧光深知二位大师争论的焦点所在,便作适当的取舍,存其纲领。永平四年(511年)四月,约12万字的《十地经论》宣告译完。然而,合译工作的完成最终也未能弥合二位大师的分歧,他们仍是各持己见,终于由此形成了《十地经论》的"南道"(勒拿摩提)与"北道"(菩提流支)两大学派。此后,弘扬南道的有法上、道凭、僧范、昙遵等人。

勒拿摩提另译有《毗耶婆罗门问经》《宝积经论》《龙树菩萨和香方》《究竟一乘宝性论》《法华经论》等共5部23卷。著名弟子有慧光。

勒拿摩提先后在少林寺达7年之久,留下了许多故事。他翻译经典,僧朗与觉意承担"笔受"。他传禅法,弟子僧实获其"九次调查心"禅法的真传。勒拿摩提的去世有一个传说:一天,他正端坐为宣武帝讲解《华严经》,忽然来了一位手持笏板的"天官",说是奉了天帝的命令,来请法师上天去讲《华业严经》。勒拿摩提回答说:"此处的法席还未结束,待此处讲完,即可从命。不过,上天讲经还需助手,如都讲、香火、维那、梵呗,请与这些人商量。"于是,天官又拜见了诸僧,即回天上去了。当法席快要结束时,天官又降临,说奉天帝之命,不迎接各位讲经僧。此时,勒拿摩提乃含笑怡然,告众辞别,奄然卒于法座。而都讲、香火、维那、梵呗诸僧亦同时而殒。

菩提流支

菩提流支,北魏外来高僧,著名译经大师。南印度人。姓迦叶,属婆罗门种姓。本名达摩流支,唐言法希,武则天为其改名菩提流志,唐云觉爱。据《宋高僧传》《开元释教录》等载:年十二,就外道出家,师事波罗奢罗,"学声明、僧佉等论。历数、咒术、阴阳、谶纬,靡不该通"。年逾耳顺,方回心皈依佛门,"隐居山谷,积习头陀",师从三藏耶舍瞿沙学习佛教经论。其后又游历五天竺,"遍亲讲肆",到处讲法。

北魏永平初年(508年)四月一日,为了表示朝廷对译经事业的重视,宣武帝元恪在皇宫的正殿——太极殿内举行《十地经论》的首译仪式。著名的外来译师昙摩流支、菩提流支、勒那摩提、佛陀扇多等为该经的翻译者,而菩提流支为其首席。他们到洛阳时,宣武帝殷勤慰劳。首译仪式上,宣武帝又亲任"笔受"(由僧辩担任),即把译妥的经文中文抄录下来。仪式过后,菩提流支、佛陀扇多和勒拿摩提在少林寺的翻经堂开始翻译《十地经论》。

在翻译《十地经论》的过程中,菩提流支和勒拿摩提在对经义的理解上,在如何选用中文词句上,常常发生分歧,以至相持不下。同时参加译经工作的北印度僧佛陀扇多亦不知如何是好。

永平四年(511年)四月,约12万字的《十地经论》宣告译完。然而,合翻工作的完成最终也未能弥合二位大师的分歧,他们仍是各持己见,终于由此形成了《十地经论》的"南道"(勒拿摩提)与"北道"(菩提流支)两大学派。此后,弘扬南道的有法上、道凭、僧范、昙遵等人。

菩提流支自508年入少林寺,513年后入京师洛阳,517年入住永宁寺,至535年离邺城(河北省临漳县西南之邺镇),前后近30年,译佛籍30部,计101卷,译有《佛名经》、《入楞伽经》、《深密解脱经》、《胜思惟梵天所问经》、《大宝积经论》、《妙法莲花经论》等。史料记载,他曾在嵩山地区的多座寺院译经:如在少林寺译《十地经论》、在佛授记寺译《宝雨经》《护命法门》《六字神咒》《般若蜜多那》《不空绢索咒心》《智猛长者问》《除鬼病》《那耶》《大陀罗尼》《文殊咒法藏》《一字咒王》《摩尼秘密善住》《般若六字三句论》等经,在大周东寺译《宝相般若》《金刚髻》《大乘伽耶顶》《有德妙慧》《文殊不思议境界》《妙德女问佛》等经。

菩提流支在学术上,平和谦虚,对佛界其他著书僧,亦非常尊敬。《续高僧传·昙无最传》载,洛阳融觉寺高僧昙无最,河北武安人,妙善《涅槃经》及《华严经》,从学者千人,菩提流支见而礼之,尊之为"东土菩萨",并将昙无最所撰写的《大乘义章》译成梵文,寄到大夏国(今阿富汗北部及以北地区)。公元520年,在一次朝廷举行的佛道辩论会上,清通馆道士姜斌忤旨,孝明帝拟加以"极刑",是菩提流支苦苦劝阻,才获幸免。菩提流支晚年的情形无人知晓,《中国佛教史》载"卒年不可考"。

我国著名佛学大师玄奘从西域取经回国后,曾向唐太宗、唐高宗再三请求入少林寺翻译经典,史料记载,主要受历史上有印度高僧菩提流支和勒拿摩提曾在少林寺翻经堂译经的"盛事"之影响。

菩提达摩

白隐慧鹤《达摩图》 日本私人藏
禅"只破不立",就是要学人彻底打破习气,由此照见本心。这"本来面目"人人皆具,它如镜鉴物,丝丝现前,白隐此图,正得此意。

日本京都大德寺真珠庵藏
禅可以艺术,可以趣味,可以学问,但本质上却永远是剑刃上事。以生死事大,在此乃放浪不得,习禅因此须具气魄,直捣黄龙,坐断乾坤。

菩提达摩

菩提达摩(?~536年),北魏外来高僧,佛教禅宗初祖。南天竺国香至王第三世子,姓刹帝利,本名菩提多罗。幼年时,他神慧通达明朗,凡是闻听过的东西都能明晓了悟。他志存大乘佛法,后皈依天竺国佛教禅宗第27代祖师般若多罗,并敬请般若多罗大师到王宫中供养、说法。不久,般若多罗"发明心要",改名菩提达摩。一日,菩提达摩问般若多罗大师:"我既然已经得法,应当到哪里去弘扬?"般若多罗大师回答:"等我灭度以后,你到中国去。"达摩面带难色,说:"那里已经有许多大士了。我去那里一定会有许多困难啊!"般若多罗大师说:"你所行化的禅法与他们不一样,你去那里会使许多人得到菩提。但到那时,中国正有难,南方不可久留,要到北方去。"后来,般若多罗大师圆寂,菩提达摩先辞祖塔,再别同学,后离王府,起程前来中国。经过3个寒暑,历尽艰辛,在南朝大通元年,即北魏孝昌三年(527年)九月二十日到达中国广州,十月一日进入南朝首都金陵。梁武帝萧衍接见了他,并当面夸耀自己,说:"朕造寺、写经、度僧不可胜计,是何功德?"菩提达摩回答:"你没有功德。"梁武帝一听大为扫兴,反问:"为什么我没有功德"菩提达摩耐心解释,说:"你那些都是有为之事,不是真正的功德。"梁武帝仍然不能领悟。菩提达摩看出梁武帝是个"唯好功业,不见佛理"的人,于是便不辞而别,渡江北进,同年十一月二十三日来到北魏都城洛阳。他在这里曾参访过修梵寺,称赞那里的金刚像"得其真相也"。也曾到过灵太后胡氏所立的永宁寺,歌咏赞叹"实是神功"。自云"年一百五十岁,历涉诸国,靡不周遍;而此寺精丽,阎浮所无也。极佛境界,亦未有此。"

此时,北魏全国都盛行讲授义理,而他却以禅教来进行训导,很多人都对他讥毁诽谤。于是他就东进嵩山,到少林寺落迹,并在少室山五乳峰下的山洞中面壁修炼。菩提达摩神慧疏朗,闻皆晓悟。他志存大乘佛法,冥心虚寂,通微彻数,定学高之。他认为小乘禅法已经走向没落,就根据《楞伽经》的大乘禅法理论,结合当时北魏的社会状况,初创了以"静坐修身"为主要修行方法的学说,号称"壁观婆罗门",即"外息诸缘,内心无喘,心如墙壁,可以入道。"

达摩的禅法,据史料记载,古来作为达摩学说而传的许多著述之中,只有"二入四行说"似乎是达摩真正思想所在。唐净觉《楞伽师资记》的《达摩传》中有"略辨大乘入道四行",由达摩弟子昙林记录而传出。据昙林的序文说,他把达摩的言行集成1卷,名为《达摩论》;而达摩为坐禅众《释楞伽要义》1卷,亦名为《达摩论》。

现在一般作为达摩学说的有《少室六门集》上下2卷,即:《心经颂》、《破相论》(一名《观心论》)、《二种入》、《安心法门》、《悟性论》、《血脉论》6种。还有敦煌出土的《达摩和尚绝观论》、《释菩提达摩无心论》、《南天竺菩提达摩禅师观门》(一名《大乘法论》)等,以及朝鲜梵鱼寺所刻《禅门撮要》上下2卷,日本铃木大拙校刊《少室逸书》所收关于达摩诸论文。这些著述内容大致都差不多。

达摩的禅法在当时中国佛教界别树一帜,既与注重学理的南方思辨佛学不同,也与倡导禅修的北方实践禅法有异,用禅宗六祖慧能的话讲,就是"出世破邪宗",后世归纳为"南天竺一乘宗"。达摩的禅法是"二入四行",是以"壁观"法门为中心。他具体地把参禅入道的途径分作"理入"和"行入"二种。"理入"是要求参禅者,必须对教义有真正彻底的理解。理入属于教的理论思考,理入即是壁观,要求舍伪归真,行禅观法,证知真知。认为外息诸缘,内心无惴,心如墙壁,可以入道。"行入"则是指导参禅者在修炼中,一定要完全按教义规定行事。行入属于实践,即禅法的理论和实践相结合的教义。行入即四行:一是报怨行,由怨进道;二是随缘行,苦乐、得失随缘;三是无所求行,有求皆苦,无求及乐;四是称法行,即性净之理。他进而又把"行入"再分作报怨行(逢苦不忧)、随缘行(遇乐不喜)、无所求行(有求皆苦,无求皆乐)和称法而行4种。菩提达摩的这种参修方法简便易得,很适合当时许多平民欲佛难参、要求改革的心理,为佛教禅法在中国的大传播开创了新路子,并且一直为禅门后世所本。

后世佛教徒以"教外别传、不立文字"为达摩禅法的标志,因它直以究明佛心为参禅的最后目的,所以又称禅宗为"佛心宗"。又有人因达摩专以《楞伽经》授人以为参禅印证,因而称它为"楞伽宗"。

关于达摩的师承,北宗派认为菩提达摩一派的传承是:菩提达摩——慧可——僧粲——道信——弘忍。《楞伽师资记》推求跋陀为初祖,菩提达摩为二世,下以神秀为七世。而南宗派人神会为正统,肯定达摩为中国禅宗初祖,主张自达摩——慧可——僧粲——道信——弘忍——慧能六代是一脉相承的。吉迦夜、昙曜译《付法藏因缘传》等又有西天世系的说法。吉迦夜、昙曜译《付法藏因缘传》等又有西天世系的说法。唐智炬《宝林传》以印度自迦叶传至狮子比丘为24世,继以婆舍斯多、不如蜜多、般若多罗至菩提达摩为28世。此说为五代南唐泉州静、筠二师所集《祖堂集》(成于公元952年)、永明延寿《宗镜录》(成于公元957年)所继承,又为宋道原《景德传灯录》(成于公元1004年)和契嵩《传法正宗记》(成于公元1061年)所依用,后来即成为禅宗的正统说。

对于几个门人，达摩认为道副"得吾皮"，尼总持"得吾肉"，道育"得吾骨"，而慧可"得吾髓"，当然是慧可最堪传法，于是"内传法印，以契证心，外付袈裟，以定宗旨"，达摩对慧可说："我是西天之人，你是此方之子，你凭何得法？以何证之？这袈裟即可为证。"从此开了禅宗以袈裟为传法世系凭证的先例。

菩提达摩潜心苦修，终成正果。不料却引起别人的嫉恨，六次下毒，要把他毒死。东魏孝静帝天平三年（536年）五月五日，菩提达摩离嵩山西麓游至洛水之滨遇毒卒（一说坐化"端居而逝"），同年十二月二十八日葬于熊耳山，起塔于定林寺。唐代宗时，赠谥其为圆觉大师。禅宗兴盛后，达摩被尊为禅宗初祖。

慧 嵩

慧嵩（？～559年）北朝北齐外来高僧。古高昌国（今新疆吐鲁番）人。姓氏不详，少年时出家于嵩山少林寺。他聪悟敏捷，善解经义，对《杂阿毗昙心论》（法救尊者造，共12卷，刘宋僧伽跋摩托译）特别有研究。慧嵩返回高昌，很受重视。东魏初（534年），高昌王麴坚派使臣到邺都，并且派了慧嵩和他的弟弟随使入朝。慧嵩在朝中深得宰相高欢的器重。在邺都，慧嵩又从师于智游，学习《毗昙》、《成实》2论。受具足戒后，便登元座，开判经诰，声望远播。天保年间，他因辩难，得罪了当时的佛教总领法上和尚，就转至徐州。《续高僧传·慧嵩传》记述这件事说："及高齐天保（550年）革命维新，上统荣望，见重宣帝（高洋）。慧嵩以慧学盛誉，频以法义凌之，乃徙于徐州。"在徐州，慧嵩继续阐扬佛法，并做了徐州"僧统"。天保末年（559年），慧嵩卒于徐州。

菩提流志

菩提流志

菩提流志（571～727年），唐朝外来高僧，《大宝积经》的编译者。南印度人。俗姓迦叶，属婆罗门种姓。原名达摩流志，意"法希"，"菩提流志"为武则天所改。《开元释教录》卷9说他"聪睿绝伦，风神爽异"。12岁，他就从印度佛家称之为外道的一个教派出家，学习经术、声明以及数历、咒术、阴阳、缴纬等，尤其精通《数论》。他自诩高才超群，不可一世，能与任何学识渊博的佛教学者展开辩论。60岁时，他遇上了一位大乘佛教学者，此人博通三藏，名叫耶舍瞿沙。他们两人开始辩论之后，不到几个回合，菩提流志就理屈词穷，只好认输了。这时他才知道"佛日高明，匪萤灯并照；法海深广，岂消滴等润"。于是他就放弃原来的信仰，改信了佛法，礼耶舍瞿沙为师，研习佛典。仅用了不到5年的时间，就通晓了三藏。

其后菩提流志又遍游五天竺，"遍亲讲肆"，到处讲法。因而名声大振。唐高宗远闻雅誉，于永淳二年（683年）遣使迎接，武周长寿二年（693年）抵达神都洛阳，受武则天礼遇，居佛授记寺、大福先寺开始译经工作，译出《佛境界》、《宝雨》、《华严》等经，凡11部。唐中宗神龙二年（706年），居西京长安崇福寺译《大宝积经》。唐睿宗登极后,敕其于北苑白莲池、甘露亭继续译经。菩提流志在华34年,总计先后共译经53部111卷(《宋高僧传》作"旧新凡四十九会,总一百二十卷")。唐玄宗开元十二年(724年),随驾居东京洛阳长寿寺。唐开元十五年(727年)九月,他对门人说:"泡影之身,日就衰朽。纵然久住,终归磨灭。吾生年摄养,冀免衰敝,今渐迟暮,徒更延时。"从此他即断食、断药,至同年十一月五日,奄然而逝,享年156岁。谥曰"开元一切遍知三藏"。十二月一日,葬于龙门西北原,并建塔、勒石以记之。

道 昭

道昭(628~700年),唐朝外来名僧,日本法相宗创始人。俗姓船连,百济王辰尔的后代。河内丹比(今日本大阪府境内)人。早年在元兴寺出家为僧,以严格持戒称名当时。在日本孝谦天皇白雉四年(653年)五月,随日本遣唐使吉士长丹所率的121人团来中国,师从唐玄奘受习法相宗,后至相州(河南安阳)隆化寺从慧满修学禅宗义。在唐7年,返日后住元兴寺,广布法相之教,为日本禅宗之始祖,所传法系称"南寺传"或"元兴寺传"。自此,禅宗在日本作为一个佛教宗派而发展起来。后道昭又周游日本各地弘法,在路旁凿井,于渡口设船,广行善事,深得人民敬仰。曾任日本大僧都。圆寂于元兴寺禅院,据其遗言,举行焚化,是日本举行火葬之始。

实叉难陀

实叉难陀(652~710年),唐朝外来高僧,翻译家。又名施乞叉难陀,华言学喜。葱岭北于阗国(今新疆和田)人。实叉难陀智度恢旷,风格不群,善大小乘,旁通异学。武则天明扬佛教,崇重大乘。他听说于阗有梵本《华严经》,于是发使求访,并迎请译人。是时,实叉难陀携经夹来到洛阳。唐证圣元年(695年),实叉难陀在东都洛阳大遍空寺开始翻译《华严经》,天后亲临法座焕发序文,自运仙毫首题名品。南印度沙门菩提流志,我国沙门义净同宣梵本,后付沙门复礼、法藏等于佛授记寺翻译。最初从印度回来的中国僧人义净协助实叉难陀翻译《华严经》,后来就单独翻译。圣历二年(699年)译毕,一共80卷。久视元年(700年),武则天驾幸颍川三阳宫(今属登封市告成镇),诏令实叉难陀翻译《大乘入楞伽经》,他还在京师清禅寺及东都佛授记寺译出《文殊授记》等经。武则天时期,实叉难陀一共翻译佛经19部107卷。景云元年(710年)十月,以右胁累足而终。春秋59岁。有诏听依外国法葬。十一月十二日于开远门外古然灯台焚之,薪尽火灭其舌犹存。他圆寂后一个月荼毗,其门人悲智和唐使哥舒道元送其舍利及斯灵舌还归于阗,起塔供养。后人在长安荼毗难陀处建起七层浮屠以为纪念,号称华严三藏塔。

实叉难陀

地婆诃罗

地婆诃罗(613~687年),唐朝外来高僧,翻译家。地婆诃罗,华言日照,中印度人。宋《高僧传》

卷二《地婆诃罗传》说他"洞明八藏,博晓五明",严守戒行而神机朗逸,曾住于摩诃菩提及那烂陀寺。高宗仪凤初年(676年)随玄奘法师至唐,高宗迎请住锡长安魏国西寺,介绍印度中观派之新学说,就鸠摩罗什以来之三论而言,称新三论,并与大德道成律师、薄尘法师等十位名僧译经,时贤首法师,亦曾亲自来协助日照校勘。仪凤四年(679年)上表,请求翻译带来之梵经,获朝廷许可后,即组织译场。自仪凤四年(679年)至天后(武则天)垂拱末(679~688年),前后十年,于东京(洛阳)太原寺、西京(长安)广福寺译经,共译出《华严经入法界品》、《佛顶最胜陀罗尼经》、《大乘显识经》、《大乘五蕴论》等经论18部34卷。据《开元释教录》卷九载,协助地婆诃罗译经者有:战陀般若提婆(译语)、慧智(证梵语)、道成、薄尘、嘉尚、圆测、灵辩、明恂、怀度(证义)、思玄、复礼(缀文、笔受)。新经译出后,由天后亲自作《序》,冠于经首。地婆诃罗除译经外,"尤工咒术"。他戒行清净,重视修持。垂拱三年(687年)十二月,地婆诃罗在东都洛阳太原寺"翻经小房"入寂,享年75岁。弟子建塔供养,塔旁建寺,后经武三思奏请,天后武则天赐寺额名"香山寺"。

提云般若

提云般若

提云般若,唐朝外来高僧。提云般若,又作提云陀若那。意译作天智。于阗国人。通大小二乘之学,并熟咒术、禅法。武周天后永昌元年(689年)到洛阳拜谒天后(武则天),奉诏于魏国东寺从事译经工作。至天授二年(691年)译出《华严经不思议佛境界分》一卷、《华严经修慈分》一卷、《造像功德经》二卷、《智炬陀罗尼经》一卷、《诸佛集会陀罗尼经》一卷、《大乘法界无差别论》一卷等。其时,沙门战陀、慧智等任译语,处一等任笔受,复礼等任缀文,德感、慧俨、法明、弘景等任证义之职。

慧 智

慧智,唐朝外来高僧。古印度人。其父为印度婆罗门种,于出使汉地途中生慧智。所以有史料说,慧智是一位出生和落发都在中国的印度籍僧人。少而精勤,有出俗之志,奉敕出家。天智精通华、梵两语,为证义僧。地婆诃罗、提云若那、宝思惟等所有翻译,皆奉召慧智为证义,兼令印度语(宣读印度语)。则天武后长寿二年(693年),于东都佛授记寺翻译《赞观世音菩萨颂》1卷,后不知所终(宋高僧传卷2、六学僧传卷2)。

法 藏

法藏(637~712年),唐朝外来高僧,佛教华严宗创始人,被尊为三祖。祖籍康居(康国,今乌兹别克斯撒写尔罕一带),俗姓康,号"贤首大师",又号"康藏国师"。其祖累代相丞为康居国丞相,祖父迁至长安定居,父亲被赠为左侍中。曾参加玄奘译场,后因笔受、证义、润文见识不同而出译场。唐太宗贞观十七年(643年)生于长安,"风度奇正,利智绝伦",17岁时,师从云华寺僧、敦煌杜顺弟子智俨学《华严经》,前后9年。咸亨元年(670年),武则天为母亲杨氏追福,在长安舍宅为太原寺,法藏受沙弥戒,开始登座讲经。证圣元年(695年),奉武则天命在洛阳大遍空寺翻译,法藏参与实叉难陀译80卷本《华严经》，任笔受，武则天曾写了《大周新译大方广佛华严经序》。又参与义净译《金光明最胜王经》，"与胜庄、大仪证义"；参与菩提流志译《大宝积经》等。万岁通天元年（696年），法藏受武则天诏讲《华严经》，"感白光昱然自口而出，须臾成盖"，武则天命京城十大高僧为他授满分戒，并赐号"贤首戒师"。

法藏

圣历二年（699年）十月十五日，武则天敕法藏于佛授记寺讲新译《华严经》。腊月十二日，当讲到《华藏世界品》时，"讲堂及寺中地皆震动"。都维那僧恒景表奏武则天，武则天"披览来状，欣畅兼怀"。当天到长生殿讲经，"帝于此茫然未决"，法藏于是以镇殿金狮子为喻，"帝遂开悟其旨"，"豁然领解"。武周长安四年（704年），武则天曾令法藏赴法门寺迎请佛指骨舍利，供置于洛阳明堂。后为唐中宗、睿宗授菩萨戒，被中宗礼为菩萨戒师，赐号"国一"，获三品奖赏。中宗时，上奏朝廷批准，分别在长安、洛阳、呈越、清凉山建5座华严大寺，收藏佛典，建立道场，扩大影响，由此创立华严宗，也称贤首宗。法藏所创立的宗派叫"华严宗"，尊法顺为初祖、智俨为二祖。

唐玄宗先天元年（712年）十一月十四日，法藏圆寂于长安大荐福寺，世寿70岁，圆寂后赠"鸿胪卿"。法藏门人甚多，其中新罗国审详，住日本大安寺，宣传华严义理，传法于日僧良辨，开创日本的华严宗。

法藏著述甚丰，现存有《华严经狮子章》《华严文义纲目》《密严经疏》《华严经探玄记》《华严经旨归》《华严经问答》《入楞伽心玄义》《大乘起信论义记》《华严经传记》等。法藏的判教学说以小、始、终、顿、圆五教，并认为《华严经》教理最圆满。《宋高僧传》卷5《周洛京佛授记寺法藏传》说他"著《般若心经略疏》，为时所贵，天下流行。"

郭绍林先生的《华严宗大师法藏洛阳事迹》（《丝绸之路》1993年第4期）一文，对法藏在洛阳的宗教活动（以及政治活动）论述甚详。该文指出："华严宗的理论经法藏在洛阳译经、著述、宣讲而发扬光大。它的法界缘起、理法界、事法界、理事无碍法界、一切即一、一即一切等理论，对后来统治中国长达800年的程朱理学的产生和发展，起着直接的启发和推动作用。"

善无畏

善无畏（637～735年），唐朝外来高僧，著名佛学家、翻译家。中国唐代密宗创始人之一，与金刚智、不空并称"开元三大士"。善无畏，梵名音译"戍婆揭罗僧诃"，又译"输波迦罗"，意译为善无畏。中天竺乌荼国人。据《东都圣善寺无畏三藏碑》、《宋高僧传》、《玄宗朝翻经三藏善无畏赠鸿胪卿行状》、《善无畏三藏和尚碑铭并序》、《开元释教录卷》记载，刹帝利种姓，释迦牟尼叔父甘露饭王的后裔，"生有神姿，宿赍德艺"，10岁统军，13岁嗣乌荼国王位，"昆弟嫉能，称兵构乱"，遂兴弃俗入道之念。18岁，让王位于兄，至南方海滨出家于殊胜招提，"得法华三昧"。后又"寄身商船，往游诸国"，至中天竺，入"像法之泉源，众圣之会府"的那烂陀寺。师事达摩掬多。入坛灌顶，受习密教。接下来，又"周行大荒，遍礼圣迹"，先后至鸡足山、灵鹫等地，"名震五天，尊为称首"。本师达摩掬多以他"与震旦有缘"，遂依师意来华传教。途经迦湿弥罗国、乌苌国、犍陀罗、吐蕃，"以驼负经，至西州"。

玄宗登基后，有一天晚上，梦见一位僧人，十分神奇，醒来记忆犹新，便拿起画笔在宫墙上画了下

善无畏

来,这个形象烙印在不少人的记忆中。开元四年(716年),年已80岁的善无畏经北印抵长安,唐玄宗亲自接见,感觉和几年前所梦所画的人完全一样,"帝悦有缘,饰内道场,尊为教主",大设梵筵为善无畏接风洗尘,令在皇室贵胄中弘传密教。继而敕于兴福寺南院、西明寺菩提院安置,译经授徒。传说玄宗曾尊他为"国师",命于内建立灌顶道场,皇族宁王、薛王等,多从他灌顶受法。

开元五年(717年),善无畏奉诏于西明寺菩提院开始翻译密教经典。善无畏奏请让名僧参与翻译,朝廷批准后,开始译出了一卷本的《虚空藏求闻持法》,沙门悉达译语无著笔受缀文,缮写完,立即呈玄宗,玄宗深加赏叹,又下诏将善无畏所带梵文经卷全部送到内府保存。

开元十二年(724年),随玄宗至东都洛阳,奉诏于大福先寺译《大毗卢遮那成佛神变加持经》(即《大日经》)7卷,由沙门宝月译语,一行笔受。又译《苏婆呼童子请问经》3卷、《苏悉地揭罗经》3卷等。善无畏所译《大日经》中的密咒,全部具足梵文,是逐字逐句对译下来的。并讲述《大日经》要义,由得法弟子、著名僧人一行亲为笔受口诀撰成《大日经疏》20卷,成为中国密教正式传播之始。《大日经》是密教理论的主要体现者,属密教胎藏部的根本经典;《苏悉地羯罗经》和《苏婆呼童子经》则宣传咒术和作法方式。

相传,暑天大旱,唐玄宗遣高力士请善无畏祈雨。善无畏推辞不过,以钵盛水,以小刀搅动,且搅且咒,有白气自钵中上升,高力士刚返达天津桥,"风雨随马而骤,街中大树多拔焉"。还相传,邙山有巨蛇,善无畏"以天竺语咒数百声,不日蛇死,乃安禄山陷洛阳之兆也。"

善无畏原以密、禅兼修,到大唐后,更是日修不辍,他有一本《无畏三藏禅要》1卷,是他与嵩山会善寺的敬贤和尚对论佛法时,由西明寺僧慧警笔录的。由此可以看到无畏平时静虑怡神、超然觉明的修炼境界。他还开授禅观,奖励初学,循循善诱,教诲不倦。

善无畏在大唐弘传密教的时候,开元八年(720年),南天竺的密教传人金刚智和高僧不空一起来到大唐,也是弘传密教,因为这3个人同开大唐密教,又是在玄宗开元年间,所以史称"开元三大士"。善无畏和一行所传为胎藏部密法,金刚智和不空所传为金刚智密法。不空的弟子慧果,除受金刚部密法,又从善无畏的弟子玄超受胎藏部密法,所以,大唐汉地密宗实际上是这两派的融合体。

善无畏是中国第一个系统翻译密宗经典的,共翻译28部53卷。善无畏弘扬密教,阐释教理,传授仪轨特在东、西二京设置道场开坛授法,传承者有嵩山会善寺沙门一行,入室弟子有宝畏、明畏、惠果、玄超、义林等。俗弟子有著名文学家李华,还有从学者智俨、温古以及新罗(今朝鲜)国的玄超、不可思议等。

开元二十年(732年),善无畏上奏皇上,请求准允回国,皇上优诏不许。开元二十三年(735年)十月七日,善无畏右侧迭足而卧,圆寂于洛阳大圣善寺,享龄99岁,僧腊80年。帝赠"鸿胪卿"。开元二十八年(740年)十月三日,葬于龙门石窟西山广化寺,55年后建碑于塔院旁,世俗弟子李华为他撰写了碑铭。

金刚智

金刚智(669~741年),唐朝外来高僧,著名佛学家、翻译家。金刚智,梵文译音为跋日罗菩提,直译为金刚智,意译为光明。据《宋高僧传》、《大唐东京广福寺故金刚三藏塔铭并序》等记载:金刚智,南天竺摩赖耶国人,属婆罗门种姓。据说本中天竺国王伊舍那靺摩(刹帝利种姓)第三子,后因受南天竺国王派遣入唐传法,遂称南天竺人。精通显、密教典,专修密法,因应南印度国王之请,到中国传法,是中国唐代密宗创始人之一,与善无畏、不空并称为"开元三大士"。10岁能背诵婆罗门的经典,后来在中印度的那烂陀寺出家,随寂静智师学习《声明论》。15岁到西印度留学,用4年时间,学习法称论师的因明论。回到那烂陀寺后,于20岁受具足戒。此后,花6年时间学习了大小乘各种戒律,研读《般若灯论》、《百论》及《十二门论》等,以大乘空观思想为主的论著。28岁在迦毗罗卫城跟随胜贤师学《瑜伽师地论》、《唯识论》及《辨中边论》,研究大

金刚智

乘有宗思想3年。31岁到南印度从龙智修学密教,专心研究《金刚顶瑜伽经》、《大日总持陀罗尼经》等密教经典,并得受金刚界的密法灌顶。金刚智学成密法之时,正值南印度久旱不雨,国王为此迎请金刚智到宫中求雨。果然不到数日,天降大雨。王欢喜踊跃,金刚智因而受到至高供养,及诸大臣、百姓的崇拜。后游狮子国(今斯里兰卡),入无畏山寺礼佛牙,登楞伽山,参拜佛迹。又回南天竺,应王之请到中国传法,经狮子国,乘波斯商船,至室利佛逝国。在唐开元七年(719年)携弟子不空抵达广州,建大曼陀罗灌顶道场,度化世人。次年初,到达东都洛阳。唐玄宗在洛阳召见金刚智,并登坛受灌顶。此后,金刚智随驾两京,"广敷密教,建曼拿罗","沙门一行,钦尚斯教,数就咨询,智一一指授,曾无遗隐","一行自立坛灌顶,遵守斯法"。金刚智先后在慈恩寺、荐福寺、资圣寺、大荐福寺等处,或建道场,或翻译经典,传授密法,度化四众。所住之处,必建金刚界大曼荼罗灌顶道场,有时奉敕为国祈雨,或为妃嫔、公主加持除病等。

相传,有一年金刚智在洛阳,当年自正月至五月未下雨,天下大旱,唐玄宗诏金刚智结坛祈雨。至第七日,"西北风生,飞瓦拔树,崩云泄雨",洛阳士庶都相传,金刚智曾获一龙,"穿屋飞去"。

开元十一年至十九年(723~731年)在资圣寺先后译出《七具胝佛母准提大明陀罗尼经》、《金刚顶瑜伽中略出念诵经》(4卷)等密宗经典,到开元二十四年(736年)又译出密教经典仪轨等21部24卷。参加译经工作的有:东天竺婆罗门大首领伊舍罗、嵩岳沙门温古、沙门智藏、一行等。金刚智除译经外,主要是建坛弘法,授徒讲经,长安、洛阳僧众前往听讲,获益匪浅者很多。因此,密教得以在东、西二京流传开来。

开元二十九年(741年),金刚智奏请返回印度,经玄宗准许后,便动身返乡。开元二十九年(741年),金刚智奏请返回印度,经玄宗准许后,便动身返乡。到了行至洛阳光福寺时,少时停留。有一天他对门人说:"白月圆时,我将去矣!"到八月十五这天,金刚智在广福寺礼毗卢遮那佛,旋绕七圈,就回到住所,便焚香发愿,顶戴梵夹并新译教法,付嘱弟子后,寂然而化。享年71,僧腊51年。同年十一月七日,"葬于龙门南伊川之右",赠"大弘教三藏"称号,"灌顶弟子中书侍郎杜鸿渐素所归奉,述碑纪德焉"。弟子不空上奏,唐玄宗敕赐"国师",赠"大弘教三藏"。天宝二年(743年),建塔于洛阳龙门西

山奉先寺。永泰元年(765年),唐代宗应不空奏请,追赠"开府仪同三司"。大历三年(768年),唐代宗又应不空之奏请,亲自书写了塔额。其法弟子有不空、一行、慧超、义福、圆照等人。

阿儞真那

阿儞真那,唐朝外来高僧,著名译经家。原名释阿儞真那,华言宝思惟,北印度迦湿密罗国人。刹帝利种。幼而舍家禅诵为业。进具之后专精律品。据《开元释教录》卷九、《宋高僧传》卷三等载,宝思惟自幼出家,修习禅要,受具足戒后则专习律品。宝思惟慧解超群,学兼真俗;尤擅长"呪术",而以化导为志。长寿二年(693年)宝思惟至洛阳,奉敕住天宫寺。于天宫寺、佛授杞寺、福光等寺译出《不空羂索陀罗尼经》《随求即得大自在陀罗尼神呪经》(又称《随求经》)等7部9卷。天册万岁元年(695年),宝思惟参与武周刊定众经目录之编纂工作。其后,不再译经,唯精勤礼诵,修诸福业,衣钵以外之物,随得随施。后于龙门山建置一寺,制度皆依西域,因名天竺寺。门徒学侣同居此寺。虽然他没有不空等三大士名气大,但他来华的时间要早不空至少20多年。开元九年(721年)宝思惟示寂,世寿100余岁。宝思惟坚信佛法,随时随地以佛法来对照检查自己的行为,得到解脱而获证果。

般若三藏

般若三藏,唐朝外来高僧,著名译经家。般若三藏,梵名般剌若,姓乔答摩氏,华言智慧,北天竺境迦毕试国人。般若三藏7岁发心,违侍二亲皈依三宝。时依大德,名调伏军,诵四阿含满10万颂,阿毗达摩3万颂,及年应法随师往别国纳具足戒。余又乃随师诣迦湿蜜。游学中天竺、南天竺,后诣中天竺那烂陀寺。禀学大乘唯识瑜伽中边等论金刚般若经因明声明医明王律论等。以德宗建中四年(783年)来华。德宗贞元十一年(795年),乌荼国今阿利萨地方王献《华严经》;此当前译《六十》《八十》两经之《给孤独园会》之《入法界品》;《华严》全部梵本,凡6夹10万偈。《八十华严》为第2夹终。此《四十华严》为第3夹。凡一万六千七百偈。贞元十二年(796)六月四日开译《华严经》,般若三藏奉诏翻译,宣梵文;天官寺广济为译语;西明寺圆照充笔受之任;保寿寺智柔、智通回缀;正觉寺道弘、章敬寺鉴灵润文;大觉寺道章证义;千礼寺大道证禅义;千福寺灵邃及清凉为之详定。译务有光,帝制经序焉。隋唐时代,佛经翻译以长安及洛阳为中心,译事大盛,译师辈出,此起彼伏,各领风骚。般若三藏是40卷本《华严经》的翻译者,以此而闻名后世。同时,在隋唐译经史上,他是最后一位大译经师,所译出的《华严经》也是唐代译出的最后一部大部头经典。此后,隋唐译事衰微。般若三藏终于洛阳,葬龙门之西岗,塔今存矣。

荣 睿

荣睿(?~749),唐朝著名外来高僧。日本人,出家后为求受传戒律,于天平五年(733年)奉旨与普照赴唐洛阳求法。唐玄宗敕居大福先寺,由福先寺主持给二人受戒。拜谒神秀再传弟子道璿律师,迎请东渡弘法。公元736年,荣睿、普照邀福先寺僧人道璿赴日本广传律法。荣睿与普照又到扬州大明寺拜谒鉴真律师,迎请入日传律。东渡数次均受阻,第四次东渡时,僧人告官逮捕荣睿,以诈死获免。后伴鉴真在唐境各州传法,因焦虑劳累圆寂于端州(今广东肇庆)龙兴寺。后鉴真东渡日本成功,在东大寺弘传戒律,开日本戒律宗。

李无谄

李无谄,唐朝外来高僧,著名翻译家。属婆罗门,北印度岚波国人。李无谄识量聪敏,内外赅通,唐梵二言,洞晓无滞。因此,三藏阿你真那(宝思惟)、菩提留志等人翻译众经时,皆请李无谄为印度语(译语)。圣历三年(700年)三月,李无谄在洛阳佛授记寺翻经院译出《不空绢索陀罗尼经》1卷(《开元释教录》卷9)。

不 空

不空(705~774年),唐朝外来高僧、著名翻译家。中国唐代密宗创始人之一,与善无畏、金刚智并称为"开元三大士"。不空,梵名阿月佉跋折罗,意译不空金刚。不空是他受灌顶的号,他法名智藏,所以又称不空智。北天竺人。幼年出家,14岁在阇婆国(今印度尼西亚爪哇)遇见金刚智三藏,随来中国,开元八年(720年)到洛阳(此据《贞元释教录》卷15)。

原籍北天竺。幼失双亲,和后随叔父观光东国。年五十,于阇婆国(今印尼爪哇)师事金刚智。金刚智开始以梵本《悉昙章》及《声明论》来启导,不到十天,不空就把两部通彻完了,老师已看到不空和一般人不同,就给他授了菩萨戒,接着引入金刚界大曼荼罗,以掷花作考验,由此金刚智知道不空以后能够大兴教法。不久,不空随师父东渡大唐。

不空

开元十二年(724年),年20岁,在洛阳广福寺石戒坛受具足戒(比丘戒)。此后18年中学习律仪和唐梵经论,随金刚智译经。善解一切有部,阇熟异国书面语和口语,常随师金刚智共同译经。不空的颖悟,出类超群,他学《声明论》,一般需12年,他只用了半年;诵《文殊普贤行愿》,需一年工夫,他只用了两个晚上,可见他的悟性超人。来大唐前,不空想学《新瑜珈五部三密法》,求师示教,因需3年,当时师有他事而未应诺。这时,不空打算重返天竺,当天晚上,金刚智梦见京城里寺院的菩萨像都向东走,醒来方知道不空是真法器。于是,答应了他的请求,并授予《五部灌顶护摩阿阇梨法》及《毗卢遮那经》,《苏悉地轨则》等,所有密教经典,有求必应。此后,不空紧跟老师,随侍不离。长期来往东、西二京,译经弘教,成了金刚智一位得力的手足。

开元二十九年(741年),唐玄宗诏许金刚智和弟子回国。但金刚智从长安到洛阳时就生病,于同年八月三十日圆寂。不空料理一切葬事后,奉金刚智遗命,仍想前往天竺。这时他又奉到朝廷的命令,教他赍送国书往狮子国(斯里兰卡)。他先到广州率弟子含光、惠䇔等僧俗37人,携带国书,以大唐特使名义,于十二月附昆仑舶,经诃陵国(在今爪哇中部),未满一年到狮子国。当时狮子国王因不空是大唐来使,殊礼接待,把他安置在佛牙寺。不空遂拜见狮子国著名密教大师普贤阿阇黎,并拜他为师,请求开坛重受灌顶。他和他的弟子含光、惠䇔同时入坛从阿阇黎学五部契印,密法、曼陀罗法、瑜伽、护摩等,前后3年。后又率弟子游学五天竺,求师寻典。从天竺返回大唐,途经狮子国时,国王罗迷伽派特使随不空一起前赴大唐。

天宝五载(746年),不空一行风尘仆仆回到了长安,遂进上狮子国王的呈表和所贡献的宝物。奉诏暂住鸿胪寺,继诏入大内,立坛为玄宗帝灌顶。后移居净影寺,开始译经,并进行设坛灌顶活动。天宝十二年(753年),河西节度使哥舒翰奏请不空赴河西,次年,不空至武威,住开元寺,译经演教,驰誉一时。天宝十五年(756年)还长安,住大兴善寺。

安史叛乱爆发,玄宗离京逃往西蜀,不空滞留长安。不久,太子李亨在灵武即位,史称肃宗。不空随时与肃宗通情报,肃宗也派专使暗中向不空求秘密法。打败叛军收复长安这一天,就是不空预测出来告诉肃宗的。所以,不空特别受到皇帝的礼遇。后来,肃宗特请不空入大内,建道场护摩法,特为肃宗转轮王位七宝灌顶。肃宗有病时,不空特以经术为之祓除,次日病愈,肃宗尤加礼遇。不空上奏入山修炼,不久,遂恩准不空到终南山智矩寺修功德。代宗继位后,恩渥弥厚。不空刚译完《密严》、《仁王》二经,代宗知道后,特为作序,于是,将这两经颁行天下,发布之日,红云绕空,举朝庆贺。

大历九年(774年)六月的一天夜里,不空预知自己将临别人世,遂向弟子示疾,并上表皇上告辞。皇上敕特使慰问,并赐医药。敕加开府仪同三司,封肃国公,食邑三千户。不空很不高兴地说:"圣众俨如舒手相慰,白月圆满,我当走了。为什么临终时更加窃取名位呢?"于是,就以先师所传的,五股金刚铃杵、银盘子、菩提子、水精数珠,留作赠别纪念,交给内监李宪诚进上。不空圆寂,享年70岁,僧腊50年。皇帝辍朝三日,以示哀悼。诏赠开府仪同三司、司空,赐肃国公,谥号大辨证广智三藏和尚,赐绢布杂物很多,赐钱40万,造塔钱200余万。

不空一生致力于密宗的翻译与传播,广事搜求密藏和各种经论,获得陀罗尼教《金刚顶瑜伽经》等80部,大小乘经论20部,共计120卷。翻译的经论、仪轨、陀罗尼等共140部143卷,这些主要属密教经典。从善无畏开始,中经金刚智,到不空结束,中国密教从天竺传来后,其经典大体上翻译完备,可以说,不空是最后一位集大成者,他译的3卷本的《金刚顶一切如来真实摄大乘现证大教王经》、5卷本的《菩提场所说一字顶轮王经》和1卷本的《一字顶轮王瑜伽经》等,对密教的弘扬都起到了最大的作用。不空不囿门户之见,还翻译或重译了大量显教的经典,他改译了《仁王般若经》而是般若余蕴更明;重译了《密严经》,而进一步沟通了《华严》、《胜曼》的意旨;重译了《大虚空藏菩萨所问经》,而抉择了大集法门。不空的译经,从质与量上讲,都为后人译经的楷模。在中国佛教史上,不空与北朝的鸠摩罗什,南朝的真谛和唐代的玄奘,合称为四大翻译家。佛教史家称不空为密教三大创始人之一,而僧传则列善无畏为密教的创祖,金刚智为始祖,不空为二祖。

达摩掬多

达摩掬多,唐朝外来高僧。中印度那烂陀寺僧人。玄奘大师到达印度时曾见过达摩掬多。善无畏在印度时就对达摩掬多投身接足,奉为本师。达摩掬多曾与善无畏说起:"中国白马寺重阁新成,我适受供而返。"后达摩掬多授善无畏《总持瑜伽三密教》,一时顿受,即日灌顶,为人天师,称三藏。善无畏游方日久,一心事佛,后向达摩掬多顶礼辞别,来到中国。唐代武周时期,达摩掬多到达嵩山白马寺,参与白马寺重阁新成仪式和佛事活动。达摩鞠多先后在长安大兴善寺和洛阳上林苑译经馆译出《药师如来本愿经》《起世因本经》《金刚般若经》《菩提资粮经》《摄大乘论释论》等9部46卷。

慧 昭

慧昭(774~850年),唐朝外来高僧。新罗国人。新罗国(公元前57~935年),位于朝鲜半岛东南部,首都在今韩国庆州市。当三国并存的时代,它就与唐朝关系最为密切。新罗在百济、高句丽灭亡后,最终统一了朝鲜半岛,史称"统一新罗时代"(676~935年),与唐朝交往更加频繁。唐朝有许多新罗人来到中国,慧昭便是其中之一。

慧昭,俗姓崔氏。祖先原是中国人,隋代征辽,没入高丽,成了难民。他出生于全州金马(韩国西南部的全罗北道益山郡)。慧超自幼喜佛,玩耍也是焚树叶为香,采野花为供,还常常面向西方正襟危坐,"移晷未尝动容"。他一心想到大唐国去,探寻佛法"希微之旨"。贞元二十年(804年),新罗国的"岁贡使"要乘船渡海向唐朝进贡,31岁的慧超便请求岁贡使在船上当一名杂工。于是远泛鲸波,终于到达了中国。上岸后,慧昭对岁贡说:"人各有志,我要在中国寻求佛法,请允许我向您告别!"他步行来到河北沧州,拜谒神鉴大师,成了神鉴的弟子。神鉴是浔阳(今江西九江市)人,出家于庐山东林寺,得禅法于马祖道一禅师。慧昭长得很黑,常行头陀法,所以大家不叫他的名字,而称他为"黑头陀"。神鉴常常在众人面前夸奖他,说:"东方圣人在我们这里再现了!"他在沧州住了5年,慧昭企盼到嵩山少林寺去受比丘戒,神鉴禅师也支持他早日成为比丘,并到各地参访。元和五年(810年)某日,慧昭怀着激动的心情,正式登上了少林寺神圣的琉璃戒坛,受具足戒,正式成为比丘,并在少林寺学习律学达10年之久。他在这里还遇到了家乡来的道义和尚。后来道义回国,他便西行,到终南山,修习止观禅法3年。此后,他出紫阁,在四通八达的大道旁,专门编草鞋广施旅客,又达3年之久。慧昭在大唐游学、苦行了26年后,于太和四年(830年)回归新罗国,受到兴德大王的欢迎,尊他与道义为"二菩萨"。

慧昭回国后,始憩锡于尚州露岳长柏寺,又迁康州智异山花开谷兰若。开成三年(838年),悯哀大王登位,降玺书,馈斋费,而别求见愿。慧昭禅师说:"您应勤修善政,何必求什么个人愿望呢?"大王听了,感到惭愧,就请求他到大皇龙寺住持,但三次请求都被慧昭谢绝了。晚年,慧昭在南岭山麓(今全南河东郡)幽栖处经营禅庐,名"玉泉寺"(后改双溪寺)。慧昭是中国少林寺六祖惠能的玄孙,他在寺内布置了"六祖影堂",供奉自初祖菩提达摩至六祖惠画像,玉泉寺也因此改名为"双溪寺"。

大中四年(850年)正月九日诘旦,慧昭告众门人说:"万法皆空,吾将行矣!一心为本,汝等勉之!"随即坐而仙逝。他寿数77岁,积夏41年。弟子法谅奉色身葬于东峰之冢。到献康大王(875~885年在位)的时候,追谥慧昭为"真鉴禅师",塔号"大空灵塔"。

慧昭曾驻锡嵩山少林寺达十年之久。据说他"既莹戒珠,复归横海,闻一知十,茜绛蓝青。虽止水澄心,而断云浪迹。"少林寺是北宗禅的一个大本营,法如一系,道安一系,神秀一系,代有传人。但慧昭追溯法脉,却归于南宗慧能一系,除了他曾师承神鉴约5年时间外,恐怕还有时代风气的原因。

慧 超

慧超(约665~约782年),唐朝外来少林寺高僧,著名佛学家、旅行家。新罗国僧人。禅宗六祖、少林寺法如大师的弟子。慧超曾西行求法,游历西域诸国30余年,著有《往五天竺国传》《唐东夏师资正传》等书。

慧超详情(本书前面另有所述)

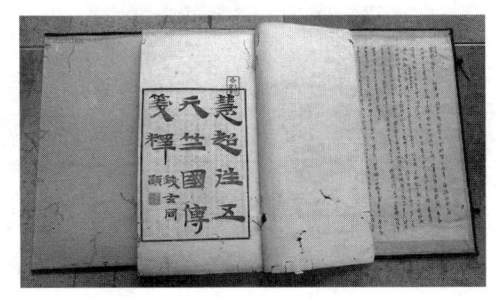

慧超往五天竺国传笺释

觉 救

觉救,唐朝外来高僧,著名翻译家。北印度罽宾人。梵名佛陀多罗,意译为觉救。他立誓佛化中国,来到汉地,居住在嵩山白马寺,译出《大方广圆觉了义经》。所译经文,在太和年间(827~835年)由圭峰宗密著《圆觉经略疏》解析。经文本来为一卷,后来分为二卷成部,续又著《圆觉经大疏钞》,经义幽邃,词句流畅。到了宋代,此经文有新译本。当时东京开封、太原、三蜀都盛行讲演此经(《宋高僧传》)卷2)。

提云般若

提云般若,唐朝外来高僧,著名翻译家。于阗国人。华名天智,本名释提云般若,或云提云陀若那。学通大小解兼真俗,咒术禅门无不谙晓。永昌元年(689年)来到中国。谒天后武则天于洛阳。敕令就魏国东寺(后改大周东寺)翻译。即以其年己丑(689年)至天授二年(691年)辛卯。出华严经法界无差别论等6部7卷。沙门处一笔受。沙门复礼缀文。沙门德感慧俨法明恒景等证义。天智终年卒地莫得而闻。释提云般若单译或与他人共译有《诸佛集会陀罗尼经》1卷。

释慧智

释慧智,唐朝外来高僧,著名翻译家。其父印度人,婆罗门种。父因游历唐朝而生慧智于中土。释慧智少而精勤有出俗之志,天皇时从长年婆罗门僧,奉敕度为弟子。慧智本是印度人,因而娴熟梵语。但他生在中国,从而又熟悉汉语。所以,地婆诃罗、提云般若等人翻经时皆请慧智为证梵文兼令度语。武周长寿二年(693),慧智在洛阳佛授记寺自译《观世音颂》1卷。天册万岁元年(695年),敕令刊定经目,佺所专纂录。编次持疑,更与翻经大德20余人同共参正,号曰《大周经录》焉。智升云:虽云刊定繁秽尤多,徒见流行,寔难凭准,盖此录支经别品杂沓不伦,致为升公之所黜矣。译有《赞观世音菩萨颂》1卷、《大唐天后代佛授记寺》等。

圆仁

圆 仁

圆仁(794~864年),隋朝外来高僧,日本天台宗十禅师之一,被称为"传灯大师"。日本国僧人。著名高僧最澄的弟子。日本天皇赐号"慈觉大师"。公元838年,46岁的圆仁作为遣唐使的一员入唐求法,途经江苏、山东、河北、山西、陕西、河南、安徽等省,后去了五台山,住大华严寺、竹林寺从名僧学习天台教义,后入长安。住资圣寺,结识了高僧知玄,又从大兴善寺元政,青龙寺法全、义真等受密法,又从宗颖习天台止观,前后历时9年。大中元年(847年)圆仁回国,携经典559卷,于比睿弘扬密教及天台教法,倡净土法门,为日本天台宗延历寺第三世座主。

公元864年,圆仁圆满寂于日本京都,日本天皇赐号"慈觉大师"。当时影响极大,名震日本全国。

圆仁归国后,将其在中国的9年经历写成一本书,叫《入唐求法巡礼行记》,全书以日记形式详细记录了唐代政治、经济、文化、佛教,特别是百姓生活状貌,叙述了当时社会的真实情况。此书多处记述了我国唐代会昌法难的始末经过、细节详情。例如他在会昌五年(845年)十一月三日记道:"三四年已来,天下州县准敕条流僧尼,还俗已尽。又天下毁拆佛堂、兰若、寺舍已尽。又天下焚烧经像、僧服罄尽。又天下剥佛身上金已毕。天下打碎铜铁佛,称斤两收检讫。天下州县收纳寺家钱物、庄园,收家人奴婢已讫。"有违敕令者处以极法。

根据圆仁的这部日记式的游记记载,唐会昌五年(845年),时值武宗禁佛,圆仁此时也不得不回返日本。他从洛阳到郑州途中,慕名前往嵩山法王寺。当时,正值唐武宗灭佛风声最紧的时候,大法王寺僧正为寺内原本供奉的佛骨舍利的安危而担心。据史料记载:佛祖释迦牟尼圆寂火化后遗存舍利有1800多件,都散布在世界信仰佛教的国家,其中东汉时期传入我国19件。隋文帝仁寿二年(602年),大法王寺建舍利塔,更名舍利寺。据《隋书》记载,隋文帝出生于陕西般若寺,幼时受尼姑抚养。因此,隋文帝对佛教一直抱有感恩之心。隋文帝君临天下后,传说有天竺沙门向他赠送了一包佛骨舍利,隋文帝下诏分送全国30州建立舍利塔供奉。显然,大法王寺也正是在那个时刻建立了舍利塔。圆仁来到法王寺,除给大家带来了全国最新的灭佛情况外,作为一个佛门弟子的他,也义不容辞地和大法王寺的僧人一起,共同担负起秘藏法门圣物这个由于意外降临的伟大而艰巨的历史使命。他们迅速将佛骨舍利,从面临危险的一号隋代舍利塔中,转移到二号唐代高僧塔的地宫内。为防后人遗忘,并与法王寺的天如和尚,共同刻立了《释迦舍利藏志》碑,碑文记述了因为"特殊的原因"而移释迦舍利于佛塔地宫密函的事。

奇巧的是,2000年4月6日,嵩山大法王寺发生了一件震撼世界佛教界的大事,考古队员从法王寺2号唐塔的地宫中出土了世界罕见的"飞天舍利盒",和"舍利子"(即三颗"佛牙")、白釉细颈瓶、鎏金镂孔铜炉、迦陵频伽盒等20多件珍贵文物。从而,使这个尘封的秘密终于大白于天下。

邵 元

邵元(1295~1364年),元朝外来高僧。嵩山少林寺书记、首座,日本国山阴道但州正法禅寺住持。俗姓源,号古源,又号幻道人、物外子,日本国越前(福井县)人。元泰定四年(1327年)即日本嘉历二年来到中国留学佛门,历访我国名山巨刹,先后到天台山、天目山、五台山,遍参宗匠。元天历二年(1329年),他来到嵩山少林寺落迹,侍少林息庵义让门下尤久,受请为少林寺首座。在此参禅达10年之久。

13世纪中期,因蒙古兵侵略日本,两国断绝外交关系。元朝建立后,经过30年整治,政权已经相对巩固,统治集团又感到恢复中日两国友好对自己有益。大德三年(1299年),元成宗铁穆耳利用两国佛教的固有关系,派遣江浙释教总统普陀山高僧一山一宁和曾经到过日本游化的平山万寿寺和尚西涧土昙等去日本通好,他们在日本国传教数十年,"门下英才甚众,其中最有名的是龙山德见、雪林友梅、无著良缘、嵩山居中、东林友丘等"。这些日本僧人都先后来嵩山朝拜祖庭少林寺,回到日本以后,把自己在嵩山的所见所闻的佛门盛况大加宣扬,尤其是对经过雪庭福裕、五峰慧庆、足庵净肃、中林智泰、古岩普就几代经营,使嵩山诸刹金碧一新、僧尼参禅井然有序的情况详加介绍,对日本国禅僧产生了很大的吸引力。于是,日本国禅僧来嵩山参禅的很多。有元一代,日本高僧西渡者,仅日本僧木宫泰彦的不完全统计,就有220多位,其中最出名的就是邵元。

邵元于1327年渡海入元,他的寻游路线大致是,自福建泉州而北上浙江,往天台山和天目山参扣。再北上河北省临济宗祖庭,直至大都(北京)。复南下五台山,渡黄河而至少林寺,驻锡四五载,更南至当阳玉泉寺,元至正七年(1347年)乘船返国,在元朝参扣达20年之久。

1335年冬至1339年间,邵元在嵩山少林寺曾久住二祖庵,曾任少林寺"书记"、"首座"等职,协助两任方丈僧,即菊庵法照和息庵义让办理日常佛事,把嵩山佛教治理的"玄风大振,声名籍甚,学徒云臻",得到广大僧众的热诚爱戴。今少林寺方丈室前东侧的一座重630斤的大铁钟,就是邵元和和息庵所铸。邵元精通汉文,且擅长书法,后来成为禅学造诣很深的大德,曾作为全国100名高僧之一,到元朝首都参与《大藏经》的翻译。

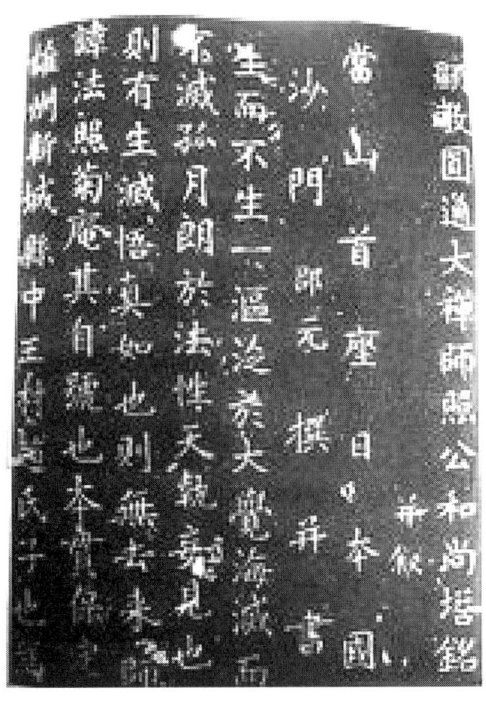

邵元撰写的照公和尚塔铭

邵元于至元五年(1339年)离开嵩山少林寺,游化到安徽各大禅寺。已故的菊庵长老门人子珍,受少林住持僧息庵之托,携带菊庵法照禅师的行实,找到邵元请求撰写寿塔铭文。邵元欣然表示:"余虽不敏,而以其恳之勤,略记始末,以铭于塔。"邵元当即撰书《显教圆通大禅师照公和尚塔铭并序》,交子珍带回嵩山少林寺,镌刻菊庵长老塔阴。至元六年(1340年),嵩山少林寺方丈息庵义让圆寂,门下参学小师胜安,到安徽宝林寺请损庵和尚撰写行实碑文。损庵说:"有日本国古源上人,豁达之士,汝可往衷悯,求之于文。"胜安又不辞劳苦找到邵元,说明来意:"公在先师会下久矣!实知师者也。作文以光扬其道,非唯不忘旧日道义,抑亦不虚宗摄老师诱引之意也。"邵元和尚十分谦虚地说:"文章之学,非我所知,矧少林老师道德与嵩少争高,巍巍乎!吾以间然。又跋涉千里。意在明珠,而得鱼目,可呼!"但"抚以缺然,固辞不可,不得已而焚香稽首,辍染短输",就撰写了《嵩山祖庭大少林禅寺第十五代住持息庵禅师行实之碑》。现在两篇铭(碑)文保存完好,拓片于公元1973年到日本展出,引起日本国朋友极大注意,这象征着中日友谊千古长存。

元至正七年(1347年),邵元回到日本以后,声望大显,曾在日本京都大圣寺、等持寺、东福寺和法云寺讲经说法。晚年,邵元静居南泉庵。日本贞治三年,即元至正二十四年(1364年),邵元圆寂,终年70岁。

邵元在嵩山留下的遗迹有铸于后至元二年(1336年)的少林寺铁钟,重325斤,高1米余。钟身铸有铭文,其中有"住持嗣祖沙门息庵"和"书记邵元"的题名;还有邵元撰写的《显教圆通大禅师照公和尚塔铭》和《息庵禅师行实之碑》。邵元在我国留下碑刻文物数种,成为中日两国文化交流的历史见证。1973年,我国将这两篇铭(碑)文拓片拿到日本展出,引起日本国朋友的极大关注。

祖继大志

祖继大志(1290~1366年),元朝外来高僧。原籍日本国。祖继大志入元参访佛教10余年,历参古林清茂、云外云岫、中峰明本、无见先睹各位禅老,修学曹洞宗旨,曾至少林寺。元泰定年间(1324年)到少林寺,刻苦学习少林拳法和少林棍法,擅长格斗和剑术。在少林寺13年,基本掌握了少林拳和十八般武艺,于元惠宗至元三年(1337年)离寺返回日本。祖继大志回国后在加贺创祗陀寺,在熊本创广福寺,在日本广收门徒,传授少林武技。

嫩桂祐荣

嫩桂祐荣,元朝外来高僧。日本人,入元及返国年代不详。回国后在日本国越前县创立了日本少林寺。

龙山德见

龙山德见(1284~1358年),元朝外来高僧。日本僧人,曾因当时被政府怀疑是"倭寇",一度拘押在洛阳白马寺。

无初德始

无初德始(？~1429年),明朝外来高僧。字无初,号终极,日本信州(今长野)神化人。幼年在本州出家,研究禅宗佛学。为了深入钻研禅宗佛学,无初德始于明洪武七年(1374年)随日本国使宣闻溪来到中国,到南京天界寺、杭州灵隐寺,向慧禅师学习禅宗佛学,"深得单传之旨,后东归,国人景仰,尊为禅祖。"洪武十一年(1378年),在北京的庆寿寺,无初德始遇到了名僧释道衍(原名姚广孝),俩人在一起谈论临济宗旨,见解甚为契合。二人相见恨晚,结为挚友。释道衍对无初德始禅师高深的佛学造诣十分钦佩,欲将其所任的庆寿寺主持相让,德始谦而不受,再次到中国各地去云游求学,遍访名山古刹。洪武二十三年(1390年)德始巡游峨眉至成都,居蜀十多年,曾在大隋院(今四川灌县境内)等处住持达十多年。永乐二年(1404年)被释道衍召回北京,先后为平坡寺和龙泉寺住持。永乐十年(1412年),释道衍向明成祖朱棣推荐了德始禅师,明成祖任命德始为潭柘寺钦命住持。德始禅师品德高尚,他赈济贫困,薄于奉已,厚以待人,受到佛教界内外的尊崇,在明代佛教史上有很高的地位。德始在中国居住了56年,是日本在华高僧留居中国时间最长的一位,为中日文化交流,中日两国的友好往来做出了杰出的贡献。宣德四年(1429年)九月,德始禅师在潭柘寺圆寂,其墓塔在寺前的下塔院内。

无初德始在华期间,曾住少林寺习法。明洪武二十五年(1392年),由中国僧人蒲庵来复撰文,无初德始书丹的嵩山少林寺住持《淳拙禅师道行之碑》刻立于嵩山少林寺。据史料记载,该碑撰于洪武二十年(1387年),立于二十五年(1392年),德始书丹此碑当在他未去峨眉之前。据明《补续高僧传·日本德始传》记载,此碑字体工整匀称,平整圆润,具有明初"台阁体"风格,可见德始书法在当时已名闻我国佛教丛林之中。该碑不仅是研究少林寺历史和淳拙禅师道行的重要资料,而且填补了日本佛学史籍中关于德始的记载,是中日两国古代民间友好往来和文化交流的实物见证。

第二节 著名中国高僧

朱士行

朱士行,三国时高僧,中国佛教史上西行求法第一人。颍川(今嵩山禹州)人。少年出家,法号八戒。魏齐王曹芳嘉平二年(250年),印度律学沙门昙河迦罗到洛阳译经,译出《僧祇戒本》,并在白马寺设戒坛,首创戒度僧制。朱士行首先登坛受戒,依法成为比丘,与在他以前仅仅以离俗为僧的有别。因此,成为我国历史上汉家沙门第一人。朱士行受戒后,专心精研经典。曾在洛阳讲《小品般若》。因旧译经文义不连贯,删略颇多,脉络模糊,觉译理未尽,就发愿寻找原本来弥补这一缺憾。闻西域有更完备的《大品经》,乃誓志西行求法。三国曹魏甘露五年(260年),朱士行自雍州(今西安市西北)出发,西行万余里,渡过沙漠,辗转到了大乘经典集中地的于阗(今新疆和田一带),获得梵本《放光般若经》(又名《大品般若经》),就地抄写90章60余万字(2万余颂)。因受到当地声闻学徒的种种阻挠,未能将

朱士行

经本很快送出。直到太康三年(282年),才由他的弟子弗如檀(意译法饶)等10人将手抄经本送回洛阳。又经过了十年,惠帝元康元年(291年),由竺叔兰、无罗叉等在陈留界内仓垣的水南寺译为汉文《放光般若经》20卷。太安二年(303年)在仓垣的水北寺重新校订抄写,同年,支孝龙跟从竺叔兰一同抄写5部并校订成定本。而朱士行本人却终生留在西域的于阗,至80岁圆寂。从汉僧西行求法的历史上看,朱士行是第一人。那时去西域的道路十分难走,又没有人引导,朱士行只凭一片真诚,竟达到了目的。他为法的热忱可以和后来的法显、玄奘媲美。朱士行在于阗求得的经典并译成汉语的《放光般若经》,对当时的义学影响却很大,对西晋般若研究的兴盛做出了重要的贡献。译本《放光般若经》风行京华,凡有心讲习的都奉为圭臬。

严佛调

严佛调,汉魏时期高僧。又名严浮调,简名严调。东汉末下邳(今江苏宿迁)。史载他"绮年颖悟,敏而好学,信慧自然,遂出家修道。"后来,他在著作中就直接写作"严阿祇梨浮调",说明他对佛教的驾信程度。后严佛调入居传佛译经重镇洛阳,从师于著名外来高僧、翻译家安世高,学习佛法,为安世高翻译佛经担任记录官。因安世高所译为小乘禅数,所以,严佛调学的、译的无疑也是小乘经典。当时,协助安世高译经的,除了严佛调外还有安玄。安息国人安玄,汉灵帝末年,东渡经商,定居洛阳。安玄

又是一个善于学习的外国人,不久,他就通晓了汉语,于是信心十足,立志宣扬佛经。但个人能力毕竟有限,于是他找到了僧友严佛调。严佛调由于长期从师安世高,梵文胡语也相当通晓,严佛调既为佛门弟子,弘佛译经亦看作己任,所以,二人一拍即合,就合译起经来。

严佛调与安玄合译佛经,采取的是"都尉口陈,严调笔受"的方法,就是安玄先拿原本,将经文用胡语念出来,严佛调用汉文直接写下来,然后,两人斟酌字句,修饰润色,使语意更加完整、显豁,便于阅读,这就算作定稿。在中国佛教译经史上,算是一件破天荒的创举。安世高译经是个人独立完成的,此后,多数佛经的翻译都是这样,后之佛学译者对这些个人译的经典有不惬意之处,甚至还有重译指责的。从汉和西域文化交流来讲,这种助译合译形式,无疑起到了良好的效果。一种外来文化比较准确地传播到一个国家,非语言高手,错误在所难免。如果无此能力,硬粗制滥造,敷衍成文,那么,贻害就无穷了。

严佛调

自严、安二人合译佛经之后,使西域东渡僧人,在汉语还不太精通的情况下,通过助译合译,不但迅速提高了汉、胡语的表达能力,而且为佛经的汉译开拓了广阔的道路。

严佛调和安玄合译的第一部佛教经典是《法镜经》,这部译经在中国佛教史上有很高的评价。三国吴的康居国高僧康僧会称赞其"言既稽古,义又微妙"。晋高僧释道安赞其"省而不烦,全本妙巧"。南朝梁高僧释僧佑赞其"理得音正,尽经微旨,郢匠之美,见述后代"。又赞"世称安侯、都尉、佛调三人传译,号为难继"。

严佛调在佛学研究和助译中,不断提高了对佛教经典的理解和体会,其颖悟程度相当深邃,于是便想把自己的思想通过文字著述表达出来,这就是严佛调所著的《沙弥十慧章句》1卷。严佛调从悟佛经而作"章句"却开创了中国佛徒撰著佛经的先例,对后世高僧著述影响极大,在中国佛教史上有很高的地位。

诃罗竭

诃罗竭,西晋高僧,头陀行者。襄阳人。少年时出家为僧,因聪明颖悟,不久就能背诵经书200万字,得到师傅的赞赏和僧友们的好评。诃罗竭崇尚虚静,坚守戒节,善于交往,长得仪表出众。在当时僧俗语间,有一定的好名声。

"头陀行",是佛教徒苦修行的一种。头陀,是梵文的音译,它的意思是"抖擞",也就是去掉尘垢和烦躁的意思,共有12种修行规定。在穿衣方面的规定是:着粪扫衣(用被人扔掉的破布来缝制僧衣);着三衣(三种用不正色布缝制的袈裟)。在吃的方面的规定是:常乞食;不作余食(一天只吃午饭);一坐食(除午饭外,不吃零食);节量食(钵中只受一团饭)。在禅坐的方面是:住阿若兰(远离人家的空闲处);冢间坐;树下坐、露地坐、随地坐、常坐不卧。履行这些规定的佛徒,称为"修头陀行者",诃罗竭就是这样一位僧人。

晋武帝太康九年(288年),诃罗竭到了嵩山。当时,嵩山一带流行瘟疫,死人很多,百姓都很害怕，纷纷携老带幼逃到外乡。诃罗竭看到这种情况，就立即投入洛阳市和民间的治疗服务中，凡是经他治疗过的病，十有八九都能治好，一时神医降世的说法流传开来。

晋惠帝元康元年（291年），诃罗竭到洛阳以西的娄至山传教弘法。他在娄至山的石洞中坐禅修炼。但这个山洞距离水源很远，原来没有住过人。自从诃罗竭住到这里后，来投师学经习禅的人络绎不绝，因缺水，给来这里的僧俗人员带来很多不便。大家都因为这里没有水而犯愁。一天，诃罗竭坐禅之后，忽发奇想，他站起来用左脚蹬踩洞室的西石壁，突然"古通"一声，脚下蹬出一个大坑，左脚整个陷了进去，诃罗竭立即用力拔出左脚，可是，在顺着拔出左脚的一刹那，一股清水，汩汩地流出来了，很快翻流洞坎往山下流去。从此，凡来娄至山上的僧俗，饮到水的人不但能止渴，还能治病，就这样一传十，十传百，来娄至山取水治病人越来越多。凡来山上的人，都虔诚地顶礼膜拜这位开水源的人。

晋元康八年（298年），诃罗竭在洞中端坐丛化，他的弟子们按佛教的规矩，在洞前进行火化。谁知火化了几天，而遗体依然完好无损。于是，弟子们只好把诃罗竭的遗体移到石洞中，平坐在一个小石龛内。30多年后，一位名叫竺定，字安世的西域僧人，来到娄至山，亲自观瞻诃罗竭的肉体，肉身仍然是平坐无损。

安慧则

安慧则，西晋写经僧人。出生地和氏族不详。少年时，性格反常，他的思惟特别敏捷，远远超过常人，谈论天下时事，历史人物，听者无不佩服。安慧则有一手好字，尤其是正楷写得极不寻常，不少富贵之家请他写字，他有求必应。后来到了洛阳，住在洛阳大市寺。诵经之余，他用狼毫小楷在黄绢上书写《大品经》1部，合为1卷，字体形如小豆一样大，但一般人都能看清楚，总共写了十几本。其中一本送给了汝南周仲智的妻子胡母氏供养。胡母氏后来带着这部经卷到了江南。有一次，胡母氏的住家失了火，风吹火盛，来不及抢救经卷，胡母氏哭天抢地痛苦万分。待火熄后，胡母氏一点希望也没有地想在灰烬中查找到一点哪怕烧剩的片纸痕迹，保存下来，以安慰自己。就这样漫无目的地扒找着，谁知在灰烬深处扒出来了第一轴本，还是那样黄亮亮的颜色，齐整整地完好无损。胡母氏高兴极了，全家以及所有邻居都感到震惊。一时广为流传，有不少心肠不好，行为不端的人，也都改邪归正，有的也就信起佛来。这部经火无损的经卷，后来藏在建业简净寺住持首尼处。

晋怀帝永嘉年间，天下流行瘟疫，安慧则昼夜祈祷，愿患疫百姓早日康复，一方面亲临疫区为患民治病，所到之处，受到患者及其家人的亲切欢迎。一天，安慧则早出寺门，履行给患者治病。不知不觉走到一个拐弯处，发现路边有两块石头，形状像瓮一样，口朝上摆着，安慧则看到后，很是诧异，于是，就走近它，拿起来一看，发现里边还有水，摇晃一下，里面晃晃荡荡，发出水的响声。安慧则一想，这一定是佛安排的，是给病人用的。他把两块石头用袋子装着搭在肩上。到了一个患者家里，先倒了半匙让病人喝下去果然立刻痊愈。安慧则便走家串户，让一个个患者饮用，结果救治了好多患者。

支　遁

支遁（314~366年），东晋高僧，佛学者。般若学派六家七宗之一，即色宗的主要代表。世称"支公"。俗姓关氏，字道林。陈留（今河南尉氏）人。因避"永嘉之乱"乔寓江南。但在嵩山地区所出僧人中最为出众，他家世事佛，年少而任心独往，早年习佛教大乘般若学，精《般若道行品经》及《慧印三

支遁

昧经》。25岁出家,善草、隶,与名士谢安、王羲之、许询、郗超、孙绰等为文友,以诗文、玄谈妙美响动士林,是当时杂糅佛老,以佛资玄谈的代表。他对《庄子》见解独到,对其中《逍遥游》篇更是阐幽发微。支遁曾在洛阳白马寺,与刘系之等谈所注的《庄子·逍遥游》数千字,标揭新理,名噪一时,群儒旧学莫不叹服。他既精《庄子》,又通般若,成为魏晋玄学与佛教般若学交融的重要环节。他《般若经》功夫深湛,代表作有《即色游玄论》、《安般经注》、《释即色本无义》、《道行指归》等。在佛教思想上提出:"即色游玄"的即色义。他在《集妙观章》中说:"夫色之性也,不自有色,色不自有,虽色而空。故曰色即为空,色复异空。"魏晋时期思想环境的一大特点是佛道渗透,佛玄交融,就禅学而言,支遁以中国化的形式对佛教禅学做出了自己的诠释,并通过其实践提高了禅学的地位,扩大了禅学的影响。

支遁的禅学思想,一方面注重以数息观为入门功夫,一方面更重视通过禅观所达到的般若境界。在一定程度上将禅由"方术"和"神异"上升为"定学",成为从安世高所传的小乘禅学向鸠摩罗什译介的大乘禅学转变的中间环节,改变了禅在中国人心目中的形象,使禅在社会上层的传播成为可能。孙绰作《道贤论》列支遁为七大名僧之列一,比类竹林七贤中的向秀。他的生品习好,也带着当时名士所共同具有的风趣。《世说新语》记载他曾养马养鹤,他擅长草书隶书,诗也写得不错。主要著述据《隋书·经籍志》有《支遁集》8卷,今佚,《弘明集》、《广弘明集》、清严可均辑《全晋文》、逯钦立编《先秦汉魏南北朝诗》收有他的部分诗文。其作品多重义理,他的义理诗对后世诗风有很大影响。

道 安

道安(312~385年),东晋高僧,佛学者,般若学六家七宗中"本无宗"的创始人。俗姓卫,常山扶柳(今河北冀县)人。7岁时读儒家经典,12岁出家,因为肤色黑,不被师傅看重。后师事佛图澄十余年,学习戒律、大小乘般若学。听佛图澄讲经后,可以复讲并解答大家的疑问,常代师讲经。佛图澄死后,道安为避乱,到山西获泽(今临汾市)与竺法济共同研究小乘禅学,并作注解,写下了《阴持入经注》、《大道地经注》和《大十二门经注》等作品。他后曾到洛阳、山东、四川、襄阳等地,组织400余人的僧团,讲习《放光般若经》,考校译本,制定寺规,使他的事业进入第一个高峰期。后前秦苻坚攻襄阳,将道安带回长安,住长安五重寺。主领数千人的大道场,主要是组织翻译和亲译佛经,阐扬佛法和培养弟子,形成了他事业的第二个高峰期。道安著作甚丰,大部分已佚。现有10篇,多载于《出三藏记集》中,另有《人本欲生经注》1卷,收入各大藏内。辑有《宗理众经目录》。在佛教思想上,道安认为禅修的目的是达到忘我、无事而不适的安乐境界。立般若学的本无宗,主要观点是:"无在元化之先,空为众形之始,故称本无。"认为人性以空为宗,有无均净。道安《入光光赞随略解序》说:"法身者,一也。有无均净,未始有名。"主张以慧

道安

断知而成四谛,以达到空寂观照的人为圣人。道安一生弟子中著名的有慧远、慧永、慧持、法遇、道立、昙戒等。

由于道安从小熟悉儒家经典,后研习佛教经典,又长期在嵩洛地区活动,成为中国佛教史上重要的汉人高僧,并在佛教的中国化上进行了积极而有益的探索。他制定了僧规、经录,统一了出家人的姓氏,总结了佛经汉译的经验,提出了"五失本,三不易"的翻译原则。在他对佛学的研习中渗入了中国文化,所以在道安的思想中可以明显地看到有尊重客观事实、有玄学思想的痕迹。

昙　影

昙影(约343～约412年),中国后秦高僧,佛学者。印度高僧鸠摩罗什弟子之一。早年出家,曾助道安等译《鼻奈耶经》。能讲《正法华经》《光赞》《般若》等经,听讲者每千数人。秦主姚兴优礼之。罗什入关后,昙影师从学法,并为主要助译之一。晚年隐居阳翟(今禹州市)九崖岩业禅。主要著有《法华义疏》4卷、《中论注》等。

庐山慧远

庐山慧远(334～416年),东晋高僧,佛学者。俗姓贾,雁门楼烦(今山西代县)人。出身仕宦,13岁随舅父游学洛阳一带,学习儒家经典兼老庄。博览群书,精六经,尤善《老子》《庄子》。21岁投道安门下,随道安30年之久。后在道安襄阳分徒时,慧远别师南下,先在湖北荆州,后留住庐山。由于年轻时在嵩洛地区饱受中国传统文化的熏陶,他以中国文化的背景对佛教进行独特的思考。他参与了佛教与各教关系的大讨论,提倡弥陀净土信仰,后被佛教净土宗追奉为净土宗初祖。他提出的灵魂不灭论,为佛教因果报应论提供了理论依据。他还据此进一步讨论了三报论,把报应区分为现报、生报和后报三种,在中国佛教史上有重要地位。

庐山慧远

安帝元兴年间,太尉桓玄下令"沙汰沙门",又拟命沙门尽敬王者,致书慧远,征询意见。慧远作《沙门不敬王者论》答之,陈述所以不拜之意,桓玄只得作罢。慧远著作被后人集为10卷50余篇,大多散佚。现存《沙门不敬王者论》《明报应论》《大智论抄序》《三报论》等,收入《出三藏记集》《弘明集》和《广弘明集》中。明杨慎称其工诗擅画,画迹有《江淮名山图》,录于杨慎《丹铅录》。

慧远的弟子甚众,著名的有慧观、僧济、法安、昙邕、道祖等人。

支孝龙

支孝龙,晋代高僧,佛典校写家。原名于法龙,淮阳人。少年时,就以风姿绰约被时人看重,再加上他才华卓绝,发表高论,能迎合当时,是一个出类拔萃的人物。钻研佛教经典《小品》,作为修养自己心性的途径。又与当时天下的名士董昶、王澄、阮瞻、庾凯、谢鲲、胡母辅之和光逸结为知音之交,世人称他们为"八达"。他们的言论和行为在当时产生了不小的影响。后在洛阳出家为僧,一时轰动天下。

当时有人嘲讽他说:"大晋中兴,以天下为家,沙门为什么不使用权发肤完整,脱掉袈裟,扔掉胡服,披上绫罗?"支孝龙答说:"抱一才能逍遥自在,禅定方能达到诚实,沙门剪掉头发毁坏容颜,改革穿着,变化形状,你们说我沙门受辱了,相反的,我沙门摒弃了你们所要的荣誉。所以,沙门在'贵'上不必用心,反而更加'贵',在满足上不必用心,反而更加满足了。"说得嘲讽他的人羞愧难当,由此可见支孝龙随机应辩恰如其分的情况。早年,魏国第一个汉人沙门朱士行于魏甘露五年(260年)到于阗国求法寻经,历20年之久,求得《般若道行经》梵文正本90章,又经千难万险,终于将梵本派弟子10人送回洛阳,这时已是西晋武帝太康初年(280年)了。这部梵文经本,后来又被送到陈留仓垣水南寺。

洛阳佛教居士竺叔兰,原籍天竺人,其父为避国难,迁居洛阳。竺叔兰崇拜佛教,博览群经,善于梵汉语,又有西域沙门无罗叉,精通梵学。于是,无罗叉手执梵本,叔兰译为汉文,称为《放光般若》。晋惠帝太安二年(303年),支孝龙就竺叔兰所译经本,一连缮写了5部,校为定本。原译本没有品目,共14匹细绢,支孝龙写为20卷。

支孝龙通过抄写经文,已熟悉全旨,再加上他平时就钻研《小品》,深得无相奥义。因此,一经被阅,十几天后,便就开讲,成为一位无师自通的经师。后不知所终。晋名士孙绰十分推崇支孝龙的才华和能力,曾写赞诗一首说:"小方易拟,大器难像,桓桓孝龙,克迈高广。物竟宗归,人思效仰,云泉弥漫,兰风振响。"

僧　副

僧副(464～524年),南朝高僧。约公元483年左右,僧副跟从嵩山少林寺达摩出家,是达摩早期弟子之一。据《续高僧传·僧副传》载,僧副是山西省祁县人,俗姓王氏,从小好学,乡里称奇。他性好清静,尤其乐于访师问道。他听说达摩禅师"善明观行",便南下嵩岳,"循扰岩穴,言问深博",遂从而出家。他从师学禅的体会是,不用纠缠学的义理,只要怀抱一贯的恒心去修禅观,循序渐进,便得解脱,后来他总括为"慧印三昧"。南朝萧齐建武年间(494～498年),他南游健康(今南京市),栖于钟山定林下寺,"栖心林薮,行逾冰霜",三衣六物之外,一无所有。梁武帝萧衍素仰清风,为之建"开善寺"。但僧副不愿在广厦中安乐,便随西昌侯萧渊藻入蜀,北上岷岭,南下峨嵋,四川禅法,遂自此大行。僧副在川中很久,后又返回开善寺。普通五年(524年),卒于开善寺,春秋61岁。

慧　光

慧光(468～537年),北魏、东魏高僧,跋陀最著名的弟子,中国律宗的开创者。河北省长卢(今定县)人。慧光俗姓杨氏,12岁随父到北魏都城洛阳。一日,慧光在洛阳天街井栏上反踢毽子,一连踢了500下,跋陀看到后觉得很惊奇,就收他为弟子。不久,他就皈依嵩山少林寺主跋陀。跟跋陀大师学佛经时,他边学边向人讲解,人称"圣沙弥"。慧光因而得不少供品,他接受后又施舍给别人。跋陀说:"这确是菩萨行为啊!"慧光向跋陀咨询戒律,跋陀对他既敬重又惊异。慧光器量恢宏方正,不拘泥行为上的小节,不论是称赞还是诽谤,他都表情不变。众人对他更加器重,赞美他气度远大。跋陀禅师说:"这个沙弥,不是一般人啊,如果他接受大戒,应该先听律藏。戒律是智慧的基础,不是智者是不能奉行的。"因此,跋陀禅师用了很长时间向慧光传授戒律。他还广泛地听讲律部经典,并且根据律文恭敬修行,后来他登上法座为僧众讲解《僧祇律》。

后来，跋陀会同勒拿摩提和菩提流支在嵩山少林寺翻译佛教经典《十地经论》，慧光列席作译场汉语传语（即翻译）。勒拿摩提和菩提流支在翻译的过程中，时常因为观点不一，语言不同，发生争执。慧光承担了把二位大师的译稿统一起来的工作。慧光深知二位大师争论的焦点所在，便素习方言，通其两净，取舍由悟，存其纲领，最终完成了《十地经论》的翻译。现在嵩山少林寺西的"甘露台"，就是当年的译经台遗址。所以称"甘露台"，是因为佛法如甘露之意。慧光继承跋陀学说，所撰《十地经论疏》，为地论南派的基本经典，成为"地论师南道派的开创者"。同时，慧光还继承勒拿摩提学说，根据各律家的口传，撰《四分律疏》，并删定《羯磨戒本》，宣讲四分律义。慧光每次开讲，常有僧徒数千列席，遂为一代律宗大师，后世律僧们尊慧光为"四分律之祖"。

慧光不仅精于律宗和小乘佛法，而且对华严宗也颇有研究，注释了《华严》、《涅槃》、《维摩》等佛经。慧光后来又到洛阳、安阳等地传法，名扬四方。东魏时（534～549年），慧光在京都洛阳任"国僧都"。因管理僧众有功，北齐天保年间（550～551年），慧光被召入邺都，任"国僧统"，世称"光统律师"。

慧光一生立志贞洁清静，坚持保存戒律的行业。他的做法是洁己独立，所以僧众和善男信女都崇敬他的行操。自从佛教东传，能作为社会上伟大导师的则以道安为始，而使僧俗改革风气、佛教广泛流传的，则是慧光无疑。70岁时，慧光圆寂于邺城大觉寺。

慧光提出三教（渐教、顿教、圆教）四宗（因缘宗、假名宗、诳相宗、常宗）的判教主张。主要著作有《玄宗论》、《大乘义律》、《仁王七戒》、《僧制十八条》、《胜鬘经疏》、《华严经疏》、《涅槃经疏》、《维摩经疏》、《十地经疏》等。慧光有十大弟子，被时人称为"十大德"，亦称"十英"。主要弟子有昙遵、昙隐、僧达、道凭、法上、昙衍等都是杰出人物。继承四分律法系的有嵩山道云和邺都道晖。再由道云、道晖传至洪遵、洪理。

慧光

昙　鸾

昙鸾（476～542年），北魏高僧，佛学者。弘传净土教。雁门（今山西代县）人。因家近五台山，从小就听了有关文殊菩萨灵异的传说。10余岁时，即登山访寻，备见遗迹，心里非常感动，于是出家，广学内外经典。对于尤树一系的《智度论》、《中观论》、《十二门论》、《百论》等4部论及佛性义的研究特别有心得。读《大集经》后为作注释，未守得疾，即远访陶弘景求"长生不老"术，得《仙经》10卷。后昙鸾北归洛阳，拜谒了在嵩山译经的印度三藏法师菩提流支，即向菩提流支叙述自己的愿望，并问他佛法中有没有胜过此土《仙经》的长生不死之法？菩提流支告以《仙经》比不上佛法，并且仙术也不能长生，即以《观无量寿经》授给他说：这是大仙方，依此修行，便能解脱生死。昙鸾受了这一番教化，即把随身所带的《仙经》烧掉。从此精修净业。后能调心养气，对病识缘，名满魏都，往皈者甚多。东魏孝静帝尊号之为"神鸾"，敕往并州大寺。南朝梁武帝对他魏崇信，"恒向北遥礼"，称他为"肉身菩萨"。

昙鸾

晚年移往汾州北山石壁玄中寺。主要著作有《论气治疗方》、《疗百病杂丸方》、《调气方》、《服气要诀》及《往生论注》、《略论安乐净土义》、《无量寿经奉赞》等。在佛教思想上,他弘传净土义。后来,唐代善导广弘此论,推他为净土宗的先驱。东魏兴和四年(542年),昙鸾因疾入灭于平遥的山寺,时年67岁。魏主敕葬于汾西泰陵文谷,营造砖塔,并为立碑。

惠生 宋云

惠生、宋云,北魏时期高僧。北魏王朝孝明帝神龟元年(518年)十一月,洛阳崇立寺僧人惠生与住在洛阳城北闻义里的敦煌人宋云,受孝明帝和灵太后派遣,西行数万里,穿越流沙,通过于阗,跨过葱岭,进入印度,完成了北魏王朝难得的一次官方西行求法。从北天竺所取大乘派佛经170部,于正光三年(822年)二月返回洛阳,历时3年零4个月。惠生、宋云西行取经因是在法显之后,玄奘之前,是中国佛教史上和中外交通史上的一件大事。它不仅在于为佛事活动增添了新的内容,更在于它进一步沟通了中西交通。加强了内地与西域的来往,加强了与古代印度的来往。同时,可以看出京都洛阳作为政治、文化、经济中心和宗教活动中心的盛况。

宝 公

宝公,北魏高僧。白马寺僧人。虽形貌丑陋,但心智通达,能预知过去、现在、未来三世之事,出口之言像预报凶吉的隐语,当时不可理解,事过之后,可验证属实。胡太后听说后,向他寻问时事,宝公回答说:"给鸡吃粟呼朱朱。"当时没人能明白这句话的意思。建议元年(528年),太后被朱尔荣杀害,这句话才得以印证。当时还有洛阳人赵法和,请他预占何时会得爵位?宝公回答说:"大竹箭,不须箭翎;东厢房,赶快建造。"当时不明白是什么意思。经过十多天,赵法和的父亲去世。原来"大竹箭"是指丧礼所用的木杖,"东厢屋"是指服丧者的住处。所作"十二辰"歌,是他一生最后的文辞(《洛阳伽蓝记》卷4《城西白马寺》)。

陈德安

陈德安,魏晋时期佛学大师。字德安,俗姓陈,祖籍颍川(今河南禹州市),后迁移到荆州(湖北)华容县。他博识善辩,深达禅观,颇得陈、隋两朝的敬重,被称为"智者大师"、"天台大师",在中国素有"小释迦"的尊号。他一生力弘法华精神及龙树教学,并以中国独特的形式使之体系化。他综合佛陀的教法思想和经典内容,提出"五时八教",综合佛陀的教法思想和经典内容,在判释经教上被视为最具代表性,奠定了天台宗教观的基础。他修正南方"轻禅重讲"与北方"轻讲重禅"的弊病,倡导"教观双运"、"解行并进"的教学,独创依禅观而修行的止观法门,消融了中国几百年来南北方佛教的偏颇。

昙 林

昙林,北魏高僧。昙林自称是达摩的弟子,曾记录过达摩的"二入四行说"。《慧可传》中称他为林法师。北魏永平元年至东魏武定元年(508～543年)之间,昙林在洛阳和邺都参与译经事业,在菩提流支、佛陀扇多、瞿昙般若流支、毗目智仙等译场任笔受,是当时参加译经的重要人物。他博学善讲,在邺都常讲《胜鬘经》。周武灭法期间,他与慧可共同护持经典,被斫掉一臂,人称"无臂林"。昙林早年虽曾亲近达摩,但他以禅法与义学并重,因此后世所传达摩临终对在侧弟子们分别印可得皮、肉、骨、髓的说法,没有提及昙林。昙林在传承达摩禅法上所记的《略辨大乘入道四行(观)》,在中国禅学史上留下了不朽的业绩。

僧 达

僧达(475～556年),北魏高僧。慧光的弟子,我国佛教律学名家。僧达长相很怪,虎头长耳,门牙过寸。史料记载:他到少林寺时,勒拿摩捍刚刚译完《十地经论》,他便从勒拿摩提大师研习《十地经论》。不久,大师迁化,他又从慧光继续研习《十地经论》,并有许多创见,进而从受菩萨戒。在南朝梁武帝萧衍后期,他南渡长江到达建业(今南京市),很受梁武帝敬重。他请僧达在重云殿说法,自昼达夜,连续7天,讲解北方新译出的《十地经论》,听众闻所未闻,兴趣盎然。梁武帝安排他往同泰寺,并从之受戒,誓为弟子。在梁国传法12年后,僧达又回到东魏国都邺城。北齐文宣帝高洋对僧达也待以殊礼,为他在林虑山黄花岭下设立了"洪谷寺"(在今河南省林县西南15公里处)。僧达一生特善论议,知名南北,禅法一门,开世殊广。所以僧达北归以后,梁武帝还常常朝着北方遥拜,尊为"肉身菩萨"。

道 凭

道凭(488～559年),北齐高僧,慧光的弟子,佛教律学名家。俗姓韩氏,平恩(今河北省邱县)人。12岁出家,投贵乡邵寺,初诵《维摩经》,自惟历览,日记四千百言,一闻无忘,乃通数部。在漳、滏、伊、洛广泛学习佛法,遂行禅境,遍讨嘉猷。读《维摩》、《涅槃》、《成实》等经,据说他初听半文,便知大义,聪明之誉,无羡昔人,致使遐迩闻风,成思顶渴。

公元515年,道凭入少林寺,投慧光为师,弘扬戒本,领悟大乘,甚感兴趣。讲《地论》、《涅槃》、《华严》、《四分》,皆览卷便讲,目不寻文,章疏本无,手不举笔,而开塞任情,吐纳清爽,洞会诠旨,有若灯焉。经长期求学,学问博大精深,享誉赵魏。讲经说法弟子甚众,京都佛教界对其评价极高,有"一代稀宝"之誉。他先后在少林寺住了10年之久。525年,他告别光师,弘化赵、魏之境。他交游也很讲究,"骨族血亲往来顿绝;势贵豪家全无游止"。他以乞食为资,穿着印度式的袒右肩袈裟,冬夏如此。道凭晚年住安阳西"宝山寺"。东魏武定四年(546年),道凭创建宝山寺(隋易名灵泉寺)及寺东"大留圣窟"。北齐天保十年(559年)三月七日卒于宝山寺,享年72岁。据说,将终之前,大钟两口,小触而破,康存之日,愿生安养,故使临终,光寻满室,凭独见之,异香充庭,大众皆美。4年后,在宝山寺(即灵泉寺)遗址的西方建道凭墓塔,一座单层方形的石塔,用山岩刻造,上面刻着"宝山寺大论师凭法师烧身塔。大齐河清二年三月十七日"。

善惠大士

善惠大士,南北朝时期高僧。姓傅氏,名翕,婺州义乌人。年十六,纳刘氏女为室,生二子。尝有西域沙门,见大士曰:"吾与汝毗婆尸佛所同发誓,今兜率宫衣钵现在,何日当归?"因命临水观其影,见圆满光宝盖。居无几,常见释迦、金粟、定光三如来放光袭其身。大士喜曰:"吾得首楞严三昧。"即舍田宅,卖妻子,得钱五万,以设法施会。遂于嵩山之顶,因双梼树创寺而居,故称双林大士。一日于山顶,绕连理双树行道,感七佛相随,释迦前引,维摩接后,惟释尊频顾大士共语,由是异迹日显。梁武帝道诏迎至,帝问曰:"从来师事何人?"答曰:"从无所从,来无所来,师事亦尔。"昭明太子问大士何不论义,答曰:"菩萨所说,非长非短,非广非狭,非有边,非无边,如如正理,复有何言。"帝曰:"何为真谛?"答曰:"息而不灭。"帝曰:"息而不灭,此则有色。有色故钝,如此则居士未免流俗。"答曰:"临财毋敬得,临难毋苟免。"帝曰:"居士大识礼。"答曰:"天下非道不安,非礼不乐。"帝默然。未几,大士辞还双林,至陈太建元年(569年)四月,跏趺而逝。

僧 稠

僧稠(479~560年),北齐高僧,嵩山少林寺住持,少林武术师。僧稠也称稠禅师,俗姓孙,河北昌黎人,后移家巨鹿郡廮陶(今河北隆尧县北、柏乡县西)。幼时削发为僧,北魏时,在邺城(今河南省安阳市北)寺院发奋习武。早年业儒通经史,曾被选为太学博士;又由于讲论坟索知名,声盖朝廷。正当政治前途一片光明的时候,他却"道机潜扣",深厌世烦,一开始阅读佛经,便对佛法义理涣然悟解。28岁(507年)投巨鹿郡(河北省晋州市)景明寺僧寔法师出家习经,并许下誓愿,就是戒律弘通、佛法辩洽、敬重三宝,并为四种有恩德(父母恩、国王恩、众生恩、三宝恩)的人带来普遍的幸福。起初他跟随跋陀的高足弟子道房禅师学习、修行禅观,后辞师往赵州障供山参礼道明禅师学习禅法,从受十六特胜修禅次第法。又至嵩山少林寺礼跋陀禅师,呈示了自己所证悟的禅定后,跋陀赞其学行为:"葱岭以东,禅学之最,汝其人也!"跋陀于是又教授给他禅法深要。后来他曾居住在嵩岳寺。僧稠是继跋陀之后,成为少林寺的二代住持,也是少林寺最早的武僧。

僧稠

僧稠宣说的佛法不仅在山寺中盛行,而且也受到帝王崇敬。北魏孝明帝早就听说僧稠的高尚品德,前后三次下诏,召他入宫。僧稠拒绝说:"普天之下,莫非王土,乞在山行道,不爽大通。"孝明帝便允许了,还将供物送到山上。北魏孝武帝也在他征召不出后,于永熙元年(532年)在怀州(今河南沁阳)马头山中建禅室,并召集学徒加以供养。此后僧稠还到河北常山传法,使佛法在燕赵地区广为流通。

孝明帝末年,僧稠见天下已乱,乃离开嵩山少林寺,北上群山,头陀坐禅。他先后到了怀州西王屋山(今济源市西)、青罗山、马头山、汲郡白鹿山(今辉县北)、定州常山、大冥山等地修禅。

北齐文宣帝天保二年(551年),文宣帝高洋将僧稠诏入安阳邺都弘法传教,文宣帝高洋率领文武百官、朝廷仪仗队到城郊迎接僧稠禅,亲自扶持年届七旬的僧稠禅入宫殿,接受僧稠的禅法和菩萨戒,并表示愿做他的护外檀越。僧稠禅即向文宣帝阐讲佛教禅理,文宣帝立即受禅道和菩萨戒法,吃起素斋并下令废除渔猎制度,又禁天下屠宰生灵,命令国民斋戒修寺。

僧稠在宫中停留40余日,每天都向皇帝讲说佛法。后来,僧稠以为道法必须广泛传布,便向文宣

帝辞别还山。文宣帝为方便继续拜谒,在天保三年(552年),下令在邺城西南40公里的龙山之阳,为构精舍,名"云门寺"(今安阳市西约25公里的地方),请以居之。并请僧稠兼任小南海石窟大寺(今邯郸鼓山响堂寺石窟)的寺主两任职位,于两处任宪纲僧众之职。云门寺计划是四面各10里,僧稠请改为四面各5里。据《续高僧传》记载:稠禅师于安阳西龙山今日天喜镇村云门寺"两任纲位,练众将千,供事繁委,充诸山谷"。僧稠居云门寺9年中,大约有1000人跟随稠禅练习武功。禅稠去世后,弟子们分别在安阳小南海和嵩山少林寺等处建立稠禅石碑、石窟和"僧稠禅塔"以作纪念。

僧稠一生,极富传奇色彩,人们将其传说成为充满灵异的大师。据说僧稠的名声引来了嫉恨,有人向高洋说他的坏话,说他对皇帝"倨傲无敬",气得高洋要亲自上山杀掉僧稠。僧稠接到密报后,在高洋来杀他的当天五更,他独自一人来阳山口旁站立等候。不一会儿,高洋一班人马就来到了山口。皇帝见到僧稠一人站在此地,非常奇怪,上前问这是为什么。僧稠答道:"听说皇上今天要杀我。我身血不净,怕污秽了寺院,所以在此等候。"高洋听后,想这老僧果有神通,于是赶快下马,愧悔不已。到了山上的云门寺后,高洋问僧稠:"弟子前生是何等人物啊?"答曰:"是罗刹鬼,所以你至今还是好杀!"僧稠命弟子端来一个铜盆,内中盛着清泉水,随即焚香、念咒,盆中果然现出一个丑恶的罗刹影子。高洋问:"弟子从来没见过佛有什么灵异,可以目睹一下吗?"僧稠说:"佛教不讲什么灵异鬼怪。"高洋又问"难道佛什么灵异也没有?"僧稠脱下袈裟掷于地上,说:"请陛下派人将袈裟举起。"高洋自己弯腰去拾,袈裟纹丝不动。他命手下将士去拾,蜂拥而上数十人,还是抬不动。僧稠唤来一个小沙弥,轻轻地将袈裟收走了。从此,高洋笃信不疑。齐隋之际,就有人画了一幅长卷,叫《云门像图》,把僧稠的许多神异故事一一画出,可惜此图已失传。

北齐乾明元年(560年)四月十三日,僧稠端坐圆寂,时年81岁。皇帝布施500匹绸帛,并送千名僧人在云门寺供养,以此为他追福,一年后又在云门寺西北为他建起了舍利塔。

北齐时僧稠被尊为"国师",被文宣帝高洋赐为"大禅师"。《续高僧传》评价他"稠怀念处,清范可崇","高齐河北,独盛僧稠"。他在北齐地位之高,所受礼遇之重,无人可比。僧稠的小乘禅法造诣颇深,有"光(慧光)以学显,稠以禅著"的说法。僧稠著有《止观法》两卷。是修禅者必备之书,惜今已失传。僧稠所习禅法为达摩禅法中"佛陀——僧稠"系。

静 蔼

静蔼(534~578年),北朝北周高僧。俗姓郑,嵩山荥阳人。初修儒学,年17岁,视地狱变,决志出家,投瓦宫和禅师剃度。受具足戒后,从景法师听闻大智度论。长通四论,兼缵异宗。复从天竺梵僧就学十载。除大智度论外,复通中论、百论、十二门论。隐居终南山,净侣依之,蔚成学林。时周武帝听信道士张宾之言,欲废佛法,静蔼上表投诉,力劝北周武帝勿废佛教,帝不纳谏,遂携门人入终南山深处,依岩附险,造寺27所,以收辑逃逸之僧。北周武帝宣政初(578年),释静蔼悲大法凋零,跌坐石上,自割其肉而死。著有《三宝集》行世。唐道宣《续僧传》卷30本传称其"风标俗誉;以温润知名。而神器夷简,卓然物表……言必藻缋珠连,书亦草行相贯,高为世重,罕不华之。"

冯 亮

冯亮,北朝北魏高僧。原是萧衍"平北将军"蔡道恭的外甥,下始元年(504年)八月,当北魏中山王元英攻打梁国义阳城（今河南省信阳市北）时被俘虏。元英素闻冯亮"博览群书，笃好佛理"，便宜以礼接纳之。冯亮到洛阳后，因性喜清静，即隐居于嵩少道场寺（即少林寺）。公元511年，宣武帝命冯亮"侍讲"《十地经论》。冯亮在寺内与僧徒一起，礼诵为业，蔬食饮水，并有终焉之志。他曾一度因逆人王敞事件受牵连，被执送尚书省十余日。虽获免雪，不敢还山，寓居城内之景明寺，"后思其旧居，复还山室（应为少室）"。冯亮雅爱山水，又兼巧思。宣武帝曾给其工力，命他与河南尹甄琛、沙门统僧逻等人修造闲居寺，即今登封县城北5公里处的嵩岳寺。该寺竣工于520年，而冯亮本人却于513年冬去世。

永泰公主

永泰公主，北朝北魏时期嵩山女尼，永泰寺住持。永泰公主是一位落发出家的皇家妙龄少女，关于她的落发出家，有三种传说：一说她生有慧根，大彻大悟，要修炼成佛；二说她对婚姻不满，出家脱俗；三说在皇室内讧中斗争失败，为了保全性命而出家。

北魏延昌四年（515年），宣武帝元恪"驾崩"，他的6岁皇子元诩继承皇位，史称孝明帝。当时孝明帝年幼，他的生母灵太后胡充华临朝称制。正光四年（523年），明帝元诩已经长大成人，按照封建礼制，摄政者应当还政于帝，但是灵太后权欲熏心，死抓住皇权不放。于是，帝后之间展开了一场争夺皇权的斗争。在这场斗争中，永泰公主站在哥哥明帝一边。武泰元年（528年），灵太后胡充华挟持明帝巡狩嵩山，途中永泰公主规劝母亲还政给他的哥哥孝明帝。为此，灵太后恼恨在心，声称回到洛阳以后要跟儿子、女儿一齐算账。永泰公主为了活命，在孝明帝的纵容下逃入深山老林。灵太后发现女儿逃跑，曾派人搜山未果，便又挟持孝明帝返回京都洛阳。此后，帝后之间的斗争更加激烈。孝明帝元诩暗地策动掌握兵权，驻扎晋阳的尔朱荣举兵南伐。当尔朱荣阵兵黄河北岸的时候，灵太后先下手为强，用鸩酒毒杀孝明帝于显阳殿。尔朱荣攻入洛阳，灵太后仓惶东逃，行至河阴县境，被尔朱荣生擒活捉，砍去四肢，投入黄河。尔朱荣怀有野心，返回洛阳以后，准备自立称帝。以元子攸为首的元魏皇室，诛杀了朱尔荣，元子攸登上皇位，史称魏孝庄帝。局势稍稳以后，孝庄帝曾多次派人到嵩山查寻永泰公主的下落，得知永泰公主已在明练寺出家为尼，便力劝她返回皇宫。此时永泰公主对皇室世俗生活已是心灰意冷，于是北魏朝廷对明练寺赐给许多布匹、粮食和银钱，供给永泰公主之需。永泰公主把多余的赐品用于"普度众生"，救济贫苦俗民，影响很大，使得明练寺极盛一时，尼众多达数百。魏永安三年（530年），尔朱荣之子尔朱兆纵兵洛阳，洛阳一片混乱，有"洛阳女儿急作髻，瑶光寺尼夺女婿"之说。嵩山明练寺因远离京城而安然无损，永泰公主则高寿而终。明练寺也因永泰公主而改名为永泰寺。

法 上

法上（495～580年），北魏北齐高僧，佛教律学名家。俗姓刘氏，朝歌（今河南淇县）人。跋陀的法孙、慧光的大弟子。他长期在少林寺学法，声誉很高。时人称赞："京师极望，道声法上。"意为京师洛阳的顶尖人物，便是道场寺（少林寺）的法上。法上身材高大过人，皮肤微黑，性情温和。东魏、北齐将近40年中，他一直担任僧官——昭玄曹的"大统"，所领僧尼200多万，寺院4万余所。法上5岁入学，7天便能背诵出老师念过的文章。9岁那年读了《涅槃》经，便一心出家。12岁时授道药禅师，成为沙弥。他还自己偷偷地爬上林虑山,入胡山寺去念《维摩经》、《法华经》,20天的时间,念完了这两部大经,还能加以解说。后来他到了洛阳,居然讲经答辩,令人叹服。约延昌三年(514年),法上入少林寺投慧光为师,受具足戒,成为比丘。他"性戒夙成,不劳师导,勤勤谛理,无失寸阴"。后来,法上开讲《十地》、《地持》、《楞伽》、《涅槃》等经,十分透彻,令人望尘莫及。近40岁时,受东魏大将军高澄之请入邺都。法上很有号召力,主领天下寺院,道俗欢心,他依律规定僧服式样,改变了过去道俗混同的做法,为使寺院清净,又规定了寺院的一些制度。齐文宣帝高洋,也拜法上为"戒师",将头发散开布于地上,请法上践踏而过,以示尊敬。

高句丽国大丞相王高德自北魏以来,高句丽国(今朝鲜)年年派使臣向中国朝廷进贡,往来十分密切。北齐武平七年(576年),高句丽国大丞相王高德钦尚佛法,慕法上其名,对释迦文佛入涅槃以来至今几年?又来天竺几年才到汉地?初到时是何帝、何年号?又齐、陈二国的佛法,谁先传入等等佛事礼法问题弄不清楚,特派遣僧人跟随使臣入邺,向法上求教。法上大师见问,便写了书信,令来僧带回国,以答复高丞相所问。两国间的这次重要往来,《续高僧传·法上传》有载。

法上

安阳市西北约30公里的合水寺(后改名"修水寺")是法上自己设计建造的。他在合水寺的山顶上,造了一所"弥勒堂",供奉弥勒菩萨圣像,极为庄严华丽。法上希望死后能升兜率天宫,面见弥勒之尊颜。但不久(577年),北齐灭于北周,禁佛道二教。合水寺虽未遭破坏,但法上也还是得隐藏起来,穿上俗人服装,只是暗中念佛如故。两年后,法禁松弛,法上乃恢复旧业。坚持每日上山到"弥勒堂",以合掌三礼,右绕三周的礼仪,参禅拜弥勒。然后下山归舍,诵《维摩》经。北周大象二年(580年)七月十八日,法上辞世。法上撰有《增一法数》40卷、《佛性论》2卷、《大乘义章》6卷、《众经录》1卷,并行于世。弟子有法存、融智、慧远等。

净影慧远

净影慧远

净影慧远(522~592年),北周高僧,北周嵩山少林寺"菩萨僧"(即带发修行),"隋朝三大师"之一。俗姓李,名慧远,号净影。祖籍敦煌(今甘肃省敦煌市),后迁居于上党高都(今山西省泽州县东北)。少林寺法上沙门统的高足。后在邺城受具足戒。周武帝灭佛、道前的一次庭辩上,慧远神气岿然,辞色无挠,与周武帝直接抗辩,把皇帝气得双目直视,勃然大怒。在慧远顶撞周武帝时,在场的北周兵众都喊:"粉其身骨,煮以鼎镬",而慧远依然"神气巍然,辞色无扰"。此后慧远隐居汲县霖落山(今汲县西北约25公里),三年之间,诵《法华》、《维摩》各1000遍,并坐禅数息,也曾向僧稠大师求教禅学。

北周于大象二年(580年)恢复佛教,于东都洛阳和西京长安各立大陟岵寺,置"菩萨僧",净影慧远作为朝廷所选的120名菩萨僧全被安置于少林寺。慧远在少林寺,大讲经论,广开法席。听讲者常多达千人。《地持》、《十地》、《华严》、《涅槃》、《维摩》、《法华》、《胜鬘》等经,他都讲得很有条理,很透辟,闻者倾倒。

杨坚代周立隋之后，开始有步骤地推行复兴佛教政策。开皇九年(589年)，隋灭南朝陈国，完成了统一霸业。开皇十年(590年)，便剃度僧侣50万人。开皇十一年(591年)，隋文帝下诏说："朕位在人王，绍隆三宝，永言至理，弘闻大乘。"文帝诸子，也崇奉佛教。太子杨勇、次子晋杨广、三子秦王杨俊、四子汉王杨谅、五子蜀王杨秀、皆举家奉佛。文帝还在仁寿年间(601~604年)，三次下令，天下百余州立塔以藏舍利，即著名的"仁寿舍利"。这时，隋文帝听闻慧远之声名，任命慧远为"洛州沙门都维那"。隋初的洛州统县18个，不限于今日的洛阳。慧远担当这一广大区域的地方僧官，从律仪、讲说唱导之法等等方面整顿管理，使僧侣的面貌得到了很大改观。他在洛阳开讲，门庭若市，望气成津，声震朝廷。开皇七年(587年)，隋文帝为广弘佛法，于长安设立"六大德"(少林寺慧远、洪遵；魏郡慧藏；清河僧休，系菩提流支的法孙；济阳宝镇；太原昙迁，系慧光的法孙)之一。慧远带领常随学士200余人到达京师，特蒙文帝礼敬，敕住于大兴善寺。住锡未久，隋文帝下诏为其另建净影寺供其弘讲。《续高僧传·净影慧远传》记载：慧远初至净影寺"常居讲说，弘叙玄奥，辩畅奔流，吐纳自深，宣谈曲尽。于是四方投学，七百余人皆海内英华。"慧远在净影寺的几年，是他一生弘法的高峰期。

开皇十二年(592年)春，朝廷命他主持东京洛阳"翻经馆"，不料他竟于6月24日卒于净影寺，春秋70岁。冕旒哀感，为之罢朝。帝呼嗟曰："国失二宝也。"时远与李德林同月而丧，故动帝心。隋文帝令于其住锡过的大兴善寺、净影寺分别立碑纪念，"薛道衡制文、虞世基书、丁氏镌之，时号三绝。"

净影慧远被后世称为"隋朝三大师"之一。将其与创立宗派的天台智𫖮、三论吉藏并列，已足以说明其历史地位。净影慧远总其一生着力弘扬的是《十地经论》和《大涅槃经》。从现存史料看，净影慧远以《十地经论》和《大涅槃经》为核心，在吸收《大乘起信论》和《摄大乘论》之精粹的基础上，建构出了独立的佛教教义体系。净影慧远一生宣讲经论不倦，勤于著述。道宣记载慧远的著述有10种：《大般涅槃经义记》10卷、《地持经义记》5卷、《十地经论义记》10卷、《华严疏》7卷、《维摩诘经义记》8卷、《胜鬘经义记》2卷、《无量寿经义疏》1卷、《观无量寿经义疏》2卷、《温室经义记》1卷以及《大乘义章》14卷。另外，日本《东域传灯目录》中记载有《法华经疏》、《金刚般若经疏》、《金光明经义疏》、《大乘起信论义疏》4卷、《金刚般若论疏》3卷等五种。对净影慧远所撰的《大乘义章》14卷，道宣评价说："又撰《大乘义章》14卷，合249科，分为五聚，谓教法、义法、染、净、杂也，并陈综义差，始近终远，则佛法纲要，尽于此焉。学者定宗，不可不知也。"后世大多认同道宣的评价。

著名的"白鹅听经"就是净影慧远的故事。相传他在家乡高都(山西晋城)清化寺时养过一只鹅。这鹅每当慧远讲经之时，就站在角落里听讲，人们并不在意，就这样，它一直听了20年。后来，慧远住长安静影寺，这只鹅在清化寺走廊里昼夜鸣叫，僧人们不得安宁，很是讨厌。但它是大师养的鹅，大家无可奈何。不久，有僧人要去长安办事，干脆把这只鹅捎上，免得留在寺内乱叫。僧人到了静影寺大门口，便把这鹅放了出来。鹅直奔慧远僧房，欢欣跳跃不止。此后它仍去听讲经说法，闻钟声而入，绝不迟到早退。但在"布萨日"(初一、十五，集众僧说戒法的日子)，虽鸣钟集众，它也不入大殿，似自知身份，不宜入内也。在慧远去世的前三周，它天天哀叫，不肯入堂，世人皆不解。

智𫖮

智𫖮(538~597年)，陈、隋之际的佛教领袖和佛学思想家，中国佛教天台宗的创始人，天台宗四祖，世称"智者大师"。字德安，俗姓陈，祖籍颍川(今嵩山禹州市)，后迁移到荆州(湖北)华容县。据说他像传说中的圣人舜一样,眼有双瞳。父母藏掩之,不想让人知道,但人皆已知晓。唐代道宣《续高僧传》记载,智𫖮从小"卧便合掌,坐必面西。年大已来,口不妄哎,见像便礼,逢僧必敬。"似乎他一出世就像个崇奉佛教的出家人。智者大师从小智慧出众,颖悟过人。7岁时在寺院听僧人诵《普门品》,听一遍即能成诵。15岁发愿,18岁出家,23岁拜慧思为师,一生精研佛法。

智𫖮

智𫖮一生力弘法华精神及龙树教学,并以中国独特的形式使之体系化。他综合佛陀的教法思想和经典内容,提出"五时八教"央判释经教上被视为最具代表性,奠定了天台宗教观的基础。他修正南方"轻禅重讲"与北方"轻讲重禅"的弊病,倡导"教观双运"、"解行并进"的教学,独创依禅观而修行的"止观法门",消融了中国几百年来南北方佛教的偏颇。后来,大师几次去金陵讲法,南陈灭亡后,受晋王杨广(隋炀帝)之邀去扬州,为晋王杨广受菩萨戒,得"总持菩萨"的法号。杨广说:"大师传佛法灯,称为智者。"大师也受杨广敕封"智者"的尊号,"智者大师"之名由此而来。智𫖮在佛教史上贡献巨大,影响深远,他颇得陈、隋两朝的敬重,被称为"智者大师"、"天台大师",在中国素有"小释迦"的尊号。

隋文帝开皇十七年(597年),智𫖮圆寂,建肉身塔立于天台山真觉寺,享年60岁。智𫖮的弟子为杨广行灌顶礼,并呈上智𫖮的遗书与遗作。杨广撰《答遗书文》一篇敬覆,在天台山设千僧斋供养,派人按其遗图在天台山下造寺,并于登帝位后赐"国清寺"之额。

智𫖮的主要著作有《法华玄义》、《法华文句》、《摩诃止观》,合称"天台三大部"。此外还有《四教义》、《净名义疏》、《金光明文句》、《观音义疏》、《法界次第章》等著作。智𫖮生前造大寺35处,度僧4000余人,传业弟子32人,著名的有灌顶、智越、智璪等。智𫖮弘法30余年,其著作小部分是亲自撰写,大部分由弟子灌顶随听随录整理成书。他的学说,在中国佛教史上影响深远。

慧 可

慧可(487~593年),北魏、北齐、隋朝时期高僧,佛教禅宗二祖。慧可又称僧可,俗姓姬,名光,嵩山荥阳汜水镇虎牢关村人。少年时曾为儒生,博览群书,精通老、庄,后又随父母信奉道教,再后才弃道从佛,在洛阳龙门香山出家,在永穆寺受戒。他周游各地,听讲佛法。北魏孝昌二年(526年),他在寂寞中候见神人,遂改名神光。同年,慧可遇菩提达摩在嵩洛游化,一见而生敬畏之心,便到少林寺拜达摩为师,从学6载。北魏孝武帝太昌元年(532年),他继承达摩衣钵。据说达摩开始时并未对他专门教诲,而他学道之心至诚。《续高僧传》中说:"有道育、慧可,此二沙门年虽在后,而锐志高远,初逢法将,知道有归,寻亲事之,经四五载,给供谘接;感其精诚,诲以真法。"慧可在向达摩求法时曾立雪断臂以示决心,达摩知他堪与传授,于是说:"诸佛最初求道,为法忘形,汝今断臂吾前,求亦可在。"慧可与达摩有一段著名

慧可

的问答,慧可问:"诸佛法印,可得闻乎?"达摩答:"诸佛法印,匪从人得。"意思为要自心悟得。慧可又说:"我心未宁,乞师现安。"达摩说:"将心来,与汝安。"过了半天,慧可很奇怪地说:"觅心不可了得。"达摩说:"我已给你安心完毕。"这段对话说明禅宗前驱对自心的重视。达摩交"真法"传授给慧可;而慧可也精心研究《楞伽经》,抓住要点,创得纲纽,对于领宗得意者,时能启悟之。而对慧可宣扬"忘言、忘念、无得、正观"的禅法,一般人都认为"幽而且玄"而不愿学习。而慧可去坚定不移,"力用坚固,不为缘陵。"北魏孝武帝太昌元年(532年),继承达摩衣钵。

菩提达摩祖师"西归"后,我国北方大乱,嵩洛地区兵荒马乱,已不再是清静佛地。于是,慧可于东魏天平元年(534年)离开嵩山到东魏邺都(今河北临漳)传教34载。这标志着中国禅法重心由嵩山向北方转移。天平二年(535年),僧粲求学,慧可于光福寺为僧粲剃度。北齐天保元年(550年),慧可与众僧书信探讨"形、影、声、响、名、理、得、失"等辩证法。隋开皇二年(582年),慧可在司空山传衣法于僧粲。

达摩与慧可的禅法与当时北中国各类禅学,尤其是以宗教实践的僧稠一系的禅学不同,矛盾斗争十分激烈。道宣曾评述二者的区别说:"观彼两宗,即乘之二轨也。稠怀念处,清范可崇;摩法虚宗,玄旨幽赜,可崇则情事易显,幽赜则理性难通。"僧稠禅在当时已取得"独盛"地位,与达摩、慧可形成鲜明对比,达摩禅在当时处于萧索状态,没有受到社会的欢迎,尚未获得发展的机会。史载慧可"流离邺、卫,亟展寒温,道竟幽而且玄,故未绪卒无荣嗣。"差别这样大的两个禅学派别在中原地区相遇,势必发生冲突。所以,达摩数次遇毒,慧可遭贼斫臂,大概都与此有关。

慧可向达摩求法,颇具传奇色彩。据说他有一天通宵立在外面,雪深过膝又手持利刃,自断左臂,以表示自己求法的诚意。但:"立雪断臂"之说,在《续高僧传》卷十六《达摩传》中只字未提,同书《慧可传》中虽提到"断臂"之事,但那是因周武灭佛,慧可与昙林护持经像时,被盗人所砍。

《高僧传·慧可传》记载,达摩去世后,慧可曾一度隐迹,于东魏太平初年(534年)到了邺都(今安阳)弘法34年,但他在那里受排挤,遭打击,以至于被诬告至死,时为隋文帝开皇十三年(593年)终年107岁。

原来那里有一位著名的道恒禅师,"徒侣千计",他以势压人,呵斥慧可所传的达摩禅为"魔语"。每当慧可说法时,他就暗地里派自己的门人去参加,故意提出请难。但是被派去的人一听慧可说法,就"泰然心服,悲感盈怀,无心返告"。道恒多次这样做,都遭到失败。因此他恨慧可。有一天,他见到慧可,便傲慢地说:"我用尔许功夫,开汝眼目,何因致此诸使。"慧可也不示弱,对他说:"眼本自正,因师故邪耳"。从此道恒就更加仇恨慧可,甚至用钱收买了几个亡命之徒,勾结官府加害慧可,几至于死。

但是《祖堂集》、《景德传灯录》等说排挤和加害慧可的是一位辩和法师。据说慧可在管城县(今郑州)匡救寺山门前"谈无上道"时,人很多,其时,辩和正在寺内讲《涅槃经》,其学徒中许多人都悄悄地去听慧可说法,辩和极为愤怒,于是,辩和法师就到邑宰翟仲侃的面前诽谤慧可禅师,说他妖言惑众。翟仲侃听信了辩和法师的逸言,对慧可禅师进行了非法迫害。慧可禅师却怡然顺受,曾无怨色。迫害慧可的究竟是道恒还是辩和?书中各说不一。估计两人都是迫害者。

《续高僧传》中曾记述慧可"遭贼斫臂,以法御心,不觉痛苦。火烧斫处,血断帛裹。乞食如故,曾不告人"。同样的遭遇还落在他的同伴法琳身上,"林又被贼斫其臂,叫号通夕。可为治裹,乞食供林"。后世禅僧为掩饰这一事实,便移花接木,将"遭贼斫臂"说成了"立雪断臂"。

史料记载:开皇十三年(593年),慧可被人诬告,县令翟仲侃差人毒打之,下药而终,享年107岁。

慧可墓葬于"磁州滏阳东北七十里"。死后,隋文帝杨坚为其赐谥"正宗普觉大师"。唐德宗赐谥"大祖禅师",认为万法皆知,身佛无别。

等 行

等行,北齐北周少林寺高僧,被尊为"佛法大海"。史书记载,北周武帝宇文邕于建德二年(573年)十二月,在西安的太极殿召集群臣及僧、道,辩论三教先后。坐在僧人第一位的就是少林寺的等行禅师。

元太兴

元太兴(?~498年),北朝北魏拓跋氏后裔。鲜卑族。北齐魏景穆帝之孙,袭父爵为京兆王。京兆王曾拜长安镇都大将军,后因"黩货"被削去官爵,不久又复爵。中年以后,京兆王改为镇夏州刺史,拜守卫尉所。元太兴病,请和尚念经祈祷,把家产施给寺院,并许愿"病愈出家"。后果愈,即到嵩山为僧,法名僧懿。《登封县志》曰:"北魏太和二十二年(498年)元太兴终,葬嵩山顶。"墓前山下的开阔之地曾建有献殿一座,气势恢宏,现只留下献殿遗址,遗址上荒草萋萋,砖头瓦砾遍地,群众俗称"殿坪"。京兆王墓附近的村子卧龙,因京兆王墓所在,曾长期被叫做"墓坡"。

静 蔼

静蔼(534~578年),北朝北周高僧。静蔼,俗姓郑,嵩山荥阳人。17岁,与友游寺,观地狱图变,决志出家,乃投瓦官寺和禅师剃发。受具足戒后,从景法师听闻大智度论。复从天竺梵僧亲学十载。除大智度论外,复通中论、百论、十二门论。隐居终南山中,学侣依之,蔚成学林。时武帝听信道士张宾之言,欲废佛法,静蔼上表投诉,力劝北周武帝勿废佛教,帝不纳谏,遂携门人入终南山深处,依岩附险,造寺27所。收容逃难僧侣。北周武帝宣政元年(578年),端坐石上,自割其肉而死。著有《三宝集》。

法 侃

法侃(551~623年),隋朝高僧。俗姓郑,嵩山荥阳人。弱年从道,初于泰山灵岩寺修行,后从渊法师研学十地、地持等诸论。南朝陈时,法侃南渡建康,住江都安乐寺,从真谛之白衣弟子曹毗钻研《摄大乘论》。隋文帝仁寿二年(602年),奉敕送舍利至宣州(安徽宣城)、黎州(位于河南),感得奇瑞。"隋炀晋蕃昔镇杨越,搜举名器入住日严,以侃道洽江,将欲英华就京部,乃召而隆遣,既达本寺,厚供礼之。"炀帝曾于长安兴建日严寺,召天下高僧论道,释法侃亦奉召宣讲唯识。唐初,被立为:"十大德"之一,统率教界。释法侃晚年移居大兴善寺,致力弘扬摄大乘论。唐武德六年(623年),示寂于居所,世寿73岁。

彦琮

彦琮(557~610年),隋朝高僧。俗姓李,邢台隆尧县双碑人。他精通梵文,是我国佛教史上屈指可数的佛经翻译家和佛教著作家。周灭齐后,佛教衰落。周武帝知道彦琮学识渊博,佛、道、儒三教俱通,就把他请到宫内,和他谈论道家的玄理,周武帝大力宣扬道教,宣帝继承武帝的做法,大做道场,经常是通宵是通宵达旦地进行。彦琮因为详知道家典籍,被请来主持道场。彦琮在谈论道教时,把佛法加进去讲授,使听众在不知不觉接受了佛法。开皇三年(583年),彦琮在随文帝东巡中,受到晋王(杨广)的礼遇。不久,在太原镇守的秦王请彦琮到太原去,与彦琮谈论佛教。开皇十二年(592年),文帝再次下诏让彦琮入京掌管佛经翻译。仁寿二年(602年),他撰成《众经目录》一书,

彦琮

对流行典籍分作单译、重翻、别生、疑惑、伪妄五类。彦琮又将《舍利瑞图经》和国家《祥瑞录》由中文译成梵文,合成10卷。大业二年(606年),设置东都,炀帝召彦琮入宫,和他谈论佛法。彦琮所谈的东西,炀帝非常感兴趣,他们一连谈了几夜。彦琮向炀帝讲述译经之事,又给炀帝看了他所做的颂,这使炀帝对佛法有了进一步的认识。同年,炀帝在洛阳上林园设立翻经馆,专门从事佛经翻译,隋朝的译经中心从长安转移到了洛阳。

中国僧人最突出的是担任主事的彦琮,外国僧人则是来华的南天竺僧达摩笈多。在新平林邑得到的佛经564甲1350多部,还有一些其它资料。炀帝下令,让人把这些佛经送到翻经馆交给彦琮,让他阅读并编写目录,然后再逐渐翻译。

彦琮根据向达摩笈多询问其游历的国家和地区的情况撰成了《大隋西国传》一书,包括方物、时候、居处、国政、学教、礼仪、饮食、服章、宝货、山河、国邑、人物10余篇。此外,彦琮还著有《天竺记》、《西域传》等著作。

彦琮精通中文和梵文,一生共译经22部,约达万卷。他每译一经,必制序,述事于经首。为了给译者制订规范,他以多年实践经验,论定了翻译外籍的楷式,有"十条八备"之说。彦琮的著作和译文,繁荣了东西方佛教界,促进了东西方佛教界的交流,尤其是在西南诸国传播了中国的文明和文化,为沟通中外文化交流起了很大的作用。

慧萧

慧萧(568~640年),隋朝嵩山律僧。俗姓刘氏。本彭城人,后徙于许州长葛。18岁时以聪悟敏达,善说《诗》、《礼》,而被州郡举荐,但他不以为然,却隐入嵩山,求师出家,以戒行见称,被称为"今世之优波离"。优波离(Upali),为释迦十大弟子之一,号称"持律第一"。传说其先为宫廷理发师,后与诸王子一同出家,佛教第一次结集时,经由阿难陀(Ananda)诵出,律则出自优波离之口。慧萧被时人称作优波离,说明其持戒与律学已得到当时佛学界非同一般的认可。开皇初,慧萧游学邺城,博览经

律,贯通律学诸部,其中偏重《四分》。闻泰山灵岩寺有幽栖洁行之宅也,乃往从焉。后以年衰,复还中岳嵩山。时龙门沙门明朗,为河东持律之最,闻慧萧道声籍名甚,不远投之。明朗虽年长于慧萧,但执弟子礼甚敬,卑身礼事,深相悦服。后二人同行,至龙门定林寺。当时,马头山有僧善禅师,聚徒结业,从其习禅定者甚多。闻慧萧、明朗至,投其门下修毗尼(Vinaya,律)之学。隋仁寿中(601~604年),慧萧因藏匿亡人,触犯律条,不得不离山遁逃,至蒲坂(今山西永济市西蒲州)、晋州(今山西临汾)等地,与沙门道积、神素、道杰等有交。隋炀帝时,藏匿罪科更重,慧萧被迫走东奔西,从中条山奔王屋山,游于巨壑深林之间,无险不登,若游庭户也。河东郡丞丁荣,敬服慧萧德行,招其住仁寿寺,以弘扬律藏为务,从学者肩随踵接。义宁中,被拥西城,不亏讲业。及得安静,弥崇法会,成为蒲坂、陕州、晋州、绛州(今山西新绛)一带的五众之师。以贞观十四年(640年)终于仁寿,年七十有三。

智 嶷

智嶷,隋朝高僧。净影慧远的弟子。北周时少林寺120菩萨僧之一。俗姓康,本是中亚康居国的后代,其族北魏时来归,封于襄阳,已历十余世。他24岁时入少林寺,依慧远为师,学习《十地》及《涅槃》等经论,后入关中,住静法寺。隋仁寿年间(601~604年)奉敕去瓜州(甘肃敦煌)崇教寺(莫高窟)下葬舍利。据说智嶷选择定塔基时,有一条黄龙出现于州侧大池中,很多人都目睹了黄龙的牙角身尾,大感神奇。智嶷立即上奏朝廷,因此瑞相,他决定在崇教寺住下来,修持定慧,非重大的事,不出户庭,往来参拜的人也难以见到他。年迈以后,他把寺中的事务交由他人办理,自己则专心修持。唐朝初去世,寿70余岁。

僧 粲

僧粲

僧粲(?~606年),隋朝高僧,佛教禅宗三祖。据说在北齐天保三年(552年),僧粲拜见慧可说:"弟子之身被重病所缠,请和尚为弟子礼忏说罪!"慧可回答说:"把你的罪拿过来,我替你礼忏。"他想了半天说:"我找不到我的罪!"慧可便说:"我已经替你礼忏完毕!你应该按照佛法出家为僧。"他说:"今日我见到大师,已知就是僧人了,但还不知道什么叫佛法?"慧可说:"是心是佛,是心法,法佛无二,僧宝亦然。"他当下领悟,说道:"今日始知罪性不在内,不在外,不在中间,就如心一样,佛法无二啊。"慧可听后很高兴,非常器重他,随即为他剃度出家,并夸奖说:"是吾宝了,宜名僧粲",并把所承的达摩法印及法衣传给他,并念一偈:"本来缘有地,因地种华生,本来无有种,华亦不曾生。"慧可传法后,嘱咐他隐居深山,不可行化,说不久将有法难,要他善去善行,等待时机,传法授人,而他自己必须遇害以酬宿债。慧可之后去北齐邺都传法后来果真遇难。僧粲听从慧可的意见,就一直隐居于皖公山,皖公山即今天的三祖山。后来逢周武帝灭佛毁法,他只好往来于舒州(今安徽潜山)司空山,十余年无人所知。可见禅宗至三祖时,达摩禅仍未有发展的机会。

隋文帝仁寿三年(603年),僧粲往湘潭而经过少林,爱嵩岳寺北"两山壁立,一水玉横","辟榛芜而开山始也",建三祖庵。隋开皇十二年(592年),有沙弥道信前来求法,从学9年,僧粲乃付衣法曰:"华种虽因地,从地种华生,若无人下种,华地尽无生。"传法只口说玄理,不出文记。僧粲把法衣传给四祖道信后,到罗浮山隐居,过了两年又回到皖公山。这时许多人纷纷前来求法问道,僧粲就为四众广宣心法要诀。隋炀帝大业二年(606年)的一次法会上,僧粲在一棵大树下双手合掌,安然而逝。死后,唐玄宗赐谥"鉴智禅师"。

僧粲的重要文献是《信心铭》,它的主要内容就是歌颂"一心不生,万法无咎"。所谓"一心不生",就是不生的佛心。所以《信心铭》开头就说:"至道无难,惟嫌拣择,但莫憎爱,洞然明白!毫厘有差,天地悬隔,欲得现前,莫有顺逆!……六尘不恶,还同正觉。"最后是:"信心不二,不二信心,言语道断,非去来今。"虽然学者们考证,认为《信心铭》是公元九世纪初,一僧人假托僧粲所作,但它充分表达了"悟心"的禅意,也说明了当时禅宗的特色。

洪 遵

洪遵

洪遵(530~608年),隋朝高僧,著名律宗大师。俗姓时,相州人。8岁出家,约550年至552年之间入嵩山少林寺,到进受具足戒时,专门学习戒律。起初,洪遵在少林寺从师于慧光的弟子道云,学习《律藏要典》,并涉及《华严经》、《大智度论》,后来听说道晖在邺都大力弘扬《四分律》,便前往依从。

道晖当时已以律学闻名,有徒众五百,但多以巧媚自通,并不解《四分律》之深义。洪遵解律,从不曲意。刚开始,洪遵没有得到道晖重视,于是他就将道晖作的《四分律》系束起来,捧入佛堂中,说:"我很早就服膺老师,但是老师却不知道,这样的话,师资关系将要不存在了,因此我敢于用文疏仰求师资关系。"后来学人越来越多,洪遵受命讲律。道晖让他登座讲述,洪遵"以戒律旁义,有会他部",讲述出了律部的纤微幽隐之理,听众都很敬仰。此后洪遵专门参与正时的讲解,聚结学徒完成学业。因戒律的旁义有与其他部类经典相会通的地方,于是重新学习《大智度论》、《阿毗昙论》,开发自己的智慧,故往往能得律学奥义。后来,又因心未静,便遍访丛林,求学禅法,佛法日精。

十多年后洪遵又投归律宗,四远僧侣望风而至,佛堂中听众常常超过千人。北齐国主因洪遵在学问上的名声,命洪遵以"内律"治"五众有坠宪纲者",并任命其为"断事沙门"。洪遵"以法和喻,以律科惩,曲感物情,繁诤自弭",劝解了青齐地区连年诤讼的僧众,用戒律条文惩罚了有罪的僧侣,赢得了僧众的爱戴,因而名声远播。洪遵非类不交,所交多名僧大德。在少林寺中时,北齐高僧慧远等常与其讨论教义,通宵达旦而不知倦怠。北周统一北方地区后,周武帝在原北齐故地毁佛,洪遵被迫遁入白鹿洞中,到北周宣帝搜访名僧,洪遵被推荐到嵩岳。

隋时,文帝封洪遵为官,但他仍住在嵩山少林寺内。隋文帝大兴佛教,于长安立涅槃、地论、大论、讲律、禅门"五众",每众各有"众主",选各地硕学大德任之,称"五大德"。开皇七年(587年),洪遵奉敕往京师,成为"五大德"之一。开皇十一年(591年),文帝又敕令洪遵与天竺僧共同翻译梵文佛经。

开皇十六年(596年),又敕请洪遵为"讲律众主",于长安掌管寺院讲律。原先,关中多奉《僧只律》,故洪遵在崇敬寺开讲《四分律》时,应者稀少。于是,洪遵晨讲《法华经》,晚宣《四分律》,名义上讲经,而主旨却在弘律,久而久之便吸引了听众。其结果是原来一直盛行的《僧只律》渐渐被人淡忘,而原来无人问津的《四分律》却得广为传布,极大地促进了律学的发展。

《僧传》谓洪遵仪表儒雅,讲法时神辩如泉,声如钟鼓,引人入胜,可与其匹敌者不多。仁寿二年(602年),隋文帝分舍利建塔,洪遵又被敕送舍利入卫州起塔。四年(604年),洪遵又受命送舍利至博州建造佛塔。每行,常有灵异出现,一时传为美谈。僧传又谓:"遵于京邑,盛开律仪,名骇昔人,而传叙玄宗,其后盖阙。著《大纯钞》五卷,用通律典。"洪遵还应敕担任兴善寺寺主。大业四年(608年)五月,洪遵卒于大兴善寺,春秋七十有九。法砺、道宣等人,皆其法裔。洪遵一生于律学用功最勤,贡献尤著,特别是他的佛教活动先后得到了北齐及隋朝统治者的支持。在此应说明的是,洪遵的律学实得自嵩山少林寺道云法师。《四分律》之所以后来能取代原来佛教界流行的《僧只律》,应与洪遵之大力弘扬密不可分。

灵 干

灵干(535~612年),隋朝高僧。善讲《华严》、《十地》。灵干住少林寺7年(580~587年),虽蒙厚供,而形同俗侣。开皇三年(583年),灵干在洛阳城南净土寺落采(剃度)。而这净土寺,即玄奘出家之地。后来他也受诏入长安(587年),住大兴善寺,仁寿三年(603年),成为该寺寺主。此寺在今西安市城南的大兴善寺公园内。同年,灵干"受敕送舍利于洛州",置塔于"汉王寺"。洛州的"汉王寺"就是今登封市嵩山玉柱峰下的"法王寺"。此寺的功德主原是隋炀帝的弟弟汉王杨谅。后来他举兵叛乱,成了逆臣贼子,人们因此闭口不谈这段因缘,"汉王寺"也就更名为"法王寺"了。法王寺后面有灵干督造的一座高约40米的15级密檐方塔,实际上就是一座舍利塔。

法 砺

法砺(569~635年)隋朝高僧,律宗"相部宗"的创始人。灵裕的弟子。从静洪律师学习《四分律》,又从恒州洪渊听《四分》大义,后往江南寻访《十诵律》,未得师资而返回,随缘开导,直至唐初。与慧休合撰《四分律疏》10卷、《羯磨疏》3卷。自"贞观之治"以后,少林寺有一批律师,研讨戒律,"虚求一义,洞真谛之源",法砺就是其中之一。其弟子有明导、昙光、道成、满意、昙遵等人。法砺去世后,嵩山少林寺就成为阐扬相部宗律学的一个重镇。唐玄宗时,相部宗由昙一传播到会稽的开元寺,传到了长江以南。

智 命

智命,隋朝高僧,嵩山荥阳人。《续高僧传·释智命本传》、《诗纪》载:初仕隋为羽骑尉,逃官流俗,备历讲会。及元德作贰。杨素荐之,迁为中舍人。越王即位,历官御史大夫。伪郑开明,连任不改。频请郑主为国修道。不遂。乃剃发,法服擎锡,迳至宫门。王世充怒,敕下斩之。智命口咏般若,索笔题诗:

幻生还幻灭,大幻莫过身。安心自有处,求人无有人。

道 岳

道岳(568~636年),随朝高僧。俗姓孟,嵩山洛阳人。15岁从僧粲法师出家,后从志念、智通二师学成实论、杂阿毗昙心论,并从九江之道尼学摄大乘论及俱舍论。隋代大业八年(612年),受召住于大禅定道场。贞观中太子李治召诸硕德集弘文馆殿讲义,他发言如流,为太子嗟赏,遂为普光寺任。专精于俱舍论之研究,著俱舍论疏20卷。另据《续高僧传》卷十三载:师曾整理真谛口述、慧恺笔受之俱舍论注疏,成书22卷。另著有《十八部论疏》等。道岳示寂于贞观十年(636年),世寿69岁。其兄弟6人,共3人出家。兄明旷(?~632年)精于大智度论,弟明略(572~638年)特善涅槃经。

慧 满

慧满,隋朝高僧。俗姓张,嵩山荥阳人。曾投僧那禅师门下参禅。志存俭约,唯蓄二针。自言一生心无怯怖,身无蚤虱,睡而不梦。常行乞食,住无再宿。所至伽蓝,则破柴制履。自言一生心无怯怖。贞观十六年(642年),任嵩山会善寺住持。其后,迁住相州(河南)隆化寺。与师僧那禅师共传《楞伽经》4卷。以为心要,如说而行。后于陶冶中无疾坐化。年70余坐化于洛阳。

道 信

道信(580~651年),隋唐高僧,禅宗四祖。道信,俗姓司马,原住河内,后迁居蕲州广济县。隋开皇十二年(592年)时,他才14岁,还是个小沙弥,他去礼拜三祖,向他求解脱法门。他见到僧粲施礼说:"愿和尚慈悲,乞与解脱法门。"三祖说:"谁缚绑你了?"他说:"无人缚绑。"三祖说:"既无人缚绑,那你为什么还来要求解脱呢?"他一听此话,便言下大悟。于是就跟随三祖,成了他的近侍。道信请教师父:"古时佛的心是什么样的呢?"三祖反问他:"今天你的心是什么样的呢?"道信说:"我现在没有心。"三祖说:"你既然无心,诸佛难道会有吗?"他顿时释疑心。在僧粲身边服侍九载后,才在吉州(就是庐陵)受戒接法。三祖屡次以玄微之理来试他,发现他确实是最堪传授的,于是便传付衣法于他。传法偈为:"花种虽因地,从地种花生,若无人下种,花地尽无生。"三祖传法后又到司空山(今安徽太湖县境内)隐居,而道信则留在皖公山继续修道。后来因朝廷寻访贤良之士,道信被允许正式出家。

道信

四祖道信从僧粲处得衣法后,一心精进,不敢有一丝懈怠,相传他在60年中,胁不着席。隋末唐初,道信曾在吉州、蕲春等地传法,吉州一度曾遭反政府军事力量的围困长达70多天道信为缺水的百姓从城外运来水,并提出解围的办法。后来道信到湖南衡山修道,路经江西九江,被庐山道俗留居大林寺。这说明他当时在皖赣一带已有一定的威望。大约在唐武德七年(624年),蕲州(治所在今湖北蕲春)僧众请道信到湖北黄梅。道信在僧俗的支持下,在双峰山下建成了寺院——后来被称作"四祖

寺"。因他住此山时改为双峰山,丛林中遂称其为双峰道信。这一住就是30多年,在弘忍以前,黄梅双峰山已成为著名的道场。这双峰道场,使道信声誉大兴,当时的从学弟子有500多人,其中不乏远道而来者,道宣描述为"无远不至"。道信传法甚广,又因他首先组织了禅宗僧团,所以有人主张道信是禅宗的创始人,实际上禅宗成立在理论上的标志是其革命性理论体系的建立,而这由慧能完成的。

道信主张"心净即佛土"、"心即佛",他改变了先师重口传而不立传的传统,开始著书立说。在修行方法上,不同于先师到处游化苦修头陀行的方法,开始定居寺院。他曾在嵩山少林寺20余年,收门徒数百人。道信曾写过一本《入道安心方便法门》,他说:"我此法要,依《楞伽经》诸佛心第一,又依《文殊说般若经》一行三昧,即念佛心是佛,忘念是凡夫。"这个一行三昧,是道信禅法的特色。一行三昧,从理上说,是要观真如法界的平等之相,即所谓"法界一相,系缘法界,是名一行三昧"。从事上说,是指坐禅门,念佛法门。从本质上讲,一行三昧也是任心运作的无修之修,他强调:"身心方寸,举足下足,常在道场;施为举动,皆是菩提。"

唐贞观年间,唐太宗因为仰慕道信祖师的德风,曾4次下诏命道信赴京,他均称疾不就。最后一次,唐太宗对使者说:"如果道信再不肯来,那就把他的头拿来给我。"使者把这个意思告诉了道信,他毫无惧色,引颈就刃。反把使者给吓住了。太宗听后,更加仰慕,自然也不再强迫他进京,还赐给他许多珍宝,经遂其志。唐高宗、武则天也曾多次征召他进京,他都不受命。道信传法甚广,世称"东山法门"。高宗永徽二年(651年)九月四日,四祖道信去世。弟子弘忍、玄颐等为他在山上建慈云塔供养。据说一年后的四月八日,塔门忽然无故自开,道信的面貌如生时一般,自此,门人再也不敢关闭塔门。

大 志

大志,隋朝嵩山高僧。姓顾氏,山阴人。出家师事天台顗禅师,名为大志。开皇十年(590年)行庐岳,住峰顶寺,诵《法华经》。后于莲华山甘露峰南,建静观道场,禅业无断。会大业并除流徙,乃变服毁形,在佛堂中高声恸哭,三日三夕,初不断绝。寺僧慰喻,大志曰:"余叹恶业,乃如此邪。要尽此形骸,申明正教耳。"遂往东都上表,曰:"愿陛下兴显三宝,当燃一臂于嵩岳,以报国恩。"帝许之。敕设大斋,七众通集。大志不食三日,登大棚上,烧铁烙臂,以刀截断,布裹蜡灌下,火燃之,光耀岩岫。于时大众皆痛心贯髓,踧踖不安,而大志辞色不变,时诵法句,赞叹佛德,为众说法不绝。大志臂烧既尽,乃下棚,七日入定,跏坐而卒,时年43。

释昙光

释昙光,唐朝律学高僧。俗姓张,汴州(今河南开封)人。自幼及长,洁志清范。《续高僧传》卷22《洛州敬爱寺释昙光传》载:昙光曾受教于砺、烁两师,逮至而立之年,已盛明律藏,命宗章义,受人推崇。砺师叹曰:"使吾道流河右,诚此人乎!"又往玉法师所,听《法华经》、《地论》,往嵩岳相禅师处修学止观。唐麟德年间(664~665年),东都洛阳天宫寺需要住持,以昙光德望,敕召合住,"四方律学,莫不咨询","房宇门人。肩联踵接"。昙光本来就"盛明戒律",又在嵩岳相禅师处修学过止观,以博学被召入东都洛阳天宫寺任住持,随其就学者甚多。这说明他在律学方面的造诣相当深厚。

道　安

道安(582～709年),盛唐时期第一个到嵩山落迹的禅宗五祖弘忍的十大弟子之一,一生历经两朝八帝,受封国师,是唐代佛教中禅学造诣厚、德高望重的老禅师。赞宁《高僧传》云:释慧安其貌端雅,绀瑗青目(发黑里透红、瞳青里透红,颇类传说中的佛祖)。

道安俗称李氏、卫氏,亦称慧安、老安,隋文帝开皇二年(582年)生于湖北省枝江县。隋开皇十七年(597年),他落发出家。大业年间(605～618年),炀帝征调大批丁夫开挖通济渠,工地上"饥殍相枕",道安和尚四处化缘,救济饥民,名声显露。隋"炀帝屡令征调,他避而不赴,潜隐在太和山中"。后来,他得知禅法五祖弘忍大师在湖北黄梅双峰山东山寺传授菩提达摩大乘禅法,便到黄梅投弘忍门下参学。弘忍大师

道安

初见这位已经白发苍苍且比自己年长20岁的老僧仍志求大法,内心十分感动,当即答应收下这位老门人,而且他从不叫其名,而称"老安"。道安参禅虔诚,进步很快,不久"便得心要"。

道安在黄梅参禅的时候,神秀和尚也在这里求法。弘忍大师对这两位弟子都十分赞赏,常说"予常有愿,当令一切。俱如妙门,获所安乐,学人多矣,唯秀与安,惜其才难也……今法要当传,付此二子,吾无忧哉!"后来,道安听说弘忍大师要把禅要传付给自己和神秀,又"顺退避位,推美于玉泉大通(神秀)。"别的同学劝他应当"高让名、闻坚进。"道安却反而劝同学们,说:"山涧树下,难可厌舍。丰石足以枕依,香泉足以澡漱,与道而漫,不乐何求。"他随即离开黄梅,云游到终南山。唐高宗慕其名,屡次礼召。他避而不奉,又离开终南山东行。

唐高宗麟德元年(664年),已经82岁高龄的道安和尚,来到中岳嵩山。看到这里山清水秀,林深谷幽,他高兴地说:"是吾终焉之地也。"从此,道安和尚在嵩山会善寺传法45年,直到灭度。在他传法其间,禅徒云集。一日,坦然、怀让两位僧人来参问道安禅师:"什么是祖师西来意?"道安说:"为什么不问自己意?"他要求弟子们从内心本体上去证悟,而不是向外索求。

道安国师在嵩山所传禅法内容,《高僧传》和《嵩山故道安禅师碑》均无记载,不得而知,但从武则天和唐中宗都尊其为国师,就足以说明,道安是一位禅学造诣很深的老禅师。武则天游历中岳时,曾多次到道安禅师居所拜访,并拜道安为国师。天册万岁元年(695年),武则天诏嵩山道安国师入禁中问道,与神秀禅师同被钦重。武则天曾经问他有多大年龄,他说记不得了。武则天又问:"为什么自己的年龄都记不得呢?"道安说:"生死之身有若循环,环无起尽焉,用记为?况识心流注无有间断,见沤起者乃妄想耳。从初识到动相灭时,亦只如此,何年何月可记乎?"他认为生死循环,本属自然,生则洒洒脱脱,死则安安然然。武则天听完这番话后,"叹美久之"。时道安春秋百岁有余,天下人都尊称其为"老安国师"。唐中宗即位,更加钦重禅师,于神龙二年(706年)召道安"入禁中供养",赐紫袈裟1件。神龙三年(707年),唐中宗赐道安国师紫袈裟和丝绢,度弟子14人,又赐摩纳1副。后道安便辞别又回到嵩山少林寺。

道安国师在嵩山传法45年,在他门下参禅的数以千计,最著名的有27人。洛阳福先寺仁俭禅

师,嵩山嵩岳寺破灶堕禅师等都是道安国师的门生。就连南岳怀让禅师,嵩山嵩岳寺元圭禅师和会善寺净藏禅师,都是先在道安国师门下参学数年后,又分别去从慧能和法如的。

唐中宗景龙三年(709年)三月三日,道安嘱咐门人,说:"我死后,将尸体放在林间,待野火自焚,不要违背我的意愿。"随后,迈向和尚前来拜见,道安拉着他的手,说了一会儿话,旁边的人都听不懂他在说什么。至三月八日,道安关上门,奄然而逝,终年128岁。野火焚尸后,得舍利80粒,内有5粒紫红色的,晋献给皇上,其余的施给别处造塔供奉。

志 操 惠 玚 昙 宗

志操、惠玚、昙宗,隋末唐朝少林寺武僧。据唐裴漼《少林寺碑》及《赐田牒》载:武德四年(621年)四月,秦王李世民攻打洛阳时,洛阳郑国皇帝王世充的侄子王仁则驻守在辕州,驻守柏谷庄的少林寺主僧志操、都维那僧惠玚和昙宗等13名武僧夜间攻入王仁则大营,生擒王仁则,并将其送于李世民,唐军乘势击败王世充。四月三十日,李世民为表彰志操、惠玚、昙宗等13名武僧的功绩,特颁《告柏谷坞少林寺上座书》于少林寺,同时要封13僧为官,但由于志操、惠玚、昙宗只愿出家礼佛,不愿为官,于是,李世民赐少林田地40顷,水碾一具。参战僧均得封赏,释昙宗犹以功受赏,被封为昙宗爵大将军。因秦王李世民与王世充曾多日战斗在嵩洛之间,由于志操、惠玚、昙宗等的助战,使之战局获得了决定性的胜利。因此,得到了李唐王朝的大力表彰,使少林寺从此走向昌盛。

玄 奘

玄奘

玄奘(600~664),唐朝嵩山旅外高僧,举世公认的中国佛教史上最伟大的人物,杰出翻译家、佛学家。玄奘,俗姓陈,汉代陈仲弓的后代,嵩山北麓偃师缑氏人。其祖父陈康,在北齐任国子博士。其父陈惠早年就精通儒家经学,任江陵县令。其兄陈素出家为僧,就是著名的长捷法师,住在东都净土寺。因玄奘少年时期即遭受贫穷和灾难,所以长捷法师就把他带在身边,每天都向他传授佛教精密的义理,还教给他辩论的技巧。玄奘聪明灵慧,学法极有天资,11岁时即诵读《维摩诘经》、《法华经》,并被获准剃度。从此,玄奘便有卓异之志,念诵、阅读佛经没有一点空闲。他不与寺中朋辈为伍,并劝告这些经常嬉戏玩耍的沙弥说,要得到涅槃佛理,不能这样白白浪费生命。玄奘对于那种见贤思齐的志向,尚且轻视而不取,认为只有出类拔萃,才是自己的志愿。

当时东都慧日道场,讲解佛经的法席很盛大,《涅槃经》、《摄大乘经》的讲解轮番不断。玄奘经常在法席中听讲,并日夜思索探究。寺里的僧众看重他的学业功力,便免除了他在寺中的杂役。因此,他得以专门接受学业,15岁时声望远播,他的老师和朋友都感到光荣。

隋大业末年,玄奘与哥哥前往追随道基法师,先后在长安和成都听法,对于大论和玄妙的义理可以做到悟入义旨而遗弃其语言文字,并能运用自如。当时人们都惊叹于他超常的记忆力和悟性,道基常常感叹地说:"我从少年时就游学讲席,从没有见过像玄奘这样少年时就有如此好的理解能力的。"

唐武德五年(622年),玄奘20岁时,就为众多学问高深的僧徒讲解《阿毗昙心论》,他不用看文字,其解释就像泉水一样涌注无穷,当时人们都将玄奘看作神人。后来他离开哥哥,北上拜精通《成实论》的道深为师,仅用10个月就学完了《成实论》。之后,他又前往邺城,拜在佛理方面声望高远的慧休为师,专门学习《杂职权毗昙心论》和《摄大乘论》,仅8个月就领悟了其全部义理。慧休对玄奘的悟解能力非常惊异,赞叹说:"世间少有如此奇才。"他还拜道岳为师,学习《俱舍论》,用一年时间精通了该论的至极之旨。当时佛教的领袖人物僧人法常主持法会时,玄奘一连问了10个问题,都是佛法的玄奥义理,讲席中的英才闻所未闻。由此,玄奘的声誉在僧徒中迅速流传,在京城独擅声名。

玄奘立誓前往天竺,舍身殉命学习那些没有传入中国的佛教义理。29岁时,他毅然向朝廷上奏赴天竺取经,之后便历尽艰险,经过几十个国家来到印度,又辗转游历了印度各国。他在著名的那烂陀寺参拜戒贤法师和胜定论师,学习了《唯识抉择论》、《成无畏论》、《破大乘论》,并将自己撰写的《会宗论》和《制恶见论》呈给戒贤法师,人们都说玄奘穷尽了天下劲敌的理论。玄奘在印度受到戒日王的顶礼膜拜,并为他举行曲女城大会,戒日王请玄奘升上法座,命令众人提出驳难,一连18天都没人敢提出疑问。

贞观三年(629年)至十九年(645年),玄奘往返行程5万里,完成艰苦卓绝的西行求法壮举,从印度带回大小乘三藏经典520夹657部及佛像、舍利、佛足印等。玄奘回国后,唐太宗亲自召见。唐太宗要他根据游历见闻修西域传,并劝他还俗从政,他力辞并请求翻译自己带回的657部佛经,唐太宗即命京师留守梁国公房玄龄专门负责监护翻译工作,所需物资由国家供给。玄奘先后在长安弘福寺、大慈恩寺译经,翻译了《菩萨藏》、《瑜伽师地论》百卷的大部,唐太宗为之写《大唐三藏圣教序》,皇太子写了《述三藏圣教序》。玄奘希望将少林寺作为自己最终栖托之地,为国家翻译经典。唐太宗贞观十九年(645年)二月上书皇帝,请求"望为国就彼(少林寺)翻译",但未获允;唐高宗显庆二年(657年)九月三十日,玄奘再次请求入少林寺翻经,唐高宗也未允准。高宗让他居住在为皇太子建造的西明寺及玉华寺。在玉华寺期间,玄奘法师翻译完成了682卷佛经,其中600卷煌煌巨典《大般若经》就是在这里翻译完成的,该经被誉为"诸佛之智母,菩萨之慧父"、"镇国之巨典,人天之大宝"。

玄奘是中国译经史上一位划时代的人物,译经是玄奘对佛教的主要贡献之一。玄奘对梵文的造诣精深,所译各籍都是亲自主译,译经名相精确,既校正了旧译之讹谬,又使文义贯连,词句典雅,开辟了中国译经史的新纪元。后人把玄奘以前的译作称为旧译,称玄奘所译典籍为新译。中国佛教的代表性翻译家竺法护、鸠摩罗什、真谛、义净、不空等译三藏经典总数为469部1222卷,而玄奘一生在弟子的帮助下共译经76部1347卷(一说75部1335卷),计1300多万字,包括因明、对法、戒律、中观、瑜伽、唯识诸科。印度佛教全盛时期的精华宝典,经玄奘之手几乎悉数转译中土。玄奘还应东印度童子王的请求,将中国的《老子》一书译成梵文,流传于印度,又把中国流传的印度僧人很想一读的《起信论》译为梵文传到印度,这些做法大大促进了中印学术文化的交流。另外,玄奘的旅行记《大唐西域记》是关于7世纪前半期中亚细亚和印度的地理、风俗、文化、宗教等的珍贵文献。

玄奘对中国佛教的另一个主要贡献是创宗。他是中国佛教史上大乘部法相唯识宗的创始人。他所创立的这种佛教思想理论体系在阐释佛教哲学名理上的意义很大,极大地丰富了中国思想文化宝库。贞观二十二年(648年),太子李治为纪念亡故的母亲文德皇后扩建无漏寺,该寺又被称为"慈恩寺"。玄奘迁往慈恩寺,在这里创立了佛教唯识宗。永徽三年(652年),为专门安置从印度带回的经籍,玄奘在高宗李治的诏令下亲自督造慈恩寺塔。

玄奘在玉华寺译经期间,根据自己从印度带回的佛足印拓片而精心雕刻的巨大而华美的佛足印石刻,经考证是我国现存最早的一块佛足印雕刻,至今已有1300多年的历史,是一件不可多得的国之瑰宝。佛足印石刻的题记部分正是玄奘当年亲笔所书,是目前所能确知的玄奘的亲笔字迹,具有重要的文物价值。对于佛教文化界,这源自佛教故乡印度的佛迹,对中印佛教文化交流的历史更具有不可替代的非凡意义。历史上,嵩山白马寺、少林寺、慈云寺内都立有明代刻立的《释迦如来双迹灵相图碑》,碑文称《西域记》上说,此为释迦如来示寂前留下的最后遗迹。玄奘西天取经时将图取回,唐太宗令刻于石,以此广传。

玄奘69岁时,安然圆寂于玉华寺,葬于白鹿原。下葬那天,沿途40里都是送葬的老百姓和僧众。后来,皇帝又下特别敕书,改葬在樊川。现在嵩山北麓他的家乡建有唐僧寺,以资纪念。

弘 忍

弘忍

弘忍(602~675年),唐朝高僧,佛教禅宗五祖。《楞伽入法志》云:弘忍俗姓周氏,其先浔阳(今江西九江)人,后移居黄梅(今属湖北)。父亲早亡,依母度日。他天性聪慧,少儿时随母乞食,所见所闻,无论难易,一一晓明。据《景德传灯录》记载,唐高祖武德七年(624年)的一天,四祖道信到黄梅去,路上遇一小儿,骨相奇秀,与一般儿童不同,便问:"你姓什么?"那小儿答:"姓倒是有的,但非常姓。"四祖又问:"是何姓?"小儿答:"是佛姓。"四祖有些不耐烦了,又问:"你没有姓吗?"小儿答:"性空,所以没有。"四祖大为欣赏,知道这小儿法器非常,以后必能大兴佛事,于是让侍者到他家里,乞令出家。四祖收7岁的小儿为弟子,并为其取法名"弘忍"。后道信"密会法衣,以为质要",成为道信禅法的继承人。

出家后,四祖常以禅宗顿渐宗旨考验他,他触事能解,甚得四祖禅法。弘忍在湖北黄梅破头山东面的冯茂山另建道场,取名"东山寺",在那儿开创了"东山法门"。东山法门实际包括了道信、弘忍两代禅师的禅学。弘忍曾30年不离道信左右,尽得其禅学思想精华。他以后宣传的禅学思想,也与道信一致。弘忍继承了四祖的衣法,仍然采取静坐、调身、调息、调心等传统的禅定修习形式,如"好好自安自静,善调诸根"、"好自清闲静身心,一切无所攀援,端坐正念,善调气息"之类。他自己长期坚持坐禅,"昼则混迹圹给,夜禅坐摄至晓;未尝懈卷,精至累年"。另一方面,弘忍又继承道信的观点,进一步强调心的重要性,而慧能有以心为本体的主张是秉承乃师的。关于自心本来清净,他也有明确论述:"众生身中有金刚佛性,犹如日轮体明圆满,广大无边,吸为五阴黑云之所覆;如瓶内灯光,不能照辉。譬如世间云雾,八方俱起,天下阴暗,日岂烂也,何故无光?光元不坏,只为云雾所覆。一切众生清净之心,亦复如是。只为攀缘忘念烦恼诸见黑云所覆,……故知自心本来清净。"这对慧能的禅宗理论有直接的启示意义,慧能"顿悟成佛"的理论的重要根据就是"自性清净"。

东山禅风一时大盛,因为时人多羡慕弘忍是达摩的正统,求法者多到他那里去修学,他常劝人读《金刚经》。弘忍门下弟子很多,见于各种记载的就有25人,而被认为能传其禅法的有11人,这些人分布在全国,各为一方师,聚徒说法,声震朝廷,其中道安、法如就在嵩山少林寺、会善寺传法。因此,自达摩以来,禅宗真正的发展壮大,可以说始自弘忍门下。弘忍的两位弟子,慧能和神秀,一南一北,一宗《般若》,一宗《楞伽》,一倡顿教,一创渐教,开创了中国禅宗最辉煌的历史。

弘忍于唐咸亨五年(674年)二月十六日面南宴从而逝,春秋74岁。唐代宗敕谥"大满禅师"。弘忍著作未见记载,有《楞伽师资记》及《宗镜录》等散录片断法语。据传《最上乘论》为其所作,然学者多有疑问。在公元8世纪上半叶成书的净觉的《楞伽师资记》(敦煌卷子)里,对弘忍有如下评述:"其忍大师萧然静坐,不出文记。口说玄理,默授与人。在人间有《禅法》一本,云是忍禅师说者,谬言也。"

神 秀

神秀(606~706年),唐朝高僧,佛教禅宗六祖,禅宗北宗的创始人。神秀俗姓李,汴州尉氏(今河南开封西南)人。他自幼出家,除读佛经外,还广读儒道经书,博学多闻,年轻时在洛阳天宁寺受具足戒。宋《高僧传·神秀传》曰:"少览经史,博综多闻","游问江表,老庄玄旨,书易大义,三乘宏论,四分律义,说通训诂,音参吴晋"。他46岁时前往蕲州黄梅东山师事弘忍,开始以打柴提水等杂役服劳6年,渐为弘忍器重,受《楞伽经》义和禅法,命为上座,并令为"教授师"。

神秀

据传弘忍选法嗣时曾令门人各作一偈,神秀作偈:"身是菩提树,心如明镜台,时时勤拂拭,勿使惹尘埃。"弘忍不满意神秀的偈语,遂将法衣传与慧能。

神秀辞别弘忍,回荆州当阳山玉泉寺隐居。弘忍圆寂后,神秀在荆州当阳玉泉寺大开禅法,宣传渐修法门。神秀的北宗禅法忠实地继承了道信和弘忍的东山法门。神秀禅法认为"心者万法之根本",唯有"观心"才是成佛的简便方法,通过"观心"达到所谓"除三毒"、"净六根"的修行目的,并以"观心"取代念佛,认为通过"观心""摄心内照,觉观常明,绝三毒心,永使消亡,闭六贼门,不令侵扰",最后达到解脱。弘忍曾感叹地说:"东山法门,尽在秀矣。"当时神秀的影响比慧能大,北宗的势力更比南宗强。永昌元年(689年),嵩山法如圆寂,众请出世,推让不获,乃继领其众。

在神秀传法的20多年中,四面八方从他就学的弟子很多,"就者成都,学者入市",以至"庵庐雁行于丘埠"。武则天听到他的盛名,于久视元年(700年),把年过九十的他召到洛阳,亲加礼拜。见面后问他:"所说之法,谁家宗旨?"答:"蕲州东山法门。"宋之问《为洛下诸僧请法事迎秀禅师表》中说,武则天早已"梦寐斯人"。据张说《大通禅师碑》说,神秀入京时,武则天不计君臣之别,屈万乘之尊,亲加跪礼迎请:"趺坐觐君,肩舆上殿。屈万乘而稽首,洒九埋而宴居。传圣道者不面北,有盛德者无臣礼",并置于内道场供奉。武后经常向他问道,并命在当阳山置度门寺,在其老家河南尉氏置报恩寺,以表彰他的功德。每逢神秀出行,各地的刺史以及各级官吏、仕女,皆闻风前来,夹道相迎,有时甚至因为人多而堵塞了道路。当时王公以下及京都士庶争来谒见,望尘拜伏,日以万计。中宗即位,对他更加礼敬。唐睿宗对神秀也极崇敬,于是遂推为"两京法主"、"三帝门师",两京指西京长安和东都洛阳,三帝指武则天、中宗、睿宗。这一称号足见神秀在佛教界的地位。当时流行着这样一句话"北宗门下,势力连天"。他在北方提倡渐悟法门,被称为禅宗北祖。

神秀在东都洛阳住了6年,于神龙二年(706年)在天宫寺圆寂,去世时已有100多岁,中宗为之送葬至洛阳午桥,赐谥为"大通禅师",并下诏于嵩山辅山顶为之造十三级浮图,这在中国佛教史上是空前的事。

神秀的法嗣普寂、义福阐扬宗风,声名最为显著,以至于"两京之间皆宗神秀"。普寂以神秀为禅宗正统六祖,自立为七祖。

义 净

义净

义净(635~713年),唐朝佛学家、翻译家、旅行家。有史学家说:在唐代佛教史上,只有义净三藏可以与玄奘媲美的伟大人物。他们都是长期留学印度的大佛学家、历经数十国的大旅行家和主持译场的大翻译家。若有不同,那就是玄奘侧重于法相唯识学的研究,而义净侧重于律学的研究;玄奘是横渡流沙,循陆路而往返;义净则是乘风破浪,遵海路而去来。

义净俗姓张,字文明,原籍范阳,高祖时徙居齐州(治所在今山东济南),故史书多称他为济南人。唐贞观九年(635年)生,8岁时双亲把他送到泰山朗公谷的神通寺,托付给善遇和慧智两位和尚,学习佛法。神通寺是著名的高僧竺僧朗卜居之地,南燕主慕容德钦尚其名,为之造寺。这里峰岫高险,水石壮阔。善遇和慧智法师对义净十分关怀,"若慈母之育赤子",倾注心血。此后随师到距齐州不远的土窟寺居住学习佛法主儒道经史等,从而具备广博的知识。年20受具足戒,此后集中学习佛教戒律。

当时,律学三大派,各说各的理,彼此矛盾。慧智则教义净独立思考,"枯木死灰之言,何足凿其心眼","不知过去因,不说未来果",启发他西行求法,探寻究竟。他使义净明白了"莫纵百氏而虚弃一生"的求真求实,不死读经论的道理。

后来外出历访名师,学习大小乘经论。咸亨三年(672年),久已立志西行求法的义净终于有了西行的机会。岗州(广东省新会)有一冯姓的官吏愿资助他西行求法。当义净到了广州,准备登上波斯船出海时,当初结伴的10人中有9人都打了退堂鼓。义净毅然携惟一门人善行,乘船从海路到西天求法。

义净经羯荼、裸人国等地,于公元673年末到达东印度的南界——"耽摩立底"(今他姆鲁克,在恒河支流胡格利河沿岸)。他在这里遇到了越南僧人大乘灯禅师,并跟他学习梵语。他在印度巡访佛教圣地,寻师求经,学习佛法。一年后,义净终于走到了玄奘曾学习过的那烂陀寺(今比哈尔邦巴拉贡附近),在那里学习长达10年之久。

那烂陀寺历史悠久,公元5至12世纪一直是印度佛教的学术中心,公元12世纪末遭入侵的穆斯林毁坏。义净在那里时,此寺分为八院,僧众3500人,寺院的经济来源,由201所寺庄供应。义净仔细地考察了印度寺院的生活、管理、机构等,同时,对印度的社会制度、医药、服饰、饮食乃至计时用的"水漏"等,都认真观察、记录,从中比较中印两国的差别,为后人留下了大量的珍贵资料。

离开此寺后,义净乘船到南海诸国游历,继续求法。其中,在今印度尼西亚苏门答腊岛就从事了7年的译经和写书,65岁才返回祖国。武周证圣元年(695年)五月,武则天在神都洛阳的上东门外举行盛大仪式,欢迎游学印度24年的义净三藏归国,洛阳各大寺院都派僧人前往欢迎,浩浩荡荡地把义净送到佛授记寺。义净先后在东南亚、南亚30余国游历,他带回了梵文经、论、律典籍近400部,合50万颂;又带回金刚座佛像一铺,佛舍利300粒。

义净出国前(672年以前),中国律学界正处于争论不休、莫衷一是的境地。南方重视《十诵律》,北方虽宏《四分律》,但也有研究《僧祇律》的。道宣的南山宗,法砺的相部宗,怀素的东塔宗,各阐其说,"神州持律,诸部互牵。"义净认识到了这些分歧,所以在印度僧人投恒河自杀、上伽耶山跳崖,有的自饿至死,有的上树投身,他就请教最有权威的世尊,对此种种舍身行为发表见解。世尊认为这些行为都属于"外道","深乖律典",是不可取的。义净认为,正宗的律典是依据"根本说一切有部"而作的律藏,不应该将其他部的律法糅入其中。有部律藏可区分为法护、化地、迦卑三部分,只在乌苌国、龟兹于阗国有人实行。即使在印度本土,有部律也未能实行。义净回国后,广译有部律藏,共18部206卷。在长安四年(704年)以前,已译出《根本萨婆多部律摄》20卷、《根本说一切有部毗奈耶》50卷、《根本萨婆多部羯磨》10卷等。

为了实践有部律,唐长安四年(704年),义净来到嵩山少林寺,与少林寺主僧义奖、上座智宝、都维那大举、法济等人在少林寺建造戒坛传法,并临坛传授戒律。重结戒坛,标相永定,使名为"小戒"。义净还亲自书撰了《唐少林寺戒坛铭》,于唐开元三年(715年)刻石立于少林寺。由此可见,当时嵩山少林寺还是禅律共居、以律为主的佛教寺院。可惜的是,戒坛今已无迹可寻,碑已无存。

义净归国后主要从事佛经翻译工作,得到了武则天和唐中宗、唐睿宗的支持,先后在嵩山少林寺、长安大荐福寺、洛阳福先寺翻译佛经,共译经68部289卷。还写有《南海寄归内法传》和《大唐西域求法高僧传》。此外,义净对培养年轻人亦颇为关注,特意编写了《梵唐千字文》、《悉昙章》等入门读物,以方便年轻人学习梵文。《梵唐千字文》一书在中国久佚,现在日本"东洋文库"中尚保存有日本僧人的抄本。

义净于先天元年(712年)去世,终年79岁,丧事费用由官府所出,建塔于嵩山北麓龙门北边的高岗上。

玄 照

玄照,唐初西行取经的高僧。太州仙掌(今陕西华阴市)人。玄照一生曾两次赴古印度取经,最后客死于奄摩罗跛国,其经历非常坎坷不幸。玄照法师西去取经的路线和玄奘一样,先经过河西走廊,穿过新疆,翻过帕米尔高原,先到东亚,再从东亚向南到印度。但是玄照却没有像法显、玄奘等其它人一样走。而是跑到吐蕃境内找到文成公主,在文成公主帮助下穿越喜马拉雅山山口才到了印度。为什么走这么大的弯路呢?有学者分过,有可能他去的时候正碰上印度戒日朝国的戒日王去世,国中大乱,干戈四起,道路阻断,他无法直接进入天竺境内。所以,他只好先进入吐蕃,在文成公主帮助之下,才来到天竺。玄照法师求学印度,其中在那烂陀寺求学3年,跟随胜光法师学写了《中论》、《百论》等论,又随宝狮子大德学习《瑜伽师地论》,后又游学印度其他寺院,并参访圣迹。玄照法师在印度求经之后碰到了唐朝使臣王玄策,王玄策回到唐朝以后向唐朝讲了玄照法师的经历,这时候唐太宗去世,高宗继位,高宗也非常同情和钦佩玄照法师,又派王玄策去印度召玄照法师归国。公元662年,王玄策奉旨接玄照回国,"五月之间,途经万里",找到玄照,返回了国内。玄照"于时鳞德年中,驾幸东洛。"《大

《高僧玄照》封面

唐西域求法高僧传》载,乾封元年(666年),唐高宗又派玄照到克什米尔迎请三位高僧到唐朝来,玄照不辱使命又去了,在去克什米尔的时候他再次去了印度。这一次,玄照于咸亨五年(674年)在那烂陀寺见到了到印度取经的义净大师。玄照第二次去印度想返国的时候,亚洲大陆的国际政治形势发生了重大的变化,他回不来了。唐太宗去世以后,吐蕃与唐朝关系恶化,双方爆发了长时间的冲突核战争。所以,尼泊尔到吐蕃的路拥塞不通,因为阿拉伯帝国的兴起,大军直逼印度边境,从印度西北部,东亚那条路也不通了。因路途阻塞,玄照法师无法归国传法,只好留在印度,"每有传灯之望,而未谐落叶之心"最后在中印度染病身亡,春秋六十余矣。义净大师有悼诗云:

卓矣壮志,颖秀生田。频经细柳,几步祁连。
祥河濯流,竹苑摇芊。翘心念念,渴想玄玄。

专希演法,志托提生。呜呼不遂,怆矣无成。
两河沉骨,八水扬名。善乎守死,哲人利贞。

玄照在嵩山地区活动时留下的遗迹有位于龙门万佛洞门外南侧金刚力士北侧的"僧玄照造像记"。

法 如

法如(637~689年),唐朝高僧,佛教禅宗五祖弘忍的嫡传法嗣,"定门之首",禅宗六祖之一。法如俗姓王氏,唐贞观十一年(637年)出生在山西上党(今路城县)。唐显庆元年(656年),年仅19岁的法如就志求大法,在湖北省澧阳县礼"游无定所"的慧明大师出家。后经慧明大师介绍,于唐显庆六年(661年)在湖北黄梅双峰山东山寺投弘忍门下,学"三昧"禅法。弘忍一见到法如,便视其为上足,"默辨先机,即授其道,开佛密意,顿入一乘。"法如参学认真努力,很快就"数缘非缘,两种都尽,到清凉池,入空寂舍,不动真际而知万象者也。"他在弘忍门下"始终奉侍,经十六载"。唐永淳二年(683年),法如禅师在弘忍灭度10年后,回到禅宗祖庭嵩山少林寺。唐垂拱二年(686年),"四海标领僧众,集少林精舍,请开禅法,再振玄纲。"

法如在少林寺主要传授"三昧(梵语,亦叫三摩地、三摩提)禅法"。所谓三昧禅法,即定正受,等待;止息杂念,心专注一境;正受所观之法,能平等保持不昏迷,不散乱的心态。法如禅师所传禅法的详细内容,不见传世,只能从《嵩中岳沙门释法如禅师行状》碑中略见一斑。碑曰:"……今唯以一法能令圣凡,同入波定,勇猛应当谛受。如人出火,不容中断。众皆屈伸壁顷,便得本心。师以一印之法,密印于众意。世界不现,则是法界。此法如空中月影,出现应度者心。子勤行之,道在其中矣!"这就是说,参禅者只要用主观去密印,便会在客观上得到"本心",就一定能进入"法界"。

法如禅师在嵩山少林寺传法6年,时间虽短,影响很大,波及全国。长安福先寺主义福大师也是在得知"嵩岳法如大师,演不思义要用,特生信重,夕惕不遑"后,才千里迢迢来嵩山投法如为师的。"即至,闻如公迁谢,怅然悲愤,追践行径久之",后来,他才又投神秀门下。

中国佛教禅宗,从初祖菩提达摩到三祖僧粲都是实行头陀行化,一身袈裟,一件钵盂,随缘随住。到了四祖道信,开始聚徒定居,于是禅法之下又出现了定慧二门。"定"是指禅定,要求参禅者在主观上要心定于一境,专心禅法。"慧"是指智慧,是说参禅者在客观上要有智慧。定慧如同禅之两手,左为定、右为慧。禅宗五祖弘忍是定慧双修,以定(梵语"三昧")为主。

法如禅师在弘忍门下 16 年之久,继承了弘忍法席,继道安国师之后,回到禅宗祖庭嵩山少林寺传法。唐永昌元年(689 年),法如禅师圆寂在嵩山少林寺,年仅 52 岁。法如禅师圆寂后,在他门下受业的沙门在少林寺东为他造塔、树碑,简略记述了法如禅师的一生行状。其中有中国禅宗自初祖菩提达摩以后的传承世系:"……南天竺三藏法师菩提达摩,绍隆此宗。武步东邻之国,传曰神化幽迹。入魏传可、可传粲、粲传信、信传忍、忍传如。当传之不可言者,非曰其人,孰能传哉!"这个传法世系,出现在祖庭少林寺,当时禅法权威者有许多都还健在,嵩山道安、当阳神秀、宝林慧能是知道的。这说明法如的禅宗六祖地位是肯定的。唐开元十六年(728 年)《皇唐嵩岳少林寺碑》碑文是唐王朝钦定刻制的,碑载:"皇唐贞观之后,……复有大师讳法如为定门之首,传灯妙理,弟子慧超、妙思、奇拨、元契、玄宗,文翰焕然,宗涂另晓。"这时候,神秀的弟子普寂、义福;慧能的弟子净藏、神会等都目睹此碑,对法如的禅宗六祖地位仍未提出不同意见。法如禅师既是弘忍的嫡传法嗣、禅宗六祖,后来其事迹为什么隐而不显,禅宗六祖地位为什么由别人取而代之? 根据历史事实分析,主要是法如对选择法嗣要求严格,生前没有选定嫡传法嗣,后继无人。时隔数十年后,神秀和慧能的弟子们为了提高自己的身份,利用封建门阀观念,在唐王朝和权贵们的支持下,才出现"忍传大通(神秀)"和"忍传大鉴(慧能)"的传法世系,才有禅宗六祖"南能北秀"之说。但可以肯定地说,法如和慧能、神秀一样都是当时的禅宗领袖,皆被尊为六祖。

慧　能

慧能(638~713 年),唐朝高僧,佛教禅宗六祖。慧能俗姓卢,祖籍范阳,其父卢行蹈曾为官,武德年间被贬到南海新州,故他为新州人。他 3 岁丧父,家境贫寒,靠打柴卖柴为生。慧能非常聪明,颖悟灵慧。有一天,他在市上卖柴,有位叫道诚的人要他把柴担至客店,得钱欲走时,忽听道诚在屋里念诵《金刚经》,他一听马上开悟,便返回问道诚:"这是什么经? 从何而来读此经典?"道诚答:"这是《金刚经》,从黄梅弘忍大师处传来。"慧能闻经开悟,感悟佛法,当时便动了去礼拜五祖的念头,可老母亲却无余资奉养,道诚便给他 100 两银子让他安顿母亲。29 岁的慧能安顿好老母就只身北上。走到韶州结识了志行高洁之士刘志略,二人十分投契,结为兄弟,刘的姑母比丘尼无尽藏,常诵《涅槃经》,慧能就给她解说经义。

慧能

无尽藏拿经书请他读,他说不识字,无尽藏奇怪地问:"你不识字,怎么给我解释经义?"他说:"佛性妙理与文字无关。"乡里人听说后,无不惊叹,便商议修葺宝林寺,让他居住,称他为"卢行者"。

慧能到了湖北黄梅后,参见五祖弘忍,五祖问他:"居士从何处来? 想得到什么东西?"他说:"我从岭南来,不求别物,只求作佛。"五祖一听暗暗吃惊,没想到这个衣衫破旧的少年如此高志,又看其模样,颇不以为然,说:"你是岭南人,葛獠怎么能作佛呢?"慧能正色说:"人有南北,佛性无南北,葛獠身与和尚同,佛性有何差别!"此语如石破天惊,五祖刮目相看,便吩咐他和众僧一起干活。他被分到春米房春米,一干就是 8 个月,任劳任怨,从不叫苦。他嫌自己体重轻,春米无力,就把一块大石头系在腰间,以致损伤了腰脚。有一天,五祖见他这样,就问他是不是很痛,他说:"我本不知道这身体,怎么

能说痛呢?"

此时,弘忍年事已高,想通过偈语来试众弟子的慧根以传法衣。上座僧神秀作了一偈:"身是菩提树,心如明镜台;时时勤拂拭,莫使惹尘埃。"一时全寺传诵,慧能听后感到没有说透佛法虚净之理,于是改作一偈:"菩提本无树,明镜亦非台;本来无一物,何处惹尘埃。"五祖看后,当天夜里就召他到禅房,传与衣钵,并有一偈:"有情来下种,因地果还生,无情复无种,无性亦无生。"五祖命他立即离寺,还亲送他到九江渡口,叮嘱他南去后隐蔽起来,以免别人加害,等待时机,而后出来弘扬佛法。

慧能回到岭南,常与猎人在一起。十几年后,他来到广州法性寺,这法性寺就是今天的广州光孝寺,至今寺内还有六祖瘗发塔、六祖殿等遗迹。当时,印宗法师正在讲《涅槃经》,突然风吹幡动,一僧说是风动,一僧说是幡动,众僧议论不止,争执不下。慧能大声说:"不是风动,不是幡动,而是仁者心动。"印宗法师闻之,大为惊异,问他曾师事何人,他说曾师黄梅弘忍大师,并出示传法衣钵,印宗当下为慧能剃度,并请高僧大德为慧能授具足戒,然后这些名僧又都拜慧能为师。两个月后,慧能在寺中菩提树下讲法:"我有法,无名无字,无眼无耳,无身无意,无言无示,无头无尾,无内无外,亦无中间,不去不来,非青黄赤白黑,非有非无,非因非果……",令听者耳目一新。印宗问他这些年住在何地,他说在韶州曲县南50里曹溪村的宝林寺,印宗就与道俗千余人送他回宝林寺。韶州刺史韦璩仰慕他的道风,率同僚请他入城在大梵寺堂为大众说法。其门人法泓把他的话记录下来,编成了《法宝坛经》。此后,慧能在宝林寺讲法30年。这宝林寺就是今天的广东曹溪南华寺。

慧能佛教思想的中心是佛性说,佛性本来人人俱有,"人性本净,为忘念故,盖覆真如,离忘念,本性净"。因此,他认为求佛只能向自心中求,成佛只能靠自己的觉悟,所谓靠"自性自度",要求"自识本心,自见本性"。除了这识心见性成佛说外,他还主张顿悟成佛。这也是禅宗南北宗的根本分歧点。慧能实际上是禅宗的真正创立者,他宣扬佛法以心传心,不立文字,顿悟成佛,这就使繁琐的佛教简易化,为禅宗替代佛教各宗的地位并兴旺发达打下了基础。禅宗既吸取了印度大乘空宗(主张一切皆空)和大乘有宗(主张佛性实有)的思想,又继承了我国儒家传统的人性论与道家的主静说思想,是把这两种文化加以融会贯通后的产物,这就使佛教进一步中国化,从而在我国具有了强大的生命力。

据说武则天、唐中宗都曾征召他进京,他以久处山林、年迈多疾为由"竟不奉诏"。唐中宗赐他摩纳袈裟1领、绢500匹,命改宝林寺为"中兴寺",以慧能新州旧宅为"国恩寺"。唐玄宗先天二年(713年),慧能在新州去世,享年76岁。后来,唐宪宗追谥他为"大鉴禅师"。

据说慧能去世时,突然烟云四起,泉池干涸,河水断流,天上有白虹从日中穿过,寺西有白气直插天空,山东有鸟数千只在林间悲鸣。一阵凉风吹过,寺中充满香气。大地震动,山崖崩颓。慧能遗体未坏,弟子给他裹上麻布,涂上漆,运回曹溪中兴寺供奉。后来有刺客潜入寺院,将遗体运至室外,刀砍脖颈数下,没能砍下,惊醒了僧众,刺客只好逃走了。据说慧能遗体的脖子是用铁叶封裹的。直到今天,慧能的肉身像还完好地保存在南华寺,如生人一样生动逼真。

慧能本人无著作,据传韶州刺史韦据曾请他在大梵寺讲佛法,弟子法海将记录加以整理,汇编成书,名《六祖法宝坛经》(简称《坛经》),为后来禅宗的宗经。

现在少林寺初祖庵内尚有六祖手植柏一株,树旁立有清康熙四十四年(1705年)石刻一块,石刻所书:"六祖手植柏,从广东至此"。

慧能的高足弟子很多,《坛经》中提到10个:法海、志诚、法达、神会、智常、智通、志彻、志道、法珍、法如。《景德传灯录》中则增至43人,其中对后代影响最大的有5位:青原行思、南岳怀让、荷泽神会、南阳慧忠、永嘉玄觉。而使南宗禅大为弘扬的关键人物则是荷泽神会。

释仁俭

释仁俭,唐朝高僧。嗣安国师(《景德传灯录》有"洛京福先寺仁俭禅师传"),又名腾腾和尚。据说,唐天册万岁年间,则天召他入殿前,他仰视天后,良久曰:"会么?"天后曰:"不会。"他说:"老僧持不语戒。"言讫而出。第二天进上19首短歌,"其辞敷演真理,以警时俗。唯《了道歌》一行盛行于世。"《祖堂集》有腾腾和尚《乐道歌》一首,盖即《了道歌》。腾腾和尚之名得自于歌中所唱的一句歌词"今日任运腾腾,明日腾腾任运",其歌烘托了一种随缘放旷、任运过时的禅修生活。

可 贞

可贞(642~725年),唐朝高僧,天台宗大师,嵩山风穴寺住持。俗姓张,后出家为僧,长安(今陕西西安市)人。漫游江南,后入中岳嵩山西南的伊洛,居白马寺,后见嵩山南麓的临汝(今汝州)千峰寺佛殿衰败,僧侣星散,遂化缘募捐,修建寺院,并更名为白云寺。他在此收徒传授禅宗,被称为白云寺开山七祖。天台宗因智者大师智顗住天台山(在浙江省台州天台县以北)而得名。该宗主张"定慧双修",由禅生慧,而得大乘圆顿境界。盛唐以来,嵩山汝州的风穴寺就成了天台宗的一大阵地。风穴寺中著名的"七祖塔",就是可贞禅师塔。唐开元十三年(725年)九月十八日贞禅师圆寂后,其徒收其舍利,于开元二十六年(738年)建造此塔,将舍利藏于塔内。千余年来,七祖塔(贞禅师舍利塔)虽历经雷电、地震,但依然傲立于风穴寺中。

《大唐开元寺故禅师贞和尚珉塔铭》记载:贞禅师既"载顾华宗",又"受衡阳止观门",显然是位天台宗大师。风穴寺中的七祖塔,近90年来,人们一直以为是禅宗"七祖"的塔,实际上是被"唐玄宗谥为七祖塔",证明是唐玄宗敕封可贞为天台宗的七祖。《塔铭》载,丞相崔日用(《旧唐书》卷99有传)、吏部尚书李昌(《旧唐书》卷112有传)等人"皆顶奉山宇",尊可贞为师。此外,风穴寺的中佛殿内还有一通后汉乾祐三年(950年)八月十五日所立的石碑,刻有《风穴七祖千峰白云禅院记》,记述了七祖为可贞禅师的史实。

著名少林考古专家温玉成先生对天台宗在嵩山的发展是这样说的:"可贞禅师一支法脉曾传到了会善寺。会善寺西塔院的法素禅师,也是天台宗和尚。他的弟子行钧,又把天台宗传入了少林寺!"

元 珪

元珪(644~716年),盛唐时期在嵩山弘扬佛法的中国禅宗六祖之一。法如禅师的"受业"弟子,号称"庞坞和尚"。元珪,俗姓李氏,洛阳人。幼年即崇信佛教。上元二年(675年),31岁的李氏子正式被剃度为僧,取法名元珪。永淳二年(683年),授具足戒,隶居嵩山闲居寺(即嵩岳寺):"宿德殖本,无师自悟。以习《毗尼》,虽勤无解"。后来,他到嵩山会善寺拜道安为师,在道安国师的指导下,很快"印以真宗,顿悟玄旨。"不久又在洛阳大敬爱寺遇到禅宗正宗六祖法如禅师,开始在法如禅师门下受业。期间,积极会同"四海标领僧众,集少林精舍,请开禅法。"垂拱二年(686年),法如禅师在禅宗祖庭嵩山少林寺开坛说法,元珪和尚正式在法如禅师门参禅3年,"验之先说,信而有证,遂蒙启发,豁然会意,万象皆如。圆口在目,动静斯溢,恝彼宿心。"永昌元年(689年)七月,法如禅师"寂然卒世"后,元珪和尚以嵩岳寺为道场,继续弘扬佛法。元珪和尚一生传法的行实,宋《高僧传》卷19,《五灯会元》均有记载,其中都详细地记录了元珪和尚在嵩岳寺传法时,对一个皈依者讲解五戒的具体内容和奉持五戒的方法。

元珪做嵩岳寺主27年,唐开元四年(716年),元珪和尚圆寂,世寿73岁,弟子们为其造塔于嵩岳寺东岭。现在舍利塔早已塌毁,塔铭镶嵌在岭东法王寺地藏殿的前檐墙壁上。塔铭记载:"自达摩入魏,首传慧可,可传粲,粲传信,信传忍,忍传如,至于和尚(指元珪),凡历七代,皆为法主,累世一时。"塔铭尊法如为禅宗六祖,称元珪是禅宗第七代法主。

法　明

法明,唐朝高僧,佛学家。荆楚人。载初元年(690年)与白马寺住持薛怀义等撰《大云经》4卷,上表武则天,"言太后乃弥勒佛下生,当代唐为阎浮提主"。神龙元年(705年),法明到达京都长安,适遇唐中宗诏僧、道定夺《化胡经》真伪。内殿高位众集,百官侍听,佛道双方相抗,反复难定高下。法明出场,以化胡语言、时间、笔受人等相问,道流无言以对,公卿对法明大加叹赏。该年九月十四日,皇帝下敕,废除《化胡经》,并刻石于洛阳白马寺,以昭示将来。还严格规定:敕令到达后十天之内将化胡成佛变相毁除,若有保留者,当地官吏对其判以违敕之罪。从今以后各部《化胡经》以及有关记录老子化胡之事,都一并除去。此时洛阳大宏道观主桓彦道等人曾上表争执,也被中宗断表回绝(《高僧传》卷17、《资治通鉴》卷204)。

破灶堕

破灶堕

破灶堕,唐朝高僧。不称名氏,言行叵测,隐居嵩高山。坞有庙甚灵,殿中唯安一灶,远近祭祀不辍,多烹杀物命。师一日领侍僧入庙,以杖敲三下云:"咄!此灶只是泥瓦合成,圣从何来?灵从何起?恁么烹宰物命!"又打三下,灶乃倾破堕落。须臾一人,青衣峨冠,设拜师前曰:"我本此庙灶神,久受业报。今日蒙师说无生法,得脱此处,生在天中,特来致谢。"师曰:"是汝本有之性,非吾强言。"神再礼而没。侍僧等问师曰:"某等久在和尚左右,未蒙苦口直为,灶神说什么径旨,便得生天。"师曰:"我只向伊道本是泥瓦合成,别无道理。"侍僧等立而无言,师曰:"会么?"主事云:"不会。"师曰:"本有之性,为什么不会?"侍僧等乃礼拜。师曰:"堕也,堕也;破也,破也。"其后莫知所终。

道　璿

道璿,唐朝高僧,佛学家,神秀再传弟子。洛阳福先寺住持。公元733年,日本僧人荣睿和普照到洛阳求法时,他们在唐玄宗旨意下,禅居洛阳福先寺,并由福先寺住持定宾大师给他们二人受戒。迎请东渡弘法。三年以后(736年),荣睿、普照祈请福先寺僧人道璿赴日本广弘法传戒。和道璿乘舟赴日本的还有住在福先寺内的印度曾人菩提仙那。请了道璿以后,荣睿、普照仍感谢不尽其意遂抵扬州,拜请高僧鉴真。这时先鉴真而到达日本的道璿、菩提仙那都亲赴东大寺慰问,并协助鉴真弘法传戒。鉴真、道璿等把高度发展的盛唐文化,如雕塑、绘画、书法、建筑、医药知识,以及大批珍贵的书籍文物等带到了日本,为中日两国文化交流,贡献了毕生的精力。道璿是日本华严宗第一代传人,并为日本禅宗的第二代传人。与他同去的菩提仙那曾为日本东大寺大佛开光。

灵 运

灵运(？~729年),唐朝高僧。俗姓萧氏,名光,南朝梁武帝萧衍的后裔,为虢州恒农县尉之子。他久怀慕佛之心,游历嵩山后,便决定了留在了少林寺修行。他向庞坞和尚元珪求法,得到元珪的指教,也得了"一得三昧":照十方于自空,脱三界于彼着。慧眼既净,全身亦如。始知心外无法,所得者皆梦幻耳!他面对苍然的空山,年年默坐,观大地、土木,与佛刹无别;观云霞、溪水,悟心无性。一切自然的与人间的造化都与梦境一般,空幻不实。唐开元十七年(729年),灵运圆寂于少林寺。灵运的弟子坚顺(法如系统可查到的最后一位弟子)为其在少林寺西北建灵运的遗身塔,塔形为精美的单层六角形石塔,塔门上刻有"肖光师塔"4字。该塔至今犹存。

普 寂

普寂

普寂(651~739年)唐朝时期高僧,神秀的大弟子,佛教禅宗北宗七祖,人称"嵩山普寂"。普寂和大智是北宗神秀的两大传法门人。普寂俗姓冯,蒲州河东人。他师事神秀,深得神秀宗旨。《宋高僧传》记载:"及秀之卒,天下好释道者,咸师事之。中宗闻秀年高,特下制令普寂代本师统其法众。神秀去世后,北方佛教徒都师事了他。"普寂长期在嵩山会善寺传法,僧一行就是他的高足。他后来又受到唐玄宗的礼遇,受敕于都城居住,并传教20多年。王公贵族,士夫庶人,都竞相前来拜谒。时人夸说:"普寂禅师,名字盖国,天下知闻,众口共传,不可思议。"

唐开元二十七年(739年),普寂临终前遗言门人:"吾受托先师,传兹密印。远自达摩寻可,可进于粲,粲钟于信,信传于忍,忍授予大通,大通贻吾,今七叶矣!"。立神秀为禅宗六祖,自称七祖,终于上都兴唐寺,享年89岁。时都城士庶谒者皆制弟子之服,有制谥曰大照禅师,及葬,河南尹裴宽及其妻子,并縗麻列于门徒之次。倾城哭送,闾里之空焉。唐代大手笔李邕曾为其作塔铭,说"四海大君者,我开元圣文神武争帝之谓也。入佛之智,赫为万法宗主者,我禅门七叶大照和尚之谓也"。由此可见普寂当时的声势。

普寂的门徒有1万多人,仅"升堂者"就有63人。普寂传法给弟子广德、法玩、同光、一行、道璇。道璇又把北宗禅法传到日本。

神秀、普寂之世,以两京为基地其禅法传遍大半个中国,号称"北宗门下,势力连天"。相比之下,慧能禅法则尚局限于岭南一隅,慧能去世后20多年,其禅法还默默无闻。故宗密说:"能大师灭后二十年中,曹溪顿旨,沉废于荆吴;嵩岳渐门,炽盛于秦洛。普寂禅师,秀弟子也,谬称七祖。二京法主,三帝门师;朝臣归崇,敕使监卫。雄雄若是,谁敢当冲。"可见他们的禅法在半个世纪内影响极为广泛。

道 岸

道岸(653～717年),唐朝高僧,佛学家。光州(今湖北潢川县)人。俗姓唐。世居颍川,为当时大族。永嘉(307～312年)南度,迁于光州。为南山律宗在江淮的传播者。道岸生而卓绝,曾游历四方,讨论百家,尤善佛理。中年落发出家,坚修律仪,很快名声远播,德重如山。道岸常居会稽龙兴寺,对江淮释众温颜接待,宣讲教义,辞辩清畅,被时人号为"大和尚",其义理也得以大行。孝和皇帝(唐中宗)闻而惊异,遂遣使征召,前后数次才入朝,与大德数人居于内殿。道岸人望虽重,但僧腊尚短,先辈众多。皇帝见其高尚,偏赐给他衣钵,特彰荣宠,并亲率六宫诸王从之受菩萨戒。此时由有司选择统管僧徒之事者,因道岸盛德广大,至行高邈,皇帝特变章程,多次敕命道岸,主管白马寺、中兴寺、庄严寺、荐福寺、无极寺等事务,为天下未有之荣。唐中宗先于长安造荐福寺,道岸与工部尚书张锡同为其任,深得皇帝嘉赏。道岸后还光州,度人置寺,一时豪俊,咸集座下。开元五年(717年)灭度于会稽龙兴道场,时年64岁。道岸本来是文纲律师高足,被孝和皇帝所重,其道昌兴。因为江表多行《十通律》不知《四分律》,道岸请皇帝墨敕执行南山律宗。此宗盛于江淮,间接为道岸之力(《宋高僧传》卷14)。

义 福

义福(658～736年),唐朝高僧,佛教禅宗北宗六祖神秀的弟子。俗姓姜,上党铜鞮(山西沁县)人。幼慕空门,遵母遗训出家,年15岁,游历于卫、邺地区,好《老》、《庄》、《书》、《易》之说,后于汝南中流出灵泉寺读《法华》、《维摩》等经,又至东都福先寺,师事杜朏法师,广习大乘经论。后听说嵩岳寺的法如大师开演不思议法门,"特生信重,夕惕不遑,既至,而如公迁谢,怅然悲愤,追践经行者久之。"32岁时始落发具戒,遂辗转到荆州玉泉道场拜谒神秀大师,居约十年。乃至神秀死于东都,惟有义福"亲在左右,密有传付,人莫能知。"即于此年,自嵩岳寺应邀至长安,于终南山化感寺栖置法堂,宴居寥廓。外示离俗,内得安神。20余年不出寺门,尽心开演神秀禅慧之业。开元十年(722年),应长安道俗之请,住京城慈恩寺。十三年(725年),玄宗东巡河洛,特令赴都,居东都福先寺。十五年(727年)放还京师。二十二年(734年),复令入东都,居南龙兴寺。开元二十四年(736)义福卒,年79岁。葬于龙门奉先寺北岗,赐谥曰大智禅师,中书侍郎严挺之躬行丧服,撰《大智禅师碑铭》。

义福当时在两京之地影响甚大,一则他是国师神秀的门人,另外他也得到了唐玄宗的优待,以及当朝官吏如兵部侍郎张均、太尉房官、礼部侍郎韦陟的信服敬重。据载,义福在终南山化感寺时,不远千里来求道者"腾凑物心,延裒山谷",其中不乏"负才籍贯,鸿名硕德"的"息心贞信之士,抗迹隐沦之辈。"《宋高僧传》载,义福在当时,号称"道望高峙,倾动蒲、虢二州,刺史及官吏士女,比卖幡花迎之,所在途路充塞。拜礼纷纷,瞻望无厌。以二十年卒,有制谥号曰大智禅师。葬于伊阙之北,送葬者数万人。中书侍郎严挺之躬行丧服,若弟子焉,又撰碑文。神秀禅门之杰,虽有禅行,得帝王之重无以加者。"

可见义福当时之威望和影响,严挺之总结说:"禅师法轮,始自天竺达摩,大教东流,三百余年,独称东山学门也。自可、璨、信、忍至大通,递相印属,大通之传付者,河东普寂与禅师(义福)二人,即东山继德七代于兹矣。"义福既是一代名僧,又是禅法正宗传人。

义福是以禅慧名世,开演颇多,但记载他本人思想及言论的文献甚少。据载,他在神秀门下所行是"摄念虑,栖榛林,练五门,入七净,毁誉不关于视听,荣辱岂系于人我?或处雪霜,衣食罄匮,未赏见于颜色有厌苦之容。"从此记载中可看出,义福仍保持了苦乐随缘、任运自在、无所怨行的禅者风范。

其禅修内容大致不出"练五门、入七净"。所谓"练五门"即是宗密于《圆觉经大疏钞》中所述北宗的"五方便门",前已叙述。所谓"入七净",出自《维摩诘经佛道品》鸠摩罗什对于"七净华"的注。鸠摩罗什谓"七净"为:(1)戒净,即身口所作,无有微恶;意不起垢,亦不取相,亦不愿受生。(2)心净,三乘制服烦恼心、断结心,乃至三乘漏尽羽。(3)见净,即见法真性,不起妄想。(4)度疑净,即见解深透而断除疑惑。(5)分别道净,即善能分别是非,合道宜行,非道宜舍。(6)行断知见净,证得无学尽智、无生智者,能知见所行、所断,而通达分明。(7)涅槃净,从义福所修"五门""七净"来看,他仍未旁然无顾,率性直性,直探心源,依然继承了乃师神秀"拂尘看净"、去妄存真的禅法,显得过于拘谨、小心。《碑铭》说他"苦身励节"、"律行贞苦",或许这是由他王家禅师的身份所限定,无法像山林禅者那样任他风清月白地洒脱自在。再看看他最后的教诫是:"道在心不在事,法由已非由人,当自勤力,以济神用。"这完全是神秀"时时勤拂拭,莫使惹尘埃"的翻版,汲汲于摄心息妄,刻意去炼法修心。

净 藏

净藏(675~746年),唐朝高僧。净藏是开佛教南宗北传先河的禅师。俗姓戚氏,山东济阴郡(今山东陶县)人。长寿二年(693年),19岁的净藏落发出家。圣历二年(699年),到嵩山会善寺从道安国师求法习禅,亲承诸问,10年有余。道安国师圆寂后,景龙三年(709年),净藏又到岭南从慧能求法参禅,亲承五载,获惠能印可,付法传灯,后于开元二年(714年),净藏回归嵩山会善寺弘扬南宗禅法,首开佛教南宗北传的先河。净藏在嵩山会善寺住西塔院(即道安塔院),在此造写藏经50余卷。天宝五年(746年)十月二十六日,净藏圆寂,世寿72岁,僧腊38年,主持会善寺30年。

净藏先从师道安,后从师慧能,自称禅宗"七祖"。《净藏禅师塔铭》(《金石萃编》卷87)云:"师乃如如生象,空空烈迹。可、璨、信、忍、宗旨密传;七祖流通,起自中岳。师亦心苞万有,慧照五明;为法侣津梁,作禅门龟镜。于是化流河洛。屡积岁辰,不惮劬劳,成崇盛教。"

净藏禅师塔

在中国禅宗南北纷争中,净藏北归,为南宗后来取得正统地位立下了不可磨灭的功劳,也使嵩山地区成为南宗禅法在北方最早的传播基地。

位于嵩山会善寺的净藏禅师墓塔,是一座单层八角开砖塔。因该塔造型独特,颇受古建筑专家的重视。我国著名建筑学家梁思成先生写的中国第一本建筑史《中国建筑史》(1944年),称净藏禅师塔为"唐代仅此一例而已"。

一 行

一行

一行(683~727年),盛唐高僧,我国古代卓越的天文学家,密宗教理的组织者和律宗戒律的实践者。

一行,俗姓张,名遂,原籍魏州昌乐县(今河南省南乐县境)(《宋高僧传》卷5《唐中岳嵩阳寺一行传》等谓"钜鹿人",钜鹿指今河北巨鹿)。一行为唐初功臣,"佐命郯国公"张公谨之曾孙。父张擅,曾任武功令。从小刻苦好学,对《易传》、阴阳五行、天文历法等都很精通。那时京城长安玄都观藏书丰富,玄都观道长尹崇精通玄学,是当时远近闻名的大学问家,一行就去向他请教,还向尹崇借了汉代扬雄的名著《太玄经》。没几天他去还书,尹崇严肃地说:"这本书道理深奥,我虽已读了几年,还没有完全弄通弄懂,你还拿回家再仔细读读吧!"一行十分恭敬地回答说:"这本书我的确已经读完了。"然后,他取出自己的心得体会《大衍玄图》《义诀》。尹崇看后,赞叹不已,于是经常向别人介绍一行,赞扬他博学多识,称他为后生颜回。自此以后,一行博学聪明的名声就传开了。

武则天执政时,她的侄子梁王武三思图谋不轨,就摆出一副礼贤下士的面孔,四处结交贤士,收罗人才,他派人向一行传话,表示要和一行交朋友。一行本来就厌恶权势,又怕惹祸上身,就36计走为上策,来到了嵩山,在会善寺遇到了高僧普寂。一行非常佩服普寂渊博的学问,对佛学深邃的经义发生了浓厚的兴趣,于是就剃度出家,拜普寂为师,取法名一行。没多久,他就读遍了寺内的佛经典籍,全寺已没有人可以同他一起研讨学问了。一行在嵩山会善寺修行期间,与普寂大师精研佛法,严持戒律,修学精进,他和同光、法玩等人都是大照禅师普寂的高足弟子。后得普寂许可,四出参访,并攻读了大量书籍,掌握了渊博知识,在嵩山会善寺建立了著名的"五佛正思惟戒坛"。

普寂禅师曾设大会,远近僧人如期必至,约有1000余人。一次大会的主事请隐居在嵩山的著名文学家卢鸿作了一篇文章,来赞叹这次大会。临会之日,卢鸿从袖中拿出文章,对普寂说:"我的文章有数千言,而且文中多有古僻字,需请一位朗隽之人来宣读,有什么问题可以当面提出,我来教他。"普寂就叫来一行,一行打开看后,就微笑着放在几案上。卢鸿怪他轻浮。待众僧人集齐之后,只见一行高声朗读赞文,一点差错也没有。卢鸿惊愕不已,注视一行良久,感叹万分,就对普寂说:"此人不是您所能教导的,应当放他外出游学。"普寂为造就他,就让他出寺四处游学,从此他走遍了大江南北的名山古寺,到处访求名师,研究佛学经义,学习天文、地理、阴阳、五行、数学、算术等知识,成了一名博学之士。

唐景云元年(710年),一行刚回到嵩山会善寺,睿宗李旦就派遣东都洛阳留守韦安石,迎请一行到西京长安,这时候一行仍感觉自己学问浅薄,尚须深究,于是称疾未去。一行为避开朝廷,再次征得普寂禅师许可,到湖北当阳"从真悟律师学习毗尼"。唐开元五年(717年),玄宗李隆基派礼部郎中张洽强请一行入朝,改撰新历。开元十一年(723年),一行和率府兵曹参军梁令瓒共同创制"黄道游仪",观测日月星辰运动,并重新测定150余颗恒星的位置。他第一次发现了星宿的位置与古代不同,他发现恒星不恒、也在自移的现象,早过西方哈雷大约1000年之久。他和梁令瓒等人在洛阳制造的浑天仪,对张衡的浑天仪进行了改进,它以水力运转,可以表现日、月、星辰在空中的运行,表现日升月落。仪器中还有两个木人,每刻击鼓,每辰击钟,用以计时和报时。这是世界上最早的天文钟。一行曾发起以今河南省为中心,在全国13个地点进行天文观测,根据测量结果,计算出相当于子午线(即经线)1度的长度(唐代351里80步),这是世界上第一次测量子午线长度。

从开元九年(721年)到开元十五年(727年),在一行主持下,经过6年时间的周密推算,终于编制完成了《唐开元大衍历》52卷。《大衍历》对太阳在黄道上运行速度的不均匀性作了比较正确的描述和体现,说明冬至前后,日行最快;夏至前后,日行最慢。《大衍历》的结构表示我国古代历法体系的完全成熟。"其历,编入《唐书·律历志》。"《大衍历》一直沿用至明末。僧一行制订的大唐开元大衍历,使中国的天文学大大向前跨进了一步,后又流传到日本,在中日文化交流史上写出了光辉的一页。一行与张衡、祖冲之、李时珍一起,被誉为我国古代四大科学家。

开元五年(717年),一行协助佛教密宗大师善无畏,译《大日经》,并最后删缀成文。开元八年(720年),又从金刚智学习金刚界密法,接受灌顶,并协助译出《金刚顶瑜伽中略出念诵经》四卷、《金刚顶一切如来真实摄大乘现证教王经》3卷、《佛说七具胝佛母准提大明陀罗尼经》等,均为密宗主要经典。一行为中国佛教史上传承胎藏、金刚两部密法的大阿黎,并被尊为密宗五祖之一,在汉传佛教密宗史上占有很高的地位。

一行的密宗著作,以《大日经疏》为其密教思想的代表作。《大日经疏》把《大日经》中一些隐含的意义都解释出来了,"前后相明,事理互陈"(温古《大日经义释序》)的地方解释明白,保存了善无畏所传的图位,和注明许多事相的作法与意义之外,其中对一些教义的阐述,结合了佛教各宗如华严、天台、净土、唯识及儒家的观点。一行在密宗史上的作用,不只系统组织密教的教义教规,也把两大部融合起来,更主要的是该《疏》系统地组织密宗的理论和仪轨,发扬了大乘佛教救世的积极精神,使得密宗教理合理化,成为阐释密宗理论的权威著作。因此对于密宗来讲,《大日经疏》的地位是十分重要的。

据《旧唐书》卷191《方伎传》说,一行还曾续撰了《后魏书》中"天文志"。另撰有《摄调伏藏》、《梵天火罗九曜》等。

唐玄宗开元十一年(723年)冬,李隆基御书"太宗文皇帝御书"7个大字作为碑额,赐给少林寺,并派一行送往少林寺。同时,特下恩旨:太宗皇帝赐给少林寺的土地、石碾不入官收,仍赐给少林寺使用。同年十二月二十一日,一行禅师奉旨来到少林寺,会见了寺主慧觉和师兄弟同光、法玩等众僧,将皇帝御书7字及秦王李世民当年的书信等原件交给了慧觉。

一行在嵩山留下的遗迹,目前尚存有两处。一是《皇唐嵩岳少林寺碑》额。碑额"太宗文皇帝御书"7字,是唐玄宗李隆基于开元十一年(723年)在东都洛阳撰写以后,"爰降恩旨,付一行师,赐少林镌勒。"这是僧一行以文参政的史证。唐代佛教鼎盛,与少林寺武僧志操等以武参政和会善寺僧一行以文参政关系极大。二是会善寺戒坛遗址。僧一行早年遍参名山宗匠,不拘泥于一法,不仅对禅宗、密宗造诣很深,而且还是密宗教理的组织者和律宗四分戒律的实践者,他早年曾从真悟律师研参戒律,晚年又和元同律师在嵩山大会善寺建立了为当时中国三大戒坛(另两大戒坛为长安灵感坛、太原甘露坛)之一的"五佛正思惟戒坛",并具体主持传戒。

由于一行和尚忘倦呕血,积劳成疾,开元十五年(727年),一行圆寂,年仅45岁。唐玄宗李隆基赐谥"大慧禅师",并亲自为一行撰写碑文,书于石上,并出内库钱50万,起塔于铜人之原。

法 轮

法轮(？~745年)，唐朝高僧。密县大方山香峪寺住持。法轮，俗姓高氏，河南氾水人。法轮7岁出家，幼而聪慧，一心至诵，过目不忘。从大通大师学禅，毁形灭饰，身充辇步，亲侍数载。大通知法轮必为苍生，眼目故黑，授师法轮之谥号。法轮住持大方山香峪寺，至虚静宴，坐禅庸时，栖心于太室之左大周之山，不逾其年，毕悟其道。唐先天二年(713年)，奉皇因锡以大方山古香峪之额，帝选缁徒德行精邈者，陪住山间。古香峪寺当时推崇德行高远的法轮慈征住也。唐开元二十九年(741年)，法轮圆寂。唐天宝四年(745年)，弟子们在新密市尖山乡国公岭村上香峪寺内，为法轮建塔立铭。

神 会

神会

神会(686~760年)，唐朝高僧。慧能的弟子。俗姓高氏，襄阳(今属湖北)人。初学《五经》，次探《老子》、《庄子》，后览《后汉书》，知浮图之说，于是留意于佛教。40岁时，投国昌寺颢元法师出家。后至韶州(今广东韶关)曹溪参慧能，受"顿悟"教。慧能死后到北方住南阳龙兴寺，后在嵩山地区大力宣传慧能的学说。神会是禅宗南北之争的最早发起者。作为南宗重要继承人，神会在开元二十二年(734年)的滑台(今河南滑县)大云寺的大法会上，同禅宗禅师辩论，辩论记录名《菩提达摩南宗定是非论》，抨击北宗"传承是傍，法门是渐"，树立慧能的南宗，贬斥神秀的北宗。后被赶出京城。

神会入洛阳传布"顿门"时，北宗神秀的二大弟子普寂、义福已先后去世，几乎无人出来抗辩。因此，有人说，禅宗的南北之争，实起自慧能的弟子神会。但北宗弟子仍然坚守其"渐门"禅法，绵延至唐末而渐衰。

"安史之乱"时，应朝廷所请，设坛度僧收"香水钱"以供官军。乱平后，因功被唐肃宗诏入内道场，后住洛阳荷泽寺，大讲"曹溪了义"，宣扬"荷泽顿门"，故又名"荷泽大师"。唐乾元元年(758年)，神会卒于荆州开元寺。唐肃宗赐谥"真宗大师"，敕于塔所起宝应寺。德宗时诏立为禅宗"七祖"。神会著有《显宗记》等，弟子有无名、法如等。

1983年在洛阳龙门西山唐代宝应寺遗址，找到了神会大师的墓地，出土有《大唐东都荷泽寺殁故第七祖国师大德于龙门宝应寺龙岗腹建身塔铭并序》石刻。上面记载神会的生平与我国史学家胡适于1930年写的《神会和尚遗集》，附《荷泽大师神会传》中对神会生平的考证有所不符。

同 光

同光(700~770年)，唐朝高僧。普寂晚年的弟子。山西人，弱冠出家，后持钵至中岳太室山，26岁时受具足戒。他认为：修行之大，莫大于律仪；究竟之心，须终于禅寂。所以皈依北方著名禅宗宗师、会善寺普寂席下，屡蒙授记。开元二十七年(739年)，乃遁迹林野。后入嵩山少林寺，演义大法，开大法门 20 余年,"震动中外,从师授业者不可胜言。"从学弟子 30 余人。同光在嵩山传法,常用大自在之深心"开悟知见;行不思议之密行,拯扶昏迷。"安史之乱(755 年)时,他避难于荆州。所以说他"法轮常转,经行岂指于一方;佛法现前,宴坐宁劳于十劫。"所谓:示现有缘,随缘生灭;色空无性,性尽真如。

大历五年(770 年)六月二十七日,同光于少林寺禅院结跏趺坐,怡然即瞑。春秋 71 岁,僧腊 45 年。寺主僧惟济、上座僧昙及弟子们在寺东北 60 余步列植松柏,造塔葬身,苍苍烟云,以永终古。在俗弟子登封县县令郭湜为同光禅师写了如下铭文:

世尊灭度后,得道转法轮,于今无量劫,不知凡几人?禅师自河汾,杖锡来问道,禅祖为授记,可以继僧宝。三身与三业,如电亦如露,生灭既有缘,轮回自无数。惟有成道者,深入诸禅定,外现泡幻身,内示真如性。一切漏已尽,无复诸烦恼,过去与未来,皆共成佛道。太室西兮少室东,风雨交兮天地中。禅师一去不复返,长夜冥冥空是空!

法 玩

法玩(715~790 年),唐朝少林寺高僧。普寂禅师晚年的弟子。20 岁受具足戒,学道于大照禅师普寂。5 年后,普寂谢世。法玩有时住在嵩山,有时住在洛阳。他主张以戒律摄妄行,以禅寂灭诸相,以六慧通无碍;总此戒、定、慧三学,才能布甘露于法林,驾慈舟于苦海,返邪归正,化昏作明。他常常对弟子们说:学习正法,必须行动。睹众色,听众声,辨众香,味众触,演众法,而心常湛然清净就是得了道。如果有爱憎、贵贱、得失、生灭等念头,那就背离了佛法的"法无分别"的大原则,那就是昏昏然,也就不能成佛。贞元六年(790 年)八月十三日,法玩寂灭于东都洛阳大敬爱寺。负责办理丧事的是女弟子、安国寺比丘尼寂然(号"精进军")。次年(791 年)冬,墓塔建成,乃立塔铭记事,请寂然的俗侄、当时官职为"太中大夫、守京兆尹、上护军、赐紫金鱼袋"的李充撰写了塔铭。越十九日,弟子等奉全身建塔于少林寺西偏,送葬僧俗达数万人。法玩的弟子主要有净业、灵凑、智园、道义、比丘尼寂然等 40 余人。法玩墓塔至今屹立于少林寺西边的塔林中。

皎 然

皎然(720~804 年),唐朝茶僧、诗人。皎然,字清书,俗姓谢,吴兴(今属浙江)人。自称我国南朝山水诗创始人南朝谢灵运十世孙。幼年出家,从灵隐寺戒坛守直律师受戒,于毗尼道,尤所留心。后又"博访名山,法席罕不登听"。及中年,又专意于禅,"谒诸禅祖,了心地法门"。曾与灵彻、陆羽同居吴兴杼山妙喜寺,为莫逆之交。皎然出家后,始终不忘吟诗。赞宁《高僧传》称赞他"文章隽丽,当时号为释门伟器"。

皎然常以诗会友,与同时代的许多文人学者,如于、颜真卿、韦应物、卢幼平、吴季德、李萼、皇甫曾、梁肃、崔子向、薛逢、吕渭、杨逵等,都过从甚密。湖州刺史颜真卿于郡斋集文士撰《韵海镜源》,也曾邀请皎然参加。皎然尝著《儒释交游传》、《内典类聚》共 40 卷,《号呶子》10 卷,流布于时,后失传。贞元九年(793 年),集贤殿御书院命征集皎然文集,得诗 546 首,成 10 卷,湖州刺史于应皎然之请,作了序,纳于延阁书府,"天下荣之"。于的《皎然诗集序》盛赞皎然"得诗人之奥旨,传乃祖之精华,江南词人,莫不楷范",又说他"词多芳泽"、"律尚清壮","妙言说于文字,了心境于定慧"。皎然的确是古往今来诗僧中之佼佼者,在百花争艳的唐代诗坛,也算得上是一家。皎然最出色的成就还不在于他清机逸响、闲淡自如、富于深厚意境和情味的诗作,而在于他的诗论专著——《诗式》与《诗议》,为当时诗格一类作品中较有价值的作品。《全唐诗》编其诗7卷,470首诗篇。皎然在文学、佛学、茶学等许多方面有深厚造诣,堪称一代宗师。皎然在嵩山活动时,有诗作传世。

真 坚

真坚(728~784年),唐朝少林寺高僧,旅行家、佛学家。同光禅师的大弟子。河南府王屋(今济源县西)人。20岁受具足戒,以探讨毗尼(戒律)为己任,制造仪钞,传灯后学,流行到新罗国(位于朝鲜半岛东南部,首都在今韩国庆州市)异域,晚年为嵩山会善寺"临坛十大德"之一,死后葬于洛南龙门山天竺寺,立有《大唐东都弘圣寺故临坛大德真坚幢铭并序》的一座八角石幢,现存于洛阳龙门石窟研究所内。

普 愿

普愿(747~834年),唐朝律僧。俗姓王,郑州新郑人。唐至德二年(757年),跪请父母,发愿出家。先投密县大隗山大慧禅师受业。大历十二年(777年),入嵩山会善寺,从著名的嵩律师受具足戒。初习律宗相部旧章,究毗尼(律)篇聚之学。后游学讲肆,习《楞伽》《华严》诸经。入中百门,观精练元义,后扣大寂之室,顿然忘筌,深得三昧。贞元十一年(795年),普愿南至池阳南泉寺,自建禅斋,不下南泉30余载。太和年初,宣城廉使陆公亘向往普愿道风,遂与监军迎请其下山传法,伸弟子之礼,大振元纲。不出一年,前来投奔者达数百人。太和甲寅岁(834年)十月二十一日示疾,告门人曰:"星翳灯幻亦久矣,勿谓吾有去来也。"言讫而逝。当时一连几天都出现有白虹贯于禅室后峰、当日西峰巨石崩裂、数十里内有乳虎鸣号绕奔禅林等灵异。春秋87岁,僧腊58年。赵州从谂禅师、鄂州茱萸山和尚、宣州刺史陆亘皆其法嗣。次年,门人造灵塔将其供奉于内。

惟 宽

惟宽

惟宽(755~817年),继净藏禅师之后落迹嵩山弘扬南宗禅法的唐朝著名高僧,嵩山少林寺住持。惟宽俗姓祝,衢州(今浙江省信安)人。13岁时,他"见杀生者,肃然不忍食……退而发出家心。"遂求落发于僧坛,受尸罗于僧崇,学毗尼于僧如,证大乘法于天台止观,成最上乘道于大寂道一。大寂道一为怀让门下。南岳怀让早年曾"诣嵩山(慧)安和尚,(受)安启发之,乃直诣曹溪,参六祖(慧能),遂得心禅法要。"道一门下有大彻惟宽。

贞元六年(790年),惟宽始行闽越间,岁余而回心改服者百数。贞元七年(791年),他训猛虎于会稽,作胜家道场。贞元八年(792年),他与山神受大戒于鄱阳,作回响道场。贞元十三年(797年),来到嵩山少林寺住持传授南禅法要。有僧问:"如何是道?"

惟宽曰:"大好河山。"问:"学人问道,师何言河山?"曰:"汝只识河山,何曾达道!"问:"狗子还有佛性否?"曰:"有。"问:"和尚还有否?"曰:"我无。"问:"一切众生皆有佛性,和尚因何独无?"曰:"我非一切众生。"问:"既非众生,莫是佛否?"

曰:"不是佛。"问:"究竟是何物?"曰:"亦不是物。"问:"可见可思否?"曰:"思之不及,议之不得,故名不可思议。"

元和四年(809年),唐宪宗召见惟宽禅师于西京长安安国寺,翌年问法于麟德殿。元和十二年(817年)二月,惟宽禅师大说法于传法堂。有僧问禅法心要,惟宽答曰,"应病授药,岂能一言尽其法要"。

时白居易为赞誉大夫,常向惟宽问道。白问:"既曰禅师,何故说法?"师曰:"无上菩提者,被于身为律,说于口为法,行于心为禅,应用有三,其实一也。如江湖河汉,在处立名,名虽不一,水性无二。律即是法,法不离禅。云何于中,妄起分别!"问:"既无分别,何以修心?"曰:"心本无损伤,云何要修理。无论垢与净,一切无念起。"问:"垢即不可念,净无念可否?"曰:"如人眼睛上,一物不可住。金屑虽珍宝,在眼亦为病。"问:"无修无念,亦何异于凡夫耶?"曰:"凡夫无名,二乘执著。离此二病,是名真修者,不得勤,不得忘。勤即近执著,忘即落无名,其心要云尔。"

还有僧问法于惟宽,大师也作了精妙的回答。僧问:"道在何处?"曰:"只在目前。"问:"我何不见?"曰:"汝有我故,所以不见。"问:"我有我故即不见,和尚还见否?"曰:"有汝有我,辗转不见。"问:"无我无汝还见否?"曰:"无汝于我,阿谁求见。"这些问答,都充分说明惟宽对禅宗理解的彻悟。

白居易问法于惟宽

元和十二年(817年),惟宽禅师传法堂大说法后不久,圆寂于西京大兴善寺,葬霸陵西原,俗寿63岁,唐宪宗诏谥大彻禅师。时白居易任南宾郡守,受托撰书《传法堂碑》,纪惟宽大师行实及其生前讲述的禅宗传法世系:"有问师之传授,曰释迦如来欲涅槃时,以正法密印传摩诃迦叶……传至佛陀先那,先那传圆觉达摩,达摩传大弘可,可传镜智粲,粲传大医信,信传圆满忍,忍传大鉴能,是为六祖。能传南岳怀让,让传洪州道一,一曰大寂,寂即师之师。贯而次之,其传授可知矣。"

少　康

少康(？~805年),唐朝高僧。缙云仙都山(今浙江缙云)人。俗姓周。少康自降生不语,7时抱入灵山寺瞻礼圣容,忽然言"释迦牟尼佛"。众人惊异,于是父母舍他出家,15岁时诵经已达5部。在越州(今浙江绍兴)嘉祥寺受戒,并在该寺学毗尼,五年之后到上元(今江苏江宁)龙兴寺,听《华严经》、《瑜伽师地论》。贞元初年(785年),少康来到洛阳白马寺,在殿堂内见到经籍《善导行西方化导文》,甚喜,自认为与净土有缘。后到长安善导影堂见真像,从此决心弘传净土教义,利乐众生。南至睦州(今浙江建德)普化万民。在乌龙山建净土道场,筑坛三级,聚人午夜行道,唱赞24经,称扬净邦。

每遇斋日,云集所化3000余人。少康成为净土宗善导流名师,被尊为莲宗12祖之一。贞元二十一年(805年)十月,少康圆寂。其墓塔在睦州东台子,岁久仅存方石。五代后汉时天台山德韶禅师重建其塔,时称"后善导"(《宋高僧传》卷25、《佛祖统纪》卷26)。

行 钧

行钧(848~925年),唐朝天台宗大师,少林寺住持。行钧,又称法华钧。俗姓阎氏,郑州阳武(今河南省原阳县)人。天台宗大师法素禅师的弟子。14岁(861年)入嵩山会善寺,投西塔院法素禅师为依止师,诵《法华经》,日日焚修为业,3年时间,便诵完了一部天台宗用作本经的《法华经》(《妙法莲花经》之简称)。20岁时,登本寺琉璃坛受具足戒,成为比丘。此后,他游历讲肆,攻研律部,曾卜居石城山(天台山的南门),讽诵《莲花经》60部,受到人们的尊重。唐僖宗广明元年(880年),应少林寺之请,出任少林寺住持(寺主)。

此时正值动乱年代。这年六月,黄巢陷睦、婺、宣等州,七月渡江,九月渡淮,十月陷申州,至颍、宋、徐、兖之地,十一月入汝州,称"天补大将军",不久入东都洛阳。十二月入潼关,克长安,称"皇帝",国号"齐",改年号"金统"。所幸黄巢过处,并不扰民,城市宴然。行钧预料"末法"时期就要降临。他提出"末法主持,无先像设"的主张,用3年的时间修葺少林寺佛殿,妆修佛像。不久,又遇到朝廷澄汰沙门,少林寺曾一度被废。待"佛法再开"时,他更加专心致志,以"复立殿堂,兼塑佛事"为己任,加紧修缮事宜。行钧主持少林寺45年,经历了唐朝灭亡,后梁兴亡及后唐执政,政局迭变,人心惶惶。行钧一方面率众劳作,一方面坐禅诵经,维持山门不坠,至为艰辛。后唐同光三年(925年)七月二十日,行钧怡然示寂,春秋78岁,僧腊59年。众弟子依天竺法荼(火葬)之,薪尽火灭,收骨灰在少林寺西建塔。行钧有弟子100余人,都属于"宏"字辈。行钧之后,接任少林寺主之职的是他的弟子宏泰禅师。

法 明

法明,唐朝高僧。荆楚人。载初元年(690年)与白马寺住持薛怀义等撰《大云经》4卷,上表武则天,"言太后乃弥勒佛下生,当代唐为阎浮提主"。神龙元年(705年),法明到达京都长安,适遇唐中宗诏僧、道定夺《化胡经》真伪。内殿高位众集,百官侍听,佛道双方相抗,反复难定高下。法明出场,以化胡语言、时间、笔受人等相问,道流无言以对,公卿对法明大加叹赏。该年九月十四日,皇帝下敕,废除《化胡经》,并刻石于洛阳白马寺,以昭示将来。还严格规定:敕令到达后十天之内将化胡成佛变相毁除,若有保留者,当地官吏对其判以违敕之罪。从今以后各部《化胡经》以及有关记录老子化胡之事,都一并除去。此时洛阳大宏道观主桓彦道等人曾上表争执,也被中宗断表回绝(《高僧传》卷17、《资治通鉴》卷204)。

乘 如

乘如,唐朝嵩山高僧。《五灯会元》载:会善僧,大历二年(767年)十一月,安国寺沙门乘如因请允,抽东都白马寺崇光,敬爱寺僧□源,同德寺僧重进,奉国寺僧□□,香谷寺僧从恕、惠深,安州龙兴寺僧□□7人,赴嵩山会善寺戒坛洒扫讲律,具表称谢。唐代宗李豫手敕24字答之。敕曰:"戒律分仪,释门弘范。用申奖导,俾广胜因。允在严持,烦于申谢。"唐朝著名诗人王维写有《嵩丘兰若》诗:

无着天亲弟与兄,嵩丘兰若一峰晴。食随鸣磬巢鸟下,行踏空林落叶声。

逆水定侵香案湿,雨花应共石床平。深洞长松何所有?俨然天竺古先生。

藏奂

藏奂,唐朝高僧。《嵩书》载:唐朝僧人藏奂,俗姓朱氏,苏州华亭人。为儿时,尝堕井,有神人接持而出。弱冠出家,诣嵩岳受戒。母丧,用儒礼守制,庐墓3年,由此显名。后寻游访道,复诣五泄山,遇灵默大师,一言辨析,旨趣符合。会昌中,释道几灭,已而复盛。洎周洛,再构长寿寺。敕度藏奂居焉。时内典焚毁,藏奂从煨烬中手缉散落,实为大藏。寻南海杨公枚曲姑苏,请藏奂归于故林,以建精舍。大中十二年(858年),鄞水檀越任景求施宅为院,迎藏奂居之。时有郯寇执兵昼入,藏奂瞑目晏坐,了无惧色。盗异之,叩头谢过。寇平,州奏其事,诏改额为栖心寺以旌之。数年,禅望大著,徒众云集。藏奂学识泉涌,指鉴岐分。诘难排纵之众,攻坚索隐之士,皆立寒苦雾,坐泮坚冰,一言入神,永破沉感。咸通七年(866年)秋八月,预命香水剃发,谓弟子曰:"吾七日在矣。"及期而灭。焚化之日,异香凝空,远近郁烈。获舍利数千粒,其色红翠。弟子诣阙请谥,奉敕易名曰:"心鉴",塔曰:"寿相"。初,任生将迎藏奂,人或难之。任生曰:"治宅之始,有异僧令大其门,云20年后,当有圣者居之。"藏奂至止,果20年矣。

大 证

大德大证禅师碑局部

大证,唐朝高僧。大证具体情况不明。保存有《大德大证禅师碑》,是大唐东京大敬爱寺故大德大证禅师之碑,碑文为王维之弟王缙所撰,徐浩书。《大德大证禅师碑》碑立于嵩岳寺后,因年久风化,碑文剥落将尽,犹可辨识者。其中有"达摩传慧可,可传僧粲,粲传宏信,信传宏忍,忍传大通,通传大照,照传广德,德传大证。一一授手,一一摩顶。相承如嫡,密付法印。"此言牵扯到达摩一脉传承序列的大事,与其它记载不同。

允 文

允文(805～882年),唐朝律僧。字执经,姓朱氏,秀州嘉禾(今浙江嘉兴)人。9岁父亡,其家舍文奉佛。师授《维摩》、《法华》二经,敏速之性,再稔皆通。或戏问允文曰:"尔出家之后,拟营何事业乎?"率然对曰:"当陟莲华台而作狮子吼。"或诮之曰:"耆宿前敢尔?"或曰:"志欲得大,此儿将来未易测也。"16岁削发出家,23岁时投嵩山临坛大德远和尚受法。是夏又入中京(今陕西西安市),攻《相部律宗》并《中观论》。补衣分卫,寒燠四周。既扣义门,遂入师室,玄枢律范,尤见精微。唐大和五年

(831年),返回故乡。先驻锡钱塘(今浙江杭州市)天竺寺,讲《大涅槃经》,蔚为胜集,允文往学焉。后历住越嘉祥寺,会昌三年(853年)再移静林寺,专以《涅槃》宣导四方。"会昌法难"时,他昼夜躲避,未亏僧行。大中年间(847~860年),佛法复兴,入会稽开元寺讲律。寺之耆旧,命讲律乘,词高理畅,学者宗之。中和二年(882年)六月长逝,享年七十有八。遗言不许封树。慕白傅自作志,预著方坟铭,藏于箧笥。门人怀益,因寻阅文籍见而悲咽,遂从先师之志,建小塔焉。

彦 辉

彦辉,唐朝高僧。姓孙氏,阳武县人。少时闻父读《金刚》、《般若》,瞪目凝听,若有悟者。其家内尝斋僧,磬梵俱作,彦辉于帘幕之下,合掌欣然。年十五,随师学法。后于嵩山少室寺受大戒,隶习毗尼,寻讨内典,皆能洞达,且曰:"为善不同,同归乎治,治则或定慧也。入圣机械,此三治,性之极致也。"洛都先达,无不推伏。彦辉三衣之外,百一之资,量足而供,更无余长;所行慈忍,匪事规求;不畜门徒,惟劳自己;勤勤化导,默默进修,是故南燕之人号为"佛子"焉。初寄明福寺,讲《百法论》,四方英士,云合景从,精研论席,钻仰经宗,其间硕学兼才,故分为上下"十恶",反其词以善之。上"十恶"则洞闲性相,高建法幢,宗因喻三,立破无滞。下"下恶"则学包内外,吟咏《风》、《骚》、击论谈经,声清口捷,赞扬梵呗,表白导宣。盖立题分目,皆门弟子为之,乃极才能之际云。彦辉因明《百法论》,各讲百许遍,出弟子150余人。著钞曰《滑台》,盛行于世。乾化元年(911年)秋八月,彦辉以寿终。

贞 峻

贞峻(822~899年),五代高僧。唐朝张果先生之裔孙,郑州新郑人。年14投相国寺归正律师出家。诵《净名》、《仁王》诸经,计数万言。丰神俊朗,资禀颖悟。未几,遂讽彻《净名》、《仁王》诸经,计数万言。时人称之为"有脚经笥"。年满于嵩山会善寺戒坛院受戒纳法,因栖封禅寺,号开宝律院,学新章律疏23策,名"讲授长"。唐大顺二年(891年),相国寺遇火,殿阁400余间都化为灰烬。时寺众惶惶,莫知投迹。或曰:"如请得贞峻归寺,寺可成矣。"乃相国寺率前来嵩山请贞峻入相国寺为上座,借其高名,以修复寺院。前后数载,寺遂重新,视旧增华焉。又请贞峻为新章律疏宗主,在此复开律讲,日有僧尼弟子50余人,执疏问难。僧传言"峻之律行,冰雪相高,暑无裸意,寒至夹衣,食惟知量,清约太过。"乾化元年(911年),贞峻临坛秉法。后梁时,度僧尼3000余人。后唐同光二年(924年)夏四月,贞峻以微疾而终。春秋78岁,法腊58年,葬于寺庄,祔慧云禅师塔焉。

亚 栖

亚栖,晚唐高僧,书法家。嵩山洛阳人。早年出家为僧,能诗文,喜书法,善草字。《宣和书谱》中说他"喜作字,得张颠笔意,昭宗光化中对殿庭草书,两赐紫袍,一时为之荣。"他自己也曾作《对御书后》一绝,云:"通禅笔法得玄门,亲人长安谒至尊。莫怪出来多意气,草书曾悦圣明君。"此可看出亚栖对自己书法的得意和自负。明代李晔《六研斋二笔》中言"亚栖书开元寺壁,笔势浓郁,古帖有之,亦是晚唐奇迹。"亚栖不但在书法实践上颇有造诣,而且还是一位不可多得的书法理论家。释亚栖喜欢论书,所著《论书》中提出了"凡书通即变"的著名观点,以为"变"是书家成功的关键,他说:"凡书通即变。王变白云体,欧变右军体,柳变欧阳体,永禅师、褚遂良、颜真卿、虞世南等,并得书中法,后皆自变其体,以传后世,俱得垂名。若执法不变,纵能人石三分,亦被号为书奴,终非自立之体。此是书家之大要。"亚栖重视"变"的倾向反映了禅家不立宗派的精神,是与亚栖样僧的身份是相符合的。亚栖善草书,但黄庭坚却说:"草书书法坏于亚栖",这种指责正好从一个侧面反映了亚栖不为前人书奴的"变"的书法风格。《书史会要》评亚栖云:"喜作字,得张颠笔意,每论颠云:'人徒知张之颠,而不知实非癫也'……此亚栖所以独得,而世俗语未必知也。"亚栖虽然得张旭笔意,但没有成为张旭的"书奴","自有"独得,所谓"禅心语事,独得精微"也。

亚 栖

亚栖,唐朝僧人、书法家。嵩山洛阳人。释亚楼久居寺庙,烧香念经。别的和尚空闲时就偷偷下棋睡觉,释亚楼却买了砚墨笔纸练习书法。有时深更半夜,他还在苦苦练习。一年年过去,他写字的功夫越来越深。许多烧香拜佛的人,也来请他写字,他都一一答应。他的草书,写得尤其飘逸奔放。有人问他:"草书怎样算好?"释亚楼写了八个字:"飞鸟出林,惊蛇入草!"其书法得张旭笔意。光化年间(898~900年),著《论书》传世。

净 慧

净慧,北宋高僧,洛阳白马寺住持。后唐长兴三年(932年)二月八日,白马寺立《摩腾入汉灵异记》刻石,载白马寺创建次年,即永平十二年(69年)寺东出现灵异之象,汉明帝谒摩腾三藏,遂在寺东建塔,凡9层,高500尺,岌若岳峙,塔高齐云。至五代之后,庄武李王建东白马寺及九层木浮屠,塔与刻石所记的汉代形制规模相同。天禧五年(1021年)正月七日,净慧大师等重建《摩腾入汉灵异记》石碑,保存了修建齐云塔的历史资料。

福 居

福居,北宋高僧。嵩山少林寺方丈。据《少林寺志》记载:"宋末,少林寺高僧福居曾邀请全国十八家武术师到少林寺演练三年,各取其长,汇集成少林拳谱。"据《少林拳谱秒抄》载:宋太祖乾德元年(963年),福居指示弟子灵智、灵敏、灵丘等,将寺内演练三年之久的十八家武艺,结合宋以前寺僧所习旧术与经验,汇编成《少林古拳谱》48卷,其中拳术143套,十八般兵器133套,并收录了包括点穴、擒拿、卸骨、徒手、医疗等21篇,共327套,图3895幅。

据载:经过两三年的钻研,福居在这次修撰拳谱时,删去了旧传少林武术套路中的虚假动作与旧谱中夸张炫耀、哗众取宠及玄学邪说等不实之词,保留了拳谱中攻防实用招数,吸收了东汉以来18般武艺精华,使少林武术套路中从此有了器械攻法招式。拳谱中载:夫短打者,即长拳,源自少林福居禅师删集也。他习学诸家手法多年,乃得真传。这次修撰拳谱,定最要者三。

邀集武林十八家创编拳谱第一僧

福居

他说习练武术,第一为行动积力;第二为推送沙袋,操练拳掌;第三为演习诸家拳法,此乃习武要也。金钟罩,吞符水,吹丹在手,纵地法纵系外道,不堪传世,删集之时,一概焚之。同时,福居和尚还要求寺僧,必须勤习苦练,贯通其中。

少林寺这次取众所长,使寺僧武术与民间武术融为一体汇集成的拳谱,是少林武术发展史上第一次对武术套路技法进行编纂整理,从而不仅规范了少林武术的套路技法,而且对于传播少林武术起到了推动作用。可惜这本武术专著今已失落无存。

景 遵

景遵,北宋高僧,书法家。西蜀武都山僧人。宋天禧五年(1021年)洛阳白马寺重立《摩腾入汉灵异记》石碑,由景遵法师以行体书写碑文,有晋唐之风,绝类怀仁(集王羲之字)《圣教序》。毕沅《中州金石记》收录并大加赞誉。

广 庆

广庆,北宋高僧。元祐时(1086～1093年)为少林寺住持。广庆任住持时,为了保护经唐武宗灭法时存留下来的弥勒佛像及释迦佛像,主持修建了"释迦塔"和"弥勒塔",并刻立了"文殊问疾"画像碑。文庆文章,文笔流畅,所书《释迦佛塔铭》、《弥勒佛塔铭》、《文殊问疾碑》,苍劲有力,别具一格。

清 江

清江,北宋高僧,徽宗时的少林寺住持。清江在任时,对少林寺院管理严格,除对寺僧的戒律外,还对寺院的周围的物产有详尽的保护。他任少林寺住持期间,在少林寺立有三块重要碑刻:一通为《西京永安县公据碑》。因少林寺与当地居民发生土地纠纷,他将此告于西京永安县,经县府审理,重定了少林寺土地界限。此碑是西京永安县程县尉给"十方少林禅寺"住持清江的公文,内容是确认该寺东南二段"常住田"的地界范围,时间为崇宁四年(1105年)二月十八日;另二通是立于建中靖国元年(1101年)九月,由武林僧昙潜参寥书丹、监寺宗证题额的"住持少林禅寺传法沙门清江上石"和登封知县楼异所撰的《少室三十六峰赋》碑(今存)和《太室二十四峰诗》碑(已失)。

宝 月

宝月(?～1084年),北宋高僧,巩县大力山十方净土寺净土寺住持。宝月,法号惠深,俗姓杨氏,赵州柏乡人。凤植德本,生不童戏。7岁,礼邢州龙华院僧宗顺出家。嘉祐初被巩县的官属邑众请专门邀宝月大师来住持十方净土寺。十方净土寺肇自元魏,规模甚壮,旧容千僧。经乱堕废,基址石洞存焉。宝月住持十方净土寺后,立志兴葺。宝月带领众人在前人基础上将净土寺重新整修,一待就是30年。他前后建僧堂并厨共28间;续建法堂及步廊,总200间。塑金装族檀瑞像1躯,修罗汉洞42间等,费金2850余万。熙宁二年(1069年)"同天节",定月大师赐僧2万人饭,施袈裟1条,以祝圣寿。每逢山门法会,香烛、茶果、钱帛等,恩赐相属。

宝月是一位非常有名望的大师,不但本身有大的功德,而且能够与民众和官署和谐相处,不负众望,得到北宋皇室的重视。熙宁六年(1073年)慈圣光献皇后"赐铜钟大小2个,付西京巩县十方净土寺僧惠深。"元丰七年(1084年)宋神宗派遣二中使与内典宾樊夫人赠给宝月一个御前剳子:"剳子付僧宝月大师惠深。西京十方净土寺山主僧宝月大师惠深为年高,今后每遇赴京师同天节斋会,特许乘坐兜轿往来。付惠深准此。"("同天节"为宋神宗赵顼生辰)。

宝月先后得到皇后与皇帝的馈赠,在当时可谓是荣耀至极。他的特权被皇室明文批准,他与皇室关系的密切程度显而易见。由此可知北宋时期净土寺的地位是很高的。除去宝月大师的个人功劳之外,另一个重要原因就是地理位置上的优越性:当时的巩县被称之为西京,距都城开封较近。而它更是北宋皇陵的所在地,所以引起各代皇帝的重视也是必然的。

元丰七年(1084年)冬宝月圆寂,寿75岁,僧腊66年。

惠　初

惠初,北宋高僧,徽宗政和年时任少林寺住持。惠初在任期间,大力倡导禅宗,推崇初祖达摩、二祖慧可。宣和七年(1125年)组织创建初祖庵大殿;宣和四年(1222年)至靖康元年(1226年)又在庵北建初祖庵面壁之塔,并请著名书家蔡京为该塔题写了"面壁之塔"。惠初还立有《二祖庵大师像碑》(原碑失,金代重立)。惠初颇具文字和书法功底,由惠初撰文并书丹的《长芦慈觉颐禅师鄘中佛事碑》,语言流畅,书法劲秀。他是宋末很有影响力的禅师,被徽宗封为"佛灯大师",并赐以紫袈裟。

大洪报恩

大洪报恩(1058~1111年),北宋高僧。俗姓刘氏,黎阳(今河南省浚县)人,家"世皆硕儒"。本人"幼年即举方略,擢为上第。"后做官到湖北随州,因厌恶世俗,请求出家,得到许可后,到投子山礼义青禅师为师,不久,"即悟心要"。义青禅师看这位年青弟子才思敏捷,便当面指教说:"你是佛门后世英子,除了参学大德,更应自获法门。"后来,报恩和尚"遍参名宿,皆蒙印可",20岁的时候就显名于世。宋哲宗元祐元年(1086年),他受丞相韩公缜之请,开法席于嵩山少林寺。

报恩禅师一到少林寺就"革律为禅",上堂说法。少林寺僧问:"三玄三要即不问,五位君臣事若何?"报恩禅师说:"非公境界。"僧说:"怎么则石人拊掌木女呵呵。"报恩禅师说:"杓卜听虚声,熟睡侥谵语。"僧问:"若不上来伸此问,焉能得见少林机?"报恩禅师答:"放过即不可,随后便打。"详细讲述了曹洞五位君臣禅法。

报恩禅师还同无尽居士、丞相张商英以书信往来的形式问答研讨佛道儒三教大要,无尽居士问:"清凉疏第三卷,西域邪见,不出四见。此方儒道,亦不出此四见。如庄、老计,自然为因,能生万物,即是邪因。易曰:太极生两仪,太极为因,亦是邪因。若谓一阴一阳之为道,能生万物,亦是邪因。若计一为虚无,则是无因。令疑老子自然与西天外道自然不同。何以言之?"又问:"老子曰:常无欲以观其妙,常有欲以观其徼。无欲则常,有徼则已,入其道矣。谓之邪因,岂有说乎?"再问:"周易曰:一阴一阳之谓道,阴阳不测之为神。神也者,妙万物而为言,寂然不动,感而遂通天下之故。今乃破阴阳变易之道为邪因,拨去不测之神,岂有说乎?"以上三个问题"望纸后批示,以断疑网。"报恩禅师回答说:"西域外道宗多途,要其会归,不出有无四见而已。谓有见,无见,亦无见,非有非无见也。盖不即一心

为道,则道非我有,故名外道。不即诸法是心,则法随见异,故名邪见。如谓之有,有则有无。如谓之无,无则无有。有无则有见竞生。无有则无见斯起。若亦有亦无见,非有非无见,亦有是也。夫不能离诸见,则无以明自心。无以明自心,则不能正道矣"。故经云:言词所说法,小智妄分别。不能了自心,亡何知正道。又曰,有见即为垢,此则未为见。远离于诸见,如是乃见佛。以此论之,邪正异途。正由见悟殊致故也。故清凉以庄老计道法自然,能生万物。易谓太极生两仪,一阴一阳之谓道。以自然太极为因。一阴一阳为道,能生万物,则是邪因。计一为虚无,则是无因。尝试论之,夫三界唯心,万缘一致,心生故法生,心灭故法灭。推而广之,弥纶万有而非有,统而会之,究竟寂灭而生无。非无亦非非无,非有亦非非有。四执既之,自非斯遣。则自然因缘。皆为戏论,虚无真实,俱是假名矣。至若谓太极阴阳,能生万物。常无常有,斯为众妙之门。阴阳不测,是谓无方之神。虽圣人设教,示悟多方。然既一心,宁非四见。何以明之?盖虚无为道,道则是无。若自然,若太极,若一阴阳为道,道则是有。常无常有,则是亦无亦有。阴阳不测,则是非有非无。先儒或谓妙万物谓之神,则非物,物物则亦是无。故西天诸大论师,皆以心外有法为外道,万法唯心为正宗。盖以心为宗,则诸见自亡。言虽或异,未足以为异也。以外有法,则诸见竞生。言虽或同,未足以为同也。虽然儒道圣人。固非不知之,乃存而不论耳。良以未即明指导一心,为万法之宗,虽或言之,犹不论也。如西天外道,皆大权菩萨示化之所施为。横生诸见,曲尽异端,以明佛法是为正道。此其所以为圣人之道,顺逆皆宗,非思议之所能知矣! 故古人有言,缘昔真宗未至,孔子且以系心;今知理有所归,不应犹执权教。然知权之为权,未必知权也。知权之为实,斯知权矣! 是亦周、孔、老、庄设教立言之本意,一大事因缘之所成始,所成终也。然则三教一心,同途异辙。

报恩禅师融会佛道儒三教知识,又借助北宋权贵支持,在少林寺传法数年,使曹洞宗风在嵩山广泛传播,并占据了各大寺院。嵩山地区也相继涌现出了一大批著名的曹洞名师,如惠初禅师、西堂老师、东林志隆等。

慧 昭

慧昭,宋朝高僧。河东绛人,母娠合掌而生,人谓宿世僧也。少年尚武,轻财重义。义中有斗,而直者将败,遂佐之,为吏所执,逃之永安昭孝院为僧,终不言其姓。叩之则曰:"幼孤,不知,吾第姓佛耳。"日诵经文数千言。元丰三年(1080年),结侣游方,礼嵩山法王寺冲禅师参究,言下便契,强记博闻,为禅流所宗。朝廷赐紫衣袈裟,号慧昭大师。政和七年(1117年),慧昭昼梦有异,作颂曰:"缘生二十八,地水火风别。梦觉向谁言,三春花雨雪。"遂奄然而逝。

文 质

文质,北宋高僧,新郑保安寺住持。文质颇精禅理,戒行精严,和北宋著名书法家、山谷老人黄庭坚私交甚密。黄庭坚寓居新郑期间,常主之于东西窗外,封植兰蕙。西蕙而东兰,名之曰"清深轩"。及去,以兰二本,蕙八本付文质守之,并书封植兰蕙手约以记,且曰:"士大夫欲迁而去者,可以此券示之。"

西 堂

西堂(1070~1157年),北宋末至金初曹洞宗大师。名法和,号无迹,许州(今许昌)人。据《西堂老师塔铭》载,他年少出家,参禅习经,洞彻曹洞。金初到少林寺任住持二载。他在少林寺提倡宗乘,传沿曹洞,僧众云集。后应京府普照寺之请任住持9年,晚年归栖嵩山少林寺西堂。金正隆二年(1157年),西堂圆寂于少林寺,世寿79岁,僧腊57年,建塔于少林寺塔林,至今犹存。

智 生

智生,北宋嵩山少林寺武僧。江夏(湖北武汉市武昌)。擅长九节鞭、钢铜等兵器,号称"沙门巨人"。从少林寺打出山门后,广收门徒,徒众数千,著有《生公擒拿七十诀》。

惠 威

惠威(1072~1118年)北宋嵩山少林寺高僧。姓周,字悟龙,名太肇,洛南(今陕西)人。北宋神宗元丰六年(1083年)皈依少林寺拜智堂为师,学习少林拳法,又跟师叔智勤学练刀术,武艺超群。任职武教头,抗击金兀术,大获全胜。

惠 琳

惠琳,北宋嵩山少林寺高僧。名可,保定府(今河北)人,幼年熟读四书五经,才华出众。因抗婚,23岁出家少林寺,由于刻苦习法,初任书记,后任提点。半路习武,擅长剑术,日夜苦练,深得精髓。在抗金战斗中,以其天文才学,妙测气象,借风力燃火攻敌,使惠威带领的武僧转危为安,大破金兵。

赵宗印

赵宗印,北宋嵩山少林寺高僧。北宋末年,金兵南下攻占潼关,赵宗印率僧人组织"尊胜队"抗金。

法 和

法和(1079~1157年),金朝高僧,嵩山少林寺住持。道号"无迹庵主"、"善应道人"。许州郾城(今河南省郾城县)人。俗姓李氏,少年即出家于善才寺(嵩山禹县),礼大悲院主海潮为师。20岁(1098年)具戒,28岁(1107年)南投汝州香山寺(今河南省宝丰县东南15公里),向枯木法成学习曹洞宗禅法。法成俗姓潘氏,为秀州嘉兴(今浙江省嘉兴市)人,是芙蓉道楷的大弟子。法和从学约5年,通能禅理,性珠莹彻;曹洞之机立契,芙蓉枯木之心顿彰,此后乃杖策诸方,密符所得。金人占领京师前,法成离开净因禅院南下焦山(江苏省镇江市东北),法和也遁入崆峒山(汝州南),结茅为庵,韬光宴息,远离尘寰。这时正是"四方冗穰,在处联兵,戎马生郊,戈鋋满地"的战乱年代。金兵占领洛阳

后,稍稍安定,洛京留守关元帅得知法和是高明的禅师,恳慕宗风,三番五次派专使请法和下山。法和便辞别林泉,受关元帅之请来到少林寺,大建禅宗。

法和住持少林寺两年,"提纲法要,举唱宗乘。示狮子频呻,显轮王三昧。规仪建立,祖令当行。毳客盈席,衲僧竞至。遍施法乳之恩,广布慈悲之慧。机关酬对,句裹无私。不露锋芒,正眼顿现。住持二载,天下知闻。"此后,朝廷派人再三敦请,乃住持京府普照寺9载。一时贵胤亲依,巨豪仰侍。时人评论说:师为人天眼目,大播真风。评论先代是非,批判末了公案。兵戈动地,转法轮于乱中;邪恶奔驰,施慈悲于扰攘。故知大道无方,法流同味。提携诸子,离火宅之中;拯救困穷,赠如意之宝。方圆千里,抉择示人;潜通密契之徒,悟道者如麻似粟。撒手长行,特出圣凡歧路。但法和深厌烦杂,后退居天清寺,宴处空谷。金正隆二年(1157年)三月二日归寂,年79岁。法和的弟子们依西天法火葬,起塔于少林寺西南的塔林中。法和度师40余人,嗣法者5人。弟子有祖端、智政、广寿、法云、惠深、惠淳、德超、宗颙、法贤、善忠、自觉等。

其中,祖端和自觉是法和最有名的弟子。祖端后来做了少林寺的住持;自觉是南京路东明县(今山东省东明县南)人,渡水穿云来到怀州北明月山(焦作市西),开山创业,建造"大明禅院"。自觉在少林寺拜见法和老师,老师给他取名"空相",授得空王宝印。大定二年(1162年)九月,自觉向尚书省礼部纳钱100贯,买得"大明禅院额"(当时礼部下专设"发卖所",公开出卖寺额等项)。

宝 公

宝公(1085~1150年),金朝高僧。临济宗滁州琅琊山广照慧觉的大弟子。普照宝公累主大刹,是嵩山荥阳洞林大觉禅寺的第一代大宗师,金大定年间道价日重,王公大臣莫不钦敬。因主持郑州普照寺时间最久,所以人称"普照宝公"。从临济宗传承上说,他与创立"杨岐派"的方会、创立"黄龙派"的慧南是法兄弟。普照宝公的弟子众多,其知名的五大弟子有普照、法海、悟鉴、教亨、竹林藏。其中法海、悟鉴、普照、教亨4人先后住持少林寺。

祖 端

祖端(1115~1167年),金朝高僧,嵩山少林寺住持。法和的弟子。嵩山阳翟县(禹州市)人。俗姓蒋氏,童年即入嵩山法王禅寺,礼俊公山主为师,后遇皇恩普度,1134年受具足戒。此后遁入山林旷野,木食单衣,惟以生死大事为怀。一日,他忽然想到,我闻三乘教诲、圆顿上乘、破无明,显一真,出三界,登长乐,不可限于隅,少有收获就满足。于是,祖端走出山林,遍访各方圣会,讲说《华严经》《圆觉经》。又参扣善知识,往少林寺拜访善应道人法和。法和劝他"末在更道",他也回答"偏界不留藏",深行法和之旨,于是请祖端住持少林寺达15年(1145~1160年)之久。祖端主持少林寺期间,"弘扬法化,四皈归依"。今少林寺方丈院南墙上有线刻画一幅《妙色那罗延执金刚神像》,"住少林祖端重上石"。神像上方有文字云:"经云,此神即观音示现。若人尽心供养,持此印咒,则增长身力,无愿不获。灵验颇多,罔能具说……"。祖端住持少林寺后,汴京留守曾请他住持开封法云寺(位于州桥东街巷,保康门外以南)数年。祖端晚年回少林寺终老,大定七年(1167年)七月廿五日归寂,世寿53岁,僧腊25年,端度门人弟子20余人,墓塔建于少林寺塔林中。

虚明教亨

虚明教亨(1150～1219年)，金朝高僧，接替兴崇的少林寺住持。字虚明，济州任城(今山东省济宁市)王氏子。7岁出家，依济州崇觉寺园和尚薙染。13岁受大戒，遇苦瓜先生，为他相面说："此小儿将来坐道场，必领僧万人。"15岁时，教亨西上郑州，投普照宝公法席。据说当教亨走到开封那夜，宝公做了一个梦，天空中的祥云像金色的莲花一样，缤纷乱坠。他对弟子们说："我十年不做梦了，今夜此梦是什么兆头呢?"次日，教亨投到了宝公门下。教亨勤奋，朝夕参扣，宝公也特别用心指教。一次，教亨与师弟德满去睢阳(今河南睢县)，在马上忽忆击竹因缘，凝情入定，到了河边还浑然无觉。德满大声喊他，他才惊醒，悲喜交集。回寺后，含泪向宝公报告心得。宝公说，"这不变成'僵人'了？要苏醒过来才是。我要教你参诸方掉下的禅！但参去，自会有心得。"一天，他在云水堂静坐，忽闻打板声，霍然证人，遂呈偈语一首："日面月面，流星闪电。若更迟疑，门面着箭。咄！"宝公见后赞曰"我怠慢不得你了！"

先后讲法在郑州普照寺、嵩山戒坛寺(会善寺)、嵩山大法王寺、韶山云门寺(渑池县北)、林溪大觉寺五座道场，名扬四方。在教亨住持过的嵩山大法王寺大雄宝殿西侧墙壁上有嵌入石刻一方，内容中"玄悟老人劝请亨公住潭柘寺"七律一首，木庵性英书丹。诗云：

最胜西山古道场，三年南贝棣华芳。钧怀不忍虚潭柘，省檄专驰下法王。

烟酽晓波游鸭绿，雪痕春草乍鹅黄。后生力可持吾道，正好乘云入帝乡。

此后不久，教亨应金国左丞相夹谷清臣及玄悟老人之请，住持金中都(今北京市)潭柘寺，后到济州(今山东济宁)普照寺，没多久金章宗下诏书，请教亨为中都大庆寿寺(原在北京西长安街路北，今已无存)住持，当时的金大寿寺有沃田20顷，僧万人，教亨在此3年。金代大安元年(1209年)，虚明教亨受官府之命出任嵩山少林寺住持，使少林法席大盛。

虚明教亨任少林寺住持期间，曾为前任方丈崇公建造墓塔，还与寺僧祖昭一起刻立了《苏东坡观音赞碑》等。教亨精于书法，所书《苏东坡观音赞碑》颇具功力，大有东坡书风。后教亨退闲庵居，乃徜徉于嵩少之间，或放歌，或长啸，如此数年。金兴定三年(1219年)七月十日，虚明教亨杜门谢客，淋浴说偈，末句是："咦！一二三四五六七！"端坐而逝，年70岁，僧腊58年。元光二年(1223年)，弟子毗荼，建塔于嵩山法王寺。

虚明教亨的弟子有宏相、罗汉福汴、祖昭、香山江、慈云海等人。虚明教亨在少林寺所立或有关的碑刻有《大金嵩山少林寺故崇公禅师塔铭并序》《弥勒大士应化像赞》《重刊三教圣像碑》《达摩祖师只履西归相赞》等。

栖岩彦公

栖岩彦公，金朝白马寺高僧。法师自黄河之北到达洛阳白马寺，见五代之后庄武李王所建东白马寺及九层木浮图旧址，遭火焚已50余载，仍荒榛丘墟，瓦砾堆积，徘徊嗟叹，不忍离去，遂发愿再修寺塔。缘行如流，四方云会，资费瓣集。于是彦公鸠工造甓，因塔旧基，重建砖浮图13层，高160余尺。并建护塔墙垣3重，屋宇28间，立古碑5通，左右焚经台两所，以及其他。以临济宗无畏之坛，谨持六斋。大定十五年(1175年)五月初八日所立《大金国重修河南府左街东白马寺释迦舍利塔记》石碑记载此事。

兴　崇

兴崇（1166～1194年），金朝少林寺高僧。法名兴崇，俗姓侯氏，汾阳西河（今山西省汾阳县）人。幼年失父，笃养于母。在童稚时，母病，自剔身肉，令母服之为药，以孝名乡里。冠岁（1185年）愿意求出家，母亲便送他到汾州太平法兴院，礼主僧忠上人为师。大定二十七年（1187年），诵《法华经》中选，受具足戒，为比丘。初历讲肆，究其义理，未惬所怀，他便南下，渡黄河而至少林寺，参扣普照老师，机缘相契，有所悟人。果熟飘香，因缘时节自然而至。普照禅师从嵩山之阴罗汉禅寺退席回少林寺以后，于1194年，光禄大夫、驸马都尉蒲察，骠骑将军纥石列等请兴崇禅师住持罗汉禅寺。兴崇在此寺10年，戮力忘倦，补砌殿宇，诱施财力，山门内外，井然有序。泰和四年（1204年）五月，南京路统军镇国徒单、荣禄大夫、六驸马都尉、国子司业刘奉直（即卜居洛阳的刘昂），同知孙中顺、治中武奉直等人，联名具疏，请兴崇为少林禅寺住持。兴崇住持少林寺5年，铸造大铁钟一口，重一万一千斤，上铸铭文："奉为皇帝万岁，文武官僚位禄常居，法界众生同登觉岸。"大铁钟至今仍保存寺内。兴崇还因天旱祈雨，多有神验。但后因疾病在身，退闲庵居。金泰和八年（1208年）九月二十七日作偈告别大众：四十三年一梦中，如今撒手任西东。密密不行凡圣路，绵绵独步太虚空。圆寂时世寿43岁，僧腊27年。由小师瑞云等人，依法毗荼。大安元年（1209年）收舍利，起塔于少林祖坟（塔林）。少林寺悦众比丘祖昭为兴崇撰写了塔铭。塔铭中有徒单、蒲察、纥石列，都是金人贵族姓氏。兴崇嗣法1人，曰道蹟。度门弟子有瑞青、瑞云、瑞灿、瑞祥等10余人。

洪　温

洪温（？～1274年），金朝少林寺高僧。曾任少林寺首座僧，佛、医、武、文四通。擅长气功、桩功，传《头顶功》、《罗汉十八手》。

祖　昭

祖昭，金朝嵩山少林寺高僧，著名书画家。字继明，原籍山西太原，为儒林世显周臣之外孙。金大定时到少林寺为僧，曾任少林寺都维那之职，晚年为法王寺住持。祖昭一生研修书画，造诣很深，留下了众多佳作。今存少林寺的绘画作品主要有：大安元年（1209年）绘的《观音赞像》、《三教圣像》；金元光元年（1222年）绘的《达摩只履西归图》、《弥勒大士应化像》；金元光二年（1223年）绘的《二祖慧可禅师像》。祖昭的绘画作品，多以佛教人物为主，精美朴实，别具一格。今存于少林寺祖昭的书法作品主要有大定十九年（1179年）所书的"海公禅师之塔"隶书6个大字，《三教圣像碑》中的唐肃宗赞文"少林比丘祖昭"字样等。祖昭的书法，以隶书为最佳。此外，祖昭于大安元年（1209年）还为少林寺住持崇公禅师撰写了塔铭。

万松行秀

万松行秀（1166～1246年），金末元初曹洞禅法大宗师。行秀，俗姓蔡氏。家原居河内（今河南省沁阳),父亲蔡真时举家北迁至河北省永年县。15岁时,行秀北上邢州净土寺(今邢台市北郊)出家,法名行秀,攻研五大部经。考试时,他于200名应试者中名列第7而中选。不久,受具足戒为比丘。此后他挑行李北上燕京,往潭柘寺、庆寿寺、万寿寺参扣。复南下,往磁州(今河北省磁县)大明寺,拜雪岩慧满为师,学习两年,得传法衣钵。这"法"便是曹洞宗的法脉,系芙蓉道楷——鹿门自觉——青州希弁——灵岩法宝——太原王山觉林——雪岩慧满。后来,行秀在净土寺建"万松轩",读书并接待参访者。慧满北上太原后,曾就任净土寺主持。泰和六年(1206年),万松行秀应请至中都,为仰山栖隐禅寺(位于北京市门头沟区妙峰山乡南樱桃村的北山上,著名高僧青州希弁、灵岩法宝曾于此寺住持传法)住持。

万松行秀

金章宗秋猎时,万松行秀献诗,帝遂亲临方丈室,对行秀甚为赞赏。泰和八年(1208年),万松行秀移往燕京。金章宗敬仰他的道行,请他进宫说法,并命其住持仰山栖隐寺,后来又移住报恩寺和洪济寺。至蒙古军南下攻中都(1215年),诸僧请万松行秀南下避难。他说:"北方人(指蒙古人)难道就不知佛法么?"当蒙古军攻到寺院门口时,他抱定必死的决心,率领寺僧念诵〈楞严咒〉。门外有信徒持杖护卫,蒙古军竟未犯寺。金正大七年(1230年)万松行秀住持万寿寺,道化很盛。不久,万松行秀住持万寿寺(原在今北京市宣武门外东南,今无存)。1230年,太宗窝阔台赐行秀佛牙一枚,尊他为"万松老人"。后二年(1232年),蒙古军大举灭金,67岁的万松行秀率燕京僧道朝拜窝阔台大汗于"行宫"。这"行宫"在官山九十九泉(今内蒙古察哈尔右翼中旗之南)。大汗下旨免僧道徭役。此后,归服蒙古的僧道人数越来越多。在蒙、金交战时期,万松行秀得到了蒙古人的信任,他的禅法因而得以在北方发展。他的弟子有东林志隆、木庵性英、乳峰德仁、雪庭福裕等人,曾先后住持了少林寺。

万松行秀"儒释兼备,宗说精通,辩才无碍",又善狂草,兼通文墨,有人甚至说他有"将相之才"。他既受到金章宗的器重,又通过耶律楚材,主动靠拢元太宗,颇能左右逢源。

1246年,万松行秀圆寂,世寿81岁。北京市西四丁字街口的八角九层密檐式砖塔,为"万松行秀老人"塔。万松行秀一生度弟子数以千计,得其法要者128人。俗家弟子(皈依)中,著名的有屏山居士李纯甫(金末进士,终生不得志,晚年皈依万松行秀)、湛然居士耶律楚材(金朝左右员外郎,金亡后皈依万松行秀。不久,受成吉思汗之召,护驾西征,元太宗时官至中书令)和著名学者赵秉文等。传法弟子中,著名的有东林志隆、林泉丛伦、千松得明、乳峰德仁、复安圆照和雪庭福裕。

广 铸

广铸(1170~1224年),金末元初高僧。应州浑源(今山西省浑源县)人。曾被嵩山少林寺拟请为住持,但却不巧于上任前病故。他先后住持嵩山汝州香山寺、邓州丹霞寺。丹霞寺在今河南省南召县东北12公里的留山,乃一古刹。广铸来时,山门寂寥,山僧三四人。经广铸9年(约1214~1223年)的经营,僧众达2000余人,为河南丛林之冠。广铸的两大弟子为义方和善庆。今少林寺祖坟中,有二座扣钟式石塔。一座是"西京灵源院衍公长老窣堵坡",造于贞祐三年(1215年)三月廿九日,是西京大同灵源禅院慧衍的灵塔;另一座是"铸公禅师之塔",造于正大改元年(1214年)五月,就是未上任而亡的广铸的灵塔。

东林志隆

东林志隆，金末元初高僧，曹洞宗名师，嵩山少林寺住持。志隆，号东林，称东林志隆、东林隆公，万松行秀的弟子。幼年出家于本府峡峪云岩寺。金宣宗贞祐年间(1214~1217年)，他与耶律楚材先后投曹洞宗师万松行秀为师，参禅念佛。耶律楚材认为志隆比其他弟子"高出十百倍"。耶律楚材的《湛然居士集》中，有《寄东林》《寄东林同参》等诗。诗中说："何日万松轩侧畔，笑谈抵掌一开怀？"还有一首诗称颂他："隆老成龙过禹门"。暗示志隆已来到了河南洛阳。兴定年间(1217~1224年)，东林志隆出作少林寺住持。据元好问《遗山文集》中的《少林药局记》可知，金兴定四年(1220年)，在大施主寇彦温等百家大户施财、施黄金等，愿作百年之斋的背景下，住持志隆效仿青州希弁和尚的作法，在少林寺设立"药局"一所，采购了治疗常见疾病的药物，供寺内外病人免费取用。贞祐三年(1225年)，为西京灵源院著名长老衍公建塔；金兴定四年(1220年)，与居士王知非等募资历时两年重修了面壁庵(即初祖庵)和雪亭西舍，刻石于兴定六年(1222年)的李纯甫撰《重修面壁庵记》碑末署曰："都劝缘，少林禅寺住持、传法嗣祖沙门志隆"；兴定时，又立二祖大师像等碑刻于少林寺。志隆为曹洞名师，他入主少林寺，对竖立曹洞宗大旗起到了重要作用。

木庵性英

木庵性英，金末元初高僧，"孔门禅"思想的倡导者，少林寺住持，诗人。字粹中，号木庵。他弱冠作举子，后受到博州(今山东省聊城)高仲常的影响，出家为僧，从万松老人淘汰法门。贞祐初(1213年)他南渡黄河，居洛西子盖山。在龙门西山宝应寺做住持多年。后于公元1224~1234年前后，木庵性英为少林寺住持10年左右。性英自8岁学诗。因常有新诗作问世，时人把他看做是一位"诗僧"。他与三乡(今宜阳县三乡镇)人辛愿、赵宜之、刘景玄，还有公元1216年南下的北方文坛一代宗师元好问，常常聚在一起讨论诗词文章而成为好友。据说，他们都有"一条生铁脊，两片点钢唇"。元好问是性英40多年的好友，他在《龙门杂诗》中云："不见木庵师，胸中满尘泥。西窗一握手，大笑倾冠巾。"从中可以想见他们间的感情之真挚。元好问有《寄英上人》诗云："世事都销酒半醺，已将度外置纷纭。乍贤乍佞谁为我？同病同忧只有君。白首共伤千里别，青山真得几时分。相思后作并州月，却为僧休赋碧云。"元好问另有《秋夜伙香亭怀古庵上人》，更明白地说明了二人的交往，"兄弟论交四十年，相从旬日却无缘。去程冰雪诗仍在，晚节风尘私自怜。莲社旧容元亮酒，藤溪多负子猷船，茅斋一夕愁多少，窗竹潇潇耿不眠。"金哀宗时，著名文学家赵秉文奉命祠太室山，过少林寺而会见性英。时性英倦于送往迎来，思欲退席，赵秉文作书挽留，书中称赞他"书如东晋名流，诗有晚唐风骨"。

木庵性英是当时的密教名僧，其弟子知玲曾从他在少林寺学传总持法，后于皇统中在河北盘山传密教。后来性英北上大都(北京)，作仰山栖隐寺住持五六年。

木庵性英的事迹在少林寺已不多见，无禅无塔。诗集今亦无传，但有元好问为之撰写的《木庵集序引》传于后世。

澄徽

澄徽(1192~1245年),金末元初高僧,云门宗传人。东林志隆住少林寺时,澄徽曾来参扣。他还参扣过龙门山宝应寺定迁。最后得法于登封县东北龙潭寺的虚明寿和尚,传承云门宗。澄徽禅师虽是云门宗的传人,却也热心《道德经》的研究,著有《解道德经》一部。他还"雅善琴道,且于诗律有功,惟以二事自娱。"澄徽塔建在河南省辉县西约30公里的白云寺,塔铭的撰文者为金代著名诗人元好问,僧史中没有关于澄徽的记载。一些佛教史家断言云门宗在金末元初时法脉已断。而"遗山真隐"(元好问)为澄徽撰写的《塔铭》,为云门宗在金末元初的存在提供了第一手资料。

乳峰德仁

乳峰德仁(1197~1266年),蒙元高僧,少林寺住持,万松行秀的弟子。德仁,字仲山,道号乳峰老人。他生于潞州上党(今山西省长治市)贾村,俗姓张氏。幼年聪慧,且眉宇靖深,仪容端审。他弃家事佛,师事本州紫闭山慈云院的道荣和尚。大安二年(1210年)买戒牒、受具戒。德仁14岁从师学习《金刚》、《圆觉》、《唯识》大义,20岁时,已收了一个小弟子圆照。此后他游方讲肆,气象挺然,机辩冠众,不到30岁的他已被尊称为"大法师"。上方学徒如百鸟朝凤一般,他自以为可以高飞并举了。但这时,他听说万松行秀老人禅道高广,便撤席散众,北上燕京报恩洪济寺(今广济寺),投万松行秀为师。积久,功多业就,水到渠成,弃义学,开宗眼,蒙师印可,所谓"一迷万惑,一了千明"。1236年,几位佛教界风云人物开法于镇阳蒿城(今河北省正定县),万松、圣安、海云等,开口谈禅,焚香祝寿,德仁参与法席,深受启发。德仁出世,住南宫洪济寺(今河北南宫市),后转东源灵泉寺。约1239~1248年,乳峰德仁住持少林寺。德仁刚来嵩山之初,看到长年战乱,少林寺殿宇崩毁十之七八,便竭诚修复殿宇;种树种竹,绿化周围;整理庄园田产,恢复生产。几年时间,使少林寺旧貌换新颜。1249年,万松行秀老人派雪庭福裕主持少林寺,德仁便回南宫养闲,究析古贤道义。不久,奉诏住持燕京大万寿寺,得赐"正宗兴教大禅师"之号。至元三年(1266年)丙寅三月,德仁终于方丈室,春秋70岁,僧腊58年。参加火葬及送终仪式的僧俗人士达万人。门人以灵骨在燕京、南宫、少林、晖州山阳等4处起塔纪念。德仁塔至今屹立于少林寺塔林。塔铭的作者是隆兴寺福汴,他在评介德仁时说他:"为人面目严冷,不矜名誉,不贪渎货略,不趋炎附势,不以艰苦所得佛祖正法眼藏妄为传授"。他还说,"报恩门下,英流杂逻。师独超轶,卓冠雄拔。"

雪庭福裕

雪庭福裕(1203~1275年),金元时期高僧,皇帝敕封的少林寺住持,万松行秀的大弟子,嵩山历史上唯一被封为国公的高僧。雪庭福裕,俗姓张,字好问,号雪庭,山西文水县人。他从小就聪明好学,具上乘佛像,得上乘智慧,9岁入学,一天可读千字文,人称"圣小儿"。他因为家贫,少年时出家为僧。金哀宗正大二年(1225年),他到仙岩寺礼休休古佛出家,并授具足戒。金天兴元年(1232年),他游方到燕山,从万松行秀参禅10年,"道益隆,名益著,学者日益广。"1245年,忽必烈命福裕往少林寺建资戒大会,命他在故里文水县建报恩寺,并赐以田地及财物。他在少林寺期间,跟随师爷雪岩满公

雪庭福裕

老和尚,同师弟乳峰德仁比丘共同管理少林药局,为众生除疫除疠。后来,成吉思汗来到少林寺,经师兄耶律楚材荐贤,于蒙古贵油汗三年(1248年),定宗皇帝下诏,命福裕住持元旧都喀喇和林(今蒙古国库伦西南)住持太平兴国禅寺。次年,元世祖未登基即命其住持嵩山少林寺。

雪庭福裕奉旨回少林寺任住持,看到久经战乱,祖庭残摧,遂请旨重修。他统领嵩山诸刹,并兴复了嵩山地区因战乱而遭破坏的寺院。重修少林寺院及金身佛像之后,他又为寺立宗,写下了"皈吾寺者,必皈吾宗"的寺规,堵住了门派之争。他还拟了"福、慧、智、子、觉……"等70辈号,使少林寺中长幼有序,尊卑有礼,辈分不乱。裕公通群经,留有语录几十万言,是当之无愧的佛学家。他大作资戒会,使祖庭少林寺真正成为清净佛地,日臻兴旺。这期间,他还重整少林寺的下院永庆寺,恢复白马寺,因缘会合,倾动一时。福裕法誉日隆,众望所归,每登坛讲经,四众云集。史载"煨烬之余,兴仆起废,训徒说法,施者如丘山,来者如归市。嵩阳诸刹,金碧一新;洛阳白马,经筵不辍,皆师力也。"他既有功于元王朝文治事业,又推动了嵩山佛教中兴。他以国师的特殊身份在民间禁武的环境下保护了少林寺的习武环境,将少林寺规模空前扩大,使少林功夫迅速向外传播。阖寺四众遂尊福裕和尚为"中兴之祖"。嵩山广大僧众称赞他"刚果强毅,公勤廉明,平居风神间,敞襟度夷,旷复嵩山,如祖师再出世。"所以,弟子们称他"开山祖师"、"少林中兴之祖"。

蒙哥汗元年(1251年)元宪宗召雪庭福裕入帐殿,累月问道。世祖继位,命总领释教,赐号"光宗正法"。福裕出世,首住奉福寺(该寺在北京西直门外,后改为广恩寺)。公元1253年,元宪宗皇帝在开平府的帐殿里召见雪庭了福裕,奏对称旨,授予他全国最高僧官"都僧省"之职,命其总领全国佛教。1255年,元宪宗宣命雪庭福裕至燕京,为延庆禅寺开山第一代住持。此后,福裕和国师、克什米尔人那摩发动了"戊午(1258年)佛道大辩论",结果佛教获胜。朝廷遂焚毁道经45部于御街之上,并将全国的237座庙观改成寺院。中统元年(1260年),元世祖忽必烈即位,敕封雪庭福裕为"都僧省、少林大佛寺开山住持、光宗正法大宗师",他奉诏住持京师万寿寺14年(历史上,青州希弁大师、万松行秀都曾在这里做过住持,所以曹洞宗僧人也称大万寿寺为"祖席")。福裕住持时,得都南柳林良田200余顷,开辟玉泉北墅观音别院,又修建药室、浴宇、商店,广开财源。他还以大万寿寺为主寺,分设"五少林"(指和林太平兴国寺、蓟县北少林寺、文水县报恩寺、洛阳嵩山少林寺及长安某寺),形成一个网络,所谓"款龙廷而振举宗风,敞五林而宏阐家教"。

雪庭福裕著作

元至元八年(1271年),世祖诏天下高僧聚集京师,举行释道之论,福裕徒众居三分之一。此时少林寺虚席,由万松、海云上荐雪庭福裕为少林寺住持。之后闻讯来归者甚众,乐而布施者如涌。福裕将嵩阳诸刹整修一新,使洛阳白马寺经筵讲读持续不辍。雪庭福裕襟度夷坦,风神闲散,说法30余年,继踵前贤,标准后学,绰有古知识之遗风。

雪庭福裕晚年时"倦于接纳,归栖嵩阳"。至元十二年(1275年),雪庭福裕功德圆满,书偈坐化,圆寂在嵩山少林寺,世寿73岁,僧腊62年,度弟子千数,葬于少林寺塔林。

1287年,位于少林寺塔林中心位置的福裕灵塔建成,由"宣授江淮都总摄、扶宗宏教大师、释源白马寺宗主龙川管钱"立额,塔额为"宣授都僧省、少林长老、特赐光宗正法大禅师裕公塔"。

雪庭福裕释儒兼备,"教人亦性善,当仁能仁。阴有以格君心而赞皇猷。未尝以福田利益,谬谬语人。而慈云法雨,阴复潜被,历代帝王意欲清心静治,使万姓蒙福。""僧无徭役,大众欢喜。一佛出室,遇明天子,其人已灭,其道不死。"在他圆寂37年以后,元仁宗于皇庆元年(1312年)追赠他为"大司空、开府仪同三司",并追封他为"晋国公",又诏命文臣为之撰文立碑并表其塔。

元延祐元年(1314)年十一月,由程钜夫撰文,赵孟頫书丹,郭贯篆额,耶律德思镌刻的《少林裕公(福裕)道行碑》立于少林寺慈云堂院内。碑文内容主要记述了裕公禅师的生平、道行和主持少林寺的功德。为此,雪庭福裕倍受元朝皇帝的推崇和多次受嘉奖,其身后的荣誉可谓登峰造极。

雪庭福裕嫡传法嗣30有余,其中五丰慧庆、中林智泰、足庵净肃等,都先后继福裕之后,住持嵩山少林寺,以嵩山少林寺为基础,把曹洞禅法弘扬四方,而且越过东洋,传到日本。

复庵圆照

复庵圆照(1206～1283年),元初曹洞宗名僧。乳峰德仁的嗣法弟子。俗姓李氏,法名圆照,字寂然,自号复庵。山西上党(今长治)人。年11岁出家于慈云寺,拜乳峰和尚为师,随之16年。1221年登坛受具,学习《唯识论》、《楞严经》、《圆觉经》,并开讲席主讲各经论。据说耆年宿德,没有不心悦诚服的,连万松也称赞他是"当代龙门师"。后归万松行秀门下三载,"即蒙印可,有曹洞正宗,方圆静照之颂"。蒙古乃马真后二年(1243年),朝廷下令集各路僧人在燕京万寿寺建资戒大会,圆照赴会,自此开堂出世。他先后住持德州的天宁寺、济河的普照寺、鹊里的崇孝寺、嵩山的少林寺及法王寺,晚年在法王寺度过。

复庵圆照被称为少林寺第四代住持、法王寺第九代住持。在世时声誉很高,与官府中书右丞、德州总管及名僧性英等交往甚密。至元二十年(1283年)三月示寂,寿78岁,僧腊62年,建塔于法王寺山门外。归葬时,士庶倾城相送。根据立于少林寺塔林的《少林寺第四代住持复庵和尚碑》和立于嵩山法王寺的《嵩山法王禅寺第九代复庵和尚塔铭并序》碑,说明门人分灵骨起塔于少林寺塔林和法王寺两处。

觉 远

觉远,蒙元少林寺武僧。祖籍严州(今浙江建德)人,世家公子。为人性情豪爽,喜爱技击与剑术,幼入少林寺拜洪温禅师为师。洪温精于硬气功和桩功,耄耋之年尚能头顶百斤,双膝架人。觉远跟他习禅练武,深得精髓,对十八罗汉手大悟,推衍变化增加,化散式为整式,发展为72手,参互错综,重视实用,微妙不测,达到了出神入化之境。觉远和尚怀此绝技,成为少林巨子,然而他虚怀若谷仍不满足自己的武术技能,为了进一步提高自己,征得师傅洪温法师应允,改俗装,出游四方,一为寻访少林宗派,二为求道于武林高手。觉远先后游遍了川、楚、滇、陕、晋、甘等地,访问了众多的武术名家高手,吸纳了各派武术技击之要点,并结合少林寺原有的武术内容,在练功的方法上进行了创新,在技术理论上提出了气与力合、练养结合的新的论点,使少林武术找到了练武增力的诀窍门经。

觉远把少林武术中重技击的手法挑出来,教习徒弟,弟子中成名的有觉泽、澄惠等。同时,他还从

理论上总结了少林拳的特点和练拳诀语。他说："五脏属内，四肢躯干属外，运用丹田之气，上达顶门，下通海底，充实皮肤，以保五脏为练内。专练头手足，坚如铁石，捷若游龙，为练外。"

觉远提出了少林拳内外双修的方法和理论，说："力以能柔而刚，气以善运而充，力从气出，气隐力显，无气则自身而生乎？外家之力，其来也猛，猛则多浮而鲜沉。内家之力，其来也若有其意无意之间，必抵隙沾实，而后全力一吐，沉重如山，可以气透肤里。此其故，盖由外家之力刚，内家之力柔，刚则虚浮，柔则沉实，习之即久，自能觉悟。盖一掌一拳打出，手一着力，则气有三停：一停于盲穴，二停于肘拐，三停于掌根，如是而后力能贯透指巅或掌心也。至于柔运（即纯粹之气功）之力，则与此不同，一举手则全身奔赴于气之所运，所谓意到气到，捷于声响，精粗之别，学者于此可悟矣。"这段话无疑可以力证此时的少林武术是重内练而并非是重外练。少林武术之发力是以内导外，用意运气使力。内练心宜静，不静则气不清神不定。练外运宜勤，不勤则手不敏足不捷。所以内练主静，外练主动，不辨自明。这是他对少林武术技术层面的贡献。遗著有《罗汉七十二手》、《少林擒拿一百招》等。

李　叟

李叟，蒙元嵩山少林寺武僧。李叟入少林寺前就是闻名全国的武林高手。李叟（李延寿）原籍河南，60岁的时候，客居甘肃兰州与其子一起以小贩为生，因不慎与一恶痞发生摩擦，再三谦虚，恶痞仍不让步，又打又踢，李叟轻轻地用右手骈两指在恶痞之背敲击了一下，恶痞便跌倒在地，且唇青面白，痛不可忍，可见李叟的武功技术能力之强。据有关资料介绍李叟在少年时候，就喜欢武术，以擒拿出名，且精于棍术，后做生意到了兰州，便无人知晓他会武术。他平时喜欢练大、小洪（红）拳，故身法矫健，以掌法骈指为独到绝技。后与少林寺僧觉远相识，觉远、李叟、白玉峰同居洛阳同福寺，一同倾心演练武术，经过一段时间后，李叟与白玉峰深感觉远之诚恳，即同归少林寺。

李叟在少林寺主传传大、小洪拳，棍术和擒拿。李叟将擒拿与棍法等绝技融会于少林棍法与拳术之中，进一步提高了少林拳、棍的技击效果。据载：李叟所传棍法为单头式，有七法，即点、拨、扫、撬、压、坐、退跃。他创编的《少林十三抓》，就是取少林拳法的精华技击部分创研编制而成，至今仍有传人。十年后，李叟离寺，令其子皈依少林，师赐法名"澄慧"。

白玉峰

白玉峰，人称秋月和尚，蒙元嵩山少林寺武僧。李叟的朋友，也是技击家之泰斗。白玉峰常居洛阳，以授徒谋生，身躯瘦小，而精锐之气逼人，年五十有余，仍健壮异常。白玉峰从小生于富贵之家，因生性酷爱武术，只要有一技之长者便请于家中求教，时间一长家中财产都被他因学习武术而耗尽。家道中落后，他便卖掉房子携资周游四方，求教于各派武术高手，对气功、剑术最为精湛。同李叟一样，白玉峰入少林寺前就是闻名全国的武林高手。后与少林寺僧觉远相识，因志趣相投，三人同归少林。白玉峰主传龙、虎、蛇、豹、鹤五拳及气功，把少林寺的罗汉18手发展到170多手，又编著了《五拳精要》，阐述龙拳、虎拳、蛇拳、豹拳、鹤拳的练习和用法。白玉峰将旧时罗汉18手创增之172手。他还根据华佗的《五禽戏》改鹿、熊、猿三者为龙、豹、蛇，变鸟为鹤，撰写了五拳精要一本，系统完善地阐述了"龙、虎、豹、蛇、鹤"五拳特点和手、足、身、眼、步法等五拳的练法要领。他说："龙拳练神，虎拳练精。人之一身集精、烽、气、骨、神，五者互为因果，才能达到出神入化之境界。""力以柔而刚，气以运而实，力从气出,气隐力显,无气则力之何柔也?"由此可见当时寺内练气与练力已融为一体。这是少林武术内功理论成熟的标志。

慧 矩

慧矩(1223~1289年),蒙元嵩山少林寺高僧。钧州阳翟(河南禹州)人。早年出家少林寺,一代禅武名师,精通佛经,擅长文学和医学。在武术方面亦有造诣,擅长气功、禅杖、剑术等,尤擅轻功。

慧 道

慧道,蒙元高僧。俗姓张氏,滦川(今河北省卢龙县)人。出家后,往大都(北京)大万寿寺礼雪庭福裕为师。不数年,别师南游,遍历大刹.后至祖庭少林寺,乃留住不去,于光天老师处印证嗣法,遂得成名。初任监寺,由于山门日盛,常住日增,升任都提举。他在住持中林智泰领导下,筹办了至元二十三年(1286年)的"法界圣凡水陆普度大斋胜会",该会是佛教界超度天下"六道"、"四生"无量苦难的大功德法。大会进行了三昼夜,赴会修供者不可胜数,什物灿然一新,库中委积丰盛。慧道还独立化缘,重修了少林寺大殿。后到浙江余杭的大普宁寺,购得新刊的《大藏经》约6000卷,并在少林寺创建"藏经阁",用以贮藏这部《大藏经》。慧道还在偃师县东创建了一所下院(某某庵),自己做"庵主",度落发30余员。

八思巴

八思巴(1235~1280年),蒙元时期的藏族政治,藏传佛教萨迦派第5代祖师,元代首任帝师。又译作帕克思巴、八合思巴、拔思发等,本名罗追坚赞。系西藏萨嘉氏。据说其人3岁能讲喜金刚修法,听众叹为稀有,于是称之为"八思巴"(藏语意为"圣者")。9岁时,又因讲喜金刚续本《二观察》而名声大著。窝阔台汗时,蒙古军进入乌思藏地区。南宋淳祐四年(1244年),他随其伯父萨迦班智达至凉州(今甘肃武威),会见成吉思汗之孙,蒙古窝阔台汗次子阔端皇太子,自此归附蒙古。宝祐元年(1253年)八思巴被忽必烈召至左右,为忽必烈夫妇等25人授佛戒。中统元年(1260年),忽必烈即帝位,封八思巴为国师,赐玉印,任他为中原教主,统领全国的佛教事务。八思巴以国师的身份,为皇帝、后妃、宗王、皇子们传法授戒,传授灌顶。据《佛祖历代通载》卷35记载,"帝(指忽必烈)诏十高僧内殿供养,帝端坐不动,诸大德亦复默然,帝乃云此是

八思巴

真实功德"。"帝万机之暇,自奉施食,持数珠而课诵"。"帝诏:遍天下,每一岁中行布施度僧,读大藏经"。此外,八思巴还经常组织僧众为皇帝举行法会。至元年间,奉诏创制蒙古文字并于至元六年(1269年)颁行全国,称"蒙古新字"或"蒙古字",俗称"八思巴",次年升号"帝师",加封"大宝法王",赐玉印,统领西藏13万户。至元十三年(1276年)八思巴返回西藏,由元世祖忽必烈作施主,集康藏7

万僧众,兴办曲弥法会.任萨迦寺第一代法王,执掌西藏政教全权,为西藏实行贵族僧侣统治之始。他还曾将藏族建筑技巧,雕塑等引进内地,又将内地印刷术等传入西藏.有著述30余种,传世至今的有《萨迦五祖记》。至元十七年(1280),在萨迦南寺的拉康喇让圆寂。忽必烈追赐他为"皇天之下一人之上开教宣文辅治大圣至德普觉真智佑国如意大宝法王西天佛子大元帝师"。为表彰他一生的功绩。忽必烈还在大都为他修建了舍利塔,供人们瞻仰。元仁宗时,又为他修建了帝师殿。

作为佛学大师,八思巴一生著述颇丰,有30多种,传世之作有《萨迦五祖集》。他生前还将内地的印刷术、戏剧艺术等传至西藏,将藏族的建筑和雕塑技术介绍到内地,促进了内地和西藏之间及汉、藏、蒙等民族之间的文化交流。作为政治家,他协助元朝实现了对西藏的统治,为今日中国版图的确立,为统一多民族国家的形成和发展,都做出了重要贡献。

八思巴在嵩山地区活动期间,支持了少林寺的住持雪庭福裕,少林寺内所立的蒙文(回鹘式蒙古文和八思巴蒙古字)与白话文的《元代圣旨碑》都与八思巴有密切关系。特别是在戊午年(1258年)的佛道大辩论中,在佛学大师八思巴的主持下,雪庭福裕、与龙门讲主龙川与道士李志常等人的辩论,深受忽必烈的赞叹。这次佛道大辩论之后,忽必烈命福裕掌管天下寺院和僧人,河南一带所有的寺院统归于少林寺。雪庭福裕住持少林,使嵩山佛教"煨烬之余,兴仆起废,训徒说法,施者如丘山,来者如归市。嵩阳诸刹,金碧一新",既有功于元王朝的文治事业,也有力地推动了嵩山地区佛教的中兴。

八思巴统领全国佛教后,在洛阳看到满目疮痍的释源白马寺后,遂向忽必烈建议兴葺。《龙川塔志》载:"帝师以释源荒废岁久,遂奏请命师兴葺。仍假怀、孟六县官田之租以供支度。"白马寺住持龙川和尚受帝师之荐,于至元之末修缮了白马寺。

灵隐文泰

灵隐文泰

灵隐文泰(1236～1289年),元初高僧,钦命嵩山少林寺住持。法名文泰,号灵隐。据至元二十六年(1289年)《少林寺住持泰公禅师碑》载,灵隐,山西汾州人,幼出家,后拜雪庭裕公为师,为其嫡传弟子。足庵退席少林寺,他继之出任少林寺住持八年。灵隐文泰是一位得到元王朝敕封且地位极高的僧人。他足智多谋,能断不了公案,堪称大事,被元世祖聘为"大元国师"。裕公圆寂后,他继之执掌曹洞宗,为一代曹洞宗师。至元二十六年(1289年)灵隐文泰圆寂,世寿54岁,僧腊34年,葬于少林寺塔林,立有月岩永达篆额的《少林寺住持泰公禅师碑》。

仲华文才

仲华文才(1241～1302年),蒙元高僧,白马寺住持。清水(今甘肃秦川)人。俗姓杨,名文才,字仲华。少性敏慧,古今《坟》《典》史籍,无不精究,尤邃于理学。好作古,善吟咏。自受具后,遍游讲肆,尽得贤首之学。初隐成纪(今甘肃天水),以松树筑室,欲作终身之所,故人称"松堂"和尚。释源宗主龙川和尚殁,河南僧录、宗密圆融大师慧觉推荐文才,元世祖特降旨,命主洛阳白马寺,为释源宗主。文才率其属净、汴等,以龙川遗产于元贞二年(1296年)在大殿塑五座佛、菩萨像,在山门塑四天王像。大德三年(1299年)召本府马君祥等庄绘,极其精巧。并经丹巴得白马寺赐田之命。文才主白马寺,学者川奔海会,声誉日隆。元成宗建大万圣佑国寺于五台山,诏求开山第一代住持。时帝师迦罗斯巴荐文才,元成宗即铸金印,署"真觉国师"。诏以释源宗主兼佑国寺住持。文才推辞不受,帝师一直坚持,于是不得已而行。既被命以来,大弘清凉之道,至老无怠。大德六年(1302年)九月一日,示微疾,乃说法辞众,端坐而寂,年62岁。茶毗后获舍利数百粒,其徒归葬于五台东山之麓。著有《悬谈详略》5卷、《肇论略疏》3卷、《惠灯集》2卷、《贤首疏》等,皆内据佛经,外援儒老,曲尽弘扬之妙。上嘉其论,封邽国公。嗣法弟子有普宁大林了性,普安幻堂宝严。

古岩普就

古岩普就(1241~1317年),蒙元高僧,嵩山少林寺住持。名普就,号古岩。河北省真定县人,俗姓刘氏,幼丧父母。15岁出家于封龙山禅房寺(位于河北省元氏县北约40公里,西依太行山),礼赞公山主为师,薙发受具,博习经业。至元二年(1265年),25岁的普就开始游历诸方,历关陕,经汾晋,涉邢洺。他在邢州净土寺(今邢台市东)从成禅师学禅,收获不大,乃谒林棠、宝积、云峰诸禅伯,咨询禅学。未几,又赴东原鹊里崇孝寺,访清安老人,依栖5载之久,虽蒙付授,但仍很不满足。于是,普就痛自蹈韬,遍参名德。约在公元1273年,他到山东长清灵岩寺,拜足庵慧肃为师。普就在足庵席下,栖止8年,孜孜忘倦,究道穷玄。期间他亦曾充任该寺的首座。1276年,他在顺德(邢台)与大都(北京)两处受具足戒,又蒙恩得赐"度牒"。

古岩普就后随足庵移住大都万寿寺。经过艰苦努力,障道之物,豁然顿悟,机锋脱颖,了无凝滞,足庵方传衣钵。普就虽已蒙印可,又有击碎禅关、穿透教纲之才,但他还是深藏不露,闲居于宝积寺,闭关10年。至元三十年(1293年),桂庵显公做灵岩寺住持,以

古岩普就塔

普就为首座。大德六年(1302年),普就为灵岩寺住持。大德十一年(1307年),钦授圣旨、皇太子恩旨护持山门,都僧省之总统给予"妙严弘法大禅师"之号。至大二年(1309年),普就主动退席。他说:"僧无三宿之恋,何况七年之久!"遂隐于灵栖庵。但不久又被请住持封龙山应觉寺2年。自皇庆二年(1313年)起,任嵩山少林寺住持4年。少林寺中至今还保存两件劝请普就住持少林寺的公文石刻:一件是"大都三禅会劝请古岩疏",由大万寿寺住持灵峰思慧、大圣安寺住持云溪侣喜、大庆寿寺嗣祖西云和集贤大学士、荣禄大夫陈颢4人联名签署。另一件为"河南府路总管府劝请古岩疏",由承务部、河南府路总管府推官李某签署。

元仁宗皇庆年间(1312~1313年),古岩普就应少林寺之邀前往嵩山。在住持少林寺期间,古岩"行百丈清规","使诸方景仰"。

史料载,古岩普就在少林寺做了三件大事:一是推行《百丈清规》,整顿丛林规范,改革"弊风",使"玄纲大振,道化日新";二是修葺殿宇,在初祖庵创绘"二十八祖图",在大殿前树碑2通,翻新房室30余间,创建东廊、仓库50余间等等;三是扩大少林寺的经济力量,置庄一所,寺峪开田2顷。这一

期,寺院"众常两千"。普就为人简重,少缘饰,博识强记,学问精通,进退有节,举止淡如,人们称颂他有古人之风范。延祐四年(1317年),普就圆寂,世寿77岁,僧腊58年,有嗣法者数人,度小师百余人。元延祐五年(1318年)在少林寺塔林建石塔,由大万寿寺住持、佛心宝印大禅师灵峰思慧撰写了《少林禅寺第十代妙严弘法大禅师古岩就公和尚道行碑铭并序》。

月庵福海

月庵福海(1241~1309年),元朝高僧。本姓杨,山西翼城人(元代隶属绛州,故碑文称"绛之翼城")。出家后法号福海,曾用法号普耀,又自号月庵。元宪宗八年(1258年)受具足戒,尽得诚公之学。此后西行陕西参访伯达禅师。月庵福海经过近20年的修行参访,识见大增,但他仍不满足,立愿修普贤行。就到洛阳龙门宝应寺,参访嵩岩禅师修行。月庵福海此后住持嵩山法王寺及香山寺等。重九登高之日,月庵曾有诗句"极目黄花妍岳岫,满林红叶映嵩阳。"此后,月庵福海受大法王寺举和僧都寺举任命,于至元庚辰(1280年)春开堂于法王寺,是为法王寺第十二代住持。月庵福海在法王寺总计7年(1280~1286年),此时的法王寺经过长期战乱,已是破败不堪。经过月庵福海的不懈努力,"创整丛席,傅猷(此二字或有误)之外,凡诸修造,轮焉奂焉,海会单寮一新。"(法王寺碑)并且扩大寺院,在西堂后,凿崖扩基,并起海会,延十方云侣,使法王寺成为嵩山的一大胜迹。

至元二十三年(1286年)忽必烈钦点月庵福海住持香山寺(位于宝丰县城东南十无公里的香山之巅)。月庵福海住持12年,不仅在寺院建设上很有功绩,更重要的是由于他德高声隆,四方衲子慕名登山求法,香山寺僧人再次达到1000多人。月庵福海的另一项历史性的开创性工作,是建立了香山寺曹洞宗派。基于香山寺的兴盛局面,成宗皇帝赐额"香山十方大普门禅寺",颁发圣旨护持山门,香山寺佛事活动达到巅峰。

月庵福海于大德甲辰年(1304年)到万寿寺(北京西城区永广寺东街)住持,对于万寿寺扩建整修出力甚多。元至大己酉春正月戊戌,即公元1309年正月十四日,月庵福海卒于大万寿寺。月庵一生,住持过多家著名的禅寺,每到一寺,整丛林,兴法会,度僧众,是这个期间甚有影响力的佛教大德。灵岩寺碑文称嗣法者20余,有声望的300余(比丘度出时辈者300余)。对于月庵福海的信行,灵岩寺碑称其在世68年,为僧51年,"于文殊、普贤、观音门中,略生色而偏动。"对于承其法嗣的,在法王寺碑后有一个名单,共列有23人。其中立碑的就是"法王当代住持嗣法小师思维"。福海藏云去世后的灵骨则分葬于住持过的5个寺院,即万寿寺、灵岩寺、香山寺、法王寺、丹霞寺,且皆有墓塔。

藏云慧山

藏云慧山(1243~1308年),蒙元高僧。法名慧山,字(或号)藏云,祖籍覃怀,高祖时迁入嵩山登封。俗姓张氏,藏云慧山7岁出家于少林寺,拜住持雪庭福裕为师。藏云慧山禀气温和,赋质果毅,入寺以后,旦暮侍师,尊奉教诫,英慧日进。裕公赴京都大万寿寺任住持,他随之左右。后又不惮劳苦数赴"龙沙"——哈喇和林(成吉思汗的国都)。公元1274年,藏云慧山随福裕回到少林寺,前后做过监寺和都提点,孜孜于功缘,无日少暇。他在少林寺建水陆大法会两次。大德时,赴江南求得《大藏经》,与少林寺住持雪庭福裕共创"转轮阁"(今鼓楼)。为国祈福,壮国庭声色。藏云慧山最大的贡献是在至元三十一年(1294年)和至大元年(1308年)两次诣阙下,奏请皇帝增加嵩山少林寺下院。经过努力,皇帝圣旨、皇储令旨、诸王令旨、帝师法旨、都僧省榜文一一批示下来,批准少林寺"护持"的下院共有12所;至大元年(1308年)三月十三日从大都写来的这一"圣旨",刻于《圣旨碑》第四段;后至元二年(1336年)十月二十五日,少林寺大铁钟上所列下院已达23所之多。至大元年(1308年)藏云慧山圆寂,世寿66岁,僧腊50年,葬于少林寺塔林。

还源福裕

还源福裕(1245～1313年),蒙元高僧,钦命嵩山少林寺住持。法名福遇,号还源,亦作还元,后称还源裕公。霍州灵石(今属山西省)人。俗姓王氏,少年时投本邑兜率寺薙发出家受具后,遍参四方,历游讲肆,雄辩如流,对答无碍,后往少林祖庭礼灵隐文泰禅师,饱承法益,遂得印可,纳为法嗣。至元二十三年(1286年),还源福裕于永兴寺(在今湖北省黄冈市)大开法筵。有僧问:"如何是祖师西来的大意?"还源福遇答:"风送泉声来枕畔,月移花影到窗前。"僧曰:"此犹是声色门头事。"还源福遇叹曰:"卖私盐汉。"3年后,还源福福裕住洛阳宝应寺掌法席。元贞元年(1295年)月岩退度,还源福裕继任少林寺住持,在任期间广集信徒传法,并与慧山等一起创建转轮阁(鼓楼),16年中声名远扬。大德四年(1300年)退席,大德末(1307年)再次出任住持,至皇庆元年(1312年)退居洛阳白马寺。还源福遇门徒众多,影响很大。皇庆二年(1313年)还源福遇圆寂,葬于少林寺塔林。著有《语录》行世。元延祐元年(1314年)门人曾在少林寺立《少林寺遇公禅师道行碑》,思微撰文,义让书,今碑无存。少林寺鼓楼被焚后石柱上有大德元年"住持嗣祖传法沙门福遇"及皇庆元年的《月岩碑铭》上刻有"少林寺住持传法沙门福遇"的记载。还源福裕门下法嗣甚众,影响较大者当推淳拙文才、龙潭深、龙潭端等。

智 庵

智庵(1255～1325年),蒙元高僧。仓州(今河北)人。曾在嵩山少林寺出家为僧,擅长气功、剑术和地趟功,武艺超群,著有《擂台交战法》。

菊庵法照

菊庵法照(1256～1323年),蒙元高僧,嵩山少林寺住持。法照,俗姓赵,自号菊庵,保定雄州新城县中王村(今属河北省保定)人。他幼年天资聪颖,7岁入学,拿到经书,过目成诵,好像生而知之之人。每见佛书,手不释卷。少年之时,即有成年之德,懂事知礼,不和别人戏弄,生活上喜食素餐,不吃荤酒,很受乡邻称赞。他刚到13岁,就羡慕和尚,乐于从事佛门修道。父兄知道他的志向不可改变,就送他到本村云居寺剃度出家,拜义满和尚为师。至16岁,他受具足戒。自此,广拜名师,听习经论,凡说开演,无不探颐。他研究《金刚》、《圆觉》的关键,探求《玄赞》、《华严》的奥秘,确下了一番功夫。虽极力掌握了南询之玄门,却没有见到西来之妙旨,所以他决心出游,远访明师。当时,足庵和尚住燕地(今属河北省)万寿寺,该寺属洞上之宗,时称法窟。菊庵法照仰慕其风,直往叩拜,彬彬有礼,十分尊敬。足庵许可,于是收为弟子,并授衣钵法器。

世祖至元二十九年(1292年)春,36岁的菊庵法照受彰德府林州黄花山觉仁禅寺众知事的聘请,

菊庵禅师塔

去林州黄花山觉禅寺做了主持。9月开堂，儒道钦佩，官员敬仰。使觉仁禅寺"道风振，学者集，禅宇一兴"。后有林州墨灶山玉泉禅院住持僧惠宽和知事等，共立《施状》，自愿将玉泉禅院施于法照，作衣钵院（私人小寺）。菊庵法照改住玉泉禅院后，百废俱兴，增置田地20余顷。庄园耕具，件件齐备。仁宗延祐五年（1318年），62岁的法照思念父母、家乡，遂有归隐之心，便将寺事交给门徒管理，自己回到家乡云居寺。在云居寺，他创建佛殿，修葺云水堂、厨库、方丈室、众寮房等等，并拿出自己的钱财，为寺内置地3顷有余。

英宗至治二年（1322年），嵩山少林寺没有住持，和尚们不远千里去请菊庵法照。菊庵法照住持少林寺，大兴土木，营造后厨，以供给东屋，同时仓库的储备也很充足，少林寺逐步兴盛。至治三年（1323年）六月，菊庵法照生病，七月十五日圆寂，享年67岁，僧腊51年。火化后，灵骨分别葬于黄花觉仁院西，林州墨灶寺，少林寺塔林及其祖籍中王村，各建塔立碑。其中，位于少林寺塔林的照公和尚塔的《显教圆通大禅师照公和尚塔铭并序》，由照公生前好友、曾在少林寺作过书记的日本国沙门邵元撰文并书写。

损庵洪益

损庵洪益（1263～1340年），蒙元高僧，嵩山少林寺住持。俗姓徐氏，应山人。法名洪益，号损庵。15岁入石龙山宝林寺，投普善老师出家，后遍参宗匠，得法于白云治公。损庵洪益历主名刹。大德三年（1299年）主宝林寺，十一年（1307年）主嵩山法王寺，至大四年（1311年）主邢台大开元寺，累朝宠命，并于延祐三年（1316年），特授中奉大夫、制加"圆照普门光显大禅师"之号，赐以二品银章，金襕袈裟，总管宗门之事。元英宗于至治元年（1321年），曾下诏褒美。损庵洪益遂于泰定二年（1325年）赴阙谢恩。次年，又加特旨表彰。至顺元年（1330年），损庵洪益辞去大开元寺住持，归山养闲，但两年后又被下诏征还。元统二年（1334年），他力辞得退。不久，他回到石龙山，杜门却扫，淡泊世味。但学徒填谷，纷然而至。损庵洪益咸以奖抑，淬厉以器之。

损庵洪益持律严格，布衣粝食，蒲团竹几，甘淡苦节，几十年都是坐着入睡，所谓"胁不至席者数十余年"。他认为，修佛坐禅，"佛"与"魔"同为关键。损庵洪益正知见，宴坐觉场，摄化四众，一时事迹彰于江汉，美声闻于中原。至元六年（1340年）八月，78岁的损庵洪益在少林专使的再三恳请下，到少林寺住持宗盟。同年十二月十六日，损庵洪益吩咐把自己的衣钵、财务留给常住诸僧。十九日，他淋浴更衣，挝鼓升座，给寺众们讲解"无生忍"的意义。他说："无生无灭的诸法实相，就是'无生'；彻悟此道，了法无生，就是无生忍。我已快证我的无生身了！"言毕，众僧号哭动情，请他留世。他瞪目叱曰："大无生身会重生！"乃闭目跏趺而逝。弟子及寺僧们祭奠7日夜。据说火葬时，祥光烛空，收舍利如豆粒大者，不可计数。依损庵洪益遗嘱，建塔于应山石龙山宝林寺的北原和少林寺塔林。损庵洪益卒年78岁，僧腊64年，徒70余人，嗣法者20余人。

"损庵碑"今存于湖北省应山县北10公里的宝林寺北原上,由蒙古人"中顺大夫、德安府达鲁花赤(蒙语,意为镇守使)兼劝农事迷尔哈赤"立石。

慧 印

慧印(1270~1337年),蒙元高僧。关西(今陕西、甘肃一带)人。俗姓张,元代僧人。自幼信佛出家,后从河东普救月公,学圆觉子义;又从河南白马寺大慧国师,学华严圆极之教;还学唯识论于栖岩益公。22岁受大戒。在葛氏设百僧会上居第一座。慧印自出世20年间,以唯识为归。游戏教海,无不叩之门,无不穷之理。先后从师于秀公,讲四分律;心崖和公,学因明等论;大通验公,讲华严疏。后入太行山,修唯心识定7年,得根尘虚静。至治二年(1322年),元英宗游五台山,命慧印祈嘉瑞得应,英宗甚喜,遂令太子极诸贵人从法师受菩萨戒,敕赐司徒一品,因法师固辞方止。至元三年(1337年)圆寂,年67岁(《补续高僧传》卷4)。

宝 严

宝严(1271~1322年),蒙元高僧。成纪(今甘肃天水)人。俗姓康,名宝严,字士威,号幻堂。少时不俗,从师求出世之道,每逢名德启讲,必往参听,常问而学之,既通其说,又达其源。造诣深奥,有宗通理味。后嗣仲华文才,传贤首宗旨。因师承既高,见解益明,虽方寸之地,莹如明镜。仲华文才诏为释源宗主,宝严从之,居洛阳白马寺。后又随仲华文才至五台山。文才殁,宝严受诏继位。后以太后诏居大普安寺,与大林了性大弘清凉之教。元至治二年(1322年)七月圆寂,年51岁(《大明高僧传》卷2、《补续高僧传》卷4)。

法 洪

法洪(1272~1344年),蒙元高僧,白马寺住持。陇西巩昌府成州(今甘肃渭川)人。俗姓刘,12岁辞亲,入成州兴化寺剃度为僧。20岁从金仙律师受具足戒,发足游方,谒少林法主。时仲华文才主洛阳白马寺,前往依之。仲华文才见其秉异,留侍左右。遂使法洪穷极法源,卒嗣其业。元成宗大德(1297~1307年)中,总统司请为释源白马寺长讲,号大德法主。武宗皇帝闻其名,特命住持秦州(今甘肃天水)大圣寺。至大元年(1308年)复命即秦州开演长讲,敕有司月给衣粮。仁宗皇庆二年(1313年)宗密圆融大师慧觉卒。宣政臣奏,旨其住持白马寺,不久,赐号释源宗主。驿召至京师,请主大都西山龙泉寺。寻奉敕翻译诸菩萨经,撰《大元帝师八思巴文庙碑》,文成奏御,嘉赏甚厚。遂诏法洪住持新建大永福寺。英宗皇帝时居东宫,数尝引见。既即位,授法洪荣禄大夫、司徒,已而进阶光禄,加大司徒。刻银为印,食一品禄、承制总选名僧、校雠三藏书、领江淮官讲凡30所。寿安山(今北京宛平境)大昭孝寺成,诏主之。大都弘正、栖禅、上都弘正等寺皆隶属。丞相曾问为治之道,法洪举儒者经权之论以对,深得赞许。顺帝至正二年(1342年)惠宗皇帝御龙舟游幸玉诸山。至寿安,以法洪先朝耆旧,特优礼之。四年(1344年)春三月六日,法洪卒,寿73岁,僧腊61年。天子悯悼。既荼毗,门人三分其骨,瘗寿安、白马及陕西之兴教寺而建塔。塔记载其称谓:大元特授光禄大夫、大司徒、释源宗主、大都寿安山大昭孝宏圣寺领兴教住持、海觉澄照文慧大师、云麓洪公(《敕赐故光禄大夫释源宗主洪公碑铭》《宏圣寺洪公塔记》)。

淳拙文才

淳拙文才

淳拙文才(1273~1352年),蒙元高僧,嵩山少林寺住持。法名文才,号淳拙,称淳拙才公。俗姓姚氏,山西临汾人。其父静妙居士,虔心向佛。文才幼年出家于绛州(今山西省新绛县),依福严寺普公薙落受具。尝读玄觉的《证道歌》,至"幻化空身即法身"一句,欣然契悟,决志参方。文才到嵩山少林寺,首谒还原福遇,执侍日久,悉得其蕴。复至洛阳龙门寺,阅《大藏经》3年。既而隐居西安终南山,欲为常住之计。泰定元年(1324年),淳拙文才受请任少林寺住持。他以佛法为重,椎佛不倦,严奉戒律,率众虔心事佛,一时间僧俗倾服,声誉蔼然。五年后,辞法席,退隐香严寺,诠释《楞严法界则》及《般若心经》《沩山警策》等,复校正《四家语录》,锓梓以传。天历元年(1329年),文才移住位于地处豫、鄂交界处的淅川县香岩禅寺。香岩禅寺的开山住持为我国佛教界著名高僧海云印简的大弟子、荣禄大夫、大司空赜庵环禅师,传临济宗法。此后有多位高僧相继为该寺住持。文才在此寺,潜心佛学研究,先后诠译《楞严法界观》《般若心经》及《沩山警策》,又校正《四家语录》,刻版印刷,流布四方。至正五年(1345年),少林主席复虚,执事者延请再三,文才第二次任少林寺住持。为时八载,他主持新建钟楼、储库、修葺储粟之庄,扩大土田20顷。还考证了《五经音释》《华严义海》《百门注解》。并于至元正六年(1346年),树立《大元重建河南嵩山少林寺萧梁达摩大师碑》,后人称之"以繁达之资,卓绝之行,遗外势利而任道自居,大振祖庭之席,使普遇之灯,烬而再焰,亦可谓克绍直接之传矣。"至正十二年(1352年)三月,淳拙文才把寺务全交给众执事管理,退居西堂。四月十七日,淋浴更衣,召门人训诫之。十八日,吉祥而逝。世寿80岁,僧腊64年。立于1388年的淳拙文才《道行碑》由蒲庵来复撰文,日本僧人无初德始书丹。后人评价:淳拙文才老人厌弃芳华,脱略声利,一衲泊然,栖禅林下。清淡自居,独拔当世,真是本色住持,见道高僧也。淳拙文才两度主法少林祖刹,贡献卓著。法嗣有松庭子岩和日僧邵元等影响较大。

因为大规模的颍州(今阜阳市)红巾军起义已于1351年爆发,河南的唐州、嵩州、汝州皆被攻占,少林寺也遭遇了红巾军的抢掠,所以,淳拙文才死于公元1352年,而他的灵塔却建于公元1392年,竟拖了40年之久,淳拙文才的灵塔葬于雪庭灵塔之右。

惠　定

惠定(1280~1358年),蒙元高僧。河南许昌人。少林寺僧医,在少林寺开设有骨科、疮伤科、内外科,并制成丸、散、膏、丹、冲剂、药酒和膏药。惠定晚年撰写有《少林骨科旨要》和《少林丸散谱》,为推广和普及少林医科,促进少林武术的发展做出了重要贡献。

息庵义让

息庵义让(1283~1340年),蒙元高僧,嵩山少林寺住持。息庵俗姓李,名义让,元真定(今河北省正定南)人。义让少小聪慧,有志气,不同常儿。21岁,他出家本府华严寺,削发为僧,并拜高僧为师。他受戒之后,投于讲肆,听习华严诸经,遂周游燕赵之间,和很多有成就的人切磋研讨,收益颇丰。后来,他往封龙山扣古岩之室,古岩禅师见到义让,十分赞赏。不久,古岩禅师应灵岩寺(在山东第清东南方山下)之邀前去,义让侍往。

元仁宗皇庆年间(1312~1313年),古岩禅师又应少林寺之邀前往嵩山,住持少林寺,义让又随他前往。几年中,义让与古岩晨昏相随,服侍参禅,非常投机。于是,古岩"密付衣颂,使续洞上宗风,且令掌书记。"后义让禅师游南阳,在香严寺领会法度,并掌管香山。后来,他又回到嵩山,在法王寺被推为众僧之首。

至治二年(1322年),39岁的义让开堂于洛阳天庆寺。后迁熊耳山空相寺和山东灵岩寺,凡所住之处,革故鼎新,百废俱举,变换新貌。惠宗至元二年(1336年)秋,他受请为少林寺住持。义让在少林寺5年,使少林寺院佛风大振,名声很高,学徒闻风而至。义让传道说法之余,还注意殿堂修建,使殿宇宝刹为之改观,修整仓库、庄园、水井、廊庑、寮房等所有房宇,全部予以修整。仓储的积蓄,也十倍于往常。

至元六年(1340年),义让染病,弥留之际,命门人说:"这病使我不能再起身了,我已经不行了,急需造塔了。"五月二日,塔造成时,义让又召回知事门人等安排后事,遂要笔写下一偈:"来时未静,去亦圆周,虚空作舞,任意忧游。"他写罢,向右倒下而逝,五月十四日火化。门人分得灵骨,部分葬于少林寺塔林,部分葬于灵岩寺。息庵义让世寿57岁,僧腊36年,门下弟子百余人,嗣法12人。

火葬后,息庵义让门人分灵骨起塔于少林寺和灵岩寺两处,日僧邵元为之撰写《息庵禅师行实碑》。

凤林子珪

凤林子珪(1284~1345年),蒙元高僧,曾任空相寺、少林寺、龙潭寺住持。法名子珪,凤林其号,俗姓杨氏。早年出家于本邑静照院,礼讲主净公为师。后又跟随金仙裕公学习《唯识论》、《瑞应本起经》。20岁时,则杖锡持钵,云游四方。先至猗氏县(今山西省临猗县)仁寿寺,谤听《四分律》及《圆觉经》,复游至河中府(今山西省永济市西南之蒲州),造栖岩寺定公和尚,顿获心珠,便蒙印可。1307~1310年间,子珪担着书籍和行李,步行来到少林寺,向还源福裕长老参扣,不到一年的时间,春融天理之妙,蝉蜕人欲之私,遇公许其出世,付以衣颂。此后,倦于云水的子珪,晦迹韬光,一度隐于800里伏牛山中,刀耕火种,木食草衣,头陀人外。这样收心修持了一段时间后,又复出山求证。他参访首山(河南省襄城县南)秀公、风穴寺圆公、法王寺益公,受到各老衲的称誉。子珪或登讲堂,或升法座,问如雨点,答似雷轰,声名大振。1314年,嵩山少林寺疏请子珪住持下院熊耳山空相寺。子珪在前任住持欠下了大笔债务,甚至典质了常产的情况下,到任不久便用"至元钞"1000多贯(每贯钱值铜钱1000枚。)还清了全部债务,赎回了常产,修葺了寺宇、寮房。此后,他奉命做了一任少林寺下院——嵩山龙潭寺的住持。"天历之难"后,约在公元1332~1335年左右担任少林寺住持,重修了少林寺的方丈室,扩建了"转轮藏"(即鼓楼。转轮藏就是可以旋转的书架。中心立一主轴,外为八角形书架,设有机轮,可以旋转。不识字的人和没有时间读藏经的人,只需把"转轮藏"推动一匝,也就等于读了一遍《大藏经》,做了功德。转轮藏后来演变为"转经筒",如今喇嘛寺院仍设有一排排可以转动的经筒,只要旋转一下经筒,就等于读了一遍《甘珠尔》1055部,《丹珠尔》3522部)。

1345年夏五月,凤林子珪逝于少林寺方丈室,年62岁,僧腊40年,灵塔今存于少林寺塔林中。

足庵净肃

足庵净肃(？～1288年),蒙元高僧,钦命嵩山少林寺住持。法名净肃,号足庵,称足庵肃公。保定永平(今河北省顺平县)张氏子。净肃少年出家后即习禅修,参悟究心20余载,参请善知识十余辈,仍未明了。后遍访名师,皈依雪庭福裕,为其嫡传门人。中统二年(1261年),雪庭福裕受请出任京师(北京)万寿寺住持后,净肃被元世祖授以"河南西路十州提领"之职,总掌十州佛教。福裕禅师圆寂后,继主法席。后迁锡少林寺,主席九载,多所建树,任"河南府僧尼都提领"之职。净肃住持少林寺期间,大力推行雪庭福裕的主张,使福裕一系根植少林寺。他在少林广集信徒传法,"佳声远播"。再移居泰安灵岩寺8年,后受请出任北京万寿寺住持。因禅学深广,号称"法窟"。净肃提携后学,惯使棒喝。有僧问:"胡来胡现,汉来汉现,胡汉不来时如何?"净肃答:"桃花岁岁皆相似,人貌年年大不同。"僧问:"此意如何?"答:"不因你来问,山中太寂寥,且吃一顿了去!"举棒便打。晚年退居香山寿圣寺,寂于此。蒙元白话《圣旨》足庵净肃门徒众多,法嗣古岩普就、月岩永达、菊庵法照等相续出任少林寺住持。至元二十六年(1289年)足庵净肃圆寂,灵骨三分,建塔于少林寺塔林、山东灵岩寺和北京万寿寺。足庵净肃事迹在少林寺《肃公禅师碑》、《古岩碑》等有载。

中林智泰

中林智泰(？～1290年),蒙元高僧,钦命嵩山少林寺住持。法名智泰,号中林,汾阳渔城(今山西省汾阳市人)。俗姓温氏,少修儒业,后礼华严寺行长老为师。不到20岁时受具足戒,巾瓶累年。数载专事经律,却厌于经教名相,感到大丈夫当体究大事,焉能区区于此耶,改修禅悟。后来辞师南游,到怀州(今河南省沁阳市)学习《百法论》,又去山东学习《唯识论》。后遍访丛林,饱参知识,拜复庵席下,依之数年。此后至灵岩寺数载,因缘不契,复过法王寺,住锡未几,又入少林寺,师事乳峰德仁禅师。后往大都大万寿寺,在雪庭福裕老人席下多年,学习数载,尽得精髓,乃蒙印可。后朝廷命中林智泰开法住持太原府中林报恩禅寺,弘扬曹洞宗风,别有见地,有僧问:"如何是万里无草处?"智泰答曰:"不是阇黎践履之境。"又问:"如何出门便是草?"智泰应道:"总出力即乖。"僧又问:"如何是不出门,亦是草漫漫地。"答:"住着即错。"僧再问:"如何得不涉动静去?"智泰说:"偏界绝红尘,通身无影像。"智泰住持3年,退居于祖先坟寺,杜绝人事,日以放廓为期。至元十九年(1282年),中林智泰受命任嵩山少林寺住持,前后8年之久。他致力于寺院建设,如创建须弥法座一所,翻新琉璃大殿、祖师殿、三门、厨库、寮房等,购进《大藏经》两部。1286年,修设"药师、罗汉水陆大会"。少林寺僧人数达千人之多。至元二十七年(1290年)正月初,智泰示有微疾。十三日晚,智泰召集众僧嘱告说:"吾生缘即止于此矣,汝等善自护持。当惜寸阴,勿令虚度!"言讫而终。智泰世寿60岁,僧腊42年,葬于少林寺塔林。至元二十八年(1291年),立有月岩永达篆额的《少林寺住持泰公禅师碑》。

惠 明

惠明（1290~1363年），河南信阳人。不仅精通禅学佛经，还擅长书法、医学和武功，文武全才，名注佛谱。

龙川行育

龙川行育（？~1293年），蒙元高僧，曾任白马寺、西安兴教寺住持，江淮释教总摄。龙川，名行育。女真人，姓纳合氏，受度于金、元时期名僧万松行秀，为华严宗名僧善柔嗣法弟子。蒙古蒙哥汗八年（1258年）宪宗蒙哥"诏释道辨析《老子化胡经》"，由皇太子忽必烈主持，龙川因辩才出众，以帝师八思巴为首的僧侣获胜，受世祖皇帝赐赤僧伽黎，加"扶宗弘教大师"之号。

蒙古至元七年（1270年），帝师大宝法王八思巴集僧众登坛演法，龙川应对自如，受到帝师赞赏。皇帝特敕龙川综领修葺释源白马寺，裕宗文惠明孝皇帝出资为助，以怀庆路6县官田之租作为费用。至元九年（1272年），龙川西行长安华严寺，为唐朝华严宗四祖澄观和尚重建舍利塔"清凉祖师塔"。至元十三年（1276年），总摄江淮诸路僧事，深得八思巴器重。至元十八年（1281年）龙川等受命对道士持论，再次立言。至元二十二至二十四年（1285~1287年），参与楷定大藏圣教，名曰《至元法宝勘同总录》，编录自东汉永平十一年（68年）到元朝至元二十二年（1285年）的1200余年间由194人所译著的佛经1444部，5586卷，龙川因博通佛理奉诏证义。至元三十年（1293年）新修的白马寺殿堂落成，刹落成，终始达24年，为殿九楹，云房精舍完具，可与都城万安、兴教、仁王三大刹比绩。其间，龙川被宣授为释源宗主。龙川晚年预知世缘将尽，召门弟子书写遗嘱。将平时所积黄金100两、白银15锭，充释源造像之资，并以近寺西北陆田200亩岁收所产，充本寺常供；圣像、经籍、法衣、器用，均流传护持。又令供文殊万圣于清凉山（今山西五台山），馈佛僧于燕台（今北京）悯忠、万安、宝集、崇孝、崇国等五大刹。至元三十年（1293年）龙川圆寂。诏谥鸿胪卿、赠司空、护法大师。茶毗舍利五色，门弟子分舍利，建塔以纪念。洛阳、燕云（今北京）、奉圣（今河北涿州市）、蔚杨（今河北省蔚县附近）、安西（今陕西关中）诸处皆建有塔。《龙川和尚舍利塔志》的塔铭称："宣授扶宗弘教大师、释源宗主、江淮诸路都总摄、鸿胪卿、赠司空护法大师龙川和尚"。

月岩永达

月岩永达（？~1306年），蒙元高僧，钦命嵩山少林寺住持。世寿不详。俗姓刘氏。法名永达，号月岩。太原府汾州（今山西省汾阳市）人。父母丧，归依本州西关天宁寺泉公庵主席下。泉公是永达的舅父，属石壁寺嫡派。位于交城县西北的石壁寺，原名玄中寺，是净土宗的祖庭。不久，永达又拜本寺住持圆明大师，学习数年，再投太原王山寺济和尚修行

月岩永达塔

数年,但因缘不契,此后在太原西山筑庵修持3年。至元十五年(1278年),听说是足庵慧肃道风高尚,毅然投山东灵严寺,拜足庵为师,摄衣至彼,依栖左右。公元1281年,永达随足庵来移居大都(北京)大万寿寺,潜心专志,遂蒙印可。永达出世后,住山东泰安州西莒镇某寺7年。至元二十八年,永达受命继中林泰公后出任少林寺住持。在任期间他修葺了寺院,4年后退席隐居。大德四年(1300年)受命再次出任嵩山少林寺住持,大德末退席。永达两次任少林寺住持的时间为(1291~1294年,1300~1306年)。至大三年(1310年)永达圆寂。永达精于文学和书法,曾撰《复庵碑》,书丹并篆《中林泰公碑》等。

福 性

福性(? ~1313年),蒙元嵩山少林寺武僧。江西宜州(今湖北)人。擅长点穴,元成宗大德五年任武教头。曾率寺僧征服轩辕关路贼,到中岳庙打击恶霸。后称"天兵和尚"。

慧 觉

慧觉(? ~1313年),蒙元高僧,释源白马寺宗主。俗姓杨,姑臧(今甘肃武威)人。其父仕于西夏,夏亡,易服为比丘,隐居求道。慧觉幼时聪颖,稍长志慕佛乘,遂落发为僧。时西北一带多信奉密乘,慧觉深得其道,认为密乘本以修心为要,不博通经论不能究万法之源,穷佛道之奥。知先宗主司空护法大师龙川和尚传授一乘圆极之说,遂从龙川于洛阳白马寺,被当作栋梁之材。经六七年研习探索,深得法性圆融之旨。龙川以其能担重任,传以赤色僧衣。慧觉欲辞归,龙川以心腹之寄把释源之务托付慧觉,于是竭股肱之力,修葺寺院,兴盛宗社。元世祖诏天下有德望高僧到京师校经,慧觉跟随龙川证义佛籍,受赐宗密圆融大师。永昌王请他到凉州(今甘肃秦安)讲经,名声大振,创建寿光、觉海二寺。龙川卒,慧觉从数千里之外赶回赴葬,尽心丧之礼。被授为河南僧禄。时祖刹白马寺宗主虚席,非有天下重望者不能任,慧觉荐仲华文才于朝,皇帝下诏为释源宗主。仲华文才殁,慧觉也离开白马寺,众僧竟争宗主之位,释源鼎沸。帝诏以慧觉为白马寺宗主。慧觉因能任事,逾期而百废俱修,寺以大治。不久被太后诏往凉州修佛事,为国延禧。皇庆二年(1313年)五月,慧觉卒于白马寺。临终之时,慧觉把40亩田地作为白马寺恒产,又将5000余缗钞交给寺僧。尸骨火化后得五色舍利,皇帝诏乘驿送往姑臧,又分出部分葬在洛阳。延祐元年(1314年)三月,由慧觉的门人惠瑄、洪琼建墓塔,沙门法洪撰有《宗密圆融大师塔铭》。

嵩溪子定

嵩溪子定(1314~1386年),元末明初高僧,嵩山少林寺住持。法名子定,称觉定。号嵩溪,称嵩溪定公。偃师仙君保人。俗姓马氏。初入少林寺为行童,礼古岩就公为师,又扣月照江公、淳拙才公法席。旦暮梵修,精于经论。子定先后任少林寺维那、书记、藏主、庵主、提点、首座之职。子定是元代最后一任住持,也是明代首任住持。

1351年,大规模的颍州(今阜阳市)红巾军起义爆发,河南的唐州、嵩州、汝州皆被攻占。至正十六年(1356年),红巾军攻占了少林寺。遭遇了红巾军的兵火之灾后的少林寺,僧人只剩下20多人,寺宇残毁,仅存其半。佛像也被刮金破背,掏取宝藏,惨不忍睹,一片破败苍凉的景象,少林寺由兴盛走向低谷。元至正二十年(1360年),在红巾军退出不久,子定被众僧请为少林寺住持。在形势极为严重的条件下,子定率领留下的20多位老僧、病僧,身先士卒"率从农作,以身先之","力田给众",日则耕耘,夜则参禅,使逃散的僧众越来越多的返回少林寺,逐渐恢复了以往寺院正常的佛事活动与生活。3年后,子定退居西堂,仍耕种自食。

明朝洪武初年(1368年),子定二度受命,复又回少林寺做了2年的住持。这期间,寺僧恢复到500多人。子定退席后,孤处二祖庵,隆冬盛暑,参禅不止。子定在少林寺最危难时担任少林寺住持,对维系少林寺的传续起到了重要作用。

洪武十一年(1378年),子定又赴熊耳山空相寺,住持4载。此后移居永宁白马寺(今河南省洛宁县),天天讲《妙法莲花经》,顿悟法华三昧。洪武十九年(1386年)九月,子定圆寂,世寿73岁,僧腊42年,度门弟子5人。洪武二十四年(1391年)建塔于少林寺塔林。

五峰慧庆

五峰慧庆(？～1318年),蒙元高僧。法名慧庆,号五峰。许昌人,俗姓蒋氏。出家于少林寺,拜住持雪庭裕公为师,雪庭顾遇甚厚。至元二年(1265年),少林寺有御寇之忧,雪庭让其出任少林副寺,至元九年(1272年),又升为少林寺监寺。不久,又升为提点。雪庭裕公圆寂后,慧庆负责雪庭著述的整理及为雪庭树碑立传事宜。他在少林寺购材运瓦,重修少林寺。慧庆不辞辛苦赴京请名家为雪庭裕公撰碑铭,延祐五年(1318年)慧庆圆寂,建塔于少林寺塔林。

觉 理

觉理(1318～1380年),蒙元嵩山少林寺武僧。河南巩义市人。擅长梅花桩功。撰有《理公艺源》专著。

惠 镜

惠镜(？～1364年),蒙元嵩山少林寺武僧。河南光山县人。俗名刘小儿,任少林寺武教头,枪术超绝,尤擅长轻气功,有"刘燕子"之称。

松庭子严

松庭子严(1321～1391年),明朝高僧,钦命嵩山少林寺住持。名子严,号松庭,又以"少室山人"、"蕴贞子"为别号。偃师缑氏镇人。他自幼多病,父母怜悯,9岁时入少林寺礼霄云长老为师。18岁受具足戒,成为比丘。子严聪慧过人,博通内外典籍,又喜好诗文,酬对之际,下笔而就。硕师鸿儒都预言子严会成长为大法器。他向月照江公、息庵让公参禅,皆蒙开示,皆有所收益。

至正初年(1341年),子严曾北游燕京,到被称为皇家大寺的"大圣寿万安寺"求法。此后,子严归嵩山,依龙潭寺松庵迪公,然机语不契,遂转少林寺参扣淳拙才公,得契入。复以《参同契》、《宝镜三

松庭子严

昧》反复徵辨,疑碍尽去,得淳拙文才印可,付以衣法,为曹洞宗第22世。多承印可,付以衣法。公元1345年后,他受请到淅川县香岩寺做了两年住持。后入主南阳(今属河南省)万安寺,继主郑州普照寺、大都(今北京)天宁寺、嵩山法王寺、西京(今洛阳)天庆寺等。

明洪武二年(1369年),曹洞宗第二十世传人松庭子岩禅师即奉敕执掌嵩山少林寺法席。在施主、洛阳柴园进夫妇大力支持下,修整了大殿供养的"横三世佛像"(即过去世的东方药师佛、现在世的释迦牟尼佛及未来世的西方阿弥陀佛)。晋院之后,大唱曹洞法门,力田给众,丰裕常住。曾有诗曰:"乱后归来自耕耘,生涯辛苦与谁论,画拈块石驱山鸟,夜坐巢庵逐野豚。肠断秋风频击柝,目窥夜月以消魂。近来始识农夫苦,一饭仍思施主恩。"洪武十五年(1382年),子严做了河南府僧纲司的都纲。这年冬天,又被周王朱橚请到开封,为国母、孝慈皇后马氏悼资冥福法会说法,获赐紫衣。子严圆寂后,立塔于少林寺塔林。少林寺藏主性徹专程赴燕京,请前杭州府灵隐景德禅寺住持传法嗣祖沙门蒲庵来复为他撰写了塔铭。有《松庭集》《子岩和尚语录》等传世,法嗣有凝然了改等人。

惠 庄

惠庄(1331~1390年),明朝嵩山少林寺武僧。河南登封人。少林武僧副教头,提倡师与徒互学互教,能者为师,打破了师者总在贤徒之上的陈规,对发展少林武功和提高武德起到了积极的作用。

觉 旭

觉旭(1338~1387年),明朝嵩山少林寺武僧。河南禹州人。精通十八般兵器,尤其是梢子棍,武艺卓绝,常以孤战百,号称"阵前王"。

嵩岩智俊

嵩岩智俊,蒙元高僧。法名智俊,号嵩岩,称嵩岩俊公。覃怀人。出家于少林寺,拜慧山为师。凤林主持少林寺时任监寺,并领净明,主持修葺大殿及佛像。天历时,出行院门监寺,与淳拙等共创西南庄菜园2处,又在寺西凿大小水池两个,积水后用来养鱼、种树、栽莲、灌溉。无为任住持时迁都提点兼领宝应,修正殿、创法堂等。淳拙再任住持,智俊与其共创钟楼,并开南庄田地。至正末,少林寺被红巾军占领,避兵火于汶水中林,后汶水中林被占,智俊携徒归寺。智俊圆寂于少林寺南社家寨,世寿73岁,僧腊52年。明洪武六年(1373年),天下平定后,葬于少林寺塔林。

紧那罗

紧那罗,元末明初嵩山少林寺武僧。俗名许那罗,河南偃师人。少林寺一个烧火做饭的和尚。武艺精湛,对于刀法、枪法、棍棒、剑、戟、草镰等十八般武艺,无不娴熟,善用双刀、双钺、草镰,尤以棍术最精,被称为少林棍术之王。至正十一年(1351年)三月二十六日,颍州红巾军的一股,突入少林寺抢掠,紧那罗持棍而出,变形数十丈,独立高峰之上,大声叫道:"吾乃紧那罗王也!"红巾军望见,惊恐而逃。从此,该僧率众以三尺拨火棍退敌事迹流传下来。少林寺僧众传其为天龙八部之一的紧那罗成佛后的化身,因此少林寺特供此神。著有《紧那罗兵法》15篇,流传至今。

紧那罗

智 善

智善(1345～?),明朝嵩山少林寺武僧。智善棍法高超,有棍抵百刀之艺,因性格暴躁,冒伤官府差卒,洪武二十四年(1391年)夜出山。后在西北一带传授棍法,其棍技后称"天齐棍"。

惠 楼

惠楼,明朝嵩山少林寺武僧。定远人。为学武术,惠楼曾八方拜师,学习全国武林高手诸家武艺,后至少林寺加倍苦练。他武艺超群,作风正派,见义勇为,扶贫济弱,为兴旺少林寺院和改善僧俗关系做出了榜样。

斯道道衍

斯道道衍(1335～1418年),明初高僧。俗姓姚氏,法名道衍,字斯道,自号逃虚子。元统三年(1335年)生于江苏长州,至正九年(1349年)出家为僧,后到嵩山大法王寺参禅,师承不明。同时,他跟嵩山名道席应真学得阴阳五行术数之学,还结交了著名术士袁珙。明洪武年间,道衍到南方应僧试,考试完毕回归嵩山途中路过北固山,遇高僧季潭宗泐留宿。道衍夜间赋诗言志,宗泐见到诗文,惊喜地说:"这哪能是佛门释子之言,异日当佐王为相",认定道衍是胸怀经国济世之英才。不久,明太祖朱元璋选拔高僧为诸王(子)之师,当时已任僧录司左善世的季潭宗泐,把道衍举荐给朝廷。于是,道衍成为季潭宗泐的门生。道衍知道燕王朱棣文武双全,后来有江山者必是其人,便密谒燕王,称:"大王若使我侍,我奉你白冠一顶。"燕王不解其意,问其故。道衍笑而

斯道道衍

不答,遂以食指画地,先书一"白"字,又在下面书一"王"字,二字相加成"皇"。朱棣一见大喜,遂求太祖以道衍为师。道衍又把著名术士袁珙荐给燕王。后来,道衍和袁珙在"靖难之师"中出谋划策,为燕王朱棣夺得帝位立了大功。

洪武三十一年(1398年),太祖朱元璋"驾崩"。皇太孙朱允汶继位,年号建文。朱允汶虽得帝位,

但深感诸王(叔)是对他的极大威胁,便采纳齐泰、黄子澄的建议,开始削夺诸王权力,先后有周、湘、代、岷四家藩王相继被诛。道衍力劝燕王朱棣积极准备起兵的时候,北平城黄风四起,刮得王宫檐瓦坠地。朱棣以为是不祥之兆,动摇了决心,道衍和袁珙进言:"飞龙在天,从以风雨,瓦坠者,易(移)黄(皇)也。"这就进一步坚定了燕王朱棣的决心,遂以"诛齐泰、黄子澄"之名,号众靖难,亲自率军南伐,而道衍却始终辅佐世子留守北平,以固其本。当年十月,李景隆乘隙围攻北平,道衍守备甚固,击败了来犯者。燕王攻济南三月不下,道衍建议:"师老,班师"。燕王进攻东昌,丧失大将张玉。朱棣意待休整后再进军,道衍建议:"应天(南京)空虚,疾趋京师。"燕王采纳道衍意见,遂绕道进兵,很快攻入南京,建文帝下落不明。燕王朱棣遂即帝位,年号永乐,迁都北京。永乐元年(1403年),永乐皇帝论功行赏,道衍为第一,授僧录司左善世。永乐二年(1404年),成祖朱棣再授道衍资善大夫,太子少师,并复其俗姓姚,赐名广孝。自此以后,永乐皇帝对僧道衍尊称少师,而不呼其名。道衍坚持"居庆寿寺,带冠而朝。"

道衍一生著述甚多,除监修《太祖实录》外,还协同大学士解缙编纂《永乐大典》,著有《道余录》1卷、《净土简要录》1卷、《诸上人咏》1卷、诗文《逃虚子集》10卷。永乐十六年(1418年),道衍圆寂于北京庆寿寺,终年84岁。赐以推诚辅国协谋宣力文臣、特进荣禄大夫、上柱国荣国公,谥恭靖,并亲制神道碑志其功。

凝然了改

凝然了改(1335~1421年),明朝名僧,嵩山少林寺住持。法名了改,号凝然,称凝然改公。俗姓任氏,登封市金店乡人。了改14岁入少林寺,礼松源觉训提点为师,21岁受具足戒,往参月印潭长老于嵩岳寺,炷香作礼,扣问玄宗,并做了监寺。一年后,他北上山西五台山参礼,访求知音。明初,了改听说松庭严公大和尚住持少林寺,便返回少林寺,向松庭参学,乃得证道。随后做了5年书记。曾隐居二祖庵修行。洪武二十年(1387年),应燕京仰山栖隐禅寺善公长老之请,出任首座三年。洪武二十三年(1390年),因少林寺祖席高虚,丛社荒凉,四众敬仰了改的硕德,具疏请为少林寺住持。明初时,由于元末战乱,少林寺损毁严重,他继任住持后,翻新殿楼庑库,扩充常住畦粮。他在少林寺"踞狻猊之座,竖龟毛之义",弘扬宗门,"四众皈依,万指围绕",对少林寺在明初的复兴起到了很大作用。3年后,因年迈退席。永乐十九年(1421年),了改去世,世寿87岁。了改一系门徒,后来长期执掌少林寺,因而了改备受后世推崇。清乾隆皇帝游少林寺时,曾命为之立碑。《改公碑》称改公为裕公后第25代住持。

仁山毅公

仁山毅公(1340~1405年),明朝高僧。俗姓高氏,法名仁山。少年时出家于邓州香岩长寿禅寺,受业于应岩和尚而脱尘网,学法于如庵和尚而遵正戒,访道于泛州和尚而悟真觉。仁山出世后,开堂于平阳(山西省临汾市)兜率禅寺,秘密弘教,游徒云集。此后,飞锡太原奉圣寺,住寺7载;又至介休兴国寺,住寺3年。这以后,他在交城某寺做过方丈,又至交城县西北的石壁山永宁寺(今称玄中寺,为净土宗祖庭),研究律学和净土宗。洪武十六年(1383年),仁山奉晋王朱㭎令旨,为太原崇善寺住持,一任10年之久,仪教修备,亲藩顶礼。洪武二十六年(1393年),奉周王朱橚令旨,仁山出任少林寺住持(仁山既不是雪庭福裕的法脉,甚至也不属曹洞一派,完全是因为周王的令旨,才做了少林寺的住持,这在少林寺的历史上是少有的一例)。仁山先后受到晋王、周王顶礼而平安无事。仁山在少林寺12年间,"德行淑均,有为有守,拔萃超过群"。他设"水陆无遮大法会",礼请十师建立资圣戒坛,大修少林寺,使法堂、祖殿、方丈室等焕然一新。永乐三年(1405年)五月,仁山被举为参加全国佛教法会的高僧。在京弘法之后,他又回到出家时的邓州香岩长寿禅寺,同年九月二十二日圆寂,世寿68岁,僧腊60年,归葬于少林寺塔林。仁山一生曾任八座寺院住持,度弟子数百人。

觉 明

觉明(1348～1419年),明朝嵩山少林寺武僧。河南陕州人。擅长梢子棍,洪武元年(1368年)在偃师参驾店护送御史遇刺客,单人挥棍迎敌,以一胜十,方丈提升他为武守备。

圆 湛

圆湛(？～1428年),明朝嵩山少林寺高僧。金陵(今南京)人。在少林寺20年,对嵩山地区蛇虫作了普查,并研究其药性,创制了"嵩山蛇酒",对跌打损伤、风湿寒痹有奇效。

雪轩道成

雪轩道成(1352～1423年),明朝高僧。名道成,字鹫峰,河北保定人。俗姓赵,15岁投保定兴国寺出家,圆具大戒后,结三人为侣,居山东青州土窟,密究单传之旨。一日,忽有一仪貌奇古之老人不请自来:"汝三人忘苦辛,甘淡泊,究明向上大事,他日必做法门栋梁。"道成叱曰:"既做栋梁,乃作土窟也!"老人道:"未有常行而不住,未有常住而不行。"言讫,忽然不见。自是道成益励精锐。后闻秋江禅师在济南灵岩寺大弘曹洞宗旨,遂往礼谒。陶炼既久,疑情冰释,得蒙印可:"是汝本有之事,善自护持。他日能弘吾道者,必汝也!"不久,道成重回青州隐修。继应缁素坚请,出住普照寺。次迁莱州大泽山。

洪武十五年(1382年),太祖朱元璋召立僧司,雪轩道成禅师膺选,授青州僧纲司都纲。三十年(1397年)八月,擢僧录司右讲经。旋右召见便殿,敕住大开界寺,雪轩道成以"不会佛法"恳辞,朱元璋不允,赐诗一道,镌于金榜,悬诸法堂:"不答来辞许默然,西归只履旧单传。鼓钟朔望空王殿,示座从前数岁年。"

雪轩道成出自嵩山曹洞宗雪庭福裕一系。洪武、永乐年间,常往应天(南京)天界寺。永乐元年(1403年),明成祖永乐帝登基即位,日本国遣使来贺。永乐帝遂遣大臣赵君仁和僧雪轩道成送日本国特使回国,并赠书通好。

燕王朱棣夺得帝位后,德望之重,师法之尊,宗传之懿,才辩之瞻,皆足以化服彼方远人的雪轩道成被选任国使,奉诏赴日本密赞圣化,导扬德意。持节出使期间,雪轩道成禅师不辱使命,增重宗教。所到之处,随宜说法——或震之以法雷,或润之以法雨,或袭之以慈风,或煦之以慧日,俾窒者通,慧者明。接其言容者,无不拜伏向化。故回国后,擢升僧录司左善世。永乐四年(1406年),"以僚左潜,系图圄百余日",旋得雪冤。六年(1408年)春,奉旨就钟山建普度大法会,升座说法,听者达数万人。十一年(1413年),赴北京朝觐,又奉旨于庆寿寺建斋会,赐赍有加。仁宗朱高炽御极后,因忌者构词相间,雪轩道成禅师被谪海南。

宣宗朱瞻基嗣位伊始,即遣官召雪轩道成禅师进京,引见便殿,慰劳甚至,仍命掌僧录司事。宣德三年(1428年),雪轩道成禅师上表请辞归山。宣宗悯其诚,特遣内臣护送,南还大天界寺西庵养老。宣德七年(1432年)十二月初八日,雪轩道成禅师辞众说偈,趺坐而逝。世寿81,僧腊66年,阇维收舍利无数。

雪轩道成离开嵩山之后,专心国事,虽然再也没有回过嵩山,但他在政治上的影响,无形是对嵩山佛教的一种保护。

本 整

本整(1364~1430年),明朝嵩山少林寺高僧。河北沧州人。文能论经说法,武能威震中岳。38岁被推任为少林寺首座僧,后任代理方丈、武僧总教头等职。

俱空契斌

俱空契斌

俱空契斌(1382~1452年),明初百年以来较有学问的一位高僧,嵩山少林寺住持。名契斌,号俱空,山西省垣曲人。少年出家于本县重兴寺,礼无相讲主为师,薙染受经。永乐六年(1408年),26岁的契斌南渡黄河,初参宝丰县香山寺潭公月印长老,学习3年,机缘少契。永乐九年(1411年),契斌改投少林寺凝然了改公席下,求示心要。凝然了改禅师令其"向达摩未西来时道一句看。"契斌愧惶无对,既急又疑,日日咨扣不已。一日,睹秦封古槐树,豁然契悟,急诣方丈求证。凝然了改禅师一见,遽曰:"契斌参得禅也!"继以赵州丛念"堪破婆子",石头希迁"书亦不通,信亦不达"以及"青原垂足"等公案反复相诘,最后为之印可:"洞上一宗,密在尔躬矣!"契斌得其印可,抱富还乡。永乐十八年(1420年)秋,契斌回到本县重兴寺,依白石俙公为师,研讨《肇论》,又研究《论语》、《孟子》、《周易》之学,或开讲安禅,或升堂演法,云横万籁,月印千江。他还主持修葺殿宇、僧寮,创塑天王圣像,扩大常住田产,使仓廪储粟,备而充盈。

契斌力弘洞上宗旨,对洞山良价祖师所倡之"五位君臣"说颇有新见。僧问:"如何是君?"答曰:"谁能窥测九重深。"又问:"如何是臣?"答曰:"万里山河点墨痕。"复问:"如何是君向臣?"答曰:"宝殿光含万化新。"僧再问:"如何是臣奉君?"答曰:"玉阶仙杖龙颜近。"僧进问:"如何是君臣道合?"答曰:"端拱无为天下平。"

正统十四年(1449年),契斌受请任嵩山少林寺住持4年。这期间,他重妆了六祖及观音塑像,翻盖方顶达摩之亭。景泰初年(1450年)春,少林寺建"大毗卢佛水陆堂",请甘州(今甘肃张掖)喇嘛道源塑毗卢佛一堂,此为与藏传佛教交流之始。景泰三年(1452年),契斌圆寂,世寿70岁。

惠 通

惠通,明朝嵩山少林寺武僧。明英宗天顺八年(1464年)刘通率农民起义,后发展到1多万人。惠通带40名僧徒,直入刘通城门,仅斗数合,刘通降服。惠通保皇有功,明灵宗大加封赏,惠通拒授,只领袈裟回寺。

悟 林

悟林(1444~1587年),明朝嵩山少林寺武僧。河内(今河南沁阳)人。善练长弩、匕首、飞镖、轻气功、点穴功、剑术等。成化末年(1487年)冬月为保卫禅寺金佛,孤身与30强盗搏斗中重伤,后圆寂。

古山可仙

古山可仙(?~1496年),明朝高僧,嵩山少林寺住持。名可仙,也作可先,法号古山。俗姓石氏,登封市唐庄保人。据说可仙10岁时,已心无浪戏,不慕富贵,一心要出家,父母反对,他因而得了一场大病。无可奈何,父母只得将他舍送嵩山龙潭寺,礼定公和尚为师。可仙在龙潭寺,巾瓶侍师而不息,贝叶读经而不辍,无论寒暑,映雪囊萤而不倦。30岁时,因寺中已无佛典可读,乃随师翁无为容公北上京师,寓居慈仁讲肆多年。又迁京南圆通寺,再依清凉源禅师,参扣曹洞宗旨。天顺年间,可仙应请回龙潭寺为住持。据说自此"龙潭波漾,僧众蛟腾"。他又游化四方,东至山东,西至陕西,南达湖广,北抵燕赵,饱餐知识,抱富还乡。弘治元年(1488年),可仙受请任少林寺住持。同年,河南卫的指挥昌禄及一批军官,在可仙的支持下,在神荣观道士们的赞助下,为共结菩提善果,种福因于九重天上,共发一心,铸造铜弥勒佛一尊。次年,周惠王朱同镔在开封举办法会,请可仙升堂说法,赐白金元宝二锭,各重54两,青铜400余斤,还有钱币布帛等物。可仙回少林寺后,见法堂(毗卢阁)零落,便决定用这笔巨款兴修法堂。于是,采大河之石,择密林之材,经8年的筹备才备足九成的材料。四方信士,闻风捐献财物。岂料,尚未动工,古山可仙禅师跏趺而逝,时为弘治九年(1469年)三月。17年后,由弟子悟壮等人建塔。河南府僧纲司的都纲、可仙的弟子悟本,为他撰写了碑文。悟本在碑文中称其师古山可仙为"少林寺二十九代住持"。奇怪的是,接下来的一位少林寺住持古梅祖庭,也被称为少林寺29代住持。有史学家推测,可能是可仙死后,一直有人不承认他的正统地位。

无方可从

无方可从

无方可从(1420~1483年),明朝高僧,钦命嵩山少林寺住持。可从,字无方,洛阳人。少年时出家于洛阳福先寺(系唐代武则天生母杨氏去世后舍宅为寺,后来迁移城东,是唐代东都赫赫有名的大丛林),礼住持苑峰慧公为师。正统年间(1436~1449年),可从到

嵩阳龙潭寺,参扣无为顺公和尚,进德修业,克勤无怠。又造访密县超化寺,参礼善宗禅师约1年。可从认识到道旷无涯,溪山各异,仍有许多问题未明,便到少林寺参拜契斌禅师,以绵密闳奥,重加锻炼,深契五位君臣奥旨,方得印可,列为曹洞宗23世。此后出山隐于洛阳定国寺。后经檀越憑老人特邀,住持龙门山南菩提寺,立法明宗,指事传心。成化十年至十九年间,可从奉敕执掌少林寺法席。有法语云:"佛祖宗乘,本无言说,但此段家风,非从外得,须七处徵心,八还辨见,方得到家稳当,不涉程途,汝知九峰不肯首座,百丈堕在陶窝,足见得人为难,而得理尤为难。如上多方,切须珍重。"可从住持少林寺期间,"理故丛席,振而兴之。"成化十九年(1483年),徽王府中贵大人杨悟仅等请可从住持观音寺(位于汝阳县城东15公里的圣王台村)。可从到寺不久,便示寂,世寿64岁,僧腊40年,墓塔建于少林寺塔林。著有《可从集》、《无方语录》传世。法嗣中以月舟文载最有名。

拙庵性成

拙庵性成(1440~1501年),明朝高僧,嵩山少林寺住持。法名性成,号拙庵。山西省太原府太谷县人。性成自幼离亲,住湖广襄阳府黄龙寺礼虎溪和尚为师,学习禅讲,苦读有成。后往枣阳,精读儒典,研讨《易经》。又投少林寺无方可从长老,清净三业,洞明四谛,深入教外之机,深得宝镜三昧,亲承曹洞之印。此后,深蓄厚养,毳衣微食,游方北京庆寿寺,束帛加壁,竖谒东阳法师。乃开堂主讲《法华》、《楞严》、《般若》等经,并口中含香,书写《华严经》81卷。成化十八年(1482年),性成复还少林寺。第二年,太监陈某奉旨到少林寺侑斋,因缺住持领众,经镇守河南太监兰氏、河南巡抚孙某及登封知县等推举,命性成为住持。成化二十三年(1487年),性成退隐乐闲。弘治六年(1493年),奉徽王命住持观音寺(位于汝阳县城东15公里的圣王台村)。性成在观音寺时,注解了《法华》、《般若》二经,并修缮了龛像、廊庑。弘治十四年(1501年)正月十三日,导迷事毕,俨然化去。由著名高僧、河南府僧纲彻空法本为性成撰写了塔铭。性成弟子有周美、周善等。

大千可观

大千可观(1443~1521年),明朝高僧,嵩山少林寺初祖庵庵主。名可观,号大千,俗姓杨氏,巩县苏村里人。15岁入少林寺,拜南舟圆昺为师。一直担任少林寺初祖庵庵主。他在任初祖庵庵主期间,刀耕火种,以充衣食;晨香夕灯,梵呗喧轰,苦读《金刚经》,课颂不辍,守护初祖庵几十年。大千可观晚年双目失明,但他德高望重,坚持研习禅法,常常对弟子们讲解《金刚经》大义。

彻空法本

彻空法本(1446~1512年),明朝高僧,禅学大师,曾任河南府僧纲司副都纲、都纲,总领河南郡释教。名法本,号彻空,其远祖为北京市大兴县人。父亲因做官来到洛阳。他生而有文在手,成"慈"字。少时即祝发洛阳福先寺,礼贞公为师。贞公没,法本回家业儒。三年经史皆通,复入寺,师咏公。昼习释典,夜温儒书,寒暑无间,如是又三载,豁然贯通。明天顺年中,朝廷令僧未度者还俗,法本归家。父母为之议婚,法本坚辞不允。后请度,参从公,得曹洞真宗。从公将僧伽黎印证法语手卷,并拂尘付之。

明成化二年(1466年)请度为真僧,参定国寺从公,得曹洞真宗。从公将《僧伽黎印证法语》手卷及拂尘尽付之,时法本年方25岁。明成化八年(1472年)春,入檀榆山三载,闭关习静。时蝗虫遍野,惟法本木庵地禾稼蔚然。夏中亢旱,居民瓣香叩请法本出山祷雨,即大降。洛阳僧俗举于郡,请视僧篆,法本辞之。法本作诗曰:"松窗竹户影沉沉,名利场中寄好音。许大乾坤今古事,秋云几片挂疏林。"未几,从公来住少林,法本随侍三载。是冬,少林主席者礼请开堂演法,法本升座垂语,机辩飙驰,四众叹服。曾游吴楚江湖之间十余年,法幢高建,远播宗风。弘治辛亥(1491年)还山,复入少林安禅,与座者53员,就食者几千余众。旬日,后禅堂中外金光烛天,三日方息。俄供厨泉竭,法本随祷而泉涌。次年,遂主福先寺。法本以高僧兼工词赋,请诗千文者,户外履常满。法本一生精研禅学,并得曹洞真宗,名冠四方,为后世所推崇。法本是著名的禅学大师。后法本升任河南府僧纲司副都纲、都纲,总领河南郡释教。明正德七年(1512年)秋,法本圆寂,建塔于少林寺塔林西。少林寺现存有彻空法本所撰的《成公拙庵塔铭》和《古仙公和尚行实碑》二文。

月舟文载

月舟文载

月舟文载(1454~1526年),明朝高僧,钦命嵩山少林寺住持。名文载,号月舟,俗姓王氏。原籍山后广宁(今辽宁省义县),后父亲王才因护从燕王征讨有功,升任通州亲军指挥使,赠武德将军,做了千户长(正五品),落户于通州。父清,早岁无子,尝礼事广济寺白庵禅师受戒,发愿曰:"若生子,必命出家。"至景泰甲戌(1454年)腊月十日夜,清梦一僧人入室而载生。童稚时,或结草为庵,或聚沙成塔,或塑泥为像,或撮土为香,或采花为供,戏作种种佛事,人皆异之。成化二年(1466年),文载入北京万安寺,礼白庵空公薙染。成化九年(1473年),文载受具足戒于杭州。依传承而言,文载是明初大天界寺住持、总领全国释教的觉源慧昙禅师(慧昙为从二品的大僧官,曾率20余人出使西域,病死于僧伽罗国)的法裔。文载从杭州回到北京后,周历讲肆。但他讨厌名相之繁芜,慕禅宗之直指顿悟,便来到少林寺,参扣无方可从长老三年。文载向无方曰:"某阅评唱,有言前露刃、句里藏锋之妙。而大慧要劈碧岩之板,其过安在?"无方可从长老遽曰:"推不倒在!"此后屡呈见解,无方可从长老均已喝止:"驴年去!"逼拶三年,廓然大悟,急呈偈:"山花开似锦,涧水湛如蓝,此岂不是大龙底转身句!"无方可从长老喜而印可:"这汉桶底脱也。"文载始蒙印可。此后文载回京,栖身于白塔妙应禅寺,研习《大藏经》20多年。足不越阃,潜心专志,声名远播。正德五年(1510年),少林寺执事恳请文载出山,再三再四,才到朝廷礼部领取"札"子,就任少林寺住持。文载上任以后,推行《禅苑清规》,整顿丛林,清除弊风,"玄纲大振,道化日新"。伊、郑、徽诸王,往来问道。法席之盛,冠绝一时。

文载还主持对少林寺大加整修,重修了"轮藏"(鼓楼)、方丈室、立雪亭、厨库、厅堂等,创建了玉皇殿,重建了甘露殿等。据史料载,月舟文载是第一位正式经皇帝同意,并经朝廷礼部发正式文书领先地位任命的"钦命"住持。文载住持少林寺长达16年之久,是少林寺最鼎盛时期之一。明嘉靖五年(1526年),文载圆寂,世寿73岁,门人千计,建塔于少林寺塔林。嗣法诸子中,影响较大者当推小山宗书,光大曹洞法门,盛绝一时。

文载住持少林寺期间,曾为密县法海寺住持宝藏重修废寺落成,他写的庆贺文章刻石立碑,今存于新密市文化馆内。

古梅祖庭

古梅祖庭(1461～1510年),明朝高僧,曾两任嵩山少林寺住持。名祖庭,号古梅,大明府滑县人。16岁出家,礼某寺东沧为师,始学瑜伽之学。两年后,不满所学之业,乃叹道:"充为释子,当以生死大事为重务,其余则不足累也。"遂拖锡杖奔800里伏牛山,在古镢禅师席下学习二年。志在冰霜,心如木石,惟道心拳拳。后受书中"虽有五宗都奇,独推洞上一宗"的启示,到少林寺参扣千江老师,告香入室,学参公案,经历数年,发明宝镜三昧,透彻偏正之玄微,若木人之雅唱,无传而传,无授而授,千江老师遂付之衣法。弘治八年(1495年)腊八日,祖庭开堂示众,果与寻常不同。罢参,隐于駊騀双窑庵,道行远播,王侯钦慕。第二年秋,受徽王府之请,升堂说法,很受徽王朱见沛的敬仰。弘治十年(1497年),37岁的祖庭被登封原县令安公等请为少林寺住持。此后凡过往官吏、文人名士皆求与祖庭接谈,互相应酬,不胜其烦。他厌人事繁冗,遂休隐于伊阳岘山(今汝阳县南三屯乡)。弘治十四年(1501年)春,因少林寺法筵久虚,积极物色方丈人选。众人一致推荐祖庭担任住持之职,于是遣执事玉华等人持专疏前往岘山礼请之。祖庭于九月升堂于少林寺,自此宗风大振,祖道光扬。他率领500多位寺僧夜参昼讲,只将本分钳锤。寺内原有一座"单传堂",早已损毁。祖庭请梵僧(西域僧)主持化缘,历5载重建了"单传堂"。弘治十八年(1505年),祖庭主动要求退休。他命敲钟集合全体寺僧,将大红色纻丝禅衣、罗缎纱偏衫、袈裟等共6件,都交给了常住,挝鼓颂偈一首:

休休休处更休休,万事从今一笔勾。誓与青山为故识,愿同缘水作良俦。

人间好事如春露,世上浮名若水沤。一任海枯松石烂,此心终不混常流。

吟罢,曳杖下座而去。退休后的祖庭,在寺左侧作一小室,取名"休心堂",闲居独处。正德四年(1509年),被位于偃师县顾县乡回龙湾村的藏梅寺(又称黄巢寺)请去,升堂开示,四众听讲者达千余人。正德五年(1510年)三月,祖庭圆寂于少林寺休心堂,世寿50岁,僧腊29年,建塔于少林寺塔林。《古梅塔铭》称其为"少林寺嗣祖传法第二十九代"。嵩山龙泉寺(登封市石道乡西3公里处),立有古梅祖庭所撰的《成公禅师碑》1通。

宗琳玉堂

宗琳玉堂(1481～1538年),明朝高僧,继静庵悟榻之后的嵩山少林寺住持。名玉堂,法号宗琳。河南临颍县王氏子。少年入汝阳五朵寺染为僧,礼定达和尚。26岁时芒鞋竹杖访少林,拜于古梅长老门下4载,又造访月舟和尚,参究本宗,阅3载,豁然开悟,便至水边林下涵养圣胎。后至许昌,阅藏千日,乃回家乡临颍,闭关禁足3年之久。又迁城南,闭关10年。嘉靖十六年(1537年),少林寺耆旧悟源、悟林、悟出省等奉命迎玉堂为少林寺住持。一年后,玉堂圆寂。

无 谭

无谭(1489～1569年),明朝高僧,明中期白马寺住持。俗姓王,父王表,为大姓巨族。洛阳人。

禅师曾从师定允,素尊礼神明,存心养性,博古通今。掌管祖庭寺院事务多年,后退居山下,年80岁而圆寂。尸骨火化,舍利葬于白马寺西。隆庆三年(1569年)三月立《祖庭释源大白马寺住持无谭禅师□□舍利塔记》碑1通。

通 玉

通玉(1497～1595年),明朝嵩山少林寺高僧。禹州人。曾任僧会司,通佛经、善武术、精医学、擅长伤科,对跌打损伤有奇效,传有《少林寺红伤科书》。寿长98岁。

定 太

定太,明武宗时白马寺高僧。正德二年(1507年),定太法师与化主德允为做功德,重修祖庭大白马禅寺佛殿。四方之人闻风而化,富者输其材,贫者效其力,善人招请名匠,不日之间,倾毁栋宇尽得修复,使殿堂焕然日新,圣像色彩鲜明。观者生敬心,睹之起畏意,四时香烟缭绕,实为定太高僧之功。嘉靖二十年(1541年)巨碑《重修祖庭释源大白马禅寺佛殿记》曾予记之。

匾囤悟须

匾囤悟须(？～1563年),明朝高僧,著名少林寺武僧。法名悟须,字无空,号匾囤。俗姓陈,嵩山禹州名宦陈氏子。年逾20岁出家于少林寺,礼梵僧(明人指西藏僧人或喇嘛教僧人)为师。匾囤悟须出师后,游历名山大川。至中条山,修行3月有余,忽自谓曰:"善财童子向南方,参见五十五人,历百一十城庄严妙行。今住此山,独善其身,好直造神仙耳。"后结庐于峨眉绝山顶结茅以居,益悟禅理。据说,一天,匾囤悟须见到阿弥陀佛,执《大阿弥陀经》1部,对他说:"藏内有经,藏外全无。付授与汝,广令传化。"于是,扁囤悟须便周流宇内,遍蹈九州,广说《大阿弥陀经》并印造多部流传。匾囤悟须在京都讲法,"名震京师",王公及士庶皆礼尊之。宫中御史张遏等在京都为之创建吉祥庵让其传法,此庵宽敞、严丽,收有《大藏经》,他便和弟子们在此宣扬净土法门(扁囤为什么这时要竟弃禅宗改信净土法门,一直是个谜)。

若干年后,匾囤悟须返回少林寺,把张公所施白银300两转施少林寺,并出资创办大法会。明嘉靖四十二年(1563年),他重返四川峨眉山,当行至夔州(四川奉节县,即古白帝城)时,匾囤悟须说:"道旷无涯,逢人不尽。"遂登岸端坐而逝。徒孙普明等人以少室少林为发身之地,乃归骨于少林寺塔林建塔葬之。明英宗曾孙新昌王朱厚尊为《匾囤和尚碑》撰文。

匾囤悟须不仅精禅学,而且是一位著名的武僧。据少林俗家弟子程宗猷著《少林棍法阐宗》说:他承其师父所传拳棍,曾救人于苗族山寨,苗人把他尊为神。并说,哈麻师"以拳棍授扁囤",这就是"夜叉棍"的来源。又据《鸡足山志》云,扁囤和尚曾入云南宾川县鸡足山修持并传授紧那罗神咒。明代以来,这鸡足山已被神化为大迦叶灭度的道场。

静庵悟榻

静庵悟榻(1504～1552年),明朝高僧,嵩山少林寺住持。名悟榻,字静庵,号缘筠,俗姓王氏。悟

榻早年投喇嘛为师,后入少林寺,礼月舟文载为师,得其骨髓。此后悟榻出游四方。嘉靖乙未(1535年),悟榻始为嵩山少林寺住持。不久,被徽王府请主香火院(汝阳观音寺)若干年,后再主嵩山少林寺,讲道传法,直至迁化。

圆 朗

圆朗,明朝武宗、世宗时期的白马寺僧人。正德十四年(1519年)王刚夫妇行商经过洛阳,看到白马寺之东金代重修的释迦舍利砖塔(清称齐云塔)因日久风化颓毁,遂舍资财若干,由寺僧圆朗执掌修缮。圆朗法师择途而用,砖石土灰、工役食宿,无不公允操持。工程起于嘉靖元年(1522年)二月初一日,告成于同年十一月十二日。修整后的寺塔光彩如新,灵光屹然,龛内门外,飞金涌雪,炫耀层空,缁白四众看见,无不瞻仰赞叹,一时信善各务施舍,一并将寺院也加以维修。嘉靖三年(1524年)的《修白马寺塔记》碑曾表彰此事。

悟 雷

悟雷(1512～1583年),明朝嵩山少林寺高僧。冀州(今河北中南部)人。曾任少林寺提都举,文武双全,豪爽忠义,扶弱济贫。

三奇周友

三奇周友(？～1547年),明朝高僧,著名嵩山少林寺武僧、僧兵将领。名周友,号三奇。周友于正德年间为"蒙钦取宣调",镇守山东、陕西布政使司(省)辖下的堡塞,屡立战功,御封为"都提调总兵"。周友曾奉命统征云南,讨伐叛蛮,统任云南烈兵扣官。周友的战斗任务主要有四项:一是戍边;二是征讨刘六(刘宠)、刘七(刘宸)等人于正德五年(1510年)十月的霸州的农民起义;三是"统战云南",正德以来,云南临安府(建水县)土官禄奉,交通弥勒州十八寨"强贼"作乱,朝廷于正德十六年(1521年)二月派巡抚、云南副都御史付平弥勒州的苗民之乱(周友奉命参加了此次战役);四是参加征讨王堂暴动。嘉靖元年(1522年)十一月,山东青州矿丁王堂等人起事,攻掠蓬莱、泰安等地,转而入豫,大败官军于归德(今商丘市)。王堂等于次年二月败亡。因为周友战功显赫,人称"三奇和尚",号称"天下对手,教会武僧"。

周友在统兵征战四方时,还广传少林武功,从其习武的僧俗弟子1000余人,分布在四省几十个州县。他在少林寺的弟子有洪钟、洪良、法侄洪转、洪祐、法孙普清、重孙广记、广顺等人。明嘉靖中,周友圆寂于少林寺,河南府仪卫司千长李臣及其弟子洪仲、洪良等人在少林寺塔林为其立塔。塔林中现存有"三奇友公和尚塔",方形,单层三檐。塔额为:敕赐大少林禅寺,敕名"天下对手,教会武僧"。正德年间蒙钦取宣调,镇守山陕等布政边,京御封都提调总兵,统任云南烈兵扣官,赏友公三奇和尚之寿塔。

竺东悟万

竺东悟万(？～1560年),明朝高僧,嵩山少林寺住持。名悟万,法号竺东。是继宗琳玉堂之后的嵩山少林寺住持。嘉靖三十一年(1552年),徽王朱载堉曾向少林寺捐黄金若干,命悟万修葺少林寺甘露台的"藏经殿",绘饰"方丈室",起盖"立雪亭"。此工程在悟万的主持下,于嘉靖三十二年(1553年)完成。悟万在任少林寺住持期间,还兼任钧州广通禅寺住持。悟万在少林寺的弟子有周绍、周旋。悟万的灵塔上有"化被三藩"铭刻,说明他与徽王府及其它王府关系至深。

小山宗书

小山宗书(1500~1567年),明朝高僧,著名禅宗大师,钦命少林寺住持。法名宗书,字大章,别号小山,称小山书公。俗姓李氏,河北省顺德南和县人。小山10岁入学,诵习儒书,粗通大义。15岁时悟"儒书皆教人入世之法,而非出世法也。"因而笃志到顺德府(邢台市)开元寺出家,礼法堂钿和尚为师。正德十一年(1516年),小山入太行山,闭关修行,三越寒暑,手抄《华严经》,不食五荤。正德十五年(1520年),"闻少林虚白老师传授达摩心宗,志切参学,遂游其境……乃依法席入室。请益切勤八载,得洞上宗风,蒙赐印可"。后游历诸寺,讲经说法,推演禅宗,名重佛门。明嘉靖九年(1530年),小山回本郡开元寺,省侍本师钿和尚3年,至师圆寂。"嘉靖十二年(1533年),到明都北京受具足戒并历诸讲肆,记探教海,并居北城兴德寺

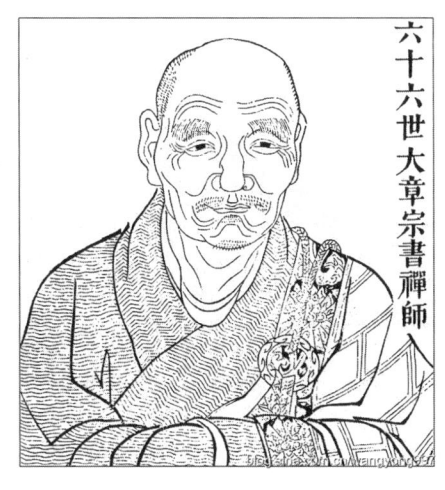

大章宗书

(在外城东部,明宣德间重建)参学3年,"其间曾到天庆寺"开承佛录,又到五台山推广禅宗。"期满回京,"应中贵官李元善之请,入积善庵批阅《大藏经》四年。"嘉靖三十三年(1554年),小山宗书静居京都宗镜庵修禅。

嘉靖三十一年(1552年)至三十四年(1555年),少林耆宿三请小山出任少林寺住持,皆推辞不就。嘉靖三十六年(1557年),河南太守吴山及少林耆宿秉承复请。小山叹曰:"先师月舟化后,三十余年。曹洞宗风,几近湮没!我不敢偷安,须急撑住这将倾大厦!"于是,小山领朝廷礼部文书,正式住持少林寺。次年,小山在少林寺"大开法席,四方学徒,众盈五百,升堂距座,日无虚席。嗣其法者,不可胜数"。后小山四处募资,对寺院大加修葺,并重建少林寺初祖殿,将原殿增高32尺,增广22尺,位爽势尊,楹壮栋坚,左右两翼,各联七室。

小山宗书住持少林寺期间,正值明朝抗倭战争,日本海盗曾不断骚扰我江、浙沿海,百姓深受其苦。身为住持的他,曾应召3次挂帅出征,率领少林僧兵保家卫国,赴东南沿海抗击倭寇,屡建战功,被皇帝封为"大将军"。其著名弟子是幻休常润和禀山常忠。嘉靖四十五年(1566年)二月,回北京宗镜庵疗疾。隆庆元年(1567年)腊月十六日,小山圆寂在北京宗镜庵,终年68岁,僧腊58年。小山灵骨一分为三,一留北京宗镜庵,一回南和开元寺,一归祖庭少林寺。分别起塔,树碑志实。少林寺的《钦依住持少林寺嗣曹洞正宗第二十四世当代传法小山禅师行实碑》系郑藩掌国事王才撰文,"三教中人"、"狂仙"朱载堉书丹并篆额。

小山宗书住持嵩山少林寺10年,使"曹洞宗风复振,少林禅宗复新",有"启后鼎新之功",使嵩山少林寺第三次达到极盛。

小山宗书的少林寺弟子中有几位到南方传法,成绩斐然,令人注目。其弟子幻依祖住,于1540年至1545年的5年间,依持大章和尚(小山),蒙师印可。先后在淮安、南京、京口、苏州传法;弟子蕴空

常忠将曹洞宗传到了江西省建昌县寿昌寺。常忠的弟子无明慧经后来名声大震,他的一位弟子永觉元贤则把曹洞宗带到了福建福州市鼓山涌泉寺。

垣 然

垣然,明朝抗倭名将,嵩山少林寺武僧。抗倭名僧月空的师父。《云间杂志》载,嘉靖癸丑(1553年),倭初到海上……按院蔡公可泉,召少林僧兵百余人,其首号月空,次号自然,傍贼结营。《少林武僧志》载:垣然和尚武功超群,曾受到嘉靖皇帝嘉奖。

天 员

天员,明朝抗倭名将,嵩山少林寺武僧。《江南经略》曾记载:天员与月空争当抗倭将领之事,其为国为民抗倭当仁不让。

竺 芳

竺芳,明朝抗倭名将,嵩山少林寺武僧。《参公和尚塔铭》载:嘉靖三十二年(1553年),朝廷明文征调少林寺僧竺芳和尚领僧兵50名,应诏征师,抗击倭寇。

月 空

月空(电影资料图)

月空(1520~?),明朝抗倭名将,嵩山少林寺武僧。在松江一代抗击倭寇出名,后因解救被倭寇劫持的百姓,中埋伏,所率30名武僧战死沙场。顾炎武的《日知录》载:明嘉靖三十一年至三十三年(1552~1554年),少林寺武僧月空接到都督万表的檄文,率领30多名武艺高强的僧兵开赴松江(今上海市松江区)一带抵抗倭寇。僧兵自成一军,手持铁棍,作战十分英勇,最后全部壮烈牺牲。

道 胡

道胡,明朝嵩山少林寺高僧。江苏扬州人。精通少林武术和医学。著有《少林九节鞭秘旨》、《少林三十六奇功》。

金 山

金山(1486~1570年),明朝高僧。讳德宝,山东阳津人。俗姓刘。自幼从北京海眼寺惟安老宿出家。受学三载,游历诸方,参无忘禅师于山西榆次。依止7年,大有发明。继参月舟文载禅师于嵩山少林寺,巾侍九载,获授衣拂。后于燕赵大地开堂,诸方竟相迎请,前后坐道场二十有余。晚年隐居顺德内丘表善观音院。隆庆四年(1570年)三月四日,金山忽将道具尽付门人祖通,嘱其代为扬化,随后说偈:"来世无影去无踪,生死轮回好说空。今日翻身云外路,一轮明月任西东。"言讫,瞑目而逝。

竺方周参

竺方周参(1517～1574年),明朝著名嵩山少林寺武僧。颍川(登封或禹州)人。姓周,名参,号竺方。自幼习武,精究六韬。15岁入少林寺,礼悟空和尚(即扁囤和尚)为师。其性惟勇,巍堂磊落。习学演武,名播四海,武业诸方。他在少林寺,"纲直推举执事,三十而应役首僧,五十一而管理监寺,三载常住,岁季积蓄杂粮四百,并无徇私。"《明史·曹邦辅传》载,嘉靖十二年(1553年)九月,河南省柘城县的师尚诏与王邦用等起事,首先攻克了归德府(商丘),检校董纶率兵巷战败亡。此时义军达数万人。又攻打宁陵、睢县不下,南下攻克柘城、鹿邑。再挥戈向西,在太康、鄢陵、西华、扶沟、许昌、临颖等地流动作战,官军望风而逃,朝廷为之震动。师尚诏起事计40余日,破1府8县,杀官军10余万人。皇帝下令调用精兵2万,分三路合围义军,由曹邦辅统领。周参率兵参加了这次合围战斗。十月,王邦用突围中被俘,师尚诏败走皖北,又走五河(山东省莘县),终被擒杀。《少林寺竺方参公塔铭并序》记载了此事:"上司明文调用截杀,周参率领僧兵50名,征师尚诏,赶贼兵,运智于沙场,战雄兵于顷刻不过,尽忠于国,丛林见得忠义。"他们虽背弃佛法戒律亦在所不惜。周参卒于明万历二年(1574年)四月初五日,世寿58岁,僧腊43年。万历三年(1575年)三月,立塔于少林寺塔林。

无穷周义

无穷周义(1499～1578年),明朝少林寺高僧。名周义,号无穷,人称无穷禅师。俗姓张氏,偃师县安家滩人。公元1515年,周义出家于少林寺初祖庵。周义立志坚确,遍习禅观,精勤无怠。10多年后,周义隐居于南召县马鞍山的丹霞寺,跪诵《观音》、《圆觉》二经,晨夕诵念。又行头陀法,一衲自娱,略无所蓄。忽有一日,周义自彻自悟,乃云"吃的实,用的实,成万物皆是实。"47岁以后,周义居无恒处,言行叵测。周义曾远游至云南省,在大理洱海东北的鸡足山,创立了"放光寺"。大旅行家徐霞客在崇祯十一年至十二年间游历云南丽江时,应木土府之请撰修了《鸡足山寺》,印证了这段历史。周义在《诗寺原始》一节中对"放光寺"有如下记述:"放光寺,嘉靖间古德无穷禅师,河南人,创建。护法檀越李中谿先生。无穷后嗣有归空禅师,建藏经阁。阁成而神宗赐藏。"周义晚年回归少林寺,恰遇小山宗书新任住持,屡蒙授记,乃请为首座。若干年后,周义退归林野,刀耕火种。周义圆寂时80岁,僧腊40年。无穷禅师的小传及肖像刊于石,今存于少林寺西塔院内。

幻休常润

幻休常润(1514～1585年),明朝高僧,钦命嵩山少林寺住持,少林寺第25代方丈。俗姓黄氏,江西进贤县人。法名常润,字大千,自号幻休,称幻休润公、大千润公、少室常润。他幼年到伏牛山,礼平公祝发。常润19岁时,受具足戒于伏牛山,礼坦然平公和尚炼魔3年。遂游化四方,南下浙西,谒万松慧林法师,示以禅要。未几,常润入九华山莲花洞,精勤修习。忽一日,常润觉得自己身如空虚,将有所省悟，便下山，历诸讲肆。后常润北上京师，依万松慧林和秀法师（传贤首宗）座下，学习天台、贤首、慈恩三宗，研究《中论》《百论》《十二门论》等典籍。后四方游历，巡五台山，到郓城西，再入京师，一路走来，在五台山大寿宁寺、京师城西镇、兴德寺领众修道，研习《大藏经》，开讲《法华经》等。

嘉靖末年，常润拜少林寺住持小山书公为师，谒小山宗书长老，告香入室，勤求四载，究宗乘向上事，针芥相投，方得传法，得蒙印可。后离开嵩山遍参诸方。明隆庆元年（1567年）小山书公圆寂以后，嵩山少林寺方丈空位7年。明万历二年（1574年），神宗朱翊钧钦命幻休常润为嵩山少林寺第25代方丈，任职6年。幻休住持少林寺，力弘曹洞宗风。有僧以"如何是洞上宗风"求教，答曰："月下三花树，峰前双桂枝"，启发他追寻达摩祖师之意，后声名大振。时侍席者凡百余人，其中突出者有无言正道、洪断诸缘、慈舟方念、敬堂法忠等人。

常润精通佛学，"博探经典，洞悉奥义"，讲经说法，精辟透彻，僧众云集，名扬四海。幻休留下的法语数千言，具载于"休公语录"。常润大宗师弘扬佛法一生，得法弟子数以千计，其中以无言正道和大觉方念为高足。方念再传圆澄于绍兴云门山，后来形成了云门支系。

万历七年（1579年），常润被召住北京直接参政6年。万历十三年（1585年），常润圆寂在明都北京，灵骨回归嵩山，在少林寺西起塔。明通义大夫、兵部左司郎汪道昆撰写《少林寺总持宗门润禅师塔记碑》，纪其行实。

幻休常润

智 永

智永，明朝高僧，白马寺住持。嘉靖二十年（1541年），智永法师及众僧与东白马寺僧徒共同立碑《重修祖庭释源大白马禅寺佛殿记》，以弘扬修缮佛殿之功。在此碑记中曾提出"儒以正设教、道以尊设教、佛以大设教，""三教虽设施不同，原末归本，其理则一"观点，反映出宋明理学兴后三教归一思想。

行 愿

行愿，明朝嵩山少林寺高僧。冀州（河北中南部）人。曾任嵩山少林寺方丈。通佛学，擅伤科、骨科，精武艺。著《少林金钢圈三十二势法》。

普 振

普振（1545～1608年），明朝高僧。项城（今河南沈丘）人。曾任嵩山少林寺书记、首座僧，文武双全。

超 水

超水,明朝高僧。洛阳人。28岁就任少林寺方丈,精通佛学武功,文武双全,教导弟子学佛习武,文武并进。

智 玄

智玄,明朝高僧,白马寺住持。嘉靖三十二年(1553年)黄锦重修白马寺时,智玄与东白马寺住持明安曾为白马寺修造供器。现存铁香炉4个,分置于天王殿、大佛殿、大雄殿和清凉台。

大鞋僧

大鞋僧,明朝高僧。不知何处人,亦不知夏腊几何。人以僧着大鞋,呼之即应,因名。大鞋僧不识一字,遇少林寺开堂说法,亦辄来听。他居五乳峰上达摩洞中,冬夏一衲,每日下山三四里许乞食,常以二更时独行归洞。如遇大雨雪,即四五日不下山。有好事者上山来找他,见他像达摩面壁一样俨坐如常。有时有人携饭上去,他都坚决辞掉。他说:"我本来是想省事,你们这样下去,我不是更要麻烦人了吗?"很多人向他问道,他回答都好像是随意而说,却都是言简意赅,直入玄理。有一个绅士固执地向他请教人生真诠,他答云:"你们这些人常犯的毛病是口是心非,凡事你只要认真地去干,就对了,何必再向别人讨问呢?"此语虽禅,切中今世士大夫讲学之病。忽一日,他准备离开这里,有人问他为什么走,他说:"来这里想得到点什么的人渐多,我恐怕有什么对不住他们的地方。"他入终南山,后来不知所其终。

宗擎 普从

宗擎、普从,明朝抗倭名将,嵩山少林寺武僧。嘉靖四十年(1561年),抗倭名将俞大猷奉命自云中(山西大同)赴沿海抗倭前线,路经少林寺,请寺僧为之演棍,俞大猷观看少林之棍:"传久而讹,真诀皆失。"少林寺住持小山请俞大猷指正,俞大猷说:"非旦夕可授而使悟也。"于是,小山从寺僧年少有勇者中挑选出宗擎、普从,随俞大猷赴抗倭前线。俞大猷谆谆教之实战少林棍法三年之久,二僧练得"十步一人,千里不留行。"后二僧归少林寺,将战场上学的棍法传于少林寺僧人,精者达百人。普从归寺后不久圆寂。万历四年(1576年),宗擎赴京师

宗擎、普从跟俞大猷赴抗倭前线

戒坛受戒并留下听经论。次年四月某日,他专程去神机营拜访调兵马粮草的俞大猷,感谢师恩,并告知普从早已去世。师徒久别重逢,倍感欣喜,一叙往事。临别时,俞大猷特赠以《剑经》,勉其精益求

精,并题写《诗送少林寺宗擎有序》一首相送:"学成伏虎剑,洞悟降龙禅。杯渡游南粤,锡飞入北燕。能行深海底,更陟高山巅。莫讶物难舍,回头是岸边。"宗擎感动地流下了眼泪,当时写诗回赠:"神机阅武再相逢,临别叮咛意思浓。剑诀有经当熟玩,遇蛟龙处斩蛟龙!"宗擎将《剑经》带回了少林寺。以上历史说明,宗擎、普从对少林寺棍术的传承与发展做出了重要的贡献。

程宗猷

程宗猷

程宗猷,明朝少林武术学家,少林寺武僧洪转的俗家弟子。字冲斗,潮州人。著有《少林棍法阐宗》3卷,万历四十二年(1614年)刊。程宗猷曾在少林寺学习"夜叉棍"10余年。相传,"夜叉棍"是元末少林寺的紧那罗僧所传授,程宗猷《少林棍法阐宗》序言则说是一位哈麻师(即喇嘛)"以拳棍授扁囤(即无空)"的。宗猷入少林寺习武,先从师于洪纪,"梗概初闻,未惮厥技。"又师事80多岁的洪转。这洪转"棍法神异,寺众推尊",宗猷乃"日得闻所未闻"。与程宗猷同时向洪转求教的还有宗想、宗岱二位同好。程宗猷最后投师于广按。广按,"为法门中高足,尽得转师(洪转)之技而神之。耳提面命,开示神奇。后以出寺同游,积有年岁,变换之神机,操纵之妙运,由生诣熟,缘渐得顿。"和程宗猷一同入少林寺习武的还有他的叔祖、武学生程云水、侄子程君信、太学生程涵初等人,在他们的鼓励下,程宗猷把"口授心识"的棍法整理,用图形歌诀的形式写出来,使"人人得以自师"。

程宗猷著有《少林棍法阐宗》、《少林枪法阐宗·少林刀法阐宗》、《少林弩法阐宗》、《少林棍法秘传》、《手臂录》等书,后合辑成《耕余剩技》。公元1629年又撰《射史》8卷。程宗猷所著的武术书中,用图文并茂的形式,记述了少林武术特技的练习步骤和方法,是少林武术发展史上,第一次记述少林武术项目较为全面的武术专著,它为少林武少的传播与发展,起到了非常重要的作用。

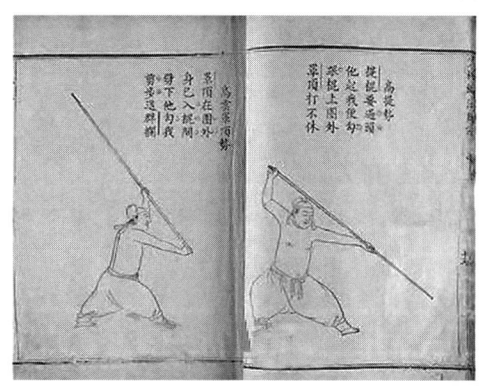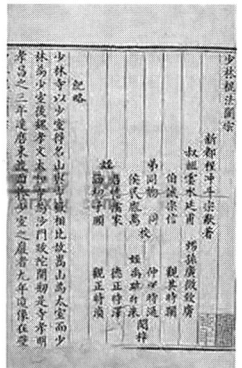

程宗猷著作局部

程宗猷练兵主张胆量、意志、武艺三者并重,其《耕余剩技》曾被誉为继戚继光《纪效新书》之后研究明代和继承古代武术技击的重要文献之一。

洪 转

洪转,明朝嵩山少林寺武僧。三奇周友的法侄。正德时出家于少林寺,后随师叔、著名武僧三奇周友习武,尤精棍法,为少林寺一代棍法大师。明万历中,俗家弟子程宗猷到少林寺习武,曾从洪转演习少林棍法。《少林棍法阐宗》云:"师年逾八十耆老,棍法神异,寺众推尊。"洪转不仅是棍法大师,而且对枪法颇有研究,在他所著的《梦绿堂枪法》一书中,从理论上总结了少林寺独特的枪法。洪转在嘉靖年时,曾任登封僧会司僧官。洪转对少林棍术和枪术的发展做有重要的贡献。

洪纪 洪信 广按 宗想 宗岱

洪纪、洪信、广按、宗想、宗岱,明朝嵩山少林寺武僧。五僧皆以棍术而闻名。著名少林武术学家程宗猷入少林寺习武,先从师于洪纪,"梗概初闻,未悍厥技。"又师事80多岁的洪转(洪转为"三奇和尚"周友的法侄,其"棍法神异,寺众推尊"),乃宗猷"日得闻所未闻"。与程宗猷同时向洪转求教学武的还有宗想、宗岱二位同好。程宗猷最后投师于广按(广按乃"法门高足,尽得转师之技而神之"),广按对他耳提面命,开示神奇。后以出寺同游,积有年岁,变换之神机,操纵之妙运,由生诣熟,缘渐得顿。"又据《陆桴亭文集·石敬岩传》上有棍术家洪信。《手臂录》载洪纪为洪转昆弟,精于棍法。

万庵同顺

万庵同顺(1545~1619年),明朝抗倭名将,嵩山少林寺武僧。同顺,号万庵,称万庵顺公。同顺早年入少林寺为僧,是著名武僧将领周友之徒孙,深得友公真传。明嘉靖末,倭寇侵犯我国沿海,时任少林寺都提举的万庵同顺,应召参加抗倭战争,并立下了战功。他是武僧周友家族中已知的一位因抗倭而立功的武僧。又据嘉靖三十九年(1560年)《重建初祖庵记》碑和嘉靖四十五年(1566年)《释迦双足灵僧碑》载,顺公曾任少林寺监寺和登封僧会司僧官,是少林寺极有影响的武僧。万庵同顺74岁圆寂,万历四十七年(1619年)建万庵同顺塔于少林寺塔林,塔铭为《敕赐少林禅寺都提举征战有功顺公万庵和尚寿七十四之塔铭》,因年代久远,惜具体战事及立功情况不详。

万庵同顺物尚塔铭

大才普使

大才普使,明朝抗倭名将,嵩山少林寺武僧。普使,号大才,称大才使公,明嘉靖末,因参加抗倭战争而立战功。天启五年(1625年)四月,建《敕赐祖庭大少林禅寺恩祖征战有功大才使公寿八十三岁本大和尚之灵塔》于少林寺塔林。因年代久远,惜具体战事及立功情况不详。

无言正道

无言正道

无言正道(1547～1623年),明末高僧,北方禅宗领袖,钦命嵩山少林寺住持,少林寺第26代方丈。俗姓胡,法名正道,字无言,自号雪居。俗姓胡氏,江西洪都新建人。父永泰,母杨氏。正道幼年到上蓝寺(今南昌市佑民寺)出家,礼磷和尚为师。20岁时,至南岳净瓶崖随知休禅师习修禅定,久而未契,继而谒逊庵禅师于树屏,听法于东岩大方。从此,无言"遍参诸方,受戒于无尽。"

万历初年(1573年),正道来到少林寺,参学业于幻休常润禅师座下。正道锐志参宗,无间寒暑,请益入室,孜孜不倦,八年如一日。在幻休数百个得法弟子中,正道最出色,深得幻休真传。传说正道问幻休师:"如何是洞上家风?"幻休答曰:"月下三花树,峰前双桂枝。"正道语中大悟,即呈偈语:"云攒峰顶,月锁幽岩,木人拊掌,石女舒颜。"遂得幻休印可,付以大法,为曹洞宗第26世。次年秋,幻休为少林方丈,命正道为书记。幻休对无言深寄厚望,特授记曰:"无言的旨不离言,玄唱玄提妙绝传。今日单传亲印授,他年双柱利人天。"幻休命其更字为无言,因法堂露柱上有联云:"一灯常不灭,万法总无言。"

万历十一年(1583年)八月,正道北上京师,先后参访了千佛寺徧融、双塔寺宝藏、龙华寺瑞庵、广化寺荆川诸尊宿,遍访名师。期间,他南下普陀山,刺血书《法华经》,跪诵之,自朝抵暮,勺水不入口,精虔之至。据说,他在睡梦中,见到观音大士净瓶圣水为他灌顶,洗衣净六根(眼、耳、鼻、舌、身、意)。返京后受大方如迁之请为首座,提唱公案,讲论诸经,名刹争筵,岁无虚日。每次法会,僧俗千人,清规肃然。正道在京师九年(1583～1592年),董其昌的《道公碑》中说无言正道是"作宾王家、名动京阙",被称为"僧中之杰"。当时的京师是一个官绅学禅如狂的年代,声气相求,涵盖相合。董其昌本人以龙华寺为中心,请无言正道等禅师讲学传禅。

万历十八年(1590年)底,登封县令及寺院僧众共推正道任少林寺住持,并送朝廷祠部任命文书于道公。明万历二十年(1592年),钦依无言正道为嵩山少林寺第26代方丈。据说,无言正道离开京师,赴任少林寺住持之时,有二、三百人送别至郊区,倾动一时,可见影响之大。无言正道出家的江西省上兰寺原属临济宗,他入少林寺后改宗曹洞,并成为曹洞宗师。

无言正道住持嵩山少林寺31年(1592～1622年),整复寺院,雄风再振。"戒行冰结,机辩泉流。或升堂普说,或入室小参,莫不摧彼凝城,登之觉岸,明镜屡照而不痞,洪钟待既而辄应。典型卓尔,清规肃然。"弟子发问,正道便指点端详,不假思惟,辞旨条畅。正道不仅是少林寺住持,还是北方禅宗首领。正道住持少林时,请求官府免除少林寺粮差,这也是少林寺历史上最后一次豁免粮差。他的另一个贡献就是带领僧,千辛万苦,在少林寺南山丘上种下了千万棵柏树,人称"柏坂"。正道是有据可查的任少林寺住持时间最长的之一,也是明末声誉最为显赫的名僧。正道在少林寺时,有周端王朱肃、周端王世子周恭枵等王子及社会名流请他讲法,这些人在他的讲解和指点中,大为开悟。无言正道法嗣众多,高足有慧喜和通慧、慧如3人。

天启三年(1623年),无言正道圆寂,在少林寺塔林南建有道公衣钵塔一座,额曰:"钦依少林寺传曹洞正宗第二十六代嗣祖沙门、永化堂上本师大和尚无言道公寿寓"。

少林寺常住院内立有：由董其昌撰文、书丹并篆额的《嵩山少林寺赐紫住持曹洞正宗第二十六代禅师道公碑铭》；由赐王锡爵撰文，愈汝为篆额，董其昌书丹的《无言道禅师碑》；由明代著名佛学家鲁风仪撰文，乐元声楷书，虞淳熙篆额的《赐嵩山少林禅寺传法住持曹洞正宗第二十六世嗣祖沙门无言道公雪居禅师行实碑记》。无言正道被誉为"僧中之杰，传涅槃心，吐长广舌。双桂开敷，三花屹崿，一代时教，永存珉碣"，其法嗣甚众，徒嗣慧喜、徒孙海宽等相继主法少林。

无言正道在佛教界享有很高的地位。明清以后，有不少著名诗人对他写有赠诗，散见于嵩山史料中。

寒灰慧喜

寒灰慧喜（1564～1639年），明朝高僧、钦命嵩山少林寺27代住持。法名慧喜，字心悦，号寒灰。俗姓刘氏，河北省满城县（今属河北省）人。慧喜自幼纯诚企道。少时从普济和尚出家，16岁至盘山习禅，后相继师从于慈云、松谷、净渊等大德。仅5岁就出家于普升寺，"落发披缁于鲁齐，礼升公和尚为师，朝夕勤参法雨。"居于阳城，后入少林寺拜无言道公为师。道公命为上座，日授密指，于言下悟入，遂蒙印可，纳为法嗣。后慧喜北上京师，匿于玉光寺，读经参禅。无言正道之后，嵩山少林寺方丈空位16年。明天启四年（1624年），明熹宗朱由校钦依寒灰慧喜为嵩山少林寺第27代住持。

寒灰慧喜住持嵩山少林寺期间，农民起义所向披靡，时局动荡，明王朝已是危机四伏，处于风雨飘摇之中，少林寺也由盛转衰。但他仍如其先师们一样，继续"强（僧）兵护国（明）"，不遗余力，艰难地维系着少林寺，并重修了"横翠亭"等殿宇。天启五年（1625年），寒灰慧喜积极邀请并陪同河南巡抚程绍到嵩山检阅僧兵队伍。因为寒灰慧喜"护国强兵"有功，在他生前，就由明赐进士及第、江西监察御史、西京焦源博和钦赐总督陕西三边军务、兼理粮饷兵部侍郎王少采，撰书《少林寺二十七代钦依传法住持寒灰慧喜公禅师碑》，立于少林寺中。

崇祯六年（1633年），慧喜主法于开封相国寺。崇祯十年至十三年间（1637～1640年），登封连遭旱灾、蝗灾，3年无收，百姓死亡大半。县民李际遇等人揭竿而起，占据少室山御寨，聚众达四五万人。少林寺僧，多亦逃散，真是到了"灯昏法暗"的时代。明思宗崇祯十二年（1639年）寒灰慧喜圆寂在嵩山少林寺方丈任上，世寿75岁，法嗣有海宽等。由于战乱，到清初时建塔于少林寺塔林。

宗 传

宗传（1579～1613年），明朝嵩山少林寺高僧。四川人。曾任巴山县令，因怒斥太子调戏村姑而获罪，而出家嵩山少林寺。奋读佛经，习练武术，擅少林黑虎拳、七星镖、旋花斧、气功等。后皇上调查太子调戏村姑一案真相后，为之雪冤，提升为汉中知府，宗传不受，到唐僧寺隐居。

通 祥

通祥（？～1593年），明朝嵩山少林寺武僧。河南南阳人。曾任少林寺守备，善练大刀、铲、叉、九节鞭、匕首等，写有《擒拿纪要》。

行 洪

行洪(？~1618年),明朝嵩山少林寺高僧。凉州(今属甘肃武威)人。法、医、武三通,德高望重,曾任少林寺副僧官。编有《少林寺素食谱》、《气功集录》。

行 愿

行愿,明朝嵩山少林寺高僧。冀州(河北中南部)人。曾任少林寺方丈,通佛学,擅伤科、骨科,精武艺。著有《少林金钢圈三十二势法》。

陈元赟

陈元赟集

陈元赟(1587~1671年),明朝嵩山少林寺俗家弟子,著名武术家。本名珦,字义都,又字士升,号芝山、升庵,另号虎魄道人、瀛壶逸史、菊秀轩、羲都甫、既白山人、玄香斋逸叟等。祖籍为河南禹州,浙江杭州人,生于浙江杭州府余杭。自幼学书文,年27岁时,入少林寺从师习武。乃通晓武术、书法、绘画、诗词、建筑、医术、制陶技术,为文武兼备之才。陈元赟与日本早有渊源,前后三次去过日本。万历四十七年(1619年),陈元赟随着商旅东渡,当时33岁。并且先后在长崎、江户、名古屋等地寄宿。1638年,陈元赟东渡日本,寓止于江户西久保区(今东京市)国正寺,收了三浦义辰、福野正胜、矶贝次郎、左卫门等一批日本弟子,传授少林擒拿跌扑之法。明朝灭亡之后,故国遗臣辗转迁移南方,建立南明政权。由于南明政局一直不能稳定,各势力间的关系也相当紧张。直到郑成功出佐永历帝,从事反清。郑除反清据点狭小外,其军事力量亦难与清军抗衡,乃于清顺治十六年(1695年),派遣专使陈元赟、朱舜水和李梅溪三人与幕府将军商议借兵抗清,之后因为无法达成任务而留于日本,陈元赟至日本后,寄宿于江户西久保的国昌寺。由于在日本借兵一事无成,随后就在日本定居,并且发扬中华文化。虽终在扶桑定居,但是并未归化日本,一直以中国人自命。陈元赟居于国昌寺期间,遇当地浪人挑衅,随后陈元赟以武术击退浪人一幕被当时寺中三位武士看见,他们即日后的"陈门三浪士":福野正胜右卫门、三浦义辰右卫门、矶贝次郎左卫门,这三位武士对陈元赟武艺相当折服,拜于门下学习武术。陈元赟传授"少林擒拿跌扑之法"给福野正胜右卫门、三浦义辰右卫门、矶贝次郎左卫门3人,并且这些武术也与日本原有的武术相结合,丰富日本柔术的内容。后日本柔术分流为三个流派:一是福野正胜创立福野流(良移心当流)柔术;福野正胜传寺田平左卫门,寺田平创立"起倒流"。二是三浦义辰创立三浦流柔术。三是矶贝次郎创立矶贝流柔术。陈元赟也因此被尊为日本柔术之父。陈元赟在中日文化交流史上具有相当的贡献,在日本享有很高的声望。陈元赟著有《虎林诗人集》、《既白山人集》、《升庵诗话》、《老子经通考》、《元元唱和集》、《陈元赟书牍》等流传于世。

宋 俊

宋俊，明代高僧。嵩山新郑人。幼有异质。比长（古代乡官名），不乐婚娶，出俗为僧。住持新郑南观音寺，聚徒演教，戒行精严。永乐中以高僧征入京，度阵亡战士，推俊为谶首，赏赉甚厚。适襄王之国。独请俊随，高僧为弟子者百余人，悉偕以行。王锡承天寺田20顷，示寂时年百余。荼毗之际，有舍利数枚，王贮以金塔，夜有光明。后宫中火，失舍利所在，惟金塔存焉。

性 空

性空，明朝高僧。新郑东里高氏子。年19岁，于兴福院投师落彩，恪守戒节。与同学诣大乘山礼真空和尚，示以万法分宗之旨。性空精勤不息，过中不食。因随板负薪，忽然顿觉，有颂曰："囚的一声，方知不空，山河大地，全露法身。"后诣宝岩，举似岩云："子既如是，善自护持，勿令放逸。"授其徒明全拂子为助道之信。自是复回天麻山，卓期千日，缁素参印发明者，不可胜记。于成化己丑秋，语门徒曰："吾归云矣！"弟子流涕固请，乃书偈曰："法性非生灭，着相妄分别，返本还源去，云散一轮月。"言毕，端坐而逝。

福庵寿公

福庵寿公，明朝后期白马寺第10代住持。卒后葬于白马寺西，万历四十四年（1616年）二月，由其徒惟□、法孙妙贤在墓前立石碑一通。碑文对编排白马寺明代住持序列有一定意义。

姬际可

姬际可（1602～1680年），明朝嵩山少林寺武僧。祖籍山西洪洞，明初迁居蒲州（今山西永济）。据乾隆五十五年（1790年）手抄本《姬氏族谱》第二记载，姬际可"技勇绝伦，老年破流寇于村西，手歼渠魁，人号'神枪'"。此处所说的流寇当指李自成农民义军。据史料记载，李自成兵败山西是在顺治元年（1644年），此时姬际可年事已高，仍骁勇异常。

姬际可生活于明末，清初遭逢乱世，相传早年入嵩山少林寺为僧，学武近10年，颇得少林秘传，尤精少林枪术。回归故里后，他考虑到眼下处于乱世，可以执枪卫身。倘若处于太平之世，不带兵刃，一旦遇到不测，将何以自卫？于是他潜心钻研，以枪为本，变枪为拳，取"以意为始，以形为终"之意，创编形意拳，当时人称"际可拳"。

姬际可将这套拳术传给自己的6个儿

姬际可创形意拳

子,其次子甲偌又传给曹继武,这是形意拳首次外传。曹继武再传弟子洛阳人马学礼(1714~1790年)和山西祁县人戴龙邦,于是形意拳又回传山西,形成山西一派,而马学礼则成为河南形意拳的始祖。戴龙邦又传河北深州(今深州市)人李洛能(？~1888年)。李洛能回河北后广收门徒,使形意拳得到大发展。车毅斋、郭云深、刘奇兰、宋世荣、刘晓兰、李镜斋等其后俱成高手,由此形成河北一派。到了清末,形意拳系才以晋、豫、冀三省为中心正式形成。

宗乡

宗乡(？~1625年),明末清初嵩山少林寺高僧。曾任少林寺提点、提督,知识渊博、医术高超、武艺超群。

彼岸海宽

彼岸海宽(1596~1666年),明末清初高僧,钦命嵩山少林寺住持。法名海宽,字涵宇,号彼岸,称彼岸宽公。俗姓王氏,河北省内丘县人。早岁礼本州(即顺德府)崇恩寺庵觉性禅师薙染,后入少林寺拜慧喜和尚为师。海宽"戒德清白,禅学精练,堪为一代表率。"喜公思归退隐,遂衣钵、祖位、传灯之道等项,一一亲传于海宽。明崇祯十二年(1639年),喜公圆寂,海宽接任少林寺住持。明末清初,战争纷起,幸使少林寺不为绿林啸众之巢穴者,有住持彼岸海宽坚守维系。海宽平生好学,又善文墨,且戒行冰霜,危难中坚守山门,受到人们赞誉。清王朝建立之后,顺治三年(1646年)三月,河南省官员曾向礼部保荐海宽为少林寺住持,但海宽因"足疾",未能领到劄子(礼部文书,即委任状)。顺治九年(1652年)至十年(1653年),海宽在分守许公、分巡张公等一批地方官员的支持下,四处募资,修葺了山门、大殿、达摩殿、禅堂、法喜堂、禅悦堂、武圣祖师殿(紧那罗殿)、钟楼、藏经阁及方丈室等,使少林寺焕然一新。并于顺治九年至十一年间(1652~1654年)连续3年举办了由周边几县人士参加的"天地冥阳水陆赈孤荐祖大法会",用以追荐在连年战乱中死去的亡灵。

顺治十三年(1656年)夏,海宽北上京师,住锡善果禅院,一面刊梓自己编写的《五家宗派世谱定祖图》,一面开堂说法。次年二月,礼部正式给予劄子,任命他为"少林寺第二十八代传法住持",顺治十五年(1658年)春,63岁的海宽领劄返回少林寺。康熙五年(1666年),海宽圆寂,建塔于少林寺塔林。著有《五灯会元赞续》等行世。嘉庆七年(1802年)正月,海宽的《禅门正枝旁出花联叶缀五家宗派图谱》,由登封僧会司的灏春抄录并刻石于少林寺。海宽是少林寺历史上最后一位钦命住持。自他去世至民国,少林寺便进入了群僧无首、破旧衰落、祸患降临的状态。

同衣

同衣(？~1698年),明朝清初嵩山少林寺高僧。贵州人。禅武精通,医术高明。晚年撰写《少林医经》、《少林武僧集录》。

同序

同序(1609~1692年),明末清初嵩山少林寺武僧。四川广安县人。传说为少林寺抵牛大力士,武功超群,任少林武僧总教头,著有《少林拳戈集录》。

吴殳

吴殳(1611~1695年),明末清初武术家。江苏太仓人。从少林僧人洪纪学习枪法。他的武术著作《手臂录》中收编的《梦绿堂枪法》就是少林僧人洪转所著。

玄贵

玄贵(1611~1736年),明末清初高僧。洛水(河南洛河)一带人。通晓佛经,武功卓著,医技高超,先后任少林寺西堂、武教、知客、方丈,享年125岁。

明学

明学(1613~?),明末清初嵩山少林寺武僧。习练通臂拳、气功、硬功,擅长擒拿。遗著有《擒拿四十势》、《少林拳法一百招》。

庆望

庆望(1620~1642年),明末清初嵩山少林寺高僧。曹州(今山东菏泽一带)人。武功超群,曾任职少林寺教头兼西堂大禅师。遗著有《少林打擂四十五势》、《散手攻防法》。

玄机

玄机,明末清初嵩山少林寺武僧。尤精拳法,为一代拳术大师。玄机于明万历时入少林寺为僧,精研拳法。后将拳法传于陈松泉,陈再传张鸣鹗,清初张孔昭将其拳法著成《拳经》一书传世。玄机和尚在少林寺任都提举一职,当为拳术教头,对少林拳法的继承和传播起到了重要作用。天启二年(1622年)曾和正道、超永、圆会、道权等共同修建初祖庵千佛殿。崇祯四年(1631年)又同住持慧喜共同重修少林寺横翠亭。清康熙时玄机卒于少林寺。《初祖庵重修千佛殿》碑、《重修少林寺横翠亭记》碑、《凝然改公塔记》上都见有玄机之名。

超永

超永,清朝嵩山少林寺高僧。法名超永,字九如,为无言道公一系第5代法孙。明天启时曾和无言道公一起重修初祖庵。清初任登封僧会司僧会(会长),执掌少林寺。他精禅学,工书画,是为数不多的僧人书画家。然超永书画皆无存。超永曾遍游五岳,后退居少林寺南水化堂。康熙初年圆寂,清乾隆二十一年(1756年),其六世孙静林在少林寺塔林为之追建寿塔。

纯白永玉

纯白永玉,清朝高僧,嵩山少林寺住持。顺治末年(1661年),彼岸海宽的少林寺方丈职位交由纯白永玉执掌。名永玉,号纯白。俗姓李氏,河南省唐河县人,披剃于少林寺海宽和尚。公元1661年至1664年,永玉间为嵩山少林寺住持。康熙三年(1664年)秋,他离开少林寺,参学天下,远涉燕山。再栖涿州南关药王禅院,讲经说法。康熙四年(1665年)五月,永玉被请为涿州香树庵住持,兼传曹洞宗与贤首宗(华严宗)。但这位"少室嫡传、柱石洞宗"的永玉,为何北上无名小庵,南离禅宗祖庭,至今仍是一个谜。

宜山

宜山(1630~1710年),清朝少林寺书画僧。字子久,号宜山,康熙时曾为贡生,著有《瓣香阁诗抄》,50岁出家于少林寺。他工诗,善书画,在少林寺期间潜心研画竹、兰,并在室前后植满竹、兰,他绘有大量竹、兰作品,今多佚失。少林寺仅存有他绘的《雨竹图》和《石兰图》。康熙四十九年(1710年)宜山卒,世寿80岁。

静典

静典,清朝嵩山少林寺高僧。《少林武僧集录》记载:静典世祖十年(1653年)到少林为僧,拜清泰为师,喜文习武,才学出众,任文书十年。武通拳剑、刀棍、绳鞭等。

静会

静会,清朝嵩山少林寺武僧。《少林武僧集录》记载其康熙十四年(1675年)出家嵩山少林寺,拜清照为师,性格豪爽,口直,专练硬功。

福缘祖善

僧人在山中修炼

福缘祖善,清朝高僧,嵩山少林寺初祖庵庵主。法名祖善,字青年,号福缘。俗姓赵氏,颍州人。早年出家于嵩山少林寺,拜微妙玄通和尚为师。明末时,嵩山少林寺初祖庵即只剩二三僧人,战乱时逃亡,无人居住者数年,至清初,已是一片荆莽蔽天,藤萝塞户,深草荒烟的残破景象。康熙八年(1669年),福缘祖善和寿缘祖定从此发心整理。康熙十三年(1674年),祖善任初祖庵庵主,"披荆斩棘,扫创寮舍,习禅传法"。河北居士赵光祖等人于1673年冬天送来了"脱纱造"(即夹纻像)菩提达摩圣像一尊,绣幡四首。祖善和他们一起,并募资重修了大殿、寮舍,并重建千佛阁,还塑绣了诸多佛像,使初祖庵面貌一新。同时,还监修了少林寺孔雀明王殿。康熙二十三年以后,祖善为洛阳邑东福兴寺住持。康熙二十七年(1688年)祖善立塔于少林寺,其弟子有清乾(曾任僧会司),徒孙有净升。

寿缘祖定

寿缘祖定,清朝高僧。法名祖定,字礼如,号寿缘。河南登封人。明末钦赐紫衣微妙玄通的弟子。祖定穷研三藏,学究五叶,游方于江淮河数年之久,亦曾看守初祖庵数年,后隐于上方山谷。康熙二十六年(1687年)秋,祖定从开封北渡黄河,至封丘县大集村,为云鹤观住持。后屡经发展,使本邑的龙泉寺、淳于寺、记善寺、使君庙、大严寺的十方院、太山庙、大王庙等皆为少林寺下院,以示永不忘本。嘉庆六年(1801年),祖定的子孙会聚祖庭拜扫,并为微妙玄通立碑纪念。

颖如琇

颖如琇(1658~1731年),清朝嵩山高僧,白马寺住持。俗姓潘,字颖石,法名颖石琇,世籍洛阳。颖如琇自幼多疾,托身于白马寺,9岁入寺,依本师培之剃染。攻内外典,了无障义。在嵩山风穴寺受戒、学道30余年,为传临济正宗第35世法嗣。颖如琇兼善诗文,工书画,著有《句瞿诗集》及白马、白云语录。颖如琇曾遇闽禅青雷师,从之游燕蓟,礼五台诸名刹。后入风穴寺(今河南汝州市东北),得戒于憨公乾,与其高足参风穴寺数载,独委心并得法于默公辉,辉得法于憨公乾。颖如琇从默公住伏牛山演讲坪,默公以从上源流付之。康熙四十年(1701年),默公继风穴寺祖席,颖如琇从之,主西堂事。时洛阳县令久闻其名,遂与官绅士庶同请颖如琇归白马寺,开堂演教。入院之日,四众云集,遐迩不期而会者几百人。县令为开堂住建方丈,备诸丛林威仪。颖如琇10年来辛苦经营,台阁殿宇、诸堂寮舍焕然一新,使白马寺钟鼓冠于中土。雍正元年(1723年),风穴寺席虚,耆旧凋谢,非具大圆通者不克负荷。颖如琇遂应函约而去。颖如琇丰度从容,道气浑穆,入风穴寺7载,大工屡兴,佛法广传。时颖如琇世寿72岁,累求谦退,因风穴寺极盛难续,莲庄僧众坚留坐镇。门人欲于风穴山预营法师寿塔,窥其意在白马寺,遂聘人卜吉于寺左(今白马寺东隔壁荣康医院内),作《颖石琇公和尚寿塔铭》。雍正九年(1731年)颖如琇圆寂,次年建灵塔于白马寺东邻荣校医院院内。

颖如琇善诗文,工书画,才学横溢。"说诗中禅,示画中意",对佛学有相当高的造诣。他在嵩山风穴寺和白马寺期间,于"禅诵之余",创作有大量的诗画,可惜保存下来的为数极少,其中现存诗"白马寺六景"、"风穴寺八景"和"喜公池"都属于碑刻之作,故流传至今。

如 慧

如慧(1675~1772年),清朝嵩山少林寺武僧。山西陵川县人。擅长气功、牛尾鞭、双刀、匕首,精通伤科医术,特别是对骨折和枪伤很有研究。研制有"少林内科金丹"和"少林万能止血散"传于后世。

海 润

海润（1680~1740年），清朝嵩山少林寺武僧。河南南阳人。擅长九节鞭、流星。创有旋风鞭、流星鞭、夜叉鞭等。遗著有《旋风鞭》48式。

海 梁

海梁，清朝嵩山少林寺武僧。海梁在少林寺习武期间，把金刚拳由六路发展到十路，把六合拳由三路发展到六路，把劈挂由三路发展到八路，后称"兴六合祖师"。

同 替

同替（？~1695年），清朝嵩山少林寺武僧。河南陈州人。文武双全，善练飞火鞭，任提都僧，遗有《飞火鞭谱》。

玄 志

玄志（？~1692年），清朝嵩山少林寺武僧。肃州（今甘肃酒泉、高台）人。擅长少林棍、五虎拳、气功等，号称擂台上的"活菩萨"。著有《擂台对拆法》、《散手摔拿抓破法》、《少林兵法秘诀》等。

真 魁

真魁，清朝嵩山少林寺武僧。《少林武僧集录》记载：真魁康熙三十一年（1692年）出家少林寺，拜静智和尚为师，擅长九节鞭、草镰。据传，真魁舞起鞭来，4个人向他身上泼水，皆不湿身。

如 琇

如琇（？~1713年），清朝高僧。如琇医术精通，武艺高强。29岁任僧会司，统领登封境内的会善寺、清凉寺、卢崖寺、嵩岳寺、法王寺等。

真 乐

真乐（？~1717年），清朝嵩山少林寺高僧。河南陕州人。精通佛学，擅长武功，创"少林大花杖"和"少林护身拐"两大特技。真乐德高望重，晚年任僧会司。

如 有

如有(？~1725年),清朝嵩山少林寺武僧。洛州(今洛阳)人。擅长各种刀术,绰号"单刀王"。

心云清宁

心云清宁(1699~1762年),清朝嵩山少林寺高僧。法名清宁,字心云,称心云宁公。嵩山偃师人。出家于嵩山少林寺,拜祖钦为师。乾隆元年(1736年),清宁受清王朝皇戒。乾隆十五年(1750年),乾隆帝游嵩山,清宁负责接待,与乾隆帝夜谈,言其祖凝然改公功德,乾隆帝命为之立碑。乾隆二十一年(1756年),清宁为改公立碑。乾隆二十七年(1762年)清宁圆寂,建塔于少林寺塔林。

湛 化

湛化,清朝嵩山少林寺武僧。禹州南寨人。擅长棍术,尤善三节棍。留有《少林三节棍谱》手抄本。

海法 海书

海法、海书,清朝嵩山少林寺武僧。海法自修千斤脚、铁拳头和宣华斧。著有《海法宣华斧诀》流传至今。海书精通棍术,创有"随手棍"。

湛 德

湛德(1701~1774年),清朝嵩山少林寺武僧。河南汝南人。《少林武僧志》记载:精通气功、桩功、千斤脚、流星锤,擅长骨科。著有《少林寺骨科神囊》。

如 殿

如殿(1782~1832年),清朝嵩山少林寺武僧。如殿在少林寺习武,苦练硬功,尤擅铁砂掌。著有《少林铁砂掌》。

净 府

净府(1728~1817年),清朝高僧。名净府,字善修,偃师县府店人。俗姓席氏。初舍送少林寺延寿庵,礼心云清宁和尚为师。15岁时,已堪重任,管理寺事。以循公守正,为众僧推服。乾隆十五年(1750年)九月,乾隆巡游嵩山,在中岳庙召见时,净府才23岁,但"奏对悉当",所以皇帝赐御馔1席、金20锭并联匾之属。大约乾隆二十年(1755年)左右,净府游方至宜阳县西,将废为荆莽的光皇庙经营有序,数年之间,庙貌巍然于汉山之巅。晚年,净府回到少林寺二祖庵。他常说:"但存心里,正佛祖即在此间。"据资料所查,净府在少林寺的传承是:嵩印祖钦——清宁——净府——真禹,共四代,符合七十字辈的"道庆同玄祖,清净真如海"的派系。

脱颖海月

脱颖海月,清朝高僧。俗姓李氏,陕西省高陵县人。海月从渑池县韶山中公披剃,受具足戒。中公住持风穴寺,以海月为首座,并付以源流及拂子。海月参禅,开堂于岵峪山法海寺。雍正壬子岁(1732年),风穴寺住持颖如琇归白马寺,官绅延请海月为风穴寺住持。海月定慧精进,风度端悫,又工诗画,缁素倾心,门庭济济。住持九载,丛林规模,焕然改观。乾隆十五年(1750年)九月,乾隆巡游嵩山,在中岳庙召见时,海月已"须眉皓白"。因奏对如流,天颜大喜,曰:"此有道者,为风穴老人也!"亦赐馔1席,金20锭,并庄亲王赠"慈云慧日"额4个大字。

嵩山里的寺院

湛 峰

湛峰,清朝高僧,嵩山少林寺住持。道光末曾与僧会司僧德武等重建少阳桥。咸丰六年(1856年),鉴于少林地区僧俗焚毁山林严重的局面,作为嵩山少林寺住持,湛峰召集僧俗众人,申明焚烧山林的危害,并立下规矩禁止焚烧山林,并将规矩刻于碑,这对保护少林地区林木起到了重要作用。

湛 举

湛举,清朝嵩山少林寺武僧。通六合棍、六合拳,擅长擒拿、格斗、硬功,功夫卓著,任少林寺武教头。遗抄有:《少林六合拳谱》和《少林洪拳对招法》。

寂 袍

寂袍,清朝嵩山少林寺武僧。河南汝州人。擅长擒拿、点穴、打擂绝招。编撰有《打擂诀要》。

寂 乐

延乐,清朝嵩山少林寺武僧。擅长通臂拳、炮拳、擒拿、点穴、朱砂掌等。有"仙夜叉"之称。

寂 静

寂勤(1855~1949年),清朝嵩山少林寺武僧。偃师府店乡人。6岁出家少林寺,精通十八般武艺,尤善草镰破鞭。

如 净

如净(1851~?),清朝嵩山少林寺武僧。江苏常州人。同治五年(1866年)皈度少林为尼,精通武术和医学,著有《少林伤科备要》。

宗 宣

宗宣,清朝高僧,光绪年间白马寺住持。正觉法师徒侄。早在同治元年(1862年)捻军入洛,白马寺立佛殿遭焚毁,殿内佛像暴露于外,历经20余年,神像倾圮已甚,凡入寺礼佛者无不心伤感慨。光绪九年(1883年)宗宣法师以善士郭成选等人所捐资财,重修立佛,金妆神像。转倾覆,除尘封,修补油饰复其壮丽,并立《重修金妆神像并油饰序》及《募化碑记》二石以光烈善举,启佑后人。

正 觉

正觉,清朝高僧,白马寺住持。因其品高行正,被选为释源白马寺住持。早在咸丰之初,白马寺僧人悟乾等听说寺中旧有土地数顷,因匪荡大半质于村姓。后监生黄协中等控于官府,洛阳知县秦茂林逐出占地村民,返回寺内田产,选出住持正觉法师管理寺内一切事务。还刊刻条规以令恪守,并命寺旁近邻四村中公正士绅接年代管,使数千年古刹得以保存。同治六年(1867年)四月的《重修白马寺田碑记》曾记其详末。

法 阔

法阔,清末高僧,嵩山白马寺住持。法阔卓锡祖庭期间,见清凉台上毗卢阁因风雨损伤而剥蚀严重,庙貌颓萎,欲筹资修缮。适逢诸善人施百金相助,四方募化之士也慨捐资财,很快襄成此款。法阔与其徒传聚备材遣工,不数月工程告竣,毗卢阁焕然一新。宣统二年(1910年)的《重修毗卢阁碑记》曾表法阔、善士之功德。

传 道

传道,"民国"嵩山白马寺住持。法阔法师之徒。释源白马寺历唐、宋、元、明、清及清康熙前期,虽皆经重修,且有明文可考,但终因世远年湮风雨损蚀,使其坦颓瓦解,栋折梁断。僧众信士、守事人等惋叹欷歔,遂各捐资财,毫不吝惜。传道带领寺僧鸠工庀材,修整告竣。"民国"三年(1914年)四月,住持传道及传聚、传礼、徒东林镌石《重修古刹白马寺碑记》以述缘由。

云松恒林

云松恒林碑

　　云松恒林（1865～1923年），清末嵩山少林寺武僧和禅学大师。法名恒林，号云松，登封江左宋寨人（今属伊川）。光绪初年，恒林出家于少林寺，潜心研究少林禅学武功，深得少林武术精髓，后长期任少林武僧教头，传授少林武功。曾任登封僧会司僧会（会长），少林寺当家（住持）僧人。

　　民国初年，战事不断，土匪蜂起，世局不稳，民不聊生。少林地区也是匪患重灾区，这里常常是"伏莽出没"，甚至少林寺僧也曾被土匪掳去。在此情况下，精于武功的少林寺住持恒林仍坚持以武参政，被推选执掌嵩山佛教，升任为登封僧会司僧会（会长）。"民国"九年（1920年），临汝、偃师、登封、巩县各地土匪猖獗，时任少林住持的恒林大师，被推为"少林寺保安团总"。为了保卫寺院和地方民众，恒林上任后，除率领精通武功的少林武僧除继续演练传统少林武术外，又购置枪械，开始武装以武功训练的僧人。在此之后，恒林亲自指挥剿匪，他与巨匪大小数十战，环寺数十村得以安居乐业，被誉为"少林活佛"。

　　从此，恒林及少林僧兵威震四方，远近土匪闻其名不敢犯其境。时任河南省省长的张凤台，对恒林剿匪给予嘉奖，并颁发了奖章、奖状，并献"威灵普被"匾额于少林寺，以答谢神灵；河洛道道伊阎伦如以"少林活佛"匾额赠与云松恒林，以彰其剿匪有功。从此，拥有大量枪支且精通武功的少林僧兵，成了登封一支重要武装力量。其后，登封县城数度被土匪围攻，少林寺保卫团多次应招前往参战。"民国"十二年（1923年）秋，恒林卒于团总任上，葬于寺西。嫡传弟子为妙兴。

贞　峻

　　贞峻（1865～1939年），"民国"嵩山少林寺高僧。偃师县缑氏人。精通拳械，擅长轻功，人称"飞毛腿"。武功高超，武德高尚，教导门徒严守武戒，匡扶正义。后任监院，住持寺院事务30余年，以德功双举，传播四方。

德　印

　　德印，"民国"嵩山少林寺武僧。洛阳人。1924年任会善寺方丈，后居少林寺。精佛学，善武技，德高望重。

素 坤

素坤(1869～1929年),"民国"嵩山少林寺武僧。祖籍陕西。擅长双刀、绳鞭,武艺高超,又精通伤科医术和制药。

刘百川

刘百川(1870～1964年),少林拳师、武术名家,安徽六安人。从小跟随一少林老僧学习少林拳术,后从杨澄云学习少林罗汉拳和少林罗汉神打功。曾任十九世班禅大师保镖。在香港用"子母鸳鸯连环腿"击败英国大力士,获孙中山先生赠匾"尚武精神"。曾任黄埔军校武术教官、北伐时蒋介石保镖。

素 珍

素珍(1870～1924年),"民国"嵩山少林寺高僧。河南临汝人。光绪三十二年(1906年)冬月任方丈,始开道场,讲经说法,僧千余集听,香火盛兴,声望甚高。擅文长武,尤以九节鞭技艺卓绝。

贞 和

贞和(1875～1935年),"民国"嵩山少林寺武僧。河南偃师府店乡人。光绪二十二年(1896年)任少林寺武教头,撰有《少林习武新规》严约众僧。精器械,善擒拿、卸骨、点穴等。

妙 聚

妙聚(1870～?),"民国"嵩山少林寺武僧。曾任少林寺武教头。先后拜多名武僧为师,又常去寺外八方访师,博学众家之长,成为民国期间著名的武僧高手。

德 乾

德乾(1875～1928年),"民国"嵩山少林寺武僧。河南登封城关人。擅长九节鞭、三节棍、双梢子、剑术等。德乾武德高尚,收徒五百,以严训徒,待徒如子,威信很高。

吴三林

吴三林(1875～1970年),"民国"嵩山少林寺高僧。祖籍河南偃师。精少林禅武医,尤对少林心意拳法深得真谛。20世纪30年代,应少林寺住持贞绪之邀,在少林寺教拳多年,现在寺院内流传的许多少林武术套路多为他所传授,是少林武术传承发展史上当代承上启下者之一。

李宝瑚

李宝瑚(1876～1934年),"民国"武僧。浙江杭县人。曾在少林寺习武。精少林拳械,1928年任南京中央国术馆国考评判,浙江省国术馆名誉教习,吴兴县国术研究总社社长,吴兴县国术馆少林门主任。留有《少林罗汉拳》动作照片18帧。

韩慕侠

韩慕侠(1877～1954年),少林拳师、武术名家。又名韩金镛,天津芦北口人。自幼爱好武术,13岁从周斌义习少林拳械。后又从张占奎习形意拳。精少林、形意诸功。"慕侠"由师赠名。1912年在天津创办武术馆,1916年在天津南开学校任教武术课。曾击败日本武士山田。结识周恩来,并教周恩来武术,且关系甚密。1918年随师张占奎等赴京,在六国饭店打败号称"世界第一大力士"的俄国人康泰尔。

素 典

素典(1878～1946年),"民国"嵩山少林寺禅武大师。号清禅,称清禅典公。河南偃师逯寨人。俗姓任。光绪中出家少林寺,拜贞新为师,旦暮习禅,研修武功,成为少林知名禅师。"民国"初年,时局动荡,土匪横行,他通力协助恒林大师筹建少林保卫团,平息匪患,使少林地区重归平安。此间,他走五台、奔峨眉、下宁沪、结交五震等佛教大师,讲经传法,扬名于佛门。1928年,石友三火烧少林寺,千年古刹惨遭浩劫。在此危难之时,典公出任少林寺知客,接纳四方,力谋重整少林。他与淳朴、贞绪一道重修了达摩亭、方丈室、山门诸殿,并广植柏树于少林,1930年,少林最古老的建筑初祖庵大殿,因长期风吹雨浸,日久倒塌。他与淳朴等不忍千年古殿毁于一旦,力倡募资重修,使河南最早的建筑得以保存。1941年,他见诸多百姓弟子失学在家,于是会同贞绪、永贵等商议创办少林中学,使众多失学者得到受教育权利。面对"民国"时少林功夫后继乏人的局面,他与贞绪等训练武僧,并在少林中学开设武术课,使少林功夫得以光大。典公在长期担任知客期间,积劳成疾,于1946年11月圆寂于方丈室,年68岁。

陈子正

陈子正

陈子正(1878～1933年),少林拳师、武术家。又名纪单,河北雄县人。自幼好武,深得少林翻子、岳氏散手、鹰爪擒拿精华。尤擅少林鹰爪拳,被誉为"鹰爪王"。1918年在上海表演"少林鹰爪罗汉拳"。1919年出任上海中央精武会副会长,专授少林鹰爪拳。先后在上海大学、中国公学、约翰大学授艺。有一美国大力士要与其比武,但提出不得用"手爪"和"掌打",比赛时陈子正一个"腿法"将对手踢下台去。另一个大力士与之再赛,要求"不得用脚、爪、掌",比赛中陈子正却以"怀中抱月"搏倒对方。1921年去香港精武会传艺。1922年又赴新加坡精武会任教,曾在擂台上用半个回合击败一英国拳术名家,授奖印度尼西亚短剑一把,剑上刻"中国拳王"四字。著有《少林鹰爪翻子拳》、《少林鹰爪拳艺书》、《少林鹰爪连拳五十路》等。

素 盈

素盈(1880~1922年),"民国"嵩山少林寺武僧。禹州人。曾任少林寺武教头,擅长少林猴棍、双拐、大刀、梅花拳、擒拿等。素盈对弟子要求很严,若有仗技欺弱和出寺为盗者,先打18戒棍,后除名驱寺。

妙 兴

妙兴(1891~1927年),"民国"嵩山少林寺武僧和僧兵首领,少林寺恒林大师的弟子,少林武功传人。法名妙兴,别字文豪。由于武功超人,绰号金罗汉,河南临汝(汝州)谢湾人。妙兴从小就喜欢技击,礼佛好禅,8岁出家,先拜清凉寺住持严乐为师学禅,后拜少林寺住持恒林为师学艺,同时跟当时民间武术高手陈山居士(恒林好友)学武,被师门兄弟称为奇才,遂授以少林寺嫡传各种拳械并点穴、卸骨、擒拿等功夫。19岁就已文武兼备,且武功技术已渐成名,便离寺遍游全国各地,与诸多武林高手互相切磋,成为功法深厚的武术大师。

妙兴书"练武口诀"

妙兴不仅精通少林拳术,而且还掌握了少林嫡派器械及点穴、卸骨、擒拿、气功等少林绝技。当时凡有俗家弟子入少林比武者,住持恒林往往令妙兴出来与之较技,无不胜。可见妙兴技艺之精绝。于是妙兴被众僧推为少林寺院监寺及僧人武术教头,还随恒林参加了诸多与土匪的战斗。"民国"十二年(1923年),恒林大师圆寂,嘱妙兴继任少林寺住持(当家和尚),众即推之出任登封僧会司会长。妙兴在任少林寺住持期间,开放少林武术门户,一改保守思想,打破少林武术秘技不外传的旧规,把许多少林寺院内部秘不外传的功夫如《白猿剑法》、《先天罗汉拳》、《性功秘诀》等将少林嫡传武功传授给了众多俗家弟子,从其习武者甚多,僧俗多时达5000余人。

妙兴不仅武功卓绝,而且文武兼备,文词又好,在世时曾写有《少林宗派渊源世系图解》、《少林拳解》、《少林棍解》、《达摩五经拳》、《禅杖图解》、《少林戒约释义》、《增补拳箴》等书藏于少林寺。

"民国"十二年(1923年),吴佩孚命其师长张玉山收编湖北第一师别动队,第一旅旅长卢耀堂觊觎少林寺僧兵武装及枪弹,委任妙兴所率的少林保卫团僧兵武装为"建国豫军第一旅第一团",妙兴为团长,驻扎少林寺。"民国"十四年(1925年)胡景翼、阙玉琨爆发战争,妙兴率僧兵袭击阙部崔继华军。"民国"十六年(1927年)农历二月,妙兴率第一团从少林寺出发,随卢耀堂旅部开驻郑州,后调舞阳。是年农历六月,妙兴率部与任应岐军在舞阳交战时阵亡,年仅36岁。其徒体信、卫兵郑法永将妙兴的遗体送回少林寺,归葬寺北恒林墓侧。少林僧兵武装从此瓦解。

贞绪

贞绪(1893~1955年),"民国"嵩山少林寺高僧。巩县鲁庄人。曾任少林寺住持。"民国"九年(1920年)回少林寺,从恒林学习少林武功,后成为著名武术大师。"民国"十八年(1929年)任少林寺监院,和监寺淳朴等共同住持少林寺。贞绪在住持少林寺期间,维修初祖庵、整修方丈室、立雪亭;与吴三林大师一起组织训练武僧,为传承和光大少林武术做了大量工作。

李根生

李根生(1893~1962年),"民国"时期嵩山少林寺武僧。在20世纪三、四十年代,李根生除在少林寺习武以外,常在嵩山一带民间传授少林武术,是一位在社会上很有影响力的少林武僧。

释德禅

释德禅

释德禅(1907~1993年),"民国"嵩山少林寺高僧。俗姓刘,登封县城关镇人。1916年依中岳嵩山少林寺永化堂素光禅师为师剃度出家,得嵩山少林寺永化堂上传曹洞正宗第43世、第29代嗣祖沙门贞俊禅师印可为中岳嵩山少林寺永化堂上传曹洞正宗第45世、第31代嗣祖沙门。德禅师从素光禅师,学习禅武医文化,深得精髓。后组织寺内弟子整理编写出《少林寺拳谱》38卷,《少林医药资料》5卷。1924年曾任会善寺监院及僧医为乡邻施医治病。新中国成立后,从事习禅和行医活动,曾任县卫生协会委员,并为参观少林寺的重要客人当导游。1965年被派往少林寺任住持。"文革"时走乡串户,为群众医病。后历任中国佛教协会理事,河南省佛教协会副会长。1986年12月政府工作组进住少林寺,德禅住持退居,退居方丈,俗称名誉方丈。其宗徒衣钵为释行慈法师、释行孝法师,其法嗣为释行正禅师。再传衣钵传人释永悟法师等。后素喜大师担任住持并兼任少林寺民主管理委员会主任,印松和永乾法师是副主任。1993年1月26日,少林寺退居住持即名誉方丈德禅法师因病医治无效圆寂,享年86岁,僧腊79年,戒腊69夏。

释永祥

释永祥(1913~1987年),"民国"嵩山少林寺高僧。吉林长春人。1920年出家少林寺,拜行令为师,学习少林禅武文化,精通少林拳法,复抄拳谱48卷,保存至今。同时编写了《擒敌秘旨》、《少林防卫100招》。

释德根

释德根(1914～1970年),"民国"嵩山少林寺武僧。巩县关帝庙人。6岁出家巩县少林寺下院炒米寺,拜素端为师,赐法名德根。16岁入少林寺,从贞绪大师习武,又从著名还俗武僧寂勤之子吴三林大师习武,潜心苦练,掌握了罗汉拳等,拳、械套路100余种及心意把等功法,成为当现代少林寺最知名的武僧。德根20多岁去西安受戒时,曾在打野擂时,一拳将对方击毙,在西安引起轰动。1946年,德根出任少林寺武僧教头,传授少林武功。教授僧人弟子30余人,其中有杨聚才、刁行书、王天仁(法名素祥)等。新中国成立后德根又在河南省歌舞团和登封县各中、小学传授少林武功,组织武术队。释德根教武,培养了大批武术人才,著名的弟子有偃师县叁驾店杨桂五、巩县关帝庙李寅长、韩树斌,登封大金店陈秋菊、刘振海,登封城高庄刘存良、郑州朱天喜、开封石永文、登封人王西乾、耿合营、郑进宝、安振喜等。其中朱天喜、再

释德根

传弟子赵慧敏(杨聚才的徒弟)参加1982年全国运动会武术比赛,都获得了金牌。为继承和发扬少林武术,1962年受登封县文教局的委托,由德根口述,王欣淼记录,整理出了新中国成立后第一本比较全面反映少林武术的专著《少林武术概要》,内部刊印。1970年,德根因患肺病圆寂,享年56年,葬于卢店,不久又迁葬于家乡巩县关帝庙。

德根大师是现当代最具影响力的少林武僧。

德 浩

德浩(？～1943年),"民国"高僧,白马寺住持。河南中牟人。20世纪30～40年代中,德国浩任洛阳白马寺住持。原为上海佛教会法师,1932年国民党中央委员张继、戴季陶等到洛阳访问白马寺时,看到寺内荒芜,殿堂残破,着意修葺。上海太虚法师委请德浩为白马寺住持,着手修缮寺院。德浩以一片虔敬之心,修寺不辍,为保护白马寺做出巨大功绩。德浩品行高洁,慈悲为怀。1942年遇灾荒,以寺内香火钱赈济灾民。晚年染疾,住洛阳古唐寺,于此圆寂。灵柩送入白马寺,葬于寺东齐云塔之北。1943年,由河南省佛教协会发起人等筹建墓冢,以青石垒砌,墓碑上刻"传临济正宗第四十五世留云堂上第十四代德浩法老和尚之墓"。

第五章 嵩山佛教特质

嵩山佛教经历了小乘禅宗、大乘禅宗及律宗和禅宗共同发展、禅宗独盛等几个时期。自北宋末年大洪报恩禅师在少林寺革律为禅后,嵩山地区佛教就成了禅宗独步天下的时期,寺院都成了禅寺。而元朝福裕任少林寺方丈后,嵩山地区佛教基本上全都成了曹洞宗的天下,只有极少数临济宗僧人来此暂时挂单或参学。因此可以这样说,嵩山地区佛教的特质就是禅宗的曹洞宗,有称为曹洞家风,有称为洞上宗风的。

曹洞宗接引学人的方式比较温和,绵密回互,妙用亲切,反复叮咛,犹如精耕强作的老农,不像临济宗那样机锋峻烈,棒喝齐施,故称为"家风细密,言行相应,随机利物,就语接人"。这就是说曹洞宗禅师们在教禅学禅、接引学人时,师徒之间常常是应机接人,方便开示,而不多言说,玩弄禅机。曹洞宗风的形成晚于临济宗,它一开始就表现了与临济宗不同的风格,禅宗史上所谓"临济将军,曹洞士民",就是对他们风格的正确概括和鲜明形象的比喻。绵密细致、反复叮咛风格的接引方式及曹洞宗风主要体现在以下几个方面:

第一,三种渗漏。"渗漏",在曹洞宗语汇中所指的是执滞于某种东西或方面,主要是指参学之人往往执滞于见解、情识、言语3个方面。三种渗漏具体指见渗漏、情渗漏、语渗漏。见渗漏指的是参学之人执滞于自己所知道的方面,从而造成对于禅的错误的见解。只有通过转位,即破除参学者对于见解的执滞,才可得到相谈玄机妙用。情透漏指参学者执滞于情识之境,因此未能真正认识到,禅在本质上是一种假铭,是空,而把情识之境视为实质。在接引这类学者时,必须破除他们对于情识之境的执滞。语渗漏指参学之人不要执滞于语言文字。因为语言是有局限性的,并不能真正表达出人们对于禅的本质的认识。

第二,四宾主。曹洞宗的四宾主是从体用关系来讲的,主是体、理,宾是用、事。四宾主表现为四种不同的体用关系,即主中宾、宾中主、主中主、宾中宾。主中宾即体中用,指理体被事相所遮蔽,参学者只执着于宾,要求破除对人的执著。宾中主是指在破除对境的执着。主中主是指要破除对于人、境的执著,而做到物、我两忘,人、法俱泯。宾中宾是指非有非无。四宾主主要破除参学之人对人、境的执著,做到自然解脱,其目的是要做到物我两忘。

明心见性,见性成佛

第三，三路接人。参学之人根机各不相同，曹洞宗在接引参学之人时提出了"三路接人"之说，即三种方便设施："鸟道、玄路、展手。"所谓鸟道，通俗地说，鸟之行迹，了无踪迹，曹洞宗教导参禅者要像鸟之行空那样，不着痕迹，无所执滞，无心无事，任运自然。所谓玄路，是指针对语渗漏提出来的一种接引学人的方便设施，强调的是认识到有语中无语，无语中有语，把握玄中之玄而不执滞于语言文字本身。玄路可用明中有暗、暗中有明来解释。所谓展手，就是禅师展双手欢迎参学者，使参学者能够直入禅门。展手是一种最简便的接引参学者的方便设施。

第四，三种堕。三种堕即类堕、随堕、尊贵堕。类堕指"冥合初心而知有"。随堕是指参学之人以外道六师为师，外道六师为堕，参学之人随之而堕。尊贵堕指知道有所不取。三种堕是参学者容易犯的错误，他们没有认识到外物的存在都不过是一种假有，对此不能有任何执滞，要真正悟解到声不是声，色不是色，一切都是虚妄不实的，这样才能不落于三堕中。

曹洞宗中最具特色的是洞山良价与曹山本寂所阐发的"五位之说"，五位分为正偏、功勋、君臣、王子4种。曹洞禅师以五位之说作为教禅学禅、接引勘验参学者的方便设施。清凉文益在《宗门十规论》中称曹洞宗风为"敲唱为用"，即接引勘验参学者时，以五位相配合来说法，因而有敲有唱，使参学者能从中分辨出偏正来。

第一，正偏五位。正偏之间相互配合形成了正偏五位，即正中偏、偏中正、正中来、兼中至、兼中到，实际上是指体用、理事、空色之间所存在的五种关系。正中偏是背理就事。偏中正是舍事入理。正中来是指已经认识到了理、体、空、净，并且由此而达到了对于事、用、色、染等的认识，即是由本体而及现象。兼中至是指参学者已经体验到本体与现象不是绝对的，而是相对的，它们本身并没有真正的差别，而是融合为一个整体，因此参学者不仅要从理、体、净、空上去把握，同时也要从事、用、色、染上去体认。兼中到是指不落有无，体用俱泯，只有理应众缘，众缘应理，达到兼带状态，非染非净，非正非偏，理事双明，体用无滞，才能合乎大道，无着真空。

第二，功勋五位。就理事之回互来说，曹洞宗立正偏五位，指出理事之间所应有的五种关系，其最高境界当然是非偏非正，非染非净，理事双明，体用无滞，也就是兼中到。而就证修之阶位而言，参学者有深浅的不同，于是就有了"功勋五位"，即为参学者所立的五种法门：向、奉、功、共功、功功，是参学者要达到对于真佛之境的体悟所必须经过的5个阶段。向是参学者参禅的起始阶段，树立起了向禅的信仰，是功勋之所立；奉是承奉之奉，参学者对禅既生敬心，即生承奉之意，对禅已渐入体悟之境；功即是用，对参学者来说，已经被禅真正吸引，不自觉地随着禅向前；共功是法与境敌，已经认识到诸法为假有，境乃由心所生之法，但对禅还不是真正的彻悟；功功是法与境皆空，是无功用之大解脱，是真正体悟到法界事事无碍，其境界就是你面前无我，我面前无你，是一种完全的解脱、彻底的体悟，任运自然，纵横舒畅，超越了众生与佛、空与色、理与事、体与用、净与染而不落两边，这是一种最高尚也即最平凡的境界，所谓真流常注。功勋五位可以分为3个层次来解释，向、奉，表示信仰的建立，但缺乏悟解。功、共功，表示已有了初步的悟解，但还有执著，未能彻悟。功功，则是消解了执著之后的彻悟。

第三，君臣五位与王子五位。曹山本寂以正偏五位来解释君臣关系，于是就有了君臣五位之说。君臣五位认为君臣之间存在着正位、偏位、正中偏、偏中正、兼带等五种形式。正位即是君位，君是理之本体，君相当于理。偏位即是臣位，臣相当于事。正中偏即君视臣，唯见事相，不见事理；偏中正即臣向君，唯见事理，不见事相。这两种都是失位，君视臣是只有君主一方面发挥作用，是舍事入理，而臣向君是只有臣一方面发挥作用，是背理就事。君臣之间应是兼带关系，即君臣道合，就是理应众缘，众缘应理，这样才能合乎大道。君臣五位是曹洞宗思想的最基本内容，是曹洞宗把正偏回互应用于现

实君臣关系所企求的一种至高无上的境界。

曹山本寂禅师在建立君臣五位说的同时,还提出了王子五位说作为解脱的根据。王子五位依次指诞生、朝生、末生、化生、内生。诞生王子是嫡生,即储君太子;朝生王子是庶生,属臣种;末生王子为群臣位;化生王子为将军位,内生王子与诞生王子根本同出。内生与诞生这二位王子是不假修证而可以成佛,而其他三位王子则有修有证而成佛,前者是无功之功,后者则借位明功。

第四,五相与五卦。五相是曹洞宗在接引学人时运用五种圆相来表示其五位之说,并以五卦配五位,运用周易卦爻变化的原理来说明五位的关系。

"禅宗的精髓在顿悟,在实相般若"(《禅宗宗派源流》)。禅宗主张"不立文字,直指人心""以心传心,见性成佛",传心传的是佛的心印,而佛的心印就是般若;见性就是顿现自己本自具足的菩提般若之智。我国佛教禅宗的实际创始人是六祖慧能,慧能禅学思想的主要特点是"识心见性"和"顿悟成佛"。前者是他的心性本体论,说明"心"、"性"是众生成佛的依据;后者是他的宗教修行方法论,提出宗教修行的原则和方法。慧能认为,人的"心","性"即为佛性,因此,"一切众生皆有佛性",人人都可成佛。慧能的禅法就是—顿悟成佛,就是"明心见性"。"故知不悟,即佛是众生,一念若悟,即众生是佛",强调只要一念觉悟,即可顿入佛地,慧能在修行方法论上主张"自悟自修"、"不假外求"。慧能南宗禅的显着特点就是禅与般若的一体不二,"识心见性"就是体认人和事物本来面目,而事物的本来面目,就是实相般若;"顿悟成佛"也还是顿现菩提般若之智。其实,参禅就是求证般若实相,实相般若就是禅悟。正如说,中国佛教的特质在禅,而禅宗的精髓就是般若。从宋朝以后,佛教最兴盛的宗派就是禅宗,而禅宗的曹洞家风则体现了佛教的中国化。

禅是佛教的中国化,更是佛教化的中国。离开了佛教的中国化,没有禅;离开了佛教的镕铸中国文化,更不会有什么禅。禅"教外别传",其实是藉教悟宗,以穷理入理为前行;禅"不立文字",其实是不离文字,以不执文字为法要;禅"直指人心",其实是转识成智,以历境练心为平常;禅"见性成佛",其实是无住生心,以事事无碍为极则。禅意与佛道一样本自平常,但绝非滥同庸常泛化;禅意与佛道一样本自不可思议,但绝非故弄神秘玄虚。《法华经》说,佛以"种种因缘,种种譬喻,广演言教,无数方便,引导众生,令离诸著",禅其实也是以种种契理契机方便善巧,随方解缚、灵活破执而已。拘执,则触处生碍,庸常而神秘;破执,便随处自在,平常而不可思议。佛佛道同,禅意也同此无他。"行亦禅,坐亦禅,语默动静体安然",这"体"便是佛法道妙,这"禅"便是佛法道妙在生活中的应用体现,用以显体,则禅意盎然,佛法智慧如海!禅不仅使佛教的弘传获得了一种有别于印度佛教本原所秉具的繁复而"至简、至圆、至顿"的方式,而且已经成为了中国文化心理结构中不可或缺的中国智慧,但其之所以能成为智慧,就在于它能不落痕迹地用中国化方式来方便善巧显现佛教的真精神。

第六章 佛教在嵩山地区的影响

在一个开放的世界里,各民族的文化是不断地交流融合的。这种交流和融合经常发生,水乳难分,以至我们生活于其中,常常不能察觉文化交流的过程。佛教与中国文化便是如此。佛教传入中国后,与中国传统相互矛盾,相互吸引,相互冲突,相互融摄,其结果是既深深影响了中国传统文化的原貌,也极大地改变了自己的形态。中国化的佛教和儒、道两家一起成为支撑中国传统文化的三根主要支柱。佛教是人类历史进程中形成的重大社会文化现象。作为一种宗教,它有教主、教义、教团,亦即佛、法、僧三宝,在历史的不同时期和不同地区发挥着或消极或积极的作用。佛教的许多佛理都与中国文化中的儒家、道家文化相似,在不断地矛盾冲击和辩论结合下,佛教汇入了中华文化灿烂的长河里,成为中华文化的主流之一。

佛教自东汉传入我国以后,2000年来彻底渗透到我国社会的各个阶层,经过与我国传统文化的融合,不论在哲学上,还是在政治、伦理或宗教观上,都发生了极大的变化,并与中国传统文化融为一体。对中国人的思想形态、人生态度、生活方式以及哲学、建筑、文学、美术、音乐等各个领域,都产生了深远的影响。在遍及嵩山地区宏大壮丽的古代建筑中,属于佛教的为数最多,数佛教的规模最大。佛教的各种庙会,往往成为全民族的节日。丧葬典礼,必有佛教法事。中国佛教成为中国古代传统文化的重要部分,与民众的日常生活更紧密地结合起来,形成了民间风俗、民族心理的重要因素。佛教在中国传统文化的建设上,开阔了民族的视野,丰富了我国民族文化的内涵,促进了我国民族文化的成长。它的宗教哲学,引导人们揭示宇宙和人生的奥秘,对提高人的抽象思维能力和发展认识的能动性一面,起过积极的作用。佛教对中国传统文化的影响是无法估量的,中国传统文化无论是思想、文学、艺术、语言,都在不同程度地受到佛教文化的熏陶,有了积极的发展和进步。

自古名山佛占多。佛教自东汉在中岳嵩山落迹后发展迅猛,在嵩山传播的各个时期都留下了许许多多的佛教文化遗迹。在释源白马寺的基础上,从嵩山的法王寺开始,到北魏时期迎来一个建寺高潮,之后历经唐、宋、金、元、明、清各代修建,嵩山的寺庵林立。据北魏杨衒之《洛阳伽蓝记》记载,当佛教鼎盛时,洛阳京城内外有佛寺1367所。北魏时期最早建立的佛寺是孝立寺,孝文帝以为

中国佛教诸神

祖母冯太后追福为名,在开阳门外的劝学里内建了一座报德寺。孝文帝的儿子宣武帝元恪一人建了3座寺院,分别是瑶光寺、景明寺、圣明寺。胡太后于公元516年在宫前建永宁寺,佛寺规模宏大,京内外诸寺都望尘莫及。北魏统治阶级除了大兴土木、兴建佛寺以外,还在洛阳京城附近大肆开凿石窟,他们劳民伤财花费巨资在洛阳开凿了龙门石窟、巩义石窟、偃师水泉石窟等,其中龙门石窟与大同云冈石窟、敦煌千佛洞石窟并称为我国三大石窟。历经东西魏、北齐、北周、隋唐、五代的大规模营造,在南北长达一公里的伊水东西两山的峭壁上,具有2000余座窟龛和97000余尊造像的石窟余存。时至今日,依然壮观无比。

清河南按察司副史张学林在《少林寺志》序中云:"嵩山名刹百数。"嵩山自古有"上有七十二山峰,下有七十二寺院"之说。据《嵩书》、《说嵩》、《嵩山志》、《登封县志》所载及实地调查,就太室山和少室山所在的登封而言,历史上已知的寺院有83座,庵不可胜计。这些寺院大多毁于兵荒马乱之中,至今尚存的佛寺还有30余座,法王寺、少林寺、嵩岳寺、永泰寺、会善寺、龙华寺、刘碑寺、卢岩寺、华严寺、普照寺、龙泉寺、龙潭寺、峻极寺、香峪寺、清凉寺等,都久负盛名。

作为佛教最早传入的地区,嵩山深受佛教文化的浸染。嵩山佛寺佛塔建筑、造像、绘画、石刻以及历代高僧们的宗教活动留下的大量史迹、诗词、文章、趣闻轶事,积淀成独具特色的嵩山佛教文化。

第一节　佛教对哲学的影响

作为一门宗教哲学,佛教引导人们揭示宇宙和人生的奥秘,对提高人的抽象思维能力和发展认识的能动性起着积极的作用。佛教哲学蕴藏着极深的智慧,它对宇宙人生的洞察,对人类理性的反省,对概念的分析,有着深刻独到的见解。恩格斯在《自然辩证法》中称誉佛教徒处在人类辩证思维的较高发展阶段上。在世界观上,佛教否认有至高无上的"神",认为事物是处在无始无终,无边无际的因果网络之中。在人生观上,佛教强调主体的自觉,并把一己的解脱与拯救人类联系起来。佛学的全部理论就是关于生与死的理论,集中在人世的痛苦与解脱上,对此做出了独特的价值判断,而这恰恰是中国传统文化所缺少的,因而丰富了中国哲学的内容。

佛教对中国文化各个方面都产生了非常大的影响。从哲学来说,最先是魏晋玄学。魏晋南北朝,佛教发展很快很繁荣,而且魏晋时期的社会背景也造成两汉经学和儒学的衰微,反而佛学玄学在此时发展起来。玄学其实是以先秦老庄老子的理论为基础,吸收了道家、儒家、阴阳家、佛教等各家的理论思想,玄学是魏晋时期一种最为流行的文化,也是一种哲学思想。玄学的发展,深受佛教般若思想的影响。般若典籍谈空说无,正是玄学所崇尚的境界。玄学经历了三个发展阶段。第一阶段为正史时期。第二阶段为"竹林七贤"时期。第三阶段,东晋、南朝时期,这一时期,玄学转向探研佛理。老庄之"无"与佛教之"空"有学理的相通,它与佛学互相影响,玄佛合流。

僧侣与哲学家在一起探讨佛教哲学

隋唐时期,中国经济发达,而佛教哲学的发展也达到了顶峰。中国各大佛教宗派如雨后春笋般崛起,嵩山地区尤以禅宗、密宗、华严宗哲学为哲学高峰。皇家的官方哲学虽以儒学为主,但儒家在哲学观点上,则大量吸收佛、道的东西。这一时期,儒、佛、道三种哲学成功合流,思想交融,各展所长。这一过程中,佛教起到了推动和催化的作用。

宋朝以后,对中国文化影响甚广的程朱理学,在思维模式和参悟方法等方面,都受到了佛教极大的影响。早期的儒家思想比较富有生活气息,发展至宋明理学,则将重点落实于心性。关于心性的内容,是早期中国哲学的薄弱之处。虽然孟子及《易经》有所涉及,但总体较为单薄。而佛教的大、小乘经论,对心性都有着丰富且深入的阐述。需要说明的是,佛教对于心性的认识,不仅在理论上有所建树,更落实于具体修证中。尤其是禅宗,特别重视心性的参悟。佛教把主体修心与宇宙本体统一起来的思维方式,对我国理学的理先天地而存在的客观唯心主义的哲学思想体系的产生和发展有着重要影响。理学创始时期代表人物周敦颐的理学思想,哲学性格,"无欲"之说,与道家的"无为"和禅宗的"无心"是一样的,周敦颐从宇宙论出发,融通儒释道,借之构筑伦理学本体论。佛教对世俗欲望的冷漠态度,开启了我国理学家"存天理、灭人欲"思想的先导。佛教与中国传统文化的互补,使中国传统哲学得到了发展。

第二节 佛教对文学艺术的影响

佛教对嵩山地区的诗歌、小说、散文、翻译、绘画、雕塑、书法、戏曲、音乐等文学艺术门类都产生了很大影响,人们的创作讲究禅意、禅趣、禅味。

魏晋时期,玄学大行其道,玄言诗颇受青睐。同时,大乘空宗般若思想借助玄学获得发展,一些佛教学者把般若观融入诗歌,使原来的玄言诗增添了一层恬静空灵的意境,对后世的诗歌创作有很大的影响。唐朝以后,佛学禅宗与诗歌关系密切,互为补充,文人通过诗文表达禅意,把禅学的幽远意境化入清雅质朴的诗句之中,僧人通过酬唱解说禅理,把空寂宁静的自然之美引入神秘的禅学之中。两宋时期,士大夫们在练习琴棋书画的同时,又热衷于参禅悟道,从领悟禅学中获得深刻感受和精神慰藉,大大丰富了诗歌的意境和题材,为后人留下了许多名篇佳作。

唐代以前的文学为纯粹韵文、纯粹散文,而自南北朝时佛教为扩大影响采取的"转读"、"梵呗"、"唱导"等多种形式,促使了韵散结合之体的出现,有力地推动了佛教向民间发展,也给文学提供了新的文学式样。唐代在佛教达于鼎盛之时,各地大型寺院每逢说教节日都在为民众举行的庆祝聚会上进行"俗讲",僧侣以通俗的语言宣讲佛经内容,增编故事情节,伴以音乐,说唱兼备,增强对民众的宣传效果。俗讲所依据的话本,即是被称为"变文"的一种文学形式。这些俗讲和变文对宋朝以后兴起的说唱文学与话本文学有很大影响。

佛教经典中有大量关于求道说法的神话和寓言故事,其中有益的成分,也是发展人们的智慧和认知能力不可或缺的重要因素。那些生动的描述,深深地吸引着广大社会民众,从而成为家喻户晓的佛教文学作品,具有很高的文学艺术价值。达摩面壁传法等大量佛教故事,成为历代名家讴歌的对象,或题诗作词以歌咏,或刻石留碑于嵩山地区。这些鬼神寓言故事成为文人创作鬼怪故事的蓝本,这种鬼怪变文之类的短篇小说在唐朝达到繁荣时期。

宋代文学直接继承变文而形成宝卷，多是一些佛经故事，以韵文为主，间以散文。这一时期，受变文的间接影响形成了弹词、鼓词和话本。流行于金元之时的"诸宫调"，起始于宋代的"弹词"，都是"变文"这一形式的演变。明清时期，以民间故事为题材的宝卷广泛流行，话本也进一步发展成为章回小说。吴承恩把唐朝高僧的西域之行戏剧化，借重玄奘的名气塑造了唐僧形象，而且借用悟空的盛名演绎出一个神通广大的"孙悟空"的艺术形象，创作了著名文学作品《西游记》、《水浒传》、《红楼梦》、《儒林外史》等作品也是这一时期章回小说的代表。同一时期，弹词和鼓词也分别在我国南方和北方盛行。

敦煌莫高窟中的飞天壁画

汉魏以后，融汉文和梵语为一体的翻译文学作为一种新的文学体裁诞生，在中国文学史上独树一帜。许多汉译佛经内容奇异，文辞优美，为文学界展示了一种特殊的意境。佛教传入中国内地，开创了中国人把外文书籍译成汉语和其他少数民族语言的历史。西汉哀帝元寿元年（前2年）大月氏国使者伊存口授佛典《浮屠经》与汉博士弟子景卢，标志着中国翻译事业的开端。此后，很多西域大德高僧陆续来到中国同汉族僧人一起翻译佛经。东汉桓帝建和二年（148年）安息国太子安世高到达洛阳，20多年间和中国学者一道先后翻译佛典95部、佛经115卷，开创了我国翻译事业的新局面。魏晋增刊时，出现译场。当时的译者多主张直译，因而显得文笔生硬。西域龟兹国高僧鸠摩罗什一改直译风格，使新的翻译文体妙趣横生，又不失梵文天然具备的神韵，而且他主张译文署名，这为中国后世翻译文学奠定了第一块基石。隋唐之前的翻译事业基本上是自发性的，主要是对佛教典籍和文学作品的翻译，原译本多由外国僧人带到中国的梵文本或应某人的请求而定。隋唐时期，随着历代帝王、士大夫阶层的支持，大规模、有组织的译场应运而生，后来又发展成为译经院，译著越来越多，我国的翻译事业进入了新的阶段。

随着译著的日益增多，为了检索方便，目录学也随之得到发展，并逐渐形成了较为规范的目录分类形式。自东汉起的佛典目录保留有30余种，他们按照内容分门别类编辑而成。

因此可以这样说，自东晋以来，受佛教影响，中国兴起了佛教史学、目录学、翻译学、逻辑学、语言学等，极大地丰富了中国民族文化的内涵，促进了中国民族文化的发展。

佛教绘画艺术以独特的风格丰富了中国的绘画艺术内容和艺术表达手法，成为中国文化艺术遗产的重要组成部分。三国时期，佛画已成为中国绘画的重要题材。东吴画家曹不兴运用西域佛画洒水摹写手法，使所画人物传神逼真，被称为中国佛像画的始祖。他的大弟子卫协一改民间传统绘画的粗犷风格，向精思巧密方面发展，得到"画圣"的美称。东晋顾恺之的佛画形神兼备，所作佛像被称为建康瓦官寺三绝。此后，刘宋方探微、萧梁张僧繇、北齐曹仲达等人在佛画上都有很高的成就。张僧繇吸取西域佛画技巧，创造出没骨画法，使人物形象具有立体感，他一生绘制了大量佛寺壁画，深得梁武帝欢心。曹仲达在北朝佛画家中最为著名，他的画大气，在服饰上师法印度艺术，显示出人体的线条美，带有域外犍陀罗式的画风，后代画家称为"曹衣出水"，把他与吴道子并称。初唐画家尉迟乙僧将色彩晕染的西域艺术手法与中原传统的线型勾勒结合运用，使人物具有"身若出壁"的效果。他多次作《西方净土变》壁画,以歌舞升平的画面反映初唐政治经济繁荣发展的风貌。盛唐"画圣"吴道子集百家画师之大成,在长安、洛阳两地一人创作壁画300多间,成为开元、天宝以后佛教和道教壁画的楷模。这一时期,寺观壁画中的菩萨、天神、力士等造型以人间体态为样本,显示出现实的美感要求,中国佛教壁画进一步世俗化,与汉文化更加紧密地结合在一起。宋代以后,寺观壁画开始衰退,受佛、道、儒三教合流思想的影响,佛教水粉画盛行,一般分为上堂和下堂两个部分,上堂有佛像、菩萨像等,下堂有天神、儒士、神仙、城隍、土地像等。明代壁画以嵩山少林寺千佛殿内东、西、北三面墙壁上绘制的巨幅彩色壁画"五百罗汉朝毗卢"最为珍贵。画幅总长42米,高7.5米,面积315平方米,壁画共分45组,计有495个罗汉。画面上层为山峦,中层为浮云,下层为流水,五百罗汉图分三层分布于云雾水波之间。壁画中的五百罗汉姿态各异,有的仰面观天,有的低头沉思,有的持钵显法,有的托经研读,有的怒目而视,有的笑逐颜开,千姿百态,栩栩如生。在每层罗汉图之间的波涛云海间,还点缀有白鹤衔杖、文殊骑青狮等与罗汉图相陪衬的精美图案。在罗汉像中还有数个转像,虽历经400余年,但不管立于殿内任何角落,它似乎都在注视着你。五百罗汉壁画,场面宏大,气势磅礴,浑然一体。其画笔线条粗犷,绘制精湛,独具匠心,为中国古代绘画艺术珍品。清代壁画以嵩山少林寺白衣殿内的壁画最有代表性。殿内南北墙壁上绘制有16组少林武僧演武的"少林锤谱图"壁画,南壁绘15组武僧演练兵器的"兵器图"壁画。殿东壁神龛北侧有根据少林寺十三武僧助唐平定王世充及"十三和尚救唐王"的故事而绘制的《十三和尚救唐王》壁画两幅,在西墙神龛南绘有"紧那罗王御红巾"壁画两幅,在殿北墙壁东端绘有巨幅精致的"文殊菩萨骑青狮"壁画,南壁东端绘有巨幅"普贤菩萨骑白象"壁画,在正中神龛的北壁绘有大幅"伏虎罗汉"壁画,南壁绘大幅"降龙罗汉"壁画。至今,佛教绘画成为中国绘画艺术中保留最为完整的绘画艺术,对研究中国绘画具有重要的作用。

佛教造像

我国自东晋时期就已经有石窟开凿。石窟艺术由印度经西域传入内地之后,先后在我国北方黄河流域开凿有敦煌、云冈、龙门等大型石窟。石窟主要由国家主持开凿,资金也多由国家募集。石窟艺术集建筑、雕塑、壁画为一体,而以雕塑为主。佛教雕塑主要保存于历代开凿的洞窟和建筑的寺院中,是佛教艺术的集中体现。石窟雕塑的题材主要是佛像、佛经故事、供养人像等,具有鲜明的时代性、民族性和地域性特征。石窟雕塑的早期作品在型制和内容上受到了印度石窟艺术的较大影响。洛阳白马寺清凉台上雕刻着永平年间汉明帝夜梦金人后从国外请来的两位印度高僧摄摩腾和竺法兰大师的塑像。东晋时期,雕塑者不再单纯模仿印度佛像,而是根据中国社会的现实需求,在吸取外来艺术精华的同时,探索本民族的艺术风格,从而走上中国特色的创作之路,使佛教造像进入鼎盛时期。北魏时期,洛阳龙门石窟一改西域的雕塑风格而趋于汉化,将现实人物的特点引入到神像的塑造上去,人神交融,内容也呈现出本土化民俗化的强烈特点。

佛像面颊清瘦,身体修长,颇具中国内地特色。唐代雕塑步入我国艺术史上最灿烂的时代,尤其在武则天时期佛像雕塑更是达到了艺术上的高峰,龙门石窟就是典型代表。据考证龙门石窟中规模最大的造像卢舍那大佛就是武则天本人,佛像仪表堂堂,神情端庄,体态丰润,充满活力,淋漓尽致地体现了盛唐的社会风貌和审美观念。元代,人们多用夹苎干漆造像工艺雕塑成十分珍贵的佛像,洛阳白马寺大佛殿的三世佛、二天将、两侧十八罗汉等23尊造像,全部采用这样的工艺,由丝、麻制成,每尊重量仅有3到5公斤,从元代至今700多年未经修缮仍然色彩如新,是国内罕见的稀世珍品,也是白马寺的镇寺之宝。宋代雕塑中以嵩山少林寺建筑群中初祖庵大殿的建筑装饰、绘画浮雕艺术价值为最高。在殿宇的檐柱、内柱、内外群肩石及佛台四周都有精致的浮雕,这些浮雕皆为北宋宣和七年(1125年)建殿时所刻。檐柱呈八角形,在殿内外只能看到三面。殿的南门外东西两侧的檐柱,其正面雕舞乐图,乐伎分别演奏拍板、琵琶等乐器,姿态各异,形象优美;其侧面雕缠枝牡丹和人头鸟身的美音鸟及童子戏莲图。其他檐柱则雕海石榴花、宝相花、牡丹花及卷草纹,各种花的枝叶交错,缠枝而上,间或有人物与飞鸟,画面静中有动,蕴含蒸蒸日上的意境。殿内金柱正面均雕天王像,天王披甲戴盔,或持宝剑,或持金刚杵,目光炯炯,威风凛凛。殿南边两金柱,在天王像上方刻龙驾祥云,殿北边二金柱,在天王像上方刻美音鸟。此四根金柱背面分别雕双凤和龙云,龙凤的一鳞一爪、一须一翎都雕刻得细致入微。在大殿东、西、北三面墙壁的群肩石上,内壁多雕人物,如罗汉观海、骑鹿仙人、海游武士、官宦朝拜等,间或有建筑及鱼龙图案;外壁多为动物,如麒麟、山羊、龙、蛇、蟾蜍、龟及海螺等。其中,殿内北壁东西两侧的官宦朝拜图,各宽50厘米,长255厘米。一官双手捧朝笏,举止审慎,稍后二侍者侍立,反映了在君王面前达官贵人和侍者不同的心理状态,主人前后有两护法神手持法器保驾护卫,以示威严,形象极为生动。所有这些浮雕均以海浪为背景,气势磅礴,意境深远。大殿佛台须弥座束腰部分的石雕,长达580厘米,宽仅14厘米,雕有狮子滚绣球和卷草图案,狮子口衔绣球、飘带,在海浪般的卷草中跳跃。总之,初祖庵大殿的浮雕,刀法粗犷豪放,古拙劲健,刻工精湛,画面构图巧妙,朴实壮丽,意境深远,使得初祖庵这座佛门大殿,好像建在汹涌澎湃的海洋之上,又像漂泊在茫茫无际的万顷碧波之中,堪称古代浮雕艺术瑰宝。

从北魏开始,历经唐、五代、宋、金、元、明清各个历史时期的登封古塔群,在雕刻艺术和造型艺术方面也具有非常重要的价值。古塔中的雕刻艺术主要分布在塔刹、塔门和塔铭等部位。登封古塔雕刻艺术的题材大致可分为三类:第一类是具有中国传统文化特色的装饰纹样、动植物图案和建筑构件,如莲花、祥云、龙、狮子、虎、斗拱等;第二类是佛教造像,如佛、菩萨、罗汉、天王、飞天等;第三类是与佛教有关的装饰纹样,如七珍、八宝等。另外,中国传统的装饰纹样和动植物图案也甚为常见。尽管登封古塔群的雕刻艺术有着鲜明的宗教主题,即宣传佛教教义和佛教精神,表现了与佛教有关的人物、植物和动物的形象和性格特征,但仍然具有不可替代的审美价值,在很大程度上增添了古塔的生机和活力,对美化古塔的形象起着非常重要的作用。登封各个不同时期、不同类别的古塔,在雕刻的题材与技法上都有很大的不同。大致来说,各时期古塔雕刻艺术中的形象,其造型、姿势及表现技法都与同时期的雕塑艺术风格相一致。因此说,登封古塔也是中国古代石刻艺术、雕塑艺术集中完整的体现。

嵩山地区的金石碑刻、造像也是琳琅满目,尤其是中岳嵩山寺庙所存碑刻、造像数量最多,价值最高,堪称艺术宝库。巩义石窟寺,登封石羊关、王家、郑庄等地都开凿有佛龛造像。据不完全统计,仅太室山和少室山所在的登封市,就有古代碑刻1000余品。这些碑刻作品,或立于地面,或嵌于墙壁、古塔,或镌刻于铸器摩崖,分布范围很广,以少林寺最为集中,有300多品,塔铭200多品,计500余品,其余的分布于其他寺、庙、祠、堂等地。这些碑刻有碑、碣、阙、幢、摩崖等,形制各异,其内容有记事、述德、铭功等,时间历经汉魏、唐、宋、金、元、明、清各个朝代。南北朝时期,由于嵩山地区佛教盛行,72寺应运而生,留下了众多的造像碑,其中许多造像碑不仅雕工精细,形象逼真,且魏字书体,点划方劲,气势质朴,上承汉隶余风,下开隋唐真书先导,并兼有隶楷两体的神韵,代表了由隶书向楷体过渡的特征。东魏时的《中岳嵩阳寺碑铭》《比丘洪宝造像铭》,北齐时的《刘碑寺造像碑》《董洪达造像铭》等都是这个时期的代表作。《中岳嵩阳寺碑铭》雕刻精美,笔法颇含风致。《刘碑寺造像碑》是因北齐文宣帝天保八年(557年)豫州刺史集刘姓居士筹资立碑,故名"刘碑",该碑石质细腻,浮雕规整,主次分明,构图匀称,魏体书法,俊秀挺拔。《皇唐嵩岳少林寺碑》《法如禅师碑》《灵运禅师塔铭碑》《佛顶尊胜陀罗尼经碑》《少林寺厨库记》《永泰寺碑》《道安禅师碑》《大周封祀坛碑》《大征禅师碑》等都是唐代碑刻的佳作。嵩山南麓的会善寺,内有一通"天中山"碑,为颜真卿所书。宋代碑刻在登封亦广为分布,其题书立意各不相同,风格流派独树一帜。少林寺初祖庵大殿后的月台西侧,有黄庭坚撰并书的《达摩颂》碑,碑额书"祖源谛本",碑文仅有"少林九年,垂一则语,直至如今,诸方赚举"16个字,笔锋流利姿媚。《面壁之塔》碑为宋宣和壬寅(1122年)刊,蔡京书。少林寺碑廊有《三十六峰赋碑》,宋建中靖国元年(1101年)刻,楼异撰文,昙潜书丹,《石墨镌华》云其书法:"极得坡公笔法,遒劲古雅。"金代碑刻多集中于著名的少林寺等地。少林寺初祖庵金兴定时镶刻的《重修雪亭西舍记》和《重修面壁庵记》,文章华丽,书法秀奇。塔林内金代镶刻的《西堂老师塔铭》《铸公塔铭》《衍公塔铭》《崇公塔铭》《端禅师塔铭》等也是少林所存金代碑刻不可多得的作品。少林寺院内金代雕刻的《二祖大师像碑》《弥勒大师应化像》等线刻画像碑,个个精妙无比。元代登封的碑碣数量超过金代,且许多碑刻的书法艺术也有相当高的造诣。《裕公宗师道行碑》《达摩大师碑》《淳拙禅师碑》《乳峰和尚塔铭》《月庵海公碑》《学公禅师碑》等都是元代名碑。元代所存碑刻很明显的特征,就是多为僧碑,这反映了元代崇佛的程度。另外,元代的《息庵禅师道行碑》《照公和尚塔铭》则是中日两国古代文化交流的见证。在历代的碑刻中,明代登封刻碑非常多,且书体变化多端,犹如百花争艳。同时,明代碑刻的种类也非常多,有画像记事、僧碑、塔铭,等等。著名的明代碑刻有《道公禅师碑》《嵩山六十峰诗》《重修少林寺记》《小山禅师碑》《幻休碑记》《黄洪宪诗碑》《松庭禅师碑》《王弘诗碑》《千崖万壑碑》《题达摩面壁诗碑》《咏嵩·少林碑》《面壁石碑》《达摩一苇渡江图碑》《混元三教九流图赞碑》《观音大士像碑》《黄辉游嵩少诗碑》《寒灰喜公碑》等等。清代登封碑刻从历史、文化、艺术价值上逊于以前,但数量众多,其中也不乏佳作。如《乾隆御碑》就存6品,其中《宿少林》碑立于少林寺钟楼西北角的御碑亭,乾隆庚午(1750年)刻,草书,字径10厘米,书体流利姿媚。其他清代碑刻如清道光二十八年(1848年)萧元吉撰写的《面壁石赞碑》、道光三十年(1850年)舒亨熙撰书的《达摩面壁石赞碑》、咸丰元年(1851年)贾臻撰、张瑛书的《祀礼成至少林观达摩面壁影石》碑等都是清代名碑。

第三节　佛教对建筑的影响

嵩山地区历史上遗留下来的古建筑有数百座。东汉时期,中国最早的佛寺洛阳白马寺由接待宾客的官署鸿胪寺改建而成。北魏时期,昌盛的佛学使洛阳的寺院达1317座。嵩山少林寺、嵩岳寺等都是古代建筑的荟萃之地。魏晋以后,受中国都城及宫殿建筑规制的影响,佛寺的建造采取宫殿官署的院落式格局。隋唐时期,寺院建筑继承发展了魏晋南北朝传统,平面格局依中轴线作纵深展开,以殿堂廊厅等组成的庭院为单元,错落有致。宋代以后,佛寺建筑追求装饰效果,雕梁画栋,金碧辉煌。少林初祖庵大殿是河南省现存最古老的一座木石结构建筑物,其斗拱比例、梁架结构以及石柱及墙的石护脚等主要构件和特征,仍保持北宋时期的面貌。该殿较北宋著名建筑学家李诫编修的建筑专著《营造法式》仅晚25年,所以,殿宇的许多构件及工程做法乃至石雕花纹,都为这部历史建筑名著提供了实物例证。此外,还有金代清凉寺大殿、元代会善寺大殿等等,都是中华古代建筑的杰作,也是古代建筑文化的重要组成部分。随着佛教在中国的发展,中国佛教建筑成为具有鲜明的民族特色的艺术。

佛教对嵩山地区建筑的影响,还反映在佛塔的建造上。塔是佛教的产物,起源于古印度。"佛塔",梵语Stupa,音译为"塔婆"、"佛图"、"浮屠"等。相传佛祖释迦牟尼去世前,弟子曾经请教他将来应该如何供养他的舍利,释迦牟尼当即将衣袍铺地,把托钵倒置于衣袍之上,再将锡杖立于钵上。于是,圆形的塔身和朝上的塔尖就成了佛塔的基本形状。释迦牟尼去世后,被火化的遗体成为佛舍利,弟子们就修建佛塔,并将佛舍利供养在佛塔之中。印度佛塔从传入中国之始就发生着重大的变化。据史料记载,佛塔在东汉时期随着佛教传入中国。佛塔按建筑材料可分为木塔、砖石塔、金属塔、琉璃塔等,按类型分为楼阁式塔、密檐塔、喇嘛塔、金刚宝座塔和墓塔等。塔的层数一般为单数,最高13层。十三级佛塔是佛塔建造的最高品位,只有安葬佛祖的灵骨舍利才能建十三级。东汉末年,中国有了楼阁式佛塔,这种重层楼阁式建筑体现了佛塔的崇高性和庄严感。北魏时期,著名的洛阳永宁寺九级浮塔高90丈,塔顶金刹高10丈,人们于10里之外可闻金铎之声。魏晋南北朝时以木塔为主,唐宋时期砖石塔得到了发展。北宋政和二年(1112年)建成的13层、高41.75米太子灵踪塔,仿当时京师的"开宝寺灵感塔",即今天的开封"铁塔"。该塔巍峨壮观,造型挺拔,端庄秀美,给人以稳固刚毅之感。不论是垒砌塔身的条砖、建造券门的拱砖,还是每层密檐的菱角牙子砖、半方砖、三角砖、扑角砖,全按照预先设计烧磨而成,各种砖式计80余种。因此留下了"黄金塔,地接天,垒塔不用刀砍砖"的民谣。

少林寺塔林

目前,分布在中国各地的佛塔约有2万座。嵩山地区的佛塔更是星罗棋布,如少林寺塔林、法王寺塔林、风穴寺塔林、永泰寺塔林、嵩岳寺塔、白马寺齐云塔、千尺塔、洞林寺塔等。嵩山的古塔群主要分布在中岳嵩山南麓几座建筑规模较大的寺院及其周围。从北魏孝明帝正光元年(520年)开始建塔,经唐、五代、宋、金、元、明、清,历时近1500年。登封现存古塔262座,其中少林寺塔林229座,少林寺院及周围17座,会善寺5座,法王寺6座,永泰寺3座,嵩岳寺1座,三祖庵1座。262座古塔中按照朝代分,北魏时期1座,隋代1座,唐代11座,五代1座,宋代4座,金代10座,元代45座,明代144座,清代19座,具体建年不详的26座。登封古塔数量之多、规模之大、历经朝代之长在全国首屈一指,被称为"中国古塔博物馆"。中国古代建筑种类很多,而塔这种建筑形式随着古印度佛教的传入而出现,经过中国建筑师的再创造,使外来的因素与传统的建筑特点相结合,成为中国丰富多彩的古代建筑群中一朵艳丽的奇葩。登封古塔群建筑艺术精湛,内容丰富,被誉为古代建筑的艺术宝库。自汉魏以来中国出现的塔大多数为木构楼阁式,可供人们上下。由于木构塔容易着火或极易腐朽损坏,后来逐步为砖石材料所代替。建于北魏正光四年(523年)的嵩岳寺塔即是木塔向砖石塔转化过程中现存的最早实物例证,是中国现存最古老的砖塔,嵩岳寺塔结构和造型都有独特风格,整个外形呈现圆和的抛物线,不仅具有巍峨挺拔之雄,而且具有婉转柔和之秀,设计艺术水平极高,是中国古塔建筑中的罕例,是一座极有研究价值的古代建筑。到唐代,随着法王寺塔、永泰寺塔的建造,在形式上虽然继承了北魏时期嵩岳寺塔的风格,但摆脱了嵩岳寺塔臃肿的特点,在形体上使整体塔身显得高大挺拔,从力学角度来看受压性能良好,而且塔身无繁复的装饰,简洁朴素,具有明显的时代特征和浓烈的地域色彩。宋、金、元、明、清时期,登封古塔数量大增,持续繁盛,八角形、六角形、圆形、密檐式、楼阁式、藏式等各种造型的塔体异彩纷呈,各具特色,同时建筑工艺也臻于成熟、完善。登封古塔群在建筑设计和营造上集北魏、隋唐至清代建筑技术之大成。法王寺塔、永泰寺塔体形高大雄伟、建筑工艺精湛复杂,构思巧妙得当,看上去给人一种神奇、雄伟、挺拔、奥妙、美丽的感觉,使人浮想联翩。登封古塔建筑的大小、高低及形态的差异,体现着当时的社会状况及经济状况。一般说社会稳定,塔建得多而大,反之则小。而僧塔的大小一般决定于僧人的经济状况。登封古塔中的舍利塔、佛塔檐的单数以及僧塔中的七级制度则是宗教与中国传统文化融合的产物。登封古塔纵跨北魏、唐、五代、宋、金、元、明、清九朝,而塔铭上记述的历史事件,内容之多,连贯性之强,是不可多得的宝贵资料库。而塔与寺院、环境处理上,注重宗教环境空间、寺院园林环境空间和自然环境空间的互相结合,使古塔、寺院、环境三者有机地结合,人置身其间,会发现古塔建筑的体量、造型和色彩都与自然环境和谐统一,给人一种天人合一的美学意境。登封古塔类型纷呈,造型各异,透视出各个不同时期古塔建筑的特点,概括了整个中国古塔发展史,为古代建筑现存实物中所罕见,具有重要的历史价值,是古塔建筑考古断代分明的很重要的实物依据,为中国建筑史增添了光辉篇章,同时,也为研究古代政治、经济、宗教、文化、数学、力学、美学、艺术等提供了重要的实物例证。

  塔最早是用来存放佛舍利和经卷的。佛教传入中国后,受中国文化的影响,塔由最初存放佛舍利和为佛建塔延伸到佛教徒的葬制上,僧人圆寂后为示其功德,也开始建塔。嵩山的古塔既有舍利塔、佛塔,也有僧塔。嵩山少林寺西面的五乳峰山坡上,坐落着我国现存规模最大、数量最多、跨越朝代最多的一处古塔群,这就是少林寺塔林。塔林乃少林寺历代僧人的墓地。塔前有塔额,标僧名及称谓,塔后多有塔铭,记述僧人生平。塔林古塔千姿百态,是少林社会、经济状况和宗教制度的反映。塔形的不同,大致取决于这几方面:一是僧人在佛教中的影响和社会地位,地位高,建塔就大而精。二是僧人的经济状况。少林寺实行的是家族式的"子孙堂"制度,其塔均由其弟子建造,家族经济条件好建塔就大而精。三是与社会状况有关。一般来说,社会安定时期,塔就建得多而大,反之少而小。四是不同时代塔式不同。塔受世俗文化影响较深,塔的大小等级受封建等级制度的影响。塔有一、三、五、七级之分,等级最高者为七级,这表明佛教实际上也存在着等级制度。塔林中塔层为单数,是受世俗"单数为阳、双数为阴"的建筑阴阳思想影响所造成的。塔上的塔铭,与社会上俗人的"墓志铭"是完全相同的。塔林中刻着八卦的塔是佛教禅宗吸纳诸家文化的表现,塔林中密宗的"喇嘛塔"则是禅宗与各宗派之间相互融合的产物。少林寺塔林不同朝代所建的塔,是各个历史时期的代表作,为研究各代塔式提供了不可多得的实物资料,是综合研究我国古代建筑乃至书法、雕刻艺术的宝库。

第四节　佛教对节日的影响

佛教的各种庙会,大多成为全民族的节日。佛教的节日在嵩山地区深入人心,已成为一种节日文化现象。佛教的节日主要是佛诞节、佛成道日、盂兰盆节、观音菩萨诞日、地藏菩萨诞日等。佛诞节是农历四月八日,嵩山各大寺院都要为纪念佛祖释迦牟尼诞辰而举行佛事法会。佛诞节还有浴佛、献花、行像、演戏、煎香汤、煮黑饭等习俗。浴佛就是用香料浸水灌洗佛降生像,并供养各种香花、灯烛、茶果等,故佛诞节亦称浴佛节。行像指用车载着佛像沿街巡行,并接受沿途群众的献花。嵩山地区的洛阳古时多为京都之地,行像活动场面是极为壮观的。据《洛阳伽蓝记》载:"金花映日,宝盖浮云;幡幢若林,香烟似雾;梵乐法音,聒动天地;百戏腾骧,所在骈比;名德僧众,负锡为群;信徒法侣,持花成薮;车骑填咽,繁衍相倾。"由此可以窥见当时嵩山地区佛诞节的盛况。明清以后,佛诞节更是深入民间,成为嵩山地区民族传统习俗的一部分。嵩山地区各大寺院在佛诞节还煎香汤、造黑饭供养大众,一般多在道旁煮豆供行人食用。有些戏社还在这天到各大寺院去演戏,庆祝这一盛大的节日。

少林寺于腊八节施粥

佛成道节是在农历十二月八日,也就是腊月初八,后来成为中国传统的腊八节。嵩山地区腊八这天煮腊八粥的风俗,即由此节日而来。起初是各大寺院僧尼作队念佛,排门教化,并送七宝五味粥与门徒和居士。后来,家家户户都用五谷杂粮加上枣、杏仁、核桃仁、栗子、花生等,放在一起熬制。中华人民共和国成立前,嵩山地区多用小米加果仁煮腊八粥,现在群众基本上都用大米加各种果仁来煮腊八粥。煮腊八粥供佛,取自牧女向佛献乳糜的传说,在民间则有庆贺五谷丰登、驱逐鬼邪瘟疫的意义。

盂兰盆节是在农历七月十五日,是佛教徒举行的以供养三宝、超荐七世现世父母及历代祖先、施食鬼神的节日。后来目连救母的故事广为流传,盂兰盆节在嵩山地区也妇孺皆知。后来,此节又和道教中元日相合,嵩山地区于是变这一节日为鬼节。有的村庄还把这天作为本村的古刹庙会,如登封市唐庄镇。

嵩山地区各大寺院在六月十九日观音菩萨圣诞、十月初五达摩祖师圣诞、七月三十日地藏菩萨圣诞等佛教节日,也都举行法会,民众更是在这些佛教节日纷纷前往寺院进香上供。

第五节　佛教对语言的影响

佛教传入我国后,经过了与中国文化交融的漫长历史,大量的佛学术语和词汇,极大地丰富了我国的语言文字宝库。在嵩山地区,佛教对语言文化也影响颇巨,和尚们在译经说教中,白话式的佛家语被广大群众所接受,进而成为人们的口头禅、成语、歇后语、习惯用语等,一并成为我们的民间俗语。

据初步统计,佛教用语成为成语的有近百个之多。人们把某个人经常挂在嘴边的话称为他的"口头禅";把有些混日子的人称为"作一天和尚撞一天钟";把鼓励人继续努力,不断前进称为"百尺竿头,更进一步";把半路上才学干某一行称为"半路出家";把给人以严重警告或打击叫作"当头棒喝";形容对人极端崇拜或对神虔诚地跪拜就是"顶礼膜拜";把功劳和恩德极大称为"功德无量";形容极端狂妄自大,认为只有自己最了不起,就称作"唯我独尊";把看穿了人世间的一切,不留恋现实生活,叫作"看破红尘";用"三头六臂"来比喻人的本领高强,神通广大;用"五体投地"来比喻极为崇敬和佩服;用"现身说法"来比喻用亲身经历作例证来说明道理或劝导别人。其他还有:道高一尺魔高一丈、方便之门、放下屠刀立地成佛、回头是岸、极乐世界、金刚怒目、立地成佛、六根清净、清规戒律、四大皆空、醍醐灌顶、降龙伏虎、想入非非、一尘不染、芸芸众生等。

佛教用语和嵩山地区语言习惯结合起来,成为歇后语的,也有很多例子。说某个人比较平庸,老和尚帽子——平铺塌;说某个人比较愚笨,和尚戴个道士帽——迷瞪僧;说某个人泼皮胆大,和尚打伞——无法无天。其他还有:小和尚念经——有口无心;泥菩萨过河——自身难保;三个观音堂——妙妙妙;观音菩萨不爱财——满身都是金;当一天和尚撞一天钟——得过且过;老虎戴佛珠——假充大善人,等等,不一而足。

有些佛教用语还演化成习惯用语。说谁也不比谁强,"秃子能和尚,谁也不排场(有的也说帽子都一样)";说一时迷不开窍,"丈二和尚摸不着头脑";说某某人去世了,"上西天了"、"见阎王爷了";说某人心肠善良,"菩萨心肠"。其他还有:临时抱佛脚,救人一命胜造七级浮屠,无事不登三宝殿,外来的和尚会念经,跑了和尚跑不了庙,等等。

嵩山地区常用的词语和民间俗语,有许多是从佛教里来的。虚妄、唯心、一即一切、一切即一、道场、智慧、天花乱坠、一尘不染、世界、一丝不挂、三生有幸、现身说法、泡影、魔、地狱、如是、菩萨低眉、广结善缘、化缘、劫、薪尽火灭、三教、九流,等等,这些词汇,我们天天说,天天用,究其根本,它们原是佛教用语,而且仍然闪烁着佛教思想的火花。这些佛家语丰富和发展了汉语,使汉语更加言简意赅,妙不可言。从这一语言现象中,我们可以了解佛教对中国文化的影响以及两种文化之间的交流与融合。

举例词解:

◆虚妄

指虚幻,不真实。佛教认为,"虚妄"是"凡夫"的迷执,是生死烦恼之源,正如《涅槃经》所说:"一切恶事,虚妄为本。""虚妄"的最大特点是分别,即不断地区分是非、利害、顺逆等,为取舍所苦,称为"虚妄分别"。所谓"成佛",也就是断除"虚妄"而归于"真实"。后来,一切虚假荒诞者,也称为"虚妄"。如《南史·何远传》:"其轻财好义,周人之急,言不虚妄,益天性也。"

◆ 唯心

指佛家所认为的世界上一切事物都是自己的心识所变现的。《华严经·夜摩宫中偈赞品》谓:"若人欲了知,三世一切佛,应观法界性,一切唯心造。"空间、时间也不例外,所谓"三界唯心,三世唯心"(《离世间品》)。佛家说,所谓"外境"(外部存在)只不过是自心的分别和妄执,为"患梦缘心,似种种外境相现,体实自心"(窥基《成唯识论述记》卷三)。"唯心"还是"心外有法",成了区分佛教与其他学说的主要标志之一。经中多把"心"喻为"画师",善心现善境界,恶心现恶境界。在法相宗那里,称为"唯识",注重于心的了别能力的分析。

◆ 一即一切、一切即一

出自《华严经·初发心菩萨功德品》:"一切中知一,一中知一切。"简单地说,"一"指本体,"一切"(也叫"多")指现象。经上说,种种现象都是本体的反映,本体通过现象表现自身,两者既有区别而又融通无碍。说到底,本体与现象,现象与现象,都是平等一致的,所谓"理事无碍","事事无碍"。华严宗据以建立了"十玄门"中的"一多相容不同门",并用"一"与"多"的关系来解释事物"总、别、同、异、成、坏"六相(见唐代法藏《华严一乘教义分齐章》)。法藏指出:"一全是多,方名为一;又多全是一,方名为多。多外无别一,明知是多中一;一外无别多,明知是一中多。"(《华严义海百门》)禅宗亦沿用此语。如僧璨《信心铭》说:"一即一切,一切即一;但能如是,何虑不毕。"后来,永嘉禅师用"一月普现一切水,一切水月一月摄"来比喻"一"和"一切"的关系(《证道歌》)。

◆ 道场

梵语 Mandala(曼荼罗)的意译,或译为"坛",指供奉佛菩萨像,依据一定的要求布置并举行法会的宗教场所。《土风录》卷二说:"延请僧道作法事曰做道场。"佛教中有名的法会道场有水陆道场、慈悲道场等。释迦牟尼成道的地方,称为菩提道场,在中印度摩揭陀国尼连禅河侧的菩提树下(参见《大唐西域记》卷八)。"道场"亦泛指修行佛法的场所乃至喻指所修的佛法,如《维摩诘经·菩萨品》:"众生是道场,知无我故,一切法是道场,知诸法空故。"此外,在隋炀帝时,曾诏改佛寺之名,亦称"道场"。

◆ 智慧

智慧是机智、聪明之意,中国古已有之。如《墨子·尚贤中》"若使之治国家,则此使不智慧者治国家也。"陶潜《桃花源》诗也用了这个词:"怡然有余乐,于何劳智慧。"佛教传入后,用以意译 Prajna(般若),谓照见诸法皆空,如实了知诸法的能力。《法华经·方便品》谓:"诸佛智慧甚深无量,其智慧门难解难入。""智慧"是"六度万行"之本,诸佛以"智慧"断惑证真,度化众生,故尊之为"佛母"。佛的十大弟子中,舍利弗以"智慧第一"著称,如唐代李华《故左溪大师碑》提到"大迦叶之头陀,舍利弗之智慧"。一部《大般若经》大半是佛对舍利弗、须菩提宣讲的。

◆ 一尘不染

在佛教中有二义:一是梵语 rajas 的意译,是极微小的物质,也译作"微尘",是原子的意思;二是梵语 vIsaya 意译,可译为"境"、"境界"。即感官认识和意识的对象,名为六尘,例如色、声、香、味等等。佛教认为这些"尘"或"境"对认识的主体能产生"染"(污染)的作用。这些对象(尘)的各种组合构成不同的烦恼和世间现象,佛教往往把它们喻为尘劳、尘世等。不为尘世等现象所污染,叫作一尘不染。后多用以形容清净纯洁,或不受坏习气的沾染,引申为清高廉洁。

◆ 天花乱坠

天花乱坠是由佛经故事"天女散花"衍变而成。"佛告文殊师利,汝诣维摩诘问病时,维摩室有一天女,见诸大人,闻所说法,便现其身,以天花散诸菩萨大弟子上,而为供养"(《维摩经》)。后来形容讲经说法,感动神天,天花纷纷坠落。如《心地观经·序品》:"六欲诸天来供养,天华(花)乱坠遍虚空。"后多指言谈虚妄,动听而不切实际。宋释道原《景德传灯录》卷十五:"聚徒一千二千,说法如云如雨,讲得天华(花)乱坠,只成个邪说争竟是非。"

天花乱坠

◆ 世界

梵语谓路迦驮都,lokadhatu,原意为日月照临的范围,即佛教中以须弥山为中心的四大洲,名为一小世界,亦含有地狱、天上等领域,又泛指宇宙,如三千大千世界和华藏世界。世含流迁意,指过去、现在、未来的时间。界含方位意,指十方(东南西北、四维、上下)的空间。《楞严经》:"世为迁流,界为方位。汝今当知,东、西、南、东南、西南、东北、西北、上下为界,过去、未来、现在为世。"现在常用时一般指地球上所有的地方。

◆ 一丝不挂

指佛教用来比喻不受尘世的丝毫牵累,原作"寸丝不挂"。《景德传灯录》卷八,池州南泉普愿禅师与陆亘问答:"陆异日又谓师曰:'弟子亦薄会佛法。'师便问:'大夫十二时中作么生?'陆云:'寸丝不挂。'师云:'犹是阶下汉。'"黄庭坚《寄航檫禅师诗》:"一丝不挂鱼脱渊,万古同归蚁旋磨。"后亦形容赤身裸体。

◆ 三生有幸

形容极大的幸运。三生,佛教指前生、今生、来生。《传灯录》:"有一省郎,梦至碧严下一老僧前,烟穗极微,云:此是檀越结愿,香烟存而檀越已三生矣。第一生,明皇时剑南安抚巡官。第二生,宪皇时西蜀书记。第三生,即今生也。"

◆ 现身说法

指佛菩萨均有法身、报身和化身。"化身"是"法身"的"妙用",能够自在变现,度化众生。"化身"就是根据众生的机缘,随时随地应现于世,所谓"千百亿化身"。佛菩萨出于大悲心,不住于涅槃寂静中,出生入死,普度众生,称为"现身说法"。释迦佛昔在兜率天为菩萨时,"于十方界,现身说法"(见《五灯会元》卷一)。观世音菩萨自称:"我去彼(众生)前,皆现其身而为说法,令其成就。"(《楞严经》

卷六)所现之身,包括人、天、龙、鬼乃至禽、鸟、花、树;所说之法,多至"八万四千法门"。后来,人们用自己的经历和行为去劝说别人,也叫作"现身说法"。例如《桃花扇·听稗》:"敬亭才出阮家,不肯别投主人,故此现身说法。"

◆泡影

比喻一切虚幻无常的事物。如元代杨讷《西游记》杂剧:"死啊,如梦幻泡影,哪有再来时。""泡影"出于《金刚经》中著名的六喻偈,"一切有为法,如梦幻泡影,如露亦如电,应作如是观。""泡影"是其中两个比喻。似有而中空,易生易灭,谓之"泡";形遮光而生,谓之"影"。"泡影"形象地比喻了佛教关于世间一切事物缘生不实、无常易坏的观点。

◆魔

魔是梵语mara(魔罗)的省音。原来译作"磨",梁武帝认为"字宜从鬼",改成"魔",沿用至今。"魔"意译为"杀者"、"夺命"、"能夺命者"、"障碍"等,亦作"恶魔"。一切扰乱身心、障碍修行的事物,均可称为"魔"或"魔障"。经中关于"魔"的讲法很多,主要有"四魔"为障。一是"烦恼魔",即贪、瞋、痴等。二是"五阴魔",即种种身心烦恼。三是"死魔",即生死无常的威胁。四是"天魔",即欲界第六天的魔王,名叫"魔波旬"(marapapiyos),意译为"恶障"。据说他经常率领魔众到人间去破坏佛法。释迦牟尼"成道"前夕,曾在菩提树下降伏了魔波旬率领的魔军。《西游记》等神话传说中关于"魔"的描写都源于佛经。后来,用"魔"、"魔鬼"泛指一切恶徒邪求,也引申指神奇之事,如"魔术"等。

◆地狱

佛教中的地狱

指在梵文中,"地狱"有两种名称:一是"泥犁"(niraya),意为"无有",即没有喜乐;一是"捺洛迦"(naraka),意为"苦具",即不得自在。"地狱"这个概念是随佛教传入中国,而民间所熟知的,是按汉语习惯意译的。"地"有"底下"的意思。在"六道轮回"中,"地狱"最下劣、最惨苦,被列为"三恶道"(地狱、饿鬼、畜生)之首。据说,造"五逆十恶"的人,死后将受"地狱"报应。"地狱"名目很多,如八大地狱、八寒地狱、十八地狱等。今山西蒲县柏山寺保存有唐代塑造的"十八地狱",其中有阎罗、鬼卒,还有刀山、镬汤、铁床、铁磨等,形象逼真,阴森可怖。

◆如是

有犹言如此、是这样之意,是个指示性的认可之词。佛陀往往在认可弟子的观点时,说:"如是如是,如汝所说。"据说在佛陀涅槃前夕,阿难请问:"一切经首置何字?"佛陀告诉他:"一切经首置'如是我闻'等言"(见《大智度论》卷二)。佛陀涅槃后,阿难在第一次结集时诵出经藏。当他遵从佛陀遗教,说出"如是我闻"时,合座涕流,认为"如法如其时,如处如其人",不异佛说(见《佛所行赞·分会舍利》)。我们今天所看到的佛经,一般开头都有"如是我闻"四字,"如是"指经中所说佛法,"我闻"谓阿难自言。

◆ 菩萨低眉

常用来形象、生动地描绘人的慈善之态,就像用"菩萨心肠"来说明人的心地善良一样。我们在佛教寺庙中可以见到众多的菩萨塑像,它们眉宇低垂,俯视群生,显得十分端庄慈祥。该语出自于《谈薮》:"薛道衡游钟山开善寺,谓小僧曰:'金刚何为怒目?菩萨何为低眉?'答曰:'金刚怒目,所以降伏四魔;菩萨低眉,所以悲慈六道。'"以后也引申为优待、另眼相看的意思。如梁启超《新中国未来记·第五回》说:"若是再高等的呢,结识得几位有体面的洋大人,那就任凭老佛爷见着你,也只好菩萨低眉了。"

◆ 缘起性空

指一切事物都由"因缘假合"而成,没有确定的自性,是佛教的基本理论之一。"缘起"的事物虽然"性空",但是仍有"力用"。因此,佛家很重视"缘"即事物彼此间的联系和影响。"缘"有"尘缘"、"恶缘"和"善缘"等,佛家主张"广结善缘",如修习佛法、结交善友、利益众生等,以为将来得度的因缘。"广结善缘"亦简称"结缘"、"有缘",主要是指修佛法之缘,隋朝智《法华经文句》卷二谓:"结缘者……过去根浅,复漏(烦恼)污染,三慧不生,现世虽见佛闻法,无四悉檀益,但作未来得度因缘,此名结缘众。"如梁简文帝《相宫寺碑》:"皇太子萧纬,自昔蕃邸,便结善缘。"即指学佛。又如唐司空图《赠岑上人》诗:"巡礼诸方遍,湘南频有缘。"指与僧人结交。又如树恒《绚烂之极归于平淡》谓:"(弘一法师)书写了大量作品,广结善缘。"经上说:"诸恶莫做,众善奉行。"行一切善事,都可以称为"广结善缘"。后来,与人往来、与物接近的机缘,亦泛称"结缘"。如唐朝白居易《醉后重赠晦叔》诗:"岂是今后投分,多疑宿结缘。"又宋朝陆游《湖上》诗:"桃李已忘畴昔分,禽鱼犹结后来缘。"

◆ 化缘

来是指佛菩萨、高僧等在世间示观的教化因缘。释迦牟尼与我们这个世界的众生"有缘",一生教化不懈,就是他的"化缘"。又如唐白居易《上弘和尚石塔碑序》说:"随顺化缘,故坐甘露坛而誓众,主盟者二十年。"这是高僧的"化缘"。俗亦称僧侣乞食为"化缘"。如宋时洪迈的《夷坚志》卷一谓:"元晖,近村王大子也,即作僧,为街坊化缘。"原来,佛门僧侣比丘(Bhiksu),意为"乞士",也就是以乞食为生的人。佛教戒律谓"僧侣为了维持生命而乞食,便是净命自居",可以"省事修道","破一切骄慢"。僧侣募化乞食,广结佛缘,故称"化缘"。推而广之,为了佛事而举办的一切募化活动,也叫"化缘"。

◆ 劫

是"劫波"(Kalpa)音略,意译为"大时",即不能用年数来计算的宏观时间概念。佛教中关于"劫"的说法较多,如小劫、中劫、大劫、阿僧祇劫、磐石劫等。经中说,用一件轻软的天衣,每隔三年拂拭一次方广数十里的磐石,直到此石销尽,谓一"小劫"(见《璎珞经·佛母品》)。而"八十小劫,名一大劫。"(《法苑珠林》卷三)"阿僧祇",梵语 asnkhya,意为无数"阿僧祇劫",犹言无数劫。据说从初发心到成佛要经过"三大阿僧祇劫",简直遥遥无期。然而,《华严经·梵行品》又说:"不可说劫与一念平等。"表明佛教认为时间的长短是"唯心"所变的。经中又说,一大劫中包括世界"成、住、坏、空"四个阶段,"劫"的时间概念由此引申到空间范畴。语词中的"浩劫"、"劫难"等,都是兼有时空双重意义的。

一瓣心香

◆一瓣心香

将一片虔诚之心奉献于崇拜的对象,如同燃香供佛一样,名为一瓣心香。一瓣香即一炷香。心香见于《梁简文帝相宫寺碑铭》:"窗舒意蕊,室度心香。"唐韩偓《仙山》诗"一炷心香洞府开",有心诚则灵之意。后用以表示崇敬。如宋陈师道《观充文忠公家六一堂图书》诗:"向来一瓣香,敬为曾南丰(曾南丰即曾巩)。"

◆薪尽火灭

是比喻人的死亡。《法华经·方便品》有"佛礼夜灭度(逝世),如薪尽火灭"之语。《法华义疏》解释说:"薪尽火灭者,依小乘义,以身为薪,智慧为火,故智慧依于身,身尽智便灭;就大乘释者,薪喻于感,火喻于应,众生感尽,诸佛应息。"小乘人厌世心强,故以交身泯智为解脱;大乘教偏重入世度生,故将佛的去世解释为众生出世的愿望已不迫切,所以佛就示现去世了。

◆野狐禅

凡指学道而流入邪僻,未悟而妄称开悟的,禅家一概斥之为"野狐禅"。这里有一件著名的"公案":昔有一老人,因学人问:"大修行人还落因果也无?"答曰:"不落因果。"结果五百生为野狐身。原来,佛教的"修因证果",正是因果律的体现。老人以为修行人可以"不落因果",恰恰陷入了"邪见",属于"大妄语",结果受了"野狐身"之报。又有个瑞岩和尚,整日价自唤"主人公",复自应诺。宋代的慧开批评他误把"识神"认为"真心",是野狐见解(《无门关》)。后以"野狐禅"泛指歪门邪道。如《儒林外史》第十一回:"若是八股文章欠讲究,任你做出什么来,都是野狐禅,邪魔外道。"

◆醍醐灌顶

"醍醐"是从牛乳中反复提炼而得到的甘美食品。印度人不但视为"世间第一上味",而且认为它有较高的药用价值。佛教常用"醍醐"比喻"无上法味"(最高教义)、"大涅槃"、"佛性"等。至于"灌顶",原来是古印度新王登基时的仪式:取四海之水装在宝瓶中,流注新王之顶,象征新王已有"四海"统治权力。密宗沿用此法,在僧人升任阿黎(规范师)时,"以甘露法水而灌佛子之顶,令佛种永不断故。"后来,诗文中多以"醍醐灌顶"比喻通过智慧、启迪,除却疑虑,从而心地清凉。如白居易《嗟落发》诗:"有如醍醐灌,坐受清凉乐。"又如《西游记》第三十一回:"那沙僧一闻孙悟空三个字,便好似醍醐灌顶,甘露滋心。"

◆"婆心"

"婆心"即"老婆心"之略,源出禅门。有些禅师诲人不倦,絮絮叨叨,犹如老婆子饶舌,丛林中称为"老婆心"或"老婆禅"。"老婆心切",动机未必错,而效果未必好。大慧禅师说:"这一个,那一个,更一个,苦口叮咛,却似树头风过。""老婆心"好比葛藤纠缠,不符合禅宗"单刀直入"的宗风。大慧自称"老僧二十年前有老婆心,二十年后无老婆心。"元代的耶律楚材《请智公尼禅升堂疏》谓:"本有丈夫志,不学老婆禅。"按,佛名"调御丈夫",说法如"狮子吼",正与"婆心"相反。今演为"苦口婆心",意谓反复叮咛。

◆当头棒喝

禅门认为佛法不可思议,开口即错,用心即乖。为了打破学人的迷执,不少禅师或用棒,或用喝,或者"棒喝交驰",作为一种特有的施教方式。"棒"始于德山宣鉴。僧来参问:"道得也三十棒,道不得也三十棒。"雪峰禅师曾说:"我在德山棒下,似脱却千重万重贴肉汗衫。"颇有切肤之痛。"喝"当始于马祖。百丈禅师回忆说:"佛法不是小事,老僧昔被马大师一喝,直得三日耳聋眼黑。"最善于"喝"的,无过于临济义玄,他有四种"喝"法,门下"棒喝交驰"。"德山棒,临济喝,留与禅人作模范"。遂成为禅林的风气。后以"当头棒喝"、"头一棒"泛指警觉迷误。如《镜花缘》第八十四回:"这个笑话虽是逗趣,若教愚而好自用的听了,却是当头一棒,真可猛然唤醒。"

◆实际

在佛教中,"实际"一词与法性、真如、实相、法界、涅槃等含义基本相同,指唯一绝对,常住不变的本体。"实际"无所不容,无处不在,一切现象都是"实际"的显现,故亦名"实际海"。《大智度论》卷三二谓:"实际者,如先说,法性名为实,入处名为际。"隋代的慧远《大乘义章》卷一解释:"实际者,理体不虚,目之为实;实之畔齐,故称为际。""际"犹边际,在"实际"中指特定的范畴而言,用法与"法界"之"界"相同。北魏《中岳嵩阳寺碑》云:"化息双林,终归实际。"此处"实际"当指"涅槃"。"实际"演变为今天的常用词,有两层意义。一,指事实。即客观存在的真实情况。如:不切"实际"。又如:从"实际"出发。二,指实践。如理论联系实际。

◆普度众生

众生,梵语萨(土垂)Sattya,新译(玄奘译法)为有情,旧译(鸠摩罗什译法)为众生,泛指人类和一切动物。普度众生,语出《无量寿经》卷下:"佛告阿难,'钦国菩萨,皆当究竟一生补处。除其本愿,为众生故,以宏誓功德而自庄严,普欲度脱一切众生。'"佛教认为芸芸众生,营营扰扰,漂泊于烦恼苦海之中无有出期,为了众生脱离一切痛苦,于是除学人自身刻苦修习外,还为不同根器的众生,分别演说不同的法要,使众生证悟真理,达到涅槃彼岸,让众生都能过着安宁和乐的幸福生活。普度众生,是佛教所一贯提倡的。

普度众生

◆雁塔题名

雁塔,赤名大雁塔,在今长安慈恩寺,是唐永徽三年(652年)由玄奘法师所建。据《大唐西域记》卷九说当年慈恩寺僧众修习小乘法,喜食三种净肉(即眼不见杀,耳不闻杀,不为我而杀),时有比丘见天空双雁飞鸣,遂思念:"若得此雁可充饮食,忽有一雁堕地下自陨。众曰:'此雁垂诚,宜瘗彼德。'遂于此瘗雁为塔。"长安为唐代首都,自神龙(705年)以来,凡进士及第,皆列名于慈恩寺塔,谓之"雁塔题名",遂成为考中进士的代称。《唐摭言》卷三:"进士题名,自神龙之后,过关宴后,率皆期集于慈恩塔下题名。"《南部新书》说:"韦肇,初及第,偶于寺塔题名,后进慕效之。"后来宋代苏轼、苏辙等登科第皆曾题名于塔上。唐代进士于曲江宴赏之暇,也有题诗于塔上的,如杨载《送完者都同知》"姓名题雁塔,谱牒记龙沙":林光新《次韵奉酬赵校书子直》"雁塔新题目墨未干,去年灯火向秋阑"等诗句,所以又有"雁塔题诗"之说。唐杜甫、岑参等大诗人尝唱和题诗于塔上,至今仍引为美谈。

◆昙花一现

昙花,梵语"优昙钵华"(ud_umbara)的简称。或译作"优昙钵罗华"、"邬昙妙华"、"优昙花",意思是祥瑞灵异。《南史》有"优昙华(花)乃佛瑞应,三千年一现,现则金轮(王)出世"之语。此花产于印度喜马拉雅山附近和斯里兰卡,树高一丈余,叶四五寸,花呈壶状,隐于花托。开花时间很短,佛经中常用来比喻佛法难闻。《法华经·方便品》:"佛告舍利弗,如是妙法,诸佛如来时乃说之,如优昙钵华,时一现耳。"意思是说,《法华经》所宣扬的妙法稀有珍贵,不是经常可听到的,就像优昙钵花的开放难得遇见一样。现在人们常昙花一现来譬喻稀少而又迅速亡失的人或事物。

昙花一现

◆恶口伤人

佛教把言辞粗野,称之为恶。恶从口生,故名恶口。并把恶口列为"十恶"(杀、盗、淫、两舌、恶口、妄言、绮语、贪、瞋、痴)之一。《法华经·不轻品》:"若有恶口骂詈诽谤,获大罪报。"《地持论》:"恶口之罪,亦令众生堕三恶道(地狱、饿鬼、畜生)",故俗有"十恶不赦"之说。佛教对恶口詈骂恼人之言,是最所禁戒的;提倡以爱语、善语与人交谈。如《行事抄》说:"凡有所说,当说善语,不应恶语。"后来把用恶毒言语诽谤他人,使人的感情和人格受到伤害,叫做"恶口伤人"。

◆叶落归根

"树高千尺,叶落归根",已成为客居他乡的人对故土的怀念而发出的心声,也是客居他乡的人终要回到本乡本土的心愿和归宿。此语出自《六祖坛经》,惠能大师将入涅槃时,曾对他的门人说他想回归新洲老家,要门人们迅速给他准备舟楫,弟子们向太祖苦苦哀留。惠能大师说:"诸佛出现,犹示涅槃,有来必去,理亦常然;吾此形骸,归必有所。"六祖又对门人说:"叶落归根,来时无口。"后来把叶落归根比喻事物总有一定的归宿。

◆善财难舍

善财,又名誉财童子。即佛教寺庙供奉的观世音菩萨左边侍立的那一位童子(像)。据《法华经·

入法界》说,当时福城一位长者有五百童子,善财即其中之一。又说善财生时有种种珍宝自然涌出,因此,取名善财。《华严经》还说,善财曾历参53位善知识(知心益友),第28次来到南海紫竹林中参拜观世音菩萨,遂成为善财童子为观音菩萨胁侍的理论根据。如《西游记》第四十三回:"(观音)菩萨骂道:'你这猴子,你便一毛也不拔,教我这善财也难舍。'"后来把善财的"善"取其爱惜之意;善财难舍,说人爱惜钱财,不愿施舍于人,形容非常吝啬。

◆口头禅

禅宗以"不立文字,直指人心为宗旨,提倡直截了当的'顿悟'",甚至说,:"道个佛字,拖泥带水;道个禅字,满面惭愧。"禅宗还认为"开口即错,用心即乖","等你开口,堪作何用!"禅宗的末流,好取现成的经语、公案,挂在口头上,作为谈助,被斥为"口头禅"。"口头禅"完全违背禅宗"顿悟见性"的宗旨。后来,把口头上经常说的一些没有实际意义的话,也称为"口头禅"。兹举例如下:宋代王楙《野客丛书·王先生圹铭临终》诗:"平生不学口头禅,脚踏实地性虚天。"又《菜根谭》前集:"读书不见圣贤,为铅椠庸;居官不爱子民,为衣冠盗;讲学不尚躬行,为口头禅。"

◆聚沙成塔

把细沙聚成宝塔,也作"积沙成塔"。语出佛典。《妙法莲华经·方便品》:"乃至童子戏,聚沙为佛塔。如是诸人等,皆已成佛道。"这段偈子的意思是:甚至于小孩子做游戏,也能聚沙为佛塔。像这样的各种与佛结下善缘的人都已注定将成就佛果。后比喻积少成多,常与集腋成裘合用。例:要懂得聚沙成塔、集腋成裘的道理,注意节约一滴水、一度电、一滴油。

◆一心不乱

"一心"这个词,在先秦儒、道典籍中已经有了。如《尚书·秦誓》:"一心一德,立定厥功。"《庄子·天道》:"其动也天,其静也地,一心定而王天下。"在佛教中,"一心"或为真如实相的异称,或谓心无杂念,更不他缘,犹言专心。这里仅取后面一种意义。"一心不乱"是净土宗的主要修持方法,意思是收摄众念归于一念,专念"阿弥陀佛"名号,念到"一心不乱",妄尽真显,就能同阿弥陀佛的愿力"感应道交",而往生西方净土。其语本于《阿弥陀经》:"闻说阿弥陀佛,执持名号,若一日……若七日,一心不乱,其人临命终时,阿弥陀佛与诸圣众现在其前。是人终时,心不颠倒,即得往生阿弥陀佛极乐国土。"《般若三昧经·行品》中也有类似的说法。在其他佛经中,也可以找到依据。如《坐禅三昧经》谓:"菩萨坐禅,不念一切,唯念一佛,自得三昧。"《华严经·离世间品一》说十种菩萨行时,提到"一心不乱,修三昧行。""一心不乱",按其程度,又可分为"事一心"和"理一心"。

一心不乱

◆习气

"习气"犹言习惯,系长期养成的难以改变的行为、语言和意向。如宋代苏轼《再和潜师》诗:"东坡习气除未尽,时复长篇书小草。"陆游《抄书诗》:"书生习气重,见书喜欲狂。""习气"多含贬义。如谓"官僚习气","流氓习气"等。"习气"一词出于梵语 vāsanā,谓现行的烦恼历久而形成的种种积习,包括"名言习气"、"我执习气"等。正如唐代窥基《成唯识论述记》卷二所说:"官习气者,心现行气分熏习所成。""习气"相继到成熟时,能招生死果报。法相宗认为:断除了烦恼的"种子",伏除了烦恼的"现行"之后,还存在烦恼的"习气"。"习气"在烦恼中程度较轻微,但是难以断除。隋朝智《四教义》卷八说:"十佛地者,大功德力资智慧,一念相应慧观真谛,习气究竟尽也。"这就是说,二乘罗汉还有"习气",只有佛菩萨才能完全断除"习气"。

◆大彻大悟

梁启超在《中国古代思潮》第十六章中说:"修法华三昧,越十四日,智者大彻大悟,遂直接佛传,创立此派。"智者即陈、隋间的高僧智,他在二十多岁时从慧思修行"法华三昧"而彻悟,后来成为天台宗的创始人。"大彻大悟"即彻底的觉悟,亦即完全证到不生不灭的真如实相,不退道心,属于大菩萨的境界。如《观无寿量经》谓:"廓然大悟,得无生忍。"清代有位著名的禅师,是临济宗36世,即以"彻悟"为号。他主张禅净双修,大弘净土宗。"大彻大悟"与通常所说的"开悟"程度不同。"开悟"是觉悟之始,而"彻悟"是觉悟之成。按天台宗"六即"之说,"开悟"为"名字即",见道而已,仍是凡夫;而"彻悟"为"分证即",已经证道,属于圣贤。后用以泛指彻底了解,完全明白。如《老残游记续集》:"你谨记在心,将来自有个大彻大悟的日子,你就知道不是寻常的套话了。"

◆生老病死

佛教认为这是人生所必经历的四种痛苦,也称为(果报)四相。《法华经科注》:"生老病死,四苦也。"相传释迦牟尼为太子时,曾于王城四门分别见到分娩、老人、病人、送葬的景象,因而决心放弃王位继承,出家修道,以期超脱生老病死之苦而达彼岸。后来或以泛称人在一生中的大的遭际,如《仁王经·无常偈》:"生老病死,事与愿违。"清陈忱《水浒后传》第三十一回:"只是在家受不得那受欲牵缠,生老病死,世态炎凉,人情险恶。"或以泛指人民的生育、养老、医疗、殡葬等事。

◆禅

"禅"是梵语 dhyāna(禅那)的省略,意译为"静虑"、"思惟修"等等。"禅"的本义是伏除欲界烦恼的色界"四禅",意谓心中寂静,没有杂念。《大智度论》卷十七:"诸定功德都是思惟修。禅,秦言思惟修。"通常习惯与"定"合称为"禅定"。禅定与布施、持戒、忍辱、精进、智慧合称为"六度"。讲到"禅",很容易联想到"禅宗",禅宗的"禅"即达摩来华所传的"祖师禅",亦称"涅槃妙心。"包括"定"、"慧"两个方面,与"禅定"之"禅"是有区别的。随着禅文化的发展,产生了许多与"禅"有关的用语,如禅房、禅杖、禅林等。又如:因禅而得轻安,谓之"禅悦",懒于修道,谓之"逃禅"。

禅

◆ 宿命

"宿命"出于《四十二章经》:"法门问佛,以何因缘,得知宿命,会其至道?""宿"指宿世、过去世;"命"指生命。"宿命"的意思是:一切众生在过去无数次的轮回中,曾经历的各式各样的生命形态。这种生命形态就是"六道":地狱、饿鬼、畜生、天、人、阿修罗。能够了解"宿命"情况的,谓之"宿命通",属于"六通"之一。这种了解达到完全明白的程度,谓之"宿命明",属于"三明之一"。据小说《琅嬛记》载,南方有一种"比翼凤","能通宿命,死而复生,必在一处。"现在"宿命论"一词。持此论者认为生死、贫富、寿夭等均由命运乃至天命所预先决定,与佛教的本义不同。

◆ 袈裟

身披袈裟,是佛教出家人的特征。南朝陈徐陵《谏仁山深法师罢道书》说:"才脱袈裟,逢人辄称汝我。"《北史·西域传》记载,疏勒国曾遣使赠释迦牟尼佛袈裟一件,入火不燃。袈裟是梵语 Kasāya 的音译,意为不正色,即僧侣的法衣。法衣的用色要避开五正色(青黄赤白黑)和五间色(绯红紫绿碧)故称。因其色浊,亦我"缁衣"、"染衣"等。不过,袈裟传入中国后,用色也不尽一致,也有用鲜艳颜色的,如金缕袈裟、紫袈裟等。袈裟用小片连缀而成,呈长方形。其制分五条、七条和九条(九条至二十五条为一类,称作祖衣)三种。

◆ 清凉

清凉,本是清快、凉爽的意思。《楚辞·九思》中有"旻天兮清凉"之句,即此意。然而,此词被广泛运用,当在佛教传译以后。《大集经》卷14谓:"有三昧,名清凉,能断离憎爱故。"佛教把断除各种热恼(烦恼的异称)而获得的安适宁静的境界,称为"清凉"。例如,唐李商隐《别臻师》诗云:"楞伽顶上清凉地,善眼仙人忆我否?"此外,《华严经·菩萨住处品》记载:"东北有处,名清凉山……现有菩萨,名文殊师利。"中国佛教徒认为,"清凉山"就是山西文殊菩萨道场五台山。唐代华严宗高僧澄观住五台山注经,被称为"清凉国师"。

◆ 方便

指因人施教,导人入佛之权宜方法。《大藏法数》:"方谓方法,便谓便宜,犹善巧也。""方便"为菩萨十度之一,是大乘佛教的一大特色。鸠摩罗什译《维摩诘所说经·方便品》:"有长者名维摩诘……善于智度,通达方便。……欲度人故,以善方便居毗耶离。"同书《佛道品》:"智度菩萨母,方便以为父,一切众导师,无不由是生。"唐朝《孟浩然集一·还山赠湛禅师》诗:"念兹泛苦海,方便示迷津。"以后引申为随机应变或与人便利等。唐朝白居易《长庆集·与杨虞卿书》:"性又愚昧,不识时之忌讳,凡直奏密启外,有合方便闻于上者,稍以歌诗导之。"唐朝韩偓《玉山樵人集偶见》诗:"小叠红笺书恨字,与奴方便寄卿卿。"

◆ 三昧

三昧为梵语 Samadhi 之音译,又名三摩地、三摩提,义为正定、正心行处。《大智度论》:"善心一处住不动,是名三昧。"《大乘义章》:"以体寂静,离于邪乱,故曰三昧。"佛教认为修行能证得三昧,则能引发种种神通妙用。以后遂引申为妙处、极致、蕴奥、诀窍等。《书言故事·赞叹类》:"得妙处,曰得三昧。"《故事成语考·释道鬼神》："儒家曰精一,释家曰三昧,道家曰贞一,总言奥义之无穷。"《宋史·李之仪传》："之仪能为文,尤工尺牍,轼谓入刀笔三昧。"唐朝僧人怀素雅好草书,自言得草圣三昧。可见三昧一词运用已十分广泛"。

◆ 业障

恶业能障碍向善的正道,名为业障,亦作孽障,多指前生所作恶业为今生的障碍。《俱舍论》："一者害母,二者害父,三者害阿罗汉,四者破和合僧,五者恶心出佛身血。如是五种名为业障。"《华严经世主妙严品》："若有众生一见佛,必使净除诸业障。"佛教徒对自己和他人的不规范行为或遭遇到了某种不幸,亦常称之为"业障",民间也有用"孽障"骂人的,意指被骂者是我的祸患或恶果。

◆ 顽石点头

顽石即指无知觉的石头。全句原为"生公说法,顽石点头。"生公指晋末义学高僧竺道生,他为鸠摩罗什的高足,悟解非凡。当时《涅槃经》只部分译出传入南方,其中说除一阐提皆有佛性。道生则坚持认为"一阐提人皆得成佛",遂被守旧者目为邪说摈出僧团。道生因入今苏州虎丘山,传说他曾聚石为徒,讲《涅槃经》,说到阐提有佛性,群石皆为点头。现在虎丘山尚有生公说法台和"点头台"。以后全部《涅槃经》传到南京,其中果然说:"一阐提人有佛性",大众这才佩服他的卓越见识。于是顽石点头的传说便不胫而走。后来以此形容说理透彻,使人不得不心服。《五灯会元》第十七卷:"何故双眉本来自横,鼻孔本来自直?直饶说得天花乱坠,顽石点头。"梁启超《新中国未来记》第三回:"哥哥,你请拿至诚去感动他波,只怕把泰山顽石说到点头还容易哩!"

顽石点头

◆ 精进

"精进"一词,是梵语毗梨耶(Virya)的意译,有时也译为"勤",意为勤修佛法,毫不懈怠地修善正恶,利益众生。《成唯识论》卷六指出:精进以"勇悍为性",因此,经中亦作"勇猛精进"。如《无量寿经》卷上:"勇猛精进,志愿无(竖心+卷)。"又如《大般若经》中有精进菩萨,名"善勇猛"。后来,以"精进"、"能猛精进"泛指刻苦学习,不断进步。如《朱子语类》卷四十三说:"'善人'只循循自守,据见定,不会勇猛精进"。

◆ 业报

相应于善恶业因而感得的苦乐果报,称之为业报,犹民间所谓善有善报,恶有恶报。《宝积经》九十六:"汝自作罪今日来,业报自招无代者。"宋释延寿《宗镜录》二六:"命是一期之业报,曷等真诠!"业报亦作业果,《旧唐书·王缙传》:"又见缙等施财立寺,穷极瑰丽,每对扬启沃,必以业果为证。"佛教的三世因果说深深地影响了中国民众的思想,于此也可见一斑。

◆缘起

"缘起"是佛学的核心理论之一。经中关于"缘起"的论证很丰富,各宗派也有不同的解释,如业感缘起、赖耶缘起、如来藏缘起、一真法界缘起等。佛家很重视"缘起观智",所谓"深入缘起,断诸邪见"。概括地说,事物(有为法)处在因果联系的网络中,依特定的条件而产生,因相互的作用而变化,称为"缘起"。唯其如此,任何事物都没有独立不变的自性,称为"缘起性空"。"缘起"说明现象是存在的,而本质是"空"的,也说明了没有造物主可以主宰宇宙、人生。在佛籍中,有一种阐明编述始末的书,也称为"缘起",如《付法藏缘起》。后亦用以代称某些序言,甚至泛指一事物产生的缘由。此外,在敦煌变文中,有一类演述佛经故事的通俗文体也称为"缘起",如《丑女缘起》、《目连缘起》。

◆眼界

今以见多识广为"眼界宽",增加见识为"开眼界"。前人用"眼界"入诗,如唐朝王维《青龙寺县壁上人兄院集》诗云:"眼界今无染,心空安可迷。"这个词出于佛经,《心经》有:"无眼界,乃至无意识界;无无明,亦无无明尽。""眼界"即"眼根",为六根之一,大致相当今天所说的视觉器官。包括眼球和视神经等。因为六根属于"十八界"中的一类,所以"眼根"亦名"眼界"。能够维持自相,不与他相混淆,称为"界"。眼界与色界相对,产生眼识界(视界)。

◆菩萨

北周庾信《五张寺经藏碑》:"如来说法,万万恒沙;菩萨转轮,生生世界。"菩萨,乃是梵文事菩提萨埵(Bodhisattva)的省音,意译为"觉有情"、"道众生"等。佛教指上求佛法,下化众生的圣者。在"三乘"中,菩萨高于罗汉而次于佛。菩萨标榜大慈大悲,普度众生,是大乘精神的象征。我国民间熟悉的菩萨有观世音、大势至、文殊、普贤、弥勒、地藏等。菩萨普度众生,往往变现各种"化身",如观音菩萨就有"三十三身"。《法华经·五百弟子品》谓"内秘菩萨行,外现是声闻。"声闻,即罗汉。唐白居易《送宗实上人游江南》诗:"无访菩萨是船师。"船师,是"凡夫身"。此外,萨埵(sattva),除译为"有情"、"众生"外,亦译作"勇猛"。因此,"菩萨"亦可释谓勇猛求取佛道的圣者。

◆微妙

事物关系十分复杂,超出常理,谓之"微妙"。如,他们俩的关系很微妙。"微妙"本来是道家之言

◆心花

佛教以本心之清净譬于莲花,故名心花。《圆觉经》:"若善男子,于彼善友,不起恶念,即能成就正觉,心花发明,照十方刹。"唐本《华严经·六十六》:"又如满月出现虚空,令可化者心花开敷。"南朝梁萧纲(简文帝)《又请御讲启》:"俾兹含生,凡厥率土,心花成树,共转六尘。"后来多用以比喻心情开朗愉快,如"心花怒放"。怒放:大开。清李宝嘉《文明小史》第六十四回道:"平中丞此时喜得心花怒放,连说'难为他了,难为他了。'"出于《老子》:"微妙玄通,深不可识。"是幽隐、玄奥之意。佛教初传时,借用老庄的成语"格义","微妙"由此而成了佛门的常用语,意谓佛法深奥,难以用常理思维,很难用常言表达。《维摩诘经·菩萨品》说:"微妙是菩提,诸法难知故。"禅宗亦把"教外别传"的"心法"称为"微妙正法"。又,微妙有时被引申为"美妙"的意思。如苏轼《听僧昭素琴》诗云:"不知微妙声,究竟

从何出?"

◆ 五十三参

比喻虚心求教,不辞辛苦。语出佛典。《华严经·入法界品》说,善财童子最初从文殊菩萨处发菩提心,次第南行,先后向菩萨、佛母、比丘、比丘尼、优婆塞、天神、地神、主夜神、王者、城主、长者、居士、童子、天女、童女、外道、婆罗门等53位善知识参访请教,并依教奉行,终于获证善果。这个故事在民间流传甚广,善财童子因此成为佛教徒虚心求法,广学多闻的典范。

◆ 井中捞月

源出佛教的一个寓言故事。据《僧祇律》载:佛对诸比丘说,过去世时,伽尸国波罗奈城有五百只猕猴,一日在林中玩耍,来到一井边,猕猴主见井水中有一月亮(影子),于是对同伴说:"月今日死,落在井中。我们应把它捞出来,以免世间长夜暗冥。"众猴不知如何下手。猕猴主见井边有一树,乃说:"我捉树枝,汝捉我尾,辗转相连,乃可出之。"于是众猴辗转相捉,树弱枝折,群猴都掉进井水里了。佛陀以此故事讽喻那些自以为是,分不清是非虚实,害己害人的外道邪师。以后用来比喻追求虚幻的事物,白费心机。又作"水中捞月"。宋释道原《景德传灯录》卷七:"尸利云:'佛性犹如水中月,可见不可取。'"元杨景贤《刘行首》第三折:"恰便似沙里淘金,石中取火,水中捞月。"明凌濛初《初刻拍案惊奇》第十三回:"五钱银干什么事?况又去与媳妇商量,多分是水中捞月了!"亦作"水中捉月"。《景德传灯录》卷三十《永嘉真觉禅师证道歌》:"镜里看形见不难,水中捉月争拈得。"

宋黄庭坚《山谷集·沁园春》词:"镜里拈花,水中捉月,觑着无由得近伊。"

◆ 镜花水月

镜中花,水中月。原喻世界虚幻不实。宋释道原《景德传灯录》卷十四:"三界六道,唯自心现,水月镜像,岂有生灭?"后比喻诗文中空灵的意境。宋严羽《沧浪诗语·诗辨》:"故其妙处,透彻玲珑,不可凑泊,如空中之音,相中之色,水中之月,镜中之像,言有尽而意无穷。"明谢榛《诗家直说》第一卷:"诗有可解,不可解,不必解,如水月镜花,勿泥其迹可也。"现多泛指幻觉中的美好景象或不可捉摸的东西。

镜花水月

◆ 开山

也作开祖、开山祖师。佛家多选择名山创建寺院,谓之开山。因此称寺院的第一代住持为开山祖。《佛祖统纪》卷八《择卿传》云:"建寿圣院,请师开山。"《续传灯录·龙翔士珪禅师》曰:"屡迁名刹,绍兴间奉诏开山雁荡能仁(寺)。"后常泛指一宗一派的创始人为开山祖师。如宋刘克庄《诗话》:"欧公(欧阳修)诗如昌黎(韩愈),不当以诗论,本朝诗惟宛陵(梅尧臣)为开山祖师。"

◆ 六根清净

佛教认为眼、耳、鼻、舌、身、意六根是罪孽的根源。因为六根与六尘(色、声、香、味、触、法)相接而产生各种欲念,导致种种烦恼,所以必须经过修炼使六根清白洁净,从而转凡成圣。《法华经·法师功德品》云:"以是功德,庄严六根,皆令清净。"《智度论》曰:"布施时,六根清净,善欲心生。"明许仲琳《封神演义》第二十五回也说道:"比干自想:神仙乃六根清净之体,为何气秽冲人?"

◆三教九流

亦作九流三教,泛指古代中国的宗教与各种学术流派,也指社会上各行各业的人,是古代中国对人的地位和职业名称划分的等级。

三教指的是儒、道、释三种教派。这种说法起自三国时代。本来以孔子为创始人,后来又经孟子加以发扬的儒家学说,只是一种学术流派,并不是一种宗教。不过,从汉朝时候起,崇尚儒家的人,为了抬高孔子的地位,把儒家学说渲染得像宗教一样,并且在祭孔大典中,大量地加入了宗教的仪式。因此,到了三国时代,就有人把儒家学派当作一种宗教来看待了。

道教是东汉时期创立的一种宗教,最初称"太平青领道"。其中有一派叫作五斗米教(即天师道),创始人是张道陵(即道教中的张天师);另一派叫作太平道,创始人就是领导东汉末年黄巾起义的张角。信道教的人讲究炼丹修道,寻找长生不死之法,这是和佛教的出世思想最大的不同点。道教的教义原来并不含有反抗封建统治者的意图,但是道教的组织却常被农民阶级利用来作为联络群众发动起义的工具。在唐朝,由于统治阶级的提倡,道教曾盛极一时。

民间传说中的"三教九流"

佛教是指释迦牟尼创设的佛教。佛教起源于印度,大约在汉朝时候传入中国。到了三国时期,信仰的人已经相当众多。佛教传入中国,与本土儒教、道教发生论战。公元573年,北周武帝亲自召集百官及沙门道士等"辨佛三教后"问题,最后做出了"儒教在先,道教次之,佛教在后"的结论。从此后人说三教通常即为儒、道、佛。

九流指的是春秋战国时代互相争鸣的儒家、墨家、道家、名家、法家、杂家、农家、阴阳家、纵横家等九种学术流派。这种名称要比"三教"的名称出现得早些,在《汉书·艺文志》里,就已经有了这个名词。

儒家学派的代表人物有孔子、孟子和荀子。儒家崇尚礼乐和仁义,提倡忠恕和中庸之道,主张德治和仁政,重视道德伦理教育和人的自身修养,强调教育的功能,认为重教化、轻刑罚是国家安定、人民富裕幸福的必由之路,主张有教无类,对统治者和被统治者都应该进行教育,使全国上下都成为道德高尚的人,政治上主张以礼治国,以德服人,呼吁恢复周礼,并认为周礼是实现理想政治的理想大道。墨家的代表人物为墨翟。

墨家在政治上主张尚贤、尚同和非攻,经济上主张强本节用,思想上提出尊天事鬼,同时又提出非命的主张,强调靠自身的强力从事。

道家的代表人物为老子。道家认为天道无为,万物自然化生,否认上帝鬼神主宰一切,主张道法自然,顺其自然,提倡清静无为,守雌守柔,以柔克刚。政治理想是小国寡民、无为而治。

名家的代表人物为惠施和公孙龙。名家因从事论辩名(名称、概念)实(事实、实在)为主要学术活动而被后人称为名家。

法家的代表人物为春秋时期的管仲、子产,战国初期的李悝、商鞅、申不害、慎到,战国末期的韩非。法家在政治上主张以法治国,废分封,设郡县,君主专制,仗势用术,严刑峻法,经济上主张废井田,重农抑商,奖励耕战,思想和教育方面则主张禁断诸子百家学说,以法为教,以吏为师,故称之为法家。《汉书·艺文志》著录法家著作有217篇,今存近半,其中最重要的是《商君书》和《韩非子》。

阴阳家的代表人物为战国时齐人邹衍。阴阳家提倡阴阳五行学说,并用它解释社会人事。《汉书·艺文志》著录此派著作21种,已全部散佚。成于战国后期的《礼记·月令》,有人说是阴阳家的作品。《管子》中有些篇亦属阴阳家之作,《吕氏春秋·应同》、《淮南子·齐俗训》、《史记·秦始皇本纪》中保留一些阴阳家的材料。

杂家的代表人物是战国末年的秦相吕不韦。吕不韦下有宾客3000。他集中众宾客的智慧,在秦王政(秦始皇)即位后8年编出了一部有名的大书——《吕氏春秋》,分"十二纪"、"八览"、"六论",合160篇,20余万字。这部书兼收并蓄了流行的各派学说,加以融会贯通,自成一家之言。

大体上讲,对于儒家和道家主要是采取尽量摄取的态度,对于墨家和法家则主要是采取批判的态度。它主张遵守儒家修身、齐国、治家、平天下的理论,重视道家的养身之道,反对墨家的"非乐"、"非攻"和法家的严刑峻法。它宣传统一的思想,鼓吹儒家的"禅让"之说。农家的代表人物是战国时期的楚国人许行。《吕氏春秋》中有《上农》、《任地》、《辩土》诸篇,也可看作农家学说的一部分。农家学派讲究农业生产技术,对于总结我国古代的农业经验,曾有过一定的贡献。纵横家的代表人物有苏秦和张仪。他们都是战国时代著名的外交活动家。他们讲究以纵横捭阖的手段,或者辅助各国君主联强攻弱,或者辅助各国君主抑强扶弱。为了统治阶级的利益,他们的策略可以随时根据形势的变化而改变。

后来,民间又按社会地位,将"九流"分为"上九流"、"中九流"、"下九流"。

"上九流":帝王、圣贤、隐士、童仙、文人、武士、农、工、商。

"中九流":举子、医生、相命、丹青(卖画人)、书生、琴棋、僧、道、尼。

"下九流":师爷、衙差、升秤(秤手)、媒婆、走卒、时妖(拐骗及巫婆)、盗、窃、娼。

民间还将九流编为顺口溜:

上九流:一流佛祖、二流仙、三流皇帝、四流官、五流烧锅、六流当、七商、八客、九种田。

中九流:一流举子、二流医、三流风水、四流批、五流丹青、六流相、七僧、八道、九琴棋。

下九流:一流巫、二流娼、三流大神、四流帮、五剃头、六吹手、七戏子、八叫街、九卖糖。

三教和九流的名称在汉朝是儒、道、佛三教及学术流派,并不含贬义。后来,民间将其改造的词意已经与原词意相悖,故近代以后是含有贬义词的意思。

第六节　佛教对民俗风情的影响

在嵩山地区,还有很多人长年在家吃斋念佛,还有一些人为图吉利,给孩子起乳名"和尚"。遇到灾荒年,贫苦人家养不起孩子的就把孩子送进寺院当和尚,因此嵩山地区有灾荒年和尚坐月子的说法。佛教的因果报应、六道轮回说对嵩山地区百姓影响极大,寺院里一些反映因果报应、六道轮回的壁画,基本成为不识字信众的教材,他们根据这而立身处事。还有很多人家里都供有观音菩萨,祈求发财、平安。有些村庄名称也与佛教有关,如马寺庄、杨寺庄、观音堂、五座塔、塔沟、佛光峪、塔湾、塔庙、寺沟等,有的干脆以寺院名作为村庄名,如少林寺、龙潭寺、大塔寺等。

佛教对民俗风情的影响,还表现在嵩山地区对传统武术的喜好和偏爱上。跋陀住持少林寺后,四方闻讯而来者,数以百计,听其讲经说法,民间习武之人或有其他技能的人也相继来到少林寺,并剃度为僧,跋陀的弟子僧稠、慧光就是其中的两个代表人物。西魏北周时期建立的"军民一体,兵农合一"的府兵制度,在隋唐时期也得到了进一步的完善,府兵由一般民户中简选,不再像以前只限于世袭军户,这项政策的制定,实际上是将兵源及武装习武活动等扩展到了民间。自五代末至宋初,由于宋王室与夏辽、金少数民族政权长期对峙,战事不断,武备提到了重要日程,这为少林武术的进一步发展提供了有利的政治环境条件。

据史料载宋初承袭五代遗风的手搏和角抵等武术活动兴盛,其活动形式有二:一是平常在村中自家房舍内进行武术演练;一是有比赛性质的露台(擂台)争交,不分重量、等级以巧、智、勇决胜负,"天下无敌者,方可夺其赏"。在朝廷支持、民间尚武这样的大环境下,少林寺当家僧人福居和尚,一方面激励寺僧勤奋刻苦习武,另一方面为了提高寺僧武功技艺,于后周显德年间(954~959年)派弟子到全国各地去邀请武术名家,到少林进行演武。现今流传的清末时抄本《少林拳法》称北宋初年少林僧福居,曾邀请民

佛徒在释迦牟尼成道日的朝山盛会途中

间武术家到少林寺交流武艺。少林寺这次取众所长,使寺僧武术与民间武术融为一体汇集成的拳谱,是少林武术发展史上第一次对武术套路技法进行编纂整理,从而不仅规范了少林武术的套路技法,而且对于传播少林武术起到了推动作用。两宋时期统治长达320年,长期与辽、金、西夏少数民族对峙,战争频繁,内忧外患,为了保护乡井,中原地区出现了大量的民间结社组织,使少林武术在民间得到更加广泛的交流和普及,这对丰富少林武术的内容以及技术的发展,起到了促进作用。棍法于宋代在民间就已形成了对抗性的运动竞技项目,善使棍棒的人是很多的。明代以拳术和棍术为核心体系的少林武术,来源于民间,流传于民间,不仅具有较高的技术层次,而且较好地解决了武术在封建社会环境下适应性与实用性相统一的问题,因而它能够在民间获得广泛的流传和极高声誉,形成其他武术门派和拳种不能望其项背的武术地位。明代中后期出现了"民多仰机利而食,俗杂好事,多贾治生"的经商浪潮,为获取更大的商业利润,一些商人利用当时已成网络的商业路线从事长途贩运,这种经商方式除备尝艰辛外,常于途中遭遇敲诈、抢劫甚至丧命等风险,为化解商途风险,有的商人习武自卫,但并非所有商人都有此等绝技,故雇用镖师以防不测便是多数行商的惯常做法。因向有"天下功夫出少林"之说,所以身怀少林武艺者常成为商人雇用镖师时的首选。此外,明中期后各种社会矛盾日趋显性和复杂,社会动荡不安,人们的生命财产无法得到保障,一些官僚、富室也常聘身怀绝艺者或为保镖,或看家护院。而民间为自卫计也习武成风。

进入清代后,随着清代政府早期数次禁武令的颁布和后期火器取代冷兵器军事价值,清代民间武

术的发展脉络呈现出由最初的抗争进而到屈从隐匿并最终淡出军事舞台的变化态势。习练武术的目的也从最初唯技击是图逐渐转化为技击与养生并重。然而在社会上,少林武术声誉日隆,流传更加广泛,特别是康乾年间,少林弟子进入各地,反清复明,秘密组织,以结社形式和宗教组织形式,将少林武术广泛地传播于大江南北,有力地促进了少林武术走出寺院,在社会上得到传播与发展,并适应新的特殊环境的需要,逐步完成了向民间武艺的改造,使军事武艺转化为民间武艺,粗实武艺转化为精致武艺,使中国武术进入了一个新的发展时期,也定型为我们今天所见的基本面貌。据《朱批档》,清乾隆五年(1740年)河南巡抚雅尔图奏折曰:"豫有少壮之民,见于强悍,多学拳棒。"清代虽然禁止民间教会、帮会习武,并一度将少林武僧聚众传武视为"邪教"帮凶,但事实上清廷是愈禁反而传得愈广。同时,鉴于少林武术在民间流传已不能完全禁止的现状,清廷对民间传习少林武术并没有予以严格禁止,甚至对少林寺僧在社会上一些传武活动也是容忍和许可的。这反映了清朝禁教的本意,即主要是禁止公开进行"反清复明"教会的,而不是禁止一切传武活动。清代少林武僧频繁在民间的传武活动可证。《郑板桥笔记》中就记载了湖北魏子兆学艺于少林寺僧的情况:"遇少林寺僧,授以练气运神之诀,魏习之数年,周身坚硬如铁,值运气时,气之所至,虽刀斧勿能伤也。"郑的描述当然有些夸张,但能证明的是少林寺僧敢在社会上传艺。此外,王韬的《遁窟澜言》、俞樾的《荟萃编》、徐珂的《清稗类钞》等都有少林寺僧在民间传武的记载,其中《清稗类钞》记载尤多。不仅如此,甚至清代蒲松龄的文言小说《聊斋志异》里都写有少林寺僧在民间传武,并且有"少林宗派"的说法。这反映出清代少林武僧在社会上传武是很普遍的。到清代后期,随着民间教会"反清复明"势力的削弱,清廷禁令形同虚设。不仅如此,清廷还利用民间的乡勇湘军镇压太平天国,利用义和团反对洋人。这说明清廷在形势逼迫下政策已发生了变化,即由初期的反对民间聚众习武,到后期有选择性地利用民间武术组织,这种变化对少林武术的广传也起到了积极作用。

民国初年,一些民间的武术高手和军中武术将领纷纷归来少林,将民间和军旅阵前的实战技法融于少林武术,从而使少林武术更加完善充实,功夫更加提高,内容也更加丰富。抗日战争爆发,许多少林武术高手以满腔热情,广泛地传播少林武术于民间。中华人民共和国成立前,几乎村村都有会打少林拳的,一些村庄相沿成习,男女老少打拳成风,代代相传,形成了很多武术村,如登封市石道乡的阮村,东金店乡的骆驼崖村、券门村,唐庄乡的磨沟村,大金店镇的书堂沟村、箭沟村、大金店村、雷村等。同时,嵩山地区也形成了很多少林武术世家,如骆驼崖梁家、塔沟村刘家、雷家沟王家、石道王楼王家、书堂沟陈家等。

总之,从佛教对中国各方面的影响,可以使我们看到佛教的精深玄妙和五彩斑斓,看到中国传统文化极广的开放性、极大的包容性和极强的创造力。这些熠熠生辉的文化遗产,不仅表现了中华民族的杰出智慧和卓越才能,而且也反映了中印文化交流的悠久历史。

卷四　三教合一在嵩山

三教文化属于中国传统文化,三教合一,即儒、道、佛三教相互包容和相互融合。儒家最高称圣,道家最高称仙,佛家最高称佛。圣、佛、仙皆由人成。成者,非天生,而是修学的成果。儒、道、佛文化是人类智慧的精神财富,是人类对主客体认识的知识结晶。人类文明的历史发展,以及现代、未来的文明人类的前途,都与儒、道、佛传统文化密切相关。

中国文化源远流长,其文化主体是由儒学、道教和佛教所构成,三教相互影响,不断在交流融汇中丰富中国文化的内涵。在中国历史上,以儒教为国教、以佛教、道教为两翼,三教互补,各得其所,大道并行不悖。继承、研究、融合、发展儒、佛、道的传统文化,是对人类文明的承前启后。

三教文化产生于不同的地域和不同的文化背景,三教文化的差异与三教文化创始人的学说传承、认识方法、适用对象、目的追求不同而密切相关。所以,形成了三教不同的文化体系。由于它的不同和差异,三教文化在其融合中经历了不可避免的冲突、曲折和情感折磨。三教的分合是贯穿近二千年中国思想文化史中一股重要的流,对中国文化乃至中国社会的变迁产生巨大影响。任何一门宗教的理论,都是由一种学说、哲理演化而来的。一千多年的儒、释、道合一之趋势,使三教文化不断发展和深化,不断地认识和接受。从撞击冲突到融合融化,再发展到汇成三教合一的大潮流,这是中国传统文化形成的基本过程。

三教合一文化出自于儒释道三教,但不同于三教,是的融合发展的基础上形成的一种新的思想和文化。三教合一文化以独一无二的理念、智慧、气度、神韵,代表了社会进步的文明思想,它不断随着时代的发展而发展,其典型的文化特征是不断地弃其旧有传统文化之落后和糟粕,而凝聚传统文化中之精华和代表性的东西,形成一种高层次的文明思想,其文化形态将不断与时俱进,以其强大的普遍性、包容性和融合性而成为中国传统文化中最有生命力的文化。

第一章 三教合一在嵩山的宗教文化背景

宗教是关于超人间、超自然力量的一种社会意识,以及对之表示信仰和崇拜的行为,是综合这种意识和行为并使之规范化、体制化的社会文化体系。从古文献记载和考古发现来看,至迟在原始社会晚期的新石器时代,以嵩山为中心的嵩山地域的先民们便有着深厚的宗教意识。当嵩山地域的历史步入文明时代早期亦即夏、商乃至西周时期,原始的宗教意识在原始宗教的基础上便有了进一步的发展,并逐步演变为奴隶主阶级的重要精神支柱和礼乐制度的重要组成部分。

纵观嵩山地域的早期文化史,当时的社会确实弥漫着一种宗教气氛。这种气氛是嵩山早期文化的重要组成部分。甚至可以说,一部嵩山文化的形成和发展史,从某种角度上说,也是一部宗教活动史。因而,探讨和研究嵩山早期(原始社会晚期和夏、商、西周)宗教史迹,对于正确认识三教文化在嵩山地域的形成与发展,并客观地对待当今存在的宗教观念,有着重要的历史意义和现实主义。

第一节 原始社会晚期

原始社会晚期,指的是考古学上的新石器时代的裴李岗文化、仰韶文化和龙山文化时期,这一时期经历了母系氏族社会、父系氏族社会和军事民主制时期,最终步入文明时代的门槛。

原始时代,由于生产力水平的低下,刚刚从蒙昧中走出的初民,面对强大的自然界,感到自身力量的渺小,由此产生恐惧和敬畏,便以后人所谓的万物有灵论思想去解释周围的一切。原始部落都有图腾崇拜。原始的人们认为万物都有灵,"灵魂"是什么?灵魂就是神灵控制的精神世界。嵩山地域的新石器时代开始于距今1万年前,目前在嵩山地域的裴李岗文化、仰韶文化、龙山文化等新石器时代的人类生活遗址中挖出来的石器、陶器来看,那时人类的图腾崇拜和神灵崇拜已经普遍存在。

就母系社会来说,距今7000~8000年的裴李岗文化自20世纪70年代首先在河南新郑市裴李岗村发现以来,便使人们认识到了仰韶文化之前的中国远古文化的独特面貌。在裴李岗遗址中有房基、窖穴、墓地等村落遗迹,似有一定布局,居住建筑集中在遗址中部,墓地在西部和西北部。从裴李岗文化遗址中发掘的墓地规模较大,共清理墓葬114座。墓葬集中于公共墓地,墓穴排列有序,多单人葬。墓葬绝大多数都有随葬品,随葬品多少不一,均为石器和陶器之类的生产工具和生活用具,也有个别的墓葬随葬有装饰品或艺术品。值得注意的是,在单人墓葬中,凡随葬石磨盘、磨棒的墓内,均不见石斧、石铲、石镰等生产工具，反之亦然。两类生产工具不共存。经过人骨鉴定，可以看出随葬石磨盘、磨棒的墓主人是女性。随葬石铲、镰、斧的墓主人是男性，可见当时男、女分工比较明确，男的已成为农业生产的主要劳动者，女的则是以加工粮食和操持家务为主。有研究者分析，裴李岗时期的人们按性别进行自然分工，由于劳动生产和生活需要，出现了对使用的生产工具和生活用具的占有，这种占有是更好地劳动，向氏族内提供更多的满足其成员生活的产品，绝不是强迫别人去劳动，占有其产品。人死之后把生前使用的生产、生活用具同时埋葬，以便跟他到另一个"幽冥世界"生活，这是当时具有原始宗教信仰的性质。而1座墓内有几件甚至十几件生活用品或几件生产工具，且这种墓多属女性，这在母系社会中，是女权的象征，恰恰是母系氏族的反映。

到了仰韶文化时期，社会开始进入父系氏族。在仰韶文化遗址中出土了大批彩陶，彩陶纹饰有叶状纹、星云纹、窝纹、网纹等。这些花纹在一定程度上反映了当时人们的原始信仰和生产、生活情况。其中叶状纹最为流行。据已故历史学家孙作云先生考证，此乃车前草（其实为车前子，妇人食而易孕），是夏代先民们的植物图腾（动物图腾为蛇）。

最有代表性的是1978年在临汝市阎村发现的《鹳鱼石斧图》。这是在仰韶文化遗址出土的一件绘有较复杂图画的陶缸，陶缸绘有鹳鸟衔

原始古墓葬中的龙图腾与人体排列

鱼，旁边竖立一柄石斧的画面。《鹳鱼石斧图》画面纵37厘米，横44厘米。作者用白色在夹砂红陶的缸外壁绘出鹳、鱼、石斧，以粗重结实的黑线勾出鹳的眼睛、鱼身和石斧的结构，画面效果粗犷有力，绘画具有中华民族远古时代的造型特征，在绘画史上，它不仅反映了人类童年绘画萌芽时期的艺术风格，而且以其宏伟的气势，体现了中国史前彩陶画艺术创作的最高成就，被誉为中国美术的起源。学术界认为这是一幅中国最早的彩陶图腾画，属新石器时代仰韶文化类型。石斧是新石器时代人们普遍使用的生产工具。人们用石斧砍倒荆棘，开辟田地。人们用石斧防御猛兽袭击，保护自身安全。石斧在原始人征服、改造大自然的斗争中发挥了巨大的作用。自然，原始人对石斧产生了崇拜的心理。

彩陶缸绘鹳鱼石斧图

画面上的石斧是经过作者精心艺术加工处理的，它不是简单地静物写生。真实情况，石斧只能随意平放，不会自然竖立。作者用黑色线条准确地勾勒出石斧的真实形象，并赋予它灵性，使它人格化，让它巍然屹立在画面右边，斧刃朝向外边，形象严肃，一丝不苟，显示出巨大的威力。从这样的构思中，我们可以体会出中国史前绘画艺术家把现实主义与浪漫主义相结合的创作思想。石斧已经成为氏族图腾，接受人们的顶礼膜拜。画面上的鹳鸟，是能给原始氏族带来欢乐、吉祥的益鸟。鹳鸟衔着大鱼，虔诚地面对石斧，意味着向石斧奉献供品，祈求石斧保佑氏族平安、吉祥、欢乐、丰收。这幅彩陶画极有可能是原始氏族图腾崇拜礼仪场面的一个特写镜头。

洛阳王湾遗址曾发掘了一批仰韶文化的墓葬76座，其中有43座为儿童瓮棺葬，葬具为小口尖底汲水瓶，瓶上留有小口。成人墓葬

多为单人仰身直肢"二次葬",头皆向西北。这里的"二次葬"是将葬者的尸骨迁至"故宅"第二次埋葬。在死者的头骨有较普遍的涂朱现象。上述例子表明当时社会流行着图腾信仰,人们认为自己的始祖与某些动物或植物有着密切的关系,这实际上是居住在这一地区的某些氏族或部落把自然物的崇拜和祖先崇拜结合在一起的一种原始的宗教形式:认为人死后有灵魂的存在,小口尖瓶的小口可能是供亡灵的游出,尸骨的归葬可能是亡灵的返故,头骨的涂朱则可能是借以保护亡灵。成人葬者的头部皆向西北,约反映了当地先民对自然天体中的北斗星的崇拜意识,因为到了后代,北斗成了名副其实的"鬼官"。

仰韶文化之后的龙山文化时期,从考古发现来看,在龙山文化遗存中,发现有较多的宗教遗存。从嵩山地域发掘的一些龙山文化遗址中,出现了以人为性的现象,并发现有少量卜骨、陶祖等。如在登封王城岗城址的圆形夯土坑内,填埋有一些成年人和儿童的骨架,一个坑内少者埋2具,多者埋7具。这些情况表明在营建较大的建筑物时,有用人作奠基的现象。在临汝煤山遗址发现的一个埋在房基土内的儿童,没有墓圹。在洛阳古利东杨村和煤山遗址的堆积层中,发现有被人特意安放的人骨架,其中东杨村的二具人骨一字横排,头均向南,没有墓圹和随葬品。煤山的一个人骨则被安放成头低足高的形状。这些特意安放者应为巫师。死者应系祭祀的牺牲。其祭祀原因,可能是祭天,也可能是祭山川诸神,意在祈福禳灾。洛阳博物馆收存有龙山文化的陶祖,它表明随着父权制对母权制的取代,人们愈来愈重视父系的传宗接代,男性生殖器的崇拜便成了祖先崇拜的一种形式,而这种形式又标志着图腾崇拜的衰落和祖先崇拜的兴起。

统观原始社会晚期的这些宗教史迹,当时的宗教意识主要表现为图腾信仰、鬼魂崇拜和自然崇拜,而且这些崇拜又反映了人们对自然世界中事物的神秘感和恐惧感。尤其注意的是,在原始社会的末期阶段,早期的图腾神或自然物的崇拜已初步发展到杀人祭祀,早期的图腾信仰又发展为祖先崇拜,成为一种宗教性的社会活动。这个过程说明管理人的集体活动的组织,如国家机器,还没有产生,宗教是限制人的自然属性,保证和培养人的社会性的唯一有效的手段。因此说,宗教的规范往往成为人们共同遵守的社会规范,其原始社会末期阶段的宗教气氛更为浓郁且加入了一定的人为因素,又预示着文明时代即将到来。

第二节　夏商时期

我国第一个奴隶制国家政权夏王朝的建立,开始了我国历史的新纪元。一般认为,我国上古文明时代是从夏代开始的,而文明时代的诞生又与夏王朝的奠基者大禹的业绩密不可分。他为英雄时代做了总结,又为文明时代铺平了道路。

《史记·夏本纪》载:"禹之父鲧,鲧之父曰帝颛顼,颛顼之父昌意,昌意之父曰黄帝。"从中可知,禹是黄帝的后裔,夏族的祖源是黄帝。史料记载,嵩山地域是夏王朝的中心地区。诸如《逸周书·度邑篇》载:"自洛汭延于伊汭,居易无固,其有夏之居。"《史记·夏本纪》《索隐》引《连山易》载:"鲧封于崇",史书称夏部族的祖先鲧和禹为"崇伯鲧"和"崇禹",说明他们曾是崇山即嵩山地区的部落酋长。《太平御览·地部四》嵩山条引韦昭注云:"崇、嵩古通用。夏都阳城,嵩山在焉"。

古籍称黄帝为有熊氏,可能因为黄帝是以熊为图腾的部族的酋长。而在嵩山周围流传的许多夏朝的鲧和禹等人神话和传说与熊有关。如鲧化为黄熊，禹化为熊。这种神话正和原始社会关于人死以后其灵魂回归于图腾的信仰观念相符合，它表明夏部族到鲧和禹的时代可能还保留着黄帝族熊图腾的残余习俗。由此可知，夏部族原是古老的黄帝族的后裔，到了鲧和禹的时期，在嵩山地区逐渐发展成为一个强大的部族。

从文献记载可知，夏人尤为崇龙。《山海经·大荒西经》描绘夏王启"珥两青龙，乘两龙。"《海外西经》郭璞引《归藏·郑母经》云，启"御飞龙祭于天"，到上帝那里去做客。《史记·夏本纪》言孔甲时"天降龙二，有雌雄"，交给擅长养龙的人去饲养，后"龙一雌死，以食夏后。"由此看来，当时的龙是现实的动物，且又被人为地加以神圣化，偃师二里头遗址曾出土一件残陶器，其上刻画有双龙。一龙巨眼、利爪、周身有鳞，一龙是一首双身，这也是当时人们把龙（蛇）神圣化的写照，把龙与君王、天神联系起来，揭开了龙的崇拜新的一页，对后来的民族文化和民俗文化的影响极为深远。

原始的灵魂不灭的思想，在夏代有了进一步的发展，随着生产财富的增多和人与人之间等级界限的加深，死者墓穴的大小和随葬品的多寡也有明显的差异。偃师二里头遗址的一些较高等级的墓内，墓底有铺垫朱砂的现象并随葬有铜、玉、陶、石、骨器，借此保护死者的亡灵或供死者在阴间享用。在偃师二里头遗址中部有一座大型夯土基址（二号宫殿），主要包括围墙、廊庑、大门、庭院、中心殿堂等一组建筑。在殿堂之后偏中的地方，有一座相当大的大墓。由此推测，该殿址应为祭祀已故君王的陵寝建筑，反映出夏人非常崇尚血缘关系，并认为祖先灵魂会保佑后世的康泰或平安。

原始社会晚期，登封王城岗遗址与偃师二里头两座遗址说明，嵩山地域已进入文明

灵魂终归于天地

时代。从考古的发现推论，登封王城岗遗址为龙山文化中期产物，历史典籍中称"禹都阳城"，大约可以表明禹都之地与所发现的王城岗遗址十分相近。到了偃师二里头文化的发现，考古学基本上已断定了在夏朝400多年的活动区域大致都在嵩山地域。夏文化不仅有城郭、有青铜器，同时也有了文字符号，夏是在原始部落的基础上合并起来的国家，这正是父系社会发展到了顶峰的阶段。这时，嵩山地域的人们已摆脱了农耕生活，产品有了剩余，使手工业的出现成为可能，并有了以货币为主要形式的产品交换。从而进入农、猎、渔、手工业多业合一的生活。生产的发展，又必然产生与其相适应的文化，最突出的就是由众多的图腾信仰，随着国家的建立，演变为对天的崇拜，围绕着以帝王皇权为中心不可动摇的崇奉观念衍化成一系列忠亲节孝等伦理，这是农业民族由原始文化走向封建文化的突出特性。

古文记载夏之都邑设有夏社或世室，用以祭祀天地祖先。如《史记·殷本纪》云："汤既胜夏，欲迁其社，不可，做夏社。"《尚书·帝命验》索引，五帝祀所"夏谓世室"。在二里头遗址发掘的一号宫殿基址，则应为当时的世室或宗庙。其夯土台基面积1万平方米，其上前有大门，周有廊庑，中有四坡式殿

堂,殿堂与大门间为庭院,这座宫殿遗址设有某种仪式的祭祀坑,而这些骨架就应为祭祀的牺牲。由此可以认为这里应是供奉祖先、祭祀天地的重要宗教政治活动场所。这便是中国古代传统宗教的主体——天地、祖先信仰——在夏代的真实体现。

夏代末期,商汤伐桀,作《汤誓》。汤曰:"予维闻女众言,夏氏有罪,予畏上帝,不敢不正。今夏多罪,天命殛之。"汤按上帝的旨意,兴师伐夏,在替天行命的宗教形式下发动一场政治战争。商汤灭夏之后,嵩山地域成为商王朝的重要部分。由于嵩山地域位于"天地之中",经济文化发达,商汤为了稳定其统治,遂定都于嵩山地域,是为西亳,即考古发现的偃师尸乡沟商城遗址。《诗经·商颂·殷武》:"天命多辟,设都于禹之绩。"从初步的钻探和发掘情况来看,该城址的中部亦有小城的存在并有类似宗庙式的建筑,这是商因于夏礼的重要体现。

从嵩山地域中考古发现的另一处商代都城遗址——郑州商城遗址的发掘情况看,遗址内发现有商代青铜冶炼、骨器制作、陶器制作的作坊遗址,并有大量的墓葬区;城池内外,还发现了青铜窖藏和祭祀场地。

从这两处大型商代都城遗址的发掘情况可以看出,商代非常重视宗教祭祀,奉行"率民以事神"(礼记·表记)。祭祀的内容主要是祈求丰年和人畜平安,以耕织为业的民众,之所以重视祭礼,恐怕也就是在于生活有太多的不幸,而无暇顾及其它。因此,商殷文化的一大特点就是尚鬼信巫,所以精治祭器,钏鼎彝之制大兴。

商汤桑林祷雨

从商代人对自然界中请神的尊崇情况看,祭祀较多的则为雨神,因为雨情与农业经济关系尤为密切。传说商代开国之君成汤灭夏之后,天大旱。《说苑·君道篇》记:"汤之大旱七年,洛坼川竭,煎砂烂石破天惊,于是使人持三足鼎祀山川。"传说商汤祷雨在嵩山地区的遗址就有巩义的鲁庄(殷商时称亳丘)、偃师山化乡蔺窑的汤陵、商汤王都、祈雨台,荥阳王村镇小村行政村桑园自然村东的汤王庙等。关于这次祭祀的经过,《吕氏春秋·顺民篇》记:汤乃以身祷于桑林,曰:"余一人有罪,无及万夫,万夫有罪,在余一人;无以一人之不敏,使上帝鬼神伤民之命。于是剪其发,磨其手,以身为牺牲,用祈福于上帝,民乃甚悦,雨乃大至。"这个故事说明,在阶级社会的早期,君主仍带有家族公社最高家长的身份,可以兼任巫师。原始社会遇有重大事件时,会有利用向上天祈福或占卜等方式向"天"请示,与上天这种神秘的无限力量进行沟通,希望得到上天的启示和帮助,以期在重大决策时能够顺天而行。

从夏商二代的宗教活动看,无疑是在原始宗教的基础上又迈进了一步。虽然当时仍存在着自然崇拜和鬼魂崇拜,但对人的崇拜即祖先崇拜的程度更为加剧。这突出表现在宗庙建筑的修建,而对帝、天、灵魂的崇拜,无疑加入了较多的人为因素,并与奴隶制的政治的结合日趋紧密。

第三节　西周时期

西周是奴隶时代的一个辉煌时期。这一时期的宗教,已由原始的宗教意识转化为成熟的人为宗教,宗教神学观念与奴隶主阶级的政治日趋融合,成为当时人们的行动准则。

早在武王伐纣之时,就曾出现过以白鱼、流火为征兆的前兆迷信。据《史记·周本纪》载,武王九年,先祭于文王墓地,后"东观兵,至于盟津",准备伐纣,武王渡河,中流,白鱼跃入王舟中,武王俯曲以祭、既渡,有火自上复于下,至于王屋,流为鸟,其色赤,其声魄云。是时,诸侯不期而会盟津或八百诸侯。诸侯皆曰:"纣可伐矣",武王曰:"女未知天命,未可以",乃还师归。这里记述了武王第一次征伐而未成功。原因是"白鱼跃入王舟中""有火自上而复于下"。马融《集解》曰:"鱼者,介鳞之物,兵象也,白者,殷家之正色。言殷之兵众于周之象也。""五德终始说",又认为周为火德,所以"有火自上而复于下",对周而言自然应为凶兆,既然征兆不佳,故而率师而归。至武王十一年,武王第二次率兵伐纣,会于盟津,作《太誓》,武王曰:"殷王纣乃用其妇人之言,自绝于天,毁坏其三正,离遏其主父母弟,乃断弃其先祖之乐,乃为淫声,用变乱正声,悦说妇人,故今予发维共行天罚",这样,武王行之天罚,受命一举灭商。

约在公元前11世纪时,周武王灭商后,曾因"未定天保"而"而暇寝",他对周公说:"我南望三涂,北望岳鄙,顾瞻洛、伊,毋远于天室",认为伊洛平原为"土中"之地,即天下之中心,于此建都才能"依天室",即靠嵩山来建立国家。嵩山既是天神居住的场所,又是华夏始族黄帝始祖山,在神祇信仰与祖先崇拜的西周,依靠嵩山天神和祖先主神黄帝的护佑来建立国家,反映了周初在选建新都问题上的天体信仰与祖先崇拜的意识。为了在方位上与天一致,在营建成周洛邑

古人祭天

之始,就派周、召二公在瀍水两岸进行了占卜祭祀,即《尚书·洛诰》所云:"我乃卜涧水东、瀍水西,惟洛食;我又卜瀍水西,亦惟洛食。"这样,经占卜取得了在瀍水两岸营建都邑的吉兆。在动工之前,又进行了隆重的谢天祭神活动,即《召诰》云:"周公朝至于洛,则达观于新邑营。越二日,丁巳,用牲于郊,牛二。越翼日戊午,乃社于新邑,牛一、羊一、豕一",就这样,周公郊祀以祭天,社祀以祭地,经过一系列宗教活动,便开始了洛邑的营建。成王继位以后,继承武王遗志,"使召公复营洛邑,如武王之意"(《史记·周本纪》)。"乃作大邑天周于土中"(《左传·宣公三年》)。公元前770年,周平王东迁洛邑,从此洛邑成为东周时期的首都。

殷商的君主已有君权神授的观念,如纣王笃信天命,声称"我生不有命在天"(《尚书·西伯戡黎》),即他认为上天赐给殷商的大命永久不会改变,于是便骄奢淫逸,无所不为。周人以小邦战胜了大邦殷商,使得他们对于天命的看法发生了重大改变,也就是,天命对一朝君王的眷顾不是永久不变的,即所谓"天命靡常"。天命眷顾的久暂与人的行为的道德属性之间有关系,周人从历史经验得到的

这种认识,成了周人自己戒慎警惕的信条。

西周时,天命的命字有几种不同的用法,或指天的命令,或指天授与王朝的权命,或指上天的意志。"天命"的观念,在把"天"理解为皇天上帝,把"命"理解为上天的意志命令的意义上,是一个相当于宗教学上所谓神灵意志(神意)的观念。西周的天命观肯定天命神意的主宰作用,但这种主宰作用不是体现为为宇宙和人类安排了一个必然性的链条,而是根据事物的发展和人类的状况随时加以控制、干预和调整。这是周人面对社会历史、人类命运所产生的一种理解、要求、思想,并把这种要求诉之于天命论的形式。

西周的天命观肯定天命神意的主宰作用,但这种主宰作用不是体现为宇宙和人类安排了一个必然性的链条,而是根据事物的发展和人类的状况随时加以控制、干预和调整。西周的天命观是"有常"与"无常"的统一,"无常"是指天所命赐给某一王朝的人间统治权不是永恒的,是可以改变的;"有常"是指天意天命不是喜怒无常,而有确定的伦理性格。很明显,这里的天命都是指一种"历史与社会的主宰"的意志体现,而不是指自然的秩序与法则。从此,天不再是喜怒无常的暴君,而是善恶有则的裁判。

从商到周,人们的宗教信仰有了很大变化。殷商时代至少其晚期的宗教信仰,"以帝与帝廷为代表",不是单一神教,而是多神教信仰,而且这种多神教的信仰在本质上,接近于雅利安人的自然神祇信仰"自然中的上帝",也就是说殷人信仰的神主要反映了那时对自然力的依赖。但是很明显,周人的宗教信仰已经有些变化。他们信仰的最高代表是"天",甚至是"天命"。以文王为代表的祖先神的地位有所上升,而"帝廷"的观念似乎逐渐在减弱。特别是,在周书中以及周人修改过的夏商书中,反复出现的主题是把"天"更多地理解为历史和民族命运的主宰,这更接近于旧约的信仰特质——"历史中的上帝"。固然,殷商时的自然神信仰仍有不少保留下来,而且可以相信,巫术宗教在民间仍保持影响。但是,天的信仰在最能代表文化发展的精英观念中已经发生了明显变化。

周代姬姓是生活在黄土高坡的渭水流域,是发展农业而壮大起来的部族。后来,周灭殷而入主中原,建立周朝。周定都镐京时,就担心不能驯服殷士顽民。因此,他们除了实行迁徙殷民于洛邑的办法之外,则主要的把军事力量也集中到洛邑,这种考虑当然并非是仅仅便利于管治殷顽民,除政治的原因外,尚有经济和文化、宗教的原因。而后者通常是更重要的原因,就是如何改造殷文化为周文化的问题。周一开始就选择了以嵩山为中心的伊洛河一带的天地之中的中国,建都洛邑。周公的主要任务就是为统治的需要制定一套行之有效的国家制度。在这个大的前提下,周公对传统的宗教天命观念进行了改造,才有了后来举世闻名的"制礼作乐"。史书载"周公制礼作乐",就是指周公为了巩固周王朝的统治,加强对分封诸侯的控制,由政治及文化方面制定一套完整的典章制度。

古代政治文献典籍《尚书·周书》主要记述了周公的思想。与卜辞的一个最大区别,就是《尚书·周书》突出的是作为人世历史及命运的主宰。由此来看,在殷商和西周时期,人们世界观的重要区别,不在于商人是否以"天"为至上神,因为如果"天"只是有人格的"皇天震怒"的天,那么在信仰实质上,与"帝"的观念并无区别。商周世界观的根本区别,是商人对"帝"或"天"的信仰中并无伦理的内容在其中,总体上还不能达到伦理宗教的水平。而周人的理解中,"天"与"天命"已经有了确定的道德内涵,这种道德内涵是以"敬德"和"保民"为主要特征的。用宗教学的语言来说,商人的世界观是"自然宗教"的信仰,周代的天命观则具有了"伦理宗教"的品格,人们已经开始从伦理的角度来理解自然和神。所以,周人所提出的新的东西并不是一种新的宗教性,而是它所了解的"天"的道德意义。

从周公思想及西周宗教——政治文化的发展来看,后来在儒家思想中所发展的那些内容,在周公及西周思想中早已开始生长,甚至可以说,西周思想已经为儒家思想提供了若干重要母题,造就了若干基础,提供了若干有规范力的导向。《尚书》被儒家奉为经典,绝不是偶然的,二者间有着内在的承继关联。如果说西周的政治文化可以概括为"崇德贵民"(崇德即敬崇德行,贵民即重视人民的愿望),西周的宗教文化可以在类型上归结为天民合一的天命观。后来在中国文化历程中体现出来的道德人文主义的精神气质可以说在此基础上逐步形成。

据《周礼·考工记》《逸周书·作洛解》及《诗经》中的成周祭庙之诗,可知洛邑成周城内设有雄伟的宗庙,并举行隆重的祭典。虽然考古至今尚未发现这些西周的祭祀性建筑,但从古史记载来看,西周之时的宗教祭祀活动在奴隶制时代是空前的。但在西周成周遗址北部的西周铸铜遗址区的一座房基下,发现有12个大致排列成环形的奠基坑,其中有7个坑内各埋1具人骨,有2个坑内各埋1具犬骨,有3个坑内各埋1具马骨。所埋全部人、兽均作挣扎状,这些奠基坑可能是置柱安门时所设的祭坛。近年来,在瀍水以东地区发现有圆形的祭祀坑,坑内堆积分作数层,分别埋有人、马、犬等,表明当时在这一带曾进行过较大规模的人祭和牲祭。该遗址区还出土有西周占卜的甲骨。虽卜辞不明,但考古发现的数量较偃师尸乡沟商城为多,特别是这些甲骨多出自周王室直接控制的铸铜作坊遗址,说明在青铜器制品的诸阶段,都要先进行占卜,卜问神灵。

以上史料反映出西周之时的宗教思想已经与当时的政治、经济、生产、生活融为一体,天命和神权与奴隶主的人的统治相生相伴,密不可分,原始的、混沌的宗教意识已经发展成为奴隶制社会的上层建筑并统治着整个社会。

总之,从夏朝进入奴隶社会以来,奴隶制国家政权大量保存了原始社会传承下来的鬼神崇拜和祖先崇拜的原始宗教,借助天命和神权作为巩固政权的工具。夏商三代,不但将祭祀天神作为国家大事,而且在组织机构上将各种宗教神职官的设置,放在国家政权中重要地位上,如商代的"多卜"(贞人)和西周中央职官系统中的太史、太卜和太祝等都是执掌宗教祭祀各方面事务并且地位显赫官员。同时,王或天子即是上天或上帝的代言人,掌握对神和祖先的主祭权并通过所谓神的意志来行使和稳固现实的统治。

不能用概念语言表达的原始宗教

第二章 宗法性传统宗教与儒学、道教

在出现阶级之前,原始初民对原本为人的祖先的崇拜最终归结为对祖先神乃至天的崇拜。在出现统治集团、政权以及国家的雏形之后,天又被当作人世权利合法性的来源和理据,凡人世中居最高位之统治者,莫不以"承天命"或"天子"自居:"有夏服天命"(《尚书·召诰》);禹"致孝乎鬼神"(《论语·泰伯》)。及至殷商时代,虽可能出现城市和国家这些公认为文明标志的萌芽(作为殷代文字的卜辞中,已有"封"、"邑"、"鄙"等字。侯外庐等藉此推断:"在殷代,国家已有萌芽。")但是,已有的考古发现表明,"殷代的思想",仍"以宗教占主要地位"一切"国之大事",尤其是祭祀和战争("祀与戎"),仍都要通过宗教仪式以取得祖先神或上天的认可。此外,与一神化趋向一致,"天"的观念也进一步集中和具化为富有意志、人格、为宇宙间一切事物的主宰者的"帝"或"上帝":"甲辰,帝其令雨?""帝其令风?""帝其降堇?""伐卬方,帝受我又?"周取代殷统治地位以后,一方面"因于殷礼",同时又对"殷礼"进行了一番"损益"变革,即所谓"维新",利用保留下来的氏族血缘组织形式,在殷制的基础上建立起一套完整的宗法等级制度。对此,王国维在《殷周制度论》中曾作了明确的概括,至今仍为许多学者所首肯。王国维指出:周人制度之大异于商者,一曰立子立嫡之制,由是而生宗法及丧服之制,并由是而有封建子弟之制、君天子臣诸侯之制;二曰庙数之制;三曰同姓不婚之制。此数者因之所以纲纪天下。这里所说周人创立的三项制度,正构成了西周宗法等级制的总体,即所谓"周礼"。这就是周公(旦)制礼的主要内容。

特别是到了西周时期,随着城市文明和自由民阶层的形成,周公的宗教改革为古代宗教的世俗化留下了契机,统治阶级关于天人关系的看法有所变化,例如,周公从"敬德"、"保民"的立场出发,看到"惟天命不于常",认为"皇天无亲,惟德是辅",周公认为,统治者的权力虽然来自"天命",但统治者只有能做到"以德配天"和"明德修身""明德慎罚""敬德保民",才能得到上天的信任,从而取得统治权并保持长久。而周人的天道观和敬德论,也是殷代氏族宗教思想的延伸。

第一节 从原始宗教到宗法性传统宗教

我国宗法性传统宗教作为国家宗教形成于夏商周三代,来源于以血缘为纽带的原始氏族制社会的祖先崇拜和天神崇拜。随着宗法等级社会的发展与完善,它逐渐发展为适应这个社会的宗法性宗教,成为国家法定的全民性信仰。也就是说,宗法性的社会传统产生了宗法性的传统宗教,并在夏商周三代,随着国家的形成和完善而发展为国家——民族宗教。其基本信仰是以天神崇拜和祖先崇拜为核心,以社稷、日月、山川等自然崇拜为翼羽,以其他多种鬼神崇拜为补充,形成相对稳固的郊社制度、宗庙制度和其他祭祀制度,成为中国宗法等级社会礼俗的重要组成部分,是维系社会秩序和家族体系的精神力量,是慰藉中国人心灵的精神源泉。

宗教的核心和本质内容是关于超人间、超自然力量的信仰("神"的观念)。夏商周三代以来的传统宗教之所以被称之为国家宗教,一是神灵等级化和作为至上神的天或上帝观念的形成;二是天或上帝被尊为君权的授予者,甚至被视为人君(天子)的父或祖先,由此而有祭天之仪。而所谓"天"(上帝)本质上是"祖"的延伸。这个祖就是祖先,即氏族的宗祖,家庭的近祖,种族的始祖。中国宗法性传统宗教的崇拜对象庞杂众多,但存在一个等级系统,天或上帝地位最高,而祖先之灵实居核心地位,祖先崇拜最为普遍和重要。《礼记·郊特牲》说:"万物本乎天,人本乎祖。"除敬天法祖外,国家宗教最为重视的就要算社稷崇拜。社稷神的神性功能对于王朝最高统治者而言,实为国家的保护神,故国家与社稷江山同义;对于全国各民众而言,社稷神则是保佑本地区农作物丰收、人口衣食吉庆之神,由此而产生必然的敬畏感和依赖感。社稷崇拜是从原始农业公社的土地崇拜和谷物崇拜发展而来的,以后又和祖先崇拜结合在一起,共同成为国家和地方的保护神。

祭天的主要目的是因为君王自认为承天之佑,受天之命,祭天所以报天之恩。这里体现了人间君王对天或上帝的一种敬畏感和依赖感。而祖先崇拜,最先乃是加强基于血缘的氏族制的认同感,同时又能把本氏族与其他氏族群体区别开来。而在夏商周三代社会,则是对华夏族的一种民族认同感。

综上所述,原始社会的原始宗教演变成了古代阶级社会的宗法性传统宗教。从原始宗教演变而来的宗法性传统宗教必然保留着较多的原

原始宗教中的祭天活动

始宗教文化遗留,表现为敬天、法祖、祭社稷以及百神崇拜和多种鬼神崇拜,尽管它已列为传统礼俗文化之中。宗法性传统宗教的神权为国家所掌握,执政者将宗教祭祀作为国事活动的重要内容,把神权与君权、族权、父权紧密结合在一起,成为社会政治生活、家族生活和精神生活的有机组成部分。

宗法性传统宗教的历史作用具有两重性。一方面,它用"君权神授"的信条维护着君主专制制度,用天命鬼神思想来削弱下层人民对剥削压迫的反抗意识和对自然环境的改造意识,用崇宗敬祖的观念来束缚人们对狭隘性的族权、夫权的挣脱,因此具有很大的消极性,特别在帝制社会的末期。另一方面,当崇奉传统宗教的统治集团处在上升时期或者相对健康的状态时,传统政权对宗教的维护作用便具有积极的因素。当执政集团中有人肆无忌惮、置一般原则于不顾时,其他人也会用神权的威力和历史教训来劝导、限制乃至更换这样的成员(包括帝王),使执政者有所戒惧和收敛。传统宗教无疑是一种巨大的凝聚力,它所形成的宗教礼俗是维系中华民族共同体的重要精神力量,对于社会道德风尚的改良有积极推动作用,因此它有一定的历史地位。

由于古人多从礼教的角度处理宗教祭祀,因此特重祭坛建制、仪规仪注,比较忽视宗教信仰与宗教理论的建设和深化,满足于关于天命鬼神的一般性观念。这样,宗教性常被世俗礼教的形式所掩

没。从礼与俗的关系上说,上层贵族的宗教礼仪,逐渐影响到下层民间风俗,如祭祖、祭社、蜡祭等;而有些民间宗教习俗也被贵族所吸收,变成国家的正式祭典,如祭灶、祭户、祭关帝等;形成上下交流,使得传统国家宗教具有民间风俗的社会基础,因而能够盛行不衰。

第二节　宗法性传统宗教与儒学

在中华民族从蒙昧到文明的社会文化转型中,以史前、史初时期的原始宗教为母体,逐步形成了关于"天"与"人"原型观念以及建立在这种原型观念基础之上的文化模式。在这种原型观念和文化模式中,一方面天与人分处于二元对立结构的两极,由此孕育和建构了最原初的主体和主体性观念;但另一方面,人的观念本身就缺乏个体性和平等意识。加之在人与天的关系中,人并不具有真正的对等性——人被理解为须经由自身的努力而向天趋同,于是,这种对于主体的建构便一开始就包含着逻辑地消解着主体的内在矛盾。这一命定的或曰带有原型意味的悲剧性,成为中国文化,尤其是儒家文化自律传统的一个重要源头。

西周时期,中国出现了一位划时代的人物,即周公姬旦。他的"制礼作乐"的出现,将宗法制社会的上层建筑,进行了一次大的文化革命。在宗法性传统宗教的"天命"信仰中,人们把天、德联系在一起,认为修德可以换取天的欢心,因而得受"天命"。他们反复说,周人取代殷人受命,是修德所致。天命观主要有三方面内容:其一,相信神灵经常关心并干预包括自然进程和社会人事在内的世界事务。在神灵干预世界事务的天命中,具有道德伦理的性质。其二,相信神灵具有必要的智慧,知道通过什么样的方式显示他的意愿。其三,相信神灵具有实现其安排和意图的超自然力量和权能。

周公作为政治家和思想家,对传统的天命观念进行了改造,加入了政治伦理和个人伦理的内容。他认为,统治者的权力虽然来自"天命",但上天把统治权交给谁是有条件的,只有能做到"以德配天"和"敬德保民"的人,才能得到上天的信任,从而取得统治权并保持长久。他认为,夏失权于商,商后来又失权于周,都是由于统治者失德于民,进而失信于天而导致的。周人的祖先一直以来,都很重视道德修养,特别是注重人道,从而获得了本族和其他族群的广泛拥护,也得到了上天的信任,这才取得了"武王伐纣"的胜利,取代殷商而统治天下。周人同样要保持清醒头脑,遵守以德治国的规律,才能确保执政地位的长久,否则,也就会像前人一样,有得而复失的可能。周公的这些认识,反映了周人在没有完全摆脱天命观念的情况下,对政治历史规律的积极探索和理论解释。

周公的"制礼作乐",实际上是对夏商的礼、乐加以损益,使之更适合宗法封建等级制度,这就是孔子所说的"殷因于夏礼,所损益,可知也;周因于殷礼,所损益,可知也。"其实,礼乐是伦理精神的外化和制度化,是在人类生活文明化过程中形成的。它即有表达情感和寄托信仰的功能,又有道德规范的功能。礼本来是用于祭祀等宗教活动的,但是经过周公的制礼作乐,礼的性质发生了变化。礼的宗教性被削弱了,周礼主要不是"事神致福"的宗教仪式,而是宗法封建等级社会的典章制度和人们的行为规范。周礼比当时世界上任何民族的文明化程度都高,所以礼制也很庞杂。《尚书》及《周礼》、《仪礼》、《礼记》中记录了大量的礼文化。其中"三礼"虽成书较晚,但也多少记录了周人的礼节仪式。概括起来,周礼主要有人生礼仪,从生到死的冠礼、婚礼、丧礼、祭祀礼、以寄托感情;有社交礼仪,是人与人相见、交往中应讲究的礼节仪式;有维护社会和谐的礼仪,如尊老爱幼、增强团结等;有国事礼仪,如朝聘、大赦、兵礼、外交礼仪等。周礼虽然很庞杂，但都是人们内心的道德感情、理想追求、神圣信仰等的外在表达方式。正如王国维所说："周之制度典礼，实皆为道德而设"。西周时期，不同的等级爵位，对应着不同的礼乐制度，其区别就在于礼器、乐器、乐队编制和表演人员的数目与规模以及乐舞曲目的不同。等级制和爵位制构成了当时的社会关系，礼乐制既表现着当时的社会关系，又强化和理想化着当时的社会关系。周礼虽然有过于复杂并宣扬迷信、等级和男尊女卑等历史局限性，但是将抽象的道德精神具体化、规范化、制度化，以利人们实践的方法论取向，也是有启发、借鉴意义的。由此可见，周人的"道德"观念，不仅包含着对天道、世道、人道的信仰、体认和遵从，而且包含着对传统道德、现实道德和理想道德的兼顾整合。

周公制礼作乐，强调人间的德行，主张明德慎罚、敬天保民，并使这种思路体现在周初施行的种种制度上。孔子仰慕周公，又将礼与仁、义结合，并通过诗、书、礼、乐的形式表现出来，在使儒家礼学具备中正刚健的特征同时，礼成为一种人人皆须面对并生活于其中的人间秩序，而知书达礼的君子也成为中国人心向往之的人间典范。周公的理念及其所规定的一系列制度，奠定了我们2000年文明的基调，为后世所尊奉。

周公制礼作乐，借鉴于夏商二代，有所选择，有所发展，把夏、商、周三代礼乐文化推向了发展顶峰。所以孔子由衷地赞叹："周监于二代，郁郁乎文哉，吾从周"。礼乐文化是中国5000年文化史上出现的第一个完备的文化形态，而周公是礼乐文化的最重要的创造者。礼乐文化直接孕育了儒家文化，儒家文化则于西汉武帝时代一跃成为中国文化的主流。有学者说，如果我们把中国文化史分成前后两个阶段（每个阶段各有2000多年），则可以说，周公是前一个两千多年间礼乐文化的代表人物，孔子是后一个2000多年间儒家文化的代表人物。

周公的制礼作乐是文化的革命

周公不仅是一位大政治家，而且还是一位大思想家，是儒家思想的奠基者，他奠基了儒学，影响了孔子，在整个中国古代史上享有崇高的地位，对此后几千年的中国社会产生了极其深远的影响，周公为中华民族留下了宝贵的思想财富和精神财富。公元20世纪初夏曾佑指出，"孔子之前，黄帝之后，于中国有大关系者，周公一人而已"，王国维更具体分析了"周公之圣与周之所以王"。

经过周公制礼作乐的文化革命，中国文化走出了一条宗教理性化之路。其中，儒家文化由于主动抛弃了宗教神性的关怀，经历了一个自觉的"祛除巫魅"的过程，在本质上就成为一种人文的实践的文化。尽管如此，由于周公制礼作乐采取了神道设教的方式，原始宗教文化被遗留下来。孔子一方面"不语怪、力、乱、神"，"敬鬼神而远之"，另一方面又相信"死生有命，富贵在天"；汉代大儒董仲舒以神学目的论建构的"三纲五常"之说，所谓"王道之三纲，可求于天；天不变，道亦不变"，显然是从思想大一统的政治目的出发，以此建立和突出汉代新儒学"独尊儒术"的主流地位；直至宋代大儒朱熹创立的理学，才真正把儒学建立在本体论之上，由此中国文化形成了以儒学为主干、儒道佛三者合流的局面。

孔子和儒学关于天命鬼神思想以及对表现宗法等级制度的礼仪（礼学）的大力提倡，无疑来源于三代以来的宗法性传统宗教,但孔子和儒家又有"敬鬼神而远之"的非宗教性的一面,他的基本形态是一种人文性的学术理论,是宗法性传统宗教的人文化。儒家的天命论可以用"死生有命、富贵在天"一句话来代表,它赋予天以非人力性,凡主观努力所不能达到的地方即可归之于天命。无论是宗法性传统宗教,还是儒学,它们都植根于宗法血缘制度这块土壤;作为宗法社会的上层建筑,都主张敬天法祖,维护宗法社会的君权、族权和父权。但宗法性传统宗教以宗教观念(天命鬼神)和宗教崇拜体制使之神圣化,而儒学则以忠君孝亲、三从四德之类社会伦理学说使之理性化、合理化。

宗法宗教为儒家稳定价值,儒家为宗法宗教厘定礼仪,两者价值取向一致,典籍文献合一。由于历代郊社宗庙祭祀的香火不绝,"畏天"、"孝亲"、"敬天法祖"作为中国人的价值观念从未中断。古代宗教的礼仪典章主要保存在儒家经典中,汉代以后的宗法宗教便借儒家经典而流传。

宗法性传统宗教同儒家的礼学关系密切,或者说儒家的天命鬼神思想和关于吉礼凶礼的论述正是传统宗教的神学理论,因此两者有所交叉。但是儒学毕竟是理论形态的学术文化,而传统宗教是以祭祀活动为中心的实体化和实践化了的社会事物;儒学以理性为基础,追求成圣成贤、安民济世,传统宗教以信仰为基础,期望神鬼的护佑,两者不可混为一谈。

儒学中有宗教的成分,有些儒者热衷于宗教祭祀,但敬鬼神而远之者居多,并且只是看重宗教的德性教化功能,并不真信鬼神,宗教祭祀并非儒学题中应有之义,儒家主流派的兴趣仍在现实人生与社会伦理上面。由于得不到儒家学者强有力的支持又受到中国传统文化重现实轻彼岸的影响,宗法性传统宗教的理论便发达不起来,未能形成博大严整的神学体系。

儒之堂

由于孔孟儒家对作为三代以来国家宗教的宗法性宗教的基本态度既有区别又有联系的双重性,所以它对传统宗教的影响和作用也有双重性。儒家学说在西汉以后一直被王朝奉为独尊至上的"国家哲学",这就使它的双重影响非常强而有力。一方面,儒学主张"神道设教",支持宗法性传统宗教对社会人伦的教化之功;另一方面,它的重人道的人文倾向,又限制了传统宗教的发展和影响。前一方面,使宗法性传统宗教作为"国家宗教"而与儒学作为"国家哲学"共生共存,历久不衰;后一方面,又使宗法性传统宗教始终处在儒学的独尊地位之下,不可能超越儒学而得到独立发展。这样一来,中国的宗法性传统宗教曾孕育和神化了皇权,但它自身却始终臣服于皇权支配之下;它曾孕育了儒家学说,但它自身却在儒学成为"国家哲学"之后,降格为从属于儒学的"次尊"地位。中国的宗法性传统宗教自身的性质、内容、作用和历史命运,就是在它与皇权、与儒学的这种复杂交错的关系中决定的,离开了这种关系,我们就不可能对它有真切的认识。

在儒学与宗法性传统宗教的相互影响中,儒学的主导性更为明显。一方面,孔子的儒家学说相当程度地继承了夏商周三代以来的宗法性内容,一方面,在制度化的宗法内容之内,又树立了仁、义、礼、制、信、孝、悌、忠等伦理道德的信条,更加充实了宗法性内容,给了人们在框架内的思想空间,提供了一种内化成为信仰的可能,而宗教的核心,恰恰是信仰。儒家思想与宗法制的结合逐渐成为中国宗法性宗教的主流思想且影响巨大,但就当时而言,所谓诸子百家,儒家也只是众多思想流派的一支而已,并没有什么正统的地位。但是一种思想的兴盛,是与时代的变迁分不开的,儒家思想和宗法制从一内一外两个方向上,将人牢牢地固定在上天以下,黄土之上。宗法等级和宗法伦理为积极人世,渴望在世间实现人生自我价值的广大有识之士,提供了一种动力。正是这种动力,推动着社会的前进,同时又被限定在封建社会范围内无法逾越。

第三节　宗法性传统宗教与道教

后世道教所以成为多神教,即源于古代之鬼神崇拜;后世道教做斋醮法事,亦与古人鬼神祭祀礼仪和礼制有密切的关系。人们崇拜神灵就要举行祭祀活动,而祭祀活动离不开"礼乐文明",礼乐文明随着春秋时期的"礼崩乐坏",逐渐由上层走向民间,被后来的民间方士和巫觋所继承。道教成立后,演变为道教的斋醮科仪。所以说,夏商周三代的礼乐文明有相当的一部分被道教保存下来。道教实际上是礼乐文明的继承者。

嵩山地区的先民在古代崇拜的神祇众多,除去原始时期的自然崇拜、图腾崇拜及祖先崇拜中的许多神祇以外,各个时期、各个社会阶层,都有一些不同的主要崇拜对象。这些崇拜对象,有些是原始时期遗留下来的神,有些则各时代所造的神,历史上已存在的和随着社会发展新出现的混为一体。一般说来,统治阶级以天神、社稷神为主要崇拜对象,民间则以各种与自己生活有密切关系的神灵为主要崇拜对象,如对人们对土地庙的敬拜,其中也有一些互相交叉的情况。其中,自然崇拜与鬼神崇拜;火与石的崇拜以及图腾崇拜和祖先崇拜,这些在一定程度上反映了先民生存的状况和信仰的情形,体现了古代宗教产生的背景与起源。

先民在大自然中生存,对其依赖性很强,逐渐产生出对自然物和自然力的神秘感和敬畏感,这种原始的信仰思维模式逐渐衍生出对自然的崇拜和依赖。自然崇拜及其祭祀活动帮助人们找到了人与自然相沟通的途径,在一定程度上增强了生存和发展的信心。而图腾崇拜与祖先崇拜是在自然崇拜基础上发展起来的一种宗教形式和神灵观思维模式,是在氏族自身需要生存和繁盛的刺激下,在氏族或部落成员探寻本氏族血缘的欲望驱动下,把某一种或某几种自然崇拜提升为氏族保护神和祖先神而出现。反映了先民们对自然规律认识的简单化和原始化,把对影响自身自存和发展的事物作为自己顶礼膜拜的对象,力图寻求心灵的慰藉和探寻生存和发展的保护者。人类是由图腾社会而进入宗法社会,由宗法社会进入国家社会,从社会学的角度说明了图腾崇拜和祖先崇拜,不仅是先民们的一种宗教形式,而且反映了社会演进的一个历程。

道教作为中国传统宗教,也承袭了原始宗教中的巫术、方术及天神、地祇和人鬼的神鬼思想。原始宗教中的巫、祝、医、卜擅长各种各样的巫术,他们所从事的祈祷、降神、占梦、祈雨、医病、占星、望气、祝由、符咒、预言等巫术,为后世道教所继承。在道经之中亦有此类内容,如《太上三五正一盟威录》是早期道教专门讲述以符录召神劾鬼的道经。《盘天经》根据云气在天空的位置、变化和移动方向等预言气候和社会的变化。《通古大象历星经》以天上星宿的位置、轨道、光度变化等占卜人间吉凶祸福等等。其中有着宗教迷信的成分,同时也包含原始科学研究的成果。

周继殷商而统治天下,把祭祀天地与崇敬祖先统一起来,称为敬天尊祖,规定宗祖文王于明堂以配上帝。此时祭祖神鬼成为国家祀典,设置官员专门管理,并且形成了天神、地祇、人鬼的神鬼系统。《周礼上》说,"大仲伯之职,掌建邦之天神、人鬼、地祇之礼。"属于天神约有上帝、青黄赤白黑五帝及

日、月、星、斗、风、云、雨、雷、电诸神;属于地祇的有社稷、山川、五岳、四渎之神;属于人鬼的主要是各姓的祖先及本民族崇拜的圣贤、忠烈之士。据《史记·封禅书》,汉初刘邦注意保存传统祭礼,增祀五帝,并下诏说,"吾甚重祠而敬祭,今上帝之祭及山川诸神当祠者,各以其时礼祠之如故。"汉武帝即位之后,"尤敬鬼神之祖",祠太一神于东南郊,遍祀五岳四渎之神。而道教的多种崇拜正是直接承袭这些神道巫风而逐渐兴起的,上述诸神也正是道教多种信仰的来源。

神仙信仰亦可上溯到我国远古原始社会时期。著名的《山海经》就记载了我国原始社会时期的神话及宗教信仰,其内容相当丰富和系统。它为道教仙学的远源提供了依据。《山海经》中,提出了长生信仰;提出了神仙与羽士之存在;描述了神仙天都;记载了祭祀的祀礼及奇异的方术。

在原始社会时代,已有人开始学仙。史载轩辕黄帝"且战且学仙","黄帝问道于广成子",后修道成功,乘龙升天。到了战国时期,神仙信仰已经相当广泛。在此之后,伴随神仙之说的出现,寻求仙境、仙人,传布成仙之方的方士便出现了。从战国中后期到汉武帝刘彻时,在方士(亦称神仙家)们与帝王将相之鼓动下,掀起了中国历史上有名的入海求不死药事件。齐威王、齐宣王和燕昭王、秦始皇、汉武帝等都曾派方士到海上三神山寻求神仙及不死药,其规模越来越大。我国独有的神仙信仰沿袭而下,到东汉中、晚期为道教所继承,成为道教信仰的核心内容。汉武帝后,方仙道逐渐与黄老学结合向黄老道演变。东汉顺帝时,张道陵于蜀郡鹤鸣山(今四川大邑县境内)创立了五斗米道。把儒家的敬天与百姓法祖总结汇集并加入诸子的思想而成为一个崭新的宗教,名曰道教。道者虚无至系,造化之根,神明之本,玄之又玄,无法用任何语言文字来表达。从此,道教得在中国以一种宗教形式进行发展传扬。

道教是崇拜多神的宗教。原始宗教中的许多神灵为道教所吸收,变成道教信奉的神祇。如上帝演化成为玉皇大帝、雷神演化成为雷声普化天尊、社神演化成为土地神等等。其他如五岳大帝、四海龙王、门神、灶神等,最初都是民间信奉的神灵,又转化成为道教之神,从而使道教神学与中国民俗文化密不可分。道教的许多经书,托称为神灵降授,或介绍某位神灵的生平事迹,或介绍对某位神灵念诵的经忏,以及赞颂词章、祭祷科仪、上奏表文等等。道经之中有关斋醮科仪的种种内容,即由古人祭神仪式演化而来。如建醮坛、设斋供的内容,即等于古人祭神之礼;唱赞词、诵宝诰的内容,即含有言辞悦神之意;上表章、宣疏文的内容,也不外申诉和祈祷作用。在道教法术之中,道士通过祭拜、掐诀、念咒、画符、步罡、召神等手段,充当神人之媒介,沟通神灵,希图达到某种神通,这些内容在道经之中也占有一定数量。正因为道教在继承古代巫风巫术的基础上而加以宗教化,后来出现的道教不可避免地沿袭了古代巫术和祭礼的成分。近代学者闻一多先生曾言:"我常疑心这哲学或玄学的道家思想必有一个前身,而这个前身很可能是某种富有神秘思想的原始宗教。"

道教是继承华夏民族古代原始宗教之血脉,从敬天祭祖到殷商时代天神崇拜,春秋战国的黄老道家,秦汉时期神仙方术以及民间信仰和东汉"五斗米道","太平道"一路走来的,是一种以神秘化了的"道"为宇宙本原的宗教哲学。

第三章　三教在嵩山的融合与发展

在儒道佛三教文化中，一般说来，以道为最早，儒家次之，渐成为后世中国的统治之学。道学称祖于老子，他的学说，最能显示农耕国度人性的特点，专讲相对转化之理。老子的思想，源出于《易》演阴阳奇偶之象，这和儒家尚《易》虽有差异，但出于一源之思想，不能不值得研究。老子反复申明的以弱制强，而操最后之胜算，正是农耕人积习于耕稼，偏于仁柔的思想方法。儒学是中国文化的中心，这是说，中国文化赖儒学以传。

何尊

孔子通过恢复周礼，承担继承文化和改善人际关系的社会道义，从而创立了以仁和礼为核心的儒家思想。孔子主张以仁爱之心处理人际关系。在政治上把"德"、"礼"作为首要的统治手段，要求以德治民，爱惜民力，反对苛政和刑杀；主张"克己复礼"。后渐成为中国传统文化的主流，对中国古今的社会政治经济发展、民族心理素质的养成产生了重要影响。孔子整理编订《诗》《书》《礼》《乐》《易》《春秋》六经，兴办私学，突破官府垄断，扩大教育对象的范围，学生达3000人，贤良72人。他主张"因材施教"，教育学生要"温故而知新"，把学和思结合起来。倡以积极的入世精神，自然依顺了文王、周公的伦理道德思想，不以宇宙、人生、万象森罗深奥的哲理待之，去专使入世之法，使得这些濒临灭绝的官学通过私家讲学流传发扬光大。孔子之妙，尽在此处。而孔子思想的精华，自然源自于嵩山地域的"中国"，自然得益于洛邑的周公的《制礼作乐》。

何尊铭文

"中国"一词，最早见于《尚书·梓材》和1965年在陕西宝鸡县贾村塬出土的西周青铜器《何尊》，其底部铸有一篇122字的铭文，其中有"宅兹中国"四个字，就是指嵩山周围及其伊洛河一带。"中国"的本意为"天地之中""中央之国"，与"四方"相对，故文献或又称之为"土中"。嵩山是古人眼中沟通天地的"天室"、"祖山"，因此，夏、商、周三代建都要"毋远于天室"。如司马迁《史记》所载："昔三代之居，皆在河洛之间，故嵩高为中岳，而四岳各如其方。"于是作为"天地之中"的嵩山地域，很自然地就成为实际意义上的"中国"，成为夏、商、周三代的中心。西周的周公就是在最初的中国营洛邑及在洛邑完成"制礼作乐"的，这在中国历史上有着重大作用及意义。

嵩山地域在古代文明之初,呈现了它文化上的早熟特质,以《易经》为代表,大体上形成了农业文明古国的文化模式,即敬天法祖,依顺自然,倡以忠孝,伦理道德。因此,文化上的繁荣和建树之多,成为中国古代社会文明史上一个非常奇特而又值得骄傲的现象。这一特点表现在两个方面:一方面,文化的创立与制定,从其开始就显示了它特定的模式和稳定;另一方面,文化的广泛传播和学术派别的产生,则进一步使政治、文化显示出它的向心力和凝聚力。这是嵩山地域三教并存的一个基础。

第一节 嵩山文化与儒佛道三教

先秦时期,我国文化发展的趋势,是由黄河流域发展到长江流域、珠江流域以及辽河流域,由此形成以黄河中游为中心的中原文化,以长江中游为中心的荆楚文化,以珠江流域为中心的闽粤文化和以辽河流域为中心的东北文化,即学术界称之为四大板块文化。开发最早的中原一直是华夏文明的策源地,而处于中原腹地的嵩山地区则是其核心,是在全国率先进入文明时代的先驱,因而嵩山文化就是中华民族的摇篮文化。

历春秋战国400多年铁血交迸的政治融合,至秦,中国统一。随着大一统中国文化的形成,嵩山文化经过几千年积淀下来的优秀基因,在更广阔的中国文化的领域内得以更充分的发展。以至今日中国,长城内外,大江南北,无论走到哪里,耳濡目染,诸如中国的文字,中国的历法,犁耕传统,冶炼技术,彩陶工艺,建筑风格等等,凡中国文化领域中集大成之成就,几乎无不呈现着鲜明的嵩山文化性格。尤其是在嵩山地区内的黄河、洛水之间,在这浸透着嵩山文化乳汁的沃土之上,文化的发展更堪称硕果累累,群星荟萃,在中国文化史上占据着举足轻重的地位。例如,秦汉以后,中国天文学著称于世,其杰出的代表人物张衡便是嵩山后裔;中国医学理论素称高深,被尊为医圣的张仲景的《金匮要略》和《伤寒杂病论》,更被后世医学界视为医学宝典,而张仲景亦为河洛遗脉;教育方面,三代时,嵩山地区已出现的教育机构,夏曰校,商曰序,周曰庠,秦汉以后教育学的理论更加完善,学校规模更加庞大。汉武帝尊儒讲经,四方鸿生巨儒云集东都,当时国家最高学府洛阳太学,有学生数千人,到质帝时,太学生多达3万人,规模宏大,盛况空前。白虎观诸儒讲学,又纂成《白虎通义》,大学者蔡邕奏定《六经》文字,刻石立于太学,被称为"汉石经",这是一部鸿篇巨制的统一教科书,开石经之先河。自"汉石经"之后,曹魏"三体石经"又立,成为我国历史上最早的官定儒家经本,这在我国乃至世界文化史上都占有极为重要的地位。

文学史上具里程碑地位的汉魏文章、两晋文学、唐宋诗词及名家书画皆盛于嵩山地区。洛阳才子贾谊撰《过秦论》、《论治安策》、《论积贮疏》,班固著《汉书》,许慎著《说文》,陈寿纂《三国志》,司马光修《资治通鉴》,欧阳修写《新唐书》等,建安七子、竹林七贤、金谷二十四友及唐代诗人李白、杜甫、白居易等文人雅士,流连嵩洛,咏歌会友,在嵩山地区留下了千古不朽的传世名篇。在后世的几千年中,不仅执政者视其为统治人民的思想法宝,而且知识阶层也视其为必读的国粹。其他方面,如礼俗文化、节庆文化、服饰文化、饮食文化、器用文化、工商文化、职官文化,以及交通、田制、盐制、赋役、历代名园、唐三彩、音乐、舞蹈等诸多范围的文化现象,在继承先秦嵩山文化的基础上,都得到了全面的发展。此外,中国四大发明中的造纸术、雕版印刷术和指南针都发明于洛阳,这些发明不仅对中国文化的发展起到重大的推动作用,而且对全人类文化知识的传播和发展也起到了极大的促进作用。

就思想观念而言,在中国文化史上影响最大的莫过于儒、道、佛三教文化,三教的学术思想内涵不仅是嵩山文化的主体,而且构成了中华民族5000年的文化历史,它们对中国文化的影响是巨大的,在中国文化史上占有极其重要的地位。

在中国文化的儒道佛三教中,佛教乃是由印度传入。因此,外来的佛教与中国的儒道形成的所谓三教关系,也是一种中外文化交融的关系。从历史看,儒道佛的冲突与融合,都与三教的不同特点有密切关系。例如,佛教讲因缘,道教讲自然,而儒家强调人伦。正是由于儒道佛三教的诸多不同,所以它们才能相互补充,在整个中国传统文化思想系统中,形成一种相异互补的格局,共同对社会、人生发挥着不同的作用。儒、佛、道三足鼎立,共同支起中国传统文化精神的基本架构。这正是中国文化所强调的"和而不同"(《论语·子路》),"和实生物,同则不继"(《国语·郑语》)的生动体现。

由于儒道佛三教各有自己独特的价值,谁也完全无法取代谁,所以它们最终才能互补共存,在中国传统文化的曲折发展中,儒道佛三教文化在存异的同时,通过对话(有时是冲突),达到的是共存并进,相互了解,取长补短,共同发展。也就是说,儒道佛三教关系的历史表明,在中华文化体系中,不同的文化并不是消灭对方,而是在冲突中发现差异,承认他方的合理存在,认识他方的长处,并吸收来更新发展自己,从而既促进了自己的发展,最终也促进了中国文化的整体发展。

第二节　儒道互补成为后来中国思想文化发展的基本格局

中国传统文化是一个多元的动态的体系,学派纷呈,内外互动,多姿多彩。而在诸子百家之中,地位最高、影响最大的两位思想家,无疑是孔子和老子;渗透最深、流传最久的学派,无疑是儒家学派和道家学派。

仅次于儒家的是道家,或曰儒、道并举。儒道两家相比,儒显道隐。儒家名声显赫,在2000多年中居于社会思想文化的正宗和主导地位,是政治、教育和道德领域的指导思想;道家崇尚自然无为,与社会现实保持着一定的距离,具有隐士派和浪漫派的风格,在大部分历史时期处于在野的地位,但它形成一股强大的潜流,扩散到社会文化生活各个层面,凡有儒家的地方便有道家与之对待和互补。

东周时期,中国社会经历着划时代的变革,周王室衰微,维护封建宗法等级制度的"周礼"遭到极大破坏,诸侯争霸,社会处于动荡之中。这时候代表各阶级利益的知识分子异常活跃,成为一支重要的社会力量,形成了诸子百家争鸣的繁荣局面。其中影响最大的是儒家、法家、道家,他们各自为新兴的地主阶级设计了一套结束割据、实现统一的治国方案,为秦汉以后的社会治国思想的选择奠定了基础。

先秦诸子百家中,孔子创立的儒家是对后世影响最大的学派。儒学中的许多思想因子在孔子之前是潜在的或不系统的,它们并没有一个"一以贯

儒道互补

之"的"道",是孔子在前人的基础上,以"仁"为中心,倡导仁、礼并重。如果说"仁"主要体现了对人的意义、价值与本质的探讨,"礼"则体现了对人伦关系的重视。儒家的"礼治"主义的根本含义为"异",即使贵贱、尊卑、长幼各有其特殊的行为规范。只有贵贱、尊卑、长幼、亲疏各有其礼,才能达到儒家心目中君君、臣臣、父父、子子、兄兄、弟弟、夫夫、妇妇的理想社会。国家的治乱,取决于等级秩序的稳定与否。儒家的"礼"也是一种法的形式。它是以维护宗法等级制为核心,如违反了"礼"的规范,就要受到"刑"的惩罚。儒家的"德治"主义就是主张以道德去感化教育人。儒家认为,无论人性善恶,都可以用道德去感化教育人。这种教化方式,是一种心理上的改造,使人心良善,知道耻辱而无奸邪之心。这是最彻底、根本和积极的办法,断非法律制裁所能办到。儒家的"人治"主义,就是重视人的特殊化,重视人可能的道德发展,重视人的同情心,把人当作可以变化并可以有很复杂的选择主动性和有伦理天性的"人"来管理统治的思想。从这一角度看,"德治"主义和"人治"主义有很大的联系。"德治"强调教化的程序,而"人治"则偏重德化者本身,是一种贤人政治。由于儒家相信"人格"有绝大的感召力,所以在此基础上便发展为"为政在人"、"有治人,无治法"等极端的"人治"主义。孔子创立的儒家学说在总结、概括和继承了夏、商、周三代尊尊亲亲传统文化的基础上形成的一个完整的思想体系。司马迁在《史记·孔子世家》中说:"孔子乃因史记作春秋,上至隐公,下讫哀公十四年,十二公。据鲁,亲周,故殷,运之三代。"儒家学派的创始人孔子说过:"述而不作,信而好古"(《论语·述而》)是自己的思想本色。孔子正是通过对人的本质与意义及人伦关系的探讨,完成了儒家特有的价值体系的构建,并形成了与其他诸子学说不同的文化品格和思想走向。

例如,同样是面对"礼崩乐坏"的社会现实,如何选择文化发展的方向?如何为文明的进步和人类社会的健康发展提供思想文化指导?道家思想是中国传统思想文化的重要组成部分,道家的创始人老子与孔子差不多生活在同一时代,但面对同样的"礼崩乐坏"的社会现实,而老子却提出了不同于孔子的解决方案。

孔子所创的儒家,则提出了以仁和礼为核心的价值体系,倾向于用礼乐教化的方法来重建伦理道德和社会秩序。儒家所选择的重建礼乐文化制度、以仁义礼乐教化为主要特点的人文指向,形成了与道家"效法自然"鲜明的不同文化倾向,并奠定了中国主流思想文化发展的基本方向。

那么,老子则提出了一个以"道"为核心的思想体系,通过对社会文明异化的批判,来解构仁和礼对中国社会生活的约束而导致的人的异化,并从"大道废,有仁义"和"道法自然"出发,主张"绝圣弃智"、"绝仁弃义",即通过对社会文明异化的批判,来解构仁和礼对中国社会生活的约束而导致的人的异化,以实现对个体生命的关怀。老子以后,道家思想经历了战国中期的庄子、秦汉之时的黄老、魏晋时期的玄学等不同的阶段。魏晋玄学以后,道家学派史的角度看,道家学派似乎已经不复存在,但其思想理论在与儒家和佛家的相互借鉴、融合与渗透中,主要通过道教学者对道家著作的注疏和对道教思想的发挥,而继续不断地得到新的发展,并始终在中国思想文化中占有重要的地位,发生着持久而深远的影响。

中国传统思想文化是阳儒阴道,外儒内道,道中有儒,儒中有道,自为而相因。假如只有儒家而没有道家,中国的传统思想就会失去一半光彩。林语堂说:"道家及儒家是中国人灵魂的两面。"这是千真万确的事实。

中国知识分子即士阶层从小就接受文化典籍的训练,熟悉孔孟老庄的思想并受其熏陶,很多人形成儒道互补的人生价值取向。在对待宗教的态度上,多数知识分子接受孔子"敬鬼神而远之"(《论语·雍也》)和老子"以道莅天下其鬼不神"(《老子》六十章)的影响,既不热心于宗教,又不反对宗教,而看重宗教哲学的道德教化功能,表现出一种理性主义的态度。在对待政治和生活的态度上,中国知识分子的主流一方面受儒家哲学的影响,有较强的历史使命感和社会责任心,采取入世的积极的态度,以天下为己任;另一方面又受老庄道家哲学的影响,必要时采取超然和通达的态度,顺应自然而不刻意强求,能够安于平淡和自得。这种两重素质使得士君子的生命富有弹性,他们用儒家进取,用道家调节,形成人文主义与自然主义交融的风格,可以适应顺境和逆境的转换。历史上有不少士大夫,为官时或顺境中以儒家为归依,坚守道德良知,维护纲常名教,争做忠臣良将;在野时或在逆境中则以道家为归依,淡泊名利,独善其身,洒脱自在,保持着自己的真朴之性。儒道交替为用,士大夫们可以在曲折的生活中左右逢源,不失其精神依托,这叫着进退出处之道。这种"士的精神"的实质就是儒道互补。

儒家和道家都是"立教"之学,向世人展示了各自独特的价值体系,儒家以"仁"为其宗旨,道家以"道"为其指归,在确立中华民族精神方向和铸造民族之魂上做出了巨大的贡献。儒道两家都出现了一批大学者,将孔子老子的思想加以开拓发展,使之常住常新。两家的人生智慧、政治智慧和文化智慧,扩散到社会各阶层各角落,逐渐凝聚成为一种国民性格。例如,普通中国人重家庭重孝道重信义,表现出儒家的素养;同时普通中国人又崇尚自然,知足常乐,表现出道家的精神。

纵观中国古代的发展历程,儒道互补始终是发展的一条主线。先秦时期的百家争鸣,学术昌盛。秦汉以后,各家学说先后衰竭,真正在历史上流传久远,影响深远的,构成中国传统文化核心的学说,实际上只有儒道两家。古语有云:"乱则道家兴,和则儒家兴。"历史的发展进程中,儒家思想和道家思想形似相互对立,几经波折,而终极又是联系紧密。儒家的修齐治平、经邦治国理念与道家对现实的批判精神,成为中华传统文化发展相互依存的重要两翼,儒道互补成为后来中国思想文化发展的基本格局。

第三节　佛教的传入改变了中国传统文化的格局

中国文化史上,打有色彩鲜明的宗教烙印,以相当严格体系的宗教的出现,始于两汉。这主要体现为佛教的传入。

东汉初年,佛教已传入,首先是在嵩山地区开始它那步履维艰的中国化进程,到东汉末年佛教才初步流传,但是真正在中国大地流行是在东晋南北朝时期。佛教从南亚传入中国之所以在嵩山地区落户,一方面是因为洛阳作为政治文化中心有其凝聚力和吸收力;另一方面,是因为嵩山人粗犷豪放,豁达足智,思想观念自由开放,易于接受来自四面八方的习俗和信息;再就是中原历经了数次民族大融合和文化融合,形成了嵩山地区人们广阔的胸襟和嵩山博大宏富的文化。所以佛学唯独在嵩山地区生根,并在此完成了它的中国化进程后向中国的各个地区扩散辐射,直至传到东亚各国。这说明嵩山地区有佛学生根所需的土壤和水分,有它生长的自然条件,说明嵩山文化的故土之上充满着勃勃生机。

魏晋南北朝时期,无论是南方还是北方,战乱不已。强烈的生命忧患,催动人们往四面八方寻找安身立命之所。玄学的兴起,为相当一部分人开拓出超越有限进入无限的玄妙之境。道教的展开,使人们在对"神仙乐园"的向往与学道可以长生的信念中得到精神满足。而东来的佛教,又为人们辟出了精神解脱的新天地。佛教的传入改变了中国传统文化的格局,由原来主要以儒、道两家对立互补的格局,变成了儒、道、佛三家互补的新格局。因此,外来的佛教与中国的儒道形成的所谓三教关系,也是一种中外文化交融的关系。

佛教传入中国,开始时即受部分皇室及贵族子弟所信仰,尚未普及民间。当时,东汉皇帝信奉黄老之学及神仙方术,而佛教教理也被视为"清静无为",故与黄老之学相提并论。佛像刚开始悬挂时,往往与老子像、神仙像一同供奉,以祈求多福长寿。佛教进入中土,开初作为宗教,它有着一套严密的体系,东汉魏晋所译的一些经典并不怎么受到汉人欢迎,但汉人还是建了寺庙让佛教居留下来。它最终逐渐为中国文人士大夫所接受,很大程度上是改变了其作为教的性质而演化成一种哲学,一种教义,佛成了人生处世劝善学说,不仅劝喻上层而更重要的是渗透在民间。佛的被接受实质上是一种需要。社会动荡,民不聊生,对生的幻灭也就希望死后灵魂得到超脱,得到救援和幸福。道家的仙丹羽化之术,儒家的伦理纲常,此时已不大切合人生的需要,而对佛的接受,也正是农业民族无法摆脱困苦,希望逃避的一种自欺办法。

因此,到了魏晋南北朝时期,佛教开始得到极大的发展。

在嵩山地区,不仅上层贵族和下层民众信仰佛教,南北朝皇帝亦多信佛。刻于洛阳龙门石窟宾阳洞中的"帝后礼佛图",生动地表现出这样一种宗教热忱。北壁的孝文帝头戴冕旒,手持熏炉,在擎宝盖、执羽葆的侍从们的簇拥下向南行走;南壁的文昭皇后则头戴华冠,在十余名侍从的簇拥下向北行走。两列礼佛队伍南北朝向,严谨对仗,画面布局华丽,气势浓烈。在北魏皇帝的推动下,北魏都城洛阳,佛寺竟达1367座,连一些小小的里坊也建置起10所佛寺。佛雕石窟艺术也开始发展,洛阳龙门石窟和万佛山石窟、巩义石窟、偃师水泉石窟、荥阳王宗店石窟和邢河石窟、新密的香峪寺石窟、登封的王家门石窟、伊川吕寨石窟和石佛寺石窟等,以及大量分布在嵩山地域的碑刻造像等,构成了一条辉煌而绵长的佛教石窟艺术锦带。在嵩山地域的带动下,这一时期佛教也在江南大为显赫。唐代诗人杜牧诗云:"南朝四百八十寺,多少楼台烟雨中",展现了江南佛风的弥漫。

佛在中国扎下根来,尤其是在嵩山有了一支重要的佛教宗派——禅宗。相传,印度高僧菩提达摩到嵩山少林寺传授禅法,在少室山的一个山洞里,面壁九年,终得一学,是为禅宗。禅宗在其诞生地印度没有成宗,却在传入嵩山后,成为中国佛教延绵不断的主流宗派。禅宗流传久远的重要原因之一,是其教义和修行方法的简单易行。教内传法的过程中难免会产生教条化、形式化的弊端,只重考据文字而不重把握精神,会丧失教义的灵魂。针对这种偏颇的倾向,禅宗提出了"教外别传,不立文字,直指人心,见性成佛"的宗旨。所谓"教外别传",是指在教典以外别有一种教义的传授方法。禅宗的简易性,便体现在"见性成佛"的主张上。禅是"静虑",佛教称安静地深思为禅定。达摩提出一种新的禅定方法,否定了印度佛教那一套修行的阶梯层次和累世修行,主张人人都具有佛性也就是"本性",人人都先天具有成佛的智慧也就是"菩提",人人都能够通过觉悟佛性而成为佛,尽管何时豁然大悟难以料定。众生之所以未能成佛,是因为对自身的本性没有觉悟。一旦"拨开迷雾见青天",明心见性,自性就是佛,把佛变为举目常见的平常人。禅宗传到唐代,六祖慧能提出顿悟的主张,连坐禅也免了,认为顿悟并不要求离开现实生活,"举足下足,长在道场,是心是情,同归性海","提水砍柴无非妙道",在日常劳动生活中都可以顿悟成佛。复旦大学葛兆光教授在《禅宗与中国文化》一书中认为,禅宗"虽然植根于印度佛学,却融汇了印度佛教其他方面的理论,并与中国土生土长的老庄思想及魏晋玄学相结合,形成了一个既具有精致的世界理论,又具有与世界观相契合的解脱方式和认识方法的宗教流派。"

魏晋南北朝时期,儒、道、佛相互吸收、相互融合的文化整合运动,终至推动中国文化系统产生出儒、道、佛"三教调和"的理论。

唐代时期的佛教亦呈扶摇直上的态势。京都长安寺庙林立,城中坊里60%都设了寺庙,规模大的"穷极壮丽,土木之役逾万亿"。日本僧人园仁在《入唐求法巡礼》中说:"长安城里,一个佛堂,可抵外州大寺。"长安城内的佛塔难以计数。而东都洛阳,武则天大规模开窟造像于龙门。据说她曾命僧人造夹纻大像,一个小拇指上可站数十人。举世闻名的卢舍那大佛使人产生一种渺小之感,置身其中,仿佛匍匐在巨大的超然的神灵面前。

佛教的中国化是中国文化具有强大吸收能力与改造能力的象征。对于外来文化因素,嵩山人并非视为异端,拒之门外,相反,是取其所长,避其所短,尽量加以改造,达到为我所用的目的。这些古代成功的经验,对于后人是有相当启示的,这正是嵩山文化遗风流韵之表现。

第四节　道教文化与儒、佛文化的交流与发展

中国文化史上,流行过佛教、伊斯兰教、基督教等各种宗教,但它们都是从异邦移植过来的意识形态。真正土生土长的本土民族宗教,是道教。道教以鲜明的中国特色,长久作用于民族文化心理、风俗习惯、科学技术以及社会政治经济生活的广泛领域。正因为如此,鲁迅才说:"中国根柢全在道教","以此读史,有多种问题可迎刃而解。"

道教的创始人为老子,亦老聃,他是春秋末年陈国苦县厉乡曲仁里人,即今天河南鹿邑县太清宫乡。老子曾任周守藏史达30年之久,这样的职位使他博览群书,学习了中国古代巫史文化,继承了《易经》、《尚书》等古代典籍的思想,同时长期的宫廷生活经历使他接触社会各方面的人和事,对社会现实问题进行了深入冷静的思考,对宇宙万物进行了深刻独到的观察,于暮年在嵩山地区写下了旷古奇作《道德经》,并广泛流传于世界各地,成为世界上除《圣经》之外被翻译成外文种类最多的著作。老子提出"道"生万物的理论,揭示了世界本源及其规律的秘密,描绘了一幅以"反"为基、以"无"为本的世界图景,奠定了宇宙科学的基础。几千年后的今天,西方人用实验的方法发现了"道"的真体,证实了"道"的存在及老子理论的正确。老子的"道论",对中国文化、哲学、科学、艺术、政治、宗教发生了广泛的影响。老子之学在发展的过程中,于西汉初年在嵩山地区形成黄老之学,在汉顺帝时与神仙方士仙道结合形成黄老道,遂演义为宗教,流传于宫廷与民间,深深根植于中国文化中,数千年昌盛不败。道教是在广泛的社会文化基础上产生的,最直接的根源是老子的《道德经》。然而,作为哲学论述,《道德经》哲理的神秘性很难直接和作为宗教的道教的世俗目的相联系,道教的宗旨不能完全由老庄的玄学哲理来体现,道教的目的也不能完全凭借老庄的格言或寓言来实现,因而道教需要一套完整的自己可以付诸实施、实现承诺的知识和技术体系,需要一套完备的支撑精神与信仰、惩罚堕落与罪恶的象征系统。

道教虽为本土所产,且以道家思想为根,但道教思想之理论性和丰富性是欠缺的。在思想内容上,道教贫乏得不足以与佛教抗衡,因而它必须吸摄儒家伦理思想以充实自身;在修养方式上,也较为简单,因而它又不得不研究、思考佛教的作法。

其一,道教对儒家入世精神与伦理思想的吸摄。道家、道教具有"在世"倾向,但道家、道教的"在

世"与儒家那种强烈的"入世"精神是有差别的,即儒家是直接参与社会,以济世救民为己任,道教则主要是一种肉体的关怀,且以个体为重。道教对儒家伦理思想的吸摄则是不遗余力。比如《正一法文天师教戒科经》中云:"事师不可不敬,事亲不可不孝,事君不可不忠,……仁义不可不行,施惠不可不作。"又云:"其能壮事守善,能如要言,臣忠,子孝,夫信,妇贞,兄敬,弟顺,内无二心,便可为善得种民矣。"可见儒家的敬、孝、忠、仁、义、信、贞等德目被吸收为道教基本内容,并规定履行持守儒家伦理道德,才可成为真正的道教徒。如葛洪指出,道家不唯养生一事,应兼济社会,儒家也不唯济世一事,应关注人生。此外,道教还把儒家的礼转化为道教戒律。如《灵宝智慧罪根上品大戒经》中云:"与人君言则惠于国,与人父言则慈于子,与人师言则爱于众,与人兄言则悌于行,与人臣言则忠于君,与人子言则孝于亲,与人友言则信于交,与人妇言则贞于夫,与人夫言则和于室,与人弟言则恭于礼,与野人言则劝于农,与道士言则正于道,与异国人言则各守其域,与奴婢言则慎于事。"儒家的礼被融于道教之中,成为道教戒律的基本纲架。

老子

其二,道教对佛教伦理戒律思想的吸摄。道教有斋醮科仪,斋醮科仪中又有坛场转经,设法师、都讲等职,这些都是仿照佛教相关仪式而来。如陆修静提出"斋有九等",即金斋、黄斋、明真斋、元斋、八节斋、自然斋、洞神三里之斋、太一斋、指教之斋等,并强调斋戒为立德之本。而且,陆修静还认为,履行斋戒不是外在的,而要在心灵上做到"心行精至"、"洗心净行"。所谓"身为杀盗淫动,故役之以礼拜,口有恶言,绮妄两舌,故课之以诵经,心有贪欲,嗔恚之念,故传以思神。"而所谓"杀盗淫动,恶言绮两舌,贪欲嗔恚",正来自佛教"十恶"之戒。难怪释道宣说他是"广制斋仪"以改造五斗米道。

另外,道教还把佛教的诵经、持戒修养方法吸收进来。这在《太上洞渊神咒经》中有详细记载:"若不受此经,不名道士不得救治万病,但受此经,家中供养一切,鬼伏生死蒙恩,道不妄言。汝等信之,坐中大小个个求之,太上哀念一切,悉受之戒之,汝当受此经,不得轻师,不得慢经,终身奉行,思神念道,后得升仙。"这段话大致是说,只要道教徒能诵经、持戒,什么疾病、官事、邪恶统统可以避免,并可由此"成仙"。正是道教吸摄了儒、佛的思想,较为贫乏的道教思想在其发展中才逐渐丰满起来。

中国特色的道教与其他民族的宗教一样,也是经济、政治、精神和道德普遍瓦解的产物。作为宗教的一大流派,道教具有宗教的一般性特征。它所信仰和崇拜的是神仙,神仙之说早在先秦道学著述中便颇为流行。《庄子》、《史记》均有关于神仙的记载。先秦时期的齐威王、齐宣王不断派人到海外仙山寻找不死之药,秦始皇派遣徐福率数千童男童女出海觅仙,雄才大略的汉武帝也喜好神仙方术。神仙之说的泛滥,成为道教勃兴的前奏。道教的思想渊源杂而多端。在奉老子为教主的同时,庄子也被列为道教的尊神。道教与道家纠缠在一起,难解难分。可以说,道教是道家思想的继承和延长。道教不但从儒家思想中吸取营养,还从墨家思想中吸取精华。道教教旨以长生成仙为目标,表现出人的生存欲望,具有一种"不信天命,不信业果,力抗自然"的勇猛气势,此种特质恰恰是中华民族重现世、重现实的民族性格的体现。道教在南北朝以后,仍长足发展,可谓规模之大成。北魏嵩山道士寇谦之等借助政权的力量清整民间道派,并首次使用"道教"一词统一了道派。

唐代道教在上层统治者中格外得宠。唐王朝奉老子为先祖,唐高宗封老子为太上玄元皇帝。东都洛阳的玄元皇帝庙,"山河扶绣户,日月近雕梁",气派格外宏大。长安的太清宫,先是玄宗雕像,后有高祖、太宗、中宗、睿宗,五帝侍立老子塑像左右,毕恭毕敬。追求仙人羽化的道观也势头高涨。《唐六典·祠部》记载:"凡天下观总一千六百八十七所",天台山、茅山、华山、青城山、王屋山等名山幽谷,无不香烟缭绕,香雾弥漫,仙乐悠悠。道教到南宋、金元又经过革新期,直至清代才逐渐趋向式微。道教在中国社会结构中传承不息,在民间生活中影响重大,充分显示出道教绝不是统治者以一己私愿,"超越地添设于人类文化的整个结构之上的东西",而是有其发展的必然性,具备特定功能的文化现象。

道教的文化功能首先表现在对"长生不死"的追求,满足了人们惧死乐生的心理愿望。除惧死乐生以外,人们还普遍具有对社会的和谐安乐的追求。而道教所构筑的"神仙乐园",便满足了人们这一心理的功能。在社会涵盖面上道教具有广泛的适应性,适应社会的各个阶层。这样,多方面的文化功能,使道教在长远的时空中深长地根植于中国社会,强韧地存在和发展。自此,中国文化中自有一支道教文化,民俗、民风、文学、科技、建筑及政治斗争都不可避免地浸染上道教文化的色彩。

第五节　宋明理学与佛、道二教

北宋时,儒家经学新学派吸收佛、道哲学,创立了理学。因创始人程颢、程颐起于伊洛间,他们创立的唯心主义哲学体系,故称为"伊洛理学"或"河洛理学"、"伊洛理学"。

佛道二教经过隋唐两代极盛发展之后,到宋时已经衰退。故宋时经学占统治地位。但经学的哲学部分,先天贫乏,有必要采取佛、道二家的思想来改造自己。首先用道教思想解经的是二程的老师周敦颐,他作《太极图说》和《通书》,把经学、道学杂合一起来解释。程颢、程颐的河洛理学的中心思想是讲"理"或"天理",认为"理"是自然界遵循的永恒不变的普遍原则,它"不为尧存,不为桀亡",任何人和事物都不能违背"天理"这个最高原则。他们继承发展了孟子的"王道"思想,把君道、臣道、父道、子道这些封建伦理规范都说成是"天理"的体现。从这一理论出发,提出:"父子君臣,天下之定理","无所逃于天地之间",安分守己就是"知天命,达天理","饿死事小,失节事大",人人都要"顺天理,去人欲"等等,极力反对寡妇再嫁,维护封建礼教,不去反抗压迫势力。南宋朱熹进一步把二程理学推向高峰。理学后来分为濂、洛、关、闽四派,追其源仍为伊洛理学。宋以后,统治阶级极力推行"程朱理学",使其成为宋、元、明、清四代700多年间封建社会的思想统治基础,对中国社会影响极为严重,成为套在中国人民思想上的精神桎梏。

北宋中期,学术空气异常活跃,出现了思想领域百家争鸣的局面,自宋辽仁宗庆历年间开始,全国学统四起,学派林立。就地域而论,则有周敦颐的"濂学派",二程、邵雍的"伊洛理学派",张载的"关学派",苏轼兄弟的"蜀学派",王安石的"新学派"等等。尽管学派繁多,但逐渐地形成了以二程伊洛理学和张载关学为中心的两大学派,这两个学派成为宋代理学的奠基。同时,由于二程伊洛理学的广泛传播,成为宋代理学的核心。

这一时期,儒学家张载、邵雍,儒臣文彦博、司马光等名人皆云集嵩山地区,由是理学以兴,"阐圣道之微妙,革佛老之流弊"。

二程的"理",初近于佛教的禅宗。其实佛教禅宗的真如佛性,盖指修身养性。佛性南宗的大照,已称"佛性"为"理"。所不同的是,理学家的理,则更多的具有封建主义品级结构里的道德律令的性质。程颢说:"天有是理,圣人循而行之,所谓道也。""天理具万理,天道具万道"。二程所说的理和佛教禅宗华严宗相通,而所说的道,又和道家思想相通,是儒家经学掺进佛、道思想之后的新发展。理学也称道学,理和道的含义是名异而实同。理学孕化了儒学的伦理,并以禅学为其掩饰。理学讲究修身之法,不事空谈,格物致知。《伊川语录》载:"涵养须用敬,进学则在致知。"理学首兴私家讲学,力介书院,门徒弟子从二程之学如追星赶月,伊洛理学演习哲学,以象数为要,所据《周易》、《洪范》,有阴阳之说。理学一开始即有着融汇儒、道、佛三教为一体的意图。因此,它的形成标志着儒、道、佛三家已紧密地融为一体,使嵩山文化进入极盛的时代。

宋明理学在宋代出现,是与魏晋南北朝以来儒佛道三教不断冲突争斗而又相互融合吸收是分不开的。宋明理学是以儒学为本位而融摄佛道思想,在"三教合一"文化格局中实现儒学新发展的典型代表。如果说邵雍强调"先天之学,心法也。故图皆自中起。万化万事生乎心也"(《观物外篇》第2)的先天象数学透露出理学不仅吸纳"道家和道教的《易》学传统"而在儒道结合的基础上谋求创新,而且也对佛教有所吸取,那么二程"自家体贴出来"的"天理"(《河南程氏外书》)说所主张的"性即是理",认为"在天为命,在义为理,在人为性。主于身为心。其实一也"(《二程遗书》卷18),则表现出理学基于儒家立场在吸取佛教的理论资源而又回应佛教提出的问题中对儒学的新拓展。以程朱陆王为主要代表的宋明新儒学吸收佛道的理论成果而对性命天道的理论探讨和阐发,将传统儒学的发展推向了顶峰。最终成就的儒学,其实是以儒为基点融摄了佛、道等多种思想,是儒道佛三教的合一。

宋明理学是儒道佛相互吸收借鉴的结果

宋明儒者往往都有出入佛老的经历,他们在学习儒家经典之外往往都兼通佛、道典籍,他们遵循着魏晋玄学本体论的思维方式,同时又吸收隋唐佛道的心性学说,在此基础上提出了"理"作为哲学根本范畴,并赋予它以本体意义,认为"理"是宇宙的本体,人生的根本,社会的最高原则,形成了传统儒学的成熟理论形态。而道、佛思想的差异和思维方式的不同也影响到了儒学的发展,以至于后人在评析宋明儒学时,有所谓"朱子道,陆子禅"(即朱熹的理学,陆九渊的心学)等说法,也曾一度出现过"宗朱者诋陆为狂禅,宗陆者以朱为俗学,两家之学各成门户,几如冰炭矣"(《宋元学案·象山学案》)的局面。

北宋周敦颐提出《太极图说》,深受道教影响,是融道于儒的宋明理学的开山,师事周敦颐的程颢发明"天理"范畴,成为理学形成的标志。至南宋而形成了"格物穷理"朱熹学派;而与朱熹同时代的陆九渊到明代王阳明则构建了"万物皆备于我"的"心学"体系。朱熹的"格物致知",认为人的知识来源于对客观世界的认识,循此而可知天理。而陆九渊认为,人心本身也是客观世界的一部分,何必假于外物而知天理?"人之初,性本善",只要求得人之初性、良心,就可以"致良知"。

王阳明学说在明代风靡一时,他的心学在哲学理念上与宗密的"心外无法"如出一辙。王学传人管志道说:阳明心学,"原其本,则以洙泗、漕溪两家宗趣并合于方寸中,虽平日以良知提掇,而隐然犹有宗门秘藏焉。"阳明心学仅融佛于儒,还只是其表象,他的弟子黄绾曾透露在他从学王阳明时,王阳明曾"令看六祖《坛经》,会其本来无一物,不思善,不思恶,为直超上乘,以为合于良知之至极。又以《悟真篇·后序》为得圣人之旨。以儒与仙、佛之道皆同,但有私己、同物之殊。以孔子《论语》之言,皆为下学之事,非直超上悟之旨。"

王阳明提到的著名高道张伯端的《悟真篇》,是道教内丹学的经典,其后序开头即讲心法:

窃以人之生也,皆缘妄情而有其身。有其身则有患;若其无身,患从何有!夫欲免乎患者,莫若体夫至道;欲体至道者,莫若明乎本心。故心者,道之体也;道(之体)[者],心之用也。人能察心观性,则圆明之体自现,无为之用自成。不假施功,顿超彼岸。此非心镜朗然,神珠廓明,则何以鉴彼如如不可定之法,而使诸相顿离,纤尘绝染,心源自在,决定无生者哉!

序之结尾,又总结心法与佛道之关系:

奈何凡夫,业缘有厚薄,性根有利钝,纵闻一音,纷然异见,故释迦、文殊所演法宝,无非一乘,而听学者随量会解,自然成三乘之差。此后若有根性猛烈之士,见闻此篇,则知仆得达摩、六祖最上一乘之妙旨,可因一言而悟万法也;如其习气尚愚,则归中小之见,亦非仆之咎矣。

在张伯端看来,儒学、内丹学,不过是圣人因世俗而强言之道,导以修身、修生之法,最高一层,乃是格于本心之禅悟,张伯端实际上已由道而入于佛。所以,王阳明推崇张伯端,其心法也实际上是儒学在哲学上容纳佛、道的一个标志。

从历史上看,儒学在吸收佛道思想的基础上不断实现着动态的发展,但这种吸收不是无原则的,而是以丰富和促进儒学自身的发展为目的。儒学有其持之一贯的内在之道,有不同于佛道的文化精神和终极追求,正因如此,儒学在吸收融合佛道思想的同时也对佛道思想进行着批判。不管是吸收融合还是批判否定,落脚点都是一致的,都是为了更好地彰显儒学自身的价值和意义。例如二程曾尖锐地指出佛教

佛道二教对理学的影响

有极大的危害:"惟佛学,今则人人谈之,弥漫滔天,其害无涯。"(《河南程氏遗书》卷1)朱熹更是从心性论的角度对佛教大加批判,认为"吾儒万理皆实,释氏万理皆空"(《朱子语类》卷124),即认为人心有真实不虚之实理,此理虽无形但却真实非空,佛家却只知心而不知理,因此他认为:"禅学最害道。庄老于义理绝灭犹未尽。佛则人伦已坏。至禅,则又从头将许多义理扫灭无余。以此言之,禅最为害之深者。"(《朱子语类》卷126)儒者对佛道的批评在很大程度上是由于他们怀有一种"道统精神",对儒学有着真正的价值认同,故坚守儒学阵地。无论是程朱理学还是陆王心学,他们都是"同植纲常,同扶名教,同宗孔、孟。即使意见终于不合,亦不过仁者见仁,智者见智,所谓'学焉而得其性之所近'"(《宋元学案·象山学案》),他们真心相信儒学中自有穷天地、贯古今的不变之道,他们在根本的文化生命上与佛道之学多有抵牾。宋明儒者对于佛道持既吸收又批判的态度,是因为他们的根本宗旨在于弘扬儒学。

理学一经构成,便对中国文化产生极为深刻的影响,理学所展开的伦理学主体性的本体论,将中国文化重伦理道德的传统精神推向极致,从而引发复杂的文化效应。理学对中国文化至为重要的影响之一,便是在新的哲学基础上重建封建传统礼治秩序。理学对后期中国文化的又一深刻影响,便是将传统的"内圣"之学提到空前的本体高度,从而造成经世路线的转向,进而规范中国传统政治文化心

理。

理学在给民族文化、民族进步带来严重障碍的同时,也在民族传统中留下了若干积极因子,这就是道德自觉的理想人格建树。理学建树理想人格的理论与观念,对中华民族注重气节、注重道德、注重社会责任与历史使命的文化性格无疑产生了深远的影响。张载在《正蒙·西铭》中庄重宣告:"为天地立心,为生民立命,为往圣继绝学,为万世开太平",显示了人们的伦理学主体性的崇高与伟大。顾炎武在明清易代之际发出的"天下兴亡,匹夫有责"的慷慨呼号,激励了中国人的群体意识,成为危难之际动员中华民族每一分子自觉起来捍卫群体尊严和安全的号角,文天祥、东林党人在异族强权或腐朽政治势力面前,浩然正气,风骨铮铮,即使镣铐加身不失节,即使屠戮在即,亦绝不屈膝。"人生自古谁无死,留取丹心照汗青。"由张载、顾炎武、文天祥所传递出来的社会责任感,历史责任感以及道义责任感,闪烁着理想人格的灿烂光辉,浸润了宋明理学的精神价值与道德理想,成为中华民族精神文化的"脊梁"。

第六节 三教合一,嵩山文化的主流

回顾儒道佛三教在嵩山地区融合的发展过程,在数千年的发展演变中,逐渐形成了以儒道佛三教为基本组成部分的多元融合的文化系统,入宋以后出现的以儒为主、佛道为辅的"三教合一"更是构成了上千年嵩山地区思想文化发展的基本格局。

宋元之后,儒释道三教在思想信仰领域的激烈冲突趋于缓和,三教各自的"兼容并包"思想潮流无疑起到了重要作用。这种思潮经明代以主流意识形态面目出现的阳明心学的泛滥,化解了精神世界三元分立的局面,开启了士大夫与民众进行广泛宗教实践的大门。明清民间宗教的蓬勃兴起,就是在这样一个思想背景下展开的。

就儒道佛三教文化而言,它们在推动中华文化的传承和发展中所起的作用也是各有不同的。儒学在中国传统思想文化中一直是主流和基础,儒家思想的特点与精神,以及儒学对中国思想文化的贡献,无疑都离不开孔子对"仁"和"礼"的倡导,对人和人伦关系的重视,以及对人文教化的强调,而对人的生命境界的追求则成为儒家思想发展的根本动力与精神归宿。儒学以其独特的对人、人性和人的生命的关注,深化了中国文化的人本思想和人文精神,大大丰富了中华文化的思想底蕴。在儒家人文精神的影响下,中国思想文化在道德伦理、教育理念、王道政治、心性思想等方面形成了鲜明的个性特点,至今仍然在塑造中国人的民族性格中起着潜移默化的重要作用。

儒道佛三教对各自文化道统的传承与发展,以及对其他各家思想的批判和吸取,从某种意义上说,是中国整个思想文化具有生生不息内在思想活力的重要原因,而儒道佛三教思想的创新往往又与它们对不同文化的融合有密切的关系。例如中国化的佛学思想就是融合吸收了儒道文化的资源而对印度佛学的新发展,同时又反过来影响到了道教重玄学的展开和道教"性命双修"的提倡,也对儒家思想家产生深刻的刺激,促进了唐宋儒学的创新与发展,佛教思想成为儒道思想家从事思想创新活动的重要思想资源。

综上所述,嵩山文化从形成到发展,直到以顽强融入中华文化的体系中并长久地影响着中华文化的进程,说明嵩山文化在低谷阶段能以博大的胸怀,最大限度地吸纳、融合外域文化,弥补其不足;在高峰阶段,又屡屡以强劲的态势和饱满的能量向外域挥发和辐射,给周边文化以积极的影响。如此,恪守传统,兼收并蓄,开拓进取,由嵩山地区而泽及中原,由中原而广播中国,最后终于由区域性文化发展成为中国传统文化的主流。因而可以说,嵩山文化是中国最核心的、生命力最强的文化,是中华民族共有的赖以生存的精神源泉,是中华民族自强不息的灵魂。

三教共存

第四章 三教荟萃在嵩山

儒家修身,道家养性,佛家修心,共同构成了中国古典士大夫的处世和哲学基础,也对中国的古典文化以及当今的中国人的习俗传统等构成了深渊持久的影响。可以这么说,中国的传统文化,基本就是儒释道三家共同作用下的结果,三家既相互竞争,又彼此吸收融合,不断发展进步。总而言之,在一定程度上,三家的文化就是中国传统文化,而中国传统文化又是以这三家为典型代表的。

嵩山历史上之所以能够形成儒释道三教会通融合、和而不同的宗教文化体系,这种现象,在世界文明史上实属罕见。嵩山历史上的儒释道三教荟萃格局的出现,不仅从宗教理论上展示了不同宗教所具有的相通性精神是化解宗教冲突走向宗教和解的可能性,而且从历史事实上证实了不同宗教的互补、会通的现实性和可行性。

第一节 三教融合的由来与发展

东汉初年佛教传入中国以后,融会周易经学、孔孟儒学和老庄玄学等,逐渐形成独具中国特点的中国汉传佛教,佛教文化遂成为中国古老文化的一个重要组成部分。佛教在中国的传播与发展,始终与中国固有的以儒、道为代表的思想文化处于相互冲突和相互融合的复杂关系之中。儒、道、佛三教在冲突中融合,在融合中发展,中国佛教发展的历史其实就是一部三教关系史。源远流长的中国思想文化经过数千年的嬗变,最终形成了以儒家为主、以佛道为辅的三教合一的格局。从总体上看,儒、道、佛三教间始终有这样一种基本格局:儒家在吸收佛教思想的同时常以佛教不合传统礼教等为由,激烈地排斥佛教,而佛教总以妥协的态度如用五戒比配五常、在思想体系中加入忠孝仁义来调和儒、佛分歧。佛道之间虽然互相吸收利用,特别是道教借鉴佛教的地方甚多,从宗教理论到修持方式、宗教仪礼规范等,但佛、道斗争却一直激烈,而道教一度处于优势后,又往往处于弱势。

佛教本身与中国传统思想文化存在着巨大差异,佛教刚传入中国时,包含着纯正的印度佛教古法,尤其是在修持法门上,偏重于个人的悟道证果,主要是小乘佛法。传法者为了使更多的中国人接受佛教,就不能不考虑中国国情,不能不熟悉道家、儒家思想,自然便"入乡随俗",以"随机"、"方便"为理论依据,开始了佛教中国化的过程。因此,儒家、道家思想便不可避免地影响并渗入佛教。佛教的中国化,很大程就是佛教的道化和儒化。佛教自两汉时传入中国,刚开始只是被当作黄老神仙方术的一种,在皇室及贵族上层中间流传,东汉末年才开始在社会上流传。东汉的佛事活动以译经为主,在佛经翻译过程中,既融会吸收中国传统的哲学、伦理和宗教观念,使佛教与传统的灵魂不死观念相沟通,还借用儒、道思想观念和名词术语,行文中夹杂大量道家思想和儒家语言,以至于当时人们往往以周孔之教和老庄之道来理解佛教。汉译佛经为适应中国的伦理道德观念作了许多调整,删除了与儒家孝道不相一致的内容,积极地吸收了儒家思想中的"忠孝"观念,增加了符合中国的伦理纲常的东西。

儒家思想对佛教的影响还表现在对世间法的重视,现在佛教界提倡"人间佛教",实际上就是儒家思想影响佛教的结果。另外,汉代兴盛的谶纬之学含有大量天文、地理、历法、哲学、医学、音乐等方面的宝贵内容,在促使儒学神化、系统化、通俗化的同时,也在客观上对佛教的传入和道教的产生起到了积极的促进作用,对构成中国的儒、道、佛共存的社会局面有很大的推动作用。而对于道教,佛教不仅在传教方法上还是在理论上也都采取了妥协和融合的态度,吸收了很多道学、阴阳五行、易、卜巫、谶纬等道教的方术思想和咒术,汉文佛经中也往往夹杂着道教的东西,因而当时人称佛教为佛道,佛教徒也被称为道人。

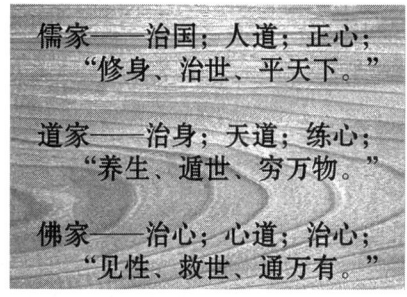

儒道佛三教哲理比较

道家思想对佛教的主要影响还表现在修持法门上,如数息、运气等。传说达摩祖师面壁9年,留下《易筋经》和《洗髓经》,《洗髓经》已失传。《易筋经》里面有很多动作,如韦驮势等,与长沙马王堆汉墓出土的《导引图》有许多类似之处,而《导引图》比达摩的《易筋经》早六七百年,从中不难看出,道家对佛教的影响。与此同时,佛教极力调和与儒教和道教的思想矛盾,积极论证三者在根本上的一致,大力倡导三教一致论。

三教一致的观点最早就是由汉末的佛教徒提出来的。牟子《理惑论》为争取封建统治者和广大民众对佛教的理解与支持,为更好地推动佛教在中国的传播和发展,提出三教一致论,认为佛、儒、道三家学说都有助于统治者的统治,社会作用相同。这样的观点尽管与后世基于思想上的融合而提出的三教合一论有所不同,但在当时对佛教在中国的进一步发展,对整个中国思想文化的发展都有着巨大而深远的影响。

三国两晋时期,佛教得到迅速传播,不仅译经时用儒道等名词术语和思想理论来表达佛教思想,出世的佛教还融入了儒家重视现实人生和社会伦理的品格。随着玄学的流行,佛教般若学也依附于玄学而得以中兴。佛教不断援儒、道入佛,并极力论证佛、儒、道在根本上的一致性,积极倡导三教一致论,对"老子化胡经"也予以默许。"老子化胡"之说从后汉已开始。《后汉书·襄楷传》说:"或言老子入夷狄为浮屠。"《魏略·西戎传》说:"浮屠所载与中国老子经相出入,盖以为老子西出关,过西域之天竺,教胡。浮屠属弟子别号,合有二十九。"《老子化胡经》是在西晋佛教逐渐流行于社会各阶层的背景下出现的。甚至有学者认为,老子变成释迦和老子教化释迦,也许都是为了使中国社会接受佛教才提出的权宜之说,或者说,最初是佛教方面提出来的。牟子的《理惑论》就用三皇五帝来比配佛陀,又以道家神仙家之言来解释佛,不仅认为佛是引导人们去追求无为的,还容纳了儒家仁义孝亲和仁政德治的政治理想,把佛道、儒道、老子之道都统一到了儒家的修齐治平上来。至于佛教倡导的出家修行不敬其行有违仁孝,牟子回答说,成就佛道后,"父母兄弟皆得度世",

儒家:研究的是社会人
(入世—伦理)
道家:研究的是自然人
(出世—生理)
佛家:研究的是觉悟的人
(出入世:心理)

儒道佛特点

这是最大的孝。

佛教与中国传统文化是两种完全不同的文化,二者的精神实质是迥异的,佛教与中国传统文化儒、道之间的纷争与冲突,加快了佛教的中国化。佛教自传入中国之日起,就与中国文化发生着摩擦,但因为一开始佛教的力量很弱,又主动依附于中国的道术、玄学和儒学,而中国人当时对佛教的认识也很模糊,二者的矛盾和冲突没有激化。东晋时期,随着翻译佛教经典的增多,译文准确性的提高,佛教日益显示出自己独特的本来面貌,这就在讲解佛教的问题上产生了是运用中国传统思想还是坚持印度佛教原意的矛盾,形成了两种文化的鲜明冲突。佛教在流传中影响日益扩大,力量逐渐增强,而有的佛教思想超过中国文化,有的则落后于中国文化,有的适应当时社会的需要,有的则与当时的社会需求格格不入,这样双方的对立愈来愈明显,冲突也日益加剧。另外,中国佛教涉及政治领域,并形成寺院经济,这就必然产生与统治阶级的政治和经济的现实利害关系问题,而且这种政治经济的矛盾与两种文化的差异结合在一起,甚至爆发了对抗式的冲突。据史料记载,中国历史上曾发生过多次灭佛运动,其中规模较大的有4次,从毁坏佛像、拆除寺庙、焚毁经书、限令还俗、没收寺产,乃至对僧人处以极刑等等。

南北朝时期,三教之争尤其是佛道之争非常突出。西晋惠帝时,道士祭酒王浮平日和帛法祖争论佛道二教的优劣长短。为抬高道教,贬抑佛教,王浮根据东汉以来种种老子化胡的传说,作《老子化胡经》,谓老子西出阳关,经西域至天竺,化身为退休金,教化胡人,因此产生佛教。其意在于扬道抑佛。自佛教传入中国后,势力逐渐扩大。道教为了生存发展不断向贵族化方向(神仙道教)发展,并主动出击遏止佛教势力的膨胀,与佛教争夺宗教的地盘。南北朝之世,道教徒均据《老子化胡经》与佛教论短长。

趋于独立的佛教不愿甘于附庸地位,不能再忍受"老子化胡"的说法,屈居道教之下,也就展开了激烈的反驳,甚至针锋相对地提出了佛化震旦说。例如,北周道安的《二教论》引当时的伪经《清净法行经》说:"佛遣三弟子,震旦(指中国)教化,儒童菩萨,彼称孔丘,彼称老子。"这样,道教奉为教主的老子反而成了佛的弟子。

佛道论争愈演愈烈。当时南方帝王崇佛,儒道佛三教皆有助于统治的思想在南朝占主导地位,而北朝则出现了帝王利用政治力量灭佛的流血事件,但是北魏太武帝与北周武帝所进行的两次灭佛事件,并不能阻挡佛教兴盛的发展态势。南北朝时,名士、佛徒、道士都从不同角度提出了三教一致、三教融合的思想。梁武帝以皇帝身份提出了三教同源说,认为老子、周公、孔子都是如来的弟子,还写下不少融合三教思想的文章。山中宰相陶弘景也大力提倡三教融合的主张。北周武帝虽然灭佛,却多次召集群臣和沙门、道士讨论三教优劣,还强调以儒家为正统的会通三教,认为三教协调才有助于治国利民。

历代佛、道、儒之间的纷争,诸如东汉洛阳白马寺中道佛的焚经台烧书、北魏时期的佛道大辩论,反过来又促进了他们的进一步发展、演变与融合。道教虽然反对佛教,但又大量模仿佛经,摄取佛经的教理,把佛教的佛性说改为道性说,从而形成道教经典,这使得道教呈现着许多佛教的色彩,像"三清"与"三世佛"、"救苦天尊"与"救苦观音"、"四大护法神"与"四大天王"等皆属取佛教而变更之为。儒学没有佛教的轮回报应、解脱成佛的修行方式,也没有道教的羽化成仙、长生不老的宗教说辞,在思辨性上也不及佛教,便从佛、道那里汲取营养以充实发展自己,从而满足统治者的需要。因而可以说,佛教和中国传统文化的冲突与融合,是在彼此的撞击中寻找契合点的矛盾统一运动,是推进各自思想的多向演化进而达到多元融汇的过程。佛教自传入中国之后,中国传统思想只是在政治伦理和有神无神问题上发动对佛教的挑战和批判,并没有从根本上否定佛教的宗教思想体系。封建统治者发动的几次灭佛事件也主要是基于政治经济的原因,而不是出于真正的思想文化上的斗争。中国传统文化与佛教发生着经常而且普遍的融合,以至于达到了"三教合一"的程度。一方面,中国传统文化在外来佛教文化的挑战面前并没有被取代;另一方面,中国传统文化有效地吸取了佛教文化的成果,并把它改造为中国文化的一部分,充分显示了中国传统文化的开放性、包容性。由此可见,两种文化的交流与冲突,促进了文化的进步与创新。

第二节 三教合一,历史发展的必然趋势

在不同教派的相互斗争中,必然会导致相互之间的渗透与融合,这是历史发展的必然趋势。从哲学思想方面看,儒道佛思想的冲突斗争是激烈的,然而它们之间的相互渗透和融合也是很明显的。

一、三教相互渗透,趋向合一

隋唐时期,为加强思想文化上的统治,朝廷对三教采取了分别利用的态度,一方面确立儒学的正统地位,一方面又以佛道为官方意识形态的重要补充,推行三教并用的宗教政策。隋唐帝王的三教政策,首先是利用儒学来维系现实的封建宗法制度。其次是对佛、道二教的不同利用。隋唐帝王对佛、道的不同态度虽与个人感情的亲疏好恶等有关,但更重要的还是取决于其政治经济利益,有时还与宫廷斗争密切相关。

因此,隋代与唐代思想界一个突出的特点是儒道佛三教分立,相互斗争又相互融合。尽管佛、道、儒之间从政治、经济、文化等不同的角度不可避免地发生着摩擦与冲突,但是由于外来佛教非常注重迎合中国传统的思想文化,主张调和与儒、道的关系,佛教已经完成了中国化的进程,在中国站稳了脚跟,这个时期中国出现了佛教官僧,形成了寺院经济,萌发了中国佛教宗派。如天台宗、三论宗、唯识宗、华严宗、密宗、净土宗等,特别是禅宗迅速崛起,从根本上改变了原来佛教的面目,它们以更广泛的方式影响一般人的精神世界与思维方式。一般民众不用说,即使在士大夫中,像傅奕与韩愈那样完全不信佛教的人也是凤毛麟角。武则天时期崇佛抑道,道教的地位一度下降。而佛教发展到唐代,中国化程度愈益加深,宗派林立,教徒众多,实际上处于主导地位。统治阶级看到了佛道二教对于维护治安、巩固统治的微妙作用,同时也注意到它们相反的一面,因而时时加以管束。唐朝兴道抑佛,武则天兴佛抑道,但都利用儒学维系现实的封建宗法制度。

著名历史学家范文澜在《中国通史简编》中说:"儒家、佛教、道教的关系,大体上,儒家对佛教,排斥多于调和。佛教对儒家,调和多于排斥;佛教和道教互相排斥,不相调和(道教徒也有主张调和的);儒家对道教不排斥也不调和,道教对儒家有调和无排斥。"可以说,佛教通过这个时期的嬗变,已经在中国深深地扎下了根,并且融入中国文化之中,成为中国文化的一个重要组成部分。

道教在思想影响上虽远不如佛教,但道教是中国固有的宗教。李唐统治者奉道教祖老子李耳为自己的始祖,道教便在名义上占据了统治地位。由于唐代李姓皇帝把老子尊为远祖,对老子的祭祀被列入国家正式祀典,道教经籍成为科举考试的法定经典,道举是当时科举的组成部分,士人通过道经

考试可以成为国家官吏。从道教方面看,其创教时就融合了不少儒家忠君孝亲的伦理观念,并在佛道之争中以不仁不孝、无礼无恭来攻击佛教。隋唐时道教在佛教影响下开始注重创立理论体系,完善戒条教规,名道成玄英、王玄览、司马承祯都吸收了佛教的理论,道教的五戒、八戒、十戒也都基本上模仿了佛教。

隋唐时期,一度式微于南北朝时代的儒学也开始振兴。儒学在经过秦的"焚书坑儒",又经过汉代的"独尊儒术"和今、古文之争后,逐步经学化。随着魏晋南北朝以来佛教和道教的发展对儒学的刺激,在儒学内部要求推进思想发展的压力与呼声大增,特别在中唐以后儒学有了相当的振兴,并努力寻找一度失去的传统的精神与文化优势。但直到中晚唐出现像韩愈、李翱、柳宗元、刘禹锡这样的思想家,才促成了唐代儒学的复兴。

这种复兴一方面通过韩愈的道统论和性三品说以及李翱的复性论来呈现,另一方面则表现

三教合一

为柳宗元与刘禹锡的天人之辩。如果说韩愈、李翱等人受到佛道心性论的影响而比较关注新理论的开拓与生长,那么柳宗元、刘禹锡等人则比较注意对旧观点的清洗,以求为新的世界观开辟道路。因此,柳、刘的理论兴趣主要集中在通过天人之学而唤起新的时代精神。当刘禹锡把发挥"人之能"在对法制的强调上,力求通过建立法制完善的社会,使赏善罚恶有一个正确而健康的机制即做到"理明",这就在客观上加大了儒学对社会生活的参与力度。唐代统治者尊道、礼佛、崇儒,更鼓励三教自由展开辩论。宽松的文化氛围,使唐代文化人能把他们心灵的感受与内心的本质力量,自由地转化为美的艺术形象,从而赋予了唐文化充实而又光辉的气质。

这时期,儒、道、佛三教许多重要的思想家,都从自身发展的需要出发,提倡三教合一,主张在理论上相互包容。此时,不少佛教思想家也提出三教融合、三教一致的观点。名僧宗密提出:"孔、老、释迦,皆是至圣","三教皆可遵行"。当时出现了很多强调忠君孝亲的佛教经典和以孝闻名的孝僧,同时佛教也对道教表示了足够的重视。天台宗不仅把止观学说与儒家的人性论调和起来,还把道教的长生不死的神仙思想纳入佛教,发愿先成神仙再成佛。华严宗不仅吸收儒道的思想内容,而且还从理论上对三教合一作出论证。禅宗更是站在佛教立场上,对儒家的心性论、道教的自然论与佛教思想融通为一,形成了特有的禅学理论和修行方式。佛道的兴盛,对儒学也有积极的助益作用,儒学对佛道二教的态度也经历了一个变动的过程。作为一种外来的宗教文化,佛教以全新的不同的价值观及思维方式对中华传统儒学造成了冲击,这对志在复兴儒家的士者有强烈的启发与示范作用。而道教作为唐朝国教,其发展趋势也对儒家理论发展的方向有一定的规定与引导作用。在儒学内部,虽有韩愈等人坚决排异端、攘斥佛老,但更多的则是有柳宗元等人主张以儒为主,三教融合。不管如何,三教的相互斗争与相互融合给儒学的发展注入了新的观念,使儒学理论有了新的变化,而儒学的发展也始终与此相关。从总体上讲,隋唐的国家政权的精神力量基本上是以儒学为主,而对佛教则容纳与限制并举,对佛教或鼓励或打击的政策使佛教的扩张受到一定程度的制约。这是儒学在隋唐发展时期的重要特征。

儒家没有佛教的轮回报应、解脱成佛或道教的羽化成仙、长生不老等说教和宗教修行方式来满足统治者的需要,因而就援佛入儒,对佛教宗派的法统观念与心性学说加以改造利用,提出了道统说与复性论,开了宋明理学扛着儒家大旗出入于佛道的先声。

唐宋之际,儒、道、佛三教之间的相互影响日益加深,三教合一发展为一种必然的历史趋势。在扩大社会影响和争夺各类信徒的过程中,儒学、佛教和道教互相吸纳对方的优点,三家互相渗透。儒家强调入世,根本目标就是强国。个人的精力应该奉献给国家。道家强调自由,目标就是超脱尘世而获得更大的自由。佛家强调解脱。儒家思想在三教中多侧重于人世间的事。而儒家思想是佛道二家的基础。三教虽各有信仰观点,但都具有一种共同的思想倾向,就是将外在的修养转向内在的修养,以至在"修心"问题上达到一致的认识。所谓"外在的修养"就是注重于修身处世的行为规范、律仪要求,突出表现自己所独有的外在特征。所谓"内在的修养"就是各教在教义理论方面对道德意识和思想目的实质的追求。从时间顺序上讲,这种修养方式的改变以佛教为先,道教次之,儒教最后。宋代"以佛修心,以道修身"的说法就是这一认识的典型反映。

随着政治稳定三教相互渗透,彼此调和逐渐趋向合一。入宋以后,新兴的理学成为中国文化的主流,而佛教作为一股有力的文化势力大大丰富和发展了中国传统文化,使佛教与中国传统文化完成了彻底的融合。周敦颐、邵雍、张载、程颢、程颐这些宋代理学的代表人物都是兼通佛、道而归回于儒学的著名学者,因而理学也是以儒为主、混合佛道的三教合一的文化理论体系。儒、佛、道三教从早期强调三教一致(都有助于社会教化以维护封建统治秩序)到唐代三教鼎立、三教融合(三教皆立足于本教而对另外两教加以融合吸收以充实抬高自己),进而发展为三教合一,这标志着三教随着社会经济政治的需要最终找到了它们的归宿,找到了以儒为主、以佛道为辅的最佳组合形式。

与此同时,道教对儒、佛的融合也进一步加强。北宋著名道士张伯端融三教思想于道教修行理论,明确提出"三教归一",认为"教虽分三,道乃归一"。金代道士王重阳也认为"儒门释户道相通,三教从来一祖风",并在三教合一基础上创立了在中国道教史上影响既深且广的全真道。元代中书令耶律楚材就持三教合一说,他在《题西庵归一堂》诗中写道:

三圣真元本本同,随时应物立宗风。道儒表里明坟典,佛祖权宜透色空。

曲士寡闻能异议,达人大观解相融。长沙赖有莲峰掌,一拨江河尽入东。

全真道开创者王重阳推崇三教合一,提出过:"儒门释户道相通,三教从来一祖风",全真道教经过王重阳,马钰,邱处机,尹志平,李志常等几代掌教的宣传,以及当时金元两个朝廷的推崇,虽然当中有过被限制发展的历程,但在三教合一的历史推崇做法中,几代全真道士,做出了巨大的贡献,直至清朝对道教采取了严格的防范和抑制的政策,道教衰落,但其对于历史三教的发展,所做出的努力和成就,是应该为后人所不能忘记的。

宋明理学家复兴儒学,更是吸收了大量佛教和道教的思想内容,无论程朱理学还是陆王心学都是在儒、佛、道三教思想基础上建立起思想体系,在儒家的立场上实现三教合一是大多数理学家所走的共同道路。明清时三教合一成为名僧禅师的共同主张,朱宏、紫伯真可、憨山德清都大力强调三教一家、三教一理。这时的三教合一,已经是大势所趋。

二、三教合一,整个思想文化的基调

宋元之后,儒释道三教在思想信仰领域的激烈冲突趋于缓和,三教各自的"兼容并包"思想潮流无疑起到了重要作用。到了明代,经过长期的改造融合,封建士大夫大多同时接受三教中的部分内容,以至从官方到民间都出现了三教合一、三教同源的说法。

这期间,三教共同崇拜的神祇日益流行,其中最盛的是关帝信仰,约成书于明朝中期的《三界伏魔关圣帝君忠孝忠义真经》称关羽君临三界,"掌儒释道教之权,管天地人才之柄"。再如晚明的三一教创始人林兆恩以为儒、道、释"其教虽三,其道则一",于是创立"三教合一"学说,至创立三教合一的宗教"三一教",宣称要通过"炼心""崇礼""救济"等手段,以儒为主体"以三教归儒之说,三纲复古之旨,而思易天下后世","立庙塑三教之像:释迦居中,老子居左,以吾夫子为儒童菩萨塑西像,而处其末座。缙绅名家亦安然信之奉之"。实行了三教在信仰崇拜体系上的合一。从而使三教合一概念的内涵有了质的飞跃。

三教的"兼容并包"经明代以主流意识形态面目出现的阳明心学的泛滥,化解了精神世界三元分立的局面,开启了士大夫与民众进行广泛宗教实践的大门。明清民间宗教的蓬勃兴起,就是在这样一个思想背景下展开的。明清两代的新兴民间宗教,种类繁多,但其教义之大脉,发端于罗清的无为教和林兆恩的三一教。两者分别由佛教和儒教而把修行的重点转到了道教。

由福建莆田人林兆恩所创"三一教",以"道释归儒,儒归孔子"为教旨。所谓的"三一教",就是儒、道、释归于一。它有儒、道、释三教合一的思想体系。罗清创立的罗教,实际上将佛教禅宗与内丹道融为一体,提倡心身俱修而成佛的由佛而道的修行方法。罗清在其《五部六册》中的《破邪显证钥匙卷·破不论在家出家辟支佛品第一》里就进一步说明了三教合一的观念:

一僧一道一儒缘,同入心空及第禅。似水流源沧溟濊,日月星辰共一天。

本来大道原无二,奈缘偏执别谈玄。了心更许何谁论,三教原来总一般。

佛教在禅净融合、禅净双修的同时,更强调与儒、道的融合,特别是加强与儒家思想的融合,认为"儒道仙家,皆是菩萨,示助扬化,同赞佛乘",并提出"修身以儒,治心以释"、"拟儒《孝经》,发明佛意",认为儒、佛言异而理贯,可以互补。

中国传统文化的儒道佛

禅宗六祖慧能的《坛经》,是佛教中国化的标志。他以"本来无一物,何处惹尘埃"的偈语认定"世界虚空,能含万物色相";众生皆有佛性,"一念悟时,众生是佛",开启了佛教世俗修行的方便之门;佛教本身的"虚空"与"色相"的关系论,也在哲学上为道教的无极而太极、而阴阳、而万物的演化论留下了空间。慧能的"识自本心,达诸佛理"实际上也是阳明心法的源头。从理论思辨的角度看,佛教禅宗的虚空与色相论,只要用心去破,就可以达到虚空境界。纯心即是虚空本相,与肉身无关。但心从何来？如果说纯心是本相,"本来无一物,何处惹尘埃"的纯心何以会被"染"？世界万物既为虚空之相,自然也具虚空之本相。在内丹道看来,人的生命是先天之气所聚而成,生死不过是先天之气的聚散过程。采用逆时针的方式,将人体中的先天之气由散而聚,即可回归先天,进而进入世界本源的真空境界。

儒家知识分子对于三教论理,同样进行了整合的尝试。与罗教的创立者罗清由佛而道的路径不同,他们是以儒教为本,而走向佛道。创立"三一教"的林兆恩,本来就是阳明心学的热衷者,后专研释、道,明末清初思想家黄宗羲评论说,他"挽二氏以归儒而婚娶之,率吾儒以宗孔而性命之。以坐禅之病释也,运气之病道也,支离之病儒也,为说非之。""兆恩之教,儒为立本,道为入门,释为极则。然观其所得,结丹出神,则于道家旁门为庶几焉。"实际上,儒行只是三一教徒的起步功夫,由儒而道,由道而佛,才是"极则"。林兆恩的发明的所谓"九序心法"是将信徒在日常生活中践行儒家伦理道德视为启悟天理的起步,而修炼内丹则为修身,"人身乃一天地",通过内丹修炼,可以体悟天理,而进入心身合一的最高层,则是无心无身的佛陀境界。

明末清初的一些民间教派,如黄天道、圆顿教、一炷香教、八卦教等,大多重视丹道功夫,但对于儒教,同样给予肯定,认为它是修行人必须遵循的道理,忠孝仁义,大抵是这些教门经书必讲的内容。民间宗教如果在崇拜形式上还往往显示着佛教色彩的话,但其所主张的现世人们行为准则,却是儒家的忠孝仁义等伦理,如其中《销释孟姜忠烈贞节贤良宝卷》《二十四孝报娘恩》《节义宝卷》等等。

明清时代的民间宗教家与正统儒士殊途同归地以内丹道作为桥梁,建立了一个比偏执于儒家的宋明理学更为宏大的哲学体系。这个哲学体系认为,世界系"从无生有",循天理而分天地,生万物和人类。因此,天理普遍存在于天地万物和人类身心之中。人类认识天理的路径,无须依赖身外之物,可以"格心"而致知,致知的目的是身心俱归于天理。要进入这一境界,须循返朴归真的路径修炼内丹,使身心与天地同在。最终由"有"返归于"无",达到成佛的最高境界。在这个体系中,儒释道三教各得其位,道一三分、殊途同归的观念得到了完整的体现。因此,明清时代的一些新兴宗教,虽然门派众多,但无不受到这种三教合一的哲学思潮影响。这样,以儒家为主、以佛道为辅的"三教合一"的基本格局已经形成,并逐渐成为整个思想文化的基调。

三、三教合一,历史发展的必然趋势

通过历史上三教合一观念的变化,可以察看到中国社会的一些发展动态。

首先,自唐以后,无论是从外在的政治统一,还是内在的专制集权程度,都甚于以往的朝代,而且是一代甚于一代。这种专制集权的大一统社会政治体制的不断加强,愈来愈需要更为一致的含有宗教形态在内的社会意识形态,于是三教合一的呼声也越加强烈,包括象明太祖朱元璋这样统治者的极力提倡。

其次,鉴于自春秋至秦汉思想趋向一致所形成的传统,三教在长期并存的过程中,内质上通过交流,彼此的认同越来越加深,随着时间的推移,三教的真正合一就有了更充要的条件。如历史学家余英时先生指出:"唐宋以来中国宗教伦理发展的整个趋势,这一长期发展最后汇归于明代的'三教合一',可以说是事有必至的"。又如元代全真教主王重阳在山东等地组织"三教玉华会"、"三教平等会"、"三教七宝会"等等,表明在新道教的内部,三教合一的因子更为成熟,"大量儒释思想被融入道

教,已成为入明以后道教的一大特色"。这种现象也在当时上层建筑中各个领域内泛现,如"'三教圣人'在元代戏剧及其它著作中就突然出现了"。

再次,由于十三世纪以后佛教在印度的瓦解,使中国佛教再也难以吸收与中国文化异质的东西,这对加速与其它二家的同化,反而成了有利因素。最后,中国民众在宗教上一向是兼容并收的,儒、道、佛诸家的内容都早已司空见惯,三教合一把这些他们最熟悉的东西调和起来,推陈出新,民众是乐于其成的。这成了促成三教合一的重要社会条件。

三教合一概念及其相呼应的宗教形态在明代的出现既跟社会演变相关,也跟儒家学说的发展有关。林兆恩的三一教也好,罗清的罗教也好,其它形形色色的类似民间宗教也好,它们的社会道德取向却来自于儒家的价值观,可以说是宋明理学发展出来的一个副产品。宋明理学,正如很多学者所已经指出的那样,它的形成,是吸收了不少佛、道二家思想的结果,也强化了它的宗教气息,"尤其是理学家的修养功夫,无论主诚主敬主静主寡欲主返观内心主致良知主敬以直内义以方外……等等,莫不含有宗教上祈祷面目"。"元明以后,佛教与道教衰落,理学勃兴。理学以孔子的伦理思想为核心,摄取了释、道的大量哲学思想、思维形式和修持方法,使三者密切起来,难解难分"。甚至可以说,宋明理学作为"新儒家比道家、佛家更为一贯地坚持道家、佛家的基本观念。他们比道家还要道家,比佛家还要佛家",故可以说其本身就体现着三教合一。

然而,如此一来,就产生了一种复杂的情况。第一,宋明的新儒学由于种种原因成为一头独大的社会统治意识,完全改变了魏晋南北朝时期的三教格局。第二,佛、道二家逐渐在"三教"中沦为配角的地位,这也降低了它们作为宗教在社会上的影响力。第三,在儒家内部,三教合一的思潮发展也愈来愈强烈。"三教合一"一词开始出现在《四库全书》的明代书文中,并且为数不少,正是此种情况的反映,因为《四库全书》中所收的宋以后的书籍文献,基本上是以儒家思想为基调的。

上述三点情况是同时发生的。于是,一方面作为社会意识上层的儒家思想在三教合一的理论上已经得到了很大发展并趋向于完备,但此儒家仍并非是宗教,依然缺乏诸如在生死问题上给人以终极关怀那样的宗教基本特征。经学史著名专家周予同先生说:"朱熹的祭祀论,不能于理论方面多无发挥,而复返于宗教的解释,实为宋儒哲学思想退化之一证"。这既说明儒家有过适应宗教化的动向,也说明单靠儒家是宗教化不起来的,朱熹的"退化"也仅此而已。另一方面,虽然佛、道二家在此期间也大力发展了三教合一说,但和社会主流意识依然存在着差距,而且它们二家中任何一家的宗教影响力都在减弱。也就是说在当时社会中,主流意识和宗教需求间有着矛盾和缺口。

需要是发明的源泉,解决这种矛盾与缺口的办法之一就是将儒家思想为主的三教思想合一而宗教化。儒学在明代最风行的王阳明一派的观念中强化了三教合一的思想,其"立三教合一之说而阴诋程朱为异端。万历中年,群然崇尚,浸淫入于制艺"。与此同时,理学中王学门徒里向社会下层发展的倾向也明显起来,如著名泰州学派传人罗汝芳讲学时,曾说"至若牧童樵竖,钓老渔翁,市井少年,公门将健,织妇耕夫,窃履名儒,衣冠大盗,此但心至则受,不问所由也。况夫布衣韦带,水宿岩栖,白面书生,青衿子弟,黄冠白羽,缁衣大士,缙绅先生,象笏朱履者哉?是以车辙所至,奔走奉迎。先生抵掌其间,坐而谈笑"。这些儒学家的弟子中三教九流都有,这样,以罗汝芳、管志道为代表的王学弟子可以说是以"士人阶层为中心,逐渐向其它阶层推广的倾向,既流行于官僚,也流行于农、工、商。这是因为,善书、功过格都不再拘泥于吻合过去型的儒、佛、道的界限,而将三教混合一致,并以自己的实践立场为中心,理解三教的信仰和学问,因而作为新的民众道德而勃兴流行"。于是,在民间广泛受其影响的情况下,真正具备三教合一性质的"三一教"之类就应运而生了。其实,将儒家视为儒教的说法也大多来自此时。这说明,三教合一的转变与发展,是与明清时代的社会需求合拍,也和儒家思想的演变相呼应。

全真道开创者王重阳推崇三教合一,提出过:"儒门释户道相通,三教从来一祖风",全真道教经过王重阳,马钰,邱处机,尹志平,李志常等几代掌教的宣传,以及当时金元两个朝廷的推崇,虽然当中有过被限制发展的历程,但在三教合一的历史推崇做法中,几代全真道士,做出了巨大的贡献,直至清朝对道教采取了严格的防范和抑制的政策,道教衰落,但其对于历史三教的发展,所做出的努力和成就,是应该为后人所不能忘记的。

宋明理学家复兴儒学,更是吸收了大量佛教和道教的思想内容,无论程朱理学还是陆王心学都是在儒、佛、道三教思想基础上建立起思想体系,在儒家的立场上实现三教合一是大多数理学家所走的共同道路。明清时三教合一成为名僧禅师的共同主张,朱宏、紫伯真可、憨山德清都大力强调三教一家、三教一理。这时的三教合一,已经成为国家历史发展的必然趋势。

第三节 三教合一在嵩山的现实存在

在嵩山地域内,三教合一的文化现象在很多寺庙内都存在着,如寺与庙供奉的神大同小异,佛寺内供奉的文殊菩萨、观音菩萨、普贤菩萨、地藏菩萨,而在道庙内又将其称为文殊老母、观音老母、普贤老母、地藏老母等;本是道教中的二十四教图,在佛寺中殿宇的墙壁上也作为壁画而宣之;有些碑刻上的神是佛道一致,道教中的神按佛教礼仪供奉,佛教中的神按道教仪礼供奉;等等。但嵩山地域最有代表性的三教合一标志则为嵩山少林寺中的明代朱载堉所刻的《混元三教九流图赞碑》,它较好地诠释了三教合一的文化内涵,成为历史上嵩山三教合一文艺创作的代表。

在嵩山之南不到 7 公里的范围内,儒道佛三教荟萃,相互交融。嵩山三教一体的奥秘,总是吸引着中原文化的传承者和探寻者。位于嵩山少林寺内的《混元三教九流图赞碑》以最为形象的方式阐述了三教合流的思想。

《混元三教九流图赞碑》在少林寺《小山禅师行实碑》的背面,为明代朱载堉绘制。朱载堉是明朝郑恭王朱厚烷的长子,明太祖朱元璋的九世孙,算是皇亲国戚。可他不同

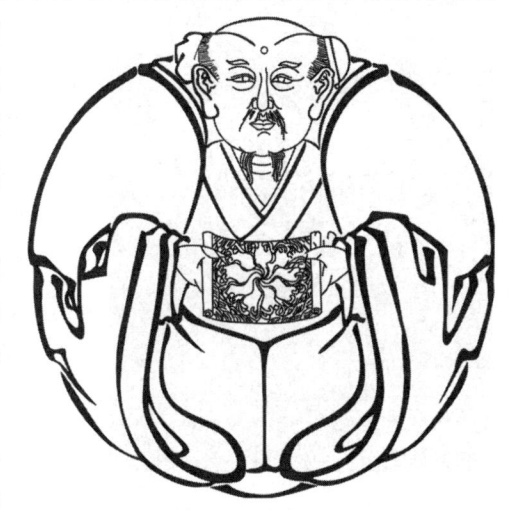

三教合一的标志——《混元三教九流图赞》

于一般的皇子王孙,他不愿意继承王位,小时候跟随其舅父何塘学习天文、术算等。后来他的父王因性格刚直,反对皇上铺张浪费而遭排斥,在同另一门贵戚(他父王的伯父)闹别扭的家族之争中,被皇上迁怒无罪下狱,王位也被革除了。所以,朱载堉就搬出王府,在王宫门外建了一处坯房,每天痴心于各门学问。过了几年,其父冤案平反,又恢复了爵位,可朱载堉不愿回王宫了,一直就在其土坯房里住了 19 年。父王去世后,朱载堉数次面呈皇上文书,要把父王的爵位让给前些年同他家斗争过的那位皇亲,可见他是真的清心寡欲,思想早已到了"视金钱如粪土"的境界。再后来,朱载堉又搬到焦作境内的九峰山下,直至去世。朱载堉活了 75 岁,一生几乎没有离过河南。他在艰苦的条件下,做出了一

般人连想也不敢想的成就,成为我国古代著名的天文学家、数学家、画家、音乐家,被誉为"世界乐圣"。朱载堉自称九曲仙人、"三教中人"、"狂仙"等,他不但钻研在高深的科学领地里,还神游于三教之中,与当时著名的佛界精英、少林寺方丈小山禅师结为好友,并在小山禅师去世后,为其书写并篆额由郑藩掌国事王才撰写的著名禅师小山和尚的行实碑文,这便是刻于公元1565年刻立于少林寺常住院内的《小山禅师行实碑》。

石碑的另一面就是著名的《混元三教九流图赞碑》,这是朱载堉根据儒佛道三教在嵩山融合发展的现实,创作了的极具象征意义的《混元三教九流图赞》碑。画像上部是由朱载堉书写的画像赞文,下部是少林寺曹洞宗的传承谱系,也是类似于家谱的文字,十分简洁。在《混元三教九流图赞碑》的图中,朱载堉艺术地将佛、道、儒三教祖师释迦牟尼、老子和孔子主绘成一个的合体人像,图中央的图像是"三人一身",即"三教一体"。整体看为一人,分开看为三人。从正面整体上看,中间一人,头像秃顶、须髯、盘膝而坐,是佛教创始人释迦牟尼,代表释家;若遮画像左半部,单看右侧,一人侧身侧脸,头带儒巾,屈身站立,乃儒教创始人孔子,代表儒教(家);若遮画像右半部,单看左侧,一人是侧身侧脸,发髻带簪,屈身站立,乃道教始祖老子的侧身像,代表道教(家)。画面上,孔子的右侧脸与老子的左侧脸共同构成了释迦牟尼的脸,三人幼化成一人,艺术地组合在一起,浑然一体,别具情趣。这个三体合一的人物,其双手还持有一画卷,上面绘有《九流图混元图》,此图由九片轮状型叶片(或花瓣)绕圆心组成,呈逆时针旋转。整幅图像是三位祖师在共同绘制这幅美丽的画卷。"九流"即儒家、道家、阴阳家、法家、名家、墨家、纵横家、杂家、农家。图上部刻有朱载堉所书的《混元三教九流图赞》,标题下刻有唐肃宗李亨写的"三教圣像赞"文,阐述了三教九流的思想。赞文书法为楷体,书风自由独特。

《混元三教九流图赞》碑

赞文曰:

佛教见性,道教保命,儒教明伦,纲常是正。

农流务本,墨流备世,名流责实,法流辅制,

纵横应对,小说咨询,阴阳顺天,医流原人,

杂流兼通,述而不作。博者难精,精者未博。

日月三光,金玉五谷,心身皮肤,鼻口耳目。

为善殊涂,咸归于治。曲士偏执,党同排异。

母患多岐,各有所施。要在圆融,一以贯之。

三教一体,九流一源,百家一理,万法一门。

整件作品构思精妙,一团和气,有着极强的象征意义和深刻的思想内涵,真正体现了儒、道、佛三家"融为一体"和九流同归之意。因此,有学者说这幅图的思想性要远高于它的艺术性,它反映出创作者对中国2000年思想文化发展的深入反思和升华。

画像的下方刻曹洞宗宗谱《洞宗正传之续谱》,谱中刻有自青原行思到幻休润公23代世系谱,其下刻少林寺众执事及参学门人名字。这个宗谱一方面彰显了少林寺是曹洞正宗,另一方面也佐证了少林寺是禅宗祖庭。此图碑刻于《小山禅师行实碑》阴,也说明了小山禅师是曹洞宗第24代的正宗传人。

三教者,儒、道、佛也。三教争鸣、融合的过程中,彼此学习吸收对方的长处,不断完善和提升自

身,共同构筑起中华传统思想的丰碑。三教之中"佛教见性,道教保命,儒学明伦,纲常是正",通俗地说,佛教信奉的是心性的磨练,从心法中汲取智慧,而得到思想的升华,以实现普度众生的理想;道教着重协调人与自然的关系,提倡人与自然和谐相处,尊重自然规律,讲求科学发展与可持续发展;而儒学则着重解决人际关系,上下级关系、家人与朋友、个人与社会,小集体与大局等人与人之间方方面面的关系,都可依"忠、孝、仁、义、礼、智、信"来调和,用"仁者爱人"、"舍生取义"、"存天理、灭人欲"、"天下为公"等儒家精神和伦理道德的原则来处理;三种教派同为一地,和谐共处,各司一职,各管一块,就能从容面对世间万物。认真地观赏这幅作品,三位教祖,同为一身,共用一双眼睛,一个鼻子,一张嘴巴,他们看的是同一个世界,呼吸同样的空气,阐述同样的道理,可谓"角度不同,侧重各异,最终是殊途同归。"这正是"三教一体,九流一源,百家一理,万法一门"。

九流者,指的是春秋战国时代互相争鸣的儒家、墨家、道家、名家、法家、阴阳家、杂家、农家、纵横家九种学术流派。"九流"的名称要比"三教"的名称出现得早些,在《汉书·艺文志》里,就已经有了这个名词。中国古代是等级社会,根据每个人从事的具体工作又把人分为上九流、中九流、下九流。根据史书记载,上九流是:一流佛祖二流仙,三流帝王四流官,五流刀笔六流相,七工八商九种田;中九流是:一流举子二流医,三流堪舆四流推,五流丹青六流吏,七僧八道九琴模;下九流是:一流玩马二玩猴,三流修脚四剃头,五流幻术六流丐,七倡八优九吹手。

儒家:儒家学派的创始人,是春秋末期的孔子。战国时期儒家学派著名的代表人,是孟子和荀子。儒家学说的主要内容为礼乐和仁义。"礼"指的是为区别亲疏尊卑、上下贵贱等级而制定的各种条文。"乐"指的是音乐,是礼的配合,提倡乐的目的,是为了从感情上缓和上下矛盾,好使礼的作用更加显明。"仁"指的是做人的道理,也就是所谓爱和同情心。这里所谓的"爱"和"同情心",实际是专对剥削阶级而言,并不包括被剥削阶级在内。儒家强调这种"爱"和"同情心",其目的是为了要调和统治阶级内部的矛盾,维护统治阶级的统治。所以,这种"爱"和"同情心"是以肯定和维护剥削制度为前提的,是有强烈的阶级性的。"义"的意思,就是适宜、合礼,也就是说,人人都要遵循和维护当时阶级社会的一套区分尊卑贵贱的等级制度,都要遵循和维护那种剥削阶级压迫被剥削阶级的阶级统治关系。这同样是具有强烈的阶级性的。在政治思想上,孔子强调礼乐的作用,认为"移风易俗,莫善于乐,安上治民,莫善于礼"。孟子则充分发挥孔子学说的仁义部分,主张国君行"仁政";荀子讲究礼义,不过荀子所讲的"礼义",另外还包含有法治的意味。儒家的经典著作——"四书"、"五经"和儒家的各派学说,支配了中国古代文化的各个方面,对于中国整个封建时代的政治生活及精神生活都发生了极其巨大的影响。中国封建制度的巩固和延长,儒家学说是起过极其重要的作用的。

墨家:墨家学派是儒家的反对派,它的创始人是比孔子稍后的墨子。代表他的思想的有《墨子》一书。墨家自己虽不反对等级,但却坚决反对儒家所主张的等级制度。墨子认为:儒家所强调的繁文缛礼和厚葬久丧制度,是一种奢侈浪费;孔子所说的"仁",实际是对贵族的偏爱。针对着儒家的观点和当时实际存在的各国贵族的腐化现象,墨子提出了"节用"、"节葬"、"兼爱"、"非攻"等一些主张。墨家有自己严密的组织,凡是墨家门徒,必须服从钜子(墨家领袖称"钜子")的命令,过刻苦的生活,严守家法,舍命行道,实行教义,分财互助。秦汉以后,由于历代统治阶级都把墨家的学说看成是一种危险的思想,对它采取压制、排斥的态度,所以墨家学说后来便逐渐走向衰落。

道家:道家是战国时期和儒墨两家并行的一个学派。重要的代表人物有老子和庄子。老子生卒年不详,研究老子思想,今天主要还是根据《道德经》一书,这书大概是战国时人所编纂。庄子名周,宋国蒙(河南商邱县东北)地人,约与孟子同时或稍后。研究庄子思想,主要应根据《庄子》一书中的"内

篇"七篇。老子是我国古代具有极大智慧的思想家。他根据自己对于自然界天地万物变化情状的精密观察,以及对于亲身经历的社会变革的深刻认识,发现了事物矛盾的某些重要法则。他指出,任何事物都含有对立的两方面,并且正反两方面在一定条件下会互相转化。这种承认矛盾变化的观点,具有辩证法的因素,是老子学说中的精华。然而老子在思想上带有消极、保守的一面,他害怕斗争,他虽然发现了矛盾的某些法则,可是却不想发展矛盾,解决矛盾,而是企图把矛盾永远拉回到原来的起点,使它始终停留在静止的状态。庄子的学说比老子更保守、更消极。他以"物(人)不胜天"为中心思想,反对技术的进步和经济的发展,主张人们都应"少私而寡欲",自自然然做到"愚而朴",像婴儿一样保持其所谓真性。秦汉以后的历代君主,在治理天下时,常常利用道家学说来作为驾驭臣民的手段,因此道家和儒家一样,对于中国封建社会的政治和文化,也产生了很大的影响。

名家:名家的代表人是惠施及公孙龙。惠施是庄子的好友,比庄子的年龄要大。公孙龙生于战国末叶,比惠施的年龄要小。他们都是诡辩论者,专门玩弄名词概念进行观念游戏,后世称他们为"名家"。在惠施这一派人的眼里,宇宙间的一切,只不过都是些相对的概念,万事万物都一样,没有什么差别。犬和羊都是动物,所以犬可以为羊;黑和白都是颜色,所以黑也就是白。在公孙龙这一派人的眼里,事物的概念和属性似乎与事物本身是可以割裂开来的;坚白石本来是一件东西,但是他们却认为是"坚"性、"白"色、"石"形三个独立的概念,而不是一块具体的坚白石。惠施一派诡辩论者把什么都看成是相对,甚而抹杀一切事物的差别,那么,对于现实世界中新的事物代替旧的事物、新的制度代替旧的制度等一切变革,必然会采取熟视无睹的态度。公孙龙一派诡辩论者,把脱离具体事物的抽象概念和各种物质属性分割开来,其结果必然是否认客观具体事物的存在。这两种名家观点的表现形式虽然有所不同,但归根到底,都不外是为了混淆是非,藉以阻挠社会的进步。

法家:法家有法、术、势三派。"法"的一派,代表人是春秋时期的子产和战国时期的李悝、韩非及商鞅,他们着重在法律条文的制订以及法律的执行和贯彻。"术"的一派,以战国初期的申不害为代表,这派着重在研究君主驾驭臣下的方法。"势"的一派,以慎到为代表,慎到有人说生于申不害之前,也有人说生于申不害之后;为了使"法"和"术"能行之有效,君主必须要有权力,权力就是"势",这一派主要就是着重讲究如何增强君主的权势。法家学说,代表了新兴的地主阶级要求建立君主集权国家的愿望,这种愿望在当时是一种进步的思想。

阴阳家:阴阳家以邹衍为代表。他与孟子同时。他认为土、木、金、火、水是构成宇宙实体的五种物质,他把它们称为"五行",或叫做"五德"。五行之间有一定的"相生相克"关系,即矛盾对立与统一的关系。宇宙本身的运动,就是由于这五种物质的"相生相克"在起作用。古代人的看法,认为天道和人事是相互影响的。邹衍把自然界五行相生相克的道理,拿来说明人类历史的进化。他认为,某一朝代的兴盛,必然和五行中当令的某一"德"配合,下一朝代的兴起必然是它所配之"德"胜过(即克服)前一朝代所配之"德"。例如,舜得土德而旺,夏得木德而旺,商得金德而旺,周行火德而旺。根据五行相克的道理,木克土,金克木,火克金;因此夏能代舜,商能代夏,周能代商。周以后,必为得水德的朝代代替;再后,必为得土德的朝代代替,然后又是木德、金德、火德、水德,如此循环而已。邹衍把这种循环,称作"五德终始"。阴阳学派能够看出宇宙间事物矛盾对立与统一的关系,以及人类历史的进化,这是很了不起的。但是,他们利用"五德终始"的学说来解释人事,把人类历史的发展说成是循环的,而不是不断向前发展的,这是很有害的。

杂家:杂家的代表人物是战国末年的秦相吕不韦。吕不韦下有宾客三千。他集中众宾客的智慧,在秦王政(就是统一中国的秦始皇)即位后8年编出了一部有名的大书——《吕氏春秋》,分"十二纪"、"八览"、"六论",合共160篇,20余万字。这部书兼收并蓄了流行的各派学说,加以融会贯通,自成一家之言。大体上讲,对于儒家和道家主要是采取尽量摄取的态度,对于墨家和法家则主要是采取批判的态度。它主张遵守儒家修身、齐家、治国、平天下的理论,重视道家的养身之道,反对墨家的"非乐"、"非攻"和法家的严刑峻法。它宣传统一的思想,鼓吹儒家的"禅让"之说。

农家:农家的代表人物是战国时期的楚国人许行。《吕氏春秋》卷第二十六中有《上农》、《任地》、《辨土》诸篇,也可看作农家学说的一部分。农家学派讲究农业生产技术,对于总结我国古代的农业经验,曾有过一定的贡献。

纵横家:纵横家的代表人物有苏秦和张仪。他们讲究纵横捭阖(分化或拉拢)的手段,或者辅助各国君主联强攻弱,或者辅助各国君主抑强扶弱。为了统治阶级的利益,他们的策略可以随时根据形势的变化而改变。他们都是战国时代著名的外交活动家。在《战国策》一书里,收录了不少纵横家游说各国的说词,这些说辞反映了这一学说在当时的活跃情况。

后来,随着社会的发展,九流成了一个包罗万象的代名词,即三教九流,五行八作,方方面面,全在这"九流"之中。

《混元三教九流图赞碑》以赞和像的形式来阐述三教合流的思想,最早见于明宪宗朱见深利用"虎溪三笑"故事画的一幅漫画《一团和气图》,画面是一个大圆球,即咧嘴大笑的弥勒佛。但仔细看则会发现这尊弥勒佛像原来是三个笑眯眯的老头抱在一起合成的。中间是惠远法师,代表佛教;左侧是戴道冠的陆修静,代表道教;右侧鈰儒巾者是陶渊明,代表儒家。三人一体,一幅面孔。宪宗还题词于画上:"合三人以为一,达一心之无二;忘彼此之是非,蔼一团之和气……"从这里不难看出,《混元三教九流图赞》的作者的创作,是借鉴了《一团和气图》的。作者将三圣分体合为一体,说明了作者对儒、道、佛三教共存的理解和认识,同时又将儒、墨、道、名、法、阴阳、杂、农、纵横九流诸家"混元"于其中,使三教九流于"一体",使"圆融"达到了极高的境界,具有很高的思想性和完善的艺术效果。这通碑虽刻立于明代,但其深刻的思想内涵和精巧的艺术造型,即使在全力构建文明和谐社会的今天,仍然有着重要的历史意义和现实意义,而此碑也正是三教九流在嵩山地区长期和平相处、长期共存的很好印证。

孟阿妃造像碑

从嵩山三教文化中,我们不难看出中原文化无与伦比的巨大包容性和整合性,而这正是嵩山神奥的深层魅力所在。世界其他地区的宗教基本都具有排他性,但是作为外来宗教的佛教传入嵩山地区,却被本土的儒道文化所接纳,成为嵩山文化和中华文化的重要组成部分。嵩山文化兼容众善、合而成体,表现出雍容大度的文化自信气质。历史上,佛道二教之间虽也发生过争论和斗争,然而从总体上看彼此能够和平相处。通过比较、辩论,互相吸收对方,互相促进发展。

少林寺有关三教合一的碑刻图,除了《混元三教九流图赞》以外,在少林寺现存的《大唐天后御制诗书碑》的背面,也有一幅金代大安元年(1209年)的《三教圣像图》,此图为三人全身像。中为佛祖释迦牟尼,头带光环。其右为儒教始祖孔子,巾饰发结。左为道教始祖老子拱手而立,免冠,大耳(据说老子此像为金代道教徒所创)。

在三教合一的例证中,著名的《孟阿妃造像碑》是一通典型的佛教与道教融会合流的作品,也是民族融合的产物。此碑位于偃师市南董家村老君洞(现存偃师市商城博物馆)。碑身为一大龛,龛上部刻老君像,盘膝正襟危坐于蒲团上,左手平放膝上,右手平伸向上,二弟子跣足侍立于左右莲座上。老君像下,有二雄狮对蹲,头仰尾翘。座下正中,有博山炉残迹。下部造像7个,均为供养人,五女二男,女像居中,男居两侧,男像手持莲花。龛顶上部有璎珞垂幔,幔之正中为一兽头,口眼鼻耳分明,口衔串珠,神态安详。碑阴上部为造像记,碑文书法为魏体,书法工整,在楷隶之间。记中谓:"大齐武平七年岁次丁酉二月甲辰朔二十三日丙寅,清信弟子孟阿妃敬为亡夫……敬造老君像一区……"。按北齐后主高纬武平七年(576年),应为丙申而非丁酉,丙申二月即改元隆化元年,丁酉应是幼主高恒承光元年(577年)。这组造像碑最奇特之处,是把道教鼻祖的老君像,模仿佛教造像形式来雕造,老君像跣坐于蒲团上,脚前有护法狮,左右两侧有弟子侍立于莲座上,供养人、龛楣装饰璎珞等都是佛教造像所特有。这通碑上都为老君所借用,可以说是典型的佛教与道教融合汇流。从这通造像碑上可以看出,南北朝时期,不仅是汉族与少数民族大融合的时期,也是中国儒、佛、道三教的融合时期。

三教合一在嵩山地区的另一例证是少室山待仙沟安阳宫的另一通碑刻《三教圣人图碑》。这通碑刻上部有三教圣人像,中为佛教教主释迦牟尼,左为道教教主老子,右为儒教教主孔子。每人图像下各有一首诗,老子像下为"金台玉面绕丹云,上有真人称老君。八十一化长生诀,五千余言不朽文。"释迦牟尼像下为"陀罗门启真如出,圆觉海中光慧日。灵山会上说真言,满舌莲花古文佛。"孔子像下为"六经删定古文章,洙泗源深教泽长。继往开来参造化,大成至圣文宣王。"石碑上还有一副对联:"三人三圣蟠天际地昭日月;先觉先知往古来今振纲常",此联道尽了三教合一思想在嵩山地区的深远影响。

嵩山地区三教合一的例证很多,这里不再一一列举。

第四节　三教荟萃在嵩山

相传儒家学派创始人孔子曾于周景王二十四年(前521年)与鲁人南宫敬叔到洛阳向老子请教周礼,老子骑着牛前往郊外迎接,孔子从车上下来,手捧作为见面礼的大雁献与老子。在他们相见期间,孔子请教了"先王之制"、"礼乐之源"、"道德之归"等许多问题。这在《史记·老子韩非列传》中有明确的记载:"孔子适周,将问礼于老子。老子曰:'子所言者,其人与骨皆已朽矣,独其言在耳。且君子得其时则驾,不得其时则蓬累而行。五闻之,良贾深藏若虚,君子盛德,容貌若愚。去子之骄气与多欲,态色与淫志,是皆无益于子之身。吾所以告子,若是而已。'孔子去,谓弟子曰:'鸟,吾知其能飞;鱼,吾知其能游;兽,吾知其能走。走者可以为网,游者可以为纶,飞者可以为矰。至于龙,吾不能知,其乘风云而上天。吾今日见老子,其犹龙邪!'"孔子在老子家中的问礼,体现了老子思想对孔子的影响,也表明儒道自创立以来便互为补充,共同构成了中国传统文化的主体。

佛教从西汉末年传入中原地区,之后在中国迅速的传播,并且与中国文化迅速的融合,在东汉末年,由于董仲舒"天人感应"学说的土崩瓦解,玄学兴起,儒、道、佛三种文化开始合为一体逐渐形成了理学,后来理学虽然有很大的变化,但是儒、道、佛三种文化却始终是它的理论基础,影响中国文化几千年,直到今天。儒道佛三教在嵩山这块极具传统文化的土地上,相互影响,有辩论、有斗争,也有融合。

嵩山少林寺是禅宗祖庭,儒、道、佛三教圆融特色尤为明显。北魏孝昌年间,禅宗初祖菩提达摩在嵩山少林寺面壁九年,硕儒世家而又兼容玄学的神光,到少林寺师事达摩。开始,尽管达摩嫌弃神光,而神光为得到禅法旨要断其左臂,意在与外道断缘,随得慧可法号,为禅宗二祖。但实际上他形(体)断意(识)存,尽发老庄言外不传之妙,把源于天竺的如来禅法,发展成为中国祖师达摩禅法。自北魏孝昌三年(527年)至金章宗年间(1190~1208年)的600多年间,历代禅宗大师多是沿着这条"言外不传"的路子走过来的。

魏晋到唐,社会动乱多,民众生活苦,长年战乱民不聊生,佛教忍受苦难的教理很适合民众需求。隋唐时期佛教宗派理论当中,对于本体、本原的论证,就多少吸纳了道家本源本体论的思想。反过来,道家说人人都有道性的道性论,也是仿照佛性论提出来的。道教的很多道经,也采取了佛经的结构乃至部分思想。同时,宋代儒学理学的创立,也吸收和借鉴了佛教、道教的思想,例如在所谓太极、理、气、性、情、主静等理论中,就不少是取自佛、道二教的思想。

北宋中叶,在仁宗皇帝的支持下,范仲淹力主"庆历新政"。无奈,北宋社会的各种弊政已积重难返,"庆历革新"最终失败,面对军事、财政、吏治等方面的黑暗前景,皇帝重臣均转向佛教禅宗寻求心灵的慰藉。从仁宗到神宗,这60多年的时间里,帝王的提倡,重臣的支持,使禅宗有了较大的发展。北宋像文彦博、富弼、欧阳修、苏轼等这样的大儒均出入禅寺,乐与禅僧为伍。而此,理学大师程颐曾叹息说:"今日学释者,往往皆高明之人。"

北宋著名史学家司马光对于学者出入禅寺的现象却深深感叹:"没想到三代礼乐之制竟在缁衣(沙门)中执行!"尽管司马光的思想也受到佛学思想的影响,但他却以恪守儒家自任,极力反对佛教。针对当时的佛教盛行,士人对佛"益入于迷妄"的现实,他做出《解禅偈》六首:

忿怒如烈火,利欲如铦锋,终朝长戚戚,是名阿鼻狱。

颜回安陋巷,孟轲养浩然,富贵如浮云,是名极乐国。

孝弟通神明,忠信行蛮貊,积善降百祥,是名作因果。

言为百世师,行为天下法,久久不可掩,是名不坏身。

仁人之安宅,义人之正路,行之诚且久,是名光明藏。

道义修一身,功德被万物,为贤为大圣,是名佛菩萨。

这六首《解禅偈》,其实是司马光借用佛的偈语,去阐释儒学的精理,是对儒学进行的禅学化阐发,意思是强调佛学中有的东西,儒学中都已具备。这样说来,"虽中国可行矣,何必西方!"以此来规劝士人放弃佛教,而研治儒学。司马光这几首《解禅偈》影响很大,在宋代士大夫中甚为流行,著名文学家、书法家苏轼曾专门书写过,南宋理学家朱熹与弟子们也曾讨论过。

北宋人才的富集,使禅宗的心性论得到更大的提升。它至少导致了两个结果,一是以二程为代表的新儒学的大师们,立足于儒而借鉴禅宗的心性。由此北宋的理学的思想体系中才赫然有了"性即理",有了"存天理,灭人欲"的主张。这和北宋神秀大师的"时时勤指拭,莫使染尘埃"的"渐悟"又何其相似。(明代的阴阳心学又和六祖慧能大师的"顿悟"之说如出一辙),所以,禅宗影响了理学。

在两宋思想文化的影响下,儒学在北方得到了更为广泛的传播,也呈现出了儒道佛相整合的趋势。当时的许多名儒都兼信佛道,于是一些儒家就开始援儒入佛。在此背景下,这种援儒入佛的主张也就成为儒佛道相济的一股新风。援儒入佛,就是把儒家的思想援引到佛教的教理之中。其实援儒入佛在翻译佛经的时候,以及对佛学的一些义理进行解释、诠释的时候,已经充满了援儒入佛这种思想了。

金代末年,禅法大师万松行秀从佛门到儒门,融会佛、道、儒三教思想,形成了释、儒兼容的新型禅

学。他言于表,行于实,后来又常劝其皈依弟子耶律楚材"以佛治心,以儒治国"。万松行秀自称其法是:"忘死生,外身世,毁誉不能动,哀乐不能入,因缘时会以治国家。"他把自己的禅法学说"显诀"比之为孔门《大学》,公开承认其法是禅门儒学。万松行秀门下弟子数以千计,而且多是释、儒兼备,其中最著名最突出的要算是屏山居士李纯甫。

李纯甫撰《鸣道集说》,"援儒入释,推释附儒",倡导三教合并,以助其师说。他还认为,儒释融合,自唐代李翱始,至宋代王安石父子、苏东坡兄弟而渐趋成熟;理学家们对释老也是"实而文不与,阳挤而阴助"。李纯甫在得了万松行秀的显诀后,将其发展为"孔门禅"。"孔门"者,儒家孔夫子之门槛儿,何以会生出禅来呢?这"孔门禅"亦不外时代思维之产物。"孔门禅"的实质是儒释融合,万松行秀经禅门而渗透孔门,以佛法以拟儒学;李纯甫则经孔门而入禅门,以儒学证佛法,总的精神不变。

李纯甫为此著书立说,游戏禅儒,大胆地向传统(儒、道、佛)提出了挑战。金兴定四年(1220年),万松行秀的弟子屏山居士李纯甫应嵩山少林寺主东林志隆之请,作《重修面壁庵记》。自称:"屏山居士,儒家子也。始知读书学赋,以嗣家门,学大义以业科举,又学诗以道意,学议论以见志,学古文以得虚名。颇喜史学,求经济之术,深爱经学,穷理性之说,偶于玄学,似有所得。遂于佛学,亦有所入。学至于佛,则无可学者,乃知佛即圣人,圣人非佛。西方有中国之书,中国无西方之书也。吾佛大慈,皆如实语。发精微之义于明白处,索玄妙之理于委曲中。学士、大夫犹畏其高而疑其深,诬为怪诞,诟为邪淫。惜哉!龙宫海藏,琅函贝叶,无虑数千万言,顶之而不观,目之而不解。且数百年老师宿德,又各执其所见,裂于宗乘,汨于义疏,吾佛之意扫地矣,悲夫!"他进而深入阐述此文本意,曰:"梁普通中,有菩提达摩大士,自西方来,孤唱教外别传之旨,岂有吾佛教外复有所传乎?持不泥于名相耳!真传教者,非别传也。如有雅乐,非本色则不成宫商;如有甲第,非主人则不知庭户。自师之至,其子孙遍天下,多魁闳磊落之士。硕大光明,表表可纪。剧谈高论,经造佛心。渐于义学、沙门,颇及学士、大夫潜符密契,不可胜数。其著而成书者。"他在例举僧人澄观、宗密,居士张商英,儒学大士苏辙、王安石、程伊川兄弟、吕祖谦、张九成等著述立论史实之后,指出:"使圣人之道,不坠于寂灭,不死于虚无,不缚于形器,相为表里,如符券然。虽狂夫愚妇,可以立悟于便旋顾盼之顷,如分余灯,以烛冥室,顾不怪哉!道冠儒履,皆有大解脱门,翰墨文章,亦为游戏三昧。此师之力也!新学晚生,愧无以报。"

文章一出,引起当时四方儒生们的哗然大论。雷渊认为,李纯甫的学说前无古人,卓然自见,不苟同于众人。还有学者认为李纯甫文法庄子、《左传》,词句雄奇简古,可称"当世龙门"。说到他的雄辩之才,更是"问如雨点,答似雷轰"。他的气节,尤为时所重,曰"宁为时所弃,不为时所因。"他还研究军事,洞悉地理,逆料胜负。当然赞同议论之中,也有不少的言攻。于是屏山居士李纯甫在兴定六年(1222年)作的《新修雪庭西舍记》中,以卓然有所自见、学术不能苟同于众的原则立场,回答诸儒攻击。他说:

昔达摩大士面壁九年。神光宿业儒术,且尚玄学,遂见祖师于此地,立雪断臂,方得西来意。尽发孔老言外不传之妙,大显于世。士大夫有疑之者,仆作《面壁庵记》已辨之矣。此记既出,诸儒有哗而攻仆者曰:观、密二师固学佛者,李翱、王介甫、吕惠卿、苏子由、张天觉亦佞佛之徒耳。如伊川、东莱、无诟诸先生,其视佛老如仇敌。然子以为得佛之道,不亦诞乎!仆笑应之曰:诸先生书尚在,所谓阳挤而阴助者多矣,真得祖师扫荡之意。学者疑其云:是对痴儿不得说梦也!如致堂先生胡寅,在伊川门下排佛之尤者。著《崇正辨》七十余篇,诟骂靳笑无所不至。虽然止骂像季以来破戒僧耳。近得其所著《读史管见》,其言历诋诸儒,谓荀况正而失之驳,董仲舒粹而失之泥,杨雄潜而失之软,王通懿而失之陋,韩愈达而失之浅。由秦汉至五代千三百年,无知道者。至于断论操舟之工,雕刻刺绣之巧,累丸升竿之其精也。疑于不可思度,况人之所以为有大于此者乎？老氏知之故,有真以治真士、苴为人之说。佛氏知之故,有不立文字,指心见性之传。又曰:老庄之言,奥窈宏达,非荀、杨诸子所能及。又曰:深读佛书,其庭户未易知,其奥未易穷,其辨未易折,其精极之地未易到,岂老庄所得拟哉！其说如此,学者当熟思而祥考之。吁！阵无已谓,儒者不得其传,固得罪于儒者。仆谓儒者亦得其传,亦得罪于儒者,然则,儒者果得其传乎？果不得其传乎！得与不得,相去几何？呜乎！噫嘻！孔老复生不废吾言矣。

李纯甫从孔门到禅门,把孔孟之说纳入空门禅学,其影响之大、之深前无古人。其挚友大诗人元好问诗论之曰:

谈尘风流二十年,空门名理孔门禅。诸儒久已同坚白,博士真堪礼太元。

孔况小庇良来寒。庄周阴助恐当然。遣编自有名山在,第一诸孤莫浪传。

以万松行秀、李纯甫、耶律楚才、木庵性英、东林志隆等为代表的释门弟子,以"佛的心,佛的身",大力主张"儒禅"、"孔门禅",积极入世,践行了"修心、养性、治国、平天下"的儒学方略。因此,宋金之际的少林禅法已融入了儒学。

在金元之后的改造中,佛门把忠孝这样的思想也深深地引入到中国的佛教思想里边,但是明代禅宗大师仍然继承了禅宗自心觉悟、不求知解的思想。他们仍然以开悟为最高准则,主张"以悟为则"。所以最后形成了中国最有代表性的修行方式,民间的净土和知识分子的禅宗相结合,使禅宗的生存得到了发展、延续。

三教荟萃

儒家思想以"人"为本,侧重从"人"的角度来关照人生、社会和自然,重视人的生命意义与价值,宣扬以道德为人生的最高价值。道家则以"自然"为本位,侧重从"自然"出发来关照人生、社会和宇宙,强调自然是人生的根本,主张顺应自然,回归自然。正是"人"本位和"自然"本位两种核心思想,为中国文化体系的形成奠定了基础;而后来引入的佛教以"解脱"为本位,通过修持以求从迷惑、烦恼、痛苦和生死轮回中解脱出来,进入大自由大自在的"涅槃"理想境界。佛教最初作为外来的、异质的文化,在与儒道的冲突中不断相互融合;最终完成了融入中华传统文化的过程。

儒道佛"三教"在嵩山相互对立、合作、发展、融合的过程,充分展现了中华民族包容万物、海纳百川的胸怀,成为中原文化和民族文化的缩影和特形。正如中国哲学家、宗教学家、墨学研究专家任继愈所言,在世界宗教发展史上,绝大多数宗教相互排斥,相互对立,直至以刀兵相见,甚至在同一宗教内部的不同教派,也往往相互残杀,欧洲中世纪的十字军东征,就是典型的宗教斗争。在当今世界上,因为宗教问题而引起的纷争还时有发生,如中东地区。唯独在中国,儒道佛三家从总体上讲能和平共处而且相互影响,相互包容,特别在嵩山这个地方,在很小的区域内荟萃了儒道佛著名圣地,可以说中华民族海纳百川的文化包容精神在嵩山得到了具体体现。

第五节 三教合一 源远流长

位于"天地之中"的嵩山,密集地分布着很多所寺、庵、庙、宫、观、文庙、学院等佛道儒的传播场所,产生了中岳庙、少林寺、嵩阳书院这些驰名中外的道、释、儒文化代表,对历史发展的进程,产生过非常重要的影响,形成了"三教荟萃"嵩山的独特风景,铸造了嵩山文化的神奇与辉煌。在我国文化史上,这不能不说是一个奇迹。

嵩山佛教有立雪断臂的故事,嵩山儒学也有程门立雪的故事,实际上这也体现了儒、佛融合的思想。慧可立雪断臂故事是程门立雪故事的蓝本,两个故事的真正内涵也是一样的。禅宗讲顿悟,要求参禅者心静,心中万念俱无。慧可立雪与达摩面壁都是静悟的功夫。慧可能入静,所以达摩传他衣钵。程颐,包括后来的朱熹,都是讲静坐、静修、静默功夫的。而且,程、朱一派理学家讲圣王之学,自认为是儒教道统的中兴大师,所以还特别要学生练"静敬"的功夫。"程门立雪"的故事家喻户晓,主要是说学生恭敬受教,尊敬师长。其实,游酢、杨时二人在门外,程颐其实早就知道,但自己却假装仍在入静,就是考验二人是否领悟了静修之道。那两位果真不负所望,所以程颐才若无其事地留他们在馆中住下。元代谢应芳有一首诗谈到杨时,说:"卓彼文靖公,早立程门雪,载道归东南,统绪赖不绝。"("文靖"是杨时的谥号)这首诗应当说真正理解了"程门立雪"的涵义。从这个角度看,清代颜元等人批评程、朱理学是"佛老交杂之学"一点也不过分。

嵩山是儒、道、佛三教荟萃之地,三教合一、三教相互渗透的文物例证比比皆是,这在其他四岳是非常罕见的。少林寺地藏殿内原有二十四孝图壁画,现在部分寺院中还有二十四孝的壁画。二十四孝指(虞舜)孝感动天、(汉文帝)亲尝药汤、(曾参)啮指心痛、(闵损)单衣顺母、(子路)为亲负米、(郯子)鹿乳奉亲、(老莱子)戏彩娱亲、(丁兰)刻木事亲、(董永)卖身葬父、(郭巨)为母埋儿、(姜诗)涌泉跃鲤、(蔡顺)拾椹供亲、(陆绩)怀橘遗亲、(江革)行佣供母、(黄香)扇枕温衾、(王裒)闻雷泣墓、(吴猛)恣蚊饱血、(王祥)卧冰求鲤、(杨香)打虎救父、(孟宗)哭竹生笋、(庚黔)尝粪忧心、(唐氏)乳姑不息、(朱寿昌)弃官寻亲、(黄庭坚)涤亲溺器。这些被佛教徒作为劝善样本的故事,其实就是儒教的二十四孝故事。二十四孝是儒教的典型,本来与佛教毫无关系。但是却堂而皇之地出现在佛教寺院中,被作为佛教的寓言故事而成为前来朝拜的善男信女们顶礼膜拜的对象。这是怎么回事呢?原来,佛教刚传入中国时是不讲所谓"孝道"的。因为佛教讲究四大皆空,认为人世间的一切本是虚妄的,无须留恋。"出家"即是离开了尘世,哪里还有什么父母可供孝敬?但佛教进入中国以后,中国本土的儒教势力特别大,"孝道"又是儒教的核心观念。为了与儒教相抗衡,佛教就吸收了许多中国本土文化的内容,而儒教所推举的"孝道"就是其一。北宋名僧契嵩曾专门作了《孝论》12章,论证佛教与儒教孝道的关系,说佛教最重孝道,"孝为戒先"。在这之前,中国的僧人们就已经发现了孝道不仅是儒教的核心观念,也是深入老百姓心里的一般人生观。因此,在宣讲佛经时就把释迦牟尼本人说成是一个大孝子,以提高中国老百姓对佛教的信任和亲切感。嵩山地区二十四孝故事出现在寺院中,表明儒教在中国人生活中的实际影响,同时也证明了历史上儒、释合流的事实。

另外,少林寺从元代福裕起,就依照儒家传统宗法思想拟定了七十字"福慧智子觉,了本圆可悟;周洪普广宗,道庆同玄祖;清净真如海,湛寂淳贞素;德行永延恒,妙体常坚固;心朗照幽深,性明鉴崇祚;衷正善禧祥,谨悫原济度;雪庭为导师,引汝归铉路"作为传法世系谱,现已传至"恒"字辈。中岳庙内立有宋代仿佛教经幢的《御制中岳醮告文》碑,中岳庙还供奉有佛教的十大阎王。道教也有诸真宗派系谱,中岳庙属全真道龙门派,应按龙门派一百字"道德通玄静,真常守太清,一阳来复本,合教永圆明。至理宗诚信,崇高法嗣兴,世景荣惟懋,希微衍自宁,住修正仁义,超升云会登,大妙中黄贵,圣体全用功。虚空乾坤秀,金木性相逢,山海龙虎交,莲开现实新。行满丹书诏,月盈祥先生,万古续仙号,三界都是亲"来传法。安阳宫内有奉祀伏羲、神农、黄帝的三皇洞,有奉祀孔子、老子、释迦牟尼的三教洞,还有地藏殿和供奉尧舜禹的殿堂。崇唐观内的石雕老君造像下部为莲花须弥座。老君洞中供奉有观音、地藏、文殊、普贤,还有佛教寺院才有的钟鼓楼。峻极宫中也有三教洞供奉三教教主,还供奉有韦陀菩萨。其他庙院中大多都供有观音等四大菩萨,只不过把她们化为了观音母等。另外,佛教寺院的众多石碑上都有盘龙,这也是儒、道文化的体现。嵩山地区寺庙林立,和尚、道士经常说的一句话就是"天下佛道是一家"。北宋理学家邵雍初徙洛阳曾在云溪观居住,因此,史书有邵雍"夏居云溪"之说。

三教合一　源远流长

佛以治心,道以治身,儒以治世。三者各有侧重,互补共融,为人们提供精神慰藉。儒家学说的重点是仁孝为基础的社会伦理,它强调的是一个人如何与别人相处,人们如何组建起有序的家庭组织和社会大团体,追求的是人的社会属性和社会价值。道家追求个人价值,逍遥自在、长生不老、得道成仙。而佛教的主旨,在于阐发人生的痛苦、痛苦的原因、消灭痛苦的方法等。从人的心理需求来看,儒、道、佛是可以融合补充的,三教荟萃能满足各种人生的心理需求。从人生角度讲,在世俗生活,就要为生存、生活而奋斗,"人是社会关系的总和",世俗生活必然要涉及伦理,这就需要以儒家伦理为指导,以儒家奋斗进取的君子理想为寄托。但是,人们的奋斗总是败多成少,面对失败挫折,人们在无奈当中还得打起精神面对失败,这时就特别需要道家的清静飘逸精神为指导,接纳现实、顺其自然、无为而治似乎是应对人生低谷的不错的妙方。人生在世,奋斗与妥协相交织,幸福与痛苦相伴随,终究是苦多甘少,对苦难的接纳,对死亡的超然面对,对生命的终极关怀,都需要佛家情怀。如果说人生奋斗是主旋律,那么,失败坎坷、苦难疾病就是扔不掉的音符。人们需要儒家的奋进,也需要道家的自然和佛家的超脱。因此,从人生心理需求来讲,儒佛道有了相互融合的可能性和必要性。

三教荟萃能满足社会不同层次的心理需求。从社会层面来讲,精英毕竟是少数,众生才是多数。社会的精神需求是有层次性的。把先进性与层次性相结合,为社会每一群体都找到精神寄托,那么,三教合流无疑是优化了的精神抚慰结构,为社会各群体提供和谐共处的综合性保障机制。如果是积极进取的仕人,他会是儒家精神的信奉者;如果是个失意者,他会在道家的清静无为中找到寄托;即便他已经成为社会的渣滓,是游离于社会的人,也能在菩萨的普度众生中找到慰藉。正是这样的文化格局,每一个人都可以找到自己心灵的家园。

时至当今,这些荟萃生辉的三教合一标志,不仅有着深远的历史意义,而且在当今全民构建和谐社会的精神文明中仍然有着极其重要的现实意义,它们将彰显着深刻的思想魅力和永久的艺术魅力走向未来。

后　　记

　　查阅嵩山地域儒道佛的史料,可以看到每个教派的发展都曲折艰难,惊心动魄。从萌芽到创立,从传播到发展,在追求信仰真理的道路上,有那么多名人志士、英雄豪杰、文化精英,以坚韧不拔的毅力,为之历尽千辛万苦,忍受百般苦难,但他们志心不改,无怨无悔,仍然是披荆斩棘,前仆后继,直至奋斗终生。他们的做法无私无畏,深切感人;他们的精神与嵩山同在,与日月同辉。嵩山三教传播与发展的历史,以及在历史上发生的重大事件、出现的重要人物,都值得后人学习、研究和借鉴。

　　古人云:"以史为鉴,可以知兴替;以人为鉴,强以知得失。"一个民族的振兴和发展,都脱离不开这个民族的历史和气质。中华民族是一个伟大的民族,她有五千年的文明历史,在漫长的历史长河中,铸成了这个民族勤劳勇敢、不屈不挠、奋发向上、文明朴实的气质。而这个优秀的民族气质,在今天的社会主义初级阶段,在建设社会主义高度物质文明和精神文明的今天,尤其需要人们去认识、去发扬。在这种思想的指导下,我们开始编写《嵩山三教志》。

　　为了真实而公正地写好书中每一事件和人物,要从纷纭杂沓的史料中,不厌其烦地去伪存真,去粗取精,客观还原历史真相。每天都在为这本书忙活,找资料,作对比,查真实……不知不觉地进行着,压力很大。但大家共同认识:不管困难再大,既然做了,就一定做好,尽可能把嵩山三教历史连贯性地在书中反映出来。为此,我们做了最大的努力。就书中的儒道佛三教在嵩山的传播与发展部分,我们曾几易其稿,但终因史实不足而否定重写。经历了失败和彷徨,我们并不气馁,最终还是坚持写完了全部书稿。

　　值得一提的是插图。现在书中大量的图片,曾经也让我们困惑无比。上哪儿去找那么多图呢?我们在担忧中试着开始寻找,虽然慢,但总有收获。后来找的多了,图书馆、档案室、旧书市、图书大卖场以及后来的网络,都是我们要找的地方。有时,买一本书,就为了书中的一幅图片;有时,听说某地发现了相关的图书,急忙赶去,到了那里又失望了。为此,我们吃了不少苦头。从寻找发现、区分真假、筛选比较、定图录用,再将图片与书中文字内容相对应,能有现在的结果还是欣慰的。

　　《嵩山三教志》的工作量太大,刚开始我们每天加班加点,想尽快把活干完。可时间久了,人生病了,轻得住一次医院,重得住了几次医院。连着多天的超负荷运转,真是力不从心。没办法,这么大工程不干咋办?待身体好一些,就互相勉励着再往前走。因为除了这本书外,我们三人在这套书中都有其它活要干,所以不敢松懈。最初的几年,我们似乎没有和家人或朋友一起聊过天,甚至没有出外吃过饭,节假日照常干活。遇到一连几天的加班熬夜,人累得像狗一样邋遢,要么站起来在屋里走走,要么瘫在沙发上闭闭眼睛。要是真没地方,就拉个旧垫子往地上一铺,也能休息片刻。就这样,我们一路走来,坎坎坷坷,走走停停,终于看到第九个春天里的树木长出了新芽。

《嵩山三教志》即将问世,我们也从伏案工作的疲惫和劳累中得以解脱。我们聚在一起尽情地说笑,似乎已经忘了刚刚过去的压力和苦恼,一切都是那样的轻松美妙。明亮阳光从窗外照进来,轻盈地在我们的手上、脸上、身上跳跃着,甚至温柔地抚摸着我们的的面颊,我们感到了一种久违的温馨和快乐。

《嵩山三教志》的撰写过程,也是我们寻找资料、学习提高的过程。在这个过程中,艰辛和幸运使我们终生难忘。说艰辛,是说我们长时间的为寻找嵩山三教在各历史时期的发展状况和人物史料的艰辛;说幸运,是说我们借鉴了众多方家的研究成果,得到了领导、专家、同行们支持的幸运。在此,我们向他们表示衷心的感谢。

尽管如此,对于书中存在的疏漏和不足,还望广大读者给予批评指正。

中岳嵩山神奥无比,玄妙通灵;三教文化博大精深,源远流长。在嵩山之地编撰《嵩山三教志》,也许是有了中岳神灵的恩惠,每遇疑难,总能化解,在时间上或短或长地出现转机,云散月明,幸而有成。我们在感叹神奇之余,又为有嵩山神的灵佑而庆幸。走过冬天迎来春,用老子的话说,"天地相合,以降甘露,民莫之令而自均。"希望所有关注这本书的领导、专家、老师,亲朋好友以及所有的四方朋友、天下人民都能得到中岳神的灵佑,得到春天的阳光雨露,以期吉祥好运,梦想成真!

作者
2015 年 2 月 26 日